U0740502

国学经典

二十四史的各史名篇的精选

二十四史精华

宋 涛／主编

辽海出版社

【 第一卷 】

图书在版编目（CIP）数据

二十四史精华 / 宋涛主编 . —沈阳：辽海出版社，
2018.12

ISBN 978-7-5451-5219-7

Ⅰ . ①二… Ⅱ . ①宋… Ⅲ . ①中国历史—古代史—纪
传体—通俗读物 Ⅳ . ① K204.1-49

中国版本图书馆 CIP 数据核字（2019）第 027146 号

二十四史精华

责任编辑：柳海松

责任校对：顾　季

装帧设计：廖　海

开　　本：710mm×1040mm　1/16

印　　张：90

字　　数：1377 千字

出版时间：2019 年 3 月第 1 版

印刷时间：2019 年 3 月第 1 次印刷

出版者：辽海出版社

印刷者：三河市兴博印务有限公司

ISBN 978-7-5451-5219-7

ISBN 978-7-5451-5219-7

定　　价：1580.00 元

版权所有　翻印必究

《二十四史精华》编委会

主　编　宋　涛

副主编　李志刚　　高明芬　　张黎莉　　孙　伟　　李　林

　　　　　王秋菊　　闫亦贵　　刘赫男　　温德新　　焦明宇

　　　　　李　洋　　崔　静　　余秀洁　　关　涛　　刘　巍

编　委　王　佳　　赵子萱　　韩安娜　　郑传富　　李铭源

　　　　　李金博　　何春丽　　常　旭　　郑志龙　　樊祥利

　　　　　朱政奇　　魏伯阳　　魏百花　　魏红艳　　杨　敏

　　　　　刘雨晴　　邢语恬　　郭运娇　　张晓宇　　许长河

　　　　　李小辉　　王　曼　　夏　禹　　肖　冰　　杨　超

　　　　　李　娟　　张　鹏　　李　萌　　李玉海　　宋　佳

　　　　　于春燕　　王　威　　任光宇　　王冬云　　王伟娜

总编辑　竭宝峰　　刘赫男　　佟　雪　　陈玉伟

前　言

中华民族在几千年生息、发展的清晰脉络中，留下了一部部浸透着人类心血和智慧的历史典籍，不仅记载了中华民族产生和发展的全部过程，也涵纳了中华民族的精神财富和智慧。可以说，中国是一个史籍浩如烟海、世无匹敌的文献之邦。在祖先留给我们的精神财富中，最优秀也最具代表性的就是二十四史。

二十四史是中国唯一一部完整的官修史总集，也是世界上唯一一部连续修造1800余年，记载4000余年悠久历史的辉煌巨著。主要包括：《史记》《汉书》《后汉书》《三国志》《晋书》《宋书》《南齐书》《梁书》《陈书》《魏书》《北齐书》《周书》《隋书》《南史》《北史》《旧唐书》《新唐书》《旧五代史》《新五代史》《宋史》《辽史》《金史》《元史》《明史》。它以统一的纪传体裁，完整、系统地记录了上起传说中的黄帝，下迄明崇祯十七年间历史各个时期的经济、政治、科技、军事、文化、艺术、外交等多方面内容，展示了数十个王朝的兴衰轨迹，是研究中国历史最具权威性的史料，也是考查我国周边国家历史的珍贵资料，堪称中华文明的"百科全书"。

二十四史具有深厚的文化积淀，不仅可作历史著作来读，亦可作为文学名篇或政治著作来读。但由于成书年代久远，文字艰深，

典故生僻且随处可见，令广大读者望而却步。为了使这些史学巨著在现代社会中重放异彩，让读者从中体味博大精深的华夏文明和高深莫测的人生智慧，本书编委会倾尽心力为广大读者朋友选编了一部既可收藏又能读懂的《二十四史精华》。

本书对二十四史进行了精心的整理，既有文白对照，也有传世故事，集普及与研究、通俗与学术于一体，希望能够给喜欢史学的朋友以启迪与帮助。

前 言

目　录

《史记》

《汉书》

《后汉书》

《史记》

《史记》概论

司马迁是我国西汉时期杰出的史学家、思想家和文学家,他著的《史记》是中国第一部纪传体通史和第一部传记文学名著。《史记》一共130篇,52万余字,记人叙事上起传说中的黄帝,到西汉中期的武帝,囊括大约3000年的历史。"究天人之际,通古今之变,成一家之言",司马迁崇高的史德、卓越的史识、精湛的编纂体例,开创了中国的历史学的先河,并在中国思想史上留下了光辉的一章。

一

《史记》的最后一篇《太史公自序》是司马迁的自传。在这篇自传中,司马迁将其始祖追溯到颛顼时代的重、黎。颛顼任命南正重主管有关天的事务,任命火正黎主管有关地的事务。世代相传,历经唐、虞、夏、商,到周宣王时成为司马氏。司马氏世代任周朝史官,到东周惠王、襄王时去周适晋,此后便分散在卫、赵、秦等国,司马迁便是居秦一支的后裔。秦惠文王时,司马迁的八世祖司马错伐蜀有功,做过蜀郡守。秦昭王时,司马错之孙司马靳为武安君白起部将,与白起攻打赵国的长平,坑杀赵军,后与白起被逼迫自杀。秦始皇时,司马靳之孙司马昌曾任主铁官。至汉初,司马昌之子司马无泽做过长安街市的市长。司马无泽之子司马喜曾任五大夫。司马喜之子司马谈为汉太史令,掌天官,重操祖业,他便是司马迁的父亲。

司马谈"学天官于唐都,受《易》于杨何,习道论于黄子",精通天文历法、阴阳顺逆,崇尚黄老之学,谨奉太史职守。《自序》所载《论六家要旨》精辟阐述阴阳、儒、墨、法、名、道德六家学说的核心思想,对前五家既有肯定也有批判，唯独对道家推崇备至，试图以道家融合诸家。司马谈的学识、思想和修撰史书的宏愿对司马迁有着巨大的影响。司马迁追溯其"世序天地""世典周史"的古老家世，落脚点便在于父子重操祖业，以继承孔子修《春秋》自诩，这是他顽强著述的主要动力之一。

司马迁字子长，左冯翊夏阳（今陕西韩城）人。一般认为，他生于汉景帝中元五年（公元前145年），约卒于汉武帝征和三年（公元前90年），他的一生大致与汉武帝相始终。

司马迁的表字、生卒年俱不见于《太史公自序》和《汉书·司马迁传》，字"子长"见于扬雄《法言·寡见》，生年至今有两说。《自序》中说："（谈）卒三岁而迁为太史令"，司马贞《索隐》引《博物志》说："太史令茂陵显武里大夫司马迁，年二十八，三年六月乙卯除，六百石。"司马谈卒于元封元年（公元前110年），三年后为元封三年（公元前108年），由此上推28年，则司马迁生于汉武帝建元六年（公元前135年）。《自序》说"五年而当太初元年"，张守节《正义》案语说："迁年四十二岁。"太初元年（公元前104年）司马迁为42岁，由此上推42年，则司马迁生于汉景帝中元五年（公元前145年）。两种说法相差10年。近代的王国维《太史公行年考》提出中元五年说；1944年，李长之的《司马迁生年为建元六年辨》提出建元六年说；1955年，郭沫若的《太史公行年考有问题》也持建元六年说。此后两说并存，文史教科书多采用"中元五年说"。王国维认为司马迁的卒年难以考证，"然视为与武帝相终始，当无大误也"，便成了没有定论的定论。

《自序》云："迁生龙门，耕牧河山之阳，年十岁则诵古文。"据说龙门为大禹治水所凿，《尚书·禹贡》有"导河积石，至于龙门"之语，司马迁乐于自称。黄河龙门在今陕西韩城市与山西河津市交界之处，司马迁便诞生于陕西韩城市。少年司马迁曾在这里耕作放牧，诵读古文，禀受天地自然的精华。奇险灵秀的长江西陵峡畔产生了伟大的屈原，雄浑壮美的黄河龙门之滨孕育了伟大的司马迁。

司马迁诵读的古文（籀文），有《左传》《国语》《世本》《尚书》《春秋》等书。他既能诵读古文，今文（隶书）自当通晓。文中当有不少疑难，所以后来求教于孔安国、董仲舒。《汉书·儒林传》说："安国为谏大夫，授都尉朝，而司马迁亦从安国问故。"《自序》阐释《春秋》宗旨，称"余闻董生曰"，裴骃《集解》引服虔曰：董生"仲舒也"。这两处明文记载司马迁与董仲舒、孔安国的关系，不过求教问故而已，并非正式的师徒授受。《史记》《汉书》条列经学源流，并没有提到司马迁师承何人。所以，可以认为司马迁是自学成才，正如孔子之无常师。然《史记》阐释《春秋》多按照公羊派的释义，引用《尚书》多采古文家之说，表明董仲舒、孔安国对司马迁影响极深。

20岁的司马迁已是深养厚蓄的饱学之士，于是他"南游江、淮，上会稽，探禹穴，窥九疑，浮于沅、湘；北涉汶、泗，讲业齐、鲁之都，观孔子之遗风，乡射邹、峄，厄困鄱、薛、彭城，过梁、楚以归"。这次游历足迹遍及长江、黄河流域。此后，司马迁做了郎中，常常随驾巡行，游历颇多。元封元年（公元前110年）司马迁35岁，奉命出使巴、蜀以南，到过邛、筰、昆明。司马迁的游历对写作《史记》的影响极大。他实地考察，印证古籍的记载；搜集资料，弥补文献之不足；瞻仰古迹，凭吊前贤，引发对先哲的无限崇敬；接触现实，体察疾苦，激发对人民的深切同情；观览名山大川，奇景异物，陶冶性情，激发灵感，抒发胸怀而为文，形成雄深雅健、逸气纵横的风韵。所以后人以"行万里路，读万卷书"来赞誉司马迁的成就与渊源。

司马迁出使巴、蜀归来，便在洛阳接受了父亲的遗命。司马谈临死之前拉着司马迁的手谆谆告诫："余死，汝必为太史；为太史，无忘吾所欲论著矣！"并说，完成论著便尽了最大的孝道！司马迁俯首流涕回答说："小子不敏，请悉论先人所次旧闻，弗敢阙！"

司马谈逝世之后，38岁的司马迁果然继任太史令。于是"绸史记石室金匮之书"，整理史书记载及国家藏书，准备写作。继任太史令的第五年为太初元年（公元前104年），42岁的司马迁倡议主持了太初改历，使用《太初历》。《太初历》很精确，后世除极少数王朝外，历代都沿用这一历法。此后，司马迁正式投入《史记》的著述。

司马迁并不是奉诏修史，无意为当朝粉饰太平，歌功颂德。他的著述是要"别嫌疑，明是非，定犹豫，善善恶恶，贤贤贱不肖"。司马迁抨击汉武帝的政治，揭露汉武帝迷信神仙方士的愚蠢，因而触怒汉武帝，所以汉武帝迟早都会迫害司马迁。《三国志·王肃传》云："武帝闻其述《史记》，取孝景及己本纪览之，于是大怒，削而投之，于今此两纪有录无书。后遭李陵事，下迁蚕室。"这与《西京杂记》《汉书旧仪注》记载相似，是汉魏学人的可信之说。今本《史记·孝武本纪》抄自《封禅书》，多写汉武帝迷信神仙方士，不失原意。

　　天汉三年（公元前98年）司马迁48岁，因李陵事件而遭受腐刑。李陵事件始末，详见于《汉书》的《李广传》和《司马迁传·报任安书》。汉名将李广之孙李陵随贰师将军李广利出击匈奴，独率500步卒，遭遇匈奴8万骑兵，浴血奋战，兵败投降，"全躯保妻子之臣随而媒蘖其短"。司马迁与李陵素无交往，观其为人，察其形势，认为李陵是不得已而降，"且欲得其当而报汉"，于是称说李陵之功，为之辩护。汉武帝大怒，以为司马迁诋毁李广利，授意狱吏定司马迁为诬罔君上的死罪。司马迁"家贫，财赂不足以自赎"。为了完成伟大的著述，被迫接受宫刑，肉体和精神被严重摧残。蒙受奇耻大辱，迫使司马迁重新审视现实。这灾难不仅磨砺了他发愤为作的意志，而且增强了著述的批判精神。

　　司马迁出狱后，被任命为中书令。他忍受着极端的痛苦与愤懑，完成了《史记》的创作。

二

　　《史记》产生于儒学独尊的西汉中期，起初"藏之名山，副在京师"，并未即时流传于世。杨恽为昭帝丞相杨敞之子，自幼喜读外祖父司马迁之书，他是《史记》的第一个传播者。

　　《史记》原名《太史公书》《太史公记》，或径称《太史公》。书中多次出现"史记"一词，都是泛指史书记载。直到唐朝编撰《隋书》时才正式把《史记》列为书名。

　　今本《史记》130篇，与《自序》相符。《汉书·司马迁传》云："十篇缺，有录无书。"三国魏人张晏注："迁没之后，亡《景纪》《武纪》《礼书》《乐书》《兵书》《汉兴以来将相年表》《日者列传》《三王世家》《龟策列传》《傅靳列传》。元、成之间褚先生补缺，作《武帝纪》《三王世家》《龟策》《日者传》，言辞鄙陋，非迁本意也。"《自序》文末司马贞《索隐述赞》亦云："惜哉残缺，非才妄续。"这位褚先生名少孙，是西汉元帝、成帝年间的博学之士。他崇拜司马迁，珍爱《史记》，为续补《史记》缺文，多方搜集资料，尽量揣测原意。凡续补之处大都标明"褚先生曰"，容易识别。续补内容基本符合原意，文辞笔法也有可观之处，如《滑稽列传》的"西门豹治邺"就颇为精彩。续补之文虽与原著存在差距，但也并非不可读。

　　《史记》的注释始于六朝而盛于唐。旧注流传至今者唯三家最为著名：刘宋裴骃的《史记集解》、唐司马贞的《史记索隐》、唐张守节的《史记正义》，合称《史记》三家注。三家注原本分别流传，北宋时合为一刻，将注释散列于正文之下。三家注虽然体例相近，但内容各有所长，《集解》广征博引，《索隐》探幽发微，《正义》详于地理，然而疏解正字始终是各家的重点。三家注补充了大量史料，纠正原著舛误，且《索隐》《正义》对《集解》《正义》对《索隐》，都有不少补充和纠正。三家注虽有不少缺点错误，但至今仍有重要意义。

　　《史记》的130篇，分为十二本纪、十表、八书、三十世家、七十列传。《史记》五体是一个完整系统，明确分类，彼此互补，相得益彰。十表是国家大事记，有世表、年表、月表之分，明确划分历史阶段，扼要概括历史内容，创立了统计学的历史文体。八书是文化、经济诸项的分类史，包括礼、乐、律、历、天官、封禅、河渠、平准，全面叙述了各种社会制度的发展变革。本纪、世家、列传属于人物传记。本纪记帝王，世家记诸侯，列传记帝王、诸侯以外的名人。司马迁重视客观事实，名号并非唯一的划分标准。项羽、吕后实际行使帝王之权，因而立为本纪；孔子定六艺垂仪后世，陈涉反暴秦首难有功，因而把孔子和陈涉并立为世家；汉惠帝仁弱如傀儡，虽在位7年，《史记》也不予专载。这是求实精神的体现，与爱憎褒贬没有必然的联系。《史记》五体以本纪和表为经，以书、世家和列传为纬，交织成疏密有致的历史网络，纵向贯通西汉以前各个历史时代，横向统摄各个领域、各个阶层、各个民族、各种行业，反映的社会面极其广阔，因而《史记》既是以人物为中心的通史巨著，又兼具百科全书性质。

　　先秦时代的史书有文诰、编年、国别、谱牒等体例，司马迁的《史记》不但广泛运用了先秦史书的材料，而且适当借鉴了先秦史书的体例。《史记》五体有创新有变革，创制多于因革。系统的纪传体显示出非凡的优越性，先秦史书诸体便相形见绌，效仿《史记》者遂日益增多。《汉书》《后汉书》《三国志》《宋书》《南齐书》《魏书》等，虽对《史记》五体有所变革，但全用纪传体。唐代国势强盛，文化繁荣，初唐时期就在禁中开设史馆，修撰前朝国史。所修晋、隋之间的8部史书，也全用纪传体，从此纪传体便成为历代正史的固定体例。《隋书·经籍志》设立史部，以《史记》为正史之首，自此宣告了《史记》对《春秋》的独立，确定了《史记》

在史学史上的崇高地位。《史记》指导了中国2000千年来正史的修撰，史官不能易其法，学者不能舍其书。漫长的中国古代社会逐渐汇集成为洋洋大观的二十四史，近3800百卷，是世界史著海洋中最长的，而《史记》首开其先例。

三

司马迁生活于诸子思想大融合的氛围中，自幼深受儒、道思想的熏陶，他的"一家之言"具有非儒非道、亦儒亦道的特征，这一特征贯穿于整部《史记》的内容。司马迁的政治思想体现为儒道互补：向往大同世界，排斥小国寡民；推崇无为而治，摒弃繁文缛礼；融合儒道尚德精神，抨击汉武帝诸项弊政。

《春秋公羊传·隐公元年》说："何谓乎王正月？大一统也。"《礼记·礼运》云："大道之行也，天下为公。"《春秋》的宗旨是尊崇统一，儒家的理想是大同世界。战国晚期儒者基于封建宗法思想，为新的统一提供依据，遂记载自黄帝至周代诸侯姓氏世系，编成《帝系》《五帝德》。司马迁择其雅言，写入《史记》，用同一血统说将华夏各族统一于黄帝旗帜之下，热情描述尧舜禅让，以十二本纪为纲，统理上下3000年，扩充发扬了大一统精神。春秋五霸争夺盟主，战国七雄逐鹿中原，秦始皇兼并诸侯，汉武帝推恩削藩，是追求和维护统一，司马迁皆予以肯定；汉初功臣造反，惠帝时诸吕篡权，景帝时吴楚七国作乱，武帝时淮南衡山谋叛，是酝酿和制造分裂，《史记》皆予以谴责；揣测项羽为舜之苗裔，宣扬刘邦是龙的传人，表明他们都可以统一天下。

《货殖列传》序云："老子曰：'至治之极，邻国相望，鸡狗之声相闻，民各甘其食，美其服，安其俗，乐其业，至老死不相往来。'必用此为务，挽近世涂民耳目，则几无行矣！"道家小国寡民的政治理想，实质是分裂倒退到原始社会。司马迁指出这是堵塞人民的耳目，于当世行不通，显然是对道家政治理想的批判。

然而，司马迁却极力推崇黄老无为而治的政治方略：尚简易，黜繁缛；贵卑议，忌深文。《秦本纪》记载由余论治，将中国之乱归咎于诗书礼乐法度，赞赏戎夷之治简易："一国之政犹一身之治，不知所以治，此真圣人之治也！"《鲁周公世家》比较齐鲁之治，太公因俗简礼，伯禽变俗革礼，周公于是有"北面事齐"之叹。《齐太公世家》表彰太公之治，顺应自然，发展经济，人民归附，蔚为大国。《管晏列传》称誉管仲之治，论卑易行，因俗为政。"因祸而为福，转败而为功"。"知予之为取，政之宝也"。顺应自然规律，贯穿辩证思想，正是黄老特征。《汲郑列传》中的汲黯是黄老学派的典型，武帝时的持不同政见者，也是司马迁的代言人。汲黯正直少礼，清静无为，揭露公孙弘、张汤之流的奸诈残忍，面责汉武帝"内多欲而外施仁义"，切中要害，淋漓尽致。《孝文本纪》刻画理想的有德之君，文帝无为而治，兼具民本思想，是儒与道政治方略的结合。《孔子世家》充满高山仰止的崇敬之意，但却借助晏子批评孔子的繁文缛礼，谓"累世不能殚其学，当年不能究其礼"，恰与《货殖列传》批评老子相映成趣。这些显然是道家思想的体现。

《酷吏列传》序云："孔子曰：'导之以政，齐之以刑，民免而无耻；导之以德，齐之以礼，有耻且格。'老氏称：'上德不德，是以有德；下德不失德，是以无德。'法令滋章，盗贼多有。太史公曰：信哉是言也！法令者治之具，而非制治清浊之源也。"司马迁并引孔子、老子两家，求同存异，以尚德观点为理论依据，抨击汉武帝的四大弊政：尊儒、重法、兴战、争利。《循吏列传》中的循吏奉职循理，不尚威严，便民安民，惠爱百姓，恰与酷吏形成鲜明对比。《游侠列传》序引庄子放论："窃钩者诛，窃国者侯，诸侯之门仁义存。"撕去当朝虚伪的儒学装饰，推许闾巷布衣之侠，"捍当世之文网"，寄意深远。司马迁还将陈涉起义与汤武伐桀纣、孔子修《春秋》相提并论，显示出顺民心反暴政的儒家精神，即孟子所谓"闻诛一夫纣矣，未闻弑君也"。

司马迁的哲学思想体现为儒道互补：主导方面是道家的宇宙观和朴素辩证法，总体意识未能摆脱春秋公羊学。他融合儒道人生哲理，形成了更为进步的人生观。

《论六家要旨》认为自然万物起源于混混冥冥的元气，元气产生万物之前没有一定的名称。"凡人所生者神也，所托者形也。神大用则竭，形大劳则敝，形神离则死。死者不可复生，离者不可复返"。

《史记》力求用人事说明人事，力避用天道解释社会。《项羽本纪》引老子观点批评项羽"自矜功伐"，指出"天亡我"之说极其荒谬。《伯夷列传》对"天道无亲，常与善人"之说提出质问："傥所谓天道，是邪非邪？"《蒙恬列传》认为蒙恬错在阿意兴功，苦毒百姓，"何乃罪地脉哉"！《封禅书》和《货殖列传》是两篇闪烁着唯物主义光辉的杰作，前者以纪实的手法，揶揄的笔调，讽刺鬼神之道的荒诞和汉武帝迷信神仙方士的愚蠢，实则宣扬无神论；后者夹叙夹议，完全撇开有神论，单从经济发展的角度阐释社会现象，在社会历史观方面做出了积极贡献。

然而司马迁的哲学思想与儒家春秋公羊说有不解之缘，始终存在着唯心的一面。《天官书》常常将星象与人事相比附，认为某些星辰的出现和变化会造成人类的祸福。《史记》有不少神灵怪异的描述。《史记》每遇难以解释的历史现象，便归于天命："此非天哉！""此亦天授！""岂可谓非天乎！"表明司马迁虽然力图反对天道论，但始终未能摆脱天人之学。

司马迁鄙视汉儒的势利，不取庄子的消极，其人生观的主旋律是先秦儒家积极进取的阳刚精神，并以黄老抱朴守拙的阴柔特质为基调，讲究以进取为前提的谦让，是一种有机的结合。

司马迁的进取精神体现在崇尚儒家立德、立功、立言的"三不朽"，落脚为一个"名"字。陈涉首难，"死即举大名耳"；伯夷死义，"得夫子而名益彰"；范蠡"三迁皆有荣名，名垂后世"；伍员"隐忍就功名，名垂后世"；信陵君礼贤下士，"名冠诸侯"；蔺相如退让廉颇，"名重泰山"；刺客荆轲等"不欺其志，名垂后世"；游侠郭解等"修行砥名，名不虚立"。司马迁忍辱负重，发愤著书，也因为牢记着孔子遗训："君子疾没世而名不称焉！"

司马迁提倡谦虚退让，反对自矜功伐，注重于一个"让"字。《史记》五体开宗明义之篇俱以"嘉让"为主题。《五帝本纪》尧舜禅让，《吴太伯世家》太伯、仲雍、季札让位，《伯夷列传》中的伯夷、叔齐让国，《三代世表》《礼书》也以让为先，这就奠定了臧否人物的基调。《史记》表彰循吏"不伐功矜能"，游侠"不矜其能，羞伐其德"，肯定曹参、张良、陈平等人明哲保身，批判殷纣、秦始皇伐功矜能，指责项羽、韩信自矜功伐，都是这种基调的反响。

司马迁的生死观也体现为儒道互补。司马迁既重视生命的存在，又重视生死的意义，以实现人生价值为原则，不为节操而死，不为天年而生，主张生则顽强，能屈能忍，发愤为作；死则壮烈，死得其所，视死如归。这种生死观在评论伍子胥、蔺相如、魏豹、彭越、季布、栾布时阐述得精辟而透彻，而他自己更以西伯、仲尼、屈原、左丘明、孙膑、吕不韦、韩非及《诗经》作者发愤为作的事例鞭策自励，完成《史记》的创作，实现了他的人生价值。司马迁的生死观比儒、道两家的生死观更为进步。

四

秦汉时期文学的概念很笼统，或泛指学术或特指儒学。司马迁为文学家屈原、贾谊、司马相如等人立传，收录评论他们的文学作品，形成了卓越的文学观。他注意到文学具有讽喻、教化、怨刺等功用，认为作家的人格和作品的风格具有统一性，提出了著名的"发愤为作说"。司马迁以毕生精力创作了中国第一部传记文学名著，形成了明晰的美学意识和独特的审美情趣。《史记》具有阳刚、悲壮、朴拙、含蓄之美，富于浓郁的悲剧气氛和抒情色彩，其传记文学的艺术成就令人叹为观止，在中国文学史上享有崇高的地位和深远的影响。

司马迁的人生是一幕悲剧，人生悲剧促使他严肃地探求历史人物在社会中的处境和作用，面对灾难和死亡作出哲学和艺术的思考，提炼出深刻的悲剧主题。《史记》中的悲剧作品超过三分之二，悲剧人物达100多位，其余的作品和人物也程度不同地具有悲剧色彩，一些大规模屠杀和集体自杀虽着墨不多，却有力地点染了悲惨的历史背景，《史记》确是一部悲剧总汇。

《史记》中的悲剧以讴歌悲剧英雄为主，与司马迁人生哲学中崇尚"三不朽"的主旋律极为契合。这些人物都有悲剧性的人生经历和慷慨悲壮的英雄气质，而且都是悲惨的结局，或自杀，或被杀，或屡遭坎坷，抑郁而终，充分体现出悲壮之美。其中有的重在立德，坚守高风亮节，以某种道德理想支配生死，如伯夷、叔齐、孔子、屈原，以及下层社会的刺客、游侠；有的重在立功，才力超群，功劳盖世，遭受诬陷迫害或因自身某种失误而演成悲剧，如商鞅、吴起、韩非、李斯、白起、蒙恬、陈涉、项羽、韩信、黥布、李广、周亚夫等；重在立言者即《太史公自序》《报任安书》所列举的发愤为作的人物，有的兼具立德或立功，为司马迁引为楷模。这些悲剧的深刻意义在于留给人们的是壮烈、奋起、深思和升华，而并非悲哀和消沉。

《史记》中的悲剧，既刻画悲剧英雄，也描写平庸无奇的牺牲品。晋太子申生受骊姬之谗而自杀，卫公子寿与太子伋争死，吕太后时戚夫人受嫉恨而惨遭酷刑，赵王如意被毒死，赵王友被饿死，赵王恢被逼迫自杀，景帝时废太子临江王荣被逼迫自杀，武帝时田蚡弄权害死窦婴和灌夫，钩弋夫人因其子立为太子而遭杀害，等等，人物无奇而事有可悲。此类悲剧的深刻意义在于撕去温情脉脉的伦理面纱，充分揭示统治集团内部争权夺利，自相残杀的本质，以启迪人们的深思。《卫康叔世家》论赞云："或父子相杀，兄弟相灭，亦独何哉？"启迪深思之意溢于言表，并且具有悲剧的审美意义。

此外，《史记》具有浓厚的抒情色彩。司马迁是一位情感丰富的史学家，也是一位诗人；《史记》是震古烁今的史诗，也是愤激郁勃的抒情诗。情感是司马迁的本质，《史记》是情感的宣泄。

诗有诗的韵律，外在的韵律是抑扬和叶韵，内在的韵律是情绪的消长。激荡于《史记》的内在韵律，是渴望君臣相和、维是而安的理想美政，痛恨酷法淫威、蝇营狗苟的社会现实；《史记》是企慕礼贤下士、虚己求贤的君子风范，所以司马迁唾弃趋炎附势、尔虞我诈的小人行径；《史记》歌颂豪迈进取、不矜功伐的仁人志士，悲悯怀才不遇、惨遭厄运的英雄俊杰。感慨啸歌，大有燕赵烈士之风；愁郁幽思，则直与《离骚》媲美。《史记》外在的韵律表现为多种抒情方式。叙事议论与抒情相结合，为《史记》特点之一。寓论断于叙事，借助人物议论评判，字里行间显出作者鲜明的爱憎。寄寓较多的作品则夹叙夹议，直抒胸臆。《史记》中的"太史公曰"或为序或为赞，抒情性很强，往往是文眼龙睛所在，其他史著亦笑颦学步，却不能如太史公之匠心任气，言出肺腑。《史记》常引用楚辞似的短诗，描绘演唱的情景，声情并茂，情景交融，更增抒情色彩。伯夷、叔齐的《采薇歌》、荆轲的《易水歌》、项羽的《垓下歌》、刘邦的《大风歌》和《鸿鹄歌》、刘彻的《瓠子歌》、赵王刘友的《饿死歌》、朱虚侯刘章的《耕田歌》等，皆为此类。这些诗歌多为司马迁"笔补造化，代为传神"，也是一种抒情方式。

人物刻画是《史记》传记文学最为重要的艺术成就，也充分显示出司马迁的艺术天才。《史记》记载历史人物，必须本着历史的真实。司马迁慎重甄别史料，严格尊重史实，勤于实地考察，勇于秉笔直书，惩恶不避人主，扬善不遗匹夫，作品选材精当，剪裁合理，力求真实而生动地反映人物的本质性格。为统一主题和形象，兼顾避讳与疾恶，减少重复叙事，《史记》常使用"互见法"。利用各种事例进行对比，文笔凝练精彩。

实录中的虚构使《史记》具有小说因素，虚构的动作细节和人物语言增强了作品的故事性、戏剧性，同时也增强了人物形象的真实感。《史记》中细节虚构颇多，主要包括两种：一是小事特写，作为明题点睛；二是大事细写，使之生动传神。《李斯列传》观鼠论鼠，显其功名欲望；《酷吏列传》捕鼠劾鼠，见其酷吏本色。《留侯世家》写圯上进履，《陈丞相世家》写社宰分肉，《淮阴侯列传》写胯下之辱，皆以微事置传首，彰其志而明其性。《万石张叔列传》写石奋家风，石建书马，满脸惶恐；石庆数马，一身恭谨，都是点睛之笔。《高祖本纪》写广武对峙，刘邦数项羽十罪，项羽射刘邦一箭，"汉王伤胸，乃扪足曰：'虏中吾指！'"充分展现出刘邦的沉着老练。《淮阴侯列传》中韩信欲为假王一节，张良、陈平蹑足耳语，刘邦骂而悟，悟而复骂，将4人心机刻画得惟妙惟肖。这些都是大事件中的细腻描写，这种描写最能展示人物的个性。某些细节描写兼有夸张，如《项羽本纪》中写樊哙"瞋目视项王，头发上指，目眦尽裂"等，都写得极为生动。

细节描写常与个性化的人物语言密不可分。项羽看见秦始皇，脱口而出"彼可取而代也！"刘邦看见秦始皇，喟然长叹"大丈夫当如此也！"陈涉与人佣耕时叹息"燕雀安知鸿鹄之志哉！"意思一样，语言却有外露、含蓄、隐晦之别，细致地表现了人物的不同性格。刘邦曾与多人对话，有倨傲之语、谦卑之语、顿悟之语、狡辩之语，然一语始出，便知是刘邦之语，可见《史记》人物语言的个性化已臻至境。

《史记》善于揭示矛盾冲突，在激烈的矛盾冲突中展示人物性格。如《魏其武安侯列传》就揭示了四种矛盾：一是皇亲国戚之间的明争，二是皇帝与母后、祖母之间的暗斗，三是尊儒术与好黄老的统治思想对立，四是老百姓与统治者的阶级对立。总之，《史记》的每一个人物都是在尖锐激烈的矛盾冲突之中得到成功刻画的。

对比反衬是《史记》刻画人物的重要方法，其中隐含臧否，明确此法，便容易理解作品。如《万石张叔列传》，孤立地看似乎是表彰恭谨笃行，与《张释之冯唐列传》表彰犯颜直谏相比较，便知是嘲讽石奋之流尸位素餐。《平津侯主父列传》写公孙弘为伪饰儒术而苟合取容，《汲郑列传》写汲黯学黄老之术而面折庭争，两相比较便知是厌弃儒法合流的政治。《项羽本纪》与《高祖本纪》《循吏列传》与《酷吏列传》《游侠列传》与《儒林列传》，以及战国四公子列传等，俱见对比反衬之妙。这说明对比反衬之法使人物各显神韵，读时同样仍须比较，方能领略佳妙真意。以上说明《史记》以多种艺术手法刻画的历史人物栩栩如生，所以能够在过去、现在和将来，不断地与不同时代、不同国度的人们进行着对话，交流着感情。身为炎黄子孙，不读《史记》实为人生一大憾事。

《史记》

政　略

轩辕黄帝定华夏

　　黄帝①者，少典②之子，姓公孙，名曰轩辕③。生而神灵，弱④而能言，幼而徇齐⑤，长而敦敏⑥，成而聪明。

　　轩辕之时，神农氏世衰。诸侯相侵伐，暴虐百姓，而神农氏弗能征。于是轩辕乃用干戈，以征不享⑦，诸侯咸来宾从。而蚩尤⑧最为暴，莫能伐。炎帝欲侵陵诸侯，诸侯咸归轩辕。轩辕乃修德振兵，治五气，艺五种，抚万民，度四方，教熊罴貔貅䝙虎⑨，以与炎帝战于阪泉之野。三战，然后得其志。蚩尤作乱，不用帝命。于是黄帝乃征师诸侯，与蚩尤战于涿鹿之野，遂禽杀蚩尤。而诸侯咸尊轩辕为天子，代神农，是为黄帝。天下有不顺者，黄帝从而征之，平者去之，披山通道，未尝宁居。

（《史记》五帝本纪）

【注释】

　　①黄帝：传说中的华夏及周边各族的共同祖先，以土德王，土色黄，故称黄帝。

　　②少典：传说为有熊氏部落之首领。

　　③轩辕：为黄帝所居之地（今河南新郑市西北），因亦以轩辕称黄帝。

　　④弱：婴孩未满七旬。

　　⑤徇齐：通"迅疾"，指黄帝思维敏捷。

⑥敦敏：敦厚知理。

⑦不享：不上朝贡物。

⑧蚩尤：黄帝时代一个暴虐乱世的部落首领，后为黄帝擒杀。

⑨熊罴（pí）貔（pí）貅（xiū）貙（chū）虎：借六种猛兽图腾代指各部落。

【译文】

黄帝是少典的儿子，姓公孙，名号为轩辕。他一生来就神奇灵异，不到7旬就能说话，幼小时反应敏捷，长大后敦厚知理，成年后聪慧明达。

在轩辕时代，炎帝神农氏开始衰弱。各地诸侯互相争战，残害百姓，然而神农氏无力征伐平定。于是轩辕就动用武力，征讨不来朝贡的诸侯，四方诸侯都来归顺臣服于神农氏。但蚩尤最为暴烈，没有谁能讨伐他。后来，炎帝要侵犯诸侯，诸侯们纷纷归顺轩辕。轩辕于是修明德治，大振武功，研究五气，栽种五谷，安抚万民，平定四方，教化熊、罴、貔、貅、貙、虎诸族，用来与炎帝决战于阪泉之野。三度交战，终于战胜炎帝，实现壮志。只有蚩尤为非作乱，不听从命令。于是黄帝向各诸侯征集大军，与蚩尤交战于涿鹿之野，终于擒杀蚩尤。诸侯们都尊拜轩辕为天子，以取代神农氏，这就是黄帝。天下有不顺从的，黄帝就前去征伐他。平定之后就舍弃而去。他率领天下人民披荆斩棘，开山通道，从没过过一天安宁舒适的日子。

尧禅让天下与舜

帝尧者，放勋。其仁如天，其知如神。就之如日，望之如云。富而不骄，贵而不舒①。黄收②纯衣，彤车乘白马。能明驯③德，以亲九族。九族既睦，便章④百姓。百姓昭明，合和万国。……

尧立七十年得舜，二十年而老，令舜摄行天子之政，荐之于天。尧辟位⑤凡二十八年而崩。百姓悲哀，如丧父母。三年，四方莫举乐，以思尧。尧知子丹朱之不肖，不足授天下，于是乃权授舜。授舜，则天下得其利而丹朱病⑥；授丹朱，则天下病而丹朱得其利。尧曰"终不以天下之病而利一人"，而卒授舜以天下。

（《史记》五帝本纪）

【注释】

①舒：骄傲，放肆。

②收：冠冕，帽子。

③驯：通"顺"，和顺。

④便章：平判彰明。便，即辨，明确分辨。章，通"彰"。

⑤辟位：避位，传让帝位。

⑥病：痛苦。

【译文】

帝尧叫放勋。他的仁德如天一样浩荡，他的智慧如神一样高远。接近他如日和煦，远望他若锦云璀璨。他富有却不骄纵，显贵却不傲慢。他戴着黄帽，身着黑服，乘着白马，拉着红车。他能够倡明柔顺的美德，来亲和九族。九族既已和睦，又平判彰明百官诸姓的治绩。这样百官的治绩昭著显明，自然亲和团结万国为一体。……

尧在帝位70年得到舜为臣，又过了20年告老，让舜代行天子之职，把他推荐给上天。尧避位禅让给舜，28年后才崩驾。全国老百姓悲痛哀伤，如同丧失父母。如是3年，天下不奏乐，以示对尧的怀念。尧知道儿子丹朱不贤，不能把天下交给他，于是将权柄传给舜。将天下交给舜治理，那么天下之人获得他的好处而让丹朱痛苦；如果将天下传给丹朱，那么天下人就会痛苦不堪而让丹朱获得好处。尧权衡道"终究不能让全天下人痛苦而造福一个人"，所以，他终于决定把天下交给舜。

秦国统一天下

（秦始皇）分天下以为三十六郡，郡置守、尉、监。更名民曰"黔①首"。大酺②。收天下兵，聚之咸阳，销以为钟镰③，金人十二，重各千石，置廷宫中。一法度衡石丈尺。车同轨，书同文字。地东至海暨朝鲜，西至临洮、羌中，南至北乡户，北据河为塞，并阴山至辽东。徙天下豪富于咸阳十二万户。诸庙及章台、上林皆在渭南。秦每破诸侯，写放其宫室④，作之咸阳北阪⑤上，南临渭，自雍门以东至泾、渭，殿屋复道周阁相属。

所得诸侯美人钟鼓，以充入之。

（《史记》秦始皇本纪）

【注释】

①黔：黑色。

②酺（pú）：聚会饮酒。

③镶（jù）：悬挂钟的架子的两侧之柱。

④写放其宫室：模仿、依照其宫室制度。

⑤阪：山坡。

【译文】

（秦始皇）把天下分成 36 个郡，每郡设郡守、丞尉、监御史。秦改称老百姓为黔首，让人民饮酒聚乐，没收天下的兵器，都聚集到咸阳，熔化后铸成窑钟等乐器，又造十二个铜人，每个有千石重，放置到宫廷里。同时制定法律制度以及长度、重量、容量的标准，车辆的轨距一律相同，废各国不同的文字，采用统一的文字。秦国疆域东到大海及朝鲜，西到临洮、羌中一带，南到北向户地区，北方以黄河作关塞，加上阴山直达辽东。把国内 12 万户权豪富贵家族迁移到咸阳。诸先祖庙及章台、上林苑都在渭河以南。秦每攻破一个诸侯国，就仿照该国的宫殿样子在咸阳北坡上建造一座，南临渭水，从雍门以东到泾水、渭水交汇之处，那里宫殿房屋林立，交错相接。所掳获的美女钟鼓都放入宫殿之中。

高祖封功臣

上已封大功臣二十余人，其余日夜争功不决，未得行封。上在洛阳南宫，从复道①望见诸将往往相与坐沙中语。上曰："此何语？"留侯曰："陛下不知乎？此谋反耳。"上曰："天下属②安定，何故反乎？"留侯曰："陛下起布衣，以此属取天下，今陛下为天子，而所封皆萧、曹故人所亲爱，而所诛者皆生平所仇怨。今军吏计功，以天下不足遍封，此属畏陛下不能尽封，恐又见疑平生过失及诛，故即相聚谋反耳。"上乃忧曰："为之奈何？"留侯曰："上平生所憎，群臣所共知，谁最甚者？"上曰："雍齿③与我故，数尝窘辱我。我欲杀之，为其功多，故不忍。"留侯曰："今急先封雍齿以示群臣，群臣见雍齿封，则人人自坚矣。"于是上乃置酒，封雍齿为什方④侯，而急趣丞相、御史定功行封。群臣罢酒，皆喜曰："雍齿尚为侯，我属无患矣。"

（《史记》留侯世家）

【注释】

①复道：楼阁间上下的通道。

②属（zhǔ）：刚刚，近，适逢。

③雍齿：沛（今江苏沛县）人，随刘邦起兵，一度叛去，后复归。

④什方：今四川什邡市。汉高祖封此地为雍齿的侯国。

【译文】

高祖已封立了大功臣二十多人，其他的人日夜争功而没有结果，没能封赏。高祖在洛阳南宫，从复道上望见将领们常常聚坐在沙地上互相谈论。高祖问："这是在说什么呀？"留侯（指张良）说："陛下不知道吗？这是在谋反呀。"高祖说："天下才刚安定，为什么要谋反呢？"留侯说："陛下出身平民，依靠这些人取得天下，现在陛下成为天子，而所封赏的都是萧何、曹参这些亲信喜爱的故人，所诛杀的都是生平仇怨之人。现在军吏计算功劳，认为天下的土地不够封赐所有的功臣，这些人担心陛下不能全部封赐，又恐怕自己过去所犯的过错被陛下猜疑以至于遭到诛杀，所以便相聚谋反。"高祖于是担忧地说："该怎么办呢？"留侯问："皇上生平所憎恨，且为群臣共知的人中，谁是你最恨的？"高祖说："雍齿与我本有积怨，又曾几次侮辱我使我难堪。我本想杀他，因他功劳多，故此不忍下手。"留侯说："现在赶紧先封赐雍齿以昭示群臣。群臣看见雍齿受封，就会心安了。"于是高祖便设宴，封雍齿为什方侯，并催促丞相、御史赶快论定群臣的功劳来进行封赐。群臣吃完酒宴，都高兴地说："雍齿尚且被封为侯，我们不用担忧了。"

张良谏阻复六国

汉三年^①，项羽急围汉王荥阳，汉王恐忧，与郦食其谋桡楚权^②。食其曰："昔汤伐桀，封其后于杞^③。武王伐纣，封其后于宋^④。今秦失德弃义，侵伐诸侯社稷，灭六国之后，使无立锥之地。陛下诚能复立六国后世，毕已受印，此其君臣百姓必皆戴陛下之德，莫不乡^⑤风慕义，愿为臣妾。德义已行，陛下南乡称霸，楚必敛衽而朝。"汉王曰："善。趣刻印，先生因行佩之矣。"

食其未行，张良从外来谒。汉王方食，曰："子房^⑥前！客有为我计桡楚权者。"具以郦生语告曰："于子房何如？"良曰："谁为陛下画此计者？陛下事去矣。"汉王曰："何哉？"张良对曰："臣请藉前箸为大王筹之。"曰："昔者汤伐桀而封其后于杞者，度能制桀之死命也。今陛下能制项籍之死命乎？"曰："未能也。""其不可一也。武王伐纣封其后于宋者，度能得纣之头也。今陛下能得项籍之头乎？"曰："未能也。""其不可二也。武王入殷，表商容^⑦之闾，释箕子^⑧之拘，封比干^⑨之墓。今陛下能封圣人之墓，表贤者之闾，式智者之门乎？"曰："未能也。""其不可三也。发钜桥^⑩之粟，散鹿台^⑪之钱，以赐贫穷。今陛下能散府库以赐贫穷乎？"曰："未能也。""其不可四矣。殷事已毕，偃革为轩，倒置干戈，覆以虎皮，以示天下不复用兵。今陛下能偃武行文，不复用兵乎？"曰："未能也。""其不可五矣。休马华山之阳，示以无所为。今陛下能休马无所用乎？"曰："未能也。""其不可六矣。放牛桃林之阴^⑫，以示不复输积。今陛下能放牛不复输积乎？"曰："未能也。""其不可七矣。且天下游士离其亲戚，弃坟墓，去故旧，从陛下游者，徒欲日夜望咫尺之地。今复六国，立韩、魏、燕、赵、齐、楚之后，天下游士各归事其主，从其亲戚，反^⑬其故旧坟墓，陛下与谁取天下乎？其不可八矣。且夫楚唯无强，六国立者复桡而从之，陛下焉得而臣之？诚用客之谋，陛下事去矣。"汉王辍食吐哺，骂曰："竖儒，几败而公事！"令趣销印。

（《史记》留侯世家）

19

【注释】

①汉三年：公元前 204 年。

②"与郦"句：郦食其（lì yì jī），高阳（今河南杞县）人，跟从刘邦，以游说立功，后被齐王田广烹杀。桡，通"挠"，削弱。

③杞：今河南杞县。

④宋：约今河南商丘。

⑤乡：通"向"。

⑥子房：张良字子房。古人称字以示尊敬。

⑦商容：商纣王时大夫，因进谏被贬。

⑧箕子：名胥余，纣的堂叔，任大师，进谏无效，为免祸佯狂，但仍被纣囚禁。

⑨比干：纣的叔父，任少师，因屡次劝谏而被剖心。

⑩钜桥：纣的粮仓，在今河北曲周县东北。

⑪鹿台：又称南单台，是纣储存财物的地方，在今河南淇县。

⑫"放牛"句：桃林，今河南灵宝市西。阴，山北水南为阴，山南水北为阳。

⑬反：通"返"。

【译文】

汉三年，项羽紧紧地将汉王（指刘邦）包围在荥阳，汉王极度恐惧忧虑，和郦食其商议如何削弱楚国的力量。郦食其说："以前商汤讨伐夏桀，封夏的后人于杞。武王讨伐商纣，封商的后人于宋。现在秦失德弃义，侵伐诸侯各国，诛灭六国的后代，使他们没有安身之地。陛下如果真能重新封立六国的后代，让他们都接受印玺，那么，六国的君臣百姓必定都对陛下感恩戴德，无不向往陛下的威望而敬慕陛下的德义，甘愿为臣仆。德行恩义既已推行，陛下再南面称霸，楚王一定会恭敬地整敛衣襟来朝见你。"汉王说："很好。马上刻印，先生好把印玺带上起程。"

郦食其还没有动身，张良从外面回来拜见。汉王正在吃饭，说："子房你过来！有位客人为我谋划了削弱楚国力量的方法。"就将郦生的话全都告诉了张良，问："子房你看来如何？"张良说："谁为陛下出的这个计策？陛下的大事坏了。"汉王问："为什么？"张良回答说："请让我借大王面前的筷子，为大王算一算这条计谋的失误之处。"张良接着说："以前商汤伐灭夏桀，却封夏的后代于杞，是估计到能置桀于死地。现在陛下能置项籍于死地吗？"汉王答道："不能。""这是其计不可取的第一点理由。""周武王伐灭商纣，而封商的后代于宋，是估计到能取纣的头颅。现在陛下能取到项籍的头颅吗？"汉王答道："不能。""这是其计不可取的第二点理由。武王攻入商都后，旌表商容的里门，释放被囚的箕子，在比干墓上培土致敬。现在陛下能在圣人墓上培土，在贤士门前旌表，在智者门前致敬吗？"汉王答道："不能。""这是此计不可行的第三个理由。武王发放钜桥的储粮，散去鹿台的钱财，以之赐给贫穷的百姓。现在陛下能散发府库的钱粮赐给贫穷百姓吗？"汉王答道："不能。""这是此计不可行的第四个理由。武王在灭商的战争结束后，将战车改为平时乘用的车，倒放兵器并蒙上虎皮，向天下表示不再用兵。现在陛下能偃息武事施行文治，不再用兵吗？"汉王答道："不能。""这是此计不可行的第五个理由。武王放马于华山南麓，表示马匹不再用于战场。现在陛下能放养骏马不用于战场吗？"汉王答道："不能。""这是此计不可行的第六个理由。武王放牛于桃林山北麓，表示不再需要牛来运输粮草。现在陛下能放牛而不再运输粮草吗？"汉王答道："不能。""这是此计不可行的第七个理由。况且如今天下游士告别他们的亲人，舍弃祖先的坟墓，离开故交旧友，追随陛下南征北战，只是常常希望有尺土寸地的封赐。如果现在复立六国，册立韩、魏、燕、赵、齐、楚的后代为王，那么天下游士各自回国奉事他们的君王，跟从他们的亲人，返回故乡去供奉祖先的坟墓，重新结交旧时的朋友，那么陛下依靠谁来夺取天下呢？这是此计不可行的第八个理由。而且现在没有比楚国更强大的，六国复立的君主又会因国势削弱而顺从它，陛下又怎能控制大局，使他们俯首称臣？如果真采纳那位客人的计谋的话，陛下的大事就完了。"汉王停止进食，吐出口中的肉脯，骂道："这儒生小子，几乎败坏了老子的大事！"下令赶快销毁印玺。

御　人

毛遂自荐

　　秦之围邯郸，赵使平原君①求救，合从于楚②，约与食客门下有勇力文武备具者二十人偕。……得十九人，余无可取者……门下有毛遂者，前，自赞于平原君曰："遂闻君将合从于楚，约于食客门下二十人偕，不外索。今少一人，愿君即以遂备员而行矣。"平原君曰："先生处胜之门下几年于此矣？"毛遂曰："三年于此矣。"平原君曰："夫贤士之处世也，譬若锥之处囊中，其末立见。今先生处胜之门下三年于此矣，左右未有所称诵，胜未有所闻，是先生无所有也。先生不能，先生留。"毛遂曰："臣乃今日请处囊中耳。使遂蚤③得处囊中，乃脱颖而出，非特其末见而已。"平原君竟与毛遂偕。十九人相与目笑之而未废也。

　　毛遂比至楚，与十九人论议，十九人皆服。平原君与楚合从，言其利害，日出而言之，日中不决。十九人谓毛遂曰："先生上。"毛遂按剑历阶而上，谓平原君曰："从之利害，两言而决耳。今日出而言从，日中不决，何也？"楚王谓平原君曰："客何为者也？"平原君曰："是胜之舍人也。"楚王叱曰："胡不下！吾乃与而君言，汝何为者也！"毛遂按剑而前曰："王之所以叱遂者，以楚国之众也。今十步之内，王不得恃楚国之众也，王之命悬于遂手。吾君在前，叱者何也？且遂闻汤以七十里之地王天下，文王以百里之壤而臣诸侯，岂其士卒众多哉？诚能据其势而奋其威。今楚地方五千里，持戟百万，此霸王之资也。以楚之强，天下弗能当。白起，小竖子耳，率数万之众，兴师以与楚战，一战而举鄢、郢，再战而烧夷陵，三战而辱王之先人④。此百世之怨，而赵之所羞，而王弗知恶焉。合从者为楚，非为赵也。吾君在前，叱者何也？"楚王曰："唯！唯！诚若先生之言，谨奉社稷而以从。"毛遂曰："从定乎？"楚王曰："定矣。"毛遂谓楚王之左右曰："取鸡狗马之血来。"毛遂奉铜槃而跪进之。楚王曰："王当歃血⑤而定从，次者吾君，次者遂。"遂定从于殿上。……

平原君已定从而归，归至于赵，曰："胜不敢复相士。胜相士多者千人，寡者数百，自以为不失天下之士，今乃于毛先生而失之也。毛先生一至楚，而使赵重于九鼎大吕⑥。毛先生以三寸之舌，强于百万之师。胜不敢复相士。"遂以为上客。

（《史记》平原君列传）

【注释】

①平原君：名赵胜，赵武灵王的儿子，赵惠文王的弟弟，战国四公子之一。

②"合从（zòng）"句：即推楚国为盟主，约定东方国家联合起来，共同抵抗秦国。从，通"纵"。

③蚤：通"早"。

④"一战"三句：公元前279年，秦将白起取楚之鄢、郢。第二年，白起烧夷陵（楚之先王坟墓，在今湖北宜昌市东）。实际上是两次战役。

⑤歃血（shà xuè）：古人盟誓时一种仪式，宰杀牲畜，将血涂在嘴上（亦说饮血）表示诚意。

⑥"而使"句：九鼎，古代象征国家政权的9个大鼎，相传是夏禹所铸。大吕，大钟，亦是传国宝器。

【译文】

秦国包围了邯郸，赵国派平原君出外求援，去楚国定合纵之约，平原君准备挑选门客中有勇有谋、文武双全的20人陪同前往。……选出19人，剩下的人没有合格的……门客中有个叫毛遂的，向平原君自荐说："我听说你将要到楚国去订合纵之约，打算在门客中挑选20人陪同前往，不求外人。现在还少一人，希望你让我毛遂充数前往。"平原君问："先生到我门下有几年了？"毛遂说："3年了。"平原君说："贤能的人生活在世上，好比锥子装在口袋里，它的尖端马上就会显露出来。先生来到我门下3年，左右的人没有称颂你的，我也从未听到过称颂你的话，这说明先生你并没有什么长处。先生没有才能，还是留下来吧。"毛遂说："请你将我装在口袋里。如果让我毛遂早点被装在口袋里，那么锥柄都会露出来，而不仅仅是它的尖端露出来而已。"平原君最终同意毛遂同行了。19个人都嘲笑他，但没有阻止他去。

毛遂将要到达楚国时，和同行的19人交谈辩论，19个人都折服了。平原君与楚王商议合纵之约，说明这事的利害关系，从早晨到下午一直商讨。19个人对毛遂说："先生你上去吧。"毛遂按剑拾级而上，对平原君说："合纵的利害关系，几句话就可以说得明白。现在从清晨开始商讨合纵之约，到中午还不能决定，不知为什么？"楚王问平原君："这人是干什么的？"平原君说："是我的门客。"楚王呵斥道："还不下去！我和你的主人谈话，你来干什么！"毛遂手按着剑走上前来说："大王你呵斥我毛遂，无非是仗着楚国人多势众。现在十步之内，大王无法倚仗楚国的强大，你的性命掌握在我的手里。我的君长在场，你凭什么呵斥我？况且我听说商汤以70里的地盘而称王天下，周文王以百里的疆域而使诸侯臣服，难道是因为他们的军队多吗？实在是能依据有利的形势而奋发威勇。现在楚国方圆5000里，军队百万，这是称霸为王的凭借。凭楚国的强大，应该是天下无敌。白起，不过是个小人，率领数万人的军队，发兵来攻打楚国，一战而攻取鄢、郢两城，二战烧毁了夷陵，三战而侮辱了大王的祖先。这是世世代代的深仇，连赵国都以此为羞耻，大王却不知羞耻痛恨。合纵是为了楚国的利益，不只是为了赵国。当着我君长的面，你凭什么呵斥我！"楚王说："是的！是的！实在应当像先生所说，谨以国家的名义订立合纵盟约。"毛遂问："合纵的事可以决定了吗？"楚王说："决定了。"毛遂对楚王身边的人说："拿鸡、狗、马血来。"毛遂自己捧着盛血的铜盘，跪着献给楚王，说："大王应当首先歃血订立合纵之约，接着是我的君长，再是我毛遂。"于是在殿堂上订立了合纵盟约。……

平原君订立了合纵盟约，返回到赵国，说："我不敢再品评士人了。我品评的士人多说有上千，少说也有几百，自以为没有埋没天下的贤能之人，这次却将毛先生漏掉了。毛先生一到楚国，便使得赵国的地位比九鼎大钟还重要。毛先生的三寸之舌，强于百万之众的军队。我不敢再品评士人了。"于是待毛遂为上宾。

五羖大夫百里奚

五年，晋献公灭虞、虢，虏虞君与其大夫百里奚，以璧马赂于虞故也。既虏百里奚，以为秦穆公夫人媵于秦。百里奚亡秦走宛，楚鄙人执之。穆公闻百里奚贤，欲重赎之，恐楚人不与，乃使人谓楚曰："吾媵臣百里奚在焉，请以五羖羊皮赎之。"楚人遂许与之。当是时，百里奚年已七十余。穆公释其囚，与语国事。谢曰："臣亡国之臣，何足问！"穆公曰："虞君不用子，故亡，非子罪也。"固问，语三日，穆公大悦，授之国政，号曰五羖大夫。百里奚让曰："臣不及臣友蹇叔，蹇叔贤而世莫知。臣常游困于齐而乞食恀人，蹇叔收臣。臣因而欲事齐君无知，蹇叔止臣，臣得脱齐难，遂之周。周王子颓好牛，臣以养牛干之。及颓欲用臣，蹇叔止臣，臣去，得不诛。事虞君，蹇叔止臣。臣知虞君不用臣，臣诚私利禄爵，且留。再用其言，得脱；一不用，及虞君难：是以知其贤。"于是穆公使人厚币①迎蹇叔，以为上大夫。

（《史记》秦本纪）

【注释】

①厚币：很贵重的财物。

【译文】

秦穆公五年，晋献公用璧玉骏马贿赂虞国借道，从而灭掉虞、虢两国，并虏获虞国国君和他的大夫百里奚。晋献公把百里奚虏获后，将他作为秦穆公夫人的陪嫁仆役送到秦国。百里奚离开秦国逃到宛，被楚国乡下人捉到。秦穆公听说百里奚有贤才，想用重金赎回他，怕楚国不放过他，于是派人对楚国人说："我国陪嫁仆役百里奚，正在楚国，请允许让我们用五张黑公羊皮来赎回他。"楚国人就答应了。这时候，百里奚已经70多岁了。秦穆公亲自释放了他，并和他讨论国家大事。百里奚辞谢说："我是亡国之臣，哪还值得问呢？"秦穆公说："虞君不任用你，所以亡国，这并非你的罪过呀。"一定要向他请教，这样谈了3天，秦穆公非常高兴，交给他国家政事，号封为五羖大夫。百里奚谦让道："我不及我友蹇叔，蹇叔贤能却无人知道他。

我常游历，困窘在齐国并向侄人乞讨，蹇叔收留了我。我原想替齐王无知做事，蹇叔阻止我，我因之而脱免于齐国内乱到周室。周王子颓喜欢牛，我用养牛术取悦王子谋官职。等到颓想用我时，蹇叔阻止我，我离开周室，幸免于难。我服侍虞君，蹇叔阻止我。我知道虞君不任用我，我的确贪图私利禄爵，就留下来了。我一再听其善言，结果脱离危害灾难；一旦不听其建议，就遭逢了虞君之难：由此我知道蹇叔贤惠。"于是秦穆公派人用厚重礼物迎接蹇叔，封为上大夫。

萧何月下追韩信

《史记》

　　信数与萧何语，何奇之。至南郑，诸将行道亡者数十人，信度何等已数言上，上不我用，即亡。何闻信亡，不及以闻，自追之。人有言上曰："丞相何亡。"上大怒，如失左右手。居一二日，何来谒上，上且怒且喜，骂何曰："若亡，何也？"何曰："臣不敢亡也，臣追亡者。"上曰："若所追者谁？"何曰："韩信也。"上复骂曰："诸将亡者以十数，公无所追；追信，诈也。"何曰："诸将易得耳，至如信者，国士无双。王必欲长王汉中，无所事信；必欲争天下，非信无所与计事者。顾王策安所决耳。"王曰："吾亦欲东耳，安能郁郁久居此乎？"何曰："王计必欲东，能用信，信即留；不能用，信终亡耳。"王曰："吾为公以为将。"何曰："虽为将，信必不留。"王曰："以为大将。"何曰："幸甚！"于是王欲召信拜之。何曰："王素慢无礼，今拜大将如呼小儿耳，此乃信所以去也。王必欲拜之，择良日，斋戒，设坛场①，具礼，乃可耳。"王许之。诸将皆喜，人人各自以为得为大将。至拜大将，乃韩信也，一军皆惊。

（《史记》淮阴侯列传）

【注释】

　　①坛场：高台广场。举行盛大仪式典礼时所用。

【译文】

　　韩信和萧何交谈过多次，萧何很赏识他。到了南郑，将领们在半路上逃亡的有几十人，韩信想萧何等人已多次向汉王推荐自己，汉王仍不重用自己，也跟着逃走了。萧何听说韩信逃走，来不及报告汉王，就亲自去追赶他。有人对汉王说："丞相萧何逃走了。"汉王大怒，好像失去了左右手。过了一两天，萧何回来拜见汉王，汉王又气又乐，骂萧何说："你逃走，为的什么？"萧何说："我不敢逃跑，我是追赶逃跑的人。"汉王问："你追的人是谁？"萧何说："韩信。"汉王又骂道："将领们逃走的有数十人，你没有追，却追赶一个韩信，不过是借口。"萧何说："那样的将领容易得到，至于像韩信这样的人，是举国无双的奇才。大王一定要长久地在汉中为王，那就没有什么地方用得着韩信；如果一定要争夺天下，那么除了韩信就没有能共商大计的人。这要看大王如何定夺了。"汉王说："我也想东进夺取天下啊，怎么能郁郁不乐地长久住在这儿呢？"萧何说："大王决计一定要东进，要是能重用韩信，韩信便会留下来；不能，他终究还是会逃走的。"汉王说："我就看在你面上任他为将领吧。"萧何说："虽然被任命为将领，韩信必定也不会留下来。"汉王说："任他为大将。"萧何说："那太好了！"于是汉王要召来韩信拜他为大将。萧何阻止说："大王一向傲慢无礼，现在任命大将就像叫小孩一样，这就是韩信离去的原因。大王若真要任用他为大将，应当选择良辰吉日，斋戒之后，设立坛场，完备礼节，那才可以。"汉王同意了。将领们听到这个消息都很高兴，人人都自以为会担任大将之职。到拜大将时，却是韩信，全军都很吃惊。

法　制

萧规曹随

参①始微时，与萧何善，及为将相，有郤②。至何且死，所推贤唯参。参代何为汉相国，举事无所变更，一遵萧何约束。

择郡国吏木讷于文辞，重厚长者，即召除为丞相史。吏之言文刻深，欲务声名者，辄斥去之。日夜饮醇酒。卿大夫已下吏及宾客见参不事事，来者皆欲有言。至者，参辄饮以醇酒，间之，欲有所言，复饮之，醉而后去，终莫得开说③，以为常。

相舍后园近吏舍，吏舍日饮歌呼。从吏恶之，无如之何，乃请参游园中，闻吏醉歌呼，从吏幸相国召按之④。乃反取酒张坐饮，亦歌呼与相应和。

参见人之有细过⑤，专掩匿覆盖之⑥，府中无事。

惠帝怪相国不治事……参免冠谢曰：“陛下自察圣武孰分高帝？”上曰："朕乃安敢望先帝乎？"曰："陛下观臣能孰与萧何贤？"上曰："君似不及也。"参曰："陛下言之是也。且高帝与萧何定天下，法令既明，今陛下垂拱⑦，参等守职，遵而勿失，不亦可乎？"惠帝曰："善。君休矣！"

参为汉相国，出入三年。卒，谥懿侯。子窋代侯。百姓歌之曰："萧何为法，顜若画一⑧；曹参代之，守而勿失。载其清净⑨，民以宁一。"

（《史记》曹相国世家）

《史记》

【注释】

①参：曹参，西汉开国功臣，继萧何为第二任相国。

②有郤（xì）：有隔阂，指论功行封时产生了隔阂。

③开说：开口说话进言。

④召按之：召传他们来，处置他们。

⑤细过：细小过错。

⑥"专掩"句：一律包揽遮掩起来。

⑦垂拱：垂衣拱手，形容无为而治的安然神态。

⑧颢若画一：一一明白公正，官民标准一致。颢若，皎然，平直明白。

⑨载其清净：感戴其清静无为而治。

【译文】

曹参当初微贱时，与萧何友好，等到各自为将相后，有了隔阂。待到萧何即将死去时，所推举的贤士唯有曹参。因此曹参代萧何任汉相国，一切事都没有变更，一律遵从萧何的规约。

曹参选择的郡国吏都是质朴而不善言辞的、厚重长者，又将他们拜官授职作为丞相史。那些死扣法令条文、对人语言苛刻严峻的，以及那些追求能吏名声的则马上开除他。他日夜饮浓酒。卿大夫以下吏及宾客见曹参不兴革多事，来见他时想说几句。有来访的人，曹参就与他一起饮浓酒，过了一会儿，他想说什么时，曹参又给他酌酒，直到他饮醉后离去，始终没能开口说话，这样就成了习惯。

丞相府后园有官吏宿舍，吏舍里每日有人饮酒歌唱欢闹。幕僚属员厌恶这件事，没有办法，因此请曹参在园中游玩，听到了官吏酒醉的歌唱欢闹声，幕僚属员希望曹参召来他们一一处置。曹参反而取过酒摆开筵席与他们共坐聚饮，也一起歌唱欢闹互相应和。

曹参发现属下人有小错误，总是一律包揽遮掩起来，因此丞相府没有出什么事。

惠帝怪相国不治理什么国事……曹参脱帽谢罪说："陛下自己察觉圣明英武与高帝比谁强些？"皇上说："我怎敢与先帝相比呢？"曹参说："陛下看我与萧何比，谁更贤良？"皇上说："你好像不及萧何。"曹参说："陛下言之极对。况且高祖与萧何定天下，法令已经明确，如今陛下垂衣拱手，无为而治，曹参等谨守职责，遵守前法不失职，不是很好吗？"惠帝说："好。你不要说了。"

曹参担任汉相国，共有3年。他死后被封赐懿侯。儿子曹窋代袭其侯爵。老百姓这样歌唱道："萧何制定好法律，一一明确公正，官民标准统一；曹参代之为相，坚守善法，毫不失职。天下感戴他清静无为而治，人民得以安宁享太平。"

二十四史精华

《史记》

军 事

周亚夫治军

　　文帝之后六年①，匈奴大入侵。乃以宗正②刘礼为将军，军霸上③；祝兹侯徐厉为将军，军棘门④，以河内守亚夫为将军⑤，军细柳，以备胡。

　　上自劳军。至霸上及棘门军，直驰入，将以下骑送迎。已而之细柳军，军士吏⑥披甲，锐兵刃，彀⑦弓弩，持满。天子先驱至，不得入。先驱曰："天子且至。"军门都尉曰："将军令曰：'军中闻将军令，不闻天子之诏。'"

　　居无何，上至，又不得入。于是上乃使使持节诏将军："吾欲入劳军。"亚夫乃传言开壁门。壁门士吏谓从属车骑曰："将军约，军中不得驱驰。"于是天子乃按辔徐行。至营，将军亚夫持兵揖，曰："介胄⑧之士不跪，请以军礼见。"天子为之动，改容，式车，使人称谢："皇帝敬劳军。"成礼而去。

　　既出军门，群臣皆惊。文帝曰："嗟乎，此真将军矣！曩⑨者霸上、棘门军，若儿戏耳，其将固可袭而虏也。至于亚夫，可得而犯耶？"称善者久之。月余，三军皆罢，乃拜亚夫为中尉⑩。

（《史记》绛侯周勃世家）

【注释】

　　①文帝：名恒，高祖刘邦之子，公元前179—公元前156年在位。后六年，即后元六年，公元前157年。

　　②宗正：掌管皇族事务的官员。

③霸上：地名，在今陕西省西安市东。

④棘门：地名，在今陕西省咸阳市东北。

⑤"以河"句：河内，郡名，在今河南省北部。守，即太守，郡的长官。亚夫，姓周，为西汉开国功臣绛侯周勃之子，西汉名将，平定吴楚七国之乱，后因得罪景帝，又被诬谋反，绝食自杀。

⑥吏：军中掌事务的官。

⑦彀（gòu）：张开。

⑧胄（zhòu）：头盔。

⑨曩（nǎng）：从前；过去的。

⑩中尉：负责京城治安的武官。

【译文】

汉文帝后元六年，匈奴人大举入侵边境，宗正刘礼为将军，驻军霸上；祝兹侯徐厉为将军，驻军棘门；河内太守周亚夫为将军，驻军细柳，以防备匈奴。

文帝亲自去慰问驻军。到了霸上和棘门两军，车驾径直驰入军营，毫无阻拦，自将军以下的军官都骑着马迎接和欢送。之后来到细柳军营外，见军官和士兵都披着盔甲，刀枪擦得锋利雪亮，张满了弓，严阵以待。天子的先行队伍来到军营外，进不了营门。先行队伍说："天子将要到了。"守卫营门的军官说："将军有令：'军中只听军令，不听皇帝的命令。'"

不久，文帝到来，还不能进军营。于是文帝派使者拿着符节下诏令给将军："我要进营慰劳军队。"周亚夫才传令打开营门。守卫营门的军官对文帝随从的车驾和骑兵说："将军有规定，军营中不许让车马快跑。"于是文帝收住缰绳让马慢慢地前行。到了营中，将军周亚夫手持兵器拱手行礼，说："戴甲之士不便跪拜，请允许我以军中的礼节相见。"文帝震动，脸色严肃起来，靠在车前的横木向他答礼，派人前去致意："皇帝慰劳将军！"劳军礼节完毕后离去。

出了军门，大臣们纷纷惊叹。文帝说："啊，这才是真正的将军！前面的霸上、棘门两处军队，不过像儿戏罢了，他们的将领，容易被偷袭和被俘获。至于周亚夫，怎么可以侵犯呢？"夸奖了许久。过了一个月后，三支军队都撤除了，便任命周亚夫为中尉。

司马穰苴军纪严

司马穰苴^①者，田完^②之苗裔也。齐景公^③时，晋伐阿、甄，而燕侵河上^④，齐师败绩。景公患之，晏婴乃荐田穰苴，曰："穰苴虽田氏庶孽^⑤，然其人文能附众，武能威敌，愿君试之。"景公召穰苴与语兵事，大说之，以为将军，将兵扞燕晋之师。

穰苴曰："臣素卑贱，君擢之闾伍之中^⑥，加之大夫之上，士卒未附，百姓不信，人微权轻。愿得君之宠臣，国之所尊，以监军，乃可。"于是景公许之，使庄贾往。穰苴既辞，与庄贾约曰："旦日日中会于军门。"穰苴先驰至军，立表下漏^⑦，待贾。贾素骄贵，以为将己之军而己为监，不甚急。亲戚左右送之，留饮。日中而贾不至，穰苴则仆表决漏，入行军勒兵，申明约束。约束既定，夕时，庄贾乃至。穰苴曰："何后期为？"贾谢曰："不佞^⑧，大夫亲戚送之，故留。"

穰苴曰："将，受命之日，则忘其家；临军约束，则忘其亲；援枹鼓^⑨之急，则忘其身。今敌国深侵，邦内骚动，士卒暴露于境，君寝不安席，食不甘味。百姓之命，皆悬于君，何谓相送乎？"召军正问曰："军法期而后至者云何？"对曰："当斩。"庄贾惧，使人驰报景公，请救。既往，未及反，于是，遂斩庄贾以徇三军。三军之士皆振栗。久之，景公遣使者持节^⑩赦贾，驰入军中，穰苴曰："将在军，君令有所不受。"问军正曰："军中不驰，今使者驰，云何？"正曰："当斩。"使者大惧。穰苴曰："君之使不可杀之。"乃斩其仆、车之左驸、马之左骖^⑪，以徇三军，遣使者还报，然后行。

士卒次舍，井灶、饮食、问疾、医药，身自附循之。悉取将军之资粮享士卒，身与士卒平分粮食，最比其羸弱者。三日而后勒兵，病者皆求行，争奋出为之赴战。

晋师闻之，为罢去；燕师闻之，度水而解。于是追击之。遂取所亡封内故境而引兵归。未至国，释兵旅，解约束，誓盟而后入邑。景公与诸大夫郊迎劳师，成礼而后反归寝。既见穰苴，尊为大司马。

（《史记》司马穰苴列传）

【注释】

①司马穰（ráng）苴（jū）：本姓田，因为任过大司马（掌军政的职官），后人称他为司马穰苴。

②田完：春秋时人，后田氏取代齐国旧王族，尊他为始祖。

③齐景公：名杵臼，公元前547—公元前590年在位。

④"晋伐"句：阿，今山东省东阿县。甄，今山东鄄城，都是齐国的地名。

⑤庶孽：众贱子。庶：众多。孽，婢妾所生的儿子。

⑥"君擢"句：擢（zhuó），提拔。间伍，即间里，平民所居之处。

⑦"立表"句：表和漏都是古代计时的仪器。立表即立木为表，以测日影，其作用同日晷仪（俗称日晷）。下漏是用铜壶盛水，底穿一孔，壶中立箭，上刻度数，壶中水因漏出渐减，箭上刻的度数，依次显露，即可知时，其作用同钟表。

⑧不佞：不才或不敏，一种自谦的称呼。

⑨援枹（fū）鼓：指击鼓进军。援，拿、执。枹，击鼓的棒。

⑩节：即符节，国君的信物，剖成两半，出兵时，将军和国君各持其一。国君派使者去军中时，常持国君的半个符节以示信。

⑪骖（cān）：古代用三匹马驾车时，左边的马叫骖。

【译文】

司马穰苴是田完的后代。齐景公时，晋国攻打齐国的阿、甄地方而燕国侵犯到黄河边上，齐军大败。景公很忧虑，晏婴就推荐田穰苴，说："穰苴虽然只是田家的庶子，但他这个人，文能使大家亲附他，武能使敌人慑服于他，希望大王试用他。"景公召见穰苴，与他谈论军事，大为高兴，任他为将军，统率军队抵御燕、晋两国的军队。

穰苴说："我素来卑贱，大王将我自平民中提拔出来，使我位居大夫，士兵还不亲附我，百姓也不信服我，人微权轻。希望得到大王宠信的臣子，国中所尊信的人，来做监军，方才可以。"于是景公答应了他，派庄贾前往。穰苴既已辞别，和庄贾约好："明天正午时，在军营的大门外相会。"穰苴次日乘车到了军中，立表下漏，等待庄贾。庄贾向来骄贵。认为统领自己的军队而且自己监军，不大着急。亲戚和左右亲近的人为他送行，他留下来一起喝酒。正午时庄贾不到，穰苴便放倒木表，放空漏中的水，进入军营内巡视整饬部队，发布号令申明纪律。发令已完，太阳下山时，庄贾才来到。穰苴问："为什么迟到？"庄贾谢罪说："有大夫亲戚送行，所以留下来饮酒。"

穰苴说："担任将领的人，一旦接到命令，便不再过问家事；临军申明纪律，便不再考虑亲人；击鼓进军的紧急时候，便不再顾及自身安危。现在敌国入侵境内很深，国内骚动不安，士卒在边境上露宿守卫，国君寝不安席，食不甘味。百姓的性命，都掌握在你的手中，还谈什么饯别？"于是召来军中的司法官问："按军法，约好时间却后到的人该当何罪？"司法官回答说："当斩。"庄贾害怕了，派人乘车去报知景公，请求解救。那人去了，还未返回，穰苴已处斩了庄贾，巡行三军前而宣告之。三军士兵都为之战栗畏惧。很久以后，景公派使者拿着符节来赦免庄贾，驾车奔入军营中。穰苴说："将领在军中时，国君的命令有的可以不接受。"又问军中司法官："军营中不许驾车快奔，现在使者做了，怎么处置？"司法官说："当斩。"使者非常害怕。穰苴说："国君的使者不能杀。"便杀了他的仆人，斩断了左边车厢外立着的一根木头，还杀了左边驾车的马，以警戒三军，派使者回去报告，然后出发。

士兵宿营，打井、垒灶、饮食、疾病医药，穰苴都亲自过问抚慰。将自己作为将军应得的物资粮食都拿出来给士兵享用，自己和士兵平分粮食，汇总排列后自己只得到了瘦弱者的粮食数。3天后整饬部队，生病的人都要求随同行军，争先恐后要为国作战。

晋军听说了，因此而退走；燕军听说了，北渡黄河解围而去。于是齐军追击，收复了境内曾经沦陷的国土，然后回师归来。未到国都，先解除武装和战时法令，立誓严守纪律、效忠君王而后入都城。景公和诸位大夫到郊外迎接，加以慰劳，完成这隆重的礼节后才回去休息。见了穰苴后，尊他为大司马。

《史记》

孙武演兵

孙子武①者，齐人也。以兵法见于吴王阖庐。阖庐曰："子之十三篇②，吾尽观之矣，可以小试勒兵乎？"对曰："可。"阖庐曰："可试以妇人乎？"曰："可。"于是许之，出宫中美女，得百八十人。孙子分为二队，以王之宠姬二人各为队长，皆令执戟。令之曰："汝知而心与左右手背乎？"妇人曰："知之。"孙子曰："前，则视心；左，视左手；右，视右手；

后，即视背。"妇人曰："诺。"约束既布，乃设铁钺③，即三令五申之。于是鼓之右，妇人大笑。孙子曰："约束不明，申令不熟，将之罪也"复三令五申而鼓之左，妇人复大笑。孙子曰："约束不明，申令不熟，将之罪也；既已明而不如法者，吏士之罪也。"乃欲斩左右队长。吴王从台上观，见且斩爱姬，大骇。趣使使下令曰："寡人已知将军能用兵矣。寡人非此二姬，食不甘味，愿勿斩也。"孙子曰："臣既已受命为将，将在军，君命有所不受。"遂斩队长二人以徇。用其次为队长，于是复鼓之。妇人左右前后跪起皆中规矩绳墨④，无敢出声。于是孙子使使报王曰："兵既整齐，王可试下观之，唯王所欲用之，虽赴水火犹可也。"吴王曰："将军罢休就舍，寡人不愿下观。"孙子曰："王徒好其言，不能用其实。"于是阖庐知孙子能用兵，卒以为将。西破强楚，入郢⑤，北威齐晋，显名诸侯，孙子与有力焉。

（《史记》卷六十五，孙子吴起列传）

【注释】

①孙子武：即孙武。子是古代对人的尊称。

②十三篇：即《孙子兵法》十三篇。

③铁钺（fū yuè）：大斧，军中行刑所用的工具。

④规矩绳墨：本义指工匠所用的工具，这里借指规章制度。

⑤郢：楚国都城，在今湖北江陵东南。

【译文】

孙武，齐国人。因为精通兵法而被吴王阖庐接见。阖庐说："你的兵法十三篇，我都已看过了，可以试用来操练一小部分士兵吗？"孙子回答说："可以。"阖庐问："可以试着操练妇人吗？"孙武回答说："可以。"吴王于是同意了，召集官中180名美女。孙子将她们分为两队，以吴王的两名宠姬为每队的队长，命令她们都拿着战戟。孙子问："你们知道你的心和左右手、后背吗？"宫女们回答说："知道。"孙子说："向前，则朝着心的方向；向左，朝左手的方向；向右，朝右手的方向；向后，就朝后背的方向。"宫女们说："知道了。"规定完后，就布设一钺为刑具，随即反复交代上述规定。于是命令击鼓向右，宫女们大笑。孙子说："规定不明白，交代不清楚，是将领的过错。"再反复交代后命令击鼓向左，宫女们又大笑。孙子说："规定不明白，交代不清楚，是我将领的过错；但已交代清楚了却不按规定做，就是士兵们的过错了。"于是要斩杀左右队长。吴王在台上观看，见要斩杀自己的爱姬，大为惊骇。急忙派使者传令："我已知道将军能用兵了。我若没有这两位爱姬，连饭也吃不香，希望将军不要杀她们。"孙子说："我既已被任命为将，将在军中，君命有所不受。"于是杀了两名队长以示众。提拔排在她们后面的人为队长，再击鼓传令。宫女们向左、向右、向前、向后、跪下、站起都合乎规定，没人敢出声。于是孙子派使者向吴王报告："士兵已操练好，大王可以下来检阅，任凭大王随意使用，就是让她们赴汤蹈火也行。"吴王回答说："将军就此而止，回房休息吧，我不想下来检阅。"孙子说："大王只喜欢谈论兵法，却不能运用兵法的实际内容。"于是阖庐知道了孙子善于用兵，终于任命他为将军。吴国后来向西攻破强大的楚国，占领郢都，向北威震齐、晋两大强国，在诸侯中名声大震，孙子在其中起的作用很大。

《史记》

德　操

舜帝以善报恶

　　舜父瞽叟顽，母嚚①，弟象傲，皆欲杀舜。舜顺适不失子道，兄弟孝慈。欲杀，不可得；即求，尝在侧。

　　舜年二十以孝闻。三十而帝尧问可用者，四岳咸荐虞舜，曰可。于是尧乃以二女妻舜以观其内，使九男与处以观其外。舜居妫汭，内行弥谨。尧二女不敢以贵骄事舜亲戚②，甚有妇道。尧九男皆益笃。舜耕历山，历山之人皆让畔；渔雷泽，雷泽上人皆让居；陶河滨，河滨器皆不苦窳③。一年而所居成聚，二年成邑，三年成都④。尧乃赐舜绨衣⑤，与琴，为筑仓廪，予牛羊。瞽叟尚复欲杀之，使舜上涂廪⑥，瞽叟从下纵火焚廪。舜乃以两笠自扞而下，去，得不死。后瞽叟又使舜穿井，舜穿井为匿空旁出。舜既入深，瞽叟与象共下土实井，舜从匿空出，去。瞽叟、象喜，以舜为已死。象曰："本谋者象。"象与其父母分，于是曰："舜妻尧二女，与琴，象取之。牛羊仓廪予父母。"象乃止⑦舜宫居，鼓其琴。舜往见之。象愕不怿⑧，曰："我思舜正郁陶⑨！"舜曰："然，尔其庶矣⑩！"舜复事瞽叟爱弟弥谨⑪。于是尧乃试舜五典百官，皆治。

（《史记》卷一，五帝本纪）

《史记》

【注释】

　　①嚚：言不及义。

　　②亲戚：公婆兄弟。

③苦窳：粗劣。

④聚、邑、都：聚，村落。邑，大于村落；都，大于邑。

⑤缔衣：细葛布做的衣服。

⑥上涂廪：上粮仓顶部涂泥。

⑦止：移到舜的宫室而止。

⑧愕不怿：惊愕不自在。

⑨郁陶：忧伤的样子。

⑩尔其庶矣：你像个弟弟了。

⑪弥谨：更加谨慎。

【译文】

舜的父亲瞽叟顽劣不善，母亲言不及义，弟弟象狂傲不羁，都想杀死舜。舜顺从父母不失子道，待兄弟友善，想杀他，却找不到借口；他则一心只是希望常侍候在父母的身边。

舜年方20即以孝闻名于世。30岁时，帝尧询问可用之材，四位诸侯领袖都推荐虞舜，说他可以。于是尧把两个女儿嫁给他做妻子，观察他怎样治家；又派9个儿子与舜共处，观察他怎样处世。舜住在妫水湾一带，家居行为更加谨慎认真。尧的两个女儿不敢因为身份高贵而骄纵自己，侍奉舜的家人，能恪遵善良妇女之道。尧的9个儿子都更加笃实。舜在历山耕种，历山的人都让出自己的土地；在雷泽捕鱼，雷泽上的人都为他让出自己的住所；在黄河沿岸做陶器，黄河沿岸出产的陶器没有一件是粗劣的。一年之后，他所住的地方成了村落，两年后成为城邑，3年后便成都市。尧于是赏赐给舜细葛布衣和琴，又为他建筑仓廪，并送给他牛羊。瞽叟还是想杀死他，要舜到仓廪上去涂合缝隙，瞽叟从下面放火焚烧仓廪；舜利用两个斗笠护住身子，跳下来逃走了，终于不死。后来瞽叟又命令舜去挖井，舜挖井时留心开挖了一个隐秘小孔道，便于从旁出来。待舜已深掘入井底，瞽叟与象合力倾倒泥土入井想活埋舜，把井填实，殊不知舜却从隐秘小孔道潜逃出来得以脱险。瞽叟和象非常高兴，以为舜已死。象说："主谋的是象。"象愿意把舜的财物分赠父母一份。接着说："舜的妻子——尧的两个女儿，以及琴，象取来享用。牛羊仓廪都给父母。"象就来到舜的宫室住下，弹他的琴。舜回来见到象。象惊愕不已，极不自在，说："我思念舜正忧伤不已！"舜说："这样好啊，你像个弟弟！"舜仍然孝顺地侍奉瞽叟，友待弟弟，比以前更加谨慎小心。

于是，尧用五种伦理和各种官职来考察舜的才能，结果都办得十分满意。

张良拾履

留侯①张良者，其先韩人也。大父开地，相韩昭侯、宣惠王、襄哀王②。父平，相釐王、悼惠王③。悼惠王二十三年，平卒。卒二十岁，秦灭韩。良年少，未宦事韩。韩破，良家僮三百人，弟死不葬，悉以家财求客刺秦王，为韩报仇，以大父、父五世相韩故。

良尝学礼淮阳④。东见仓海君。得力士，为铁椎重百二十斤。秦皇帝东游，良与客狙击秦皇帝博浪沙中⑤，误中副车。秦皇帝大怒，大索天下，求贼甚急，为张良故也。良乃更名姓，亡匿下邳⑥。

良尝闲从容步游下邳圯⑦上，有一老父，衣褐，至良所，直堕其履圯下，顾谓良曰："孺子，下取履！"良愕⑧然，欲殴之。为其老，强忍，下取履。父曰："履我！"良业为取履，因长跪履之。父以足受，笑而去。良殊大惊，随目之。父去里所，复还，曰："孺子可教矣。后五日平明，与我会此。"良因怪之，跪曰："诺。"五日平明，良往。父已先在，怒曰："与老人期，后，何也？"去，曰："后五日早会。"五日鸡鸣，良往。父又先在，复怒曰："后，何也？"去，曰："后五日复早来。"五日，良夜未半往。有顷，父亦来，喜曰："当如是。"出一编⑨书，曰："读此则为王者师矣。后十年兴。十三年孺子见我济北⑩，谷城山⑪下黄石即我矣。"遂去，无他言，不复见。旦日，视其书。乃《太公兵法》⑫也。良因异之，常习诵读之。
……

后十三年从高帝过济北，果见谷城山下黄石，取而葆⑬祠之。留侯死，并葬黄石冢，每上冢⑭伏腊，祠黄石。

（《史记》卷五十五，留侯世家）

【注释】

①留侯：张良的封号。侯，侯爵。留，地名，今江苏沛县东南。

②"相韩"句：韩昭侯，名武，公元前358—公元前333年在位。宣惠王，昭侯之子，公元前332—公元前312年在位，韩国君称王自他始。襄哀王，

即襄王，名仓，公元前311—公元前296年在位。

　　③釐（xǐ）王：名咎，襄王之子，公元前295—前273年在位。悼惠王，又称桓惠王，釐王之子，公元前272—前239年在位。

　　④淮阳：今河南淮阳县。

　　⑤"良与"句：狙（jū），猿猴之类的动物。狙击，意即像狙扑击猎物一样，暗中埋伏，突然袭击。博浪沙，在今河南原阳县东南。

　　⑥下邳：今江苏邳州市南。

　　⑦圯（yí）：桥梁。东楚称桥为"圯"。

　　⑧愕：惊讶，发愣。

　　⑨编：造纸术发明之前，古人以竹简木牍书写，用绳子将其编在一起成为一本书。一编书，犹后世所谓一卷书或一本书。

　　⑩济北：今山东茌（chí）平县。

　　⑪谷城山：一名黄山，在今茌平、东阿两县之间。

　　⑫《太公兵法》：相传是周代周文王之师吕尚留下来的兵书，共3卷。

　　⑬葆：同"宝"，珍爱。

　　⑭上冢：扫墓。伏腊：伏为夏季祭日，腊为冬季祭日。

【译文】

　　留侯张良，祖先是韩国人。祖父名叫开地，在韩昭侯、宣惠王、襄哀王时任韩国之相。父亲名平，在韩釐王、悼惠王时任国相。悼惠王二十三年，张平死去。死后20年，秦灭了韩国。当时张良年轻，没有在韩国当官任职。韩国灭亡后，张良尚有300奴仆，弟弟死了也不安葬，而将家资全都用来访求刺客以刺杀秦王，为韩国报仇，这都是因为他的祖父、父亲历任5位韩国国君的相位。

　　张良曾在淮阳学礼仪。游历到东夷，见到了当时有名的隐士仓海君。招募到一个大力士，铸造了重达120斤的大铁椎。秦始皇东巡，张良和刺客在博浪沙伏击他，误中随从的车辆。秦始皇大怒，在全国大肆搜捕，急于抓到刺客，就是因为张良的缘故。张良于是改名换姓，逃到下邳隐藏起来。

　　张良曾经悠闲从容地在下邳一座桥上散步，有一位老人，穿着粗布短衣，走到张良身边，故意将脚上的鞋子丢到桥下，看着张良说："小子，下去捡鞋！"张良很吃惊，想殴打他。见他年老，才强忍住怒气，下去捡上鞋子。老人说："给我穿上鞋！"张良既已为他捡了鞋子，便恭敬地挺身上前跪着，为他穿鞋。老人伸出脚让张良替自己穿好鞋子，笑着走了。张良非常惊异，目送他离去。老人走了一里来路，又回来了，说："小子值得教导啊。5天后天刚亮时，和我在此处相会。"张良因此觉得奇怪，跪下回答说："是。"5天后天刚亮时，张良前往桥上。老人已经先到了，生气地说："和老人相约，却后到，为什么？"转身就走，说："5天后早点来。"5天后鸡刚叫时，张良便前往桥上。老人又先到了。又生气地说："迟来了，为什么？"离去时说："5天后再早来一点。"5天后，还不到半夜张良就前往桥上。过了一会，老人也来了，高兴地说："应该是这样。"取出一卷书，说："熟读此书，就可以做帝王的老师了。10年以后发迹。13年后，小子到济北来见我，谷城山下的黄石就是我。"于是离去，没有其他话，不再出现。天亮时看这本书，竟是《太公兵法》。张良因此而诧异，常诵读它。

……13年后，张良跟随汉高祖经过济北，果然见到了谷城山下那块黄石，便取回来，珍重地供奉祭祀。张良死后，黄石与他同葬，每逢扫墓和冬夏祭日，也祭祀那块黄石。

武帝兴农治水

自河决瓠子①后二十余岁，岁因以数不登②，而梁楚之地尤甚。天子既封禅巡祭山川，其明年，旱，乾封少雨。天子乃使汲仁、郭昌发卒数万人塞瓠子决。于是天子已用事万里沙③，则还自临决河，沈白马玉璧于河④，令群臣从官自将军已下皆负薪窴⑤决河。是时东流郡烧草，以故薪柴少，而下淇园之竹以为楗⑥。

天子既临河决，悼功之不成，乃作歌曰："瓠子决兮将奈何？皓皓旰旰⑦兮闾殚为河！殚为河兮地不得宁，功无已时兮吾山平。吾山平兮钜野溢，鱼沸郁兮柏⑧冬日。延道弛兮离常流，蛟龙骋兮方远游。归旧川兮神哉沛⑨，不封禅兮安知外！为我谓河伯兮何不仁，泛滥不止兮愁吾人？啮桑浮兮淮泗满，久不反兮水维缓。"一曰："河汤汤兮激潺湲，北渡污兮浚流难。搴⑩长茭⑪兮沈美玉，河伯许兮薪不属。薪不属兮卫人罪，烧萧条兮噫乎何以御水！颓林竹兮楗石菑⑫，宣房塞兮万福来。"于是卒塞瓠子，筑宫其上，名曰宣房宫。而道河北行二渠，复禹旧迹，而梁楚之地复宁，无水灾。

自是之后，用事者争言水利。朔方、西河、河西、酒泉皆引河及川谷以溉田；而关中辅渠、灵轵引堵水^⑬；汝南、九江引淮；东海引钜定；太山下引汶水；皆穿渠为溉田，各万余顷。佗^⑭小渠披山通道者，不可胜言。然其著者在宣房。

(《史记》卷二十九，河渠书)

【注释】

①河决瓠子：黄河在瓠子口一带于汉武帝元光三年发生决口事件。

②不登：收成不好。

③用事万里沙：在万里沙巡祭西岳。

④"沈白马"句：将白马及玉璧沉于河中，来礼水神。沈，通"沉"。

⑤寘（zhì）：搁，放。

⑥楗：用以堵决口的木桩。

⑦皓皓旰旰（xū）：浩浩瀚瀚，河水泛滥广漠无边。

⑧柏：通"迫"。

⑨沛：福盛。

⑩搴（qiān）：牵拉。

⑪茭：通"茭"，是用苇竹编成的拦泥石堵决口的用具。

⑫蔺：柱。

⑬引堵水：导引积滞的水。

⑭佗：通"他""它"。

【译文】

自从黄河在瓠子口一带决口以来20多年里，连年收成不好，多次出现灾荒，尤其在梁楚一带格外严重。天子已经告祭巡祀山川天地，次年，发生大旱，因为少雨，农民封干土下种。天子于是派汲仁、郭昌征发数万士卒前去填塞瓠子口一带的决口。天子在万里沙巡祭西岳之后，返回途中亲往决口处，沉下白马及玉璧到黄河中，以敬祀水神，并命令群臣随从官自将军以下都背薪木填塞黄河决口。当时，因为填薪木太多，东郡一带只好烧草，淇园的竹子也被用来代做木桩。

天子面对黄河决口，感伤于治河不成功，就作歌吟道："瓠子决口啊怎

42

么办呢？水势浩瀚无边啊村镇全成河！全成河啊不得安宁，成功遥遥无期啊吾山才平。吾山才平啊钜野泽又泛滥，到处都是鱼的乐园啊时节近冬日。故道废弛啊洪水离开了常流之域，蛟龙驰骋啊正向远方游去。洪水归旧川吧愿神赐福丰沛，若不外出封禅啊怎知宫墙之外有此等灾患！替我报知河伯水神吧，他为何如此不慈，如此泛滥不息啊，真是愁煞人？啮桑已被浮起啊，只因淮水、泗水溢满泛滥，洪水长久不返退啊，水势是如此难以维拘。"又唱道："黄河激荡啊潺湲不已，向北渡滞积的水域啊浚疏水道真难。牵动长笈堵决口啊下沉美玉，祈望河伯神应许赐福啊却乏塞河之薪。堵河决口之薪不继啊让卫人频频遭罪，草已烧尽四野萧条啊，用什么来抵御浩浩洪水！木材竹子已尽颓光一片啊，只好以石为柱，建宣房宫来镇卫所塞之口啊，唯愿万福到来。"于是君臣上下一齐终于堵塞了瓠子口，并在上面建宣房宫。因而引导浚疏黄河以北所延伸的两条干渠，让黄河水重新回到大禹所开通的河道，这样梁楚一带复得安宁，不再发生水灾。

自此，负责的大臣们争先恐后地劝说天子兴修水利。朔方、西河、河西、酒泉一带都引来黄河及其他河川的水来灌溉田亩；关中地区由辅渠、灵轵等人工渠道来引积滞的淤水；在汝南、九江引导淮水；在东海郡引出巨定湖水；在泰山下引出汶水；所有一切都凿渠引水为灌溉农田，各有万顷多。其他小渠劈断山势、导水使通的，难以数尽。然而其中最显著的工程就是瓠子口宣房宫。

传世故事

孔夫子教儿

我国春秋末期的大圣人，著名的思想家、教育家、儒家学说的创始人孔子。50多岁时，曾一度任过大司寇，但不久就因政见不合，愤而离开鲁国，周游齐、卫、宋、陈、蔡、楚等列国。他的一生主要是以讲学培养人才为主，其入门的弟子达3000人，可说是桃李满天下。其中"受业身通"，能够深刻领会其思想、学术的弟子有70余人。现存的《论语》20篇，就是记其师徒问答的实况，其中留下了孔子许多宝贵的教育思想，是他留给后人的一笔宝贵遗产。

孔子一生从事教育，又非常重视教育。他的教育思想，很多都包含着朴素的唯物辩证法思想，闪耀着睿智的光芒。而他在辛勤培育桃李时，也没有忘记对自己的儿子孔鲤随时加以教育。

有一天，孔子正站在庭院中，儿子伯鱼从他旁边快步走过。孔子叫住伯鱼，关切地问道："你学习过《诗经》了吗？"伯鱼停下脚步，恭恭敬敬地回答父亲道："还没学过。"孔子听儿子说没有学过，便教育他道："一定要好好学习《诗经》，不学习《诗经》，你连说话都不知道该怎么讲。"在父亲的启发下，伯鱼开始学习《诗经》。

还有一次，孔子恰好又站在庭院中，伯鱼像上次一样，也是快步从旁边走过。孔子顺便叫住儿子，问他道："你学习过《礼记》吗？"伯鱼当时尚没有读过《礼记》，便恭敬地照实回答父亲："还没读过。"孔子语重心长地开导儿子说："《礼记》是教人行为规则的，你不学习《礼记》，就不知道应该怎样做，也就无法立足于社会。"伯鱼听了父亲的话，便又认认真真地学习起《礼记》来。

后来，孔子特意又抽了个空，教导伯鱼说："我听说能够跟人整天孜孜不倦地谈论的，只有学问这样东西。外貌、身体不足观，勇力也不值得害怕。倘若一个人既没有可以炫耀的祖先，又没有值得一提的宗族姓氏，而最终却能够名播四方，并且传之后世，不也是做学问的结果吗？因此，君子是不能够不学习的！……"

孔子教育儿子的话十分深刻，直到今天，对我们仍有很大启发。从孔子教育儿子的话语以及要求伯鱼所读的书籍中，可以看出孔子是十分重视传统文化、十分重视知识的。可惜的是，伯鱼活的年岁并不太长，刚满50岁，便早于孔子而先去世了。

子贡富而不骄

人们都知道，大思想家大教育家孔丘，有"三千弟子七十二贤人"。在这"七十二贤人"中，颜回、子路、子贡等10多个弟子，是他最得意的门生，总是跟随在他的左右。但人们未必知道，这里边的子贡原来还是个大富豪。其实，这也不奇怪，因为孔子实行的是"有教无类"的教育方针，就是不论贵贱贤愚都要给以教育。

"子贡"是他的字。他姓端木，名赐，公元前526年出生在卫国，比孔子小31岁。他一面学习，一面经商，一面从政。

关于他怎样经商致富，史籍中的记载不多，只说到他"家累千金"。但从字里行间和其他人的一些注释当中，还是可以看出一点线索。

《史记·仲尼弟子传》说，"子贡好废举，与时转货赀"。宋朝人裴骃(yīn)在给这段文字作的《集解》中解释说，"废举"就是贮藏的意思。这两句话的意思是，如果什么货物贱了，他就把它贮藏起来，价格涨了以后，再把它卖出去。这就是说，他很善于掌握价格的发展趋势，因此能够做到贱买贵卖，从中渔利。他还善于掌握各地的货物差价，因而能够把货物从贱的地方买来，再转运到贵的地方卖掉。这就是他得以经商致富的秘诀。

子贡就是在谈论学业的时候，也有时用经商来比喻。有一次，他问孔子："如果我有一块美玉，我是用漂亮的盒子把它收藏起来呢，还是等待好价钱卖掉它呢？"

孔子高兴地回答说："沽之哉！沽之哉！我待贾者也。"意思是说：当然要等有好价钱的时候卖掉它了。我就是一个等待好价钱出卖的人。"待价而沽"即源于此。

根据史料记载，子贡经常往返于曹国与鲁国之间，贩运各种货物。同时，他的政务活动，对于他了解各地的行情也是很有益处的。为了帮助老师孔子实现保护鲁国的目的，子贡曾经多次往返于鲁国、齐国、吴国、越国与晋国这5个诸侯间，纵横捭阖，斡旋调解，威胁恫吓，终于保住了弱小的鲁国。这些政治活动，对于他掌握各国的经济情报，也是很有好处的。

他还担任过鲁国和卫国的国相。

子贡不仅富有，政治上的成绩也很骄人的，但他并不盛气凌人，也不敢骄傲。他曾对孔子说："贫而无谄，富而无骄，何如？"贫穷而不谄媚，富贵而不骄傲，怎么样？就是说，他的心里，还是时时在警惕自己的骄傲的。

他说："君子的过失，就像是日蚀。有了过失，大家都能看得到。而如果你改正了过失，大家就都很敬仰你了。"

孔子曾问子贡："你与颜回比，谁更强一些？"

子贡答道："我怎敢与颜回相比！颜回听到一件事，就可以从中知道10件事。而我听到一件事，只能从中知道两件事。"

原宪，非常贫穷。原宪家那土筑的墙上，长满了茅草；用草编成的屋门，用一根桑树枝作门轴；把没底的瓦罐筑到墙里，就算是窗户，再用破布堵上挡风雨；屋顶是漏的，屋地是湿的。要知道，那时人们是在地上坐在地上睡的！子贡听说原宪有病了，便特意在外面套上比较朴素的衣服，到他家里探望他。子贡的车，在原宪家的小巷里都走不开。没想到，原宪对子贡却很是傲慢。当子贡问他是不是有病了的时候，原宪冷冷地说：

"我听说，无财叫作贫，学不能用才叫作病。我没有病，而只是贫。"

子贡面带愧色地退了回来。

子贡的富有，对孔子也是很有帮助的。因为各国诸侯嫌贫爱富，所以他们对子贡都另眼相看。子贡到哪个国家去，那里的君王都与他"分庭抗礼"，就是用平等的礼节来接待他，他去办事就比较容易。救鲁的故事，就是一个例子。

孔子对子贡也是有一定的评价的。有一次子贡问孔子：

"先生觉得赐是怎样的人？""赐"是子贡自称。

孔子说："女器也。"用今天的话来说，就是：你是一个人才。"器"，就是可以成器的意思。"女"是"汝"，就是你的意思，是第二人称代词。

杀猪诚信

孔子弟子三千，而特别贤能的，有72人。他的学生大多于学问之外，又十分注意修身养性，恪守礼仪，行为高尚。曾参，字少舆，小孔子46岁，为孔子70余贤弟子之一。《韩诗外传》载，曾参早时曾经为吏，俸禄微薄，但仍高高兴兴，不减其乐。后来他的职位高了，俸禄很多，却反而北向而泣，丝毫不觉其乐。曾参自己解释说："俸禄少时，因为我的双亲在堂上，可以用薄俸奉养双亲，所以很快乐；后来我双亲都不在了，虽位高禄多，却已经无亲可以奉养，所以悲伤而泣。"因为这件事，其老师孔子认为曾参"能通孝道""故授之业，作孝经"。

曾参品行端正，是因为自我约束。据他自己说，他每天的必修课是："吾日三省吾身，为人谋而不忠乎？与朋友交而不信乎？传不习乎？"（《论语·学而》）意思是说，他每天都要3次反省，从忠、信、习3个方面对照检查自己：为别人办事忠诚不忠诚，与朋友交往诚信不诚信，老师传授的知识复习没复习。不光如此，曾参还受其老师孔子的影响，十分注重对子女的教育，从平时的言行中，培养子女的良好品德。

有一次，曾参的妻子要到市场上去买东西，不懂事的儿子，跟在母亲后面吵闹着要一道去。因为带着一个年幼的孩子毕竟不方便，做妈妈的不愿带他去，孩子便哭了起来。曾参的妻子被儿子纠缠得没有办法，便随口哄骗儿子道："你在家里好好待着，等我从市场上回来，把我们家的猪杀了给你肉吃。"曾参的儿子一听这话，非常高兴，便不再哭闹，真的乖乖地待在了家里。

曾参的妻子，便将此事丢在了脑后。不料曾参听到妻子对儿子的许诺，真的将家中养的猪捆绑起来，准备宰杀。曾参妻子急忙拦住丈夫，说："我不过是随便哄哄孩子罢了，你怎么还真的要杀猪？难道为了这么一句哄孩子的话，就真的把一头大肥猪杀掉吗？"曾参听妻子这样说，便语重心长地回答道："孩子是不能欺骗的！你想想，孩子本来是没有知识的，他接触到的，是他的父母亲，所以什么都跟父母亲学。你现在哄骗他，实际上等于是在教他欺骗。再说，你做妈妈的欺骗了孩子，孩子以后自然也就不相信你了，你以后还怎么教育孩子呢？"

曾参的话语虽然浅显，道理却中肯而深刻，说得妻子再也不阻拦他杀猪了。曾参把猪杀掉，真的让儿子吃到了猪肉。

示人以信，信守诺言，这是人际交往中最起码的原则。孔子曾经说过："人而无信，不知其可。"古人提倡"仁义礼智信"，将"信"列为人生的一条重要的、必备的品格，是很有道理的。曾参的妻子认为一句话是小事，杀一头猪是大事，因而不愿因小失大。曾参的价值观恰恰与妻子相反，他认为杀一头猪是小事，失信于孩子倒是大事，曾参的做法无疑是对的。曾参的妻子很快明白了其中的道理，从善如流，也不失为一个聪明人。

管子的"轻重学"

《史记》

在西方的古罗马，大约生活在公元前二三世纪的法学家鲍鲁斯，曾经谈及了货币的理论问题；在古代印度，大约也是在同一时间，出现了谈论货币问题的法典，最早也不会早于公元前 6 世纪。

而在中国，生活在公元前 7 世纪的管子，就提出了比较完整的金融货币理论。齐桓公元年是公元前 685 年，管仲同年为相。管子正是应用了这一理论来指导国家的经济活动，从而使得齐国的经济迅速发展并实现了称霸诸侯的目的。所以司马迁在《史记》中说："桓公既得管仲，与鲍叔、隰朋、高傒修齐国政，设轻重鱼盐之利，以赡贫穷，禄贤能，齐人皆悦。"

管仲的著作《管子》。书中有《轻重》甲、乙、丙 3 篇，比较集中地谈论了货币、金融、物价等问题，在其他很多篇目中，也有这方面的论述。"轻重"一词的本意，有增减、权衡等意义，但作为一门学说，则是一种有关调节商品、货币流通和控制物价等方面的理论了。清朝末年，当政治经济学刚刚传入中国的时候，就曾被译为《轻重学》。

管子认为，货币是君王为了帮助百姓解决交换中的困难而创造的。他说，汤的时代，遇到了 7 年大旱，禹的时代，遇到了 5 年大水，百姓没有东西吃，以至于卖儿鬻女。于是，汤和禹便分别用庄山和历山产的铜铸造货币，帮助百姓赎回他们的孩子。

他还阐述货币的作用，说，玉产在禺氏，金产在汝汉，珠产在赤野，产地分布在东西南北，相距甚远，得来很难，所以都很值钱，也就是管子所说的"重"。君王就是利用了它们的重，才以珠玉为上币，以黄金为中币，以刀布为下币。"刀布"就是货币，那时的铜币铸得像一把刀，称为"刀币"。他还特别说明，这3种东西本身，不能保暖，不能解饥，不过是"先王"用来保守财物、管理百姓、平衡天下的手段而已。书中说，"黄金刀币，民之通施也""黄金刀布者，民之通货也"。这里的"通"，是沟通的意思，"通施""通货"，都是交换媒介的意思。这里虽然没有使用"一般等价物"这一现代语言来表达，但还颇有一点这个意味。

在2600多年以前，管仲就认识到了货币流通与商品价格之间的关系。他说，如果百分之九十的货币由国家收回停止流通，则"币轻而万物重"，币值就会下跌，而物价就会上涨。

鉴于货币对物价有着决定性的作用，管子主张由国家垄断铸币权。他建议齐桓公说：大王应该用铜来铸币。如果听任民间铸币，货币的数量无法控制，就会使得物价失去控制，使得百姓遭受盘剥，难以生活。

前面已经介绍过，管子认为珠玉是上币，黄金是中币，刀布是下币，他指出，国家可以通过变动中币黄金的价格，来平衡3种货币的价格关系，从而控制物价。例如，国家向有钱人家借黄金，就可以使黄金的价格上涨。国家支出俸禄等费用的时候，如果使用货币，也可以使货币的价格下跌，而物价上涨。

对于物价的控制，管子也提出了一套办法。他认为，"衡无数也"，物价不可能总是一个样子的。只是在物价过低的时候，国家收购商品，就可以使物价上扬；相反，在物价腾贵的时候，国家就可以售出一些库存，这可以促使物价回落。这样，物价就可以稳定在一定的范围之内。

管子甚至提出一些国际贸易的价格政策。他举了一个例子。周武王曾经在巨桥设立谷仓，并且设立专门的金库收买天下的粮食。由于他囤积了大量的粮食，使民间粮食减少，谷价上涨了20倍，结果他仓中的粮食也增值20倍。他用这些增值的钱购买自己需要的绸缎和军需，一辈子也用不着向百姓敛钱。我们齐国虽然没有那么多的粮食，我们却有盐。一个10口之家，就得有10个人吃盐。人不吃盐，就会浮肿。如果国家把盐控制起来，不准私人煮盐，国家贮存的盐就会涨价40倍，把这些盐运到楚国、宋国、赵国、卫国等不产盐的国家去卖，我们齐国不是就有足够的钱用了吗？我因此可以认为，管子是最早提出国际经济垄断政策的人。同时，他提出的盐的专卖政策，成了以后中国历代统治者坚持的政策。

为了避免物资外流，他还提出"天下高则高，天下下则下"的国际价格政策。就是说，国外某种货物价格高，我国也应该提高它的价格，否则，"天下高我下，则财利税于天下矣！"如果国外价格高国内价格低，就会造成物资外流，让外国得到好处而损害了自己。

由于管仲充分利用了齐国的"轻重鱼盐之利"，使得齐国的经济得到了很大的发展，百姓得到了实惠，所以会出现齐国大治、九合诸侯的局面。

管仲治国　国富民强

管仲又名夷吾，后世称为管子。他虽是周朝王族的后裔，但年轻时贫穷，只好以经商为业，与自己的朋友鲍叔牙一起贩贱卖贵。因为他穷，所以在与鲍叔牙分配利润的时候，他总是得的多一些。鲍叔也不与他计较。

那时，人们把经商视为"末业"，商人是很受歧视的。管仲和鲍叔牙也不甘心一辈子经商。当时，齐国正处在政治危机之中。齐襄公与自己的妹妹、鲁桓公的夫人私通，并谋害了鲁桓公。因此，与鲁国的矛盾很尖锐。并且，襄公又与自己的堂兄公孙无知争夺王位，两人之间的矛盾一触即发。在这种情况下，襄公的两个异母弟弟公子纠和公子小白纷纷逃往外国。管仲和鲍叔牙觉得这是个机会，便想投奔他们两个人中的一个。鲍叔牙觉得，从当时的实力和排行位次上看，公子纠是次子，如果长兄襄公死了，公子纠即位的可能性则更大一些，因此建议他们去投奔公子纠。管仲说，小白虽然是三子，为王的可能性也不是没有，他建议脚踩两只船。经过商议，鲍叔牙投奔了公子小白，同小白一起逃到莒国。管仲投奔了公子纠，同公子纠一起逃到了鲁国。

不久，襄王被杀，自立为王的公孙无知也死于内乱。

鲁和莒都得到了公孙无知被杀的消息，都派兵护送他们回国争夺王位。鲁国还派管仲带兵堵截小白。管仲迎到小白后，一箭射去，正击中小白的衣带钩，小白应声倒下装死。管仲以为小白已经被射死，便派人送信给公子纠，公子纠觉得没了竞争对手，也就放慢了速度。小白抢先一步到达首都临淄，被支持他的人拥立为齐王，就是后世所说的齐桓公。不久，齐国又打败了鲁国，逼使鲁国杀了公子纠。

齐桓公当然也想杀管仲，特别是还有那一箭之仇。但鲍叔牙对他说，如果想称霸诸侯，没有管仲是不行的。桓公求贤若渴，不计前嫌。声称要亲自处死管仲，要求鲁国把管仲送到齐国。

当管仲被押回齐国的时候，齐桓公亲自迎到郊外，给他解下刑具，非常谦恭地向他请教说："我国先君襄公耽于享乐不问国政，搞得国家无法发展。这样下去，我们国家就会危险，不知先生有什么良策？"

管仲说，周昭王、穆王的时候，曾经遵从文王、武王的办法，把老人们请到一起，让他们选拔出类拔萃的人才，还把律令写到高高的门阙上，让百姓都能知道。他们注意发展农业这样的根本，也注意发展工商这样的末业。用奖励来鼓励百姓的积极性，用刑罚来纠正他们的过错。还使长幼有序，纲纪分明。

桓公又急着问他：我到底该怎么办呢？

管仲说，士、工、商、农这4种人，不能混杂。士是做官的人，就要让他们有一个安静的环境；工都是官奴，他们都得到官府来干活；商人就得在市场上交易；农民就要在田野中劳作。这样才能保证他们不见异思迁。

为工的人在一起，他们就能从早到晚钻研技术，教导子弟，使他们的孩子也永远务工。让经商的人经常在一起，他们就可以观察四时的变化，了解市场行情，调动人力车马，调剂四方的物产，用他们的所有换取他们的所无，买贱卖贵，并且从早到晚让他们的子弟学习赢利的方法，使他们的后代永远经商。让务农的人集中在一起，他们就可以注意节令的变化，注意维护和合理地使用他们的各种农具，不误农时地播种耕耘，精耕细作。他们从早到晚劳作在田野，不怕脏累辛苦，尽心尽力。他们的孩子也会在口教目染之中学会农耕，世世务农，不会萌生恶习。

为了使自己的这一主张得以实现，管子还向桓公提出了建立城乡居民组织和军事组织的建议。

桓公愉快地接受了管子的建议。并任他为齐国的国相，从而使管仲的主张得以实现。

管仲利用齐国在海边的自然条件，充分发展渔业和盐业，又大力发展商业流通，注意对铸造货币的规划和管理。这样，齐国的经济飞快地发展起来。他还注意听取民间的意见，广大百姓愿意的事，就积极地办下去；广大百姓不愿意的事，就改掉。从而使得百姓乐于听从国家的命令。

经济实力的增强，也带来了军事实力的增强，齐国终于在桓公的时代发展成天下最富足的国家，齐桓公也成了历史上有名的霸主。

管仲自己的家也成了同公室一样富有的家族。

管鲍相知

管仲少年时常与鲍叔牙一起游玩，鲍叔深知他贤能。管仲贫困，常欺骗鲍叔钱财，鲍叔始终善待于他，不拿此事当话柄。后来鲍叔事奉齐公子小白，管仲事奉公子纠。齐国内乱，为了避祸公子纠投奔鲁国，公子小白则投奔了莒国。后两公子抢夺王位，莒国派兵护送公子小白回齐国夺位，管仲带兵埋伏在莒国通往齐国的路上，企图阻止公子小白回国，他用箭射中了小白的带钩，小白装死，管仲将这消息带回鲁国，公子纠一行不紧不慢地回齐国，而公子小白早已抢先回齐，继承了王位，就是齐桓公。

桓公对管仲恨之入骨，鲍叔牙对桓公进言说："臣有幸能跟从君王您，您最终立国即位，君尊臣贵。臣无以给您增添荣耀，国君要治理齐国，仅高傒和我鲍叔牙就够了。但国君若想要成就霸业，非得要管仲不可。管仲在哪个国家哪个国家就会强盛，不能失去这个人。"齐桓公听从了鲍叔牙的劝告，于是对鲁国假称要回他以治他的罪，实际则是准备起用他。管仲已知道其中的缘由，所以要求前往齐国。鲍叔牙亲自前往迎接管仲，到堂阜这地方就卸下了他身上的枷锁，让他沐浴后去见齐桓公，桓公赠他以厚礼，并延聘他做大夫，管理国家政务。

齐桓公得到管仲，与鲍叔牙、隰（xí）朋、高傒一同治理齐国政务，建立五家相连的群众军事组织，增收渔、盐之利，赡养贫困之人，嘉禄贤能之士，齐人都很高兴。据此理，齐国"九合诸侯，一匡天下"，成为春秋五霸之一。

管仲自己说："我开始时贫穷已极，曾与鲍叔一起做买卖，分钱财时经常给自己多一些，鲍叔不认为我贪婪，认为是由于贫穷造成的。我曾经给鲍叔做事，可是弄得他更贫困，鲍叔不认为我愚笨，知道这是时机不利造成的。我曾做过3次官，3次都被罢免，鲍叔不认为我无能，知道我没有逢到好时机。我曾经打过3次仗，3次都败走了，鲍叔不认为我怯懦，知道是由于我有老母在上。公子纠在与公子小白的争斗中失败，召忽自杀，而我受辱被囚，鲍叔不认为我没有廉耻，他知道我不拘小节而以功名不显著天下为耻。"管仲感叹道："生我者父母，知我者鲍叔也。"

鲍叔牙向桓公推荐了管仲之后，他自己却身处管仲之下，官位比管仲低。天下人称赞管仲贤能，更赞鲍叔牙能知人。

秦穆公不以成败论英雄

鲁僖公三十三年（公元前627），秦穆公不听蹇叔的劝谏，命令孟明视、西乞术、白乙丙3位将军率领大军，不远千里东袭郑国。结果没有得手，在归途中却遭到晋军的拦截，秦军在崤山全军覆没，三帅被俘。

晋襄公的嫡母文嬴是秦穆公的同宗之女，她看到娘家秦国的3员大将被儿子襄公活捉，便出面讲情。晋襄公见母亲求情，只好放走了孟明视等人。晋国重臣先轸入朝时，询问秦国3个囚徒的情况，襄公道："夫人求情，我把他们放走了。"先轸一听说道："武夫费尽九牛二虎之力从战场上把他们抓来，妇人在朝廷上用几句花言巧语就把他们放了！真是毁弃我军的战果而长敌人的气焰，晋国的灭亡指日可待了！"气愤地唾了一口。晋襄公也有些后悔，便叫阳处父去追赶。阳处父赶到河边时，孟明视等已坐在船中了。阳处父解下兵车上的边马，谎称是襄公派他来赠送马匹，想骗他们上岸，可孟明视却在船中行礼道："大王施恩于我等，不杀我等，让我等回国接受制裁。敝国国王如杀我等，则虽死犹生。倘若承蒙大王的福佑而免于一死，我等3年后将回报大王的恩惠。"

孟明视等3人在秦国都城的郊外受到了秦穆公的迎接。穆公身着素服向3人哭道："我未听蹇叔之言，让你们几位蒙受了耻辱。罪过在我啊！"事后，仍让孟明视等担任原来的职务，并不因为他们有败兵之罪而施加惩罚。秦国大夫及穆公左右的近侍都认为穆公赏罚不当，进谏道："这次兵败，罪责全在孟明视，必须对他处以极刑！"穆公却替孟明视开脱道："罪责在我。周芮良夫诗云：'大风有隧，贪人败类。听言则对，诵言如醉。匪用其良，覆俾我悖。'这是说原因在于贪婪，说的就是我。我的确是因贪婪而使孟明视蒙受了祸患。他哪有什么罪！何况，我也不会因为一次过错而埋没了他们的忠诚。"

两年后，秦穆公再次派孟明视等率兵攻伐晋国，晋国将军先且居领兵迎敌。双方在彭衙激战，最后孟明视又败。秦穆公不但不加责罚，而且待他越发尊重。孟明视感恩戴德，更加勤勤恳恳地治理朝政，施恩于民，秣马厉兵，准备再战。

一年后，秦穆公又派孟明视领兵攻伐晋国。秦军渡过黄河后，烧掉了乘船，奋勇进击，打得晋军落荒而逃。秦军一举攻陷了王官及鄗，晋军吓得死守城中不敢应战。于是，秦穆公从茅津渡过黄河，重新封埋好死于崤山的秦军将士的尸骨，为他们发丧致哀，痛哭了3日。然后，秦穆公又告誓全军道："将士们，你们听着，不要喧哗！我告誓你们：古时候的人，有事都向年长者请教，所以不犯错误。当初我不听蹇叔之言，以致兵败崤山。现在作此告誓，让后世之人记住我的过失！"君子听到了这件事，都流着泪说："唉！秦穆公看人不片面，不因一恶而弃其善，所以终于得到了孟明视这样的贤臣啊！"

勾践灭吴

春秋末年，长江中下游的吴、越两国经过10余年的相互讨伐，越国渐有吞吴之势。

周敬王三十八年，越国乘吴王夫差率军北上与晋争霸、国内空虚之机攻入吴都，因夫差急率大军来救，乃暂与之议和而罢。

时过4年，吴国大旱，人民纷纷移居海边捕捞鱼蚌以就食，国势益亏，这使一直念念不忘灭吴报仇的越王勾践感到，灭吴的机会终于来到了！

是年三月，勾践令大夫文种留守国内，他亲自与大将军范蠡统领5万越军伐吴，吴王夫差忙率6万吴军迎敌，两军在笠泽江两岸扎营对峙，谁也不敢轻易渡江主动进攻。

入夜后，"越子为左右句卒，使夜或左或右，鼓噪而进。""卒"即左右两队相互配合、相互接应，于夜深之时，两队鼓噪而进，杀声震天，渡至江中而止。

吴王夫差突闻越军乘夜来攻，见越军分左右两路渡江，不敢怠慢，也分兵两路沿岸列阵以待之。

勾践的"左右句卒"不过是诱敌之兵，越之三军却在吴军忙着列阵应付鼓噪而进的"左右句卒"的时候，偷偷地从另一地点衔枚渡江，至江北后，潜至吴军营前。吴军正全神贯注地计划迎击呼喊着渡河的越兵，一点没有发觉越军的主力已偷偷渡江逼近了自己的营地。

越军潜至吴中军营地，猛然发动了进攻，吴之中军措手不及，阵脚大乱，一败而不堪收拾。吴之左右军也顾不得防御正面渡河的越军，调头来救中军，又遭到了越军主力与已渡河参加战斗的左、右两队越军的夹击，马上也落败了，夫差只得带着残兵败将退至20里外的没溪。

越军在范蠡的率领下追至此地，夫差忙奔向吴都，一路上在越兵的追击下伤亡无数，残兵退入吴都，越军则穷追至此，展开了对吴都的攻坚战。

因为吴都城防甚固，越军改变战术，将吴都围困起来，筑越城于吴都的西门外，计划长期围困吴都，使之不战自破。

这一围即是两年多。直至公元前476年，越军才设计使夫差突围，在姑苏山将其歼灭，夫差自杀，至此，越终得灭吴。

而笠泽之战，实为越灭吴之关键一役。勾践一面派少数兵力作为正兵，从正面喊叫着进攻，以引起吴军的注意。而以主力部队作为奇兵，乘夜悄悄渡江，潜至吴军阵地，出其不意，攻其不备，一战即将吴军击败，并乘胜追击，将穷寇围困于吴都城内，再徐徐图之，直至将吴国灭掉。由此可见，勾践与范蠡深得"兵者诡道也"的真谛，以少数兵力为正兵，却以主力为奇兵，奇正结合，卒成大功。

值得指出的是，越王勾践虽卧薪尝胆、励精图治，但终非雄才大略之君主，灭吴之战的所有谋略，实乃尽出之于范蠡。范蠡看出勾践"可与共患难，不可与共乐"，便像孙武那样，功成之后飘然引退，泛舟五湖，成了一代富商。

围魏救赵

公元前354年，魏惠王令庞涓举兵伐赵，并包围了赵都邯郸，赵成侯大惊，急忙遣使赴齐求援，以中山之邑为礼，请求齐国发兵相救。

当时齐国大臣分为两派，一派以相国邹忌为首，主张不救赵；一派以大夫段干朋为首，主张应救赵。段干朋认为，魏灭赵，对齐国没有丝毫好处。三晋中，魏国最为强大，一旦灭赵，必会危及韩、齐，所以，救赵势在必行。

而且，此时救赵有个有利条件，即魏之精锐部队皆在外与赵作战，国内必然空虚。齐军倘若避实击虚，进攻魏之襄陵（今河南睢县），可得渔人之利。

齐威王因此决定发兵，令田忌为将，孙膑为军师，率军救赵。

孙膑与魏将庞涓原在一起学习兵法，后庞涓出山仕魏为将军。孙膑潜至齐，受到齐威王的器重。此次发兵，本欲以孙膑为将，孙膑以残疾固辞，威王遂任之为军师，使坐于车中，为田忌出谋划策。田忌想率军直赴邯郸与魏军决战，孙膑道："今魏赵相攻，轻兵锐卒必竭于外，老弱疲于内。子不若引兵疾走魏都，据其衢路，冲其方虚，彼必释赵以自救，是我一举解赵之围而收弊于魏也。"意思是，魏赵相攻，精锐部队在外，老弱疲兵在内，齐军不如疾速向魏都大梁进发，占其要道，击其虚弱，庞涓必解邯郸之围以自救，如此一来不仅可以解救赵国，还能乘虚而入，而得袭魏之利。

孙膑的谋略与段干朋的避实击虚的主张基本上是一致的，只是孙膑认为，齐军应径攻大梁，攻魏之必救，这比段干朋主张攻魏之襄陵更为合理。

庞涓正麾军围攻赵都邯郸，突闻齐兵向大梁进发，而留守大梁的尽是老弱残兵，大梁若被齐兵攻取，魏国根本即失，后果不堪设想。倘若此时回军相救，便会功亏一篑，这使庞涓陷入进退两难之境。

赵国君臣因迟迟不见齐国救兵，见魏攻城愈急，渐失信心，在关键时刻向魏投降，庞涓担心大梁有失，接受邯郸守将投降后便匆匆撤兵，直奔大梁以自救。

齐军此时尚未至大梁，闻知魏军回师，便掉头后撤，撤至桂陵驻扎。

庞涓退兵后，见齐军亦撤退，勃然大怒，遂率军追击齐军，欲与齐军决一死战以泄愤。齐军探知魏军来追，便在桂陵设好埋伏，以逸待劳。庞涓因攻邯郸得胜，未及进入邯郸城便急急回军。既骄狂又恼怒，骄兵悍将，一路上气势汹汹，毫无防备地进入了齐兵的伏击圈，理所当然地被打得大败，庞涓率领残兵败将狼狈而逃。

赵武灵王变法

赵武灵王，为了富国强兵，想进行改革。这一年的春天，他出游各地，考察形势。他去北方勘察了中山的边境，走到了房子县，顺便抵达代，又到

北边的无穷和西部的黄河边，登上黄华山。然后，他召见大臣楼缓，谈起先王未完的帝业、赵国局势和改革的打算，他说道："如今中山位于我国的心腹之地，北边有燕，东边有胡，西部又邻近林胡、楼烦、秦、韩的边界，而我国却无强兵守护，这样下去会断送江山的，怎么办？凡是要立下惊世骇俗的功名的，一定会被谴责为背离时风世俗。我打算改穿胡服。"楼缓认为赵武灵王的主意不错，但遭到群臣的反对。

赵武灵王认为要想取得群臣的拥护，必须首先得到在群臣中有影响力的元老重臣的支持。一次，先王肃侯宠信的重臣肥义正在赵武灵王身旁待坐，赵武灵王便向他求教："先王简子、襄子的功业就在于谋取胡、翟的利益。为人臣子的，懂得孝悌长幼顺从明理才会得到信任，能够建立有益于百姓君主的功业才会发迹显达，这两条是作为臣子的本分。如今我想踵迹先王襄子的步伐，向胡、翟之地开疆拓土，只怕终生看不到为民忠君的贤臣。我如改穿胡服，必然会使我国强盛敌国衰弱，这样做花费的气力少而取得的功效大，可以不极尽百姓的辛劳而继续完成先王的大业。凡是立下惊世骇俗的功业的，就得承受违背时风世俗的谴责。而今我要用胡服骑射来训导百姓，而举世之人定然会批评我，怎么办才好呢？"肥义却听出了话里的压力，他似乎想做个为民忠君的贤臣，便鼓励道："为臣听说做事举棋不定就不会成功，犹疑不决就不会得到好评。大王既然抱定承受世俗谴责的念头，就不要考虑天下的讥议了。讲论大德的人不取媚于世俗，成就大业的人不求教于民众。从前舜为有苗而舞蹈，禹光膀子进入裸国，他们并非为了纵欲欢心，而是专心致力于讲论大德而期望成就大业。愚者对成功的事也无从理解，而智者在事情发生以前就已了如指掌。大王何必犹疑不决。"赵武灵王说道："我不是对改穿胡服犹疑不决，而是担心天下之人笑话我。狂人高兴的事，智者感到可怜；愚人讥笑的事，贤者却详加审察。世间如有人顺从我，改穿胡服的功效就未可限量了。即使举世之人全都笑话我，我也一定要占领胡地中山。"

取得了重臣肥义的支持后，赵武灵王决定亲自穿上胡服，朝见群臣。为了减少阻力，赵武灵王又派王绁传话给自己的叔父公子成，希望他也带头穿上胡服。未料公子成不赞成赵武灵王的主张，他对赵武灵王的使者王绁振振有词地说："臣已经听说大王穿胡服之事。为臣不佞，染病卧床，未能奔走效力时时晋见。既然大王有令，为臣斗胆略述愚忠。臣听说中国是聪明睿智之人居住的地方，是万物财货聚集的地方，是圣贤教化的地方，

二十四史精华

《史记》

| 57 |

是施行仁义的地方，是实践诗书礼乐的地方，是试验杰出技艺的地方，是远方国民前来参观的地方，是蛮夷甘愿效法的地方。如今大王置此不顾，仿效远方蛮夷的服饰岂不是改变古来的教化、更动古人的方式、违背民众的心理？况且可能激怒学习中国的人，使他们远离中国。所以为臣请大王认真决断。"

王緤回来把公子成的意见报告给赵武灵王，赵武灵王便借探病之机，亲自登公子成家门做说服工作。他结合各国实例，讲述了服饰、礼俗的实用性和圣人为利民富国而因地制宜、因事制法和"儒者一师而俗异，中国同礼而教离"的实际情况，讲述了自己意在改革风俗、富国强兵、继承先王基业和向中山报仇雪恨，公子成终于受了感动，转而拥护改革。赵武灵王马上赐给他胡服。第二天，公子成便穿上了胡服上朝。赵武灵王这才正式颁布了改穿胡服的政令。

但是，政令下达后，赵文、赵造、赵俊等一些大臣还是劝谏赵武灵王不要改穿胡服。赵武灵王便费尽周折开导他们："先王们的风俗都不一样，效法哪一个老方式？帝王们的礼法互不承袭，遵循哪一位的礼法？伏羲、神农教而不诛，黄帝、尧、舜诛而不怒，到了夏、商、周时代，又随时制法，因事制礼。法规政令各自怎么合适就怎么制订，衣服器械各自如何方便就如何制造。因此，礼法不必只有一种方式，方便国家也不一定要泥古。圣人出现时，不因袭前朝也可称王；夏、殷衰亡时，未变更礼法也会灭亡。既然如此，那么反古革新未可厚非，因循守旧无须赞赏。而且，如果说穿奇装异服的其心淫邪，那么邹、鲁好长缨，就该没有高风亮节了；如果说风俗僻陋之地的人不开化，那么吴、越地远俗陋，就该没有俊才高士了。更何况，圣人认为利于身体的叫服饰，便于行事的叫礼法。进退的礼节，衣服的创制，都是用来统一平民的，不是用来品评贤人的。所以平民随着风俗而浮沉，而贤者却与变革而同在。有句话说得好：'靠书本驾车的，不能尽晓马的脾性；拿古法治今的，不能通晓事物的变化。'因循守旧的功绩，不足以惊世骇俗；食古不化的学问，治理不了今天。你们都想不到这些呀。"赵文等都哑口无言。于是，胡服骑射便在赵国全境推行开来。

胡服骑射的直接结果便是提高了赵国军队的战斗力。中山在赵军的进攻下连连败北，赵惠文王三年（公元前296年）终为赵国所灭。

献妾固宠　身死非命

　　战国时期的黄歇起先与楚国的太子完一起在秦国做人质，他设计让太子完逃归楚国之后，秦昭王在应侯的劝说下也放黄歇回国。3个月后，楚顷襄王死去，太子完继位为楚考烈王。考烈王元年，黄歇被任命为相国，封为春申君。他与当时齐国的孟尝君、赵国的平原君、魏国的信陵君一起并称"四大公子"，都争相礼贤下士，招延宾客，辅助本国，把持政权。

　　楚考烈王没有儿子，春申君极为忧虑，为此寻访、贡献了很多宜于生育的妇人，但始终不见成效，没有生下儿子。这时，赵国人李园妹妹貌美，很想把她进献给楚王而自己获利，又听说考烈王没有生育能力，担心时间长了会失去宠信。所以李园另打主意，来春申君处请求做他的门下食客，不久请假归乡，又故意耽误了回来的期限。他回来拜见时春申君问他原因，他回答说："齐王派人来求聘臣下的妹妹，因与使者饮酒，所以延误了时期。"春申君问："已经送了聘礼吗？"李园说："还没有。"春申君问："可以见见她吗？"李园回答："可以。"于是李园就向春申君进献了自己的妹妹，并受到春申君的宠信。李园知道她怀孕后，便与她妹妹进行了周密的谋划。李园妹妹寻机向春申君劝说道："楚王尊重信任君，就连兄弟之间也赶不上。而今君在楚做宰相20多年，可是楚王无后，那么楚王去世之后，必然改立他的兄弟继位。新的楚王必然会亲信显贵他们原来的亲故，君怎么可能还受宠呢？这并不是杞人之忧。因为君在楚王面前显贵太久，对楚王的兄弟失礼的地方一定很多，如果楚王的兄弟真的被立为王，灾祸就要降临到您身上了，又怎样保全您的封地呢？现在妾已自知身怀有孕，可是别人还不知道，妾得到君的身幸还并不太久，如果君能以您的威望将妾进献给楚王，楚王一定会宠爱妾，如果有赖天助能够生下一个男孩，那就是您的儿子被立为楚王了。这时整个楚国都可以归您所有，谁还能加罪于您呢？"春申君认为有理。

　　于是春申君又为李园之妹专门修筑了一个馆舍，让她妹妹居住其中并严加守护，然后报告给楚考烈王。楚王把她召入宫内，极加宠信，不久便生了一个儿子，被立为太子。母以子贵，李园的妹妹便成了王后。楚王对李园也更加信任重用，李园便开始干预政事。

李园之妹入宫立为王后，春申君的儿子被立为太子之后，李园害怕春申君语言泄露秘密，便暗中畜养亡命之徒，准备杀春申君灭口，当时有些人知道此事。

后来楚考烈王病重，春申君的门客朱英建议他杀掉李园，春申君没有采纳这一意见。17天后，楚考烈王病死，李园果然抢先入宫带领亡命之徒埋伏在棘门以内，春申君刚走入就被死士从两边刺杀，割下了他的头投掷到棘门外面。随即派遣吏卒杀光了春申君的全家。而李园的妹妹与春申君生下的孩子终于被立为王，这就是楚幽王。

赵王听谗不用廉颇

《史记》

廉颇是赵国一名英勇善战的名将，他的英雄声名在诸侯间传扬。长平之战，赵惠文王中了秦人的反间计，以纸上谈兵的赵括换下廉颇做将军，结果一败涂地，牺牲了45万人，令赵国损失惨重。

赵悼襄王继位以后，以乐乘代替廉颇的位子，廉颇十分生气地攻击乐乘，乐乘离职出走。廉颇也投奔到魏国大梁。第二年，赵国任李牧为将攻打燕国，攻克武遂、方城二地。

廉颇在大梁待了很久，魏国并不重用他。赵国因屡次被秦军围困，赵王想重新启用廉颇。廉颇也想重新被任用。赵王派使者去查看廉颇是否能用。廉颇的仇敌郭开是一个谄媚的小人，此时正受赵王宠信，为了置廉颇于死地，他就给使者很多钱，要他陷害廉颇。赵国使者会见廉颇时，廉颇故意吃得很多，一顿饭吃下一斗米、10斤肉，披甲上马威风凛凛的样子表示还可以为国家效力。赵使者回来向赵王编造说："廉颇将军虽然老了，却很能吃饭，然而，一会儿工夫就去大解3次。"赵王因此认定廉颇老了，就不召还他。这就是那个著名的典故："廉颇老矣，尚能饭否？"

楚国听说廉颇在魏国，就暗地里派人迎接他。廉颇做了楚国的将军，说："我还是想统率赵国的军队。"最后廉颇抑郁地死于楚国。

郭开在赵国做恶甚多，后来他还曾受到秦国的巨资贿赂，为秦人充当间谍，离间赵王与赵国名将李牧的关系，造谣说李牧、司马尚谋反，赵王信以为真，派赵葱和齐将颜聚代替李牧。秦国的王翦趁势率兵攻破赵国，活捉了赵王，赵国自此而灭。

秦用商鞅　开始大治

公孙鞅从魏国奔秦，秦昭王3次会晤后决定任用他实行变法。

法令规定百姓五家为保，十保相连，相互纠发、连坐。不告奸者腰斩，告奸者与斩敌首一样受赏，藏匿奸者与降敌一样受罚。百姓有二男以上而不分居的，赋税加倍。有军功的按标准受爵，为私事争斗的，按轻重受刑。努力本业，耕织收获粮食、帛布多出的一部分加在他的身上。从事工商末利而怠惰致贫的，收为官奴。宗室没有军功者，不给爵位。明尊卑爵位等级，各按等次享有田宅，有功的显赫荣耀，无功的虽富足却无光彩。

法令已经完备，怕百姓不信，就立一根3丈长的木头在国都街市的南门，招募百姓中能将它搬到此门的，奖励10金。百姓对此很奇怪，不敢搬。又说："能搬的给予50金。"有人试着搬了木头，果然就给予50金，以表明不是欺骗。在此之后才颁布法令。

法令在百姓中实行了一年，秦国都的百姓说不便的数以千计。正逢太子犯法，公孙鞅说："法之不行，是从上违犯的。"要法办太子。而太子是君王的子嗣后代，不能施行，就对其师傅公子虔用刑，将其师傅公孙贾黥面。第二天，秦国人害怕就都服从法令了。此法令实行了10年，秦国百姓大悦，道不拾遗，山无盗贼，家家富裕，人人充足。百姓勇于公战，不敢私斗，乡邑大治。对于秦国百姓开始说法令不好后来又说法令便利的人，鞅说："这都是扰乱教化的百姓。"把他们都迁到边城去了，以后百姓再也不敢议论法令了。

于是昭王任公孙鞅为大良造，率兵围魏国安邑，使之投降。过了3年，在咸阳筑门阙宫廷，秦国把都城从雍迁到这里。下令禁止百姓父子兄弟同室休息，聚集小乡邑为县，置令、丞，共31县。开挖田间阡陌疆界，而平赋税，统一量衡。执行了4年，公子虔又违犯禁令，而被行劓刑。过了5年，秦人富强，周天子赐给孝公祭祀用的肉，各诸侯都来祝贺。

第二年，齐国在马陵打败魏兵，俘虏其太子申，杀了将军庞涓。又过了一年公孙鞅游说孝公说："魏对于秦，就像人的心腹之患，不是魏吞并秦，就是秦吞并魏。原因何在？魏处于险恶之地，国都安邑，与秦国以黄河为界而独占山东之利，有便则向西略秦，不利就会向东收地。现在以君王之贤能圣德，国家赖以昌盛。而魏去年为齐大败，诸侯都向它挑衅，可趁此时讨伐魏国。魏不敌秦，一定向东迁徙。那么秦占据山河之固，向东以制约诸侯，这是帝王之业啊！"孝公以为对，派公孙鞅为将讨伐魏国，魏派公子卬为将迎击。两军相拒，鞅给魏将公子卬送信说："我一开始与公子关系和善，现在都做两国的将，不忍相攻，可与公子相见，誓盟，乐饮而罢兵，以安秦魏。"魏公子卬认为可以这样。会盟饮酒时，鞅埋伏披甲兵士发动袭击俘虏了公子卬，趁机攻打他的军队，尽破之以收归秦国。魏惠王的军队多次被齐、秦攻破，国内空虚，势力不断削弱。魏惠王害怕国家因此灭亡，于是派使者割让河西土地献给秦国以求和。而魏国离开安邑，迁都大梁。魏惠王说："我悔恨当初不听公叔痤的进言。"鞅攻破魏国以后班师回国，秦国国君把於、商两地15邑分封给他，号称商君。

李斯为相

李斯是楚国上蔡（今河南上蔡西南）人。年幼时跟随荀卿学习帝王之术，学成后他认为楚王不足以成就事业，便决心到西方秦国。他到秦国后正遇上秦庄襄王去世，秦王嬴政即位，李斯谋求当了秦相国吕不韦的食客，吕不韦赏识他，任他为郎官。他于是得到游说秦王的机会，秦王被他的游说打动，任命他做了长史（丞相的属官）。秦王听从了他的计策，派遣谋士带着金玉到各地游说诸侯，各国内凡可以用财帛收买的就用厚礼暗中拉拢他，那些不肯被收买的就用利剑暗杀他。用计离间各国的君臣之后，秦王就用兵马良将去攻取它。这样，李斯因其功劳被拜为客卿。

这时有个叫作郑国的韩国人来到秦国做间谍，他教民开渠灌溉以消耗秦国的财力物力，不久被发觉。秦国的宗室大臣于是借机向秦王上书说："诸侯国凡来秦国做官的，大多是为他们的国君来游说秦国，或实为间谍。请大王把各国来的客卿全部逐出秦境。"李斯也在被要驱逐出去的客卿之列，于是李斯上书说：

"我听说大臣们议论要驱逐客卿，我私下以为是错误的。从前秦穆公求贤士，从西戎得到由余，从东面宛地得到百里奚，从宋国迎来蹇叔，从晋国招来了丕豹和公孙支。此5位贤才，都不是秦国人，然而穆公重用他们，于是兼并20个诸侯国，秦在西方强霸起来。秦孝公采用卫人商鞅的变法主张，改变旧俗，民富国强，百姓乐用，诸侯臣服，俘获楚、魏军队，攻地千里，国家至今仍强盛。秦惠王用魏人张仪之计，攻占三川，西并巴、蜀、北收上郡，南取汉中，吞并九夷，控制鄢、郢，东占成皋险要之地，割据肥沃的良田，于是瓦解了六国的合纵联盟，迫使他们向西臣服秦国，功绩延续到今天。秦昭王得到范雎，罢免丞相穰侯，驱逐了华阳君，强化公室，杜塞私门，蚕食诸侯，成就了秦的帝业。这4位国君都是借助客卿的功劳而成就大业，由此看来，客卿有什么对不起秦国的地方？当初，如果这4个国君拒绝客卿而不接纳他们，疏远贤才而不重用他们，就不会使国家有强大的名声和富裕。

"现在陛下有昆山之玉、隋侯之宝、和氏之璧，佩着明月之珠，悬着太阿之剑，骑着纤离之马，树立的是翠凤之旗，摆设的是灵鼍之鼓，这些宝物没有一样产于秦国。可陛下喜欢，为什么呢？……如今选用人才却不是这样，凡是客卿都一律驱赶。既然如此，那么陛下看重的是美女、音乐、珍珠、宝玉，而轻视的就是人才了。这不是统一天下、制服诸侯所应有的方略啊。

"我听说土地辽阔，粮食就富足；国家强大，人口就众多；军队强大，士兵就勇敢。泰山不舍弃泥土，就能成就它的高大；河海不舍弃细小的溪流，就能造就它的深广；国君不拒绝百姓的归附，所以能显示他的高尚品德。因此，地不分南北东西，人不分本国他乡，一年四季充满美好，连鬼神也会降福。这就是三皇五帝无敌于天下的原因。现在您却抛弃老百姓去资助敌国，驱走客卿而去帮助诸侯各国成就功业，使天下的贤才退避而不敢向西走，停止住脚步不敢进入秦国，这种做法就是人们所说的'借武器给敌寇，送粮食给盗贼'啊。

"物产不产于秦国，值得珍爱的很多；贤才不出生于秦国，而愿意效忠的也很多。现在陛下驱逐客卿去资助敌国，减少本国人民去增强敌人的力量，在国内使自己虚弱，在国外与各诸侯国结成怨仇，这样做，要想使国家没有危险，是根本办不到的。"

秦王于是废除驱逐客卿的命令，恢复了李斯的官职，继续使用他的计谋，后来又调升他当廷尉（秦国掌刑狱的最高官吏）。李斯辅佐秦王共20多年，秦终于统一天下。李斯尊嬴政为"皇帝"，秦王拜李斯为丞相。

韩信大败赵军

公元前205年秋，韩信平定魏地后，即令曹参的步卒为前军，转而袭代，兵锋直指井陉口，势在吞灭赵国。

井陉，历来被视为"天下九塞"之一，乃河北之战略要地。其地四面皆山，中间如井，故名曰"井陉"，井径口即进入井陉之口。

赵王歇闻汉兵吞魏灭代，下一步即将击赵，忙与赵之成安君陈余、广武君李左车自信都发兵20万，先至井陉口要塞，大筑营垒防守。

此时，韩信亦想先夺取井陉，闻赵军20万众已至井陉要塞，于是在娘子关以西驻军不发。

韩信不愧是名将，在敌情不明的情况下，他绝不会贸然进军。他此时做的，便是了解敌情，以做到"知彼知己"。

韩信先派出间谍至赵营中了解情况。是时，赵军中，广武君李左车劝成安君陈余坚守不战，自请率奇兵断汉军粮道。汉兵远来，时间一长，粮草不继，必不战自溃。陈余本是一个儒生，与常山王张耳同时从戎，后与张耳反目，将雄踞赵地的张耳驱逐出去，迎立赵王歇回国。赵王歇感激陈余，立之为代王，陈余见赵王歇年幼，乃留赵辅佐之，掌握赵国的军政大权。陈余自恃有20万众，当在汉军远来疲敝之时与之决战。

听到间谍的汇报，韩信闻陈余之策而喜。盖韩信远道而来，志在速战速决，早日为刘邦平定三晋之地，使刘邦在与项羽对峙时有一个稳定的后方。而倘若迁延时间一长，汉之后方战乱不休，楚汉之战局实难预料。因此，韩信得知陈余志在决战，正中下怀，于是开始调兵遣将，准备与赵军决战。

应该说，汉军寡，赵军众，陈余主动与韩信决战的指导思想也并非不合理。而战争的胜负，往往决定于多方面的因素，陈余忽略了一点，即汉军的统帅，是能征善战、用兵如神的军事奇才韩信。

到了深夜，韩信精选轻骑2000，使之乘夜潜上萆山，令他们在赵军倾巢而出追击大部队时，立即出山攻占赵军营垒，拔赵旗，立汉旗，截断赵军退路。

2000奇兵行后，韩信遣一万士兵先行，至井陉水东岸背水结阵。

黎明时分，韩信令将士们略吃了一点早饭，道："今日破赵军后我们再饱餐一顿!"

一日间,竟想击败 20 万赵军?众将士闻言都将信将疑,只得表面上答应:"是!"

韩信于是率大军进攻赵壁。韩信唯恐赵军不会空壁而出与他决战,特意树起大将军旗,向井陉口鼓噪而进。

陈余见汉军主动进攻,乃率军出击,与汉军展开激战。许久,韩信方才引兵佯败而走,向汉军万人背水阵方向撤退。赵军见汉军败退,于是倾巢出动进行追击,直追至井陉水东岸。

在井陉水东岸背水结阵的汉兵与退至此地的汉兵见前有追兵,后无退路,只得拼命死战,赵军尽管人多势众,竟不能击败汉军。

正当两军在井陉水岸边血战之际,赵军的后方却已被汉之 2000 骑兵攻取,换上了汉军的红旗。赵军在遇到了汉军的坚强抵抗后,士气正渐懈怠,忽闻营垒已落入汉兵之手,顷刻大惊,乱成一团,认为汉之援兵到达,已将赵国后方占领,皆无斗志,纷纷掉头而逃。韩信乘机麾军追击,20 万赵军顿时大溃,陈余等亦不能节制,虽杀了几个乱逃的士兵,终不能集合败军以图再战。此战以赵军的大败而告终。

巨鹿之战

公元前 208 年,秦将章邯击败赵军之后兵临邯郸,赵王歇与丞相张耳大恐,仓皇逃到巨鹿,并遣使求楚、燕、齐发兵援助。

此时若不发兵救赵,势必给秦以各个击破之机会,由陈胜首倡的亡秦之举将会灰飞烟灭。故无论是楚怀王,还是燕、齐两国,都马上发兵以击秦救赵。

是时,章邯派王离等率军包围了巨鹿城,自己则率主力在巨鹿城南列阵,与赶来相救的赵国大将军陈余对峙。

楚怀王则任命宋义为上将军,并赐其号曰"卿子冠军",意思是"公子上将",以示尊崇。项羽为次将军,范增为末将,率军 10 余万至巨鹿击秦救赵。

宋义率军至安阳后,得知章邯大军势猛,不由得大为恐慌,不敢向巨鹿进军,一驻就是 46 天。

项羽认为,赵军目前十分危急,应引军渡漳水猛击秦军,楚击其外,赵应于内，内外合击，定能破秦。于是据理向宋义进谏。

而宋义却以等秦、赵两败俱伤后再发兵收渔人之利为由，拒不接受项羽的意见，并下令说："有猛如虎，狠如羊，贪如狼，强不可使者，皆斩之！"这无疑是针对项羽而言。恰好天寒大雨，士卒饥馁，怨声不绝，但宋义却置酒高会，不思进取，项羽乃杀宋义，代宋义统领大军，称"假将军"。

楚怀王闻报，没有办法，干脆任命项羽为上将军。项羽乃引兵渡漳水。"皆沉船，破釜甑，烧庐舍，持三日粮，以示士卒必死，无一还心。"

项羽之所以破釜沉舟，烧毁营寨，仅带3天的粮草，是由于当时秦军人多势众，若不使将士们抱必死之决心，恐怕难以击败秦军。若将士们见归路已绝，身陷死地，必会拼死以战，以一当十。

项羽率军渡漳水后，马上猛烈冲击秦军阵地，九战之，九胜之，杀秦将苏角。

此时，燕、齐等诸侯军10余支皆驻扎于巨鹿附近，因各自兵少力单，都不敢主动向秦军进攻。及见项羽率军突入敌阵，杀声震天，锐不可当，无不生敬畏之心。秦军溃败后，诸侯军才敢协助项羽的楚军追击秦军，活捉秦将王离，烧死秦将涉间，章邯率败军退至棘原。

项羽的楚军在巨鹿大战中，以少胜多，打出了威风，故战后项羽召见诸侯将领时，众将"无不膝行而前，莫敢仰视"。项羽从此勇冠天下，威震诸侯，为后来成为"西楚霸王"打下了基础。

刘邦封仇平怨

汉王五年（公元前202），刘邦的汉军与项羽的楚军在垓下展开了最后的决战。西楚霸王项羽兵败逃亡，饮恨自刎，而汉王刘邦则登上了皇帝的宝座。

一年后，汉高祖刘邦论功行赏，大封群臣。群臣追随刘邦浴血奋战多年，都盼着这一天，但是要明确地分出诸臣功劳的高下，给以相应的官位，并非轻而易举的事。刘邦心目中最看重的是运筹帷幄之中、决胜千里之外的张良，镇守关中大本营、保证粮草供应的萧何，总领百万大军、战必胜而攻必取的韩信，攻城略地斩将夺关、身受70处创伤的曹参等文臣武将，所以首先对这20余名劳苦功高、战绩卓著的大臣封王的封王，封侯的封侯。而剩下的那些臣子都怕刘邦小觑了自己的功劳，日夜争论，一时也得不出个结论，于是，行赏封功便拖延了下来。

一次，汉高祖刘邦正在洛阳南宫之中。他从阁道上望见不少将领坐在沙地上，交头接耳，窃窃私语，感到有些奇怪，便问身边的留侯张良："他们在议论什么呢？"留侯故意答道："难道陛下还不知道吗？他们是在商议造反呢！"汉高祖不解地问道："天下刚刚安定下来，他们为什么要造反？"留侯说出了事情的原委："陛下以一个布衣平民的身份起家，依靠这伙人争战杀伐，夺得了天下。而今陛下当上了天子，可是受到封赏的，却都是萧何、曹参等陛下亲近的故交；而受到诛罚的，则都是陛下平素怨恨的仇家。如今军中的有关官吏正在统计战功，天下的土地到底有限，不能封赏所有的人。这伙将领担心陛下不能全部封到，又怕陛下追究他们平素的过失，施以诛罚，所以才聚集到一起商议造反。"刘邦忧心忡忡地说："怎么办才好呢？"留侯道："陛下平生最憎恨的，且人人都知道的，是哪一个？"刘邦脱口而出道："那就是雍齿。他与我结下了旧仇，曾经几次令我难堪受辱。我想杀掉他，但因为他立了不少战功，所以才不忍心下手。"留侯给他出了个主意，道："现在请陛下马上降旨，先封雍齿，让群臣看看。群臣见到雍齿受到封赏，个个都会产生自信，就没有谁想造反了。"

原来，当初刘邦在沛揭竿而起时，曾命雍齿率兵守卫丰邑，雍齿本不情愿做刘邦的部下，后来魏周市策反他时，他便投降了魏国，反过来替魏守卫丰邑。刘邦得知后，气得要命，几次引兵攻打丰邑都未攻下。从此，刘邦对雍齿记恨心头。这次，他采纳了留侯张良的建议，摆下酒宴，招待群臣，当场封雍齿为什方侯。同时，他又催促丞相、御史加紧评功封赏。群臣赴宴归来后，都非常高兴地说："陛下连雍齿这样的对头都封以为侯，我们这些人还有什么可担心的！"

汉武帝分地削藩

汉武帝刘彻刚即位时，前朝吴楚七国之乱就在眼前，他不能不担心周边诸侯的强盛对中央朝廷的威胁。所以，朝中大臣鉴于吴楚七国作乱的教训，大都为屈死的晁错翻案，认为他提出的削藩之策是正确的，要求对连城数十、地大势强的诸侯国给予压制削弱。不少大臣还在行动中实践了这一主张，积极揭发披露诸侯国王的过错、罪行，奏请武帝给以严惩。

然而，这些大臣的主张招致了诸侯的强烈反感。建元三年（公元前138），代王登、长沙王发、中山王胜、济川王明入京朝拜武帝，武帝摆酒设宴招待他们。君臣边听音乐边饮酒，气氛比较融洽，然而中山王刘胜却忽然哭了起来。武帝摸不着边际，问他缘故，他便说道："为臣听说社中即使有鼹鼠，也不用水灌它；屋里纵然有耗子，也不用烟熏它。怎么能这样呢？就是因为它们寄身的地点所使然。为臣虽然薄才，却得蒙封赏；虽然位卑，却得为东藩；在皇亲中又幸列为帝兄。但今天，群臣与宗室毫不沾亲带故，权位又都轻如鸿毛，但他们却呼朋引类，共倡谬说，使宗室受到排挤，骨肉被离散。这种情形同尹吉甫之子伯奇逃亡在外、殷纣王之叔比干横遭杀戮是一样的啊！《诗经》所谓'我心中忧伤，似被捣筑一样；不眠长叹，使我变得衰老；心中的痛苦，好似患了头痛病一般'，就像在说为臣。"

原先，诸侯们都认为：自己是宗室的骨肉至亲，先帝之所以封给他们广阔的土地和众多的城邑，使他们成犬牙交错之势，为的是使宗室坚如磐石；如今他们本无过失，却受到臣子的侵凌、侮辱，有司故意吹毛求疵，鞭笞他们的臣属，让这些臣属出面伪证他们有罪。中山王刘胜便有这种遭遇，所以才有了上述的一番哭诉。

汉武帝对藩国虽然不甚放心，只是想到一笔写不出两个刘字，对执行苛责藩国削弱诸侯的政策并不怎么坚决，这次听了中山王的陈情，便决定对诸侯厚加礼遇，命令有司不要多过问诸侯之事，借此来表示自己亲其所亲的皇恩。

后来，当中大夫主父偃再次提出削弱诸侯时，武帝不得不重新审视自己对这个问题的处理策略。主父偃认为："古时候诸侯的封地不过百里，他们的势力很容易控制。如今的诸侯有的占有数十个城邑，土地面积有1000平方里。他们觉得太平时，就骄奢放纵，很容易做出淫乱之事；他们感到危急时，就凭借险地强兵，狼狈为奸，反抗朝廷。如今要是按照法律分割削减他们的封地，就会酿成叛乱，前朝的晁错就是例子。现在的诸侯有的子弟以十来计数，除了嫡子继承王位外，别的虽然也是亲生子弟，却得不到一尺半寸的封地。这样的话，仁孝之道就难以全面贯彻。愿陛下命令诸侯，准许他们推广皇恩给自己的子弟，拿出土地封子弟为侯。这些子弟得地为侯，自然为欲望满足而高兴，并且感戴圣上的洪恩。这样，陛下既做到了施恩布德，而实际上分割的又是诸侯的国土。不必削减他们的封地，却同样收到了削弱他们势力的效果。"汉武帝琢磨了这个建议后，觉得这是个一石二鸟的好办法，可以使"汉有厚恩，而诸侯地稍自分析弱小"。于是，准备采用主父偃的计谋，命令诸侯按自己的意愿裂地分封子弟，但是要由中央朝廷定制封号，并且让这些新侯另属于汉郡。元朔二年（公元前127），"藩国始分，而子弟毕侯矣"。

卫青突袭匈奴

西汉初年，北方的匈奴部落屡屡犯边，对汉王朝构成了极大的威胁。汉武帝元朔三年、四年两年之间，匈奴大举攻汉，攻占汉之代郡、雁门郡、定襄郡、上郡等广大地区，屠杀汉之边民数千人。汉武帝命车骑将军卫青统率3万骑兵，并统一指挥游击将军苏建、强弩将军李沮、骑将军公孙贺、轻车将军李蔡等部，会同将军李息、张次公两部，共10余万人，对匈奴进行大规模的反击。

卫青字仲卿，是西汉抗击匈奴的名将。元朔二年曾率军大破匈奴军，控制了河套地区，因而深得汉武帝刘彻的信任。此次汉武帝委任卫青为统帅，苏建、李沮、公孙贺、李蔡部皆归卫青节制，亦可见他对卫青寄予厚望。

元朔五年春，李息、张次公率本部兵马出右北平进攻匈奴单于和左贤王，卫青则率主力悄悄从高阙出发，疾行六七百里以袭击匈奴右贤王。

关于李息、张次公的进军情况，无史料可稽，极可能是用来牵制匈奴单于之兵，以保证卫青偷袭成功。时匈奴右贤王屯军地点可能在今内蒙古狼山之北数百里，卫青率军疾行至右贤王营地时正值深夜，"右贤王以为汉兵不能至，饮酒醉"，突闻汉兵乘夜袭击，"大惊"，以为神兵天降，匆忙和他的一个爱妾在数百匈奴骑兵的掩护下冲出汉军重围，向北逃窜。汉轻骑校尉郭成等追之数百里，不及而返。

卫青突袭成功，歼灭了右贤王的主力，俘虏其裨王10余人，男女5000余人，牲畜数十万头，给予匈奴以沉重打击。

汉武帝闻讯十分高兴，遣使持大将军印北上，至军中拜卫青为大将军，北边诸将皆归其管制。还增封卫青8700户，卫青的3个儿子也都被封侯。此时卫青的3个儿子尚在襁褓之中，因父功竟得封侯，使卫青大为不安，因此，卫青上书汉武帝，说明大军之所以取得辉煌胜利，皆是众将士奋勇杀敌之功，请求武帝封赏众将士。武帝于是大封诸将。

卫青袭击匈奴右贤王之役，堪称远距离奇兵偷袭之范例。李息与张次公从右北平出发，距右贤王屯军地遥遥数千里，故右贤王毫不防备，不意卫青的主力却从高阙进发，疾行军达六七百里，利用深夜包围右贤王所部，突然发动进攻，一举聚歼之。

吕后专权亲政

汉惠帝七年（公元前188）八月，23岁的惠帝驾崩。发丧时，吕后哭而无泪。留侯张良的儿子张辟疆只有15岁，当时任侍中，他对丞相说道："太后只有惠帝这一个儿子，如今他驾崩了，太后哭而不痛，您知道是什么原因吗？"丞相问道："为什么？"张辟疆解释道："惠帝的儿子都未成年，太后惧怕你们这些大臣。您现在不妨提议拜太后的亲侄子吕台、吕产、吕禄为将，让他们统领南军、北军。等到诸吕都进入宫中任职，太后才会安下心来，你们这些人也就免于祸患了。"丞相按计行事后，吕后果然心中高兴起来，她再哭惠帝时就流下了悲痛的泪水。吕氏专权从此开始了。

吕后听政后，打算立诸吕为王。她向右丞相王陵征询意见时，王陵说道："当年高祖宰白马为盟时曾说：'非刘姓而称王的，天下人可群起而攻之。'如今封吕氏为王，是违反前约的。"吕后见王陵反对心中不悦，她又询问左丞相陈平、绛侯周勃，周勃等则答道："高祖平定天下后，封刘姓子弟为王；如今太后听政，封兄弟及吕姓子弟为王，没有什么不可以的。"吕后听了很高兴。不久，她想废掉右丞相王陵，借口任命王陵为少帝的太傅，剥夺了他丞相的权力，王陵一气之下告病还乡。吕后又让左丞相陈平出任右丞相，让辟阳侯审食其出任左丞相。审食其不理政事，专管宫中，就像郎中令一样。因此，他颇受吕后宠幸，常借吕后的权势行事，公卿办事都得求他。吕后调整了领导班子后，就追封自己的已故长兄吕泽为悼武王，开了封诸吕为王的先例。

少帝元年（公元前187）四月，吕后实施了封诸吕为王的第一步——封诸吕为侯。为表明公平，她先封非吕姓的人，如封汉高祖时的功臣郎中令冯无择为博城侯，封齐悼惠王的儿子刘章为朱虚侯，封齐相齐寿为平定侯，封少府阳成延为梧侯。此后，她才封侄吕种为沛侯、甥吕平为扶柳侯，加上以前封的郦侯吕台、交侯吕产、建成侯吕释之，诸吕中已有五侯。

第一步迈出后，封吕姓王的第二步也就并非难事。吕后沿袭前法，先立刘姓子弟为王，如淮阳王刘强、常山王刘不疑等。与前番不同的是，吕后先把封吕姓王的意思暗示给大臣，再让大臣作为建议奏请自己。大臣们心领神会，马上请封郦侯吕台为吕王，吕后体察下情，自然恩准，吕王吕台便成了吕后本家的第一位王爷。此外，又封吕禄为胡陵侯。少帝四年，又封吕婴为临光侯、吕他为俞侯、吕更始为赘其侯、吕忿为吕城侯。少帝七年二月，吕后让吕王吕产（吕台弟，袭吕王号）另作梁王，留在京师作少帝的太傅，另封其子平昌侯吕太为吕王。这一年的秋天，太傅吕产等进言吕后，说武信侯（即胡陵侯）吕禄在列侯中功高位显，当封赵王，吕后降旨照准。九月，燕王刘建死去，刘建的美人生有一子，吕后怕他继承王位，派人把他杀掉，然后宣称刘建没有后嗣，燕国自然废除。翌年十月，吕后立东平侯吕通为燕王，封吕通弟吕庄为东平侯。连同后来封的祝兹侯吕荣，吕后听政期间，先后在本家一门中册封了四王十三侯。经过吕后这样一番惨淡经营，诸吕权倾朝野，使汉高祖刘邦"以布衣提三尺剑"打下的江山面临了易姓的严重挑战。

汉景帝平乱

汉高祖刘邦打下江山后，分封刘姓子弟为王，希望他们成为天子的屏藩。然而，新封的各国诸侯经过多少年惨淡经营，势力日渐强大起来，有些诸侯王便不再怎么恪守臣礼，有的甚至对天子宝座产生了觊觎之心。

汉高祖的哥哥刘仲的儿子刘濞(bì)曾经跟随高祖平定淮南王英布的叛乱，因而被封为吴王。吴国地方广阔，统辖3郡53城；辖内物产丰富，鄣郡铜山蕴藏的铜，沿海地带出产的盐都很有名。刘濞便招聚天下亡命之徒，暗中偷偷地搞起铸钱制盐的勾当，这种隐瞒不报的行业不必交纳赋税，因而吴国的财政非常富足。

汉文帝时，吴国太子刘贤入朝，得以侍奉皇太子饮酒博弈。刘贤为人骄横强悍，博弈时态度不恭，居然和皇太子争执起来。皇太子提起棋盘击打刘贤，失手把他打死。汉文帝命人把刘贤的遗体送回吴国安葬，吴王刘濞生气地说道："天下同姓一家，死在长安葬在长安就是，何必送回来下葬！"接着又把遗体送回去葬在了长安。此后，刘濞日益不守藩臣的礼节，以有病为借口不去京师朝觐。文帝知道他因刘贤事心怀芥蒂，称病不朝，常常责问吴国的入京使节。刘濞害怕文帝杀他，开始积极策划谋反。文帝也怕把他逼上梁山，便赏赐他倚几和手杖，恩准他年老不朝。刘濞这才放缓了谋反的步子。可是他在吴国内仍奉行施恩于民，收买人心的政策：因其地盛产铜、盐，故免去了百姓的赋税；对于自己出钱戍守的兵卒，给以相当于他应出的份额的金钱；每年还时常慰问有才能的人士，到他们的故里颁行恩赏；对从其他郡国逃过来的罪犯，一律收容并加以保护。如此 40 余年，民众都愿意接受驱使。

太子家令晁错看到吴国势力日渐强大，几次上书文帝，劝说削弱藩国的势力，都未被采纳，而吴国日益横行无忌。汉景帝即位后，晁错升任御史大夫，他又劝谏景帝道："当年高祖刚定天下时，兄弟不多，儿子弱小，大封刘姓子弟，所以才封庶子悼惠王为齐王，下辖 70 余城，封庶弟元王为楚王，辖 40 余城，封其兄之子刘濞为吴王，辖 50 余城。仅封此 3 人，就割去了天下的一半。现在的吴王以前因太子事怀恨在心，装病不朝，依法应予诛杀，但文帝不忍惩治，恩赐给他倚几和手仗。皇恩如此浩荡，他本应该改过自新。没想到他居然愈发傲慢骄横，到山中铸钱，煮海水为盐，引诱收容天下逃犯，图谋不轨。而今是削弱他，他也反，不削弱他他也反。如削弱他，他就反得快，祸患也就小些；如不削弱他，他就反得慢，但危害也就更大。"景帝采纳了他的主张，找了些借口，削除了楚王的东海郡、吴王的豫章郡和会稽郡、赵王的河间郡以及胶西王的 6 个县。

吴王刘濞怕景帝不断削除他的封地，就联合楚王戊、赵王遂、胶西王昂、济南王辟光、淄川王贤、胶东王雄渠，以清君侧为名，发兵反叛。景帝听说七国造反的消息后，派遣太尉条侯周亚夫率领 36 位将军，发兵攻打吴、楚，派遣曲周侯郦寄领兵攻伐赵国，派遣将军栾布攻打齐地叛军，又派大将军窦婴屯荥阳，监视齐、赵。

曾经当过吴国相国的袁盎与晁错关系极其恶劣，2 人未曾在一个房间里说过话。晁错想趁七国作乱之机，逮捕袁盎，丞史以为不妥，晁错一时没有做出决断。有人密告了袁盎，袁盎惊恐不安，连夜去见老朋友窦婴，通过他面谒了景帝，劝景帝道："听说吴、楚互相写信道：'高祖分封子弟为王，给他们应有的土地，如今贼臣晁错却擅自迁过诸侯，削夺他们的土地。'所以他们才以造反为名，发兵西向，共诛晁错，恢复原有的封地才肯罢休。如今之计，可只斩晁错一人，再派使臣赦免吴楚七国，恢复削夺的土地。这样的话，则兵不血刃而使双方罢兵。"景帝沉默了半天，终于做出了牺牲晁错的决定。过了10多天，景帝派中尉去召见晁错，中尉把晁错骗上车，拉到东市。结果晁错穿着朝服，在东市被砍掉了脑袋。

　　但是，清君侧不过是吴王刘濞的借口而已，杀死晁错并没有使吴楚七国罢兵，正如刘濞对前去劝说他罢兵的袁盎所说的："我已经成了东帝，还要跪拜谁？"于是他继续指挥军队，加紧攻打梁国。景帝设法以兵戎相见，让大将军窦婴、太尉周亚夫领兵反击七国。经过两个多月的战斗，七国败北，七个国王被杀的被杀，自尽的自尽。晁错奉行的尊主卑臣、强干弱枝的策略在他死后取得了成功。

　　在此之后，谒者仆射邓先对景帝说道："晁错担心诸侯强大，难以驾驭，所以请陛下削夺诸侯的地盘，借以提高天子的地位，这是有利于千秋万代的计策。然而计策刚刚开始实行，晁错却突然被处以极刑。这种做法在朝内堵塞了忠臣的嘴巴，在朝外则替诸侯报了仇，下臣以为陛下不应该这样做啊。"景帝听后，沉默良久，然后才说："您说得对，我对此事也感到悔恨。"

二十四史精华

《史记》

人物春秋

千古奇才——孙武与孙膑

孙武，齐国人，拿所著兵法十三篇求见吴王阖间庐。阖间对孙武说："你写的十三篇兵法，我都全部看过了，是否可以演练一下操兵的阵法？"孙武答道："可以。"阖间又问："可以用妇人试验一下吗？"孙武说："可以。"于是阖间为了试验孙武，从后宫挑选美女180人交给孙武。孙武把美女分成两队，叫吴王最宠爱的两个美姬分别充当队长，每人都手持长戟一把。孙武下令说："你们知道前心与后背以及左右手的位置吗？"妇女们说："知道。"孙武说："向前，你们就朝心口看；向左，你们就朝左手看；向右，你们就朝右手看；向后，你们就转身朝背看。"妇人说："行。"规定既已宣布清楚，又陈设斧钺，当即三令五中重复了几次，于是敲响向右的鼓声，妇人们听了都笑得前仰后合。孙武说："规定不清，号令不严，这是将领的罪过。"于是又三令五申，把规定讲了几遍，然而敲响向左的鼓声，妇人们仍大笑不止。孙武说："规定不清楚，号令不熟悉，这是将领的罪过；现在既已讲清规定而仍不按规定的去做，那就是吏士的罪过了。"当即下令要斩左右队长。吴王在台上观看演习，见要斩他爱姬，大为吃惊，急忙派使者下令说："我已经知道将军能用兵了。我没有这两美姬，食不甘味，希望不要斩首。"孙武说："臣既已受命为将，将在军中，对君王的命令可以不予接受。"说完就下令将二人斩首示众。用地位稍次的美姬担任队长，于是又敲起了鼓声。妇人左右前后、跪下起立，都符合规定要求，不敢出声。然后孙武派使者回报吴王说：

"士兵已演习整齐，君王可下台来试试看，任凭君王如何调用，哪怕是赴汤蹈火也一样能行。"吴王说："将军回居舍休息，我不愿下台观看。"孙武说："君王只不过喜欢我兵书上的话，而不能用它去做。"因此阖闾知道孙武能用兵，终于任他为将军。西破强楚，攻入楚国国都郢，北威齐、晋，显名于诸侯，孙武在其中出过不少力。

孙武死后100多年出了个孙膑。孙膑生于阿、鄄一带，是孙武的后世子孙。孙膑曾与庞涓同学兵法。后来庞涓出事魏国，成为魏惠王的将军，而觉才能不及孙膑，便派人召来孙膑。孙膑到了魏国，庞涓唯恐孙膑优胜于自己而嫉妒他，于是以刑法割断他的两脚并在他脸上刺刻涂墨，使其隐居而不能与魏王见面。

齐国的使者出使到魏国的大梁，孙膑以刑徒身份私下会见，与齐使交谈。齐国使者看孙膑是个奇才，于是偷偷地用车把他载送到齐国。齐国的将军田忌欣赏孙膑的才能而以客礼接待他。田忌与齐国的诸公子多次赛马重金赌胜，孙膑见到他们的马奔跑能力都相差不多，并且把马分为上、中、下三等。于是孙膑与田忌说："您尽管下大赌注，臣下能使您大胜。"田忌对孙膑的话深信不疑，与齐王及诸公子以千金赌胜。到临比赛时，田忌问计于孙膑，孙膑说："今以您的下等马与他们的上等马比赛，请用您的上等马与他们的中等马比赛，请用您的中等马与他们的下等马比赛。"三等马比赛完毕，结果田忌胜两场负一场，终于赢得齐王的千金。由此田忌把孙膑推荐给齐威王。威王问孙膑兵法，并封他为军师。

后来魏国攻赵，赵国危急，向齐国请求救援。齐威王想任命孙膑为将，孙膑推辞谢绝说："受过刑的残疾人不可为将。"于是任田忌为将，而孙膑为军师，坐于辎车之中筹划计谋。田忌要引兵到赵国，孙膑对田忌说："解除杂乱纠纷不能用拳头；解救争斗不能以手搏人。避实击虚，利用形势来牵制敌人，才能不救而自可解除。现在魏国与赵国正相互攻战，精兵锐卒必定全部用于国外作战，老弱病残留在国内。您还是引兵迅速前往大梁，占据街路交通要道，攻击敌人弱点，他们必然会放弃进攻赵国而回兵自救。这是我们一举解除赵国之围而同时又收到攻击魏国弊弱的效果。"田忌接受了孙膑的计谋。魏国果然离开了赵国的邯郸，回军与齐军战于桂陵。结果大败魏军。

十三年后，魏国联合赵国进攻韩国。韩国向齐国告急求援。齐国任命田忌为将前去，直攻大梁。魏国将军庞涓闻讯，急忙从韩国赶回，但齐军已越过西部边境攻入魏国。孙膑对田忌说："他们三晋的魏、赵、韩军队，素来剽悍勇武而轻视齐军，称齐军为怯懦。善于战斗者要因势而利导。兵法上说，行军百里与敌争利者损上将，行军50里与敌争利者只有一半的军队才能赶到。齐军攻入魏地时先造10万个灶，第二天为5万灶，再过一天为3万灶。"庞涓行军追赶了3日，见齐军炊灶日益减少，心中大喜，说："我本来就知道齐军怯懦，进入我国境内3天，士卒就逃亡了一大半。"于是只率轻骑锐卒日夜加速追赶。孙膑估计庞涓的行军速度，天黑即可赶到马陵。马陵道路狭窄，旁多阻险，可埋伏兵马。于是命人削去一棵大树的树皮，在露出的白木上写了："庞涓死于此树下。"然后命令齐军中善于射箭者拿了一万张弓弩，埋伏在道路两旁，预先与他们说好："夜里见到有人举火就万箭俱发。"庞涓果然夜晚来到削去树皮的大树下，见白木上写着字，便钻火照明。字未读完，齐军万箭俱发，魏军大乱而互相顾此失彼。庞涓自知智穷兵败，便说："成全了孙膑这小子之名吧！"说完自刎而死。齐军乘胜全歼魏军，俘虏了魏国太子申回国。孙膑以此名显天下，世人传习他的兵法。

纵横捭阖并六国——秦始皇

秦始皇帝，是秦庄襄王的儿子。庄襄王在赵国为秦国人质时，见吕不韦的姬妾，很喜欢，就娶了她，生了始皇。始皇于秦昭王四十八年正月生于邯郸。待到出生后，取名为政，姓赵氏。13岁，庄襄王死了，政继位为秦王。当时，秦国已经兼并了巴、蜀、汉中，越过宛占有了郢，设置了南郡；往北取得了上郡以东，占有了河东、太原、上党郡；东边到达荥阳，消灭了西周、东周，设置了三川郡。吕不韦做丞相，封邑十万户，号为文信侯。招揽宾客游士，意欲吞并天下。李斯为舍人，蒙骜、王齮、麃公等为将军。秦王年幼，即位初期，国家政事交由大臣处理。

秦王政元年，晋阳反叛，将军蒙骜平定了叛乱。二年，麃公率军攻打卷邑，杀死了3万人。三年，蒙骜攻打韩国，夺取了城邑13个。王齮死了。十月，将军蒙骜攻打魏国的畅邑、有诡。当年粮食大歉收。四年，攻克畅邑、有诡。三月，撤回了军队。秦国的人质从赵国返回，赵国太子离开秦国回国。十月庚寅，蝗虫从东方飞来，遮蔽了天空。天下瘟疾。百姓缴纳1000石粟米拜爵一级。五年，将军蒙骜进攻魏国，用武力攻克酸枣、燕邑、虚邑、长平、雍丘、山阳城，共夺取了20个城邑，开始设置东郡。冬天打雷。

六年，韩国、魏国、赵国、卫国、楚国一起进攻秦国，夺取了寿陵。秦国出兵，五国的军队撤了回来。秦国攻克卫国，进逼东郡，卫君角率领他的支属迁居野王，凭藉山险保卫魏国境内的河内地区。七年，彗星先出现在东方，又出现在北方，五月出现在西方。将军蒙骜死了。是因为攻打龙邑、孤邑、庆都，又回军攻打汲邑（而死去的）。彗星又在西方出现了16天。夏太后死。八年，秦王的弟弟长安君成蛟率领军队攻打赵国，举兵反叛，亡于屯留，他的军吏都被斩首处死，把屯留民众迁徙到临洮。将军壁死了，士卒屯留人蒲鶮反叛，斩戮他的尸体。河鱼被大量冲到平地上，秦国人轻车重马地到东边来就地食用。嫪毐封为长信侯。赐给他山阳地区，让他居住。宫室、车马、衣服、苑囿、游猎对嫪毐一律不加限制。事无大小都由嫪毐决断。又把河西、太原郡改为嫪毐的封国。

九年，彗星出现，有时光芒满天。攻打魏国的垣邑、蒲阳。四月，秦王住宿在雍地。己酉，秦王举行冠礼，佩带宝剑。长信侯嫪毐作乱阴谋被发觉了，就诈用秦王印信和太后印信调动县邑的军队和警卫士卒、国家骑兵、戎翟首领、舍人，打算进攻蕲年宫，发动叛乱。秦王闻知，派相国昌平君、昌文君调遣士卒，进攻嫪毐。在咸阳交战，杀死了数百人，（斩首有功的人）都得到了爵位，宦者参加战斗的，也得到一级爵位。嫪毐等人战败逃跑了。秦王就在全国下令：有活捉的，赏钱100万；杀死嫪毐的，赏钱50万。全部抓获了嫪毐等人。卫尉竭、内史肆、佐弋竭、中大夫令齐等20人都被斩首悬挂。又把他们五马分尸，巡行示众，夷灭了他们的宗族。嫪毐的舍人，罪轻的服刑3年。削除爵位迁徙蜀地的有4000多家，居住在房陵。这个月天寒地冻，有被冻死的。杨端和攻打衍氏。彗星出现在西方，又出现在北方，跟随北斗向南移动了80天。

十年，相国吕不韦由于嫪毐的牵连，被免去了相国职务。桓齮为将军。齐国、赵国的使者来了，摆酒设筵。齐国人茅焦上谏秦王说："秦国正在打算经营天以，并以之为己任，而大王有迁徙母太后的名声，恐怕各国诸侯听到这件事，由此引起背叛秦国。"秦王就去雍地迎接太后，回到咸阳，又重新居住在甘泉宫。

秦王大规模地进行搜索，驱逐诸侯国宾客。李斯劝阻，秦王就废除了驱逐宾客的命令。他乘机建议秦王，首先攻取韩国，使其他诸侯国感到恐惧。于是秦王派李斯攻打韩国。韩王很忧虑，和韩非商量削弱秦国的力量。大梁人尉缭来到秦国，劝告秦王说："以秦国的强大力量，（与诸侯相比）诸侯就像一个郡县的君主，但是我担心诸侯联合起来，声色不露，出其不意地攻打秦国，这就是智伯、夫差、湣王所以灭亡的原因。希望大王不要吝惜财物，贿赂他们有权势的大臣，破坏他们的计划，失去的不过30万斤黄金，而诸侯则可以全部消灭。"秦王听从了他的建议，每次都以平等的礼节接见尉缭，衣服、饮食也与尉缭一样。尉缭说："秦王，高鼻梁，细长的眼睛，鸷鸟一样的胸膛，豺狼一样的声音，刻薄寡恩，心如虎狼，处于穷困时容易谦卑下人，得志时也容易吞噬人。我是一个平民百姓，然而接见我时，常常甘居我下。如果秦王得志于天下，天下人都要成为他的俘虏了。不能和他长期相处。"尉缭就逃走了。秦王发觉了，坚决地挽留他，让他做秦国国尉，终于接受。而这时李斯主持朝政。

十一年，王翦、桓齮、杨端和攻打邺邑，夺取了9个城邑。王翦攻打阏与、橑阳，把全部士卒合并成一支军队。王翦统率全军，过了18天，遣返军队中斗食以下的无功人员，10人中推选2人从军，攻下邺邑、橑阳，是桓齮领兵攻克的。

十二年，文信侯吕不韦死，偷偷地埋葬了他的尸体。吕不韦的舍人，来哭吊的，如果是晋人就驱逐出境；如果是秦人，俸禄在六百石以上的就削除爵位，迁离旧居，五百石以下没有来哭吊的，也迁离旧居，不削除爵位。自此，治理国家政事，像嫪毐、吕不韦一样为逆不道的，抄没他的全家，按照这个样子处理。秋天，嫪毐的舍人应该迁徙蜀而予以赦免。当时，天下大旱，从六月到八月才下雨。

十三年，桓齮攻打赵国的平阳，杀死了赵国将领扈辄，斩首10万。赵王逃往河南。正月，彗星出现在东方。十月，桓齮攻打赵国。十四年，在平阳进攻赵国的军队，夺取了宜安，打垮了赵国军队，杀死了它的将军。桓齮平定了平阳、武城。韩非出使秦国，秦国采纳李斯的计策，留韩非在秦国，韩非死在云阳。韩王请求作为秦国的臣属。十五年，秦国大举出兵，一支军队到达邺邑，一支军队到达太原，攻下了狼孟。有地震发生。十六年九月，派兵接收韩国的南阳地区，腾暂时代理郡守。开始下令男女登记年龄。魏国向秦国献纳土地。秦国设置丽邑。十七年，内史腾攻打韩国，抓获了韩王安，兼并了全部韩国领土，把它的领土设置了一个郡，命名为颍川。发生地震。华阳太后死了。民间百姓出现严重的饥饿。十八年，大举出兵进攻赵国，王翦统率上地士卒，攻下井陉。杨端和统率河内士卒，羌瘣率军攻打赵国，杨端和围攻邯郸城。十九年，王翦、羌瘣全部攻占和平定了赵国东阳地区，抓获了赵王。率兵准备攻燕，军队驻扎在中山。秦王来到邯郸，凡是他生活在赵国时曾与母亲有家仇的，全部坑杀。秦王返回秦国，是从太原、上郡回来的。始皇帝的母亲皇太后去世。赵国公子嘉带领他的宗族几百人前往代地，自立为代王，向东与燕国的军队联合起来，驻扎上谷。这一年发生严重饥荒。

二十年，燕国太子丹担忧秦国的军队来到燕国，心里惶恐不安，派遣荆轲刺秦王。秦王察觉了。肢解了荆轲巡行示众，派王翦、辛胜进攻燕国。燕国、代国出兵攻击秦国军队，秦国军队在易水西边打败了燕国军队。二十一年，王贲进攻荆地。调遣更多的士卒前往王翦军队，于是打垮了燕太子的军队，攻下燕国的蓟城，得到了太子丹的首级。燕王向东聚集辽东兵力，在那里称王。王翦推托有病，告老还乡。新郑反叛。昌平君迁徙到郢地。下大雪，雪有二尺五寸深。二十二年，王贲进攻魏国，挖沟引河水淹灌大梁，大梁城墙毁坏，魏王请求投降，秦国占领了全部魏国领土。二十三年，秦王又征召王翦，坚持要起用他，派他率军攻打荆国。攻下陈地以南至平舆一带，俘虏了荆王。秦王巡游到达郢陈。荆将项燕立昌平君为荆王，在淮水南边起兵反秦。二十四年，王翦、蒙武进攻荆地，打败了荆军，昌平君战死，项燕也就自杀了。二十五年，大举出兵，派王贲为将，率军进攻燕国辽东地区，抓获了燕王喜。回军攻伐代国，俘虏了代王嘉。王翦平定了荆国江南地区；降服了越君，设置会稽郡。五月，天下欢聚宴饮。二十六年，齐王建和齐相后胜调遣军队防守西部边界，不与秦国来往。秦国派将军王贲从燕国南下进攻齐国，俘虏了齐王建。

秦国刚刚兼并天下，下令丞相、御史说："前些时候韩王交出上地，奉献国王的印章，请求成为藩臣。不久背约，与赵国、魏国联合起来背叛秦国，所以我兴兵讨伐，俘虏了韩国的国王。我认为这是件好事，大概可以偃兵息革了。赵王派他的丞相李牧来签订盟约，所以送回了他的做人质的儿子。不久赵国背叛了盟约，在我国太原起兵反抗，所以我兴兵讨伐，抓获了它的国王。赵国公子嘉自立为代王，所以我又发兵消灭了他。魏王最初说定臣服秦国，不久与韩国、赵国阴谋袭击秦国，秦国吏卒前往讨伐，摧毁了魏国。荆国献纳青阳以西的土地，不久违背约定，进攻我国南郡，所以我发兵讨伐，捕获了荆国国王，平定了荆地。燕王头昏脑乱，他的太子丹暗中指使荆轲做贼，秦国吏卒前去讨伐，灭亡了他的国家。齐王采用后胜的计策，不让秦国使者进入齐国，打算兴兵作乱，我派吏卒去讨伐，俘虏了齐国国王，平定了齐地。

我微不足道，发兵诛暴讨乱，靠着祖先宗庙的威灵，六国国王已各服其罪，天下完全平定了，现在不改换名字，就不能颂扬建立的功业，流传后世。希望议论一下帝王的称号。"丞相王绾、御史大夫冯劫、廷尉李斯等都说："过去五帝管辖千里见方的地区，在这个地区之外的侯服、夷服，有的诸侯朝贡，有的诸侯不朝贡，天子不能控制。现在陛下调遣义军，诛暴讨贼，平定天下，四海之内，设置郡县，统一法令，这是从上古以来所没有过的，五帝也望尘莫及。我们谨慎地和博士讨论，都说：'古代有天皇，有地皇，有泰皇，泰皇最高贵。'我们冒着死罪献上尊号，王称为'泰皇'。天子之命称为'制'，天子之令称为'诏'，天子自称叫'朕'。"秦王说："去掉'泰'字，留下'皇'字，采用上古表示地位称号的'帝'字，叫作'皇帝'。其他按照议定的意见。"下达制命说："可以。"追尊庄襄王为太上皇。皇帝下达制命说："我听说远古有称号，没有谥号，中古有称号，死后根据生前行迹确定谥号。这样做，就是儿子议论父亲，臣子议论君主，意义微小，我不采取这种做法。自此，废除谥法。我是始皇帝。子孙后代用数计算，从二世、三世至于万世，传袭无穷。"

始皇根据五德终始的嬗递次序进行推演，认为周朝得到了火德，秦朝代替周朝的火德，遵循五行相胜的法则，现在是水德的开端。改变一年的首月，十月初一日君臣入朝庆贺。衣服、旄旌、节旗都崇尚黑色。数目用六作标准，符、法冠都 6 寸，舆车宽 6 尺，6 尺为步，驾车用 6 匹马。把河改名德水，作为水德的开始。为政强硬果决，暴戾苛细，事情都依法决断，刻薄严峻，没有仁爱恩德，没有温情道义，认为如此才符合五德演变的原则。于是急迫地加强法制，囚禁时间已经很长的罪犯也不赦免。

丞相王绾等建议说："各国诸侯刚被消灭，燕、齐、荆地辽远，不在那里立王，就没有人来安定燕、齐、荆。请把皇帝的几个儿子立为王，希望得到皇帝的赞成。"始皇把王绾等人的建议交给群臣讨论，群臣都认为很适宜。廷尉李斯建议说："周文王、周武王所封立的同姓子弟很多，然而后来族属疏远，互相攻击，如同仇敌，诸侯交相讨伐，周天子不能控制。现在依靠陛下的神灵统一了天下，都划分成为郡县，皇帝的子弟和功臣，都用国家的赋税重加赏赐，（这种局面）很容易治理。天下没有二心，这就是国家安定的方法。封立诸侯是不适宜的。"始皇说："天下苦于无休止的战争，是因为有诸侯王的缘故。依靠宗庙之灵，刚刚平定了天下，再去建立诸侯国，这是自我树敌，而要求得安宁，岂不是很困难的吗！廷尉的建议是正确的。"

划分全国为 36 郡，郡设守、尉、监。百姓改称"黔首"。天下欢聚宴饮，收集天下兵器，集中在咸阳，熔铸成钟；又铸造了 12 个铜人，每一个重 1000 石，安置在宫廷中。统一法律制度和度量衡标准。规定车子两轮距离相同。书写采用统一的文字。全国地域东至大海和朝鲜，西至临洮、羌中，南至门朝北开的地区，北据黄河为屏障，顺着阴山直至辽东。把天下豪富 12 万户迁徙到咸阳。秦国各王的陵庙和章台、上林苑都在渭水南岸。秦国每消灭一个诸侯国，就描摹它的宫殿，在咸阳北坡上仿效建造，南临渭水，从雍门以东到达泾水、渭水汇流地区，宫殿室宇、空中栈道和缭绕回旋的阁道连续不断。从诸侯国掳掠来的美女、钟鼓，都安置在里面。

二十七年，始皇巡行陇西、北地，来到鸡头山，（返回时）路过回中。于是在渭水南面建造信宫，不久把信宫改名为极庙，象征天极星。从极庙修路通往骊山，又建造了甘泉宫前殿，修筑甬道，从咸阳和它相连。这一年，赐予全国民爵一级。修建驰道。

二十八年，始皇向东巡行郡县，登上邹峄山。树立石碑，和鲁地儒生商议，刻写石碑颂扬秦朝的功德，又讨论封禅和望祭山川的事情。于是就登上泰山，树立石碑，积土成坛，祭祀上天。下山时，忽然风雨来临，始皇停留在树下（躲避风雨），因此封这棵树为五大夫。又到梁父辟地为基，祭祀了大地。在所立的石碑上进行刻辞，碑辞说：

皇帝即位，创立制度，申明法令，臣下修治严整。二十六年，开始兼并了天下，没有不顺从的。亲自巡视远方的百姓。登上这座泰山，遍览最东边的疆域。随从的臣属回忆走过的道路，探求事业的来龙去脉，恭敬地颂扬秦朝的功德。治国的方法得到贯彻执行，各项生产安排适宜，都有一定的规则。伟大真理美好而又光明，要流传后世，继承下来，不要改变。皇帝神圣，平定天下，仍坚持不懈地治理国家。早起晚睡，谋求长远的利益，特别重视对臣民的教导。有关治国的教诲和法则传播四方，远近都得到治理，完全接受了皇帝的圣意。贵贱等级分明，男女依礼行事，谨慎地遵守各自的职责。明显地使内外有别，无不感到清静而纯洁，这种情况要延续到子孙后代。教化所到之处，无穷无尽，遵循遗留下来的诏令，永远继承这重要的告诫。

于是沿着渤海东行，经过黄县、牟平，攀上成山的最高点，登上之罘的顶峰，树立石碑，颂扬秦朝的德业，然后离去。

向南登上琅邪，非常高兴，逗留了 3 个月。把 3 万户百姓迁徙到琅邪台下，免除十二年徭役。修建琅邪台，立碑刻辞，颂扬秦朝的功业，表明符合天下的意志。刻辞说：

二十八年，刚开始做皇帝。制定了公正的法律制度，这是天下万物的准则。以此来明确人们之间的关系，使父子同心协力。皇帝神圣明智而又仁义，明白一切事物的道理。向东巡视东部地区，检阅士卒。巡视已经完全结束，就来到了海边。皇帝的功勋，在于辛勤地操劳国家的根本大事。重农抑商，百姓富裕。举国上下，一心一意。器物标准一致，统一书写文字。凡是日月所照，舟车所至，都能完成皇帝的使命，他所作所为没有不符合天下意志的。只有皇帝，根据适当的时机来办理事情。整顿不良的风俗，跨山越水不受地域的限制。优恤百姓，早晚都不懈息。消除疑虑，制定法令，大家都知道避免触犯刑律。郡守分别管理地方政务，各项政务的处理方法简单易行。采取的措施都很恰如其分，没有不整齐划一的。皇帝圣明，亲自到四方巡视。尊卑贵贱，不逾越等级。奸诈邪恶的现象不许存在。百姓都力求做一个正直善良的人。大小事情都尽全力，不敢懈怠荒忽。不论远近，还是偏僻的地方，都一心做到严肃庄重，正直忠厚，办事有一定的规则。皇帝的德泽，安定了四方。讨伐暴乱，消除祸患，兴办好事，带来福祉。根据时令来安排事情，各种产品不断增多。百姓安宁，不再战争。六亲相安，终身没有盗贼。高兴地遵守国家的教化，人人通晓法律制度。天上地下，四面八方，都是皇帝的领土。西边到达流沙，南边以门朝北开的地方为极限。东边有东海，北边越过了大夏。人们足迹所至，没有不臣服的。功勋超越五帝，恩惠施及牛马，人人得到皇帝的德泽，生活安定平和。

秦王兼并全国，确定了皇帝这一称号，于是出巡东部地区，到达琅邪。列侯武城侯王离、列侯通武侯王贲、伦侯建成侯赵亥、伦侯昌武侯成、伦侯武信侯冯毋择、丞相隗林、丞相王绾、卿李斯、卿王戊、五大夫赵婴、五大夫杨樛随从，他们和始皇在海边谈论秦朝的功德说："古代称帝的人，领土不过纵横千里，诸侯各自固守自己的疆域，有的朝贡，有的不朝贡，互相侵伐，为暴作乱，残杀无已，然而还是刻金勒石，记载自己的功业。古代五帝、三王，实行的智术教化不一样，法律制度不明确，借助鬼神的威力，来欺骗远方的百姓，实际情况和称号不相符，所以国家命运不长久。人还没有死去，诸侯就背叛了，法令不得推行。如今皇帝统一了四海之内，把全国分为郡县，天下安宁而和谐。发扬光大宗庙的威灵，服膺真理，广布恩德，名副其实地得到了皇帝这一尊号。群臣一起颂扬皇帝的功德，铭刻在金石上，作为后世的楷模。"

立石刻辞结束后,齐人徐市等上书,说海中有3座神山,名叫蓬莱、方丈、瀛洲,仙人居住在那里。希望斋戒沐浴,和童男童女去寻求3座神山。于是派遣徐市挑选童男童女数千人,到海中寻找仙人。

始皇返回之时,路过彭城,斋戒祈祷,想要从泗水打捞周鼎。让成千人潜入水中寻找,没有找到。于是就向西南走去,渡过淮水,前往衡山、南郡。泛舟江上,来到湘山祭拜。途遇大风,几乎不能渡水上山。始皇问博士说:"湘君是什么神?"博士回答说:"听说是尧的女儿,舜的妻子,死后埋葬在这里。"于是始皇非常生气,让刑徒3000人把湘山上的树木全部砍光,全山露出红色的土壤。始皇从南郡取道武关回到咸阳。

二十九年,始皇向东巡游。到了阳武博浪沙,被强盗惊吓了一场。追捕强盗,没有抓获,就命令全国大肆搜查10天。始皇登上之罘,镌刻石碑。碑文说:

二十九年,春季第二个月的时候,天气暖和起来。皇帝去东方巡游,登上了之罘,面对着大海。随从的臣属看到这美好的景色,回忆皇帝的丰功伟绩,追念统一大业的始末。伟大的皇帝开始治理国家,制定了法律制度,彰明纲纪。对外教诲诸侯,普施教化,广布惠泽,阐明道理。六国诸侯奸回邪僻,贪婪乖戾,欲壑无厌,残虐杀戮,永无休止。皇帝哀怜民众,就调遣征伐大军,奋武扬威。进行正义的讨伐,采取诚信的行动,武威光耀,远播四方,没有不降服的。消灭了强暴的势力,拯救了百姓,安定了天下。普遍推行严明的法律制度,治理天下,成为永久的准则。真伟大!普天之下,都遵循皇帝的神圣意志。群臣颂扬皇帝的功勋,请求镌刻在石碑上,记载下来,作为永垂后世的法则。

二十九年,皇帝在春天巡游,视察远方。到了海边,就登上之罘,面对着初升的太阳,观望辽阔而又秀丽的景色,随从的臣属都怀念往事,回忆走过的道路是非常光明的。英明法治最初施行的时候,就对国内的坏人坏事进行了清理,对外讨伐强暴的敌人。军威远扬,四方震动,消灭了六国,俘获了他们的国王。开拓领土,统一天下,消除战乱祸患,永远停止战争。皇帝圣德明智,治理国家,处理政务,毫不懈怠。创立重大的法律制度,明确设置统一的标准器用,都有规则。有职之臣都遵守本分,知道自己该做些什么,事情没有疑猜之处。百姓发生了变化,远处近处都统一制度,自古以来是最好的时代。每人已经确定了固定的职务,子孙后代循守旧业,永远继承这英明的政治。群臣颂美皇帝的恩德,恭敬地赞扬他的伟大功业,请求在之罘山上立碑刻辞。不久,就前往琅邪,从上党回到咸阳。

三十年，没有发生重大的事情。三十一年十二月，把腊祭改名叫"嘉平"。赏赐百姓每里6石米、两只羊。始皇易服出行咸阳，4个武士随从。夜间出来时，在兰池遇上盗贼，为盗贼所困逼。武士杀死了盗贼，在关中大肆搜查了20天。粮价一石达到1600钱。三十二年，始皇前往碣石，派燕地人卢生访求羡门、高誓。在碣石城门上刻辞。摧毁城郭，挖通堤防。城门上的刻辞说：

于是调遣军队，诛伐无道，为暴作逆的人被消灭了。用武力平息暴乱，用文治保护无罪的人，全国上下人心归服。加恩论叙有功人员的功劳，连牛马都得到了赏赐，恩惠润泽了大地。皇帝扬威，依靠正义的战争兼并了诸侯，第一次统一了全国，天下太平。拆毁六国的城郭，挖通河堤，铲平险阻。地面上各种军事障碍已经夷平，百姓不再服事徭役，天下安定。男乐于耕种他的土地，女的从事她的家庭手工业，各项事业井井有条。各项生产都蒙受皇帝的惠泽，当地的农民和外来的农民，无不安居乐业。群臣颂扬皇帝的功绩，请求镌刻这一石碑，为后世垂示规范。

派韩终、侯公、石生寻访仙人求取长生不死的灵药。始皇巡行北方边境，从上郡回到咸阳。燕地人卢生被派入海中寻找仙人回来了，因为向始皇报告鬼神之事，就借机献上抄录的图书，上面说："灭亡秦朝的是胡。"始皇就派将军蒙恬发兵30万人，向北攻打胡人，并取河南地带。

三十三年，征发曾经逃亡的罪犯，入赘女家的男子、商人攻取陆梁地区，设置桂林郡、象郡、南海郡，把有罪应当流徙的人派去戍守。在西北方驱逐匈奴。从榆中沿着黄河往东，直至阴山，（在这一地区）设置34个县，在黄河附近修筑要塞。又派蒙恬渡过黄河攻占高阙、阳山、北假一带，修筑亭障来驱逐戎人。迁徙罪犯，安排到刚刚建立的县邑中。禁止民间祭祀。彗星出现在西方。

三十四年，贬斥听讼断狱不公平的官吏，让他们去修筑长城和戍守南越地区。

始皇在咸阳宫摆酒设宴，70个博士上前敬酒祝寿。仆射周青臣颂扬说："秦国从前的地域不超过1000里，依靠陛下神灵圣明，平定了天下，驱逐了蛮夷，太阳和月亮所能照到的地方，没有不降服的。把各国诸侯的领土置为郡县，人人安居乐业，没有战争之忧，这功业可以流传万世，从远古以来没有人能赶得上陛下的威德。"始皇很高兴。博士齐人淳于越进谏说："我听说殷周称王天下1000多年，分封子弟和功臣，作为自己的辅助势力。现在陛下拥有天下，而子弟却是平民百姓，偶然出现田常、六卿一样的臣属，无人辅佐，靠什么来挽救呢？事情不效法古代而能长久不败的，我还没听到过。如今青臣当面阿谀，来加深陛下的过错，实在不是忠臣。"始皇把他们的建议交下去讨论。丞相李斯说："五帝的制度不互相重复，三代的制度不互相因袭，各自都得到治理，不是后代一定要与前代相反，这是时代变化的原因。如今陛下开创了伟大的事业，建立了万世不朽的功勋，本来不是愚蠢的读书人能理解的。况且淳于越说的又是三代的事情，有什么可效法的？从前诸侯竞争，用优厚的待遇招揽游学之士。现在天下已经平定，颁布统一的法令。如今这些读书人不学习现实，而去模仿古代，指责现行的社会制度，惑乱百姓。我李斯冒着死说：古代天下分散混乱，不能统一，所以诸侯同时兴起，人们的言论都称道古代，损害现行的政策，文饰虚言空语，搅乱事物的本来面貌，每人都以为自己的学说是最完善的，非议君主所建立的制度。现在皇帝统一天下，分辨是非，确立了至高无上的地位。（而人们仍在）私自传授学问，一起批评国家的法令教化，听到法令下达，就各用自己的学说去议论，回家时在心里非难，出来时街谈巷议，在君主面前自我吹嘘，沽名钓誉，标新立异，认为超人一等，带着下面一群信徒编造诽言谤语。这种情况不加以禁止，上则君主的权威下降，下则形成党徒互相勾结。禁止出现这种情况才是合适的。我希望史官把不是秦国的典籍全部烧掉。不是博士官所主管的，国内敢有收藏《诗》《书》、诸子百家著作的，都要送到郡守、郡尉那里焚毁。有敢私语《诗》《书》的，在闹市处死示众。以古非今的要杀死全族。官吏知情而不检举的和他同罪。命令下达30天不烧掉书籍，就在脸部刺上字、成为刑徒城旦。所不烧毁的，有医药、卜筮、农林方面的书籍。如果想要学法令，可以到官吏那里学习。"始皇下达命令说："就照此办理。"

三十五年，开辟道路，通过九原，直达云阳，挖山填谷，修建一条笔直的大道连接起来。始皇认为咸阳人口众多，先王的宫廷狭小，听说周文王建都丰，武王建都镐，丰镐之间，是帝王的都城所在。于是就在渭水南岸的上林苑中兴建朝宫。首先建造前殿阿房宫，东西500步，南北50丈，殿堂上可以坐一万人，殿堂下面竖立5丈高的旗帜。周围环绕着架起阁道，从殿下直达南山。在南山的山顶上修建标识，作为门阙。在空中架设道路，从阿房宫渡过渭水，与咸阳相连接，以此象征天上阁道越过天河直至营室。阿房宫尚未完工；完工后，想另外选择一个好的名字称呼它。在阿房建造宫殿，所以天下称它阿房宫。隐官刑徒70多万人，分成几批营造阿房宫，或修建骊山工程。挖运北山的石头，输送蜀地、荆地的木材，都集中到这里。关中共计宫殿300座，关外 400 多座。于是在东海附近朐县境内树立石碑，作为秦国的东门。迁徙 3 万户居住郦邑，5 万户居住云阳，免除 10 年的徭役。

卢生劝始皇说："我和其他人寻找灵芝奇药以及仙人，常常遇不上，好像有东西伤害它们。仙方中要求，君主时时隐蔽行迹来躲避恶鬼，只有如此，真人才能来到。君主居住的地方，臣属知道了，就会妨碍神仙。真人没入水中不会被水浸湿，进入火中不感到热，凌云驾雾，与天地一样长寿。现在您治理天下，不能恬静无欲。希望您居住的官殿不要让人知道，然后长生不死的仙药大概可以找到。"于是始皇说："我羡慕真人，自称'真人'，不称'朕'。"命令咸阳附近 200 里内的 270 座官殿，用空中架设的道路和地面上的甬道连接起来，把帷帐、钟鼓、美人安置在里面，各种布置不得移动。所临幸之处，如果有人把地点说出去，罪当处死。始皇临幸梁山官，从山上看见丞相随从车骑众多，很不以为然。官中侍从把这件事告诉了丞相，后来丞相减少了随从的车骑。始皇帝非常生气地说："这是官内的人泄漏了我的话。"审问后没有人认罪。这时，下令逮捕当时在他身边的人，全部杀掉。从此以后没有人知道他的行迹在什么地方了。听理国政，群臣受命决断事情，都在咸阳宫。

侯生、卢生一起商量说："始皇为人刚愎暴戾，自以为是，从诸侯中兴起，吞并了天下，万事称心如意，为所欲为，认为自古以来没有人能赶上自己。专门任用治狱的官吏，治狱的官吏受到宠幸。虽然有博士 70 人，只是充数人员，并不信用。丞相和大臣都是接受已经决断的公事，一切依赖皇帝处理。皇帝喜欢采用刑罚杀戮来确立自己的威严，天下人害怕获罪，只想保持禄位，没有敢竭尽忠诚。皇帝不能听到自己的过失，日益骄横，臣下恐惧而屈服，用欺骗来取得皇帝的欢心。根据秦朝的法律，一人不能兼有两种方伎，方伎不灵验，就处以死刑。然而观察星象云气预测吉凶的人多至 300 人，全都学问优秀，（但对皇帝）畏忌阿谀，不敢正面指出他的过错。天下之事不论大小均取决于皇帝，皇帝甚至用秤来称量文书，一天有一定的额数，不达到额数不能休息。贪恋权势到了这种地步，不能给他寻找仙药。"于是就逃走了。始皇听说侯生、卢生逃走的消息，就非常气愤地说："我以前收取天下书籍，不合时用的全部烧毁，召集了很多文学方术之士，想要使国家太平，这些方士打算炼丹得到奇药。现在听说韩众离去后一直不来复命，徐市等人耗费巨万，最后还是没得到仙药，只是每天传来一些为奸谋利之事。我对卢生等人很尊敬，赏赐丰厚，如今诽谤我，来加重我的不仁。在咸阳的一些儒生，我派人查问，有的制造怪诞邪说来惑乱百姓。"于是派御史审问儒生，儒生辗转告发，就能免除自己的罪过。解犯法禁的 460 多人，全部在咸阳活埋，使全国都知道这件事，借以警诫后人。更多地调发徒隶去戍守边境。始皇长子扶苏劝告说："天下初定，远方百姓尚未安辑，儒生都学习和效法孔子，现在您用严厉的刑罚绳治他们，我担心天下动乱。希望您明察。"始皇很生气，派扶苏到北方的上郡监视蒙恬。

三十六年，荧惑接近心宿。一颗星坠落东郡，到了地面变为石头，百姓中有人在这块石头上刻写说"始皇帝死而地分"。始皇听到了，派御史挨个审问，没有人认罪，便把在石头附近居住的人全部抓起来处死，并用火烧毁这块石头，始皇闷闷不乐，让博士创作《仙真人诗》，和记述出行巡游天下的情况，传令乐工弹唱。秋天，使者从关东来，夜里经过华阴平舒，有人拿着璧玉拉住使者说："替我送给滈池君。"并趁机说："今年祖龙死去。"使者问他什么原因，这个人忽然消失，留下他的璧玉走开了。使者向始皇献上璧玉，讲述了事情的全部经过。始皇很长时间沉默无语，后来说："山野的鬼怪只知道一年之内的事情。"退朝后又说："祖龙是人们的首领。让御府看这块璧玉，竟然是二十八年出行渡江时沉入水中的那块璧玉。于是始皇使人占卜吉凶，卦象是巡游迁徙就会吉利。迁徙到北河、榆中 3 万家。赐给爵位一级。

三十七年十月癸丑，始皇出外巡游。左丞相李斯随从，右丞相冯去疾留守。始皇的小儿子胡亥很羡慕，要求跟着去，始皇答应了他。十一月，走到云梦，朝九疑山方向望祀虞舜。浮江而下，观览籍柯，渡过江渚。途经丹阳，到达钱塘。在浙江岸边，看见波涛汹涌，就向西走了 120 里，从江面狭窄的地方渡了过去。登上会稽山，祭祀大禹，又望祭南海，树立石碑，刻辞颂扬秦朝功德。碑文说：

皇帝丰功伟绩，统一了天下，德惠深远。三十七年，巡行全国，周游观览遥远之地。于是登上会稽山。视察风俗习惯，百姓都很恭敬。群臣颂扬皇帝的功德回顾创业的事迹，追溯决策的英明。秦国伟大的皇帝君临天下，开始确定了刑法制度，明白地宣布过去的规章。首次统一了处理政务的法则，审定和区分官吏的职掌，借以建立长久不变的制度。六国诸侯王独断专行，违谬无信，贪婪乖张，傲慢凶猛，拥众称霸。他们暴虐纵恣，倚仗武力，骄狂自大，屡次挑起战争。做间谍的使者暗中互相联系，进行合纵抗秦，行为邪僻放纵。在内伪饰阴谋诡计，对外侵略秦国边境，因而带来灾难，皇帝出于正义，用武力去讨伐他们，平息了暴乱，消灭了乱贼。圣德宏大而深厚，天地四方，蒙受了无限的恩泽。皇帝统一天下，听理万机，远近都政清民静。

运筹和治理天地间万物，考察事物的实际情况，分别记载它们的名称。不论是贵人还是贱人，都洞察他们的活动，好事坏事都摆在面前，没有隐瞒的情况。纠正过错，宣扬大义，有了儿子而改嫁他人，就是背弃死去的丈夫，不守贞操。隔离内外，禁止纵欲放荡，男女要洁身诚实。做丈夫的和别人妻子通奸，杀死他也没有罪，这样，男人才能遵守道德规范。做妻子的跑掉另嫁，儿子不准认她做母亲，这样人们都会被廉洁清白的风气所感化。进行大规模地整顿，荡涤不良的风俗习惯，天下百姓接受文明的社会风尚，受到了一种良好的治理。人们都奉规守法，和睦平安，敦厚勤勉，没有不服从国家法令的。百姓德修品洁，人人高兴地遵守统一的规定，欢乐地保持着太平的局面。后世认真地奉行法治，就会无限期地长治久安下去，车船不倾（国家安稳）。随从的大臣颂扬皇帝的功业，请求镌刻这一石碑，使这美好的记载永垂后世。

返回时经过吴县，从江乘渡江。沿着海边北上，到达琅邪。方士徐市等人到海中寻找神药，几年都没有找到，耗费了很多钱财，怕受到谴责，就欺骗始皇说："蓬莱的神药是可以得到的，然而常常苦于鲨鱼的袭击，所以不能到达蓬莱，希望派一些擅长射箭的人和我们一起去，鲨鱼出现就用连弩射死它。"始皇梦中与海神交战，海神像人一样的形状。询问占梦的博士，博士说："水神是看不到的，（它的到来）是以大鱼和蛟龙为征兆。现在陛下祷告和祭祀周到而又恭谨，却出现了这个凶恶的海神，应当把它铲除，然后善良的神物就能到来。"于是让到海中去的人携带捕获大鱼的用具，而自己使用连弩，等待大鱼出现时射死它。从琅邪往北到达荣成山，没有见到大鱼。到了之罘，看见了大鱼，射死了一条。于是沿海西行。

到了平原津始皇生病。始皇厌恶说死，群臣没有人敢提到死的事情。始皇的病日益加重，于是就写了一封盖有皇帝玺印的诏书送给公子扶苏，说："回来参加我的丧礼，一起在咸阳埋葬我。"诏书已经加封，放在中车府令赵高办理诏书文件盖印和送发事宜的地方，还没有送给负责传递的使者。七月丙寅，始皇死于沙丘平台。因为始皇死在外面，丞相李斯怕始皇那些儿子以及国内百姓有人造反，就封锁消息，不举丧。把棺材装在辒凉车中，由原来亲近的宦官陪乘，所到之地，照旧送上饭食。百官和过去一样上奏国事，宦官从车辒凉中批准他们所奏之事。只有始皇的儿子胡亥、赵高和五六个亲近的宦官知道始皇已经死去。赵高过去曾经教胡亥学习文字和刑狱法律，胡亥对他很亲近。赵高就同公子胡亥、丞相李斯搞阴谋诡计，毁掉了始皇封好送给公子扶苏的诏书，而另外诈称丞相李斯在沙丘接受始皇遗诏，立儿子胡亥为太子。又加写了诏书送给公子扶苏、蒙恬，列举他们的罪状，将他们赐死。胡亥等人继续前进，于是从井陉到九原。正赶上暑天，始皇的辒凉车散发出臭味，就命令随从官员每车装载一石鲍鱼，用来混淆始皇尸体的臭味。

胡亥等人从直道回到咸阳以后，宣布了始皇死亡的消息。太子胡亥承帝继位，为二世皇帝。九月，把始皇埋葬在骊山。始皇刚刚即位时，就在骊山开山凿洞，等到统一了全国，把天下各方的70多万刑徒送到骊山，把隧洞挖到见水的地方，用铜封洞，然后把棺材安放在里面，仿制的宫殿、百官和各种珍奇宝物都徙置其中，藏得满满的。让工匠制造带机关的弩箭，有人掘墓接近墓室时就会自动射向目标。拿水银做成千川百溪和江河大海，使用机械互相灌注流通，墓中上面各种天象齐备，下面有地上景象万千。利用人鱼的脂肪做蜡烛，估计很长时期不会熄灭。二世说："先帝后宫的姬妾没有儿子的，不适于放出宫去。"（于是）都让她们殉葬，死去的非常多。已经把始皇埋葬了，有人说工匠制造机关，奴隶们都知道，奴隶人数众多就会泄漏出去。葬礼结束以后，已经封藏了墓室的随葬品，又把当中的墓道封闭起来，放下了最外面一段墓道的大门，把工匠奴隶全部关死在里面，没有一个人能够逃出去的。在墓的外面种植草木，好像山一样。

太史公说：秦国的祖先伯翳，曾在唐、虞之际建立功勋，获得了土地，被赐予嬴姓。到了夏、殷之间，势力衰微。及至周朝没落，秦国兴起，在西陲建筑了城邑。从缪公以来，渐渐蚕食诸侯，统一事业最后由始皇完成了。始皇自认为功劳超越五帝，疆域比三王还广阔，耻于和三王五帝相提并论。

楚汉相争定天下——刘邦

高祖，沛县丰邑中阳里人。姓刘，字季。父亲叫太公，母亲称刘媪。刘媪曾经休息于大湖岸边，睡梦中与神交合。这时雷电交作，天昏地暗。太公去看刘媪，见到一条蛟龙伏于她身上。后来刘媪身怀有孕，就生了高祖。

高祖，高鼻梁，像龙一样丰满的额角，漂亮的须髯，左腿上有72颗黑痣。仁厚爱人，喜欢施舍，胸襟开阔。常怀远志，不从事一般百姓的生产作业。壮年，试做官吏，当了泗水亭亭长，衙门中的官吏，没有一个不混得很熟，受他戏弄。爱好喝酒，喜欢女色。常常向王媪、武负赊酒，喝醉了卧睡，武负、王媪看见他上面常有一条龙，感到很奇怪。高祖每次来买酒，留在酒店中饮酒，酒店的酒比平常多卖几倍。等到发现了奇怪的现象，年终时，这两家酒店常折毁账目，放弃债权。

高祖曾经到咸阳服徭役，有一次秦始皇车驾出巡，任由人们观看，他看到了秦始皇，喟然长叹说："啊，大丈夫应当像这个样子！"

单父人吕公与沛县县令是好朋友，为了躲避仇人到县令家做客，因而迁家到沛县。沛县中的豪杰官吏闻知县令有贵客，都去送礼祝贺。萧何为县里的主吏，主管收礼物，对各位贵客说："礼物不满1000钱的，坐在堂下。"高祖做亭长，向来轻视那些官吏，于是欺骗地在名刺上说"贺万钱"，其实未出一钱。名刺递了进去，吕公大惊，站起来，到门口迎接高祖。吕公这个人，好给人相面，看见高祖状貌，就特别敬重他，领他到堂上入座。萧何说："刘季本来大话很多，很少成事。"高祖戏辱堂上的客人，自己坐在上座，丝毫不予谦让。酒席就要散尽，吕公以目示意高祖不要走。高祖喝完了酒，留在后面。吕公说："我少年就好给人相面，相过的人多了，没有一个像你刘季这样的贵相，希望你保重。我有一亲生女儿，愿意作为你执帚洒扫的妻子。"酒席结束后，吕媪生吕公的气，说："你最初常想使女儿与众不同，把她嫁给贵人。沛县县令与你相友好，求娶女儿，你不答应，为什么自己妄作主张许配给了刘季？"吕公说："这不是妇孺之辈所能懂得的。"终于把女儿嫁给了刘季。吕公的女儿就是吕后，她后来生了孝惠帝、鲁元公主。

高祖做亭长时，曾经请假回家。吕后与两个孩子在田间除草，一位老人路过，要些水喝，吕后就请他吃了饭。老人家给吕后相面，说："夫人是天下的贵人。"吕后让他给两个孩子看相。老人看了孝惠，说："夫人所以显贵，就是这个孩子的缘故。"看了鲁元，也是贵相。老人已经走了，高祖正好从别人家来到田间，吕后告诉他一位客人从这里经过，给我们母子看相，说将来都是大贵人。高祖问老父在哪儿，吕后说："走出不远。"高祖追上了老人，向他询问。老人说："刚才相过夫人和孩子，他们都跟你相似，你的相貌，贵不能言。"高祖便道谢说："如果真像老父所说，决不忘记对我的恩德。"等到高祖显贵，竟然不知老人之所终。

高祖做亭长，用竹皮为帽，这帽子是他派部下到薛县制做的，经常戴着它，等到显贵时，仍然常常戴着，所谓"刘氏冠"，就是指这种帽子。

高祖因身任亭长，为县里送徒役去骊山，徒役多在途中逃亡。他估计，等走到骊山，大概都逃光了。到丰邑西面的沼泽地带，停下来喝酒，夜间高祖就释放了所押送的徒役。高祖说："各位都走吧，我也从此一去不返了！"徒役中有10多个年轻力壮的愿意跟随高祖。高祖带着酒意，当夜抄小路通过这片沼泽，派一人前行探路。前行探路的人回来报告说："前面有条大蛇横在路当中，请回去吧。"高祖醉醺醺地说："好汉走路，有何畏惧！"于是，就走上前去，拔剑击蛇，斩为两段，道路打通了。走了几里地，酒性发作，便躺下睡觉。后面的人来到斩蛇的地方，见有一个老太太夜里哭泣。人们问为什么啼哭，老太太说："有人杀了我的儿子，所以我哭。"人们又说："老太太，你的儿子为什么被杀了？"老太太说："我儿子，是白帝的儿子，变为蛇，横在路当中，现在被赤帝的儿子杀了，所以我才哭。"人们认为老太太不诚实，想要给她点苦头吃，老太太忽然不见了。落在后面的人到了高祖休息的地方，高祖已经醒了。他们把刚才发生的事告诉了高祖，高祖听了暗自高兴，暗觉自命不凡。跟随他的人对他日益敬畏。

秦始皇帝常说："东南有天子气。"因而巡游东方，借以镇伏东南的天子气。高祖怀疑与自己有关，就逃跑藏了起来，隐身在芒山、砀山一带的山泽岩石之间。吕后和别人寻找，常常一去就找到了高祖。高祖感到奇怪，就问吕后。吕后说："你所处的地方上面常有云气。向着有云气的地方去找，常常可以找到你。"高祖心中高兴。沛县子弟有的听到这件事，很多人都想归附他了。

秦二世元年秋天，陈胜等在蕲县起义，到了陈县自立为王，号称"张楚"。各郡县大多都杀死长官，响应陈胜。沛县县令恐惧，想要以沛县响应陈胜。主吏萧何、狱掾曹参对他说："你身为秦朝的官吏，如今要背秦起事，率领沛县子弟，恐怕他们不肯听命。希望您召集逃亡在外面的人，可以得到几百人。利用这股力量胁持群众，群众不敢不听您的命令。"县令就派樊哙去召唤刘季，刘季的队伍已经近百人了。

于是樊哙跟着刘季来到沛县。沛县县令又后悔了，恐怕刘季生变，就关闭城门，派人防守，不让刘季进城，打算杀掉萧何、曹参。萧何、曹参恐惧，翻过城墙依附刘季。刘季用帛写信，射到城上，告诉沛县父老说："天下苦于秦朝的暴政已经很久了。现有父老为沛令守城，但各国诸侯都已起事，城池一旦被攻破，就要屠戮沛县。如果沛县父老共同起来杀死沛令，选择子弟中可以立为首领的做领导，以响应诸侯军，那就能保全自家性命。要不然，父子全遭杀害，死得毫无意义。"父老们就率领子弟共同杀了沛令，打开城门，迎接刘季，想让他做沛县县令。刘季说："当今天下大乱，诸侯都已起事，如果推选的将领不胜任，就会一败涂地。我不是吝惜自己的生命，只怕才劣力薄，不能保全父兄子弟。这是件大事，希望另外共同推选一位能够胜任的人。"萧何、曹参都是文官，看重身家性命，怕事情不成，秦朝会诛灭全族，所以都推刘季。父老们都说："我们平时听到刘季许多奇异的事情，看来刘季是该显贵的。而且又经过占卜，没有比刘季更吉利的。"这时刘季再三谦让，大家都不敢担任，最后还是立刘季为沛公。在沛县衙门的庭院里祭祀黄帝和蚩尤，又用牲血祭鼓旗。旗子一律红色，因为刘季所杀蛇是白帝的儿子，杀蛇的是赤帝的儿子，所以崇尚红色。于是少年子弟和有势的官吏，如萧何、曹参、樊哙等人，都为沛公征集兵员，集合了两三千人，攻打胡陵、方与，回军固守丰邑。

秦二世二年，陈胜的部将周章的军队西至戏水而还。燕、赵、齐、魏都自立为王。项梁、项羽起兵于吴。秦泗水郡郡监平率兵围丰，两天后，沛公出兵应战，打败了秦军。沛公命令雍齿守卫丰邑，自己引兵赴薛，泗水郡郡守壮在薛战败，逃到戚。沛公左司马擒获泗水郡郡守壮，杀死了他。沛公回军亢父，到了方与，没有交战。陈王陈胜派魏人周市攻城略地。周市使人对雍齿说："丰，原来梁王曾迁徙到这里。如今魏地已经攻占的有数十城，你雍齿如果降魏，魏封你雍齿为侯，仍然驻守丰邑。不投降的话，就要血洗丰邑。"雍齿本来不愿隶属沛公，等到魏国招降他，就背叛沛公，为魏防守丰邑。沛公引兵攻丰，没有攻下。沛公病了，回到沛县。沛公怨恨雍齿和丰邑子弟都背叛他，听说东阳宁君、秦嘉立景驹为假王，住在留县，就去依附他们，想借兵攻打丰邑。这时，秦将章邯在追击陈王，别将司马尼率军向北，攻占楚地，在相屠城，到了砀县。东阳宁君、沛公引兵西进，与司马尼在萧县西面交战，没有占着便宜。退回来收集散兵，屯聚留县，引兵攻砀，3天攻取了砀邑。收编砀县降兵，得到五六千人，进攻下邑，打了下来。回军丰邑。听说项梁在薛县，带了随从骑兵100多人去见项梁。项梁给沛公增拨士兵5000人，五大夫一级的将领10人。沛公回来，引兵攻丰。

沛公跟随项梁一个多月，项羽已经攻克襄城回来。项梁把各路将领都召集到薛县，听说陈王已死，就立楚国后人楚怀王的孙子心为楚王，建都盱台。项梁号为武信君。停了几个月，向北攻打亢父，救援被围的齐军，打败了秦军。齐军回齐，楚军单独追击败兵。派沛公、项羽另率军队攻打城阳，大肆杀戮城中军民。沛公、项羽驻军濮阳东面，与秦军接战，击破了秦军。

秦军重新振作，固守濮阳，决水自环。楚军离去，转攻定陶，定陶没有攻下。沛公和项羽向西攻城略地，到了雍丘城下，与秦军交战，大破之，杀了李由。

回军攻打外黄，外黄没有攻克。

项梁再次打败了秦军，有骄傲的神色。宋义劝诫他，他不听。秦派兵增援章邯，夜间衔枚偷袭项梁，大破项梁于定陶，项梁战死。沛公和项羽正在攻打陈留，听说项梁已死，带兵和吕将军一块向东进发。吕臣驻扎在彭城东面，项羽驻扎在彭城西面，沛公驻扎在砀。

章邯已经打垮了项梁的军队，认为楚地的敌人不用担心了，就渡过黄河，北进攻打赵地，大破赵军。这个时候，赵歇为赵王，秦将王离围困赵歇于钜鹿城。被围在钜鹿的军队，就是所谓的"河北之军"。

秦二世三年，楚怀王看到项梁的军队被打垮了，心里恐惧，迁离盱台，建都彭城，合并吕臣、项羽的军队，亲自统率。以沛公任砀郡长，封为武安侯，统领砀郡的军队。封项羽为长安侯，号为鲁公，吕臣任司徒，他的父亲吕青做令尹。

赵多次请求援救，楚怀王就以宋义为上将军，项羽为次将，范增为末将，北上救赵。命令沛公西出略地，打入关中。同将领们约定：先攻入关中的，就封在关中做王。此时，秦军强盛，常常乘胜追击，众将领没有认为先入关是有利的。唯独项羽痛恨秦打垮了项梁的军队，心中愤激，愿和沛公西进入关。怀王的老将都说："项羽为人轻捷而凶猛，狡诈而残忍。项羽曾经攻打襄城，襄城没有留下一个活人，全都活埋了。所经过的地方，无不残杀毁灭。况且楚军多次进兵攻取，没有获胜，以前陈王、项梁都失败了。不如另派宽厚长者，以正义为号召，向西进发，向秦父老兄弟讲清道理。秦父老兄弟苦于他们君主的统治很久了，现在如果真能得到宽厚长者去关中，不加欺凌暴虐，应该能够拿下关中。而今项羽剽悍，不可派遣。"终于没有答应项羽，而派遣沛公西进攻取秦地。收集陈王、项梁的散兵，路经砀，到达成阳，与杠里的秦军对垒，打败了秦军的两支部队。楚军出兵攻击王离，把他的军队打得大败。

沛公引兵西进，在昌邑遇见彭越，就和他一起攻打秦军，这一仗没有打赢。回到栗县，遇到刚武侯，夺了他的军队，大约4000多人，（与沛公原来的队伍）合并在一起。沛公与魏将皇欣、魏申徒武蒲的军队联合攻打昌邑，昌邑没有攻下，西进路过高阳。郦食其为里监门，说："将领们路过这里的很多，我看沛公是一个大人物，有仁厚长者的风度。"就去求见游说沛公。沛公正坐在床上，伸着两腿，让两个女子给他洗脚。郦生不下拜，深深地作了个揖，说："足下一定要消灭残暴无道的秦朝，就不应该伸着两腿接见长者。"于是沛公站了起来，整理好衣服，向他道歉，请入上座。郦食其劝沛公袭击陈留，获得陈留积聚的粮米。沛公就以郦食其为广野君，郦商为将领，统率陈留的军队，和沛公一起攻打开封，开封没有攻下。向西与秦将杨熊在白马打了一仗，又接战于曲遇的东面，大破杨熊军。杨熊逃往荥阳，秦二世派使斩首示众。沛公向南攻打颍阳，屠了颍阳城。依靠张良攻占了韩国的轘辕。

这时，赵将司马卬正要渡过黄河进入函谷关，沛公就北进攻打平阴，切断黄河渡口。向南进发，在雒阳东面交战。战斗不利，回到阳城，集中军中的骑兵，与南阳郡郡守齮战于犨，打败了齮军。攻取南阳郡的城邑，南阳郡郡守齮逃走，退守宛县。沛公引兵绕过宛城西进。张良进谏说："沛公你虽然急于攻入函谷关，但秦兵众多，又据守险要。如今不拿下宛城，宛城守军从背后攻击，强大的秦军在前面阻挡，这是一种危险的战术。"于是沛公在夜间率兵从另外一条道路返回，换旗易帜，天亮时，把宛城包围了3层。南阳郡郡守打算自杀。他的舍人陈恢说："死的还早。"他就翻过墙去见沛公，说："我听说阁下接受楚怀王的约定，先攻入咸阳的称王关中。现在阁下停留守在宛城。宛城是大郡的治所，连城数十，人多粮足，官吏和民众认为投降肯定被处死，所以都登城固守。如果您整天地留在这里攻城，士卒死伤的一定很多；如果引兵离开宛城，宛城守军自然跟踪追击。您向前则失去先入咸阳的约定，后退又有强大的宛城守军为患。为您设想，不如明约招降，封南阳郡守官爵，让他留守，您带领宛城士卒一道西进。许多没有攻下的城邑，听到这个消息，争先打开城门，等待您，您可以通行无阻。"沛公说："好。"就以南阳郡守为殷侯，封给陈恢1000户。引兵西进，尽皆臣服。到达丹水，高武侯鳃、襄侯王陵在西陵投降。回军攻打胡阳，遇到番君的别将梅鋗，与他一起，迫使析县、郦县投降。派遣魏人宁昌出使秦关中，使者没有回来。这时章邯已经带领全军在赵地投降项羽。

开始时，项羽和宋义北进援救赵，等到项羽杀死宋义，代替他为上将军，许多将领和黥布都从属项羽。打垮了秦将王离的军队，使章邯投降，诸侯都归附了他。等到赵高杀了秦二世，派人来见沛公，想要定约瓜分关中称王。沛公认为是诈骗，就采用张良的计策，派郦生、陆贾去游说秦军将领，用甜头引诱，趁机袭击武关，攻破关口。又和秦军在蓝田南面交战，增设疑兵，多树旗帜，所经过的地方不许掳掠。秦地的群众高兴，秦军懈怠，因此大破秦军。又在蓝田北面接战，再次击败秦军。乘胜追击，彻底打垮了秦军。

汉元年十月，沛公的军队先于各路诸侯到达霸上。秦王子婴素车白马，用丝带系着脖子，封了皇帝的印玺和符节，在轵道旁投降。将领们有的主张杀死秦王。沛公说："当初楚怀王派遣我，本来是因为我能宽大容人。况且人家已经降服，又杀死人家，不吉利。"于是把秦王交给了官吏，西进咸阳。沛公想要留在宫殿中休息，樊哙、张良劝说后，才封闭了秦宫的贵重珍宝、财物和库房，回军霸上。召集各县的父老、豪杰说："父老们苦于秦朝的严刑峻法已经时间很长，诽谤朝政的要灭族，相聚议论的要在街市上处斩。我和诸侯们约定，先入关的在关中称王，我应当称王关中。同父老们约定，法律只有三章：杀人的处死，伤人和抢劫的处以与所犯罪相当的刑罚。其余的秦朝法律全都废除。官吏和百姓都要安居如故。我所以到这里来，是为父老们除害，不会有欺凌暴虐的行为，不要害怕。我所以回军霸上，是等待诸侯们到来制定共同遵守的纪律。"沛公派人与秦朝官吏巡行县城乡间，告谕百姓。秦地的百姓大为高兴，争先恐后地拿出牛羊酒食款待士兵。沛公又谦让不肯接受，说："仓库的谷子很多，不缺乏，不愿破费百姓。"百姓更加高兴，唯恐沛公不做秦王。

有人劝沛公说："秦地比天下富足 10 倍，地势好。如今听说章邯投降了项羽，项羽就给了雍王的封号，称王于关中。现在即将来到关中就国，恐怕不能占有这个地了。应赶快派兵把守函谷关，不让诸侯军进来，逐渐征集关中兵，以加强实力，抵抗诸侯兵。"沛公赞成，照着做了。十一月间，项羽果然率领诸侯军西进，想要入关，而关门闭着。听说沛公已平定关中，大怒，派黥布等攻破函谷关。十二月间，到达戏水。沛公左司马曹无伤听说项王发怒，要攻打沛公，派人告诉项羽说："沛公想要称王关中，令子婴为相，珍宝被他全部占有了。"打算以此求得封赏。亚父劝项羽进攻沛公。当时项羽饱餐士卒，准备第二天会战。这时项羽兵 40 万，号称百万。沛公兵 10 万，号称 20 万，兵力敌不过项羽。恰巧项伯要救张良，夜间去见他。回来后，用道理劝说项羽，项羽取消了进攻沛公的计划。沛公带来了 100 多骑兵，驰至鸿门，来见项羽，表示歉意。项羽说："这是你沛公左司马曹无伤向我说的。不然，我项羽怎么能做这样的事。"后来沛公在樊哙的帮助下，得以脱身返回。回来后，立刻杀了曹无伤。

项羽向西进军，屠杀无辜，焚毁咸阳秦官室，所过之处，无不遭到摧残破坏。秦地的百姓大失所望，心里恐惧，不敢不服从。

项羽派人回去报告楚怀王，楚怀王说："按照原来的约定办。"项羽怨恨楚怀王不肯让他与沛公一起西进入关，而派他北上救赵，在天下诸侯争夺称王关中的约定中落在后面。他就说："怀王这个人，我家项梁所立，没有什么功劳，凭什么主持约定。本来安定天下的，是诸位将领和我项籍。"就假意推尊楚怀王为义帝，事实上不听从他的命令。

正月，项羽自立为西楚霸王，在梁、楚地区的9个郡称王，建都彭城。背弃原来的约定，改立沛公为汉王，在巴、蜀、汉中称王，建都南郑，把关中瓜分为三，封立秦朝的3个将领：章邯为雍王，建都废丘，司马欣为塞王，建都栎阳，董翳为翟王，建都高奴。封楚将瑕丘申阳为河南王，建都洛阳。封赵将司马卬为殷王，建都朝歌。赵王歇迁徙代地称王。封赵将张耳为常山王，建都襄国。封当阳君黥布为九江王，都六县。封楚怀王柱国共敖为临江王，建都江陵。封番君吴芮为衡山王，建都邾县。封燕将臧荼为燕王，建都蓟县。原来的燕王韩广迁徙辽东称王。韩广不服从，臧荼攻杀韩广于无终。封成安君陈余河间三县，住在南皮。封给梅鋗十万户。四月，在项羽麾麾之下罢兵散归，诸侯各自回到封国。

汉王回国，项王派兵3万跟随，楚国和其他诸侯国的士卒仰慕汉王而追从的有几万人。他们从杜县南面进入蚀中，离开后就烧断栈道，以防备诸侯军和匪徒的袭击，也向项羽表明没有东进的意图。到达南郑，那些将领和士卒很多在中途逃亡回去，士卒都唱歌表示思念回到东方。韩信劝汉王说："项羽封诸将有功的为王，而大王独自被封在南郑，这实际上是贬徙。军中官吏和士卒都是崤山以东的人，日夜跋踵盼望回家乡。乘他们气势旺盛时加以利用，可以建立功业，等到天下已经平定，人人都自然安下心来，就不能再利用了。不如向东进军，争夺天下大权。"

项羽出了函谷关，派人迁徙义帝。说："古代做帝王的统辖千里见方的土地，必须居住上游。"就派使者把义帝迁徙到长沙郴县，催促义帝快走。群臣渐渐地背叛了义帝，项羽就暗地里让衡山王、临江王袭击他，把义帝杀死在江南。项羽怨恨田荣，封齐将田都为齐王。田荣恼怒，于是自立为齐王，杀死田都，反叛项楚，把将军印给予彭越，让他在梁地起兵反楚。楚派萧公角攻打彭越，彭越大败萧公角。陈余怨恨项羽不封自己为王，派夏说游说田荣，借兵攻打张耳。齐借兵给陈余，击败了常山王张耳，张耳逃跑归附了汉王。陈余从代接回赵王歇，又立为赵王，赵王就封陈余为代王。项羽大怒，出兵北向击齐。

八月，汉王用韩信的计策，从故道回军，袭击雍王章邯。章邯在陈仓迎击汉军，雍王兵败退走，在好畤停下来接战，又失败了，逃到废丘。汉王随即平定了雍地。向东到达咸阳，率军围困雍王于废丘，而派遣将领攻占了陇西、北地、上郡。派将军薛欧、王吸出武关，借助王陵驻扎在南阳的兵力，迎接太公、吕后于沛县。楚听到这一消息，出兵在阳夏阻挡，汉军不能前进。楚让原吴县县令郑昌为韩王，抵抗汉军。

二年，汉王东出略取城邑，塞王司马欣、翟王董翳、河南王申阳都投降了。韩王郑昌不愿归附，汉王派韩信打败了他。于是设置了陇西、北地、上郡、渭南、河上、中地各郡，关外设置了河南郡。改立韩太尉信为韩王。将领中以一万人或一郡投降的，封给一万户。整修河上郡内的长城。各处原来的秦朝苑囿园池，都让百姓开垦耕种。正月，俘虏了雍王的弟弟章平。大赦有罪的人。

汉王出函谷关到达陕县，抚慰关外父老，回来后，张耳来见，汉王给了他优厚的待遇。

二月，下令废掉秦社稷，改立汉社稷。三月，汉王从临晋关渡过黄河，魏王豹率兵跟从，攻下河内，俘虏殷王，设置河内郡。向南渡过平阴津，到达雒阳。新城三老董公拦住汉王，用义帝死这件事游说汉王。汉王听了，袒臂大哭，为义帝发丧，哭吊3天。派遣使者通告诸侯说："天下共同拥立义帝，对他北面称臣。现在项羽把义帝放逐，击杀于江南，大逆不道。我亲自为他发丧，诸侯都要穿白色丧服。全部调发关内的兵力，征集三河的士卒，浮江汉南下，愿意跟随各诸侯王讨伐楚国杀害义帝的人。"

当时项王正北进攻打齐国，与田荣在城阳交战。田荣兵败，逃到平原，平原的百姓杀了他，齐地都投降了楚国。楚兵焚烧齐人的城郭，掳掠他们的子弟和女人，齐人又反叛楚国。田荣的弟弟田横立田荣的儿子田广为齐王，齐王在城阳反楚。项羽虽然闻知汉军东进，但既然已与齐军交战，就想击垮齐军之后再迎击汉军。汉王利用这个机会劫取了五诸侯的兵力，进入彭城。项羽听到这一消息，就带兵离开齐，由鲁地出胡陵，抵达萧县，与汉军在彭城灵壁东面的睢水上激战，大败汉军，杀死了很多士卒，由于尸体的堵塞，睢水都不能流动了。楚军从沛县掳取了汉王的父母妻子，放在军中作为人质。这个时候，诸侯看到楚军强盛，汉军败退，又都离汉归楚。塞王司马欣也逃到楚国。

吕后的哥哥周吕侯为汉带领一支军队，驻扎在下邑。汉王到他那里，渐渐收集士卒，驻军于砀县。汉王西行经过梁地，到了虞县，派谒者随何到九江王黥布那里，汉王说："你能让黥布举兵叛楚，项羽必定留下来攻打他。如能滞留几个月，我一定可以取得天下。"随何去说服九江王黥布，黥布果然背叛楚国，楚国派龙且去攻打他。

汉王兵败彭城向西撤退，行军中派人寻求家属，家属也逃走了，互相没有碰见。战败后就只找到了孝惠帝，六月，立他为太子，大赦罪人。命令太子驻守栎阳，诸侯国人在关中的都集中在栎阳守卫。引水灌废丘，废丘投降，章邯自杀。把废丘改名为槐里。于是命令祠官祭祀天、地、四方、上帝、山川，以后按时致祭。征发关内士卒登城守卫边塞。

这时九江王黥布与龙且作战，没有取胜，和随何潜行归汉。汉王渐渐地征集了一些士卒加上各路将领和关中兵的增援，因此军势大振，在京、索之间击破了楚军。

三年，魏王豹请假回去省视父母的疾病，到了魏地就断绝了黄河渡口，叛汉归楚。汉王使郦生劝说魏豹，魏豹不听。汉王派遣将军韩信进攻魏豹，大破魏军，俘虏了魏豹，于是平定了魏地，设置了3个郡，名叫河东、太原、上党。汉王命令张耳和韩信向东攻下井陉，进击赵地，杀了陈余、赵王歇。第二年，封张耳为赵王。

汉王驻军在荥阳南面，修筑甬道与黄河相连，以便取用敖仓的粮食。与项羽对峙了一年多。项羽多次夺取了汉军甬道，汉军缺少粮食，项羽于是围攻汉王。汉王请求讲和，划分荥阳以西的土地归汉。项王没有同意。汉王忧虑，就采取陈平的计策，给陈平黄金4万斤，离间楚国君臣。于是项羽对亚父产生了怀疑。亚父这时劝项羽乘势攻下荥阳，等到他知道已被怀疑，就很生气，推托自己年老，要求引退，回家乡当老百姓。项羽答应，亚父没有到达彭城就死了。

汉军绝粮后，就在夜间从东门放出女子2000多人，披戴铠甲，楚军便四面围击。将军纪信乘坐汉王的车驾，伪装成汉王，欺骗楚军。楚军都高呼万岁，争赴城东观看，因此汉王能够与几十骑兵出西门潜逃。汉王命令御史大夫周苛、魏豹、枞公留守荥阳，将领和士卒不能随从的，都留在城中，周苛、枞公商量说："魏豹这个叛国之王，和他共守城池很难。"于是杀死了魏豹。

汉王逃出荥阳进入函谷关，收集士卒，想再次东进。袁生劝汉王说："汉楚在荥阳相持了几年，汉军常处于困境，希望君王从武关出去，项羽肯定引兵向南行进，君王深沟高垒，让荥阳、成皋之间得到休息。派韩信等安辑黄河以北的赵地，联合燕、齐，君再赴荥阳，也为时不晚。这样，楚军多方设防，军力分散，汉军得到休整，再与楚军作战，一定可以打破楚军了。"汉军采纳了他的计策，出兵宛县、叶县之间，与黥布在进军中收集兵马。

项羽听说汉王在宛县，果然带兵南下。汉王坚壁固守，不和他交战。这时彭越渡过睢水，与项声、薛公战于下邳，彭越大败楚军。于是项羽率军向东攻打彭越，汉王也引兵向北驻军成皋。项羽已经取胜，赶走了彭越，得知汉军又驻扎在成皋，就又领兵西进，攻克荥阳，杀了周苛、枞公，俘虏了韩王信，于是进围成皋。

汉王逃亡，单身一人与滕公同乘一辆车出了成皋玉门，向北渡过黄河，驰至修武住了一夜。自称为使者，早晨驰入张耳、韩信的营中，夺取了他们的军队，就派张耳去北边赵地更多地收集兵力，派韩信东进攻齐。汉王得到韩信的军队，军威再振。率军来到黄河岸边，向南进发，在小修武南面让士卒吃饱喝足，打算与项羽再一次交战。郎中郑忠劝阻汉王，让他深沟高垒，不要和项羽交锋。汉王采用了郑忠的计策，派卢绾、刘贾率兵两万人和几百个骑士，渡过白马津，进入楚地，与彭越在燕县城西又打败了楚军，随后又攻下梁地10多座城邑。

淮阴侯接受命令向东进军，在平原没有渡过黄河。汉王派郦生去说服齐王田广，田广叛楚，与汉讲和，一起攻打项羽。韩信采用蒯通的计策，突然袭击，打败了齐国。齐王烹杀了郦生，向东逃到高密。项羽听到韩信已经全部利用黄河以北的兵力打垮了齐、赵，而且要攻打楚军，就派龙且、周兰前去阻击。韩信与楚交战，骑兵将领灌婴配合出击，大败楚军，杀了龙且。齐王田广投奔彭越。此时，彭越领兵驻扎梁地，往来骚扰楚军，断绝了它的粮食。

四年，项羽对海春侯大司马曹咎说："谨慎防守成皋。如果汉军挑战，千万小心，不要应战，只要阻止汉军东进就行了。我15天一定平定梁地，再与将军会合。"于是就进军攻打陈留、外黄、睢阳，都拿了下来。汉军果然屡次向楚军挑战，楚军不肯出战。汉军派人辱骂了五六天楚军，大司马十分气愤，让士卒渡过汜水。士卒渡过一半，汉军出击，大败楚军，全部缴获楚国的金玉财宝。大司马曹咎、长史司马欣都自刎在汜水上。项羽到达睢阳，听到海春侯兵败，就带兵返回。汉军正在荥阳东面围攻钟离眜，项羽一到，全部撤走到险阻地带。

韩信打垮齐国之后，派人对汉王说："齐国靠近楚国，如果权力太小，不立为暂时代理的国王，恐怕不能安定齐地。"汉王想要攻打韩信。留侯说："不如就此封他为王，让他自己防守齐地。"汉王便派遣张良带着印绶立韩信为齐王。项羽听到龙且的军队战败了，心里很恐惧，派盱眙人武涉前去游说韩信。韩信不肯听从。

楚、汉长期相持，胜负未决，年轻力壮的苦于当兵打仗，年老体弱的疲于转运粮食。汉王、项羽一同站在广武涧两边对话。项羽想跟汉王单身挑战。汉王历数项羽的罪过说;"最初我和你项羽都受命于怀王,说是先入关平定关中的,就在关中做王。违背约定,让我在蜀、汉做王,这是第一罪。假借怀王的命令,杀了卿子冠军,而自尊为上将军,这是第二罪。已经援救了赵地,应当返回复命,而你擅自胁迫诸侯的军队进入函谷关,这是第三罪。怀王约定到了秦地不要残暴掠夺,火烧秦朝宫室,挖掘始皇帝的坟墓,私聚秦朝财物,这是第四罪。杀掉了秦朝投降的国王子婴,这是第五罪。在新安,用欺骗的手段坑杀秦朝子弟20万,而封他们的将领做王,这是第六罪。让自己的将领都在好地方做王,而迁走原来的诸侯王,使臣下争为叛逆,这是第七罪。项羽把义帝驱逐出彭城,自己建都彭城,夺取韩王的土地,合并梁、楚称王,多划给自己土地,这是第八罪。派人在江南暗杀义帝,这是第九罪。为人臣下而杀害君主,屠杀已降之人,执政不公允,主持约定不守信用,为天下人所不容,大逆不道,这是第十罪。我带领正义之师随从诸侯来诛除残暴的贼人,派受过刑的罪人杀死你项羽,我何苦与你挑战!"项羽大怒,埋伏的弓弩射中了汉王。汉王胸部受伤,却摸着脚说:"这个贼人射中了我的脚趾!"汉王身受创伤,卧床不起,张良请汉王勉强起来巡行慰劳士卒,以安定军心,不让楚军乘机攻打汉军。汉王出来巡视军队,伤势加重,就驱车进入成皋休养。

汉王病愈,向西进入函谷关,来到栎阳,慰问父老,设酒招待。砍了塞王司马欣的脑袋,挂在栎阳街市上示众。停了4天,又回到军中,驻扎在广武。关中的兵力大举出动。

当时,彭越带兵驻扎梁地,来来往往地骚扰楚军,断绝它的粮食。田横前往依附彭越。项羽多次攻打彭越等人,齐王韩信又进攻楚军。项羽恐惧,就与汉王约定,平分天下,割鸿沟以西归汉,鸿沟以东归楚。项王送回汉王的父母妻子,汉军高呼万岁,楚军告别汉军回到了驻地。

项羽解兵东归。汉王想要领兵西还,后来采用留侯张良、陈平的计策,进兵追击项羽,到达阳夏南面收兵驻扎。与齐王韩信、建成侯彭越约定时间会合攻打楚军。到了固陵,韩信、彭越不来会合。楚军出击汉军,大败汉军。汉王又进入营垒,深挖壕沟进行防守。使用了张良的计策,于是韩信、彭越都前来会合。又有刘贾进入楚地,围攻寿春。汉王在固陵战败,就派使者去召大司马周殷,用全部的九江士卒迎接武王黥布,黥布、周殷在进军中攻下城父,大肆屠杀。他们随从刘贾和齐、梁的诸侯大会垓下。汉王封武王黥布为淮南王。

五年，高祖和诸侯军一起攻打楚军，与项羽在垓下决一胜负。淮阴侯率兵30万独当正面，孔将军布兵在左面，费将军布兵在右面，皇帝居后，绛侯、柴将军跟随在皇帝后面。项羽的士兵大约10万。淮阴侯首先会战，没有取胜，向后退却。孔将军、费将军纵兵出击，楚军不利，淮阴侯又乘势反攻，大败项羽于垓下。项羽的士兵听到汉军中的楚歌声，以为汉军全部占领了楚地，项羽就败退逃跑，因此楚兵全军溃败。汉王派骑兵将领灌婴追击项羽，在东城杀了他，斩首8万，于是平定了楚地。鲁县为楚国坚守城池，汉军没有攻下，汉王带领诸侯军北上，把项羽的头给鲁县父老们看，鲁县才投降了。于是就用鲁公的封号在谷城埋葬了项羽。汉王回到定陶，驰入齐王营垒，夺了军队。

正月，诸侯和将相一起请求尊崇汉王为皇帝。汉王说："我听说皇帝这一尊号，属于有贤德的人，虚言浮语，空有其名，不能占有，我不敢承受皇帝之位。"群臣都说："大王起于贫寒，诛暴讨逆，平定四海，有功的就割地封王侯。大王不尊崇名号，大家对自己的封号都要疑虑，不敢信以为真。臣等誓死坚持大王尊称皇帝。"汉王再三谦让，迫不得已地说："大家一定以为这样吉利，是因为有利于国家，我只好做皇帝了。"甲午，在汜水北面即皇帝位。

皇帝说："义帝没有后代。齐王韩信熟悉楚地风俗，迁徙为楚王，建都下邳。封建成侯彭越为梁王，建都定陶。原来的韩王信仍为韩王，建都阳翟。迁徙衡山王吴芮为长沙王，建都临湘。番君的将领梅鋗立有战功，跟随进入武关，皇帝感谢番君的恩德。淮南王黥布、燕王臧荼、赵王张敖都保持旧封。"

于是，天下基本平定。高祖建都雒阳，诸侯都成为高祖的属臣。原来的临江王共驩为了项羽起兵叛汉，命令卢绾、刘贾围攻共驩，没有攻克。几个月后投降了，在雒阳杀了共驩。

五月，士卒都解甲回家。诸侯国的士卒留在关中的免除徭役12年，那些回家乡的免除徭役6年，发给粮食供养一年。

高祖在雒阳南宫摆设酒席。高祖说："各位诸侯和将领不要隐瞒我，都要说心里话。我之所以能够得到天下是什么原因？项氏所以失去天下是什么原因？"高起、王陵回答说："陛下傲慢而侮辱人，项羽仁慈而爱护人。然而陛下派人攻城略地，所招降攻占的地方就封给他，与天下人利益相共。项羽嫉贤妒能，陷害功臣，怀疑贤能，打了胜仗而不论功行赏，取得了土地而不与分利，这就是失去天下的原因。"高祖说："你们知其一，不知其二。说到那在帷帐中运筹划策、决胜于千里之外，我不如子房。镇守国家，安抚百姓，供给军粮，畅通粮道，我不如萧何。连兵百万，战必胜，攻必克，我不如韩信。这3个人，都是人中俊杰，我能任用他们，这是我所以取得天下的原因。项羽有一个范增却不能任用，这是他所以被我擒杀的原因。"

高祖想长期建都雒阳，齐人刘敬劝阻高祖，等到留侯说服高祖入都关中，当天高祖命驾起身，进入关中建都。六月，大赦天下。

十月，燕王臧荼反叛，攻下代地。高祖亲自统率军队攻打他，擒获燕王臧荼，随即立太尉卢绾为燕王。派丞相樊哙领兵攻代。这年秋天，利几反叛，高祖亲自带兵攻打他，利几逃走了。利几这个人，是项氏的将领。项氏失败时，利几为陈县县令，没有跟随项羽，逃走投降了高祖，高祖封他在颍川为侯。高祖到达雒阳，根据全部通侯名籍遍召通侯，利几也被召。利几很慌惧，因此起兵反叛。

六年，高祖5天朝见一次太公，跪拜如同一般百姓的父子礼节。太公家令劝诫太公说："天无二日，地无二主，如今高祖虽然是你的儿子，但他是万民的君主；太公虽然是高祖的父亲，但属于臣下。怎么能让君主拜见臣下！这样，就使君主失去了威严和尊贵。"后来高祖朝拜太公，太公抱着扫帚，在门口迎接，倒退着行走。高祖大惊，下车搀扶太公。太公说："皇帝是万民的君主，怎么能因为我的缘故破坏了天下的法纪！"于是高祖就尊奉太公为太上皇。高祖内心赞美家令的话，赏赐给他黄金500斤。

十二月，有人上书告发楚王韩信谋反。高祖询问左右大臣，大臣们争着要去攻打韩信。高祖采用陈平的计策，假装巡游云梦泽，在陈县会见诸侯，楚王韩信去迎接，就乘机逮捕了他。这一天，大赦天下。田肯来祝贺。就劝高祖说："陛下抓到韩信，又建都关中。秦地是地理形势优越的地方，有阻山带河之险，与诸侯国悬隔千里，持戟武士100万，秦比其他地方好上100倍。地势便利，从这里出兵诸侯，犹如高屋建瓴。要说那齐地，东有琅邪、即墨的富饶，南有泰山的险固，西有浊河这一天然界限，北有渤海鱼盐之利，地方两千里，持戟武士100万，与各诸侯国悬隔千里之外，齐比其他地方好上10倍。所以这两个地方是东秦和西秦。不是陛下的亲子弟，不要派他在齐地做王。"高祖说："好。"赏赐黄金500斤。后来10多天，封韩信为淮阴侯，把他的封地分作两个国。高祖说将军刘贾屡建战功，封为荆王，称王淮东。弟弟刘交为楚王，称王淮西。儿子刘肥为齐王，封给70余城，百姓中能讲齐地语言的都归属齐国。高祖论定功劳大小，与列侯剖符为信，封侯食邑。把韩王信迁徙到太原。

七年，匈奴在马邑攻打韩王信，韩王信就与匈奴在太原谋反。白土曼丘臣、王黄立原来的赵国将领赵利为王，反叛汉朝，高祖亲自前往讨伐。正遇上天气寒冷，士卒10人中有两三个都冻掉了手指头，终于到达了平城。匈奴在平城围困高祖，7天之后才撤兵离去。命令樊哙留下来平定代地。立哥哥刘仲为代王。

二月，高祖从平城经过赵地、雒阳，到了长安。长乐宫已经建成，丞相以下迁到新都长安。

八年，高祖率军东进，在东垣攻打韩王信的残余叛贼。萧丞相修筑未央宫，建立东阙、北阙、前殿、武库、太仓。高祖回来，看见宫阙壮丽，非常生气，对萧何说："天下喧扰不安，苦战数年，成败尚未可知，现在为什么要修建宫室豪华过度呢？"萧何说："正是因为天下没有安定，所以才乘这个时机建成宫室。况且天子以四海为家，宫室不壮观华丽，就不足以显示天子的尊贵和威严，并且也是为了不让后世的宫室超过。"于是高祖高兴了。高祖去东垣，经过柏人，赵相贯高等谋杀高祖，高祖心动异常，因而没有在柏人停留。代王刘仲弃国逃跑，自己回到雒阳，被废为合阳侯。

九年，赵相贯高等策划谋杀高祖的事，处死了他们的三族。废赵王张敖为宣平侯。是年，把楚国贵族昭氏、屈氏、景氏、怀氏和齐国贵族田氏迁徙到关中。

未央宫建成后，高祖大朝诸侯和群臣，在未央宫前殿摆设酒宴。高祖手捧玉制酒杯，起身给太上皇祝寿，说："当初大人常常认为我是无以谋生的二流子，料理不了产业，不如仲勤劳。如今我成就的事业与仲相比，谁的多呢？"殿上群臣都高呼万岁，大笑取乐。

十年十月，淮南王黥布、梁王彭越、燕王卢绾、荆王刘贾、楚王刘交、齐王刘肥、长沙王吴芮都来长乐宫朝见。春夏无事。

七月，太上皇崩于栎阳宫，楚王、梁王都来送葬。赦免栎阳的囚犯。郦邑改名新丰。八月，赵相国陈豨反叛。高祖说："陈豨曾经做过我的使者，遵守信用。代地是我所看重的地方，因此封陈豨为列侯，以相国名义守卫代地，如今竟和王黄等劫掠代地。代地的官吏和百姓并非有罪。赦免代地的吏民。"九月，高祖亲自攻打陈豨。到达邯郸，高祖高兴地说："陈豨不南去据守邯郸，而凭借漳水为阵，我知道他没有本事。"听说陈豨的将领都是过去的商人，高祖说："我知道该如何对付他们了。"于是就用黄金引诱陈豨的将领，陈豨的将领有很多投降的。

十一年，高祖在邯郸讨伐陈豨等人还没有结束，陈豨的将领侯敞带领一万多人流动作战，王黄驻军曲逆，张春渡过黄河进攻聊城。汉派将军郭蒙与齐国的将领出击，把他们打得大败。太尉周勃从太原进军，平定代地。到了马邑，一时未能攻克，后来就把它攻打得城破人亡。

陈豨的将领赵利防守东垣，高祖攻打东垣，没有攻下。一个多月后，赵利士卒辱骂高祖，高祖非常气愤。东垣投降了，命令交出辱骂高祖的人斩首处死，没有辱骂高祖的就宽恕了他们。于是划出赵国常山以北的地方，封儿子刘恒为代王，建都晋阳。

春天，淮阴侯韩信谋反关中，处死了他的三族。

夏天，梁王彭越谋反，废除他的封号，迁徙蜀地。他又要反叛，于是就处死三族。封儿子刘恢为梁王，儿子刘友为淮阳王。

秋天七月，淮南王黥布反叛，向东兼并了荆王刘贾的土地，北进渡过淮水。楚王刘交跑到薛县。高祖亲自前往讨伐他，封儿子刘长为淮南王。

十二年十月，高祖在会甄已经击败黥布的军队，黥布逃走。高祖命令将领追击他。

高祖率军归还，路过沛县，停留下来。在沛宫摆设酒宴，把过去的朋友和父老子弟全部召集来纵情畅饮。挑选沛中儿童，得到了120人，教他们唱歌。酒喝到酣畅，高祖击着筑，自己作了一首诗，唱起来："大风起兮云飞扬，威加海内兮归故乡，安得猛士兮守四方！"让儿童都跟着学唱。高祖跳起舞，感慨伤怀，泪下数行，对沛县父兄们说："远游的人思念故乡。我虽然建都关中，千秋万岁后，我的魂魄还是牵绕沛县。我从做沛公开始，诛暴讨逆，终取天下。用沛县作为我的汤沐邑，免除沛县百姓的徭役，世世代代不用服徭役。"沛县父老兄弟、长辈妇女、旧日朋友，天天开怀畅饮，极为欢欣，说旧道故，取笑作乐。过了10多天，高祖想要离去，沛县父老兄弟执意挽留高祖。高祖说："我的随从人员众多，父兄们供养不起。"于是高祖就动身了。沛县百姓倾城而出，都到城西贡献牛酒。高祖又停留下来，搭起帐篷，饮宴3天。沛县父兄们都叩头请求说："沛县幸运地得到免除徭役，丰邑还没有获准免除。请陛下哀怜丰邑。"高祖说："丰邑是我生长的地方，绝不会忘记，我只是因为丰邑以雍齿的缘故反叛我而去帮助魏国，所以才不免除它的徭役。"沛县父兄们坚持请求，于是免除了丰邑的徭役，和沛县相同。封沛侯刘濞为吴王。

汉军将领在洮水南北两路追击黥布的军队，都大破黥布军，在鄱阳追获杀死了黥布。樊哙另带一支部队平定代地，在当城杀死了陈豨。

十一月，高祖从征讨黥布的军队中回到长安。十二月，高祖说："秦始皇帝、楚隐王陈涉、魏安釐王、齐缗王、赵悼襄王都绝嗣无后，分别给予 10 户人家看守坟墓，秦始皇 20 家，魏公子无忌 5 家。"代地官吏和百姓被陈豨、赵利所胁迫的，全部赦免。陈的降将说陈豨反叛时，燕王卢绾派人去陈豨那里参与了阴谋策划。高祖派辟阳侯去接卢绾，卢绾称病不来。辟阳侯回来，详细说明了卢绾反叛已有征兆。二月，派樊哙、周勃率军出击燕王卢绾。赦免燕地官吏和百姓参加反叛的人。封皇子刘建为燕王。

高祖攻打黥布时，被流矢射中，途中得了病。病情严重，吕后请来好医生。医生进去见高祖，高祖询问医生，医生说："病可以治好。"于是高祖谩骂医生说："我以一布衣平民，手提三尺剑取得天下，这不是天命吗？命运在天，虽有扁鹊，又有什么用处！"高祖不让医生治病，赏赐黄金 50 斤，叫他离去。不久吕后问高祖："陛下百年以后，萧相国如果死了，让谁接替他？"高祖说："曹参可以。"又问其次，高祖说："王陵可以。然而王陵稍为憨直，陈平可以帮助他。陈平智慧有余，然而难以独任。周勃稳重厚道，缺少文才，但能安定刘氏天下的一定是周勃，可以让他做太尉。"吕后又问其次，高祖说："这以后不是你我所能知道的。"

卢绾和数千名骑兵停留在边塞等候，希望高祖病好了，自己去向高祖请罪。

四月甲辰，高祖崩于长乐宫。过了 4 天不发丧。吕后和审食其商量说："将领们和皇帝同为编户平民，如今北面称臣，为此常快快不乐。现在事奉年轻的皇帝，心里会更不高兴，不全部族灭这些人，天下不会安定。"有人听到这个消息后，告诉了郦将军。郦将军去见审食其，说："我听说皇帝驾崩，4 天不发丧，想要诛杀将领们。如果真是这样，天下就危险了。陈平、灌婴统率 10 万士卒驻守荣阳，樊哙、周勃统率 20 万士卒平定燕、代，这时他们听到皇帝驾崩，将领们全都被杀，必定连兵回来向关中进攻。大臣叛乱于内，诸侯造反于外，天下覆灭可以翘足而待了。"审食其进宫把这些话告诉了吕后，于是就在丁未发丧，大赦天下。

卢绾听说高祖驾崩，就逃入匈奴。

丙寅，安葬高祖。己巳，立太子为皇帝，来到太上皇庙。群臣都说："高祖起于细微平民，拨乱反正，平定天下，是汉朝的开国始祖，功劳最高。"上尊号为高皇帝。太子袭号为皇帝，这就是孝惠帝。命令各郡和各国诸侯建立高祖庙，按照每年的时节祭祀。到了孝惠帝五年，孝惠帝思念高祖回沛时的悲乐情景，就把沛宫作为高祖原庙。高祖所教唱歌的儿童 120 人，都让他们做高祖原庙中演奏音乐的人员，以后有缺额，就立刻补上。

高皇帝 8 个儿子：长子是庶出的齐悼惠王肥；其次是孝惠帝，吕后所生；再次是戚夫人生的赵隐王如意；再次是代王恒，已立为孝文帝，薄太后所生；再次是梁王恢，吕太后时徙为赵共王；再次是淮阳王友，吕太后时徙为赵幽王；再次是淮南厉王长；再次是燕王建。

《汉书》

《汉书》概论

　　《汉书》是我国史学史上第一部纪传体断代史，也是第一部专记一代政权兴亡的皇朝史。《汉书》由汉代班固编撰而成，全书共100卷，分十二纪、八表、十志、七十列传，记述上起公元前206年汉高祖元年，下迄公元24年整个两汉一代的230年史事。

一

　　班固（公元32—92年），字孟坚，东汉扶风安陵（今陕西咸阳市东）人。班固出生在一个家资豪富、有外戚身份，并有正统家学传统的家庭。这个家庭，首先为他提供了良好的教育环境，其次，为他著述《汉书》提供了思想上、编撰上的基础。从建武二十三年（公元47年）到建武三十年（公元54年）的8年时间里，他不仅学习了儒家的经典著作，而且对于诸子百家学说，也进行了广泛的探讨。学习上，班固并不拘泥于一家之言，也不去死抠章句，而是着重领会其大义。他非常熟悉西汉故事，在父亲的影响下，又逐渐转向汉史的研究。

　　公元54年，父亲班彪去世，班固离开太学回家居丧。居丧期间，潜心阅读其父的遗作。读完《史记后传》之后，他认为该书的记叙很不详尽，决心在其基础上搜集资料，改定体例，重新撰写一部记述汉代史实的书籍。但是，在汉明帝永平五年（公元62年）有人向朝廷上书，告发他私自改作"国史"，于是班固被捕入京城监狱，书稿也被抄去。

　　班固的弟弟，东汉名将班超听说此事，赶到京城，上书为兄辩白。明帝看了书稿，非常赞赏他的史学才能，召他到京师任兰台令史，掌管朝廷的藏书，并进行校勘工作。第二年，又被提升为秘书郎，典校秘书。这期间，班固与令史陈宗、尹敏、孟异等写成《世祖本纪》，其后，又撰成功臣、平林、新市、公孙述等列传和载记28篇奏上。这些著述，后来都成了《东观汉记》的重要组成部分。

班固因文章写得好，深得皇帝喜欢，章武帝建初三年（公元78），班固升为玄武司马，负责守卫玄武门。在皇帝面前的他，不仅是史臣而且成为近臣。永元四年（公元92年），窦宪以外戚专政，和帝利用宦官的势力夺取了窦宪的权力。由于和窦宪关系密切，班固也被免除官职。洛阳令种兢因曾受班家奴仆的侮辱，遂乘机报复，将班固罗织入狱，不久班固便死在狱中。班固一生不仅以《汉书》扬名后世，还著有许多诗文。其中的文采名扬于世。

班固所处的特定时代背景，使他的史学面临着这样的任务：以儒家正统思想为准绳，总结西汉王朝在政治、经济、文化上的成败得失，为东汉政权提供经验教训；以"皇权神授""天人感应"为指导，从历史上论证"汉承尧运"，承天"正统"，而且"天祚未改"，从而证明西汉王朝存在的唯一性，也为自称刘氏政权"中兴"的东汉王朝提供维护政权的神化了的历史依据。班固以这样的任务为目标，发展并完善了父亲的著述思想，提出了著述《汉书》的宗旨：

首先，在体裁上，班固摒弃了纪传体通史的形式，也不像父亲那样为《史记》作续编，而是"起元高祖，终于王莽之诛，十有二世，二百三十年"，断代为史，从而在著述形式上改变了刘汉"编于百王之末，厕于秦、项之列"的历史地位。其次是在指导思想上，明确地提出要"旁贯《五经》"，即要用《五经》的道义，把刘汉200多年的历史讲清楚。这与司马迁的"一家之言"大异其趣。

《汉书》经4人之手，历三四十年之久，才最后编撰完成。班彪的《史记后传》为班固的写作打下了坚实的基础。在明帝永平元年（公元58年），开始了《汉书》的编撰工作。任兰台令史之后，班固"专笃志于博学，以著述为业"（《汉书·叙传》）。在与同僚一起完成部分国史的撰述之后，明帝下诏令他在兰台继续撰写未完成的《汉书》，"自永平中始受诏，潜精积思二十余年，至建初中乃成"（《后汉书·班彪传》）。全书基本完成后，仍对其中一些篇章进行增补。

班固著述《汉书》以前，有关西汉的史书已有多种。《史记》是一部通史，但对汉初的历史用力甚厚。《史记》问世以后，从西汉后期到东汉初年，补续该书的人很多。先是有诸少孙的"补阙"，接着又有刘向、冯商、扬雄等15人的撰述。东汉初年，班彪把刘向等人的续《史纪》汇聚一起，称为《别录》，同时又写成《史记后传》。身为兰台令史的班固，充分利用前人已有的成果，《汉书》一书，武帝以前的历史记载，大都采用《史记》，约有50篇，当然，他并不是完全照搬《史记》原文，加工整理修改补充的工作做了很多。武帝以后的记载，以其父的《后传》为蓝本，综合各家著述，缀集而成。这样，班固在前人撰述的基础上，以自己独特的宗旨为主线，把各种关于西汉的史实加以排列组合，基本上编撰完成《汉书》。

班固去世以后，仍有八表及《天文志》未完成。汉和帝又令其妹、我国第一位女历史学家班昭继作八表，马续补作《天文志》。终于，《汉书》得以最后完成。

二

《汉书》沿用了《史记》的纪传体，但它改《史记》的纪传体为断代史，从而成为后世纂修王朝史的典范。《汉书》原本100卷，但一些较长的篇目被后来的人分割开，流传于世的就有今本120卷的面貌。全书共80余万言。

十二本纪，记述了高、惠、高后、文、景、武、昭、宣、元、成、哀、平十二世的大事，编年记事，为全书总纲。

八表，前六表分别谱列王侯世系；后二表，一为《百官公卿表》，记录秦汉官制及汉代公卿的迁、免、死，一为《古今人物表》，实际上只记"古"而不记"今"，是对汉代以前历史人物的评价。

十志，《律历志》叙述汉代声律、度量衡、历法及其与农业和日常生活的关系。

《礼乐志》叙述历代礼制、乐制的变化。

《刑法志》记述上古以来至东汉初年军制和刑法的变化。

《食货志》记述了远古至王莽时期社会财政经济的演变。

《郊祀志》记述先秦至汉代的郊祀、封禅情况。

《天文志》记录天象及其变化。

《五行志》记录了从古到汉的自然现象及与人事参验情况，罗列了董仲舒、刘向、刘歆等人的五行灾异说。

《地理志》以《禹贡》《周官》为据，记载了汉以前的地理沿革、九州状况；又记述了汉郡县封国建置由来和变革，它们的山川和户口，各地区的风土及海外交通。

《沟洫志》叙述了秦汉兴修水利，治理黄河及各地灾害的情况。

《艺文志》依据刘歆《七略》，加上班固自己的见解，按照六艺、诸子、诗赋、兵书、术数、方技的顺序，著录了西汉末年皇家藏书的名称、卷数、作者、存轶情况，并论其学术的派别源流、是非得失。

七十列传，大部分是西汉重要人物的传记；《匈奴列传》《西南两越朝鲜列传》《西域列传》是对汉代边疆各民族历史的记载。

（一）《汉书》的主要特点有：

第一，创立了"正史模式"。作为第一部断代史，《汉书》作者班固改变了司马迁的本意。把司马迁考察"王迹所兴"的意图变为以帝王为中心，一帝一纪，确立了纪传体本纪"书君上以显国统"（刘知己《史通·本纪》）的"正史"模式。司马迁创立本纪，主要记录在历史上确实左右天下大势的政权兴衰，以编年纪事为全书总纲，而不是专记一姓一帝政权的得失。所以《史记》在秦汉之际列《项羽本纪》，而不为秦二世立纪；列《吕后本纪》虽用惠帝纪年，但不为惠帝立纪，《汉书》则在高、文之间，专立《惠帝本纪》；对西汉末年徒有虚名的成帝、哀帝、平帝也分别立纪，对元后、王莽则立传以记之。

《汉书》对列传的编撰也作了重大变动。首先，去掉《世家》，以《世家》入传。司马迁立《世家》是为了记载诸侯、勋贵和对社会起过比较突出贡献的人物及大事。经过汉代不断的"削藩""推恩"、夺侯等消除诸侯势力的措施，王国势力渐渐变得与富室无异，因此，班彪与班固以"世家"入"传"是符合历史实际的。其次，《汉书》一改《史记》的合传、专传、类传的次序杂乱为一律以时间先后顺序为主，先专传、合传，次类传，再次以边疆各族传，以"贼臣"《王莽传》居末，避免了《史记》或以时代相同，或因事迹相关给读者带来的不便。其三，《汉书》整齐了列传标目。《史记》列传标目，或是姓标，或以名标，或为字标，或是官标目，体例不统一；《汉书》除诸王传外，一律以姓或姓名标目。其四，适当地运用了合传的形式，较好地收到了行简、知类的效果。如"魏豹、田儋、韩信"以"皆六国之人"合传；公孙、刘、田、王、杨、蔡、陈、郑都因其为"武帝时丞相御史大夫"而合传：张苍、周昌至申屠嘉等以"诸为御史大夫者"而合传；眭弘、两夏侯、京房、翼奉、李寻则以"皆通术数说灾异者"而合传等等。这些合传把人品相近或事迹相类的人物合记到一起，使人物传记各具特色，人物特性相得益彰。

《汉书》的《表》新创了《外戚恩泽侯表》《古今人表》和《百官公卿表》，增补了《史记》不能表及的昭、宣、元、成间功臣存亡续绝。

《汉书》还把《史记》的八书改为十志，从而比《史记》的八书，有了重大发展，增立的《刑法志》《地理志》《艺文志》《五行志》，使"志"包容了更多的社会内容，扩大了历史学的领域。

第二，灵活的纪传体例。一是寓通于断。班固断代为史，从思想根源上说，是为了加强刘氏王朝并非由秦、项的历史发展而来，而是直接从尧那里，继承"天统"而兴。这样，《汉书》在论证了刘氏王朝掌握天下大权的合法性的同时，却割断了历史运动进程的客观连续性。另外，班固虽然将秦、项、陈胜排出了神意规定的"宣统"程序，却并不湮没他们作为历史存在的事实。在表列中，虽然班固以汉为首栏，突出了汉的地位，但它仍是如实地记述了汉元年一月至文帝后元七年，项羽所封异姓八王的置废兴亡；列陈胜、项籍为首传，以叙述"上嫚下暴，惟盗是伐，胜、广燎起，梁、籍扇烈。赫赫炎炎，遂焚咸阳……诛婴放怀，诈虐以亡"的整个过程。全书以《外戚传》《元后传》《王莽传》为终曲，表现出西汉末年，外戚干政，王氏弄权，最终王莽篡位的历史发展趋势。《王莽传》又是以传代纪，王莽摄政以后，即编年纪事，实际是帝纪的一种变体。又把孺子婴的 3 年间事，编入其中。全传长达 4 万字，实际就是一部新朝史。这样《汉书》在处处以刘氏王朝占主导地位，用多种体例相互配合，详尽地记载了西汉一代兴衰的历史脉络。班固立旨神化刘氏王朝，同时又兼顾历史发展的真实的"潜研精思"。二是因事命篇。封建专制制度的一个致命弱点，是权力高度集中于帝王之手。于是造成了外戚后妃、宦官、宗室等接近权力中枢，挟主专权，乃至倾覆皇权的必然后果。西汉一代，外戚欲霸皇权以及因此而出现的统治阶级内部矛盾，始终存在，至王莽篡位到极点。班固把散见于《史记》3 个侯表中的外戚、恩泽侯集中起来，专立一表，不仅表列丞相献媚以受封之事，更著明西汉一代外戚的失势、封侯、势力渐增的发展脉络，为统治者提供了急需的驾驭政权的钥匙。

（二）《汉书》以十志为主干，翔实、系统地描述了西汉王朝规模宏大、地域辽阔的大一统气象。具体说来，《汉书》博大的历史内容可概括为以下几点：

第一，详细地记载了西汉封建专制政体的国家职能。以《地理志》为例。《地理志》通过对西汉行政区划及其风土人情、地理环境的详细记载，描述了封建国家的版图、人口、自然资源状况，具体地体现了汉代统治的具体效果。《地理志》主要写西汉地理，它以郡国为条，用本文加注的形式，依次写各郡、国及其下属县、道、侯国的地理概况，诸如郡县的民户、人口、郡县废置、并分、更名的历史，各地特产，都尉、铁官、盐官、工官等治所，山川湖泽，关塞要隘，名胜古迹，道里交通，等等情况。并总计了西汉平帝时郡、国、县、道、侯国的总数，全国的幅员，土地面积，定垦田、不可垦地、可垦不可垦地，民户，人口总数等。班固自司马氏立《货殖列传》之后，特立《地理志》，不仅发展了《货殖列传》的内容，更把郡县设置、人口多寡、垦田数目纳入历史记载的范围，这标志着我国古代史家对于客观历史认识的深入和提高，标志着我国史学史在编纂方法和历史观点上的重大发展。

第二，详细地记载了汉代的社会经济状况。这集中体现在《食货志》和《货殖列传》中。《货殖列传》是对先秦及汉代经贸活动的总体及个别介绍，其史实基本取材于《史记·货殖列传》，没有太多的补充。但《食货志》却在《平准书》的基础上，作了相当大的增补和调整。一是分门别类，改变了《平准书》农政、财政混杂叙述的方式，先言"食"，记农业生产和农业政策，后言"货"，记货币、商业和财经政策，脉络清晰，次序井然。二是大大扩展了记叙的范围。《平准书》以汉代前期经济为叙述范围，《食货志》则补充秦以前和武帝以后的史实，全面反映了自古至汉的社会经济状况，也使汉代的经济措施有了对比鉴戒的参数。三是材料搜集更为齐全，内容超出《平准书》一倍多。对于先进的生产技术、有价值的理论观点及重要的经济政策，都做了记载。

第三，详细地记载了中国边疆内外各少数民族的历史。班固的《西域传》，对新疆各民族城邦以及安息、大月氏、大夏、梨朴鞬、条支等国的风土物产、道里远近、户口人数、自然环境以及社会发展等作了比较完整的记录，还叙述了汉朝与匈奴在西域进行争夺战争的历史以及汉朝与西域各国经济文化交流的历史。无论在国内民族史，还是在中亚、西南亚古民族史研究上，《西域传》都占据了重要的文献地位。

第四，记述了先秦至西汉的学术发展史，总结了其成就。《汉书》对学术史的记载极为丰富。班固把《天文志》《五行志》《律历志》的内容，作为国家政权建设不可缺少的政治措施看待，其地位仅次于帝王和百官，远甚于州域建制和地理环境的影响。并大大地超出了他倍为推崇的郊祀和儒学《六经》的作用。

班固很推崇儒家学说，他总结儒学的发展史，以及儒学与阴阳五行学说相互杂糅，逐渐形成了一套神学理论的发展过程。《儒林传》概述了儒家学说的起源、宗旨，以及从春秋经战国至秦汉的传播情况。特别是详细地记录了西汉各经师的活动和经学各种典籍在西汉一代的传授历史。将此与董仲舒、公孙弘等传联系起来看，可以清楚地理出儒家思想在汉代逐步取得支配地位的原因和过程。

《艺文志》则是对东汉以前我国学术史的集中总结。《艺文志》将图书分为6大类，称为《略》，每一大类下又分若干小类。《六艺略》有易、书、礼、诗、乐、春秋、论语、孝经、小学诸类。《诸子略》有儒、道、阴阳、法、名、墨、纵横、杂、农、小说诸类。《诗赋略》有屈原赋、陆贾赋、孙卿赋、杂赋、歌诗诸类。《兵书略》有兵权谋、兵形势、兵阴阳、兵技巧诸类。《数术略》有天文、历谱、五行、蓍龟、杂占、形法各类。《方技略》有医经、经方、房中、神仙各类。每一《略》又都有对这一学派发展史及特点的总结。这是对西汉末年皇家藏书的集中著录和总结。也是我们现在研究先秦秦汉学术派别的重要依据。

第五，《汉书》的实录精神。班固敢于秉笔直书，揭露汉代统治的阴暗面。《武帝纪》中，班固大力称赞武帝的雄才大略，说他"宪章立方学、统一圣真""兴太学，修郊祀，改正朔，定历数，协音律，作诗乐，建封禅，礼百神。绍周后，号令文章"的同时，又在其他篇章中，指出武帝的奢侈和大兴功利对社会造成的严重损害。《昭帝纪》云："孝武奢侈余敝，师旅之后，海内虚耗，户口减半。"至于其他地方对上至皇帝，下至官吏、士人的批评大都是基于现实写作的。

（三）《汉书》对后代史学具有重要的影响。

第一，《汉书》是我国史学史上第一部纪传体断代史。班固《汉书》断代为史，可以说是对纪传体的扬长避短之举。断代史与纪传体比较，虽不易写出历史的古今发展，却能写清一代之始末，也易于译写近代史和当代史。故《汉书》一出，就成为断代体史书的鼻祖。

第二，《汉书》是我国史学史上第一部以封建正统思想为指导思想的史书。班固的《汉书》明确提出要在叙说历史演变的过程中，"旁贯《五经》，上下洽通"。班固以先验的正统史观说明历史的发展变化，以正统思想评论、总结历史的存亡得失，这一方面是为维护和巩固东汉封建统治提供了历史依据，另一方面则正好说明正统思想已在史学领域中确立了它的统治地位。

第三，《汉书》在编撰上的成就和浓厚的正统封建史观，对后世史学产生了深远的影响。二十四史中，除《南史》和《北史》为纪传体通史外，其余都是纪传体断代史；各史的纪、表、志、传的编制，也多沿用《汉书》

体例而有所损益。从这一点上说，《汉书》的影响大大超过了纪传体的开山之作《史记》的影响。遗憾的是，隋唐之后，许多史家不察班固的"整齐其文""方以藏智"之外，更有别出心裁贯穿其中，而是一味模仿《汉书》体例严谨的特点。

班固开始将封建正统思想作为编撰史书的指导思想，在以后 2000 年的封建史学发展史上，正统思想一直成为史学领域的指导思想。从西晋末年起，各个封建王朝修撰历史，都宣称自己是正统，指斥敌对政权为僭伪。正统思想强烈地左右着史学的方向。

《汉书》中载有许多阴阳灾异之说，并特创《五行志》以记载。汉隋之际的纪传体史书，凡有志者，都必有《五行志》，有的更名为《瑞应志》《符瑞志》。其他篇章中，也充斥了鬼神怪异、道本佛法的记述。这种有意识的神学目的论的宣扬，增加了史学著作不应有的鬼神气氛，但也在不经意之中保存了较多的科技史、思想史、宗教史的材料。

《汉书》以其巨大的成就，在中国史学史上占据了除《史记》之外的最高地位。它以其编纂上的巨大成就和浓厚的正统思想，领袖了正统史学。

三

《汉书》一书，为历代学者所讽诵，并为历代史学墨客称道不绝。这不仅因为它在内容上的翔实赅富，体例上的严整有序，而且还要归结于它在历史文学方面所具有的独特魅力。《汉书》叙述则有条不紊，错落有致；写人则刻画细致，个性鲜明，整书语言准确、凝练，典雅富丽。如：《苏武传》中，班固倾注了满腔的爱国热情，着力表彰苏武坚贞不屈的民族气节和视死如归的高贵品质，塑造了一个精诚爱国，利诱不为之动，威武不使之屈的英雄形象。"北海牧羊"一段，集中描写了苏武"历尽难中难，心如铁石坚"的英雄气概。"（卫）律知武终不可胁，白单于。单于愈益欲降之，乃幽武置大窖中，绝不饮食。天雨雪，武卧啮雪与旃毛并咽之，数日不死，匈奴以为神。乃徙武北海上无人处，使牧羝，羝乳乃得归。……武既至海上，廪食不至，掘野鼠去草食而食之。杖汗节牧羊，卧起操持，节旄尽落……"当李陵劝其投降时，苏武毅然说："自分已死久矣！王必欲降武，请毕今日之欢，效死于前。"苏武为国家宁愿肝脑涂地的大无畏精神永垂青史。

政　略

防患于未然

　　初，霍氏①奢侈，茂陵徐生曰："霍氏必亡。夫奢则不逊，不逊必侮上。侮上者，逆道也。在人之右，众必害之。霍氏秉权日久，害之者多矣。天下害之，而又行以逆道，不亡何待！"乃上疏言："霍氏泰②盛，陛下即爱厚之，宜以时抑制，无使至亡。"书三上，辄报闻。其后霍氏诛灭，而告霍氏者皆封。人为徐生上书曰："臣闻客有过主人者，见其灶突直，傍有积薪，客谓主人，更为曲突，远徙其薪，不者且有火患。主人嘿然不应。俄而家果失火，邻里共救之，幸而得息③。于是杀牛置酒，谢其邻人，灼烂者在于上行，余各以功次坐，而不录言曲突者。人谓主人曰：'向使听客之言，不费牛酒，终亡④火患。今论功而请赏，曲突徙薪亡恩泽，焦头烂额为上客邪！'主人乃寤而请之。今茂陵徐福数上书言霍氏且有变，宜防绝之。向使福说得行，则国无裂土出爵之费，臣无逆乱诛灭之败。往事既已，而福独不蒙其功，唯陛下察之，贵徙薪曲突之策，使居焦发灼烂之右。"上乃赐福帛十疋，后以为郎⑤。

（《汉书》卷六十八，霍光传）

【注释】

　　①霍氏：指霍光的家族。

　　②泰：通"太"。

　　③息：通"熄"。

④亡：通"无"。

⑤郎：官名，侍从皇帝左右。

【译文】

当初，霍光族人骄横奢侈，茂陵徐福说："霍氏一定会灭亡。因为骄奢的人不懂得谦让，不谦让就会对皇上不尊敬。不尊敬皇上，这是大逆不道。位居众人之上，人们一定会嫉恨他们。霍家人掌权时间如此长，嫉恨他们的人自然也多。天下人嫉恨他们，而他们的行为又违反礼仪，不灭亡，更待何时！"于是上书说："霍家太兴盛了，陛下既然很宠爱霍家，就应该加以抑制，不使它灭亡。"上书3次，只回答说知道了。后来霍家诛灭，而告发霍家的人都受到封赏。有人为徐福鸣不平，上书说："我听说有一位客人看望主人，看见主人家的灶上的烟囱是直的，旁边堆着柴，客人告诉主人，应该将烟囱改为弯曲的，将柴移远，不然会有火灾。主人很不高兴，没有回答。不一会儿家里果然失火，邻居共同来救火，幸好被熄灭了。于是主人家杀牛摆酒，向邻里道谢，被烧伤的人坐在上席，其余的以功劳大小依次坐下，而不请建议将烟囱改弯的人。有人对主人说：'当初要是听从了那位客人的话，就可以不破费牛酒，而且没有火灾。现在论功行赏，建议改弯烟囱移走柴堆的人没有得到好处，烧得焦头烂额的反而坐在上席！'主人醒悟，请来那位客人。现在茂陵徐福几次上书说霍氏将有阴谋，应该防备制止他们。当初如果徐福的建议得以实行，那么国家没有裂土封赏和赐给爵位的费用，臣子没有因叛乱被诛灭的灾祸。事情既然已经过去，但徐福却不曾因功受赏，请陛下细察，应该看重徙薪曲突防患于未然的策略，让他居于焦头烂额的救火功劳之上。"宣帝于是赐给徐福10匹帛，后来封他为郎官。

王凤谏成帝赐书宜慎

后年来朝，上疏求诸子及《太史公书》，上以问大将军王凤①，对曰："臣闻诸侯朝聘，考文章，正法度，非礼不言。今东平王幸得来朝，不思制节谨度，以防危失，而求诸书，非朝聘之义也。诸子书或反经术，非圣人，或明鬼神，信物怪；《太史公书》有战国纵横权谲之谋，汉兴之初谋臣奇策，天官灾异，地形阨塞，皆不宜在诸侯王。不可予。不许之辞宜曰：'五经②圣人所制，万事靡不毕载。王实乐道，傅相皆儒者，旦夕讲诵，足以正身虞意。夫小辩破义，小道不通，致远恐泥，皆不足以留意。诸益于经术者，不爱于王。'"对奏，天子如凤言，遂不与。

（《汉书》卷八十，东平王传）

【注释】

①王凤：成帝舅父。

②五经：即《诗》《书》《礼》《易》《春秋》五部经书。

【译文】

东平王刘宇来京都朝见，上奏求赐诸子书及《太史公书》，成帝拿这事问大将军王凤，王凤回答说："我听说诸侯朝见问安，应当依据儒家的礼仪和国家的章程，端正法度，非礼不言。现在东平王有幸能来朝见，不思谨守法度，以免走入邪道，却求赐诸子书和《太史公书》，这不是朝见的正道啊。诸子书或者反对儒家的经术，批评圣人，或者阐述鬼神，信从鬼怪；《太史公书》里记载有战国纵横权变的谋略和汉兴之初谋臣的奇计妙策，以及天象、自然灾异、地形险要。这些书都不应当在诸侯王手中。不可给他。不答应的话应当这样说：'儒家的经典《五经》，乃圣人所制定，上面事事有所记载。东平王你爱好儒家的道义，辅佐的国相都是儒者，每天讲诵经书，已经足够端正自身的行为和思想了。琐细的辩论损害大义，狭小的道术难通高处，用来谋求高远的目标，恐怕难以达到，都不足以用心学习。那些对儒家经术没有用处的东西，希望东平王你不要顾惜。'"当东平王面见成帝时，成帝就按王凤所说的话回答了他的请求，终究不曾赐给他那些书。

世风日下

是时①，有日蚀地震之变，上问以政治得失，衡②上疏曰："……今天下俗贪财贱义，好声色，上③侈靡，廉耻之节薄，淫辟之意纵，纲纪失序，疏者逾内，亲戚之恩薄，婚姻之党隆，苟合徼④幸，以身设利。不改其原，虽岁赦之刑，犹难使错而不用也。……"

【注释】

①是时：指宣帝崩、元帝初即位时。

②衡：匡衡，汉大臣。

③上：同"尚"。

④徼（jiǎo）：求。

【译文】

当时，出现日食和地震，皇上问政治上与之相应的得失，匡衡上奏折说："……如今天下风气贪财贱义，喜好歌舞女色，崇尚奢侈铺张，廉耻的气节淡薄，邪恶的思想放纵，礼法颠倒错乱，妻妾之家的地位超过了同姓骨肉，父母本家的恩情淡薄，妻妾外家的人受到尊崇，苟且结合，投机取巧，借以谋求私利。这种风气如果不从根本上加以消除，虽然每年下一次赦令，也不能放弃刑法。……"

二十四史精华

《汉书》

御 人

苏武牧羊

《汉书》

　　律知武终不可胁①，白单于。单于愈益欲降之，乃幽武置大窖中，绝不饮食。天雨雪，武卧啮雪与旃②毛并咽之，数日不死，匈奴以为神，乃徙武北海③上无人处，使牧羝④，羝乳⑤乃得归，别其官属常惠等，各置他所。

　　武既至海上，廪食不至，掘野鼠去中实而食之⑥。杖汉节牧羊，卧起操持，节旄尽落。

（《汉书》卷五十四，苏武传）

【注释】

　　①"律知"句：律，卫律，西汉长水胡人，投降匈奴后被封为丁灵王。武，即苏武，西汉名臣，公元前100年奉命出使匈奴，被扣。

　　②旃：通"毡"，毛织物。

　　③北海：今西伯利亚的贝加尔湖。

　　④羝（dī）：公羊。

　　⑤乳：生育。

　　⑥"掘野"句：去（jǔ），通"弃"，收藏。中（cǎo），今作"草"。

【译文】

　　卫律知道苏武不会因威胁而屈服，就报告了单于。单于越发想招降苏武，于是把苏武囚禁在一个空地窖里，断绝他的饮食。天下着雪，苏武躺在地上，咬着雪和毡毛一起吞咽，过了好多天都没死。匈奴以为有神保佑，便把苏武流放到荒凉的北海边上，令他放牧公羊，声言待公羊生育之后才许他归来。又将苏武的其他随员常惠等分别隔开，囚禁在别的地方。

苏武到了北海边上，匈奴不供给粮食，他只好挖野鼠所藏的草籽充饥。他每天都拄着汉朝的符节牧羊，因为经常握在手中，连符节上的毛都脱落光了。

张骞出使西域

张骞，汉中^①人也，建元^②中为郎。时匈奴降者言匈奴破月氏^③王，以其头为饮器，月氏遁而怨匈奴，无与共击之。汉方欲事灭胡，闻此言，欲通使，道必更匈奴中，乃募能使者。骞以郎应募，使月氏，与堂邑氏奴甘父俱出陇西。径匈奴，匈奴得之，传诣单于。单于曰："月氏在吾北，汉何以得往使？吾欲使越，汉肯听我乎？"留骞十余岁，予妻，有子，然骞持汉节^④不失。

居匈奴西，骞因与其属亡乡月氏，西走数十日至大宛^⑤。大宛闻汉之饶财，欲通不得，见骞，喜，问欲何之。骞曰："为汉使月氏而为匈奴所闭道，脱亡，唯王使人道送我。诚得至，反汉，汉之赂遗王财物不可胜言。"大宛以为然，遣骞，为发译道，抵康居^⑥。康居传致大月氏。大月氏王已为胡所杀，立其夫人为王。既臣大夏^⑦而君之，地肥饶，少寇，志安乐，又自以远远汉，殊无报胡之心。骞从月氏至大夏，竟不能得月氏要领。

留岁余，还，并南山，欲从羌中归，复为匈奴所得。留岁余，单于死，国内乱，骞与胡妻及堂邑父^⑧俱亡归汉。拜骞大中大夫^⑨，堂邑父为奉使君。

骞为人强力，宽大信人，蛮夷爱之。堂邑父胡人，善射，穷急射禽兽给食。初，骞行时百余人，去十三岁，唯二人得还。骞身所至者，大宛、大月氏、大夏、康居，而传闻其旁大国五六，具为天子言其地形所有。……

（《汉书》卷六十一，张骞传）

【注释】

①汉中：今陕西汉中东。

②建元：汉武帝年号（公元前140—公元前135年）。

③月氏（ròu zhī）：古代西域国名。秦汉时，居住在敦煌与祁连山之间。汉文帝时被匈奴击败，大部分人西迁到今新疆伊犁河上游，称大月氏；少数人进入祁连山，称小月氏。本文中指大月氏。

④节：古代使臣所持表明身份的凭证。

⑤大宛（yuān）：古代西域国名，东北邻匈奴，西南邻大月氏，盛产名马。

⑥康居：古代西域国名，在大宛以西，月氏以北。

⑦大夏：中亚细亚古国名，在今阿富汗北部一带，西汉时被大月氏攻灭。

⑧堂邑父：即堂邑氏的姓与甘父之名的合称。

⑨大中大夫：掌议论的官员。

【译文】

张骞，汉中人，武帝建元年间任郎官。当时，投降汉朝的匈奴人说，匈奴攻杀了月氏王，用他的头骨做饮器，月氏逃走，怨恨匈奴，但没人与他们共同攻击匈奴。汉朝正想亲手消灭匈奴，闻讯，就想派使臣和月氏联系。因为沿路必须经过匈奴地面，便招募能出使的人。张骞以郎官的身份应募，出使月氏，和堂邑氏的家奴甘父一起从陇西出发。经过匈奴时，匈奴截获了他们，将他们押送到单于那儿。单于说："月氏在我北面，汉朝怎能前往通使？假如我要派人出使南越，汉朝肯让我的使臣通过吗？"于是把张骞扣留了10多年，给他娶妻，并生了儿子，但张骞始终保存着汉朝的使节。

张骞的住地后来迁到了匈奴西部，于是他和随员乘机向月氏逃走，往西走了几十天，到达大宛。大宛王早就听说汉朝财物富饶，想通使却没能办到，见到张骞，很高兴，问他们要去哪儿。张骞说："我们为汉朝出使月氏，然而被匈奴阻截扣留，现在逃出，希望大王派人引路并护送我们。如果能到达月氏，等我们返回汉朝后，汉朝赠送给大王的财物将不可胜数。"大宛王以为然，便送张骞出境，并派译员为向导，到达康居，康居再将他们转送到大月氏。大月氏王已被匈奴所杀，他的夫人被立为王。既已征服大夏，做了大夏的君主，再加土地肥沃富饶，境内少有盗寇，大月氏人都感到满足安乐，且又自以为地处偏远而疏远汉朝，根本就没有向匈奴报复的意念了。张骞从月氏到达大夏，竟始终摸不清月氏的真正意图。

张骞在大夏居留了一年多，启程返回，傍着天山南麓行走，想经过羌人居住的地方回汉朝，不料又被匈奴截获。在匈奴待了一年多，碰上单于去世，国内大乱，张骞便带着匈奴妻子和堂邑父一起逃归汉朝。武帝任命张骞为大中大夫，封堂邑父为奉使君。

张骞为人坚强有力，待人宽厚守信用，西域人都爱戴他。堂邑父本是匈奴人，善于射猎，穷困窘迫时，他就射猎禽兽作为食物。当初，张骞出发时同行有100多人，出使13年，只有两人得以归来。

霍光评相

义为丞相时年八十余，短小无须眉，貌似老妪，行步伛偻①，常两吏扶夹乃能行。时大将军光秉政，议者或言光置宰相不选贤，苟用可颛制者。光闻之，谓侍中左右及官属曰："以为人主师当为宰相，何谓云云？此语不可使天下闻也。"

（《汉书》卷六十六，蔡义传）

【注释】

①伛偻：即"俯偻"。

【译文】

蔡义担任丞相时已有80多岁，身材矮小，且无胡须和眉毛，相貌像一个老妇人，走路时身子佝偻，常常需要两名小吏左右扶持着才能行走。当时大将军霍光掌管朝政，议论的人有的说霍光任命宰相不选贤能，只用那些他可以控制的人。霍光听说了，对皇帝的侍从官和自己的属官说："我认为皇帝的老师应当任宰相，怎么有那种说法呢？这话不能让天下百姓听到。"

昭君出塞

郅支①既诛，呼韩邪单于且喜且惧，上书言曰："常愿谒见天子，诚以郅支在西方，恐其与乌孙俱来击臣，以故未得至汉。今郅支已伏诛，愿入朝见。"竟宁②元年，单于复入朝，礼赐如初，加衣服锦帛絮，皆倍于黄龙③时。单于自言愿婿汉氏以自亲。元帝以后宫良家子王嫱字昭君赐单于。单于欢喜，上书愿保塞上谷以西至敦煌，传之无穷……王昭君号宁胡阏氏④，生一男伊屠智牙师，为右日逐王。

（《汉书》卷九十四，匈奴传下》）

【注释】

①郅（zhì）支：指郅支单于，呼韩邪（yé）之兄，当时在匈奴东边自立为单于，后被汉所诛。

②竟宁：元帝年号，公元前33年。

③黄龙：元帝年号，公元前49年—公元前44年。

④阏氏（yān zhī）：汉代匈奴王妻妾的称号。称单于母亲为母阏氏。

【译文】

郅支单于被杀后，呼韩邪单于惊喜交加，上书说："我一直想拜见天子，实在是因为过去郅支单于在西边，只恐他和乌孙国一起来袭击我，所以没能到汉朝来。现在郅支单于已经伏法，我愿到汉朝来朝见。"元帝竟宁元年，单于又来朝见，朝廷像以前一样给以礼遇和赏赐，增赐的衣服锦缎帛絮，都比宣帝黄龙年间加倍。单于主动说愿意做汉朝的女婿，以亲近汉朝。元帝把后宫良家女子王嫱字昭君赐给单于。单于欢喜，上书说愿意守卫上谷以西至敦煌的边塞，世世代代传下去。……王昭君号宁胡阏氏，生了一个儿子名伊屠智牙师，后来成为右日逐王。

法　制

真假太子

　　始元五年,有一男子乘黄犊车,建黄旐①,衣黄襜褕②,著黄冒③,诣北阙,自谓卫太子④。公车⑤以闻,诏使公卿将军中二千石杂识视。长安中吏民聚观者数万人。右将军勒兵阙下,以备非常。丞相、御史中丞、中二千石至者立,莫敢发言,京兆尹不疑⑥后到,叱从吏收缚。或曰:"是非未可知,且安之。"不疑曰:"诸君何患于卫太子! 昔蒯聩违命出奔,辄距而不纳,《春秋》是之。卫太子得罪先帝,亡不即死,今来自诣,此罪人也。"遂送诏狱。……廷尉验治何人,竟得奸诈。本夏阳⑦人,姓成名方遂,居湖,以卜筮为事。有故太子舍人⑧尝从方遂卜,谓曰:"子状貌甚似卫太子。"方遂心利其言,几得以富贵,即诈自称诣阙。

　　　　　　　　　　　　　　　(《汉书》卷七十一,隽不疑传)

【注释】

①旐(zhào):旗子。

②襜褕(chān yú):一种短的便衣,即直裾禅衣。

③冒:下裙。

④卫太子:即庚太子,因母家姓卫,以"卫"称之。

⑤公车:负责接受并传递奏章的机构。

⑥不疑:即隽不疑,善治《春秋》,武、昭二帝时能吏。

⑦夏阳:治所在今陕西韩城南。

⑧舍人：侍从官。

【译文】

昭帝始元五年，一男子乘坐黄牛车，车上插黄旗，穿着黄色宽大的单衣和黄色的下裙，来到皇宫北门，自称是汉武帝时的卫太子。公车上报此事给皇帝，皇帝命令公、卿、将军和中二千石的官吏都来辨认。长安城中的下级官吏和百姓聚集来观看的有数万人。右将军统率军队守在宫门外，以防备变故。丞相、御史、中二千石的官吏来到的都不敢发言。京兆尹隽不疑后到，大声命令随行属吏将自称卫太子的人绑起来。有人说："真假都不知道，且由他去吧。"隽不疑说："各位何必惧怕卫太子！春秋时卫国太子蒯聩违背父命逃出卫国，当他回来时他的儿子蒯辄（卫出公）拒不接纳，《春秋》肯定了这种做法。卫太子对先帝犯下罪，不肯服死而逃亡在外，现在自行前来，这是个罪人啊！"于是把他押送到朝廷的监狱。……廷尉审讯他终于弄清其原委。他原是夏阳人，姓成名叫方遂，住在湖县，以占卜算卦为业。曾有原太子舍人到他那儿占卦，对他说："你的相貌很像卫太子。"成方遂听后认为有利可图，希望能因此得到富贵，于是就假称自己是卫太子，来到宫门。

严延年审案

时郡比得不能太守，涿人毕野白等由是废乱。大姓西高氏、东高氏，自郡吏以下皆畏避之，莫敢与牾①，咸曰："宁负二千石，无负豪大家。"宾客放为盗贼，发，辄入高氏，吏不敢追。浸浸日多，道路张弓拔刃，然后敢行，其乱如此。延年至，遣掾蠡吾赵绣按②高氏得其死罪。绣见延年新将③，心内惧，即为两劾，欲先白其轻者，观延年意怒，乃出其重劾。延年已知其如此矣。赵掾至，果白其轻者，延年索怀中，得重劾，即收送狱。夜入，晨将至市论杀之，先所按者死，吏皆股弁，更遣吏分考两高，穷竟其奸，诛杀各数十人。郡中震恐，道不拾遗。

三岁，迁河南太守，赐黄金二十斤。豪强胁息④，野无行盗，威震旁郡。其治务在摧折豪强，扶助贫弱。贫弱虽陷法，曲文以出之；其豪桀侵小民者，以文内之。众人所谓当死者，一朝出之；所谓当生者，诡杀之。吏民莫

126

能测其意深浅，战栗不敢犯禁。按其狱，皆文致不可得反。

延年为人短小精悍，敏捷于事，虽子贡、冉有⑤通艺于政事，不能绝也。吏忠节者，厚遇之如骨肉，皆亲乡之，出身不顾，以是治下无隐情。然疾恶泰⑥甚，中伤者多，尤巧为狱文，善史书⑦，所欲诛杀，奏成于手，中主簿亲近史不得闻知。奏可论死，奄忽如神。冬月，传属县囚，会论府上，流血数里，河南号曰"屠伯⑧"。令行禁止，郡中正⑨清。

（《汉书》卷九十，酷吏传）

【注释】

①牾（wǔ）：同"忤"，违逆，抵触。

②按：同"案"，查究，查考。

③新将：新为郡将。称郡守为郡将，是因郡守也兼掌兵权。

④胁息：胁，收敛。息，气息。

⑤子贡、冉有：孔子的学生，都做过官。冉有，即"冉求"。

⑥泰：通"太"。

⑦史书：指汉代通行的隶书。

⑧伯：魁首。

⑨正：通"政"。政事。

【译文】

那时，接连派到涿郡去的太守都无能，涿郡人毕野白等因此得以横行不法。而豪强大族西高氏和东高氏，更是连郡府的官吏都畏避他们，不敢顶撞他们，都说："宁可得罪太守，不能得罪豪门。"两家的门客在外放肆地偷盗抢劫，案发了，就躲进主家，官吏不敢追捕。这样，日久天长，行人都要张弓拔刀才敢在路上行走，郡中盗贼作乱，竟到这等程度。严延年到任后，即派郡府的属官蠡吾人赵绣去调查高家的罪行，核定他们犯有死罪。赵绣见严延年是新来的郡将，心中惧怕，就起草了两份劾罪书，准备先禀告那轻的，如果严延年发怒，就把那份重的劾罪书拿出来。严延年早已知道他的这种做法。赵绣来了，果然禀告那份轻的。严延年在赵绣怀里搜出了那份重罪检举书，立刻将他送进了监狱。头天夜里入狱，第二天早晨就被押赴市中定罪斩首，死在他所查究的高氏之前，吓得官吏们都两腿发抖。严延年再派人分头查究两个高家，彻底追查他们的罪恶，每家诛杀几十人。郡中民众大为震惊害怕，从此境内路不拾遗。

3年后，严延年调任河南太守，赏赐黄金20斤。河南郡中豪强都收敛自己的行为，郊野也没有行劫的盗贼，严延年的声威震动了邻近几郡。他治理地方的要旨是摧抑制服豪强，扶助贫弱。贫弱者犯法，也要回护掩饰以解脱他们；对那些欺压百姓的豪强，他就加重案文词语把他们抓进监狱。大家认为一定会被处死的犯人，不定什么时候就被释放出狱，而那些被认为没有犯死罪的，严延年却又出乎意料地将他杀死。官吏和百姓都猜不到严延年什么时候执法严厉，什么时候宽松，都十分惶恐，不敢触法犯禁。而核查严延年所处理的案件，又都文案缜密，无可翻改。

严延年身材短小，精明能干，办事灵活迅速，虽然子贡、冉有精通政务，但也未必能超过他。郡府官员忠诚奉公的，严延年待他们就优厚如自家人，并亲近、一心向着他们，居官办事不顾个人得失，因此在他管辖的区域之内没有他不知道的事。但严延年疾恶如仇太过，被伤害的人很多，尤其是他善于写狱辞，又善于写官府文书，想杀某人，就亲手写成奏折，连掌管文书的中主簿，以及最接近他的属吏，都无从得知。奏准判定一个人的死罪，迅速得就像神明。冬天行刑时，严延年命令所属各县把囚犯解送来郡。集中在郡府判处死刑，血流数里，河南郡的人因此称严延年为"屠伯"。在他管辖的地域内，有令则行，有禁则止，一郡之内政治清明。

不敢窥长安

永始①、元延②间，上怠于政，贵戚骄恣，红阳长仲兄弟交通轻侠，藏匿亡命。而北地大豪浩商等报怨，杀义渠长③妻子六人，往来长安中。丞相、御史遣掾求逐党与，诏书召捕，久之乃得。长安中奸滑浸多，闾里少年群辈杀吏，受赇报仇，相与探丸为弹，得赤丸者斫武吏，得黑者斫文吏，白者主治丧；城中薄暮尘起，剽劫行者，死伤横道，枹④鼓不绝。赏以三辅高第选守长安令⑤，得壹切便宜从事。赏至，修治长安狱，穿地方深各数丈，致令辟为郭，以大石覆其口，名为"虎穴"。乃部户曹掾史，与乡吏、亭长、里正、父老、伍人⑥，杂举长安中轻薄少年恶子，无市籍商贩作务，而鲜衣凶服被铠扞⑦持刀兵者，悉籍记之，得数百人。赏一朝会长安吏，车数百两⑧，分行收捕，皆劾以为通行饮食群盗。赏亲阅，见十置一，其余尽以次内⑨虎穴中，百人为辈，覆以大石。数日壹发视，皆相枕藉死，便舆出，瘗寺门桓东，楬著其姓名，百日后，乃令死者家各自发取其尸。亲属号哭，道路皆歔欷。长安中歌之曰："安所求子死？桓东少年场。生时谅不谨，枯骨后何葬？"赏所置皆其魁宿，或故吏善家子失计随轻黠愿自改者，财⑩数十百人，皆赦⑪其罪，诡令立功以自赎。尽力有效者，因亲用之为爪牙，追捕甚精，甘耆⑫奸恶，甚于凡吏。赏视事数月，盗贼止，郡国亡命散走，各归其处，不敢窥长安。

（《汉书》卷九十，酷吏传》）

《汉书》

【注释】

①永始：成帝年号。

②元延：成帝年号。

③长：比县低一级的行政机构的长官。

④枹：通"桴（fù）"，鼓槌。

⑤"赏以"句：赏，尹赏，成帝时著名酷吏。三辅，西汉以京兆、冯翊、扶风为三辅。

⑥伍人：汉制五家为伍。

⑦扞：通"捍"。

⑧两：通"辆"。

⑨内：通"纳"。

⑩财：通"才"。

⑪赦（shì）：赦免。

⑫耆：同"嗜"。

【译文】

　　成帝永始、元延年间，皇帝疏于政事，显贵与外戚骄横不法，为所欲为，红阳人长仲兄弟交结游侠，藏匿逃犯。而北地大豪强浩商等人为了报怨，杀了义渠长的妻子和儿女共6人，公然往来长安城中。丞相御史派属官追捕他们的同党，甚至以皇帝的名义下诏书缉拿，也过了很久才捕获。长安城中奸猾之徒日渐增多，市井间少年结为团伙杀害官吏以接受贿赂或报私仇。少年们共同制作弹丸来探取，摸到红丸的杀武官，摸得黑丸的杀文官，摸到白丸的为死去的同伴办理丧事。城中每到晚间，便有盗贼抢劫行人，路上常有死伤者，劫案频繁有如鼓点不绝。尹赏以出身于三辅地区高门大第的身份，被选拔为长安令，可以依据情势处理一切事情。尹赏到任，即刻修缮整理长安监狱，在地上挖坑，每个坑长宽与深度都有几丈，四壁以砖瓦砌好，用巨石覆盖坑口，起名叫"虎穴"。于是率领属官，召集乡吏、亭长、里正、父老、伍人，指出长安城中轻薄无行的少年和不听父母教诲的恶子，以及没有长安户口的商贩，衣饰华丽或身披铠甲而带刀佩剑的，都登记下来，共有几百人。尹赏于一天早上召集长安官吏，乘数百辆车，分头按名册收捕，都加上勾结接济盗贼的罪名。尹赏亲自检视犯人，每10人里放出一人，其余的都一个接一个地推入虎穴中，每100人推入一个坑中，盖上巨石。几天后打开检查，都重叠而死，便用车拖出，埋在寺门桓的东面，标明死者姓名，百天以后，才让死者家属各自掘取尸首。家属号哭。行人都叹息流泪。长安城中歌谣传唱说："到哪儿寻找孩子的尸首？去那桓东少年的坟地。他们活着时行为不谨，死后连好的葬地都没有！"尹赏释放的都是那些为首的和旧案累累的人，或者是从前下属和好人家子弟、因为一时失去主见被诱惑犯罪、愿意改正的，只有数十人，不超过100。尹赏都赦免了他们，责令他们立功赎罪。凡是尽心效力有成就的，就收用为心腹属下，这些人追捕犯人十分精明，对奸恶之徒的憎恨超过了一般官吏。尹赏上任没有几个月，盗贼便销声匿迹了，郡国亡命之徒四散奔逃，各回本地，不敢再对长安有非分之想。

军　事

李陵无援降匈奴

陵①……将其步卒五千人，出居延②，北行三十日，至浚稽山③……与单于相值，骑可三万，围陵军。军居两山间，以大车为营，陵引士出营外为阵，前行持戟盾，后行持弓弩，令曰："闻鼓声而纵，闻金声而止。"虏见汉军少，直前就营。陵搏战攻之，千弩俱发，应弦而倒，虏还走上山，汉军追击，杀数千人。单于大惊，召左右地兵八万余骑攻陵。陵且战且引南，行数日，抵山谷中。连战，士卒中矢伤，三创者载辇，两创者将车，一创者持兵战。……行四五日，抵大泽葭苇中，虏从上风纵火，陵亦令军中纵火以自救。南行至山下，单于在南山上，使其子将骑击陵。陵军步斗树木间，复杀数千人，因发连弩④射单于，单于下走。是日捕得虏，言："单于曰：'此汉精兵，击之不能下，日夜引吾南近塞，得毋有伏兵乎？'诸当户、君长⑤皆言：'单于自将数万骑击汉数千人，不能灭，后无以复使边臣，令汉益轻匈奴。复力战山谷间，尚四五十里得平地，不能破，乃还。'"是时陵军益急，匈奴骑多，战一日数十合，复杀伤虏二千余人。虏不利，欲去。会陵军候管敢为校尉所辱，亡降匈奴，具言陵军无后救，射矢且尽，独将军麾下及成安侯校各八百人，为前行，以黄与白为帜，当使精骑射之，即破矣。……单于得敢大喜，使骑并攻汉军，疾呼曰："李陵韩延年趣降！"遂遮道急攻陵。陵居谷中，虏在山上，四面射矢如雨下。汉军南行……百五十万矢皆尽，即弃车去，士尚三千余人，徒斩车辐而持之，军吏持尺

《汉书》

刀。……入峡谷，单于遮其后，乘隅下垒石，士卒多死，不得行。昏后，陵便衣独步出营，止左右："毋随我，丈夫一取单于耳。"良久，陵还，太息曰："兵败死矣。"军吏或曰："将军威震匈奴，天命不遂，后求道径还归，如浞野侯⑥为虏所得，后亡还，天子客遇之，况于将军乎！"陵曰："公止！吾不死，非壮士也！"于是尽斩旌旗，及珍宝埋地中。陵叹曰："复得数十矢，足以脱矣。今无兵复战，天明坐受缚矣，各鸟兽散，犹有得脱归报天子者。"令军士人持二升粮，一半冰……夜半时，击鼓起士，鼓不鸣，陵与韩延年俱上马，壮士从者十余人，虏骑数千追之。韩延年战死。陵曰："无面目报陛下。"遂降。军人分散脱至塞者，四百余人。……群臣皆罪陵。上以问太史令司马迁。迁盛言："陵事亲孝，与士信，常奋不顾身，以殉国家之急……有国士之风。……且陵提步卒不满五千，深輮戎马之地，抑数万之师，虏救死扶伤不暇，悉举引弓之民，共攻围之，转斗千里，矢尽道穷，士张空弓，冒白刃，北首争死敌。得人之死力，虽古之名将不过也。身虽陷败，然其所摧败，亦足暴于天下。彼之不死，宜欲得当以报汉也。"……上以迁诬罔欲沮贰师⑦为陵游说，下迁腐刑。久之，上悔陵无救……乃遣使劳赐陵余军得脱者。陵在匈奴岁余，上遣因杅将军公孙敖⑧将兵深入匈奴，迎陵。敖军无功还，曰："捕得生口，言李陵教单于为兵以备汉军，故臣无所得。"上闻，于是族陵家……陇西士大夫以李氏为愧。其后汉遣使使匈奴，陵谓使者曰："吾为汉将步卒五千人，横行匈奴，以亡救而败，何负于汉，而诛吾家？"使者曰："汉闻李少卿教匈奴为兵。"陵曰："乃李绪⑨，非我也。"……陵痛其家以李绪而诛，使人刺杀绪。大阏氏⑩欲杀陵，单于匿之北方。大阏氏死，乃还。单于壮陵，以女妻之，立为右校王。……昭帝立，大将军霍光、左将军上官桀辅政，素与陵善，遣陵故人陇西任立政等三人，俱至匈奴招陵。……陵曰："丈夫不能再辱。"陵在匈奴二十余年，元平元年病死。

（《汉书》卷五十四，李陵传）

【注释】

①陵：即李陵，字少卿，陇西郡名将李广之孙。

②居延：汉县名，在今甘肃酒泉。

③浚稽山：在今蒙古喀尔喀境内。

④连弩：将两张弓并在一起，以加强弓力延长射程。

⑤当户、君长：都是匈奴官名。

⑥浞野侯：名赵破奴，九原人，武帝时为骠骑将军司马，后为匈河将军，因击楼兰有功，封浞野侯。

⑦贰师：名李广利，武帝所宠爱的李夫人的哥哥，武帝遣其伐大宛，因大宛境内有贰师城，故号为贰师将军。无功而还。后因其兄李延年犯罪被诛，害怕连坐而降匈奴。

⑧公孙敖：义渠人，景帝时任郎官，武帝时为骑将，出击匈奴，因部属逃亡太多，当斩，逃隐民间五六年，后被发现，入狱，因其妻卷入巫蛊案而被杀。

⑨李绪：原任塞外都尉，居住在奚侯城，匈奴攻城时投降。

⑩大阏氏（yān zhī）：单于的母亲。

【译文】

李陵……率领步兵 5000 人，从居延郡出发，向北行军 30 天，到达浚稽山……和匈奴单于相遇，匈奴骑兵大约 3 万人，围住李陵的军队。李陵的军队驻扎于两山之间，以大车为营，李陵带领士兵在营外结阵，前面的拿着戟和盾，后面的拿着弓和箭。李陵下令说："听到鼓声出战，听到锣声撤退。"匈奴看到汉军人数少，径直逼到营前。李陵下令攻击，千弩俱发，匈奴人应弦而倒，其他的退向山上，汉军追击，斩杀了数千人。单于大为震惊，召集附近兵力 8 万余骑一同进攻李陵。李陵且战且退，向南边走了几天，到达一个山谷中，连续作战，士兵大多中了箭伤，受伤 3 次的载在车上，受伤两次的管理车辆，受伤一次的仍拿着武器作战。……走了四五天，到了一个大湖的芦苇丛中，匈奴人在上风放火，李陵便也下令士兵放火，烧掉附近的草木，使匈奴人放的火无法延及自己。再向南行到了一座山下，单于在南山上，派他的儿子带领骑兵攻击李陵，李陵的军队徒步与他们在树林中格斗，又杀死匈奴几千人，趁胜发连弩射单于，单于向山下逃避。这一天捕得的匈奴人说："单于说道：'这是汉朝的精兵，攻打他不能取胜，日夜引我们向南接近边塞，难道有伏兵？'各位当户、君长都说：'单于你亲自带领数万骑兵，攻击汉军几千人，却不能消灭掉他们，后来再怎么驱使边臣呢？这分明是让汉朝更加轻视匈奴。只可再尽力战于山谷之中。若再走四五十里路，到了平地，仍不能攻破他，才可引兵回去。"当时李陵军中越发危急，匈奴骑兵很多，一天作战几十次，又杀伤匈奴两千多人，匈奴认为形势于己不利，打算退兵，恰逢李陵麾下的哨探管敢被校尉羞辱，逃降到匈奴军中，详细地陈述说："李陵军没有后援，箭将要用完了，只有将军麾下和成安侯韩延年军校各800人，在前为先锋，用黄旗、白旗为记认，应当派精骑去射他们，立刻就可以攻破。"……单于得了管敢，非常高兴，马上派骑兵去攻打汉军，大呼道："李陵、韩延年快快投降！"于是阻住去路加紧攻击。李陵所部在山谷中，匈奴人在山上，四面箭如雨下，汉军向南退。……一天之内，50万枝箭都射尽了，就抛掉车辆行军，士兵还有3000多人，都空手握了斩断的车轮直木作为武器，军吏才有短刀。……进入一个峡谷中，单于抄袭了他们的后路，顺着山势滚下石块，士卒很多都被砸死，不能前行，只有就地扎营。夜里，李陵便衣出营，制止左右人说："不要随着我，大丈夫当一身独取单于！"过了许久，李陵回来，叹息说："兵已败，只有死了！"军吏有的说："将军威震匈奴，失败是因为天意，不要死，以后可以寻路回去，像以前浞野侯被匈奴擒获，后来逃归，天子尚且以宾礼待他，何况将军你呢！"李陵说："你不要说了！我李陵若不死，便不是壮士！"于是将旗帜全都斩断，连同珍宝埋藏在地下。李陵叹息说："如果每人还有几十枝箭，就可以脱身了。可惜如今没有兵器作战，等到天亮，只有坐而受缚了。你们各自逃生，作鸟兽散，或者还有人能逃脱，得以归报天子。"于是命令军吏士卒每人带二升干粮，一大块冰……半夜时分，准备击鼓起兵，鼓却不响，李陵和韩延年便都上马，壮士跟从他们的有10多人，匈奴数千骑在后追击。韩延年战死。李陵说："我没有面目回报陛下了！"于是投降。军人分散逃脱到边塞的有400余人。……大臣们都归罪于李陵。武帝以这事问太史令司马迁。司马迁极力辩护说道："李陵孝顺父亲，与士人交往又有信义，常奋不顾身，以赴国家的急难……有国士的气概。……况且李陵带领不满5000步兵，深入北方，抵挡敌人数万军队，匈奴救死扶伤的应接不暇，尽起可以征战之民，一同来围攻他，转战千里，箭尽路绝，士兵们还张起空弩，冒着白刃，北向争先和敌人死战。能得许多人为之尽死效力，就是古代的名将也不过如此。自身虽失败而陷于敌中，但是他所杀死击伤的匈奴军士，也足以向天下表白自己了。李陵之所以不死，应当是想将来立功赎罪，报答汉室的恩德吧。"……武帝认为司马迁信口胡说，是想压低一同出兵而无功劳的贰师将军，为李陵游说辩护，便给司马迁施以腐刑。过了很久，武帝后悔当初李陵没有救兵……便派人犒劳赏赐李陵军中逃回来的人。李陵在匈奴待了一年多后，武帝派因杆将军公孙敖带兵深入匈奴境内，迎接李陵。公孙敖之军无功而还，说："捕获俘虏，说李陵教单于练兵来防备汉军，所以我没有战功。"武帝听说了，便族灭李陵全家。……
陇西郡的士大夫自此以李氏为愧。后来汉朝派使者出使匈奴，李陵对使者说：
"我为汉朝带领步兵5000人，横行匈奴，因为没有救兵而兵败，有什么对不
起汉室的地方，竟诛灭我全家？"使者说："汉朝听说李少卿教匈奴练兵。"
李陵说："那是李绪，不是我。"……李陵痛恨自己全家因李绪而被杀，派
人刺杀了李绪。大阏氏要处死李陵，单于将他藏到北方去。大阏氏死后，才
回来。单于认为李陵是壮士，将女儿嫁给他，封他为右校王。……昭帝册立，
大将军霍光、左将军上官桀辅政，他们两人一向与李陵友好，便派李陵旧时
好友陇西人任立政等3人，一同到匈奴召李陵回来。……李陵说："大丈夫
不能再受羞辱了。"李陵在匈奴待了20多年，元平元年因病而死。

穷寇莫追

　　充国引兵至先零在所①。虏久屯聚，解②弛，望见大军，弃车重，欲
渡湟水③，道隘狭，充国徐行驱之。或曰逐利行迟，充国曰："此穷寇不
可迫也。缓之则走不顾，急之则还致死。"诸校④皆曰："善。"虏赴水
溺死者数百，降及斩首五百余人，卤马牛羊十万余头，车四千余辆。

（《汉书》卷六十九，赵充国传）

【注释】

　　①"充国"句：充国，即赵充国，西汉著名大将，在武、昭、宣三帝时，
先后率军反击匈奴攻扰，平定羌贵族叛乱，平羌时首开"寓兵于农"的屯田
制度。

　　②解：通"懈"。

　　③湟水：黄河上游支流，以北是汉地。

　　④校：古代军队编制单位，汉武帝设八校，每校少者700人，多者1200人，
军官为校尉。

【译文】

　　赵充国率领大军到达首叛的先零羌的驻地。先零羌族的官兵由于聚集时

间太长，意志松弛，望见汉朝大军，纷纷丢弃车辆辎重奔逃，打算渡过湟水回去，前行道路狭窄，赵充国就率部慢慢地追赶羌人。有人说，要消灭敌人，我们的行动太慢了，赵充国说："这是处于绝境的敌人，不能追得太急。我们慢慢追赶，他们就会一味奔逃，追得急了，就会回过头来和我们决一死战。"各校的军官们都说："对呀！"羌虏逃窜中，挤入水里淹死的有几百人，投降和被杀的 500 多人，掠回马牛羊 10 余万头，车马 4000 余辆。

理　财

卜式分财

卜式，河南①人也。以田畜为事，有少弟。弟壮，式脱身出，独取畜羊百余，田宅财物尽与弟。式入山牧，十余年，羊致千余头，买田宅。而弟尽破其产，式辄复分与弟者数矣。

时汉方事匈奴，式上书，愿输家财半助边。上使使问式："欲为官乎？"式曰："自小牧羊，不习仕宦，不愿也。"使者曰："家岂有冤，欲言事乎？"式曰："臣生与人亡所争，邑人贫者贷之，不善者教之，所居，人皆从式，式何故见冤！"使者曰："苟，子何欲？"式曰："天子诛匈奴，愚以为贤者宜死节，有财者宜输之，如此而匈奴可灭也。"使者以闻。上以语丞相弘。弘曰："此非人情。不轨之臣不可以为化而乱法，愿陛下勿许。"上不报，数岁②乃罢式。式归，复田牧。

岁余，会浑邪等降，县官费众，仓府空，贫民大徙，皆仰给县官，无以尽赡。式复执钱二十万与河南③太守，以给徙民。河南上富人助贫民者，上识式姓名，曰："是固前欲输其家半财助边。"乃赐式外徭④四百人，式又尽复与官。是时富豪皆争匿财，唯式尤欲助费。上于是以式终长者，乃召拜式为中郎，赐爵左庶长，田十顷，布告天下，尊显以风⑤百姓。

（《汉书》卷五十八，卜式传）

【注释】

①河南：西汉县名，今河南洛阳市辖内。

②数岁：此处指过了很长时间。

③河南：此处指河南郡，治所在今洛阳市东北。

④外徭：指戍边。古时役使百姓戍守边境，一人出300钱，由官方雇人代役，叫过更。赐卜式外徭400，意即使卜式一年得1.2万钱。

⑤风（fèng）：用含蓄的话语来劝告。

【译文】

河南人卜式，以种田放牧为职业，双亲死后抚养一个小弟弟。弟弟长大后，卜式就和弟弟分家，自己只要了100多头羊，田地住宅和其他财物统统留给了弟弟。卜式进山放羊10多年，羊繁殖到1000多头，买了田地和住宅，而他的弟弟却彻底破产了，卜式就又分给他许多东西。

这时汉朝正在对匈奴作战，卜式向武帝上书，愿意捐献自己家财的半数，以供边防战争之用。武帝于是派使者去问他："你是想做官吗？"卜式回答说："我自小牧羊，不懂做官，不愿。"使者又问："家里难道有什么冤情，想申诉解决吗？"卜式回答说："我一生与人没有纷争，对同县的人，家贫的就借给他财物，不学好的就劝他改邪归正，住地周围的人都乐意听从我，我哪有什么冤屈！"使者又问："既然如此，你究竟需要什么呢？"卜式说："如今皇上正在讨伐匈奴，我认为有才德的人应当为了边境的安全去守节义而死，有钱财的人应当慷慨捐献以供边防之用，如此一来，匈奴就能被彻底打败不再侵扰了。"使者将他的话报告给武帝，武帝又将这些话告诉丞相公孙弘。公孙弘说："这不合乎人之常情。不遵守仁义规范的人，不能让他捐献布施，以免乱了法度。希望陛下不要允许。"因此武帝没有答复卜式，过了很久，打发了卜式。卜式回家后仍旧种田牧羊。

一年后，正逢匈奴所属的浑邪王等投降，朝廷消耗了大量的财物，粮仓府库空虚，而贫民大量迁移，都需要官府救济供给，官府无力供养。这时卜式又拿出20万钱给河南太守，用以供养移民。河南郡向朝廷呈送救济穷人的富人名单，武帝看到卜式的姓名，就知道他，说："这就是本要献纳一半家财助边的人啊！"因此赏赐他外徭400人，卜式将这些外徭又统统交给了官府。当时，富豪之家都争相隐藏财产，只有卜式乐意捐献家资以供国家之用。武帝因此认为卜式终究是为善之人，并非虚伪之徒，就召见他，授职中郎，赐爵左庶长，赐田10顷，并布告天下，对他推崇显扬，借此以劝告百姓。

勃海人卖剑买牛

　　宣帝①即位，久之，勃海②左右郡岁饥，盗贼并起，二千石不能禽制③。上选能治者，丞相、御史举遂可用④，上以为勃海太守。时遂年七十余，召见，形貌短小，宣帝望见，不副所闻，心内轻焉。谓遂曰："勃海废乱，朕甚忧之。君欲何以息其盗贼，以称朕意？"遂对曰："海濒⑤遐远，不沾圣化，其民困于饥寒而吏不恤，故使陛下赤子盗弄陛下之兵于潢池中耳⑥。今欲使臣胜之耶，将安之也？"上闻遂对，甚说⑦，答曰："选用贤良，固欲安之也。"遂曰："臣闻治乱民犹治乱绳，不可急也；唯缓之，然后可治。臣愿丞相、御史且无拘臣以文法，得一切便宜从事。"上许焉，加赐黄金赠遣。乘传⑧至勃海界，郡闻新太守至，发兵以迎，遂皆遣还。移书敕属县："悉罢逐捕盗贼吏，诸持锄钩田器者皆为良民，吏无得问，持兵者乃为盗贼。"遂单车独行至府，郡中翕然⑨，盗贼亦皆罢。勃海又多劫略相随，闻遂教令，即时解散，弃其兵弩而持钩锄，盗贼于是悉平，民安土乐业。遂乃开仓廪⑩假贫民，选用良吏，尉安⑪牧养焉。

　　遂见齐⑫俗奢侈，好末技，不田作，乃躬率以俭约，劝民务农桑，令口种一树榆⑬、百本薤⑭、五十本葱、一畦韭，家二母彘⑮、五鸡。民有带持刀剑者，使卖剑买牛，卖刀买犊⑯，曰："何为带牛佩犊！"春夏不得不趋田亩，秋冬课收敛，益蓄果实菱芡⑰。劳来循行，郡中皆有畜积，吏民皆富实。狱讼止息。

　　数年，上遣使者征遂，议曹⑱王生愿从。功曹以为王生素耆酒⑲，亡⑳节度，不可使。遂不忍逆，从至京师。王生日饮酒，不视太守。会遂引入宫，王生醉，从后呼，曰："明府㉑且止，愿有所白。"遂还问其故，王生曰："天子即问君何以治勃海，君不可有所陈对，宜曰：'皆圣主之德，非小臣之力也。"遂受其言。既至前，上果问以治状，遂对如王生言。天子说其有让，笑曰："君安得长者之言而称之！"遂因前曰："臣非知此，乃臣议曹教戒臣也。"上以遂年老不任公卿，拜为水衡都尉，议曹王生为水衡丞，以褒显遂云。水衡典上林禁苑㉒，共张㉓宫馆，为宗庙取牲㉔，官职亲近，上甚重之，以官寿卒。

（《汉书》卷八十九，循吏传）

【注释】

①宣帝：刘询，公元前73—前49年在位。

②勃海：汉郡，治所在今河北省沧州市东南。

③"二千"句：二千石（dàn），指官俸每月为两千石（120斛）的官吏，一般代称太守。禽，通"擒"。

④"丞相"句：御史，即御史大夫，最高监察长官。遂，即龚遂，昭、宣二帝时名臣。

⑤濒：即"滨"，水边。

⑥"故使"句：赤子，婴儿，代指百姓。潢（huáng）池，积水的池塘。

⑦说：通"悦"。

⑧传（zhuàn）：传车，古代驿站专用车。

⑨翕（xì）然：协和一致的样子。

⑩廪（lǐn）：粮仓。

⑪尉安：安慰。

⑫齐：今山东省泰山以北黄河流域及胶东半岛地区。

⑬"令口"句：口，每口人。榆，榆树，皮和叶荒年可充饥。

⑭薤（xiè）：形似韭菜。

⑮彘（zhì）：猪。

⑯犊（dú）：小牛。

⑰芡（cí）：芡实，又名鸡头米。

⑱议曹：太守的属吏。

⑲"功曹"句：功曹，太守的重要助手，掌管人事，并过问一郡政务。者，通"嗜"。

⑳亡：通"无"。

㉑明府：对太守的尊称。

㉒上林禁苑：在今陕西省西安市长安区西及周至、鄠（hù）县界，是皇帝游猎的场所。

㉓共张：陈设。共，同"供"。

㉔"为宗"句：宗庙，古代国君或士大夫祭祀祖宗的处所。牲，供祭祀用的家畜。

【译文】

宣帝即位，几年后，勃海周围郡县灾荒，盗贼四起，太守制服不了。宣帝想用一位能治理勃海的人，丞相和御史举荐龚遂可用，宣帝便任命他为勃海太守。当时龚遂已70多岁，宣帝召见时，见他形貌矮下，与自己听到的不相符合，心里有点轻视他，问他说："勃海法纪废弛，饥民作乱，我十分担忧。您打算用什么方法平息郡中盗贼，让我放心呢？"龚遂回答说："勃海郡远在海边，没能受到圣朝的教化感染，郡中百姓饥寒交迫，而地方官又不加体惜，因此逼得皇上的子民盗了皇上的兵器在池塘中戏耍罢了。如今是要我去镇压他们，还是去安抚他们？"宣帝听了龚遂的回答，非常高兴，说："选用贤良，本就为了安抚百姓。"龚遂说："我听说治乱民就像理乱绳一样，是不能操之过急的。只有慢慢来，然后才能治理。我请求丞相和御史暂且不要用一般的法令条文来约束我，让我按照实际情况自行处理。"宣帝同意了，额外赏赐黄金，派他赴任。龚遂乘坐驿车到达勃海边界，郡中听说新太守到了，派兵前往迎接。龚遂叫军队全都回去，发出公文指示所属各县："全部撤回追捕盗贼的官吏，凡是拿锄头镰刀等农具的都算良民，官吏不得追究；拿兵器的才算盗贼。"然后单独一人乘车到府，郡中一致拥护，成群结队的饥民也都纷纷解散。勃海还有不少结伙打劫和拦路抢劫的人，听了龚遂的教诫和命令，都即时解散，扔掉兵器拿起了镰锄。盗贼因此全部平息，百姓得以安居乐业。龚遂因此开仓救济贫民，选用清廉的官吏，安抚治理百姓。

龚遂见勃海风俗奢侈，喜欢从事工商业，轻视农耕，便亲自带头节俭，劝导百姓务农种桑，叫每人种一棵榆树、百棵薤菜、一畦韭菜，每家养两只母猪、5只鸡。见到百姓有带刀佩剑的，就要他们卖剑买牛，卖刀买犊，说："为何要把牛和犊佩在身上？"春夏两季还得劝百姓到田野耕作，秋冬督促他们收割，又让百姓多储果实、菱角、芡实之类。由于龚遂的巡视劝勉，郡中人都有积蓄，官吏和百姓都殷实厚富。诉讼案件也没有了。

几年之后，宣帝派使者召回龚遂，议曹王生请求同去。功曹认为王生一向嗜酒，没有节制，不可让他跟去。可龚遂不忍拒绝，就让他跟从到京城。到了京城后，王生天天酗酒，从不去看望龚遂。一天，龚遂应召入宫，王生正喝得醉醺醺的，跟在后面大声叫道："明府暂且停一下，我有几句话要说。"龚遂返身问他缘由，他说："天子倘若问您怎样治理勃海，您千万不可多说，只宜回答：'全凭圣上的威德，不是我有什么能力。'"龚遂听从了他的建议。到了皇帝跟前，宣帝果然问起治理勃海的情形，他便按王生的话回答了。宣帝高兴他谦让有礼，笑着说："您从哪儿得来这种忠厚长者的话？"龚遂乘机上前一步说："我并不知道应该这么说，是我的议曹告诫我的。"宣帝由于龚遂年老，不能担任公卿重职，就拜他为水衡都尉，议曹王生任水衡丞，以表示对龚遂的褒奖和尊重。水衡都尉掌管上林苑，负责宫庭馆院的陈设，为宗庙祭祀提供牲畜，是亲近天子的官职，宣帝非常看重他，他最后在任上寿终。

德　操

王陵母以身教子

《汉书》

王陵①……以兵属汉。项羽取陵母置军中。陵使至，则东向坐陵母，欲以招陵。陵母既私送使者，泣曰："愿为老妾言陵，善事汉王。汉王长者，毋以老妾故持二心。妾以死送使者。"遂伏剑而死。项王怒，亨②陵母。陵卒从汉王定天下。

（《汉书》卷四十，王陵传）

【注释】

①王陵：沛县人，楚汉相争时，拥兵据南阳，因和刘邦仇人雍齿有交情，故不肯从刘邦，后才以兵属汉，共击项羽，并相刘邦，定天下。

②亨：通"烹"，古代一种酷刑，即用水烹煮犯人。

【译文】

王陵……带领自己的人马投奔了汉王刘邦。项羽将王陵的母亲安置在自己军中。王陵的使者到来，就让王陵的母亲坐在东面以示敬重，想借此来招降王陵。王陵的母亲私下送别使者，哭泣着说："希望代我这老婆子传话给王陵，要好好事奉汉王。汉王是个忠厚有德的长者，不要由于我而怀有二心。我以死来送别你。"说完便用剑自杀而死。项王大怒，烹了王陵的母亲。而王陵最终还是跟随汉王平定了天下。

丙丞相大德不言

丙吉，字少卿，鲁国①人也。……武帝末，巫蛊②事起，吉以故廷尉监征，诏治巫蛊郡邸狱。时宣帝生数月，以皇曾孙坐卫太子事系。吉见而怜之，又心知太子无事实，重哀曾孙无辜。吉择谨厚女徒，令保养曾孙。……上遣使者分条中都官诏狱③系者，无轻重一切皆杀之。内谒者令④郭穰夜到郡邸狱，吉闭门拒使者不纳，曰："皇曾孙在。他人无辜死者犹不可，况亲曾孙乎！"相守至天明不得入……武帝亦寤……因赦天下。……曾孙病，几不全者数焉。吉数敕保养乳母加致医药，视遇甚有恩惠，以私财物给其衣食。……吉为人深厚，不伐善。自曾孙遭遇，吉绝口不道前恩，故朝廷莫能明其功也。……及霍氏诛，上躬亲政，省尚书⑤事。是时，掖廷⑥宫婢则令民夫上书，自陈尝有阿保之功。章下掖廷令考问，则辞引使者丙吉知状。……上亲见问，然后知吉有旧恩，而终不言，上大贤之。

（《汉书》卷七十四，丙吉传）

【注释】

①鲁国：今山东曲阜一带。

②巫蛊：以符咒祈祷诅咒，降灾祸于人。武帝时，宫中多次发生这类事情，牵连很多人，卫太子也因此被废。

③诏狱：由朝廷亲自处理的重大刑狱。

④内谒者令：宫中掌迎送宾客的宦官。

⑤尚书：掌朝廷文书，群臣奏章都要经过这里，职位尽管不是很高，可权力极大。

⑥掖廷：宫婢所居的宫中旁舍。

【译文】

丙吉，字少卿，鲁国人。……汉武帝末年，巫蛊事件经常发生，丙吉由于曾任廷尉监而被征召，奉旨去查办州郡的巫蛊案件。……当时，宣帝生下才几个月，由于是皇曾孙的原因，也因卫太子的事株连被囚。丙吉见了，心里十分同情，又明白卫太子没有犯罪事实，于是更为痛伤曾孙无辜。因此丙吉挑选了一个谨慎忠厚的女犯，让她保护和养育曾孙。……武帝派出使者逐一查治诏狱里的囚犯，不分罪行轻重将他们全部杀掉。内谒者令郭穰夜里去到郡邸狱，丙吉把他拒之门外，不予接纳，说："皇曾孙在这里。其他人无辜而死尚且是不应该，何况皇上的亲曾孙！"僵持到天亮还不得进监狱……武帝也醒悟了……因而大赦天下。……皇曾孙患病，几次都几乎没能活下来。丙吉数次责令保养的乳母加意治疗，看护照料都很有恩惠，并用自己的财物来供给他的衣食。……丙吉为人忠厚，不夸耀自己的长处和功劳。自从曾孙即位为帝，丙吉绝口不提以前的恩德，因此朝中没有人知道他的功劳。……等到霍氏被诛灭，宣帝亲自掌政，并过问尚书省的事。这时，一个名叫则的掖廷宫婢让她原来在民间时的丈夫上书，说她也曾有护养的功劳。宣帝诏令掖廷负责官员查问，则在供词里提到当时的使者丙吉知道情况。……宣帝亲自召见询问，然后才知道丙吉过去对自己有很大的恩德，但终究没说。宣帝对他深为敬重，认为是大贤之人。

扬雄的品性与才德

扬雄字子云，蜀郡成都人也。……雄少而好学，不为章句，训诂①通而已，博览无所不见。为人简易佚荡，口吃不能剧谈，默而好深湛之思，清静亡②为，少耆③欲，不汲汲于富贵，不戚戚于贫贱，不修廉隅以徼④名当世。家产不过十金，乏无儋⑤石之储，晏如也。自有大度。非圣哲之书不好也；非其意，虽富贵不事也。

（《汉书》卷八十七上，扬雄传）

【注释】

①训诂（gǔ）：用通行的话解释古代语言文字或方言字义。

②亡：通"无"。

③耆：同"嗜"。

④徼（jiǎo）：求。

⑤儋：同"单"。

【译文】

扬雄字子云，蜀郡成都人。……扬雄自幼好学，读书不沉溺于分章断句的枝节，只求弄通文字把握大意而已，博览群书，无所不读。为人随意舒缓，口吃不能快速说话，因而静默喜欢深思，清静无为，嗜好和欲望少，不奔忙于富贵，不忧患于贫穷，不有意于声名。虽然家中产业不超过10金，贫困得缸里存粮不到一石，却安然自若。胸怀大志，不是圣贤哲人的书就不喜欢读；不合自己心意，即使是富贵的人也不侍奉。

前有召父　后有杜母

召信臣字翁卿，九江寿春①人也。以明经甲科②为郎③……迁南阳太守。……

信臣为人勤力有方略，好为民兴利，务在富之。躬劝耕农，出入阡陌，止舍离乡亭④，稀有安居时。行视郡中水泉，开通沟渎⑤，起水门提阏凡数十处，以广溉灌，岁岁增加，多至三万顷⑥。民得其利，畜积有余。信臣为民作均水约束，刻石立于田畔，以防分争。禁止嫁娶送终奢靡，务出于俭约。府县吏家子弟好游敖⑦，不以田作为事，辄斥罢之，甚者案⑧其不法，以视好恶。其化大行，郡中莫不耕稼力田，百姓归之，户口增倍，盗贼狱讼衰止。吏民亲爱信臣，号之曰召父⑨。

（《汉书》卷八十九，循吏传）

【注释】

①寿春：今安徽寿县。

②明经甲科：汉代以明经考试取人，甲科是最高科目。

③郎，郎官，皇帝的侍从。

④乡亭：汉时基层行政机构，长官为亭长。

⑤沟渎（dú）：田间水渠。

⑥顷（qǐng）：一顷为百亩。

⑦游敖：游玩嬉戏。

⑧案：案问；审查。

⑨召父：尊称。西汉召信臣和东汉杜诗，先后任南阳太守，政绩显著，民间常称道他们说："前有召父，后有杜母"。

【译文】

召信臣字翁卿，九江郡寿春县人。因考取明经甲科做了郎官……提升至南阳太守。……

召信臣为人极为能干，有为政的方法谋略，好为百姓兴利，致力于使百姓富裕。经常亲自下到民间劝勉鼓励农业生产，出入于田间小路，休息住宿都不去乡亭，极少有停歇的时候。他察看了南阳郡内各处的水源，开通了许多大小沟渠，修筑的水门堤堰共有几十处，以拓宽灌溉面积，年年增加，受益田亩多达3万顷。百姓得到灌溉之利，农业收获大为增加，使大家都有积蓄。召信臣又为百姓制定了平等用水的制度，把它刻在石板上，立在田边，以避免争水纠纷。同时禁止在婚娶丧葬方面的奢侈浪费，倡导俭约办事。府县官吏家的子弟有游手好闲、不愿从事耕作的，召信臣总是严斥他们使之改正，对于陋习严重的按犯法给以治罪，以示好坏的区别对待。所以，良好的社会风气普及了，郡中人没有不勤于农事的，外出他地的百姓也回来了，户数人口增加了一倍，盗窃和诉讼案件逐渐止息。官吏和百姓因此对召信臣亲近爱戴，称他为召父。

传世故事

刘邦用叛将不疑

陈平，阳武户牖乡人。少年时家境贫寒，爱好读书，致力于黄帝老子之术。他家有 30 亩田地，他与兄长陈伯住在一起，平常都是陈伯耕地种田，纵容陈平四处游学。陈平其人高大伟岸美貌，有人对陈平说："你家境贫寒是吃什么东西长得如此肥美？"他的嫂子痛恨陈平不过问家务生产，接嘴说："也不过是吃糠麸罢了。有这样的小叔子，还不如没有！"陈伯因此而休妻。

陈涉起兵后，立魏咎为魏王。陈平此时告别兄长陈伯，跟一帮少年去追随魏王咎。他向魏王游说，不被采纳，又有人进他的谗言，陈平就逃离而去。这时项羽占领了黄河，陈平去归附项羽，他协助项羽，颇有战功，不断晋爵获赏，后拜为都尉（仅次于将军的军官，汉初秩比二千石）。后来陈平惧怕项羽诛杀他，就把赏金和官印交人还给项羽，自己负剑而逃。渡河时，船工见其伟岸，颇有丈夫气象，又独自行走，怀疑他是逃亡将领，猜他腰里藏有金玉宝物，就拿眼盯着他，想杀他。陈平心下恐惧，解衣露怀表示身无长物，因此才得以脱险。

陈平逃到修武投降了汉，借助魏无知求见汉王刘邦，汉王召他进见，赐食后要他回客舍。陈平说："我有事而来，要说的话不能拖过今夜。"于是汉王与之交谈，非常愉快。汉王问："您在楚担任何官？"回说："做都尉。"当天就拜陈平做都尉，诸将都吵吵嚷嚷，议论纷纷，说："大王一天之内得到楚的一个逃兵，不知底细，就给享受特殊待遇！"汉王因此对陈平宠爱有加。

绛、灌等旧将进谗言道："陈平这人虽有伟岸的丈夫气概，像玉石装饰的头冠，其中未必有真货色。听说他家居时与其嫂私通，服事魏王不被容纳，逃到楚，不被重用，又逃到汉。现如今大王授以尊官，令他护军。他不过是一个反复无常的叛臣，希望大王明察。"汉王表示怀疑，责问无知："有这回事吗？"无知说："有。我当初推荐他，是因其才能，而陛下问的是德行。现在即使有尾生、孝生这样行孝、守信的人，于战争之胜败无益，陛下有闲去任用他们吗？现在楚汉相抗拒，我推荐有奇谋的人，是因为他的计谋确实有利国家。与嫂私通等劣迹又何足为虑呢？"陈平辩解说："我事奉魏王，他不采用我的谋略，所以又去侍奉项王。项王不信任人，他所信任宠爱的不是项家诸将就是妻弟等人，即使有奇士也不重用。我在楚就听说汉王肯用人，所以归附大王。我一贫如洗，不接受钱财无以为生。若我的计谋确有可取，希望大王能采用。若一无是处，我请求回家。"汉王乃丰厚赏赐他，授为护军中尉（掌派遣安排诸将之事）。将校们再没人敢议论了。

其后楚汉战争不断，汉王问陈平："天下战乱纷纷，何时能够平定啊？"陈平说："项王为人恭敬爱人，好礼廉节的士人大多归附他，但说到论功行赏封爵，他又不得人心了。现在大王您简慢少礼，廉节好礼之人不亲，但大王肯丰厚地赏赐爵邑，那些好利之徒就来归附汉。这样的话，项王的骨鲠之臣只有几个：亚父、钟离眜、龙且、周殷等，只需大王拿出数万斤金，行反间计，贿赂他们，让楚心存怀疑。项王这人多疑，轻信谗言，一定会自相残杀，大王趁机进攻，一定能破楚。"汉王听从他的计谋，动用4万斤黄金给陈平，任他自由支用，不问去处。

陈平用金去反间楚军，说诸将劳苦功高，却始终得不到土地和封王，要与汉合而为一。项羽果然怀疑部将，派使者到汉，汉这边的人见到楚使者佯装吃惊地说："我以为是亚父的使者，原来是项王的使者呀！"他们还故意怠慢使者，这就更使项王怀疑亚父。亚父听说项王怀疑他，大怒，说："天下事基本已定了，君王好自为之，我回老家去了。"回家途中病发而亡。

汉六年（公元前211年），有人上书告发楚王韩信谋反。陈平出主意："韩信善于用兵，不能以之为敌，陛下就假装出游云梦，在陈与诸侯相会，韩信必定去郊外迎谒，陛下趁此抓住他，只需一个大力士就够了。"后来果真用这个办法抓获韩信，绑缚回京都。汉王因此封陈平为户牖侯，世代不绝。陈平辞谢，大王说："我用了先生的计谋，制胜克敌，不算功劳吗？"封赏更厚。

邓通无能受宠　富而后贫

汉文帝刘恒曾做一梦，梦见自己想上天，可是不管他怎样使劲，都无济于事。这时，过来一个穿黄衣服的小伙子，从后面推他，把他给推到天上了。上天后，刘恒回头一看，那黄衣人走得只留一个背影。他注意到，那人衣带后屁股上面那部分，漏了一个口子。刘恒一觉醒来，很想暗中寻访一番，找到这个推他上天的人。他走出未央宫，向西南方向走去。那里有一个湖，湖中有个小岛，岛上有一个高台，叫渐台。他想这里居高临下，容易见到他要找的人。

当时有个人叫邓通，是蜀郡南安县（今四川省乐山）的人。这个人没有专长，只会划船，被征入宫中，给皇亲国戚们划船取乐。那时人们迷信五行，认为土能胜水，而黄色代表土，所以那些船夫们都穿着黄色的衣服。刘恒要到渐台来找穿黄衣服的人，就是因为如此。这里穿黄衣服的船夫并不少，他只找衣带后面有口子的人。偏偏这天邓通的衣带挂破个口子，刘恒认准他就是能推他上天的人。

文帝问邓通："你姓什么叫什么？"

"小子姓邓名通。"邓通战战兢兢地回答。

文帝刘恒十分高兴，他想："对呀，邓就是登，推我上天的人，肯定就是这个邓通了。"从此，邓通再也不用划船了，被封了个官，只要在皇帝高兴的时候陪着他玩就可以了。

这个角色，需要一个活泼的人。然而邓通言语迟钝，不大会讲话，也不太会与人交往。但他会充分利用自己性格上的这个特点，行为非常小心谨慎，只是学会几句能让皇帝高兴的话就可以了。皇帝一次赏赐他上万钱的，就有10余次。他的官职也不断地提升，最后当到上大夫，只可惜他实在是没有什么能耐，没有办法给他更大的官做。文帝还经常到他家里玩耍。

有一次，宫里请来了一个看相的，据说看得非常准，文帝就让他给邓通看。那看相的相过邓通以后说：这个人，最后是被饿死的。

刘恒说："不可能。我就能让他大富大贵，他怎么会饿死呢？"文帝心想，你不是说他会受穷吗？我偏要让他富极一时。文帝当众宣布道："蜀郡严道（今四川省荥经县）有座铜山，朕就把这座山赐给邓通。并且，邓通有权自己铸钱，发行使用。"

　　自此，邓通果然大量铸起钱来。他私铸的钱叫邓氏钱，流行到全国。后来，文帝刘恒得了一种毒疮，很痛苦，也很危险。邓通也不懂医道，面对痛苦不堪的皇帝，束手无策。后来他听人说，古代秦王有这种病的时候，曾经让人家给他用嘴吸，用舌头舔，这就是那句有名的成语"吮痈舐痔"的来源之一。于是，他就毫不犹豫地低下头，一口一口地在文帝的疮口上吸了起来。文帝觉得这样确实挺舒服。于是邓通就经常给文帝吸痈。但渐渐地，文帝又不大愿意让邓通给吸了。他问邓通："天下最爱我的人是谁？"邓通说："那就得算太子了。"于是，当太子来探望他的时候，他就让太子给他吸。太子面有难色。后来，太子听说是邓通开的这个头，就非常痛恨邓通。

　　文帝不久就死了，太子即位是为景帝。景帝说："这个邓通什么本事也没有，怎么能让他做这么高的官？"于是便免了他的官，让他回家为民了。

　　有人看见邓通失势了，就告发他除了在严道铸钱外，还非法到塞外偷铸。景帝立即让人调查，果然确有其事。景帝宣布没收邓通全部家产抵偿。并且还要让他偿还以前铸币赚的钱。这样一来，邓通不但一文不名，还欠下朝廷数万钱的债。景帝的姐姐馆陶长公主挺同情他的，有时送给他点钱财。但因为他欠朝廷钱，所以只要他手里有一点钱，就立刻被监督他的人没收了，搞得他身上连根簪子都没有。长公主看不过去，让家人借给他衣服和食物，但不给他一分钱。邓通后来死在寄居的人家里。虽然他并没有被饿死，但下场也没有好多少。

汉武帝挥泪严执法

　　汉武帝的妹妹隆虑公主身患重病，眼看就要断气了。一生富贵，她没有什么遗憾的，只有儿子昭平君年轻任气，使她放心不下。

　　昭平君是公主的儿子，又娶了汉武帝的女儿夷安公主为妻，更加亲上加亲。皇帝是他的舅父兼岳父，贵盛已极，炙手可热，养成了他骄横暴虐的秉性，常常同一些权豪子弟一起斗鸡走狗，招惹是非。隆虑公主临终前对武帝说："陛下的外甥、女婿脾气暴躁，全不把他父亲看在眼里，都是我娇惯了他。我死之后，难保他不犯下死罪。我就这一个儿子，恳求陛下怜悯。我想国家法律有献金赎罪的条款，我愿意拿出金千斤、钱千万，为您的女婿豫赎死罪，陛下不会不允许吧？"见到妹妹虚弱不堪的身子，充满哀求的目光，汉武帝的心情十分悲痛，此时此刻，根本不容许他有丝毫的犹豫，就不住点头，一口答应了。

果然，隆虑公主死了以后，昭平君愈加肆无忌惮地寻欢作乐，胡作非为。一次大醉之后，竟然拔剑杀死了前来劝止他酗酒的辅导公主的官员"主傅"。由于杀的是朝廷命官，昭平君被关进了监里。可是，他毕竟不是普通百姓，他是公主的儿子，皇帝的驸马，他的母亲又事前给他办过赎罪手续。也就是说，他的权位，他家的千金万金，早已为他买得了杀人不犯死罪的权利。种种因素都使得最高司法长官的廷尉不敢擅自给他定罪，只好以按律当死，但赎罪在先的特殊情况上报皇帝，让皇帝做出决断。

汉武帝没有想到妹妹临死前的担心，竟然不幸言中。这位以雄才大略著称的英明皇帝，面对这个案子，竟然愁肠万结、优柔寡断起来。他无法忘记妹妹临死前那乞求般的目光。一想起妹妹的嘱托，他悲哀叹息不止，眼泪汪汪地对百官们说："朕的妹妹隆虑公主年纪很大了才生这个儿子，况且只有这一个儿子，临死前托付给朕，朕怎忍心让她在九泉之下大失所望啊！"左右众臣看到皇帝这般痛心，七嘴八舌地劝慰道："这件事既然早已入赎，而且又是陛下亲口答应的，宽恕了昭平君，也是既合情又合理的事，陛下就不必多虑了。"

汉武帝还是在痛苦地思索这件事，感情与法律，亲贵与万民，屈死者与杀人犯，这种种因素，都在他的头脑中反复衡量。最后，他抬起了头，神情严正地对百官说："国家的法令，是高祖皇帝制定的，倘若仅仅是因怜恤隆虑公主的原因，就败坏高祖皇帝的法度，朕有什么脸面再进高庙？又有什么脸面治理天下？"说罢命将昭平君依法处死。敕令送出之后，武帝五内如焚，悲痛欲绝，左右大臣也都感伤不已。

朝臣中只有太中大夫、给事中东方朔与众不同，他端起一盅酒，毕敬地走到武帝面前，献辞敬酒说："臣听说古圣先王治理国家，赏罚不分亲疏远近，视同一体。《尚书》说，公正无私，政通令行。要做到这点，古代的三王也很难。如今陛下做到了罚不阿近。如此一来，天下的百姓就能各得其所，各安其位，这是天下的大幸运！"臣朔奉献这盅美酒，诚惶诚恐，请陛下消忧止哀，谨祝陛下万寿无疆！

霍光倡议废除昏王

霍光，西汉大臣，霍去病的异母弟弟。昭帝年幼即位，他受武帝遗诏辅政，任大司马、大将军。

元帝元年，昭帝驾崩，无子嗣，立迎昌邑王刘贺。刘贺是汉武帝的孙子，十分淫乱。在服丧期间，不着丧服，不素食，纳官奴200余人，在宫禁内喧闹游戏。已故皇帝灵柩还停在前殿，他就引昌邑乐人击鼓作歌，并与昭帝宫人淫乱等等。霍光因而忧虑愤懑，单独问其亲近的大司农田延年。延年说："将军是国家柱石，认为此人不宜继位，为什么不向太后建议，另外选择贤德之人立为皇帝呢？"霍光说："我现在确实希望如此，古时有先例吗？"田延年说："古时伊尹在殷为相，废太甲以安定朝廷，后人称赞他的忠诚。将军若能如此行事，您就是汉代的伊尹。"于是他们召集一些朝廷重臣在未央宫聚会议事。霍光说："昌邑王行为昏乱，恐怕要危及社稷，怎么办？"群臣都惊愕失色，只是唯唯诺诺而已。此时田延年上前，离开席位，按着剑说："先帝把幼孤托付给将军，把天下寄托给将军，是因为将军您忠厚贤德，能安定刘氏江山。现在天下鼎沸，社稷将倾，若令汉家断绝祭祀，将军即使死了，在地下有何面目去见先帝呢？今日之议，要速决，群臣不立即响应的，请允许我以剑斩之。"霍光辞谢说："天下形势险恶，霍光应当受责难。"于是参与议事的人都叩头，说："天下百姓的命运都掌握在将军手上，我们只听大将军的命令。"霍光就与群臣一起去见太后，详细陈述昌邑王不能继承皇位的原因，皇太后于是下诏废昌邑王刘贺。

汉元帝不省法度

汉元帝刘奭（shì）为太子时，柔弱仁慈，喜好儒术。他看到父亲汉宣帝用人多为精通法律条文的官吏，治政注重刑名之学，大臣杨恽、盖宽饶等均因以言论讥刺朝廷被杀，曾经劝告宣帝道："陛下持法太严，应该任用儒生治政。"宣帝听了，板着面孔教训了他一顿："我汉家自有自己的制度，以杂用霸道、王道为本，怎么能像周朝那样纯用德化之教呢？而且，俗儒不合时宜，专好是古非今，令人名实莫辨，不知以何为主，这种人如何可以任用！"可是，刘奭并未引以为戒，重视法度。

汉宣帝病危时，拜外戚侍中乐陵侯史高为大司马、车骑将军，太子太傅萧望之为前将军光禄勋，太子少傅周堪为光禄大夫，遗诏命他们辅佐元帝。然而萧、周与史高之间有矛盾。原先宣帝时，宦官中书令弘恭、石显身居要职。他们熟悉法令，与史高内外勾连，在刚即位的元帝面前议政时，往往以前朝旧事为据，不附和萧望之等人的意见。萧望之等认为中书为中枢机构，不宜使用宦官，应该择用贤明的士人。此后与史高、弘恭、石显发生了对立。

当时，汉元帝很尊重萧望之、周堪，因为他们都当过自己的师傅。追随萧、周的则有刘更生、金敞等大臣。然而，元帝刚即位，虽然倾向萧、周等人的意见，但也不敢轻易触怒外戚史高和宦官弘恭、石显等人。

有个名叫郑朋的会稽人，他利用萧、周举荐名儒英才之机，暗中想巴结萧望之，便上疏揭发车骑将军史高和外戚许氏、史氏子弟的过失。周堪看到了奏疏后，建议元帝让郑朋待诏金马门。郑朋见升官有望，更加竭力吹捧萧望之，屡次毁谤史高，攻击许氏和史氏的过失。

后来，萧望之发现郑朋不地道，再不与他往来。郑朋与大司农史李宫一起待诏，周堪也只推荐了李宫为黄门郎。郑朋由此而怨恨萧、周，转而谋求投靠许氏、史氏门下，而且声言道："先前我所说的郑、史二家的事情，都是周堪、刘更生教我说的。我是关东人，哪里晓得那些事？"侍中许章于是会见了郑朋，郑朋事后又扬言道："我见许章时，说到前将军萧望之有五项小过、一项大罪。中书令在旁边，他们知道我谈的情况。"事情传到萧望之的耳朵里，萧望之便询问中书令弘恭和石显。弘、石担心萧望之在元帝面前自我辩解，元帝会把此事交与其他官员处理，便挟制郑朋及萧、周的另一个对头待诏华龙，吩咐他们在萧望之休息时，上朝状告萧望之等阴谋罢斥车骑将军史高和排挤许氏、史氏，元帝于是命令弘恭调查这一案件。弘恭询问萧望之是否有郑朋、华龙状告之事，萧望之答道："外戚在位，大都骄奢淫逸，我指责他们是想匡正国家，并不是阴谋诡计。"弘恭、石显便上奏元帝道："萧望之、周堪、刘更生结为朋党，相互援引，屡次谗害大臣，毁谤皇帝，以图达到擅权专制的目的。他们身为人臣却不忠诚，诬陷皇亲而不道德，请命谒者将其移送廷尉。"元帝刚刚即位不久，根本不懂得"谒者将其移送廷尉"就是把他们投入监狱，便批准了弘恭、石显的请示。后来，元帝好久未见周堪、刘更生，要召见他们，侍从回答说他们关在监狱里，元帝惊道："不是仅仅送交廷尉询问一下吗？"他愤恨地责备弘恭、石显，两人连忙叩头谢罪。但移送廷尉是他批准的，意思也确实是关进监狱，所以他也不好过分责难弘恭、石显，只是让人放萧望之等出狱继续行使职权。弘恭、石显又唆使史高劝谏元帝：既然已把重臣关入监狱，就应顺势免去他们的官职，以显示天子的权威和信义。接着，元帝下诏给丞相御史道："前将军萧望之任太傅 8 年，无其他罪过。而且时间不长，难以记清。可赦免萧望之之罪，收回前将军光禄勋印绶，把他与周堪、刘更生都废为庶民。"

数月之后，元帝又下诏任萧望之为关内侯、给事中，并且想让他当丞相。恰巧萧望之的儿子萧伋上书为上次的事件辩解，有司便以纵子翻案有失臣礼的罪名奏请逮捕萧望之。弘恭、石显等深知萧望之自尊心强、难以忍受屈辱，狡猾地建议元帝把萧望之关进监狱，根除他的怨恨，然后再施厚恩。元帝担心他秉性刚烈，遇辱自戕，石显等故意说他犯的是小罪，不会轻易丢掉宝贵的生命，元帝这才批准逮捕萧望之。石显等马上封好诏书，令谒者面交萧望之，又命太常火速派兵包围了萧望之的宅邸。

谒者登门后，萧望之仰天而叹道："我曾位列将相，年龄已过 60，而今晚年入狱，苟且偷生，不也太可耻了嘛！"然后喝下门生朱云为他配好的毒药，自杀身死。元帝得知消息，十分震惊，拍着手道："先前我本来就疑心他不肯俯首入狱，现在果然害死了我贤明的师傅！"正值午餐时间，侍从送上饭菜，元帝拒绝进餐，只顾哭泣。接着，他找来石显等人，责备他们建议不周，石显等又是免冠叩头谢罪。过了好半天，元帝才平静下来。

牛衣对泣　夫妻共勉

王章，开始本以文学为官，到汉元帝即位时，被提拔为左曹中郎将，因得罪了中书令石显，被免官。汉成帝时，又被征为谏大夫，继而升为司隶校尉，后来又担任京兆尹。由于他任官时直言敢谏，无所避忌，所以一生坎坷，最后竟遭迫害而死。

当初，王章在长安求学，还没有考取功名，和妻子两人共同生活。这时候，王章夫妻俩生活困窘到了极点，有一次王章生病卧床，因没有被子，只好瑟缩在牛衣中。想到居然困顿到了如此地步，王章心里难过极了，不禁对着妻子哀哭起来。王章的妻子却很有骨气，见丈夫露出这般情态，就朗声对他说道："夫君是京城中品行高尚之人，试看如今朝廷之中，有谁能超得过您？如今生病在床，生活困厄，不想着如何去激昂发愤，反而哭哭啼啼，多么鄙俗啊！"此话掷地有声，犹如强心剂，给王章以极大的刺激，促使他振作精神，发愤自强。

到后来，王章担任了京兆尹。这时候，正当汉成帝的舅舅王凤在朝当政。王章任京兆尹，本是王凤一手提拔的，但是，王章亲眼见到王凤在朝中的种种弄权行为，十分不满，不顾王凤对自己的知遇之恩和"国舅"的显赫身份，毅然决定要上奏章参劾王凤专权，认为不能任用这样的人，建议皇帝另任贤者。在这关头，王章的妻子头脑倒清醒，知道这样做绝对不会有好结果，便想要劝阻丈夫。她对王章说："人应当知足，难道夫君忘记了当年在牛衣中哭泣的情景了吗？"王章不愿听妻子的话，不耐烦地对妻子说："这不是你们女人家能懂得的事情！"他还是将奏章呈递了上去。果不出其然，奏章呈上去后，王章便被逮入狱。

丈夫入狱，王章的妻子和年仅12岁的女儿也同时受到牵连，被抓进牢里。有一天夜里，王章的妻子忽然从床上爬起来，号啕大哭，边哭边说道："平时狱中清点囚犯人数，总是数到'九'为止，今天却只数到'八'就停止了。我丈夫素来性情刚烈，先死的一个囚犯，肯定是我的丈夫！"第二天一打听，果然王章已经死了。

王章死后，总算朝廷开恩，释放了王章妻子母女俩，田地房产也发还给了她们。

"牛衣对泣"后来成了成语。王章和他妻子的故事，变成了著名的成语故事。

不言而责子

西汉薛宣，字赣君，东海郯（今山东郯城县西北）人。汉代还没有科举制度，他是被地方官举荐为孝廉、秀才而步入仕途的，先后担任宛句、长安县令，御史中丞，临淮、陈留太守等，又曾任御史大夫。鸿嘉元年（公元前20）又代张禹为丞相，被封为高阳侯。薛宣做官很有才能，任地方官时，教令完备，赏罚严明，很有治声。在朝廷中做官时，廉明持正，政声不错。

薛宣的儿子薛惠，后来也做到俸禄二千石的大官。一开初，薛惠在彭城县当县令。薛宣这时正由临淮太守改官陈留太守，他去陈留上任时，恰好路过彭城，便顺便到儿子任所看望薛惠。谁知一到彭城县境内，见桥梁以及供朝廷官员来往使用的驿站等均残破不堪，都未加修葺。薛宣见此状况，心里就明白儿子不能胜任县令之职。他在彭城住了好几天，只是每天在县衙中帮着处置一些杂物器具，侍弄一下菜园中种的蔬菜等，从不问儿子的公事。

薛惠见父亲情状，便知道自己的作为不能令薛宣满意。过了几天，薛宣要去陈留上任，薛惠便特意派了个县吏送父亲到任所，嘱他有机会询问薛宣对他的看法。这个县吏一直送薛宣到陈留，找了个适当的机会，便诚恳地问薛宣为什么不问问儿子的吏事，给薛惠一些教诫。薛宣笑着对县吏说道："做官之道，如果是关于法纪政令方面的事，可以通过求教之类的方式学到。至于能不能做官，自有其天赋，这又怎么能学到呢？"言外之意，是认为儿子无做官才能。后来，薛宣的这番话传了开来，朝廷内外的官员都认为此话很有道理。

薛宣的话显然有些片面。他过于强调人的素质，其实素质也是可以通过后天的学习而逐步提高的。从这则故事可以看到，尽管薛宣没有十分严厉地责备儿子，但他对儿子的要求是十分严格的。这种不教而教的方法，对薛惠很有触动。后来情况如何，史籍无载，但薛惠后来确实做到了二千石的大官。

东家枣完　妇去复还

西汉人王吉，自幼好学，被举为孝廉，出为小吏。后来又被举为贤良方正，先后任县令等。又曾担任昌邑王的中尉，因昌邑王荒淫，王吉恳切进谏，因此获罪。昌邑王虽饶他一命，仍然把他罚为囚徒。后来，汉宣帝召他为博士、谏大夫。王吉并不因为以前曾吃过进谏的亏而畏缩，遇事照样直谏。汉宣帝认为他迂阔，王吉便称病归。汉元帝即位后，又召他为谏大夫。

王吉多次失宠，都是由于他直谏不讳，于此可见他的耿直不阿品格。他不仅在朝为官时刚直敢言，疾恶如仇，在家家居时对家人的要求也极为严格，不准有亏志节。当初他一心向学时，居住在长安城中。他的东邻家中有一棵很大的枣树，枝丫一直伸到王吉家的院子中，当这棵枣树枝头上挂满枣子时，王吉年轻的妻子一时嘴馋，便摘了一些枣子下来，等王吉回来，拿出来一道吃。王吉当时以为是妻子从街上买来的，毫不在意，将枣子吃掉了。后来他得知妻子摘的是东邻人家枣树上的枣子，非常生气，就把妻子休回娘家去了。

东邻人家听说王吉为了几颗枣子，竟然将妻子休掉了，心中不安。想想没有办法弥补自己无意中造成的过失，便想将这棵大枣树砍去。周围的邻居知道情况后，一齐出来加以劝阻，又坚持请王吉将妻子接回来。在周围邻居的一再请求下，王吉才原谅了妻子的过错，让她回到家中。

为了此事，王吉所居住的地方传诵着一首赞颂他的顺口溜：

东家有树，王阳妇去。东家枣完，去妇复还。

只此一事，就足可看出王吉平时是如何砥砺自己的情操和严格要求家人的。正因他家教很严，所以他的子孙都先后在朝中做官，很有出息。王吉性清廉，一生过着清苦的生活。到他的儿孙辈，虽已较为讲究车马服饰和饮食，但家中也没有金银锦绣之类。待到搬家时，人们只见他家仅有一些必备的衣物，没有什么私财。当他不做官后，照样布衣蔬食，过着和普通百姓一样的生活，所以天下人都服其廉洁。

人物春秋

一代名将——淮阴侯韩信

《汉书》

　　韩信，淮阴人，家贫而无德，因此不被推选为地方官吏，他不能经商谋生，经常依靠别人糊口度日。韩信的母亲死后无钱埋葬，就找了一块干燥宽敞的高地安葬了，方便将来更多的人也可以在他母亲的墓旁安葬万家。韩信依靠下乡南昌亭长糊口度日，这就苦了亭长的妻子。亭长的妻子就清早起来做饭，在床上把饭吃了。到吃饭的时候，韩信去了，就不为他准备饭食。韩信也知道其中用意，就自己断绝了关系而离去。韩信至城下钓鱼，有一漂洗棉絮的漂母见他可怜，就给他饭吃，这样竟度过了数十天。韩信对漂母说：“我以后一定重重报答您。”漂母生气地说：“大丈夫不能自食其力，我只是可怜你才给饭吃，岂能希望图报啊！”淮阴少年又欺侮韩信说：“你身材虽然高大，喜欢随身佩带刀剑，这是怯懦的表现。”并当众侮辱韩信说：“你不怕死，就用剑刺我；如果你不刺，就从我胯下出来。”于是韩信凝视良久，慢慢低下身来从胯下爬了出去。街市上的人都嘲笑韩信，以为他是个怯懦之人。

　　当项梁渡过淮水的时候，韩信就带剑投奔项梁，居于麾下，没有名气。项梁败死后，又归属项羽，为郎中。韩信几次向项羽献策，项羽不予采用。汉王入蜀，韩信离楚归汉，仍不得扬名，只做了管理粮仓的小吏。他后来犯法当处斩刑，与他一伙作案的13个人都已斩首，轮到韩信，韩信就抬头仰视，正好看见了滕公，韩信说：“汉王不想要天下了？而竟斩杀壮士！”滕公听后很惊奇，又见其相貌不凡，就释放了他。与他交谈了一番，非常欣赏他，并向汉王进言。汉王任命他为治粟都尉，但没有发现他有什么特别的才能。

韩信和萧何交谈过几次，萧何很赏识他。到了南郑，将领中有数十人逃亡。韩信估计萧何等人在刘邦面前几次推荐过自己，既然不用，也就逃走了。萧何听说韩信逃走，来不及向刘邦报告，就亲自去追韩信。有人向刘邦说："丞相萧何逃走了。"刘邦听了很生气，如同失去左右手一样。过了一二天，萧何来拜见。刘邦又生气又高兴，骂萧何说："你也逃走了，为什么？"萧何说："臣下不敢逃走，是追逃走的人。"刘邦说："所追的是谁？"萧何说："是韩信。"刘邦听了又骂道："将领中逃跑的已有数十人，你都不追；说追韩信，这是骗人。"萧何说："那些将领容易求得，至于像韩信那样，却不会再有第二人了。大王如果打算在汉中长期称王，那就可以不任用韩信；如果决心想争夺天下，除了韩信就没有人能与您共商大事的了。这要看大王的心意了。"汉王说："我也想向东进军，怎能在此久居？"萧何说："大王决计东进，那么能用韩信，韩信就会留下；如果不能用韩信，韩信最终还是要逃走的。"汉王说："我为了您封他为将领。"萧何说："虽然你任命他为将领，韩信还是不会留下的。"汉王说："那就任命他为大将。"萧何说："太好了。"于是汉王要召见韩信拜他为大将。萧何说："大王素来对人傲慢，现在任命大将好像叫小孩似的，这就是韩信所以要离去的缘故。大王如果决心想任命，就要选个日子，沐浴斋戒，设广场高台举行仪式才行。"汉王同意了萧何的建议。众将领非常高兴，人人各自都以为要有一个大将军了。等到任命大将军时，原来是韩信，全军无不惊讶。

韩信拜将以后，就坐了下来。汉王说："丞相在我面前几次提到将军，将军有什么计策来教我呢？"韩信推谢了一会，就问汉王说："现在东进争权天下，主要敌手岂非项王一人吗？"汉王说："是这样。"韩信说："大王自己估量在勇敢、凶悍、仁爱、强壮方面与项王相比如何？"汉王沉默了好久才说："不如项王。"韩信再次拜谢表示庆贺说："我韩信也以为大王不如项王。然而臣下也曾事奉过项王，请让我谈谈项王的为人。项王厉声怒喝时，千百人的话都作废不听，然而他不任用有才能的将领，这只是匹夫之勇。项王见人恭敬谨慎，讲起话来细声细气，人患疾病，他就得流下泪来，把自己的饮食分给病人吃，但到了别人有功应当封爵时，他就把手中的官印磨得没有了棱角，仍舍不得给人，这叫做妇人之仁。项王虽然称霸天下，但他不居守关中却建都彭城；又违背义帝的约定，而把自己亲信的人封为王，诸侯纷纷不平。诸侯见项王驱逐义帝于江南，也都回去驱逐他们原来的君主，

二十四史精华

《汉书》

占有好的地方自立为王。项王所经过的地方，无不遭受破灭，积怨于百姓，百姓不愿归附，只不过迫于淫威，勉强服从罢了。名义上虽称为霸王，实际上失去了天下的民心，因此说他的强大容易变为衰弱。现今大王如果能反其道而行之，任用天下勇武之人，何愁敌人不被诛灭！以天下的城邑封给有功的大臣，何愁大臣不服！率领顺从思乡东归的义军，何愁敌军不被打败！况且三秦的封王都原本是秦朝的将领，率领秦国子弟已有数年，所杀士卒不可胜计，又欺骗他们投降了诸侯。到了新安，项王用诈骗的手段坑杀秦国降卒20多万，只有章邯、司马欣、董翳3人没有被杀，秦父兄们都怨恨这3个人，恨之入骨。现在楚霸王项羽以武力强封这3人为王，秦国的百姓是不会拥护的。而大王入武关时，秋毫无犯，废除秦朝的苛酷刑法，与百姓约法三章，秦国百姓没有一个不希望大王在秦地称王的。根据当初诸侯的约定，大王应当在关中称王，关中的百姓家喻户晓。可是大王失掉应有的职位而称王蜀地，秦国百姓无不怨恨。今天大王举兵东进，三秦地区只要发一道檄文就可平定。"于是汉王听了非常高兴，自己也以为得到韩信晚了。汉王就听从了韩信的计划，部署诸将积极备战。

汉王举兵从陈仓东出，平定三秦。汉高祖二年，出函谷关，收服了魏王豹、河南王申阳，韩王郑昌、殷王司马卬也都投降。汉王又命令齐国与赵国共同出兵攻击楚国的彭城，汉军兵败而回。后来韩信发兵与汉王会师在荥阳，又击破楚军于京、索之间，因此楚军再也不能西进。

汉王在彭城被打败以后，塞王司马欣、翟王董翳就叛汉降楚，齐、赵、魏3国也都反汉，与楚和好。汉王派郦生去游说魏王豹，魏王豹不听，于是汉王封韩信为左丞相率军攻击魏国。韩信问郦生说："魏王不会用周叔为大将吧？"郦生答道："用柏直为大将。"韩信说："柏直是个无能之辈。"就进兵击魏。魏国在蒲坂设重兵，封锁了临晋。韩信就多设疑兵，摆开船只装作要渡临晋的样子，而伏兵却从夏阳用木制作了小口大腹的酒器渡河，袭击魏都安邑。魏王豹大为震惊，引兵迎击韩信。韩信俘虏了魏王豹，平定了河东，派人请求汉王说："望增兵3万，由臣下北平燕、赵，东击齐，南绝楚国的粮道，西与大王会师于荥阳。"汉王给韩信增兵3万，又派张耳与韩信一同东进，攻击赵、代。攻破了代地，在阏与活捉了代相夏说。韩信攻下了魏、代以后，汉王派人收回了他的精兵，到荥阳抵御楚军。

韩信、张耳率兵数万，准备东下井陉击赵。赵王与成安君陈余听到汉军来袭，聚兵井陉口，号称20万。广武君李左车游说成安君说："听说汉将韩信渡西河，俘魏王，擒夏说，血洗阏与，现在又得到张耳的辅助，企图攻下赵国，这是乘胜出国远征，其势锐不可当。我听说：'千里运粮，士卒就有挨饿的危险；到吃饭时才去打柴做饭，军队就不会餐餐吃饱。'现在井陉的道路，车不得并行，骑兵不能成队列，行军数百里，其粮食势必落在后面。希望您借给我 3 万奇兵，从小道切断汉军粮食武器供应，您在这里挖深沟筑高垒，不与汉军作战，使汉军前不得战，退不得回，我以奇兵断绝汉军后路，使他们在野外抢不到任何吃的东西，不出 10 天，韩信和张耳两将的脑袋就能献到您的麾下。希望您能重视臣下的计谋，否则必定被这两个小子所擒获。"成安君是个儒生，经常声称正义之师不用奇诈之谋，因而说："我听兵法说，'10 倍于敌人的兵力就包围它，一倍于敌人的兵力就与它交战。'现在韩信的兵力号称数万，其实不可能有那么多，千里迢迢来奔袭我们，也就筋疲力尽了。像现在如此的兵力我们也要避而不击，以后如有更大的敌人，我们将有什么办法去对付他们呢？诸侯们都会说我们胆怯，今后会轻易地来攻打我们。"于是就不听广武君的计策。

韩信暗中派间谍打听到广武君的计策未被采纳，间谍回报后非常高兴，于是率兵进攻井陉狭道。在距离井陉口 30 里的地方，就停了下来。到半夜时就传发军令，挑选 2000 轻骑兵，每人手中拿一面红旗，从小道隐蔽在山里，窥视赵军，并告诫他们说："赵军见到我军逃跑，必会倾巢出动来追赶我们，你们就快速冲进赵营，拔掉赵军旗帜，竖立汉军红旗。"同时又叫裨将下令准备伙食，说："等今日打败赵军后会餐。"各位将领听了都不知所以，就附和答应说："遵命。"韩信又对军官们说："赵军已先占据有利地势，在他们没有见到汉军大将旗鼓之前，是不肯轻易出击我们的先头部队的，怕我们遇到了阻险而退兵。"于是韩信派了一万人作为先头部队，出了井径口，就背靠着河水摆开了阵势。赵军看到以后，都大笑不止。天刚亮的时候，韩信竖起了大将的旗帜，击鼓而行出了井径口，赵军开营出击汉军，激战良久。于是韩信、张耳就假装丢弃了旗鼓，向河边的汉军方向败走，到了河边阵地，又回头再战。赵军果然倾巢而出，都来争夺汉军的旗鼓，追击韩信、张耳。韩信、张耳回到河边的汉军阵地，全军都拼死作战，赵军无法打败。这时韩信所派出的 2000 骑兵，等到赵军倾巢出来争夺汉军战利品时，就立即冲入赵军营地，拔掉了赵军的全部旗帜，竖起了 2000 面汉军的红旗。赵军见到不能俘获韩信、张耳等将领，就想收兵回营，但赵营中都已竖起了汉军红旗，大惊失色，以为汉军已经全部俘获赵王将领，于是队伍大乱，四散奔逃。赵军将领虽然斩杀了很多逃兵，但仍阻禁不住。于是汉军两面夹击，大破赵军，在泜水上斩杀了成安君，擒获了赵王歇。

韩信下令军中不得杀死广武君，如能活捉广武君者，重赏千金。不久，有人捆缚广武君到韩信帅营，韩信解开了捆绑，以对老师一样的礼节来对待他。

诸将领向韩信呈献赵军的首级和俘虏之后，都向韩信表示祝贺，有人趁机问韩信："兵法上说，布阵应该是'右背山陵，左对水泽，'如今将军反而命令我们背水列阵，还说破赵军后会餐，当时我们都不服。然而事实上取得了胜利，这是什么战术呢？"韩信说："这在兵法上也是有的，只是诸位没有察觉罢了。兵法上不是说：'陷之死地而后生，置之亡地而后存'吗？我韩信没有能够得到训练有素而能服从调动的将士，这就像兵法所说的'驱赶着街市的百姓去作战'一样，在这种形势下只有把他们置于死地，使他们每人都为求生而奋勇作战；如果今天把他们置于生地，那他们都会逃走，我还能用他们去作战吗？"诸将听了都佩服地说："我们都没有想到。"

于是韩信问广武君说："我准备北攻燕，东伐齐，怎样才能成功？"广武君推辞说："我听说'亡国之臣没有资格来谈论国家兴存，败军之将没有资格来谈论勇敢作战'。像我这样，怎么能出来权衡国家大事啊！"韩信说："百里奚在虞国而虞国灭亡，到了秦国则秦国称霸，这并不是他在虞国时愚蠢，而在秦国时聪敏，而在于国君用不用他的才能，听不听他的计策。如果成安君当初听了你的计策，我早已成了俘虏。我诚心请教，希望不要推辞。"广武君说："我听说：'智者千虑，必有一失；愚者千虑，也有一得'故而说'狂人之言，圣人也可选择采纳'。只恐怕我的计策未必能用，但愿只效愚忠而已。成安君本来有百战百胜之计，但一旦失策，就兵败部下，自己也死于泜水之上。现今将军俘虏了魏王，生擒了夏说，一上午时间不到就击败了20万赵军，杀死了成安君。名闻海内，威震诸侯，大众百姓都不得不停止劳作，拿出轻衣美食，侧耳等待你的命令。然而民众劳苦，士卒疲乏，实在是难以用兵。现在将军用疲惫不堪之兵，劳顿在燕国坚固的城池之下，显然让人看出力量不足，要想攻战，又攻不下来，旷日持久，粮食耗尽。如果不能攻破燕国，齐国也必定会拒守边境，以图自强。与燕、齐两国相持不下，那么刘邦与项羽的胜负也就不能分明了。我的愚见，或许错误"韩信说："按照你的意见，该怎么办呢？"广武君答道："当今之计，不如按兵不动，百里之内的百姓就会每天拿出牛肉美酒来犒劳将士。将军在北边去燕国的路上布置军队，然后派遣一名使者，拿着书信，去游说燕国，燕国必定听从。接着从燕国向东到齐国，虽然有智谋的人，也不能为齐国想出更好的计策。如是这样，天下的大事就可以图谋了。兵书上有先虚而后实，就是这个道理。"韩信说："好，敬奉你的指教。"于是采用了广武君的计策，派使者到燕国，燕国闻风而降。接着就派使者报告汉王，请求立张耳为赵王来镇抚赵地。汉王允许了这一请求。

楚军曾多次派奇兵渡过黄河来攻击赵国，赵王张耳、韩信往来救赵，一路上平定了赵国城邑，并发兵支援汉王。当时楚国正急于围攻汉王于荥阳，汉王从荥阳逃出，到了南面的宛、叶两地，收得了九江王英布，进入了成皋，楚国又很快地围困了成皋。汉高祖四年，汉王从成皋逃出，渡过黄河，独自与滕公投奔在修武的张耳军营。到了以后，住宿在传舍中。第二天清晨，汉王自称是汉王使者，骑马驰入军营。张耳、韩信还未起床，汉王来到了卧室，夺走了他们的印信兵符，召集诸将，调换了他们的防务。韩信、张耳起床后，才知道汉王独自来到，大吃一惊。汉王夺取了张耳、韩信的军权，就当即命令张耳备守赵地，又拜韩信为相国，征发未去荥阳而留下来的赵军，去攻打齐国。

韩信率兵向东攻齐，还没有渡过平原津，就听到汉王派出的使者郦食其已说降了齐王田广。韩信准备停止进军，蒯通就游说韩信，劝他攻打齐。韩信听从了蒯通的意见，就渡过了黄河，袭击驻在历下的齐军，一直打到了临淄。齐王逃往高密，派使者向楚国求救。韩信攻占了临菑以后，向东追击齐王到高密的西边。楚王派大将龙且，率军号称20万，前来救齐。

齐王、龙且两军联合起来与韩信作战，还未交锋。有人对龙且说："汉兵远征，拼死作战，其锋锐不可当。齐、楚两国在自己的国土上作战，士兵容易溃散。不如深沟高垒，叫齐王派亲信大臣去招抚已失的城邑。城邑中的百姓听到齐王还活着，楚国又派兵来求援，就一定会反叛汉军。汉军从2000里外客居齐地，而齐国城邑的百姓都起来反叛，势必得不到粮食供给，就可使汉军不战而降。"龙且说："我平生深知韩信为人，容易对付。他曾向漂母求食，又从人胯下爬过，没有一般人所具有的勇气，因而是不足以畏惧的。况且我来救齐，不战而使汉军投降，那我还有什么功劳呢？现在如果我战而胜之，又可以得到齐国的一半土地，为什么要停止进攻呢？"于是决定交战，与韩信汉军隔着潍水摆开了阵势。韩信就连夜派人做了一万多个袋子，装满了沙泥，堵住了潍水上游的河水，率领半数人马渡过潍水袭击龙且。韩信假装不胜，往回败走。龙且果然高兴地说："我本来就知道韩信胆怯。"于是领兵渡潍水追击韩信。韩信派人挖开堵水的沙袋，大水一拥而至。龙且的军队一大半留在岸上无法渡过河水，韩信立即迅速攻击渡河楚军，斩杀了龙且。在潍水东岸的龙且军队四散溃走，齐王田广也逃跑了。韩信追击齐兵直到城阳，俘获了田广。楚军纷纷投降，终于平定了齐国。

　　韩信派人向汉王说："齐国狡诈多变，是个反复无常的国家，南面又与楚地邻近，如果不设一个代理的齐王来镇抚它，局势就不容易安定。现在齐地没有国王，权力太轻，不足以镇抚安定，我请求自立为代理齐王。"当时，楚国正全力围攻汉王于荥阳，韩信的使者到了以后，递上书信，汉王看了大怒，骂道："我被围困在这里，日夜盼望他来帮助我，而他却想自立为王！"张良、陈平躲在后面踩汉王的脚，凑近汉王耳边低声说："汉军正处境不利，怎么能禁止韩信自立为王呢？不如就此而立他为王，好好地对待他，使他自守一方。不然的话，就会发生变乱。"汉王立即明白过来，因而又骂道："大丈夫平定诸侯，就应当立为真王，为什么要做代理国王呢？"于是派张良前往立韩信为齐王，征调韩信的军队攻打楚国。

　　楚国失去了龙且，项王恐慌，派盱台人武涉前去游说韩信说："将军为何不反汉与楚联合？楚王与将军有旧交。况且汉王不一定可信，他几次身家性命都掌握在项王手中，然而一旦脱险就立即背弃盟约，又攻击项王，不可亲信到如此地步。现在将军自以为与汉王的交情像金石那样坚固，然而终究要被他抓起来的。您之所以留得性命到今天，是由于项王还在的缘故。如果项王一死，接下来就会取您的性命。您为何不与楚讲和，三分天下而称王齐地？现在您若放弃了这一时机，而一定要帮助汉王一同攻打楚王，作为有才智的人能这样做吗？"韩信谢绝说："我侍奉项王数年，官不过是个郎中，位不过是个持戟卫士，我讲的话不听，计谋不用，故而我离楚归汉。汉王授我上将军印，率数万之众，脱下他的衣服给我穿，拿他的饭食给我吃，言听计从，我才能得以有此地位。人家如此对我十分亲近和信任，我背叛他是不会有好结果的。请为我韩信辞谢项王。"武涉走后，蒯通知道决定天下局势的关键在于韩信。就向项王分析三分天下，鼎足称王的形势。韩信不忍心背叛汉王，又自以为功劳大，汉王不会来夺取自己的齐国，于是并不听从蒯通的计谋。

　　汉王在固陵兵败之时，采用了张良的计谋，征召韩信率兵在垓下与汉王会师。项羽一死，汉高祖刘邦就乘人不备夺取了韩信的军权，改封韩信为楚王，定都下邳。

韩信到了楚国，召见当年给他饭吃的漂母，赏赐她千金。轮到了下乡亭长，只赏给他100钱，说："你是个小人，做好事有始无终。"又召见曾经侮辱过自己，让他从胯下爬过去的少年，封他为中尉，并告诉他的将相说："此人是位壮士。当初他侮辱我时，我宁可不去杀他；杀了他也不能扬名，故而就忍让了下来，因此我才有今天的成就。"

项王的逃亡将领钟离眜家住在伊庐，素来与韩信关系很好。项王兵败，钟离眜投奔了韩信。汉王怨恨钟离眜，听说他在楚国，就下令让楚王捕捉钟离眜。韩信刚到楚国时，巡行各地县邑，带着兵出入。有人告韩信想谋反，举报的奏书到了汉王的手里，汉王认为韩信是个隐患。于是采用陈平之计，假装巡游到云梦地方，实际上想要袭击韩信，韩信还不知道。高祖将要到达楚国时，韩信打算起兵造反，但又想到自己是无罪的；想去觐见汉王，又恐怕当场被抓起来。有人劝韩信说："杀了钟离眜去谒见汉王，汉王必定会很高兴，也就没有祸患了"。韩信把此事与钟离眜商量，钟离眜说："汉王之所以不攻取楚国，是由于我钟离眜还在您这里，如果您把我抓起来去献媚汉王，我今天一死，您也随即灭亡了。"并大骂韩信道："你不是个忠厚长者！"结果就自杀而死。韩信拿着钟离眜的首级到陈地去朝见汉王。高祖命令武士把韩信捆缚起来，放在后面的车子上。韩信说："果然像有人所说的，'狡黠的兔子死了，出色的猎狗也就该烹杀了'。"汉王说："有人告您谋反。"于是又给韩信戴上械具。回到了洛阳，赦免了韩信，改封为淮阴侯。

韩信知道汉王嫉妒他的才能，就称病不去朝见，也不跟从出行。韩信由此日益怨恨，在家中闷闷不乐，对与绛侯周勃、灌婴处于同等地位感到羞耻。韩信曾路过将军樊哙家门，樊哙行跪拜礼迎送，并自称为臣下，说："不知大王竟肯光临臣下的家门"。韩信出门后对部下笑着说："想不到我这一辈子竟要与樊哙为伍！"

汉王高兴时与韩信谈论诸将的才能高下。汉王问韩信说："如果是我，能率领多少兵？"韩信说："陛下最多也不能超过10万"。汉王说："如果是您，能率兵多少？"韩信说："如果是我，则多多益善。"汉王笑道："您既然多多益善，为什么被我抓住呢？"韩信说："陛下不能领兵，而善于驾驭将领，这就是我韩信被陛下抓住的缘故。况且陛下的权力是上天授予的，不是人力所能做到的。"

后来陈豨为代地相国去监察边郡，临行向韩信告辞。韩信拉着他的手，在庭院里散步来回数次，仰天长叹地说："您可有话与我讲吗？我可有话想与您讲。"陈豨接着说："一切听从将军的命令。"韩信说："您所管辖的地方，是天下精兵聚集之处，而你又是陛下亲信得宠的大臣。如果有人说您谋反，陛下必定不会相信；如果再有人告您谋反，陛下就会产生怀疑；如果第三次有人告发，陛下一定会大怒而亲自率军来征讨您。我为您在此做内应，就可以图谋天下了。"陈豨一向知道韩信的才能，也就相信他的话说："一切听从您的指教。"

汉高祖十年，陈豨果然起兵造反，汉高帝亲自率军前往征讨，韩信称病不去。韩信一方面暗中派人到陈豨处联络，一方面又与家臣谋划，准备在黑夜假传诏书赦免在官府服役的罪犯与奴隶，然后发兵袭击吕后与太子。部署已定，正等待陈豨的消息。韩信的门客得罪了韩信，韩信把他囚禁了起来，准备杀他。那个门客的弟弟就上书向吕后告发韩信谋反的状况。吕后打算把韩信召来，又恐怕韩信的党羽不肯就范，于是与相国萧何合谋，假装说有人从皇帝那里回来，说陈豨已被杀死，群臣都进宫朝贺。相国萧何就欺骗韩信说："虽然您有病，但还是要勉强去朝贺一下。"韩信进了宫中，吕后就命令武士把韩信捆绑起来，在长乐宫中的钟室里把他杀了。韩信在被斩前说："我当初没有采用蒯通的计策，如今反而被妇人小子所欺骗，这岂不是天意吗！"于是吕后诛韩信的三族。

汉高祖平定了陈豨叛乱后回到了京城，听到韩信已死的消息，悲喜交加，询问说："韩信死时说了些什么？"吕后就把韩信死时说的话告诉了高祖。高祖说："蒯通此人是齐国的辩士。"于是下诏捉拿蒯通，准备烹杀他。蒯通被抓后就为自己辩解，高祖就释放蒯通而没有杀他。

忍辱负重著《史记》——司马迁

远古颛顼时代，任命南正重主管有关天的事务，任命火正黎主管有关地的事务。陶唐氏与有虞氏相交的时候，让重、黎的后人继承重、黎的事业，重新掌管与天、地有关的事务，一直到夏朝和商朝都是这样，所以重、黎氏世世代代管理天、地的事情。重、黎氏在周朝，程伯休父是他们的后人。当周宣王的时候，重、黎氏失去了管理天、地事务的职掌而成为司马氏。司马氏世代掌管周朝的史事。周惠王与周襄王承继之间，司马氏迁到了晋国。晋中军将随会逃奔魏地，司马氏因此进入了少梁。

从司马氏离开周室迁到晋国，其宗族就分散开了，有的在卫地，有的在赵地，有的在秦地。在卫地的，当了中山国的相。在赵地的，以传授剑术而闻名，司马蒯聩是他们的后人。在秦国的是司马错，他与张仪争论，于是秦惠王派他率兵伐蜀，灭亡蜀国，因而就地戍守。司马错的孙子司马靳，在武安君白起手下做事。这时候少梁更名叫夏阳。司马靳与武安君白起坑杀了赵国兵败长平的军队，回去以后两人都在杜邮这个地方被赐死，葬在华池。司马靳的孙子司马昌，担任了秦王的铁官。当秦始皇的时候，司马蒯聩的玄孙司马卬为武信君的将军而去攻取朝歌。诸侯们相继为王，司马卬被项羽封为殷王。汉朝讨伐楚霸王时，司马卬归降汉朝，汉朝以他原先的封地建立了河内郡。司马昌生了司马毋泽，司马毋泽为汉（长安四市）的一个市长。司马毋泽生了司马喜，司马喜爵为五大夫，去世后安葬在高门。司马喜生了司马谈，司马谈担任了太史公。

太史公司马谈向唐都学习天文，向杨何学习《易》，在黄生那里学习道家理论。太史公是在建元、元封年间担任这个职务的，他责备学者们不能彻底理解各家的思想而被各派师法所困惑，就论述六家的要旨说：

《易大传》说："为使天下达到同一目标而有100种设想，归宿相同但道路不同。阴阳、儒、墨、名、法、道德诸家，这些都是努力于治理社会的，只是学说思路不一样，有的能省察有的不能省察罢了。我曾观察阴阳家的学术，众人忌讳重大的吉凶预兆，便使人拘束而多有畏惧，但是它条理的四季的顺序变化，是不可错过的。儒学学者博学但不得要领，劳而功少，所以他们所主张的事情难以完全遵从，但是他们讲述的群臣父子之间的礼仪，罗列的夫妇长幼之间界线，却是至理。墨学学者的节俭难以遵从所以他们所主张的事情不可尽用，但是他们所说的强本节用的道理，是不可废弃的。法家严格而缺少恩情，但是他们理顺的君臣上下的名分，是不可更改的。名家让人简朴而容易失去真实，但它强调名称与实在的区别和联系，是不可不省察的。道家使人精神专一，展开和闭合都没有形状，哺养万物，它的学术构成，遵循阴阳家对四季顺序变化的主张，采纳了儒家和墨家的长处，吸收了名家和法家的要点，随着时代的发展而发展，针对不同的事物而变化，建树习俗办理事务，没有不恰当的，它的宗旨简约而容易实施，办事少而见效多。儒学学者则不然，认为皇上是天下的仪表，君主倡导臣下就要拥护，君主在先臣下应该随后。这样，君主就烦劳而臣下就轻松了。至于对重大问题的主张，则远离贤人，废黜智慧，放弃这些而仅用自己的学术。我们知道，精神耗费多了就会枯竭，形体太劳累了就会凋敝；精神和形体很早就衰颓了，想要与天地一样长在久存，这种事情还没听说过。

"阴阳家主张，四季、八卦位、黄道的十二度、二十四节令各有处理的原则，而说（对这些原则）顺之者昌、逆之者亡则未必然，所以（我）说他们"使人拘束而多有畏惧"。春天播种夏天成长，秋天收获冬天收藏，这是天体运行的规则，不顺应就无法制订天下纪纲，所以（我）说"四季的顺序变化，是不可错过的。"

儒学学者，他们以（《礼》《乐》《尚书》《诗经》《易》《春秋》）六艺为原则，阐释它们的疏传成千上万，终生不能把它们弄懂，一年内连对其礼法也不能全搞清楚，所以（我）说他们"博学而不得要领，劳而少功"。如果说他们罗列的君臣父子之间的礼仪，讲述的夫妇长幼之间的界线，即使让100个学派来论辩也是不能改变的。

墨家学者也崇尚尧、舜，他们阐述自己的德行说："堂屋屋基只要三尺，土阶只要三级，盖房子的茅草不需剪整齐，木椽子不要修整；用土锅烧饭，用土碗盛羹，吃粗米，喝菜汤；夏天穿葛藤制的衣服，冬天穿鹿皮衣。"他们为人送终，只用三寸厚的桐木棺材，哭丧不能完全表达自己的悲哀。他们教授丧礼，固执地要用这一套作为万民的表率。所以天下如果都这样，那么尊卑就没有区别了。社会不同时代发展了，做的事情就不必相同，所以说"他们的节俭难以遵从"。总的说来他们主张的强本节用，是人给家足的原则。这是墨子学说的长处，即使让100个学派来论辩也是不能废弃的。

法家不区别亲疏关系，不划分贵贱，只依据法令来决断，会使得亲近亲人、尊重尊贵的恩情断绝了，这可以说只能为一时之计，而不能长久使用，所以（我）说它"严格而缺少恩情"。若说到尊重君主、小看臣下，说明名分和职掌不可以相互逾越，虽然让100个学派来论辩也是不能更改的。

名家苛刻烦琐，使人不能理解他们的本意，他们只根据名来判断事物，经常不合人情，所以我说名家"简朴而容易失去真实"。假若说到他们主张的引名责实，处理错综复杂的事情不犯错误，这些都是不能不省察的。

道家主张无为，又叫无所不为，它的具体主张容易实行，它的言辞难以理解。它的学术以虚无为根本，以因循自然为功用，没有既成的形势，没有固定的方式，所以能够彻底推求万事万物情况。它不先于物也不后于物，所以能够成为万物的主宰。有一定的法则又没有凝固的教条，只因时事的变化推行自己的事业；有一定的界线又没有凝固的界线，只因事物的情况决定兴起或废弃，所以说"圣人没有机巧，只是遵守顺应时变罢了"。虚是道的常理，顺应它是君主的纲领。群臣一起到来，让他们各自阐明自己的主张，其中确实名实相符的叫做端正，确实虚有其名的叫做款。不听叫做款的这种人所说的话，奸就不会产生，贤德和不肖之人就自然分开了，白色还是黑色就显现出来。剩下的事就在于你想怎么使用了，有什么事办不成呢？于是遵循最基本的法则，混混冥冥任其自然；照耀天下，返复往还不计较名称。大凡人有生命是因为有精神存在，所依附的则是形体。精神使用过度就会衰竭，形体过度劳累了就会凋散，形体和精神分离开就会死亡。死去了的不能再恢复生命，离分了的不可能再结合，所以圣人看重（神与形）。由此看来，精神是生命的根本，形体是生命的躯壳。不先确定精神与形体（的关系和地位），就说"我有（理论）去治理天下"，请问根据什么呢？

太史公司马谈已掌管了天文事务，就不负责民众的事。他有个儿子叫司马迁。

司马迁出生在龙门，在龙门山之南黄河的北岸以耕牧为业，10 岁时就开始诵读古文。他 20 岁的时候就南游江淮；上会稽山，探寻禹穴，远望九疑山，泛舟沅水和湘水；又北涉汶水和泗水，在齐、鲁的都市讨论学业，观察孔子的遗风，在邹县和峄山参加乡射之礼；到蕃县、薛城和彭城时司马迁旅费缺乏，就取道梁、楚返回了。这时候司马迁当了郎中，奉皇上之命出使巴、蜀以南，巡视了邛、筰、昆明等地，回到长安复命。

这一年，天子汉武帝举行了汉朝的第一次封禅大典，但太史公司马谈留滞在洛阳，没有能跟随武帝去执行封禅的职事，在悲愤中去世。司马谈弥留之际，司马迁刚好从西南回来，在黄河与洛阳之间见到了父亲。太史公司马谈拉着司马迁的手哭泣着说："我的先祖，是周朝的太史。从远古开始，就曾经在有虞氏和夏朝的时候立功扬名，职掌天文的事务。到后代就衰落了，难道要从我这里断绝么？你继任太史，就是延续我们先祖的事业了。现在天子承接千年的统绪，封禅泰山，而我不得随行，是我的命差啊！我死去之后，你必定要当太史；当了太史之后，不要忘了我想写的著作呵。孝道，是从服侍亲人开始的，经过为皇上做事，最终达到卓然自立，扬名于后世，使父母显荣，这是最大的孝。天下赞扬周公，说他能宣扬歌颂周文王、周武王的德行，讲解《周南》《召南》等《诗经》中的国风，表达太王、王季的思虑，一直追溯到公刘，以尊崇（周的始祖）后稷。周幽王、厉王之后，王道残缺，礼乐制度衰落了，孔子修旧起废，论述《诗经》《尚书》，作《春秋》，学者们至今都把他当作典范。自从获麟年以来400多年，诸侯相互兼并，史书绝灭。现今汉朝兴起，海内统一，明主贤君，忠臣义士（不少），我身为太史而不记载评论这些，废弃了事关天下的文字，我太害怕（承担这个重大责任）了，你一定要时刻想着这事呵！"司马迁低着头泪流满面地说："儿子虽然不敏捷，还是要请求父亲允许我将父亲已经整理好的史事加以裁断，不敢有所缺漏。"司马谈去世后3年，司马迁当了太史令，便在朝廷的石室金匮藏书中搜集材料。司马迁任太史令后5年是太初元年，这年的十一月甲子日是朔日，早上冬至，改（原用的颛顼历而）行太初历，在明堂中颁布新历，祭祀诸神。

太史公司马迁说："我的父亲说过：'自周公去世后500年而出了孔子，从孔子至现在已经500年了，一定有继承发扬孔子事业的人（出来），以《易传》为本，继承《春秋》，以《诗经》《尚书》《礼》和《乐》为基础。'这话的意思不正在这里么！这话的意思不正在这里么！作为儿子我怎么敢推让呢！"

上大夫壶遂问："过去孔子为什么要作《春秋》呢？"司马迁说："我听董仲舒先生说：'周朝的制度被破坏了，孔子担任鲁国的司寇，诸侯加害于他，大夫干扰他。孔子知道当时社会不重用他，自己的理论得不到实行，于是就评论春秋时期242年的是非曲直，作为天下法式，贬损诸侯，批评大夫，以阐明君王（应该做的）事情罢了。他老人家说：我与其写抽象的理论，还不如（把自己的思想）表现在能充分显现（我的思想的）事实之中。《春秋》上阐明了三王的法则，下理清了人事的纲纪，阐明疑惑难明的事理，明白是非，确定犹豫、赞美善行，憎恶丑恶，推崇贤人，轻视不肖之人，保存已经灭亡了的国家，延续已经断绝的世系，修补弊端兴起被废弃（了的制度），这是君王最重大的法则。《易》叙述的是天地阴阳四时五行，所以它的长处在变化之道；《礼》为人确定规则，所以它的长处在可以施行；《尚书》记载了先王的事情，所以它的长处在政治方面；《诗经》记载了山川、溪谷、禽兽、草木、牝牡雌雄等，所以它的长处在讽谏；《乐》是快乐所得以产生的根据，所以它的长处在协和；《春秋》分辨是非，所以它的长处在对人进行管理。所以说《礼》是节制人的，《乐》是启发协和的，《尚书》是记事的，《诗经》是表达意愿的，《易》是阐述变化的，《春秋》是讲义理的。拨乱反正，没有比《春秋》更有用了。《春秋》文字数万，旨意有数千，万物的聚散之理都在《春秋》中说明了。《春秋》之中，弑君有 36 次，亡国有 52 个，诸侯奔走还是不能保住社稷的不可胜数。考察其中的原因，都是丧失了根本。所以《易》中说'差之毫厘，谬以千里'，因此'臣弑君，子弑父，不是一朝一夕的缘故，是由来已久的'。拥有国家的人不可以不知道《春秋》，不然，在自己的面前有言就听不见，自己背后有贼人就不能觉察。为臣的人不可以不知道《春秋》，不然，坚持大政方针而不知道它如何恰当，遇到事情变化了而不知道对它如何权衡。做君主和父亲的如果不通晓《春秋》的义理，一定会承担首恶的罪名。做臣下和儿子的如果不通晓《春秋》的义理，一定会陷入篡位、弑杀君父的死罪。事实上他们都自以为是在做好事，但是不知道义理，一旦把道理讲出来他们就不敢推卸罪责了。不通礼的意义的大旨，就会坏到君主不像君主，臣下不像臣下，父亲不像父亲，儿子不像儿子的程度。君主不像君主就会被臣下冒犯，臣下不像臣下就会被诛杀，父亲不像父亲就没有原则，儿子不像儿子就会不孝。这四种行为，是天下最大的过错。用天下最大的过错来责备他们，他们是只好接受而不敢反驳的。所以说《春秋》是礼的意义的本原。礼在事情发生之前起阻止作用，法在事情发生之后才施行，所以法的功用显而易见，而礼所起的阻止作用就连那些禁止（败坏行为）的人也难以明白。"

壶遂说："孔子那时，上面没有明君，下面的人得不到任用，所以他作《春秋》，把平铺直叙的文章用礼义作为标准加以批评取舍以垂示后代，当做一统之王的法则。现在先生您上遇圣明的天子，下得以各守其职，万事俱备，都各自遵循与自己身份相称的原则行动，先生所要论述的，想要说明什么呢？"太史公司马迁说："先生说得既对也不对，道理不能这样说。我的父亲说过：'虑戏非常纯厚，作了《易》的八卦。尧舜繁盛，《尚书》里有记载，礼、乐创造出来了。商汤和周武王的兴隆，诗人们吟咏歌唱。《春秋》采录善行贬斥恶行，推崇三代的德行，褒扬周室，不仅仅只有讥刺而已。'汉朝兴起以来，直到如今圣明的天子，获得了符瑞，进行了封禅，改了历法，变了服色，受天命而政清人和，恩泽无边，海外不同风俗、相隔数国的国家都派人来叩击塞门，请求进献珍宝晋见皇上的，不可胜言。臣下百官努力歌颂皇上的德行，还不能完全表达自己的心意。何况贤能的士人，倘若得不到任用，是有国家的人的耻辱；皇上圣明，德行得不到传扬，是官员的过错。并且我职掌史官，倘若废毁了皇上的圣明盛德不记载下来，灭没功臣、贤大夫的建树不加以叙述，毁弃了我父亲的话，就没有比这再大的罪过了。我所做的只不过是叙述以往的事情，整理与它们有关的传世材料，并非是创作，而先生把我写的东西比作《春秋》，那就错了。"

于是司马迁开始写作。10年之后他因为为李陵投降匈奴的事辩护而遭到灾祸，被囚禁起来，就喟然叹息说："这是我的罪过啊！我已经是无用之人了！"他又深思说："《诗经》和《尚书》透露出来的忧愁屈怨，是为实现自己理想呵。"于是，他叙述从陶唐氏以来到汉武帝获麟那年为止的历史；他把黄帝作为历史的开端。全书目录，本纪为《五帝本纪》第一，《夏本纪》第二，《殷本纪》第三，《周本纪》第四，《秦本纪》第五，《始皇本纪》第六，《项羽本纪》第七，《高祖本纪》第八，《吕后本纪》第九，《孝文本纪》第十，《孝景本纪》第十一，《今上本纪》第十二；表的次序是，《三代世表》第一，《十二诸侯年表》第二，《六国年表》第三，《秦楚之际月表》第四，《汉诸侯年表》第五，《高祖功臣年表》第六，《惠景间功臣年表》第七，《建元以来侯者年表》第八，《王子侯者年表》第九，《汉兴以来将相名臣年表》第十。书的次序是：《礼书》第一，《乐书》第二，《律书》第三，《历书》第四，《天官书》第五，《封禅书》第六，《河渠书》第七，《平准书》第八。世家的次序是，《吴太伯世家》第一，《齐太公世家》第二，《鲁周公世家》第三，《燕召公世家》第四，《管蔡世家》第五，《陈杞世家》第六，《卫康叔世家》第七，《宋微子世家》第八，《晋世家》第九，《楚世家》第十，《越世家》第十一，《郑世家》第十二，《赵世家》第十三，《魏世家》第十四，《韩世家》第十五，《田完世家》第十六，《孔子世家》第十七，《陈涉世家》第十八，《外戚世家》第十九，《楚元王世家》第二十，《荆燕王世家》第二十一，《齐悼惠王世家》第二十二，《萧相国世家》第二十三，《曹相国世家》第二十四，《留侯世家》第二十五，《陈丞相世家》第二十六，《绛侯世家》第二十七，《梁孝王世家》第二十八，《五宗世家》第二十九，《三王世家》第三十。列传的次序为，《伯夷列传》第一，《管晏列传》第二，《老子韩非列传》第三，《司马穰苴列传》第四，《孙子吴起列传》第五，《伍子胥列传》第六，《仲尼弟子列传》第七，《商君列传》第八，《苏秦列传》第九，《张仪列传》第十，《樗里甘茂列传》第十一，《穰侯列传》第十二，《白起王翦列传》第十三，《孟子荀卿列传》第十四，《平原虞卿列传》第十五，《孟尝君列传》第十六，《魏公子列传》第十七，《春申君列传》第十八，《范雎蔡泽列传》第十九，《乐毅列传》第二十，《廉颇蔺相如列传》第二十一，《田单列传》第二十二，《鲁仲连列传》第二十三，

《屈原贾生列传》第二十四，《吕不韦列传》第二十五，《刺客列传》第二十六，《李斯列传》第二十七，《蒙恬列传》第二十八，《张耳陈余列传》第二十九，《魏豹彭越传》第三十，《黥布列传》第三十一，《淮阴侯韩信列传》第三十二，《韩王信卢绾列传》第三十三，《田儋列传》第三十四，《樊郦滕灌列传》第三十五，《张丞相仓列传》第三十六，《郦生陆贾列传》第三十七，《傅靳蒯成列传》第三十八，《刘敬叔孙通列传》第三十九，《季布栾布列传》第四十，《袁盎晁错列传》第四十一，《张释之冯唐列传》第四十二，《万石张叔列传》第四十三，《田叔列传》第四十四，《扁鹊仓公列传》第四十五，《吴王濞列传》第四十六，《魏其武安侯列传》第四十七，《韩长孺列传》第四十八，《李将军列传》第四十九，《卫将军骠骑列传》第五十，《平津侯主父列传》第五十一，《匈奴列传》第五十二，《南越列传》第五十三，《闽越列传》第五十四，《朝鲜列传》第五十五，《西南夷列传》第五十六，《司马相如列传》第五十七，《淮南衡山列传》第五十八，《循吏列传》第五十九，《汲郑列传》第六十，《儒林列传》第六十一，《酷吏列传》第六十二，《大宛列传》第六十三，《游侠列传》第六十四，《佞幸列传》第六十五，《滑稽列传》第六十六，《日者列传》第六十七，《龟策列传》第六十八，《货殖列传》第六十九。

汉朝继承了五帝的余绪，承继了被断绝了的三代的事业。周朝的学说衰落了，秦朝抛弃了古文，焚毁了《诗》《书》，因而明堂、石室、金匮的玉版、图书散乱。汉朝兴起之后，萧何整理律令，韩信申明军法，张苍建立章程，叔孙通拟定礼仪，文章学术就文质兼备有所进步，散佚了的《诗》《书》常常接踵出世。自从曹参推荐盖公讲黄老之学，而贾谊、晁错阐明申不害、韩非的理论，公孙弘崇尚儒学而显贵，百年之间，天下的遗文古事都集中在一起。太史公是父子相袭掌理编纂史书的职务，司马谈曾说："呵哟！我的先人曾职掌这事，在唐、虞之世就有名气。到了周朝，又重新典理此事。所以司马氏一族世代以来都主管天官，到了我这一辈，要恭敬地记住这事呵！"于是司马迁网络天下散佚旧事，考察帝王事业兴起的线索，推究它的发端，观察它的结果，审视它的兴盛，追究它的衰落，议论和考证事迹，略述三代，记录秦、汉，上从轩辕黄帝起，下至当代为止，著作了十二本纪，写出了历史的主要线索。有同时的，有异世的，年代有差别不易辨明，就作了十表。礼、乐制度历代有增有减，律、历有改变，关于兵书、山川、鬼神和天与人之间的关系等方面，为了表明其承敝通变的情况，就作了八书。二十八宿环绕北极星，三十辐条共同装在一根轴上，运行无穷，辅弼股肱之臣配合（帝王），忠诚、信义、推行天道以事奉主上，所以作三十世家。伸张正义卓绝不凡、不让自己失去了时机、立功名于天下（的人很多），所以作了七十列传。总共130篇，526500字，名为《太史公书》。其序文大体说，这部书是为了网落遗失补充六艺的；它构成了一家之言，协调了对六经不同的解说，整齐了百家杂乱的意见；这部书的原本藏名山，副本在京都，以等待后来的圣人和君子们观览。这些都是书中的列传第七十、司马迁的《自叙》所说的。现在，《太史以书》）有10篇缺佚了，只剩下目录而没有正文。

司马迁受腐刑之后，担任了中书令，这是个受人尊敬很受皇上宠信的职位。他的朋友益州刺史任安给他写信，用古代贤臣的标准责备他。司马迁回信说：

少卿先生：以前有辱您写信给我，教导我努力慎重地处理各种关系、推贤进士，意义殷勤诚恳，仿佛是怨我不按照老师的教导去做，而让俗人的言语左右了我的志向。我是不敢如此去做的。我虽极其愚钝，也曾经从侧面听说过长者遗风。只是我身残处秽，受着感情的折磨，动辄得咎，想加倍地检点自己，所以精神抑郁而跟谁也不说什么。谚语说："可为作之，令谁听之？"钟子期死后，伯牙终身不再鼓琴，这是为什么？这是因为士为知己者死，女为悦己者容。像我这样一个本质上已有亏缺的人，虽怀着随侯珠、和氏璧一样美好的才能，德行跟许由、伯夷一样，最终也不能得到荣光，只不过足以使人发笑而使自己遭受到玷污而已。

本来很早就应回您的信，不巧遇到我随皇上从东方归来，又被不足道的事情所纠缠，与您相见的时间很短，匆忙之间没有机会得以说明我的意见。现在少卿先生遭受到预想不到的罪罚，这一个月，已经是接近季冬，我又跟从皇上到雍地去，恐怕先生您猝然之间不能与我见面了。如若如此我就终究不得把我的忧愤烦闷向接近我的人抒发，而与我永别者的魂魄将怀着无穷无尽的私恨。请求您允许我陈述我浅陋的看法。我很久没回信给您请您不要埋怨我。

我听说，修身的人是智慧的聚集之所，喜欢施舍的人是仁的开端，收受与给予（恰当）的人是义的，（懂得）耻辱的人是勇敢的基础，立名的人是人的作为的最高追求。士人具备了以上5种德行，然后就可以依于社会，被列入君子之列了。所以就灾祸说没有比追求功利更使人痛心的人，就悲伤说没有比伤了心更使人痛苦了，就行为说没有比侮辱先人的行为更丑恶的人，而就耻辱说没有比受宫刑更大的耻辱了。受了官刑的人，没有什么可相比的，并非一个时代是这样，已经是由来已久的了。昔日卫灵公与雍渠同车，孔子去了陈国；商鞅依靠景监面见（了秦孝公），赵良就感到寒心；赵谈做了骖乘，爰丝满脸不高兴，自古以来都以这样的事为耻辱。有中等才能的人，有事与宦臣相关，就莫不伤心气恼，更何况慷慨之士呢！现在朝廷虽然缺乏人才，怎么可以让刀锯之余的我去推荐天下的豪雄俊杰呢！我依赖承继先人的事业，得以待罪于皇上的辇毂之下，到现在已经20多年了。所以我私下想：对上说来，我不能怀忠效信，得到献奇策、出大力的赞誉，与皇上搞好关系；其次，我又不能拾遗补阙，招贤进能，使岩穴之士得以显露；就朝廷之外说，我不能作为军队的一员，去攻城野战，建立斩将搴旗的功勋；就最低要求说，我也不能累日积劳，取得尊官厚禄，为宗族结交达官贵人。我没做到以上四方面的任何一件；我苟合取容，对各方面都无所贡献，从这里可以看出来。过去，我也曾经置身于下大夫之列，陪着外廷议论些细枝末节的事。不在那时候引进维纲护纪之人，竭尽我的思虑，现在我已亏损了形体为打扫清洁的奴仆，在猥贱的人当中，这时如果想昂首扬眉来论列是非，不是太轻视朝廷、羞辱当今的士人了吗！呵哟！呵哟！你我这样的人，还有什么话可说啊！还有什么话可说啊！

　　而且事情的本末本不容易辨明的。我年少时自负于不羁之才，长大了后没有得到家乡人的称赞，皇上因为我先人的原因照顾我，使我得以凭浅薄的才学，出入于防卫周密的宫廷之中。我认为头上戴着盆是怎么也看不见天的，不可有更大的奢望，所以我断绝了和宾客之间的往来，忘却了家室的生计事业，日日夜夜想竭尽我不成器的才力，一心一意致力于我的职守，以讨得皇上的欢心。但事情有完全违背主观愿望的。我与李陵都在朝廷供职，向来不是朋友，兴趣爱好各不相同，从未有过举杯戏酒殷勤款待的欢聚。但是我观察他的为人，认为他是无可争议的奇士，他事奉长辈遵循孝道，与士人相交以信为本，面对财物表现廉洁，取得与给予都以义为标准，对身份职别表现出谦让，对下人很客气，常常想奋不顾身以赴国家的急难。这些高贵的品德都是他平素间所积累起来的。我认为他有国士之风。为臣的人出生入死不顾自己一生的长远之计，赴公家之难，这已经奇特了。如今有一件事情办得不妥当，那些苟且偷生护妻保子的臣子们紧跟着就牵连生事造谣中伤，我实在是心痛极了！而且李陵率领的步兵不到5000人，深入敌人后方，足迹经过匈奴的王庭，垂饵虎口，往西向强大的胡人挑战，仰对匈奴的亿万之师，与单于连续作战了 10 多天，就李陵军队的人数而言，杀掉的敌人之多已超过了自己的能力。匈奴连救死扶伤都来不及，君长们都震恐了，就全部征集左右贤王属部，征发凡是能骑马射箭的百姓，倾一国之力共同围攻李陵。李陵转战千里，矢尽道绝，又无援救之兵，士卒伤者堆积。但是李陵只要一呼唤已疲劳的军队，战士们无一不然而起，他们弯着身子流着鼻涕，抚着流血的伤口暗自饮泣，拉开没有上箭的弓，顶着雪亮的刀刃，面对北方与敌人死战。李陵还没去世之前，有使者回来报告，汉朝的公卿王侯都捧酒祝贺皇上。几天后，李陵战败的事被奏闻于朝廷，皇上食不甘味，听政时很不高兴。大臣们忧愁恐惧，不知计从何出。我不自量个人卑贱的地位，见皇上惨切悲恸，真心想用我忠实诚恳的愚陋报效皇上。我认为李陵平素间与士大夫相处就同甘共苦，所以能让人为其拼死，即使是古代的名将也超不过他。他虽然陷于失败，但看他的意图，是想得到机会而报效汉朝。事情已到了无可奈何的地步，但他所摧毁战败敌人的事迹，功劳也足以显露于天下了。我心里怀着这个意见想上陈皇上，但没有门路。正逢皇上召问，就根据这个思路推崇李陵的功劳，想以此开阔皇上的思路，堵塞小怨小忿引起的不实之词。我还没完全说明，皇上没很好考虑，就认为我是在攻击贰师将军而为李陵游说，于是就把我下发到司法官审问。我的拳拳忠心，终究不能自陈。因为认定我诬上之罪，最后就让狱吏们去议论量刑。我家贫穷，所有的财产不足以自赎其身，朋友们没有来救援的，左右亲近的人都不为我说一句话。身体不是木石，我独自与法吏为伍，深深地囚禁在监牢之中，向谁去诉说我满腹的心酸呵！这些事都是您少卿先生亲自见到的，我的行为难道不对吗？李陵既然投降，败坏了他家的名声，而我又被推进了蚕食，被天下人看笑话。太可悲了！太可悲了！

事情不容易给俗人说明白。我的先人没有享受剖符丹书的功勋，做掌管文史星历的史官，地位与卜人巫祝相近，只是供主上所戏弄、当着优伶一样养畜罢了，不被社会所重视。如果我就诛，若九牛失去一毛，和蝼蚁有什么区别？而且社会上又不把我的死与为气节而死等量齐观，不过认为是我智穷罪极，不能自免，只好就死罢了。这是为什么？这是平日里自己立志造成的。人固有一死，死有重于泰山，或轻于鸿毛，不同的选择有不同的结果。最好是不辱没先人，其次不辱没自己的身份，其次不辱没义理名分，其次不辱没辞令，其次是屈体受辱，其次换了服装受辱，其次是带枷绳被杖击受辱，其次是剃去毛发打上金印受辱，其次是毁坏肌肤折断肢体受辱，最下等的侮辱是腐刑，这就到了极点了！《传》上说："刑不上大夫。"这话是说士人的气节不可不磨砺，以求得上进。猛虎在深山，百兽震恐，到落入陷阱之中，就只能摇尾乞食，它的威风被欺诈制约了。所以士人们知道，即便是画地为牢也不能入，即使是木头做的狱吏也不能跟他对话，做出这种决定是因为道理太明显了。现在我手足交叉，被绳捆索绑，暴露肌肤，受棒击，被禁锢在环墙之中，这时候，看见狱吏就低头撞地，徒隶出现我就心中恐惧，这是为什么？威风被权势所制约了。到了这个时候，说没有受辱的人，就是所谓的勉强装样子罢了，有什么值得尊敬的呢？而且，西伯，是伯，被拘于牖里；李斯，是相，被施了五刑；淮阴侯韩信，是王，在陈地被桎梏；彭越、张敖南面称孤，或系于狱或获大罪；绛侯诛杀了吕后一党，权倾五霸，结果被囚在关押有罪官吏的牢狱中；魏其，是大将，穿上了赭色的衣服，颈、手、足三处都上了枷锁；季布（这样一个有作为的人）成了朱家的钳奴；灌夫受辱之后只好居住在家里。这些都是身居王侯将相、名声远扬邻国的人，到了犯罪受到法律制裁的时候，不能自杀对自己进行裁决。在茫茫尘世之中，古今都是一样的，怎么能不受侮辱呢！这样看来，勇敢和怯弱，是人所处环境和地位决定的；强与弱，是形势所使然。道理确实是这样的，有什么奇怪的呢！而且人不能及早规范自己的行为，已经落到置身于鞭棰之间时，才想引荐有节操的人，这不是太离谱了吗？古人所以难以对大夫施用刑法，大概就是这个原因吧。就人情说没有不贪生怕死、思念亲戚、眷念妻子儿女的，而被义理所激发的人却不然，他们有不得已（而不畏死、不思念亲戚、不眷念妻子儿女）的时候。我是不幸的，太早地失去了双亲，没有兄弟间的亲爱，独身孤立，少卿先生把我当做您最亲近的人怎么样呢？而且勇敢的人未必都是为殉节而死，怯懦的人钦慕义，就没有什么地方不以义理来激励自己！我虽然怯弱想苟且偷生，也很知道去就的界线，为什么会陷入囹狱囚禁的耻辱之中不能自拔呢？而且即是奴婢侍妾也能引咎自裁，何况像我处于这种不得已境地的人呢！我所以隐忍苟活，被淹埋在粪土之中而不辞，是因为怀恨自己的心愿有没有实现，鄙视被世事所淹没而我的文采不能传扬给后人。

　　古代显贵之人被忘记的，不可胜记，只有倜傥非常之人得以显身扬名。大概说来，西伯被拘之后而演绎了《周易》；仲尼受厄而作《春秋》；屈原被放逐，就赋了《离骚》；左丘失明，就写了《国语》；孙子的脚受了膑刑，就写了《兵法》；吕不韦被放逐到蜀，世间就流传了《吕览》；韩非被秦国所囚，就作了《说难》《孤愤》。《诗经》的300篇，大约都是圣贤的发愤之作。以上这些都是因为人的思想有郁结之处，弄不通其中的道理，所以叙述往事，思考未来。像左丘明眼睛看不见，孙子被断了脚，终究得不到任用，只好引退写文作书以抒发自己的悲愤，想留下文章以自表其志。我私下里很不恭敬，近来以没有才气的文辞自托，网罗天下的佚闻旧事，考证事实，探寻成败兴坏的道理，总共 130 篇，也想以此研究天人之间的关系，通晓古今的变化，形成自己的一家之言。草创未就，恰好遭遇了这场灾祸，可惜它还没有完成，所以我毫无愠色地接受了极刑。我将此书写完之后，要把它藏之名山，留传给能在通邑大都扬播的人，那么我就补偿了受辱所遭到的责难，虽被戮杀一万次，难道还会后悔吗？但是这些话只可以跟有理智的人道，难以给俗人言。

况且背负侮辱的人不容易安居，地位低微的人遭到的诽谤最多。我因为说话不慎而遭遇到宫刑之祸，再一次受到乡党的讥笑和指责，辱了先人，还有什么脸面再到父母的坟墓上去呢？虽然是百代以后，我所造成的污垢只会越积越厚的！所以，我肠一日而九回，在家里坐着就感到飘飘浮浮若有所失，出门则不知道自己到什么地方去。一想到自己的这一耻辱，汗就没有不从背上往外冒浸湿衣服的。身虽为皇上内廷之臣，还不如自己引退深藏到山岩洞穴当中去呵！所以姑且随俗浮沉，与时俯仰，以此来疏通我的大惑不解。现有少卿先生教导我要推贤进士，不是和我个人的愿望相违么？现在我虽然想雕琢自饰，用美妙的言辞自我解嘲，也是没有益处的，社会上不会相信我的辩解，只不过取得羞辱罢了。总之到我死那天，是非才能明确。书不尽意，所以只是大略地陈述我浅陋的看法。

司马迁死后，他写的《太史公书》才有一些部分流传出来。汉宣帝时，司马迁的外孙平通侯杨恽师法、陈述《太史公书》，于是此书才全部公布于世。到王莽的时候，访求司马迁的后人，封他为"史通子"。

《后汉书》

《后汉书》概论

《后汉书》是继《汉书》之后，我国古代第二部纪传体的断代史书，共120卷，包括本纪十卷，列传八十卷，志三十卷，主要记述东汉建武元（公元25年）至献帝建安二十四年（220年）196年的历史，在我国史学史上占有重要的地位。

一

《后汉书》作者为范晔。范晔，字蔚宗，小字砖，出身仕宦之家，多才多艺。范晔的仕途是随着父亲范泰投效刘裕开始的。晋义熙十四年（418年），刘裕还彭城，受命相国宋公，范晔任为相国掾，不久，又投刘裕第四子义康幕府。刘裕代晋后，封义康为彭城王，进号右将军。范晔先在义康部下任冠军参军，又随转任右军参军，历时4年左右，入朝补尚书外兵郎。宋文帝即位，父亲范泰解国子祭酒职，致仕，乘轻舟游东阳，不问朝事。两年后，文帝杀徐羡之等，朝政稳定，范泰再度入朝做官，因他是刘裕的旧臣，文帝倍加优待礼遇。考虑范晔有脚疾，文帝特地准许他乘舆宴见。此时，刘义康改任荆州刺史。范晔再度投为义康部下，任荆州别驾从事史，受到刘义康的厚遇。不久，范晔被朝廷召为秘书丞。范晔31岁时，父亲去世，范晔以丁忧去职。两年后，复官，到征南大将军檀道济手下任司马，领新蔡（治今河南新蔡）太守。檀道济是战功卓著的北府名将。元嘉七年（430年），北魏军逼近滑台（今河南滑县），文帝加道济为都督征讨诸军事，率众北伐。范晔刚刚过了两年居忧的闲散生活，很难立即适应征战之苦，听到北伐之令下，声称患有脚疾不便行军，文帝不许，但照顾他乘船负责由水路运送队伍和军械。北伐军回师后，范晔调任彭城王义康手下为司徒从事中郎。这时的义康已入朝为司徒，录尚书事，又领平北将军，南徐州刺史，与王弘共辅朝政。义康是皇族，所以王弘凡事推辞，形成义康一人专揽朝政之势。范晔这次回义康手下任职已是第三次，相互间的关系自然又增进了一层。不久，范晔升任尚书吏部郎。元嘉九年（432年），受其父范泰"好酒，不拘小节"的影响，而又远不如范泰练达的范晔，闯下一场大祸：这年冬天夜晚酣饮，醉后开北窗听义康之母下葬之前的挽歌为乐，事情被义康知道，大怒，贬范晔为宣城太守（今安徽宣城）。这件意外的灾祸，便成为范晔一生事业的转折。在宣城太守任上，他郁郁寡欢，乃转而从事自己所热爱的历史研究。

范晔纵观历代诸家所写的东汉史书，总觉得不够满意，或剪裁不当，或疏误甚众，或干涩乏味，或体例不周，因而他决心发愤撰写，著述一部具有独特风格、超过前人的东汉史。时年35岁的他，开始了《后汉书》的撰写。

约在元嘉十七年（439年）时，范晔调任始兴王刘浚（宋文帝第二子）部下为后军长史，领下邳（今江苏睢宁西北）太守。范晔由后军长史升任左卫将军，与右卫将军沈演之同掌禁军，参与机要。元嘉二十一年（444年）范晔任太子詹事。次年，他被人告发说参加了孔熙先等人谋立刘义康为帝事，以谋反罪被处死，时年48岁。他死后，《后汉书》"志"尚未完成。今本《后汉书》的十志，是南朝梁刘昭在为范书作注时，因范晔生前曾赞扬过晋人司马彪的《续汉书》，遂将其中的八志，分为三十卷，加以注释增补，附入范书之中。起初两书各自单行，至北宋真宗乾兴元年（1022），判国子监孙奭奏请把两书校勘合刻，至此两书始合为一书。

二

范晔所生活的时代，距后汉的灭亡已有200余年，他编写《后汉书》的主要史料来源为前人的著述。关于东汉一代的历史，在《后汉书》之前，已经有不少人撰写，范晔以《东观汉记》为基础，博采众书，斟酌去取，自订体例，写成《后汉书》。《后汉书》是一部具有独特风格的一家之作，立意超过以往记后汉历史的诸家之作。

在体例方面，范晔比较了纪传体和编年体——即他所称《春秋》的长短，指出了《春秋》的短处，这在当时是很大胆的。比较的结果，他拟以班固《汉书》为范本。范晔对全书事前有周密的安排，原计划是十纪、十志、八十列传，合为 100 篇以与班固的《汉书》相应。但范晔只完成了十纪，八十列传，十志则托付给谢俨撰作，将要完成时，遇范晔被杀，文稿皆散佚。范书的本纪、列传虽承袭了《史记》《汉书》体例，但是也有他的创新。范晔这一改变是有他的根据和用意的。因为，东汉自和帝以后，当皇帝的都是 10 岁左右的小孩，稚子无知，政权往往掌握在太后和外戚手中，太后临朝听政习以为常，所以将皇后列入本纪，是反映了东汉时期这一历史特点的。刘知几对此颇不以为然，认为皇后只应称传而不能称纪。其实《皇后纪》始自华峤《后汉书》，范晔只是根据史实要求，采用华峤的体例而已，这正符合史家变通之旨，是无可厚非的。

在本纪中，范晔继承和发挥了司马迁的附记方式。范晔也将在位短暂，史事不多，独为一卷内容太少的皇帝，与前任皇帝合为一卷。例如殇帝刘隆，即位时还在襁褓之中，在位仅 8 个月，无事迹可记，遂附于《和帝纪》卷中。另将年幼、在位时间不长的冲帝、质帝与顺帝合为一卷。

《列传》是《后汉书》的主要组成部分。《后汉书》列传目录有名有姓的达 500 余人，超过《史记》《汉书》的数目。这样，对如何剪裁安排这些史料，使其简明而又周密，脉络清晰而又不遗漏重要史实，范晔也有创新。从全书来看，对一些无关大局的人物，即便是身居高位的王侯卿相，也不单独立传，只散见各纪、传。相反，对地位虽不高，但于社会历史有一定影响的人物，则单独立传。由此，可见对各个传记人物，范晔是经过刻意斟酌、悉心核定的。

人物传记大多以类相从，即将人物才学、品德、事迹相同或类似者，共列为一卷。如邓禹、寇恂都不仕王莽、更始，而投奔刘秀，共为一卷；将割据称帝王的王郎、刘永等 8 人合为一卷；郭泰、符融、许昭以清高有人伦之鉴、知名当世而合为一传等。范晔《列传》中也多用附记方法记载同类人物，有的人虽记载不多，但多叙其姓氏籍贯，如《来歙传》记述了共同谏废太子的郑安世等 17 人履历。范晔除继承原有的儒林、酷吏、循吏等类传外，还新创了《党锢》《宦者》《文苑》《独行》《方术》《逸民》《列女》7 个类传，充分反映了东汉历史的变化和特点。而《列女传》，是纪传体史书中的创举。它把社会上有才学和品德修养好的妇女，列入史册，用专传记载下来，这的确很有意义。范晔为妇女立专传，在很大程度上是突破了封建思想的束缚的，弃富安贫的鲍宣妻、事婆母至孝的姜诗妻、女史家班昭、孝女曹娥、女文学家蔡文姬等的事迹，就是因为《列女传》

而保存下来。范晔将蔡文姬收入《列女传》，多为后来的封建文人所讥诮，认为蔡文姬几次改嫁，是不应当列入的。蔡文姬先嫁卫仲道，后没于匈奴而归左贤王，为曹操赎回以后，再嫁给董祀为妻。殊不知范晔设立这个类传，不是专为表彰节烈，而提出要"搜次才行尤高秀者，不必为专一操而已"。

《后汉书》还为少数民族立了 6 个列传，即东夷、南蛮西南夷、西羌、西域、南匈奴、乌桓鲜卑，不仅包括了当时的各个主要民族，还记载了四周与东汉王朝关系密切的国家，保存了少数民族和中外关系的大量史料。

范氏《后汉书》的特点之一是在每篇纪或传之后著以评论，有的传前撰有小序，各篇之后均缀之以赞。"序"为立传的宗旨和类传之纲。《后汉书》中皇后和孝子、处士、党锢、循吏、酷吏、宦者、儒林、独行、方术、逸民、列女、东夷、西羌、西域诸传均作序，共 15 篇。序作为一种史书体例，是由司马迁首先采用的。范晔沿袭这一体例，有其独到之处。大体说来，《后汉书》序的用意有三：一是概述事物的渊源流变。二是指出了立类的标准。三是说明序论的依据。范晔的理论依据主要是儒家经典，尤其是孔子语录。

"论"大多是借古喻今，评论时政和人物的得失，为正史纪传所必备的体例。《后汉书》有论 120 篇，凡 15800 余言。这是范晔史论的主要部分。范晔自认为全书最精彩的部分是列传的序论。如《党锢》《宦者》的论都是著名的史论文章，不仅内容上有其独到的见解，而且文笔豪放畅达，气势磅礴。在运用儒家道德，评论历史人物的是非时，范晔是鼓吹仁义、崇尚忠信、表彰气节的。范晔作论，是有论则发，无论则缺，不求勉强发论，像孝子、循吏、文苑、独行、列女五传没有论。而每卷论作几篇，则视具体情况而定。如《皇后纪》和邓寇、桓丁两传各有三篇论，《隗嚣公孙述传》以下二十卷各有论两篇，其余六十二卷各有论一篇，这就使论在运用上较为灵活。

"赞"是对该人物的评价。魏晋以前修史，本不作"赞"。而"赞"作为纪传体史书的一种体例，是由范晔首创的。《后汉书》赞共 90 篇，3264 字。范晔修赞，沿用《春秋》笔法，一字一句皆作褒贬，或直言，或隐喻，字里行间反映出范晔对历史人物、事件的一些具体看法。在"赞"中，范晔都很注意揭示每个人物的性格特征。如赞梁商父子，则说："商恨善柔，冀遂贪乱。"像这样的赞语，在《后汉书》中所占比重很大。《后汉书》的"赞"这种体例一经创立，便得到一些史家的推崇和采用。萧子显、李百药撰《南齐书》《北齐书》，唐修《晋书》，都采用了这一体例。

范晔史学思想的基本内容，就是通过上述三种史论形式反映出来的。总而言之，在历史观方面，他既认为"天""命"对社会的变革起决定作用，也承认英雄人物对历史的进程有重大影响，不过所谓"天""命"指的是历史所趋、民心所向的社会政治形势。在政治方面，他向往"仁政"，反对暴政，在道德观方面，他作为封建传统道德的拥护者，尽管有个别超脱之处，但终究还在宣扬"仁""德""孝悌""忠贞""信义"那套儒家行为规范，并把它作为评价历史人物的重要理论根据。在人物评价方面，他能够遵循历史事实，对每一类或每一个传记人物，进行具体的分析，指出其社会地位和作用，这同其他封建史家相比较，可以称得上"立论持平，褒贬允当"。

范晔在《后汉书》中，还将东汉时代有较高价值的文学、政治、经济方面的文章整篇的或摘要载于有关人的传中。如崔寔的《政论》、桓谭的《陈时政疏》、王符的《潜夫论》中的5篇、仲长统《昌言》之《理乱》《损益》及班固的《两都赋》、张衡的《二京赋》《四愁诗》等，均载入本人传内。另外，《后汉书》保留了不少先秦史料。《后汉书》虽为断代史，但范晔在许多列传的序、论、赞中，往往打破体裁限制和朝代束缚，征引了不少先秦史料。如《竹书纪年》为晋代发现的战国时魏国的史书，其中记事多与《史记》及儒家所传的六艺不同，所以当时不受重视，很少有人引用。范晔在《东夷》《西羌》等列传的序论中，大量征引《竹书纪年》这部已失传的先秦古籍上的有关资料。

大量收集歌谣也是《后汉书》的一大特点。《后汉书》采用的歌谣，涉及面很广，大多是反映当时社会问题的。

《后汉书》的文学成就也非常高。范晔在狱中自知将不久于世的时候，给他的诸甥侄写了一封信，表达了他对于已有的各史书和他所著的《后汉书》的看法，特别着重在文学方面，这封信被后人看成为《后汉书》的自序。他说："文患其事尽于形，情急于藻，义牵其旨，韵移其意。"又说："情志所托，故当以意为主，以文传意，则其旨必见；以文传意，则其词不流。然后抽其芬芳，振其金石耳。"从文学方面看，《后汉书》是达到了这个要求的。所以他说："吾杂传论皆有精意深旨，既有裁味，故约其词句。至于《循吏》以下及六夷诸序论，笔势纵放，实天下之奇作。"

对于范晔的《后汉书》，历代有许多评论，其中绝大多数是给以肯定的评价。梁刘昭说："范晔《后汉》，良跨众氏，"认为范书超过前人。唐朝刘知己说："范晔之删《后汉》也，简而且周，疏而不漏，盖云备矣。"又说："观其所取，颇有奇功。"刘知己作为史评家，对诸史多所挑剔，对范书来说这是很高的评价了。清代学者王鸣盛，更是对范晔及其《后汉书》倍加推崇。的确，《后汉书》结构谨严，内容丰富，文辞优美、流畅，叙事简洁，笔势纵放，时有新意，故此书一出，大家争相传诵，除了袁宏《后汉书》外，在他之前各家后汉书便逐渐销声匿迹，至于亡佚。其后梁萧子显复著《后汉书》100卷、王韶作《后汉林》200卷亦皆未能传世。这个事实足以证明，范晔的《后汉书》必有其过人之处，有其存在的价值。在今天，它已成为我们研究东汉历史最重要的一部史书。

《后汉书》虽有诸多的优点和长处，但不可避免也存在不少缺点和错误，主要有如下三点：

第一，史实有遗漏和错误。《许慎传》仅有3行80字，记事过简不全。第二，《后汉书》指导思想的另一消极方面，是在类传中有宣扬封建道德和迷信荒诞的内容。《列女传》中记班昭作《女诫》7篇，宣扬妇女要遵从三从四德；曹娥、叔先雄两人的父亲都是坠江溺死，她们也投水自杀，是宣传"孝"，荀采的丈夫死，父要她改嫁，她不从，自缢死，这是宣扬"一女不嫁二夫"的封建"贞节"观念。在《方术传》中范晔记述了大量荒诞的鬼神迷信之事，反映了作者的唯心主义思想。第三，黄巾起义领袖无传。而范晔对东汉末年黄巾起义这个重大历史事件，竟不立专传记载，仅在灵帝纪及皇甫嵩等传中有零星记述，开了不为农民起义领袖立传的恶例。

总而言之，《后汉书》虽然在指导思想上和文字上都有一些不足之处，但作为一部纪传体断代史，是远远超过同类其他著作的，是继《史记》《汉书》及《三国志》问世之后的又一杰出的史学著作。

政　略

贤德马皇后

　　建初元年，（帝）欲封爵诸舅，太后不听。明年夏，大旱，言事者以为不封外戚之故，有司因此上奏，宜依旧典。太后诏曰："凡言事者皆欲媚朕以要①福耳。昔王氏五侯同日俱封②，其时黄雾四塞，不闻澍雨之应。又田蚡、窦婴③，宠贵横恣，倾覆之祸，为世所传。故先帝防慎舅氏，不令在枢机之位④。诸子之封，裁令半楚、淮阳诸国，常谓'我子不当与先帝子等'。今有司奈何欲以马氏比阴氏⑤乎！吾为天下母，而身服大练⑥，食不求甘，左右但著帛布，无香薰之饰者，欲身率下也。以为外亲见之，当伤心自敕，但笑言太后素好俭。前过濯龙门上，见外家问起居者，车如流水，马如游龙，仓头衣绿褠⑦，领袖正白，顾视御者，不及远矣。故不加谴怒，但绝岁用而已，冀以默愧其心，而犹懈怠，无忧国忘家之虑。知臣莫若君，况亲属乎？吾岂可上负先帝之旨，下亏先人之德，重袭西京败亡之祸哉"固不许。

　　帝省诏悲叹，复重请曰："汉兴，舅氏之封侯，犹皇子之为王也。太后诚存谦虚，奈何令臣独不加恩三舅乎？且卫尉⑧年尊，两校尉⑨有大病，如令不讳⑩，使臣长抱刻骨之恨⑪。宜及吉时，不可稽留。"

　　太后报曰："吾反复念之，思令两善。岂徒欲获谦谦之名，而使帝受不外施之嫌哉！昔窦太后欲封王皇后之兄⑫，丞相条侯⑬言受高祖约，无军功，非刘氏不侯。今马氏无功于国，岂得与阴、郭中兴之后等邪？常观富贵之家，禄位重叠，犹再实之木，其根必伤。且人所以愿封侯者，欲上奉祭祀，下求温饱耳。今祭祀则受四方之珍，衣食则蒙御府余资，斯岂不足，而必当得一县乎？吾计之孰^⑭矣，勿有疑也。夫至孝之行，安亲为上。今数遭变异，谷价数倍，忧惶昼夜，不安坐卧，而欲先营外封，违慈母之拳拳^⑮乎！吾素刚急，有胸中气，不可不顺也。若阴阳调和，边境清静，然后行子之志。吾但当含饴弄孙，不能复关政矣。"

……

四年，天下丰稔，方垂无事，帝遂封三舅廖、防、光为列侯。并辞让，愿就关内侯。太后闻之，曰："圣人设教，各有其方，知人情性莫能齐也。吾少壮时，但慕竹帛，志不顾命。今虽已老，而复'戒之在得'^⑯，故日夜惕厉^⑰，思自降损。居不求安，食不念饱。冀乘此道，不负先帝。所以化导兄弟，共同斯志，欲令瞑目之日，无所复恨。何意老志复不从哉？万年之日长恨矣！"廖等不得已，受封爵而退位归第焉。

（《后汉书》卷十上，皇后纪）

【注释】

①要（yāo）：通"邀"。求取；希望得到。

②"昔王氏"句：西汉成帝封太后弟王谭、王商、王立、王根、王逢时等，同时为关内侯。

③田蚡、窦婴：田蚡，西汉景帝王皇后之弟，任丞相，被封为武安侯。骄横跋扈。死后，汉武帝曾说："如果田蚡在世，我就要把他的家族灭了。"窦婴，汉文帝窦皇后堂兄之子。任丞相，被封为魏其侯，后因罪被杀。

④"故先帝"句：先帝，汉明帝。枢机之位，重要的官位。

⑤阴氏：光武帝皇后阴丽华。

⑥大练：厚而白的帛。

⑦褠：同"韝"，臂套。即今俗称之"袖套"。

⑧卫尉：马皇后之兄马廖，时任卫尉。

⑨校尉：马皇后之兄马防、马光，时任校尉。

⑩不讳：不幸去世。

⑪恨：遗憾。

⑫"昔窦太后"句：窦太后，汉文帝皇后。王皇后，汉景帝皇后。

⑬条侯：即周亚夫。被封为条侯，故名。

⑭孰：通"熟"，仔细、周详。

⑮拳拳：眷爱之情。

⑯戒之在得：《论语·季氏》："及其老矣，血气既衰，戒之在得。"得，贪得。

⑰惕厉：惕，惧。厉，危险。

【译文】

建初元年（公元76年），章帝想分封几位舅舅，马太后不允许。第二年夏天，大旱，分析这件灾事的人认为是由于不封外戚的缘故，因此上书奏请，应依汉制旧典，对外戚封侯。马太后诏令说："凡是讲到旱灾应对外戚封侯的，都是想讨好于我以求获得福禄。从前成帝时，同时封王太后5位弟弟为5个关内侯，那时黄雾充塞于四方，却不见及时雨下降。田蚡、窦婴封侯后受宠显贵，骄横任性，而遭倾覆破灭的祸患，是世人皆知而口头传述的。所以先帝（明帝）在世时，谨慎地不让外戚担任朝廷重要官职。诸皇子的封邑，只准有楚、淮阳诸国封地的一半，常说'我子不当与先帝子等同'。现在管事的人为何以我马氏比阴氏呢？我身为国母，穿普普通通的白缯，饮食不求甘美，左右的人只穿帛布衣裳，没有胭脂水粉薰香之类的修饰，是为了以身作则为天下的表率。认为外亲见之，当扪心自省，自我约束。没想到他们只笑说太后素来爱好俭朴。前些天经过濯龙门上，见外戚家来请安的人，车如流水，马如游龙，奴仆戴着绿色的袖套，衣领衣袖纯一雪白，而看看为我驾车的，比他们就相差很远了。我没有发怒加以谴责，只断绝供给他们的用费，希望他们有所惭愧，但他们还是懈怠，不知忧国忘家。了解臣下的莫过于君王，更何况是亲属呢？我难道可以上而有负先帝的旨意，下而亏损先人的德行，重蹈西京时外戚遭到诛戮败亡的惨祸吗？"坚决不让章帝给诸舅封爵。

章帝读了太后诏令悲戚感叹，又再次请求太后说："汉室兴，舅氏封侯，犹如皇子封王。太后有谦虚的美德，怎能让我独不加恩于3个舅父呢？况且卫尉马廖舅舅年岁很大，两校尉马防、马光舅舅大病在身，如果一旦不幸去世，将使我长抱刻骨的遗憾！应趁吉日良辰，封侯舅氏，不可稽延耽搁。"

太后回答说："我反复考虑，想做到两方面都好。我难道想获谦让的美名，而使帝遭受不施舅父恩宠的嫌疑吗？从前，窦太后想封景帝王皇后兄王信，丞相条侯周亚夫说受高祖的约定，无军功，不是刘氏子不封侯。今我马氏无功于国，怎能与阴氏、郭氏中兴时期皇后等同呢？我常常看到富贵之家，禄位重叠，好像结第二次果子的树木，负荷太重，它的根必定受到伤害。而且人们之所以希望封侯，是想能有丰厚的物质祭祀祖先，能过上温饱的生活。现在我马家的祭祀享受四方的珍馐，衣食则蒙朝廷俸禄而有余裕，这难道还不够，而必须封侯得一食邑吗？我通过再三考虑，没有半点疑惑了。最好的孝行，安亲为上，现在连遭几次变异，谷价涨了几倍，我日夜忧愁惶恐，坐卧不安，而你却要先对外戚封侯，违背慈母的眷爱之情！我素来刚烈急躁，胸中有气，是不可不顺的呀！如果以后阴阳协调，边境安宁，再执行你的计划，我就只含饴弄孙，不会再关心朝政了。"

……

建初四年（公元79年），天下丰收，边陲无事，章帝于是封3个舅舅马廖、马防、马光为列侯。他们都辞让，愿意就封关内侯。马太后听后，说："圣人设置教化，不同对象采取不同的方式，深知人们的情趣性灵是不能一致的。我在年轻的时候，只羡慕古人留名竹帛书籍，千载流芳，而不考虑命之长短。现在年纪虽然大了，而仍然告诫自己不要贪婪，所以日夜警惕危殆，总想自我压抑减损。居不求太安逸，食不求太美好。希望按照这种方式生活下去，而不辜负先帝的期望。也用以启发引导各兄弟，共同抱定这个志向，想在瞑目的时候，没有什么遗憾。现在你们偏偏愿受封爵，万不料我的夙愿还是得不到你们的顺从，不能实现啊！我只有永远含恨于九泉了！"马廖等没有办法，接受封爵后马上退位，闲居于家，不问政事。

刘盆子称帝

初，赤眉过式①，掠盆子及二兄恭、茂，皆在军中。恭少习《尚书》，略通大义。及随崇②等降更始③，即封为式侯。以明经数言事，拜侍中，从更始在长安。盆子与茂留军中，属右校卒史刘侠卿，主刍牧牛，号曰牛吏。及崇等欲立帝，求军中景王后者，得七十余人，唯盆子与茂及前西安侯刘孝最为近属。崇等议曰："闻古天子将兵称上将军。"乃书札为符曰"上将军"，又以两空札置笥中，遂于郑北设坛场，祠城阳景王。诸三老、从事皆大会陛下④，列盆子等三人居中立，以年次探札。盆子最幼，后探得符，诸将乃皆称臣拜。盆子时年十五，被发徒跣，敝衣赭汗，见众拜，恐畏欲啼。茂谓曰："善藏符。"盆子即啮折弃之，复还依侠卿。侠卿为制绛单衣、半头赤帻、直綦履，乘轩车大马，赤屏泥，绛襜络，而犹从牧儿遨。

崇虽起勇力而为众所宗，然不知书数。徐宣故县狱吏，能通《易经》。遂共推宣为丞相，崇御史大夫，逢安左大司马，谢禄右大司马，自杨音以下皆为列卿。

军及高陵，与更始叛将张卬等连和，遂攻东都门，入长安城，更始来降。

盆子居长乐宫，诸将日会论功，争言讙⑤呼，拔剑击柱，不能相一。三辅郡县营长遣使贡献，兵士辄剽夺之。又数虏暴吏民，百姓保壁，由是皆复固守。至腊日，崇等乃设乐大会，盆子坐正殿，中黄门持兵在后，公卿皆列坐殿上。酒未行，其中一人出刀笔⑥书谒欲贺，其余不知书者起往请之，各各屯聚，更相背向。大司农杨音按剑骂曰："诸卿皆老佣也！今日设君臣之礼，反更殽乱，儿戏尚不如此，皆可格杀！"更相辩斗，而兵众遂各踰宫斩关，入掠酒肉，互相杀伤。卫尉诸葛穉闻之，勒兵入，格杀百余人，乃定。盆子惶恐，日夜啼泣，独与中黄门共卧起，唯得上观阁而不闻外事。

（《后汉书》卷四十一，刘盆子传）

【注释】

①赤眉过式：赤眉，西汉末以樊崇等为首的农民起义军。因用赤色涂眉作为标志，故名。式，式县。

②崇：赤眉起义军领袖樊崇。后投降光武帝刘秀，不久被杀。

③更始：刘玄称帝的年号，代指刘玄。

④"诸三老"句：三老，为赤眉军最高首领的称号；从事，是仅次于三老的将领。

⑤讙（huān）：通"欢"。

⑥刀笔：古代书写工具。古时书写于竹简，有误则削去重写。

【译文】

当初，赤眉军经过式县，掳掠了刘盆子及他的两个哥哥刘恭、刘茂，都留在军中。刘恭年轻时读过《尚书》，稍懂书中的一些大义。后来随樊崇等投降了刘玄，即被封为式侯。因通晓经书多次上书言事，拜为侍中，从刘玄在长安。刘盆子与刘茂留在赤眉军中，归属于右校卒史刘侠卿，负责割草喂牛的工作，号称"牛吏"。后来樊崇等想立皇帝，查找在军中的城阳景王刘章的后裔，共得 70 多人，只有刘盆子与刘茂以及前西安侯刘孝最为近属。樊崇等商议说："听说古代天子带兵称上将军。"于是就用木片写上"上将军"的符记，又把两个同样大小的空白木片与之一道放置筐中，在郑北设了一个坛场，祭祀城阳景王。赤眉军的重要将领都大会于台阶之下，让刘盆子、刘茂、刘孝 3 人站在正中，按年龄大小依次去摸取木片。刘盆子最年轻，最后一个去摸，刚好摸得"上将军"木片，诸将于是都向刘盆子称臣拜贺。刘盆子这时年仅 15 岁，披着头发，光着脚，穿着破衣，脸红流汗，看到大家向他跪拜，吓得要哭。刘茂对他说："把木片藏好。"刘盆子却把木片咬断丢掉，又回到刘侠卿身边。刘侠卿就给刘盆子制做了大红色的单衣，空顶的红帽帻，直线花纹的鞋子，让他乘坐高车大马，车轼前边是赤色的屏泥，车身围着红色帷屏，但刘盆子还是和牧牛伢儿在一起玩。

樊崇虽然由于勇敢有力而为大众所尊敬推为首领，但没有文化，不知术数。徐宣以前是县衙的狱吏，懂得《易经》。于是大家共推徐宣为丞相，樊崇为御史大夫，逄安为左大司马，谢禄为右大司马，自杨音以下都为列卿。

大军到达高陵，与刘玄叛将张卬等联合，于是攻东都门，进入长安城，刘玄投降。

刘盆子住在长乐宫，诸将每天集会议论谁的功劳大，争吵呼叫，拔剑击柱，不能取得一致。京城附近郡县营长派使者来呈献贡品，兵士动辄抢夺走了。又多次掳掠暴虐官吏百姓，百姓从此保壁坚守。到了腊祭的那天，樊崇等设乐举行大会，刘盆子坐在正殿，中黄门带兵站在后面，公卿都列坐于殿上，酒还没有开饮，其中一人拿着刀笔写了名帖准备庆贺，其余不会写字的人都站起来请人代写，一堆一堆地聚集在一起，互相背靠着背。大司农杨音按剑骂道："各位公卿都是老佣人！今天设君臣之礼，反而更加混乱，儿童游戏也不会乱成这样，都该击杀！"互相争吵打斗，而兵士们也各翻越宫墙砍断城门闩卡，闯进宫殿抢夺酒肉，互相杀伤。卫尉诸葛稚听到消息，立即带兵而入，击杀百余人，才安定下来。刘盆子惊惶恐惧，日夜啼哭，与中黄门同起同卧，只是上观阁而不管外面的事。

桥玄惩恶

桥玄字公祖，梁国睢阳^①人也。七世祖仁，从同郡戴德学，著《礼记章句》四十九篇，号曰"桥君学"。成帝时为大鸿胪^②。祖父基，广陵太守。父肃，东莱太守。

玄少为县功曹。时豫州刺史周景行部到梁国，玄谒景，因伏地言陈相羊昌罪恶，乞为部陈从事^③，穷案其奸。景壮玄意，署而遣之。玄到，悉收昌宾客，具考臧罪。昌素为大将军梁冀所厚，冀为驰檄救之。景承旨召玄，玄还檄不发，案之益急。昌坐槛车征，玄由是著名。

举孝廉，补洛阳左尉。时梁不疑^④为河南尹，玄以公事当诣府受对，耻为所辱，弃官还乡里。后四迁为齐相，坐事为城旦^⑤。刑竟，征，再迁上谷太守，又为汉阳太守。时上邽令皇甫祯有臧罪，玄收考髡笞，死于冀市，一境皆震。郡人上邽姜岐，守道隐居，名闻西州^⑥。玄召以为吏，称疾不就。玄怒，敕督邮尹益逼致之，曰："岐若不至，趣^⑦嫁其母。"益固争不能得，遽晓譬岐。岐坚卧不起。郡内士大夫亦竞往谏，玄乃止。时颇以为讥。后谢病免，复公车征为司徒长史，拜将作大匠。

……

灵帝初，征入为河南尹，转少府、大鸿胪。建宁三年，迁司空，转司徒。素与南阳太守陈球有隙，及在公位，而荐球为廷尉。玄以国家方弱，自度力无所用，乃称疾上疏，引众灾以自劾。遂策罢。岁余，拜尚书令。时太中大夫盖升与帝有旧恩，前为南阳太守，臧数亿以上。玄奏免升禁锢，没入财贿。帝不从，而迁升侍中。玄托病免，拜光禄大夫。光和元年。迁太尉。数月，复以疾罢，拜太中大夫，就医里舍。

玄少子十岁，独游门次，卒有三人持杖劫执之，入舍登楼，就玄求货，玄不与。有顷，司隶校尉阳球率河南尹、洛阳令围守玄家。球等恐并杀其子，未欲迫之。玄瞋目呼曰："奸人无状，玄岂以一子之命而纵国贼乎！"促令兵进。于是攻之，玄子亦死。玄乃诣阙谢罪，乞下天下："凡有劫质，皆并杀之，不得赎以财宝，开张奸路。"诏书下其章。初自安帝以后，法禁稍弛，京师劫质，不避豪贵，自是遂绝。

玄以光和六年卒，时年七十五。玄性刚急无大体。然谦俭下士，子弟亲宗无在大官者。及卒，家无居业，丧无所殡，当时称之。

（《后汉书》卷五十一，桥玄）

【注释】

①梁国睢阳：梁国，汉封国，故治在今河南商丘市南。睢阳，梁国都城。故城在今河南商丘市南。

②大鸿胪：朝廷掌管礼仪的官名。

③部陈从事：部，总领。从事，属官的统称。

④梁不疑：梁冀的弟弟。

⑤城旦：刑罚名。一种筑城4年的劳役。

⑥西州：汉时泛指凉州为西州，相当于今甘肃中部和西北部一带。

⑦趣（cù）：通"促"。赶快，急促。

【译文】

桥玄字公祖，梁国睢阳人。七世祖桥仁，跟同郡人戴德学习，著《礼记章句》49篇，号称"桥君学"。成帝时做了大鸿胪。祖父桥基，做过广陵太守。父亲桥肃，做过东莱的太守。

桥玄年轻时做过县功曹。当时豫州刺史周景巡行所属部域，考核政绩，到了梁国，桥玄谒见周景，伏地陈述陈相羊昌的罪恶，请求做总领陈国从事的官，彻底查究羊昌的罪行。周景钦佩他的意志，就任命他担任此职并派遣他去。桥玄到达陈国后，全部抓捕羊昌的宾客，具体拷问贪污罪行。羊昌向来为大将军梁冀所推重，梁冀急发檄文，派人赶赴陈国救羊昌。周景秉承梁冀意旨召桥玄，桥玄退还檄文不动，拷问更急。羊昌坐槛车应召，桥玄从此出了名。

桥玄被举为孝廉，补洛阳左尉。这时梁不疑任河南尹，桥玄因公事当到府里受对，不想受梁氏的耻辱，弃官还乡里。后来4次升迁做了齐相，因事犯罪被罚为城旦。刑期满后，被征召，升为上谷太守。又做了汉阳太守。这时上邽县令皇甫祯有贪污罪，桥玄把他抓起来剃去头发用竹板痛打，皇甫祯死于冀县市肆，一境都被震动。同郡上邽人姜岐，守道隐居，名声传遍西州。桥玄召他为吏，他称病不往。桥玄怒，勒令督邮尹益强迫他，说："姜岐如果不来，赶紧下嫁他的母亲。"尹益坚持求情，桥玄不允。尹益就急忙告诉姜岐，姜岐坚卧不起床。郡内士大夫也争着劝谏，桥玄才停止了这件事。当

| 193 |

二十四史精华

《后汉书》

时人颇有些讥讽他。桥玄后来谢病免职，又被公车召为司徒长史，拜之为将作大匠。

……

灵帝初年，桥玄被征召为河南尹，转任少府、大鸿胪。建宁三年（170年），升为司空，转任司徒。桥玄素来与南阳太守陈球有矛盾，自己在三公之位后，便推荐陈球做廷尉。桥玄认为国家正弱，自己度量力无所用，就称病上疏，引国家出现的众多灾异自己弹劾自己，于是被策免。一年以后，被拜为尚书令。当时太中大夫盖升与皇帝有旧恩，以前做南阳太守，贪污数亿以上。桥玄奏请免去盖升之职并将他关押起来，没收其财贿。皇帝不同意，反而提拔盖升为侍中。桥玄称病免职，拜为光禄大夫。光和元年（178年），升任太尉。几个月后，又以病罢免，拜为太中大夫，回到家中，就医服药。

桥玄的小儿子年10岁，一个人在门边玩耍，忽然有3个人拿着木棍劫持他，跑入桥玄房舍，登楼，向桥玄索取财物，桥玄不给。一会儿，司隶校尉阳球率领河南尹、洛阳令赶来，围守桥玄家。阳球等人担心桥玄的儿子遭到杀害，不想逼迫劫持者。桥玄瞪着眼睛喊叫道："奸人没有王法，桥玄难道因一个儿子的性命而放掉国贼吗？"催促下令兵士前进。兵士们于是进攻，桥玄的儿子也死了。桥玄于是到朝廷谢罪，请求下令天下："凡有劫持人质，都一并杀掉，不得用财宝赎回人质，开启奸贼犯罪之路。"诏书写下这项奏章。自安帝以来，法禁渐渐松弛，京城劫持人质，不避权贵之家，从此就再没有了。

桥玄在光和六年（183年）死去，时年75岁。桥玄性格刚急不顾大体，然而谦恭俭约，礼贤下士，他的子弟宗亲没有做大官的。桥玄死后，家中没有什么产业，也没有什么东西殡殓，为时人所称誉。

御 人

光武不究通敌者

及更始^①至洛阳，乃遣光武以破虏将军行^②大司马事。十月，持节北渡河^③，镇慰州郡。……

进至邯郸，故赵缪王子林说光武曰："赤眉今在河东，但决水灌之，百万之众可使为鱼。"光武不答，去之真定^④。林于是乃诈以卜者王郎为成帝子子舆，十二月，立郎为天子，都邯郸，遂遣使者降下郡国。

二年正月，光武以王郎新盛，乃北徇^⑤蓟。王郎移檄购光武十万户，而故广阳王子刘接起兵蓟中以应郎，城内扰乱，转相惊恐，言邯郸使者方到，二千石以下皆出迎。于是光武趣驾南辕^⑥，晨夜不敢入城邑，舍食道傍。至饶阳^⑦，官属皆乏食。光武乃自称邯郸使者，入传舍^⑧。传吏方进食，从者饥，争夺之。传吏疑其伪，乃椎鼓数十通，绐^⑨言邯郸将军至，官属皆失色。光武升车欲驰，既而惧不免，徐还坐，曰："请邯郸将军入。"久乃驾去。传中人遥语门者闭之。门长曰："天下讵^⑩可知，而闭长者乎？"遂得南出。晨夜兼行，蒙犯霜雪，天时寒，面皆破裂。至滹沱河，无船，适遇冰合，得过，未毕数车而陷。进至下博^⑪城西，遑惑不知所之。有白衣老父在道旁，指曰："努力！信都郡^⑫为长安守，去此八十里。"光武即驰赴之，信都太守任光开门出迎。世祖^⑬因发旁县，得四千人，先击堂阳^⑭、贳县^⑮，皆降之。王莽和戎卒正^⑯邳彤亦举郡降。又昌城^⑰人刘植，宋子^⑱人耿纯，各率宗亲子弟，据其县邑，以奉光武。于是北降下曲阳^⑲，众稍合，乐附者至有数万人。

………

……会上谷太守耿况、渔阳太守彭宠各遣其将吴汉、寇恂等将突骑来助击王郎，更始亦遣尚书仆射谢躬讨郎，光武因大飨士卒，遂东围钜鹿⑳。王郎守将王饶坚守，月余不下。郎遣将倪宏、刘奉率数万人救钜鹿，光武逆战于南栾㉑，斩首数千级。四月，进围邯郸，连战破之。五月甲辰，拔其城，诛王郎。收文书，得吏人与郎交关谤毁者数千章㉒。光武不省㉓，会㉔诸将军烧之，曰："令反侧子㉕自安。"

（《后汉书》卷一上，光武帝纪）

【注释】

①更始：刘玄称帝的年号。古代文献中，往往有用年号代指其帝的做法（明清时最为盛行）。此处即指刘玄。

②行：代理。

③河：黄河。

④真定：古县名，治所在今河北正定县南。

⑤徇：巡行。

⑥"于是"句：趣，同"促"，急促、急忙。南辕，驾车往南走。

⑦饶阳：汉县名。在河北省中部偏南，滹沱河流域。

⑧传舍：旅舍。

⑨绐（dài）：欺骗；说谎。

⑩讵（jù）：岂，反诘语气词。

⑪下博：汉县名，治所在今河北深州市东南。

⑫信都郡：汉郡名，治所在今河北冀州市。

⑬世祖：即光武帝刘秀。

⑭堂阳：汉县名，因在堂水之北而得名。在今河北新河县。

⑮贳县：汉县名，在今河北辛集市县。

⑯和戎卒正：和戎，郡名，王莽时所设。卒正，王莽所置官名，职同太守。

⑰昌城：汉县名，故城在今河北冀州市西北。

⑱宋子：汉县名。故城在今河北赵县北。

⑲下曲阳：汉县名。在今河北晋州市西。

⑳钜鹿：郡名。西汉时辖境在今河北省滹沱河以南，平乡以北，柏乡以东，束鹿新河以西。此处指钜鹿县，治所在今河北平乡西南。

㉑南栾（luán）：汉县名，在今河北巨鹿北。

㉒ "得吏人"句：交关，交往。章，信件。

㉓省（xǐng）：察看；检查。

㉔会：会合；聚集。

㉕反侧子：睡不好觉的人。

【译文】

及至更始到了洛阳，便任光武帝为破虏将军代行大司马的职务。十月，光武帝拿着符节渡黄河北上，安定抚慰州郡官民。……

进至邯郸，已故赵缪王刘元的儿子刘林向光武献策说："赤眉军现在河东，只要决开黄河淹灌他们，赤眉百万军队可成为鱼。"光武帝不答，而去真定。刘林就伪称占卜的王郎是汉成帝的儿子刘子舆，十二月，立王郎为天子，定都邯郸，并派遣使者招降下属郡国。

更始二年（24年）正月，光武帝因为王郎新起势盛，便北上巡视蓟地。王郎发布檄文，许诺对捕杀到光武帝的人封以10万户的爵位。已故广阳王刘嘉的儿子刘接，起兵蓟中以策应王郎。蓟城城内扰乱，人民相继惊恐起来，并传说邯郸派来的使者刚到，二千石以下的官员都出去欢迎。于是光武帝急忙驾车南奔，早晨夜晚都不敢进城，就在路旁食宿。到达饶阳，官属都没有吃的了。光武帝就自称是邯郸派来的使者，进入客栈。客栈的小吏正在用餐，光武帝的随从饥饿得很，便抢饭吃。客栈的小吏怀疑光武帝是假冒的，就击鼓数十通，谎称邯郸将军到，官属都吓得变了脸色。光武帝上车想要奔逃，但转念怕跑不了，便从容坐到原位，说："请邯郸将军进来。"许久，才驾车离去。客栈的人远远地叫守门者不放行。守门的官长说："天下大局岂可预知？能阻拦长者吗？"光武帝才得南行。日夜兼行，蒙霜冒雪，时正天寒，脸面都冻裂了。到了滹沱河，没有船，恰值河面封冻，得以踏冰而过，没有过完几辆车子，冰就塌陷了。到达下博城西，彷徨困惑，不知往哪里走为好。有白衣老头在路旁说："赶快走！信都郡的人还在为长安政权坚守着，那儿离这里80里。"光武帝马上赶赴信都，太守任光开门迎接。光武下便征发周围各县兵马，共得4000人。首先攻打堂阳、贳县，两地都投降了。王莽和戎卒正邳彤也领全郡投降。又有昌城人刘植、宋子人耿纯带领宗亲子弟，占领各自所在县城，奉献给光武帝，于是往北攻下曲阳，部众渐渐地集聚起来，乐意依附光武帝的达到数万人。

……

……正好上谷太守耿况、渔阳太守彭宠，各派自己的将领吴汉、寇恂等率领突骑帮助攻打王郎，更始也派尚书仆射讨伐王郎，光武帝乘机大设酒宴慰劳将士，东进包围钜鹿。王郎守将王饶坚守，一个多月没攻下。王郎派将领倪宏、刘奉领数万人援救钜鹿，光武帝迎战于南栾，杀数千人。四月，光武帝进军围攻邯郸，连战连捷。五月甲辰，攻克邯郸，杀王郎。在缴获的文书中，光武发现部下官员和王郎勾结来往毁谤自己的书信有几千份。光武不看，召集将军们当面一把火烧掉，说："让那些睡不好觉的人安下心来吧！"

汉明帝不任亲

帝遵奉[1]建武制度，无敢违者。后宫之家，不得封侯与政。馆陶公主为子求郎[2]，不许，而赐钱千万。谓群臣曰："郎官上应列宿[3]，出宰百里，苟非其人，则民受其殃，是以难之。"

（《后汉书》卷二，明帝纪）

【注释】

①奉：遵行。

②"馆陶公主"句：馆陶公主，光武帝刘秀之女。郎，官名，皇帝侍从官侍郎、中郎、郎中等的统称。东汉以尚书台为行政中枢，其分曹任事者为尚书郎，职责范围扩大。

③"郎官"句：南宫（太微宫）五帝座后相聚的15颗星，为一星座，称"郎位"，古人认为它们是与郎官对应的星宿。

【译文】

汉明帝刘庄遵行光武帝刘秀建武年代的制度，没有敢违抗的。外戚之家，不准封侯参政。他的妹妹馆陶公主，为儿子请求郎的官位，明帝不予答应，而赐钱千万。他对群臣说："郎官上应天上星宿，宰辖百里，如果人选不当，百姓就要遭殃，所以不准许。"

班超智勇降两国

班超字仲升，扶风安陵①人，徐令彪之少子也。为人有大志，不修细节。然内孝谨，居家常执勤苦，不耻劳辱。有口辩，而涉猎书传。永平五年，兄固被召诣校书郎②，超与母随至洛阳。家贫，常为官佣书以供养。久劳苦，尝辍业投笔叹曰："大丈夫无它志略，犹当效傅介子、张骞立功异域③，以取封侯，安能久事笔研④间乎？"左右皆笑之。超曰"小子安知壮士志哉！"其后行诣相者，曰："祭酒⑤，布衣诸生耳，而当封侯万里之外。"超问其状。相者指曰："生燕颔虎颈，飞而食肉，此万里侯相也。"久之，显宗问固"卿弟安在"，固对"为官写书，受直以养老母。"帝乃除超为兰台令史⑥。后坐事免官。

十六年，奉车都尉窦固出击匈奴，以超为假⑦司马，将兵别击伊吾⑧，战于蒲类海⑨，多斩首虏而还。固以为能，遣与从事郭恂俱使西域。

超到鄯善⑩，鄯善王广奉超礼敬甚备，后忽更疏懈。超谓其官属曰："宁觉广礼意薄乎？此必有北虏使来，狐疑未知所从故也。明者睹未萌，况已著邪。"乃召侍胡，诈之曰："匈奴使来数日，今安在乎？"侍胡惶恐，具服其状。超乃闭侍胡，悉会其吏士三十六人，与共饮，酒酣，因激怒之曰："卿曹与我俱在绝域，欲立大功，以求富贵。今虏使到裁数日，而王广礼敬即废，如令鄯善收吾属送匈奴，骸骨长为豺狼食矣。为之奈何？"官属皆曰："今在危亡之地，死生从司马。"超曰："不入虎穴，不得虎子。当今之计，独有因夜以火攻虏，使彼不知我多少，必大震怖，可殄尽也。灭此虏，则鄯善破胆，功成事立矣。"众曰："当与从事议之。"超怒曰："吉凶决于今日。从事文俗吏，闻此必恐而谋泄，死无所名，非壮士也！"众曰："善。"初夜，遂将吏士往奔虏营。会天大风，超令十人持鼓藏虏舍后，约曰："见火然⑪，皆当鸣鼓大呼。"余人悉持兵弩夹门而伏。超乃顺风纵火，前后鼓噪。虏众惊乱，超手格杀三人，吏兵斩其使及从士三十余级，余众百许人悉烧死。明日乃还告郭恂，恂大惊，既而色动。超知其意，举手曰："掾虽不行，班超何心独擅之乎？"恂乃悦。超于是召鄯善王广，以虏使首示之，一国震怖。超晓告抚慰，遂纳子为质。还奏于窦固，固大喜，具上超功效，并求更选使使西域。帝壮超节，诏固曰："吏如班超，何故不遣而更选乎？今以超为军司马，令遂前功。"超复受使，固欲益其兵，超曰："愿将本所从三十余人足矣。如有不虞，多益为累。"

是时于阗王广德新攻破莎车⑫，遂雄张南道⑬，而匈奴遣使监护其国。超既西，先至于阗。广德礼意甚疏。且其俗信巫。巫言："神怒何故欲向汉？汉使有騧马⑭，急求取以祠我。"广德乃遣使就超请马。超密知其状，报许之，而令巫自来取马。有顷，巫至，超即斩其首以送广德，因辞让之。广德素闻超在鄯善诛灭虏使，大惶恐，即攻杀匈奴使者而降超。超重赐其王以下，因镇抚焉。

（《后汉书》卷七十七，班超传）

【注释】

《后汉书》

①扶风安陵：扶风，郡名，在今陕西西安市。安陵，县名，在今陕西咸阳市东北。

②校书郎：主管校勘典籍，订正讹误的官吏。

③"犹当"句：傅介子，西汉北地（今甘肃庆阳西北）人，昭帝时，奉命出使楼兰，在宴席上刺杀与汉为敌的楼兰王，后封义阳侯。张骞，西汉汉中成固（今陕西成固）人，曾两次出使西域，联合中亚各国共同对付匈奴，发展了汉朝与中亚各国的友好关系，促进了经济文化的交流与发展。

④笔研：笔砚。

⑤祭酒：古代飨宴时酹酒祭神的长者。此处是对班超的尊称。

⑥兰台令史：官名。兰台是汉代宫廷的藏书处，设御史中丞掌管。兰台令史则负责朝廷奏疏及印工文书之事。

⑦假：代理。

⑧伊吾：匈奴中地名。在今新疆哈密一带。

⑨蒲类海：匈奴中湖名。即今新疆东北部的巴里坤湖。

⑩鄯善：西域国名，即楼兰国。汉昭帝时改为鄯善。都扞泥城，即今新疆若羌县汾卡克里克。

⑪然：即燃。

⑫莎车：西域国名，在今新疆莎车县一带。

⑬雄张南道：雄张，炽盛、称雄。南道，自玉门关、阳关出西域有两条道路，从鄯善傍南山北波河西行，至莎车，为南道。

⑭騧马：黑嘴黄马。

【译文】

　　班超字仲升，扶风安陵人，是徐县县令班彪的小儿子。他为人素有大志，不拘小节。内心却又孝顺恭谨，在家常干些苦活儿，不以劳累下贱为耻辱。有善辩的口才，又喜欢浏览群书及传注。永平五年（公元63年），他的哥哥班固被征召任校书郎，班超和他的母亲一同到洛阳。家中贫困，常为官家雇用抄书，以其所得来供养母亲。长时间劳累辛苦，曾停下手头的工作，扔笔感叹道："大丈夫没有其他志向才略，还应该效法傅介子、张骞，立功于异域，以获得封侯，怎么能长久地在笔砚间消磨时日呢？"同事们都取笑他。班超说："你们怎能知道壮士的志向呢！"后来，他到看相的那儿去看相，看相的说："先生，您现在不过是布衣之士罢了，可是将来必定封侯于万里之外。"班超询问他的形状，看相的说："你额头如燕，颈项如虎，飞翔食肉，这是万里侯的相貌啊。"过了很久，显宗问班固："你的弟弟在哪儿？"班固回答说："他在为官府抄书，得点钱来供养老母。"显宗就任命班超为兰台令史。后来，班超曾因有过失而被免了官。

　　永平十六年（公元74年），奉车都尉窦固出兵攻打匈奴，以班超为代理司马，让他率领一支军队攻打伊吾，在蒲类海作战，斩了敌人许多首级回来。窦固认为班超很有才能，派他与从事郭恂一道出使西域。

　　班超到了鄯善，鄯善国王广恭敬而有礼貌地接待了他，后来忽然又冷淡了。班超对他的部属说："你们可曾感到广的礼敬之意淡薄了吗？这一定是有匈奴使者到来，使他心怀犹豫不知所从。明智的人能够看出还没有露出苗头的事物，何况是明摆着的事实呢？"于是叫来侍候的胡人，吓诈他说："匈奴使者来了好几天了，现在在哪儿？"侍者恐惧，就吐露了全部情况。班超便把侍者关起来，把他的部属36人都召集起来一同喝酒。喝得高兴的时候，班超就用语言激怒他们道："你们和我们都处在极偏远的地方，想立大功，以求富贵。现在匈奴使者来了才几天，而鄯善王广便取消礼敬，如果他把我们抓起来送给匈奴，那我们的骸骨就会永远喂豺狼了。你们看怎么办呢？"部属都说："现在处在危险存亡的地方，死活都听从司马的吩咐。"班超说："不入虎穴怎得虎子。目前的办法，只有趁夜晚用火攻击匈奴人，使他们不知道我们有多少人，他们一定大为惊恐，我们就可以全部消灭他们。消灭了匈奴人，鄯善王会因此吓破了胆，大功就可告成，事业就可建立了。"部属们说："应当跟从事商量一下。"班超怒道："是吉是凶，决定在于今日。从事是文弱平庸的官吏，听了我们的计划必定会因害怕而泄露机密。死了不为人所称道，并非一个豪壮而勇敢的人。"大家说:"好!"天刚黑,班超便带领部属奔向匈奴使者的营房。这时正刮大风,班超叫10个人拿着鼓躲藏在匈奴使者营房后面,约定说:"你们看到火烧起来了,就都击鼓大声呐喊。"其余的人都拿着武器弓箭,埋伏在营门两边。班超顺风放火,前后击鼓大叫,匈奴人吓得乱作一团。班超亲手杀死3个人,部属杀死了匈奴使者和随从士兵30多人,全都砍下了他们的脑袋。其余的100多人全被烧死。第二天,就回去把情况告知郭恂。郭恂开始大吃一惊,随即变了脸色。班超知道他的意思是想要分功,便举着手对郭恂说:"您虽然没有一同去破敌,我哪有心独占这份功劳呢?"郭恂非常高兴。班超于是叫来鄯善王广,把匈奴使者的首级给他看,鄯善国举国震惊。班超便把这件事告诉他们,并加以抚慰。于是鄯善国王便把自己的儿子送到汉朝做人质。班超回来向窦固禀报,窦固大喜,详细地把班超的功劳奏明皇帝,并且要求另外选派使者出使西域。汉明帝赞许班超的气节,下令给窦固说:"有班超那样的官吏,为什么不派遣而要另选他人呢?现在任命班超为军司马,让他去完成以前的功业。"班超再次受命出使西域。窦固想要多给些士兵给班超,班超说:"我只愿带上原来跟随我的30多个人就够了。如果有不测,人多了更是累赘。"

这时,于阗国王广德刚攻破莎车国,在西域南道称雄。而匈奴派了使者监护他们的国家。班超到西域,先到于阗国,广德王对他很冷淡,礼意很不周到。而且这个国家的风俗信巫。巫师说:"神人发脾气了,为什么要亲近汉朝?汉朝使者有一匹骊马,赶快牵来祭我。"广德王就派人到班超那里来要那匹马。班超暗地里了解了这个情况,便答应了把马给他,并要那个巫师亲自来牵马。一会儿,巫师来了,班超当即砍下他的头来送给广德王,并用言辞责备他。广德王早听说班超在鄯善国消灭匈奴使者的情况,非常害怕,便击杀匈奴使者向班超投降。班超重赏广德王及其下属,就此把于阗震慑安抚下来。

只愿生入玉门关

超自以久在绝域,年老思土。十二年,上疏曰:"臣闻太公封齐,五世葬周①,狐死首丘②,代马依风③。夫周、齐同在中土千里之间,况于远处绝域,小臣能无依风首丘之思哉?蛮夷之俗,畏壮侮老。臣超犬马齿歼,常恐年衰，奄忽僵仆，孤魂弃捐。昔苏武留匈奴中尚十九年，今臣幸得奉节带金银护西域，如自以寿终屯部，诚无所恨，然恐后世或名臣为没西域。臣不敢望到酒泉郡，但愿生入玉门关。臣老病衰困，冒死瞽言，谨遣子勇随献物入塞。及臣生在，令勇目见中土。"而超妹同郡曹寿妻昭亦上书请超曰：

"妾同产兄西域都护定远侯超，幸得以微功特蒙重赏，爵列通侯，位二千石。天恩殊绝，诚非小臣所当被蒙。超之始出，志捐躯命，冀立微功，以自陈效。会陈睦之变④，道路隔绝，超以一身转侧绝域，晓譬诸国，因其兵众，每有攻战，辄为先登，身被金夷⑤，不避死亡。赖蒙陛下神灵，且得延命沙漠，至今积三十年。骨肉生离，不复相识。所与相随时人士众，皆已物故⑥。超年最长，今且七十。衰老被病，头发无黑，两手不仁⑦，耳目不聪明，扶杖乃能行。虽欲竭尽其力，以报塞天恩，迫于岁暮，犬马齿索⑧。蛮夷之性，悖逆侮老，而超旦暮入地，久不见代，恐开奸宄之源，生逆乱之心。而卿大夫咸怀一切，莫肯远虑。如有卒暴，超之气力不能从心，便为上损国家累世之功，下弃忠臣竭力之用，诚可痛也。故超万里归诚，自陈苦急，延颈踊望，三年于今，未蒙省录。

妾窃闻古者十五受兵，六十还之，亦有休息不任职也。缘陛下以至孝理天下，得万国之欢心，不遗小国之臣，况超得备侯伯之位，故敢触死为超求哀，乞超余年⑨。一得生还，复见阙庭，使国永无劳远之虑，西域无仓卒之忧，超得长蒙文王葬骨之恩⑩，子方哀老之惠⑪。《诗》云："民亦劳止，汔可小康，惠此中国，以绥四方。"超有书与妾生诀，恐不复相见。妾诚伤超以壮年竭忠孝于沙漠，疲老则便捐死于旷野，诚可哀怜。如不蒙救护，超后有一旦之变，冀幸超家得蒙赵母、卫姬先请之贷⑫。妾愚戆不知大义，触犯忌讳。"

书奏，帝感其言，乃征超还。

超在西域三十一年。十四年八月至洛阳，拜为射声校尉。超素有胸胁疾，既至，病遂加。帝遣中黄门问疾，赐医药。其年九月卒，年七十一。朝廷愍惜焉，使者吊祭，赠赗甚厚。

（《后汉书》卷七十七，班超传）

【注释】

①"臣闻"句：姜太公封于齐，五世后归葬于周。

②狐死首丘：丘是狐窟藏之地，狐死了以后头还朝着丘窟的方向，不忘其本也。语出《礼记·檀弓上》。

③代马依风：代，古时代郡。后泛指北方边塞地区。语出《韩诗外传》："代马依北风，飞鸟扬故巢。"北方边塞地区的马依恋北风，比喻人心眷恋故土，不愿老死他乡。

④陈睦之变：陈睦，西域都护，被焉耆国攻杀。

⑤夷：伤。

⑥物故：死亡。

⑦两手不仁：两手麻木而不灵活。

⑧索：落。

⑨匄超余年：乞求让超回国安享余年。

⑩文王葬骨之恩：文王赐予归葬骸骨的恩德。

⑪子方哀老之惠：田子方，是魏文侯的老师。看到魏文侯将老马遗弃，说："少尽其力，老而弃之，非仁也。"于是收而养之。

⑫"冀幸"句：赵母，即赵奢之妻，赵括之母。赵王令赵括领兵，赵母恳求，如赵括军败，赵家不要因此受牵连判罪。卫姬，齐桓公之姬。齐桓公与管仲计划攻打卫国，卫姬请求宽恕卫国之罪。

【译文】

班超自觉久居偏远之地，年老了，思念故国。永元十二年（100年），上书朝廷说："我听说，姜太公封于齐国，五世而归葬于周。狐狸死时，头总朝着它出生的土丘，代地的马依恋北风。周和齐都在中国，相距不过千里，何况我远居绝域，怎能没有'依风''首丘'的思想感情呢？蛮夷的风俗，害怕年壮的，欺侮年老的。我班超犬马之齿日减，年老体衰，倏忽死亡，孤魂漂泊于异域。昔者苏武滞留匈奴只不过19年，现在我持符节，捧印金以监护西域，如果寿终正寝，死于驻地，那也没有什么可遗憾的。然而我担心后世有名臣像我一样老死西域。我不敢望到酒泉郡，只希望活着进入玉门关。我老而多病，身体衰弱，冒死盲言，谨派遣我的儿子班勇随带进献的物品入塞，趁我活着的时候，让班勇回来看一看中国。"班超的妹妹、同郡曹寿的妻子班昭也上书朝廷，请求召班超回国，说：

"我的同父母的兄长西域都护定远侯班超，侥幸因微小的功勋，特蒙皇上重赏，爵位列于通侯，官同二千石。天恩特殊超绝，确非小臣所应当蒙赏。

班超当初出使西域，立志牺牲自己的身家性命，希望能建立微小的功勋，以图报效。不曾想碰上陈睦事变，道路隔绝，班超孤身周旋于艰险的异地，以言辞晓谕西域各国；凭借各国的兵力，每有攻城野战，总是身先士卒，虽身受重伤，也不逃避死亡的危险。幸蒙陛下的神灵，得以延续生命于沙漠之地，到现在已经30年了，兄妹骨肉之亲，长久离别，相见也许会不认识了。所有同他一道出使的人，都已经不在人世了。班超年纪最大，现在将近70岁了。身体衰老患病，头发皆白，两手麻木而不灵活，耳不聪，目不明，只有挂着拐杖才能走路。他虽然想要竭尽他的力量来报答皇上天恩，但迫于年岁迟暮，犬马之齿将尽。蛮夷的本性，违反正道，欺侮老人，而班超早晚要死去，长久不见有人去代替他，恐怕坏人伺机而动，萌生逆乱之心，而卿大夫忽视这一切，不肯作深远的考虑。如突然发生暴乱，班超力不从心，不能平息，那么上会毁灭国家累世的功勋，下会废弃忠臣所做的一切努力。那真是可悲痛的啊！所以班超于万里之外，怀归国之诚，自己陈述痛苦焦急的心情，伸颈企望，到现在已经3年了。仍未蒙皇上省察。

"我听说古代15岁服役，60岁免役，也有休息而不任的。因陛下以至孝来治理天下，博得万国之欢心，不遗忘小国的臣子。何况班超获得侯伯的爵位，所以我冒死为班超哀求，乞让班超回国安度余年。如果班超能活着回来，再见宫阙，让国家永远没有劳师远征之虑，西域也没有猝然暴发动乱之忧，班超得以长久蒙受皇上像文王那样赐予归葬骸骨的恩德，得到田子方那样哀怜衰老的惠爱。《诗经·大雅》说：'老百姓辛苦了，可以让他们稍稍安定一下了。先施恩惠于中国，然后乃安定四方。'班超有书信和我作生前的诀别，恐怕真不会见到他了。我确实伤感于班超在壮年时候竭尽忠孝于沙漠之中，衰老的时候则被遗弃而死于荒凉空旷的原野。这真够悲伤可怜啊！如果不蒙皇上的救援爱护，班超以后一旦有变，希望班超一家，能蒙受皇上像赵母、卫姬那样，因事先上奏而免于治牵连之罪的宽恕。我愚笨不懂得大义，触犯了忌讳。"

奏章送上去了，皇帝被她的语言所感动，就把班超召回来了。班超在西域住了31年。永元十四年（102年）八月回到洛阳，被任命为射声校尉。班超胸胁本来有病，回国之后，病情加剧。皇帝派遣中黄门看视，赐给他医药。这一年九月逝世，享年71岁。朝廷怜悯他，派使者吊唁致祭。赏赐优厚。

徐璆严惩贪污犯

徐璆字孟玉，广陵海西①人也。父淑，度辽将军，有名于边。璆少博学，辟公府，举高第。稍迁荆州刺史。时董太后姊子张忠为南阳太守，因执②放滥，臧罪数亿。璆临当之部，太后遣中常侍以忠属璆。璆对曰："臣身为国，不敢闻命。"太后怒，遽征忠为司隶校尉，以相威临③。璆到州，举奏忠臧余一亿，使冠军县上簿诣大司农，以彰暴其事。又奏五郡太守及属县有臧污者，悉征案罪，威风大行。中平元年，与中郎将朱儁击黄巾贼于宛④，破之。张忠怨璆，与诸阉官构造无端，璆遂以罪征。有破贼功，得免官归家。后再征，迁汝南太守，转东海相，所在化行。

（《后汉书》卷七十八，徐璆传）

《后汉书》

【注释】

①广陵海西：广陵，郡名，故城在今江苏江都市东北。海西，县名，故城在今江苏东海县南。

②执：同"势"。

③"遽征忠"句：张忠任司隶校尉，督察郡守。故以此相威胁。

④宛：县名，故城在今河南南阳市。

【译文】

徐璆字孟玉，广陵海西人。父徐淑，任度辽将军，在边疆名望很高。徐璆自幼博学，召入公府，举为高第。不久升为荆州刺史。当时董太后姐姐的儿子张忠为南阳太守，依仗权势放滥不羁，得赃数亿。徐璆赴任临行，太后派中常侍属意徐璆，要他对张忠有所关照。徐璆回答道："我是为国家服务，不敢听从私请。"太后发怒，立即征召张忠为司隶校尉，以此威慑。徐璆到州后，揭举上奏张忠赃余一亿，令冠军县上簿交给大司农，以宣扬暴露此事。又奏请五郡太守及属县官吏凡有贪污行为的，全部法办，大行威风。中平元年（184年），徐璆与中郎将朱儁在宛县攻打黄巾军，打败了他们。张忠怨恨徐璆，与众宦官捏造莫须有的罪名，徐璆便因罪被召回来。因为破贼有功，才得免官归家。后来再次被征召，任汝南太守，转任为东海相国，所在之处风化大行。

军　事

冯异大败行巡军

夏，遣诸将上陇，为隗嚣^①所败，乃诏异军栒邑^②。未及至，隗嚣乘胜使其将王元、行巡将二万人下陇，因分遣巡取栒邑。异即驰兵，欲先据之。诸将皆曰："虏兵盛而新乘胜，不可与争。宜止军便地，徐思方略。"异曰："虏兵临境，忸忕^③小利，遂欲深入。若得栒邑，三辅^④动摇，是吾忧也。夫'攻者不足，守者有余'。今先据城，以逸待劳，非所以争也。"潜往闭城，偃旗鼓。行巡不知，驰赴之。异乘其不意，卒击鼓建旗而出。巡军惊乱奔走，追击数十里，大破之。

（《后汉书》卷四十七，冯异传）

【注释】

①隗嚣：字季孟，天水成纪（今甘肃秦安县北）人。王莽末，据陇西起兵，初附刘玄，任御史大夫；旋属光武帝帝，封西州大将军；后又称臣于公孙述，为朔宁王。光武帝西征，他忧愤而死。

②栒邑：县名。故城在今陕西旬邑县东北。

③忸忕（niǔ shì）：习惯。

④三辅：汉以京兆、左冯翊、右扶风为三辅。即今陕西省中部。

【译文】

建武六年（公元 30 年）夏天，光武帝派遣诸将前往陇地，被隗嚣打败，光武帝于是诏令冯异进军栒邑。还没有到，隗嚣乘胜派他的将领王元、行巡率领两万多人下陇，趁势分派行巡攻取栒邑。冯异即刻驱兵，准备抢占栒邑。诸将都说："隗嚣兵多而且是乘胜而来，不可与他相争。应在便利的地方驻扎军队，慢慢思考战胜他的办法。"冯异说："隗嚣军队临境，习惯于争夺小利，胜了就想乘势深入。如果他们攻夺了栒邑，就会使三辅动摇惊恐，这是我所担忧的。兵法说'攻者不足，守者有余'。现在先占据城邑，以逸待劳，并不是与他相争啊。"就偷偷地赶赴栒邑，关闭城门，偃旗息鼓。行巡不知道，驱军驰赴栒邑。冯异乘其不意，突然击鼓树旗杀出，行巡军队惊慌散乱奔逃，冯异追击几十里，大破行巡军。

刘秀赚谢躬

初，更始遣尚书令谢躬率六将军攻王郎[1]，不能下。会光武至，共定邯郸，而躬裨将虏掠不相承禀，光武深忌之。虽俱在邯郸，遂分城而处，然每有以慰安之。躬勤于职事，光武常称曰"谢尚书真吏也"，故不自疑。躬既而率其兵数万，还屯于邺。时光武南击青犊[2]，谓躬曰："我追贼于射犬[3]，必破之。尤来在山阳者[4]，势必当惊走。若以君威力，击此散虏，必成禽[5]也。"躬曰："善。"及青犊破，而尤来果北走隆虑山，躬乃留大将军刘庆、魏郡太守陈康守邺，自率诸将军击之。穷寇死战，其锋不可当，躬遂大败，死者数千人。光武因躬在外，乃使汉[6]与岑彭袭其城。汉先令辩士说陈康曰："盖闻上智不处危以侥幸，中智能因危以为功，下愚安于危以自亡。危亡之至，在人所由，不可不察。今京师败乱，四方云扰，公所闻也。萧王[7]兵强士附，河北[8]归命，公所见也。谢躬内背萧王，外失众心，公所知也。公今据孤危之城，待灭亡之祸，义无所立，节无所成。不若开门内[9]军，转祸为福，免下愚之败，收中智之功，此计之至者也。"康然之。于是康收刘庆及躬妻子，开门内汉等。及躬从隆虑归邺，不知康已反之，乃与数百骑轻入城。汉伏兵收之，手击杀躬，其众悉降。躬字子张，南阳人。初，其妻知光武不平之，常戒躬曰："君与刘公积不相能，而信其虚谈，不为之备，终受制矣。"躬不纳，故及于难。

（《后汉书》卷四十八，吴汉传）

【注释】

①"更始"句：更始，即更始帝刘玄。更始为其称帝的年号。王郎，一名王昌。王莽末年，冒称汉成帝儿子刘子舆，称帝。后被光武帝刘秀打败杀死。

②青犊：王莽末年黄河以北地区较为强大的一支农民起义军，建武三年（公元27年）为刘秀所镇压。

③射犬：地名，在今河南沁阳市东北。

④"尤来"句：尤来，王莽末年的一支农民起义军。山阳，县名，在今河南修武县西北。

⑤禽：通"擒"。

⑥汉：刘秀部下大将吴汉。

⑦萧王：刘秀。时被更始封为萧王。

⑧河北：指黄河以北地区。

⑨内：通"纳"。

【译文】

起初，更始帝刘玄派遣尚书令谢躬率领六将军攻王郎，攻打不下。正值光武帝到，共同平定邯郸，而谢躬神将抢劫掳掠不请示报告，光武帝极为憎恨。虽然都在邯郸，还是分城而处，但经常安慰他。谢躬勤于职事，光武帝常常称赞说："谢尚书是个真正的官吏哩。"所以谢躬不怀疑光武帝。谢躬不久率其兵数万，还屯于邺县。这时光武帝南击青犊，对谢躬说："我追击贼兵于射犬，必破贼。在山阳县境的尤来部队，必然会惊慌逃跑。如果以您的威力，攻击这些散虏，必胜无疑。"谢躬说："好。"青犊被击破之后，尤来部队果然向北隆虑山方向逃走，谢躬就留大将军刘庆、魏郡太守陈康守邺，自己率领诸将军攻击尤来。穷寇奋力死战，其锋锐不可当，谢躬大败，死者数千人。光武趁谢躬在外，就派吴汉与岑彭袭击邺城。吴汉先遣辩士劝陈康说："我听说上智之人不处危境以求侥幸，中智之人能因危以为功，下愚之人安于危境而自取灭亡。危亡之到来，是由于人所造成的，不可不察。现在京师败乱，四方纷纭扰乱，您是知道的。萧王兵强士附，河北之地归命于他，这是您看到的。您现在据守孤危之城，等待灭亡之祸，忠义无所立，节气无所成，不如开门迎接汉兵，转祸为福，避免下愚之败，收取中智之功，这是最好的计哩！"陈康听从了他的话。于是逮捕了刘庆及谢躬的妻子儿女，开城门迎接汉兵入城。谢躬从隆虑回邺，不知陈康已反，就与数百骑轻装入城。吴汉伏兵将他捉住，击杀谢躬，他的部众全投降了。谢躬字子张，南阳人。当初，他妻子知道光武帝不能与他和睦相处，常劝诫谢躬说："你与刘公在一起不和睦。而你却相信他的假话，不做准备，最终要受制于他的。"谢躬不听从妻子的意见，所以受了难。

度尚烧营破敌

度尚字博平，山阳湖陆①人也。家贫，不修学行，不为乡里所推举。积困穷，乃为宦者同郡侯览视田，得为郡上计吏，拜郎中，除上虞②长。为政严峻，明于发擿奸非，吏人谓之神明。迁文安③令，遇时疾疫，谷贵人饥，尚开仓廪给，营救疾者，百姓蒙其济。时冀州刺史朱穆行部④，见尚甚奇之。

延熹五年，长沙、零陵贼合七八千人，自称"将军"，入桂阳、苍梧、南海、交阯⑤，交阯刺史及苍梧太守望风逃奔，二郡皆没。遣御史中丞盛修募兵讨之，不能剋。豫章艾县人六百余人，应募而不得赏直，怨恚，遂反，焚烧长沙郡县，寇益阳，杀县令，众渐盛。又遣谒者马睦，督荆州刺史刘度击之，军败，睦、度奔走。桓帝诏公卿举任代刘度者，尚书朱穆举尚，自右校令擢为荆州刺史。尚躬率部曲，与同劳逸，广募杂种诸蛮夷，明设购赏，进击，大破之，降者数万人。桂阳宿贼渠帅卜阳、潘鸿等畏尚威烈，徙入山谷。尚穷追数百里，遂入南海，破其三屯，多获珍宝。而阳、鸿等党众犹盛，尚欲击之，而士卒骄富，莫有斗志。尚计缓之则不战，逼之必逃亡，乃宣言卜阳、潘鸿作贼十年，习于攻守，今兵寡少，未易可进，当须诸郡所发悉至，尔乃并力攻之。申令军中，恣听射猎。兵士喜悦，大小皆相与从禽。尚乃密使所亲客潜焚其营，珍积皆尽。猎者来还，莫不泣涕。尚人人慰劳，深自咎责，因曰："卜阳等财宝足富数世，诸卿但不并力耳。所亡少少，何足介意！"众闻咸愤踊，尚敕令秣马蓐食，明旦，径赴贼屯。阳、鸿等自以深固，不复设备，吏士乘锐，遂大破平之。

（《后汉书》卷六十八，度尚传）

【注释】

①山阳湖陆：山阳，郡名，故治在今山东金乡县西北。湖陆，县名，故城在今山东鱼台县东南。

②上虞：县名，故城在今浙江上虞市西。

③文安：县名。故城在今河北文安县东。

④行部：巡视。

⑤ "入桂阳" 句：桂阳，县名，即今广东连州市。苍梧，郡名，治所在今广西苍梧县。南海，县名。在今广州市番禺区。交阯，郡名。治所在今越南北宁省仙游东。

【译文】

度尚字博平，山阴湖度人。家贫，不修学行，不为乡里所推举。多年穷困，便替宦者同郡侯览看管田亩，做了郡上的会计，后被拜为郎中，当上了上虞县长。他为政严峻，善于发觉坏人坏事，官吏百姓都称他为神明。升任文安县令，碰上疾病流行，谷贵人饥，度尚开仓拿出粮食，营救生病之人，救济百姓。当时冀州刺史朱穆来巡视，见到度尚后非常重视他。

延熹五年（163年），长沙、零陵盗贼共七八千人，自称 "将军"，进犯桂阳、苍梧、南海、交阯，交阯刺史和苍梧太守望风逃奔，两郡都陷入贼手。朝廷派御史中丞募兵讨伐，不能胜利。豫章艾县600余人，应募而没有得到赏钱，心中怨恨，便反叛，焚烧长沙郡县，进犯益阳，杀了县令，部众渐渐多了起来。朝廷又派谒者马睦，监督荆州刺史刘度去攻打，打了败仗，马睦、刘度都逃跑了。桓帝诏公卿推举代替刘度的人，尚书朱穆推举度尚，从右校令提升为荆州刺史。度尚率领部下，和部下同艰苦，同时广招众蛮夷，明令悬赏，发动进攻，把贼兵打得大败，投降的有几万人。桂阳惯贼头领卜阳、潘鸿等惧怕度尚的威风，逃到了山谷之中。度尚穷追数百里，贼兵进入南海境地，度尚攻破其三屯，缴获珍宝极多。但卜阳、潘鸿等党羽还有不少，度尚想继续追击，可是士卒骄傲富足，没有斗志。度尚考虑缓兵就不能作战，逼迫作战容易逃亡，于是扬言卜阳、潘鸿做贼10年，习惯于进攻和防守，现在兵士太少，不易进攻，应等候诸郡所发援兵全部到来，你们才和他们一道进攻。并申令军中，准许将士们去打猎。兵士们都很高兴，大小都一起打猎去了。度尚于是秘密派出亲信偷偷地烧毁营寨，珍宝积蓄都付之一炬。兵士们打猎回来，没有一个不痛哭流泪的。度尚便向大家慰劳，深深责备自己，于是说："卜阳等人的财宝足够供几代人使用，只怕你们不尽力罢了。丢失的东西少得可怜，何必放在心上！"众人听了都愤慨踊跃，自告奋勇，度尚下令秣马早上就在床上吃饭，第二天清晨，直取贼屯。卜阳、潘鸿等自以为营垒深固，不再防备，度尚吏士乘锐气进攻，于是大破贼兵，踏平了匪巢。

理　财

赵咨遗书俭葬

《后汉书》

赵咨字文楚，东郡燕人也。父畅，为博士。咨少孤，有孝行，州郡召举孝廉，并不就。

延熹元年，大司农陈豨举咨至孝有道，仍迁博士。灵帝初，太傅陈蕃、大将军窦武为宦者所诛，咨乃谢病去。太尉杨赐特辟，使饰巾出入[①]，请与讲议。举高第，累迁敦煌太守。以病免还，躬率子孙耕农为养。

盗尝夜往劫之，咨恐母惊惧，乃先至门迎盗，因请为设食，谢曰："老母八十，疾病须养，居贫，朝夕无储，乞少置衣粮。"妻子物余，一无所请。盗皆惭叹，跪而辞曰："所犯无状，干暴贤者。"言毕奔出，咨追以物与之，不及。由此益知名。征拜议郎，辞疾不到，诏书切让，州郡以礼发遣，前后再三，不得已应召。

复拜东海相。之官，道经荥阳，令敦煌曹暠，咨之故孝廉也，迎路谒候，咨不为留。暠送至亭次，望尘不及，谓主簿曰："赵君名重，今过界不见，必为天下笑！"即弃印绶，追至东海。谒咨毕，辞归家。其为时人所贵若此。

咨在官清简，计日受奉[②]，豪党畏其俭节。视事三年，以疾自乞，征拜议郎。抗疾[③]京师，将终，告其故吏朱祗、萧建等，使薄敛素棺，藉以黄壤[④]，欲令速朽，早归后土，不听子孙改之。乃遗书敕子胤曰："夫含气之伦，有生必终，盖天地之常期，自然之至数。是以通人达士，鉴兹性命，以存亡为晦明，死生为朝夕，故其生也不为娱，亡也不知戚。夫亡者，元气去体，贞魂游散，反素复始，归于无端。既已消仆，还合粪土。土为弃物，岂有性情，而欲制其厚薄，调其燥湿邪？但以生者之情，不忍见形之毁，乃有掩骼埋窆⑤之制。《易》曰：'古之葬者，衣以薪、藏之中野，后世圣人易之以棺椁。'棺椁之造，自黄帝始。爰自陶唐，逮于虞、夏，犹尚简朴，或瓦或木，及至殷人而有加焉。周室因之，制兼二代。复重以墙翣之饰⑥，表以旌铭之仪⑦，招复含敛之礼⑧，殡葬宅兆之期⑨，棺椁周重之制⑩，衣衾称袭之数⑪，其事烦而害实，品物碎而难备。然而秩爵异级，贵贱殊等。自成、康以下，其典稍乖⑫。至于战国，渐至穨陵⑬，法度衰毁，上下僣杂。终使晋侯请隧⑭，秦伯殉葬⑮，陈大夫设参门之木，宋司马造石椁之奢⑯。爰暨暴秦，违道废德，灭三代之制，兴淫邪之法，国赀糜于三泉，人力单于郦墓⑰，玩好穷于粪土，伎巧费于窀穸⑱。自生民以来，厚终之敝，未有若此者。虽有仲尼重明周礼⑲，墨子勉以古道，犹不能御也。是以华夏之士，争相陵尚，违礼之本，事礼之末，务礼之华，弃礼之实，单家竭财，以相营赴。废事生而营终亡，替⑳所养而为厚葬，岂云圣人制礼之意乎？记曰：'丧虽有礼，哀为主矣。'又曰：'丧与其易也宁戚。'今则不然，并棺合椁，以为孝恺，丰赀重襚㉑，以昭恻隐，吾所不取也。昔舜葬苍梧，二妃不从。岂有匹配之会，守常之所乎？圣主明王，其犹若斯，况于品庶，礼所不及。古人时同即会，时乖则别，动静应礼，临事合宜。王孙裸葬㉒，墨夷露骸㉓，皆达于性理，贵于速变。梁伯鸾父没，卷席而葬，身亡不反其尸㉔。彼数子岂薄至亲之恩，亡忠孝之道邪？况我鄙阎，不德不敏，薄意内昭，志有所慕，上同古人，下不为咎。果必行之，勿生疑异。恐尔等目厌所见，耳讳所议，必欲改殡，以乖吾志，故远采古圣，近揆行事，以悟尔心。但欲制坎，令容棺椁，棺归即葬，平地无坟。勿卜时日，葬无设奠，勿留墓侧㉕，无起封树㉖。於戏㉗小子，其勉之哉，吾蔑复有言矣！"朱祇、萧建送丧到家，子胤不忍父体与土并合，欲更改殡，祇、建譬以顾命㉘，于是奉行，时称咨明达。

（《后汉书》卷六十九，赵咨传）

【注释】

①饰巾出入：以幅巾戴头上，不加冠冕，出入朝廷。

②奉：同"俸"。薪水。

③抗疾：带病。

④藉以黄壤：棺中置土，以承其尸体。

⑤掩骼埋窆（biǎn）：埋窆，两字同义连用，均指埋葬。

⑥墙翣之饰：墙，载棺车箱。翣，以竹为之，高2尺4寸，长3尺，挂白布，柄长5尺，葬时令人拿着在枢车旁。

⑦旌铭之仪：旌铭，一种标识旗帜，上书死者姓名。

⑧含敛之礼：含，即饭含，用玉珠塞入口中。敛，用衣服敛裹尸体。

⑨宅兆之期：诸侯五日而殡，五月后葬；大夫三日而殡，三月后下葬，士二日而殡，踰月后下葬。宅兆，墓地。

⑩"棺椁"句：帝王之棺四重，诸公三重，诸侯二重，大夫一重。内为棺，外为椁。

⑪"衣衾"句：衾，小敛，诸侯、大夫、士都用夹有絮绵的大被遮盖尸体。称，指成套服装，一称即一套。袭，死者穿的衣服。小敛，天子袭十二称，诸公九称，诸侯七称，大夫五称，士三称。大敛，天子百称，上公九十称，侯伯七十称，大夫五十称，士三十称。

⑫乖：背离。

⑬赜陵：赜废陵迟。

⑭晋侯请隧：隧，挖地下墓道，是帝王的葬礼。《左传》载，晋文公朝见周襄王，请求死后挖地下墓道，但未获准许。

⑮秦伯殉葬：春秋时，秦缪公死后，用子车奄息、仲行、铖虎3位大臣殉葬。

⑯"宋司马"句：宋司马，指春秋时宋国司马桓魋。自造石椁，3年都未造成。

⑰"人力"句：单，通殚，用尽。郦墓，指骊山秦始皇墓。

⑱窀穸（zhūn xī）：埋葬。

⑲"虽有"句，指周公制礼之后，孔子自卫国回到鲁国，又定了下来。

⑳替：废。

㉑襚：殓死者的衣被。

㉒王孙裸葬：王孙，即杨王孙。临终时令其子曰："吾死，可为布囊盛尸，入地七尺。既下，从足脱其囊，以身亲土。"死后果然裸葬。

㉓"墨夷"句：墨夷指"墨子"学者夷之。他想见孟子，孟子告诉他，上古曾有不葬自己的亲人的做法，亲人死后丢之于山谷。

㉔"梁伯鸾"句：梁伯鸾之父梁护。寓居北地，死后，卷席葬于当地，没有将尸体运回家乡安葬。

㉕"勿留墓侧"：东汉流行为父母在墓旁守孝，一般为3年。

㉖封树：堆土为坟，植树为饰。

㉗於戏：呜呼。

㉘譬以顾命：譬，告诉。顾命，遗命。

【译文】

赵咨字文楚，东郡燕人。父亲赵畅，做过博士。赵咨幼时丧父，有孝顺的行为，州郡推举他为孝廉，他都不就。

延熹元年（158年），大司农陈奇推荐赵咨，说他极孝顺，有道德，于是升为博士。灵帝初年，太傅陈蕃，大将军窦武为宦官杀害，赵咨称病辞去。太尉杨赐特请他，让他头戴幅巾，不加冠冕，以儒者身份进出讲学议政。后来，举高第，几次升迁做了敦煌太守。因病免职归家，亲自率领子孙种田糊口。

一次，强盗晚上到他家打劫，赵咨怕母亲惊恐，就先到门外迎接强盗，请为他们安排饮食，请求道："老母80岁了，有病需要治疗，家里很贫困，无朝夕之储，请多少留下点衣服粮食。"强盗们都惭愧叹息，跪下告辞道："我们太无礼了，侵扰惊夺贤良的人。"说完就奔跑出门，赵咨追出来送东西给他们，没有赶上。从此名声更大了。朝廷征拜议郎，赵咨称病不去，皇上下诏书深加责备，州郡用礼相送，前后多次，赵咨不得已而去应召。

后又拜赵咨为东海相。去上任时，经过荥阳，县令敦煌人曹嵩，是赵咨任敦煌太守时推举的孝廉，在路旁迎候，赵咨没有停留，曹嵩送到亭次，直望到远去的车尘看不到赵咨的身影。对主簿说："赵君名声很大，现在经过我县境界没有停留，一定会被天下笑话！"于是丢下印绶，追到东海。谒见赵咨后，辞别回家。赵咨被当时人所看重到了如此地位。

赵咨为官清廉简朴，按日领取薪水，豪绅及亲族害怕他的俭节。当官3年，因疾请求免职，征拜为议郎。赵咨带病到了京师，临终，告诉他以前的部下官吏朱祇、萧建等，要他们采用薄敛素棺，棺中垫以黄土，以便尸体速朽，早归后土，不要听从子孙而改变计划。于是写下遗书给儿子赵胤道："含气之类，有生必有死，这是天地的定规，自然的至道。因此通达之士，看清了性命，认为存亡就像晦和明，死生就像朝和夕，所以他们活着不追求娱乐，死时也不感到伤悲。死亡，只是元气离开身体，贞魂到处游散，回到原始，归于无际，消亡之后，复回粪土。土是弃物，难道还有性情，而需要人去测度它的厚薄，调理它的干燥潮湿吗？只是凭生者的感情，不忍心看见亲人的形体毁坏，才有掩埋骸骨的做法。《易经》说：'古代的死人，穿披上柴草，藏在野地，后世圣人改易为用棺椁下葬。棺椁的制作，从黄帝开始。从陶唐，到虞、夏，还提倡简朴，有的用瓦，有的用木，到殷商才有增加。周朝继承下来，制度兼有二代。又加以墙翣等装饰，用铭旌表示死者的身份，讲究饭含、敛尸等礼节，选择殡葬墓地的日期，棺椁、衣衾等的使用，规定等级和层数。这类事烦琐而无实用，品物琐碎而难以办全。然而官阶等级，贵贱不一。自成王、康王以来，典制渐渐不同。到了战国时期，逐渐衰落，法度松弛，上下越位。终于有了晋文公请用墓道，秦缪公用活人殉葬，陈大夫设参门之木，宋司马造石椁的奢侈。到了秦王朝时期，违背道德，废除三代的制度，兴办淫邪的方法，国家的资财浪费到九泉之下，人力竭尽于骊山陵墓工程，玩好伎巧费尽于墓穴。自有人类来，厚葬死者的弊端，没有像这样的。虽有仲尼重明周礼，墨子勉以古道，还是不能抵御。正因为此，华夏之士，争相攀比，违背礼节的根本，从事礼仪的末节，崇尚奢华，抛弃朴实，竭尽家财之所有，以筹划墓葬。废除事生而讲究事死，不管养生只顾厚葬，这难道是圣人制礼的本意吗？，《记》说：'丧虽有礼，哀为主矣。'又说：'丧，与其易也宁戚。'现在就不是这样，并棺合椁，认为是孝悌之道，丰赀重殓，用来表示恻隐，这是我所不取的。从前舜帝葬在苍梧，二妃不从，难道有匹配之会、守常之所么？圣主明君都这样，何况一般官吏百姓，礼所不及。古人时同即会，时不同就不一样，动静应符合礼节，临事应合于适宜。杨王孙裸体而葬，墨夷露骸于野，都是达于性理，贵于速变。梁伯鸾的父亲死了，卷席葬于当地，没有归葬家乡。这几位难道是薄至亲之恩，无忠孝之道吗？何况我鄙陋，不德不敏，薄意内明，志向慕于古圣，上同古人，下不为咎。一定实行薄葬，不要产生疑异。我担心你们目嫌所见，耳讳听人所议，必欲改殡，违背我的志向，所以远采古圣人的行事，近采近人作为，以晓悟你们的心。只要挖个土坎，能放下棺椁即可，棺木回了即葬，平地不要起坟，不要占卜选择下葬日期，也不必祭奠，不用在墓侧守丧，不要在墓边种树。呜呼小子，勉励行事，我讨厌再多说了！"朱祗、萧建送丧到家，儿子赵胤不忍心让父亲身体与土合并，想更改殡葬之法，朱祗、萧建告诉他父亲的遗命，于是照赵咨的遗言行事，当时人称赵咨是明达之士。

德 操

马援不做守财奴

马援字文渊，扶风①茂陵②人也。其先赵奢为赵将，号曰马服君③，子孙因为氏。武帝时，以吏二千石自邯郸徙焉。曾祖父通，以功封重合侯，坐兄何罗反，被诛，故援再世不显④。援三兄况、余、员，并有才能，王莽时皆为二千石⑤。

援年十二而孤，少有大志，诸兄奇之。尝受《齐诗》⑥，意不能守章句，乃辞况，欲就边郡田牧。况曰：“汝大才，当晚成。良工不示人以朴⑦，且从所好。”会况卒，援行服朞年⑧，不离墓所；敬事寡嫂，不冠不入庐。后为郡督邮，送囚至司命府⑨，囚有重罪，援哀而纵之，遂亡命北地。遇赦，因留牧畜，宾客多归附者，遂役属数百家。转游陇汉间，尝谓宾客曰：“丈夫为志，穷当益坚，老当益壮。”因处田牧，至有牛马羊数千头，谷数万斛。既而叹曰：“凡殖货财产，贵其能施赈也，否则守钱虏耳。”乃尽散以班昆弟故旧⑩，身衣羊裘皮绔。

（《后汉书》卷五十四，马援传）

【注释】

①扶风：即汉右扶风，郡名，在今陕西咸阳市东。

②茂陵：汉武帝陵墓所在地。宣帝时始为县，在今陕西兴平市东北。

③马服君：战国时，赵惠文王以赵奢有功，赏赐给他的爵号。

④再世不显：祖父、父亲不得任朝廷要官。

⑤二千石：此指太守。

⑥《齐诗》：齐国人辕固生所传的《诗经》，称《齐诗》，今多已散佚不存。

⑦朴：大木材。

⑧朞（jī）年：一年。

⑨司命府：王莽置司命官，主管军事。司命府即司命衙门。

⑩"乃尽散"句：班，分发。昆弟，兄弟。

【译文】

马援字文渊，扶风茂陵人。他的先祖赵奢为赵将，爵号马服君，子孙因以为姓氏。武帝时，以吏两千石自邯郸迁到茂陵。曾祖父马通，以功封为重合侯，因兄长马何罗谋反遭连累被杀，因此马援的祖父及父辈不得为显官。马援的3个哥哥马况、马余、马员都有才能，王莽时都任太守。

马援12岁时就成了孤儿，年少志大，几个哥哥觉得奇怪。曾教他学《齐诗》，可马援心志不能拘守于章句之间，就辞别兄长马况，想到边郡去耕作放牧。马况说："你有大才，当晚些时候才有成就。好的工匠不告诉人以大木材，暂且听从你所喜爱的。"巧逢马况去世，马援身着丧服一年，不离开墓所；敬事寡嫂，不结好发戴好帽子就不进庐舍。后来做了郡的督邮，解送囚犯到司命府，囚犯有重罪，马援可怜他把他放了，就逃亡北地。赦免后，就留下牧畜，宾客们多归附于他，因此拥有役属数百家。转游陇汉之间，常对宾客们说："大丈夫的志气，应当在穷困时更加坚定，年老时更加壮烈。"因地制宜，从事耕作放牧，致有牛马羊数千头，谷数万斛。既而又叹道："凡是从农牧商业中所获得的财产，贵在能施赈救济别人，否则就不过是守财奴罢了！"因此将财产尽分散给了哥哥和故旧好友。身上穿着羊裘皮裤过日子。

贾逵确立《左传》学

贾逵字景伯，扶风平陵①人也。九世祖谊，文帝时为梁王太傅。曾祖父光，为常山太守。宣帝时以吏二千石自洛阳徙焉。父徽，从刘歆受《左氏春秋》，兼习《国语》《周官》，又受《古文尚书》于塗恽，学《毛诗》于谢曼卿，作《左氏条例》二十一篇。

逵悉传父业，弱冠能诵《左氏传》及《五经》本文，以《大夏侯尚书》教授，虽为古学，兼通五家《谷梁》之说[②]。自为儿童，常在太学，不通人间事。身长八尺二寸，诸儒为之语曰："问事不休贾长头。"性恺悌，多智思，俶傥有大节。尤明《左氏传》《国语》，为之《解诂》五十一篇[③]，永平中，上疏献之。显宗重其书，写藏秘馆。

……

肃宗立，降意儒术，特好《古文尚书》《左氏传》。建初元年，诏逵入讲北宫白虎观，南宫云台。帝善逵说，使发出《左氏传》大义长于二传者。逵于是具条奏之曰：

"臣谨摘出《左氏》三十事尤著明者，斯皆君臣之正义，父子之纪纲。其余同《公羊》者十有七八，或文简小异，无害大体。至如祭仲、纪季、伍子胥、叔术之属，《左氏》义深于君父，《公羊》多任于权变，其相殊绝，固以甚远，而冤抑积久，莫肯分明。

臣以永平中上言《左氏》与图谶合者，先帝不遗刍荛，省纳臣言，写其传诂，藏之秘书。建平中，侍中刘歆欲立《左氏》，不先暴论大义，而轻移太常，恃其义长，诋挫诸儒，诸儒内怀不服，相与排之。孝哀皇帝重逆众心，故出歆为河内太守。从是攻击《左氏》，遂为重仇。至光武皇帝，奋独见之明，兴立《左氏》《谷梁》，会二家先师不晓图谶，故令中道而废。凡所以存先王之道者，要在安上理民也。今《左氏》崇君父，卑臣子，强干弱枝，劝善戒恶，至明至切，至直至顺。且三代异物，损益随时，故先帝博观异家，各有所采。《易》有施、孟，复立梁丘，《尚书》欧阳，复有大小夏侯，今三传之异亦犹是也。又《五经》家皆无以证图谶明刘氏为尧后者，而《左氏》独有明文。《五经》家皆言颛顼代黄帝，而尧不得为火德[④]。《左氏》以为少昊代黄帝，即图谶所谓帝宣也。如令尧不得为火，则汉不得为赤。其所发明，补益实多。

陛下通天然之明，建大圣之本，改元正历，垂万世则，是以麟凤百数，嘉瑞杂遝。犹朝夕恪勤，游情《六艺》，研机综微，靡不审覈[⑤]。若复留意废学，以广圣见，庶几无所遗失矣。"

书奏，帝嘉之，赐布五百匹，衣一袭，令逵自选《公羊》严、颜诸生高才者二十人，教以《左氏》，与简纸经传各一通。

逵母常有疾，帝欲加赐，以校书例多，特以钱二十万，使颍阳侯马防与之。谓防曰："贾逵母病，此子无人事于外[⑥]，屡空则从孤竹之子于首阳山矣⑦。"

逵数为帝言《古文尚书》与经传《尔雅》诂训相应，诏令撰《欧阳》《大小夏侯尚书古文》同异。逵集为三卷，帝善之。复令撰《齐》《鲁》《韩诗》与《毛氏》异同。并作《周官解故》。迁逵为卫士令⑧。八年，乃诏诸儒各选高才生，受《左氏》《谷梁春秋》《古文尚书》《毛诗》，由是四经遂行于世。皆拜逵所选弟子及门生为千乘王国⑨郎，朝夕受业黄门署，学者皆欣欣羡慕焉。

逵所著经传义诂及论难百余万言，又作诗、颂、诔、书、连珠、酒令凡九篇，学者宗之，后世称为通儒。然不修小节，当世以此颇讥焉，故不至大官。永元十三年卒，时年七十二。朝廷愍惜⑩，除两子为太子舍人。

（《后汉书》卷六十六，贾逵传）

【注释】

①扶风平陵：扶风，郡名，治槐里，在今陕西兴平市东南。平陵，县名，在今陕西咸阳市境内。

②五家《谷梁》之说：指尹更始、刘向、周庆、丁姓、王彦等五家研究《春秋谷梁传》的学说。

③《解诂》五十一篇：即《左氏解诂》30 篇、《国语解诂》21 篇。

④火德：古人推崇金木水火土阴阳五行学说，认为尧是以火德为王。

⑤覈（hé）：实。

⑥无人事于外：在外与别人无交往。

⑦"屡空"句：商周时，伯夷、叔齐为孤竹君之子。周灭商，伯夷、叔齐隐居于首阳山，不食周粟，最后饿死。

⑧卫士令：官名。掌南、北宫，秩比六百石。

⑨千乘王国：章帝之子刘伉，封为千乘王。千乘王国即指其封国。

⑩愍惜：怜悯。

【译文】

贾逵字景伯，扶风平陵人。九世祖贾谊，汉文帝时担任过梁王刘揖的老师。曾祖父贾光，担任过常山太守，汉宣帝时以吏二千石，从洛阳迁至平陵。父亲贾徽，跟随刘歆学习《左氏春秋》，还学习《国语》《周官》，又向徐恽学习古文《尚书》，向谢曼卿学习《毛诗》，著有《左氏条例》21 篇。

贾逵完全继承父亲的学业，20岁时能读《左氏传》和《五经》本文，用《大夏侯尚书》教授门徒，尽管是古学，可兼通五家《谷梁》的学说。从儿童时起，就常在太学，不了解世上的事务。身高8.2尺，一些儒生取笑他说："问事不休贾长头。"意思是说贾逵个头很高，可对人间交往生活等事不了解，喜欢问这问那。他性格和乐平易，极聪明，喜思考，卓异于众而有大节。尤其对《左氏传》《国语》有研究，写了这两部书的"解诂"51篇。永平年间，上疏献给皇帝。显宗极为重视，令人将它抄写一份藏在秘馆中。

……

肃宗继位，推崇儒家学术，尤其喜欢《古文尚书》《左氏传》。建初元年（公元76年），诏贾逵进北宫白虎观、南宫云台讲学。他赞赏贾逵的讲法，要贾逵发挥《左氏传》的大义比《公羊》《谷梁》二传见长的地方。贾逵因此逐条奏明道：

"臣谨挑选出《左氏》特别著名的30件事，都是宣扬君为臣纲的正义，父为子纲的正理。其余十之七八与《公羊》相同，有的文字简略，小有差异，无伤大体。至如写到祭仲、纪季、伍子胥、叔术等人，《左氏》深刻发挥君臣的大义，《公羊》多认为是通权达变，这就相差极远，世人冤抑《左传》太久，而莫肯分清是非。

臣在永平年间曾经上书谈到《左氏传》中某些与图谶相合的地方，先帝没有遗弃刍荛之言，采纳了臣的话，由臣写出详细的讲解，藏在秘馆。建平年间，侍中刘歆想立《左氏传》，可他不先摆出大义，而轻易地交给太常，自认为理由充足，足以挫败那些儒生。可儒生们内心不服，联合起来抵制。孝哀皇帝又迎合众人心理，所以出任刘歆为河内太守。从此大家攻击《左氏传》，成了众矢之的。到了光武皇帝，有独特的见地，兴立《左氏》《谷梁》两家，恰巧两家先师不通晓图先之学，因此半途而废了。凡是保存先王之道的书籍，要害在于安上理民。《左氏》推崇君父之道，卑臣子，这是强干弱枝，劝善戒恶，道理甚为明白切当，直接顺达。而且三代时不同事物，随时有所增减，因此先帝广泛观察各种学说，采取各家之长。例如《易经》有了施雠、孟喜两家，又立梁丘贺氏；《尚书》有了欧阳和伯一家，又有大夏侯胜、小夏侯建两家。如今三传各不相同，也是这个道理。又《五经》各家都不能用图谶来证明刘氏是尧帝的后代，而《左氏》独有明文能够说明。《五经》家都说颛顼代替黄帝，而尧不得为火德。但《左氏》却认为少昊代替黄帝，就是图谶所讲的帝宣。倘若尧不得火德，那么汉就不得为赤德。它所发明的见解，很能说明一些道理。

陛下通晓天然的聪明，建大圣的根本，更改年号，修正历法，为万代做出典范，所以，麟凤百数呈祥，好兆头屡次出现，陛下仍然早晚勤勉，钻研《六艺》，对细微之处，也无不审理核实。倘若再留心一些废学，增广一些见闻，那就没有什么遗失的了。"

书奏上去，皇帝特别嘉奖，赏赐布500匹，衣一套，命令贾逵自己挑选《公羊》学派的严、颜诸生有高才的20人，以《左氏传》做教材，给予竹简和纸写的经传各一通。

贾逵的母亲时常有病，皇帝想加赐一些财物，由于校书例多，特地拿出钱20万，派颍阳侯马防送去。对马防说："贾逵的母亲病了，他与外界没有什么交往，再穷困就会像伯夷、叔齐在首阳山那样做饿鬼了。"

贾逵多次给皇帝讲《古文尚书》与经传《尔雅》的诂训相呼应，皇帝下诏书命他著《欧阳、大小夏侯尚书古文同异》。贾逵集中写了3卷，皇帝觉得很好。又叫他写《齐、鲁、韩诗与毛诗异同》，并作《周官解故》。提升贾逵做卫士令。建初八年（公元83年），章帝（肃宗）下诏诸儒各选高才生学习《左传》《谷梁春秋》《古文尚书》《毛诗》，从此四经便流行于世。都封贾逵所选弟子和门生作千乘王国郎，早晚在黄门署学习，学者都非常向往和羡慕。

……

贾逵所著经传义诂及论难百万多字，又作诗、颂、谏、书、连珠、酒令共9篇。学者十分崇拜他。后代称他为通儒。可他为人不大注意小节，当世对此有些讥讽，因此没有做成大官。永元十三年（101年）死去，时年72岁。朝廷怜悯他，封他两个儿子做太子舍人。

严子陵归隐富春山

严光字子陵，一名遵，会稽①余姚②人也。少有高名，与光武同游学。及光武即位，光乃变名姓，隐身不见。帝思其贤，乃令以物色③访之。后齐国上言："有一男子，披羊裘钓泽中。"帝疑其光，乃备安车玄纁，遣使聘之。三反④而后至。舍于北军，给床褥，太官朝夕进膳。

司徒侯霸与光素旧，遣使奉书。使人因谓光曰："公闻先生至，区区欲即诣造，迫于典司，是以不获。愿因日暮，自屈语言。"光不答，乃投札与之，口授曰："君房⑤足下：位至鼎足，甚善。怀仁辅义天下悦，阿谀顺旨要领绝。"霸得书，封奏之。帝笑曰："狂奴故态也。"车驾即日幸其馆。光卧不起，帝即其卧所，抚光腹曰："咄咄子陵，不可相助为理邪？"光又眠不应，良久，乃张目熟视，曰："昔唐尧著德，巢父洗耳⑥。士故有志，何至相迫乎！"帝曰："子陵，我竟不能下汝邪？"于是升舆叹息而去。

复引光入，论道旧故，相对累日。帝从容问光曰："朕何如昔时？"对曰："陛下差增于往。"因共偃卧，光以足加帝腹上。明日，太史奏客星犯御坐甚急。帝笑曰："朕故人严子陵共卧耳。"

除为谏议大夫，不屈，乃耕于富春山⑦，后人名其钓处为严陵濑焉。建武十七年，复特征，不至。年八十，终⑧于家。帝伤惜之，诏下郡县赐钱百万、谷千斛。

（《后汉书》卷一百十三，逸民列传）

【注释】

①会稽：郡名，治所在今浙江绍兴市。

②余姚：县名。

③物色：形貌。

④反：同"返"，返回。

⑤君房：侯霸的字。

⑥巢父洗耳：巢父，古隐士，以树为巢居之，故名。尧让天下，不受。洗耳，实乃当时另一隐士许由所为。尧召许由为九州长，许由不想闻，洗耳于颍水之滨。

⑦富春山：在浙江桐庐县西。

⑧终：死亡

【译文】

严光字子陵，又名遵，会稽余姚人。年轻时就享有清高的名声，与光武帝一同学习。光武帝做了皇帝后，严光就改名换姓，隐居不出。光武帝念及他的才能，就派人拿着他的图像四处寻找。后来齐国有人报告："有一个男子，身披羊裘在泽中钓鱼。"光武帝疑是严光，就备了安车玄纁，派使者去请他。请了3次才把严光接到京师，让他住在北军的军营里，送给床褥，由太官早晚送饭。

司徒侯霸和严光是老朋友，派人送信给严光。送信人顺便对严光说："侯公听见先生到了，本想立即来看您，迫于公务在身，因此没有来。希望您在黄昏时到他那里去谈谈。"严光不答话，把纸笔丢给来人，口授说道："君房足下：做了三公，很好。怀着善心，辅以道义，天下人就会高兴；阿谀奉承，唯命是从，就会遭杀身之祸。"侯霸看了信，密封送给光武帝。光武帝笑道："真是狂奴的老样子啊！"当天就到严光居住的馆舍。严光躺着不起来，光武帝走到床边，摸着他的肚子说道："唉呀！子陵，就不能帮我治理国家吗？"严光还是睡着不吱声，过了许久，才睁开眼睛盯着光武帝，说道："古时唐尧很有德行，想把帝位让给巢父，巢父听完洗了自己的耳朵。天下士人各有志向，何必强迫人家！"光武帝又说："子陵，我竟不能使你屈就吗？"因此坐上车子叹息着走了。

光武帝又叫人引严光入殿，两人相对谈论故旧，谈了几天。光武帝从容问严光说："我比以往如何？"严光回答说："陛下比过去稍胖了一点。"因此一起睡觉，严光把脚放在光武帝的肚子上。第二天，太史报告，天上有客星侵犯帝座，情况十分紧急。光武帝笑着说："我和老朋友严子陵一同睡觉哩！"

光武帝拜严光为谏议大夫，严光不任。于是在富春江种田。后人把严光钓鱼的地方叫做严陵濑。建武十七年（公元42年），又特地派人去请严光，严光没有来。严光活到80岁，死在家里。

传世故事

樊重工于心计　勤劳持家

　　西汉末年，在南阳湖阳（今河南省唐河县西）有个大户主人叫樊重，字君云。他家几代人都善于经营农业，也喜欢做生意。樊重外表温和厚道，却是工于算计。他家三世同堂，他把这个大家庭管理得井井有条。他订立的家规制度，条条款款，都很严密；执行起来，也很严格。早晨起来，子孙们都要过来给他行礼；晚上睡前，大家还要过来给他问安。

　　在安排家业上，他更是精打细算。无论什么东西，只要是他家的，他就一定要给它派上用场，让它发挥应有的作用，决不随意丢弃。他家的奴仆，也都按照每个人的所长予以安排，让他们各尽所能，最大限度地发挥他们的作用。这些奴仆安排得好，他们都能尽心尽力地劳作。

　　有一次，乡亲们见他家栽种了一批漆树，就问他："樊公，你栽漆树干什么，你又不做油漆生意？"樊重说："我家4年以后需要打造一批家具。我现在栽下漆树，到那时，这些漆树就可以派上用场了。"人们听了，都嗤笑他。

　　几年以后，樊家的漆树成材了，能够产漆了，他家里打造的家具，都用上了自己家产的漆。这些树越长越大，产的漆也越来越多。过去嗤笑过他的那些人，现在需要用漆的时候，也不得不向他来求助。

　　由于樊重工于心计，善于经营，他的家产迅猛增加，每年都在翻番，家财总计超过万两黄金。有了钱，他就继续开垦荒地，总计开了300多顷。还建造鱼池养鱼，在山野放牧牲畜。在那个时代，他的家具备了自给自足的封建庄园式经济的最完美的形式和相当高的水平。

他家盖的房子，有楼房，有高阁。他家的院子里有水池，有沟渠，像个大花园。

樊重还有一个特点，就是他不吝啬，甚至还有点仗义疏财的味道。他在当地的名声也较好，这在当时是不多见的。因此，他被乡亲们推为"三老"，就是农村基层居民组织的负责人。他的外孙何氏兄弟，为了财产而争斗不已。樊重觉得这是自己的羞耻，便送给他们两顷地，使他们不再争斗。他借出去的债不少于上百万，到他80岁将死的时候，他嘱咐家人把债券烧掉。有一些借债人主动去偿还，他的儿子们根据他的遗嘱，拒绝接受。

樊重的后代大多参加了镇压王莽末年农民大起义的行动，并被拜官封爵。光武帝刘秀建立东汉以后，还多次成千万地赏赐他家钱财。

举案齐眉

东汉人梁鸿，是东汉初年著名的隐士，而尤为称道的是他与妻子举案齐眉，相敬如宾的故事，梁鸿与其妻子孟光堪称夫妇和睦、感情投契的模范夫妻。

梁鸿小时家贫，父亲梁让在王莽时担任城门校尉这样的小官，后奉使去北地，便在那里死去了，再也没有能够活着回来。这时候梁鸿年纪尚幼，又逢乱世，只好用席子裹上父亲遗体，草草下葬。他少时入太学学习，博览群书，几乎无所不通。他虽然贫穷，却能保持高尚的节操。在太学学习完，他曾在上林苑中牧猪为生。一次，由于他的过失，将邻舍房屋烧毁。他问明价值，即将自己所放牧的猪全都送给邻家，作为赔偿。邻居得到赔偿的猪后，仍然觉得所得太少，吃了亏，梁鸿说："我除此之外再也没有财物了，愿意为你做工，以作赔偿。"于是，梁鸿为邻家勤苦做工，起早摸黑。乡里长辈见梁鸿如此，都受到感动，纷纷指责邻居。邻居惭愧，于是将原先梁鸿所放牧的猪全都还给他，梁鸿却不肯接受。正因梁鸿有如此高尚的节操，所以他的名声传遍乡里，许多人家都愿意将女儿嫁给他，梁鸿却全都回绝了。

同县中有户姓孟的人家，其女儿孟光长得并不漂亮，很有力气，能双手举起石臼。她迟迟不肯出嫁，眼看着就到了 30 岁。父母问她为何如此，孟光说："要找夫婿，就要找像梁鸿那样的！"梁鸿听到此语，便娶了孟光为妻。如果是别人准备陪嫁之物，总是少不得绫罗绸缎、金玉珠宝之类，孟光却十分特别，准备了不少做麻鞋、纺线织布之类的工具，想要跟着梁鸿一心一意地劳动过日子。到出嫁时，孟光修饰打扮了一番。不料梁鸿见到孟光的模样，嘴上虽没有说什么，却一连 7 天没有跟孟光说话，孟光心知有因，便跪在床下向丈夫请罪道："我私下听说过不少夫君的高尚品行。您曾经拒绝了好几家上门求亲的，而我也曾拒绝了好几家的求婚。如今您娶了我，请问我犯了什么过失？"梁鸿回答妻子："我所要娶的，是甘心于过平民贫穷生活的人，将来可以和她一道到深山中隐居。你如今穿着好衣服，脸上涂脂抹粉，这哪里是我所愿意的！"孟光听丈夫说出此番原委，答道："我这样刻意打扮一番，是想试试夫君的志向，我自有隐者所穿的衣服！"于是进去挽上发髻，穿上布衣出来，干起家务活来。梁鸿这才大喜道："这才真正是我梁鸿的妻子啊！"

夫妻俩生活了一段时间，孟光问丈夫道："常听到夫君说要隐居躲避灾祸，如今您为何一声不吭，不再提起此事，是不是想要低三下四地去谋求官职啊？"于是，夫妻两人便隐居到霸陵山中去了。夫妻两人以耕织为生，咏诗书，弹琴自娱，可谓安居乐业。多年之后，汉章帝想要征召梁鸿出山，梁鸿改名换姓，夫妻两人又避居到山东一带。后来，梁鸿夫妻到了苏州，寄居在大户皋伯通家中。梁鸿为人家当佣工舂米，工罢回家，妻子孟光对他十分恭敬，为他准备饭食，每次都将饭菜盘高举到眉毛一样高，呈献给梁鸿食用。（成语"举案齐眉"的出处即此，"案"指古时一种有脚的托盘。）

隔篱听书　振古无伦

东汉人贾逵，字景伯，扶风平陵（今陕西咸阳西北）人，他是汉代著名文学家贾谊的九世孙。父亲贾徽，曾跟从著名学者刘歆学习《左传》，兼习《国语》《尚书》《诗经》等。贾逵能够继承父业，精通经学，一生著述经传训诂及论难等有百余万言，后世称他为"通儒"。

据晋代王嘉《拾遗记》载，贾逵刚刚5岁时就聪明过人。他的姐姐嫁给韩瑶为妻，因未生孩子而被她丈夫休弃，回娘家居住。她为人贤明，被人称道。贾逵隔壁天天有孩童读书，贾逵年幼，还没到读书年龄，却对读书声表现出很大的兴趣，贾逵的姐姐便每天抱着他隔着篱笆听隔壁读书。每当这时候，贾逵总是一声不吭，静静地听着。

时间一长久，贾逵受到了良好的熏陶，10岁时，他就能背诵《诗经》《尚书》《易经》《礼记》等典籍。他的姐姐没有想到隔着篱笆听听读书会有这么好的效果，奇怪地问弟弟道："我们家贫穷，从来没有请过教书先生进门，你怎么知道这么多古代书籍，而且能一字不漏地背出来呢？"贾逵告诉姐姐说："以前你抱我于篱间听邻家读书，从不遗忘而被记住。"于是将庭院中的桑树皮剥下来当纸，随时记录书中词句，或者将字写在家中门窗、屏风等上面，一面背诵，一面记录。一年以后，经文全都精通了。到后来，他成了当地著名的经学家，人们称赞他是"振古无伦"。甚至有的学生不远万里上门求学，有的学生背负着年幼的子、孙，前来就学，就住在贾逵家的门侧。贾逵总是乐于施教，为他们口授诗文。

《拾遗记》所记载的贾逵故事，绝口未提贾逵的家学渊源，与《后汉书》上"承续父业"的记载有所不符。而且，正史上称贾逵"二十岁能诵左氏传及五经本文"，也与《拾遗记》记载有所不符，说明《拾遗记》中确实是有些夸大其词。但是，幼时的"隔篱听书"，对贾逵的成长肯定是有着很大影响的。

国学经典

宋 涛／主编

二十四史的各史名篇的精选

二十四史精华

辽海出版社

【第六卷】

《二十四史精华》编委会

主　编	宋　涛				
副主编	李志刚	高明芬	张黎莉	孙　伟	李　林
	王秋菊	闫亦贵	刘赫男	温德新	焦明宇
	李　洋	崔　静	余秀洁	关　涛	刘　巍
编　委	王　佳	赵子萱	韩安娜	郑传富	李铭源
	李金博	何春丽	常　旭	郑志龙	樊祥利
	朱政奇	魏伯阳	魏百花	魏红艳	杨　敏
	刘雨晴	邢语恬	郭运娇	张晓宇	许长河
	李小辉	王　曼	夏　禹	肖　冰	杨　超
	李　娟	张　鹏	李　萌	李玉海	宋　佳
	于春燕	王　威	任光宇	王冬云	王伟娜
总编辑	竭宝峰	刘赫男	佟　雪	陈玉伟	

前　言

　　中华民族在几千年生息、发展的清晰脉络中，留下了一部部浸透着人类心血和智慧的历史典籍，不仅记载了中华民族产生和发展的全部过程，也涵纳了中华民族的精神财富和智慧。可以说，中国是一个史籍浩如烟海、世无匹敌的文献之邦。在祖先留给我们的精神财富中，最优秀也最具代表性的就是二十四史。

　　二十四史是中国唯一一部完整的官修史总集，也是世界上唯一一部连续修造 1800 余年，记载 4000 余年悠久历史的辉煌巨著。主要包括：《史记》《汉书》《后汉书》《三国志》《晋书》《宋书》《南齐书》《梁书》《陈书》《魏书》《北齐书》《周书》《隋书》《南史》《北史》《旧唐书》《新唐书》《旧五代史》《新五代史》《宋史》《辽史》《金史》《元史》《明史》。它以统一的纪传体裁，完整、系统地记录了上起传说中的黄帝，下迄明崇祯十七年间历史各个时期的经济、政治、科技、军事、文化、艺术、外交等多方面内容，展示了数十个王朝的兴衰轨迹，是研究中国历史最具权威性的史料，也是考查我国周边国家历史的珍贵资料，堪称中华文明的"百科全书"。

　　二十四史具有深厚的文化积淀，不仅可作历史著作来读，亦可作为文学名篇或政治著作来读。但由于成书年代久远，文字艰深，

典故生僻且随处可见，令广大读者望而却步。为了使这些史学巨著在现代社会中重放异彩，让读者从中体味博大精深的华夏文明和高深莫测的人生智慧，本书编委会倾尽心力为广大读者朋友选编了一部既可收藏又能读懂的《二十四史精华》。

　　本书对二十四史进行了精心的整理，既有文白对照，也有传世故事，集普及与研究、通俗与学术于一体，希望能够给喜欢史学的朋友以启迪与帮助。

前　言

目　录

《明史》

《附录：清史稿》

政　略

元仁宗整饬朝政

　　二年八月，立尚书省，诏太子兼尚书令，戒饬百官有司，振纪纲，重名器，夙夜以赴事功。詹事院①臣启金州献瑟瑟洞，请遣使采之，帝曰："所宝惟贤，瑟瑟何用焉？若此者，后勿复闻。"先是，近侍言贾人有售美珠者，帝曰："吾服御雅不喜饰以珠玑，生民膏血，不可轻耗。汝等当广进贤才，以恭俭爱人相规，不可以奢靡蠹财相导。"言者惭而退。

（《元史·仁宗本纪》）

《元史》

【注释】

　　①詹事院：太子官署，掌管辅导皇太子的事务。

【译文】

　　元仁宗至大二年八月，设立尚书省，诏太子兼任尚书令，告诫百官有司，重振纲纪，重视贤才，办事情务求全力以赴。詹事院大臣启金州上奏说发现瑟瑟洞，请求派人前去开采。皇帝说："我所宝贵的是贤才，珠宝有什么用呢？像这样的事情，今后不要向我奏告。"起先，近侍说有商人出售很好看的珠宝，皇帝说："我穿衣服向来不喜欢用珠宝装饰，老百姓的钱财，不应该轻易浪费掉。你们应当广罗贤才，以恭俭爱人来互相约束，不应该以奢侈耗财来引导他人。"近侍羞愧地退下去。

海山即位

　　十一年①春，闻成宗崩，三月，自按台山至于和林②。诸王勋戚毕会，皆曰今阿难答、明里铁木儿等荧惑中宫，潜有异议；诸王也只里昔尝与叛王通，今亦预谋。即辞服伏诛，乃因阔辞劝进。帝③谢曰："吾母、吾弟在大都④，俟宗亲毕会，议之。"先是，成宗违豫日久，政出中宫，命仁宗与皇太后出居怀州⑤。至是，仁宗闻讣，以二月辛亥与太后俱至京师。安西王阿难答与诸王明里铁木儿已于正月庚午先至。左丞相阿忽台，平章八都马辛，前中书平章伯颜，中政院⑥使怯烈、道兴等潜谋推成宗皇后伯要真氏称制，阿难答辅之。仁宗以右丞相哈剌哈孙之谋言于太后曰："太祖、世祖创业艰难，今大行晏驾，德寿已薨，诸王皆疏属，而怀宁王在朔方，此辈潜有异图，变在朝夕，俟怀宁王至，恐乱生不测，不若先事而发。"遂定计，诛阿忽台、怯烈等，而遣使迎帝。……甲申，皇帝即位于上都⑦，受诸王文武百官朝于大安阁，大赦天下。

（《元史·武宗本纪》）

【注释】

　　①十一年：指元成宗铁穆尔大德十一年，即 1307 年。

　　②"自按台山"句：按台山，即今阿尔泰山。和林，蒙古国都城，在今蒙古国后杭爱省厄尔得尼召北。

　　③帝：指元武宗海山。

　　④大都：即今北京。

　　⑤怀州：地名，即今河南沁阳。

　　⑥中政院：元朝官署，掌管皇后宫中财赋及其他事务。

　　⑦上都：元朝夏都，在今内蒙古自治区正蓝旗东 20 公里闪电河北岸。

【译文】

　　元成宗大德十一年春，元武宗海山听到元成宗去世的消息，三月，他从按台山到了和林。诸王和宗亲聚会，都认为现在阿难答、明里铁木儿等蛊惑皇后，有不轨的意图；诸王也只里昔曾经与叛王相通，现在也参与了这个阴谋。

诸王也只里昔承认阴谋后被杀掉，大家因此全力劝海山进发大都。海山辞谢说："我的母亲、兄弟都在大都，等宗王亲戚都来了，再谈这件事。"起先，元成宗铁穆耳身体一直有病，政令大多出自中宫皇后那里，她命令元仁宗爱育黎拔力八达和皇太后离开大都居住于怀州。元仁宗听到了讣闻，在二月辛亥日同皇太后一齐到达京师大都。安西王阿难答与诸王明里铁木儿已于正月庚午日先行抵达京师。左丞相阿忽台，平章政事八都马辛，前中书平章政事伯颜，中政院使怯烈、道兴等阴谋推举成宗皇后伯要真氏登基，阿难答辅佐她。元仁宗将右丞相哈剌哈孙的计谋告诉皇太后说："太祖、世祖创业很艰难，现在成宗已经死去，他的威德也不再存在，诸王同中央的关系都很松散，而怀宁王海山远在北方，现在京师的这些人阴谋有不轨的行为，变乱在很短的时间内都会发生，等怀宁王赶到的时候，恐怕已经发生不测，不如及早动手。"于是定下计谋，先诛杀阿忽台、怯烈等人，然后派遣使者前去恭迎武宗海山。……甲申日，海山即皇帝位于上都，在大安阁接受诸王及文武百官的朝贺，大赦天下。

顺帝即位

至顺元年四月辛丑，明宗[①]后八不沙被谗遇害，遂徙帝于高丽[②]，使居大青岛中，不与人接。阅一载，复诏天下，言明宗在朔漠之时，素谓非其己子，移于广西之静江。三年八月己酉，文宗崩，燕铁木儿[③]请文宗后立太子燕帖古思，后不从，而命立明宗次子懿璘只班，是为宁宗。十一月壬辰，宁宗崩，燕铁木儿复请立燕帖古思，文宗后曰："吾子尚幼，妥欢帖睦尔在广西，今年十三矣，且明宗之长子，礼当立之。"乃命中书右丞阔里吉思迎帝于静江。至良乡[④]，具卤薄以逆之。燕铁木儿既见帝，并马徐行，具陈迎立之意，帝幼且畏之，一无所答。于是燕铁木儿疑之。故帝至京，久不得立。适太史亦言帝不可立，立则天下乱，以故议未决。迁延者数月，国事皆决于燕铁木儿，奏文帝后而行之。俄而燕铁木儿死，后乃与大臣定议立帝，且曰："万岁之后，其传位于燕帖古思，若武宗、仁宗故事[⑤]。"诸王宗戚奉上玺绶劝进。

（《元史·顺帝本纪》）

【注释】

①明宗：指元明宗，1329年在位。

②"遂徙帝"句：帝，指元顺帝妥欢帖睦尔。高丽，即今朝鲜。

③燕铁木儿：元文宗时权臣，密谋毒死明宗，后惧怕事情败露，病死。

④良乡：地名，在今北京房山区境内。

⑤若武宗、仁宗故事：元武宗海山继承元成宗铁穆耳皇位，同时立他的兄弟元仁宗爱育黎拔力八达为皇太子，他死后将皇位传给元仁宗。

【译文】

至顺元年四月辛丑日，明宗的皇后八不沙遭到谗言陷害而被杀，于是将元顺帝迁往高丽，让他独居大青岛，不同外人接触。一年之后，文宗皇帝又诏告天下，宣称明宗在北方边境时，总说顺帝不是自己的儿子，便又把顺帝迁往广西静江居住。三年八月己酉日，文宗驾崩，燕铁木儿请求文宗皇后立太子燕帖古思为新帝，皇后不允，而命明宗的二儿子懿璘只班为帝，这就是元宁宗。十一月壬辰日，宁宗去世，燕铁木儿再次请求立燕帖古思为帝，文宗皇后说："我的儿子还小，妥欢帖睦尔在广西，今年有13岁了，而且他还是明宗的长子，按理应拥立他。"于是下令中书右丞阔里吉思到静江去迎接顺帝。到良乡时，具陈车驾迎接顺帝。燕铁木儿见到顺帝后，骑马和顺帝并排慢慢行走，并仔细陈述了迎立他为帝的意图，顺帝年纪幼小有点畏惧他，便一言不发。于是燕铁木儿就起疑。所以顺帝到京师后，很久都没有被拥立为帝。刚好太史也说不可以拥立顺帝，拥立他后天下就会大乱，由于这个原因商议很久都没结果。这样拖延了几个月，国事都由燕铁木儿裁决，启奏文宗皇后之后就施行。不久燕铁木儿死了，文宗皇后于是与众大臣商议决定拥立顺帝，并且说："顺帝死了后，他的皇位应该传给燕帖古思，就像武宗、仁宗他们那样。"诸王宗室、皇亲国戚都奉上玉玺和绶带，表示拥立顺帝为新皇帝。

顺帝避兵北逃

丙寅①，帝御清宁殿，集三宫后妃、皇太子、皇太子妃，同议避兵北行。失列门及知枢密院②事黑厮、宦者赵伯颜不花等谏，以为不可行，不听。

伯颜不花恸哭谏曰："天下者，世祖之天下，陛下当以死守，奈何弃之！臣等愿率军民及诸怯薛歹③出城拒战，愿陛下固守京城。"卒不听。至夜半，开建德门北奔。

（《元史·顺帝本纪》）

【注释】

①丙寅：指元顺帝妥欢帖睦尔二十八年（1361年）闰月丙寅日。

②枢密院：掌管朝廷军事机要的机构。

③怯薛歹：怯薛，轮流值宿守卫之意，此指元朝的禁卫军。怯薛的成员称为怯薛歹。

【译文】

元顺帝二十八年闰月丙寅日，元顺帝到清宁殿，召集三宫后妃、皇太子、皇太子妃，一齐商议避兵北行。失列门及枢密院长官黑厮，宦官赵伯颜不花等谏议，认为不能避兵北行，顺帝不听。伯颜不花恸哭劝谏说："天下，是世祖打出来的天下，陛下应当拼死力守，怎么能抛弃不管呢！我们愿率领军民及禁卫军出城迎战敌兵，希望陛下固守京城。"顺帝始终不听。半夜时分，打开建德门向北逃走。

忽必烈消疑

丙辰①，枢②入见。或谗王府得中土心，宪宗遣阿蓝答儿大为钩考③，置局关中④，以百四十二条推集经略宣抚官吏，下及征商无遗，曰："俟终局日，入此罪者惟刘黑马、史天泽以闻⑤，余悉诛之。"世祖闻之不乐。枢曰："帝，君也，兄也；大王为皇弟，臣也。事难与较，远将受祸。莫若尽王邸妃主自归朝廷，为久居谋，疑将自释。"及世祖见宪宗，皆泣下，竟不令有所白而止，因罢钩考局。

（《元史·姚枢传》）

【注释】

①丙辰：即丙辰日，时元宪宗在位。

②枢：指姚枢（1201—1278年），元初政治家、理学家，字公茂，号雪斋、敬斋，先世自柳城入迁洛阳，少年时学习勤奋，后参与朝政，终于翰林学士承旨之职。

③"宪宗遣"句：宪宗，指元宪宗蒙哥。阿蓝答儿，元宪宗之臣。

④关中：地名，即今陕西省。

⑤"入此罪"句：刘黑马，元前期大臣。史天泽，元朝大将。

【译文】

丙辰日，姚枢入王府拜见世祖忽必烈。有人进谗言说忽必烈亲王有夺得中原的野心，宪宗蒙哥派阿蓝答儿大规模清查，并在关中设立钩考局，阿蓝答儿用142条法令来推究所有的经略宣抚等官员，最小的连征收商人赋税的小吏也不放过，宪宗说："等最后关闭钩考局的那一天，被清查有罪的人只将刘黑马、史天泽的情况呈报上来，其余的人一概诛杀。"世祖忽必烈听说后很不高兴。姚枢劝告说："宪宗，是君王，是长兄；大王是皇上的兄弟，是大臣。这件事情你很难与皇上计较，如果再疏远皇上你将遭受灾难。不如大王你自动将王府所有的嫔妃侍妾送到朝廷，做长久居住的打算，那么宪宗的猜疑就会自动消除。"等世祖忽必烈拜见宪宗蒙哥时，两人都流下了眼泪，宪宗不等世祖辩白就消除了猜疑，于是罢除钩考局。

赛典赤治云南

十一年，帝谓赛典赤①曰："云南朕尝亲临，比因委任失宜，使远人不安，欲选谨厚者抚治之，无如卿者。"赛典赤拜受命，退朝，即访求知云南地理者，画其山川城郭、驿舍军屯、夷险远近为图以进，帝大悦，遂拜平章政事②，行省云南。时宗王脱忽鲁方镇云南，惑于左右之言，以赛典赤至，必夺其权，具甲兵以为备。赛典赤闻之，乃遣其子纳速剌丁先至王所，请曰："天子以云南守者非人，致诸国背叛，故命臣来安集之，且戒以至境即加抚循，今未敢专，愿王遣一人来共议。"王闻，遽骂其下曰：

"吾几为汝辈所误。"明日，遣亲臣撒满、位哈乃等至，赛典赤问以何礼见，对曰："吾等与纳速剌丁偕来，视犹兄弟也，请用子礼见。"皆以名马为贽，拜跪甚恭，观者大骇。乃设宴陈所赐金宝饮器，酒罢，尽以与之，二人大喜过望。明日来谢，语之曰："二君虽为宗王亲臣，未有名爵，不可以议国事，欲各授君行省断事官，以未见王，未敢擅授。"令一人还，先禀王，王大悦。由是政令一听赛典赤所为。有土吏数辈，怨赛典赤不已，用至京师诬其专僭数事。帝顾侍臣曰："赛典赤忧国爱民，朕洞知之，此辈何敢诬告！"即命械送赛典赤处治之。既至，脱其械，且谕之曰："若曹不知上以便宜命我，故诉我专僭，我今不汝罪，且命汝以官，能竭忠以自赎乎？"皆叩头拜谢曰："某有死罪，平章既生之而又官之，誓以死报。"

（《元史·赛典赤赡思丁传》）

【注释】

①赛典赤：即赛典赤·赡思丁，又名乌马儿，元代名臣。
②平章政事：官职名称，从一品，为丞相副职。

【译文】

元世祖十一年，皇帝忽必烈对赛典赤说："云南我曾经去过，只是因为官员委任失当，使远在京城的人们很不安心，因此想选派谨慎温厚的官员前去安抚治理那里，没有人比你更合适的。"赛典赤拜谢接命，退朝回家后，立即探访寻求了解云南地理形势的人，勾画出云南的山川城郭、驿站军屯、远近险要地势的地图，进呈给世祖，皇帝忽必烈大喜，就命他担任平章政事之职，前往治理云南。当时宗王脱忽鲁正好镇守云南，听信左右手下人的逸言，以为赛典赤来了，一定会夺走他手中的权力，于是准备好了甲士作为防备。赛典赤听说后，便委派他的儿子纳速剌丁先到宗王的府所，请示说："皇上认为治理云南的官员委任不当，以至于诸侯国纷纷背叛，所以命令我前来安抚治理，并且告诫我一到云南境内就要注意安抚调和，现在我不敢独断专行，希望宗王您派一人前来一齐商议这件事。"宗王听后，马上怒骂手下人说："我差点被你们害了。"第二天，便派亲信侍臣撒满、位哈乃等人到赛典赤处，赛典赤问他们用什么礼节见面，他们回答说："我们与纳速剌丁一齐前来，犹如兄弟，那么我们请求用晚辈的礼节拜见您。"他们都用名马作为晋见礼，行跪拜之礼非常恭敬，旁边的人也都很畏服。于是摆设宴席陈设皇上赏赐的金银饮器和珍品，酒宴后，全部都赏给了他们，这两位近臣都非常高兴。第二天，他们又来拜谢，赛典赤对他们说："你们两位虽然是宗王的亲近侍臣，但是没有官职和爵位，不能够参议国家政事，本想分别授予你们行省断事官之职，只是由于没有亲自拜见宗王，不敢擅自授予你们职务。"于是让一个人回去，先禀告宗王，宗王非常高兴。因此政令全部听凭赛典赤施行。有当地的数名官吏，非常怨恨赛典赤，就利用到京城的机会诬告赛典赤有很多越权专断的事情。世祖对侍臣们说："赛典赤忧国爱民，我对他了解很深，这些人怎么敢诬告他呢！"马上下令械送诬告者到赛典赤处由他亲自处治。到达后，赛典赤打开他们的枷锁，教谕他们说："你们不知道是皇上将抚治云南之事委任给我，所以控诉我专权越职，我现在不怪罪你们，并且还要委任你们官职，你们能竭诚效忠以挽回自己的过失吗？"那些土官都叩头拜谢说："我们都有死罪，平章您不仅不杀我们，还委任我们官职，我们发誓要以死来报答您呀。"

拜住斗铁木迭儿

时右丞相铁木迭儿[①]贪滥谲险，屡杀大臣，鬻狱卖官，广立朋党，凡不附己者必以事去之，尤恶平章王毅、右丞高昉，因在京诸仓粮储失陷，欲奏诛之。拜住密言于帝曰[②]："论道经邦，宰相事也，以金谷细务责之可乎？"帝然之，俱得不死。铁木迭儿复引参知政事张思明为左丞以助己。思明为尽力，忌拜住方正，每与其党密语，谋中害之。左右得其情，乘间以告，且请备之。拜住曰："我祖宗为国元勋，世笃忠贞，百有余年。我今年少，叨受宠命，盖以此耳。大臣协和，国之利也。今以右相仇我，我求报之，非特吾二人之不幸，亦国家之不幸。吾知尽吾心，上不负君父，下不负士民而已。死生祸福，天实鉴之，汝辈毋复言。"未几，奉旨往立忠献王碑于范阳[③]。铁木迭儿久称疾，闻拜住行，将出莅省事，入朝，至内门，帝遣速速[④]赐之酒，且曰："卿年老宜自爱，待新年入朝未晚。"遂怏怏而还。然其党犹布列朝中，事必禀于其家，以拜住故不得大肆其奸，百计倾之，终不能遂。

（《元史·拜住传》）

【注释】

①铁木迭儿：人名，历事元世祖、元仁宗，元仁宗时累官右丞相，专横贪婪，后以疾卒于家中。

②"拜住密言"句：拜住，元英宗大臣，生于1298年，1323年被杀。帝，即元英宗硕德儿剌（1303—1323年）。

③范阳：地名，在今北京市城区西南。

④速速：元英宗时大臣。

【译文】

英宗硕德八剌在位时，右丞相铁木迭儿贪得无厌，阴险狡诈，多次矫杀大臣，卖官鬻爵，干涉案件审判，到处勾结同党，凡是不归附自己的人都要找借口除去，铁木迭儿尤其憎恶平章王毅、右丞相高昉。由于京城的一些粮仓失窃了，铁木迭儿便想奏请诛杀他们两人。拜住秘密地向皇帝进言说："决定政策治理国家，是宰相的职责，以粮仓失窃这样的琐细事务处死他们可以吗？"英宗深以为然，于是王毅和高昉才得以不死。铁木迭儿又引荐参知政事张思明为左丞相来帮助自己作恶害人，张思明为竭力报效铁木迭儿，很忌恨拜住刚正不阿，屡次与他的同党秘密商议，图谋中伤陷害他。拜住的左右亲信得到这个情况，乘机告诉了拜住，并请求防备张思明的陷害。拜住说："我的祖宗是开国元老功臣，历世都忠贞厚道，已经有100多年了。我现在很年轻，承蒙皇上的宠爱信任，也是由于家族的缘故。大臣之间和睦相处，这是国家的福气。现在你们告诉我右丞相敌视我的消息，我希望报复他，这不只是我们两个人的不幸，也是国家的不幸。我只知竭尽忠心，对上不辜负君王，对下不辜负老百姓而已。生死祸福，上天可以明鉴，你们不要再多说了。"不久，拜住奉旨前往范阳立忠献王碑。铁木迭儿很长时间都称病不出，听说拜住离京出行，将要到外面去办事，便想入朝觐见皇帝，到内宫门的时候，英宗派速速赐给铁木迭儿御酒，并说："你年纪老了，应该洁身自好，等新年里再入朝进见也不晚。"铁木迭儿闷闷不乐地返回。然而他的党羽仍布满了朝廷，有事情就一定会到他家去禀报，只是由于拜住的缘故不能放肆地施行他们的奸谋，于是想尽很多计谋来陷害他，但最终还是没能成功。

武宗之立

　　成宗①大渐，丞相哈剌哈孙答剌罕称疾卧直庐中。脱脱②适以使事至京师，即俾驰告武宗以国恤。时仁宗奉兴圣太后至自怀孟③。既定内难，而太后以两太子星命付阴阳家推算，问所宜立者，曰："重光大荒落有灾，旃蒙作噩长久。"重光为武宗年干，旃蒙为仁宗年干。于是太后颇惑其言，遣近臣朵耳谕旨武宗曰："汝兄弟二人皆我所出，岂有亲疏？阴阳家所言运祚修短，不容不思。"武宗闻之，默然，进脱脱而言曰："我捍御边陲，勤劳十年，又次序居长，神器所归，灼然何疑。今太后以星命休咎为言，天道茫昧，谁能豫知？设使我即位之后，所设施者上合天心，下副民望，则虽一日之短，亦足垂名万年，何可以阴阳之言乖祖宗之托哉！此盖近日任事之臣，擅权专杀，恐我他日或治其罪，故为是奸谋动摇大本耳。脱脱，汝为我往察事机，疾归报我。"脱脱承命即行。武宗亲率大军由西道进，按灰④由中道，床兀儿⑤由东道，各以劲卒一万从。脱脱驰至大都⑥，入见太后，道武宗所授旨以闻。太后愕然曰："修短之说虽出术家，为太子周思远虑乃出我深爱。贪惏已除，宗王大臣议已定，太子不速来何为？"时诸王秃列等侍，咸曰："臣下翊戴嗣君，无二心者。"既而太后、仁宗屏左右，留脱脱与语曰："太子天性孝友，中外属望。今闻汝所致言，殆有谗间。汝归速为我弥缝阙失，使我骨肉无间，相见怡愉，则汝功为不细矣。"脱脱顿首谢曰："太母、太弟不烦过虑，臣侍藩邸历年，颇见信任，今归当即推诚竭忠以开释太子。后日三宫共处，靡有嫌隙，斯为脱脱所报效矣。"先是，太后以武宗迟回不至，已遣阿沙不花⑦往道诸王群臣推戴之意。及是脱脱继往，行至旺古察⑧，武宗在马轿中望见其来，趣使疾驰，与之共载。脱脱具致太后、仁宗之语，武宗乃大感悟，释然无疑。遂遣阿沙不花回报。仁宗即日命驾奉迎于上都。武宗正位宸极，乃尊太后为皇太后，立仁宗为皇太子，三宫协和，脱脱兄弟之力为多。

（《元史·康里脱脱传》）

《元史》

【注释】

　　①成宗：即元成宗铁穆耳（1265—1307 年）。

②脱脱：即康里脱脱，元武宗时重臣，对元武宗即位起了一定的作用。

③"时仁宗"句：仁宗，即元仁宗爱育黎拔力八达（1285—1320 年）。兴圣太后，即元成宗铁穆耳皇后。怀孟，地名，即今河南沁阳。

④按灰：人名，元武宗时大臣。

⑤床兀儿：人名，元武宗时大臣。

⑥大都：地名，元朝都城，即今北京。

⑦阿沙不花：人名，康里国王族（康里国即今乌兹别克共和国撒马尔罕一带），为元朝功臣。

⑧旺古察：地名，在今河北境内。

【译文】

元成宗铁穆耳的疾病加重，丞相哈剌哈孙答剌罕称病睡在值班房中，康里脱脱刚好到京城，他得知情况后马上派人把成宗病危的消息急告给武宗海山。当时仁宗爱育黎拔力八达侍奉兴圣皇太后从怀孟赶到京城，平定了内部变乱后，皇太后将两位皇太子的星宿命相交给阴阳家推算，并问该拥立谁，阴阳家说："重光的命相虽是老大，但处在偏远的角落，将有灾难，游蒙的命相虽然不好，但可以长久。"重光是武宗海山的年岁干支，游蒙是仁宗爱育黎拔力八达的年岁干支。由于皇太后对这些话非常疑惑，于是派近臣朵耳传旨诏谕元武宗说："你们兄弟两人都是我所生的，怎么会有亲疏之分呢？然而阴阳家所说的天运帝位的长短，由不得不考虑呀。"武宗听后，不语，经过思考后他决定派脱脱向太后进言说："我捍卫边疆，辛勤劳苦 10 年，按年龄次序居于长位，帝位该归我，这是很明显的事情，有何可疑。现在皇太后以星宿命相制止灾祸为理由让我避位，但是天道运行迷茫不清，谁能够预先知道？假使我登上帝位后，所施行的政策上符合天意，下满足百姓的愿望，那么即使在位很短时间，也足以万世留名，怎么可以依据阴阳家的话来违背祖宗的嘱托呢！这大概是现在掌权的大臣，专权横暴，擅杀无辜，唯恐我他日惩治他的罪行，所以制造了这件阴谋企图来动摇帝位统治呀。脱脱，你为我前去观察事情的变化，一有情况马上回来报告我。"脱脱领命立即出发。武宗亲自率领大军由西路出发，按灰由中路，床兀儿由东路进发，各自都统领一万精兵跟随。脱脱急驰至大都，入宫拜见太后，详细地向皇太后陈述了武宗传达给他的旨意。皇太后惊奇地说："太子在位长短的说法虽然出自阴阳家之口，但是为太子深思远虑却是出于我的深爱之心。图谋不轨的奸臣已被除去，宗王大臣们的计议已经作出，太子为什么不赶快前来？"当时诸王秃列等人侍立在旁，都说："我们辅佐拥戴太子为皇帝，绝对没有二心呀。"不久太后、仁宗屏退左右大臣，单独留下脱脱告诉他说："太子生性孝顺，天下人对他寄予了希望。现在听到你所转达的话，大概有人离间我们母子关系。你赶快回去为我们弥补这个缺憾，使我们母子不致产生隔阂，相见之时没有不能之事，那么你的功劳也不小啊。"脱脱叩头拜谢说："皇太后、皇太弟不必太过烦虑，我在王府侍奉太子已经有很多年了，非常得太子信任，现在回去一定竭诚尽忠向皇太子解释清楚这件事情。往后三宫一同相处，很少会有隔阂，这是我康里脱脱所应该报效的事情呀。"起先，皇太后由于武宗海山犹豫迟疑不肯到京师，已经派阿沙不花前往陈述诸王和群臣推戴拥立的意思。等到脱脱接着前往，行到旺古察时，武宗海山在马轿中望见脱脱前来，急忙派使者疾驰前往迎接，与他共乘一车。脱脱详细转达了皇太后及仁宗的话，武宗海山于是豁然感悟，心中的疑虑全部都消失了，于是派阿沙不花回报两宫。仁宗当日命令出动车驾到上都奉迎武宗。元武宗海山正式登上帝位。于是尊奉太后为皇太后，册立仁宗爱育黎拔力八达为皇太子，三宫相处和睦，脱脱兄弟出力最多。

成宗征伐八百媳妇国

　　五年，同列有以云南行省左丞刘深计倡议曰："世祖以神武一海内，功盖万世。今上嗣大历服，未有武功以彰休烈，西南夷有八百媳妇国①未奉正朔，请往征之。"哈剌哈孙②曰："山峤小夷，辽绝万里，可谕之使来，不足以烦中国。"不听，竟发兵二万，命深将以往。道出湖广，民疲于馈饷。及次顺元③，深胁蛇节④求金三千两、马三千匹。蛇节因民不堪，举兵围深于穷谷，首尾不能相救。事闻，遣平章刘国杰⑤往援，擒蛇节，斩军中，然士卒存者才十一二，转饷者亦如之，讫无成功。帝始悔不用其言。会赦，有司议释深罪。哈剌哈孙曰："徼名首衅，丧师辱国，非常罪比，不诛无以谢天下。"奏诛之。

（《元史·哈剌哈孙传》）

【注释】

①八百媳妇国：即今泰国北部等地。

②哈剌哈孙：元朝大臣，敢于直言，是为忠臣。

③顺元：地名，在今贵阳市附近。

④蛇节：元朝彝族首领，土官阿那之妻，领兵反抗暴政，兵败身死。

⑤刘国杰：元前期武将，字国宝，号刘二拔都，平叛有功。

【译文】

元成宗大德五年，哈剌哈孙的同僚将云南行省左丞相刘深的计议，启奏成宗说："世祖凭着神勇武力一统海内，他的业绩定会功盖万世。现在皇上承袭皇位执掌天下，还没有过武功业绩来显示你伟大美好的事业呀，西南蛮夷部落的八百媳妇国至今还未接受我国的统治，请求出兵征讨他们。"哈剌哈孙驳斥说："山高路远的蛮夷之国，离我们非常遥远，可派使者诏谕他们前来归附，不值得出动我们的军队。"成宗不听，派出两万士兵，任命刘深统率前往征伐。军队经过湖广行省境内，老百姓都被筹集军饷搞得非常穷困。军队抵达顺元时，刘深胁迫蛇节交纳3000两黄金、3000匹马。蛇节由于百姓不能忍受，就发动军队反抗，将刘深围在深山险谷之中，使他的军队首尾不能相援。朝廷得知这一消息后，派平章刘国杰前去援救，刘国杰生擒蛇节，并将其斩杀于军中。然而刘深的士兵活下来的才只有十分之一二，所调拨的军饷也是如此，最后还是没有成功。成宗皇帝开始后悔不听哈剌哈孙的谏言。刚好大赦，有关部门商议免去刘深的罪行。哈剌哈孙说："刘深沽名钓誉，丧师辱国，不是一般的罪行可以相比的，不诛杀他就不能向天下人谢罪。"于是奏请诛杀他。

彻里力劾桑哥

二十四年，分中书为尚书省。桑哥①为相，引用党与，钩考天下钱粮，凡昔权臣阿合马②积年负逋，举以中书失征，奏诛二参政。行省乘风，督责尤峻。主无所偿，则责及亲戚，或逮系邻党，械禁榜掠。民不胜其苦，自裁及死狱者以百数，中外骚动。廷臣顾忌，皆莫敢言。彻里③乃于帝前，具陈桑哥奸贪误国害民状，辞语激烈。帝怒，谓其毁诋大臣，失礼体，命左右批其颊。彻里辩愈力，且曰："臣与桑哥无仇，所以力数其罪而不顾身者，正为国家计耳。苟畏圣怒而不复言，则奸臣何由而除，民害何由而息！且使陛下有拒谏之名，臣窃惧焉。"于是帝大悟，即命帅羽林三百人往籍其家，得珍宝如内藏之半。桑哥既诛，诸枉系者始得释。复奉旨往江南，籍桑哥姻党江浙省臣乌马儿、蔑列、忻都、王济，湖广省臣要束木等，皆弃市，天下大快之。

（《元史·彻里传》）

【注释】

①桑哥：元朝奸臣，丹巴国师之弟子，为人狡黠专横，为世祖所诛。

②阿合马：元初期大臣，回族人，为世祖时奸臣，专权自用，贪赃不法，后被击杀。

③彻里：元世祖时大臣，曾祖为元初功臣，为官正直，不畏强横。

【译文】

元世祖二十四年，忽必烈分中书省，设立尚书省。桑哥担任尚书省丞相，利用亲信同党，清查国家征收的赋税钱粮，凡是以前权臣阿合马历年的亏空和拖欠，都归为中书省没有征收，桑哥上奏请求诛杀中书省的两位参知政事。行中书省也一齐清查，监督执行非常严格。只要谁偿还不了拖欠，就会祸及亲戚朋友，有时候还逮捕邻居街坊，拘禁关押，用刑毒打。老百姓忍受不住这种痛苦，自杀的及死在狱中的数以百计，朝廷内外震动。朝中大臣顾忌桑哥，都不敢直言。彻里于是在世祖面前详细奏明了桑哥为奸作恶、祸国殃民的罪状，言辞非常激烈。世祖大怒，斥责他诋毁中伤大臣，有失礼义体统，命令左右侍臣掌他的脸。彻里更奋力声辩，并说："我与桑哥没有仇恨，之所以极力陈明他的罪状而不顾身家性命，正是为国家。假使惧怕皇上震怒而不再直言，那么奸臣怎么样才能铲除，人民遭受的灾害怎样才能止息！况且还会使皇上有拒绝进谏的恶名，我私下里为皇上感到担忧。"于是世祖恍然大悟，当即命他率300名羽林军前去查抄桑哥的家产，得到的珍奇异宝有皇宫半数之多。桑哥被诛杀以后，众多被错抓的人才得以释放。彻里又奉旨前往江南，查抄桑哥的同党江浙省臣乌马儿、蔑列、忻都、王济以及湖广省臣要束木等人的家产，并将他们都斩首于市，天下老百姓都拍手称快。

阿鲁浑破谣言

　　会有江南人言宋宗室反者，命遣使捕至阙下。使已发，阿鲁浑萨理[1]趣入谏曰："言者必妄，使不可遣。"帝曰："卿何以言之？"对曰："若果反，郡县何以不知。言者不由郡县，而言之阙庭，必其仇也。且江南初定，民疑未附，一旦以小民浮言辄捕之，恐人人自危，徒中言者之计。"帝悟，立召使者还，俾械系言者下郡治之，言者立伏，果以尝贷钱不从诬之。帝曰："非卿言，几误，但恨用卿晚耳。"自是命日侍左右。

（《元史·阿鲁浑萨理传》）

【注释】

　　①阿鲁浑萨理：元大臣，曾侍元世祖，有功。

【译文】

　　这时江南报告说宋朝的宗亲后裔要发动叛乱，世祖忽必烈下令派使者将宋室宗亲逮捕入京城。使者出发后，阿鲁浑萨理入宫进谏世祖说："报告消息的人一定在瞎说，不能派使者前去。"世祖说："你怎么知道呢？"阿鲁浑萨理回答说："如果真的反叛了，郡县为什么不知道。报告的人不经过郡县，而直接报告给朝廷，一定是他们的仇人。况且江南刚刚平定，老百姓还在怀疑，并未真心归附，如果仅凭着小民流言就逮捕宋室宗亲，恐怕人人自危，结果白白地中了密告者的奸计。"世祖醒悟，立刻召命使者返回，并械送密告者回原州郡审问，密告者立即服罪，果然是由于向宋室后裔借钱，他们不给，于是诬陷他们。世祖说："不是你的谏言，恐怕就误了事，只是后悔用你太晚了呀。"于是世祖命令阿鲁浑萨理每天侍奉在自己左右。

阿沙不花进谏

　　有近臣蹴鞠[1]于帝前，帝即命出钞十五万贯赐之。阿沙不花[2]顿首言曰："以蹴鞠而受上赏，则奇技淫巧之人日进，而贤者日退矣，将如国家何。

臣死不敢奉诏。"乃止。帝又尝御五花殿，丞相塔思不花、三宝奴，中丞伯颜等侍。阿沙不花见帝容色日悴，乃进曰："八珍之味不知御，万金之身不知爱，此古人所戒也。陛下不思祖宗付托之重，天下仰望之切，而惟曲蘖是沉，姬嫔是好，是犹两斧伐孤树，未有不颠仆者也。且陛下之天下，祖宗之天下也，陛下之位，祖宗之位也，陛下纵不自爱，如宗社何？"帝大悦曰："非卿孰为朕言。继自今毋爱于言，朕不忘也。"因命进酒。阿沙不花顿首谢曰："臣方欲陛下节饮而反劝之，是臣之言不信于陛下也，臣不敢奉诏。"左右皆贺帝得直臣。

（《元史·阿沙不花传》）

【注释】

①踘：通"鞠"，蹴踘是我国古代的一种足球运动。

②阿沙不花：人名，为元朝功臣。

【译文】

有亲近侍臣在武宗海山前蹴踘，武宗当即诏命拿出15万贯钱钞赏赐他们。阿沙不花叩首说："因为蹴踘就受到上等的赏赐，那么一些具有奇巧淫技的人就会日益得势，而贤德之人就会日渐消失，这样下去会把这个国家置于死地。我至死也不敢执行诏命。"武宗于是停止。武宗海山又曾经驾临五花殿，丞相塔思不花、三宝奴和中丞伯颜等人侍奉在旁。阿沙不花看见武宗容颜日益憔悴，于是进言说："八珍的美味不知道克制，万金之身体不知道爱惜，这些都是古人戒除的。皇上不考虑祖宗托付的重大，天下人仰望的迫切，而只知沉溺于美酒，嗜好女色，这犹如两把斧头砍伐一颗孤树，没有不会被砍倒的。况且陛下的天下，是祖宗的天下，陛下的皇位，是祖宗的皇位，陛下纵使不自爱，然而怎么向宗庙社稷交代呢？"武宗大喜，说道："要不是你，谁会向我进言。往后你不要吝惜向我进言，我不会忘记呀。"于是命令进呈美酒。阿沙不花叩头拜谢说："我刚劝陛下节制饮酒，陛下反而却赐我美酒，这是我的话不被陛下相信接受呀，我不敢接受诏命。"左右的侍臣都祝贺皇帝得到了一位正直的忠臣。

御 人

顺帝轻废高丽王

帝以谗废高丽王伯颜帖木儿，立塔思帖木儿为王。国人上书言旧王不当废，新王不当立之故。初，皇后奇氏①宗族在高丽，恃宠骄横，伯颜帖木儿屡戒饬不悛，高丽王遂尽杀奇氏族。皇后谓太子曰："尔年已长，何不为我报仇。"时高丽王昆弟有留京师者，乃议立塔思帖木儿为王，而以奇族子三宝奴为元子，以将作同知②崔帖木儿为丞相，以兵万人送之国，至鸭绿江，为高丽兵所败，仅余十七骑还京师。

（《元史·顺帝本纪》）

《元史》

【注释】

①奇氏：元顺帝第二个皇后，名完者忽都。
②将作同知：官职名称。

【译文】

元顺帝听信谗言废掉高丽王伯颜帖木儿，立塔思帖木儿为高丽王。国中有人上书阐明不该废旧王，而立新王的理由。起初，皇后奇氏的宗族在高丽国，凭借着皇后的得宠而骄横不可一世。伯颜帖木儿多次劝诫他们，他们都不知悔改，高丽王于是将奇氏宗族全部杀掉了。皇后对太子说："你已经长大了，怎么不为我报仇呢！"当时高丽王有弟弟留在京师，他上书建议立塔思帖木儿为高丽王，以奇族人的儿子三宝奴为嗣子，委任将作同知崔帖木儿为丞相，并派一万多军队护送他们到高丽国，抵达鸭绿江边时，被高丽兵打得大败，仅剩下17人返回京师。

李冶论士

　　世祖在潜邸，闻其贤，遣使召之，且曰："素闻仁卿①学优才胆，潜德不耀，久欲一见，其勿他辞。"既至，问河南居官者孰贤，对曰："险夷一节，惟完颜仲德。"又问完颜合答及蒲瓦何如②，对曰："二人将略短少，任之不疑，此金所以亡也。"又问魏徵、曹彬何如，对曰："徵忠言谠论，知无不言，以唐诤臣观之，徵为第一。彬伐江南，未尝妄杀一人，拟之方叔、召虎可也。汉之韩、彭、卫、霍，在所不论。"又问今之臣有如魏徵者乎，对曰："今以侧媚成风，欲求魏徵之贤，实难其人。"又问今之人材贤否，对曰："天下未尝乏材，求则得之，舍则失之，理势然耳。今儒生有如魏璠、王鹗、李献卿、兰光庭、赵复、郝经、王博文辈，皆有用之材，又皆贤王所尝聘问者，举而用之，何所不可，但恐用之不尽耳。然四海之广，岂止此数马哉。王诚能旁求于外，将见集于明廷矣。"

（《元史·李冶传》）

【注释】

　　①仁卿：指李冶，字云卿，元朝真定乐城人，为金进士，后归元朝，为世祖时大臣。

　　②"又问完颜合答"句：完颜合答，金人，名瞻，字景山，少长兵间，习弓马，为良将，兵败被杀。蒲瓦，人名。

【译文】

　　元世祖忽必烈在王府官邸的时候，听说李冶贤能，便派使者前去召见他，并说："常听说你学识优异，才略过人，且深藏美德从不显耀，很早就想相见。"李冶到后，世祖忽必烈便问他在黄河以南为官的人中谁有贤德，李冶回答说："具备无论困难还是顺利都保持镇定态度这种节操的，只有完颜仲德。"世祖又询问完颜合答及蒲瓦两人的品行如何，李冶回答说："他们两人缺少带兵的谋略,而金国却毫无思虑对他们加以任用,这就是金国所以灭亡的原因。"世祖再问魏徵、曹彬两人如何,李冶回答说:"魏徵忠贞,敢于直言进谏,知无不言,唐朝敢于直谏的大臣,魏徵应排在第一位。曹彬征伐江南,不曾乱杀过一人,可以与方叔、召虎相比了。至于汉朝的韩信、彭越、卫青、霍去病,那就更不用谈了。"世祖又问现在的大臣中是否有像魏徵那样的贤德之人,李冶回答说:"现在的人形成了谄媚讨好的风气,想要得到像魏徵那样的贤才,实在是难找到这样的人。"世祖又问现在的人才是否贤能,李冶回答说:"国家不曾缺少过有才能的人,只要征求就会得到人才,不征求就会失去人才,规律的趋势就是这样呀。现在像魏盟、王鹗、李献卿、兰光庭、赵复、郝经、王博文这样一些儒生,都是有用的人才,这些人又都是贤明的大王所曾聘请访问过的,选拔任用他们,有什么不可以的,只恐怕不能完全任用他们罢。然而天下广大,难道只有这几匹千里马吗。大王只要能在天下广招贤材,那么天下的贤才就一定会得到啊。"

赵良弼单身赴日

舟至金津岛①,其国人望见使舟,欲举刃来攻,良弼②舍舟登岸喻旨。金津守延入板屋,以兵环之,灭烛大噪,良弼凝然自若。天明,其国太宰府官,陈兵四山,问使者来状。良弼数其不恭罪,仍喻以礼意。太宰官愧服,求国书。良弼曰:"必见汝国王,始授之。"越数日,复来求书,且曰:"我国自太宰府以东,上古使臣,未有至者,今大朝遣使至此,而不以国书见授,何以示信!"良弼曰:"隋文帝遣裴清来,王郊迎成礼,唐太宗、高宗时,遣使皆得见王,王何独不见大朝使臣乎?"复索书不已,诘难往复数四,以至兵胁良弼。良弼终不与,但颇录本示之。后之声言,大将军以兵十万来求书。良弼曰:"不见汝国王,宁持我首去,书不可得也。"日本知不可屈,遣使介十二人入觐,仍遣人送良弼至对马岛③。

(《元史·赵良弼传》)

【注释】

①金津岛:地名,在今日本境内。

②良弼：即赵良弼，字辅之，女真人，本姓术要甲，音讹为赵，故改赵姓，元世祖时曾出使日本。

③对马岛：地名。

【译文】

船到金津岛后，日本国人远远望见使者的大船，举起武器兵刃就准备前来进攻，赵良弼下船登岸后告诉他们来意。金津岛守臣将他们引入板屋，然后派兵包围他们，熄灭蜡烛后士兵大声喧哗，赵良弼神情安静，镇定自若。第二天天亮，日本国太宰府长官，在四面山上布满士兵，然后询问赵良弼来意。赵良弼先历数其不恭敬的罪状，然后又告诉他们自己出使的来意。太宰官表示愧服，要求他出示国书。赵良弼说："我一定要面见你们国王后，才能交出国书。"几天后，太宰官又来要求出示国书，并说："我们国家自从太宰府掌权以来，上古大国的使臣，从来没有出使过我们国家，现在大国派使臣到这里来出使，却不拿出国书来，怎么能让人相信呢！"赵良弼说："隋文帝派裴清前来出使，你们国王亲自到城郊以礼相迎，唐太宗、唐高宗之时，所派遣的使者都能见到国王，你们国王为什么独不接见我们大元朝的使臣呢？"太宰官还是不停地索要国书，并且反反复复先后4次诘难赵良弼，以至于最后用武力威胁他。赵良弼还是不给他，只是大略地抄录了副本给他看。太宰官后来又声称说，他们的大将军统领了10万士兵前来索要国书。赵良弼说："没有见到你们国王，宁可你们将我的头拿走，也不会让你们得到国书。"日本国知道不能使赵良弼屈服，只好派12名使者前往拜见大元朝皇帝，并依旧派人护送赵良弼返回到对马岛。

铁木真嫁妹

孛秃，亦乞列思氏，善骑射。太祖①尝潜遣术儿彻丹出使，至也儿古纳河②。孛秃知其为帝所遣，值日暮，因留止宿，杀羊以享之。术儿彻丹马疲乏，复假以良马，及还，孛秃待之有加。术儿彻丹具以白帝，帝大喜，许妻以皇妹帖木伦。孛秃宗族乃遣也不坚歹等诣太祖，因致言曰："臣闻威德所加，若云开见日，春风解冻，喜不自胜。"帝问："孛秃孳畜几何？"

也不坚歹对曰："有马三十匹，请以马之半为聘礼。"帝怒曰："婚姻而论财，殆若商贾矣。昔人有言，同心实难，朕方欲取天下，汝亦乞列思之民，从孛秃效忠于我可也，何以财为！"竟以皇妹妻之。

（《元史·孛秃传》）

【注释】

①太祖：即元太祖成吉思汗（1162—1227 年）。

②也儿古纳河：河名，在今俄罗斯境内。

【译文】

孛秃，是亦乞烈思氏人，擅长骑马射箭。太祖曾暗中派术儿彻丹出使，到也儿古纳河边。孛秃知道他是太祖成吉思汗派遣出来的，当时正好天刚黑，于是孛秃就留术儿彻丹住宿，并杀羊来款待他。术儿彻丹的马匹困乏，孛秃又把好马借给他，等到返回时，孛秃待他更热情。术儿彻丹把这些事仔细地讲给太祖听了，太祖大喜，决定把自己的妹妹帖木伦嫁给孛秃做妻子。孛秃宗族的人派也不坚歹等人去见太祖，他们向太祖表达谢意说："我们听说大汗威望德行施予的地方，就像云开见日、春风解冻，我们感到喜不自胜。"太祖问道："孛秃牧养繁殖了多少牲口？"也不坚歹回答说："孛秃有 30 匹马，他请求拿出一半的马匹作聘礼。"太祖大怒说："谈婚姻而论及钱财，就好像商人谈买卖一样。以往的人曾经说过，同心同德实在困难，我现在想要夺取天下，你是亦乞列思的族人，跟随孛秃效忠于我就可以了，何必谈论钱财呢！"于是把妹妹嫁给孛秃做妻子。

德辉论兴亡

岁丁未，世祖①在潜邸，召见，问曰："孔子殁已久，今其性安在？"对曰："圣人与天地终始，无往不在。殿下能行圣人之道，性即在是矣。"又问："或云，辽以释废，金以儒亡，有诸？"对曰："辽事臣未周知，金季乃所亲睹，宰执中虽用一二儒臣，余皆武弁世爵，及论军国大事，又不使预闻，大抵以儒进者三十之一，国之存亡，自有任其责者，儒何咎焉！"

世祖然之。因问德辉曰："祖宗法度具在，而未尽设施者甚多，将如之何？"德辉指银槃，喻曰："创业之主，如制此器，精选白金良匠，规而成之，畀付后人，传之无穷。当求谨厚者司掌，乃永为宝用。否则不惟缺坏，亦恐有窃而去之者矣。"世祖良久曰："此正吾心所不忘也。"……又问："农家作劳，何衣食之不赡？"德辉对曰："农桑，天下之本，衣食之所从出者也。男耕女织，终岁勤苦，择其精者输之官，余粗恶者将以仰事俯育。而亲民之吏复横敛以尽之，则民鲜有不冻馁者矣。"

（《元史·张德辉传》）

【注释】

①世祖：指忽必烈。

【译文】

丁未年，世祖忽必烈在亲王府召见张德辉，问道："孔子死去已久，现在他学说的生命力在哪里？"张德辉回答说："圣人与天地同始同终，无处不在。殿下只要能实行圣人的思想主张，那么就得了圣人思想的生命。"世祖又问："有人说，辽国是由于崇佛而亡国，金国是由于运用儒术而亡国，有这种事吗？"张德辉回答说："辽国的事情我不太清楚，金国的没落却是我亲眼所见，执掌权力的官员中曾运用了一两个儒臣，但其余的都是武官和承袭世爵的权贵，及至商议军国大事，又不让他们参与了解，朝中官员大抵以儒术入仕的30人中才有一个，国家的废亡，自然有人应承担起这个责任，但儒生又有什么错误呢！"世祖认为他说得很对。于是又问张德辉："祖宗的旧制法规都已存在，然而尚未完全制定完善的法规也很多，我该怎么办？"张德辉指着银盘，打比喻说："创业的君王，好像制做这件银器，先要精心挑选白银和好的工匠，规划好样式后再做成，托付给后代，永远流传没有穷尽。应当寻找谨慎温厚的人来掌管，才可以永远使用。否则不仅会缺损毁坏，而且恐怕还会有盗贼偷走它呀。"世祖想了很久才说："这正是我心里念念不忘的事情呀。"……世祖又问："农夫耕作劳苦，为什么衣食还是不充足呀？"张德辉回答说："农桑是天下的根本，穿衣吃饭都要靠它。男人耕种，女人织布，终年辛勤劳苦，挑选上好的产品上交给官府，剩下粗劣的就用来养活一家老小。然而官吏却横征暴敛，将百姓抢掠一空，那么老百姓又怎能富足呢。"

《元史》

法　制

三宝奴骗财受控告

武昌妇人刘氏，诣御史台诉三宝奴[①]夺其所进亡宋玉玺一、金椅一、夜明珠二。奉旨，令尚书省及御史中丞冀德方，也可札鲁忽赤[②]别铁木儿，中政使[③]搠只等杂问。刘氏称故翟万户妻，三宝奴谪武昌时，与刘往来，及三宝奴贵，刘托以追逃婢来京师，谒三宝奴于其家，不答，入其西廊，见榻上有逃婢所窃宝鞍及其手缝锦帕，以问，三宝奴又不答。忿恨而出，即求书状人乔瑜为状，乃因尹荣往见察院吏李节，入诉于台。狱成，以刘氏为妄。有旨，斩乔瑜，笞李节，杖刘氏及尹荣，归之原籍。

（《元史·武宗本纪》）

《元史》

【注释】

①三宝奴：元武宗时官员。

②也可札鲁忽赤：札鲁忽赤，汉译"断事官"。也可札鲁忽赤，即"大断事官"，先是总揽各种政务，入元以后，变成了司法长官。

③中政使：中政院长官，掌管皇后宫中财赋及其他事务。

【译文】

武昌的妇人刘氏，到御史台状告三宝奴夺走她打算进献的亡宋的一方玉玺、一把金椅、两颗夜明珠。朝廷下旨，命尚书省臣及御史中丞冀德方、也可札鲁忽赤别铁木儿、中政使搠只等一齐审理这件讼案。刘氏自称她是已亡故翟万户的妻子，三宝奴被贬职武昌时，与刘氏有来往，三宝奴显贵了以后，刘氏因要委托他追拿逃走的奴婢来到京师，到三宝奴家拜访他，三宝奴不肯帮忙。刘氏进入他家的西廊，看见屋中床榻上有逃走奴婢所盗走的宝鞍以及手缝的锦帕，刘氏拿着这些东西质问三宝奴，他又不回答。刘氏愤恨地离开了三宝奴家，立即请求写状纸的乔瑜写了状纸，又凭着尹荣的关系，前去见按察院的小吏李节，最后到御史台状告三宝奴。讼案审判的结果，觉得刘氏是瞎说。因此传下圣旨，将乔瑜斩首，鞭打李节，杖责刘氏和尹荣，并把他们遣送回原籍。

吕思诚谈钞法

《元史》

　　吏部尚书契哲笃、左司都事武祺等，建言更钞法，以楮币一贯文省权铜钱一千文为母，铜钱为子，命廷臣集议。思诚[①]曰："中统、至元自有母子[②]，上料为母，下料为子，譬之蒙古人以汉人子为后，皆人类也，尚终为汉人之子，岂有故纸为父而立铜为子者乎？"一座咸笑。思诚又曰："钱钞用法，见为一致，以虚换实也。分历代钱、至正钱、中统钞、至元钞、交钞分为五项，虑下民知之，藏其实而弃其虚，恐不利于国家也。"契哲笃曰："至元钞多伪，故更之尔。"思诚曰："至元钞非伪，人为伪尔。交钞若出，亦为伪者矣。且至元钞，犹故戚也，家之童奴且识之；交钞，犹新戚也，虽不敢不亲，人未识也，其伪反滋多尔。况祖宗之成宪，其可轻改哉。"契哲笃曰："祖宗法弊，亦可改矣。"思诚曰："汝辈更法，又欲上诬世皇[③]，是汝与世皇争高下也。且自世皇以来，诸帝皆谥曰孝，改其成宪，可谓孝乎？"契哲笃曰："钱钞兼行何如？"思诚曰："钱钞兼行，轻重不伦，何者为母，何者为子，汝不通古今，道听而涂说，何足行哉。"契哲笃忿曰："我等策既不可行，公有何策？"思诚曰："我有三字策，曰：行不得！行不得！"

（《元史·吕思诚传》）

【注释】

　　①思诚：即吕思诚，字仲实，元朝平定州人，先世为金进士，由金入元，中泰定元年进士，为官正直。

②"中统"句：中统，元世祖年号，公元1260—1264年。至元，世祖年号，公元1264—1295年。

③世皇：即元世祖忽必烈。

【译文】

吏部尚书契哲笃、左司都事武祺等，建议改革钱钞的法令，以一贯文省的纸币折合一千文铜钱作为母钞，铜钱作为子钞，皇帝下诏命令朝中大臣集体讨论这个建议。吕思诚说："中统、至元年间本来有母钞和子钞，质料上等的是母钞，质料次等的是子钞，如同蒙古人将汉人的儿子作为后代，都是人的同类，但最后还是成了汉人的儿子，怎么会有旧纸是父亲而立铜钱为儿子的呢？"在座的人都笑起来。吕思诚又说："铜钱纸钞的使用法则、作用是一样的，都是以虚换实罢了。现在历代的铜钱、至正铜钱、中统钞、至元钞、交钞，共有五类，只是担心老百姓知道这一点，收藏实物而抛开虚假无用的纸钞，恐怕将对国家大为不利。"契哲笃说："至元钞有很多是假的，所以要更换它。"吕思诚说："至元钞不是假的，只是有人造假罢了。如果交钞发行使用，人们也会伪造他。况且至元钞好比是老亲戚，家中的小孩奴仆都能识别；交钞，好像是新结的亲戚，虽然不敢不亲近，但是人们还并没有都认识它，那么伪造的反而更多了。何况祖宗的成规，怎么可以轻易更改呢。"契哲笃说："祖宗的旧法已经不适用，也可以改革了。"吕思诚说："你们这些人更改法令，想变乱世祖的规定，这是你们同世祖争夺高下之位呀。况且自从世祖皇帝以来，诸位皇帝都被谥号为孝，更改他的成规，能够说是孝吗？"契哲笃说："铜钱纸钞一齐发行使用怎么样？"吕思诚说："铜钱纸钞一起使用，谁重要谁次要分不清楚谁为母钞，谁为子钞，也不明白，你不精通古今钱钞，道听途说提出的建议，怎么值得施行呢。"契哲笃气愤地说："我们的策略既然不能施行，那么你有什么计策呢？"吕思诚说："我有三字策略，那就是：不可行，不可行！"

张雄飞廉洁守法

雄飞①刚直廉慎，始终不易其节。尝坐省中，诏趣召之，见于便殿，谓雄飞曰："若卿，可谓真廉者矣。闻卿贫甚，今特赐卿银二千五百两、钞二千五百贯。"雄飞拜谢,将出,又诏加赐金五十两及金酒器。雄飞受赐,封识藏于家。后阿合马②之党以雄飞罢政,诣省乞追夺赐物,裕宗③在东宫闻之,命参政温迪罕谕丞相安童曰:"上所以赐张雄飞者,旌其廉也,汝岂不知耶?毋为小人所诈。"塔即古阿散④请检核前省钱谷,复用阿合马之党,竟矫诏追夺之。塔即古阿散等俄以罪诛,帝虑校核失当,命近臣伯颜阅之。中书左丞耶律老哥劝雄飞诣伯颜自辩,雄飞曰:"上以老臣廉,故赐臣,然臣未尝敢轻用,而封识以俟者,政虞今日耳,又可自辩乎?"

(《元史·张雄飞传》)

【注释】

①雄飞:即张雄飞,字鹏举,元朝琅琊临沂人,由金入元,为元官员。

②阿合马:元初期大臣,专权横暴,贪赃不法,后被诛杀。

③裕宗:即元世祖忽必烈太子真金。

④塔即古阿散:世祖时大臣。

【译文】

张雄飞为官正直廉洁,节操始终不改。有一次在中书省处理公务时,世祖派使者前去召见他,并在偏殿中接见他,世祖告诉张雄飞说:"只有你,真正可以称得上廉洁呀。我听说你非常清贫,现在特别赏赐给你白银2500两,钱钞2500贯。"张雄飞跪拜谢恩,将要退出时,世祖又诏命加赐黄金50两及金质酒器。张雄飞接受赏赐后,全部存封做好标记后密藏在家中。后来阿合马的同党由于张雄飞被罢职,就到中书省请求收缴追回原来所赏赐的物品,裕宗真金听说后,命令参知政事温迪罕告诉丞相安童说:"皇上原先赏赐张雄飞,是为了表彰他的廉洁呀,难道你不知道吗?不要被小人所欺骗。"塔即古阿散奏请检查核实前中书省官员的财政情况,再次起用阿合马的同党,他们最后竟假传诏书追缴收回赏赐的财物。塔即古阿散等不久因罪被诛杀,世祖考虑到清查核实可能不当,下令近臣伯颜复查。中书省左丞相耶律老哥劝张雄飞到伯颜那里为自己辩词,张雄飞说:"皇上由于老臣廉洁,所以赏赐我,然而我却未曾敢轻易动用赏赐的财物,而封存后做好标记以等待不测,预料到要发生今天的变故,又有什么可以为自己辩护的呢!"

伯颜平宋遭构陷

伯颜①之取宋而还也，诏百官郊迎以劳之，平章阿合马②，先百官半舍道谒，伯颜解所服玉钩绦遗之，且曰："宋宝玉固多，吾实无所取，勿以此为薄也。"阿合马谓其轻己，思中伤之，乃诬以平宋时，取其玉桃盏，帝命按之，无验，遂释之，复其任。阿合马既死，有献此盏者，帝愕然曰："几陷我忠良！"别吉里迷失③尝④诬伯颜以死罪，未几，以它罪诛，敕伯颜临视，伯颜与之酒，怆然不顾而返。世祖问其故，对曰："彼自有罪，以臣临之，人将不知天诛之公也。"

（《元史·伯颜传》）

【注释】

①伯颜：元朝著名军事家、政治家，元世祖忽必烈时，带兵灭亡南宋，生于1236年，死于1295年。

②阿合马：元朝初期大臣，出生于中亚费纳喀忒，专权横暴，后被杀，生年不详，卒于1282年。

③别吉里迷失：人名，元世祖忽必烈时大臣。

④尝：曾经。

【译文】

伯颜攻取宋朝后班师回朝，世祖诏令百官到城郊迎接他们，以示慰劳。平章阿合马，先于百官在半路上迎侯伯颜，伯颜解下他身上所穿的玉钩条送给阿合马，并说："宋朝的宝玉虽然多，我实在是没有拿，希望不要认为这件礼物太薄了。"阿合马觉得伯颜轻视自己，就想中伤他，因此诬陷他平宋的时候，私自拿了玉桃盏，世祖下令追查，没有证据，因此释放了他，并且还恢复了他的官职。阿合马死后，有人进献玉桃盏，世祖惊愕地说："差一点诬陷了我的忠臣！"别吉里迷失曾经诬陷伯颜想致他死罪，不久，别氏由于其他罪行将被诛杀，世祖敕令伯颜前去监斩，伯颜递给他酒，痛苦得没有回头地离开了。世祖询问他缘故，伯颜回答说："他本来有罪，让我前去监斩，别人就不会认为这是上天诛杀他的公正行为呀。"

王荣伤人起风波

纯只海，散术台氏。弱冠宿卫太祖①帐下，从征西域诸国有功。己亥，同僚王荣②潜畜异志，欲杀纯只海，伏甲縶之，断其两足跟，以帛缄纯只海口，置佛祠中。纯只海妻喜礼伯伦闻之，率其众攻荣家夺出之。纯只海裹疮从二子驰旁郡，请兵讨荣，杀之。朝廷遣使以荣妻孥③赀产赐纯只海家，且尽驱怀④民万余口郭外，将戮之。纯只海力争曰："为恶者止荣一人耳，其民何罪。若果尽诛，徒守空城何为。苟朝廷罪使者以不杀，吾请以身当之。"使者还奏，帝是其言，民赖不死。纯只海给荣妻孥券，放为民，遂⑤以其宅为官廨，秋毫无所取。郡人德之。

（《元史·纯只海传》）

《元史》

【注释】

①太祖：即元太祖成吉思汗（1162—1227年）。

②王荣：元太祖时曾任怀州官员。

③孥（nú）：同"奴"。

④怀：地名，在今河南沁阳境内。

⑤遂：于是。

【译文】

散术台氏人纯只海，15岁时在太祖帐下任值班警卫，跟随太祖征讨西域各国立下了功劳。己亥日，同僚王荣暗中怀有不轨的企图，想要杀掉纯只海，便埋下伏兵抓住了他，并砍断了他的两个脚后跟，用布帛塞住了纯只海的口，然后把他放在佛祠中。纯只海的妻子喜礼伯伦知道这个消息后，率领部队攻打王荣家，夺回了丈夫。纯只海裹着伤口随着两个儿子急驰至旁郡，请求救兵征讨王荣，并诛杀了他。朝廷派使者将王荣的妻子、家奴以及财产统统赏赐给纯只海家，并驱赶一万多名怀州百姓到城外，打算将他们全部杀死。纯只海极力劝止说："犯下罪恶的仅仅只是王荣一人罢了，那么怀州百姓又有什么罪呢。倘若全部杀死了，只防守一座空城又有什么用呢？如果朝廷怪罪使者没有诛杀民夫，那么我请求由本人承担罪责。"使者回奏皇帝，皇帝答应了他的要求，百姓因此免于一死。纯只海交给王荣的妻子充官为奴的凭据，释放她为百姓。于是又把王荣的府宅作为官署，秋毫无犯，郡中的百姓都觉得他有品德。

虞槃英明除邪巫

有巫至其州，称神降，告其人曰："某方火。"即火。又曰："明日某方火。"民以火告者，槃①皆赴救，告者数十，寝食尽废，县长吏以下皆迎巫至家，厚礼之。又曰："将有大水，且兵至。"州大家皆尽室逃，槃得劫火卒一人，讯之，尽得巫党所为，坐捕盗司，召巫至，鞫之，无敢施鞭棰者，槃谓卒曰："此将为大乱，安有神乎！"急治之，尽得党与数十人，罗络内外，果将为变者，同僚皆不敢出视，曰："君自为之。"槃乃断巫并其党如法，一时吏民始服儒者为政若此。

（《元史·虞集传》）

【注释】

①槃：即虞槃，字仲常，延祐五年进士。虞集之弟，为元朝良吏。

【译文】

有一位巫师到虞槃管理的州郡，谎称神灵降世，他告诉当地的老百姓说："某个地方将会发生火灾。"那个地方果然发生火灾。他又预言说："明天某地将会发生火灾。"凡是百姓报告有火灾发生的，虞槃都赶往救火，报告火灾的人有几十名，弄得大家都无法吃饭睡觉，县里的长吏及下属的官吏都将巫师接到家中，用隆重的礼节招待他。巫师又预言说："这里将会有大水灾发生，而且还会有兵匪到来。"州郡中的富户人家统统携带家产逃走了，虞槃抓到了一名趁火打劫的人，审问他，终于得知以前的事都是巫师的同党所干，虞槃因此亲自前往捕盗司，召令巫师前来，审讯他，可没有人敢鞭打他，虞槃对士卒们说："像这样会构成大乱，哪里有什么神灵呢！"因此加紧审讯他，终于得知他的几十名同党，遍布州郡内外，果然将要发动变乱，虞槃的同僚们都不敢出外巡视，都请求他说："你亲自处理这件事情吧。"虞槃因此依法判处巫师和他同党的罪行，一时之间官吏百姓们都开始佩服儒士们处理政事确实英明果断。

胡长孺断案有方

民荷溺器粪田，偶触军卒衣，卒抶伤民，且碎器而去，竟不知主名。民来诉，长孺[1]阳怒其诬，械于市，俾左右潜侦之，向抶者过焉，戟手称快，执诣所隶，杖而偿其器。群妪聚浮屠庵，诵佛书为禳祈，一妪失其衣，适长孺出乡，妪讼之。长孺以牟麦置群妪合掌中，命绕佛诵书如初，长孺闭目叩齿，作集神状，且曰："吾使神监之矣，盗衣者行数周，麦当芽。"一妪屡开掌视，长孺指缚之，还所窃衣。长孺白事帅府归，吏言有奸事屡问弗伏者，长孺曰："此易尔。"夜伏吏案下，黎明，出奸者讯之，辞愈坚，长孺佯谓令长曰："颇闻国家有诏，盍迎之。"叱隶卒缚奸者东西楹，空县而出，庭无一人。奸者相谓曰："事至此，死亦无行将自解矣。"语毕，案下吏谨而出，奸者惊，咸叩头服罪。永嘉[2]民有弟质珠步摇于兄者，赎焉，兄妻爱之，绐以亡于盗，屡讼不获直，往告长孺，长孺曰："尔非吾民也。"叱之去。未几，治盗，长孺嗾盗诬兄受步摇为赃，逮兄赴官，力辨数弗置，长孺曰："尔家信有是，何谓诬耶！"兄仓皇曰："有固有之，乃弟所质者。"趣持至验之，呼其弟示曰："得非尔家物乎？"弟曰："然[3]"。遂归焉。

（《元史·儒学·胡长孺传》）

【注释】

①长孺：即胡长孺，字汲仲，元婺州永康人，元朝儒士，为官清正仁厚。
②永嘉：县名，在今浙江温州境内。
③然：是的。

【译文】

一位农夫挑着粪桶去田里施肥，在路上失措碰到了一位军士的衣服，军士用鞭子打伤了农夫，并敲碎了他的粪桶，然后扬长而去，农夫最后竟然还不清楚军士的名字。农夫前来控告军士，胡长孺假装发怒说农夫诬告，把农夫绑在集市上，让手下人暗中侦察，先前那个打伤农夫的军士经过集市，拍手称快，捕快们便将这个人抓到县衙，胡长孺命令杖责他并让他赔偿民夫的器物。一群老妇人在浮图庵聚会，诵念佛经做祈祷，一名老妇人丢失了衣服，刚好胡长孺下乡查案。老妇便向他申诉这件事情。胡长孺便将同样多的麦子放在这些老妇人合起来的手掌中，然后让她们像开始一样围着佛像边转边念经，胡长孺闭着眼睛叩紧牙齿，做出聚精会神的样子，并说："我让神灵来监视你们，偷衣服的人绕行几周后，手中的麦子就会发芽。"一名老妇人几次打开手掌偷看，胡长孺指出并让人绑住她，她便归还了所偷的衣服。胡长孺从帅府奏事返回来，县吏报告说有一件私通的案子，多次审问罪犯都不招供，胡长孺说："这件案子极容易处理。"当夜，他让一名官吏躲在大堂的案桌之下，第二天黎明，提出通奸者审问，他们的言辞更加坚决，胡长孺假装对长吏说："似乎听说朝廷下达诏令，怎么不前去迎接呢。"因此命令差役将通奸的犯人绑在东西两根柱子上，然后全体差吏都出去迎接诏令，整个县堂都空了，庭院中也没有一个人。通奸者相互商量说："事情到这种地步，死也没有对证了，我们自然也会被释放了。"话刚说完，案桌下的县吏大声呼叫着冲了出来，通奸者大惊，只有都叩头认罪了。永嘉县有一户人家，兄弟将一件步摇首饰抵押给了哥哥，想赎取回来，哥哥的妻子十分喜爱这件首饰，就欺骗弟弟说首饰被强盗偷走了，弟弟屡次申诉都没有公正的结果，因此到胡长孺那里去控告，胡长孺说："你不是我们县的百姓。"斥责他离去。不久，审判一批强盗，胡长孺唆使强盗诬陷永嘉县民家兄长接受了他的一件赃物，即那件步摇首饰，因此拘捕兄长前往县衙，兄长极力辩白，胡长孺几次不予理睬，最后胡长孺说："你家确实有件步摇首饰，怎么说是诬陷呢！"兄长惊慌失措地回答说："确实有件步摇首饰，不过却是我兄弟抵押的。"胡长孺便让他回家取来验证，并传呼他的弟弟询问说："这是你家的首饰吗？"兄弟回答说："是的。"因此便将首饰归还给了兄弟。

干文传巧断疑案

　　其在乌程①，有富民张甲之妻王，无子，张纳一妾于外，生子，未晬，王诱妾以儿来，寻逐妾，杀儿焚之。文传②闻而发其事，得死儿余骨，王厚贿妾之父母，买邻家儿为妾所生，儿初不死。文传令妾抱儿乳之，儿啼不就乳，妾之父母吐实，乃呼邻妇至，儿见之，跃入其怀，乳之即饮，王遂伏辜。丹徒县③民有二弟共杀其姊者，狱久不决，浙西廉访司俾文传鞫之，既得其情，其母乞贷二子命，为终养计，文传谓二人所承有轻重，以首从论，则为首者当死，司官从之。

（《元史·干文传传》）

【注释】

①乌程：县名，在今浙江吴兴县境内。

②文传：即干文传，字寿道，元朝平江人，为官诚直，不事浮躁。

③丹徒县：县名，在今江苏镇江市丹徒区境内。

【译文】

干文传在乌程的时候，富民张甲的妻子王氏，没有生子，张甲在外面娶了一位小妾，并生了一个儿子，还没有满一周岁，王氏诱骗小妾带着儿子来到家中，不久就赶走了小妾，杀死小儿并焚毁其尸骨。干文传知道后就追查这件事情，找到了被烧死孩子剩下的骨头。王氏用极多钱重重地贿赂了小妾的父母亲，并收买邻居家的小孩，假称是小妾所生，证明这个孩子并没有死。干文传命令小妾抱着小孩吃乳，小孩啼哭着不肯吃。小妾的父母才吐露实情，因此传呼邻居家妇人前来。小孩看到她，马上跳进她的怀中，给他哺乳，他立即就吃，王氏于是伏罪。丹徒县有两位兄弟一起谋杀了他们的姐姐，这件案子很长时间没有判决，浙西廉访使让干文传来审问这件案子。查清案情后，他们的母亲乞求放过她两个儿子的性命。考虑到要有人为老太太养老送终，干文传便判决两人所承担的罪责有轻重之别，按首犯从犯论处，那么为首者应当处死，司法官同意了这个判决。

王思廉与帝论反臣

十九年①，帝②幸白海③，时千户王著，矫杀奸臣阿合马④于大都，辞连枢密副使张易。帝召思廉⑤至行殿，屏左右，问曰："张易反，若知之乎？"

对曰："未详也。"帝曰："反已反已，何未详也？"思廉徐奏曰："僭号改元谓之反，亡入他国谓之叛，群聚山林贼害民物谓之乱，张易之事，臣实不能详也。"帝曰："朕自即位以来，如李璮⑥之不臣，岂以我若汉高帝、赵太祖，遽陟帝位者乎？"思廉曰："陛下神圣天纵，前代之君不足比也。"帝叹曰："朕往者，有问于窦默⑦，其应如响，盖心口不相违，故不思而得，朕今有问汝，能然乎？且张易所为，张仲谦⑧知之否？"思廉即对曰："仲谦不知。"帝曰："何以明之？"对曰："二人不相安，臣故知其不知也。"

（《元史·王思廉传》）

【注释】

①十九年：指元世祖十九年，即公元 1279 年。

②帝：即元世祖忽必烈。

③白海：地名，在今甘肃古浪县东北。

④阿合马：元初大臣，专权横暴，打击异己，贪赃不法，后被诛杀。

⑤思廉：即王思廉，字仲常，元朝真定获鹿人，后为元世祖大臣。

⑥李璮：金末山东军阀李全之子，小字松寿，袭父职为益都行省，后起兵叛元，兵败身死。

⑦窦默：字子声，初名杰，字汉卿，元朝广平肥乡人。元世祖大臣，忠诚正直。

⑧张仲谦：元世祖时大臣。

【译文】

元世祖十九年，皇帝忽必烈到达白海，当时千户王著，在大都假传圣旨诛杀奸臣阿合马，他的供词里牵连到枢密副使张易。元世祖召王思廉到行殿，屏退左右侍臣，然后问他说："张易造反，你清楚这件事吗？"王思廉回答说："不清楚。"世祖说："造反了就是造反了，你为何要说不清楚呢？"王思廉慢慢地回奏说："篡改国号更改年号就叫做造反，逃入别的国家叫反做叛，聚集在山林中祸害百姓抢掠财物叫做作乱，张易的事情，我实在不能说清楚呀。"世祖说："我自从登上帝位以来，像李璮这样的人都怀有不臣之心，难道他们觉得我像汉高祖、赵太祖那样，是匆忙登上帝位的吗？"王思廉说："陛下天纵英明，无比神圣，前代的君王都不足以与你相比啊。"世祖感叹说：

|1167|

"我以前有问题问窦默，他总是很快就能回答，这大概是心里想的和口里说的不相违背，因此不思考就能回答，如今我有问题问你，你能做到这样吗？况且张易所干的事情，张仲谦知道吗？"王思廉马上回答说："张仲廉不知道。"世祖问道："你如何能确定这一点？"王思廉回答说："他们两人不能和谐地相处，我所以知道张仲谦不了解这件事。"

《元史》

军　事

两都之战

　　岁戊辰①七月庚午，泰帝皇帝崩于上都②，倒剌沙③专权自用，逾月不立君，朝野疑惧。时佥枢密院事燕铁木儿④留守京师，遂谋举义。八月甲午黎明，召百官集兴圣宫，兵皆露刃，号于众曰："武皇有圣子二人，孝友仁文，天下归心，大统所在，当迎立之，不从者死！"乃缚平章乌伯都剌、伯颜察儿，以及中书左丞朵朵、参知政事王士熙等下于狱。燕铁木儿与西安王阿剌忒纳失里固守内廷。于是帝⑤方远在朔漠，猝未能至，虑生他变，乃迎帝弟怀王于江陵，且宣言已遣使北迎帝，以安众心。复矫称帝所遣使者自北方来，云周王⑥从诸王兵整驾南辕，旦夕即至矣。丁巳，怀王入京师，君臣请正大统，固让曰："大兄在北，以长以德，当有天下。必不得已，当明以朕志播告中外。"九月壬申，怀王即位，是为文宗。改元天历，诏天下曰："谨俟大兄之至，以遂朕固让之心。"

　　时倒剌沙在上都，立泰定皇帝子为皇帝，乃遣兵分道犯大都⑦。而梁王王禅、右丞相答失铁木儿、御史大夫纽泽、太尉不花等，兵皆次于榆林⑧，燕铁木儿与其弟撒敦、子唐其势等，帅师与战，屡败之。上都兵皆溃。十月辛丑，齐王月鲁帖木儿、元帅不花铁木儿以兵围上都，倒剌沙乃奉皇帝宝出降，两京道路始通。于是文宗遣哈散及撒迪等相继来迎，朔漠诸王皆劝帝南还京师，遂发北边。

（《元史·明宗本纪》）

【注释】

①戊辰：指泰定帝也孙铁木儿致和元年，即1328年。

②上都：地名，即今内蒙古自治区正蓝旗东20公里闪电河北岸。

③倒剌沙：泰定帝时权臣。

④燕铁木儿：功臣土土哈之孙，元文宗时权臣，曾密谋毒死明宗，后惧怕事情败露，病死。

⑤帝：即元明宗。

⑥周王：即元明宗。

⑦大都：地名，即今北京。

⑧榆林：地名，即今陕西榆林。

【译文】

戊辰年七月庚午日，泰定皇帝死于上都，倒剌沙专权独断，横行无忌，过了一个多月还不拥立新皇帝，朝廷上下人心惶惶。当时佥枢密院事燕铁木儿留守京师，决定政变。八月甲午日黎明，燕铁木儿在兴圣宫召集百官，兵器都露了出来。他向众人号召说："武宗皇帝有两位皇子，忠孝仁义，老百姓都归服他们，他们是皇位的最佳继承人，应当迎立他们，不同意的就得处死。"于是逮捕了平章乌伯都剌、伯颜察儿，并把中书左丞朵朵、参知政事王士熙押入大牢。燕铁木儿与西安王阿剌忒纳失里共同把守宫廷。这时明宗皇帝远在北方，匆忙之间不能赶到，考虑到可能会发生其他变故，于是前往湖北江陵迎立明宗皇帝的弟弟怀王（即文宗皇帝），并且宣称已经派使臣到北方去恭迎明宗皇帝，用以安定人心。接着又假称明宗派遣的使者从北方赶来，报告周王和诸王及卫士们向南赶来，马上就会到了。丁巳日，怀王进入京师大都，诸王大臣们请求他登基，怀王推辞说："我的大哥在北方，凭他的年龄和德行，都应该可以统治天下。现在情势迫不得已，应当把我的想法告于天下。"九月壬申日，怀王即位，就是文宗，改年号为天历，诏告天下人说："我等待着我的大哥回到京师，这样就可以达成我推辞即位的心愿。"

此时倒剌沙在上都，拥立泰定皇帝的儿子为新帝，然后派兵分几路进犯大都。不久梁王王禅、右丞相答失铁木儿和御史大夫纽泽、太尉不花等，率兵都抵达榆林。燕铁木儿和他的弟弟撒敦、儿子唐其势等人，率军同他们作战，屡次击败他们。上都的军队都被击败了。十月辛丑日，齐王月鲁帖木儿、元帅不花铁木儿率兵包围了上都，倒剌沙不得不捧出皇帝玉玺出降，大都与上都的道路这才开始畅通。于是文宗又派哈散及撒迪等先后前去迎接明宗皇帝回大都即位，北方的诸王都劝谏明宗南还京师，明宗皇帝于是从北边开始起程。

纽璘奇袭败宋军

纽璘①伟貌长身，勇力绝人，且多谋略，常从父军中。丁巳岁，宪宗②命将兵万人略地，自利州下白水③，过大获山④，出梁山军直抵夔门⑤。戊午，还钓鱼山⑥，引军欲会都元帅阿答胡等于成都。宋制置使蒲择之，遣安抚刘整、都统制段元鉴等，率众据遂宁江箭滩渡以断东路⑦。纽璘军至不能渡，自旦至暮大战，斩首二千七百余级，遂长驱至成都。蒲择之命杨大渊等守剑门及灵泉山，自将四川兵取成都。会阿答胡死，诸王阿卜干与诸将脱林带等谋曰："今宋兵日逼，闻我帅死，必悉众来攻，其锋不可当。我军去行在远，待上命建大帅，然后御敌，恐无及已。不若推纽璘为长，以号令诸将，出彼不意，敌可必破。"众然之，遂推纽璘为长。纽璘率诸将大破宋军于灵泉山，乘胜追擒韩勇，斩之，蒲择之兵溃。进围云顶山城，扼宋军归路。其主将仓卒失计，遂以其众降。城中食尽，亦杀其守将以降。

（《元史·纽璘传》）

【注释】

①纽璘：元宪宗时大将，祖父和父亲都是元初的功臣，他也多次获得战功。

②宪宗：即元宪宗蒙哥（1209—1259 年）。

③"自利州"句：利州，地名，在今四川境内。白水，涪陵江支流。

④大获山：在今四川境内。

⑤"出梁山军"句：梁山军，地名，在四川境内。夔门，在今四川境内。

⑥钓鱼山：在四川合川附近。

⑦"率众"句：遂宁，今四川遂宁。箭滩渡，在遂宁附近。

【译文】

纽璘相貌雄伟，身材修长，勇力过人，并且还很有谋略，经常跟随父亲在军中征战。丁巳年，宪宗蒙哥命令纽璘带领一万士兵出征，在利州渡白水河，越过大获山，经过梁山军径直抵达夔门。戊午日，纽璘军回师钓鱼山，他带领军队想与都元帅阿答胡等在成都会师。宋朝制置使蒲择之，派安抚刘整、都统制段元鉴等，率军据守遂宁江箭滩渡以阻绝元军东进路线。纽璘的军队抵达后不能渡江，从白天一直激战到日暮，斩杀敌军2700多人，于是大军长驱直入，进抵成都。蒲择之命令杨大渊等人防守剑门和灵泉山，自己亲率四川的士兵来夺成都。刚好阿答胡死了，诸王阿卜干和众将领脱林带等商议说："现在宋军逐渐逼近，如果他们听到我们主帅已死的消息，一定会发动全部军队前来进攻，那么他们的气势就会锐不可当。我军远离朝廷，等到皇上任命主帅，然后再来抵抗敌军，恐怕就来不及了。不如推举纽璘作为主帅，让他来指挥诸将作战，让敌人意料不到，那么就可大败敌军。"大家对这个主张都很赞同，于是推举纽璘做主帅。纽璘率领众将士大败宋军于灵泉山，乘胜追击，生擒韩勇，并斩杀之，蒲择之军队大败。纽璘率军前进，包围云顶山城，阻断宋军退路。宋军主将惊慌失措，于是率军投降。云顶山城粮食消耗完了，众守军于是也斩杀其守将，然后出降。

理　财

皇后性俭

　　后①性节俭，不妒忌，动以礼法自持。第二皇后奇氏②素有宠，居兴圣西宫，帝希幸东内。后左右以为言，后无几微怨望意。从帝时巡上京，次中道，帝遣内官传旨，欲临幸，后辞曰："暮夜非至尊往来之时。"内官往复者三，竟拒不纳，帝益贤之。帝尝问后："中政院③所支钱粮，皆传汝旨，汝还记之否？"后对曰："妾当用则支。关防出入，必已选人司之，妾岂能尽记耶？"居坤德殿，终日端坐，未尝妄逾户阈。至正二十五年八月崩，年四十二。奇氏后见其所遗衣服弊坏，大笑曰："正宫皇后，何至服此等衣耶！"其朴素可知。

（《元史·后妃传》）

《元史》

【注释】

　　①后：指元顺帝妥欢帖睦尔皇后，名伯颜忽都。
　　②奇氏：元顺帝第二任皇后奇氏，名完者忽都。
　　③中政院：元朝官署，掌管皇后中宫的财赋、营建、供给及宿卫士和分地人户等事。

【译文】

　　伯颜忽都皇后生性节俭，不妒忌人，行动举止符合礼法。第二任皇后奇氏一向受顺帝的宠爱，住在兴圣西宫，顺帝希望到东宫过夜。皇后手下人把这件事告诉了皇后，皇后没有丝毫埋怨。那时皇后跟随顺帝巡视上都，车驾在半路上驻扎，顺帝派内监传旨，想到皇后这儿来过夜，皇后推辞说："深夜不是皇帝往来的时候。"内监反复几次传旨，均被皇后婉言回绝了，顺帝更认为她贤德。顺帝曾经问皇后："中政院所支用的钱粮，都是传你的旨意，你还记得吗？"皇后回答说："我应当用的就支出。出纳用度，一定会选人掌管，我怎么能全部记下来呢？"皇后住在坤德殿的时候，整天静坐，不曾轻易出过宫门。顺帝至正二十五年皇后去世，时年 42 岁。第二任皇后奇氏看到她留下来的衣服都很破旧，大笑着说："正宫皇后，何至于穿这样破旧的衣服呢！"由此可见其朴素之一斑。

德　操

义救赵王

　　九月^①丁酉朔，诏授昔班帖木儿同知河东宣慰司^②事，其妻剌八哈敦云中郡夫人，子观音奴赠同知大同路^③事，仍旌表其门闾。先是，昔班帖木儿为赵王位下同知怯怜口^④总管府事，其妻尝保育赵王，及是部落灭里叛，欲杀王，昔班帖木儿与妻谋，以其子观音奴服王平日衣冠居王宫，夜半，夫妻卫赵王微服遁去。比贼至，遂杀观音奴，赵王得免。事闻，故旌其忠焉。

（《元史·顺帝本纪》）

《元史》

【注释】

　　①九月：指元顺帝妥欢帖睦尔十八年九月，即 1351 年。
　　②"诏授"句：河东，地名，在今山西境内。宣慰司，即宣慰使司，元代为地方行政机构，主管军民之政。
　　③大同路：地名，在今山西境内。
　　④怯怜口：蒙古语的音译，意即家中儿郎，指蒙古和元朝皇室、诸王、贵族的私属人口。

【译文】

　　1351 年，元顺帝下诏授予昔班帖木儿同知河东宣慰使一职，其妻剌八哈敦为云中郡夫人，儿子观音奴受赠为同知大同路之职，还表彰他们的整个家族。起初，昔班帖木儿在赵王属下担任同知怯怜口总管府一职，他妻子曾作为保姆抚育过赵王，等到灭里部落叛变之后，要杀赵王，昔班帖木儿和妻子一齐商量，让他们的儿子观音奴穿上赵王平时的衣服居住在王宫，半夜里，他们夫妻护着赵王微服逃走。叛贼到王宫后，就杀掉了观音奴，赵王得以逃脱。此事被皇帝知道后，就下旨表彰他们的忠诚。

姚燧氏大器晚成

姚燧字端甫……父格，燧生三岁而孤，育于伯父枢①。构隐居苏门②，谓燧蒙暗，教督之甚急，燧不能堪，杨奂③驰书止之曰："燧，令器也。长自有成尔，何以急为！"且许醮以女。年十三，见许衡④于苏门，十八，始受学于长安。时未尝为文，视流辈所作，惟见其不如古人，则心弗是也。二十四，始读韩退之文，试习为之，人谓有作者风。稍就正于衡，衡亦赏其辞，且戒之曰："弓矢为物，以待盗也；使盗得之，亦将待人。文章固发闻士子之利器，然先有能一世之名，将何以应人之见役者哉！非其人而与之，与非其人而拒之，钧罪也，非周身斯世之道也。"

（《元史·姚燧传》）

【注释】

①枢：即姚枢，元初政治家、理学家，字公茂，号雪斋，先世由柳城入内地，后参与朝政，制定一代制度。

②苏门：地名，在今河南辉县北。

③杨奂：元朝乾州奉天人，字焕然，由金入元，为官10年告老。

④许衡：元代理学家、教育家，字仲平，时人称鲁斋先生，原籍河南沁阳，后迁新郑，为元朝大儒学家。

【译文】

姚燧字端甫……父亲姚格，在姚燧3岁时就死了，因此他便由伯父姚枢抚养成人。姚枢当时隐居在苏门。他以为姚燧十分愚笨，教育管束十分急躁，姚燧无法忍受，杨奂得知后急忙写信劝止姚枢说："姚燧，是一件精美的玉器呀。长大后他自然会有成就，何必为他着急呢！"杨奂并且还将女儿嫁给姚燧做妻子。13岁时，他在苏门拜见许衡，18岁时，才开始在长安求学。当时他还未曾写文章，然而看了时人所作的文章，觉得他们远远不如古人，内心里便极不以为然。24岁时，他才开始读韩愈的文章，试着仿照写文章，人们都说他的文章有韩愈的气势和风格。后来向许衡请教，许衡也赞赏他的文辞，并告诫他说："弓箭作为武器，是为了防备盗贼呀；倘若盗贼得到了弓箭，也要用他来害人。文章固然是表露儒士思想人格的利器，但是倘若不能先认清一时的潮流，将如何应对那被役使的地位呢？不是适当的人而给予他利器，与是适当的人而拒绝给他利器，都是错误的，都不是完满自身面对这个世界的方法啊！"

管如德勇敢无畏

　　管如德，黄州黄陂县人。……先是，如德尝被俘虏，思其父，与同辈七人间道南驰，为逻者所获，械送于郡。如德伺逻者怠，即引械击死数十人，各破械脱走，间关万里达父所。景模①喜曰："此真吾儿也。"至是，入觐，世祖②笑曰："是孝于父者，必忠于我矣。"一日，授以强弓二，如德以左手兼握，右手悉引满之，帝曰："得无伤汝臂乎？后毋复然！"尝从猎，遇大沟，马不可越，如德即解衣浮渡，帝壮之，由是称为拔都③，赏赍优渥。帝问："我何以得天下，宋何以亡？"如德对曰："陛下以福德胜之。襄樊，宋咽喉也，咽喉被塞，不亡何恃！"帝曰："善。"

（《元史·管如德传》）

【注释】

　　①景模：指管景模，管如德之父。

　　②世祖：指忽必烈。

　　③拔都：意即汉语中"勇士"。

【译文】

　　管如德，黄州黄陂县人。……起初，管如德曾经被俘虏，他非常想念他的父亲，便与7位同辈的人一齐从小路向南逃跑，被巡逻的士兵抓获，用镣铐锁起来，准备押送到州郡中去。管如德乘巡逻的人不注意时，马上拿起镣铐打死了几十人，因此他们各自挣脱镣铐逃走，管如德越过重重关卡不远万里终于到达了父亲的治所。管景模大喜说："这真是我的儿子呀。"到达之后，管如德拜见世祖，世祖笑着说："凡是孝敬父亲的人，一定会忠诚于我呀。"一天，世祖赐给他两把强弓，管如德用左手将两把弓一齐握住，用右手将两支弓的弦都拉满，世祖说："没有弄伤你的手臂吧？以后不要再这样了！"管如德曾跟随世祖出外打猎，碰上了一条大沟，马跳不过去，管如德立即脱下衣服浮在水上渡世祖过沟，世祖称赞他雄壮，管如德由此而被称为拔都，所受赏赐十分优厚。世祖曾问管如德："我凭什么得到天下，宋朝为什么会亡国？"管如德回答说："陛下凭着洪福和威德得到了天下。襄樊，是宋朝的咽喉之地，咽喉被堵塞，怎么会不灭亡呢！"世祖赞誉说："回答得好。"

杀虎能手别的因

《元史》

明年，庚申①，世祖②即位，委任尤专。癸亥正月，召赴行在所。冬十一月，谒见世祖于行在所，世祖赐金符，以别的因为寿、颍二州屯田府达鲁花赤③。时二州地多荒芜，有虎食民妻，其夫来告，别的因默然良久，曰："此易治耳。"乃立槛设机，缚羔羊槛中以诱虎。夜半，虎果至，机发，虎堕槛中，因取射之，虎遂死。自是虎害顿息。

至元十三年，授明威将军、信阳府④达鲁花赤，佩金符。时信阳亦多虎，别的因至，未久，一日以马褡置鞍上出猎，命左右燔山，虎出走，别的因以褡掷虎，虎搏褡，据地而吼，别的因旋马视虎射之，虎立死。

（《元史·抄思传》）

【注释】

①庚申：即1260年。

②世祖：即元世祖忽必烈。

③达鲁花赤：蒙古语"镇守者"的音译，元朝官名，为所在地方、军队和官衙的最大监治长官。蒙古贵族征服许多地方后，无力进行单独统治，便委托当地统治者治理，派出达鲁花赤监临，并掌握最后裁定权。

④信阳府：府名，在今河南境内。

【译文】

第二年是庚申年，元世祖忽必烈即帝位，特地委任了一些大臣。癸亥年正月，召别的因赴行宫。冬十一月，别的因在行宫拜见世祖忽必烈，世祖赏赐给他金符，委任他为寿、颍二州屯田府达鲁花赤。当时这两州大多是荒芜的地方，有一只老虎吃掉了民夫的妻子，她的丈夫前来报告，别的因沉默了一会儿，然后说："这极好办。"因此设立槛笼机关，在槛笼中缚住一只羊来引诱老虎。半夜里，老虎果然来了，机关发动，老虎便掉进槛笼机关之中，别的因便取箭射虎，老虎被射死。从此虎害便止息了。

至元十三年，别的因被加授明威将军、信阳府达鲁花赤之职，并佩金符。时值信阳府也有许多老虎，别的因到后，没过多久，一天把衣服放在马鞍上出去打猎，他令手下人烧山，老虎逃出来，别的因便把衣服掷向老虎，老虎冲向衣服，在地上怒吼，别的因回马照着老虎射箭，老虎立刻就被射死了。

《元史》

传世故事

元世祖委任以专

南宋末年，赵宋朝廷在元军的猛烈进攻下，岌岌可危。德祐二年（1276年），刚刚即位一年半的宋恭帝派使者向元军求和，元军拒绝，在元军兵临临安城下的情况下，他只好俯首请降。4个月后，益王赵昰（shì）于福州即位，是为宋端宗。元军一路紧追，当了半载皇帝的端宗逃到惠州，又不得不向元军奉表请降。景炎三年（1278年），陆秀夫、张世杰等立8岁的卫王赵昺为帝，这就是南宋最后一个短命皇帝。

当时，中原几乎全都落入元军之手，宋帝僻居东南一隅，为保险起见，又移住新会县南80里海中的崖山，追随他的官兵、民兵20余万人大都住在崖山周围的船中。尽管宋帝已根本不能控制天下，但他的存在至少还是个南宋未彻底灭亡的象征，多多少少在心理上仍影响着臣民。所以，元江东宣慰使张弘范向元世祖忽必烈进言道："张世杰立赵昺于海上，福建、广东的民众都响应他，应该进兵予以歼灭。"元世祖便任命张弘范为蒙古汉军都元帅。张弘范面辞世祖时，请示道："国家没有汉人掌管蒙古军的制度。臣为汉人，只怕难以控制军队，请陛下派一位亲信的蒙古大臣与臣同往。"世祖反对道："你不记得你父亲与察罕的事情吗？他们攻陷安丰时，你父亲要派兵守卫，察罕却不同意，结果他们挥师南下，安丰又为宋人所占，弄得他们几乎进退失据。你父亲因此非常恼恨了。究其原因，就是在于委任不专。现在，我怎么能让你再产生你父亲那样的悔恨呢？"于是，只派他一人统帅军队，并且要赐给他锦衣玉带。张弘范却推辞道："臣奉命远征，要锦衣玉带没有什么用。

如陛下肯赐宝剑、盔甲，臣就可以仰仗威灵，镇住不服从命令的人，从而完成臣的职责。"世祖答应他的请求，便拿出尚方宝剑赐给他，严肃地对他说道："这上方剑，就是你的副帅。谁要是胆敢抗命不遵，你就用这把剑惩罚他！"张弘范获得生杀予夺的大权，有了师出必胜的信心。他又举荐李恒为副将，率领两万水陆大军，从扬州分道南下，去征讨崖山。

蒙古和汉族的将士见世祖对张弘范如此信任，谁敢和他手中的上方剑开玩笑？因此，人人都听凭调遣，个个服从指挥。这一年的十一月，张弘范率军攻下广州，不久又在海丰俘获了宋丞相文天祥。元至元十六年（1279 年），张弘范又领兵浮海击败了崖山守将张世杰。陆秀夫见大势已去，便对宋帝说道："国事到了这步田地，陛下应当为国而死。"说完，背着宋帝跳进了大海，张世杰也绝望地投海自尽。自此，南宋宣告灭亡，被元世祖授以统军大权的张弘范果然不辱君命。

用汉法重宋士　世祖定天下

元世祖忽必烈是蒙古成吉思汗的孙子、元宪宗蒙哥的弟弟。他从青年时代起，就怀有治理天下的宏伟抱负。因而，他每到一地，都十分注意"访求贤才"，虚心求教。一些懂得经邦治国之道的汉族儒生，还被他留在自己的藩王府内供职。这些人又受命四处寻求名士英才，使一批深晓文韬武略的南人儒士云集在他的身边，构成了决策的智囊团。

蒙古乃马真皇后称制三年（1244 年），忽必烈的帐下已有赵璧、董文用、窦默、僧子聪（俗名刘侃）等人，窦默又向他推荐了姚枢。姚枢被请来后，向他呈献了陈述治国之道的著作。该书分"修身、力学、尊贤、亲亲、畏天、爱民、好善、远佞"等 8 类 30 条数千言，忽必烈非常欣赏他，遇事总是向他咨询。元定宗二年（1247 年），僧子聪向他举荐了张文谦，他任之为王府书记。当时，忽必烈受封的邢州民生凋敝，张文谦挑选乌托、刘肃、李简 3 人赴邢州治政后，民户增加了 10 倍。从此，忽必烈愈加地重视儒士。他听说真定路经历官张德辉很有贤能，便请入府中求教。张德辉批驳了儒臣亡国的观点后，以他房中一个银盘打比方道："创业的君主治国正如制造这个盘子的良匠一样，精选白银，按照规矩把它制出，目的是使后人传之无穷。应当选择恭谨敦厚的人掌管它，这样它才能成为永久的宝物。否则，不仅仅会出现破损，恐怕还会有人把它偷了去。"忽必烈沉思了良久，深深地折服。张德辉还为他推荐了魏璠、元裕、李冶等20余位人才。在回真定之前，张德辉为他指出当务之急7件事，即"敦孝友、择人才、察下情、贵兼听、亲君子、信赏罚、节财用"。忽必烈高兴得只称其字而不称其名。

元宪宗元年（1251年），忽必烈的同母兄蒙哥即位为大汗，命他总领漠南汉地军政庶事。姚枢劝他道："如今天下，要说土地广阔，人民殷富，财物丰饶，恐怕属汉地为最。大王若全据为己有，那天子还有什么？到一定的时候，天子必然后悔被大王占去。不如只掌握兵权，其他诸事一律交有司负责。这样，可保平安无事。"忽必烈一想有理，便依计行事，取得了蒙哥的信任。僧子聪则劝他仿效西周的周公，辅佐兄长治理国家，并从各个方面详细提醒他为政的注意事项，他都记在心里。元宪宗三年，忽必烈平定云南时，采纳了徐世隆等人的意见，按照儒家所谓"不嗜杀人者能一之"的取天下道理，命姚枢裂帛为旗，上书"止杀"之令，树在街头巷尾。后来在征伐南宋的争战中，他一直试图遵守"王者之师，有征无战"的诺言，纠正"威武有余，仁德未洽"的倾向，南宋臣民抵抗力度因此而降低很多。

元宪宗九年（1259年），蒙哥大汗死于军中。在围绕大汗一位的激烈争夺中，忽必烈在郝经、张文谦、商挺、廉希宪等人的出谋画策下，抓住时机，先发制人，击败了阿里不哥一派，登上了大汗的宝座，建元中统。

忽必烈即位后，即向僧子聪、史天泽、许衡等请教如何治理天下、统御民众，他们参照古制旧典，根据现实的需要，提出了一整套有关国家机构和官职制度的设想。原来，蒙古自元太祖成吉思汗以来，诸事草创，设置官职、机构非常简单。位置最高的是断事官，居于三公之上，丞相称做"大必阇赤"，掌握军队的只有左右万户。后来仿效金朝的制度，设立了行省以及元帅、宣抚等官职。这次，忽必烈批准了僧子聪等人的设计，设置了总理政务的中书省、掌管兵权的枢密院、负责官员升降的御史台；地方上则设宣慰司，隶属于中书省，下辖路府州县，此外还设有隶属于御史台的提刑按察司。这些机构都"官有常职，位有常员，食有常禄"，元朝一代的机构、官职从此才开始齐备了。至元八年（1271年），忽必烈还采纳僧子聪的建议，把"大蒙古国"改为"大元"。这一新的国号取自《易经》"大哉乾元"的含义，意思是国土辽阔，祚运无边。

阳逻堡之战

1259 年，蒙哥亲自率军伐宋时病死，蒙哥之弟忽必烈即位。忽必烈汗至元八年（1271 年），忽必烈定国号为元，建都大都，是为元世祖。

元至元十一年，宋咸淳十年（1274 年），忽必烈发兵 20 万南下征宋，任命左丞相伯颜为河南等路行中书省，即征南元帅。九月，伯颜命宋降将刘整率一部进军淮西淮南，令博罗权进攻扬州，以牵制宋军。伯颜则亲率大军自襄阳沿汉水挺进鄂州，又分兵进至枣阳之司空山以及荆南一带，以翼护主力之安全。

伯颜又令宋降将吕文焕率舟师为前锋，他则与元平章事阿术、大将阿剌罕、张弘范统领大军水陆并进，往攻郢州。

宋将张世杰驻守郢州，顽强抵抗，伯颜命大军绕开郢州，凿开黄家湾水坝，破竹为席，铺于地上，将舟船拖入汉水，遂袭取宋之沙洋、新城、复州。

伯颜在蔡店召集诸将开会，研究下一步的进军方略，并视察汉口形势。时宋将夏贵率战舰万艘驻扎汉口，在沿江各要害地点，均置兵把守，如都统制王达率兵 8000 守卫阳逻堡，京湖宣抚使朱达孙率游击军扼江之中流，元军被阻，难以前进。

阿术部将马福献策，建议大军避开阳逻堡，自沙芜口入长江。伯颜派人去沙芜口侦察，结果发现该地亦有宋兵把守。

情急之下，伯颜麾军围汉阳，做出要从汉口渡江的架势，实际上欲将夏贵的精兵吸引过来，然后元军可以乘虚从沙芜口渡江。

夏贵见元兵进攻汉阳，果然中计，急调各地精兵赴援。伯颜乃遣阿剌罕率奇兵潜至沙芜口，乘宋军守备虚弱一举袭取之，元军舟师方得自此处入江。

而阳逻堡乃长江上的要塞，甚为坚固。不攻破此堡，元军舟师难以顺流而下。元军战舰万艘相继而至，蔽于江面，伯颜遣使至阳逻堡招降，王达拒之，伯颜因命战舰千艘进攻，连攻 3 天，阳逻堡岿然不动。

伯颜审时度势，乃对阿术道："彼谓我必拔此堡，方能渡江。此堡甚坚，攻之徒劳。汝夜以铁骑 3000 泛舟直趋上流，为捣虚之计，明日渡江，袭江南岸，已过则亟遣人报我。"

阿术深以为然，亦道："攻城下策也。若分军船之半，循岸西上，泊青山矶下，伺隙而动，可以如志。"

计议已定，伯颜令大将张弘范进攻阳逻堡，夏贵恐阳逻堡有失，又率军来援，双方展开激烈的攻守战。至傍晚，阿术即率军溯流直上，行40里，至青山矶。是时风雪大作，黎明时，阿术见南岸多露沙洲，即令将士们载马而渡，元将史格率部先渡，不意为此处的南宋守将、荆鄂都统程鹏飞发觉，马上引兵来战，史格3处负伤，其部下300人战死。阿术此时率军赶到，与宋军在江中大战，程鹏飞终因寡不敌众，节节败退。史格尽管身中流矢，仍奋勇冲杀，元军遂登沙洲。程鹏飞身负七伤，大败逃走，元军获其战舰千余艘，遂搭起浮桥，元铁骑顺利渡江。

阿术遣人向伯颜报捷，伯颜大喜，麾众急攻阳逻堡。

夏贵得知元兵已在上游渡江，不久将来夹攻，大惊，无心恋战，匆忙率300艘战船先逃，沿江向东，纵火焚烧西南岸民舍，并大掠百姓资财，然后退到庐州。

宋军主将逃走，阳逻堡遂被攻破，王达与守军8000人及定海水军统制刘成全部死难。元将请穷追夏贵，伯颜说："阳逻之捷，我正要派使者去告诉宋人。今夏贵逃走，省得我再派使者了。"

因此，伯颜渡江，与阿术会合。

诸将议师之所往，有人建议顺流东进，攻取蕲州、黄州，阿术以夏贵东走，长江下流必有戒备，攻之不易，乃建议溯流而上，先克鄂州。伯颜从之，乃乘鄂州宋军惊慌失措、进退无主之机兵临城下，朱达孙闻阳逻堡失守，知大势已去，连夜逃往江陵。汉阳守将王仪遂开门投降，鄂州已成孤城，程鹏飞亦以城降。

蒙古兵向以行动迅速、能征惯战闻名，其战略战术亦有个突出特点，即善于避实击虚，善于采取迂回袭击的战术，从而使敌人的防线立刻陷于崩溃，或成为无用的摆设。加上蒙古多为铁骑，行动神速，不惮于长途行军，故其横行欧、亚两大洲，屡屡得胜，无论是汉人、女真人、契丹人，抑或花剌子模人、俄罗斯人、匈牙利人、波兰人、叙利亚人……皆败于其铁蹄之下。观其攻宋阳逻堡之役，即可管窥其战略战术之机动灵活。

为僧不善　自取祸患

汉代佛教传入中国以来，历朝历代的统治者，大多把佛教作为帮助自己统治中国的工具，鼓励发展佛教。更有甚者皇帝自己也要出家为僧，其中不乏装模作样的，也确有十分虔诚而不惜误国的。有的朝代经济困难的时候，还把佛教作为发展经济的手段，以"度僧"的形式收取费用，甚至把它作为正式的财政收入纳入预算。

为了发展佛教，各代都大量地修建佛寺，大量地赏赐给寺院土地。僧尼们在寺庙中不事生产，给社会造成了沉重负担。这些土地本来应该是作为维持寺庙的佛事活动的费用的，但是一些贪婪的僧人，也把它用作为个人谋取好处的手段。更有一些不法之徒乘机掠夺民田。

元朝仁宗延祐年间（1314—1320年），有一个叫白云宗的佛教教派，教派的总摄叫沈明仁。"总摄"就是庙里的主持。他强夺民田两万顷，还诱骗了10多万名百姓到他管辖的分布在各地的庙宇里当和尚。即，这两万和尚实际上成了他的奴隶，而那两万顷良田却为之占为己有。

他还贿赂皇帝身边的宦官和官僚，让他们帮助他取得了爵位和官职。

延祐六年（1319年），白云宗总摄沈尚仁的问题败露，中书省向仁宗禀报了这个案件。仁宗下令褫夺他的爵位和官职，被骗的僧徒送回家，各务本业，强夺的民田也要返还原主，并进一步追查他的其他违法问题。仁宗还表示：朕已经知道沈明仁的罪行，一定要认真查办。

第二年，果然治了沈明仁的罪，还把那些已经入僧籍的被骗百姓退回为民。

蒙古迂道灭金

宝庆三年（1227年），七月，成吉思汗在征讨西夏时得疾，临去世前，以未能灭金为憾，并对诸子群臣面授灭金方略，道："金精兵在潼关，南据连山，北限大河，难以遽破。若假道于宋，宋金世仇，必能许我，则下兵唐、邓，直捣大梁。金急，必征兵潼关，然以数万之众，千里赴援，人马疲敝，虽至，弗能战，破之必矣！"

成吉思汗言罢而卒，享年73。其子窝阔台即位。是时，西夏已亡，因此伐金便成为窝阔台的当务之急。恰如成吉思汗所言，金廷认为蒙古大军灭西夏后，会从西北南侵，故集精兵20万布防于潼关一带。蒙古欲突破金之防线，殊为不易。至蒙古窝阔台汗三年，蒙军在陕西与金军作战，可战果不大，窝阔台乃召诸王大将商议伐金之策，成吉思汗第四子拖雷请窝阔台屏退众人，密道："金主廷汴，20年矣！所恃者黄河、潼关之险耳。若出凤翔，道汉中，不一月，可抵唐、邓。金人失险，首尾不相顾，我取之如探囊取物矣！"

拖雷所言，正是成吉思汗之遗策，窝阔台闻之而喜，因此决定派大军以三路伐金，一路由斡陈那颜统领，从济南出发，进击汴京之东；一路由窝阔台亲自统领，先攻河中、孟津，以牵制守卫潼关、黄河天险的金军；第三路即蒙古的迂道伐金部队，共3万精骑，由拖雷统领，南下迂回唐、邓以攻金之侧背。

拖雷统军从凤翔驰至宝鸡，遣使者朔不罕至宋廷，请宋出兵联合伐金，并为蒙军借道以袭金军之背。而朔不罕至宋沔州青野原后，因向宋索要粮草，竟被南宋守将张宣给杀了。拖雷闻讯大怒，立即率3万铁骑渡渭水攻破南宋之凤州，出武休关，攻克兴元府、洋州，宋兵民死于战乱者达数十万。

至此，拖雷计划东进袭金，又担心四川方面的宋军进行反扑，袭蒙军后背，乃分军一部南攻四川，击破四川北部城寨140余个，宋军突遭蒙古打击，纷纷远遁，蒙军这才在兴元、洋州间会合，经绕凤岭，出其不意地攻取了宋之金、房二州，直趋均州。

均州之北，便是金国地界，邓州、唐州在均州东北方。拖雷以迅雷不及掩耳的攻势，一举突破南宋地界，下一步，就要根据既定作战方略经邓、唐直趋汴京。金左右宰相完颜合达、移剌蒲阿闻讯大惊，赶忙从潼关抽调大军南下至邓州防守，各地亦派军赴援，诸军会合于顺阳城。

拖雷在今湖北老河口市一带麾军急渡汉水，因船少，整整渡了4天，全军方抵达北岸。合达、蒲阿也引兵来战，蒙军稍退，突然不见了踪影。一连4天，金军未侦得蒙军去向，合达、蒲阿认为，蒙军此时肯定已南渡汉水而归了。

不久，金哨兵来报，说是蒙军隐藏到光化对岸的枣林之中。合达、蒲阿遂率军至枣林的后方，想乘蒙古军不备而袭之。谁料，拖雷早已侦知金军企图，反而忽至金军阵前而击之，金军迎战间，拖雷却遣百余骑截获了金兵的辎重，合达、蒲阿见战事不利，忙引军退入邓州城。

合达、蒲阿既入城，适至蒙古太宗四年正月初一日，拖雷不愿顿兵于坚城之下，乃令部将札剌儿率3000骑殿后，自己则率军绕过邓州继续北上，将金二相之10余万大军置于身后而不顾。

由于金军精锐皆在前线，后方空虚，故拖雷避开邓州之敌后，顿时如入无人之境，一路势如破竹，攻破金之泌阳、南阳、方城、襄城等地，径逼汴京。合达、蒲阿担心蒙军乘虚袭破汴京，匆匆率军出邓州城追击蒙军，与蒙军殿后部队激战，蒙将札剌儿大败，金军遂追击蒙军至钧州。

是时，风雪大作，人马僵立，两军对峙于三峰山，金军有的已3日没有进餐，饥寒交迫，皆无斗志。窝阔台乘金潼关守军调走之机，已袭取河中府，立即派大将口温不花等率万骑驰援拖雷，拖雷乃麾军将金军包围，故意留通往钧州之路，而伏军于前。金军早已不堪饥寒之苦，乃向钧州突围，蒙古伏兵突起，后军复至，金兵大乱，大部被歼。合达仅率百余骑突围逃往钧州，蒲阿则逃往汴京。

窝阔台此时亦麾军来与拖雷会合，两军同攻钧州，克之，擒杀完颜合达。窝阔台至拖雷军营，慰劳之道："微汝不能致此捷也！"意思是：除了你，谁都不能获此大捷。拖雷十分谦虚，说："臣何功之有？此天之威、皇帝之福也！"

拖雷迂道袭金，尽管未能直捣汴京，但已打乱了金廷的防御部署，使防守潼关之金军仓猝赴援，疲于奔命，窝阔台则乘机南下，潼关金之守军投降，合达、蒲阿之军也被拖雷歼灭，金之汴京门户大开，金廷再也没有力量抵抗蒙军了。

移剌蒲阿逃亡汴京途中，被蒙古骑兵追及，不屈而死。蒙古大军进围汴京，金主完颜守绪与蒙古议和不成，只好弃汴京逃至归德，又弃归德迁于蔡州。

蒙古窝阔台汗六年，宋理宗端平元年，金天兴三年，蒙古联合南宋围攻蔡州，城破前，金哀宗传位于完颜承麟，然后自杀。完颜承麟与守城金兵全部战死，金遂亡。

蒙古迂道灭金之战，乃中外战史上罕见的大迂回战略行动，其气魄之大，令人叹为观止。

在此役中，金朝虽亡，犹不失悲壮。而宋朝君臣却扮演了一个可笑的小丑角色。蒙军借宋地伐金，宋既不敢拒绝，又无力阻挡，竟使蒙军如愿以偿，由此而使蒙古生轻宋之心。最可笑的是，在金将亡之际，宋廷认识不到"唇亡齿寒"这个浅显的道理，仅以与金国为"世仇"，竟出兵助蒙灭金，此举过于愚蠢。金亡后，南宋之亡，亦不旋踵矣！

汉人为官

元朝初入中原，以游牧民族统治中原大地。很多蒙古贵族主张掳掠，甚至主张以中原沃土为牧场，进行种族歧视，而元世祖忽必烈等人则坚决主张吸收汉族文化，以儒术治国。高智耀和窦默这样的汉族儒士，在元世祖那里受到极大重视。

高智耀是河西人，世代在西夏做官，夏被灭国后隐居在贺兰山。元太宗（窝阔台）访求河西世家贤能子弟时，众人都推举高智耀，就召见准备起用他，但他推辞不仕。

蒙古皇子阔瑞镇守西凉时，把所有的儒士都贬为隶役。高智耀就到元府说儒者向来受到文化尊重，现在与小厮杂役同等对待，不合道义，请求废除此令。皇子听从了他的建议，要上奏请他做官，他还是不干。元宪宗继任，高智耀入见说："儒者所学的是尧、舜、禹、汤、文、武之道，自古治理国家者，采用了此术就天下安定，否则就天下大乱，培养这些儒生就是要派用场的。应该免去他们的徭役而重用他们。"皇帝问："儒家与巫医之术相比你看怎样呢？"他回答道："儒家用纲常治天下，岂是方技所比得上的。"宪宗说："很好，在此之前从来没人告诉过我这些。"于是下诏免除天下儒生的徭役。

元世祖没继位时，已听说了高智耀的贤明，等到即位之后召见他，他又大谈儒术对国家治理有用，反复与皇帝辩论。世祖觉得他的话有理，就给他铸印授官，命免除徭役的儒户们都受他的辖制。当时淮、蜀等地遭到俘虏的儒士，都被贬为农奴，高智耀上奏说："以儒生为奴仆，古来从未有过，陛下现在号称以古道治国，应该免除此法令，用以号召天下。"世祖以为有道理，就拜他为翰林学士，命他到各郡县去识别选拔儒士，得到几千人。当时的蒙古贵族大臣有的非难他选人过滥，皇帝责问他，他回答说："士，譬若金子，颜色有深有浅，不能说它不是金子；人的才艺有深有浅，难道可以说他不是士吗？"世祖很高兴，更加宠信倚重他。高智耀又说："国家初创，纲纪不完备，应该仿效前代，设置御史台来纠察监督官吏。"至元五年（1268 年），就设置了御史台，就是采用了他的建议。

高智耀后来被提升为西夏中兴等路的提刑按察使，这时西北番王派使者到朝廷来报告说："我们向来所用的旧俗与汉人不同，现在留在汉人地方，建设都邑城郭，设立礼仪制度，开始行使汉法，但过去的汉法究竟是什么样子的呢？"元世祖召求可以解答西北蒙古问题者，高智耀入朝，请求西行治其国，世祖问他的计划，他都一一对答，皇帝认为很妥当，即日就派遣他上路了。但是刚走到上京，就一病不起，世祖很震惊，也极为哀伤。

元世祖对儒学和儒士的重视，没即位时就开始了，广平（今河北）人窦默早年受教于伊、洛性理之学，与姚枢、许衡在大名（今河北大名）隐居讲学授经，非常有名。忽必烈就派人去请他，他隐姓埋名不见，使者托人往见，穿便服跟踪他，他才不得已出来受命。忽必烈问他治国之方，他用三纲五常相对，三次召见相谈，他都说得让忽必烈称意，就让他不离开左右，随时备用。元世祖问他当世谁通晓治国之道，他推荐姚枢，立即就召用了姚。

不久就命皇子真金跟窦默学习，并赐给他玉带钩，说："这东西是宋朝宫内旧物，你是旧朝之人，佩戴它正合适。而且这可以使我儿子见到它就像见到我一样。"不久窦默南归，忽必烈在大名、顺德等地赐给他田宅，并给以赏赐。

元世祖即位后，又在上京召见他，说："我要访求唐代魏徵那样的人，有吗？"窦默说："犯颜直谏，刚毅不屈，许衡就是那样的人；深识远虑，有宰相之才，史天泽就是那样的人。"史当时正在做河南宣抚，皇帝马上召回拜为右丞相，让窦默为翰林侍讲学士。

当时，王文统正受委任重用，窦默上书说他学术不正，久居宰相之位，必然祸害天下。皇帝问谁可以代替他，他又说许衡可以当宰相，元世祖极不高兴。王文统也因此十分恨他。窦不久就因病归乡。很快王文统因罪伏法了，皇帝追忆窦默的话，对近臣说："过去说王文统不可重用的，只有窦默一个人，假如还有一二个人说他，我能够不考虑吗？"于是又把他召回来，在京城赐修宅第，月给俸禄，国家有大事就去向他咨询。

后来窦默与王磐分掌翰林院，兼掌蒙古文字，又兼掌国史院，修纂国史，典制诰，备顾问。他还请求仿照周代旧制建国学，立国师，选贵族子弟接受教育，用以引导全国文化风气，这些都被世祖称许采纳。

窦默为人平易自足，平时很少评品人物，与人相处，温和而有儒者风范，但谈论国家大事，则当面怒诤，人们称汲黯也不过如此。元世祖曾对人说："我求贤30年，只得到了窦汉卿（默）和李俊民两个人。"

张世杰铁链锁船遭火攻

1275年，元军统帅伯颜占领宋之建康，元帝忽必烈以将至夏季，元兵喜寒畏暑，难耐酷热天气，故令伯颜收兵，待秋季再谋征讨。

此时的南宋朝廷已是日薄西山，气息奄奄，赖有江南人民勇于抗击外侮的民族气节而苦苦支撑，因此尚有东南残局，然已朝不保夕。

伯颜主张一鼓作气，击灭南宋，不给宋廷以喘息的机会。忽必烈道："将在军，不从中制，兵法也！"于是同意伯颜的意见，令诸路征南大军继续攻宋。

于是伯颜坐镇建康，分兵略地，一时间，宋之常州、无锡、滁州、平江、东海州、西海州诸城纷纷陷落。宋廷乃令张世杰总都督府诸军事，统帅江淮一带诸路兵马以拒敌。

张世杰走马上任后，派宋将阎顺、李存进军广德，谢淇永进军平江，李山进军常州，实施反攻，竟一举收复广德、常州等地，南宋军民人心大振。

《元史》

是时，元参知政事阿术正率军围攻宋之扬州，张世杰率战船万余艘抵达镇江，欲援扬州。扬州守将李庭芝、姜才以为里应外合夹击元军的时机已到，遂出城反攻。姜才与副将张林率两万骑兵乘夜袭元军大营，元守营栅将领史弼急忙向阿术告急，阿术率军赴援。凌晨，元宋两军隔水列阵，阿术统军渡水进击，宋军之阵甚坚，无懈可击，阿术只得引军而退。

元军退时，姜才以为有机可乘，乃麾军追击，阿术正想与宋军交战，遂回军迎击，宋军难敌蒙古兵之凶猛剽悍，大败而逃，阿术纵兵追杀，宋军被杀者十之五六，张林被元兵活捉，姜才仅率数千人逃脱。

扬州之败，令张世杰大为恼怒，即与部将刘师勇、孙虎臣等率万余艘战船停泊于焦山一带的江面上，张世杰令十舟为一方阵，皆在江中抛锚下碇，船与船之间用铁锁相连，"示以必死"，欲与元军决一死战。

阿术则不慌不忙，战前先登上石公山观敌瞭阵，见宋军"舳舻相接，旌旗蔽江"，道："可烧而走也。"阿术马上挑选善射之健卒1000人，载以巨舟，分别从宋军的两翼射击，阿术则率大军居中进攻，待靠近宋军之船，阿术下令以火箭射之，宋军船上的帆樯布篷马上着火，霎时烈火熊熊，烟焰蔽江，船上的宋军欲战不得，欲走不能，只好逃入江中，淹死者不计其数。

张世杰适在后军，前面的船只着火，宋军大乱，张世杰难以指挥，便弃军先逃。元军大获全胜，缴得尚未被烧的宋军船只700余艘。

阿术获得此胜，对元军灭宋全局的作用至关重大。阿术在扬州牵制住张世杰，使伯颜从容不迫地率军攻占宋都临安，所以《元史》云："伯颜所以兵不血刃而平宋者，阿术控制之力为多。"

忽必烈于是年夏末拜伯颜为右丞相，伯颜认为阿术之功劳比自己大，遂自请居阿术之后，忽必烈乃拜阿术为左丞相。张世杰与文天祥齐名，他们坚持抗击元军，虽屡败而屡战，直至捐躯，忠勇可嘉。可叹的是，他们忠义有余，能力不足，不用说使宋朝再次"中兴"，即使像郑成功那样占据一个海岛与外族政权抗衡，亦是不能。

昔时曹操攻吴，也是舳舻蔽江，千艘战船用铁锁相连，结果遭火攻而大败。张世杰是行伍出身，不学无术，昧于此理，竟蹈曹操之覆辙，将南宋的老本消耗殆尽，实属不该！

阿合马兴办冶铸

中国的采矿、冶炼、铸造的技术起源很早。新石器晚期的先民，通过采石和烧制陶器而逐渐发现了某些金属，最早是从铜开始的。中国大约在2000年前就已进入了青铜器时代。商末周初，青铜冶铸达到了一个高峰。春秋时期，出现了冶铁业，秦汉时期，我国掌握了金、银、铜、铁、锡、铅和汞等7种金属的冶炼技术。

元朝蒙古统治者，也向汉族人民学会了采矿、冶炼和铸造技术，并且将采矿和冶炼业推向了一个新的高度。在这方面做出了一定贡献的，就是元世祖时代主管财赋的宰相阿合马。

阿合马是元朝的大奸臣，他"在（相）位日久，益肆贪横，援引奸党"，与这些奸党狼狈为奸，互相勾结，欺上瞒下，强占民田，贿赂公行，残害忠良，刻薄百姓，甚至活剥人皮……总而言之，是个十恶不赦的大坏蛋。后来，被一个专门行骗的妖僧高和尚勾结一个痛恨阿合马的叫王著的人，让人假扮太子，约见阿合马，用大铜锤砸碎了他的脑袋。当世祖刚听说有人刺杀了阿合马的时候，大为愤怒。可是当有人把阿合马的罪状告诉了世祖以后，世祖反而认为王著做得对了。以后，世祖还下令在他死后开棺戮尸，放狗吃他尸体上的肉，没收了他的家产，杀了他的子侄，百姓称快。

尽管阿合马奸诈，但他还是为国为民为子孙后代做了一些好事的。尤其是在他为官的前期，在发展采矿业和冶炼业上，确实做出了一些贡献。

忽必烈中统三年（1260年），他被任为中书左右部兼诸路都转运使，委以管理国家财赋之重任。第二年他就要求发给他所属的官员"宣牌"（一种表明身份的铜牌），让他们到有铁矿的地方去发展冶铁事业。

中统元年，忽必烈定都开平（在今内蒙古正蓝旗），至元四年（1267年）又把开平升为上都，并任命阿合马为同知开平府事仍兼领左右部。他上书要求派礼部尚书马月合带领3000户在开平附近冶铁，每年产铁103万多斤。他又把这些铁铸成20余万件农具。秋收后，他又把这些农具换成钱，再用这些钱买成米，交给官府，以备军用。仅此一项，他每年可向朝廷上交4万石粮食。

他还注意发展盐业。当时，官卖的盐价钱高，有些百姓就自己煮盐卖，称为小盐。因为小盐比官卖的便宜，国家专卖的盐就卖不出去了，几年来几个地方的盐税收入只有7500两。阿合马想了个办法：每年每人多交些税金，全国是5000两，然后取消官卖盐，听任百姓随意买卖。这个办法表面上是加重了一些百姓的负担，但却减少了百姓买盐的麻烦，对盐业的发展有一定的好处。

那时有一座山，叫别却赤山，不知现在在什么地方。这个山上产一种矿物叫"石绒"，现在我们把它叫做石棉。用这种绒织出来的布不怕火烧。阿合马便派官员去组织开采。这说明在元代我国不但发现了石棉矿及其特殊的性能，而且能够采掘和利用这种矿藏。

至元三年，他还向忽必烈报告，在开平（上都）西不远的桓州山中的银矿，已经采得矿石16万斤。每百斤矿石可炼得银3两和锡25斤，采矿的费用可以用卖锡的钱来解决。这说明那时不但能够生产银和锡，也说明那时的人们也掌握了对共生矿的开采和利用。

阿合马变坏以后，还曾建议把民间的铁器都搜上来，然后铸成农具高价卖给农民，世祖没有答应。

阿合马在发展采矿和冶铸方面的贡献，不只是反映了他个人的功绩，更主要的是表明了当时我国采矿和冶炼事业的发展情况和达到的水平。

张文谦爱民致财

蒙古族统治者统治中原以后，实行了落后的不平等的民族政策，它把全国境内的各个民族分为四等；蒙古人是第一等，是居于统治地位的民族。色目人是第二等。"目"在这里有品类、类别的意思，"色目"就是各种类型，指的是汉族以外的各少数民族。汉人是第三等。但这里"汉人"只是指北方和四川的汉人。南人是第四等。"南人"指的是南宋的遗民。蒙古人以外的等级顺序，就是被蒙古人征服的先后顺序。

这种民族压迫的政策，在官制上体现非常明显，朝廷的重要官员都由"北人"就是蒙古人和色目人为之，汉人和南人在朝中做官的为数极少，绝大部分汉人和南人只能做些小官。

但有一位元朝的汉官，也曾使忽必烈认识到汉人的智慧和才能。他就是张文谦。张文谦是邢州沙河（今河北省邢台市南）人。有人向忽必烈推荐他。忽必烈同他谈过话后，对他的才能很满意，让他掌王府书记。"王府"就是忽必烈的官府，因为那时他还没有称汗，还只是一位亲王。忽必烈对张文谦越来越信任。

当时，蒙古人刚刚灭亡了金国，正在准备向南宋王朝发起进攻。而邢州（今河北省邢台市附近）正位于南下的要害之处。忽必烈把这里的两千户汉人分给勋臣作为食邑。这些勋臣只知搜刮食邑农户，而不管他们死活。有的人无奈，只好告到忽必烈的王府。忽必烈问张文谦等人如何处理才好。

张文谦说，百姓的生活十分困苦，邢州的百姓尤其困苦。可以派人到那里去治理一下，治理好了，作为其他地方的楷模，学习他们的经验。这就等于各地都受到大王的恩赐。

忽必烈很赞同，果然选派了3位官吏到邢州去。他们在那里废除那些危害百姓的旧习，惩治贪污和欺压百姓的官吏。那些已经逃亡在外的人，听说家乡发生了这样大的变化，纷纷回到家乡。不到一个月，这里的户口就增加了10倍。

因此，忽必烈看出了汉族官吏的重要性。张文谦是第一个被忽必烈授予官职的汉族知识分子。

张文谦跟随忽必烈讨大理国（都城在今云南省大理市）。大理国主高祥杀了蒙古人派去的信使，拒绝投降。忽必烈要屠城，就是要杀掉全城百姓，张文谦劝他说："杀使拒降的是高祥，而不是大理的百姓，请大王原谅了他们吧。"这样，大理的百姓才免于被屠杀的厄运。

中统元年（1260年）忽必烈争得汗位，张文谦被任为左丞。元代与中国其他朝代不同的是，它以右为贵，所以他的地位要比右丞略低一些。右丞和左丞是右、左丞相的助手，是正二品，在汉人当中，他的地位是相当高的。他帮助忽必烈树立纲纪，讲解利害，以安国便民为务。

平章政事王文统要求加税以增加国家的收入。张文谦说：百姓很长时间以来就生活在困苦之中，加之天大旱，如果我们不减少税赋，如何能够满足百姓对陛下的期望？

王文统说，陛下刚刚即位，国家的经费只能依靠赋税，如果减少赋税，怎能满足陛下的需要？

张文谦说，百姓富则君富，等到年景好些的时候，百姓丰足了，再从百姓中索取也不晚嘛。忽必烈同意张文谦的意见，减常税十分之四，酒税十分之一。

他还参加了郭守敬修复唐来渠和汉延渠的工作，灌田10多万顷。至元七年（1270年），张文谦被拜为大司农，根据他的建议设立了劝农司，到各地巡行，鼓励百姓发展农业生产。他还根据中国历代封建王朝的惯例，建议设立藉田。这是特为皇帝设立的庄田，供皇帝亲自耕种。虽然皇帝"亲耕"只是形式，多数皇帝连形式也不要，他毕竟表示了皇帝的重视。他还建议在祭祀活动中，增加祭祀先农和先蚕的活动，用以表示皇帝对发展农业生产的重视和诚意。

丞相阿合马要求把民间的铁器都收上来，由官家铸成农具高价卖给农民，还有其他几项危害百姓的建议，都在张文谦的极力反对之下作罢。

他还是个学问家，对多种方术和数学都有研究。他家藏书几万卷。他还善于识别人才和推荐人才，郭守敬就是他推荐给忽必烈的。因此，他的声望很高。

一代贤后察必

元世祖忽必烈的正后察必，蒙古族人，姓弘吉刺氏，是济宁忠武王按陈的女儿。忽必烈还没有统一中国、建立元朝时，察必就被立为皇后，时在忽必烈蒙古时期的中统元年（1260年）。到元朝至元十年（1273年），忽必烈又给她上尊号，称"贞懿昭圣顺天睿文光应皇后"。据史载，察必是一个非常贤明有识的皇后。

忽必烈有不少后妃，按照蒙古的旧制，后妃们分属于4个斡耳朵（意即后宫），其中执掌大斡耳朵的，就是皇后察必。她容貌美丽，极受宠爱，却从不骄恣专横，却是忽必烈事业上的极好帮手。蒙哥汗九年（1259年），蒙哥战死。忽必烈此时正在鄂州（今湖北武昌）作战，察必则留守于开平扎忽都（后来称作上都，即今内蒙古多伦北之石别苏木）。当时，幼弟阿里木哥图谋不轨，想夺取大汗之位，他派遣亲信阿兰答儿到漠南征发军队。而蒙古贵族脱里赤也听命于阿里木哥，帮助他在燕京（今北京市）征集军队，蠢蠢欲动。当时的形势十分危急，察必得到这些消息后，内心极为不安，表面上却丝毫不露声色。她一面派遣使者急告忽必烈，用暗语告诉他当时的形势，要忽必烈当即北还；一面遣使者前去责问阿兰答儿，说："发兵是大事，成吉思汗曾孙真金在此，你为什么不让他知道此事？"她这样做，实际上是想尽量拖延阿里木哥抢班夺权的时间。忽必烈接到察必的来信，急忙与宋朝签订和约，日夜兼程抵达燕京，假传蒙哥的所谓临终遗言，将脱里赤已经征募的军队全部遣散。他一面继续北返，一面急召自己率领的军队北撤。经过半年多的争斗，终于以忽必烈的完全胜利而告终，忽必烈在开平正式即帝位。这场政治斗争中，察必起到了十分关键的作用。

察必在忽必烈即帝位之事上固然功劳巨大，在平时的政事中，也有不可抹杀的匡扶作用。至元元年（1264 年），忽必烈定都北京，察必也随之迁来北京。有一次，有个官员上奏章，提出割京城以外靠近都城的地方用作牧马。忽必烈竟同意了这个荒唐建议，那位官员画好了图进献皇帝。察必便来到忽必烈面前，假装责备太保刘秉忠，说道："你是汉人中的聪明者，你说的话皇帝都很愿意听，为什么你不进谏？如果是刚到这里定都的时候，将京郊之地划出来牧马，那还有可能。到了现在，京郊之地已各有归属，分派已定，难道能再将这些地全部夺回来吗？"忽必烈闻言，默然无语，此事也就作罢了。

忽必烈不愧为一代开国君主，确有他的过人之处。有一次，察必到太府监领了一匹绢帛和一匹做里子的布料，想做衣服。忽必烈丝毫也不肯马虎，对察必说道："这是国家和军队所用的东西，不是私人的财物，你怎么随随便便就去支用呢？"察必也十分贤惠，立刻就接受了丈夫的批评。从那时开始，她就率领宫人亲自做女工，利用废旧的麻、布之类，做成衣服穿。见到废弃无用的皮革之类，又亲自带领宫人缝制成地毯，废物利用。她长期保持这样的勤俭作风，使得宫中几乎没有丢弃的废物。蒙古军帽本来没有帽檐，这就带来了一个很大的缺陷，在昂首射箭时，阳光刺目，影响骑射。察必运其巧思，在帽子上加了个帽檐，十分便于骑射。她又创制了一种前短后长，便于骑马射箭的马甲，使兵士们觉得十分便利，一时成为军服的样式。从这些事上，可以看出她的聪明过人。

正因察必平时在宫中以身作则，厉行节约，生活十分俭朴，为众妃等树立了榜样，所以一时忽必烈的宫中形成了一种俭朴省约的风气。元史对察必皇后的评价甚高，称赞她"性明敏"，在政治上，她"达于事机，国家初政，左右匡正，当时与有力焉"；而在平时生活中，则称赞她"垂慈范千万世，唯全美圣而益圣。"贵为皇后，能够亲率宫人从事劳作，这种精神确实是相当了不起的。

杨氏口授虞集心学

元代著名学者、文学家虞集，字伯生，号道园，人称邵庵先生。祖籍蜀郡仁寿（今属四川），后来迁居临安崇仁（今属江西）。他是宋代丞相虞允文的五世孙，元成宗大德元年（1297 年），入京为大都路儒学教授、国学助教。元仁宗时，为集贤院修撰，升为翰林直学士兼国子祭酒。元文宗时，任奎章阁侍读学士，与中书平章赵世延等编纂《经世大典》，有 800 帙的篇幅。晚年以病辞归。

虞集很有文名，能诗善文，与杨载、范梈、揭傒斯并称"四大家"，著有《道园学古录》50 卷和《道园类稿》等。

虞集之所以能够成为元代著名学者、文学家，与他母亲杨氏为他亲授书籍是分不开的。虞集自幼聪明过人，3 岁就知道读书。遗憾的是，当时正处在宋元交替、兵荒马乱之际，全家老少为避战乱，逃到福建、广东一带。当时正处于战争时期，仓促逃难中，哪里顾得上带什么书籍！所以一旦安居下来，虞集家中竟无书可读。亏得虞集的母亲杨氏曾经熟读古书，知书识礼，便凭着自己平时读书的记忆，每天给儿子口授《左传》《论语》《孟子》以及宋代著名文学大家欧阳修、苏轼等的名文，教虞集认真读。虞集聪明刻苦，母亲的口授，几乎就能够背诵。凭着过人的天赋，在战乱中，虞集就这样读了不少的口授之书。等到战事稍平，他们回到长沙，虞集正式跟从老师学习时，才能够得到刊刻的书来读。而这时候，虞集差不多已将古代的诸经读了个遍，并且已经通其大义了。虞集母亲杨氏的父亲精通春秋之学，而其族弟杨栋又明于性理之学，杨氏还未出嫁时，就已经深受其父亲和族弟的影响，精通春秋和性理之学，所以，教起儿子虞集及虞集的弟弟虞槃来，自然也就得心应手。因此，虞集及其弟弟均在家中受启蒙教育，达到很深程度。出外又跟从其父虞汲的好友、著名学者吴澄学习，渊源有自，打下了良好的学问底子，这是虞集后来成为著名学者、文学家的坚实基础。

虞集终生写了足有一万篇文章，是中国文学史上一位多产的作家。他所作的诗词、散文，有不少是脍炙人口的名篇。

虞母杨氏以口授的方式教虞集读古代典籍，在中国教育史上显得很特殊，留下了一个可贵的教育实例。由此也证明，不论采用什么样的教育方式，只要做教育的有心人，坚持锲而不舍，总是能取得成效的。

魏敬益还田教子

魏敬益并非是历史上的著名人物，他的生平事迹，史书也记载甚少，只有《元史》将他收入《孝友传》，传中简略记载道："魏敬益，字士友，雄州容城（今属河北省）人。性至孝，居母丧，哀毁骨立……"但是，《孝友传》中却详细记载了他教育子女的一则事迹。他之所以能在史籍中留名，主要也就是因为这一则故事：

魏敬益不仅对母亲很孝顺，而且十分注意教育自己的儿子。他生性乐善好施，肯帮助别人。如果乡里如有男子、女子到了年龄不能娶妻嫁夫，他总是热心出资，一力赞助他们的嫁娶；逢到灾荒之年，他便时常施食救济老弱病残，以自己的善良之心救贫苦人于急难之中。

魏敬益家境并非十分富裕，他的家中一共只有16顷田。但就是这16顷田，他也常为此感到不安。一天，他特地将儿子叫来，对他说："自从我们家买下村上的10顷田地后，环村的乡亲们都难以生活自给了。我深深地同情他们，想把我们买下的这10顷田都还给他们。你守着其余剩下的田地，也完全够生活的了。"于是，他将周围的乡亲叫来，告诉他们说："我买了你们的田产，使你们贫穷得不能生活，有父母亲也不能够赡养，我实在是太不仁义了！现在我就将这些田地都还给你们！"魏敬益的乡亲们听了，都深感意外，不敢接受。魏敬益坚持一定要退还，才都接受了。魏敬益怕乡亲们不放心，又特意将此事告诉官府，以表明自己是真心退还田地。

官府对他的这种做法十分赞赏，特意加以褒扬。当时朝廷的宰相听说此事，也十分感动，赞叹道："世上竟然有品格如此高尚的人！"

人物春秋

一代天骄东征西讨　旷世英才南征北战
——铁木真

　　元太祖铁木真，姓奇渥温氏，蒙古部人。太祖的十世祖名叫孛端叉儿。孛端叉儿的相貌很奇怪，沉默寡言，家中人都说他笨。母亲阿兰去世，兄长们把财产分了，没有分给孛端叉儿。孛端叉儿说："人的贫贱富贵，都是命里注定的，财产算什么。"独自骑着一匹青白马，到名叫八里屯阿懒的地方住了下来。得不到饮食，正好有鹰抓取野兽在吃，孛端叉儿便用绳子做成机关擒住了它，这头鹰很快便驯服了。于是便臂上架鹰猎取兔子和鸟类作为食物，有时食物缺少但立即又有所获，似乎天在保佑他。这样过了几个月，有数十家百姓从统急里忽鲁的旷野追随水草迁到当地，孛端叉儿盖造简陋的茅屋给他们住，进出互相帮助，因此生活还算过得去。有一天，二哥忽然想起他，说："孛端叉儿独自出去没有带什么东西，近来会不会挨冻受饥呢？"立即前来访问，要他一起回去。半路上孛端叉儿对他的哥哥说："统急里忽鲁的百姓没有隶属于他人，如果用武力加以威胁，是会屈服的。"哥哥认为有道理。回家后，立即选派强壮的战士，命令孛端叉儿带领前去，果真把他们都降服了。

　　孛端叉儿死，其子八林昔黑剌秃合必畜继承家世，生下儿子名叫咩撚笃敦。咩撚笃敦的妻子叫做莫回伦，生下7个儿子后成为寡妇。莫回伦的脾气刚强而急躁，当时押剌伊而部有一群孩子挖掘田间的草根作为食物，莫回伦乘车出门，正好看见，发怒说："这块土地是我儿子跑马的地方，这群孩子胆敢破坏吗！"赶车前去，将这群孩子辗伤，有的因此而死。押剌伊而人忿怒怨恨，将莫回伦的马群全都赶走。莫回伦的儿子们听到这一消息，来不及穿上铠甲，便追上去。莫回伦内心深感忧虑地说："我的儿子不穿铠甲前去，恐怕不能战胜敌人。"便叫儿媳妇载着铠甲前去，可已经来不及了。果然吃了败仗，6个儿子全都战死。押剌伊而人乘胜杀死莫回伦，并把他全家都杀光。只有长孙海都年纪还小，奶妈将他藏在一堆木头中，才得免于难。在此以前莫回伦第七个儿子纳真在八剌忽的百姓家中当上门女婿，因此灾难发生时与他无关。他听说家中遭遇大祸，前来察看，只见10几位有病的老年妇女与海都还在，他不知怎么办才好。幸亏押剌伊而人驱赶马群时，纳真哥哥的黄马3次摆脱套杆逃了回来，纳真才得到马骑。于是便伪装成牧马人，前往押剌伊而人住处。路上碰到父子2人先后骑马行驰，臂上架着鹰打猎。纳真看见鹰，心中说："这正是我哥哥常常托着的鹰。"赶上前去哄骗年少的儿子说："有一匹红马带领一群马往东去了，你看见了吗？"少年回答说："没有。"接着少年问："你经过的地方有水鸟吗？"纳真说："有。"少年说："你能当向导吗？"纳真说："可以。"于是便同行。转过一处河湾，纳真估计后面骑马人距离稍远，便将少年刺死。他将马匹与鹰用绳捆住，然后前去迎接后面的骑手，同样加以哄骗。后面的骑手问道："前面射水鸟的是我的儿子，为什么老躺着不起来呢？"纳真回答说因为鼻子出血。骑手正发怒，纳真利用这一空子将他刺死。又向前去到一座山下，有几百匹马，放牧的只有几个孩子，正在拿动物的骨关节做游戏。纳真仔细看，也是哥哥家中的东西。用话向孩子们套问，也像先前一样。于是爬上山顶四面张望，到处静悄悄没有人影，他便将孩子们全都杀死，驱赶马群架着鹰回来，带上海都和有病的老年妇女，一起回到八剌忽地方住下。海都长大了，纳真率领八剌忽怯谷的百姓们拥立他为首领。海都当上首领后，攻打押剌伊而人，使之成为自己的属民，势力逐渐壮大。他的营帐排列在八剌合黑河边，在河上造起了桥梁，便于往来。由此周围的部族前来归附的日益增多。

海都死，儿子拜姓忽儿继位。拜姓忽儿死，儿子敦必乃继位。敦必乃死，儿子葛不律寒继位。葛不律寒死，儿子八哩丹继位。八哩丹死，儿子也速该继位，并吞各部落，势力愈来愈大。也速该死。至元三年十月，追谥烈祖神元皇帝。

当初，也速该出征塔塔儿部，捉住了塔塔儿部的首领铁木真。这时正好宣懿太后月伦生下太祖，手中握着凝固的血块如同红色石头一般。也速该很奇怪，便以抓住的俘虏铁木真为之命名，用来纪念自己的军事胜利。

同族的泰赤乌部原来和也速该关系很好，后来因为塔儿不台管事，便产生了隔阂，互不往来。也速该死时，太祖年纪还小，部众大多归附泰赤乌部。侍从脱端火儿真也要叛变，太祖哭着挽留他。脱端说："深深的池水已经干涸了，坚硬的石头已经碎裂了，留下干什么！"竟然带着众人骑马离去。太后月伦对于他看不起自己感到愤怒，亲自打着旗带着兵追上前去，将大部分企图叛变的部众追了回来。

当时太祖部下的搠只另外居住在萨里河。札木合部的秃台察儿居住在玉律哥泉，时常想要加以欺侮，终于将萨里河放牧的马群抢走。搠只指挥身边的人藏在马群中，将秃台察儿射死。札木合因此怨恨，便和泰赤乌各部共同商议，发动3万人前来打仗。太祖这时屯驻在答阑版朱思草原上，听到消息，大规模征集各部的军队，分成十三翼等待对方的到来。后来札木合的军队果然前来，太祖和他们激烈交锋，终于将对方打败。

那时，各部之中只有泰赤乌部土地广大，人口众多，号称最强大。泰赤乌部中的照列部，住处与太祖相接近。太祖有一次出去打猎，偶然和照列部的打猎队伍相遇。太祖对照列部的人说："晚上可以一起宿营吗？"照列部人说："一起宿营当然是我的愿望，但是跟从出来打猎的有400人，因为带的食物不够，已经让一半回去了，现在如何是好？"太祖坚持邀请他们一同宿营，一概供应饮食。次日一起打猎，太祖让身边的人将野兽都赶到照列部人一方，照列部人得到许多猎物回去。照列部众都感激太祖，悄悄相互说："泰赤乌和我们虽是兄弟，却常常抢我们的车马，夺我们的饮食，没有君主度量。有君主度量的，看来只有铁木真了。"照列部的首领玉律这时正遭到泰赤乌部的虐待，难以忍受，便和塔海答鲁带领部众来归，愿意以杀泰赤乌人来表示自己的诚心。太祖说："我正在熟睡，幸亏你们使我醒过来。自今以后凡是有车辙和人行痕迹的道路，我将全部夺过来给你们。"没有多久两人不能实践诺言，叛变离去。塔海答鲁行至中途被泰赤乌部众所杀，照列部就此灭亡。

此时太祖的功业与德行愈来愈盛，而泰赤乌各部对于他们首领的暴虐行为深感痛苦，看到太祖待人宽厚仁爱，经常拿皮衣和马匹赏赐给别人，心中都很向往。像赤老温、哲别、失力哥也不干等人，以及朵郎吉、札刺儿、忙兀诸部，都仰慕太祖的恩义，前来归附。

太祖约会同族首领薛彻别吉、大丑等，各自用牛车载着马奶和奶酪，在斡难河边举行宴会。在太祖和同族首领以及薛彻别吉的母亲忽儿真面前，共同放着一皮囊马奶，而在薛彻别吉的次母野别该面前，却单独放着一个皮囊。忽儿真怒道："现在不尊敬我，却要抬高野别该吗？"怀疑是太祖手下管理饮食的失丘儿干的事，就揍他，如此便产生了隔阂。这时太祖兄弟别里古台负责管理太祖的乞列思，播里管理薛彻别吉的乞列思。播里手下人偷盗马车用的革带，被别里古台抓住。播里发怒，用刀砍伤别里古台的背。手下人要打架，别里古台制止他们说："你们要报仇吗？我伤得不重，姑且等下再说。"手下人不听，各自拿着撞马奶的木棒大打出手，将忽儿真、火里真两位夫人抢了回来。薛彻别吉派遣使者请求和好，太祖便让两位夫人回去。适逢塔塔儿部首领蔑兀真笑里徒违背与金朝之间的盟约，金朝皇帝派丞相完颜襄带领军队将他们驱赶到北方。太祖听说此事，便派遣近处的军队从斡难河迎头痛击塔塔儿部，又通知薛彻别吉带部众前来相助。等了6天不来，太祖独自与塔塔儿部作战，杀死蔑兀真笑里徒，将他们的全部辎重都缴获了。

太祖部下有人遭到乃蛮部人抢劫，太祖准备讨伐，又派60人到薛彻别吉处去征兵。薛彻别吉因为过去的怨仇，将其中10人杀死，剥去其余50人的衣服让他们回来。太祖发怒说："薛彻别吉过去揍我的失丘儿，砍伤我的别里古台，现在又敢利用敌人的势力来欺侮我。"于是便统率军队越过沙漠发起进攻，杀死和俘虏了他的部众，只有薛彻别吉和大丑带着妻儿得免此难。过了几个月，太祖又发兵讨伐薛彻别吉和大丑，追到帖烈徒隘口，将他们歼灭。

克烈部的札阿绀孛前来归附。札阿绀孛是克烈部首领汪罕的弟弟。汪罕原名脱里，金朝封他为王，北方民族语音重，所以称王为汪罕。

起初，汪罕的父亲忽儿札胡思杯禄去世，汪罕嗣位，杀死不少自己的兄弟。他的叔父菊儿罕带着军队与他作战，追逼他到哈剌温隘口，将他打败，汪罕只剩下100多名骑兵逃脱，投奔于烈祖也速该。也速该亲自带兵将菊儿罕赶走，菊儿罕逃往西夏，也速该夺回部众还给汪罕。汪罕感恩戴德，就与也速该结盟，称为按答（按答，汉语是交换物品的朋友）。也速该死，汪罕的弟弟也力可哈剌怨恨汪罕杀人太多，又叛离了他，投向乃蛮部。乃蛮部首领亦难赤替他发兵讨伐汪罕，将他的部众都夺过来给了也力可哈剌。汪罕经过河西、回鹘等三国，投奔契丹。接着又叛变逃回，途中粮食没有了，挤羊奶为饮料，刺出骆驼血来吃，困乏到了极点。太祖因为汪罕与烈祖也速该之间交情很好，派遣侍从去招他。太祖亲自迎接慰劳，安置于军中，给他资助。于是在土兀剌河边聚会，太祖遵汪罕为父。

不久，太祖讨伐蔑里乞部，与蔑里乞部的首领脱脱在莫那察山交战，夺得他们的资财、粮食，送给汪罕。汪罕因此逐步将部众聚集了起来。

又过了一些时日，汪罕以为自己势力壮大，足以有所作为，没有告诉太祖，独自领兵又去攻打蔑里乞部，对方败走，脱脱逃往八儿忽真的险要之地。汪罕大肆抢掠然后回来，没有给太祖一点东西，太祖不在意。

这时乃蛮部首领不欲鲁罕不服，太祖与汪罕又发兵讨伐。到黑辛八石的旷野，遇到乃蛮部的前锋也的脱孛鲁带领100骑兵前来作战。看到太祖的军队逐渐逼近，也的脱孛鲁退到高山上据守，途中马鞍脱落掉了下来，太祖抓住了他。没有多久，太祖又与乃蛮部的猛将曲薛吾撒八剌相遇，正好天时已完，于是约定明日交战，各回自己的营垒。当天晚上，汪罕在营垒中到处点火，使人不怀疑他有什么动作，实际上偷偷将部众转移到其他地方。等到天亮，太祖才发现，因而怀疑他打有别的主意，也带着军队退到萨里河。接着汪罕也回到土兀剌河，汪罕的儿子亦剌合和札阿绀孛都来会合。曲薛吾等侦察到这种情况，乘其不备，在半路上加以袭击，俘虏了不少人。亦剌合逃走告诉汪罕，汪罕命令亦剌合和卜鲁忽邀一起追上前去，一面派人来说："乃蛮部不讲信义，抢掠我的百姓，太子您有4名优秀将领，能借给我洗雪这番耻辱吗？"太祖立即消除了以前的不满，派遣博尔术、木华黎、博罗浑、赤老温4人带军队前去。军队还没有到，亦剌合已经追上曲薛吾，与他交锋，结果大败，卜鲁忽邀也被俘。飞箭射中了亦剌合的马股，差一点也成了俘虏。一会儿四将来到，打败乃蛮部，将他们抢掠的百姓全部夺回还给汪罕。接着太祖与兄弟哈撒儿再次讨伐乃蛮部，在忽阑盏侧山交战，大败对方，将对方的将领和部众全都杀光，将尸首堆积起来封土成为冢丘。乃蛮部的势力因此削弱了。

这时泰赤乌还相当强大，太祖和汪罕在萨里河会合，一起与泰赤乌首领沆忽等在斡难河边大战，将对方击败，杀死的和俘获的不可胜数。

哈答斤部、散只兀部、朵鲁班部、塔塔儿部、弘吉剌部听说乃蛮部、泰赤乌部已战败，都感到不安，在阿雷泉相会，立下誓言，要对太祖和汪罕发动突然袭击。弘吉剌部首领迭夷害怕此事难以成功，偷偷派人前来告密，太祖和汪罕从虎图泽出发，迎战于杯亦烈川，又大败对方。

汪罕乃分兵，自己沿怯绿连河行动。札阿绀孛和按敦阿述、燕火脱儿等商议说："我的哥哥性格做事都很古怪，他既能将我的兄弟都杀光，我们又怎么能单单活命呢？"按敦阿述将这些话泄露了，汪罕下令将燕火脱儿等抓到自己的营帐前，将燕火脱儿解绑，对他说："我们从西夏回来，在道路上饥饿困乏，一起立有誓言，你难道忘记了吗？"便向他脸上吐唾沫。边上坐着的人也都起来向他吐唾沫。汪罕又多次责备札阿绀孛，使他深感无地自容。

札阿绀孛与燕火脱儿等一起逃往乃蛮部。

太祖在彻彻儿山驻军，发兵讨伐塔塔儿部。塔塔儿部首领阿剌兀都儿等前来迎战，太祖将其击败。

这时弘吉剌部想要前来归附，哈撒儿不知道他们的意图，前去抢劫了他们的东西。于是弘吉剌部归附了札木合，和朵鲁班、亦乞剌思、哈答斤、火鲁剌思、塔塔儿、散只兀诸部在犍河会合，共同推举札木合为局儿罕。众人在秃律别儿河岸明誓，誓言是："凡是我们同盟中人，如有泄露商议内容的，其下场如同河岸被摧毁，森林被砍伐。"说完誓言以后，大家一起举足蹬塌河岸，挥刀砍伐森林，随后驱赶士兵前来进攻。塔海哈当时在众人中间，他与太祖部下抄吾儿是亲家。抄吾儿偶然前去看他，了解到他们的密谋，赶紧回到太祖居住的地方，将这些情况报告了。太祖立即起兵，迎战于海剌儿、帖尼火鲁罕之地，打败了他们。札木合逃走，弘吉剌部前来投降。

壬戌年，太祖在兀鲁回失连真河发兵，讨伐按赤塔塔儿、察罕塔塔儿两部。出发以前誓师说："如果打败敌人，追赶他们时，见到他们丢下的东西，注意不要拾取，等战争结束后再分配。"后来果然取得胜利，太祖同族按弹、火察儿、答力台3人违背了誓师时的言语，太祖发怒，将他们俘获的东西都加以没收，在军中分配。

原来，脱脱逃往八儿忽真隘口之后，又出来骚扰，太祖带领军队将他赶走。到此时，他又与乃蛮部的不欲鲁罕会合，联合朵鲁班、塔塔儿、哈答斤、散只兀诸部一起来进攻。太祖派骑兵登高四望，知道乃蛮部军队快要到了，便与汪罕一起将军队移入险要之处。汪罕的儿子亦剌合从北边过来占领高山立下阵势，乃蛮部军前来冲击，阵势不动，退了回去。亦剌合接着也进入险要之处。将要交战以前，太祖将辎重转移到其他地方，和汪罕一起，背靠阿兰塞，与乃蛮部军队在名叫阙奕坛的旷野上大战。乃蛮人让神巫祈祷风雪，想要利用风雪之势进攻，后来风向逆转，反过来刮向乃蛮人的兵阵。乃蛮人不能作战，想退兵。这时大雪塞满了沟涧，太祖指挥军队利用有利形势进攻，乃蛮部大败。此时札木合起兵支援乃蛮部，看见乃蛮部已经失败，立即退还。路上遇见拥立自己的各部，大肆抢劫而归。

太祖求婚于汪罕，希望自己的长子术赤娶汪罕女儿抄儿伯姬，汪罕的孙子秃撒合想娶太祖女儿火阿真伯姬，都没有成功，此后隔阂渐深。起初，太祖与汪罕合兵攻乃蛮部，约定明日作战。札木合对汪罕说："我对你就像白翎雀一样，别人则像鸿雁。白翎雀无论冷热都在北方，鸿雁每逢天气寒冷就飞到南方暖和的地方去了。"汪罕听了生疑，就将部众迁移到其他地方。等到议婚不成，札木合又利用这一机会对亦剌合说："铁木真太子虽然自己说是汪罕的儿子，实际上曾和乃蛮部有来往，这对您父子是不利的。您如果对铁木真采取军事行动的话，我一定在旁边帮助您。"亦剌合相信他的话。正好答力台、火察儿、按弹等都背叛了太祖前来归附，他又对亦剌合说："我们愿意帮助您去攻打月伦的儿子们。"亦剌合非常高兴，派遣使者去告诉汪罕。汪罕说："札木合是一个嘴上说得好听但没有信用的人，他的话不能听。"亦剌合坚持自己的意见，使者来回了好几次。汪罕说："我之所以能生存下来，靠的是铁木真太子。我现在胡子已经白了，死后希望有一个安葬的地方，你怎么说个没有完呢？你好自为之，不要给我添麻烦就行了。"札木合于是焚烧了太祖的牧地扬长而去。

癸亥年，汪罕父子策划谋害太祖，派遣使者来说："以前商量的婚事，现在愿意听从您的意见，请您前来喝订婚酒。"太祖信以为真，带着10名骑兵前去。在途中产生了疑心，派一名骑兵前去表示谢意，自己回来。汪罕的阴谋不曾得逞，便商量发兵来攻。养马人乞失力听说这件事，偷偷和他的弟弟把带前来告诉太祖。太祖立即带着军队驰奔阿兰塞，将辎重全部转移到其他地方，派折里麦为前锋，等汪罕一到立即整好队伍出战。先遇到的是朱力斤部，接着是董哀部，后面是火力失烈门部，都击败了他们，最后与汪罕贴身亲兵交锋，也打败了他们。亦剌合看见形势危急，亲自前来冲阵，被箭射中脸颊，立即收兵退走。怯里亦部人离开汪罕前来投降。

汪罕战败而归，太祖也带着军队回到董哥泽屯驻。派遣阿里海前去责备汪罕说："您过去遭到您的叔父菊儿罕驱逐，困难交加前来投奔，我父亲立即发兵攻打菊儿罕，在河西将他打败，他的土地、百姓都拿了过来给您。这是有大功于您的第一件事。您遭到乃蛮人的攻击，逃往西边太阳降落的地方。您的兄弟札阿绀孛在金朝国境，我立即派人召他回来。等他回来时，又遭到蔑里乞部的威胁，我请我的同族哥哥薛彻别吉和兄弟大丑去杀掉他们。这是有大功于您的第二件事。您为困难所迫前来投奔时，我经过哈丁里，将各部的羊、马和财产都夺了给您，不到半月的时间，使您饥饿的部众吃得饱饱的，瘦子都长胖了。这是有大功于您的第三件事。您不告诉我就去抢劫蔑里乞部，收获很大，回来以后，没有分给我一点点，我不计较。等到您被乃蛮人颠覆，我派四将夺回你的百姓，重立你的国家。这是有大功于您的第四件事。我征伐朵鲁班、塔塔儿、哈答斤、散只兀、弘吉剌五部，如同凶猛的海东青对付鹅雁一样，看见必有收获，有收获必定送给您。这是有大功于您的第五件事。这五件事都是有明白证据的，您对我不报恩也就罢了，现在怎么能变恩为仇，突然对我发动战争呢！"汪罕听到这些话，对亦剌合说："我以前说的话怎么样？我的儿子你应知道。"亦剌合说："事情已发展到今天这样，没有法子了结，只有尽力去战斗。我们打赢了就将他们合并过来。他们赢了就吞并我们，多说干什么。"

当时和太祖同族的按弹、火察儿都在汪罕身边。太祖派遣阿里海去挖苦责备汪罕时，命令阿里海告诉他们说："过去我国没有君主，以为薛彻别吉、太丑二人是我伯祖八剌哈的后代，准备立他们为主。因为二人坚决推辞，又以你火察儿是伯父聂坤之子，准备立为主，你又坚决推辞。但是此事不能这样中途而废，又以你按弹是我祖父忽都剌的儿子，想立为主，你又坚决推辞。于是你们推戴我为君主，这并非我的本来想法，是形势所逼造成的。三河是我们祖先创业的地方，不要被他人所据有。你们要好好为汪罕服务，汪罕的本性反复无常，待我尚且这样，何况是你们呢？我现在走了，我现在走了。"按弹等人没说一句话。

太祖既已派遣使者去汪罕那里，便进兵俘虏弘吉剌的别部溺儿斤，队伍行进到班朱尼河，河水正浑，太祖带着部众共饮河水立下誓言。亦乞烈部的孛徒被火鲁剌部打败，遇到太祖，双方建立同盟。太祖的兄弟哈撒儿另外居住在哈剌浑山，妻子被汪罕俘虏，自己带着小儿子脱虎逃走，粮食断绝，找寻鸟蛋充饥，前来河边相会。这时汪罕的势力强大，太祖的势力微弱，胜败还不可知，部众颇为担心害怕。凡是一起饮过河水的，称为"饮浑水"，意思是曾经同患难。汪罕的军队前来，太祖在哈阑真沙陀与他们交战，汪罕大败。属臣按弹、火察儿、札木合等密谋杀害汪罕，没有成功，便逃往乃蛮部。答力台、把怜等部也前来叩头投降。

太祖将军队移到斡难河的源头，策划攻打汪罕，又派两名使者前往汪罕那里，假装传达哈撒儿的话，说："我的哥哥铁木真太子现在不知下落，我的妻子老小又在大王您那里，即使我想走，能走到哪里去呢！大王如果能够宽恕我以前的错误，想念我过去的好处，我立即就来投奔您。"汪罕相信这番话，就派人跟着两名使者前来，用皮囊盛血准备与哈撒儿订立盟约。到了以后，太祖立即以两名使者为向导，下令兵士衔枚禁止说话，连夜赶往折折运都山，出其不意，袭击汪罕，将他打得大败。克烈部百姓都投降了。汪罕和亦剌合脱身逃走。汪罕叹气说："我被儿子害了，今天的祸事后悔也来不及了。"汪罕在逃走的路上，遇到乃蛮部的将领，被杀。亦刺合逃到西夏，靠抢劫维持生活，很快便为西夏打败，逃到龟兹国。龟兹国君主发兵讨伐，将他杀死。

太祖灭汪罕以后，在帖麦该川举行盛大的狩猎活动，发布各种命令，凯旋而归。这时乃蛮部君主太阳罕心里妒忌太祖的才能，派人去和白达达部首领阿刺忽思商量说："我听说东方有称帝的人。天上没有两个太阳，百姓难道能有两个君主吗？您能增加我右翼的力量，我将夺过敢于称帝者的弓箭。"阿刺忽思立即将这个情况报告太祖，没有多久，他带着全部百姓前来归附。

甲子年，太祖在帖麦该川举行大聚会，商议讨伐乃蛮部。许多人都认为现在是春天马正瘦，应该等待秋高气爽马长膘再出兵。皇弟斡赤斤说："应该做的事，要早下决心，怎么能用马瘦作理由呢！"别里古台也说："乃蛮部要夺我们的弓箭，是看不起我们，我等理当共生死。他倚仗国大而吹牛，如果乘其不奋发起攻势，可以成功。"太祖很高兴，说："以这样的人去作战，还愁打不赢吗！"便出动军队讨伐乃蛮部，驻军于建忒该山，先派虎必来、哲别两人为前锋。太阳罕从按台来，驻军于沆海山，和蔑里乞部首领脱脱、克烈部首领阿怜太石、猥刺部首领忽都花别吉，以及秃鲁班、塔塔儿、哈答斤、散只兀等部会合，兵势相当盛大。这时我方队伍中的瘦马因受惊跑到乃蛮部营中，太阳罕看见，与大家商议说："蒙古的马如此瘦弱，现在应该引诱他们深入，然后和他们交战，将他们俘虏。"将领火力速八赤对他说："先前的国王作战，一往直前，不让敌人看见自己的背和马的尾巴。现在您提出这样拖延的方针，是不是心中害怕呢？如果害怕，为什么不让后妃来统领军队！"太阳罕很生气，立即拍马往前要与太祖交战。太祖让哈撒儿负责中军。这时札木合跟随太阳罕前来，看见太祖的军队整齐肃静，对身边的人说："乃蛮部刚出兵时，看待蒙古军如同羊羔，意思是说连蹄皮也留不下。现在我观察他们的气势，恐怕已不同于过去了。"就带自己的军队逃走了。这一天，太祖与乃蛮部大战直到日落，擒杀太阳罕。各部军一时都溃散，夜间在非常危险的地方奔走，从山崖掉下去死掉的不可计数。第二天，剩余下来的都投降了。于是朵鲁班、塔塔儿、哈答斤、散只兀四部也都前来投降。

接着又出征篾里乞部，该部首领脱脱逃往太阳罕的哥哥卜欲鲁罕那里，他的部下带儿兀孙献上自己的女儿求降，很快又叛变了。太祖到泰寒寨，派字罗欢、沈白两人带着右军前去将带儿兀孙平定了。

乙丑年，太祖出征西夏，攻克力吉里寨，经过落思城，掠取了大量百姓和骆驼回来。元年丙寅，太祖大会诸王和群臣，树起九游的白旗，在斡难河头登上了皇帝的位置。诸王、群臣一起尊称之为成吉思皇帝。太祖即帝位后，发兵再去打乃蛮部。这时卜欲鲁罕正在兀鲁塔山打猎，将他捉住带了回来。太阳罕的儿子屈出律和脱脱一起逃到也儿的石河边。

太祖开始谈论讨伐金朝之事。以前金朝杀害太祖同族咸补海罕，太祖想报仇。恰巧金朝投降的俘虏陈述金朝皇帝完颜羡任意施行暴虐的统治，太祖于是决定加以讨伐，但是没有敢轻举妄动。二年丁卯的秋天，太祖再征西夏，攻克斡罗孩城。这一年，派遣按弹、不兀剌两人出使乞力吉思。不久野牒亦纳里部、阿里替也儿部都派使者来贡献名贵的鹰。三年戊辰的春天，太祖从西夏回来。冬天，再次讨伐脱脱和屈出律罕。斡亦剌部等和我军前锋遭遇，没有交战就投降了，便以他们做向导。到也儿的石河，讨伐蔑里乞部，将它消灭了。脱脱中箭身亡。屈出律罕逃往契丹。

四年己巳的春天，畏吾儿国前来归附。太祖进军河西。西夏国王李安全派长子率领军队来作战，被我军击败，副元帅高令公成了俘虏。攻克兀剌海城，俘虏西夏的太傅西壁氏。进至克夷门，又击败西夏军队，俘获其将领嵬名令公。包围中兴府，引黄河水来冲灌这座城。但是水堤决口，水往外流，只好撤围还师。太祖派太傅讹答进入中兴府，向西夏国王招降，西夏国王献女儿请求和好。

五年庚午的春天，金朝打算来进攻，建造乌沙堡。太祖命遮别进行突然袭击，杀死筑堡的人，接着向东略取土地。

原来，太祖向金朝进献每年固定的贡品，金朝皇帝派卫王允济到净州接受。太祖见到允济，不行礼。允济回去，准备请求发兵讨伐。正好金朝皇帝完颜羡死了，允济嗣位，即位的诏书送到蒙古，派人传话要太祖跪拜接受。太祖问金朝使节说："新皇帝是谁？"金使说："是卫王。"太祖立即向南方吐了一口唾沫，说："我以为中原的皇帝是天上的神做，这等无用胆小之人也能做吗！拜他干什么！"便骑马往北走了。金使回来报告，允济更加恼怒，想乘太祖下一次进贡时，在边境贸易的场所将他杀害。太祖知道后，便与金朝断绝关系，进一步整顿军队备战。

六年辛未的春天，太祖居住在怯绿连河。西域哈剌鲁部首领阿昔兰罕来投降。畏吾儿国君主亦都护前来觐见。二月，太祖亲自带兵南征，在野狐岭打败金朝将领定薛，攻取大水泺、丰利等县。金朝又建造乌沙堡。秋七月，太祖命哲别攻乌沙堡和乌月营，占领了两地。八月，太祖和金军在宣平的会河川交战，取得胜利。九月，攻占德兴府，居庸关的守将逃跑。哲别接着入关，直抵中都。冬十月，袭击金朝的群牧监，将群牧监管理的马匹都赶了回来。耶律阿海投降，到太祖临时屯驻的地方来谒见。皇子术赤、察合台、窝阔台分别夺取云内、东胜、武、朔等州。这一年冬天，太祖屯驻在金朝的北部边境。刘伯林、夹谷长哥等来降。

　　七年壬申，春正月，耶律留哥在隆安聚合人众，自称都元帅，派遣使者前来归附。太祖攻破昌、桓、抚等州。金朝将领纥石烈九斤等带领30万军队前来援救，太祖与他们在獾儿嘴交战，金兵大败。秋天，包围西京。金朝元帅左都监奥屯襄率领军队前来援救，太祖派兵把金军引诱到密谷口，在那里迎击并全部消灭了他们。再攻西京，太祖为飞箭所伤。只好撤围而去。九月，察罕攻克奉圣州。冬十二月甲申，哲别攻东京，没有成功，立即退去。夜间驰还，突然袭击，占领了东京。

　　八年癸酉的春天，耶律留哥自封为辽王，改元元统。秋七月，攻占宣德府，接着攻德兴府，皇子拖雷、驸马赤驹先登城，攻克了它。太祖前进到怀来，和金朝行省完颜纲、元帅高琪交战，金军败，追到居庸关北口。金兵占据居庸关自保，太祖命可忒、薄刹守在北口前，自己前往涿鹿。金朝西京留守忽沙虎逃走。太祖出紫荆关，在五回岭击败金军，攻占涿、易二州。契丹人讹鲁不儿献北口，哲别于是占领居庸关，与可忒、薄刹会师。八月，金朝忽沙虎杀害他的君主完颜允济，迎接丰王完颜珣，将其立为皇帝。这年秋天，太祖分兵三路。命皇子术赤、察合台、窝阔台为右军，沿着太行山往南，攻取保、遂、安肃、安、定、邢、洺、磁、相、卫、辉、怀、孟，抢掠了泽、潞、辽、沁、平阳、太原、吉、隰，占领汾、石、岚、忻、代、武等地，然后回军。皇弟哈撒儿和斡陈那颜、拙赤歹、薄刹为左军，沿海向东去，攻取蓟州、平、滦、辽西等地然后回军。太祖与皇子拖雷为中军，攻取雄、霸、莫、安、河间、沧、景、献、深、祁、蠡、冀、恩、濮、开、滑、博、济、泰安、济南、滨、棣、益都、淄、潍、登、莱、沂等地。又命木华黎攻密州，城下后进行大屠杀，史天倪、萧勃迭率领队伍来降，木华黎以皇帝的名义授他们以万户之职。太祖到中都，三路军会合，屯驻大口。

　　是年，河北郡县都被蒙古军攻克，坚守不下的只有中都、通、顺、真定、清、沃、大名、东平、德、邳、海州等11城。

　　九年甲戌，春三月，太祖屯驻在中都的北郊。将领们请求乘胜攻破燕京，太祖未同意。于是派遣使节告知金朝皇帝说："你的山东、河北郡县都已被我占有，你剩下的只有燕京城。天既然已使你衰弱，我又逼迫你走上绝路，天将说我什么！我的军队现在要回去，你难道不能来犒劳我的军队，借此消除我手下将领的愤怒么！"金帝于是遣使求和，并派丞相完颜福兴送太祖出居庸关。夏五月，金帝迁都于汴，命完颜福兴和参政抹捻尽忠辅助太子守忠，留守中都。六月，金朝遆军的斫答等杀死统帅，率领队伍前来投降。太祖命三摸合、石抹明安和斫答等包围中都。太祖自己在鱼儿泺避暑。秋七月，金朝太子守忠逃往汴京。冬十月，木华黎征辽东，高州卢琮、金朴等投降。锦州张鲸杀死节度使，自号临海王，派遣使者前来投降。

十年乙亥春正月，守通州的金右副元帅蒲察七斤投降，授七斤以元帅之职。二月，木华黎攻北京，金军元帅寅答虎、乌古伦开城投降。便以寅答虎为留守，吾也而代理兵马都元帅，镇守该地。兴中府元帅石天应来降，以天应为兴中府尹。三月，金朝御史中丞李英等率领军队前来援救中都，在霸州发生战斗，金军失败。夏四月，攻克清、顺二州。太祖命张鲸统帅北京十提控的军队跟随南征，张鲸谋反被处死。他的兄弟张致便占据锦州，自称汉兴皇帝，改元兴龙。五月庚申，金朝中都留守完颜福兴服毒自杀，抹捻尽忠丢下中都城逃走，石抹明安便进入中都镇守。这一月，太祖在桓州凉泾避暑，派忽都忽等前往中都查收金朝国库的收藏物品。秋七月，红罗山寨主杜秀投降，授杜秀以锦州节度使之职。太祖派遣使者前去通知金朝皇帝，要他献出河北、山东没有被攻下的各城，去掉帝号改称河南王，这样的话可以停战。金帝不同意。太祖下令命史天倪向南进军，授以右副都元帅之职，赐给他金虎符。八月，史天倪攻取平州，金朝经略使乞住投降。木华黎派遣史进道等攻广宁府，守城者投降。这年秋天，攻取的城市有862个。冬十月，金朝宣抚蒲鲜万奴占据辽东自称天王，国号大真，改元天泰。十一月，耶律留哥来朝觐，留下他的儿子斜蒩充当太祖的侍从。史天祥讨伐兴州，俘获兴州节度使赵守玉。

十一年丙子的春天，太祖回到庐朐河边的行宫。张致攻陷兴中府，木华黎将其消灭。秋天，撒里知兀歹、三摸合拔都鲁带领军队由西夏前往关中，越过潼关，俘获金朝西安军节度使尼庞古浦鲁虎，攻克汝州等地，抵达汴京然后还师。冬十月，蒲鲜万奴投降，送他的儿子帖哥入朝充当侍从。不久再叛，自称东夏。

十二年丁丑的夏天，强盗祁和尚占据武平，史天祥平定了这起叛乱，并擒获金朝将领巢元帅献给太祖。察罕在霸州击败金朝监军夹谷，金方求和，察罕才回军。秋八月,太祖授木华黎以太师之职,封他为国王,统领蒙古、纠、汉各路军马南征。木华黎攻克遂城、蠡州。冬天,攻克大名府,接着向东攻取了益都、淄、登、莱、潍、密等州。这一年,秃满部百姓叛乱,派钵鲁完、朵鲁伯前去平定。

十三年戊寅,秋八月,军队出紫荆口,俘获金朝行元帅事张柔,命他继续保持原来的职务。木华黎从西京进入河东,攻克太原、平阳以及忻、代、泽、潞、汾、霍等州。金朝将领武仙向满城进攻,张柔将其打败。这一年,讨伐西夏,包围西夏的王城。西夏国王李遵顼逃往西凉。契丹人六哥占据高丽江东城,太祖命哈真、札剌带军队将他消灭,高丽王瞮于是投降,请求每年进贡本地特产。

十四年己卯的春天,张柔击败武仙,祁阳、曲阳、中山等城投降。夏六月,西域杀害使者,太祖带领军队亲自出征,攻克讹答剌城,活捉城中首脑哈只儿只兰秃。秋天,木华黎攻克苛、岚、吉、隰等州,又向绛州进攻,占领以后将城中百姓全部屠杀。

十五年庚辰,春三月,太祖攻克蒲华城。夏五月,攻克寻思干城,太祖的营帐屯驻在也儿的石河。秋天,攻克斡脱罗儿城。木华黎攻取土地,来到真定,武仙投降。木华黎便以史天倪为河北西路兵马都元帅,管理真定府的事务,以武仙做他的副手。东平严实带着彰德、大名、磁、洺、恩、博、滑、浚等州30万户前来投降,木华黎以太祖的名义授与严实金紫光禄大夫、行尚书省事。冬天,金朝邢州节度使武贵投降。木华黎攻打东平城,未能攻下,便留下严实看守,撒出围城军队前往洺州,分兵攻取河北诸郡。这一年,授与董俊龙虎卫上将军、右副都元帅之职。

十六年辛巳,春天,太祖进攻卜哈儿、薛迷思干等城,皇子术赤进攻养吉干、八儿真等城,都占领了。夏季四月,太祖屯驻在铁门关,金朝皇帝派遣乌古孙仲端带着国书来请求和好,称太祖为兄,太祖没有答应。金东平行省事忙古丢掉城池逃跑,严实入城镇守。宋朝派遣苟梦玉前来请求和好。六月,宋朝涟水忠义统辖石珪率领部众投降,以石珪为济、兖、单三州总管。秋天,太祖进攻班勒纥等城,皇子术赤、察合台、窝阔台分兵攻打玉龙杰赤等城,都占领了。冬季十月,皇子拖雷攻克马鲁察叶可、马鲁、昔剌思等城。木华黎出河西,攻克葭、绥德、保安、鄜、坊、丹等州,进攻延安,未能占领。十一月,宋朝京东安抚使张琳以京东诸郡前来投降,被授予沧、景、滨、棣等州行都元帅之职。

十七年壬午，春天，皇子拖雷攻克徒思、匿察兀儿等城。还军途中经过木剌夷国，进行大规模掳掠。渡过楚楚拉河，攻克也里等城。随即与太祖相会，合兵攻打塔里寒寨，攻下了。木华黎的军队连克乾、泾、纤、原等州，进攻凤翔，未能成功。夏天，太祖在塔里寒寨避暑。西域君主札阑丁出逃，与灭里可汗会合，忽都忽与他们交战，失败。太祖自己带兵进攻，捉住灭里可汗，札阑丁逃走。太祖派八剌追捕，没有抓住。秋天，金朝又派乌古孙仲端前来请和，在回鹘国觐见太祖。太祖对他说："我过去要你的君主将河朔地区都给我，让你的君主当河南王，彼此罢兵停战，你的君主不肯。现在木华黎已经夺取了全部河朔地区，你这时才来请求不太晚了吗？"仲端苦苦哀求，太祖说："念你远来不易，河朔既然都已为我所有，关西还有几座没有攻下的城，都割付给我，这样可以让你的君主当河南王。不要再违背我的意思。"仲端于是回去。金朝平阳公胡天作以青龙堡来降。冬季十月，金朝河中府归附，授石天应为兵马都元帅镇守该地。

十八年癸未，春三月，木华黎去世。夏天，在八鲁弯川避暑。皇子术赤、察合台、窝阔台和八剌的军队都来会合，遂即平定西域各处城市，设置达鲁花赤进行监督治理。

十九年甲申的夏天，宋朝大名总管彭义斌侵犯河北，史天倪与他在恩州交战，打败了他。这一年，太祖到东印度国，角端出现，于是班师。

二十年乙酉，春正月，回到行宫。二月，武仙在真定叛变，杀死史天倪。董俊手下的判官李全也在中山叛变。三月，史天泽向武仙发起攻击，武仙逃走，收复真定。夏季六月，彭义斌以军队响应武仙，史天泽在赞皇防御，将他捉住杀死。

二十一年丙戌，春正月，太祖因为西夏收留仇人亦腊喝翔昆以及不送质子，亲自带领军队去讨伐。二月，攻取黑水等城。夏天，在浑垂山避暑。攻取甘、肃等州。秋天，攻取西凉府搠罗、河罗等县，于是越过沙漠，到黄河九渡，攻取应里等县。九月，李全捉住张琳，带孙郡王指挥军队将李全围困于益都。冬季十一月庚申，太祖攻灵州，西夏派嵬名令公前来援救。丙寅，太祖渡过黄河攻击西夏军，取得胜利。丁丑，五星相聚，出现在西南，太祖屯驻在盐州川。十二月，李全投降。授予张柔行军千户、保州等处都元帅之职。这一年，皇子窝阔台和察罕的军队包围金南京，派遣唐庆前往金朝责问为什么不交纳每年进贡的钱物。

二十二年丁亥，春天，太祖留下一部分部队攻打西夏王城，自己带领军队渡过黄河攻打积石州。二月，破临洮府。三月，破洮、河、西宁三州。派遣斡陈那颜攻打信都府，占领了。夏季四月，太祖到龙德，攻取德顺等州，德顺节度使爱申、进士马肩龙战死。五月，派唐庆等出使金朝。闰五月，太祖在六盘山避暑。六月，金朝派遣完颜合周、奥屯阿虎前来请求和好。太祖对群臣说："我在去年冬天五星聚会时，已经许愿不再杀掠，急促中忘记下诏书了。现在可以向中外发布告示，让他们的使者也了解我的意思。"这个月，西夏国王李睍投降。太祖到清水县西江。秋季七月壬午，太祖身体不适。己丑，在萨里川哈老徒的行宫去世。临死前对身边的人说："金朝精锐部队都在潼关，南边有连绵的山脉可以据守，北边有广阔的黄河为界，很难迅速攻破。如果向宋朝借路，宋金是世代的仇敌，一定能答应我们的要求，于是我军攻占唐、邓，直捣金朝都城汴梁。金朝着急，必然从潼关征调军队。然而他们数万军队，从千里外前来援救，人马疲乏，即使到了也不能打仗，我们一定能取得胜利。"说完去世。年66岁。葬于起辇谷。至元三年冬十月，追谥圣武皇帝。至大二年冬十一月庚辰，加谥法天启运圣武皇帝。庙号太祖。在位22年。

太祖为人深沉，有伟大的志向，用兵如神，所以能灭40国，并且平定西夏。他的奇勋伟绩很多，可惜的是当时没有设置史官，可能不少事迹没有记载下来。

继往开来治天下——窝阔台

元太宗窝阔台，是太祖的第三子。母亲是光献皇后，出身于弘吉剌氏族。太祖讨伐金朝平定西域时，以太宗攻占城池、开拓土地的功劳居多。太祖归天时，太宗从霍博地方前来参加丧礼。

太宗元年（1229年）秋，八月二十四日，诸侯王和群臣在怯绿连河边的曲雕阿阑地方举行盛大的集会，太宗遵照太祖的遗诏在库铁乌阿剌里即皇帝位。从此时起，开始制定朝廷礼仪，皇族和贵戚都要向皇帝行叩拜礼。颁布"大札撒"——即汉语"大法令"的意思。金朝派阿虎带来向太祖的丧礼敬献的礼物，太宗说："你们的主子久不投降，使我们先帝在兵戎中归天，我难道能忘记？礼物有什么用呢！"拒绝礼物。便商议讨伐金朝的问题。

太宗二年（1230年）秋，太宗亲自领兵征伐南方。太宗三年（1231年）春，攻克凤翔，进攻洛阳、河中等城市。攻占了它们。秋，因为高丽杀害了蒙古使臣，派撒礼塔领军去讨伐，攻占了40余城。高丽国王王𤩈派他的弟弟怀安公前来求降。撒礼塔按照定制设置官员，分别镇抚各地，然后回国。

太宗四年（1232年）春，正月初七日，太宗由白坡渡过黄河。正月初九日拖雷渡过汉江，派信使来报告，太宗便下诏，命各军前进。三月，太宗命令速不台等包围金朝首都南京（今开封）。

太宗五年（1233年）春，正月十五日，金朝皇帝逃奔归德。二月，太宗来到铁列都地方。诏令诸侯王商议讨伐万奴的事，立即命令皇子贵由及诸侯王按赤带率领左翼军讨伐万奴。夏，四月，速不台进军到青城，崔立带着金朝的皇太后王氏、皇后徒单氏及荆王从恪、梁王守纯等来到蒙古军营，速不台派人把他们送到太宗那儿，便进入了南京。六月，金朝皇帝逃奔蔡州，塔察儿率兵包围了蔡州。秋，八月，核查登记中州的户籍，共得73万多户。九月，虏获万人为奴。

太宗六年（1234年）春，正月，金朝皇帝传位给宗室的儿子完颜承麟，便自缢并焚化尸体。城池攻下之后，俘获了完颜承麟，将他杀死。宋兵拾取了金朝皇帝的余骨回去。金朝灭亡。

太宗十三年（1241年）春，正月，皇上在揭揭察哈的沼泽地行猎。皇上患病，下诏赦免天下囚徒。皇上病愈。十一月初四日，进行大规模围猎。十一月初七日，回到谔特古呼兰山。奥都剌合蛮献酒，皇上欢饮，直到深夜才停止。十一月初八日天快亮的时候，皇上在行宫里归天。在位13年，享年56岁。

皇上有宽宏的度量，忠贞仁恕的心肠，能够衡量时势，估计实力，举措没有过分的事，华夏富庶，羊马成群，旅人在外不用携带干粮，当时号称国家大治、天下太平。

历事三朝　名扬四海——耶律楚材

耶律楚材，字晋卿，辽朝东丹王耶律突欲的八世孙。楚材3岁时父亲去世，母亲杨氏教他读书。长大后，博览群书，兼通天文、地理、律历、术数以及佛、道、医、卜等学问，下笔写文章，好像早就作好似的。金朝制度，宰相之子可以按惯例通过考试担任尚书省属官。耶律楚材想参加进士科考试，章宗诏令按原有的制度办。考官用几个疑难案件提问，当时一起参加考试的有17个人，只有耶律楚材的回答特别好，于是被征召为尚书省属官。

贞祐二年，金宣宗迁都汴梁，完颜福兴为行尚书省事，留守燕京，征召耶律楚材为左右司员外郎。太祖成吉思汗攻取燕京，听说耶律楚材的名字，于是召见他。耶律楚材身高8尺，胡须漂亮，声音洪亮，太祖对他非常重视，说："辽和金是世代的仇敌，我为你报仇雪恨。"耶律楚材回答说："我的父亲和祖父都曾委身奉事金朝，既然做了金朝的臣民，怎敢仇恨自己的君主呢？"太祖很敬重他这番话，把他安排在自己身边，于是称呼耶律楚材为"吾图撒合里"而不叫他的名字，"吾图撒合里"在蒙语中是胡须很长的人。

己卯年夏六月，太祖向西讨伐"回回国"。祭旗那天，雪有3尺厚，太祖心中疑惑，耶律楚材说："盛夏季节出现水气，这是战胜敌人的预兆。"庚辰年冬天，雷声很大，太祖又问他，他回答说："回回国王将死在野外。"以后都灵验了。西夏人常八斤，因为善于制造弓箭，得到太祖的赏识，所以经常自夸道："国家正在兴兵打仗，耶律楚材这个书生有什么用！"耶律楚材说："造弓尚且要用弓匠，取天下的人怎能不用治理天下的工匠呢？"太祖听到后十分高兴，越来越信任和重用他。西域懂得历法的人上奏说五月十五日晚将出现月蚀。耶律楚材说："不对。"果然第二年十月，耶律楚材说将有月蚀，西域人说没有，到时间果然月蚀八分。壬午年八月，彗星出现在西方，耶律楚材说："女真将改换皇帝了。"第二年，金宣宗果然去世。太祖每次出师征讨，必定要让耶律楚材占卜吉凶，太祖自己也炙烧羊胛骨，判断天意和人事是否相符。指着耶律楚材对太宗说："这个人是上天赐给我家的。以后军国大事都要交给他处理。"甲申年，太祖到达东印度，驻扎在铁门关，有一只头上长角的野兽，形状像鹿却长着马的尾巴，绿颜色，会讲人话，对侍卫说："你的主人应早点回去。"太祖向耶律楚材询问这件事，耶律楚材回答说："这是吉祥的动物，名叫角端，能说各个地方的语言，喜欢生灵而厌恶杀戮，这是上天降下符瑞以告诫陛下。陛下是上天的大儿子，天下的人都是陛下的子女，希望陛下顺应上天的心意，保全百姓的生命。"太祖当天班师。

丙戌年冬天，跟随太祖攻克灵武，将领们都争着掠取子女金帛，只有耶律楚材专门收集失落的书籍和大黄等药材。不久士兵们染上疫病，用大黄一治就好了。太祖亲自经营西方的疆土，来不及制定有关制度，州郡长官任意生杀，甚至把老百姓的妻子强迫变为奴隶，掠夺财物，兼并土地。燕蓟留后长官石抹咸得卜尤其贪婪暴虐，杀人满市。楚材听后流泪，随即上奏，请求向各州郡发布禁令，如果没有皇帝的圣旨，不得随便向百姓征税调役，囚犯应处死刑的必须上报，违反者处以死罪，于是贪暴的风气有所收敛。燕京一带有许多厉害的盗贼，光天化日之下就拉着牛车到富人家索取财物，不给就杀人。当时睿宗拖雷以皇子的身份监理国事，听说这些情况，便派遣宫中使臣和耶律楚材一起前去严厉查办。耶律楚材查问到盗贼的姓名，都是留后长官的亲属和有权势人家的子弟，将他们全部逮捕入狱。盗贼的家里贿赂宫中使臣，使臣企图拖延处理，耶律楚材向他讲明这样做将带来的后果，使臣惧怕，听从了耶律楚材的意见，定案后，在集市上处死16人，燕京的百姓才得以安定。

己丑年秋天，太宗将即位，宗室皇亲都聚集在一起，讨论还没有做出决定。当时睿宗拖雷是太宗窝阔台的亲弟弟，所以耶律楚材对睿宗说："这是宗庙社稷的大事，应该尽早确定。"睿宗说："事情尚未完结，另外选个日子怎么样？"耶律楚材说："过了今天就没有吉日了。"于是确定下来，耶律楚材建立礼仪制度，进而对亲王察合台说："亲王虽然是兄长，但地位却为臣子，按礼节应当跪拜皇帝。您跪拜了，那么就没人敢不拜了。"察合台很赞同。等到太宗即位，察合台率领全体皇族成员和大臣们在宫帐下跪拜。礼毕退下，察合台手抚着耶律楚材说："您真是安邦定国的大臣啊！"蒙古国君臣间有跪拜之礼从这时候开始。当时朝会迟到应处死刑的人很多，耶律楚材上奏道："陛下刚刚即位，应该赦免他们。"太宗听从。

中原刚刚平定，老百姓误犯法律的人很多，而国家法令中没有赦免的说法。耶律楚材请求对他们进行宽大处理，众人都认为不切实际，唯独耶律楚材严肃地向皇帝建议。皇帝发布诏令，凡是庚寅年正月初一日以前犯的事情都不予追究。他还拟订了18项应办的事情，建议颁行天下。大致是说："州郡要设置长官以管理百姓，设置万户以统率军队，使文、武双方势均力敌，以防止骄横的作风。中原地区，是国家财赋的来源，应该保存和照顾这里的百姓，州县如果没有上司的命令，胆敢擅自科征赋税的要判罪。借贷官府财物做买卖的，也要判罪。蒙古、回鹘、河西等地的人，种地不交税的处以死刑。负责管理的官员自己盗窃官府财物的也要处死。凡是犯死罪的，要将理由上奏朝廷等待批复，然后行刑。各地上贡和进献礼物，为害不小，必须严禁。"太宗全部同意，只有禁止贡献礼物这件事不答应，说："那些自愿贡献的，应该允许。"耶律楚材说："腐败的祸端，必然从这里开始。"太宗说："凡是你奏请的事情，我没有一件不答应，你难道不能顺从我一件事吗？"

太祖在世之时，每年都要在西域用兵，因此中原得不到治理，很多官吏都聚敛财物为自己打算，家中财物多得不得了，而官府却没有什么储备。近臣别迭等人说："汉人对国家没什么用处，可以把他们的土地全部空出来做牧场。"耶律楚材说："陛下即将向南征伐，军需物资要有来源，如果能均衡地确定中原地区的田税、商税以及盐、酒、铁冶和山林河湖等业的赋税，每年可以得到50万两白银、8万匹绢帛和40多万石粟子，足以供给军队需要，怎能说没什么用处呢？"太宗说："你为我试着办。"于是奏请设立燕京等十路征收课税使，凡正、副长官都任用读书人，如陈时可、赵昉等都是宽厚长者、天下第一流的人物，属官都用金朝尚书省六部的原班人员。辛卯年秋天，太宗到云中，十路都送来储存粮食的簿册和黄金、绢帛，陈列在庭院中，太宗笑着对耶律楚材说："你不曾离开过我的身边，却能使国家经费充裕，南方金国还有像你这样的大臣吗？"楚材回答说："在那里的人都比我贤明能干，我没什么本事，所以才留在燕京，为陛下所用。"

耶律楚材上奏："凡是地方州郡应该让行政长官专门管理民事，万户统管军政，凡是地方所掌管的征收赋税的事务，权贵不能干预。"又推荐镇海、粘合两人，与他共同工作，权贵都不服气。咸得卜因为过去跟耶律楚材有仇，尤其忌恨他，在宗王面前诬陷道："耶律中书令专门任用自己的亲信故旧，必定怀有叛逆之心，应该奏请皇帝杀掉他。"宗王派人告诉皇帝，太宗觉察到这是诬陷，就斥责了来人，把他打发回去。接着有人控告咸得卜有犯法行为，太宗命耶律楚材审理此事，耶律楚材上奏说："此人骄傲自大，因而容易招来别人的攻击。现在正要对南方用兵，以后再作处理也不晚。"太宗私下对侍臣说："耶律楚材不计私仇，真是宽厚长者，你们应当效法他。"宫中显贵可思不花奏请招募采金银的役夫以及到西域种田、栽葡萄的人户，太宗下令在西京宣德迁移一万多户来充当。耶律楚材说："先帝遗诏中说，山后的百姓质朴，和蒙古人没有区别，遇到危难时可以利用，不应轻易迁移他们。如今即将征讨河南，请不要分散山后百姓，以便在这次军事行动中使用他们。"太宗同意。

壬辰年春天，太宗南下征讨，将要渡黄河，诏令逃难的百姓，前来投降的可以免死。有人说："这些人危急的时候就投降，没事的时候就逃走，只对敌人有好处，不能宽大处理。"耶律楚材请求制作几百面旗子，发给投降的难民，让他们返回乡里，很多人因此得以保全性命。按照蒙古传统的制度，凡是攻打城池，敌人用弓箭和石块袭击的，就是违抗命令，攻克之后，必定将城中军民全部杀死。汴梁将要攻下，大将速不台派人来说："金人抗拒了很长时间，我军死伤很多，汴梁攻克之日，应该屠城。"耶律楚材急忙进去上奏道："将士们辛苦了几十年，想要得到的不过是土地和人民。得到了土地而失去了人民，又有什么用呢？"太宗犹豫不决，耶律楚材又说："能工巧匠，富裕人家，都集中在这里，如果将他们全部杀死，将会一无所获。"太宗接受了他的意见，下诏只处罚完颜氏一族，其余都不追究。当时躲避打仗而住在汴梁的有 147 万人。

耶律楚材又请求派人进城，寻求孔子后代，找到孔子的第五十一代孙孔元措，奏请由他继承"衍圣公"的封号，将孔林、孔庙的土地交付给他，命令他收集金朝的太常礼乐生。又征召著名的儒生梁陟、王万庆、赵著等人，让他们将《九经》译成口语，讲给太子听。又率领大臣们的子孙，拿着经书讲解其中的含义，使他们知道圣人的学说。在燕京设置编修所，在平阳设置经籍所，从此文明教化开始兴盛。

当时河南地区刚刚攻下，俘虏很多，蒙军返回，俘虏逃跑的有十分之七八。皇帝下令：凡是收留和资助逃亡者的，处死全家，同村邻里也要连坐。因此，逃亡者没有人敢收留，大多饿死在路上。耶律楚材平心静气地对太宗说："河南已平，这里的百姓都是陛下的儿女，还会走到哪里去呢！何必因为一个俘虏，而使几十个上百个人牵连受死呢？"太宗醒悟，下诏解禁。金朝灭亡后，只有秦、巩等 20 多个州很久没有投降，楚材上奏道："过去我们的百姓逃避罪罚，有的集中在这些地方，所以拼死抵抗，如果答应不杀他们，将不攻自破。"赦免死罪的诏令一下，这些城池都归降了。

甲午年，讨论将中原百姓登记编户，大臣忽都虎等人建议以成年男子为征税对象。耶律楚材说："不行。成年男子逃走，那么赋税就征收不到了，应当以户为征收对象。"争论多次，终于确定以户为征收对象。当时将相大臣获得的俘虏，往往寄存在地方州郡，耶律楚材利用登记户口的机会，下令将俘虏全部登记为平民，凡是隐藏私占的处以死刑。

乙未年，朝廷讨论将四处征伐没有归附的地方，假如派遣"回回人"征讨江南，汉人征讨西域，那么就能有效地控制他们，耶律楚材说："不行。中原和西域相距遥远，还没有到达敌人的边境，就已经人马疲乏了，加上水土不服，容易生传染病，应该各从其便。"皇帝表示接受。

丙申年春天，宗王们大聚会，太宗亲自拿起酒杯赐给耶律楚材说："我之所以推心置腹地任用你，是因为先帝的命令。没有你，中原地区就没有今天。我之所以能够高枕无忧，都是因为你的努力。"西域各国以及宋朝、高丽的使者前来朝见，说的话大多不可信，太宗指着耶律楚材对他们说："你们国家有这样的人才吗？"使者们都老实地说道："没有。他简直是神人啊！"太宗说："你们只有这句话不假，我也觉得你们国中一定没有这样的人才。"有个叫于元的人奏请发行纸币，耶律楚材说："金章宗时开始推行纸币，与铜钱同时使用，官府以发行纸币来谋利，不愿意回收，称为'老钞'，甚至一万贯纸币只能买一张饼。百姓穷困，国家经费短缺，应该引以为戒。现在印制纸币，不能超过一万锭。"朝廷接受了他的意见。

秋七月，忽都虎送来了户口簿，太宗打算分割州县赏赐给亲王、功臣。耶律楚材说："分割土地和人民，容易发生冲突和纠纷。不如多赐给他们金帛财物。"太宗说："已经答应了，怎么办呢？"楚材说："如果朝廷设置官吏，征收上交给诸王功臣的赋税，到年底分给他们，不让他们自行征收，这样就可以了。"太宗同意他的想法，于是确定全国的赋税，每两户出丝1斤，以供国家使用；5户合出丝1斤，作为诸王和功臣封地的收入。地税：中等田每亩交两升半，上等田交3升，下等田交2升，水田每亩交5升；商税征收三十分之一；盐价，白银1两可买40斤。正常的赋税额确定后，朝廷讨论认为太轻，耶律楚材说："赋税从轻，仍会产生贪污的弊端，以后将会有人以增加国家收入为升官的途径，那样的话现在的赋税额就已经够重的了。"

当时工匠制造物品，随意浪费官府的物资，十之八九被他们私自占有，耶律楚材请求全部加以考核，建立起固定的制度。当时侍臣脱欢奏请在天下没有出嫁的女子中挑选美女，诏令已经颁发，耶律楚材拦住不执行，太宗发怒。耶律楚材进谏道："以前挑选了28个美女，已经足够用来使唤。现在又要挑选，我担心骚扰百姓，正想再向陛下汇报。"太宗过了好一会儿才说："可以取消这件事。"又打算征收民间的母马，耶律楚材说："耕种养蚕的地方，不出产马，现在如果推行收马之法，以后必定成为百姓的祸害。"太宗又接受了他的意见。

丁酉年，耶律楚材上奏说："制造器具必须用好的工匠，要保持国家已取得的成就必须任用儒臣。儒臣的事业，不进行几十年的积累，是难以成功的。"太宗说："果真是这样的话，可以让这些人做官。"耶律楚材说："请加以考试选拔。"于是命令宣德州宣课使刘中到各郡去主持考试，分为经义、词赋、论3个科目，被俘为奴的读书人，也让他们参加考试，主人隐藏不让他们应试的处以死刑。共选拔了4300名读书人，免去奴隶身份的占四分之一。

以前，州郡官吏中有很多人借商人的银钱来偿还欠官府的债务，利息累计为本钱的好几倍，称为"羊羔儿利"，甚至妻子儿女都被变卖为奴隶，还是还不清。耶律楚材上奏，下令利息与本钱相等后不许再增加，永远成为固定的制度，民间所欠的债务，由官府代为偿还。直至统一度量衡、颁发符印、建立钞法、制定统一的贸易法规、设置邮政系统、明确驿站的使用凭证，各种政务大致齐备，百姓稍微能够休养生息。

太原路转运使吕振、副使刘子振，因为贪污而获罪。太宗责备耶律楚材说："你讲过孔子的教导可行，读书人是好人，为什么还有这种人？"耶律楚材答道："君主、父亲教导臣属、子女，也不想让他们去做不讲道义的事情。三纲五常是圣人的教导，管理国家的人没有不遵循的，好比是天上有太阳和月亮一样。怎能因为一个人的过失，而使得万世经常奉行的学说单单在我们这个朝代被废止呢？"太宗的恼怒方才得以缓解。

富人刘忽笃马、涉猎发丁和刘廷玉等人用银140万两承包天下赋税，耶律楚材说："这些都是贪图财利的家伙，欺骗朝廷坑害百姓，为害很大。"奏请皇帝取消这种做法。他经常说："兴一利不如除一弊，多一事不如少一事。任尚以为班超的话平淡无奇，但是千年之后，自有定论。以后遭到谴责的人，才知道我的话不假。"太宗素来喜欢喝酒，每天与大臣们开怀畅饮，耶律楚材多次劝阻，太宗不听，于是就拿着酒槽的铁口对太宗说："酒能够使东西腐烂，铁尚且如此，何况是人的五脏呢？"太宗醒悟，对近臣说道："你们这些人爱护君王，为国忧虑的心意，难道能比得上吾图撒合里吗？"

自从庚寅年确定征税规则，到甲午年平定河南，税额每年都有增加，到戊戌年征收的白银达110万两。有个翻译名叫安天合，讨好镇海，率先招引奥都剌合蛮包买赋税，又增加到220万两白银。耶律楚材极力争辩劝阻，以至于声色俱厉，一边说一边哭。太宗说："你想打架呀？"又说："你想为百姓哭泣吗？姑且让他们试着做做再说。"耶律楚材无法阻止，于是叹息道："百姓困穷，将从此开始了！"

耶律楚材曾与宗王一起吃饭，喝醉后躺在车中，太宗在原野上看见了，直接来到他的营盘里，登上车用手推他。耶律楚材睡得正香，正为别人打扰自己而恼怒，忽然睁开眼睛一看，才知道是皇帝来了，慌忙起身谢罪，太宗说："有酒一个人醉，不想跟我一起快活快活吗？"笑着走了。耶律楚材来不及穿戴好衣冠，赶紧骑马前往皇帝的行宫，太宗为他摆开酒席，尽兴而罢。

耶律楚材主持政务很长时间，不吝钱财，常把得到的俸禄分给自己的亲

二十四史精华

《元史》

族，从来没有徇私情让他们做官。行省刘敏严肃认真地向他提起此事，耶律楚材说："使亲族和睦的道理，只应是用财物资助他们。我不能为了照顾私人感情而让他们去做官违法。"

辛丑年二月初三日，太宗病危，医生说脉搏已经不动了。皇后不知所措，把耶律楚材召来询问，耶律楚材回答说："现在任用的官员不合适，出卖官职，打官司要贿赂，囚禁无辜的人很多。我请求赦免天下的囚徒。"皇后想立即去做，耶律楚材说："没有皇帝的命令不行。"过了一会，太宗稍微苏醒过来，于是上奏请求赦免囚犯，太宗已不能说话，点头表示同意。当天夜里，医生测到脉搏重新跳动，正好是宣读赦免令的时候，第二天病就好了。冬十一月初四日，太宗将出去打猎，打猎5天，太宗在行营中去世。皇后乃马真氏行使皇帝权力，重用和信任奸邪之人，政务都被搞乱。奥都剌合蛮因为包买赋税而执掌大权，朝廷里的人都害怕他、依附他。耶律楚材当面斥责，在朝廷中争辨，说别人不敢说的话，人们都为他担心。

癸卯年五月，耶律楚材上奏说："将有惊扰发生，但最后会没事的。"没过多久，朝廷用兵，事情仓猝发生，群情纷扰，皇后于是下令将靠得住的人武装起来，甚至想向西迁移以躲避面临的危机。耶律楚材说："朝廷是天下的根本，根本一旦动摇，天下将会动乱。我观察天象，肯定没有灾难。"过了几天就安定下来。皇后将盖有皇帝大印的空白纸张交给奥都剌合蛮，让他自行填写办事。耶律楚材说："天下是先皇帝的天下。朝廷自有法律规章，现在要搅乱，我不敢遵从命令。"这件事因而中止。又有旨令说："凡是奥都剌合蛮提出的建议，令史如果不记录下来，就砍断他的手。"耶律楚材说："国家的典章制度，先帝都托付给老臣我来维护，跟令史有什么关系呢？事情如果合理，自然应当奉命执行，如果不能照办的，死都不怕，何况是断手呢！"皇后很不高兴。耶律楚材仍然争辩不已，并大声说："老臣我奉事太祖、太宗30多年，没有辜负国家，皇后又怎么能没有罪名而处死我呢！"皇后虽然恨他，也因为他是先朝的有功旧臣，对他既尊敬又畏惧。

甲辰年夏五月，耶律楚材死在官位上，终年55岁。皇后哀悼，赠赐非常丰厚。后来有人诬陷耶律楚材，说他当宰相时间很长，天下进贡的赋税有一半都落到他的家中。皇后命令侍从大臣麻里扎前去查看，只有10余张琴、阮以及几千卷古今书画、金石和遗文。至顺元年，赠官号为经国议制寅亮佐运功臣、太师、上柱国，追封为广宁王，谥号"文正"。

《 明史 》

《明史》概论

《明史》是正史中的一部大书，它的卷数仅次于《宋史》，全书共计332卷，其中本纪24卷、表13卷、列传220卷，近500万字。《明史》的修纂时间在二十四史中为最长的一部，从清顺治二年（1645年）下诏纂修开始，至乾隆四年（1739年）刊刻进呈，前后长达95年。《明史》又是继前四史之后的一部体例完备、史笔谨严的史书，史学家王鸿绪曾主持此书修撰。王鸿绪，字季友，松江娄县人，他三度担任《明史》总裁，解任归乡后，他在万氏《明史稿》的基础上略加改动删削，在康熙五十三年（1714年）完成列传部分，雍正元年完成了纪、志、表，全稿310卷，这就是后来王氏子孙刊印的《横云山人明史稿》。这部《明史稿》虽然以王氏之名进呈，实际上它浸透了万斯同20年的心血。

雍正元年（1723年）续开史馆，总裁张廷玉等以"王稿"为蓝本，进行最后的修订整理，雍正十三年（1735年）《明史》全书完成。

———

《明史》继承了中国官修"正史"的传统体例，以纪传为主干，辅之以志、表，但根据明朝的特殊史事，编修者又作了有创意性的体例编排，使《明史》成为一部体例完备、纂修谨严的史学名著。

明朝近300年，处于中国封建社会的后期，民族矛盾、阶级矛盾、统治集团内部的矛盾以及中国传统文化与新兴市民文化的矛盾错综复杂，《明史》纂修者自觉不自觉地意识到这一点，力图用史家之笔将这些记述下来，十分重视体例的订定。朱彝尊曾就明近300年创见之事，上书总裁，说体例合乎时宜，不相沿袭，请先定例发凡，让编修者有章可循。此外徐乾学有《修史条议》，王鸿绪有《史例议》，汤斌有《本纪条例》

《明史凡例议》，潘耒有《修明史议》等，他们就《明史》的体例和纂修方法作了具体的讨论。例如是否立《道学传》的问题在当时争论颇大，一种意见认为，依照《宋史》旧例将明儒学术醇正，与程朱学说吻合者，编为《道学传》，其他学术流派统归《儒林传》；另外一种意见认为，儒学为治世大法，道学只讲性理，儒学可以包容道学，但道学不能兼儒学，因此不宜分《道学》《儒林》两传，设《儒林》一传足可以包涵道学人物。为此，著名学者黄宗羲致书史馆，表示自己的意见，认为《宋史》立《道学传》为元人之陋，《明史》不当仍就其例。最后史馆采纳了只设《儒林传》的意见，而在《儒林传》下分程朱之学、江门姚江之学、圣贤后裔3卷，这样做到了有合有分，统系明晰，处理较为恰当。

大抵《明史》所创新的体例，主要表现在以下几点：

第一、在本纪上按实际历史情况将英宗分为前后两纪，中间安排了景帝纪，改变了英宗实录附记景泰七年事迹的不当做法。

第二、《历志》增设图像，便于理解，这是前志所没有的。《艺文志》专载明人著述，前代著作不予收录，创《艺文志》断代体例。

第三、根据明朝官制变动情况，将六部尚书与都御史合称七卿，首设《七卿表》。

第四、为了突出明朝的特殊史实，在列传中新设《阉党》《流贼》《土司》三传。《四库全书总目提要》中说，其所以创《阉党传》，"盖貂珰之祸，虽汉唐以下皆有，而士大夫趋势附膻，则惟明人为最伙，其流毒天下亦至酷，别为一传，所以著乱亡之源，不但示斧钺之诛也。"创《流贼传》，是因为李自成、张献忠领导的农民军，使明朝覆亡，"剿抚之失，足为炯鉴"，非其他小规模起义可比，又非割据群雄可比，所以另外立传。至于《土司传》，根据地方土著民族的特点，明朝沿袭元朝做法，设立土司，"控驭之道，与牧民殊，与御敌国又殊"，所以自为一类，设专传记述其叛服情况。

《明史》注重"以时为序，以事为主"的传统编纂方法的运用，在列传的编排上也遵守了这一原则。如《明史》列传开篇就把与朱元璋同时起事的郭子兴、韩林儿、刘福通编成一卷，接着是元末起义群雄陈友谅、徐寿辉和张士诚等，其次是支撑元朝残局的几位将相，再就是明朝开国功臣。在以后各朝人物记述中，作者采用"以类相从"的方法，将重大历史事件，按时间先后进行编排，如靖难、仁宣之治、土木之变、大礼之义、庚戌之变、东林党等。将事件涉及的重要人物集中记述，使人们易于了解事件的全过程，也避免重复与遗漏。

《明史》不重视子孙附传，而注意同事附传，数十人共一事者，以一主要人物立传，同事诸人各附一小传于主要人物传后。如果同事之人另有专传，则此一事件不复详叙，只说事见某人传中。如《夏良胜传》后附因谏阴武宗南巡，而受到杖责的 140 余人的简况。虽然其中有的附传简略到只有姓名，但也为人们作进一步深入了解提供了线索。

审慎、严谨是《明史》纂修特点之一。《明史》成书经历了由博而约、由繁至简的提炼过程，其步骤是先立单卷或长篇，然后逐步删削定稿。如潘耒修《食货志》，抄录洪武朝至万历朝资料 60 余本，然后写出了扼要简明的本志。其他史臣同样有此认真的态度，尽可能占有丰富的史料，如撰写严嵩、张居正、周延儒列传时，都先抄录了他们的事迹 500 余页，而魏忠贤的事迹多达 1000 余页。对于史料的抉择，《明史》作者持谨慎的处理方法，凡经不起推敲的材料，不管它说得如何美妙，也弃而不取。对于史籍记载有歧异，难定是非时，则采取存疑互见的方法，把几种不同的说法一一列举，"以待后人之自定"，如建文帝的下落、李自成之死等。

《明史》在剪裁上也体现了自己的特色，在《明史》列传中，作者为了生动、形象地再现历史，往往多载史料原文，特别是明代诸臣奏疏，凡切于时弊的，多录入书中。在大礼议诸臣传中，奏疏常常是传文的主要内容。此外蒋钦弹劾刘瑾，沈炼、杨继盛之劾严嵩，杨涟之劾魏忠贤等著名疏文都保留在列传之中，这样既保留了史料，又免去了读者阅读的枯燥之感。

当然《明史》也有脱漏、讹误的地方，这是由两方面的原因造成的，一种是编纂者的疏忽，因为书成于众人之手，且几易总裁，讹误错漏在所难免；另一种是有意脱漏，清朝皇帝以异族入主中原，他们为了表明自己祖先从未臣属过明朝，没有接受过明朝封号，有意隐避建州女真问题。对南明遗事更不轻易涉及，《明史稿》原来已为南明三王立传，张廷玉修《明史》时却将其删去。这些是《明史》的明显不足之处。

二

历史推进到 17、18 世纪，中国封建社会出现了若干新的动向，近代欧洲文化部分因素在耶稣会士的介绍下，进入中国，在内外历史文化的嬗变中，封建文化人敏锐地把握了这一点，加上明清易代之变的心理创伤，他们对历史的记述更为清醒和自觉，因此《明史》具有较合理的史学观点和较高的价值。这主要表现在以下几点：

首先，较为尊重历史的客观性。秉笔直书式的实录是中国史官文化的优良传统，但是为了维护这一原则的实现，史书作者往往要经过艰辛的努力，甚至付出自己的生命。因此客观记述历史，并不是件容易事。但总的看来《明史》的记述比较客观平正。

《明史》注意对明代社会各阶级、阶层矛盾斗争的揭露，以展示明代社会的真实情形。如对统治阶级内部斗争的记述，就是《明史》记载最多的一个方面。《明史》作者不惜篇幅地记叙这些斗争情况，使读者在这些直观的历史事实面前感受到明朝政治的黑暗。

在历史人物的记叙方面，《明史》对传统的"春秋笔法"有所保留，不在一字定褒贬上下功夫，采取的是"如实以录，褒贬自见"的方法，让历史事实本身说话。对于人物事迹，一般都功过并举，互不相掩，在人物评述上基本做到了客观全面。

第二，对历史发展的趋势有一定的认识。朝代的更迭，历史的变迁，都有着一定的规律和走向，翻天覆地的历史巨变背后，隐藏着日积月累的渐变过程。《明史》纂修者大多是明朝遗民及其子孙，他们对明朝亡国的历史结局，作了较理智的反省，在一定程度上认识到历史发展的趋势。

在以农立国的传统社会里，农民是社会的主体，农民是否安居乐业直接关系到国家社会的稳定与否。《明史》纂修者认识到这一点，在记述众多农民起义事件时，特别揭示农民起义的原因在于统治阶级过分加重对民众的剥夺，体现了编纂者的历史眼光。

《明史》作者对社会历史发展的必然趋势有一定程度的认识，多少感觉到个人力量无法改变历史的发展，英雄与时势有某种内在的关系，因此在处理历史人物时，《明史》作者有接近历史真实的眼光，如谈到朱元璋为何从淮右布衣上升为统一帝国的皇帝时，就认识到朱元璋不仅有"聪明神武之资"，还因为他"乘时应运"。适应了当时的历史发展的大势，聚集了各路英雄，利用刘福通、韩林儿在中原牵制元军的有利时机，从容安定江南，然后以此为基业北伐元朝大都。

《明史》纂修者尤为关注的是明朝亡国的原因。从《明史》的许多叙述中可以看出，作者已经认识到明朝之亡，不在于明末，而在明中叶以后，尤其是万历以后统治阶级日益腐朽的必然结果。在封建统治阶级内部虽然也有少数精明强健之士，但"运转事易，难于建功，而易于挫败"。认为崇祯皇帝励精图治却难逃亡国的命运，这并不是他个人的原因，而是明朝"大势已倾，积习难挽"。

第三，对社会经济和自然科学较为关注。《明史》继承了传统正史有关经济记述的做法，在《食货志》中对明代土地关系、赋役制度、钱钞商税与矿冶开采都做了较为详细而系统的叙述，并且指出"富国之本，在于农桑"。

水利是农业经济的命脉，《明史》对水利的兴修十分注意，不仅《河渠志》中对黄河、淮河、运河等地水利多有记载，在列传中也记录了不少大臣的治水情形。

对于与社会生产和人民生活密切相关的自然科学，《明史》作者也有进一步的认识。这在《明史》的天文、五行、历诸志中都有所体现。他们还注意到了由耶稣会士传入的"西学"，对于西方的科学知识，不盲目排斥，在天文、历志中还注意吸收西学的成果，认为西方的天文历算之学，"不背于古，而有验于天"，是较科学的天文历法。当然，由于时代的局限，《明史》对自然科学的认识仍很不够，对于明末的科技高峰未能全面反映，像李时珍这样的大药物学家，虽为其立传，但却放在《方伎传》中，反映了作者仍囿于传统的观念。

政　略

纪淑妃潜养皇子

　　孝穆纪太后，孝宗①生母也，贺县人。本蛮土官女。成化中征蛮，俘入掖庭，授女史，警敏通文字，命守内藏。时万贵妃专宠而妒，后宫有娠者皆治使堕。柏贤妃生悼恭太子②，亦为所害。帝偶行内藏，应对称旨，悦，幸之，遂有身。万贵妃知而恚甚，令婢钩治之。婢谬报曰病痞。乃谪居安乐堂。久之，生孝宗，使门监张敏溺焉。敏惊曰："上未有子，奈何弃之。"稍哺粉饵饴③蜜，藏之他室，贵妃日伺无所得。至五六岁，未敢剪胎发。时吴后废居西内，近安乐堂，密知其事，往来哺养，帝不知也。

　　帝自悼恭太子薨后，久无嗣，中外皆以为忧。成化十一年，帝召张敏栉发，照镜叹曰："老将至而无子。"敏伏地曰："死罪，万岁已有子也。"帝愕然，问安在。对曰："奴言即死，万岁当为皇子主。"于是太监怀恩顿首曰："敏言是。皇子潜养西内，今已六岁矣，匿不敢闻。"帝大喜，即日幸西内，遣使往迎皇子。使至，妃抱皇子泣曰："儿去，吾不得生。儿见黄袍有须者，即儿父也。"衣以小绯袍，乘小舆，拥至阶下，发披地，走投帝怀。帝置之膝，抚视久之，悲喜泣下曰："我子也，类我。"使怀恩赴内阁具道其故，群臣皆大喜。明日，入贺，颁诏天下。移妃居永寿宫，数召见。万贵妃日夜怨泣曰："群小绐④我。"其年六月，妃暴薨。或曰贵妃致之死，或曰自缢也。谥恭恪庄僖淑妃。敏惧，亦吞金死。敏，同安⑤人。

……孝宗即位，追谥淑妃为孝穆太后，迁葬茂陵，别祀奉慈殿。

（《明史》卷一百十三，后妃传）

【注释】

①孝宗：明孝宗朱祐樘，1488—1505年在位。

②"柏贤妃"句：柏贤妃，明宪宗妃。悼恭太子，生于成化五年，取名祐极，两岁时立为皇太子，成化八年（1472年）二月突然夭折。

③饴（yí）：糖浆，糖稀。

④绐（dài）：欺哄。

⑤同安：县名。今属福建省。

【译文】

孝穆纪太后，是明孝宗的生母，贺县人。原先是少数民族土官的女儿。成化年间征讨西南少数民族，被俘后进了后宫当宫女，授任女史，因为她聪明伶俐，通晓文字，王皇后便命她守护宫廷藏书库。当时万贵妃专特恩宠，心性忌妒，后宫妃嫔宫女有了身孕的她都下毒手堕胎。柏贤妃生了悼恭太子，后来也被她害死。宪宗皇帝有一次偶然到藏书库来，见纪女年轻美貌，言谈应对很合圣意，宪宗爱幸，于是有了身孕。万贵妃知道后非常妒恨，便命心腹丫鬟来查办。这丫鬟知纪女怀下龙种，便隐瞒真情，向贵妃回报说纪氏得了肿瘤病症。于是贬斥纪女，把她赶出藏书库，迁居安乐堂。又过了很长一段时间，纪氏生下一男，就是后来的孝宗。当时纪氏心知自己难于抚养，便叫守门太监张敏把儿子抱出溺死。张敏听说要把婴儿溺死，大惊失色，说："皇上还没有子嗣，怎么能轻弃皇儿？"便把皇子藏到别处密室中，慢慢用米粉糊蜜糖水哺养，万贵妃时常暗查都没有查出。皇子一直到五六岁，都不敢剪胎发。那几年当中，吴皇后被贬谪，住在西宫，在安乐堂附近，暗中知道了皇子之事，便把皇子接到西宫，让纪氏往来哺养，宪宗皇帝仍然不知道。

宪宗皇帝自从悼恭太子死后，很久没有子嗣，朝廷内外都为此而担忧。成化十一年，皇帝召太监张敏到寝宫来为他梳理头发，他对镜自照，不觉喟然长叹，说："朕都快老了，却还没有子嗣。"张敏听后，立即伏地顿首，说："臣有事未奏圣上，死罪，死罪！万岁已有子了。"皇帝十分吃惊，忙问皇子在哪里。张敏回答说："奴言一出，性命难保，望万岁为皇子做主。"这时太监怀恩在旁边，连忙跪下奏道："张敏说的是实话。皇子一直在西宫暗中养育，现在已经 6 岁了，因害怕被人谋害，所以一直隐匿不报。"皇帝大喜过望，立即前往西宫，并派人到纪妃居住的安乐堂迎接皇子。皇帝派的人到了安乐堂，纪妃抱着皇子哭道："我儿出去可以重见天日了，只是恐怕我性命难保。我儿看见那身穿黄袍、脸上有胡须的，就是你的父亲。"边说着边给皇子换上一件小红袍，把他抱上小轿子，迎接的人簇拥着皇子到了西宫殿阶下面，皇子从轿子里下来，满头长发披地，三蹦两跳地跑上台阶，一头扑到宪宗怀里。宪宗把儿子抱起来，让他坐在自己的双膝上，爱抚地看了又看。宪宗悲喜交集，垂着热泪说："是我的儿子，真像我。"于是派怀恩到内阁将得皇子的喜讯告诉大臣们，群臣都欢天喜地。第二天，群臣进宫拜贺，并颁布诏书，告谕天下。后来淑妃移居永寿宫，宪宗时常召见她。万贵妃对此事怀恨在心，昼夜怨愤哭泣，恶狠狠地说："这帮小人哄骗了我。"这一年六月，纪妃暴亡。有人说是万贵妃下毒手害死了她，有人说是上吊自杀。谥号为恭恪庄僖淑妃。淑妃暴亡，张敏惧祸，也吞金自杀。张敏，是同安县人。

……孝宗即位之后，追谥淑妃为孝穆太后，迁葬茂陵，别祀奉慈殿。

群臣共谋诛"八党"

（刘）健[1]等遂谋去"八党"[2]，连章请诛之。言官亦交论群阉罪状，健及（谢）迁、（李）东阳持其章甚力。帝遣司礼诣阁曰："朕且改矣，其为朕曲赦若曹。"健等言："此皆得罪祖宗，非陛下所得赦。"复上言曰："人君之于小人，不知而误用，天下尚望其知而去之。知而不去则小人愈肆，君子愈危，不至于乱亡不已。且邪正不并立，今举朝欲决去此数人，陛下又知其罪而故留之左右，非特朝臣疑惧，此数人亦不自安。上下相猜，中外不协，祸乱之机始此矣。"不听，健等以去就争。瑾等八人窘甚，相对涕泣。而尚书韩文等疏复入，于是帝命司礼王岳等诣阁议，一日三至，欲安置瑾等南京。迁欲遂诛之，健推案哭曰："先帝临崩，执老臣手，付以大事。今陵土未干，使若辈败坏至此，臣死何面目见先帝！"声色俱厉。岳素刚正疾邪，慨然曰："阁议是。"其侪范亨、徐智等亦以为然。是夜，八人益急，环泣帝前。帝怒，立收岳等下诏狱，而健等不知，方倚岳内应。明日，韩文倡九卿伏阙固争，健逆谓曰："事且济，公等第坚持。"顷之，事大变，八人皆宥不问，而瑾掌司礼。健、迁遂乞致仕，赐敕给驿归，月廪、岁夫如故事。

　　健去，瑾憾不已。明年③三月辛未诏列五十三人为奸党，榜示朝堂，以健为首。又二年削籍为民，追夺诰命。瑾诛，复官，致仕。

（《明史》卷一百八十一，刘健传）

【注释】

　　①刘健：明大臣。孝宗即位初入内阁，弘治十一年（1498 年）为首辅。

　　②八党：明武宗时，宦官刘瑾、马永成、谷大用、魏彬、张永、丘聚、高凤、罗祥等 8 人专权用事，时称之为"八党"。

　　③明年：明武宗正德六年，1511 年。

【译文】

　　刘健等于是合谋清除"八党"，接连上奏章请诛杀他们。言官也纷纷弹劾这些宦官的罪状，刘健及谢迁、李东阳极力主张诛杀"八党"。武宗派司礼监太监到内阁传达谕旨："朕会有所改正，请为朕姑且赦免他们吧。"刘健等上奏说："这伙人都是得罪了祖宗，不是陛下能够赦免的。"接着又上奏说："国君对于小人，不了解而误用，天下人还希望国君能够了解而斥退小人。了解后而不斥退，那么小人就更加放肆，君就更加危险，他们为非作歹非导致祸乱败亡不可。况且正邪不两立，现在举朝大臣都要求坚决铲除这几个人，陛下又知道他们的罪恶而却要把他们留在身边，不仅朝廷大臣们心存疑惧，就是这几个人自己也惴惴不安。像这样君臣上下互相猜疑，朝廷内外不同心协力，祸乱的苗头就由此萌生了。"武宗并不听从，刘健等人仍据理力争，表示不清除"八党"，众人就辞职。刘瑾等 8 人十分窘急，聚在一起哭哭啼啼。这时尚书韩文奏疏呈进，于是武宗命司礼监王岳等人到内阁商议，一天来三趟，想把刘瑾等人安置到南京。谢迁主张把刘瑾等人立即处死，刘健一把推倒书案，哭着说："先帝临崩之时，握住老臣的手，托付国家大事。现在先帝陵墓土尚未干，朝政国事就让这帮家伙败坏到如此地步，臣死后有何面目去见先帝啊！"他悲愤激昂，声泪俱下。王岳平素也刚毅正直，痛恨奸邪，感慨地说："内阁的意见是对的。"他的同伴范亨、徐智等人也表示赞同。这天夜里，刘瑾等 8 人更是着急，都围在武宗身边哭泣哀诉。武宗大怒，立即把王岳等人逮捕，投入诏狱之中，而刘健等人不知道这一情况，还等着王岳做内应。第二天，韩文发动九卿大臣准备上朝力争，刘健迎面拦住他们说："事情快要成功，各位暂且等待一下。"不一会儿，事情突然大变，刘瑾等8人都予以宽免，不予问罪，而由刘瑾掌管司礼监。刘健、谢迁于是请求退休，诏令赐给敕书，派驿车送两人回乡，每月粮食、每年仆役的供给如旧。

刘健走了，刘瑾还遗恨不已。第二年三月颁发辛未诏书，列53人为奸党，名单张榜公布，贴于朝堂之上，刘健姓名列于53人之首。又过了两年，将刘健削除官籍，贬为庶民，并追夺诏赐诰命。刘瑾被诛，刘健恢复了原职，后来退休。

张居正为官治政

居正①为政，以尊主权、课吏职、信赏罚、一号令为主。虽万里外，朝下而夕奉行。黔国公沐朝弼数犯法，当逮，朝议难之。居正擢用其子，驰使缚之，不敢动。既至，请贷其死，锢之南京。漕河通，居正以岁赋逾春，发水横溢，非决则涸，乃采漕臣议，督艘卒以孟冬月兑运，及岁初毕发，少罹水患。行之久，太仓粟充盈，可支十年。互市饶马，乃减太仆种马，而令民以价纳，太仆金亦积四百余万。又为考成法以责吏治。初，部院覆奏行抚按勘者，尝稽不报。居正令以大小缓急为限，误者抵罪。自是，一切不敢饰非，政体为肃。南京小奄醉辱给事中，言者请究治。居正谪其尤激者赵参鲁于外以悦保，而徐说保裁抑其党，毋与六部事。其奉使者，时令缇骑阴诇之。其党以是怨居正，而心不附保。

居正以御史在外，往往凌抚臣，痛欲折之。一事小不合，诟责随下，又敕其长加考察。给事中余懋学请行宽大之政，居正以为风己，削其职。御史傅应祯继言之，尤切。下诏狱，杖戍。给事中徐贞明等群拥入狱，视具橐饘，亦逮谪外。御史刘台按辽东，误奏捷。居正方引故事绳督之，台抗章论居正专恣不法，居正怒甚。帝为下台诏狱，命杖百，远戍。居正阳具疏救之，仅夺其职。已，卒戍台。由是，诸给事御史益畏居正，而心不平。

当是时，太后以帝冲年，尊礼居正甚至，同列吕调阳莫敢异同。及吏部左侍郎张四维入，恂恂若属吏，不敢以僚自处。

居正喜建竖，能以智数驭下，人多乐为之尽。俺答款塞，久不为害。

独小王子部众十余万，东北直辽左，以不获通互市，数入寇。居正用李成梁镇辽，戚继光镇蓟门。成梁力战却敌，功多至封伯，而继光守备甚饬。居正皆右之，边境晏然。两广督抚殷正茂、凌云翼等亦数破贼有功。浙江兵民再作乱，用张佳胤往抚即定，故世称居正知人。然持法严。核驿递，省冗官，清庠序，多所澄汰。公卿群吏不得乘传，与商旅无别。郎署以缺少，需次者辄不得补。大邑士子额隘，艰于进取。亦我怨之者。

……时帝渐备六宫，太仓银钱多所宣进。居正乃因户部进御览数目陈之，谓每岁入额不敌所出，请帝置坐隅时省览，量入为出，罢节浮费。疏上，留中。帝复令工部铸钱给用，居正以利不胜费止之。言官请停苏、松织造，不听。居正为面请，得损大半。复请停修武英殿工，及裁外戚迁官恩数，帝多曲从之。帝御文华殿，居正侍讲读毕，以给事中所上灾伤疏闻，因请振。复言："上爱民如子，而在外诸司营私背公，剥民罔上，宜痛钳以法。而皇上加意撙节，于宫中一切用度、服御、赏赉、布施，裁省禁止。"帝首肯之，有所蠲[2]贷。居正以江南贵豪怙势及诸奸猾吏民善逋赋，选大吏精悍者严行督责。赋以时输，国藏日益充，而豪猾率怨居正。

（《明史》卷二百十三，张居正传）

【注释】

①居正：即张居正，明代名臣、著名政治家。湖广江陵（今属湖北）人。隆庆元年（1567年）入阁，不久代高拱为首辅。万历初年，神宗年幼，国事均由他主持，前后当国10年，进行了许多改革，均有成效。有《张文忠公全集》。

②蠲（juān）：免除。

【译文】

张居正执政的基本方针是：尊崇主权、考课吏职、信赏必罚、统一号令。即使远在万里之外，也必须朝令而夕便奉行。黔国公沐朝弼屡次犯法，应当逮捕法办，朝廷大臣议论感到为难。张居正便把他的儿子提拔任用，又派人飞快前往逮捕沐朝弼，他不敢动弹。押到朝廷，请求宽免死罪，便把他押到南京监禁。漕粮运道开通之后，张居正认为每年运粮数额到了第二年春天还没有完成，遇到春雨水灾，或有溃决，或有河道干涸，运粮不顺利通畅，便采纳漕臣的建议，责令运粮士兵于每年十月开始兑运，到第二年年初即发运完毕，减少因遭受水灾的损失。这样执行了一段时间，太仓粮食充足，可以支用 10 年。通过边界互市贸易，马匹增多了，便减少太仆寺所养的种马，而按一定价格从民间买马，太仆寺马政费用便节余了 400 多万。又制定考成法考核官吏治绩。开始，部院审核奏报抚按调查处理意见，往往扣压拖延而不上报。张居正命令按事情大小缓急规定期限，超过了期限而没有审批上报，当事者要判罪处罚。从此以后，这些官员都不敢文过饰非，延误公事，政治风气焕然一新。南京小宦官酒醉后侮辱给事中，许多人上言请求追查惩治。张居正把上言特别激切的赵参鲁贬出朝廷，以此取悦于宦官冯保，然后慢慢说服冯保遏制一下宦官的作为，不要干预六部行政事务。宦官奉旨出使，张居正派禁卫骑士暗中打探他们的行径。因此宦官一伙儿都怨恨张居正，内心不大顺从冯保。

张居正认为御史到了各省，往往凌辱抚臣，想严厉纠正。御史论事稍有不合意，张居正就加以责骂，又敕令作长期考察。给事中徐懋学请求治政宽大为怀，张居正认为是讽刺自己，便削夺了他的官职。御史傅应祯继续上言，而且言语更加激烈。被逮捕投入诏狱，痛加杖打，然后流放到边疆当戍卒。给事中徐贞明等一群人拥入诏狱，看到囚犯都有粥食，也被逮捕而贬出朝廷。御史刘台巡按辽东，误传捷报。张居正准备援引成例章法对他进行督责处罚，刘台上奏章指责张居正专横独断，肆行不法，张居正愤怒至极。神宗皇帝特为张居正把刘台逮捕，投入诏狱，命人杖打 100，流放到边远地区当戍卒。张居正假装上疏救刘台，仅削夺他的官职。到后来，仍然把刘台流放戍边。由此，众给事中、御史更加畏惧张居正，内心都愤愤不平。

当时，太后因为皇帝年幼，对张居正尊敬礼遇备至，内阁中同僚吕调阳对张居正不敢有不同意见。及至吏部左侍郎张四维入阁，对张居正谦恭敬畏、谨小慎微，如同属吏，不敢以同僚自处。

张居正喜欢有所建树，能用智谋驾驭下属，人们都乐意为他尽力。俺答叩关塞友好往来，很长时间没有入侵为害。只有小王子部众 10 多万人，由东北直入辽东，因为没有获准互市贸易，多次入侵。张居正用李成梁镇守辽东，戚继光镇守蓟州镇。李成梁作战有方，打败了敌人，因很多战功，封为伯，而戚继光在蓟镇增加了很多守备设施。张居正也给予褒奖，边境于是安然无事。两广督抚殷正茂、凌云翼等人也多次破贼有功。浙江士兵、民众两次造反，派张佳胤前往安抚立即平定，所以当世都称赞张居正知人善任。然而持用法令特别严厉。整顿驿传，裁减多余闲官，禁毁天下书院，实行了许多改革。公卿大臣和一般官吏都不得乘传车，往来同商人旅客一样。郎署员额缺少，需要叙用的人也得不到机会任用。大都市士人学子因为科举名额太少，功名进取十分艰难。因此也有人埋怨。

……当时皇上后宫妃嫔逐渐增多，常常支用太仓银钱。张居正便通过户部向皇上呈报数目，并陈述每年入不敷出，请皇上把账目放在御座旁时时省览，量入为出，制止浪费，节省开支。张居正上疏奏进，留在禁中，不作批示，也不议行。皇上又令工部铸钱以供用度，张居正认为获利比不上花费而没有办。言官奏请停罢苏州府、松江府织造，没有听从。张居正又面请皇上，批准减损大半。又奏请停止武英殿修建工程，裁减外戚恩赏迁官数目，皇上大多勉为依从。皇上驾临文华殿，张居正侍讲，读书完毕，将给事中关于受灾损失的上疏报告皇上，并请求赈灾。还说："皇上爱民如子，而在朝廷之外的各司损公肥私，盘剥下民，欺君罔上，应当依法严惩。同时皇上注意节省，宫中一切用度、服饰车马、赏赐、布施，分别进行裁减禁止。"皇上点头同意了，免除了一些赋税，并进行了一些救济。张居正因为江南豪族依仗权势不缴纳赋税，一些奸民恶吏投机取巧拖欠赋税，便挑选精悍能干的官员严加督责，赋税便按时缴纳了，国库日益富足，而豪族和奸民恶吏都怨恨张居正。

张居正死后祸发

初，帝所幸中官张诚见恶冯保斥于外，帝使密诇逮①保及居正。至是，诚复入，悉以两人交结恣横状闻，且谓其宝藏逾天府。帝心动。左右亦浸言保过恶，而（张）四维门人御史李植极论徐爵与保挟诈通奸诸罪。帝执保禁中，逮爵诏狱。谪保奉御居南京，尽籍其家银珠宝巨万计。帝疑居正多蓄，益心艳之。言官劾（王）篆、（曾）省吾并劾居正，篆、省吾俱得罪。新进者益务攻居正。诏夺上柱国、太师，再夺谥。居正诸所引用者，斥削殆尽。召还（吴）中行、（赵）用贤等，迁官有差。刘台赠官，还其产。御史羊可立复追论居正罪，指居正构辽庶人宪㸓狱。庶人妃因上疏辩冤，且曰："庶人金宝万计，悉入居正。"帝命司礼张诚及侍郎丘橓偕锦衣指挥、给事中籍居正家。诚等将至，荆州守令先期录人口，锢其门，子女多遁避空室中。比门启，饿死者十余辈。诚等尽发其诸子兄弟藏，得黄金万两，白金十余万两。其长子礼部主事敬修不胜刑，自诬服寄三十万金于省吾、篆及傅作舟等，寻自缢死。事闻，时行等与六卿大臣合疏，请少缓之；刑部尚书潘季驯疏尤激楚。诏留空宅一所、田十顷，赡其母。而御史丁此吕复追论科场事，谓高启愚以舜、禹命题，为居正策禅受。尚书杨巍等与相驳。此吕出外，启愚削籍。后言者复攻居正不已。诏尽削居正官秩，夺前所赐玺书、四代诰命，以罪状示天下，谓当剖棺戮尸而姑免之。其弟都指挥居易，子编修嗣修，俱发戍烟瘴地。

终万历世，无敢白居正者。熹宗[2]时，廷臣稍稍追述之。而邹元标为都御史，亦称居正。诏复故官，予葬祭。崇祯三年，礼部侍郎罗喻义等讼居正冤。帝令部议，复二荫及诰命。十三年，敬修孙同敞请复武荫，并复敬修官。帝授同敞中书舍人，而下部议敬修事。尚书李日宣等言："故辅居正，受遗辅政，事皇祖者十年。肩劳任怨，举废饬弛，弼成万历初年之治。其时中外乂安，海内殷阜，纪纲法度莫不修明。功在社稷，日久论定，人益追思。"帝可其奏，复敬修官。

（《明史》卷二百十三，张居正传）

【注释】

①诇（xiòng）：侦察，刺探。

②熹宗：明熹宗朱由校，1621—1627 年在位。

【译文】

当初，神宗皇帝所宠幸的宦官张诚与冯保交恶而被排挤出内官，皇上便派他秘密刺探冯保和张居正行为。到现在，张诚重新进官内，便把他们两人密切交往恣意横行的情况全部报告皇上，并且说他们的财宝库藏比天子府库还多。皇上被说动。左右近臣也不断有人讲冯保的过错和罪恶，特别是张四维的门人御史李植尖锐揭露了徐爵和冯保狼狈为奸欺蒙诈骗等罪行。皇上把冯保拘禁在宫中，把徐爵逮捕投入诏狱之中。把冯保贬往南京，抄没其家产金银珠宝数量巨大。皇上疑心张居正积蓄很多，心中更加妒羡。言官弹劾王篆、曾省吾并弹劾张居正，王篆、曾省吾都获罪。新进官员更是极力攻击张居正。下诏削夺张居正上柱国、太师勋号职位，又取消所赠谥号。张居正所提拔任用的人，几乎都排斥清除干净。召回吴中行、赵用贤等人，分别升迁了不同的官职。追赠刘台官号，归还其财产。御史羊可立又追论张居正罪状，指控张居正制造了辽庶人宪炜冤案。庶人妃于是上疏申冤，并且说："庶人的金银财宝数以万计，都被张居正侵吞。"皇上命司礼张诚及侍郎丘橓偕同锦衣卫指挥、给事中抄没张居正家产。张诚等人快要到江陵，荆州守令预先籍录张居正全家人口，封了宅门，子女多躲避到空房中。待张诚等人到了时开启宅门，里面饿死的有10余人。张诚等人全部抄出张居正几个儿子和兄弟的家财，得到黄金一万两，白金10余万两。张居正长子礼部主事张敬修受不了酷刑，假称有30万两黄金寄放在曾省吾、王篆及傅作舟那里，随即上吊自杀。消息传到朝廷，申时行等与六卿大臣联合上疏，请求稍微宽缓些；刑部尚书潘季驯上疏尤为愤激哀苦。下诏留下一所空房宅，40顷田地，以赡养张居正的母亲。而御史丁此吕又追劾科举考场之事，说高启愚以舜、禹命题，为张居正禅受皇位造舆论。尚书杨巍等人对他进行了驳斥。丁此吕被外放，高启愚被削职为民。后来言官仍无休止地攻击张居正。下诏完全削夺张居正官秩，夺回以前所赐玺书及四代诰命，把罪状公布天下，并说本应开棺戮尸姑且宽免。张居正的弟弟都指挥张居易、儿子编修张嗣修都流放到边远荒蛮之地戍边。

整个万历年间，没有人敢为张居正辩白。直到熹宗天启时，朝廷大臣才逐渐追述张居正的功绩。邹元标担任都御史，特别称赞张居正。熹宗下诏恢复张居正原来的官职，并重新安葬赠给祭仪。崇祯三年，礼部侍郎罗喻义等人上疏为张居正辩冤。皇上令部议，恢复文荫、武荫及诰命。十三年，张敬修的孙子张同敞请求恢复武荫，并恢复张敬修官职。皇上授任张同敞为中书舍人，而把张敬修复官事交给部臣讨论。尚书李日宣等说："故首辅张居正，受穆宗皇帝遗诏辅政，事皇祖神宗皇帝10年时间。肩负国家重担，任劳任怨，改革整顿，助成万历初年之治，当时朝廷内外都得到治理，平安稳定，人民富足，法令制度严格清明。张居正对国家有功，时间久了人们的认识更深切，也更加怀念。"皇上同意了李日宣等人的奏请，恢复张敬修的官职。

御 人

黄孔昭之事

成化①五年，文选郎中②陈云等为吏所讦③，尽下狱贬官，尚书姚夔知孔昭廉，调之文选。九年进郎中。故事，选郎率闭门谢客。孔昭曰："国家用才，犹富家积粟。粟不素积，岂足赡饥；才不预储，安能济用？苟以深居绝客为高，何由知天下才俊。"公退，遇客至，辄延见，访以人才，书之于册。除官，以其才高下配地繁简。由是铨叙平允。其以私干者，悉拒之。尝与尚书尹旻争，至推案盛怒。孔昭拱立，俟其怒止，复言之。旻亦信谅直。旻暱通政④谈伦，欲用为侍郎，孔昭执不可。旻卒用之，伦果败。旻欲推故人为巡抚，孔昭不应。其人入都谒孔昭，至屈膝。孔昭益鄙之。旻令推举，孔昭曰："彼所少者，大臣体耳。"旻谓其人曰："黄君不离铨曹，汝不能迁也。"

为郎中满九载，始擢右通政。久之，迁南京工部右侍郎。有官地十余区为势家所侵，奏复之。奉诏荐举方面，以知府樊莹、佥事章懋应。后皆为名臣。郎官主藏⑤者以羡银数千进，斥退之。掘地得古鼎，急命工镌文庙二字，送之庙中。俄中官欲献诸朝，见镌字而止。

（《明史》卷一百五十八，黄孔昭传）

【注释】

①成化：明宪宗年号。

②文选郎中：吏部下属机构文选司主官，掌官吏班秩迁升、改调之事。

③讦（jié）：攻击，揭发。

④通政：指通政使，掌通章奏。

⑤藏（zàng）：贮藏财物的仓库。

【译文】

　　成化五年，文选郎中陈云等人被属吏揭发，都被罢官入狱。吏部尚书深知黄孔昭廉洁，把他调到文选司，九年提升为郎中。按照惯例，文选郎中大多闭门谢客。黄孔昭说："国家选用人才，好比富足人家蓄积粮食。粮食如果不平常蓄积，饥荒时怎么能够接济？人才不预先储备，用人时怎么能满足需要呢？如果闭门谢客，那从哪里了解发现天下的人才俊杰呢！"由官府回到家中，遇有来客，黄孔昭都以礼相待，并留意寻访人才，随时记住。在除授官职时，依据才能的高下分别派往难于治理的地方和容易治理的地方任职。因此选拔任用公平合理。如果有人以私利求请，都予以拒绝。有一次与吏部尚书尹旻争论，惹得尹旻大怒，顺手推翻了桌子。黄孔昭垂手站立，等他息怒了，接着又陈述自己的观点。尹旻也相信黄孔昭诚信正直。尹旻和通政使谈伦关系亲密，想任用他为吏部侍郎，黄孔昭坚持认为不可以。尹旻还是用了谈伦，后来谈伦果然垮台。尹旻想推荐老朋友担任巡抚，黄孔昭不同意。这个人进京拜谒黄孔昭，直至双膝跪下求情。黄孔昭更加鄙视他。尹旻命令推举，黄孔昭说："他所缺少的，正是大臣的体统。"尹旻只好对这个人说："黄君不离开选曹，你是得不到升迁的了。"

　　黄孔昭担任文选郎中满了9年时间，才升为右通政。又过了好久，调任南京工部右侍郎。有10多处官地被权门大户侵占，黄孔昭奏请，全部收回了这些官地。奉诏命荐举方面大臣，黄孔昭荐举了知府樊莹、佥事章懋，两人后来都成为名臣。主管银库的郎官把几千两盈余的银子进奉给黄孔昭，结果被呵斥而退出。有人挖地挖出了一只古鼎，黄孔昭马上命工匠刻上"文庙"两字，把古鼎送到文庙中。不多久宦官权贵想把古鼎进献朝廷，看见古鼎刻有"文庙"两字才算了。

末代朝中庸才多

　　张四知者，费县①人。天启二年进士。由庶吉士授检讨。崇祯中，历官礼部右侍郎。貌寝甚，尝患恶疡。十一年六月，廷推阁臣忽及之。给事中张淳劾其为祭酒时贪污状，四知愤，帝前力辩，言已孤立，为廷臣所嫉。帝意颇动，薛国观因力援之。明年五月与姚明恭、魏照乘俱拜礼部尚书兼东阁大学士。

明恭，蕲水^②人。出赵兴邦门下，公论素不予。崇祯十一年由詹事迁礼部侍郎，教习庶吉士。给事中耿始然劾其与副都御史袁鲸比而为奸利，帝不听。明年遂柄用。

照乘，滑^③人。天启时，为吏部都给事中。崇祯十一年历官兵部侍郎。明年，国观引入阁。

三人者，皆庸劣充位而已。四知加太子太保，进吏部尚书、武英殿。明恭加太子太保，进户部尚书、文渊阁。照乘加太子少傅，进户部尚书、文渊阁。帝自即位，务抑言官，不欲以其言斥免大臣。弹章愈多，位愈固。四知秉政四载，为给事中马嘉植、御史郑昆贞、曹溶等所劾，帝皆不纳。十五年六月始致仕。照乘亦四载。御史杨仁愿、徐殿臣、刘之勃相继论劾，引疾去。明恭甫一载，乡人诣阙讼之，请告归。

（《明史》卷二百五十三，张四知传）

【注释】

①费县：在今山东省。

②蕲水：县名。即今湖北浠水县。

③滑：滑县，在今河南省。

【译文】

张四知，费县人。天启二年考取进士。由庶吉士授任检讨。崇祯年间，历官礼部右侍郎。形貌丑陋，曾体生恶疮。天启十一年六月，廷臣公推阁臣，忽然推举了他。给事中张淳劾奏说他担任祭酒时有贪污情况，张四知气愤，向皇上极力辩解，说自己孤立无援，被廷臣所嫉妒。皇上被他说动了心，薛国观乘机极力援救他。第二年五月张四知与姚明恭、魏照乘都拜授为礼部尚书兼东阁大学士。

姚明恭，蕲水县人。出自赵兴邦门下，名声向来不好。崇祯十一年由詹事升任礼部侍郎，教习庶吉士。给事中耿始然劾奏他与副都御史袁鲸相互勾结大为奸利，皇上不听。第二年便入阁受到重用。

魏照乘，滑县人。天启年间，任吏部都给事中。崇祯十一年历官兵部侍郎。

第二年，由薛国观引荐进入内阁。

　　这3个人，都不过是庸劣充位罢了。张四知加太子太保，进吏部尚书、武英殿大学士。姚明恭加太子太保，进户部尚书、文渊阁大学士。魏照乘加太子太傅，进户部尚书、文渊阁大学士。皇上即位之后，极力贬抑言官，不想依照言官弹劾来罢免大臣。大臣受弹劾越多，官位越稳固。张四知执掌朝政4年，受到给事中马嘉植、御史郑昆贞、曹溶等人弹劾，皇上都不听从他们的意见。十五年六月张四知才退休。魏照乘也是执掌朝政4年，御史杨仁愿、徐殿臣、刘之勃相继弹劾他，他才以有病辞职而去。姚明恭执掌朝政只一年，家乡有人上朝告他的状，他才请假回乡。

崇祯帝试臣

《明史》

　　（崇祯）十一年六月，帝将增置阁臣，出御中极殿，召廷臣七十余人亲试之。发策言："年来天灾频仍，今夏旱益甚，金星昼见五旬，四月山西大雪。朝廷腹心耳目臣，务避嫌怨。有司举劾，情贿关其心。剋期平贼无功，而剿兵难撤。外敌生心，边饷日绌。民贫既甚，正供犹艰。有司侵削百方，如火益热。若何处置得宜，禁戢有法，卿等悉心以对。"会天大雨，诸臣面对后，漏已深，终考者止三十七人。顾帝意已前定，特假是为名耳。居数日，改国祥礼部尚书，与杨嗣昌、方逢年、蔡国用、范复粹俱兼东阁大学士，入参机务。时刘宇亮为首辅，傅冠、薛国观次之，又骤增国祥等五人。国观、嗣昌最用事。国祥委蛇①其间，自守而已。明年四月召对，无一言。帝传谕责国祥缄默，大负委任。国祥遂乞休去。

　　　　　　　　　　（《明史》卷二百五十三，程国祥传）

【注释】

　　①委蛇（wēi yí）：随便应付。

【译文】

　　崇祯十一年六月，皇上打算增置阁臣，移驾中极殿，召集了朝臣70多人亲自策试。皇上出的策题说："近年来天灾接连不断，今年夏天干旱更加严重，金星白天出现接连有 50 天，四月山西降大雪。朝廷心腹耳目之臣，都只求避开嫌疑。有关机构举发劾奏，人情贿赂又从中打通关节。派军队限期讨平贼寇却不见成功，派出的军队又难于撤回。外敌屡欲侵犯，军饷日渐不足。人民贫困至极，基本的生活很难保证。官府千方百计搜刮掠夺，人民处在水深火热之中。如何令行禁止、处置得宜，卿等细心回答。"不巧天下大雨，众臣当面回答以后，夜已深，参加完考试的只剩 37 人。不过增选的阁臣皇上心中早已确定，只是借策试为名罢了。过了几天，改授程国祥礼部尚书，与杨嗣昌、方逢年、蔡国用、范复粹一起都兼东阁大学士，入阁参预机务。当时刘宇亮为首辅，傅冠、薛国观为次，又一下增加了程国祥等 5 人为阁臣。这些阁臣当中薛国观、杨嗣昌最专权用事。程国祥在其中随便应付，自保其身而已。第二年四月皇上召见程国祥，要他面奏答问，他竟一言不发。皇上传下谕旨责备程闭口沉默，辜负了阁臣重任。程国祥无奈请求辞职而去。

法 制

茹太素二三事

茹太素，泽州①人。洪武三年乡举，上书称旨，授监察御史。六年擢四川按察使②，以平允称。七年五月召为刑部侍郎，上言："自中书省内外百司，听御史、按察使检举，而御史台未有定考，宜令守院御史一体察核。磨勘司官吏数少，难以检核天下钱粮，请增置若干员，各分为科。在外省卫，凡会议宰民事，各不相合，致稽延，请用按察司一员纠正。"帝皆从之。明年，坐累降刑部主事，陈时务累万言。太祖令中书郎王敏诵而听之。中言才能之士，数年来幸存者百无一二，今所任率迂儒俗吏。言多忤触。帝怒，召太素面诘③，杖于朝。次夕，复于宫中令人诵之，得其可行者四事，慨然曰："为君难，为臣不易。朕所以求直言，欲其切于情事。文词太多，便至荧听。太素所陈，五百余言可尽耳。"因令中书定奏对式，俾陈得失者无繁文。摘太素疏中可行者下所司，帝自序其首，颁示中外。

（《明史》卷一百三十八，茹太素传）

【注释】

①泽州：治所在今山西省晋城市。

②按察使：官名，明初为各省提刑按察使司的长官，主管一省的司法。

③诘（jié）：诘问，即责问。

【译文】

　　茹太素，是泽州人。洪武三年乡举，上书很合皇上之意，授任监察御史。洪武六年升任四川按察使，执法以平正允当著称。七年五月召进京任刑部侍郎，上奏说："自中书省到中央地方各官吏机构，都由御史、按察使检举举劾，而御史台没有定期考核，宜令守院御史统一考核。磨勘司官吏人数少，难以检查核实天下钱粮，请求增设若干员额，分为各科理事。各行省卫所，每当一起商议民政军务，意见不统一，以致许多事搁置拖延，请用按察司一位官员从中协调纠正。"太祖对这些建议予以接受。第二年，因事牵连降任刑部主事，有一次上书陈述时务上万字。太祖命中书郎王敏读给自己听。上书中说，有才学能力之士，近几年来侥幸留下来的100个中没有一两个，现在所任用的大多是迂儒俗吏。上书中的话大多刺耳。太祖还未听完就勃然大怒，命人把茹太素叫来当面责问，并在朝廷上痛打了一顿。第二天晚上，又在宫中叫人读给他听，才听到了上书中的主题，建议了四件事，太祖慨然而叹，说："做国君难，做臣子不容易。朕要求直言进谏，就是要直截了当，切于情事。文词太多，听起来不得要领。茹太素所陈述的意见，500多字就可以说清楚。"于是命中书省规定进言的要求，使批评政事得失提建议的人不要文字啰嗦。并摘录茹太素上书中可行的建议批转有关部门付诸施行，太祖还在批件前面亲自写了一篇序，颁发全国，让大家都明白。

书生之言不可不信

　　陈瓒，字廷裸，常熟人。嘉靖三十五年进士。授江西永丰知县。治最，擢刑科给事中。劾罢严嵩党祭酒王才、谕德唐汝楫。迁左给事中。劾文选郎南轩，请录建言废斥者。帝震怒，杖六十除名。……初，瓒为（高）拱所恶被斥，及张居正柄政亦恶之，不召。居正死，始以荐起会稽县丞。其后官侍郎。稽勋郎顾宪成①疏论时弊谪官，瓒责大学士王锡爵曰："宪成疏最公，何以得谴？"锡爵曰："彼执书生之言，徇道旁之口，安知吾辈苦心！"瓒曰："恐书生之言当信，道旁之口当察，宪成苦心亦不可不知也。"锡爵默然。

（《明史》卷二百二十一，陈瓒传）

【注释】

①顾宪成：明政治家。字叔时，世称东林先生。以耿直著称。革职还乡后，与弟顾允成和高攀龙等在东林书院讲学，他们议论朝政人物，受到士大夫支持，形成清流集团，被称为东林党。

【译文】

陈瓒，字廷裸，常熟县人。嘉靖三十五年录取进士。授任江西永丰知县。治绩考核获第一，被提拔为刑科给事中。弹劾严嵩党羽祭酒王才、谕德唐汝楫，把他们撤了职。升为左给事中。又弹劾文选郎南轩，并奏请重新录用直言进谏而被撤职被流放的人，世宗皇帝雷霆大怒，把陈瓒杖打60，免官除名。……当初，陈瓒为高拱所厌恶而被排斥，等到张居正主持国政时也讨厌他，不被召用。张居正死后，才通过别人荐举起用为会稽县丞，之后任侍郎。稽勋郎顾宪成上疏批评时政弊端被贬谪，陈瓒指责大学士王锡爵说："顾宪成上疏所言颇为公正，为什么遭贬谪？"王锡爵说："他偏执书生之言，顺从道旁之口，哪里知道我们的苦心！"陈瓒针锋相对，说："恐怕书生之言应当相信，道旁之口应当详察，顾宪成为国为民的苦心也不可不知啊！"王锡爵无言以对。

大声秀才屡降屡升

陈谔，字克忠，番禺①人。永乐中，以乡举入太学，授刑科给事中②。遇事刚果，弹劾无所避。每奏事，大声如钟。帝令饿之数日，奏对如故。曰："是天性也。"每见，呼为"大声秀才"。尝言事忤旨，命坎瘗③奉天门，露其首。七日不死，赦出还职。已，复忤旨，罚修象房。贫不能雇役，躬自操作。适驾至，问为谁。谔匍匐前，具道所以。帝怜之，命复官。

（《明史》卷一百六十二，陈谔传）

【注释】

①番（pān）禺：县名，治所在今广东广州市。

②刑科给事中：官名。明六科给事中之一。辅助皇帝处理有关刑法方面

的奏章，稽察驳正刑部之违误。有建言及进谏之责。

③瘗（yì）：埋，埋葬。

【译文】

陈谔，字克忠，番禺县人。永乐年间，由乡举进入太学，后授任刑科给事中。遇事刚毅果决，弹劾违法大臣不回护、无忌讳。每次上言奏事，声音朗朗有如洪钟。皇帝要他不吃饭，饿过几天之后，上朝奏事对答仍旧声音朗朗。皇帝赞叹说："这真是天性啊！"每当进见，称呼他为"大声秀才"。有一次陈谔上奏言事，冒犯龙颜，皇帝大怒，命人在奉天门挖土坑把他活埋，只把脑袋露在外面，埋了7天7夜竟然不死，于是予以敕免，从土坑中挖出来后官复原职。后来，他又一次冒犯龙颜，被罚劳役修建象房。陈谔两袖清风，没有钱雇人代役，便亲自服役做苦工。适逢皇帝驾临象房，问那个做苦工的人是谁。陈谔拜伏在地，向皇帝诉说根由。皇帝怜惜他耿直清廉，再次诏命官复原职。

军　事

朱元璋取天下之略

《明史》

　　帝（朱元璋）……尝与诸臣论取天下之略，曰："朕遭时丧乱，初起乡土，本图自全。及渡江以来，观群雄所为，徒为生民之患，而张士诚、陈友谅尤为巨蠹。士诚恃富，友谅恃强，朕独无所恃。惟不嗜杀人，布信义，行节俭，与卿等同心共济。初与二寇相持，士诚尤逼近，或谓宜先击之。朕以友谅志骄，士诚器小，志骄则好生事，器小则无远图，故先攻友谅。鄱阳之役，士诚卒不能出姑苏一步以为之援。向使先攻士诚，浙西负固坚守，友谅必空国而来，吾腹背受敌矣。二寇既除，北定中原，所以先山东①、次河洛，止潼关之兵不遽②取秦、陇者，盖扩廓帖木儿、李思齐、张思道皆百战之余，未肯遽下，急之则并力一隅，猝未易定，故出其不意，反旆③而北。燕都④既举，然后西征。张、李望绝势穷，不战而克，然扩廓犹力抗不屈。向令未下燕都，骤与角力，胜负未可知也。"

（《明史》卷三，太祖本纪）

【注释】

　　①山东：古代指崤山（今属河南）以东为山东。

　　②遽（jù）：匆忙，急。

　　③旆（pèi）：泛指旌旗。

　　④燕都：今北京市。

【译文】

　　洪武皇帝……曾和大臣们一起讨论夺取天下的方略，说："我遭逢天下大乱，开始从家乡起兵，原曾想保全自己。及至渡江之后，看到群雄割据，为所欲为，成为百姓的灾难，而张士诚、陈友谅尤其是大祸害。张士诚自恃富有，陈友谅自恃强大，我一无所靠。只是不嗜杀戮，讲求信义，厉行节俭，与大家和衷共济。当初与两贼相持，张士诚势力尤为逼近，有人建议应先攻击张士诚。我认为陈友谅志意骄纵，张士诚器量狭小，志意骄纵则好生事端，器量狭小则没深谋远虑，所以决定先攻击陈友谅。鄱阳湖战役之中，张士诚最终没出姑苏一步援助陈友谅。倘若先攻击张士诚，他在浙西固城坚守，陈友谅必定倾巢出动，我就要腹背受敌。后来二贼都被灭，挥师出伐，收复中原，用兵方略是先山东地区，再河、洛一带，在潼关驻兵不进，不急于攻取秦、陇地区，主要原因是，扩廓帖木儿、李思齐、张思道等人都身经百战，断不肯投降，情急之下就会同心协力，负隅顽抗，急攻不容易取胜，所以我军出其不意，挥师北上，攻克燕都之后，然后西征。这时张思道、李思齐希望断绝，势单力穷，我们不战而克，然而扩廓帖木儿仍拼力顽抗，没有屈服。假如我们不先攻下燕都，骤然与扩廓帖木儿等人较量，我们是胜是败还很难预料啊。"

理　财

兴都三十六庄

兴都①庄地八千三百顷，中官夺民田，复增八百顷，立三十六庄。帝从抚按奏，属有司征租，还兼并者于民。中官张尧为请，又许之。（魏）时亮②极谏，不纳。

（《明史》卷二百二十一，魏时亮传）

《明史》

【注释】

①兴都：明世宗置承天府，称为兴都，治所在今湖北钟祥市。

②魏时亮：明世宗时大臣。时任户科给事中。

【译文】

兴都田庄有土地8300顷，宦官强占民田，又增加了800顷，建立36处田庄。世宗皇帝听从抚按官员的奏请，要求官府机构征收田租，把兼并强占的民田归还给农民。宦官张尧向皇上请求，皇上又同意了宦官的要求。魏时亮极力劝谏，皇上不采纳。

汤显祖遭贬只因直言

汤显祖，字若士，临川人。少善属文，有时名。张居正欲其子及第，罗海内名士以张之，闻显祖及沈懋学①名，命诸子延致。显祖谢弗往，懋学遂与居正子嗣修皆及第。显祖至万历十一年始成进士。授南京太常博士，就迁礼部主事。

十八年，帝以星变严责言官欺蔽，并停俸一年。显祖上言曰："言官岂尽不肖，盖陛下威福之柄潜为辅臣所窃，故言官向背之情，亦为默移。御史丁此吕首发科场欺蔽，申时行属杨巍劾去之。御史万国钦，极论封疆欺蔽，时行讽同官许国远谪之。一言相侵，无不出之于外。于是无耻之徒，但知自结于执政。所得爵禄，直以为执政与之。纵他日不保身名，而今日固已富贵矣。给事中杨文举奉诏理荒政，征贿钜万。抵杭，日宴西湖，鬻狱市荐以渔厚利。辅臣乃及其报命，擢首谏垣。给事中胡汝宁攻击饶伸，不过权门鹰犬，以其私人，猥见任用。夫陛下方责言官欺蔽，而辅臣欺蔽自如。失今不治，臣谓陛下可惜者四：朝廷以爵禄植善类，今直为私门蔓桃李，是爵禄可惜也；群臣风靡，罔识廉耻，是人才可惜也；辅臣不越例予人富贵，不见为恩，是成宪可惜也；陛下御天下二十年，前十年之政，张居正刚而多欲，以群私人，嚣然坏之。后十年之政，时行柔而多欲，以群私人，靡然坏之。此圣政可惜也。乞立斥文举、汝宁，诫谕辅臣，省愆悔过。"帝怒，谪^②徐闻典史。稍^③迁遂昌知县。二十六年上计京师，投劾归。又明年大计，主者议黜之。李维桢为监司，力争不得，竟夺官。家居二十年卒。

显祖意气慷慨，善李化龙、李三才、梅国桢。后皆通显有建竖，而显祖蹭蹬穷老。三才督漕淮上，遣书迎之，谢不往。

（《明史》卷二百三十，汤显祖传）

【注释】

①沈懋学：宜城（今湖北宜城市）人。万历五年（1577）进士第一，授修撰。

②谪：贬职。

③稍：慢慢地。

【译文】

汤显祖，字若士，临川县人。少年时就擅长撰著文章，很有名气。张居正想使自己的儿子考中进士，便收罗全国名士以扩大他的名声。听说汤显祖及沈懋学闻名当世，便命令他的儿子们邀请汤显祖和沈懋学。汤显祖婉言谢绝，没有前往，沈懋学结果与张居正之子张嗣修都考中进士。汤显祖至万历十一年才考中进士。授任南京太常博士，随即迁为礼部主事。

万历十八年，神宗皇帝因星象急变，严斥谏官欺骗蒙蔽，并罚停俸一年。汤显祖上奏说："谏官难道都不称职，而是陛下的权柄暗中被辅政大臣所篡夺，所以谏官拥护什么反对什么，在无声无息中发生了改变。御史丁此吕首先揭发科举考试中的欺骗蒙蔽，大学士申时行嘱咐杨巍弹劾他使他离去。御史万国钦极论各省长官欺骗蒙蔽，申时行暗示同职官员许国把他贬谪到远方。一句话冒犯他们，无不被排斥在外面。这样一些无耻之徒，只顾自己巴结执政者。他们所得到的爵位俸禄，便认为是执政者给他们的。即使他日难保自身名望，而今天就已享受了荣华富贵。给事中杨文举奉诏命料理救济灾荒，索贿万万之多。到达杭州，成天在西湖宴饮，进行狱讼贿赂、买卖官爵，以谋取厚利。辅臣便趁他回京复命，提升为谏院的长官。给事中胡汝宁攻击饶伸，他不过是权门的爪牙而已，因为私人关系滥被任用。陛下正在斥责谏官欺骗蒙蔽，而辅政大臣欺骗蒙蔽依然如故。如果现在不惩治，臣认为替陛下可惜的有四个方面：朝廷用爵禄培养公正廉洁的官吏，现在却为私人培植了爪牙，这是爵禄浪费可惜；群臣随风而倒，不知廉耻，这是人才败坏可惜；辅臣不破例给人富贵，便觉显不出他们的恩惠，这是好规矩被糟蹋可惜；陛下统治天下20年，前10年，张居正刚愎自用，兴废颇多，借以拉拢私党，猖狂地破坏了国政。后10年，申时行阴柔而贪得无厌，逐渐地败坏了国政。这是国政破坏可惜。请立即斥罢杨文举、胡汝宁，警告劝谕辅政大臣，要他们检查反省错误。"神宗皇帝大怒，把汤显祖贬为徐闻县典史。后来迁为遂昌县知县。二十六年到京师上报计簿，递交辞呈辞职回家。第二年考核全国地方官，主持考核的人提议免除汤显祖的官职。李维祯任监察长官，为汤显祖力争而没有结果，最终还是削除了官职。汤显祖在家中生活了20年去世。

汤显祖为人耿直，慷慨大度，同李化龙、李三才、梅国祯交情很深。后来这3个人都仕宦通达，事业有成就，而汤显祖屡遭挫折穷困而终。李三才到淮河上督理漕运粮食，写信请汤显祖会见，被汤显祖谢绝。

北人种稻

（左光斗）出理屯田，言："北人不知水利，一年而地荒，二年而民徙，三年而地与民尽矣。今欲使旱不为灾，涝不为害，惟有兴水利一法。"

因条上三因十四议：曰因天之时，因地之利，因人之情；曰议浚川，议疏渠，议引流，议设坝，议建闸，议设陂，议相地，议筑塘，议招徕，议择人，议择将，议兵屯，议力田设科，议富民拜爵。其法犁然具备，诏悉允行。水利大兴，北人始知艺稻。邹元标尝曰："三十年前，都人不知稻草何物，今所在皆稻，种水田利也。"

（《明史》卷二百四十四，左光斗传）

【译文】

左光斗受命管理屯田事务，他上奏说："北人不知道兴修水利，地种一年就荒芜了，两年以后人民就迁徙了，3年以后这个地方的土地和人民就都没有了。如今要想做到天旱不成灾，雨涝不为害，只有兴修水利一法。"随即列举陈述了三因十四议：三因是因天时、因地利、因人情；十四议是议治理河流，议疏通沟渠，议引水，议设坝，议建闸，议设圩岸，议考察地形，议筑塘，议招徕种田者，议择人，议择将，议兵屯，议力田设科，议富民拜爵。他建议的方法清清楚楚，全面具体，下诏完全批准付诸实行。于是大兴水利，北人从此懂得了种植水稻。邹元标曾说："30年以前，都城的人不知道水稻是什么东西，现在到处都种了水稻，种水田获得了好处。"

军无饷银　宦官放债

曹珖，字用韦，益都人。万历二十九年进士。授户部主事，督皇城四门。仓卫军贷群珰[1]子钱，偿以月饷，军不支饷者三年。及饷期，群珰抱券至，珖命减息，珰大诋。珖曰："并私券奏闻，听上处分耳。"群珰请如命，军困稍苏。

（《明史》卷二百五十四，曹珖传）

【注释】

①珰：宦官的代称。

【译文】

　　曹珖，字用韦，益都县人。万历二十九年考取进士。授任户部主事，督掌皇城四门。仓卫军向宦官们借高利贷，却用每月的军饷偿还，仓卫军有3年没有发饷。到发饷之期，宦官们抱着一大堆债券来了，曹珖命他们减息，宦官们大吵大闹。曹珖便说："我把你们私自放债的债券一起奏报皇上，听从皇上处置吧。"宦官们赶忙请求听从曹珖的命令减息，仓卫军的困难于是稍稍缓解了些。

《明史》

德　操

忠之至　死之酷

周天佐，字子弼，晋江①人。嘉靖十四年进士。授户部主事。屡分司仓场，以清操闻。

二十年夏四月，九庙灾，诏百官言时政得失。天佐上书曰："陛下以宗庙灾变，痛自修省，许诸臣直言阙失，此转灾为祥之会也。乃今阙政不乏，而忠言未尽闻，盖示人以言，不若示人以政。求言之诏，示人以言耳。御史杨爵狱未解，是未示人以政也。国家置言官，以言为职。爵入狱数月，圣怒弥甚。一则曰小人，二则曰罪人。夫以尽言直谏为小人，则为缄默逢迎之君子不难也。以秉直纳忠为罪人，又孰不为容悦将顺之功臣哉？人君一喜一怒，上帝临之。陛下所以怒爵，果合于天心否耶？爵身非木石，命且不测，万一溘②先朝露，使诤臣饮恨，直士寒心，损圣德不细。愿旌爵忠，以风天下。"帝览奏，大怒。杖之六十，下诏狱。

天佐体素弱，不任楚。狱吏绝其饮食，不三日即死，年甫三十一。比尸出狱，暵③日中，雷忽震，人皆失色。天佐与爵无生平交。入狱时，爵第隔扉相问讯而已。大兴④民有祭于枢而哭之恸⑤者，或问之，民曰："吾伤其忠之至，而死之酷也。"

（《明史》卷二百九，周天佐传）

【注释】

①晋江：县名。治所即今福建泉州市。

②溘（hè）：忽然。

③皦（jiǎo）：明亮。

④大兴：县名。治所在今北京城南。

⑤恸（tòng）：极悲哀。

【译文】

周天佐，字子弼，晋江县人。考取嘉靖十四年进士。授任户部主事。屡次分管仓库工场，以清正廉洁著称。

二十年夏四月，天子宗庙发生火灾，诏令百官大臣奏言设政得失。周天佐上书说："陛下由于宗庙发生火灾，沉痛地反省自己，允许众臣直言政事缺失，这是变灾祸为福祥的一个转机。而如今时政的缺失确实不少，而没有听到有多少忠直之言，是由于用言语向人们作出一些表示，还不如通过政事向人们作出表示。征求直言的诏书，这是用言语向人们作出的表示。御史杨爵的冤案没有了结，这就是还没有通过政事向人们作出表示。国家设置言官，以进言为职责。杨爵关在狱中几个月，圣怒越来越厉害。一来说是小人，二来说是罪人。把尽言直谏的人称为小人，那么做一个不说直话迎合奉承的君子就不难了；把秉性正直尽进忠言的人当做罪人，那么谁又不做一个献媚取宠、一味顺从的功臣呢？人君每喜欢什么，每恼怒什么，上帝都看得清清楚楚。陛下为何恼怒杨爵，到底是与天心相合，还是不合呢？杨爵身非木石，生命危在旦夕，一旦忽然死了，那真是使谏诤直臣饮恨九泉，忠直之士人人寒心，对圣德的损害不小。希望能表彰杨爵忠心，以劝勉天下。"皇上看了周天佐的奏疏，勃然大怒。把他杖打60下，关进诏狱之中。

周天佐身体向来瘦弱，受不了杖打。狱吏又断绝他的饮食，不到3天就死了。年仅31岁。当他的尸体从狱中抬出来时，明亮耀眼的日光之下，忽然雷声大震，人们都大惊失色。周天佐与杨爵平生没有什么交往。只是在周天佐入狱时，杨爵隔着牢门问讯了一下而已。大兴县有一个平民到周天佐灵柩前祭奠，哭得十分悲哀，有人问他，他说："我悲伤他忠心耿耿到了极点，而被杀害太残酷了。"

宫婢谋弑

（嘉靖）二十一年，宫婢杨金英等谋弑逆，帝赖后①救得免，乃进后父泰和伯锐爵为侯。初，曹妃有色，帝爱之，册为端妃。是夕，帝宿端妃宫。

金英等伺帝熟寝，以组缢帝项，误为死结，得不绝。同事张金莲知事不就，走告后。后驰至，解组②，帝苏。后命内监张佐等捕宫人杂治，言金英等弑逆，王宁嫔首谋。又曰，曹端妃虽不与，亦知谋。时帝病悸不能言，后传帝命收端妃、宁嫔及金英等悉磔于市，并诛其族属十余人，然妃实不知也。

（《明史》卷一百十四，后妃传二）

【注释】

①后：孝烈方皇后，明世宗第三后，江宁人。

②组：丝带。

【译文】

嘉靖二十一年，宫婢杨金英等谋杀世宗皇帝，皇帝依靠方皇后抢救而免于一死，因此进升方皇后父亲泰和伯方锐爵位为侯。开始，曹妃颇有姿色，皇帝喜爱她，册立为端妃。当天晚上，皇帝就在端妃宫中就寝。杨金英等人一直注视着皇帝的行止，等皇帝睡熟了，大家一齐动手，用宽丝带子勒皇帝脖子，慌乱中丝带打成了死结，皇帝没有断气。其中张金莲明白事情不能成功，便跑出来报告了方皇后。方皇后飞快赶来，解下了丝带，皇帝苏醒过来了。方皇后命内监张佐等逮捕宫女审讯，有宫女说杨金英等谋杀皇上，王宁嫔是首谋。又有宫女说曹端妃尽管没有参与谋杀，也知道预谋。这时皇上受了惊吓发呆了，说不出话，方皇后传皇帝诏命逮捕曹端妃、王宁嫔及杨金英等人，在闹市处以车裂极刑，并处死她们的宗族亲属10多人，然而端妃其实并不知道预谋。

王竑忠愤击奸党

王竑，字公度，其先江夏①人。祖俊卿，坐事戍河州②，遂著籍。竑登正统四年进士。十一年授户科给事中，豪迈负气节，正色敢言。

英宗北狩，郕王摄朝午门，群臣劾王振误国罪。读弹文未起，王使出待命。众皆伏地哭，请族振。锦衣指挥马顺者，振党也。厉声叱言者去。竑愤怒，夺臂起，捽③顺发呼曰："若曹奸党，罪当诛，今尚敢尔！"且骂且啮④其面，众共击之，立毙，朝班大乱。王恐，遽起入，竑率群臣随王后。王使中官金英问所欲言，曰："内官毛贵、王长随亦振党，请置诸法。"王命出二人。众又捶杀之，血渍廷陛。当是时，竑名震天下，王亦以是深重竑。且召诸言官，慰谕甚至。

（《明史》卷一百七十七，王竑传）

【注释】

①江夏：县名。治所即今湖北武汉市武昌。

②河州：治所在今甘肃临夏县西南。

③捽（zuó）：揪。

④啮（niè）：咬。

【译文】

王竑，字公度，祖先是江夏县人。祖父王俊卿，因事贬为河州戍卒，就入了河州籍。王竑正统四年考中进士。十一年授任户科给事中，气魄豪迈，有气节，敢于仗义执言。

明英宗被瓦剌俘获而去，郕王代理国政，在午门内坐朝，群臣弹劾宦官王振误国大罪。读完弹劾奏章群臣伏地未起，郕王要大家出去待命。群臣都伏地痛哭，要求抄斩王振满门。锦衣卫指挥马顺，是王振同党。他厉声呵斥弹劾王振的大臣滚出去。王竑见状愤怒至极，挥起手臂，一把揪住马顺的头发骂道："你们这帮奸党，罪该万死，现今还如此胆大妄为！"一边骂，一边用牙咬他的脸，众人一起喊打，你一拳我一脚，一下就把马顺打死了，这时朝廷上秩序大乱。郕王害怕，马上起身入内，王竑同群臣紧随其后。郕王派宦官金英问大家想说什么，王竑说："内官毛贵、王长随也是王振同党，请治罪服法。"郕王命推出毛贵、王长随两人，众臣又打死了这两个坏蛋，殿廷台阶之上，一片血迹。一时，王竑名震天下，郕王也由此更加信任倚重王竑。并召见众言官，一再慰劳劝谕他们。

东林党讲学议政

（顾）宪成[1]姿性绝人，幼即有志圣学。暨削籍里居，益覃精研究，力辟王守仁"无善无恶心之体"之说。邑故有东林书院，宋杨时讲道处也，宪成与弟允成俱修之，常州知府欧阳东凤与无锡知县林宰为之营构。落成，偕同志高攀龙、钱一本、薛敷教、史孟麟、于孔兼辈讲学其中，学者称泾阳先生。当是时，士大夫抱道忤时者，率退处林野，闻风响附，学舍至不能容。宪成尝曰："官辇毂，志不在君父，官封疆，志不在民生，居水边林下，志不在世道，君子无取焉。"故其讲习之余，往往讽议朝政，裁量人物。朝士慕其风者，多遥相应和。由是东林名大著，而忌者亦多。

既而淮抚李三才被论，宪成贻书叶向高、孙丕扬为延誉。御史吴亮刻之邸抄中，攻三才者大哗。而其时于玉立、黄正宾辈附丽其间，颇有轻浮好事名。徐兆魁之徒遂以东林为口实。兆魁腾疏攻宪成，恣意诬诋。谓浒墅有小河，东林专其税为书院费；关使至，东林辄以书招之，即不赴，亦必致厚馈；讲学所至，仆从如云，县令馆谷供亿，非二百金不办；会时必谈时政，郡邑行事偶相左，必令改图；及受黄正宾贿。其言绝无左验。光禄丞吴炯上言为一一致辨，因言："宪成贻书救三才，诚为出位，臣尝咎之，宪成亦自悔。今宪成被诬，天下将以讲学为戒，绝口不谈孔、孟之道，国家正气从此而损，非细事也。"疏入，不报。嗣后攻击者不绝，比宪成殁，攻者犹未止。凡救三才者，争辛亥[2]京察者，卫国本者，发韩敬科场弊者，请行勘熊廷弼者，抗论张差梃击者，最后争移宫、红丸者，忤魏忠贤者，率指目为东林，抨击无虚日。借魏忠贤毒焰，一网尽去之。杀戮禁锢，善类为一空。崇祯立，始渐收用。而朋党势已成，小人卒大炽，祸中于国，迄[3]明亡而后已。

（《明史》卷二百三十一，顾宪成传）

【注释】

①顾宪成：明政治家。无锡人。万历进士，官至吏部文选司郎中。万历二十二年，革职还乡，与弟允成和高攀龙等在东林书院讲学。他们议论朝政人物，受到士大夫支持，形成清流集团，被称为东林党。

②辛亥：万历三十九年，公元1611年。

③迨：直至。

【译文】

顾宪成姿性超常，年轻时即有志于圣学。及至革职回乡，更加集中精力专门研究，有力批驳王守仁"无善无恶心之体"之说。无锡原有东林书院，是宋代杨时讲学之处，顾宪成和弟弟顾允成一起重修，常州知府欧阳东凤与无锡知县林宰替他们进行了筹划。书院落成之后，便经常和高攀龙、钱一本、薛敷教、史孟麟、于孔兼等志同道合的人一起讲学，顾宪成被学者们称为泾阳先生。当时，士大夫中恪守正道与时俗不合的人，大多离开官场，隐居山野之中，听说了顾宪成等东林讲学之事，纷纷响应投奔而来，乃至于学舍人满为患。顾宪成曾说："在朝廷做官，不忠于君父，在地方做官，不关心民生，在山野隐居，不关心世道，这都是君子不应有的态度。"因此他们在讲学之余，往往议论朝政，品评人物。朝中官员向慕东林风气的人，大多和他们遥相呼应。所以东林名声大著，而同时忌恨者也极多。

后来一部分朝臣请参用外僚入阁，意在凤阳巡抚李三才，引起朝中争论，顾宪成致信首辅叶向高、吏部尚书孙丕扬，推荐李三才。御史吴亮把顾宪成的信在邸抄中公布，引起许多人攻击李三才，纷纷上奏章弹劾。而这时候于玉立、黄正宾这些人也在其中附和，颇有些轻浮好事的坏名声。徐兆魁之徒便以东林为攻击目标。徐兆魁上疏攻击顾宪成，肆意诋毁。说浒墅有一条小河，东林独占了税收作为书院费用；税使到了，东林就致书礼请，就算人不去，也必定致送厚礼；讲学所到之处，仆从如云，县令食宿招待等费用，没有200两黄金办不到；讲学聚会时必定谈论时政，郡邑各项事务偶有不合东林之意的，一定要重新改变；还有收受黄正宾贿赂等。徐兆魁的这些话都毫无根据。光禄丞吴炯上疏一一为之辩驳，并说："顾宪成致信救李三才，确实是出位之举，臣也曾责备他。顾宪成自己也后悔。如今顾宪成受诬陷，天下人将不敢讲学，绝口不谈孔孟之道，国家正气从此受到损害，这非同小可。"上疏奏进，没有回音。之后攻击顾宪成的人接连不断，到顾宪成去世，攻击仍未停止。凡是援救李三才的人，争论辛亥京察的人，捍卫国家根本的人，揭发韩敬科场舞弊的人，请求行勘熊廷弼的人，追查张差梃击案的人，最后直至争论移宫案、红丸案的人，违忤魏忠贤的人，一律都指斥为东林党，攻击陷害连续不止。借着魏忠贤的嚣张气焰，把这些人一网打尽。残杀迫害免官禁锢，朝中正直之士被排挤得一干二净，直至崇祯皇帝即位，才开始渐渐录用这些人。然而奸恶朋党已成了很大势力，小人肆意横行，祸害国家，一直到明朝灭亡。

传世故事

明太祖严禁宦官预政

　　明太祖朱元璋出身之穷，为历代皇帝中之少见。他年轻时，父母兄长死后，穷得无钱下葬；他自己贫无所依，只好去当和尚；当和尚也填不饱肚皮，他又外出云游乞食，途中患病，几乎丧命。因此，当元末农民大起义的浪潮把他推上了皇帝的宝座时，他特别珍惜这个位置。

　　为了巩固他花费15年夺得的帝位，并传之于子孙后代，鉴于前朝政治废弛的教训，他实行了严刑峻法的治国之策。在历代帝王丧失江山的覆车之鉴中，他尤其重视宦官干预朝政的问题。洪武二年（1369年）八月，在确定内侍官制时，他明确地指示吏部说："宦官这类内臣，只要人数足够使用就可以了，不要配备太多。自古以来，这类人就易于擅权，对此要引以为戒。驭使他们的最善之术，是让他们对法令望而生畏。不要让他们立什么功劳，一有功劳，他们就必不可免地滋生傲慢骄横之心。"当时，宫中安置的宦官才不到100人。

　　到了晚年，朱元璋越发担心大明江山会断送于子孙之手。因此，他特意制定了《皇明祖训条章》，并颁布于朝野。其中把宫中太监定为十二监，监下各有司局。在人员配置和组织机构上，较洪武初年更为完备，对太监应当恪守的准则也规定得更为严厉。如宫中太监不得读书识字，不得身兼外臣文武职衔，不得使用外臣冠服，官阶不能超过四品，每月俸禄为米一石，穿衣吃饭不准离开内庭。《条章》还强调："后世有言更祖制者，以奸臣论。"

　　朱元璋不仅教训子孙这样做，而且身体力行，以身作则。他曾在宫门口树立了一块铁牌，上面刻着一条令："内臣不得干预政事，预者斩！"他还明令各司宦官不准有文字往来关系。宫中曾有一个老年宦官，侍奉了朱元璋许多年。一天，他或许是倚老卖老，闲暇时随口谈论起政事来。朱元璋立时大怒，毫不留情地把他打发回了老家。当时还有一个叫杜安道的御用监，几十年间一直侍候朱元璋。朱元璋运筹帷幄时，他都在场，可以说朱元璋的各种机密他无所不知。然而，他处事周密，守口如瓶，在碰到大臣时只一揖而退，根本不开口说话。朱元璋很赏识他，不过也并没有给他特殊的荣宠，后来出宫时只让他当了个光禄寺卿。曾经走出宫廷到外地购买马匹的，有赵成、庆童等几个宦官，但他们也都没敢过问政事或传递消息。

朱元璋死后，继任的明惠帝倒还记着乃祖的遗训。随着时间的流逝，朱氏子孙早把家法抛到了九霄之外。祸国殃民、臭名昭著的汪直、刘瑾、魏忠贤等便出在有明一朝。

朱元璋用人之法

徐达，字天德，濠（今安徽凤阳境内）人。他年少即有大志，身高颧高，刚毅武勇。朱元璋还是郭子兴的部帅时，徐达就跟随他，朱元璋与他相见一谈，如同老友。后朱元璋南平定远（今陕西西乡南）时，带领12位勇将前往，徐达就身为其首。后朱元璋任命他为大将，率领诸将攻城略地，攻镇江，复池州，克武昌，击毙陈友谅。朱元璋称吴王时，任徐达为左相国。

朱元璋准备起兵征讨张士诚时，右相国李善长请求暂缓动兵，从长而计。徐达说："张士诚污浊而待人苛刻，他的大将李伯升等辈只知占有子女玉帛，容易对付。而他用事的黄、蔡、叶3个参军，都是书生，不知天下大计。臣若奉主上之命，以大军逼攻，三吴很快可以平定。"朱元璋很高兴，就拜徐达为大将军，常遇春为副将军，命率水师20万人进逼湖州。敌军分三路出战，徐达也以三军应付，又另派兵扼住对方归路。敌人战败退却又无法归入城池，大败而还。徐达用众兵围住其城，张士诚派吕珍等带6万兵来救，也被常遇春等包围。张士诚亲率众兵来救，也被徐达大败于皂林。张士诚逃跑，他部下五太子、朱暹、吕珍等人都投降，湖州城破。

于是徐达军从太湖进围平江（今苏州），徐达在葑门扎营，常遇春在虎丘扎营，郭子兴在娄门扎营，华云龙在胥门扎营，汤和在阊门扎营，王弼在盘门扎营，张温在西门扎营，康茂才在北门扎营，耿炳文在城东北扎营，仇成在城西南扎营，何文辉在城西北扎营，筑起长墙围攻张士诚。他们在军营中架起木塔与城里的佛塔相等。此外筑了三层土台，鸟瞰城内动静，并架设弓弩火枪，台上又架大炮，一炮击就可以粉碎城中一切。城里守军非常惊惧。

徐达一向谨慎，也深知朱元璋的个性，便派使者向朱元璋请示进攻计划。朱元璋带信嘉慰他说："将军一向勇谋绝伦，故而能够粉碎乱谋，削平群雄，现在事必禀告请命，这是将军的忠诚，我甚为安慰。然而将在外，君令有所不受。军中的轻重缓急，将军应该相机而行，我不从中制约。"不久，徐达便指挥兵马攻破平江城，活捉张士诚，送到应天府，共收降敌兵25万人。此役之后，徐达被封为信国公。

不久徐达又被拜为征虏大将军，常遇春为他的副将。当时名将，首推徐、常两人。两人才勇相似，都被朱元璋所倚重，常遇春剽悍勇猛，敢于深入敌阵，而徐达则尤其长于谋略。朱元璋诏告群将，说统军有纪律，攻战克敌有将军之体者，都不如徐达。

朱元璋称帝后，仍用徐达征讨边疆，每年春天徐达率军出征，暮冬召还京城，成为常事。而徐达则仍然恭谨如故，一回来就把将军之印上呈归还，朱元璋也很高兴，赐他休沐，设宴欢饮，称他为布衣兄弟，徐达却更加恭谨。朱元璋曾经很随便地对徐达说："徐兄功劳甚大，还没有好居处，我赐给你一幢旧宅。"所谓旧宅，就是朱元璋称帝前做吴王时所住的地方，徐达坚决推辞。一天，朱元璋到徐达的家里与他饮酒，强灌醉了他，就把他用被子蒙住抬到原吴王宅中让他睡下。徐达醒来后大惊，急忙奔下台阶，仆地自求免于死罪。朱元璋因此而大为快慰。

科考与荐举同为用人之道

明太祖朱元璋攻克金陵(南京)之后，召用儒士范祖干、叶仪；攻克婺州(今浙江金华)，又召请儒士许允、胡翰等人日夜讲习经史和治国方略；攻克处州(今浙江丽水县)之后征召有名的宿儒宋濂、刘基、章溢、叶琛等人到南京，专门辟有礼贤馆来安置他们，任用宋濂为江南等地的儒学提举，任用章溢、叶琛等为营田佥事，把刘基留在军营中参与军务谋议。

后来专门敕令中书省说："现在地盘日益扩大，文治武功都双管齐下。世上奇才或隐于山野，或匿身于士伍的隐逸，如果为官者不去引拔，他们是不会自己显现的。从今以后凡是有能够上书陈言，在治国之术、武备经略方面出众的人，参军和都督府都应当把名字报上来。即使不能写文章但其见识可取的人，也允许进府来面陈他的意见。郡县官吏凡年龄在50岁以上的人，即使在政事方面练达通明，但精力已竭的，应该命令有司从民间选取年龄在25岁以上、天资聪敏、有学识才干的人群，将他们召到中书省，让他们与年老的人共事。10年以后，年老的人退休，那时年少的人也精于事务了。像这样才会使人才不乏绝，而各地的官职之位又得到适宜的人选。敕令向下面的有关部门，传达此意。"这样，各地的州县每年都举荐贤能之士以及有武勇谋略、通晓天文的人，偶尔也举荐有通晓书律的人才。不久又下令申严选举的质量，有滥举的人就逮捕问罪。

不久，朱元璋派起居注吴林、魏观等人拿钱币到四方去访求遗贤。洪武元年（1368年）又征召天下贤才会集京城，分授他们太守或县令之官。这年冬天又派文原吉、詹同、魏观、吴辅、赵寿等人分赴各地，去访求贤才，分别赐以白金让他们带着上路。洪武三年（1370年），皇帝诏谕廷臣说："六部总领天下事务，不是学问博洽、才德兼美的人不足以居此职位。朕担心有的贤才仍隐居山林，或者屈居在低级僚属中，现令各级有司悉心推访。"洪武六年（1373年），皇帝又再次下诏说："贤才，是国家的瑰宝。古时圣王一直劳心求贤，比如高宗对傅说，文王对吕尚。这两位圣君难道是其智谋不够吗？他们仍对版筑鼓刀之徒惶惶虚心，是因为国家不招揽贤才就不能达到大治。鸿鹄之所以能远飞，是因它有羽翼，蛟龙之所以能腾跃，是因为它有鳞鬣。人君之所以能够达到大治，是因为有贤人做他的辅弼。山林乡野之中如有德行文艺都可称道的人，有司应当采访举荐，客气地遣送到京城，朕将任用他们，以实现国家大治。"当年，罢停科举考试，另外专门令有司察举贤才，以德行为根本，文艺才能次之。其名目有：聪明正直、贤良方正、孝悌力田、儒士、孝廉、秀才、人才、耆民等科，全都按礼送到京城，破格擢用。而各省的贡生也由太学进选。于是从此罢停科举考试达10年，到洪武十七年（1384年）才重新实行科举考试，而举荐人才的方法并行不废。

当时中外大小臣工都用推举来的人才，甚至仓、库、司、局等杂官，也由文学才干充任。那些被推荐来的人又转而推荐他人。所以山林岩穴、草茅穷居之人也大都向上自荐，从布衣贫寒而登堂居高位大官的不可胜数。耆儒鲍恂、余诠、全思城、张长年等人90多岁，被征召到京城，当即任命为文华殿大学士。儒生王本、杜学、赵民望、吴源特地被安置为四辅官兼太子宾客。……像这样得到显升的很多，而从此又渐渐跻身显贵不可胜数。皇帝曾下诏说："明经行修、练达时务的人才，征召到京城后，年龄在60岁以上70岁以下的，可安置在翰林以备顾问，40岁以上60岁以下的，可在六部及布政司、按察司两司任用。"可那时候也许士人没有其他的途径入仕，往往很多人一时间暴贵，而吏部奏报荐举而来应当任官的多达3700多人，少的时候也有1900多人。另外，那些富户耆民都可以进见，奏对回答满意的，就给予好官美职。像会稽和尚郭传就是由宋濂举荐提升为翰林应奉的，有实可考。

自从科举重新设立后，两种取人办法并用，也没有轻重之分。到建文、永乐年间，靠荐举起家的人还有的被授翰林或藩司。像杨士奇一介处士，陈济一个布衣，骤然被任命为《太祖实录》的总裁官，就是不拘资格之例。后来科举越来越重要，荐举相应地渐受轻视，能做文章的人都以科举场屋出身为荣。有司虽然也多次奉诏求贤，只是循例走过场而已。

朱元璋发展经济

明太祖洪武元年（1368年）八月，朱元璋刚刚称帝建立明朝不到8个月，包括北京在内的大片中国土地还控制在蒙古统治者手中，元末农民大起义的各路豪杰仍在逐鹿中原，朱元璋便下诏：战乱期间避乱外逃的农民，可以回到家乡开垦荒地，不限数量，并免收3年的租赋。

诏令虽然很简单，却表明了明太祖朱元璋对农业生产的重视以及恢复和发展经济的决心。

朱元璋出身于贫苦的农民家庭，贫到连父母去世了都无钱安葬，17岁就到庙里当和尚以求温饱。后来亲自参加并领导了农民起义。因此，他对农民的生活，对农业生产在国计民生中的意义，体会颇深，并深知"弦急则断，民急则乱"的道理，更知道"农为国本，百需皆其所出"的道理。因此，他懂得了"居上之道，正当用宽"，就是说，要用宽松的政策来治理国家。那一道道鼓励农民回乡垦田的诏令，正是朱元璋这种思想的体现。

朱元璋不仅鼓励农民垦荒，而且他还大力屯田。由于元末的战乱，农民流离失所，土地荒芜，元朝统治者逃跑后，还留下了不少无主的"公田"。因此，那时荒地是很多的。尽快地把这些土地开垦起来，就成了发展农业生产的关键所在。明朝的屯田分为军屯、民屯和商屯 3 种。民屯和军屯的规模比较大。洪武三年六月，太祖下令"徙苏州、松江、嘉兴、湖州、杭州民无业者"到荒地比较多的临濠（治所在今安徽省凤阳县）去种地，这就是民屯。第二年三月，徙山后（今山西北部）民 17000 户到北平（在今北京市附近）屯田；六月又徙山后民 35000 千户于内地；徙沙漠遗民 32000千户屯田北平。屯田的政策，持续很长时间，到洪武二十二年，还迁山西民于北平、山东、河南等地。洪武二十五年，统一中国的战争已经基本结束，政治斗争的重点转向了统治集团内部，军队对外作战的任务已经减少。明太祖朱元璋又下诏，全国军队的卫所要有十分之七改为屯田。屯田政策对于保证农业生产和国民经济的恢复和发展起了很大的作用。太祖朱元璋自己说，他养兵百万，不需要百姓出一粒米。这不但减轻了农民的负担，也减轻了运输的压力。

农民仅仅有了土地，还不能更快地提高生产力。朱元璋还设法发给屯田的军士和农民大量的耕牛。洪武二十五年，朝廷派人从江南购得耕牛 22000千余头，分发给在山东屯田的农民。提供耕牛的政策，一直到成祖朱棣的时代还在继续。永乐二年（1404 年），在朝鲜买牛万头发给辽东屯田的军士，第二年，更规定每百名军士要有耕牛 40 头。有时朝廷还督造农具发给屯田的农民和军士。

朱元璋很重视水利建设。明朝初建时，朱元璋就下令"民以水利条上者即陈奏"，就是说，凡是有百姓反映水利情况的，一定要向他报告。他还派人到各地去督修水利。洪武元年，修和州（治所历阳在今安徽省和县）铜城堰，周长 200 余里。秦代开凿的广西兴安县的灵渠和四川成都的都江堰也都修复。洪武八年开凿的泾阳洪渠（在今陕西省泾阳县）可灌溉泾阳及邻近的三原、泾泉、高陵、临潼方圆 200 多里范围内的土地。到洪武二十八年，全国共开塘堰 40987 处，修河渠 4262 处，堤岸 5048 处。

明太祖朱元璋也较注意减轻农民的负担。曾下诏规定"额外垦荒，永不起科”，就是在国家规定和纳税限额以外多开垦的土地，永远也不征税。如果什么地方出现了灾荒，注意及时救济。还在全国各地设立了不少预备仓，储粮备荒，赈济灾民。

由于朱元璋实行了鼓励农业的政策，明初农业生产确实出现了欣欣向荣的局面。粮食的产量逐步提高。洪武十八年，全国收入谷物近2090万石，到洪武二十六年，增加到3270多万石。到了成祖永乐年间，某些地区的储备足够支出当地俸饷10年到40年。有的地方仓库粮食入库年头太多，以至于变质。

不但粮食作物发展了，经济作物也发展了。洪武二十五年，开封、大名（治所在今河北省大名县）等地棉花大丰收，产量达1180万斤。全国有果树10亿棵。到了永乐年间，布帛、丝绢、棉花和水果的税收已经成为国家收入的重要组成部分。

然而朱元璋对工商业却采取了不鼓励的政策。洪武十五年，广平府（治所永年即今河北省永年县）的一个名为王允道的官吏上书要求开磁州（治所在今河北省磁县）的铁矿和冶铁事业。朱元璋却说，朕听说，王者治天下，应该让天下无遗贤，所有的能人都应该发挥作用，可是朕却没有听说过无遗利。现在兵器不缺，百姓生活安定。开铁冶既无益于国，又骚扰百姓。他不但没有采纳王允道的意见，还把他打了一顿大板子，发配到岭南去了。

尽管朱元璋不鼓励，明代的手工业仍然有很大的进步。特别是官营手工业，规模很大，技术也达到了相当的水平。采铁冶铁、铸铜、造船、制瓷、染织等等，都很发达。建筑业也达到了空前的水平，为世界各国所无法相比。后来建造的北京皇宫就是个很好的例子。与此同时，商业的发展也很快，北京成了全国最大的商业城市。世界各国到中国来做生意的人也更多了。

总之，明太祖朱元璋重视农业生产的政策，为明朝的强大打下了坚实的基础。

朱棣援《祖训》而"靖难"

明太祖朱元璋的第四子朱棣（dì）于洪武三年（1370年）封燕王，洪武十三年（1380年）离开京师，赴北平守藩。其人容貌奇伟，有勇有谋，能以诚待下。洪武二十三年（1390年），曾率军征讨元太尉乃儿不花。与其同时领兵的有晋王朱㭎（gāng）。朱㭎怯阵，不敢进兵；而朱棣却从背后直驱迤都山，大败乃儿不花而归。朱元璋因其英勇屡次让他率将带兵出征，并命他统帅边境一带的兵马。因此，他在当时很有些威望。

然而，朱元璋虽然重视四子朱棣的文才武略，在传位时却根本没有考虑他。朱元璋在世时即已定懿文太子为嗣帝，懿文太子早逝，朱元璋又立其子朱允炆（wén）为皇太孙。洪武三十一年（1398年），朱元璋死后，朱允炆就成了当然的皇帝。

朱允炆当皇太孙时，曾向伴他读书的黄子澄谈到对拥兵自重的诸王的忧虑。等到一即位，便任黄子澄为翰林学士、齐泰为尚书，让他们密议削藩事。当时藩国中朱棣的燕国势力最大，齐泰主张首先削平燕国这个山头，黄子澄则主张先削周国，因为周王朱橚（sù）是燕王朱棣的同母弟弟，削除周王就等于斩断了朱棣的手足。朱允炆对燕王朱棣感到棘手，也就采纳了黄子澄的建议，找个罪名派兵问罪于周王朱橚。心欲钻营求进的人乘机揭发告密，把齐王朱榑（fú）、湘王朱柏、代王朱桂、岷王朱楩（pián）也都牵连了进去。于是，周王、岷王被废为庶人，代王被幽禁于大同，齐王被拘押在京师，湘王自焚而死。朱棣见骨肉手足废的废，抓的抓，死的死，不禁产生了兔死狐悲之感，同时又担心这样的命运落在自己的头上，便佯狂称病，以图躲过厄运。黄子澄和齐泰极力劝说朱允炆，乘其称病给他来个突然袭击，但朱允炆畏惧他智勇双全，始终犹疑不决。

建文元年（1399年），有人揭发燕王有不轨行为，朱允炆命人拘杀了燕王朱棣手下的军官於谅、周铎等，下诏责备朱棣，朱棣只好谎称病情加剧。朱允炆又采用黄子澄、齐泰的计策，在燕国北平的周围布下精兵强将，把燕王府护卫中的健壮兵士调归自己人指挥，命都指挥使谢贵、布政使张昺率兵看守朱棣的王宫。朱棣心中十分忧惧，觉得再不起兵反抗，自己就要成为人家砧板上的鱼肉，但是他的3个儿子还在京师，倘若他一举事，儿子就会成为刀下之鬼。因此，他故意装作病重垂危，乞求朱允炆放回他儿子，让他见上最后一面。齐泰建议朱允炆立即逮捕朱棣的儿子，而黄子澄却主张放还，借以麻痹朱棣，好乘机派兵袭击他。

朱棣待儿子们安全回到北平，立即与僧道衍密谋，命指挥张玉、朱能将800名勇士偷偷地带进燕王府，埋伏在端礼门。然后把谢贵、张昺骗进来，伏兵一拥而上，杀死了他们。接着，又从谢贵等手下手里夺回了王府的九门。

这一年七月，朱棣公开宣布发兵讨逆。

为了使自己的军事行动具有合法性，朱棣采取了拉大旗作虎皮的计谋。他先上书建文帝朱允炆，指责黄子澄、齐泰两人为祸国殃民的奸臣，并且援引明太祖朱元璋手编的《祖训录》说："朝无正臣，内有奸恶，则亲王训兵待命，天子密诏诸王统领镇兵讨平之。"然而，他并不管朱允炆下不下什么"密诏"，奏书一送出，随即挥兵南下。而且，为了免去反叛之嫌，他还仿效汉初七日国兴兵"清君侧"的叫法，称其师为"靖难"。

朱允炆先后派遣长兴侯耿炳文、曹国公李景隆率军北伐燕王，均被打得大败。这下子朱允炆可慌了手脚，只好以丢卒保车之计，抛出黄子澄、齐泰两人，换取燕王退兵。其实讨平奸臣不过是燕王朱棣的借口，把皇帝朱允炆拉下马才是他最终的目的，所以他根本不理会黄子澄、齐泰被解职一事，昭旧催兵前进。建文四年（1402年）六月，燕军经过3年的征战，终于占领了京师南京，明帝朱允炆不知所终，燕王朱棣即位称帝，是为明成祖。

明成祖怒杀方孝孺

方孝孺，字希直，又字希古，宁海人。他年幼时机警灵敏，双目有神。每天读很多书，家乡人称他"小韩子"。成人以后他随名儒宋濂学习，宋濂门下的诸多儒生都无出其右，同学前辈胡翰、苏伯衡等人也自称不如他。方孝孺很看不起文艺杂学，以辨明王道、招致天下太平为己任。一次他卧病期间，家中断了炊粮，家人告诉他，他不以为意，笑着说："古人三旬九食，受贫穷的岂止我一个人呢？"

方孝孺工于文章，他的文章醇厚深永，雄浑豪迈，每有一篇问世，则海内争相传诵。明惠帝（即建文帝）即位之后，召他为翰林侍讲，第二年又迁升为学士，国家大政方针往往向他咨询。建文帝喜好读书，每有疑问就召他讲解。甚至临朝奏事也常让他到屏风前对答。修史书，让方孝孺做总裁。改定官制时，方孝孺被改任文学博士。燕王朱棣在北方起兵时，朝廷的诏讨檄文都出自他的手笔。后来他又出主意，建议全部赦免燕王部众的罪过，让他们收兵回藩。

朱棣起兵，准备夺取帝位。京城危急时，有人劝皇帝迁走，方孝孺力主坚守京城等待援兵，说即使事情不成也应为社稷而死。后来京城最终陷落，惠帝自焚。这一天，方孝孺被燕王捕入狱中。在此之前，燕王从北平出发时，姚广孝曾劝燕王攻下南京之后不要杀方孝孺："城破时他一定不会投降，请不要杀了他。杀了他天下读书人的种子就断绝了。"燕王表示接受。夺权后燕王即位，即明成祖。明成祖想要方孝孺起草诏书，以安定天下。方孝孺被召到朝廷上之后，他悲恸欲绝的哭声响彻殿堂，成祖走下御座对他说："先生不要自我折磨，我欲效法周公辅佐成王的故事。"方孝孺问："谁是成王？成王在哪里？"成祖说："他已经自焚死了。"方孝孺就问："为什么不立成王的儿子呢？"成祖说："国家要依靠年长的君主。"方孝孺问："那为什么不立成王的弟弟呢？"成祖说："这是我的家事。"接着示意手下的人给他纸和笔，说："诏告天下，非得先生起草不可。"方孝孺把笔扔在地上，说："要杀就杀，诏书不能起草。"明成祖大怒，下令在市场上将他肢裂处死。

方孝孺慷慨赴死，作绝命词："天降乱离兮孰知其由，奸臣得计兮谋国用忧。忠臣发愤兮血泪交流，以此殉君兮抑又何求，呜呼哀哉兮庶不我尤。"这一年他46岁。他的弟弟方孝友也一同被处死，他的妻子和两个儿子上吊而死，两个女儿投秦淮河而死。

明仁宗慎言谨行

明仁宗朱高炽是明太祖朱元璋的孙子，明成祖朱棣的长子。少年时沉静持重，言行有礼，长大后酷好学问，常与儒臣一起讲论不休。朱元璋很喜欢他，洪武二十八年（1395年）册封他为燕世子。一次，朱元璋问他："唐尧、商汤时发生了水旱之灾，百姓靠什么为生？"他答道："依靠圣人的恤民之政。"朱元璋听了很高兴，认为这个孙子有君临天下的识见。

但是，成祖朱棣不太喜欢这个儿子，只不过因为他是父亲朱元璋给自己册封的世子，为人又仁慈贤惠，也就没有废掉他。而朱棣所喜欢的二儿子朱高煦、三儿子朱高燧却时时想取得世子之位。

明惠帝建文元年（1399年），朱棣起兵"靖难"，南下进攻惠帝朱允炆，命朱高炽留守北平。朱高炽防守北平的士卒仅有一万人，而前来进攻北平的李景隆军却有 80 万。然而朱高炽善待士卒，士卒感恩戴德，都为他誓死效命，所以李景隆的大军到底未能攻破北平。惠帝见武力强攻不下，又改以智取。他派人送给朱高炽一封书信，企图借此离间他与朱棣的父子关系。当时朱高煦、朱高燧及其党羽宦官黄俨等正在千方百计地找机会谗害他，他们探知信函一事后，马上让黄俨先秘密地去向朱棣通风报信，说朱高炽暗中勾结朝廷，惠帝的信使已到北平。朱棣听了非常生气，以为这个不讨人爱的不肖子果然卖父求荣，心中突生起了杀子之意。谁知没多久，朱高炽的使者也来到了朱棣这里，他送上了朝廷致朱高炽的信函。朱棣接过一看，信函尚未启封，打开读后，才知是惠帝的离间计。他如梦方醒似地感叹道："我险些误杀了自己的儿子。"原来，朱高炽心中明白，他早就提防着朝廷的这一手。

永乐元年（1403 年），朱棣即位，亦即后来所称的明成祖。他改北平为北京，仍叫儿子朱高炽镇守。到了第二年春，成祖才把朱高炽召还南京，立为皇太子。以后成祖每当北征时，都吩咐朱高炽留守京师，监理国家。他受命后，兢兢业业，听政治民，遇到四方有水旱灾情，便派人赈灾救饥，臣民对他的仁政有口皆碑。但其弟高煦、高燧及其党羽们却仍旧不断地找机会进谗构陷他。周围的大臣都不禁为他担心，有的人问他："你难道不知道有谗害你的小人吗？"他坦然地答道："不知道，我只知恪守作为儿子的职责而已。"

永乐十年（1412 年），成祖北征后还京，因朱高炽派遣的使者误期，而且奏书措辞不当，成祖便把他的臣僚黄淮等逮捕入狱。永乐十六年（1418年），黄俨等人又诬告朱高炽擅自赦免罪犯，不少官僚被株连处死。成祖还命侍郎胡濙（yíng）调查朱高炽，胡濙调查后，给成祖上奏了封密书，其中禀告了朱高炽诚敬孝谨的七件事例，成祖这才没有怪罪朱高炽。后来，直到黄俨等谋立高燧失败被诛，高燧多亏朱高炽力救而免祸后，朱高炽才再不受骨肉手足的威胁了。永乐二十二年（1424 年），他终于登上了帝位，是为明仁宗。对于明仁宗的慎言谨行之术，史家曾有评曰："中遘（gòu）媒孽，濒于危疑者屡矣，而终以诚敬获全。善乎其告人曰'吾知尽子职而已，不知有谗人也'，是可为万世子臣之法矣。"

吴履不忍治民于狱

民间的犯罪案件，有些最初只是作案人心粗气盛的大胆妄为，结果却酿成大案，导致流血杀人乃至多条人命的惨剧。真正爱民的官吏，不忍心事发后立威名、兴大狱、成治绩，而是要在事件萌发之初，做好疏导、化解工作，制止事态的激烈化、扩大化。明朝初年的吴履，就是一个治狱而"不忍置民于狱"的人。

江西南康县民王琼辉，为人粗豪直戆，早就看不惯本地土豪罗玉成横行乡里、飞扬跋扈的所作所为。一天，罗玉成的家人又在王琼辉家门口欺凌弱者。王琼辉一怒之下，将这个恶奴抓进他的院子里打了一顿。罗家知道消息后，以为这是太岁头上动土。两家本有嫌隙，没事还虎视眈眈，既然王家挑起事端，罗家可就等到了大打出手的机会。因此，以罗玉成的侄儿罗玉汝为首，一下子纠合家丁、族人，以及依附于罗家的游民、地痞、佃户等200多来人，还有跟着看热闹的好几百人，提刀扛棍，围住了王家院子。罗玉汝等人不仅夺回了肇事家人，还把王琼辉拉出去，捆在一棵树上猛抽猛打，打得死去活来，才扬长而去。

王家受此奇祸，何肯罢休？王琼辉兄弟5人起初到县里状告罗玉成纠集暴徒行凶打人。当时南康知县不在，由县丞吴履受理此事。这吴县丞清正爱民，在百姓中有极高声望。他知道争斗情况后，马上差人将行凶首恶4人捕捉到县衙，准备惩处。但王氏兄弟必欲将围宅众人一一惩罚；并在公堂上咬破指头，滴血立誓，说倘若官府不管，他们就要杀进罗家，拼个同归于尽。

吴县丞知道王家兄弟已经不能控制感情，稍一放纵，一场悲惨的械斗就要发生，死伤将不知凡几，后果将不堪设想。倘若等到惨剧发生以后再来依法处理，又有好些人要人头落地。他不能眼看着这场血流成河的惨剧在自己管辖的范围内发生。因此，他把王琼辉叫来，反复对他陈说厉害，劝他冷静克制，不要铸成大错。他问王琼辉："那天只有罗家的人围住你家吗？"王琼辉答："不是，有1000多人，大多不是罗家的。"吴县丞又问："千多人都骂你、打你了吗？"答："也不是，动手打的就那几个，跟着叫骂的也不多，大多数人是瞎起哄，看热闹的多。"县丞又说："只有那么几个人打你、骂你，你几弟兄就要兴师动众，提刀乱砍，血洗罗家满族、满门，这行吗？

而且你知道众怒难犯的道理？如果罗家全族也像你们这样不要命蛮干，拿刀使棍杀到你们家里，他们族大人多，你们的妻儿老小还有命么？杀了你们全家，虽说还有王法惩治他们，可到那时你又能获得什么？你悔都没法悔了！听我的话，老老实实听候县里发落，我会公正地严惩祸首、替你解恨的。"在吴县丞警之以法、晓之以理、动之以情的感化下，王琼辉仔细一想，仅凭兄弟几人的血气之勇，是报不了仇的，去与罗玉成那样的大土豪拼命，是白送死。他只好趴在地上叩头说："小民听老爷的话，求老爷给小民做主！"

吴县丞劝住了王琼辉后，就将捕来的罗玉汝等 4 个凶手押到他们打王琼辉的地方，当着王琼辉的面，每人重打几十大板，打得两腿鲜血直流，求爹告爷地大叫。又强令罗玉成向王琼辉赔礼道歉。一场眼看酿成血祸，终于在吴县丞的恰当处理下，平息了。

像这样化大事为小事，化大狱为小惩的事，差不多成了吴履治理地方的指导思想。又如，知县周以中下乡催促徭役，有两个大胆的农民骂了他几句，他抓又抓不住，查又查不出，勃然大怒，下令把这个地方的百姓都拘押起来审问，已经抓了六七人，还要继续抓。当地百姓恐慌万状，四散逃亡。吴履巡查监狱，询问这几个人的情况，知道他们无罪，马上予以释放，并对他们说："你们没有罪，回去告诉你们那里的乡亲，叫他不要怕，不要乱跑了。"当他把放人的事告知知县后，知县十分生气，说县丞轻慢他。吴履婉言劝解说："冒犯您的，只不过是一个狂徒而已，查到后惩戒一下就行了。他的乡人邻里有什么罪？而且法律是治理天下的法律，不是替当官的解恨消气的工具。抓那么多人，您不怕把事情闹大了吗？从古以来，没有滥用刑罚、滥捕人而不引起变乱的。若激起百姓变乱，您如何收拾，如何向上峰交代？"周以中逐渐清醒过来，委托吴履出面去处理善后工作。

刘基执法铁面无私

明朝建国之初，以刘基（伯温）为御史中丞，掌管中央政府的司法刑狱工作。

一次，朱元璋到北方各地巡视，命左丞相李善长与刘基等留守京城。临行前，刘基对太祖说："宋、元以来，法制废弛，宽纵日久，以致天下混乱，不可收拾，我朝初建，应当首先使纪纲振肃，在此基础上才能顺利地对人民施行仁政、惠政。"太祖很欣赏他的见解，命他据此斟酌办理。

刘基办事具有一种刚正严肃的作风，他要求自己手下的御史们铁面无私地纠察百官，无所避忌。遇有官吏违犯法纪，他即刻收捕，无情地加以惩治。宫廷的宿卫、宦官有过，他随时启奏皇太子依法处置。因此，当时朝中的官吏、宦侍，无不惧怕他的威严。

中书省有个都事，叫李彬，犯了贪赃枉法的罪，应当判处重刑。但这个李彬的根子很粗，他同朱元璋的开国元勋、左丞相李善长的关系十分密切，又是他领导的中书省的得力下属。因此，李善长亲自出面替他说情，请刘基缓解一下李彬的案子。疾恶如仇的刘基，不仅断然拒绝从宽，还即刻派人快速赶到太祖那里去奏明此事，请求处决李彬。一生最痛恨贪官污吏的朱元璋，立即就批准了刘基的请求。

当时，金陵一带久旱不雨，农业生产和百姓们的生活都面临非常艰难的局面。主持朝政的左丞相李善长，想不出抗灾保民的积极办法，正打算高筑法坛，大做法事，向老天爷祈祷下雨。正在此时，太祖批准斩决李彬的文书送到了。李善长本来就不满对李彬的判决，听说就要执行死刑，更是大为光火，他对刘基说："如今正要做法事祈雨，这是为了奉承天意，而你却要在这个时候杀人，这岂不有悖老天爷仁慈好生之德？"刘基愤怒地回答道："李彬贪赃枉法，天怒人怨，诛锄此类凶恶，老天爷才会普降喜雨！"他没有理睬李善长的反对，下令将李彬押到祈雨坛前，公开宣布他的罪状，在万人欢呼声中，将他斩首。

李善长对刘基恨之入骨，明太祖回到京城后，他马上前去告状，称刘基不顾祈雨大典，竟在庄严肃穆的祈雨法坛下杀人，这是对上天的大不恭敬，因此至今尚未下雨。此外，他还攻击刘基行事武断，专擅强横。其他一些怨恨刘基的人，也纷纷前去进说刘基的谗言。朱元璋尽管心里也不太高兴，可他仍然觉得刘基是一个十分难得的佐命奇才，为他打天下出谋划策，立过不少的功勋，不忍因为这件小事就同他过意不去。

不久，刘基的妻子病逝，他哀伤过度，精力顿衰，便请求回到青田老家休养，明太祖特诏允准，并给予优厚封赏。而李善长等人则像拔掉眼中钉一样快活。

嘉靖皇帝屈法徇私

明世宗嘉靖初年，湖广长沙有个豪民叫李鉴，继承他父亲李华的衣钵，以抢劫偷盗为发家途径。由于拒捕，杀死了巡检冯琳。地方上制不住他，冯琳的儿子冯春震告到了朝廷，这才将李华逮进监狱（后死在狱里）。可李鉴在外仍然抢劫烧杀如故。长沙知府宋卿，派人四处辑拿，终于抓到了他。经过审讯，判为斩刑，可不久又被他越狱逃跑。朝廷下诏，责令地方官立刻捉拿归案。

时任湖广巡抚席书，十分不满宋卿，上疏劾奏他有赃私行为，疏中还谈到李鉴的案子，认为宋卿故意重判李鉴的罪。嘉靖皇帝曾派出大臣前往长沙推勘。这时，李鉴已经被抓获，招认了罪恶，自己也承认犯的是死罪。大臣们回朝后，以宋卿的审判准确无误上报。

可是，这时的席书由于同张璁、桂萼等在争议世宗本生父的尊号的"议礼"中，迎合皇帝私意，成了朝廷的新贵，升了礼部尚书，颇得皇帝宠信。他又上疏说："臣由于议礼得罪了广大朝臣，因此湖广的问官洗刷了臣所举劾的宋卿的劣迹，而将被宋卿冤枉的李鉴定为死罪。臣请求令法司重新会勘此案，以辨明是非，开释无辜。"嘉靖皇帝对这些新贵自然是言听计从，马上下令将李鉴押到北京，由刑部、都察院、大理寺三法司会审。

刑部官员会同御史苏恩、大理评事杜鸾审讯李鉴之后，联名上疏道："李鉴杀害官兵、抢劫民财、烧毁民房的罪行，过去已经取得确凿证据，案件早经判决。此次会审，犯人再次供认不讳。而席书一心一意只在证实他对宋卿的劾奏不虚，竟不惜为罪大恶极的死囚开脱，而且动辄拿'议礼'作为护身宝符。臣等以为，大礼本来出自陛下圣意，席书等人只不过一言偶合，便欲贪天之功，借以要挟陛下，压服满朝，实现其褊狭私欲，望陛下深察其居心。"

三法司的奏疏送上后，嘉靖皇帝仍然固持成见，偏袒席书，没有惩办李鉴的意思。因此，刑部尚书颜颐寿等，又请求将此案发还湖广再详勘。这次嘉靖皇帝更直截了当地说："李鉴的案子，既然席书说有冤，出面替他申理，想必一定有冤抑。不必再行推勘了，免去李鉴的死刑，发往辽东充军就是了。"由于皇帝偏信宠臣，竟将前后审讯结果，一概推倒。其独断专行，徇私废法，一至于此。

在此以前的陈洸事件，也是包庇"议礼"人物，屈法徇私的典型例子。

陈洸原来是给事中，后调出为按察司金事。他也是张、桂派的"议礼"要人。但此人一生恶迹昭然，儿子犯了杀人死罪，妻子与人通奸，他也被判了个递解为民。这样的人，只因政见相近，席书也替他鸣冤叫屈，说："陈洸因为议礼为朝官所嫉恨，便文致他的罪过，请求皇上对他予以宽宥。"嘉靖皇帝也就下令免予递解，连他的儿子也免死戍边。

王守仁平南昌之战

　　明太祖朱元璋分封诸子为王，令诸王各守一方，控制当地军政大权，遂种下了之后亲王叛乱的祸根。先是朱棣的"靖难之役"，尔后是汉王朱高煦叛乱。1510年，安化王朱寊镭叛乱；9年后，即1519年，被分封在江西的宁王朱宸濠又悍然起兵造反了。

　　朱宸濠乃朱元璋第十七子宁王朱权之五世孙，他自袭王位之日起，即心蓄异谋，想过过皇帝瘾。无奈此人志大才疏，经过10余年的精心准备，仍是不得要领。

　　正德十四年（1519年）六月，明武宗得知朱宸濠有谋反之心，遂派太监赖义、驸马都尉崔元等到江西侦察朱宸濠的动向，朱宸濠闻讯，乃决计起兵，声称武宗并非孝宗亲子，今奉太后密令起兵讨贼，并传檄各地。

　　是时，一个大智大勇，能文能武的人物正在江西南部奉命围剿寇乱，他就是中国著名的哲学家、教育家王守仁。

　　王守仁字伯安，曾在故乡余姚的阳明洞中筑室读书，因号阳明。1506年，他因上疏论救被太监刘瑾诬陷的大臣戴铣等人，被刘瑾杖40，贬为贵州龙场驿丞。11年后，因兵部尚书王琼举荐，王阳明被任命为右金都御史巡抚南赣。王阳明以江西南部盗贼遍地，权轻难以号令将士，便向朝廷请求给予旗牌，提督军务，便宜从事。

　　朱宸濠叛乱后，王阳明本无平叛之责任，但他为了不使长江流域遭受叛乱之祸，决心铁肩担道义，迅速平定叛乱，以免酿成一场大内战。

　　六月十八日，王守仁至吉安，一面上疏告变，一面与吉安知府伍文定征兵备战，一面传檄附近各郡县，号召各地守官起兵平叛。赣州知府邢珣、袁州知府徐琏及在江西的都御史王懋中等先后到达吉安，与王守仁共同抗击朱宸濠。

王守仁估计朱宸濠的军事行动有三种方略：其上策是乘京城无备，直趋京师；中策是沿江东进，占领南京，与北京分庭抗礼；下策是拥兵据守南昌。

倘若朱宸濠率军直趋北京，明军无备，沿途必势如破竹，则社稷危矣！倘若朱宸濠进攻南京，像其祖朱元璋那样，以南京为根本，先定江南，然后北伐。这样，明军可得到备战时间，终必平定其叛乱，而大江南北，也必将深受其害。王守仁断定，朱宸濠没有乘虚直捣京师的胆识，他极可能顺江而下，先取南京，在南京即位后再图谋北上。

为了使长江流域各州县有备战时间，延缓朱宸濠的行动，王守仁派遣士兵四处放言，说朝廷已派都督许泰率京军 4 万，与南赣巡抚王守仁、湖广都御史秦金、两广都御史杨旦各率所部共 16 万人，将直捣叛军老巢南昌。王守仁又作蜡书，遣人送给朱宸濠的谋士李士实、刘养正，使两人鼓动朱宸濠早日发兵东进，并将蜡书故意泄露给朱宸濠。朱宸濠得讯，犹豫不决，李士实、刘养正又极力劝他及早发兵攻取金陵，作为帝业之本，朱宸濠愈加怀疑李士实、刘养正与王守仁暗通，偏不发兵进攻南京。

从六月十八日至七月一日，朱宸濠被王守仁略施小计，而弄得举棋不定，竟乖乖地在南昌坐等了 10 多天，不仅失去了乘虚攻取北京或者南京的良机，而且使王守仁获得了宝贵的备战时间。

在这宝贵的 10 多天里，王守仁急令远近各县守官立即率兵到樟树会合，共击叛逆。因此，临江知府戴德孺、瑞州知府童琦、新淦知县李美、泰和知县李楫、宁都知县王天、万安知县王冕等又先后引兵来会，兵力已达 8 万人。

王守仁对众人道："兵家之道，利在速战。今逆尚在南昌，非其时也。我师迁延不发，示以自守，彼必他出，然后尾而图之，先复省城，捣其巢穴，彼必悉兵来援，然后邀而击之，此全胜之策也！"

众皆称善。

朱宸濠在南昌拒守 10 多天，不见明军来攻，方知中了王守仁的缓兵之计，乃于七月一日留兵一万守南昌，自与其妃、妾、儿子，率其部众 6 万人，号称 10 万，出南昌，经鄱阳湖东进，欲先攻克安庆，再陷金陵，在金陵称帝后，与明武宗朱厚照争夺天下。

王守仁闻知朱宸濠已率主力进攻安庆去了，南昌守备虚弱，乃于是月十八日在樟树誓师，以吉安知府伍文定部为前锋，统大军北上袭击南昌。

朱宸濠曾派一小股部队驻扎于城外，以翼护南昌。王守仁先派一军击灭之，于十九日深夜麾军进抵南昌城门下。

守城叛军不意官军突至，大骇溃散，至第二日凌晨，王守仁克南昌，进城安抚士民，严禁官军抢掠，顿时人心稳定，一城安然。

正如王守仁所料，朱宸濠进攻安庆不克，忽闻南昌失守，大惊失色，急率大军回援。

王守仁知朱宸濠之军疲于奔命，不堪一战，乃力主迎战，命伍文定率部从正面痛击叛军，邢珣率部绕至敌后出击，戴德孺、徐琏则各率所部从两翼夹击叛军。

七月二十四日，叛军至黄家渡，伍文定、邢珣、戴德孺、徐琏率军从前后左右四面围攻之，叛军大败而退。王守仁又遣军进攻叛军所占领的九江、南康，朱宸濠进退无据，乘船退入鄱阳湖中。

二十六日晨，王守仁遣军突至，实施火攻，叛军之舟船多被点燃，朱宸濠之妃娄氏投水而死，朱宸濠亦被俘获。

二十七日，叛军残余悉被王守仁消灭。王守仁平定朱宸濠之乱，前后仅用了 35 天。

观朱宸濠起兵叛乱之初，即中了王守仁的计谋。王守仁以一书生，运筹帷幄，先用缓兵之计，使朱宸濠困守南昌达 10 余日，采取了王守仁为之谋划的"下策"。既而出兵攻安庆，被王守仁乘虚袭破南昌，朱宸濠不一鼓作气，猛攻安庆，然后直捣南京，反而又率军回救南昌，以致士卒疲惫，人心离散，走上了迅速覆灭的道路。

八月初，王守仁平定朱宸濠叛乱的捷报尚未到京，武宗朱厚照下诏亲征，实是想借机游幸江南，广选美女，以供淫乐。至涿州，得王守仁捷报，恐怕诸臣知之，无法南下，竟秘而不宣，继续南下"亲征"。其宠臣许泰，太监张忠、江彬等随之南巡，沿途为非作歹。到南昌后，对王守仁、伍文定、蒋瑶等平叛功臣百般刁难、侮辱，许泰等竟在武宗面前诬告王守仁与朱宸濠"通谋"，直到王守仁在奏疏中写明此次平叛是奉许泰等人的"方略"才得以成功，功劳应归许泰，许泰等这才罢休。

朱宸濠不久被赐死，尸体被焚。

王守仁等立此大功，竟没受到任何封赏。处于昏君奸臣之国，其处境可谓艰险备至矣！

朱厚照死后，明世宗即位，才封王守仁为南京兵部尚书。王守仁请辞，世宗又封之为新建伯。

靖难之役

朱元璋建立明朝后，犯了一个大错误，即分封诸子为王，使之分居要地，形同"藩镇"。这个早已被秦始皇所抛弃的"分封制"，竟被 1000 多年后的朱皇帝视为宝贝，的确奇怪！史实证明，凡裂地分封子弟为藩王的，无不发生日后骨肉相残的悲剧。

朱元璋死后，其长孙朱允炆即位，年号建文，是为建文帝。

朱元璋不立子而立孙，早已令其诸子不满，故朱元璋一死，燕王朱棣、周王朱橚、齐王朱榑、湘王朱柏、代王朱桂、岷王朱楩等蠢蠢欲动，大造谣言，并勒兵自雄。明廷诸臣如齐泰、黄子澄、方孝孺等为维护建文帝的地位，因而鼓动建文帝"削藩"，以加强中央集权。

诸王中，以朱元璋第四子、燕王朱棣实力最强。建文帝考虑到朱棣握有重兵，早有准备，乃先削周、齐、湘、代、岷诸藩，欲最后再对付燕王。这一畏首畏尾的拙劣政策，正好给了朱棣备战的时间。

至建文元年六月，建文帝已废周王、齐王、代王、岷王为庶人，湘王自杀，朱棣见祸将及己，遂在北平造反，打起"清君侧"的旗号，名其军为"靖难军"，大举南下，开始了长达 4 年之久的"靖难之役"

朱棣自建文元年（1399 年）七月起兵，至建文三年（1401 年）十二月，转战两年多，战果不大，始终未过山东、河北的明军防线。

就在"靖难军"疲惫交加、人心涣散之时，有一个被建文帝罢黜的京官到北平投靠朱棣，声称金陵空虚，若麾军南下，经山东、安徽，避实击虚，可以一举攻克京师。朱棣遂改变战略方针，不与朝廷大军争一城一地之得失，而是锐意南下，直取金陵。金陵若破，朱棣以明太祖亲子的身份取建文帝而代之，造成既定事实，则天下可不战而定。

建文四年（1402 年）正月，朱棣率军突破山东一带明军的堵截，南下直逼徐州。徐州守将闭门拒战，等候燕军来攻，不料朱棣无心攻城，一意南下，于是绕过徐州。朱棣又唯恐徐州守军蹑其背予以追击，乃伏兵九里山，遣游骑至徐州城下劫掠，并大声谩骂徐州守军。徐州守将果然出兵 5000 追击，至九里山中伏大败，退回城内，不敢再出城进攻，燕军于是放心继续南下。

三月，燕军越过宿州，明将何福、陈晖、平安等统军 4 万来战，朱棣令大军埋伏于涡河附近，令部将王真、刘江各率百骑前去诱敌，平安等率军追来，燕军伏兵突出，平安部大败，退回宿州。

不久，平安与徐达之子、明魏国公徐辉祖复率军来战，击败燕军。朱棣在燕军新败、前途莫测的紧急关头，夜不解甲，与士卒同甘共苦，终于在灵璧击破何福、平安之军，何福单骑逃走，平安被俘。

朱棣取得灵璧之捷后，欲乘胜渡淮河继续南下，明大将军盛庸正统率数万精兵、数千艘战舰拒守淮河南岸，朱棣想避开盛庸，假道淮安南下，淮安守将梅殷拒之，凤阳守将徐安亦拆浮桥以阻燕军，朱棣乃引兵至泗州，泗州守将周景初献城投降，朱棣暗派部将朱能、邱福率奇兵数百，西行20里，从淮河上游潜渡，突然炮击盛庸之军，盛庸所部惊慌间，邱福等率兵突袭之，明军于是纷纷败走，燕军乘机渡过淮河，攻克盱眙。

这时，燕军将领有的建议进攻凤阳，有的主张进攻淮安，朱棣则认为应乘胜进取扬州，渡江直捣金陵，以贯彻其既定方针。

五月，燕军至扬州，守将王礼与其弟开门迎降。

此时，金陵之兵已无法抵挡燕军的进攻，建文帝下罪己之诏，征各地兵马进京勤王。大臣们人心惶惶，为保全身家性命，有的竟派人渡江与朱棣联络，进献渡江取金陵之策。

六月初，燕军渡江，攻取镇江，直逼金陵。先锋刘保率千余骑驰至金陵东门朝阳门，见城上无守备，急忙报告朱棣这一喜讯，朱棣遂率军兵不血刃，进入京师。

建文帝知大势已去，乃纵火焚宫。关于建文帝的下落，一说自焚而死，一说从地道逃走，浪迹巴蜀为僧。遂成历史谜案。

六月十三日朱棣进入金陵，十七日即位，是为明成祖。

襄阳之役

张献忠字秉吾，号敬轩，延安柳树涧人。明崇祯三年（1630年）起事反明，自号"八大王"。此人残忍嗜杀，反复无常，一日不杀人便悒悒不乐。次年冬，明总督洪承畴统兵围剿之，他惧明军势大，遂降。不久，复叛明，转战于豫、陕、鄂、皖等地。崇祯十一年（1638年），又受明兵部尚书熊文灿"招抚"，表示愿意投降，却仍拥兵自重。第二年又复叛。崇祯十三年（1640年）率部进入四川，屯于重庆。

明督师杨嗣昌率明军主力也跟踪入川进剿，拟令诸将皆趋泸州，企图一举消灭张献忠。明监军万元吉对杨嗣昌道："贼或东突，不可无备，宜分中军间道出梓潼，扼归路。"

万元吉之言，是对付张献忠的比较稳妥得当的策略。张献忠善用"以走制敌"的战术。即用运动战来拖垮敌人，发展自己。万元吉担心张献忠西入川不过是虚晃一枪，等明军追踪入川后，会忽然回军向东突围，威胁襄阳等地。于是建议分军驻守出川要道，防敌东走。

无奈杨嗣昌刚愎自用，认为张献忠部已至穷途末路，只要大军紧追不舍，即可歼而灭之，遂麾大军追击，不用万元吉之策。

崇祯十四年（1641年）正月，杨嗣昌部将、总兵猛如虎，参将刘士杰追至开县之黄陵城，遭到张献忠伏兵袭击，大败。张献忠侦知明军主力全部入川，襄阳无重兵把守，乃令投靠自己的罗汝才率部至房竹一带牵制明郧抚袁继咸所部，"自率轻骑，一日夜驰三百里"，直趋襄阳。

襄阳乃军事要地，历来为兵家所必争。杨嗣昌统兵进剿张献忠，便以襄阳为"军府"，即其大本营，杨嗣昌派主力入川后，襄阳空虚，监军佥事张克俭深以为忧，曾上书杨嗣昌，指出襄阳若无重兵把守，凶多吉少。杨嗣昌仰仗襄阳城墙坚固，不以为意，还回书嘲笑张克俭道："监军何怯邪？"

为防万一，杨嗣昌也采取了点措施，治守具，增岗卡，凡出入城者，必须持有他发放的"军符"，盘查甚严。

张献忠率轻骑倍道兼行，路遇杨嗣昌派往蜀地的使者，遂擒杀之，搜获出入襄阳城的军符，张献忠灵机一动，命刘兴秀等28名将士换上明军服装，持军符混入城中，至夜半，里应外合，袭取襄阳。

刘兴秀等执军符至城下，明军一来想不到张献忠会突然出川，二来见刘兴秀等有军符为凭，于是毫不疑心，尽放之入城。

夜半时分，刘兴秀等潜至明襄王府，从中纵火，烈火熊熊，举城皆惊，居民认为张献忠已袭入城中，大惊，纷纷出走，兵民混杂，乱成一团。张克俭急忙赶来救火，竟为刘兴秀等活捉，张克俭大骂拒降，遂被杀。

混乱中，明推官邝曰广及其妻子儿女皆被杀死；摄县事李大觉将官印挂在肘上，在家中自缢而死；知府王承会逃走。刘兴秀等28人竟搅乱了一座襄阳城，守城明军不战自溃。而此时，张献忠的大军尚未抵达城下。

天快亮时，张献忠方率军进城，不费多大力气，便控制了襄阳，活捉襄王朱翊铭。张献忠令朱翊铭饮酒，得意扬扬地说："我欲借王头，使杨嗣昌以陷藩诛，王其努力尽此酒。"意思是要杀掉朱翊铭，使杨嗣昌以措置乖方、用兵失利，以致藩王死于敌手而获罪伏诛。张献忠杀掉朱翊铭后，又杀了朱翊铭的从子、贵阳王朱常法，将二人的尸体焚毁。死于张献忠之手的皇亲国戚达 40 余人。

杨嗣昌在襄阳存有五省筹措的军饷，还有刀枪弓弩火炮火药不计其数。至此尽为张献忠所获。守城明军数千人亦降张献忠。

杨嗣昌时在夷陵，闻襄阳失守，襄王被杀，大惧。未几，又闻李自成陷洛阳，杀福王朱常洵，乃畏罪绝食自杀。

杨嗣昌未采纳万元吉之策，固然予张献中以可乘之机，而刘兴秀等 28 人夜闹襄阳城，城中数千明军及大小官吏便作鸟兽散，亦可见明军之腐败无能。

张献忠既非治世之能臣，亦非乱世之奸雄，不过是一个乱世中杀人如麻、横行一时的大盗而已。他后来定都成都，以将士们杀人多少叙功次，蜀地人民被屠杀殆尽。张献忠见四川千里无人烟，难以立国，便尽焚成都宫殿庐舍，率兵出川，不久即被清兵击灭。

张献忠人虽毫无足取，而他袭取襄阳一役，却颇堪称道。此役后，明军粮饷辎重大部落入张献忠之手。从此，明王朝对李自成、张献忠"不可复制矣"！

周忱理财

宣德五年（1430 年），明宣宗宗朱瞻基感到国家的财政管理极不完善，特别是江南地区，更为严重。仅苏州、松江两个府，就欠应交中央政府的税赋粮食 800 多万石。他希望能找到一个能干的官员，到那里去监督整顿这件事。他问朝臣们，谁能胜任这个任务，周忱被推荐。

周忱是永乐二年（1404 年）的进士。明朝在朝廷中设立了"庶吉士"，是些准备用作朝廷的官员，事先进行练习的人，成祖又从庶吉士中挑选 20 人，到文渊阁继续学习。那时有一个人自荐道："禀陛下，学生年纪尚小，愿前往继续学习。"这个人就是周忱。成祖觉得这个年轻人挺有志气，便选中了他。

后来，他出任刑部主事、员外郎等职。一干就是20年，尽管他满腹经纶，却得不到赏识。宣宗了解到这些情况以后，同意让周忱到江南去，任他为工部右侍郎，巡抚江南诸府，总督税粮。

到任后，周忱找了些当地父老，向他们询问欠税的原因。父老们都说，那些大户增加了，却不肯加税，却都让贫苦农民负担。小民负担不起，纷纷逃亡。这样，税额的缺口就更大，贫民下户的负担也就更重。

他觉得父老们的说法是对的，便制定了一个"平米法"，公平地分配税赋负担。他又上书宣宗，让户部铸造标准铁斛，分发到各县，作为量器的标准。从而避免了粮长用大斛进小斛出，盘剥农民。

所谓"粮长"，是上方指定的负责征收粮赋的人。过去的惯例是每县设立粮长3人，一正二副。每年七月，3个粮长一起到南京核对赋税数量，然后还要以送粮为名到北京户部。这往返路费花销都要摊派到农民头上，大大地增加了农民的负担。周忱规定，只设立正副各一名粮长，到南京、北京办理有关手续，每次只去一人，二人轮流着去。因此很受拥护。

各县收粮，并没有固定的仓库，就放在粮长的家里，因此出现了许多弊病，人们认为这是造成税赋短缺的一个重要原因。周忱让各县在漕运水道旁修建仓库，仓库设"粮头"管理，而不是设"粮长"。如果税赋总额超过六七万石，才设立粮长一人，称为"总收"。并且，官府还要派专人监收粮食，而不是由粮头粮长一人说了算，他们只是履行一下手续。每年上缴中央政府的税赋，并不是收上来多少就交多少，而是按规定的数量交。因为减少了许多中间盘剥的环节，所以上交后总是有余。余下的粮食，继续存在库中，叫做"余米"。一些与税赋有关的花销就从这些余米中支出，不再向农民征收。

第二年地方政府向中央政府交纳税赋的时候，总数就增加余米的百分之六十，第三年则增加百分之五十。这样，中央的和地方的收入都有所增加。

明太祖朱元璋征伐江南的时候，把那里原来元朝政府赏给功臣及子弟的土地都没收了，称为"官田"。以后犯法的恶霸地主们的土地也都没收，充作官田。这些官田租给百姓耕种，收一份租赋，共达260多万石；如果原来地主的租籍仍在，还要征收一份租赋，达277万石。这样，这一地区的租赋负担比其他府重得多，百姓难以承担。周忱与苏州知府况钟经过一个多月的认真核算，把这里的租赋总数减到72万石。其他各府也按照苏州府的办法核定新的租税总额。这样做，表面上看税收减少了，但实际上，因为农民负担减轻了，生产的积极性提高，粮食增产，国家的收入反而多了。

宣德七年，也就是周忱来到江南的第三年，江南大丰收。除去缴纳租赋，农民手中还有大量余粮。宣宗非常高兴，下诏让各府县以官钞用平价从农民手中购买余粮，贮存备荒。仅苏州府就得米29万石。当时全国公侯俸禄、军官的月俸都可以从南方储备的米中支取。

过去，苏松地区输送到南京的租赋，每石要加收6斗的运输费用。现在，由于各地都有了粮仓，不必运往南京。仅这一项，就多得粮食40万石，加上用官钞购得的粮食，一共达到70多万石。都在各地建仓储存起来，准备赈灾，称为"济农仓"。这些粮食，每年赈灾后，仍有富裕。运输费用、损耗甚至丢失等等，都从这些粮食中支取。修河工程用粮，以前都是从农民那里征收，现在也从这里取用。

仁宗对周忱在江南的政绩非常满意，下诏嘉奖他。

周忱在江南任职的这些年，州府郡县，不知道何为荒年，应上缴的租赋从来没有拖欠。

在修河治水、盐赋管理、造船管理等方面，周忱也都有自己的建树和成绩。史书说他从政以"爱民为本"，这是他能够取得比较突出的政绩的一个重要原因。

"皎皎者易污"。周忱政绩突出，自然会招致一些人的诬蔑和攻击。仁宗在很长时间内不相信那些谣言和恶意中伤。但后来，有些话他还是听信了。但让周忱离任后，那里的赋税情况很快就会恶化。而百姓心里有数，还在周忱在世的时候，就已经到处有他的生祠了。

严嵩父子横征暴敛

严嵩世之奸佞，一般地说，奸臣们的"奸"，往往是为了财，因为如果不是私利去驱使，他们就犯不着冒险去耍奸。但是这些人又往往是为财而奸，因奸而亡。严嵩父子就是很好的例子。

明世宗好神仙，想长生。嘉靖七年（1528年），他派礼部右侍郎严嵩去祭祀一下武宗的陵墓。回来时，严嵩向世宗禀报说：臣把陛下为先皇造的宝册和神床刚安顿好，天立刻就下起雨来，并出现了彩云，一大群喜鹊围着先皇的陵墓飞翔；当臣把陛下为先皇刻制的石碑沉入汉江的时候，江水的水位立即涨了上来。陛下应该让大臣撰文纪念上天对陛下的爱护，并把它刻成石碑。

听到这套鬼话，世宗大为高兴，世宗不但接受了他的意见，撰文刻石，还把严嵩提拔为吏部左侍郎。不久，严嵩被调为南京礼部尚书。明朝迁都北京以后，在南京仍设立官司像机构，类似于中央政府的分支。5年后，严嵩以祝贺皇帝生日为名进京，他便因此被留在北京修史，并被任为礼部尚书和翰林学士。这时候，世宗想要在皇帝经常举行各种大典的明堂同时祭祀天帝和祖先，包括严嵩在内的大臣们都不赞成。但严嵩看出来世宗对大臣们的意见非常不满。几天后，世宗果然在明堂召集大臣们质问这件事。严嵩来了个急转弯，完全顺着世宗的意思说。世宗对严嵩的回答非常满意，赏给他一些金币。严嵩更加看出了阿谀奉承的好处。自此，严嵩便在世宗面前极尽阿谀奉承之能事。

他知道世宗爱神仙，便给世宗奉上一个新的尊号，"庆云"，就是五色云，是吉祥的意思，还给皇帝奉上一篇《庆云赋》，为世宗歌功颂德。世宗听后，让把这篇赋送到史馆保存起来，又把严嵩加官为太子太保。

世宗喜欢戴一种称为"香叶冠"的帽子，以为别人也一定喜欢，便做了五顶，赏给他的亲信大臣。首辅夏言不爱戴，这使得世宗为此很不高兴。而当不久世宗把这种帽子赏给严嵩的时候，严嵩不但做出很爱戴的样子，还找块纱把帽子盖上。世宗更加觉得严嵩是自己贴心的人了。

受到皇帝的宠幸，赏赐自然少不了，更主要的是可以大肆贪污和索取贿赂。但当很多人揭发严嵩贪污的时候，世宗却总是为他开脱。嘉靖二十一年，严嵩被拜为武英殿大学士，仍兼管礼部的事。这时的严嵩已经60多岁了，但他精神矍铄，干劲十足。世宗觉得他很勤快很能干。很多重大的政务都交给严嵩来处理。

时间一久，世宗终于发觉严嵩有点不对劲，对他多少有点疏远。这时，严嵩听说夏言要揭发他和他的儿子严世蕃贪赃枉法的事，心里恐惧，父子两人双双跪在夏言的榻下求情。

严嵩怕人家揭发就是因为他们父子两人干尽了坏事：为了敛财，就要媚上，就要陷害别人，所以人人都痛恨他们。

那时倭寇对沿海地区的掠夺骚扰越来越严重，严嵩提拔他的亲信赵文华负责督察军情，赵文华为了报答严嵩，在沿海大肆掠夺搜刮，再把得来了钱孝敬严嵩。结果，边备不但没有加强，反而一天差似一天。

严世蕃是贪残无度。抬着筐、拉着箱子到他家送礼的人不绝于路。他对朝内外大小官职的收入情况，特别是贪赃的条件如何，了如指掌，什么官收取多少贿赂都是非常明确的。他在北京修建宅第，占了几条街，还开挖了人工渠引水进入人工湖，那人工湖的水面有几十亩。自家的花园里养着各种珍禽异兽。他带着亲信宾客在里面成天地喝酒作乐。他还到处搜罗古玩字画奇器等等，赵文华之辈到了个新地方就替他搜罗，然后成车地送到他的家里。他听说南昌有个地方有王气，就把那块地夺过来，为自己按王都的规格建宅第。

更为严重的是，严世蕃还勾结倭寇，从中取财。有些海盗还经常躲在严世蕃的家里。

严世蕃的问题被揭发后，因为太严重，严嵩也救不了他。眼巴巴地看着他被流放。后来，不但儿子保不住了，他自己也被撤职罢官。严世蕃受到重处，严嵩也在被处分后死去，使那些过去不敢揭发他们罪行的人也敢揭发严世蕃了，他的罪状越来越清楚，越来越严重，终于被斩首。

抄家的时候，从严家抄出黄金3万多两，白银数百万两。

张居正纠正时弊

明朝经过150多年的发展，到中后期，已经是危机四伏，渐露败象。在内部，争权夺势愈演愈烈，政治腐败日益严重。内部纷争不已，奸雄严嵩入阁干政20余年，特别是在他担任首辅以后，纠集同党，陷害忠良，贪污成风，贿赂公行，兼并民田，鱼肉百姓，天下乌烟瘴气。在外部，北方的鞑靼部统一了蒙古各个部落，鞑靼部的俺答汗率领蒙古军不断侵扰明朝疆域，甚至多次逼近北京；东南沿海又被倭寇骚扰，不得安宁。

内忧外患，造成了明朝中期以后的经济困难。每年的财政收入，"不能充所出之半"，朝廷便以各种名义加收赋税，什么"加派""提编""箕敛""派括""算税契"等苛捐杂税，名目繁多，不一而足。百姓叫苦不迭，小规模的农民起义时有发生。

在这种情况下，神宗万历元年（1573年），张居正在激烈的争夺和排挤中获胜，出任首辅。为了解决明朝的经济困难，挽救明朝的统治，张居正实行了一系列的改革措施，特别是经济改革。

张居正是江陵（今湖北省江陵市）人，嘉靖二十六年（1547年）考取进士，10年后入阁为礼部尚书兼武英殿大学士。明朝朝廷中直接替皇帝办事的机构叫"内阁"，内阁的成员称为大学士。其中首席大学士，称为首辅。内阁大学士的品级（即等级），名义上只是正五品，但他们的实权很大，并且往往兼任品级更高的其他官职，张居正兼任的礼部尚书，就是正二品。而"首辅"更是位极人臣，权力更大。这时候，原来的首辅严嵩已经被罢官，因此张居正有了改革时弊的条件。

除了在政治上整顿吏治、在军事上加强对俺答和倭寇的抵抗，他把自己的主要精力放在经济上。

张居正注意到，土地兼并严重，已经成了当时社会的主要问题。他在《答山东巡抚何来山》的信中说，"豪强兼并而民贫失所"，正是百姓逃亡甚至作乱的原因。土地兼并还造成了"私家日富，公室日贫，国匮民穷"的局面。因此，他先以丈量土地的办法来解决土地兼并的问题。万历六年，年轻的神宗皇帝采纳张居正的建议，下诏丈量天下所有的土地，包括豪强地主和勋戚的土地，并限定3年内完成，而且还规定了丈量的具体方法。这次丈量，普通百姓不必再为那些逃亡在外的人承担租赋了。丈量的结果，全国有土地7013976顷，比弘治年间（1488—1505年）在籍数多出来300万顷。

当然，其中也存在一些问题，因为张居正把丈量出来的数量越多，越看作功劳大，予以鼓励，有些人为了邀功，就特意用小弓（丈量用的度量器）丈量。

在丈量成功的基础上，张居正又在万历九年开始向全国推行"一条鞭法"。"一条鞭法"的基本内容是"总括一县之赋役，量地计丁，一概征银，官为分解，雇役应付"。就是把过去名目繁多的各种赋税徭役合并到一起，一律征收银子。然后由官家按用途分解，雇人从事要由农民负担的徭役等。特别是"按地计丁"一条，是一项重大的改革。因为过去的徭役是按人口负担，富人合算；而现在改为按土地负担，地多的人当然就不合算了，而那些没有土地只有劳动力的贫苦农民的负担就相对地减轻了许多。统一征银的办法，简化了征收手续，又能够防止豪强地主、贪官污吏从中作弊。"官为分解"一条，也是于贫苦百姓有利的。过去是由粮长、里长等征收和押送赋税徭役，他们常常从中作弊，坑害无靠的贫苦百姓。现在由官家统一征收押送，这一弊病也在一定程度上得到避免。

张居正在改革中还重视水利的作用。他任用水利专家潘季驯督修黄河，筑堤修坝，使黄河不再流入淮河，从而使被黄河淹没了多年的土地又能够耕耘利用。并且，也改善了漕运，漕船可以直达北京。

他还任用户部尚书张学颜整顿财政，建立了一些必要的财政出纳制度。

张居正的这些改革措施，对改善明朝中、晚期的社会经济状况，缓和社会危机，确实起到了一定的作用。改革后，明朝政府太仓的藏粟达到了1300余万石，国家储备的银子也有六七百万两之多，使明朝政府的财政危机得到了缓解。

但是，张居正的这些改革措施不能不触犯大地主大官僚集团的利益，因而遭到他们的激烈反对。万历十年，张居正在进行了十年改革后病死，反对改革的那些大官僚便对他发起了猛烈攻击，还抄了他的家。

潘季驯以水治水

《明史》

黄河是中华民族的摇篮，也是一条世界著名的害河。炎黄子孙之所以在她的两岸繁衍生息，发展发达，使黄河流域长期成为世界上经济最发达的地区之一，是因为自大禹以来，人们在吸吮着她的乳汁的同时，也在同她不驯服的一面，即她的野性，进行着不屈不挠的斗争。

明朝万历元年（1573年）以后的一段时间里，黄河几乎年年决口，有时甚至一年数决。万历四年，神宗皇帝根据督漕侍郎吴桂芳的建议，动员了44000名役夫，筑堤11000多丈，堵决口22处，疏通了黄河入海口，水患暂时平息一些。但是不久，黄河又多处决口。这时，有人主张在黄河两岸继续筑堤，有人主张开挖新河，双方争论不休。万历五年八月，在争论双方还没有取得一致意见的时候，黄河再次在崔镇（在今安徽省宿迁与泗阳之间）决口，两岸的宿迁、沛县、桃园、清河均受害，并迫使淮河水向南改道。这时，有人提出要堵塞决口，而吴桂芳则认为应该让河水冲开黄河故道。神宗决定先堵决口，然后再按吴桂芳的办法办。可就在这时，吴桂芳去世了。由谁来继续主持治理黄河的工作呢？武英殿大学士、首辅张居正想起了治水专家潘季驯。

潘季驯是乌程（今浙江省湖州市南）人，嘉靖二十九年（1550年）进士。

在他担任御史巡按广东的时候，就因为推行均平里甲法而受到当地百姓的拥护。嘉靖四十四年，他担任右佥都御史总理河道，曾经主持开凿新河。隆庆四年（1570年）黄河在邳州（在今江苏省邳州市南）、睢宁（今江苏省睢宁县）决口，他负责堵塞决口。因此，他对治理黄河有着比较丰富的经验。万历四年夏，张居正提议任命潘季驯为右都御史兼工部左侍郎，负责整治黄河和淮河。

他面临着严峻的形势。黄河河口已经被淤塞，河水夺淮河之路入海。而淮河没有出路，把洪泽湖的高家堰大坝全冲毁了，（当时的洪泽湖与现在不完全一样）向南流去。而对如何治理这两条河，人们的意见仍然不一。有人主张多开几条新河，引黄河水入海；有人仍旧主张堵死崔镇决口，筑长堤挡住河水，让黄河回归故道。这里所说的故道，就是指在山东半岛以南的故道。

为了治河工作能够顺利进行，潘季驯面临的第一个任务就是统一大家的思想。为了能够说服大家，他进行了认真的调查研究。他从虞城（今河南省虞城北）开始，历经夏邑、商丘等地，观察和测量地势，又从旧黄河上游开始，从新集（今河南省商丘北）经过赵家圈、萧县、徐州，了解河水深浅宽狭及历史变迁和为害情况等等。

经过一番认真的调查，潘季驯指出，黄河入海口往上很长的一段河道，有六七里宽，三四丈深。如果要开新河引河水入海，那么这新河道也必须有这样宽这样深，才容得下河水。但这样的工程太大了。所以开新河的主张是不可行的。而旧河口都是淤积的泥沙，用人工挖掘确实很难，但可以用水冲刷，这就叫以水治水。只要我们修好堤坝，迫使河水向淤沙流去，沙就会随水而去，这就是引导河水的办法。要修好堤坝，就必须全部用土，以保证它的强度。要让大堤有足够的高度和厚度，在这上面要不惜花费巨资。堵住崔镇决口后，河水不再旁流，就可以用它的全部力量冲刷故道。黄河水含沙量极高，夏天沙量占六成，秋天枯水时沙量能占八成。水流不够急也达不到冲刷的目的。所以，要把附近的淮河、清江、浦河等河水也用水闸控制起来，必要时引入黄河，以降低含沙量和加强河水的冲刷能力。这样的话，下流的淤沙就会被冲走，入海口也会被冲开，河道也会变宽变深。这就叫借淮之清以冲刷黄河之浊。

潘季驯的分析和策略，大家心服口服。他向神宗上书，把这些想法归纳成治河的六条意见，神宗批准按他的方案治河。

开工后，潘季驯带领民工，共修成高家堰大堤60余里，柳浦湾堤70余里，归仁集堤40余里，堵塞崔镇等处决口共130处，还在徐州、沛县、邳县、宿迁、桃源、清河等县修筑遥堤（防止特大洪水时主堤决口时的副堤）56000余丈，缕堤（近河的主堤）140余里，在丰县和砀山各筑一道大坝，还在崔镇、徐升、季泰、三义四处各修筑一个减水石坝，并修建了一些水闸，过去的堤坝也全部修复。全部工程投资白银56万两。只一年时间，在万历七年的冬天，全部完成了这项伟大的治河治淮的工程，使两条为害严重的害河同时得到治理。

经过这番治理，黄河和淮河一连几年没有发生过大的灾害，这在黄淮的历史上还是不多见的。

尽管潘季驯为治黄治淮立下了这样大的功劳，但当张居正死后，他只是因为不忍心看着张居正的几十名家属受迫害而死，仗义执言，说了几句公道话，便被削职为民。后来，因为不断地有人替他鸣不平，并且治水的任务又需要他，他的官又得以恢复，让他接受了新的治水任务。他一生共计4次主持治水，都取得了一定的成绩。

杨溥慧眼识珠

明代杨溥，字弘济，石首（今属湖北）人。他是建文帝初年进士，授编修。永乐初年，他任太子洗马。永乐十二年（1414年），因东宫遣使者迎永乐帝迟延而被逮，入锦衣卫监，囚禁了10年。在狱中，杨溥表现出非凡的镇定力和涵养。家中人因故曾多次中断供食，此时又不知道永乐帝究竟是何意图，说不定随时都会被处死，而杨溥不以为意，在狱中仍发奋读书，从不间断，经史诸子，他读了数遍。直到明仁宗即位，他才被释放出狱，升为翰林学士，后为太常卿。宣宗即位后，他被召入内阁，与杨士奇共掌机务。他是"三杨"之一，与杨士奇、杨荣一样，历仕四朝，为朝中元老。杨溥质直廉静，胸无城府，以操行见称，平时在朝中，能够平心处事，朝中诸臣都对他十分叹服。当时人评价"三杨"，说杨士奇有学行，杨荣有才识，而杨溥有雅操，都是人所难及的。这种评语，甚为恰当。从下面所记的这件事，便可见杨溥"雅操"的一个方面。

杨溥官至宰相，声名、权势显赫，拍马奉承、扯顺风旗的人自然也就格外多起来。有一次，杨溥的儿子从家乡进京，一路所经之处，州、县官无不殷勤趋奉，待若上宾。临行时，还赠送钱财礼物。只有江陵县令范理毫不理会，丝毫也不肯拍马奉承。杨溥的儿子进京以后，特意将范理对待自己的情景告诉杨溥，满心指望父亲能找个机会给他出出这口气。杨溥听到这事，非常赞赏范理，认为范理才是真正的好官。后来了解到范理确实非常贤能，便将刚刚才做了 8 个月县令的范理提拔为德安知府。

范理当了德安知府，一些好心人便劝告他，说是按理应该写封信给杨溥，表示表示感激之情。范理果真不愧为一位刚直不阿的官员，坚持不肯给杨溥写信。他对劝他的人说："杨丞相是为朝廷用人，并不是对我有什么私情，我为什么要写信感激他呢？"

陈济受教限酒

明人陈济，他天资过人，读书过目成诵。一次，他的父亲命他到钱塘办事，家人为他备办了资费，并带了一批货物。等到回来时，只见他将卖货的钱一半都买了书。他读书口诵手抄，勤奋不已。10 多年下来，陈济精通经史百家，博学多识。明成祖下诏修《永乐大典》，陈济被朝中大臣推荐为都总裁，曾棨等修撰都当他的副手。陈济和少师姚广孝等裁定体例，将数百万卷书理得井然有序，让太学中的数千儒生整理编次。参与修撰者凡有疑问，都来向陈济讨教，陈济总是立刻给予解答，表现出广博的学识。

陈济生性谨慎，办事沉稳，连皇太子也十分器重他，凡是修撰古籍之事，都很放心地交给陈济去办。陈济又常常上奏言事，往往提出不少有益的建议。皇帝对他十分信任，让他给 5 个皇孙传授经书。

陈济身为一个大学者，对母亲却十分孝顺。当他年少的时候，有一次曾经因为喝酒过多而犯了过错。为此事，其母亲教训了他。陈济将母亲的教诲牢记在心中，从此以后，他喝酒就十分注意。一直到他 62 岁去世，他都再也没有喝醉过酒，可说是善于受教。

严讷请客预杜私情

　　严讷，嘉靖二十年（1541年）考中进士，入朝做官，一直做到礼部尚书、吏部尚书。嘉靖四十四年，又兼武英殿大学士，并入参机务。他为官较为关心民生疾苦，因为江南倭寇之患天又降灾，百姓死的死、迁的迁，他请求朝廷减免赋税借贷等，以纾民困。又因为朝廷选用人才太拘于资格，不能尽行录用，更请求朝廷放宽选拔人才的途径，凡有出众政绩者，均破格擢用，量才授官。从而表现了他较为积极进步的观点。

　　严讷性格谨严，连平时家居的一言一行，都不肯有丝毫的随便，总要按他的固有章程办。有一次，他请江苏金坛县的王宇泰太史为他治病。王宇泰到严讷家中时，太阳才偏西。可一直等到上灯时分，严讷才从里屋出来相见。王宇泰感到十分惊讶，问严讷为何如此，才知道严讷平时一向要到这时候才见客，这一天即使是请医生来为自己看病，他也不肯破例。尽管如此，严讷对家中的仆佣等却非常宽厚，所以家中仆佣在他面前都无所顾忌。他坐在厅堂上会客，下人们往往在一旁嬉笑打闹，有时甚至撞到他的身上，他也只是闪避开，从来不责怪他们。

　　后来，他被朝廷任命为吏部尚书。这时候正是大奸臣严嵩在当首辅，所以吏治很是腐败。严嵩倒台后，吏治才有所好转，但仍有不少不良现象。严讷在任能洁身自律，努力做到廉洁奉公。《明史》本传记载，严讷曾"与朝士约，有事白于朝房，毋谒私邸"。他之所以跟朝臣们约定有公事在朝廷办公的地方谈，不要私下到家中谈，实际上是为了杜绝请托走后门的营私舞弊现象。

　　接到吏部尚书的任命后，严讷就吩咐家里人备办酒席。家里人毫不知情，以为严讷要请什么客人。待到酒席准备妥当，问起今天请的客人是谁，严讷对家里上上下下的人说道："今天并没有别的客人，我备办的酒席是特意请你们的。我受朝廷的深恩，被委任为吏部尚书，那就绝不能辜负朝廷对我的信任。我仔细考虑过，如想要彻底杜绝走后门、通关节等营私舞弊的行为，必须首先从你们开始。所以我今天特地邀请你们做客，趁此机会，先把话给你们说说清楚！"讲完这番道理，他又拿出事先准备好的麻将、棋子之类，送给自己的家人们，说道："你们平时如果空闲无聊，可以用这些自己娱乐娱乐，千万不可出门去惹是生非！"亲属们听了他这番正气凛然的话，一个个都深受触动。家中的仆佣们则更是诚惶诚恐，都恭恭敬敬地表示愿听主人的话。于是家中的人一道入席，欢宴一场。

后来一直到严讷从吏部尚书任上退休，他的家属和仆佣等都始终循规蹈矩，没有一个人做接受请托、代通关节之类营私舞弊的事。

《明史》

人物春秋

文章万古流　才学辅明帝——刘基

刘基，字伯温，青田人。刘基自幼聪颖异常，他的老师郑复初曾对其父刘炝说："你祖德深厚，这个孩子日后必成大器。"元至顺年间，刘基考中进士，授为高安丞，获得廉洁正直的名声。行省要提升他，刘基谢绝离去。后来出任江浙儒学副提举，论御史失职之罪，被台臣所阻，刘基两次上奏弹劾，后弃官还乡。刘基博通经史，无书不读，尤其精于天文。

方国珍起兵海上，抢劫郡县，有关官员控制不了他，行省复任刘基为元帅府都事。刘基建议修筑庆元诸城威逼方国珍，方国珍为之气沮。等到左丞帖里帖木儿招降方国珍时，刘基说方氏兄弟首先作乱，不杀他们无以惩后。方国珍心里害怕，重贿刘基，刘基拒受。方国珍便派人从海路行船至京，贿赂掌权者。于是朝廷下诏招抚方国珍，授予他官职，而责怪刘基滥用权利，擅作主张，并让刘基离京去管理绍兴，方氏于是更加骄横。不久，山寇蜂拥而起，行省又召刘基前去剿捕，与行院判石抹宜孙一起驻守处州。经略使李国凤将其功劳上奏，主持政事者因方氏之故压制刘基，授他总管府判，却不让他掌握兵权。刘基于是弃官归隐青田，著《郁离子》一书以明志。

朱元璋攻下金华，平定括苍，闻知刘基及宋濂等人便以钱财招聘，刘基不答应，总制孙炎两次写信坚决邀请，刘基始出。到了应天，刘基陈时务十八策。朱元璋大喜，马上命人建造礼贤馆让刘基等居住，对他们宠爱备至。当初，朱元璋因为韩林儿自称宋朝之后，对其遥相遵奉。每年年初中书省设御座行礼时，只有刘基不拜，并说："韩林儿只是一个牧童罢了，尊奉他干什么?"因此刘基去拜见朱元璋,陈天命之所在。朱元璋向他询问征取之计,刘基说道:"张士诚只顾保全自己,不值得担心。陈友谅劫主胁下,名号不正,又地据上游,其心无日忘我,应当先谋取陈友谅,陈氏灭亡,张氏便势孤力弱,一举即可平定。然后北向中原,王业可成。"朱元璋十分高兴地说:"先生有什么好计,尽管说出来吧。"当时陈友谅正攻陷太平,谋求东下,势力发展迅速,朱元璋手下有的建议投降,有的建议逃往钟山,只有刘基瞪着双眼不说话。朱元璋便将他召入内室,刘基愤然说道:"主张投降或逃走的,应该斩首。"朱元璋便问:"先生有什么计策?"刘基回答:"陈贼气骄,待其深入,伏兵拦击,将其打败,这很容易啊。天道后举者胜,取威制敌以成王业,就在此举了。"朱元璋采用其计,引诱陈友谅军到来,然后大败之。朱元璋以克敌之功赏赐刘基,刘基不受。不久陈友谅军复陷安庆,朱元璋打算亲自率军征讨,以此询问刘基,刘基极力赞成,于是朱元璋率军进攻安庆。从早晨到暮色降临,仍未攻下,刘基请求直趋江州,直捣陈友谅的巢穴,于是全军西上。陈友谅始料不及,只得带领妻子儿女逃往武昌,江州遂降。其龙兴守将胡美派他的儿子前来表示诚意,请求朱元璋不要解散他的部队,朱元璋面有难色,刘基从背后踢胡床暗示,朱元璋顿时醒悟,应允了胡美的要求。胡美投降,江西诸郡全被攻下。

刘基丧母时,正值战事紧张,故未敢说,直到这时才请求还乡为母亲举行奠礼。适逢苗军反叛,杀金华、处州守将胡大海、耿再成等,浙东形势动摇。刘基赶到衢州,首先为守将夏毅安抚诸属城,再与平章邵荣等谋划恢复外州,于是平定叛乱。方国珍一向害怕刘基,便致信刘基,对其母去世表示悼念。刘基给方国珍回信,向他表明朱元璋的威德,方国珍于是向朱元璋进贡。朱元璋多次写信到刘基家询问军国大事,刘基都逐条地详细作答,都能切中要害。不久,刘基返京,朱元璋正要亲自率军支援安丰,刘基劝说道:"汉、吴都在伺机进攻,我们现在不可轻举妄动。"朱元璋不听。而陈友谅知道后,乘机率军围攻洪都,朱元璋这才说道:"我没听你的意见,险失大计。"然后亲自带兵援救洪都,与陈友谅大战于鄱阳湖,一天交战数十次。朱元璋坐在胡床上督战,刘基随侍身旁,忽然跃起大呼,催促朱元璋赶快转移到别的船上去。朱元璋仓促转移到另一小船上,还未坐定,飞炮便将他原来所乘御船击得粉碎,站在高处的陈友谅见御船被毁,大喜。而朱元璋所乘之船只进不退,汉军都大惊失色。当时湖中战斗相持了3日,未决胜负,刘基请求移军湖口以扼住汉军出口,在金木相克的这一天与陈友谅军决战。结果,陈友谅战败，在逃跑途中毙命。其后朱元璋打败张士诚，北伐中原，终于完成帝业，其战略基本与刘基筹划的相附。

吴元年（1367），朱元璋以刘基为太史令，刘基呈上《戊申大统历》。

朱元璋即皇帝位后，刘基上奏制定军卫法。当初确定处州粮税时，仿照宋制每亩加五合，唯独青田县除外，太祖这么说道："要让刘伯温家乡世代把此事传为美谈。"刘基认为宋、元两朝都因为过于宽纵而失天下，所以现在应该整肃纲纪，于是便下令御史检举弹劾，不要有任何顾忌，宿卫、宦官、侍从中，凡犯有过错的，一律奏明皇太子，依法惩治，因此人人畏惧刘基。中书省都事李彬因贪图私利，纵容下属而被治罪，李善长一向私宠李彬，故请求从宽发落，刘基不听，并派人骑马速报太祖，得到批准，刘基便在祈雨时，将李彬斩首。因为此事，刘基与李善长开始有隙。太祖返京后，李善长便向太祖告状，说刘基在祭坛下杀人，是不敬之举。那些平时怨恨刘基的人也纷纷诬陷刘基。当时天旱，太祖要求诸臣发表意见，刘基上奏说："士卒亡故者，他们的妻子全部迁往他营居住，共有数万人，致使阴气郁结。工匠死后，腐尸骨骸暴露在外，将投降的吴军将吏都编入军户，便足以协调阴阳之气。"太祖采纳，但10天过后仍不见雨，故而发怒。此时恰好刘基妻亡，所以刘基请求告辞还乡。太祖正在营造中都，又积极准备消灭扩廓帖木儿。刘基临走时上奏说："凤阳虽是皇上的故乡，但不宜作为建都之地。王保保（扩廓帖木儿）不可轻视。"不久，定西之役失利，扩廓帖木儿逃往沙漠，从那时起一直成为边患。这年冬天，太祖亲自下诏，叙说刘基征伐之功，召他赴京，赏赐甚厚，追赠刘基的祖父、父亲为永嘉郡公，并多次要给刘基晋爵，刘基固辞不受。

当初，太祖因事要责罚丞相李善长，刘基劝说道："他虽有过，但功劳很大，威望颇高，能调和诸将。"太祖说："他三番两次想要加害于你，你还设身处地为他着想？我想改任你为丞相。"刘基叩首道："这怎么行呢？更换丞相如同更换梁柱，必须用粗壮结实的大木，如用细木，房屋就会立即倒塌。"后来，李善长辞官，太祖想任命杨宪为丞相，杨宪平日待刘基很好，可刘基仍极力反对，说："杨宪具备当丞相的才能，却无做丞相的气量。为相之人，须保持像水一样平静的心情，将义理作为权衡事情的标准，而不能掺杂自己的主观意见，杨宪就做不到。"太祖又问汪广洋如何，刘基回答："他的气量比杨宪更狭窄。"太祖接着问胡惟庸，刘基又回答道："丞相好比驾车的马，我担心他会将马车弄翻。"太祖又说道："我的丞相，只有先生你最合适了。"

刘基谢绝说："我太疾恶如仇了，又不耐烦处理繁杂事务，如果勉强承担这一重任，恐怕要辜负皇上委托。天下何患无才，只要皇上留心物色就是了。目前这几个人确实不适合担任丞相之职。"后来，杨宪、汪广洋、胡惟庸都因事获罪。

太祖经常写信给刘基，询问天象，刘基都非常详细地逐条回答，然后将其草稿烧掉。刘基大胆预言说，霜雪之后，必有阳春，现国威已立，应当稍微采用宽大政策来治理天下。刘基辅佐太祖平定天下，料事如神。他性情刚烈，疾恶如仇，经常与人冲突。直到现在他才隐居山中，只是饮酒下棋，从不提起自己的功劳。县令求见，被拒绝，于是便穿着便服，装成乡野之人去见刘基，刘基当时正在洗脚，便让堂侄将他引入茅舍，以黄米饭招待。县令这时才告诉刘基："我是青田知县啊。"刘基大惊，马上起身称民，然后谢罪离去，终不相见。

起初，刘基说瓯、括之间有一块空地，叫谈洋，南抵闽界，是盐盗的巢穴，方氏便是由此作乱的，故请设巡检司守卫。时逢茗洋逃兵反叛，官吏都匿而不报，刘基便令长子刘琏将此事上奏，但未先通报中书省。胡惟庸当时正以左丞相的身份主管中书省，对以前与刘基的过节怀恨在心，于是便派手下官员攻击刘基，说谈洋这个地方有帝王之气，刘基想将它作为自己的墓地，因为当地百姓不答应，刘基便请求设巡检司将百姓赶走。太祖虽然没有加罪于刘基，但颇为这些言论所打动，因而剥夺了刘基的俸禄。刘基心中害怕，入朝谢罪，然后待在京城，不敢返乡。不久，胡惟庸当了丞相，刘基悲叹道："若是我的话不应验的话，那便是苍生之福了。"遂因忧愤交加发病。洪武八年（1375年），太祖亲自撰文赐给刘基，并派专人护送刘基返乡。到家后，病情加重，便将《天文书》授给长子刘琏，并说："赶快送给皇上，千万不要让后人学习此书。"又对次子刘璟说："为政之事，要宽猛交替。当今之务在于修炼德行，减省刑罚，才能祈求上天保佑国运长久。那些战略要害之地，应当与京城遥相呼应，连成一体。我本想上奏一份遗表，但因胡惟庸当朝掌权，这么做毫无用处。有朝一日胡惟庸下台后，皇上必然要想起我，如果他向你问什么的话，便将我所说的密奏皇上。"回家仅一月，刘基便去世了，终年65岁。

刘基满脸虬髯，相貌堂堂，慷慨而有大节，每当谈论天下大事，便义形于色。太祖知道他非常忠诚，对他委以心腹之任。每次召见刘基，都要避开他人进入内室，单独与刘基长时间密谈。刘基也自认为自己得不世之遇，所以在太祖面前知无不言。每到紧急危难关头，刘基总是勇气奋发，计策立定，人莫能测，闲暇之时，便敷陈为王之道，而太祖每次都洗耳恭听，常常称刘基为老先生而不叫他的名字，并说："你就是我的张子房啊。"又说："老先生多次以孔子之言来劝导我。"所以，太祖与刘基的帐中密语，世人所知不详，而世间所传为神奇的，大多只是一些阴阳风水之说，并非刘基的至理名言。刘基的文章气势浩大而奇妙，与宋濂同为一代宗师，他的著作有《覆瓿集》《犁眉公集》流传于世。

权智枭雄——朱棣

《明史》

明成祖朱棣，是朱元璋等四子。有雄才大略，能知人善任。洪武二十三年（1390 年），同晋王讨伐乃儿不花。晋王因害怕他们而不敢进攻，朱棣火速进至迤都山，大获全胜而回，明太祖十分高兴。此后，朱棣经常率军出征，并受令节制诸王及沿边兵马，使他威名大振。

洪武三十一年（1398 年）闰五月，朱元璋死，皇太孙（朱允炆）即位，遗诏各藩王都留在各封国中，不要来京师，燕王朱棣从北平赶往南京奔丧，听到诏书后就不再前行。当时，诸王多因是皇亲国戚而拥有重兵，大多数都目无王法。建文帝采纳齐泰、黄子澄的建议，想因此大量削藩。因害怕燕王强大，没敢动手，于是先废除周王朱橚，以此牵制燕王。于是，告讦四起，湘王、代王、齐王、岷王都先后因罪废除。燕王也感到危险，便假装有病。齐泰、黄子澄密劝建文帝趁此除掉燕王，建文帝未下定决心。

建文元年（1399 年）夏六月，燕山百户倪谅告发燕王谋反，逮捕官校於谅、周铎等人并斩杀。（建文帝）下诏斥责燕王，并派官员逮捕燕王府属僚，燕王遂称得了重病。当时，都指挥使谢贵、布政使张昺以重兵把守着燕王府。燕王秘密与僧道衍谋划，命令张玉、朱能等率勇士潜入府内守备。

八月六日，在端礼门隐藏将士诱杀谢贵、张昺，夺得九门。并上书建文帝，指斥齐泰、黄子澄是奸臣，并援引《祖训》"朝中没有正直的大臣，内部有奸贼，那么亲王应该训兵待命，天子应该密诏各位诸王统领镇兵讨平"。上书一发，便举兵造反。此时朱棣自设官吏，称他的军为"靖难"军。起兵后连连攻克怀来、密云、遵化、永平。

八月，建文帝以耿炳文为大将军，率军征讨朱棣。九月十一日，到真定、前锋抵达雄县。十四日，燕王星夜渡过白沟河，围攻雄县，攻克后杀戮一空。十六日，都指挥使潘忠、杨松从鄚州赶来增援，被燕王伏兵擒获，占据鄚州，后又还住白沟。大将军部校张保投降，说大将军有兵30万，先到13万，分别在滹沱河两岸。燕王害怕与河北岸军队作战时南面军队乘虚而入，便携带张保而归，还扬言燕王即将率兵而至，以引诱朝廷军向北渡滹沱河。二十四日，燕王到真定，与张玉、谭渊等夹击耿炳文，大败耿军。并擒获其副将李坚、宁忠及都督顾成等，斩杀3万余人。进而围攻真定，二日不克，退去。建文帝听说耿炳文大败，又派曹国公李景隆代领其军。三十日，江阴侯吴高以辽东兵围永平。十月十日，李景隆合兵50万进驻河间。燕王对其将帅说："李景隆声色严厉，军中混乱，听说我在一定不敢立即进攻，我们不如先增援永平以牵制其军。吴高胆小不懂战事，我一到他必定退走，然后回来进攻李景隆。有坚城在前，大军在后，一定打败他。"十八日，燕王率兵援永平。二十四日，吴高听说燕王已到，果然闻风而逃，燕王趁势追击，大败吴高。

冬十一月十三日，用计谋进入大宁城，住了7天，挟大宁王权，得大宁之地，朵颜三卫全部投降。十六日，至会州。设立五军：张玉领中军，郑亨、何寿任副将；朱能领左军，朱荣、李浚任副帅；李彬率右军，徐理、孟善任副帅；徐忠率前军，陈文、吴达任副将；房宽率后军，和允中、毛整任副帅。十八日，军队进入松亭关。李景隆听说燕王出征大宁，果然出兵围攻北平，他在九门外坚守不战。十二月一日，燕王临时驻扎孤山，巡逻骑兵回来报告说白河流急不能渡。燕王祈祷于神，说兵到则冰合，于是调配军士。李景隆暗中派都督陈晖侦察朱棣的布军情况，从左边绕道朱棣军后。朱棣分军还击，陈晖军士急先渡河而逃，此时河中冰块突然融解，溺死不计其数。十二日，又与李景隆大战郑村坝。朱棣用精选骑兵先攻破李景隆七营，其他诸将相继来战，景隆大败而还。十六日，又上书请求出征，十二月，李景隆调兵于德州，准备明年大举进攻。朱棣又计划攻打大同，说："进攻大同，李景隆必定要赶来救援，大同天气寒冷，南军脆弱，不战也病疲了。"次年受降。

建文二年（1400年）春一月二十六日，攻克蔚州。三月十四日，到大同。李景隆果然由紫荆关前来增援。朱棣亲率将士立即调兵居庸，李景隆部属大多被冻死饿死，不见敌人而还。

夏四月，李景隆进兵河间，与郭英、吴杰、平安约定白沟河相会。五月十四日，朱棣扎营苏家桥。十八日，在白沟河侧与平安相遇。朱棣以百余骑在前，假装退却，引诱平安军阵地骚动，然后趁机攻击，平安败走。于是迫近李景隆，初战不利。天黑收兵，朱棣以三骑殿后，夜晚迷失了方向；亲自下马伏地察看河流才辨明东西，渡河而去。十九日，再战。李景隆横阵数十里，破燕后军。朱棣亲帅精骑迎战，斩杀瞿能父子。又令丘福冲击李景隆主力部队，不得入。朱棣动摇李景隆左军，李景隆遂绕至朱棣后边，大战良久，飞箭如雨。朱棣三换其马，矢尽剑断，挥剑折走登堤，佯装引鞭招后继援军状。李景隆怕有埋伏，不敢前进，援军高煦赶到，才解围。当时南军也聚集，燕军将士都大失声色。朱棣气愤地说："我不进攻，敌人就不会退却，还有战斗。"又以劲卒突袭李景隆背后，前后夹击，正好旋风四起，李景隆军旗被拆，朱棣趁风放火奋起反击，斩杀数万，溺死者10余万人。郭英溃败西逃，李景隆向南逃，朝廷赐给他们的玺书兵器也全部丧失，败走德州。六月一日，朱棣攻入德州，李景隆败走济南。八日，攻济南，大败李景隆于济南城下。铁铉、盛庸坚守，攻攻未下。

秋九月四日，朱棣解围回北平。同月，盛庸代替李景隆，复取德州，与吴杰、平安、徐凯互为掎角，围困北平。当时徐凯刚到沧州，朱棣佯装出兵攻辽东，到通州后沿河向南，渡过直沽，昼夜兼程。

冬十一月十三日，奇袭并捉纳徐凯，攻陷沧州城，夜里坑埋降兵3000人。于是又渡过黄河经过德州。盛庸派兵来援，被击败。十一月二十七日，到临清。十二月二十二日，打败盛庸大将孙霖于滑口。建文三年正月九日，又与盛庸大战东昌，盛庸用火器劲弩尽歼燕军。恰好平安军赶到，合围数重，朱棣大败，破重围免得一死。

三年（1401年）正月十五日，在威县、深州大败吴杰和平安军。遂兵还北平。二月二十八日，又率师南下。四月五日，与盛庸遇于夹河，谭渊战死。朱能、张武殊死战斗，盛庸军退却。时天色已晚，各自敛兵入营。朱棣以10余骑兵逼盛庸宿营野外，到天明一看，已在燕军包围中。乃从容引马，鸣角穿营而去。诸将因天子有诏，不得杀害叔父，仓卒相视，不敢乱发一箭。当天又战，从早7时战到下午3时，两军各有胜负，突然刮起东北风，尘埃遮住天空，燕兵大声呼喊，乘风杀敌，盛庸大败。败走德州。吴杰、平安从真定率军与盛庸会合，没走到80里，听说盛庸兵败的消息，引兵而还。朱棣用计引诱，吴杰、平安出兵袭击。四月二十二日，相遇于藁城。二十三日，两军相战，大风大得拔掉树木，吴杰、平安败走，燕军追至真定城下。五月七日，到大名，听说齐泰、黄子澄已罢免，上书请求停止吴杰、平安、盛庸军队。惠帝派大理少卿薛岩前来报告，要朱棣解甲归藩，赦免无罪，朱棣不奉诏。

夏五月，吴杰、平安、盛庸分兵切断燕军粮饷道路，朱棣派指挥武胜上书，追问缘由，惠帝大怒，将武胜下狱中。燕王派李远袭沛县，焚烧官军粮舟数以万计。

八月十一日，夺取彰德。十八日，降林县。平安乘虚直捣北平，燕王派刘江迎战，平安兵败而逃。房昭屯兵易州西水寨，攻保定，被燕王军包围。

冬十月七日，都指挥花英增援房昭，被燕军败于峨眉山下，斩杀数万人，房昭弃寨逃走。二十九日，燕军退还北平。十一月二十五日，朱棣亲自作文祭祀南北阵亡将士。当时，燕王举兵已三年。他亲历战阵，冒矢石风雨，身先士卒，常乘胜追击，但也多次处于危险之中。所攻克城邑，兵一走又被朝廷官军占领，仅据有北平、保定、永平三府而已。无可奈何，朝中官员被罢免的纷纷投奔朱棣，尽言京师空虚可取。朱棣慷慨地说："年年用兵，何时结束？要么临江决一死战，不再返顾北面。"建文四年元月十五日，又出师。

四年（1402年）春二月十三日，从馆陶渡过黄河。三月三日，巡行徐州。四月十一日，平安以4万骑兵追随燕王军，朱棣设埋伏于淝河，大败平安军。二十五日，派谭清断绝徐州粮道，还至大店时，被铁铉军包围。燕王引兵来援，谭清突围而出，合击打败铁铉。

夏五月十五日，朱棣宿营小河，凭小桥而守，平安前来与之争桥，陈文战死。平安军在桥南，燕军在桥北，相持数天。平安转战，与燕王军遇于北坂，朱棣差点被平安长茅刺中。番骑王骐跃入阵中，拉住朱棣胳膊慌忙逃去。朱棣说："南军饥饿，每隔一二天粮草才送到，突然袭击很容易攻破。"遂命千余人守桥，半夜渡到小河以南，绕到平安军后。等到天明时平安军才发觉，恰好徐辉祖也赶来。五月二十三日，大战于齐眉山下。当时，燕军连失大将，且淮土在盛暑蒸热难忍，诸将请求休军小河东边，就麦地形势观察敌军行动。朱棣说："现在敌人长时间饥饿疲劳，断其饷道，可使敌军坐以待葬，不能北渡小河以懈将士士气。"下令想渡河的往左，诸将士争着往左。朱棣气怒大吼说："任你们去吧。"将士都不敢说话。二十六日，何福等宿营灵璧，燕军阻拦其饷道，迫使平安分兵6万保护。二十八日，朱棣精锐将士从中间进攻，将平安军一分为二。何福丢下灵璧来援，燕军退却，高煦伏兵大起，何福败逃。三十日，逼近敌军营垒，攻破后，擒获平安、陈晖等37人，何福因逃走幸免被擒。六月七日，下泗州，拜谒祖陵，赐父老乡亲牛酒。九日，盛庸扼守淮河南岸，朱能、邱福潜过淮河袭击，赶走盛庸，于是攻克盱眙。

六月十一日，朱棣召集诸位将士，讨论行动去向，有的说宜取凤阳，有的说先取淮安。朱棣说："凤阳楼橹完好，淮安积粟较多，不容易攻下。不如乘胜直趋扬州，指向仪真，使淮安、凤阳自受震慑。我耀兵长江上，京师感到孤立无援，必定会发生内变。"诸将士都说此法妙。十七日，兵巡扬州，驻军长江以北。惠帝派庆成郡主到军中，许诺割地求和，朱棣不听。七月初一日，防御长江的都督佥事陈瑄率舟师叛变，依附于燕王。二日，祭祀大江。三日，从瓜州渡江，盛庸以海艘迎战，失败。六日，下镇江。九日，惠帝又派大臣商议割地求和，诸王相继到来，都不听。十三日，到金川门，谷王朱穗、李景隆等打开城门迎接朱棣，都城陷落。当天，燕王分命诸将把守京城及皇城，还驻龙江。下令抚安军民。大肆搜索齐泰、黄子澄、方孝孺等50余人，并张榜其姓名称是奸臣。十四日，诸王群臣纷纷上书劝燕王朱棣登基。十七日，燕王拜谒孝陵。群臣为其准备好法架，奉宝玺，迎呼燕王朱棣万岁。燕王登上皇帝宝座，在奉天殿即皇帝位。

永乐二十二年（1424年）七月十二日，成祖死，终年65岁。

海瑞罢官　屡罢屡迁

海瑞，字汝贤，琼山人。中举人。到北京，即拜伏于宫殿下献上《平黎策》，要开辟道路设立县城，用来安定乡土，有见识的人赞扬海瑞的设想。代理南平县教谕，御史到学宫，部属官吏都伏地通报姓名，海瑞单独长揖而礼，说："到御史所在的衙门当行部属礼仪，这个学堂，是老师教育学生的地方，不应屈身行礼。"迁淳安知县，穿布袍、吃粗粮糙米，让老仆人种菜自给。总督胡宗宪曾告诉别人说："昨天听说海县令为老母祝寿，才买了两斤肉啊。"胡宗宪的儿子路过淳安县，向驿吏发怒，把驿吏倒挂起来。海瑞说："过去胡总督按察巡部，命令所路过的地方不要供应太铺张。现在这个人行装丰盛，一定不是胡公的儿子。"打开袋有金子数千两，收入到县库中，派人乘马报告胡宗宪，胡宗宪没因此治罪他。都御史鄢懋卿巡查路过淳安县，酒饭供应得十分简陋，海瑞高声宣言县邑狭小不能容纳众多的车马。懋卿气愤，然而他早闻海瑞之名，只得收敛离开，但他嘱咐巡盐御史袁淳治海瑞和慈溪知县霍与瑕的罪。霍与瑕，尚书霍韬的儿子，也是坦率正直不谄媚鄢懋卿的人。

当时，海瑞已提拔为嘉兴通判，因此事贬为兴国州判官。过了很久，陆光祖主张文官选举，提拔海瑞任户部尚书。

当时，明世宗朱厚熜在位时间已久，不视朝处理政务，深居在西苑，专心致志地设坛求福。总督、巡抚等大臣争着向皇帝贡献有祥瑞征兆的物品，礼官总是上表致贺。朝廷大臣自杨最、杨爵得罪以后，无人敢说时政。嘉靖四十五年二月，海瑞上疏说：

臣听说君主，是天下臣民万物的主人，其责任最重大。要名副其实，也只有委托臣工，使臣工尽心陈言而已。臣请竭诚所见。直所欲言，为陛下陈说。

从前汉文帝是贤良君主，贾谊还痛哭流涕而上疏言事。并非是苛刻责备，因汉文帝性格仁慈而近于柔弱，虽有推恩惠到百姓的美德，将不免于怠废，这是贾谊所大为顾虑的。陛下天资英明杰出，超过汉文帝很远。然而汉文帝能富有仁义宽恕的性格，节用爱人，使天下钱粮丰富，几乎达到刑具不用的境地。陛下则锐意精心治国时间不长，就被狂妄想法牵涉过去，反而把刚毅圣明的本质误用了。以致说遐举可成，一心一意学道修行，倾尽民脂民膏，用于滥兴土木工程，20余年不临朝听政，法律纲纪已经废弛了。数年来卖官鬻爵推广开纲事例，毁坏了国家名器。二王不能相见，人认为薄情于父子。因猜疑诽谤杀戮污辱臣下，人们认为薄情于君臣。享乐在西苑不返回大内，人们认为薄情于夫妇。官吏贪污骄横，百姓无法生活，水旱灾害经常发生，盗贼滋蔓炽烈。请陛下想想今日的天下，究竟成了什么样子？

近来严嵩罢相，严世蕃受极刑，一时较快人心。然严嵩罢相之后还像严嵩未任相之前一样而已，世道并不十分清明，不及汉文帝时太远了。因为天下人不用直道侍奉陛下已久。古代君主有过失，依靠臣工扶正补救。现在竟然修斋建醮，大都前来进香，仙桃天药，大家一块奉辞上表祝贺。建筑官室，则由将作官员竭力经营；购买香料珍宝，则由度支派人四处寻求。陛下的错误举动，而诸臣都跟着错误地顺从，没有一个人肯为陛下端正言论，阿谀奉承得太过分了。然而心中惭愧胆气空虚，退回去又有议论怨言，欺君之罪到了何等地步。

天下，是陛下的家。人没有不顾自己家的，内外臣工都是使陛下的家奠基得如同磐石一样的人。一心一意学道修行，是陛下受迷惑。过分的苛断，是陛下的情偏。然而说陛下连家也不顾，合乎人情吗？诸臣徇私废公，得一官职多因欺诈失败，多因不做任何事情败，实在有不能使陛下满意的人。其实不然，是君主之心和臣下之心偶尔不相遇合造成的，而遂说陛下憎恶卑薄臣工，因此拒谏。用一二个不合意，就怀疑千百个都这样，使陛下陷于有过失的举动中，而安然处之而不知怪，诸臣的罪恶太大了。《礼记》："在上君主有疑心则百姓易迷惑，若在下的人怀奸诈难知其心则在上君治理劳苦。"就是说这种情况。

　　陛下的失误很多，其大端在于斋醮。斋醮的目的是为了追求长生不老。自古圣贤留给后人的训条，修身立命的说法叫"顺理而行，所接受的便是正命"了，没有听说过所谓长生不老的说法。唐尧、虞舜、大禹、商汤、周文王、周武王是圣人中的典范，没有能长久在世，此后，汉、唐、宋至今也已不再存在。授给陛下道术的陶仲文，因此称为师。陶仲文既已死去了，他没有长生，而陛下如何能够单独求到。至于仙桃、天药，怪异虚妄最成问题。从前宋真宗得天书于乾祐山，孙奭说："天如何能说话呢？岂能有书。"桃子一定是采摘后才能得到，药一定是炮制以后才能成。现在无故获得这两样东西，是有脚而能走吗？说"天赐给的"，是上天用手拿着而交给您的吗？这是左右奸邪的人，制造荒唐离奇的事用来欺骗陛下，而陛下误信了他，以为确实这样，错了。

　　陛下又要说标明刑罚奖赏用来督责臣下，则分别职掌治理有人，天下没有不可治，而学道修行能无害己吗？太甲说："有人以言语违背了你的心，一定要用道求其意。有人以言语顺从了你的心，一定要以非道来考察。"用人而一定要他一句话也不违背，这是陛下谋划的错误。既而观察严嵩，他主持政务时，有一点不顺从陛下的吗？过去为同心的人，现在成为戮首了。梁材遵守正道坚守职责，陛下认为是叛逆的人，历任为官司都成就好声望，现在在户部做官的人还在称赞他。然而诸臣宁可学习严嵩的顺从，不敢仿效梁材的抗争，难道真没有窥测陛下的细微好恶、而暗暗作为趋吉避凶的人吗？就是陛下又从这些人当中得到什么好处呢？

　　陛下的确知道斋醮没有好处，一旦幡然改悔，每天临朝听政，和宰相、侍从、言官等人，讲论天下利害，雪洗数十年以来的积误，置身在唐尧、虞舜、大禹、商汤、周文王、周武王圣贤君主的行列，使诸臣也得以自己洗净数十年阿谀奉承君主的耻辱，置身于皋陶、夔龙、伊尹、傅说贤明辅臣的行列中，天下有什么忧虑不能治，万事有什么忧虑不能理。这只是在陛下一振作之间而已。放下这些不做，而急迫于轻身能飞脱离世间，枉费精神，用来追求系风捕影、茫然不可知的领域，臣见劳苦一辈子，而最终将一无所成。现在大臣为保持禄位而喜欢阿谀奉承，小臣害怕治罪而不敢说话，臣制止不住自己的愤恨。因此冒着死的危险，愿竭诚挚之情，望陛下听取。

　　嘉靖皇帝读了海瑞上疏，大怒，把上疏扔在地上，对左右说："快把他逮起来，不要让他跑掉。"宦官黄锦在旁边说："这个人向来有傻名。听说他上疏时，自己知道冒犯该死，买了一个棺材，和妻子诀别，在朝廷听候治罪，奴仆们也四处奔散没有留下来的，是不会逃跑的。"皇帝听了默然。过了一会又读海瑞上疏，一天里反复读了多次，为上疏感动叹息，只得把上疏留在宫中数月。曾说："这个人可和比干相比，但朕不是商纣王。"正遇上皇帝有病，心情闷郁不高兴，召来阁臣徐阶议论禅让帝位给皇太子的事，便说："海瑞所说的都对。朕现在久病，怎能临朝听政。"又说："朕确实不自谨，导致现在身体多病。如果朕能够在便殿议政，岂能遭受海瑞责备辱骂呢？"遂逮捕海瑞关进诏狱，追究主使的人。不久移交给刑部，判处死刑。狱词送上后，仍然留在宫中不发布。户部有个司务叫何以尚的，揣摩皇帝没有杀死海瑞的心意，上疏陈请将海瑞释放。皇帝大怒，命锦衣卫杖责100，关进诏狱，昼夜用刑审问。嘉靖皇帝死，明穆宗继位，海瑞和何以尚都被释放出狱。

嘉靖皇帝刚死，一般人都不知晓。提牢主事听说了这个情况，认为海瑞不仅会释放而且会被任用，就办了酒菜来款待海瑞。海瑞自己怀疑应当是被押赴西市斩首，恣情吃喝，不管别的。主事因此附在他耳边悄悄说："皇帝已经死了，先生现在即将出狱受重用了。"海瑞说："确实吗？"随即痛苦，把刚才吃的东西全部吐了出来，晕倒在地，一夜哭声不断。被释放出狱，官复原职，不久改任兵部。升为尚宝丞，调任大理。

隆庆元年，徐阶被御史齐康弹劾，海瑞上言说："徐阶侍奉先帝，不能挽救于神仙土木工程的失误，惧怕皇威保持禄位，实在也是有这样的事。然而自从主持国政以来，忧劳国事，气量宽宏能容人，有很多值得称赞的地方。齐康如此心甘情愿地充当飞鹰走狗，捕捉吞噬善类，其罪恶又超过了高拱。"

经历南京、北京左右通政。隆庆三年夏天，以右佥都御史身份巡抚应天十府。属吏害怕他的威严，贪官污吏很多自动免去。有显赫的权贵把门漆成红色的，听说海瑞来了，改漆成黑色的。宦官在江南监织造，因海瑞来减少了舆从。海瑞一心兴利除害，请求整修吴淞江、白茆河，通流入海，百姓得到了兴修水利的好处。海瑞憎恨大户兼并土地，全力摧毁豪强势力，安抚穷困百姓。贫苦百姓的土地有被富豪兼并的，大多夺回来交还原主。徐阶罢相后在家中居住，海瑞追究徐家也不给予优待。推行政令气势猛烈，所属官吏恐惧奉行不敢有误，豪强甚至有的跑到其他地方去躲避的。而有些奸民多乘机揭发告状，世家大姓不时有被诬陷受冤枉的人。又裁减邮传冗费，士大夫路过海瑞的辖区大都得不到很好的张罗供应，因此怨言越来越多。都给事中舒化说海瑞迂腐滞缓不通晓施政的要领，应当用南京清闲的职务安置他，皇帝还是用嘉奖的语言下诏书鼓励海瑞。不久给事中戴凤翔弹劾海瑞庇护奸民，鱼肉士大夫，沽名乱政，遂被改任南京粮储。海瑞巡抚吴地才半年。平民百姓听说海瑞解职而去，呼号哭泣于道路，家家绘制海瑞像祭祀他。海瑞要到新任上去，正遇高拱掌握吏部，早就仇恨海瑞，把海瑞的职务合并到南京户部当中，海瑞遂因病引退，回到琼山老家。

明神宗万历初年，张居正主持国政，也不喜欢海瑞，命令巡按御史考察海瑞。御史到山中审察，海瑞杀鸡为黍相招待，房屋居舍冷清简陋，御史叹息而去。张居正惧怕海瑞严峻刚直，中外官员多次推荐，最终也不任用。万历十二年冬天，张居正已死，吏部拟用为左通政，皇帝向来器重海瑞名，给其前职。第二年正月，召为南京右佥都御史，在道上改为南京吏部右侍郎，海瑞当时年已72岁了。上疏言衰老垂死，愿意效仿古人尸谏的意思，大略说："陛下励精图治，而治平教化不至的原因，在于对贪官污吏刑罚太轻。诸臣都不能说到其原因，反而借待士有礼的说法，大家交口而文其非。待士有礼，而平民百姓有什么罪呢？"因而举明太祖刑法剥人皮装上草制成皮囊以及洪武三十年定律枉法达80贯判处绞刑的规定，说现在应当用这样的方法惩治贪污。其他谋划时政，言语极为切实。只有劝皇帝用暴虐刑法，当时评议认为是错误的。御史梅鹍祚弹劾海瑞。皇帝虽然认为海瑞言论有失，然而清楚海瑞的忠诚，为此免去梅鹍祚俸禄。

皇帝屡次要召海瑞，主持国事的阁臣暗中阻止，于是任命为南京右都御史。诸司向来苟且怠慢，海瑞身体力行矫正弊端。有的御史偶尔陈列戏乐，海瑞要按明太祖法规给予杖刑。百官恐惧不安，都怕受其苦。提学御史房寰恐怕被举发纠正要先告状，给事中钟宇淳又从中怂恿，房寰再次上疏毁谤诬蔑海瑞。海瑞也多次上疏请求退休，皇帝下诏慰留不允许。万历十五年，死于任上。

海瑞无子。去世时，佥都御史王用汲去照顾海瑞，只见用葛布制成的帏帐和破烂的竹器，有些是贫寒的文人也不愿使用的，因而禁不住哭起来，凑钱为海瑞办理丧事。海瑞的死讯传出，南京的百姓因此罢市。海瑞的灵柩用船运回家乡时，穿着白衣戴着白帽的人站满了两岸，祭奠哭拜的人百里不绝。朝廷追赠海瑞太子太保，谥号忠介。

海瑞一生的治学，以刚为主，因而自号刚峰，天下称为刚峰先生。曾经说："要想天下清明安定，一定要实行井田，不得已而为限田，又不得已而实行均税，尚可存古人的遗意。"因此自从做县官直至巡抚，所到之处力行清丈，颁行一条鞭法。意图主张在于有利于老百姓，而行事不能没有偏差。

《附录：清史稿》

《清史稿》概论

《清史稿》，赵尔巽主编，共536卷，计有本纪25卷，志142卷，表53卷，传316卷，记载上起努尔哈赤在赫图阿拉建国称帝，下至宣统三年（1911）清朝灭亡，前后约296年的清代史事。

一

《清史稿》始修于民国三年（1914）。这年春，北洋军阀政府国务院欲循历代为前朝修史的成例，向总统袁世凯呈请设清史馆，编修《清史》。总统袁世凯接到呈文后，非常高兴。原来这位大总统正准备恢复帝制，因此，他极想笼络清朝遗老，而纂修《清史》正是网罗这些人的绝好机会。修好《清史》，不仅可以文事饰治，同时可以换取前清遗老们对他的拥戴。于是，他欣然批准设立清史馆，同时广罗"海内通儒"，分任纂修之事。清史馆址设立在东华门内。

清史馆设立后，袁世凯延聘赵尔巽为史馆总裁（后称馆长）。赵尔巽欣然从命，并由他聘请组成了纂修班子。当时许多知名人士都被网罗在内，其中绝大多数为前清达官。纂史者先后延聘的有柯劭忞、缪荃孙、王树枏、夏孙桐、马其昶、吴延燮、张尔田、金兆蕃、秦树声、王式通、朱师辙等100多人。最后总理发刊事宜的是袁金铠，总理校刻事务的是金梁。尚有名誉聘约300人。真正自始至终参与纂修者不过10余人。纂修班子大体组成后，接着便商讨编纂体例。此事在社会上引起了很大反响，当时参与讨论的人，有馆内的也有馆外的，包括梁启超在内凡数十人。大抵分为两派：梁启超等少数人主张创新史体裁；另一派以馆内人士居多，主张仍沿用旧史体裁，大体近法《明史》，而稍有变通。最后馆长赵尔巽接受了代表多数人意见的后者，确定以旧史体裁纂修《清史》。其后于式枚等人拟定篇目为：本纪 12 篇，志 16 篇，表 10 篇，列传 17 篇。后经众人讨论，大体同意了。在编纂过程中，志、表两类篇数未改，但篇目有所变动，如删去《国语志》，增入《交通志》，删去《总理各国大臣年表》，改为《外戚表》，列传也改为 15 篇。

之后《清史稿》的纂修，经历了 3 个阶段：

第一阶级，从 1914 年到 1917 年，是初创阶段。纂修之始，一切处于混乱状态，编修工作没有条例可循，人自为战，如同一盘散沙。馆长赵尔巽虽号称能办事，但无史才，学术著书本非所长，尤其是不善于组织。不仅馆长如此，由于缺乏经验，即使是一些著名学者也没有注意到这一点，结果造成总纂与协修各自任意秉笔，互不相下。参加撰稿的人，情况也非常复杂，不仅水平相差悬殊，而且工作态度也大不一样，许多人懒于翻书考证，再加上无人总阅，所以撰写出来的稿子虽多，但稿子是否能用，却无人过问，甚至彼此互相矛盾。因此，所写成的稿子，大多废弃。

第二阶段，从 1917 年到 1926 年，编纂工作逐渐走上了正轨。经过一段时期的杂乱无章之后，赵尔巽从工作中吸取了一定的经验教训。馆内同仁也逐渐认识到纪、传、志、表各目如果不专任一人以划一体例，不足以撰述，而考核事实，裁定详略，交流所见，更需要总纂与分纂者经常讨论联系，以免互相矛盾。于是，对纂修人员进行了整顿，辞退了一部分人员，使纂修队伍趋于精干；又立专人分别负责纪、传、表、志。这样，纂修工作走上了正轨，大约在 1920 年，初稿完成。但咸丰、同治、光绪、宣统四朝皆不合用，于是又推柯劭忞、夏孙桐再加整理。这一阶段，正值时局纷乱，纂修工作受到很大干扰。首先是经费紧张，由于减薪欠薪，不少馆员离开了史馆；加上直、奉两系军阀相继开战，东华门时启时闭，史馆工作多停顿。一方面经费不足，一方面馆内议论不定，遂使馆员散去的越来越多，最后终于全面停顿。

第三阶段，从 1926 年到 1927 年，为结束时期。清史馆的全部工作停顿一段时间后，赵尔巽即向军阀筹款，有了着落后，立即着手收尾工作。当时留馆人员都很努力。原定用 3 年的时间将史稿修订完毕，但才过半年，北伐军胜利进军，北京形势危急，赵尔巽感到时事艰虞，更因自己已到了迟暮之年，担心活不到书成之日，便召集馆人会议，决定宣布结束纂修工作，立即付刊。

赵尔巽提出将史稿付印时，遭到了夏孙桐的反对。他认为史稿繁杂、矛盾和错漏之处很多，书法体例也未能划一，不宜刊印。建议仍照计划用3年时间，实事求是，逐加修正，纵然不幸时局有变，导致工作中断，但修正之稿仍在，可供后来者采择，胜过草草印成。但赵尔巽拒绝了他的意见，坚持付刊。他说："我不能刊《清史》，难道不能刊《清史稿》吗？"不久，赵卧床不起，印书之意更切。这时，袁金铠从辽阳来北京，表示愿意任印书之事，赵尔巽便任袁氏总理发刊事宜，金梁任校对，预定一年印毕。

1927年秋，赵尔巽病故，由柯劭忞代理馆长。柯氏因与袁金铠、金梁意见不和，对刊印之事不愿过问，交稿后不阅即交给金梁。金梁因怀有个人目的，对《清史稿》发刊更是迫不及待，他没作细致的校对，即仓促付印。1928年，全书出齐。

《清史稿》初印1100部，凡536卷，分订为131册。史稿在付刊时，金梁趁机偷改增删，并私作《校刻记》。书印出后，东三省原预定400部，金梁在未请示代馆长核准发行的情况下，就将这400部运往关外，剩下的部分仍留在馆内。1929年，留馆的700部《清史稿》由故宫博物院接收。原史馆人员检阅全书，发现金梁改史稿，私作《校刻记》，于是众论哗然，指斥金梁无耻。于是召集会议，决定将金梁偷改的部分拆换回原稿，卷首职名、金梁所作的《校刻记》以及增入的张勋、康有为传剔除，保持了史稿的原貌。但已运往关外的400部无法追回。这就形成了最初的两种版本。运往关外的400部称"关外本"（或"关外一次本"），保持原貌的700部称"关内本"。

1934年，金梁在东北再次偷印《清史稿》，这一版称为"关外二次本"。此版大部分依关外本，但删去《时宪志》中的《八线对数表》七卷、《公主表序》等，增加陈黉举、朱筠、翁方纲三传，压缩了《赵尔丰传》。总卷数为529卷。1977年出版的中华书局标点本，即以"关外二次本"为工作本，以标点、分段为重点。凡三种版本篇目，内容不同的地方，标点本都有附注，录出异文，以资参考。这是《清史稿》最好的一种版本，读者利用起来也比较方便。

二

清史馆成立在民国之初，清朝国史馆的资料和清宫的档案文书基本上都还没有散失，因此，纂修《清史》可供采取的史料，特别是官书史料是非常丰富的。《清史稿》所依据的基本史料，大致可分为六项，即史馆大库所藏资料，军机处档案资料；各方略馆所藏各种方略，以及乾隆时从四库中抽出的部分禁书；各部档案和各省巡抚档案；采访书籍；各省图书馆书目。

《清史稿》的资料来源尽管十分丰富，但由于撰稿人的水平和工作态度不一，有些人对史料的选取并不很慎重，这就使《清史稿》部分篇目的史料价值并不高。这是非常遗憾的。

《清史稿》的编纂者们原想把它修成一部流传百世万代，为后人所鉴的巨著，但由于编纂过程中的各种问题，以及编修者的立场问题，使得它刚一问世，即引起了轩然大波，学术界议论纷纷，以致国民党政府出面将其查禁，列为禁书。而政治问题是禁锢《清史稿》的主要原因。审查委员会的呈文最后说，撇开政治问题不谈，像这种错漏严重的官书，已难颁行全国，传给后人，1930年，国民政府据此呈文，宣布《清史稿》为禁书。

《清史稿》失误，大致可分为政治观点和学术水平两个方面。政治观点方面的问题主要表现在以下几个方面：首先，对清王朝和清朝各皇帝极力吹捧。第二，对清统治者的虐政暴行曲为隐讳。如圈地、逃人法和剃发令，是清初三大弊政，给人民带来了深重的灾难，造成了社会的极大动荡和不安，《清史稿》对此不是语焉不详，就是削而不书，读者很难从中找到这方面的记载，更不用说了解事情的始末真相了。"嘉定三屠"可以说是清初的重大政治事件，而该书竟没作记述。清代的文字狱非常残酷，而该书只是略有记述，等等。第三，贬低各族人民的反抗斗争，对起来反对清朝统治的各族人民一概斥之为"土贼""海寇""盗贼"等。第四，诋毁辛亥革命，詈骂革命烈士。历代编修前朝史书，都是站在本朝的立场上。《清史稿》却一反常例，尊清室而抑民国，纂修者站在已经灭亡的清王朝的立场上，诋毁创立民国政权的辛亥革命。对为创立民国而死难的烈士，《清史稿》也大加挞伐。为藐视民国，《清史稿》对民国以后的纪年多用干支，不用民国年号。第五，称誉晚清遗老，褒奖复辟。《清史稿》对晚清遗老大加称誉，不顾历代修史不为生人立传的常例，为二十多名死于民国的遗老旧臣立传。对张勋复辟，大书特书，不仅为张勋立传，在该传中还将大骂民国的复辟诏书和复辟时任命的大臣名单抄入。

学术方面的失误主要表现在史料采摭不广、繁简失当、疏漏错误甚多，并受旧体例的限制，不能完全反映时代的变化。

尽管《清史稿》存在着许多不足之处，但我们不能因此而否定了《清史稿》本身的使用价值。柴德赓先生在《史籍举要》中认为，《清史稿》"以其内容论，志、表尚属有用，本纪简略，列传最下。"这种评价是比较符合实际的。《清史稿》的价值，正是主要表现在其内容上，它汇集了大量的史料，并对之进行了初步的整理，从而为读者翻检清史的一般史料提供了方便，由于清代的史料非常丰富，而且许多都很容易找到，《清史稿》并不是第一手资料，因此，要研究清代的某一方面的问题，仅凭《清史稿》是远远不够的。但《清史稿》还是可以为我们提供一些基本情况和线索，对一般读者来说，读清史从《清史稿》入手，可收入门之功。

政　略

文宗之言定帝位

至宣宗晚年，以文宗长且贤，欲付大业，犹未决。会校猎南苑，诸皇子皆从，恭亲王奕䜣获禽最多，文宗未发一矢，问之，对曰："时方春，鸟兽孳育，不忍伤生以干天和。"宣宗大悦，曰："此真帝者之言！"立储遂密定，受田^①辅导之力也。

（《清史稿》卷三百八十五，杜受田传）

《附录：清史稿》

【注释】

①受田：即杜受田，时任上书房总师傅。

【译文】

到了宣宗晚年的时候，因为文宗是长子又贤明，宣宗打算把天下交付与他，但还没做出决定。适逢宣宗到南苑打猎，众皇子都随驾，恭亲王奕䜣猎获的禽鸟最多，文宗却一箭也未发。问他，他回答说："这时正是春天，鸟兽生育繁殖，我不忍心杀生而破坏自然的和谐。"宣宗非常高兴，说："这真是帝王所说的话！"立太子的事就此暗定下来，这都归功于宣宗师傅杜受田的辅助引导。

张之洞数事

之洞耻言和，则阴自图强，设广东水陆师学堂，创枪炮厂，开矿务局。疏请大治水师，岁提专款购兵舰。复立广雅书院。武备文事并举。同治十二年，兼署巡抚。于两粤边防控制之宜，辄多更置。著《沿海险要图说》上之。在粤六年，调补两湖。

会海军衙门奏请修京通铁路，台谏争陈铁路之害，请停办。翁同龢等请试修边地，便用兵；徐会沣请改修德州济宁路，利漕运。之洞议曰："修路之利，以通土货、厚民生为最大，征兵、转饷次之。今宜自京外卢沟桥起，经河南以达湖北汉口镇。此干路枢纽，中国大利所萃也。河北路成，则三晋之辙接于井陉，关陇之骖交于洛口；自河以南，则东引淮、吴，南通湘、蜀，万里声息，刻期可通。其便利有数端：内处腹地，无虑引敌，利一；原野广漠，坟庐易避，利二；厂盛站多，役夫贾客可舍旧图新，利三；以一路控八九省之衢，人货辐辏，足裕饷源，利四；近畿有事，淮、楚精兵崇朝可集，利五；太原旺煤铁，运行便则开采必多，利六；海上用兵，漕运无梗，利七。有此七利，分段分年成之。北路责之直隶总督，南路责之湖广总督，副以河南巡抚。"得旨报可，遂有移楚之命。大冶产铁，江西萍乡产煤，之洞乃奏开炼铁厂汉阳大别山下，资路用，兼设枪炮钢药专厂。又以荆襄宜桑棉麻枲而饶皮革，设织布、纺纱、缫丝、制麻革诸局，佐之以堤工，通之以币政。由是湖北财赋称饶，土木工作亦日兴矣。

二十一年，中东事棘，代刘坤一督两江，至则巡阅江防，购新出后膛炮，改筑西式炮台，设专将专兵领之。募德人教练，名曰"江南自强军"。采东西规制，广立武备、农工商、铁路、方言、军医诸学堂。寻还任湖北。时国威新挫，朝士日议变法，废时文，改试策论。之洞言："废时文，非废《五经》、《四书》也，故文体必正，命题之意必严。否则国家重教之旨不显，必致不读经文，背道忘本，非细故也。今宜首场试史论及本朝政法，二场试时务，三场以经义终焉。各随场去留而层递取之，庶少流弊。"又言："武科宜罢骑射、刀石，专试火器。欲挽重文轻武之习，必使兵皆识字，励行伍以科举。"二十四年，政变作，之洞先著《劝学篇》以见意，得免议。

二十六年，京师拳乱，时坤一督两江，鸿章督两广，袁世凯抚山东，要请之洞，同与外国领事定保护东南之约。及联军内犯，两宫西幸无事。明年，和议成，两宫回銮。论功，加太子少保。以兵事粗定，乃与坤一合上变法三疏。其论中国积弱不振之故，宜变通者十二事，宜采西法者十一事。于是停捐纳，去书吏，考差役，恤刑狱，筹八旗生计，裁屯卫，汰绿营，定矿律、商律、路律、交涉律，行银元，取印花税，扩邮政。其尤要者，则设学堂，停科举，奖游学。皆次第行焉。

二十八年，充督办商务大臣，再署两江总督。有道员私献商人金二十万为寿，请开矿海州，立劾罢之。考盐法利弊，设兵轮缉私，岁有赢课。明年，入觐，充经济特科阅卷大臣，厘定大学堂章程，毕，仍命还任。陛辞奏对，请化除满、汉畛域，以彰圣德，遏乱萌，上为动容。旋裁巡抚，以之洞兼之。三十二年，晋协办大学士。未几，内召，擢体仁阁大学士，授军机大臣，兼管学部。三十四年，督办粤汉铁路。

（《清史稿》卷四百三十七，张之洞传）

【译文】

张之洞对停战言和不齿，就暗地发愤自强，开设广东水陆军学堂，创办枪炮厂，开办矿务局。上疏建议重点兴办海军，每年拨专款购买军舰，又设立广雅书院，国防军事和文化教育同时并举。同治十二年，张之洞兼任巡抚，对广东、广西两省边防控制事宜予以改革。他撰写了《沿海险要图说》上报朝廷。在广东6年后，调任两湖总督。

当时海军衙门奏请修筑京通铁路，御史台官员争相陈述铁路之害，要求停办。翁同龢等要求先在边境试修，便于用兵；徐会沣要求改修德州济宁铁路，利于漕运。张之洞建议说："修铁路的好处，对于流通土特产、方便人民生活为最大，其次是运送军队和粮饷。现在应当从京城外的卢沟桥开始，经河南到达湖北汉口。这一条干路枢纽，是中国许多重大利益之所在。河北铁路修成，则三晋铁路在井陉交汇，关东陇西由洛口连接；在黄河以南，则东连淮河、江苏，南通湖南、四川，万里之外的消息，很快就可相通，其有利之处、方便之处有几条：第一，内处腹地，不必担心外敌；第二，经过平原荒漠，容易避开坟地村庄；第三，沿路工业发达，车站众多，役夫商人可舍旧求新；第四，以一条铁路控制八九省的交通枢纽，人员货物聚集，足以提供所需财粮之源；第五，京城附近万一有事，江南、楚地精兵一个早上就能调集；第六，山西太原铁、煤丰富，交通便利后开采一定更多；第七，海上一旦用兵，漕运可仍然畅通无阻。有这样七大好处，铁路可以分段分年建成。北边责成直隶总督，南边责成湖广总督，河南巡抚也要协助。"圣旨批准下来，便把张之洞调到湖北。湖北大冶产铁，江西萍乡产煤，张之洞就奏请在汉阳大别山下开办炼铁厂，以备修铁路之用，同时开设枪炮炼钢火药专厂。又因为荆州襄阳一带适宜种植桑棉麻而且皮革资源丰富，就开设了织布、纺纱、缫丝、制麻革等局，又修筑堤防，改革币政。从此湖北的财赋比别处丰富，土木工程也日益兴办起来了。

光绪二十一年，中东事情吃紧，张之洞代替刘坤一任两江总督，到任后就巡视长江防务，购买新出的后膛炮，改修西式炮台，设立专门的将领来管理。聘请德国人做军队教练，称为"江南自强军"。采用东西两方的制度，广泛设立武备、农工商、铁路、方言、军医等学校。不久又回湖北任职。当时国家刚刚受挫，朝廷大臣每天谈论变法，科举废掉八股文，改试策论。张之洞说："废八股文，并不是废《四书》《五经》，因此文体必须正，命题必须严格。否则国家重视教育的宗旨不能体现，定然导致考生不读经书，背道忘本，这并非小事。现在应当首场考史论和本朝政法，二场考时务，三场考经义。每场都有淘汰，逐步遴选，这样流弊就少了。"又说："武科应停考骑射、刀石，专考枪炮火器。要扭转重文轻武的旧习，就必须让兵士识字，鼓励士兵参加科举考试。"光绪二十四年，实行变法，张之洞先写了《劝学篇》陈述自己的意见，而没有受到批评。

光绪二十六年，京都义和团起义，当时刘坤一任两江总督，李鸿章任两广总督，袁世凯任山东巡抚，共同邀请张之洞，与外国领事谈判订立东南联保的条约。等到八国联军攻打北京，东西两宫太后西幸而无事。第二年，辛丑条约签订，两宫太后回京。论功行赏，加封张之洞为太子少保。张之洞因为战事稍微有所安定，就与刘坤一一起上了关于变法的三道奏章。其中论述中国积弱不振的原因，应加以变通的有12条，应采用西法改革的有11条。于是停止捐纳为官，废除书吏，对差役进行查核，减缓刑狱，为八旗子弟筹划生计，裁减屯卫兵数目，淘汰绿营军，制订了矿法、商法、路法、交涉法，流通银元，收取印花锐，扩大邮政。其中最重要的，是开办学校，停止科举考试，奖励出国留学。这些都先后实行了。

光绪二十八年，张之洞充任督办商务大臣，再任两江总督。有个道员私自送给商人万两黄金祝寿，请求在海州开矿。张之洞马上弹劾罢了他的官。又考察盐法的利弊，派兵船缉私，每年有增加的税收。第二年，入宫觐见，充任经济特科阅卷大臣，订立大学堂章程，完成后，仍然命他回湖北任总督。面辞皇上时奏对，要求化解满、汉之间的隔阂，以彰明圣上恩德，防止变乱发生，皇上动容。很快就裁减巡抚，让张之洞兼任。光绪三十二年，晋升为协办大学士。不久，宫内召见，擢升他为体仁阁大学士，授任军机大臣，兼管学部。光绪三十四年，督办粤汉铁路。

御 人

心术当慎

（梁）国治笃①孝友，与兄孪生，兄早卒，终生不称寿，事嫂如母。治事敬慎缜密。生平无疾遽色，然不可以私干。门下士有求入按察使幕主刑名者，戒之曰："心术不可不慎！"其人请改治钱谷，则曰："刑名不慎，不过杀一人，所杀必有数，且为人所共知。钱谷厉人，十倍刑名，当时不觉。近数十年，远或数百年，流毒至于无穷，且未有已！"卒不许。

（《清史稿》卷三百二十，梁国治传）

【注释】

①笃：重视。

【译文】

梁国治重视孝、友之情，他与哥哥是孪生兄弟，哥哥早亡，他一生不做寿，事奉嫂嫂如事奉母亲一样。办事谨慎周密，从来没有疾言厉色，然而也不能以私情相求。他门下有人请求到按察使手下充当管刑名的幕僚，梁国治告诫他说："办事居心不能不特别慎重！"这个人又请求改管钱粮，国治就说："刑名不慎，不过错杀一人而已，错杀的必定有限，而且人所共知。钱粮上不慎而害人，比刑名厉害10倍，当时还不觉得。短的几十年，长的几百年，流毒无边无际，而且没有休止！"最终没有同意。

法 制

黎士弘断婚案

甲诉乙悔婚。乡俗婚书各装为卷，书男女生辰。两造固邻旧，女生辰所素悉，伪为卷为证。（黎）士弘先问媒证："乙得甲聘礼若干？行聘时有何客？"媒证出不意，妄举以对。复问甲，所对各异。擘①视卷轴，竹犹青，笑诘之曰："若订婚三载，卷轴竹色犹新，此非临讼伪造者乎？"甲乃服罪。

（《清史稿》卷二百八十五，黎士弘传）

【注释】

①擘（bò）：剖，分开。

【译文】

甲状告乙悔婚。乡里风俗，婚书分别装成一卷，上面写有男女双方的生辰八字。甲乙两方本来为邻里旧识。乙方女儿的生辰，甲方本已知道，因而伪造婚书，以此为证。黎士弘先问媒人："乙得甲的聘礼有多少？行聘时有什么客人在场？"媒人因为出于意料之外，就胡乱说些物品人名来对答。又以同样的问题问甲，所得的回答不一样，将婚书卷轴剖开来看，竹子还是青的，便笑着质问甲说："如果订婚有了3年，婚书卷轴还是青的，这难道不是告状前临时伪造的吗？"甲方于是认罪。

黎士弘智拿左梅伯

县吏左梅伯有叔富而无子，梅伯纠贼劫杀之，获贼而梅伯逃。（黎）士弘抵任，叔妻哭诉，阴迹梅伯匿安福①势宦家，故缓词曰："此旧事。前官不了，余安能按之？"数月，梅伯归，叔妻复诉，置不问，梅伯且出收叔遗产，叔妻号于庭曰："公号廉明，今宽杀人者罪，且占寡妇田，何得为廉明！"阳怒，批其牍曰："止问田土，不问人命。"梅伯益自得，赴县诉理，乃笑谓曰："候汝三载矣！"批其牍曰："止问人命，不问田土。"梅伯遂伏法。

（《清史稿》卷二百八十五，黎士弘传）

【注释】

①安福：县名。今属江西省。

【译文】

县衙门的小官左梅伯有个叔叔，很有钱却没有儿子，梅伯纠集了一伙强盗去叔叔家抢劫杀人，强盗被抓获而梅伯却逃跑了。黎士弘到任，被杀叔叔的妻子来哭诉，黎士弘已暗地查访到梅伯藏在安福县一个有权势的大官家，因而故意推诿道："这是以前的案子，我的前任没能了结，我怎么办得了呢？"几个月后，梅伯回来，叔叔的妻子又来哭诉，黎士弘仍置之不理。梅伯又出来接收叔叔的遗产，叔叔的妻子在公堂上号哭道："老爷号称廉明，如今宽赦杀人犯的罪，又听任他占夺寡妇的田户，怎么称得上廉明！"黎士弘装作大怒的样子，在案卷上批道："只问他抢夺田产之罪，不问他杀人之罪。"梅伯更加得意，到县衙来辩讼，黎士弘笑着对他说："我已等你3年了！"在案卷上又批道："只问杀人之罪，不问抢田户之罪。"梅伯于是被处死。

马如龙断案

（康熙）十六年，授直隶滦州①知州。州民猾而多盗，如龙锄暴安良，豪右敛迹。州有民杀人而埋其尸，四十年矣；如龙宿逆旅，得白骨，问之，曰："此屋十易主矣。"萦最初一人至，钩其情得实，置诸法。昌平②有杀人狱不得其主名，使如龙按之。阅状，则民父子杀于僧寺，并及僧五，而居民旁二姓皆与民有连，问之，谢不知。使迹之，二人相与语曰："孰谓马公察，易欺耳。"执讯之，乃服。自是民颂如龙能折狱。

（《清史稿》卷四百五十六，马如龙传）

【注释】

①滦州：治所在今河北滦县。

②昌平：州名。治所即今北京市昌平区。

【译文】

康熙十六年，马如龙被授为直隶滦州知州。滦州民风刁猾，盗贼猖獗，马如龙除暴安良，豪右销声匿迹。州里有人杀人并掩埋了尸体，一直隐瞒了40年；马如龙借宿客店，发现白骨，问客店的人，说："这房子已换了10个主人了。"马如龙就把第一个屋主抓来，拷问他供出实情，便把他依法治罪。昌平州有杀人的案子，找不到主谋，请马如龙去调查处理。马如龙翻阅案宗，原来是一家父子被杀于寺庙中，另外还有5个和尚被害，而这一家两边居住的两姓人家都与死者有来往，审问他们，他们却说不知情。马如龙派人跟踪，这两个人在一起说："谁说马老爷明察秋毫，其实很好欺骗。"将这两人抓回衙门审讯，这才服罪。从此老百姓都称颂马如龙善于断案。

军　事

林则徐禁烟斗英国人

　　（嘉庆）十八年，鸿胪寺卿黄爵滋请禁鸦片烟，下中外大臣议。则徐请用重典，言："此祸不除，十年之后，不惟无可筹之饷，且无可用之兵。"宣宗深韪之，命入觐，召对十九次。授钦差大臣，赴广东查办，十九年春，至。总督邓廷桢已严申禁令，捕拿烟犯，洋商查顿先避回国。则徐知水师提督关天培忠勇可用，令整兵严备。檄谕英国领事义律查缴烟土，驱逐趸船，呈出烟土二万余箱，亲莅虎门验收，焚于海滨。四十余日始尽。请定洋商夹带鸦片罪名，依化外有犯之例，人即正法，货物入官，责具甘结。他国皆听命，独义律枝梧未从。于是阅视沿海炮台，以虎门为第一门户，横档山、武山为第二门户，大小虎山为第三门户。海道至横档分为二支，右多暗沙，左经武山前，水深，洋船由之出入。关天培创议于此设木排铁链二重，又增筑虎门之河角炮台，英国商船后至者不敢入。义律请令赴澳门载货，冀囤烟私贩，严斥拒之，潜泊尖沙嘴外洋。

　　会有英人殴毙华民，抗不交犯，遂断其食物，撤买办，工人以困之。七月，义律籍索食为名，以货船载兵犯九龙山炮台，参将赖恩爵击走之。疏闻，帝喜悦，报曰："既有此举，不可再示柔弱。不患卿等孟浪，但戒卿等畏葸①。"御史步际桐言出结徒虚文，则徐以彼国重然诺，不肯出结，愈不能不向索取，持之益坚。寻义律逸澳门洋酋转圜，愿令载烟之船回国，货船听官查验。九月，商船已具结进口，义律遣兵船阻之，开炮来攻，关天培率游击麦廷章奋击败之。十月，又犯虎门官涌，官军分五路进攻，六战皆捷。诏停止贸易，宣示罪状，饬福建、浙江、江苏严防海口。先已授则徐两江总督。至是调补两广。府尹曾望颜请罢各国通商，禁渔船出洋。则徐疏言：

"自断英国贸易，他国喜，此盈彼绌，正可以夷制夷。如概与之绝，转恐联为一气。粤民以海为生，概禁出洋，其势不可终日。"时英船寄椗外洋，以利诱奸民接济销烟。二十年春，令关天培密装炮械，雇渔船蛋户②出洋设伏，候夜顺风纵火，焚毁附夷匪船，接济始断。五月，再焚夷船于磨刀洋③。谍知新来敌船扬帆北向，疏请沿海各省戒严。又言夷情诡谲，若迳赴天津求通贸易，请优示怀柔，依嘉庆年间成例，将递词人由内地送粤。

六月，英船至厦门，为闽浙总督邓廷桢所拒。其犯浙者陷定海，掠宁波。则徐上疏自请治罪，密陈兵事不可中止，略曰："英夷所憾在粤而滋扰于浙，虽变动出于意外，其穷蹙实在意中。惟其虚骄性成，愈穷蹙时，愈欲显其桀骜，试其恫喝，甚且别生秘计，冀售其奸；一切不得行，仍必贴耳俯伏。第恐议者以为内地船炮非外夷之敌，与其旷日持久，不如设法羁縻。抑知夷情无厌，得步进步，威不能克，患无已时。他国纷纷效尤，不可不虑。"因请戴罪赴浙，随营自效。七月，义律至天津，投书总督琦善，言广东烧烟之衅，起自则徐及邓廷桢二人，索价不与，又遭诟逐，故越境呈诉。琦善据以上闻，上意始动。

时英船在粤窥伺，复连败之莲花峰下及龙穴洲。捷书未上，九月，诏曰："鸦片流毒内地，特遣林则徐会同邓廷桢查办，原期肃清内地，断绝来源，随地随时，妥为办理。乃自查办以来，内而奸民犯法不能净尽，外而兴贩来源并未断绝，沿海各省纷纷征调，糜饷劳师，皆林则徐等办理不善之所致。"下则徐等严议，饬即来京，以琦善代之。寻议革职，命仍回广东备查问差委。琦善至，义律要求赔偿烟价，厦门、福州开埠通商，上怒，复命备战。二十一年春，予则徐四品卿衔，赴浙江镇海协防。时琦善虽以擅与香港逮治，和战仍无定局。五月，诏斥则徐在粤不能德威并用，褫卿衔，遣戍伊犁。会河决开封，中途奉命襄办塞决，二十二年，工竣，仍赴戍，而浙江、江南师屡败。是年秋，和议遂成。

（《清史稿》卷三百六十九，林则徐传）

《附录：清史稿》

【注释】

①葸（xǐ）：害怕，胆怯。

②蛋（dàn）户：也称蛋民。水上居民。世代从事渔业和水上运输业，多以船为家。

③磨刀洋：磨刀角外海面。磨刀角，在今广东中山市南。清设水师把总防守。

【译文】

嘉庆十八年，鸿胪寺卿黄爵滋提议禁烟；下转朝廷内外大臣讨论。林则徐要求施以严法，说："这个祸害不除掉，10年之后，不但无法筹集军饷，而且也找不到可以打仗的士兵。"宣宗皇帝表示同意，命他入宫觐见，接连19次召问对答。又授任他为钦差大臣，赴广东查办禁烟，十九年春，到达广东。总督邓廷桢已明令禁止贩卖鸦片，加紧捉拿烟犯，外商查顿已预先逃避回国。林则徐知道水军提督关天培忠诚勇敢，就命令他整顿军队严加防备。檄令英国领事义律查缴烟土，驱逐囤积鸦片趸船，勒令交出鸦片两万多箱，林则徐亲自到虎门验收，在海边焚毁，花了40天才销毁完毕。又奏请定下外商夹带鸦片罪名，按照外国人触犯中国法律的规定，人立即依法处置，货物没收，并要责令具结。其他国家都依从规定，只有义律支支吾吾不听从。林则徐于是视察沿海炮台，以虎门为第一门户，横档山、武山为第二门户，大小虎山为第三门户。到横档的海路分为两条，右边一条多暗沙，左边一条经过武山前，水深，外国船只由此出入。关天培提议在这里设置两层木排铁链，又增修了虎门的河角炮台，英国商船中后到的不敢进入。义律要求到澳门装货，企图把鸦片交给私贩，林则徐严词拒绝了，英船就秘密地停止在尖沙嘴外洋。

当时有英国人将中国平民殴打致死，英方坚持不交杀人犯，中方就断了英国使馆的食品供应，撤回买办、工人来惩罚。七月，义律以寻找食物为名，用货船装载士兵进犯九龙山炮台，参将赖恩爵将其击退。奏章上报朝廷，皇上非常高兴，说道："既然有此举动，不可再示柔弱。我不怕你们鲁莽，只怕你们胆怯退让。"御史步际桐说具结只不过一纸空文，林则徐认为英国信守已定的诺言，他们越是不肯具结，我们越是不能不向他们索取，林则徐更加坚持自己的意见。不久义律请了澳门的总督来斡旋，愿意让装了鸦片的船回国，货船听任官方查验。九月，商船已经具结开进港口，义律派军船阻拦，开炮来攻打，关天培率领游击麦廷章奋力作战，将他打败。十月，又进犯虎门官涌，清军分五路进攻，六战都告捷。皇上下诏停止与英国的贸易，公布了义律的罪状，敕令福建、浙江、江苏对入海口严加防备。先前已授任林则徐为两江总督，这时又调任两广总督。府尹曾望颜建议停止与各国通商，禁止渔船出洋。林则徐上疏说道："自从断了与英国的贸易，其他国家就很高兴，一边停止贸易，另一边扩大贸易，正好以夷制夷。如果一概断绝贸易，反而要担心他们连成一气。广东人民以海洋为谋生之所，一概禁止出洋，势必一天也不行。"当时英国船只停泊在外洋，用金钱收买渔民与它接应销售鸦片。嘉庆二十年春，林则徐命令关天培暗地装置火炮器械，雇用渔船疍民出海设下埋伏，等到夜里顺风点火，烧掉了为英国人卖鸦片的渔船，与英船的接应就断绝了。五月，在磨刀洋烧毁了英国船只。侦察到消息说新来的敌船向北航行，林则徐就上奏要求沿海各省戒严。又说英国人性情狡猾，如果直奔天津要求开通贸易，建议我方运用怀柔政策，按嘉庆年间惯例，把传递消息的人从内地押送到广东。

六月，英国船只到达厦门，被闽浙总督邓廷桢拦阻。进犯浙江的敌船却攻陷定海，扰掠宁波。林则徐上疏要求治自己的罪，又密陈军事行动不可中止，大略说道："英国人吃亏是在广东，到浙江却滋扰，虽然变动出于意外，英国人的困窘却是在意料之中。只是英国人生性虚荣骄横，越是困窘，越要显得他们桀骜不驯，进行恐吓，甚至别生奸计，图使阴谋得逞；这一切如果不奏效，他们才不得不低头顺从。我担心有人认为内地的船舰枪炮不是外国人对手，与其和外国人旷日持久地对抗，不如想办法给一点好处来笼络他们。岂知外国人贪得无厌，得寸进尺，气焰不能消退，祸害却无穷尽。其他国家纷纷效仿，这些不能不仔细考虑。"便请求戴罪赴浙江，跟随部队效力。七月，义律到天津，给总督琦善写信，说广东焚烧鸦片引起的纠纷，起因在于林则徐和邓廷桢两人，向他们要烟价不给，又遭到辱骂驱逐，所以越过省境到天津申诉，琦善以此报告给皇上，皇上开始动摇了。

当时英国船只在广东窥探，清军又连连在莲花峰下和龙穴洲将其打败。捷报还未呈报上去，九月，皇上下诏书说："鸦片流毒到内地，特派遣林则徐会同邓廷桢一同查办，原先期望肃清内地流毒，断绝鸦片来源，随地随时，妥为办理。然而自从查办以来，对内不能全面处理犯法奸民，对外不能切断贩卖来源，沿海各省纷纷征调军队，浪费饷银，劳累军队，都是林则徐等办理不善所致。"将林则徐等交送法司议罪，敕令他马上来京城，派琦善接替。不久决议革去林则徐的职务，命他仍然回广东以备查问。琦善到后，义律要求赔偿烟价，厦门、福州开埠通商，皇上震怒，又命令备战。嘉庆二十一年春，给林则徐四品卿衔，到浙江镇海协助防务。当时琦善虽然因擅自割让香港被逮捕法办，但，是和是战仍然没有定下来，五月，皇上下诏斥责林则徐在广东不能恩威并用，削夺卿衔，流放到伊犁戍边，适逢黄河在开封决口，林则徐在流放途中奉命协助堵塞决口事宜。嘉庆二十二年，工程竣工，仍然上路到伊犁，而此时浙江、江南军队不断打败仗，当年秋天，停战条约就签订了。

英人占据香港

义律①数索香港，志在必得，琦善当事急，佯许之而不敢上闻。至是，义律献出所据炮台，并愿缴还定海以易香港全岛，别议通商章程。琦善亲与相见莲花城定议，往返传语，由差遣之鲍鹏将事，同城将军、巡抚皆不预知。及英人占据香港，出示安民，巡抚怡良奏闻，琦善方疏陈："地势无可扼，军械无可恃，兵力不坚，如与交锋，实无把握，不如暂事羁縻。"上益怒，诏斥琦善擅予香港，擅许通商之罪，褫职逮治，籍没家产。英兵遂夺虎门靖远炮台，提督关天培死之。

奕山等至，战复不利，广州危急，许以烟价六百万两，围始解，而福建、浙江复被扰。琦善逮京，谳论大辟，寻释之，命赴浙江军营效力。未至，改发军台。（道光）二十二年②，浙师复败，吴淞不守，英兵遂入江，江宁③戒严，于是耆英、伊里布等定和议，海内莫不以罢战言和归咎于琦善为作俑之始矣。

（《清史稿》卷三百七十，琦善传）

【注释】

①义律：英国人。清道光十四年（1834年）以船务总督身份随律劳卑来华。两年后充任驻华商务监督。林则徐禁烟以后，他是对中国发动侵略战争的主要策划者和指挥者。

②道光二十二年：1842年。

③江宁：今南京市。

【译文】

英国人义律多次索要香港，志在必得，琦善被逼无奈，假装答应了他而不敢报告皇上。到这时，义律交出所占据的炮台，并希望交还定海来换取香港全岛，另外商议通商章程。琦善亲自和他在莲花城见面商订协议。往来传话，由差遣的鲍鹏办理，同城的将军、巡抚都不知情。等到英国人占领了香港，出了安民告示，巡抚怡良上奏了皇上，琦善才上奏章辩解："香港地势不够险要，军械不足依靠，兵力不算强大，如果与英国人交锋，实在没有把握取胜，不如暂时牵制，再作打算。"皇上非常生气，下诏斥责琦善擅自让出香港，擅自允许通商的罪行，撤掉他的官职，逮捕法办，抄没家产。英军便抢占了虎门靖远炮台，提督关天培在此殉难。

奕山等人到后，交战又遭失败，广州危急，向英军许诺给烟价600万两银子，才得以解围，而福建、浙江又被英军侵扰。琦善被抓到京城，定为死罪，不久又被释放，命他到浙江军营效力。还没到浙江，又改派到军台。道光二十二年，浙江军队又打败了，吴淞失守，英军进入长江，江宁戒严，于是耆英、伊里布等签订了《南京条约》。海内人士都将罢战言和归咎于琦善首开恶例。

理　财

李鸿宾销盐

二年①，擢湖广总督。初，湖广行销淮盐，用封轮法，大商垄断，小商向隅。甫改开轮，又有跌价争售之害。鸿宾请设公司，签商经理，无论盐船到岸先后，小商随到随售，大商按所到各家计引②均销。试行两月后，贩运踊跃，著为令。

（《清史稿》卷三百六十六，李鸿宾传）

【注释】

①二年：指道光二年，即1822年。

②引：盐引。清代盐商纳课、支盐、运销之凭证。

【译文】

道光二年，李鸿宾升为湖广总督，以前，湖广销售淮盐，用封轮法，市场被大商垄断，小商被排挤。现在刚改为开轮，又有跌价争售的弊病。李鸿宾要求设立公司，与商人签约经销，不论盐船到岸先后，小商人随到随发售，大商人按来的商家所领盐引配销数额分配销售。这一方法试行两个月后，淮盐贩运踊跃，定为法规。

于成龙清廉之事

（康熙）十九年，擢直隶巡抚，莅任，戒州县私加火耗[1]馈遗上官。令既行，道府劾州县，州县即讦道府不得馈遗挟嫌，疏请严定处分，下部议行。宣化所属东西二城与怀安、蔚州二卫旧有水冲沙压地千八百顷，前政金世德请除粮，未行，为民累；成龙复疏请，从之。又以其地夏秋屡被灾，请治赈。别疏劾青县知县赵履谦贪墨，论如律。二十年，入觐，召对，上褒为"清官第一"，因问剿抚黄州土贼状，成龙对："臣惟宣布上威德，未有他能。"问："属吏中亦有清廉否？"成龙以知县谢锡衮，同知何如玉、罗京对。复谕劾赵履谦甚当，成龙奏："履谦过而不改，臣不得已劾之。"上曰："为政当知大体，小聪小察不足尚。人贵始终一节，尔其勉旃！"旋赐帑金千、亲乘良马一，制诗褒宠，并命户部遣官助成龙赈济宣化等处饥民。成龙复疏请缓真定府属五县房租，并全蠲霸州本年钱粮，均报可。是年冬，乞假丧母，优诏许之。

未几，迁江南[2]江西总督。成龙先后疏荐直隶守道董秉忠、阜城知县王燮、南路通判陈天栋。濒行，复荐通州知州于成龙等。会江宁知府缺，命即以通州知州于成龙擢补。成龙至江南，进属吏诰诫之。革加派，剔积弊，治事尝至达旦。好微行，察知民间疾苦、属吏贤不肖。自奉简陋，日惟以粗粝[3]蔬食自给。江南俗侈丽，相率易布衣。士大夫家为减舆从、毁丹垩，婚嫁不用音乐，豪猾率家远避。居数月，政化大行。势家惧其不利，构蜚语。明珠秉政，尤与忤。二十二年，副都御史马世济督造漕船还京，劾成龙年衰，为中军副将田万侯所欺蔽。命成龙回奏，成龙引咎乞严谴，诏留任，万侯降调。二十三年，江苏巡抚余国柱入为左都御史，安徽巡抚涂国相迁湖广总督，命成龙兼摄两巡抚事。未几，卒于官。

成龙历官未尝携家属，卒时，将军、都统及僚吏入视，惟笥中绨袍一袭、床头盐豉数器而已。民罢市聚哭，家绘像祀之。赐祭葬，谥清端。内阁学士锡住勘海疆还，上询成龙在官状，锡住奏甚清廉，但因轻信，或为属员欺罔。上曰："于成龙督江南，或言其变更素行，及卒后，始知其始终廉洁，为百姓所称。殆因素性鲠直，不肖挟仇逞害，造为此言耳。居官如成龙，能有几耶？"是年冬，上南巡至江宁，谕知府于成龙曰："尔务效前总督于成龙正直洁清，乃为不负。"又谕大学士等曰："朕博采舆评，咸称于成龙实天下廉吏第一。"加赠太子太保，荫一子入监，复制诗褒之。雍正中，祀贤良祠。

（《清史稿》卷二百七十七，于成龙传）

【注释】

①火耗：明清时附加税之一。存留地方，主要用于官吏养廉。

②江南：省名，清顺治二年（1645年）置。治所在江宁府城（今江苏南京市）。康熙六年（1667年）分为江苏、安徽两省。但此后人们仍习称这两省为江南。

③粝（lì）：粗米。

【译文】

康熙十九年，于成龙升为直隶巡抚，他到任，就严禁州县私自增加火耗银贿赂上司。禁令颁行之后，道府劾奏州县种种贿赂事实，州县便状告道府不要把正常送礼和贿赂混为一谈，要求严格确定界限，下部议定执行。宣化府所属东城、西城以及怀安、蔚州两卫原来有沙滩地1800顷，前任长官金世德请求免除粮税，没有实行，是农民的负担；于成龙上疏请求免征粮税，减轻农民负担，得到了批准。又考虑到当地夏季秋季经常受灾，请求给予赈济。又另外上疏弹劾青县知县赵履谦贪污，请依法治罪。康熙二十年，进京朝见，皇上召见询问，褒奖他为"清官第一"，并询问进剿黄州土匪的情况，于成龙回答说："臣只是宣扬皇上威德，没有其他能耐。"皇上问他："属吏当中也有清廉的人吗？"于成龙回答说有知县谢锡衮，同知何如玉、罗京清廉。皇上又称赞劾奏赵履谦很对，于成龙说："赵履谦犯错而不知悔改，臣不得已才劾奏他。"皇上说："治政应当懂得注重大体，小聪小察不必崇尚。人所贵的是始终一节，你要好好努力！"随即赏赐黄金1000两，亲乘良马一匹，写诗褒奖，并诏命户部派遣官员协助于成龙赈济宣化等处饥民。于成龙又上疏请求减缓真定府所属五县房租，并全部免除霸州本年钱粮，都得到了批准。当年冬天，于成龙请假为母亲服丧，特诏准许。

不久，于成龙升为江南江西总督。于成龙先后上疏推荐直隶守道董秉忠、阜城知县王燮、南路通判陈天栋。临行前，又推荐通州知州于成龙等。适逢江宁知府任缺，诏命提拔通州知州于成龙补任。于成龙到了江南，把属吏召进来加以告诫。废除加征摊派，改革积弊，治理政事时常通宵达旦。他喜欢微服私访，调查了解民间疾苦，属吏贤与不贤等。日常生活十分俭朴，每天吃的是糙米饭和蔬菜。江南民俗追求华丽，在于成龙的影响之下纷纷改穿布衣。士大夫之家也纷纷减少车马随从、毁除油漆粉刷等装饰，婚嫁不用音乐，土豪恶吏举家远逃。几个月以后，政理教化大为改观。权势之家担心于成龙对自己不利，便散布流言蜚语。明珠执掌朝政，便特别同于成龙作对。二十二年，副都御史马世济督造漕运船舶回京，劾奏于成龙年纪衰老，被中军副将田万侯欺骗蒙蔽，诏命于成龙回奏，于成龙引咎自责，请求严惩，下诏留任，田万侯降职调任。二十三年，江苏巡抚余国柱入朝为左都御史，安徽巡抚涂国相迁任湖广总督，命于成龙兼摄江苏、安徽两巡抚事。不久，于成龙死于任上。

于成龙任官从未携带家属，去世时，将军、都统及同僚属吏到居室探视，只有竹箱中一件绨袍，床头几个装盐、装豉的器皿。市民罢市哀悼，聚集在一起痛哭，每家每户挂了于成龙的画像祭祀。赐祭仪安葬，赐谥号清端。内阁学士锡住勘察海疆回京，皇上询问于成龙在官具体情况，锡住奏答于成龙非常清廉，只是因为轻信人，有时被属员欺骗。皇上说："于成龙在江南担任总督，有人说他改变了以往的品行，及至他去世之后，才知道他始终廉洁，受百姓称赞。因为他平素耿直，奸人恶徒挟仇谗害他，做官像于成龙这样，能有几人？"这一年冬天，皇上南巡到达江宁，对知府于成龙说："你务必要像前总督于成龙一样正直清廉，才为不负所望。"又告谕大学士等人说："朕广泛听取了众人的评论，都称赞于成龙确实是天下第一廉吏。"加赠太子太保，荫任一子入国子监，又制诗褒奖。雍正年间，入贤良祠祭祀。

刘纶清俭

（刘）纶性至孝，亲丧三年不御酒肉。直军机处十年，与大学士刘统勋同辅政，有"南刘东刘"之称。器度端凝，不见有喜愠色。出入殿门，进止有恒处。自工部侍郎归，买宅数楹①。后服官二十年，未尝益一椽半甓①。衣履垢敝不改作，朝必盛服，曰："不敢亵朝章也！"侍郎王昶充军机处章京②，尝严冬有急奏具草，夜半诣纶，纶起燃烛，操笔点定。寒甚，呼家人具酒脯，而厨传已空，仅得白枣十数枚侑酒。其清俭类此。

（《清史稿》卷三百二，刘纶传）

【注释】

①甓（pì）：砖。

②章京：指军机处办理文书的官员。

【译文】

刘纶性非常孝顺，为父母服丧的3年里不沾酒肉。在军机处供事10年，和大学士刘统勋一同辅政，有"南刘东刘"的称誉。他器度端正凝重，喜怒不形于表。在大殿中出入，进退举止都有一定地方。当到工部侍郎时归乡，买了几间房子。后来当官20年，未曾添置一砖一瓦。衣服鞋子破烂污旧也不做新的，但上朝一定穿得整齐华美，说："不敢亵渎朝廷圣地。"侍郎王昶当军机处章京，曾经有一次在严冬草拟紧急奏章之后，半夜拜访刘纶，刘纶起床点燃蜡烛，拿起笔修改定稿。天气太寒冷，刘纶叫家里人准备酒肉，而厨房里什么都没有，只拿了10几颗白枣下酒。他就是这样清正俭省。

李金镛漠河开矿

俄侵占精奇里河①四十八旗屯地，在黑龙江岸东。金镛②争还补丁屯至老瓜林百七十余里，划河定界。漠河者，在瑷珲西，三面界俄，地产金，俄人觊觎之。北洋大臣李鸿章议自开采，以金镛任其事。陆路由墨尔根入，水运由松花江入，各行千余里，僻远无人。披斩荆棘，于万山中设三厂，两年得金三万。事事与俄关涉，难阻百端。又开厂于黑龙江南岸札伊河旁之观音山，皆为北徼名矿。集商货立公司，流冗远归，商贩渐集，收实边之利焉。

（《清史稿》卷四百五十一，李金镛传）

【注释】

①精奇里河：又名结雅河。黑龙江支流。

②金镛：即李金镛，江苏无锡人。任吉林知府，晋升道员。

【译文】

俄国侵占了精奇里河48旗屯地，位于黑龙江东岸。李金镛与俄国力争，俄国还了补丁屯到老瓜林170多里的一段，以河为界。漠河这个地方，坐落在瑷珲西面，三面与俄国交界，出产金矿，俄国人垂涎已久。北洋大臣李鸿章建议我国自己开采，让李金镛主管其事。到漠河，陆路从墨尔根走，水路从松花江走，都有1000多里远，周围荒僻没有人烟。李金镛披荆斩棘，在群山中建立了3座工厂，两年炼得3万两黄金。事事都牵涉到俄国，困难重重。又在黑龙江南岸扎伊河旁的观音山开厂，都是北边有名的金矿山。又吸引商人投资，开设公司，流民都从远方回乡，商贩渐渐汇集于此，收到了充实边防的效果。

朱其昂创招商局

《附录：清史稿》

朱其昂，字云甫，江苏宝山人。同治初，从军攻南汇。城贼愿降，要一人入盟，无敢往者，其昂毅然请入受其降，城始下。旋纳赀为通判，累至道员。北洋大臣李鸿章颇奇其才。福州船政造军舰不适用，奏改商船。其昂与其弟其诏创议官商合办，请设轮船招商局，鸿章上其事，遂檄为总办。御史董俊翰劾以力小任重，下鸿章查复，仍力赞其成。于是官商合力开局集股，并收并外人所设旗昌轮船公司以保航权，数年，成效大著。

（《清史稿》卷四百五十二，朱其昂传）

【译文】

朱其昂，字云甫，江苏宝山县人。同治初年，他参军攻打南汇。守城敌兵愿意投降，需要一个人入城订立协议，没人敢去，朱其昂挺身而出进城受降，城才收复。随即他就出钱捐了个通判，一直做到道员。北洋大臣李鸿章惊叹他的才能。福州船政造了艘军舰不能用，奏请改造为商船。朱其昂和他弟弟朱其诏率先提议官商合办，要求设立轮船招商局，李鸿章将这事上奏皇上，于是檄令朱其昂为总办。御史董俊翰弹劾朱其昂能力不足担此大任，皇上下诏让李鸿章调查回复，李鸿章仍极力推举朱其昂。于是官商合力开办招商局，集资入股，并兼并了外商开设的旗昌轮船公司，以保航运主权，几年后，成效非常显著。

德　操

叶方蔼侍讲

（顺治）十五年，迁左庶子，再迁侍讲学士。十六年，命充《孝经衍义》总裁，进讲《通鉴》。上问："诸葛亮何如[①]伊尹？"方蔼对曰："伊尹圣人，可比孔子；诸葛亮大贤，可比颜渊。"上首肯。讲《中庸》，上问："知行孰重？"对曰："宋臣朱熹之说，以次序言，则知先行后；以功夫言，则知轻行重。"上曰："毕竟行重，若不能行，知亦虚知耳。"

（《清史稿》卷二百六十六，叶方蔼传）

《附录：清史稿》

【注释】

①何如：与……如此怎样。

【译文】

顺治十五年，叶方蔼升迁为左庶子，又迁为侍讲学士。第二年，皇上命他担任《孝经衍义》总裁，进宫讲解《资治通鉴》。皇上问他："诸葛亮和伊尹相比怎样？"方蔼回答说："伊尹是圣人，可与孔子相比；诸葛亮是大贤人，可与颜渊相比。"皇上点头同意。讲解《中庸》，皇上问："知和行哪个更为重要？"回答道："按宋朝大臣朱熹的学说，以次序来讲，知在先，行在后；从实践角度讲，则是知为轻，行为重。"皇上说："到底还是行为重，倘若不能付诸实行，知也只是虚知罢了。"

马氏《文通》

马建忠，字眉叔，江苏丹徒人。少好学，通经史。愤外患日深，乃专究西学，派赴西洋各国使馆学习洋务。历上书言借款、造路、创设海军、通商、开矿、兴学、储材，北洋大臣李鸿章颇称赏之，所议多采行。累保道员①。光绪七年，鸿章遣建忠赴南洋与英人议鸦片专售事。建忠以鸦片流毒，中外胜谤，当寓禁于征，不可专重税收。时英人持正议者，亦以强开烟禁责其政府，引以为耻。闻建忠言，虽未能遽许，皆称其公。

……建忠博学，善古文辞，尤精欧文，自英、法现行文字以至希腊、拉丁古文，无不兼通。以泰西各国皆有学文程式之书，中文经籍虽皆有规矩隐寓其中，特无有为之比拟而揭示之，遂使学者论文困于句解，知其然而不能知其所以然。乃发愤创为《文通》一书，因西文已有之规矩，于经籍中求其所同所不同者，曲证繁引，以确知中文义例之所在，务令学者明所区别，而后施之于文，各得其当，不唯执笔学为古文词有左宜右有之妙，即学泰西古今一切文学，亦不难精求而会通焉②。书出，学者皆称其精，推为古今特创之作。

（《清史稿》卷四百四十六，马建忠传）

【注释】

①道员：古称观察，俗称道台。官名。始设于明代，清沿置，为省之下，府县之上的地方官员。

②焉：语气助词，无实际意义。

【译文】

马建忠，字眉叔，江苏丹徒人。年轻时勤奋好学，通晓经史。因有感于当时外国侵略日益加重，就专门研究西学，由朝廷派到西方各国使馆学习洋务。多次上书谈论借款、修路、创设海军、通商、开矿、兴办学校、培养人才等事，北洋大臣李鸿章极为赏识他，建议多被采纳。又累次被保荐为道员。光绪七年，李鸿章派遣马建忠到南洋和英国人就鸦片专卖进行谈判。马建忠以为鸦片流毒深远，国内外人士极力反对，理应通过征税来禁止鸦片，不能为了增加税收而放开鸦片销售。当时英国人中有正义感的，也都谴责英国政府强制别国放开烟禁，并引以为耻辱。听到马建忠的话，尽管不能马上答应，但都认为说得很公正。

……马建忠学识渊博，熟悉精通古文，又特别精通欧洲语言，从英、法等现代语言到希腊、拉丁等古代语言，没有不娴熟运用的。由于看到西方各国都有学习语言的语法书，汉语的经籍尽管都隐含一定句法、文法，却没有人通过比较而揭示出来，这样学者谈起文章来对句子分析感到十分困难，知其然而不知其所以然。马建忠于是发愤新著《文通》一书，按照西方语言已有的语法规则，在我国的经典文籍中寻求其相通相异之处，广征博引，来探讨认识汉语的语法规则，务必要使学习的人明白各种词语意义用法的区别，然后运用到写作中，以求准确适当，拿起笔来不但学习古文有左宜右宜的妙处，即使学习西方古今一切文学作品，也不难融会贯通。此书一出，学者们都称道它的精深广博，推崇为古今特创之作。

《附录：清史稿》

传世故事

康熙帝拘鳌拜亲政

顺治十八年（1661年），清世祖福临去世，临终遗诏索尼、苏克萨哈、遏必隆、鳌拜4人同为顾命大臣，共同辅弼年幼的康熙皇帝（圣祖）。但索尼年老，遏必隆懦弱不争，大权实则由鳌拜掌握，只有苏克萨哈与之抗争。

康熙帝年幼，鳌拜涉政。他与其弟及侄穆里玛、塞本特、讷莫以及班布尔善、阿思哈、噶褚哈、玛尔赛、泰必图、济世、吴格塞等人结党营私，占据朝廷要职。凡遇事都在家中议定，然后再廷宣施行。

康熙帝早就知道鳌拜专横乱政，只是由于鳌拜党羽太多，而且身强力壮，因而一直没有动手剪除。后来康熙帝引进索尼的儿子索额图，让他效力在身边左右，加一等侍卫衔。经过策划，康熙帝专门从宫外选进一批少年侍卫，在宫中练习摔跤的"布库"游戏，准备捕杀鳌拜。康熙八年（1669年）五月戊申这一天，康熙帝先在宫中埋伏布库少年，再诱鳌拜单身入宫，当即令侍卫逮捕拘禁了他。不久，王公大臣们上议揭发鳌拜之罪。皇帝宣布鳌拜大罪三大条，诛灭他弟及侄穆里玛、塞本特以及讷莫，其党羽班布尔善、阿思哈、噶褚哈、泰璧图、吴格塞等人都被诛杀，遏必隆也被夺籍，同时颁诏说："鳌拜愚昧反动，实该夷灭九族。但他效力时间很长，屡有战功，今免他一死，只将其没籍拘禁。"从此，康熙帝开始亲政。

第二年，索额图进为保和殿大学士。康熙十一年（1672年），索额图加任太子太傅。康熙四十二年（1703年），索额图因为"怙恶不悛，结党妄行，议论国事"而被拘禁，后死在狱中。

年羹尧幼时劝父

年羹尧,是清朝功勋卓著的大臣,康熙三十九年(1700年)考中进士,任内阁学士、四川巡抚。后来,镇守西北边疆,一面征讨少数民族军队,一面组织屯垦,开发边疆,西北赖以安定。年羹尧因功高,日见骄横,滥杀无辜,终遭杀身之祸。雍正三年(1725年)十二月,他被逮至京城中,加以罗织的92项罪名,被雍正帝削官夺爵,后又赐死。

年羹尧的父亲年遐龄也是朝廷命官,由兵部主事、刑部郎中一直做到工部侍郎、湖广巡抚,后于康熙四十三年(1704年)因病退休家居。

年家因年遐龄在朝中为官,又精于理财,所以很有钱。年羹尧家庭,他对父亲斤斤计较钱财颇不以为然。年羹尧幼时调皮,不大肯好好学习。他12岁的时候,有一天,又从私塾中逃了学,到郊外去尽兴玩耍。他忽然见到一个老妇人坐在一棵大树下,伤心地哭个不停,连眼睛都哭肿了。年羹尧问老妇人为什么这样悲伤,老妇人悲悲切切地回答说:"我家离年老爷家只有十几步远,是紧挨着的邻居。我有4个儿子,却都不学好,喜欢赌博,赌输了钱,竟偷偷将家中的房子卖掉。现在卖房子的字据已经立下了,屋子的新主人催着让房子,一刻也不放松。让房子说说倒是容易,只是叫我这老婆子住到哪儿去呢?"年羹尧很是同情心,便问买屋子的人是谁。这一问,才知道买房者原来是他的父亲年遐龄。年羹尧一听,高兴地对老妇人说:"老太太不要担心,买房子的人就是我父亲。我回去想办法,一定帮你解除难处!"于是,年羹尧将老妇人搀扶到自己家中。

回家后,年羹尧劝说父亲把立下的卖房契据退还给老妇人。年遐龄已经花了钱,舍不得将契据拿出来。于是,年羹尧又去找自己的母亲,缠着母亲要卖房契据。年母十分疼爱儿子,便将契据从年遐龄手中要了过来,交给年羹尧。年羹尧拿过契据,二话不说,一把火将它烧掉了,叫老妇人叩谢年遐龄。年遐龄气得说不出话来,却也无法。

炎武气节源老母

明末清初伟大思想家、学者顾炎武,自小聪慧过人,读书一目十行,14岁即补诸生,这时尚在明朝。顾炎武见时世多故,所以不图仕进,讲求经世之学。他曾参与明末"复社"的活动,清兵南下后,跟从昆山县令杨永言等举兵反抗,当时的鲁王曾授予他兵部司务之职。失败后,侥幸得脱,遍游各地,考察山川形势、风土人情,有反清复明之心。

顾炎武当清人入主之时,始终保持民族气节,这与他母亲王氏对他的教育激励不无关系。清兵入关占领北京后,又挥师南下,一路奏凯,腐败的明王朝已无多少抵抗之力。顾炎武的母亲居住在常熟的语谍泾,位于昆山和常熟两县之间。没过多少时候,清兵就顺利地打过长江,相继占领了昆山、常熟。顾母听到昆山、常熟沦陷的消息后,就不再吃东西,绝食了15天,终于去世。待安葬完毕,清兵也到了语谍泾。顾炎武的母亲临终时,曾谆谆告诫顾炎武说:"我虽然身为妇道,但同样身受明朝的恩惠,所以和国家一道灭亡,这是应有的忠诚气节。你应该不事二姓,不要做别朝的臣子,不要辜负世世代代所受的明朝之恩,也不要忘记祖先的教诲。这样,我在九泉之下也就可以瞑目了!"

《附录:清史稿》

母亲去世前的遗言给顾炎武以很大激励。他跟从杨永言举兵反抗失败后,唐王朱聿键在广西,曾任命顾炎武为兵部职方郎,召他前往。顾炎武因适逢母丧,没有去得成。此后,便开始了他的游历各省的流离生活。他曾遍历关塞,四谒孝陵,六谒思陵,表现了他不忘故国的志节。晚年,他卜居陕西的华阴。之所以卜居华阴,也完全是出于政治上的考虑,他认为陕西为旧秦地,秦人仰慕经学,看重处士,敢于指斥朝政,这些都是别地人难以相比的。再说华阴地当要冲,足不出户,便能见天下之人,闻天下之事。一旦有事,入山固守险要,不过十数里远。如果有志匡扶天下,那么一出关门,便有居高临下之势。总而言之,他仍然有着不忘恢复故国的宿志。只是到后来,他见到天下大势已定,明朝气数殆尽,恢复完全无望,才一心转向学术,研究经世之学,提倡经世致用,开清代朴学风气。他的诗作中,仍然有许多感事之作,块垒之气,溢满其间,常流露出对清军入侵的不满。清廷因为他的名望,曾几次征召他出来做官,他都坚决推辞,终其一生,都采取与清朝统治者不合作的态度，保持了一个旧时代知识分子的民族气节。

武训兴学

武训本来没有名字。他是山东堂邑县（今山东省聊城市西北）的一个乞丐，因为他排行第七，认得他的人，根据民间的习惯，就把他称作武七。那时人们的排行方法，叫做"大排行"，叔叔大爷的孩子们，就是堂兄弟，都在一起排。其实，武训的兄弟并不多，并且，他从小就失去了父亲，是母亲带着他，四处讨饭为生。

他逐渐懂事之后，对待母亲非常孝敬。只要讨到钱，就一定要买一点比较好吃的东西给母亲吃。母亲死后，他一面给人家打工，一面讨饭。

他最感到遗憾的是自己没有读过书，不识字。因此，他下决心要攒钱办学校，让穷人的孩子能够读上书。他把讨来的钱一点一滴地积攒下来，够一定数目了，就寄存到一位富人的家里。当他已经讨了30年饭了的时候，他用攒下的钱买下了230多亩地。有这些土地，在当地已经可以算作是一个不小的地主了。但他还是穿着破烂的衣服，白天继续讨饭攒钱，晚上就在自己家里织布。有人见他人老实，能干，就给他提亲，劝他娶个媳妇，他也婉言谢绝了。

又攒了几年，他的钱终于够盖一所小学堂的了，他就用了4000多两银子，在自己的家乡柳林庄办起了一所义学。"义学"就是专收穷人家子弟的免费学校。他把自己的全部土地也都捐给了这所学校，作为学校的财产和经费的来源。这所义学分为两部分，一部分叫做蒙学，就是打基础的部分；另一部分叫做经学，学习四书五经。

开学那天，他先拜先生，后拜学生，然后设宴款待先生。他不上桌吃饭，而是毕恭毕敬地侍立在门外，等老师吃完了，他才吃剩下的饭菜。他说，这是因为他是个叫花子，没有资格同先生身份平等。

以后，他经常到学校来看看。如果遇到先生睡午觉，或者学生正在游戏，他就默默地跪在床边，有时先生为这事大吃一惊。师生们也经常以武七的事迹互相勉励。武七如果听说哪个学生学习不努力，就会难过得落泪。

有一次武七讨饭来到馆陶（今山东省馆陶县北），遇到一位僧人了证。

这位僧人在鸦庄也想办一所学校，钱却不够，武训就赠给了证几百缗，帮助他建成了这所学校。

后来，武训又拿出1000多两银子，在临清（今山东省临清市）建了一所学堂。

这时，官府也表彰了他的勤勉，还赠给他一个名字叫武训。他建起的这两所小学也都以他的名子命名。

武训终身未娶，却经常拿出钱来周济穷人，也不对别人讲。光绪二十二年（1896年），他59岁的时候，得了重病，生命垂危。这时，他正住在临清的义学里。他让人把他的病床抬到教室的外面，当他听到学生们的读书声的时候，微笑着离开了人世。

当地人们很怀念他，就为他刻了像。

陶元淳审案正气凛然

清康熙年间进士陶元淳，授广东琼州昌化知县，委署崖州知州。清代海南岛上的驻军，依仗"天高皇帝远"，无法无天，骄横恣肆。有个守备叫黄镇中，用法律规定之外的酷刑残杀百姓，被杀者的亲属提出控告，游击余虎却不予过问，故意放纵部下。余虎自己也是一个贪得无厌的武官，他曾多次强逼黎族百姓向他献纳财物，岛上百姓怨声载道。

陶元淳上任后，短短几天就收到百姓们控告余、黄等人的诉状100多起。经过详细查证后，陶元淳条列余虎、黄镇中等人6款罪状呈送上司。余虎闻讯后，唯恐恶事上闻，他竭力向陶元淳表示亲善，并馈送白银100两，恳求他停止追究。陶元淳严词拒绝了余虎的收买，继续追查此案。余虎大怒，采取以攻为守的策略，书写揭帖，制造谣言，给陶元淳审办此案制造种种麻烦。

当时的两广总督石琳，见到揭帖后，指令琼州镇总兵参与会审此案。陶元淳对这一越法决定坚决予以抵制，他向上司发出申述说："按国家法律，私人揭帖不应传发审理，镇将不得干预地方政事。倘若一定这样做，其结果必然会挫伤地方官员的任事积极性，使他们灰心。我陶元淳宁可弃官不做，以维护国家政体的尊严，而决不会匐伏在目无法纪的武官面前，使州县守令蒙羞！"他总算顶住了让总兵会审的指令。

当他开始审理黄镇中非法杀人一案的时候，一贯横行无忌的黄镇中竟然命令全副武装的兵士100人气势汹汹地拥进知州衙署进行威胁。州里的衙役吓破了胆，纷纷后退。陶元淳正气凛然，怒眼圆睁，重重在桌案上拍了一掌，站了起来，大声斥责道："本州奉命审理案件，黄镇中作为被告，竟敢以守备之身带兵胁持，藐视国法，目无官府，这不是造反又是什么！"黄镇中被陶元淳的严正气势慑服了，连忙叫兵丁退了下去。

审讯的结果，判了黄镇中有罪，依法作了处置。消息传出之后，崖州百姓无不拍手称快，他们说："黄镇中尽管有余虎撑腰，还是敌不住陶知州的冲冠一怒。"从此，驻军官兵的行为有所收敛。每当陶元淳有事到府，总兵就得警告下属道："陶元淳来了，少出去惹事！"

可是，总督石琳对于陶元淳的倔强抗命，却一直耿耿于怀，多次借故整他，又想在3年一次考核外官的"大计"中，以不合格为由，将他劾罢。但新任广东巡抚萧永藻不同意，他心想："我刚刚到任，就弹劾一个颇有清正名气的知县，以后怎么领导属员？"经他对总督婉言劝解，陶元淳才免遭斥黜。

武亿怒斥京官

清代乾隆年间的著名学者武亿，擅长金石文字之学。他仅当过7个月的知县，但政绩赫然，举世为之注目。

乾隆五十七年，把持朝政的大学士和珅，又兼领步兵统领。他不知从哪里听说山东的一个造反组织的头头王伦，并不像一般人说的那样已经死了，而是还在进行隐蔽活动。和珅便秘密派遣许多番役，四出寻踪查访。以杜成德、曹君锡为头目的一批13个人进入山东。他们带着武器，横行各州县间，不用说老百姓不敢惹，就是地方官吏也不敢稍有得罪。

杜成德等人来到了山东博山县，他们盛气凌人地闯进一家又一家的酒店饭店，狂呼叫啸，恣意纵饮。刚上任不久的知县武亿，进士出身，性格正直豪放，听说有外来差役横行，勃然大怒，马上派出衙役多人，将那伙飞扬跋扈、招摇过市的差役押到县衙。

杜成德被押到武亿面前，县里的衙役要他跪下，他不仅不跪，反而更加气焰嚣张地疯狂咆哮。他拿出自己的出差令牌，恶狠狠地往堂上一扔，瞋目厉声，对着知县吼叫道："我等遵奉京师九门提督府牌，出京缉拿要犯，你是个什么官，胆敢阻挠我等行动！"

武知县拿起令牌，扫了一眼，放在桌上，大声叱斥杜成德道："令牌令你到地方后，报告有司衙门，求得协助缉捕，你等来到博山已有3天，不来拜见县官，这不叫违令，又叫做什么？而且令牌清楚写明只有差役二人，其他11人都是干什么的？"杜成德没有想到还有不怕和珅的七品知县。他被武亿的威势慑服了，一时无言可答，但还是桀骜不驯，凶焰不减。武亿喝令县役，将违法扰民的差役杜成德重杖数十。当地百姓闻讯，无不拍手称快。

可是，武亿的行动引起了山东地方长官的恐惧和怨恨。他们纷纷抱怨武亿行事鲁莽，给地方闯了大祸。山东巡抚吉庆马上以杖责九门提督差役的罪名，上疏劾奏武亿，并将奏疏副本抄呈和珅。老奸巨猾的和珅心想，按法律条例规定，九门提督不应当向京城以外派出差役；而你吉庆这般张扬其事，明为弹劾武亿，实际上无异于揭露我派遣差役出京的不当，这不是在暗地表彰武亿是一个强项县令吗？想到这里，和珅冷冷一笑，命人将奏疏副本退给山东巡抚。吉庆其实只是胆小怕事，只顾保全自己，并没有想得那么多。讨了这个没趣之后，别无他法，只好同僚属们想了一个任性行杖，滥责平民的莫名其妙的罪名，弹劾武亿，而煞费苦心地避开了直书其事。武知县就由此被罢官了。从他就任到撤职，仅仅7个月。

当武亿被罢官的消息传出后，博山的老百姓扶老携幼，1100多人前往拜见巡抚，要求留下这个难得的好官。吉庆见此情景，也颇受感动，他对百姓们说："我一定设法还你们的好知县，你们先回去看我的行动。"老百姓们又来到武亿暂住的地方，给他送柴送米，求他千万不要马上回乡。

山东巡抚吉庆也确实有些后悔，他进京觐见时，就带着武亿一同前往，意在帮他筹集金钱，谋求捐复官职。进京后，大学士阿桂怨他说："国家条令原本禁止番役出京，你怎么这样糊涂，竟然隐去真相，将依法行事的县令劾罢？"可这时和珅总揽大权，吏部由他控制，驳回了让武亿复职的请求。不过，从此和珅再也不敢派遣差役出京了。

几年以后，乾隆皇帝一死，和珅也就倒了台，大臣们纷纷举荐武亿。嘉庆皇帝即刻下令吏部调取武亿进京引见。当河南偃师县的知县捧着檄文来到武亿家里的时候，武亿已经在一个月前死了。

李毓昌壮志未酬

嘉庆十三年，苏北淮安一带发生水灾，地方政府拨款进行了赈灾救济工作。第二年，两江总督铁保委派新分发来的候补知县李毓昌，前往淮安府所属山阳县核查赈灾情况。

李毓昌新中进士，初踏官场，一腔热血，亟想报国安民。他带着仆人李祥、顾祥、马连升3人，急忙赶到山阳。他走村串户，访问灾民，了解了许多救灾工作中骇人听闻的贪赃现象，特别是查得山阳知县王伸汉浮开灾户、冒领赈款的行为，使他感到愤怒。他详列清单，准备具文上报。

李毓昌的仆人李祥是个奸诈狠毒的家伙，他和王伸汉的仆人包祥又是朋友。李祥悄悄地将自家主人已经掌握王伸汉冒领赈款的事告诉了包祥，并说主人正准备具文上报。包祥又将消息传给了王伸汉。王伸汉心里有鬼，极为恐惧，先是想通过李祥贿赂李毓昌，但遭到了李毓昌的拒绝。于是，王伸汉就和包祥、李祥密谋盗走他的调查材料，又没有成功。王伸汉无计可施，只得与李祥等人串通，计划对李毓昌狠下毒手了。

当李毓昌调查完毕，即将离开山阳时，王伸汉置酒为他饯行。李毓昌克制着内心的鄙视，礼节性地应邀出席。晚上回到寓所后，口渴要茶喝，李祥将放有毒药的水端给了他。睡了一会，腹痛难忍，挣扎着要起来。这时，包祥急忙过来从后面抱住他的头部，李毓昌觉得有些不对，怒目而视，叱问道："你想干什么！"李祥在旁边狞笑着说："我们不想再伺候你了。"马连升解下自己腰间系的带子，四仆一齐动手，竟将李毓昌活活勒死。然后，他们将尸体挂在梁上，急忙跑到县里报告说，主人于半夜自缢身亡。王伸汉故作吃惊，当即前来看验，自然也是以自缢上报。淮安知府王毂，是王伸汉一党，他也派人前来检验。验尸人向他报告说："发现尸体口中有血。"王毂大为不满，将验尸人杖责一顿，仍然以自缢上报。

几天以后，李毓昌的族叔李太清一行从山东即墨老家前来接回遗体。李太清等人在清理李毓昌的遗物时，从一本书中发现夹有一页纸片，上面写道："山阳知县冒赈，以金钱贿买毓昌，毓昌不敢受，深恐上负天子，下愧灾民。"明显这是他写给总督的呈文的残稿，李祥等人未曾找到，侥幸存留下来。

李太清回家后，家人开棺看视，深信是被谋害而死。李太清立志要为侄儿申冤雪恨，他马上前往北京，到都察院告了状。嘉庆皇帝命山东巡抚吉纶、按察使朱锡爵主持开棺验尸。经过水银洗刷、蒸骨检验等技术分析，确认李毓昌是中毒而未曾死，又被缢杀的。吉纶复奏后，皇帝命逮王毂、王伸汉及诸仆来刑部会审，各犯一一供认不讳，冤情于是大白。

结果，处王伸汉、包祥、顾祥、马连升等斩刑，王毂绞决。又命将恶仆李祥押至山东，在李毓昌墓前，先刑夹再处死，并挖出心肝祭奠死者。其他有关失职官吏，总督铁保、同知林永升均革职，遣戍乌鲁木齐。巡抚汪日章革职。江宁布政使杨护、江苏按察使胡克家革职留河工效力。其余佐贰杂职，徒流杖责者有 8 人。案定以后，又追赠李毓昌知府衔，赐其嗣子举人身份。李太清本是武秀才，亦赐武举人身份。嘉庆皇帝还亲撰《悯忠诗》30 韵，刻于墓碑，以示旌表。

邵晋涵受教苦读成才

邵晋涵是清代著名学者，字与桐，号二云，南江余姚（今属浙江）人。

邵晋涵少年时，晚上总是和祖父邵向荣一道睡。邵向荣是个有心人，一心要把邵晋涵培养成才，所以对他的学习督促甚严。每到深夜，邵向荣只要一觉睡醒过来，总是抓住邵晋涵的腿，把孙子摇醒，叫他背诵白天所读的书；或者举出经籍史书中的疑难之处，耐心地讲解给他听。有时候，又列举前代名贤的种种事迹，教育邵晋涵。如果邵晋涵记不住祖父所讲授的东西，邵向荣就一直摇着他，不让他安然入睡，直到邵晋涵牢记不忘为止。

邵向荣向来以这样的方法督促孙子读书。以今天的眼光看来，邵向荣这种教育方法不顾及青少年的身体健康，未免有过于残酷之嫌。然而正是近乎残酷的教育方式，才造就了一位知名的学者。乾隆三十六年（1771 年），邵晋涵一举考中了状元，入朝为官。他曾以翰林院编修的身份，参与编纂《四库全书》，具体负责史部的修纂工作；并和当时任《四库全书》总纂官的学者纪昀一起，撰成《四库全书总目提要》。又曾从《永乐大典》这部大型类书中，辑出薛居正所撰的《旧五代史》，并根据《册府元龟》《太平御览》等书籍以补其缺，又参考通鉴、长编及各种史书及宋人笔记、碑碣等加以辨正，使该书得以复传。特别是他对经学颇有研究，有《孟子述义》《谷梁正义》

《尔雅正义》《韩诗内传考》等，另外还有《辑轩日记》《南江诗文稿》《皇朝大臣谥迹录》《方舆金石编目》等著作传世。

徐乾学藏书以留后人

清人徐乾学，字原一，号健庵，昆山（今属江苏）人。他是明末清初著名思想家、学者顾炎武的外甥。康熙九年（1670 年）考中进士，便入朝为官，后来做到礼部侍郎、左都御史、刑部尚书等。

从政治上看，徐乾学并无多少政绩。有一次，户部郎中色楞额等向朝廷建议禁用明代旧钱，一律改铸新钱使用。徐乾学力陈不可采取这种办法，历朝以来，都是新旧钱混合使用，以利于百姓，否则，就会造成社会的混乱。他又考证从汉代到明代新旧钱兼用的史实，汇集起来上奏朝廷，终于被皇帝采纳，没有禁绝旧钱。这件事，可以算作是他的政绩之一。然而，他还是在史书中留下了一些不太好的事迹。但是，作为一个文人，徐乾学曾主持修撰过《明史》（任总裁官）《大清会典》《大清一统志》（均任副总裁官）。又集唐、宋、元、明历朝解经之书，编成《通志堂经解》；纂集历代丧制，编成《读礼通考》等，在文化史上做出了一定的贡献。而他一生中最成功的，恐怕要算作一个藏书家。

据史料记载，徐乾学自幼就十分喜爱读书、抄书、藏书。到清初时，恰逢战乱之后，徐乾学除自己精心搜求外，还托门生故吏于各地代为搜集，所以"南北大家之藏书，尽归先生"（黄宗羲语），藏书多达数万卷。他精心建造了一座楼房，专作藏书之用。他收藏的各种图书，共装了 72 书橱。楼房建成以后，徐乾学把自己的儿子们全都叫到楼上，语重心长地对他们说："许多做上辈的都给子孙们留下田地钱财，但子孙们却不见得能世世代代都富裕；也有的给子孙们留下金银珠宝，也未必能够世世代代保藏；还有的给子孙们留下亭台楼阁，后代却不一定能够世世代代保有。我并不想学这些人的榜样，我给你们留下什么样的遗产呢？留给你们的，就是这满屋的图书！"看来，徐乾学认为给子孙们留下物质财富并不是很明智的，给子孙们留下可以借此增长知识、培养才能的精神食粮——书籍，这才是最聪明的。

因此，徐乾学将自己的藏书楼命名为"传是楼"（"是"是这、这个的意思，指书籍）。不仅如此，徐乾学还精心整理自己的藏书，编成《传是楼宋元本书目》1卷、《传是楼书目》8卷，以便他的子孙们能更方便地利用他所留下的藏书，求得学问，增长知识才能。

遗憾的是，徐乾学将藏书传给子孙的梦想并没有能够实现，后来他的藏书由于种种原因，大多归了别人。

曾国藩严教亲属

曾国藩，道光十八年（1838年）进士，是大学士穆彰阿的门生，官至两江总督、直隶总督，又曾任过朝廷的钦差大臣。1852年，曾国藩奉诏在湖南办团练，创建湘军，造战船，建水师。此后，便率领他创建的湘军与太平军作战，曾被打得大败，但最终镇压了太平天国起义。后来，又曾围剿镇压捻军。在担任直隶总督时，曾处理天津教案，又媚外卖国，屠杀民众，受到舆论的谴责。

《附录：清史稿》

在政治上，曾国藩完全是一个代表统治阶级利益，为封建统治阶级效命的人物。但在家教方面却很有成效。他在外为官，不放心家中众多弟弟、子侄们，便时时写信回家，施以教诲，为后人留下了巨帙的《曾国藩家书》。曾国藩的三弟曾国荃后来也立朝为官，当过陕西、山西巡抚，两广、两江总督。其长子曾纪泽是近代有名的外交家，精通小学、乐律，又受过新式教育，懂得外文，曾受朝廷派遣，出使过英、法等国，并兼任驻俄公使。

曾国藩官居极品，手握大权，却节俭自守，并要求家人保持寒素家风，曾国藩的曾祖曾经制定8个字的治家信条，即：早、扫、考、宝、书、蔬、猪、鱼。意思是一要早起，二要扫除以保持清洁，三要诚修祭祀，四要善待乡邻（俗言谓"邻居好，赛金宝"），五要读书，六要种蔬，七要养猪，八要养鱼。曾国藩自幼接受父母教诲，信守上一辈所订的俭朴治家的家规。他在给长子曾纪泽的一封信中说："勤俭自持，习劳习苦，可以处乐，可以处约，此君子也。余服官三十年，不敢稍染官宦气息，饮食起居，尚守寒素家风，极俭可也，略丰亦可，大丰则我不敢也。凡仕宦之家，由俭入奢易，由奢返俭难。尔年尚幼，切不可贪爱奢化，不可习惯懒惰。不论大家小家，士农工商，勤苦守约，没有不兴旺；骄奢倦怠，未有不败。"为了让子弟们能勤俭劳苦，防止他们骄奢倦怠，他曾为家人制定一套十分具体的尚俭课目，规定家中男子是"看、读、写、作"，女子是"衣、食、粗、细"。并详细规定，女子早上、上午烧茶煮饭，扫抹房舍，中午织麻纺纱，下午和晚上缝衣制鞋和刺绣。在南京总督府时，他要求其妻子和儿媳们每天织麻纺纱，不允间断。他自己生活俭朴，以身作则，常年穿布衣布袜。30岁时曾做一件天青缎马褂，平时只有遇喜事或新年才偶尔一穿，所以藏了30年衣服仍是新的。他每天吃饭以一荤为主，有客来才稍增加些菜，故时人戏称他为"一品"宰相。曾国藩当总督时，三弟曾国荃也当了巡抚，家中客人、子弟增多，房子不够住。其九弟便新建一屋，花了3000串钱。曾国藩知道后，写信责备九弟："新屋搬进容易搬出难，吾此生誓不住新屋！"此后，终其一生未入新屋一步。他又曾寄儿子曾纪泽、曾纪鸿信一封，要儿子们"变化气质"，克服缺点。信中写道："人之气质，由于天生，本难改变，惟读书则可变化气质。古之精相法并言读书可以变换骨相。欲求变之之法，总须先立坚卓之志。即以余生平言之，30岁前最好抽烟，至道光壬寅十一月廿一日立志戒烟，至今不抽。46岁以前做事无恒，近五年深以为戒，现在大小事均尚有恒。即此二端，可见无事不可变也。……古称金丹换骨，余谓立志即丹也。"

曾国藩带湘军驻扎在安徽安庆时，有个亲戚从乡下来投奔他。这个亲戚行李极其简单，衣服朴素陈旧，也不善于言谈，整天默不作声。曾国藩见他十分朴实，心里十分喜欢他，想派一个差使给他做做。

一天，曾国藩和这个亲戚在一起吃饭，正好米饭中有个稗子。这个亲戚见了，把稗子从饭里拣出来扔掉后才吃饭。曾国藩从旁见了，没有吭声。过后，立刻就准备了盘缠，让这个亲戚回家乡去。这个亲戚一下子愣住了，连忙问曾国藩为什么要打发他走。曾国藩严肃地对他说："你平时既不是有钱的人，又从来没有到外面去过，放下锄头就来到我这里，不过才个把月，吃饭时就定要把稗子去掉，变得考究起来。我怕你以后环境好了，潜移默化，更要变得厉害。这样反而是害了你，所以叫你趁早回家去！"

这位亲戚听了曾国藩的一番话，十分惭愧，立刻诚恳地向曾国藩认错，表示一定真正改过，请曾国藩考验他。曾国藩平时特别喜爱种菜，经常到菜园中采摘自己亲自种出的蔬菜烧着吃，于是，便让这个亲戚去负责种菜。这位亲戚每天带着仆人在菜园中劳作，起早贪黑，从不偷懒。曾国藩时常偷偷地去观察他，见他果然能诚心改过，才给他换了个别的差事干。这位亲戚没有辜负曾国藩的期望，勤于职守，兢兢业业。后来，他做官不断得到升迁，最后一直做到布政使。

曾国藩十分注重家教，他家始终保持着寒素家风。但清代的一些野史中，却也有着不同的记载。据《清朝野史大观·清人逸事》载，曾国藩因全力镇压太平军，为清政府力挽狂澜，立下汗马功劳而备受朝廷重用，他的父亲和一些弟弟便依仗其势力，在乡里横行不法。他们只要对官府提出要求，地方官员就都不敢有一点点违拗，总是尽量给以满足。曾国藩的四弟曾澄侯更是乡里的一霸，只要他忌恨哪个人，就会加以诬陷，说那人是"会匪""乱党"，立刻送到官府中杀掉。就这样，前后杀掉了几十人。当地姓熊的县令心地较为善良，但因为不敢得罪曾澄侯，不得以听命，因此常暗自哭泣。人家问他为什么要哭，县令回答说："曾四爷又要借我的手杀人了！"曾家新开了一个码头，按照过去的惯例，常常要杀牲口祭告一番。有人怂恿曾澄侯杀人祭告，曾澄侯竟听信谗言，一下子杀了16个人。

有一次，曾国藩回老家去，听说了父亲及弟弟的种种劣迹。出于封建时代的所谓孝道，他不好对父亲怎么样，只好想办法劝惩其弟弟。有一天，曾澄侯正在呼呼地睡午觉，曾国藩悄悄拿了一把锥子，往曾澄侯的大腿上猛刺了一下。顿时，曾澄侯的大腿上鲜血汩汩，流得满身都是。曾澄侯睡得正香，一下子痛醒过来，大声喊叫。曾国藩便故意问弟弟道："你为什么要喊叫？"曾澄侯说："大腿上被刺一下，疼死我了！"这时，曾国藩便严厉地责备弟弟道："刺你一下你就大声喊疼，被你杀掉的那些人，难道就不疼吗？"这件事的可信度值得怀疑，但说曾国藩严于管束家人，这种从严治家的精神与前面所叙倒是颇为一致的。

郑板桥诫弟教子

郑燮是清代著名的书画家、诗人。乾隆元年（1736年）他考中进士，到山东潍县（即今山东潍坊市）当知县，很有政声。后来，因为灾荒年请求赈济灾民而获罪，辞官家居，以卖书画为生。郑燮是清代乾隆年间扬州的著名人物，与金农、李鳝、黄慎、罗聘等8个扬州书画家齐名，并称"扬州八怪"。他的诗歌、书法、绘画均有成就，号称"三绝"，名重一时。

郑板桥出身贫寒，所以对人生的贵贱、贫富等看得很透，从来不以富贵贫贱论人。当他还是个秀才的时候，有时翻家中的旧书箱，见到家中佣人的先人所订立的卖身契据等，就会马上拿去烧掉，并不拿去还给佣人本人，或者自己仔细看看契据的内容，就是怕佣人知道了感到难堪。郑板桥长大自己当家后，用佣人的时候，从来不要求对方和自己立契约，佣人自己如果觉得合适，就留下干下去，不然就自由离去。郑板桥的用意，是不想让后世子孙借此逼勒、苛求家中佣人。

后来，郑板桥经常在外，又到山东范县、潍县等地当官，不放心家中，更时时写信回家，教育在家中当家的堂弟郑墨。他谆谆告诫郑墨，不要以富贵贫贱论人，要宽厚对待家中的佣人，并将自己当年悄悄焚去佣人的先人所订立的契据、自己从不要求佣人立契据之事讲给堂弟听。又教育郑墨与人为善，要看到别人的长处，不要光看别人的短处。"以人为可爱，而我亦可爱矣；以人为可恶，而我亦可恶矣。东坡一生觉得世人没有不好的人，最是他好处。愚兄平生漫骂无礼，然人有一才一技之长、一行一言之美，未尝不啧啧称道。"（《郑板桥集·淮安舟中寄舍弟墨》）郑板桥举宋代苏东坡和自己的例子，告诫郑墨多看别人的长处，话语之中充满着人生的哲理。郑墨将哥哥郑板桥的俸钱带回家中，郑板桥特意寄信回家，要弟弟挨家挨户，逐一散给自家的邻居族人："南门六家，竹横港十八家，下佃一家，派虽远，亦是一脉，皆当有所分惠。……无父无母孤儿，村中人最能欺负，宜访求而慰问之。自曾祖父至我兄弟四代亲戚，有久而不相识面者，各赠二金。……徐宗於、陆白义辈，是旧时同学，日夕相征逐者也……今皆落落未遇，亦当分俸以敦夙好。……敦宗族，睦亲姻，念故交，大数既得；其余邻里乡党，相周相恤，汝自为之，务在金尽而止。"（《范县署中寄舍弟墨》）郑板桥谆谆嘱咐堂弟将自己的俸钱分送净尽，用以救济亲朋好友、邻里乡党，其用心可谓良苦。郑板桥又教育郑墨尽心务农，收拾齐备农具及家中生活器具，男耕女织，养成"一种靠田园长子孙气象"，一点也没有轻视农夫的思想。他教育郑墨要体恤贫苦之人，如果人家要借钱，必须要成全；假如不能偿还，也要宽容他。总之，郑板桥总是无论大小事都耐心开导其弟。

郑燮52岁时才得一子，因此对之十分钟爱。但不是一味溺爱，而是教之以正道。他在潍县任官，便写信给堂弟，要郑墨在家好好教育其子，让他懂得为善之道，养成忠厚而有同情心的性格，防止刻薄急躁等坏习气。他特别关心为儿子延师教育之事，并要求刚刚6岁的儿子对师长懂得礼貌，对同学关心。

在《潍县寄舍弟墨第三书》这封信中，他殷殷关照郑墨："吾儿六岁，年最小，其同学长者当称为某先生，次亦称为某兄，不得直呼其名。纸笔墨砚，吾家所有，宜不时散给诸众同学。每见贫家之子、寡妇之儿求十数钱买川连纸钉仿字簿而十日不得者，当察其故而无意中与之。至阴雨不能即归，辄留饭，薄暮，以旧鞋与穿而去。彼父母之爱子，虽无佳好衣服，必制新鞋袜来上学堂，一遭泥泞，复制为难矣。夫择师为难，敬师为要。择师不得不审，既择定矣，便当尊之敬之，何得复寻其短？"为了更好地教育自己的儿子，郑燮特意抄了四首顺口好读的古代诗歌，让堂弟郑墨教其儿子且读且唱，从中受到教育。诗曰：

二月卖新丝，五月粜新谷。医得眼前疮，剜却心头肉。

耘苗日正午，汗滴禾下土。谁知盘中餐，粒粒皆辛苦。

昨日入城市，归来泪满巾。遍身罗绮者，不是养蚕人。

九九八十一，穷汉受罪毕。才得放脚眠，蚊虫蚤跳出。

丁日昌与清廷第一家兵工厂

丁日昌是广东丰顺人，当过地方武装的头头，后来被选为琼州（即今海南省）府学训导，还当过江西万安的知县。他勤奋好学，对刚刚从西方传入中国的新技术很有兴趣，因此被一意"虚心忍辱，学得西人一二秘法"，提倡洋务运动的李鸿章看中。

同治元年（1862年），李洪章写信急招丁日昌来上海，专办军火制造。同治四年，丁日昌在上海四处奔走，买下了美国商人在上海虹口开办的旗记铁工厂。这家工厂被认为是外国人在上海地区开办的最大的一家机器制造厂，它有一些修船的机器设备，还有少量的制造枪炮的设备，能修配轮船和洋枪洋炮。丁日昌原来还在上海开办过一个炮局，这时也同另一个炮局一起合并到这家铁厂中来。这家铁厂此时已拥有3名外国技师和50多名中国工人，在当时的中国，这已经是具有一定的规模了。这时太平军正在对清军的镇压进行顽强的抵抗，屡败曾国藩的湘军和李鸿章的淮军，因此湘军淮军都需要大量的武器，特别是洋枪洋炮。旗记铁厂被丁日昌买过来不久，便利用一台小型蒸汽机带动机器开始制造枪炮。

同时，曾国藩还派中国第一个留学美国的容闳带着6万两白银到美国去采购机器设备，买回来后，也并入了这家铁厂，在此基础上建立了"江南制造总局"，这是由清廷政府创办的第一家军火工厂。

曾国藩还主张中国自己制造轮船，丁日昌便接受了制造轮船的任务。同治六年（1867年），为了避免中国工人给洋人制造麻烦和扩大生产规模，在李鸿章的授意下，丁日昌又把江南制造总局从已经被美国划为租界的虹口，迁到上海城南高昌庙。在70余亩土地的厂区内，建造了机器厂、洋枪楼、汽炉厂、木工厂、铸铜铁厂、熟铁厂、库房、煤栈、轮船厂、船坞、中外工匠宿舍和办公楼等一系列厂房、库房和宿舍等设施。以后，它的规模不断扩大，到了同治九年（1870年），它已经占地400余亩。这期间又建成了翻译馆、汽锤厂和枪厂，还在龙华镇建成了火药厂和引信厂。以后的10多年内，又先后建成了黑火药厂、栗色火药厂、无烟火药厂以及火药库，还把汽锤厂改建为炮厂，并相继建设了炮弹厂和水雷厂。光绪十六年（1890年）还建成了一座钢厂。初步形成了一套军火生产的体系。

开始时，除了原有设备外，它又自造了30多台设备。以后陆续制造兵轮（小型军舰）7条和一些小型船只，制成了多种火药400多万磅、多种炮585尊、各种枪5万多支、炮弹120多万发、各种水雷563具，还能自己冶炼制造大炮用的钢。这些武器供应了清政府军队对内镇压和对外战争的需要。它们的质量虽然不很高，但毕竟是中国自己制造自己需要的武器了。因此，丁日昌主持创办的这所江南制造总局，作为一个开端，在中国军事工业的发展中，占有了一定的地位。

它设立的翻译馆，主要是聘请精通汉语的外国人，10余年中翻译了西洋书籍近百种，其中自然科学方面的书籍47种，工艺军事方面的有45种，起到了在中国传播西方先进科学技术的作用。

丁日昌虽没有自始至终都在江南机器制造总局。但他在江南制造总局历史上的地位不可抹杀。

同治六年，他因为创办江南机器制造总局有功，被提为布政使巡抚江南。当时，台湾有个别少数民族，还处在比较原始的社会状态。他亲自渡海到达台湾，在这些少数民族地区创办学校，教他们识字，教他们耕作技术。他还计划在台湾修筑铁路，开发矿产，造船造机器。当基隆煤矿投入生产时，他亲自计算了煤炭成本，指出，那里的煤每吨成本只有一元三角左右，运至香港可值五六元，每吨可获利数千元。他并因此建议将台湾的煤矿"一律由官买回自办"。

当他因病从台湾回大陆的时候，那里的官吏和百姓流着泪夹道为他送行。他在光绪四年（1878年）去世。

人物春秋

征伐兼并　关外称帝——努尔哈赤

爱新觉罗·努尔哈赤仪表雄伟，志向远大，沉着冷静，声如洪钟，过目不忘，心胸开阔，为人大度。邻部古勒城主阿太被明总兵李成梁攻击。阿太是王杲之子，礼敦的女婿。当时景祖正领着儿孙前往探视。有一名叫尼堪外兰的人，诱使阿太打开城门，明军得以入城残杀，二祖皆死于难。爱新觉罗·努尔哈赤及弟弟舒尔哈齐陷入明军之中，李成梁之妻觉得他相貌非凡，便偷偷将他放回。爱新觉罗·努尔哈赤归途中遇上额亦都，额亦都以其徒众9人跟随爱新觉罗·努尔哈赤。

爱新觉罗·努尔哈赤返回后，有甲衣13副。五城族人龙敦等嫉妒他，便以害怕明朝为借口，屡次企图加害爱新觉罗·努尔哈赤，派人半夜偷袭，侍卫帕海战死。额亦都、安费扬古防备甚严，曾夜获一人，爱新觉罗·努尔哈赤说道："将他放了吧，不要为此结下怨仇。"并派人向明朝诉说道："我的祖先有什么罪，要派军残杀呢？"明朝归葬他死去的亲人。爱新觉罗·努尔哈赤又说："尼堪外兰是我的仇人，我希望能将他捉拿回去。"明朝不许。正巧萨尔虎城主诺米纳、嘉木湖城主噶哈善哈思虎、沾河城主常书率领部属前来归附，爱新觉罗·努尔哈赤便与他们结盟，并和亲，从此有了用兵的志向。这年是明万历十一年（1583年），爱新觉罗·努尔哈赤25岁。

万历十一年夏五月，爱新觉罗·努尔哈赤起兵征讨尼堪外兰，诺米纳的军队不来，尼堪外兰逃至甲版。爱新觉罗·努尔哈赤率军攻克图伦城，尼堪外兰逃至河口台。爱新觉罗·努尔哈赤派军追赶，靠近明朝边境时，明朝出兵，尼堪外兰逃至鹅尔浑。爱新觉罗·努尔哈赤出兵未果，主要是因为诺米纳背约，并泄露了出兵的日期。爱新觉罗·努尔哈赤于是杀掉诺米纳及其弟奈喀达。五城族人康嘉、李岱等联合哈达军前来抢劫瑚济寨，爱新觉罗·努尔哈赤派安费扬古、巴逊率12人追击，尽夺所掠财物而归。

万历十二年春正月，爱新觉罗·努尔哈赤率军进攻兆佳城，以报瑚济寨之役之仇。途遇大雪，部众请求退兵返回。爱新觉罗·努尔哈赤说道："城主李岱，是我的同姓兄弟，却替哈达带路，岂能饶恕？"命令军队继续前进，终于攻下兆佳城。先前龙敦唆使诺米纳背约，又派人杀掉噶哈善哈思虎，这时爱新觉罗·努尔哈赤将其遗骨归葬。六月，爱新觉罗·努尔哈赤率军征讨萨木占，为噶哈善哈思虎复仇。又在马儿墩寨进攻其同伙讷申，苦战4天，将其杀死。九月，爱新觉罗·努尔哈赤率军讨伐董鄂部，途遇大雪，军队只得返回，城中出兵攻击，爱新觉罗·努尔哈赤派12名骑兵将其打败。王甲部请求出兵进攻翁克洛城，爱新觉罗·努尔哈赤中途投入战斗，焚烧其外城。爱新觉罗·努尔哈赤爬上屋顶射击，敌兵鄂尔果尼射击爱新觉罗·努尔哈赤，穿透甲胄射中脑袋，爱新觉罗·努尔哈赤拔箭反射，射死一人。罗科射击爱新觉罗·努尔哈赤，箭穿过铠甲射中脖子，爱新觉罗·努尔哈赤将箭拔出，因箭头卷曲，血肉迸溅，爱新觉罗·努尔哈赤只得挂着弓慢慢爬下来。他喝了数斗水，因受伤过重，骑马速归。伤愈之后，再前往进攻，将其攻克。爱新觉罗·努尔哈赤求得鄂尔果尼、罗科两人，说道："真是壮士啊"。

万历十三年二月，爱新觉罗·努尔哈赤率军略取界凡，准备退兵返回时，界凡、萨尔浒、乐佳、把尔达四城合兵400人追击，到太兰冈时，城主讷申、巴穆尼策马并进，眼看就要追到，爱新觉罗·努尔哈赤调转马头迎击敌人，讷申用刀砍断爱新觉罗·努尔哈赤的马鞭，爱新觉罗·努尔哈赤则挥刀砍中其背部，使其坠马，然后回头射击巴穆尼，将两人杀死。敌人见此不敢再逼近，慢慢离去。夏四月，爱新觉罗·努尔哈赤率军征讨哲陈部，路遇大水，乃命诸军返回，率80名骑兵继续前进。到达浑河时，遥见800敌军临河列阵。包朗阿之孙扎亲桑古里心中害怕，解下铠甲交给别人。爱新觉罗·努尔哈赤斥责他说："你平日在族党间表现得很雄武，今天怎么胆怯畏缩呢？"爱新觉罗·努尔哈赤赶走了他。爱新觉罗·努尔哈赤独自与其弟穆尔哈齐、近身侍卫颜布禄、武陵噶一起向前冲击，杀死20余人，敌人争相逃遁，爱新觉罗·努尔哈赤一行追至吉林冈而归。爱新觉罗·努尔哈赤说道："今日之战，以四人败八百，这是上天保佑啊。"秋九月，爱新觉罗·努尔哈赤率军进攻安土瓜尔佳城，将其攻克，斩其城主诺一莫浑。

万历十四年夏五月，爱新觉罗·努尔哈赤率军征讨浑河部播一混寨，将其攻下。秋七月，征服哲陈部托漠河城。爱新觉罗·努尔哈赤得知尼堪外兰在鹅尔浑，便快速进兵，攻下其城，但未能抓获尼堪外兰。爱新觉罗·努尔哈赤登城远眺，见一人头戴毡笠，身穿青棉甲，以为是尼堪外兰，便单骑追赶，被土人包围，他带伤力战，射死8人，砍死一人，才冲出。后来知道尼堪外兰进入了明朝边境，爱新觉罗·努尔哈赤便派人向明朝边吏索求尼堪外兰，令斋萨将其斩首。因为获得了罪人，爱新觉罗·努尔哈赤开始与明朝交往、进贡。

万历十五年春正月，爱新觉罗·努尔哈赤在虎兰哈达南冈筑城，开始修建宫殿，在部众中宣布教令，禁止暴乱、盗窃，设立法制。六月，爱新觉罗·努尔哈赤率军进攻哲陈部，攻克山寨，杀寨主阿尔泰。命额亦都率师攻取把尔达城。爱新觉罗·努尔哈赤率军进攻洞城，城主扎海投降。

万历十六年夏四月，哈达部贝勒扈尔干携女前来归附，苏完部索尔果率其子费英东等、雅尔古寨扈拉虎率子扈尔汉、董鄂部何和礼也率所部前来归附，爱新觉罗·努尔哈赤都厚待他们。秋九月，攻取完颜部王甲城。叶赫部贝勒纳林布禄携其妹那拉氏前来归附，爱新觉罗·努尔哈赤设宴成礼，那拉氏即孝慈高皇后。

万历十七年春正月，爱新觉罗·努尔哈赤率军攻取兆佳城，斩其城主宁古亲。万历十九年春正月，爱新觉罗·努尔哈赤派兵略取长白山诸路，尽收其众。叶赫部要求封地，爱新觉罗·努尔哈赤没有给予。叶赫部便出兵劫取东界洞寨。万历二十年冬十月二十五日，爱新觉罗·努尔哈赤第八子皇太极出生。翌年夏六月，叶赫、哈达、辉发、乌拉四部合兵侵犯户布察，爱新觉罗·努尔哈赤派兵将其击败。九月，叶赫因在我处不得志，便纠结扈伦三部乌拉、哈达、辉发，蒙古三部科尔沁、锡伯、卦尔察，长白二部讷殷、朱舍里，共九部合3万兵力来犯。爱新觉罗·努尔哈赤派武里堪侦察敌情，得知敌军到达浑河，将在夜间渡河，武里堪翻越山岭，策马报告爱新觉罗·努尔哈赤。爱新觉罗·努尔哈赤问道："叶赫兵果然到了吗？你去告诉诸将明天出战。"等到早晨，爱新觉罗·努尔哈赤引兵而出，对众将士说道："解开你们的护手，去掉你们的护脖，不要束缚住自己，这样不便于奋力拼杀。"又再三命令："敌人是乌合之众，志向不一，只要将前面的敌军打败，敌军必定掉头逃跑，我军乘机进攻，没有不胜利的。"部众士气奋发。爱新觉罗·努尔哈赤命额亦都率百人前去挑战。叶赫部贝勒布斋策马迎战，战马触木跌倒，努尔哈赤部士兵吴谈将他砍死。科尔沁部贝勒明安的战马深陷泥沼，他换上了一匹孱弱的马逃跑了。敌军大溃，我军追击败兵，俘获敌军无数，擒拿乌拉部贝勒之弟布占泰而归。冬十月，爱新觉罗·努尔哈赤派兵征讨朱舍里路，抓获其路长舒楼格；派额亦都等进攻讷殷路，斩其路长搜稳塞克什，因为此二路帮助敌人。

万历二十二年春正月，蒙古科尔沁部贝勒明安、喀尔喀部贝勒老萨派遣使者前来通好，从此以后蒙古使者往来不绝。第二年夏六月，爱新觉罗·努尔哈赤率军征讨辉发部，攻取多壁城。万历二十四年春二月，明朝使者到来，朝鲜官吏两人跟随而来，爱新觉罗·努尔哈赤以礼相待。秋七月，爱新觉罗·努尔哈赤派布占泰返回乌拉部，正巧贝勒被部人所杀，于是便立布占泰为贝勒。万历二十五年春正月，叶赫四部请求修好，爱新觉罗·努尔哈赤同意，并结盟。翌年春正月，爱新觉罗·努尔哈赤命其弟巴雅拉、长子褚英率军征伐安褚拉库，因他对我方必存二心，倾向叶赫部。十一月，布占泰来会，爱新觉罗·努尔哈赤将其弟之女许配给他为妻。

万历二十七年春正月，东海渥集部虎尔哈路路长王格、张格前来归附，献上貂皮、狐皮，以后每年定期来朝贡。二月，开始制定国书。三月，开矿，采选金银，设炉冶铁，哈达部与叶赫部交战，哈达部给爱新觉罗·努尔哈赤送来人质乞求支援，爱新觉罗·努尔哈赤便派费英东、噶盖前去戍守。哈达部又暗中与叶赫部来往，戍将报告爱新觉罗·努尔哈赤。九月，爱新觉罗·努尔哈赤率军讨伐哈达部，攻克其城，俘其贝勒孟格布禄而归。孟格布禄有叛乱阴谋，噶盖没有报告，爱新觉罗·努尔哈赤便将他一起处死。

万历二十九年春正月，明朝指责爱新觉罗·努尔哈赤消灭哈达部，爱新觉罗·努尔哈赤便派孟格布禄之子吴尔古岱回去管理哈达部。哈达部被叶赫部及蒙古侵犯，爱新觉罗·努尔哈赤派人向明朝诉说，明朝不予理睬，又派使者向明朝报告哈达部发生了饥荒，明朝不予回答。爱新觉罗·努尔哈赤便将吴尔古岱带回，收其部众，哈达部灭亡。

万历三十一年春正月，爱新觉罗·努尔哈赤迁居赫图阿喇，此地是肇祖以来所居住的地方。九月，爱新觉罗·努尔哈赤妃那拉氏去世，即孝慈高皇后。当初妃生病后，求见其母，其兄叶赫部贝勒不许她来，之后，她去世了。

万历三十二年春正月，爱新觉罗·努尔哈赤率军讨伐叶赫部，攻克二城，攻取七寨。被明朝授为龙虎将军。第二年，修筑外城。蒙古喀尔喀巴约忒部恩格德尔前来归附。万历三十四年冬十二月，恩格德尔会合蒙古五部使者前来朝贡，尊称爱新觉罗·努尔哈赤为神武皇帝。此年，限制民田。万历三十五年春正月，瓦尔喀斐悠城首领穆特黑前来，因为乌拉部侵犯，请求投靠爱新觉罗·努尔哈赤。爱新觉罗·努尔哈赤便命舒尔哈齐、褚英、代善及费英东、扬古利率兵迁徙其500户回来。乌拉部发兵一万进行拦击，爱新觉罗·努尔哈赤军队将其击败，斩首3000，俘获战马5000匹。还师之后，爱新觉罗·努尔哈赤厚赏褚英等人。夏五月，爱新觉罗·努尔哈赤命巴雅拉、额亦都、费英东、扈尔汉征伐渥集部，俘获2000人而返。秋九月，爱新觉罗·努尔哈赤因辉发部屡次背约，亲自率军征讨，将其攻克，自此，辉发部被灭。

万历三十六年三月，爱新觉罗·努尔哈赤命褚英、阿敏等征伐乌拉部，攻克宜罕阿林城。布占泰心中害怕与爱新觉罗·努尔哈赤重新通好，捉拿叶赫部50人前来，并请求通婚，爱新觉罗·努尔哈赤允许。这一年，爱新觉罗·努尔哈赤与明朝将领结盟，各守其境，立石于边界。

万历三十七年春二月，爱新觉罗·努尔哈赤写信给明朝，说："邻近朝鲜的瓦尔喀部是我的种族，请下令将它拨给我。"明朝让朝鲜归还千余户给爱新觉罗·努尔哈赤。十月，爱新觉罗·努尔哈赤命扈尔汉征讨渥集呼野路，尽取其地。

万历三十八年十一月，爱新觉罗·努尔哈赤命额亦都率军将渥集部那木都鲁诸路路长招来归附。额亦都回师攻击雅揽路，因为它不愿归附，又抢劫爱新觉罗·努尔哈赤的属民，额亦都就攻取了它。

万历三十九年春二月，爱新觉罗·努尔哈赤给国中无妻者2000人赏赐配偶，并赐予数量不等的黄金。秋七月，命其子阿巴泰及费英东、安费扬古攻取渥集部乌尔古宸、林伦两路。冬十月，命额亦都、何和里、扈尔汉率军征讨渥集部虎尔哈，俘虏2000人，并招降旁边的各路，获得500户。

万历四十年秋九月，爱新觉罗·努尔哈赤亲征乌拉部，因为其屡背盟约，又用箭射击爱新觉罗·努尔哈赤之女。布占泰凭河抵抗。爱新觉罗·努尔哈赤驻军河东，攻克其六城，焚烧其积聚的财物粮食。布占泰亲自出来求和。爱新觉罗·努尔哈赤严厉斥责布占泰，允许他交纳人质来达成和解，但要派军驻守。然后爱新觉罗·努尔哈赤率军返回。

万历四十一年正月，布占泰再次投靠叶赫部，爱新觉罗·努尔哈赤率军前去征讨。布占泰以3万名士兵迎战。爱新觉罗·努尔哈赤率先冲锋陷阵，诸将也奋力拼击，将其打得大败，遂进入其城。布占泰到城下时，不能入城，代善追击他，布占泰单骑逃奔叶赫部，乌拉部灭亡了。爱新觉罗·努尔哈赤派人索要布占泰，叶赫部不给。秋九月，爱新觉罗·努尔哈赤起兵进攻叶赫部，派人报告明朝，降服了兀苏城，焚烧其19座城寨。叶赫部向明朝告急，明朝派使臣前来调解。爱新觉罗·努尔哈赤率军返回，途经抚顺时，明朝游击将军李永芳前来迎接。爱新觉罗·努尔哈赤写信给他说："我与明朝没有隔阂。"

万历四十二年四月，爱新觉罗·努尔哈赤第八子皇太极娶蒙古科尔沁部莽古思之女，行迎亲礼。明朝使者前来，自称是都督。爱新觉罗·努尔哈赤对他说道："我认得你，你是辽阳无赖萧子玉。我不是不能杀你，而是唯恐使大国蒙羞。告诉你的巡抚，不要再相互欺骗。"十一月，爱新觉罗·努尔哈赤派兵征讨渥集部雅揽、西临两路，俘获1000人。

《附录：清史稿》

万历四十三年夏四月，明朝总兵张承胤派人前来要求土地，被爱新觉罗·努尔哈赤拒绝。爱新觉罗·努尔哈赤下令各佐领屯田积谷。秋闰八月，爱新觉罗·努尔哈赤长子褚英去世。在此之前，爱新觉罗·努尔哈赤准备将政权授予褚英，因褚英性情暴躁，众心不附，此事才罢。褚英心中怨恨，焚表告祭上天，被人告发，便自缢而死。冬十月，爱新觉罗·努尔哈赤派遣将领征讨渥集部东格里库路，俘获一万人。这一年，改定兵制，当初以黄、红、白、四个旗统兵，现在增加四个镶旗，改黑旗为蓝旗。设置理政听讼大臣5人，以扎尔固齐10人辅助他们。于是，归附者日众，疆域益广，诸贝勒大臣便再三劝爱新觉罗·努尔哈赤登基为皇帝。

天命元年（1616年）正月初一日，爱新觉罗·努尔哈赤即位，建元天命，定国号为金。诸贝勒大臣尊爱新觉罗·努尔哈赤为覆育列国英明皇帝。爱新觉罗·努尔哈赤命次子代善为大贝勒，堂侄阿敏为二贝勒，五子莽古尔泰为三贝勒，八子皇太极为四贝勒。命额亦都、费英东、何和礼、扈尔汉、安费扬古为五大臣，共同处理国政。

英明之帝 开清盛世——玄烨

爱新觉罗·玄烨，世祖第三子。母亲孝康章皇后佟佳氏，于顺治十一年三月十九日在景仁宫生下玄烨。玄烨仪容英俊，站立如山，声音洪亮。6岁时，与兄弟一起向世祖问安。世祖问他们以后要干什么。皇二子福全回答："愿为贤王。"玄烨则答道："愿效法父皇。"世祖觉得很惊奇。

顺治十八年（1661年）正月初六日，世祖驾崩，玄烨即位，当时8岁，改元康熙。世祖遗诏令索尼、苏克萨哈、遏必隆、鳌拜四大臣辅政。

六年（1667年）正月己丑，封世祖第二子福全为裕亲王。丁酉，授明安达礼为礼部尚书。二月癸亥，晋封已故亲王尼堪之子贝勒兰布为郡王。丁卯，授宗室公班布尔善为大学士。重新起用图海为大学士。四月甲戌，加封索尼为一等公。甲子，江南百姓沈天甫撰写逆诗诬告他人，被处死。被诬告者均不论罪。御史田六善说有奸民告发，对南方人不说"通海"，而说"逆书"，对北方人不说"于七党"，而说"逃人"，请求审问告发者，并以诬告罪反坐。皇上听从了他的意见。五月辛酉，吴三桂上疏辞去总管云南、贵州两省事务之职。皇上接受其辞呈。六月己亥，禁止采办楠木的官员役徒惹生事端，累及百姓。七月己酉，皇上亲政，到太和殿接受朝贺，加恩朝中内外，罪不当斩者，全部赦免。这天，皇上开始到乾清门临朝听政。甲寅，命武官一律引见。癸亥，赐封辅政大臣遏必隆、鳌拜加一等公。九月丙午，下令编修《世祖实录》。十一月丁未，冬至，在圜丘祭天。奉世祖章皇帝配享。丁巳，加上太皇太后、皇太后徽号。十二月丙戌，命塞白理为广东水师提督。戊子，授马尔赛为户部增设尚书。戊戌，在太庙举行大合祭。这一年，减免直隶、江南、江西、山东、山西、陕西、甘肃、浙江、福建、湖广等省160个受灾州县赋税，数额不等。朝鲜、荷兰进贡。

八年（1669年）正月戊申，整修乾清宫，皇上移住武英殿。二月庚午，下令实行南怀仁所推算的历法。庚午，康熙帝巡幸京畿地区。三月辛丑，将直隶被废去藩封的田地赐予百姓。四月癸酉，卫周祚免职，授杜立德为大学士。丁丑，玄烨幸临太学，祭奠先师孔子，讲解《周易》《尚书》。丁巳，给事中刘如汉请求举行经筵。玄烨很愉快地采纳了其建议。

五月乙未，授黄机为吏部尚书，郝惟讷为户部尚书，龚鼎孳为礼部尚书，起用王弘祚为兵部尚书。戊申，下诏逮捕辅政大臣鳌拜，交廷臣审讯。皇上早知鳌拜专横乱政，只是担心其力大难以制服，便挑选侍卫、拜唐阿之中年少强壮者，练习摔跤。这一天，鳌拜入宫拜见，皇上马上命令侍卫将其扑倒，捆绑起来。从此便设立了善扑营，由皇帝亲信统领。庚申，王大臣拟出鳌拜的罪案，上奏玄烨，列举其大罪30条，请求予以族诛。玄烨下诏说："鳌拜愚悖无知，确当族诛。特念其为朝廷效力已久，屡立战功，免其死罪，没收所有财产，终身拘禁。"其弟穆里玛、塞本得，堂侄讷莫，党徒大学士班布尔善，尚书阿思哈、噶褚哈、济世，侍郎泰璧图，学士吴格塞都被处死。被牵连的其他人则被罢官贬谪。其弟巴哈在宫中值宿警卫，老实谨慎，卓布泰则立有军功，两人被免去连坐之罪。继嗣的敬谨亲王兰布降为镇国公。褫夺必遏隆太师、一等公的爵位。六十一年壬寅春正月戊子，康熙帝召见八旗文武大臣年岁在65以上的680人，已经退职的也一律赐宴，宗室授爵劝酒。越三日，宴赏汉族大臣65以上的340人，规格相同。圣祖赋诗，诸位大臣奉和，题名为《千叟宴诗》。戊申，圣祖巡幸京郊地区。

二月庚午，任命高其倬署理云南贵州总督。丙子，圣祖返回住在畅春园。三月丙戌，任命阿鲁为荆州将军。夏四月甲子，派遣使臣册封朝鲜国王李昀的兄弟李昑为世弟。丁卯，圣祖巡视热河。己巳，抚远大将军胤禵再次前往军中。癸未，福州驻防兵丁哗变，将军黄秉钺不能约束弹压，被革职，斩杀为首哗变之兵。五月戊戌，施世纶去世，任命张大有署理漕运总督。六月，因为奉天地方连年丰收，解除海禁。暹罗大米价格较低，听任它输入内地，免征关税。辛未，命令直隶截留漕粮20万石以备赈济。丙子，赵弘燮去世，加封他的侄子郎中赵之垣佥都御史衔，署理直隶巡抚。秋七月丁酉，征西将军祁里德上奏乌兰古木屯田事宜，请求增兵防守。命令都统图拉率兵前往。壬寅，命令色尔图赴西藏统领四川驻防兵。戊申，任命蔡珽为四川巡抚。八月丙寅，停止本年处决囚犯。已故提督蓝理的妻子儿子先前因有罪被抄没入旗，至此，圣祖怀念蓝理平定台湾有功，赦免他们返回原籍，应交纳的款项免于追赔。己卯，圣祖驻跸汗特木尔达巴汉昂阿。赏赐来朝觐的外藩银两财物鞍马和随围的军士银币。

九月甲申，圣祖驻跸热河。乙酉，谕令大学士说："有人说我塞外行围打猎，使军士劳苦。不知道承平日久，难道就可以忘记武备？屡次兴师出征，部队勇敢兵士尽力，最终成功，这都是勤于训练的结果。"甲午，年羹尧、噶什图奏请酌量加增火耗银，以补偿官员亏空的国库。圣祖说："火耗银只可议减，怎么可以加增？这次亏空，主要是由于用兵出征。官兵过境，有时不免要送礼。开始挪用公款，久而久之就会出现亏空，往年曾有宽免的恩旨。现在军需急用，就将户部库银拨送西安备用。"戊戌，圣祖起程返京。丁未，到达密云，视察河堤。

冬十月辛酉，命雍亲王胤禛、弘升、延信、孙渣齐、隆科多、查弼纳、吴尔占视察谷仓。壬戌，任命觉罗德尔金为蒙古都统，安鲀为杭州将军。辛未，任命查弼纳为江南江西总督。癸酉，圣祖驾临南苑行围打猎。任命李树德为福州将军，黄国材为福建巡抚。

十一月戊子，圣祖患病，返回住在畅春园。任命贝子胤祹、辅国公吴尔占为满洲都统。庚寅，命皇四子胤禛恭敬地代表他祭天。甲午，圣祖的病情加重，到晚上戌时，圣祖驾崩，享年69。当晚就将他移入大内发丧。雍正元年二月，给圣祖上谥号。九月丁丑，葬在景陵。

乱世太后　祸国殃民——叶赫那拉氏

孝钦显皇后，姓叶赫那拉氏，是安徽徽宁池广太道惠征的女儿。咸丰元年，她被选入宫，号为懿贵人。四年，被封为懿嫔。六年三月庚辰，生穆宗，进封为懿妃。七年，晋封为懿贵妃。十年，她随文宗巡幸热河。十一年七月，文宗死，穆宗即位，孝钦与孝贞皇后同时被尊为皇太后。

当时，怡亲王载垣、郑亲王端华、协办大学士尚书肃顺等人，根据文宗遗命，称"赞襄政务王大臣"，掌握朝政大权，两太后对此很是忧虑。御史董元醇上疏请求两太后处理朝政，两太后召见载垣等人商议此事，载垣等人借口本朝未有皇太后垂帘之事，予以反对。侍郎胜保及大学士贾桢等奏疏又至热河。恭亲王奕訢原在京师留守，听闻文宗丧讯急赴热河，两太后当面向他谈了载垣等人把持朝政之事。九月，两太后护送文宗灵柩还至京师，随即颁发诏旨将载垣、端华、肃顺定罪，均处死，同时又罢黜了参预赞襄政务的各大臣。授奕訢为议政王，用皇帝谕旨命王大臣分条列举有关垂帘听政典礼的事宜。

十一月乙酉初一日，穆宗侍奉两太后至养心殿，垂帘听政。谕旨说："垂帘并非我们愿做之事，只因目前时事艰难，王大臣等办事不能无所秉承，所以暂且允许所请。等到皇帝学问有成，即时归还政柄。"从此，两太后每天都召见议政王、军机大臣入内议事。所有内外章奏，两太后阅看完毕，王大臣代拟旨意，次日进呈。两太后审阅批准后，即用文宗所赐的同道堂小玺盖印，仍以皇帝谕旨的形式颁发。不久接受了御史徐启文的奏请，命令朝廷内外臣工对当前时事的缺失，直接发表意见，不要有所隐瞒；采纳了御史钟佩贤的建议，谕令崇尚节俭，维护国家制度；接受御史卞宝第的奏请，谕令严格赏罚，整肃吏治，慎重荐举。命令内直翰林搜辑前代史书中有关帝王政治及母后垂帘的事迹，将其中可以效法和鉴戒的予以呈递。同治初年，寇乱不息，连年用兵，两太后同心求治，任用和提升老成持重的官吏，倚任将帅，荡平粤、捻，渐定滇、陇。十二年二月将政务大权归还穆宗。

十三年十二月，穆宗死，太后决定册立德宗为帝，两太后又垂帘听政。谕旨说："现今皇帝继承大统，年龄幼小，不得已垂帘听政。综理万机，辛勤而不息懈，更何况正值民生困穷，各省连年水旱。中外臣工、九卿、科道中有言事之责的官员，对于用人行政，凡是于国有益而又确能付诸实施的政事，都要详细陈奏。至于督促节俭，屏却浮华，都应自宫中身体力行，而一切仅供耳目娱乐、华而不实之物都不得呈进。""封疆大吏，应当勤奋访求民间疾苦，加意抚恤；清理讼狱，勤于缉捕；办赈积谷，命令有关官吏实力奉行；同时还应整饬营伍，修明武备，选任贤能官吏，与民休息。"允准御史陈彝的奏请，罢黜南书房行走、侍讲王庆祺；接受御史孙凤翔等人的建议，罢黜总管内务府大臣贵宝、文锡，又将违法乱纪的太监治罪，其中戍边3人、杖责4人。一时，宫廷、官府整肃。

光绪五年，将穆宗葬于惠陵。吏部主事吴可读随从皇帝祭陵，在陵前自杀，遗疏请求降一明旨，把将来大统归于穆宗嗣子。太后令王大臣等决断此事，王大臣等认为无庸议论，尚书徐桐等人及侍读学士宝廷、黄体芳，司业张之洞，御史李端棻，均各上疏陈奏看法。谕旨说："我朝从未明定储位，可读所请不合祖宗家法。皇帝受穆宗付托，将慎重选择最杰出之人继承帝业，此人即为穆宗嗣子，遵守祖宗制定的法规，向天下人显示无私，皇帝定善体此意。"

六年，太后患病，德宗命各省督抚荐举医生前来治病。八年，太后病体痊愈。孝贞皇后去世后，太后独自掌握朝政。十年，法兰西侵入越南。太后责备恭亲王奕䜣等办事拖沓而贻误了战机，撤了他的职务，改用礼亲王世铎等人；同时谕令军机处，凡遇紧要事件，都要与醇亲王奕譞商办。庶子盛昱、锡珍及御史赵尔巽等人各自上疏，均称醇亲王不应参预机务，太后下谕旨说："自垂帘听政以来，估量时势，不能不任用亲藩参预机务。所谕令的奕譞与军机大臣会商的事情，原本是专指军国大事，并非任何事一概要其过问。奕譞对此也一再恳辞，谕令待皇帝亲政时再降谕旨，这样他才暂时奉命。这其中的事情，诸臣是不能尽知的。这一年，太后正是50岁。

十一年，与法兰西签订条约。醇亲王奕譞建议设置海军。十三年夏，太后同大学士、直隶总督李鸿章巡阅海口，令太监李莲英随从。莲英侍候太后，颇为有权。御史朱一新以各直省发生水灾为由，奏请修身反省，言辞中涉及到了李莲英。太后对此很不高兴，责令一新重新奏言。一新又上疏，谈及李鸿章有一次为迎接亲王，事先准备了一条船，但王辞而未坐，而莲英却上了船，于是就给来迎接的将吏造成一种错觉，以为这是一条王乘坐的船。太后向王询问有无此事，王回答说："没有。"于是，一新被免职。

太后下令将在次年正月归政，醇亲王奕譞及诸王大臣等奏请太后训政几年，德宗也再三极力恳求，太后才答应训政，王大臣等进呈训政典礼，太后命按所议进行。请为太后上徽号，坚辞不许。十五年，德宗举行大婚礼。二月己卯，太后将政务归还德宗。御史屠仁守上疏，请求太后在归政之后，依然披览章奏，对国事有裁决施行权。太后认为不宜再这样做，颁布谕旨说："垂帘听政，本是万不得已的举措。我鉴于前代流弊，特令及时归政。归政之后，只有醇亲王单独上呈的奏书，暂时可直接送我。醇亲王曾秘密陈奏说：'初裁大政，军国重事，太后省览定夺后即可执行。'这并不能作为典制，使训政永远持续下去。"于是斥责仁守言语荒谬，罢其官。

同治年间，穆宗议修圆明园，作为两太后居住之所，但未能办成。德宗以万寿山大报恩延寿寺，曾三次成为高宗为孝圣宪皇后祝寿之处，命修葺，作为太后临幸之所，同时将清漪园改名为颐和园，获得太后的批准。太后归政之后，即在此处居住。每年的十月十日太后生辰日，皇帝均率王大臣来此祝寿，成为定例。十六年，醇亲王奕譞死。二十年，日本侵略朝鲜，遵照太后的意旨，重新起用恭亲王奕䜣。这一年，正值太后六十寿辰，德宗请求太后在圆明园接受臣僚的祝贺，并依照康熙、乾隆年间的做法，自皇宫至圆明园，太后行经的道路两旁均搭设彩棚经坛，举行庆典。由于朝鲜战事危急，遵照太后命令，罢除此法。

皇帝侍奉太后很慎重小心，朝廷大政一定都要请命后才施行。但因国事日坏，想要以变法救亡，而太后却不同意，两人意见无法协调。皇帝定于九月陪太后到天津阅兵，有谣言说太后将发动兵变废黜德宗，又有说德宗图谋围困颐和园以劫持太后。八月丁亥，太后突然自颐和园返回宫内，再次训次。又以德宗身体不适，命他在瀛台养病。二十五年十二月，太后立端郡王载漪子溥俊过继给穆宗为皇子。

二十六年，义和拳事兴起，载漪等相信拳民有法术，报告太后说他们都是义民，下令入据京师，击杀了德意志大使克林德及日本使馆的书记，并围困各国使馆。德意志、澳大利亚、比利时、日斯巴尼亚、美利坚、法兰西、英吉利、意大利、日本、荷兰、俄罗斯10国军队发动了侵华战争。七月，逼近京师。太后带着德宗自德胜门逃出，经过宣化、大同。八月，驻扎太原。九月，到西安。命令庆亲王奕劻、大学士总督李鸿章与各国议和。二十七年，与各国订立条约。八月，德宗陪太后从西安返京。十月，驻扎开封。当时端郡王载漪因庇护义和拳获罪而被罢官，溥俊以公衔被迁出宫门。十一月，太后还至京师。德宗仍居瀛台养病。太后多次下诏说："母子一心，励行新政。"三十二年七月，下诏预备立宪。

三十四年十月，太后得病。德宗病势更重。壬申，太后下令授予醇亲王载沣为摄政王。癸酉，德宗在瀛台去世。太后决定策立宣统皇帝，当日即被尊为太皇太后。甲戌，太后死，终年74岁，遗体安葬在定陵东普陀峪，称定东陵。她被尊为皇太后之初，即上徽号。国有庆典，徽号屡屡加增，称慈禧端佑康颐昭豫庄诚寿恭钦献崇熙皇太后。死后即将徽号作为谥号。生子一人，即穆宗。

国学经典

宋涛/主编

二十四史精华

二十四史的各史名篇的精选

辽海出版社

【第五卷】

《二十四史精华》编委会

主　编　宋　涛

副主编　李志刚　高明芬　张黎莉　孙　伟　李　林

　　　　王秋菊　闫亦贵　刘赫男　温德新　焦明宇

　　　　李　洋　崔　静　余秀洁　关　涛　刘　巍

编　委　王　佳　赵子萱　韩安娜　郑传富　李铭源

　　　　李金博　何春丽　常　旭　郑志龙　樊祥利

　　　　朱政奇　魏伯阳　魏百花　魏红艳　杨　敏

　　　　刘雨晴　邢语恬　郭运娇　张晓宇　许长河

　　　　李小辉　王　曼　夏　禹　肖　冰　杨　超

　　　　李　娟　张　鹏　李　萌　李玉海　宋　佳

　　　　于春燕　王　威　任光宇　王冬云　王伟娜

总编辑　竭宝峰　刘赫男　佟　雪　陈玉伟

前　言

　　中华民族在几千年生息、发展的清晰脉络中，留下了一部部浸透着人类心血和智慧的历史典籍，不仅记载了中华民族产生和发展的全部过程，也涵纳了中华民族的精神财富和智慧。可以说，中国是一个史籍浩如烟海、世无匹敌的文献之邦。在祖先留给我们的精神财富中，最优秀也最具代表性的就是二十四史。

　　二十四史是中国唯一一部完整的官修史总集，也是世界上唯一一部连续修造 1800 余年，记载 4000 余年悠久历史的辉煌巨著。主要包括：《史记》《汉书》《后汉书》《三国志》《晋书》《宋书》《南齐书》《梁书》《陈书》《魏书》《北齐书》《周书》《隋书》《南史》《北史》《旧唐书》《新唐书》《旧五代史》《新五代史》《宋史》《辽史》《金史》《元史》《明史》。它以统一的纪传体裁，完整、系统地记录了上起传说中的黄帝，下迄明崇祯十七年间历史各个时期的经济、政治、科技、军事、文化、艺术、外交等多方面内容，展示了数十个王朝的兴衰轨迹，是研究中国历史最具权威性的史料，也是考查我国周边国家历史的珍贵资料，堪称中华文明的"百科全书"。

　　二十四史具有深厚的文化积淀，不仅可作历史著作来读，亦可作为文学名篇或政治著作来读。但由于成书年代久远，文字艰深，

典故生僻且随处可见，令广大读者望而却步。为了使这些史学巨著在现代社会中重放异彩，让读者从中体味博大精深的华夏文明和高深莫测的人生智慧，本书编委会倾尽心力为广大读者朋友选编了一部既可收藏又能读懂的《二十四史精华》。

本书对二十四史进行了精心的整理，既有文白对照，也有传世故事，集普及与研究、通俗与学术于一体，希望能够给喜欢史学的朋友以启迪与帮助。

前言

目 录

《旧五代史》

《新五代史》

《宋史》

《辽史》

《金史》

《元史》

人物春秋

一代女皇——武则天

　　武则天，并州文水人。太宗文德皇后去世后，许久，太宗听说武则天长得美，召她入宫为才人，当时她才14岁。才人的母亲杨氏，和女儿告别，失声痛哭，才人却仍同往常，她说："能见到天子，怎知不是福分，为什么要像女孩子那样悲伤呢！"才人见到太宗后，太宗赐给她武媚的称号。等到太宗去世，才人与太宗的侍妾、宫女都当了比丘尼。高宗当太子的时候，入宫侍奉太宗，见到才人后很喜欢。高宗王皇后长期无子，萧淑妃正受到高宗的宠幸，王皇后暗地不悦。有一天，高宗经过佛寺，才人见到他后直流眼泪，高宗的感情受到触动。王皇后查知这一情况，将才人领进后宫，希望借此使萧淑妃的得宠受到削弱。

　　才人有权术，诡诈多变。起初，她低声下气、卑躬屈节地侍奉皇后，皇后高兴，多次在皇帝面前称赞她，所以她被晋封为昭仪。一旦她受天子的眷顾、宠幸超过萧淑妃，便逐渐与皇后不和。皇后性情高傲庄重，不会曲意奉承，而她的母亲柳氏见到宫女和女官时不讲外表的礼节，所以昭仪有机可乘，她发现皇后薄待的人，必定勤交结，得到天子的赏赐，全都分送给她们。因此皇后和淑妃的所作所为，昭仪必定知道，知道了就报告天子，但还没有找到足以攻击她们的材料。昭仪生了一个女儿，皇后前来看望、逗弄孩子，皇后离开后，昭仪偷偷在被里把女儿掐死，等到皇帝到来，昭仪佯装高兴地和皇帝交谈，一会儿掀开被子看女儿，已经死了。她又吃惊地询问左右的人，都说:"皇后刚才来过。"昭仪立即放声痛哭,皇帝不察实情,发怒道:"皇后杀死我的女儿!过去她与淑妃互相说坏话、嫉妒,现在又如此可恶!"从此昭仪得以在天子那里不断地诋毁皇后,皇后无法解释清楚,因而皇帝对昭仪更加相信和宠爱,开始有废掉王皇后的意思。许久,天子想晋封昭仪为"宸妃",侍中韩瑗、中书令来济说:"天子的妃嫔有一定的数目和称号,现在另立封号,是不合适的。"昭仪于是诬告皇后与她的母亲请巫师施厌胜术,诅咒昭仪,皇帝对皇后心怀旧恨,因此认为昭仪的话符合实情,准备废掉皇后。长孙无忌、褚遂良、韩瑗及来济坚持冒死争辩,皇帝犹豫不决;而中书舍人李义府、卫尉卿许敬宗一向邪佞不正,窥测形势即上表请求立昭仪为皇后,皇帝不再犹豫,下诏废掉王皇后。命令李勣、于志宁手捧玺印进晋昭仪为皇后,又命令群臣及四方少数民族酋长到肃义门朝见皇后,宫廷内外受有封号的妇女入宫谒见皇后。群臣自此开始朝见皇后了。

皇后到宗庙见祖先。天子又追赠皇后的父亲武士彟为司徒,爵位周国公,谥号忠孝,在高祖庙陪从受祭;母亲杨氏,又晋封代国夫人,赐给她家在魏州的封户1000。皇后于是作《外戚戒》献给朝廷,以消释人们的非议。于是她贬逐长孙无忌、褚遂良,至于处死、流放,可谓荣宠炽盛,威势显赫。武则天心机深隐难测,柔媚驯服,不感到羞耻,皇帝以为她能侍奉自己,所以违背公议立她为皇后。等到她一得志,就窃取权力,扬扬自得,无所畏避。皇帝也懦弱、糊涂,皇后全能加以钳制、约束,使他不得自作主张,这样时间长了,皇帝渐觉不平。麟德初年,皇后召术士郭行真入宫施行用诅咒害人的邪术,宦官王伏胜向天子告发这事,皇帝发怒,因此召见西台侍郎上官仪,上官仪指出皇后独断专行,任意而为,使天下人失望,不宜奉祀宗庙,正和皇帝的心意相合,皇帝于是催促他草拟诏书废掉皇后。皇帝左右的人跑去报告皇后,皇后急忙到皇帝那儿为自己申诉,皇帝羞涩畏缩,又像原先那样对待皇后,还猜测皇后会怨恨,对她说:"这都是上官仪教我的!"皇后示意许敬宗诬陷上官仪,将他杀掉。

开初,天子的长舅、大臣违旨,没过多久就被杀灭,人们在路上相遇都不敢说话,只以目示意,等到上官仪被杀,政权就都归于皇后,天子不过拱手无为而已。群臣朝见,四方奏章,都称呼"二圣"。每次临朝处理政事,殿中放下帘子,皇帝与皇后相对而坐,生杀赏罚都听皇后吩咐。当她狠心决断的时候,虽是她很宠爱的人,也不稍加怜悯。皇帝晚年患风邪病厉害,身体不支，天下的事情全交付给皇后。皇后于是接连做一些太平年代的以文教治民的事情，聚集诸儒于皇宫的殿堂内，撰成《列女传》《臣轨》《百僚新戒》《乐书》等书，大致有1000余篇。皇后又让学士们秘密裁决群臣的奏议，以分宰相的权。

原先，武士彟娶相里氏，生儿子元庆、元爽。又娶杨氏，生3个女儿；大女儿嫁给贺兰越石，很早就守寡，被封为韩国夫人；二女儿就是皇后；三女儿嫁给郭孝慎，早亡。杨氏因为皇后的缘故，蒙受的恩宠日盛，改封为荣国夫人。起初，士彟哥哥的儿子惟良、怀运与元庆等待杨氏和皇后礼薄，皇后怀恨在心。到这时候，元庆任宗正少卿，元爽任少府少监，惟良任司卫少卿，怀运任淄州刺史。有一天，荣国夫人设宴，酒正喝得高兴，对惟良说："你们还记得从前的事吗？现在有什么话好说？"惟良回答说："惟良等有幸以功臣子弟的身份列居于朝廷，最近因为是外戚而进身，只感到忧虑而不觉得荣耀。"荣国夫人发怒，示意皇后假意退让，请求天子让惟良等出任地方官，以免向天下人显示天子有私心。因此，惟良出任始州刺史；元庆任龙州刺史；元爽任濠州刺史，不久犯罪死于振州。元庆到了龙州，因忧虑而去世。韩国夫人出入宫中，有一个女儿姿容极美，均受皇帝宠爱。韩国夫人去世，她的女儿被封为魏国夫人，皇帝想让她担任宫廷女官，因害怕皇后，不能决定，皇后心里很嫉妒，正好天子到泰山祭天，惟良、怀运以地方长官的身份会集于泰山，又随从天子回京师，皇后毒死魏国夫人，归罪于惟良、怀运，将他们杀死，改他们的姓为"蝮"，让韩国夫人的儿子贺兰敏之承继士彟的血脉。起初，魏国夫人去世，敏之入宫吊唁，皇帝极其悲痛，敏之只哭不说话。皇后说："这孩子怀疑我！"皇后厌恶他。不久敏之被贬逐而死。杨氏又改封彟、卫二国夫人，咸亨元年去世，追封鲁国夫人，赐谥号"忠烈"，命令文武官员九品以上及杨氏的五服以内亲属与宫廷外有封号的妇女都往杨氏的宅第吊唁，用亲王的礼仪葬杨氏，官府供给手持班剑、羽葆的仪仗队和鼓吹乐。时天下大旱，皇后假意上表请求离开皇后的位置，天子不允许。不久天子又加赠武士彟为太尉兼太子太师、太原郡王，鲁国忠烈夫人杨氏为太原郡王妃。

上元元年，皇后进尊号为天后，提出12条建议：一、鼓励种田养蚕，减轻赋税徭役；二、免除三辅地区的徭役；三、停止战争，用道德教化天下之人；四、南、北、中尚署都禁止制作没有实际用处的奇巧之物；五、减省各种工程费用和百姓的劳役负担；六、广开言路；七、堵塞谗言；八、王公以下都必须学习《老子》；九、父亲仍在世，为死去的母亲服丧，着齐衰三年；十、上元以前的勋官，朝廷已给凭证的，不复追查核实；十一、京官八品以上的增加薪俸；十二、官吏长期任职、才能高地位低的可以进阶升级。皇帝下令施行这些建议。

萧淑妃的女儿义阳、宣城公主被幽禁在宫中旁舍，年近40尚未出嫁，太子李弘把这事告诉皇帝，皇后大怒，毒死李弘。皇帝准备下诏把皇位让给皇后，宰相郝处俊坚持劝谏，皇帝于是没有这样做。皇后想要向外显示自己的宽大，以取人心，使天下人归附自己，就向天子进言说："现今群臣交纳一半薪俸、百姓交纳人口税以供给边防军队，恐怕四方异族会因此而胡乱揣度国家的虚实，请求把这些负担一律免除。"皇帝同意。

仪凤三年，群臣、四方少数民族酋长在光顺门朝见皇后。同年，又在并州建太原郡王庙。皇帝头晕不能视物，皇帝的医官张文仲、秦鸣鹤说："这是风邪上升，用针刺头出血可以治好。"皇后心里正庆幸皇帝病危，自己可以独断专行，所以听到这话后生气地说："这应该斩首，皇帝的贵体哪里是可以用针刺的地方？"医师跪下磕头，请求保全生命。皇帝说："医师议论疾病，怎么可以定罪？而且我受不了，就听任他们治吧！"医师用针刺了两次，皇帝说："我的眼睛能看清东西了！"话还没有说完，皇后就在帘子里拜谢了两次，说道："这是上天赐给我们的医师啊！"她亲自把丝织物赐给医师。

皇帝去世，中宗即帝位，天后改称皇太后。高宗皇帝的遗诏说，军政大事听凭太后参与决定。嗣圣元年，太后废中宗为庐陵王，亲自临朝听政，让睿宗即帝位。太后坐在武成殿，睿宗率领群臣进上尊号、册书。3天之后，太后临殿前平台，命礼部尚书代理太尉武承嗣、太常卿代理司空王德真册立继位的皇帝。从此太后常到紫宸殿，挂上浅紫色的帷帐处理政事。

柳州司马李敬业、括苍县令唐之奇、临海县丞骆宾王憎恶太后威迫、放逐天子，恨到极点，于是招募兵士，杀死扬州大都督府长史陈敬之，占据扬州想迎立庐陵王，聚众达到10万人。楚州司马李崇福同李敬业等联合。盱眙人刘行举据城固守不肯跟从李敬业。李敬业进攻盱眙，没有攻下。太后任命刘行举为游击将军，提拔他的弟弟刘行实为楚州刺史。李敬业夺取润州，杀润州刺史李思文，曲阿县令尹元贞率兵抵抗，败亡。太后命令左玉钤卫大将军李孝逸为扬州道行军大总管，率兵30万讨伐李敬业，在高邮与李敬业作战，前锋左豹韬卫果毅成三朗被唐之奇杀死。太后又任命左鹰扬卫大将军黑齿常之为江南道行军大总管，与李孝逸合力讨伐李敬业。李敬业起兵3个月后失败，他的首级传送到东都，三州于是平定。

起初，武承嗣请求太后设立七庙供奉武氏七代祖先，中书令裴炎阻止，等到李敬业起兵，太后将裴炎下狱，杀了他，又杀死左威卫大将军程务挺。太后感到愤怒，有一天，召集群臣在朝廷上当面责问他们道："朕没有什么对不起天下人的地方，你们知道吗？"群臣连声称是。太后说："朕辅佐先帝超过30年，为天下人而担忧操劳。你们的爵位富贵，是朕给予的；天下人的安闲逸乐，是朕培育的。先帝丢下群臣而去，以国家相托，朕不敢爱惜自己，而知道爱民，现在成为叛乱主谋的人都是将相，为什么这样快就辜负朕呢？而且接受先帝遗命辅政的老臣中，傲慢跋扈难于控制有像裴炎的吗？当代的将门子孙中能收聚逃亡者的，有像李敬业的吗？老将中英勇善战，有像程务挺的吗？他们都是人中豪杰，不利于朕，朕能将他们杀掉。你们中有才能超过他们想造反的，请早点动手。如果不想这样，那就恭恭敬敬地侍奉朕，不要让天下人讥笑你们。"群臣跪下磕头，不敢仰视，都说："听陛下吩咐。"

后来，太后下诏，假装像要把政权归还给睿宗似的。睿宗估计并非太后本意，坚持请求太后临朝听政，太后下诏同意。于是太后下令铸造了一个大铜匦，东边一室题名"延恩"，接受求赏赐者的自述；南边一室叫"招谏"，接受议论时政得失的奏疏；西边一室叫"申冤"，接受有冤屈者的申诉；北边一室叫"通玄"，接受观测天象灾异预言未来的文字和有关军事机要的秘密计策。

太后不惜爵位，用它笼络四方豪杰辅助自己，虽是狂妄男子，言谈只要符合己意，就不按寻常的次序任以官职，至于不称职，接着或罢免或诛杀，从不稍加宽纵，致力于选拔真正的贤才。太后又害怕天下有图谋反叛的人，下诏允许直接向朝廷密告谋反事件，有告密的人，所在地方供给轻便驿车和五品官的饮食，送他们到京师，太后即时召见，用厚利的诱惑、官爵的赏赐打动告密者。凡报告谋反之事，官吏不得究问，即使是农人樵夫，太后也亲自接见，命鸿胪寺的客馆供给食宿。对告密者，有敢于拖延不送的，按被告发人的罪名论处。因此向朝廷密告谋反事件的人遍布全国，人人都不敢多说。

新丰县因地震而涌出一座山，太后认为是祥瑞，下令赦免该县的囚犯，改新丰县为庆山县。荆州人俞文俊上书说："人气不和，身上就会长出肉瘤；地气不和，地上才会生出土山。现在陛下以太后而居于帝位，所以山变化形成灾害，臣以为并非常事。"太后发怒，把他流放到岭南。

太后命令毁掉乾元殿建造明堂，让僧人薛怀义当使臣监督这项工程。薛怀义，鄠县人，本姓冯，名小宝，身躯魁梧，色欲极强，在洛阳市场上装疯，受到千金公主的宠爱。公主报告太后说："小宝可入宫侍奉太后。"太后召见小宝，与他私通，很喜欢他。太后想掩盖与小宝私通的痕迹，使小宝得以出入皇宫，于是就让他剃发为僧，担任白马寺寺主。又命他改姓名，与太平公主的丈夫薛绍互认为同族，叫薛绍将他当父辈来侍奉。又供给他御厩的马匹，出入有宦官充任侍从，即使是武承嗣、武三思，对他也都十分恭谨。到这时候薛怀义监造明堂，动用民工数万名，大木头一般一根要1000人才能拉得动。他又测量明堂后面的土地建造天堂，建筑宏大、华丽、庄严、幽深。明堂、天堂建成，太后封薛怀义为左威卫大将军、梁国公。

太后在西京建造崇先庙，供奉武氏祖先。武承嗣在洛水的石头上伪造刻辞，以此诱导太后称帝，派雍州人唐同泰献上石头，太后为它命名，称为"宝图"，并提拔同泰为游击将军。汜水人又进献吉祥的石头，太后于是在南郊祭祀天帝，感谢上苍的赐予。太后自称圣母神皇，制作圣母神皇玺印，又改称"宝图"为"天授圣图"，改称洛水为永昌水，给得到圣图的地方命名，称"圣图泉"，在洛水坛左刻石，文字是"天授圣图之表"，又将汜水县改名为广武县。当时，皇室失去权力，朝廷的重臣大将都屈从太后，不能有所作为，宗室和失去依靠的皇室异姓亲属没有立足之地。于是，韩王李元嘉等图谋起兵，给全国起带头作用，以迎回中宗。琅邪王李冲、越王李贞首先行动，因时间匆促未得到诸王响应，于是失败。李元嘉与鲁王李灵夔等都自杀，其余全由于犯罪被杀，诸王受牵连的几乎死尽，他们的子孙虽仍在襁褓之中也被放逐到岭南。太后亲自拜洛水，接受"天授圣图"，睿宗率领太子、群臣、少数民族酋长依次排列，大量珍禽、奇兽、贡品、仪仗陈列于洛水坛下，一起到受图典礼结束后太后才离开。

永昌元年，在万象神宫祭祀。太后改穿衮冕，腰带上插着大圭，手里拿着爵，睿宗第二个献，太子第三个献。第一次是合祭天地，五方帝、众神随从受祭，以唐高祖、太宗、高宗配享，又拉上魏王武士彟随从配享。太后在万象神宫颁布9条政令，用它教导百官，于是大宴群臣。

载初年间，太后又在万象神宫祭祀。祭皇地祇时，以唐高祖太穆、唐太宗文德二皇后配享，又拉上周忠孝太后随从配享。造"曌"为自己的名字。改称诏书为制书。确定以周、汉两朝的王族后裔为"二王"，虞、夏、殷三朝的王族后裔为"三恪"，废唐皇族名册。太后拜怀义为辅国大将军，又封他为鄂国公，春官尚书李思文诡称："《周书·武成》篇中，有'垂拱天下治'的话，是太后受命于天的凭证。"太后高兴，把这些都颁布于天下，逐渐图谋改朝换代。但害怕人心不肯归附，于是她阴毒残忍，大肆杀戮，借以恐吓天下之人。她暗中怂恿酷吏周兴、来俊臣等数十人为爪牙，有不满意或一向疑忌的人，必定用酷法陷害。唐皇族侯王及其他正直大臣、将相大批被杀，鲜血染红监狱，家家不能自保。太后不过手拿梳妆用具坐在皇宫的层层帷幕之中，而国家的权力却转步控制在她手中。

御史傅游艺率领关内父老请求太后顺应天命，实施变革，改皇帝的姓氏为武。又胁迫群臣坚持请求，胡说凤凰停留于上阳宫，赤雀出现在朝堂上。天子心中不安，也请求赐姓武氏，表示天下武姓为尊。太后知道权柄掌握在自己手中，于是大赦天下，改国号为周，自称圣神皇帝，旗帜尊尚赤色，以睿宗皇帝为皇位继承人。

太后虽然年高，却擅长修饰自己的容貌，即使她左右的人，也没有感觉到她的衰老。不久她长出两颗新牙，下诏改年号为长寿。第二年，在万象神宫祭祀，太后自编大型乐舞，所用舞蹈者达到900人。祭祀时太后让武承嗣第二个献盛了酒的爵，让武三思第三个献。睿宗作为皇位继承人，公卿大臣往往能见到他，正好尚方监裴匪躬、左卫大将军阿史那元庆、白润府果毅薛大信、监门卫大将军范云仙暗中晋见睿宗，都被押赴闹市腰斩，所以从此公卿大臣不敢再晋见睿宗。

有人上密封的奏章，说被流放到岭南的人图谋造反，太后派代理右台监察御史万国俊前去查验，告诉他符合实情就定罪判决。万国俊到广州，召集所有被流放的人，诈称皇帝的命令，赐他们自尽，被流放的人都大声哭叫，心中不服，万国俊将他们赶到水边，让他们无法逃跑，一天就杀掉300多人。然后捏造事实向太后报告，说被流放的人都心怀不满，请求将他们全部除掉。于是太后派右卫翊府兵曹参军刘光业、司刑评事王德寿、苑南面监丞鲍思恭、尚辇直长王大贞、右武卫兵曹参军屈贞筠，都任代理监察御史，分别到剑南、黔中、安南等六道审讯被流放的人，而提拔万国俊为左台侍御史。刘光业等人也想从朝廷求功名，杀人唯恐不多。刘光业杀死的人有900，王德寿杀700人，其余也不少于500人。太后很久后才知道这些人是冤枉的，下令把六道使者所杀害的人的灵柩送回他们的家中。万国俊等人也相继死去，死时都见到有异物作祟。

太后又自加尊号，称金轮圣神皇帝，在朝廷上设置7种宝物：金轮宝、白象宝、女宝、马宝、珠宝、掌兵臣宝、掌府库臣宝，一般有大朝会的时候就把它们陈列出来。太后又尊武氏显祖为立极文穆皇帝，太祖为无上孝明皇帝。延载二年，武三思率领少数民族酋长和一些受人敬重的老人请求建造天枢，记载太后的功德，借此贬唐兴周，太后下诏同意，派纳言姚璹负责监造。于是大量收聚铜铁放在一块熔炼，铸造成天枢，题名为"大周万国颂德天枢"，设置于端门外。它的形状像柱子，高105尺，8面，每面单宽5尺，将铁铸成山形作它的基础部分，铁山上载有铜龙，铁山四周还有用石头雕琢成的怪兽环绕。柱顶铸一个云形的盖，盖上铸一颗大珠，高一丈，圆周长度是高的3倍。又铸造4条蛟龙捧着大珠，每条蛟龙长一丈二尺。天枢的山形基础圈围170尺，高两丈。大概用铜铁200万斤。于是把群臣、少数民族酋长的姓名全刻在天枢上。

太后对薛怀义的宠幸渐衰，而御医沈南璆却得到太后的宠幸，薛怀义大为不满，于是放火烧明堂，太后感到羞愧，掩盖真相不予揭露。薛怀义更加凶暴放肆，怏怏寡欢。于是太后密令太平公主挑选若干健壮妇女，在殿中把薛怀义捆绑起来，命令建昌王武攸宁、将作大匠宗晋卿率领壮士将薛怀义击毙，用运泥车把他的尸体送回白马寺。薛怀义依仗太后的宠爱，气焰压倒当世之人，超出于百官之上，他的门徒大多犯法，御史冯思勖揭发他的恶行，薛怀义发怒，有一次在路上与冯思勖相遇，薛怀义命令自己的随从殴打冯思勖，几乎将他打死，而冯思勖不敢言语。突厥默啜侵犯边地，太后拜薛怀义为新平、伐逆、朔方道大总管，带领18个将军的部队攻打胡兵，宰相李昭德、苏味道甚至充当他的行军长史、司马。后来薛怀义讨厌进入宫中，暗中招募有力气的少年1000人当和尚，预谋叛乱。侍御史周矩揭发他的罪状，请求太后查治，太后说："你姑且出去，朕将让薛怀义到法庭去。"周矩坐在御史台办公，一会儿，薛怀义驱马驰入御史台的庭院，径直到大床上坐下，周矩召来官吏准备接受口供，薛怀义立即骑马离开。周矩将这事报告太后，太后说："这个和尚一向狂妄，不值得惩治，那些有力气的少年听任你彻底查问、处理。"周矩将他们全流放到贫困边远地区。后来薛怀义陷害周矩，不久周矩就被免官。

太后在南郊祭天，以文王、武王、武士彟和唐高祖一起配享。太后加天册金轮圣神皇帝的尊号。于是在嵩山祭天，在少室山祭地，册封山神为帝，他的妻子为后。嵩山的祭坛南边有一棵大槲树，当在山上祭天发布大赦令的时候，把鸡放到槲树枝头，太后于是赐名"金鸡树"。

自从薛怀义死后，张易之、张昌宗兄弟就得到太后的宠幸，于是设立控鹤府，置监、丞和主簿、录事等职，控鹤监是三品官，让张易之担任。太后自己觉察到封武氏家族诸人为王不符合天下人的意愿，在这之前，中宗自房州回神都，又立为皇太子，太后害怕自己去世后武氏被唐皇族欺压伤害，死无葬身之地，就领着武氏诸人和相王、太平公主在明堂立誓，并祭告天地，把誓文铸刻在铁券上，藏于史馆。太后下令改昊陵署为攀龙台。久视初年，改控鹤府为天骥府，又改为奉宸府，监改为令，左右控鹤改为奉宸大夫，张易之又任奉宸令。

神龙元年，太后有病，长时间不能康复，居住于迎仙院。宰相张柬之与崔玄暐等定计，请求中宗率兵入宫杀张易之、张昌宗，于是羽林将军李多祚等带兵自玄武门入宫，杀二张于迎仙院旁。太后知道事变，从床上起来，桓彦范上前请求太后传位给太子，太后回身躺下，不再说话。中宗于是即帝位。将太后迁移到上阳宫居住，中宗率领百官到上阳宫观风殿向太后问安，以后中宗大概每10天一次到上阳宫问候太后，不久改成每月初一日、十五朝见太后。中宗下令废除奉宸府的官职，将东都武氏七庙的神主迁移到西京崇尊庙，改崇尊庙为崇恩庙，又下令恢复唐朝的宗庙。凡武氏诸人封王的全部降爵。这一年，太后去世，年81岁。遗诏说去掉帝号，改称则天大圣皇太后。太后去世后定谥号为则天大圣皇后，合葬于高宗乾陵。

武三思与中宗韦庶人淫乱，武三思再次当政，出现大旱，中宗派人到乾陵祷求则天皇后，竟立即下雨。武三思引诱皇帝下诏规定武氏崇恩庙照旧祭祀，礼仪像太庙一样，斋郎即用五品官的儿子充任。太常博士杨孚说："太庙斋郎选取七品官的儿子充任，现在崇恩庙斋郎选取五品官的儿子，不合适。"皇帝说："太庙也像崇恩庙一样，可以吗？"杨孚说："崇恩庙是太庙的家臣，臣以君为标准是逾越本分，而君以臣为标准就是迷乱了。"皇帝于是停止用五品官的儿子充任崇恩庙斋郎。等到韦氏、武氏的党派被诛灭，天子下令则天大圣皇后又改称为天后，废除崇恩庙及武氏诸陵。景云元年，天后改称大圣天后。太平公主干预朝政，请求恢复设立昊、顺二陵的守陵官，又追尊太后为天后圣帝，不久改称圣后。太平公主被杀，天子下令废除周孝明皇帝称号，仍改为太原郡王，孝明皇后改为太原郡王妃，又废除昊、顺等陵。开元四年，追称太后为则天皇后。太常卿姜皎建议："则天皇后配享于高宗庙，神主题作天后圣帝，不正确，请求改题为则天皇后武氏。"天子下诏同意。

《旧五代史》

《旧五代史》概论

《旧五代史》，原称《梁唐晋汉周书》或《五代史》《五代书》。由北宋薛居正于宋太祖开宝六年（973）四月至七年闰十月奉旨监修，卢多逊、张澹、李昉等同修。后欧阳修撰成《五代史记》，称为《新五代史》，遂称薛史为《旧五代史》。原书已经佚失，现行本为清代乾隆四十年时的辑本。全书150卷，记叙907年至959年共53年间中原地区后梁、后唐、后晋、后汉、后周5个王朝以及南北方的吴、南唐、吴越、楚、闽、南汉、前蜀、后蜀、南平、北汉等10个割据政权的史实，是记载五代十国各民族历史的一部重要的官修正史。

一

薛居正，字子平，开封浚仪（今河南开封市）人。生于后梁乾化三年（912），卒于北宋太平兴国六年（981）。后唐清泰初年进士及第。后晋由华州署府从事累迁至开封府判官。后周迁比部员外郎，领三司推官，累官至刑部侍郎。入宋后，历任户部侍郎、兵部侍郎、吏部侍郎，兼判门下侍郎事，后官至门下侍郎平章事（宰相）。北宋开宝六年（973）四月，以副相身份受诏监修《五代史》。

薛居正一生为官勤勉清正，屡有政绩；为人性孝行纯，谦和谨慎。自幼好学不倦，善著述，有辅公之才。宋初居官20年，深得太祖、太宗两朝君主赏识。又兼身经六朝，历仕四代，熟谙五代掌故，目睹王朝藩国的盛衰陵替。宋初循宰相修史旧例，监修《五代史》的任务，就自然落到了薛居正身上。

与薛居正同修《五代史》的，还有卢多逊、李穆、李昉、扈蒙、张澹、刘兼、李九龄诸人，都是当时文坛耆宿、学界名流。在以薛居正为首的这一编撰班子中，除李九龄为入宋初仕者外，其余皆为历仕数朝的遗老旧臣。他们身经朝代更迭、世事沧桑、战乱流离、生灵涂炭的悲惨历史，又感恩于畴昔故主先王的知遇提携，感情是复杂、矛盾的，感触是深刻、沉重的，因而在涉及一些具体的人、事时常常褒贬并存、瑕瑜互见。他们对五代乱世有切肤之痛。这种深切的体验汇入笔端，在《旧五代史》的诸多纪传志序中就表现出自己对于王朝兴废、政治得失、军事胜败的深刻反思，其中不乏精辟的见解，体现出具有进步意义的史学观点。

首先，在对五代十国频繁的王朝兴废究竟是系乎天命，还是在于人谋这一重大命题的探索上，作者提出了王朝兴废关键不在于天，而在于人的进步史学观点。通观《旧五代史》，几乎所有纪论、传论都直接或间接地涉及于此、归结于此、感慨于此。由于历史的局限，《旧五代史》中同样不乏王者受命于天的怪异荒诞的记述，然而在具体叙述历史时，作者常常是借天命而推演人谋，甚至排斥天命径谈人谋。例如对于后梁的覆没，作者以"史臣曰"的形式总结道："末帝仁而无武，明不照奸，上无积德之基可乘，下有弄权之臣为辅，卒使劲敌奋至，大运俄终。虽天命之有归，亦人谋之所误也。"又如，在评述后唐所以失政时，作者感叹："倘使重诲得房、杜之术，从荣有启、诵之贤，则宗祧未至于危亡，载祀或期于绵远矣。"以人事而论兴亡成败，是贯穿《旧五代史》的重要主题，这是阅读和研究《旧五代史》应首先注意的。

其次，既然立足于从人事活动上探究历朝兴废的原因，因而善恶并书、贬恶扬善就成为《旧五代史》的另一主题。后人多认为《旧五代史》颇多粉饰回护虚妄失实之处。具体说来，作者对于五代人事的褒贬可分为两类。①对于本纪中五代帝王的历史，出于作者对于故主先王的感情，确有不少回护之处。然尚不可一概而论。从大的方面来看，作者的褒贬评价仍是比较客观的。②对于列传中的不同人物，作者善恶并收，击浊扬清。对于同一人物，作者瑕瑜互见，优劣并陈，尽可能体现人物的功过是非，极少有回护曲笔。这一方面体现了作者想遵循古之良史秉笔直书的优秀传统，另一方面更体现了作者以史为鉴，将五代乱世的善恶因果提供给时人参照的意图，这样就更接近于历史的本来面目，因而这种写史的态度也就具有积极意义。

《旧五代史》计本纪 61 卷，列传 71 卷，志 12 卷。编撰方法是以占据中原的梁、唐、晋、汉、周五个王朝为主体断代为书，包括《梁书》24 卷、《唐书》50 卷、《晋书》24 卷、《汉书》11 卷、《周书》22 卷。各书均分本纪和列传两种，列传又按后妃、宗室、诸臣次第排列。五书后以杂传 7 卷为附体，记叙南北 10 个割据政权和周边其他民族国家的历史。其中以《世袭列传》二卷记载荆南、楚、吴越 3 个独立成国但仍向中原王朝纳贡称臣的割据政权。以《僭伪列传》三卷记载吴、南唐、闽、南汉、北汉、前蜀、后蜀 7 个不奉中原正朔的割据政权。以《外国列传》记载契丹、吐蕃、高丽等国内外 12 个民族国家的历史。杂传后有志 12 卷，分为天文、历法、五行等十目，综述五代时期的典章制度。面对五代十国这一大的分裂割据局面，作者采用以中原王朝的兴废为主线，十国的兴替和四夷的起落为副线这样一种断代分国的叙述方法，条理清楚，内容连贯，彼此呼应，较好地体现了这段历史的全貌。

北宋开宝六年（973）四月，宋太祖诏令薛居正监修梁、唐、晋、汉、周五代史，至次年闰十月编修完成，历时仅一年零六个月，成书之速仅次于历时 6 个月的《元史》。这种罕见的修史速度是由内因、外因两方面原因促成的。

首先，从外因方面看，五代十国是由唐末藩镇割据演变成的分裂混战时代。五代的开国君主，均为前朝重臣镇将，他们都是依靠手中兵权凭武力推翻前朝的。五代各朝立国短促，后梁 17 年，后唐 13 年，后晋 10 年，后汉 3 年，后周 10 年。军阀混战不息，朝代更易无常。宋太祖赵匡胤原为后周殿前都点检兼宋州归德军节度使，也是靠在陈桥驿发动兵变而夺得皇位的。赵匡胤在夺得皇位后，为防止擅权篡位故事的重演，保证赵宋政权享运长久，其要务之一就是总结历史的经验教训，深究五代王朝"其兴也勃，其灭也忽"的根本原因。赵宋开国仅 13 年就诏修《五代史》；《五代史》撰成后第二天赵匡胤即展卷阅读并对宰相说："昨观新史，见梁太祖暴乱丑秽之迹，乃至如此，宜其旋被贼虐也。"可见其急欲"以史为鉴"的用心。同时，五代君臣失道，朝纲骤堕，礼崩乐坏。宋初帝王继乱世之后痛定思痛，急欲偃武修文，网罗文士，复振朝纲，重修礼乐。

其次，从内因来看，《旧五代史》成书之速，除了修撰者大多为五代遗老旧臣、著名史官并熟谙史料外，还有一个更重要的原因，即有丰富的五代史料可资凭借。五代王朝更替频繁，但史馆史官未废，各朝实录得以及时修成。丰富的现成史料为修撰五代史打下了基础。薛史采据历朝实录，参考《五代通录》，简节改编，故能很快成为一节。正因为《旧五代史》大多取材于历朝实录，而实录的编撰者多历前朝或任职该朝，这样很容易造成笔削回护之处、粉饰附会之言。同时在取材范围上，由于实录基本上只记叙各朝的朝政纲略，对中原以外各地区以及民间社会生活的叙述就过于简略单薄。此外，由于《旧五代史》脱胎于历朝实录，在编撰上就带有较浓厚的"实录"痕迹，即在 61 卷本纪中对于所叙帝王的起居行止的记载过于琐细，文字繁猥，文体平弱，质胜于文，在问世不久就受到批评。这就为以后该书的行之不远以至于最后失传埋下了病根。

《五代史》成书后约 80 年，北宋名臣欧阳修私撰成《五代史记》74卷藏于家。宋神宗熙宁五年（1072），诏取欧阳修《五代史记》付国子监刊行，由此新、旧二史并行于世，遂称薛史为《旧五代史》，欧史为《新五代史》。南宋时《旧五代史》已不甚流行。至金章宗泰和七年（1208），诏令学官削去《旧五代史》，只用《新五代史》，于是《旧五代史》渐废，元明以来就罕有援引薛史者，传本也慢慢湮没。明永乐年间修《永乐大典》收录《旧五代史》，但割裂分散，已非原本篇第之旧。清乾隆年间修《四库全书》时，就已找不到《旧五代史》原本。馆臣邵晋涵等只得从《永乐大典》中辑出所有散录进去的《旧五代史》部分，经排比审定，尚有残缺。于是复从《册府元龟》《资治通鉴考异》《太平御览》《五代会要》等书中辑录史文，或作正文，或为附注，以补不足，这样才算恢复了原书面貌的十之八九，这就是目前能看到的辑本《旧五代史》。乾隆帝诏令将辑本《旧五代史》刊入二十四史，终于使《旧五代史》在 700 年后再行于世并重新进入正史行列。原本是否尚存人间，至今仍是疑案。

现今《旧五代史》版本毕竟还是辑本，有些纪传零落残缺，内容不相连贯。所辑十志亦多不全。现在通行的《旧五代史》是中华书局 1976 年出版的校点本。该本以民国十年（1921）丰城熊氏影印南昌彭氏之藏本为底本，同时参校其他各本，适当吸收了邵晋涵等的批注校勘，对辑本有错漏处尽可能予以改正增补，所以校勘最精，又加以新式标点，是目前最完善的一个本子。

就《旧五代史》与《新五代史》的比较而言，旧史叙事烦冗，文体平弱，较多曲笔。但取材广泛，叙事详尽，材料翔实可信，保存了许多原始资料，有较高史学价值。所以司马光撰《资治通鉴》，胡三省作《通鉴注》，都以旧史为据而不取新史。

《旧五代史》

政　略

国之存亡　不专在行赏[1]

臣以为国之存亡，不专在行赏，须刑政立于上，耻格行于下[2]，赏当功，罚当罪，则近于理道也。若陛下不改覆车之辙[3]。以赏无赖之军，徒困蒸民，存亡未可知也。

（《旧五代史》卷九十三，晋书·李专美传）

【注释】

①这是唐末帝即位后，怒国库空虚，不能兑现厚赏军队的诺言而责备李专美时，李专美上奏语言中的一部分。五代时，武夫专权，以滥赏收买军心为自己效命，致使人民不堪其苦。李专美的奏语，切中时弊，主张严刑政、尚耻格，有一定进步性。

②耻格：廉耻准则。

③覆车之辙：指唐明宗、唐闵帝滥赏误国事。

【译文】

臣下以为国家的存亡，不单单在于施行赏赐。必须在朝廷中建立刑律政令，在军民中树立耻辱观念。量功而赏，量罪而罚，就近于治国的原则了。陛下若不改变前代滥赏失国的做法而滥赏无功之军，就白白使黎民百姓生活困窘，存亡也就不可知了。

御 人

梁太祖求贤哲

　　癸巳,以禅代已来,思求贤哲,乃下令搜访牢笼之,期以好爵,待以优荣,各随其材,咸使登用。宜令所在长吏,切加搜访,每得其人,则疏姓名以闻①。如在下位不能自振者,有司荐导之;如任使后显立功劳,别加迁陟。

(《旧五代史》卷四,梁书·太祖本纪四)

【注释】

　　①疏:条陈,排列。

【译文】

　　开平二年(908)七月二十四日,(梁太祖)因为自从取代唐朝以来,便思念寻求贤士哲人,于是下诏令搜求、访查、收罗他们,许给他们高官显爵,给他们以优厚待遇,根据他们各自的聪明才智,让他们都能出仕重用。适当地命令各地官吏,切实细加搜寻访求,每得贤士哲人,就分别陈述他们的姓名上报。如有在下位而不能自达名号的,就让专门机构推荐导引他们;如有委任职务后成绩显著的,就格外加以升迁和提拔。

法　制

石敬瑭巧断军马食民粟案

帝性简俭，未尝以声色滋味辄自宴乐，每公退，必召幕客论民间利害及刑政得失，明而难犯，事多亲决。有店妇与军士讼，云"曝粟于门，为马所食"。而军士恳诉，无以自明。帝谓鞫吏曰[①]："两讼未分，何以为断，可杀马刳肠而视其粟，有则军士诛，无则妇人死。"遂杀马，马肠无粟，因戮其妇人。境内肃然，莫敢以欺事言者。

（《旧五代史》卷十十五，晋书·高祖本纪一）

《旧五代史》

【注释】

①鞫（jī）吏：主审官。鞫，审问。

【译文】

石敬瑭性情简约朴素，未曾以声色美味私自宴乐。每次公事退堂，必召来幕客议论民间利弊、疾苦及刑政得失，所以他能明了民情，而不被下人们欺瞒，政事也多是亲自裁决。有一店妇与军士前来诉讼，说"门前晒的谷被军马吃了"。而军士恳切争辩，但无法自明。石敬瑭告诉主审官说："双方争讼未能裁决，凭什么断案？可以杀马开肠，看看有无谷粟。有则杀军士，无则杀妇人。"于是杀马，马肠里没有谷粟，因而杀了店妇。于是管辖区内（由此）肃然而治，再没有敢说假话的了。

五代军士黥面

　　梁祖之攻兖、郓也①，朱瑾募骁勇数百人，黥双雁于其额②，号为"雁子都"③。梁祖闻之，亦选数百人，别为一军，号为"落雁都"。

（《旧五代史》卷六十四，唐书·朱汉宾传）

【注释】

　　①攻兖、郓：梁太祖朱温与秦宗权作战时，视盘踞在兖州、郓州的朱瑾、朱欢为盟友。待秦宗权失败后，便攻伐盟友以扩大地盘。

　　②黥：黥面，原为古代刑罚之一。五代时，各个军阀为了防止军士逃跑，常用黥面来控制他们。从此可看出五代军制的残酷。

　　③都：唐、五代时军队编制的一种称号，一都数百人至千人不等。

【译文】

　　朱温进攻兖州、郓州时，朱瑾招募了几百名勇士，在面额上刺以双雁纹样。号称"雁子都"。朱温听后，也选拔了数百人，自为一军，号称"落雁都"。

军 事

朱温谋杀李克用①

是夜，张乐陈宴席，汴帅自佐飨，出珍币侑劝。武皇酒酣，戏诸侍妓，与汴帅握手，叙破贼事以为乐②。汴帅素忌武皇，乃与其将杨彦洪密谋窃发，彦洪于巷陌连车树栅，以扼奔窜之路。时武皇之从官皆醉，俄而伏兵窃发，来攻传舍③。武皇方大醉，噪声动地，从官十余人捍贼。侍人郭景铢灭烛扶武皇，以茵幕裹之，匿于床下，以水洒面，徐曰："汴帅谋害司空④！"武皇方张目而起，引弓抗贼。有顷，烟火四合，复大雨震电，武皇得从者薛铁山、贺回鹘等数人而去。雨水如澍，不辨人物，随电光登尉氏门，缒城而出，得还本营。

（《旧五代史》卷二十五，唐书·武皇本纪上）

【注释】

①唐末，在镇压农民起义中壮大起来了两股军阀队伍，一为盘踞在汴州（今河南开封）的朱温，一为盘踞在河东（今山西）的李克用。两军联合镇压黄巢起义军之后路过汴州时，朱温设宴招待李克用，妄图乘机谋杀他，于是揭开了"梁晋争雄四十年"的序幕。

②破贼事：指镇压农民起义一事。

③传舍：古时供官府行人休止的处所。

④司空：唐僖宗乾符五年（878年），李克用受封为检校工部尚书。

【译文】

　　唐僖宗中和四年（884年）五月某夜，朱温张乐设舞，大摆宴席，并亲自把盏劝酒，拿出珍宝钱币赠赏助兴。李克用喝得酒酣耳热，跟一些侍女歌妓调笑，又与朱温四手相握，追述镇压起义军的往事以取乐。朱温历来忌惮李克用，于是便与部将杨彦洪私下里策划暗中行事。杨彦洪在城内外交通要道上设立栅栏，用以扼断李克用的回窜之路。当时，李克用的随从官兵都喝得大醉，不一会儿，暗中埋伏的梁兵突然起事，来攻打李克用的留宿之处。李克用正大醉不醒，来攻的梁兵喊声雷动，他的10余名随从正在拒敌拼杀。侍奉李克用的郭景铢吹灭蜡烛，扶起克用，用草席幕幔把他卷裹起来，藏在床下，用凉水洒到他的脸上，一字一顿地喊："朱温要谋害您！"李克用这才睁开眼睛爬了起来，拉弓射箭抗击梁兵。过一会儿，（梁兵放起火来），烟火冲天，四面包围了传舍。（正在无奈之际），忽然电光雷声骤起，大雨倾盆，李克用才与随从薛铁山、贺回鹘等几个人得以逃出传舍。这时，雨水如瓢泼，对面辨不清人物，（李克用等）乘着雷电闪光，爬上尉氏门，从城墙上用绳索溜下去，才逃回自己的军营。

李存勖攻灭后梁

　　壬申，帝御大军自杨刘济河。癸酉，到郓州。是夜三鼓，渡汶。时王彦章守中都。甲戌，帝攻之，中都素无城守，师既云合，梁众自溃。……己卯迟明，前军至汴城，嗣源令左右捉生攻封丘门①，梁开封尹王瓒请以城降。俄而帝与大军继至，王瓒迎帝自大梁门入。……时梁末帝朱锽已为其将皇甫麟所杀②，获其首，函之以献。

　　　　　　　　　　　　　（《旧五代史》卷三十，唐书·庄宗本纪四）

【注释】

　　①捉生：俘虏反正之人。
　　②朱锽：即梁太祖第三子朱友贞，即位后改是名。

【译文】

　　（923年）十月初二日，李存勖亲率大军从杨刘镇（在今山东东阿北）

渡过黄河。初三日，到达郓州（今山东东平）。这天夜里三更，渡过汶水。那时王彦章镇守中都（今山东汶上）。初四日，李存勖命大军攻城，中都平时没防守设置，唐军云合围攻，梁军不战自溃。……初九日，天将亮，先头部队已到汴城（今河南开封），李嗣源命令手下人及降兵攻打封丘门，梁开封长官王瓒请求献城投降。不久李存勖大军赶到，王瓒迎接李存勖从大梁门进入汴城。……那时，梁末帝朱友贞已被手下武将皇甫麟杀害，割下头来，装在匣子里献给唐军。

《旧五代史》

理 财

唐明宗开铁禁

　　十二月甲寅朔，（唐明宗）诏开铁禁，许百姓自铸农器、什器之属，于秋夏田亩上，每亩输农器钱一文五分。

　　　　　　　　　　　　　（《旧五代史》卷四十二，唐书·明宗本纪八）

【译文】

　　长兴二年（931）十二月初一日，（唐明宗）下诏，解除了禁止私自铸铁的命令，准许百姓自己铸锻农具、家用铁器等物，在秋夏田亩税上，每亩增收一文五分税金。

石敬瑭查灾减税

　　丁亥，制："……昨者，行至郑州荥阳县界，路旁见有虫食及旱损桑麦处，委所司差人检覆，量与蠲免租税①。……"夏五月壬子朔……诏洛京、魏府管内所征今年夏苗税物等，宜放五分之一。

　　　　　　　　　　　　　（《旧五代史》七十六，晋书·高祖本纪二）

【注释】

　　①蠲（juān）：同捐，除去。

【译文】

天福二年（937年）四月初五日，下令："……前些天，东巡至郑州荥阳县（今河南荥阳）界，在路旁看见一些地方有虫食及旱坏的桑麦，着派负责部门去人检查核实，酌量减免租税。……"夏天五月初一日，……诏令洛京、魏府管辖内（相当于今河南北部）所征收的当年夏苗税物等，应该减免五分之一。

晋少帝下诏赈灾

天福八年春正月辛巳……河南府上言："逃户凡五千三百八十七，饿死者兼之。"诏："诸道以廪粟赈饥民，民有积粟者，均分借便，以济贫民。"时州郡蝗旱，百姓流亡，饿死者千万计。

（《旧五代史》卷八十一，晋书·少帝本纪一）

【译文】

天福八年（943）正月初二日，……河南府上奏说："外逃户计5387，饿死者加倍。"（晋少帝于是）下诏："各道以国库粮赈济饥民。民间有积粮者，均分借贷，以救济贫苦百姓。"那时各州郡蝗灾旱灾，百姓逃荒，饿死者以千万计。

德　操

妇人之盛

太祖四镇时①，刘（氏）已得"国夫人"之号。车服骄侈，婢媵皆珥珠翠，其下别置爪牙典谒②，书币聘使，交结藩镇，近代妇人之盛，无出其右，权贵皆相附丽③，宠信言事，不下于翔。

（《旧五代史》卷十八，梁书·敬翔传）

【注释】

①太祖四镇时：到天复元年（901年）时，朱温已领宣武（今河南开封）、宣义（今河南滑县）、天平（今山东东平）、护国（今山西永济）四镇。

②典谒：掌管宾客往来联络事务的属官。

③丽：附着。

【译文】

梁太祖统领四镇时，谋臣敬翔妻刘氏已有了"国夫人"的名号。她车马服饰豪华奢侈，连婢女侍从都戴着华贵的首饰。在她手下又另置亲信及礼聘之官，派遣使者持书信聘礼，交结四方藩镇豪强，近代妇人贵盛，没有超过她的。当时权贵之人，对她争相巴结附和，受到的宠信和太祖对她的重视程度，不下于其夫敬翔。

唐庄宗不计前嫌

初，梁军与庄宗对垒于河上，思铎以善射①，日预其战。尝于箭筈之上自镂其姓名，一日射中庄宗之马鞍，庄宗拔箭视之，睹思铎姓名，因而记之。及庄宗平梁，思铎随众来降，庄宗出箭以视之，思铎伏地待罪，庄宗慰而释之。

（《旧五代史》卷九十，晋书·陆思铎传）

【注释】

①思铎：陆思铎，原为后梁将，后降唐。

【译文】

当初，梁军与李存勖的军队在黄河边上对阵，陆思铎以善射，天天参与战斗。他曾在箭杆上刻上自己的名字，一天射中了李存勖的马鞍，李存勖拔出箭来，看到是陆思铎的名字，因而记在心里。李存勖灭梁后，陆思铎跟众人一块前来投降，李存勖拿出箭来让他看，吓得陆思铎趴在地上等候发落。李存勖好言相慰，饶恕了他。

传世故事

后唐庄宗宠宦杀贤

后唐庄宗李存勖(xù)从小擅长音律,喜好歌舞,有时亲自化妆,粉墨登场。他特别宠爱优伶,常与他们一起在内宫演戏。这些优伶随意出入皇宫,与宦官相勾结,污辱戏弄朝廷大臣。大臣们对这些优、宦既恨又怒,却敢怒不敢言。

宰相郭崇韬南征北战,出生入死,为后唐的安定建立了汗马功劳,威望隆重。他身居高位,不居功自傲,正直忠诚,很看不惯优、宦们的行为。但他性子很急,遇到不满的事情就要发作。宫里优、宦恩宠于上,常向他提出为亲戚升官等无理的要求,郭崇韬往往按捺不住,痛斥他们。优、宦们恼羞成怒,便常到庄宗面前说他的坏话,使庄宗对郭崇韬的信任日趋下降。

当时,中牟县(今河南鹤壁)令罗贯刚强正直,是经郭崇韬提拔起来的。他为政清廉,不畏权贵,皇宫里的优、宦托他办私事,走后门,他都一概回绝。他们送来的各种信件,他都交给郭崇韬,郭崇韬上奏庄宗。因此优、宦对罗贯、郭崇韬咬牙切齿。大臣张全义与罗贯有过节,派丫鬟进宫向刘皇后诉苦,于是刘皇后与优、宦一起向庄宗诋毁罗贯,庄宗很生气,但考虑到他很得人心,不便发作。

不久庄宗前往寿安(今河南宜阳),察看修筑曹太后墓地,沿路泥泞不堪,桥梁横断。他很愤怒,问:"这是谁管的?"宦官说:"河南尹罗贯。"庄宗更怒,就下诏把罗贯关入大牢治罪,准备杀他。郭崇韬进谏:"罗贯虽然有罪,却不及死罪。"庄宗说:"太后的灵柩就要出发,天子朝夕往来,他不把路修好,还不及死罪?你是他的同党?"郭崇韬又说:"您以至高无上的身份,迁怒一个小小县令,使天下人都说陛下执法不公,这是我的罪过啊!"

宦官们又极力劝说庄宗杀罗贯。罗贯终未幸免，尸体被扔出府门，远近的百姓都说他死得冤枉。

伶、宦又借机对庄宗说郭崇韬的权势太大，竟敢对皇上无礼，要求削其兵权。

适逢当时蜀地盗贼又猖狂作乱，郭崇韬奉命平息。他派任圜、张筠等将领分兵数路征讨。日久未归，庄宗担心他在那里聚积兵马，不利于朝廷，就派宦官向延嗣招他回京。向延嗣到达以后，郭崇韬不出来接待他，向延嗣非常愤怒。当时魏王李继岌在成都，其部将李从袭看到蜀中降臣把礼物都送到郭崇韬营里，而不送到魏王营，心中不平。他对向延嗣说："现在郭崇韬公然收受财物，与降臣勾结图谋不轨。还听说郭崇韬的儿子郭廷海要请求任命自己为蜀帅，众将都是郭氏的党羽。在成都的魏王如同在狼窝里存身，一旦发生兵变，我们这些人还不知埋在什么地方呢？"

向延嗣回京把这话添油加醋地说给刘皇后，刘皇后担心李继岌处境危险，向庄宗哭诉杀掉郭崇韬。向延嗣又对庄宗说："臣问蜀人，得知蜀中宝物都进了郭崇韬的营中，说郭崇韬得了重贿；他儿子廷海有金银 10 万两，乐工 70。魏王府只不过得到马匹罢了。"庄宗开始只知郭崇韬想独霸蜀中，心中已不平；现又听到他占据蜀中妓乐珍货，怒不可遏，就命令宦官马彦珪入蜀探听郭崇韬的去留动向，如果班师则万事皆休，如确实迟滞，则与魏王图谋诛杀他。

郭崇韬领兵平息大股盗贼，但担心大军撤回，流散盗贼重新为乱，所以回师迟缓。马彦珪到蜀中看到郭崇韬按兵不动，就添枝加叶向庄宗报告郭崇韬要谋反。庄宗遂下令马彦珪协同魏王诛杀郭崇韬。

同光四年（926），魏王以议事为名，召郭崇韬及其子郭廷海入府议事，就在府中杀死父子两人。

李存勖大败唐怀贞

自 906 起，梁王朱全忠与晋王李克用展开了旷日持久的潞州争夺战。第二年，朱全忠篡唐称帝，国号梁，立即遣其保平节度使唐怀贞率军 8 万，会合魏博之兵进攻李克用去年占领的潞州。

为李克用守卫潞州的晋昭义节度使李嗣昭见梁军来势凶猛，闭城坚守。李克用亦急令部将周德威、李嗣本、李存璋、史建瑭、安元信、李嗣源、安金全等倾兵相救，晋梁于是展开双方交兵以来最大规模的潞州争夺战。

双方自五月战至开平二年正月，胜负未分。而就在是月，晋王李克用头上生疽，不治而死。死前，李克用将其长子、晋州刺史李存勖托付给振武节度使李克宁、监军张承业、大将李存璋等，并对李克宁等人说："此子志气远大，必能成就我的事业，他们要好好教导、辅佐他。"李存勖是时年方24岁，体貌奇特，善于骑射，胆略过人。他即晋王位后，马上将阴谋夺取其王位的李克宁及其党羽杀死，随后便计划继续与梁军作战。

正在潞州与梁军对峙的晋将周德威等听说李克用已死，又得李存勖相召，连忙引军归还奔丧。梁军见晋军已退，以为潞州不日即可攻下，故而不复戒备。

李存勖24岁登晋王位，唯恐诸将不服，有背叛行为，故将统大军在潞州作战的周德威召回晋阳，同时，也是为袭破梁军埋下伏笔。周德威回到晋阳后，将大军留在城外，自己徒步进城，趴到李克用的灵柩上痛哭流涕，并对李存勖十分恭敬。李存勖见将士可用，便说："上党（即潞州。唐天宝至德年间曾改潞州为上党郡），河东之藩蔽（藩篱、屏障）。无上党，是无河东也。且朱温所惮者独先王耳，闻吾新立，以为童子未闲（同"娴"，熟悉之意）军旅，必有骄怠之心。若简（选）精兵倍道趣（同"趋"）之，出其不意，破之必矣！取威定霸，在此一举，不可失也。"

李存勖的袭敌方略获得了监军张承业的支持，因此，李存勖检阅士卒，亲率周德威等于四月二十四日自晋阳直趋潞州。

晋军疾行6天，于二十九日抵达潞州城外45里外的黄碾，在此略作休整。五月一日晨，会降大雾，李存勖于是乘雾麾军袭击潞州城外的梁军营寨。梁军以为李存勖小小年纪，刚刚即位，无暇与梁军争锋。况且，来增援潞州的晋军已退回晋阳，潞州城内的晋军唯有坐以待毙，所以毫无戒备，连巡逻的哨兵也不设，当晋军向梁军营垒发动猛然袭击的时候，梁军将士竟都未睡醒。晋军兵分两路，一路从梁军营寨西北角，一路从东北角，同时发起进攻，"填堑烧寨，鼓噪而入"，梁兵措手不及，四处溃逃，丢弃的资粮器械遍地皆是。梁军招讨使符道昭在骑马逃跑时因马倒而被晋军杀死，被晋军杀死的梁军士兵数以万计，仅康怀贞率百余骑逃走了。

此役一举歼灭了朱全忠的10万大军，不仅解了潞州之围，更使晋军实力大增，为以后灭掉朱全忠建立的梁朝奠定了基础，诚如李存勖所预言的"取威定霸，在此一举"。

梁太祖朱全忠得知康怀贞兵败之讯后，大惊，既而叹曰："生子当如李亚子，克用为不亡矣！至如吾儿，豚犬（猪狗）耳！"

人物春秋

挥师荡群寇——朱晃

梁太祖神武元圣孝皇帝，姓朱，讳名晃，本名叫温，宋州砀山人。兄弟3人，都不及成年就死了父亲，母亲带着他们寄养在萧县人刘崇的家里。太祖成人之后，不干养命维生的活计，以勇猛有力自负，乡里人大多讨厌他。刘崇因为他的懒惰，常常斥责鞭打他。只有刘崇的母亲从小就怜悯他，亲手给他梳理头发，曾经告诫家里人说："朱家非同常人呢，你们应当好好地对待他。"

唐僖宗乾符年间，关东地区连年饥荒，成群的盗贼呼啸相聚，黄巢趁机崛起于曹州、濮州地区，饥民们自愿追随他的共有数万人之多。太祖于是跟他二哥朱存一同投入黄巢军中，因为奋勇战斗多次获胜，得以补缺提升为队长。

唐广明元年（880年）十二月五日，黄巢攻陷长安，派遣太祖领兵驻扎在东渭桥。这时，夏州节度使诸葛爽率领部队驻扎在栎阳，黄巢命令太祖劝说招安诸葛爽，诸葛爽于是投降黄巢。

唐中和元年（881年）二月，黄巢任命太祖为东南面行营先锋使，命令他进攻南阳，攻下了南阳。六月，太祖回到长安，黄巢亲自到灞上慰劳他。七月，黄巢派遣太祖向西到兴平抵御邠、岐、鄜、夏等地军队，每到一地均有战功。

二年（882）年二月，黄巢任太祖为同州防御使，让他自行攻伐占取。太祖于是从丹州南下，去进击左冯翊郡，并占据了全郡。当时河中节度使王重荣屯扎了数万军队，纠合其他诸侯，图谋收复左冯翊。太祖当时与王重荣所据土地边界相接，多次被王重荣打败，于是向黄巢请求支援。上了10次表章，被黄巢的左军使孟楷隐瞒，不送给黄巢。又听说黄巢军队势力窘迫困厄，将帅们军心涣散，太祖料定他必将失败。九月，太祖就同身旁心腹计议，率领全郡军民投降王重荣。王重荣当天就赶快写成奏章上报朝廷。当时唐僖宗在蜀郡，看了奏章就高兴地说："这是上天赐给我的呀。"于是下诏授给太祖左金吾卫大将军的官职，担任河中行营副招讨使，又赐给他名字叫全忠。从此太祖统率他的旧部以及河中的兵士一起行动，所到之处，无所不胜。

三年（883年）三月，唐僖宗命令授予太祖宣武军节度使官职，仍旧担任河中行营副招讨使，又命令他等候时机收复京城长安，当即到藩镇赴任。四月，黄巢军队从蓝关撤走，太祖同诸侯们的部队一起收复长安，接着率领部下士兵一旅人捧着符节东下。七月三日，进入梁苑。这时太祖年龄32岁。当时蔡州刺史秦宗权同黄巢余党纠合放肆暴虐，一起包围了陈州，很久，唐僖宗就任命太祖为东北面总招讨使。这时汴州、宋州连年饥荒，国家和人民都很穷困，钱库和粮库空虚，外有强大的敌人攻击，内有骄横的军队难以控制，短兵交锋两军接战，日益激烈。别人都感到害怕，只有太祖勇气更加高涨。这年十二月，太祖领兵到鹿邑，与黄巢一伙相遇，太祖驱兵攻击他们，取胜，然后带着队伍进入亳州，兼并了谯郡。

四年（884年）春天，太祖同许州田从异诸路军队共同收复瓦子寨，杀死敌贼数万人。这时，陈州的四面，敌贼营寨接连相望，驱赶掳掠老百姓编列户籍，杀了他们当做粮食，太祖分兵，经历大小40次战斗把它们予以扑灭。四月二十七日，攻取西华寨，敌将黄邺一个人骑着马逃奔到陈州。太祖乘胜追击敌人，擂鼓呐喊前进。正逢黄巢逃走，于是进入陈州，陈州刺史赵犨到高祖马前相迎。不久听说黄巢余党还在陈州北面的故阳垒，太祖就直接回到大梁。这时，河东节度使李克用奉唐僖宗诏令，统率骑兵数千人马共同图谋攻破敌贼，与太祖会合兵力在王满渡大败敌贼，这时敌将霍存、葛从周、张归厚、张归霸都跪倒在马前，太祖全部赦免了他们的罪行并收容了他们。接着追击残余的敌寇，向东来到了冤句。

五月十四日，太祖同李克用的晋军班师回到汴州，太祖把李克用安置在上源驿客馆里。接着安排了周到的犒劳宴请的礼节，李克用酒醉大发脾气，太祖气愤。当夜，命令带甲兵士围住李克用住地攻击他。正遇上天下大雨，雷鸣电闪，李克用因而得以在闪电的光亮中翻越围墙逃走。

六月，陈州人民感激太祖替他们解了围的恩惠，为太祖在他们的郡治修建了生祠。这一年，黄巢虽然死了，但蔡州秦宗权继黄巢之后成为最大的祸首，拥有数万士卒，攻陷相邻郡县，杀害抢劫吏官和人民，屠杀祸害的残酷，比黄巢尤甚，太祖担忧。七月，便同陈州兵民在溵水共同攻击蔡州贼军，杀死贼兵几千人。九月二日，唐僖宗亲自加封太祖为检校司徒、同平章事，封为沛郡侯。

唐僖宗光启元年（885年）春天，蔡州贼寇抢劫亳州、颍州，太祖率领军队前去救助，于是向东到达焦夷，击败数千的贼寇，活捉了贼寇将领殷铁林，砍下他的头悬挂起来传视贼寇后就回来了。三月，僖宗从蜀地回到长安，改元为光启。四月十四日，又加封太祖为检校太保，将食邑增加到1500户。十二月，河中、太原的敌军逼近长安，观军容使田令孜侍奉僖宗离开长安抵达凤翔。

二年（886年）春天，蔡州贼寇愈加猖狂。当时唐朝皇室势微，因此秦宗权得以横行为害，接连攻陷汝、洛、怀、孟、唐、邓、许、郑等州，地域方圆几千里，人烟断绝，只有宋、亳、滑、颍等州仅能闭关自守而已。太祖多次出兵与他们交战，但是也只是时胜时失，人们都十分恐惧。三月一日，僖宗颁布诏令，封太祖为沛郡王。同月，僖宗御驾移到兴元府。五月，嗣襄王李煴在长安违背礼制私自登上帝位，改元为建贞，派使者带着非法诏令到汴州，太祖下令在庭堂上烧掉了伪诏。不久，嗣襄王果然失败。七月，蔡州贼寇逼近许州，许州节度使鹿宴弘派使者来求救，太祖派遣葛从周等率领军队赶赴支援。援军未到许州城就陷落了，鹿宴弘被蔡州贼寇杀害。十一月，滑州节度使安师儒因为怠慢军事和政务，被部下杀害，太祖闻讯，就派朱珍、李唐宾袭击并占领了滑州，因此就拥有了滑台地。十二月，僖宗颁布诏令加封太祖为检校太傅，改封为吴兴郡王。

这年，郑州被蔡州贼寇攻陷，刺史李璠单骑匹马逃来，太祖接纳了他，任他为行军司马。秦宗权已经得到郑州，更加骄横，太祖派偏将在金堤驿巡逻，与敌寇遭遇，乘机攻击他们，将众多的敌人打败，太祖经常与蔡州之敌在四郊战斗，既以少击多，又常常出奇制胜，但苦于兵力太少，不能大快人意。秦宗权又由于自己兵力相当于太祖的10倍，对多次被打败感到羞耻，于是对部下发誓坚决攻进夷门。不久抓获了蔡部的间谍，全部知晓他们的内情，于是太祖谋求增兵。

三年（887年）春天二月一日，按照诏命以朱珍为淄州刺史，派他到东道招募兵士。朱珍到淄、棣等州后，10天之内，应募的有一万多人。又偷袭青州凯旋而归。四月八日，回到夷门，太祖高兴地说："我大事有成了。"这时，敌将张晊屯扎在北郊，秦贤屯扎在版桥，各自都有几十万人，树起的栅栏相连20里，势力非常强盛。太祖对诸位将领们说："这些敌人正在养精蓄锐以等待时机，一定会来进攻我们。况且秦宗权估计我们兵力少，又不知道朱珍已经来到，以为我们害怕，只能坚守阵地而已。不如现在出其不意，先发制人。"于是亲自领兵进攻秦贤的营寨，将士们奋勇争先，敌人果然不备，接连攻克四座营寨，杀死一万多人，当时敌人都以为有天神在暗中相助。二十七日，敌将卢瑭带领一万多人在圃田北面的万胜戍守，沿汴水两岸扎营，跨河面建起桥梁，以控制河运道路。太祖挑选精兵锐卒去袭击他。这天大雾迷漫，部队到达敌人营垒才被发现，于是闯入敌营一路杀去，取得大胜从此蔡州贼寇都感到恐惧，常常在军中自相惊扰相乱。太祖回师休整，大行犒赏，因此军士们斗志激昂，每次遇到敌人没有不奋勇向前的。

五月三日，太祖从酸枣门出兵，从清晨到中午，与敌人短兵相接，大败贼兵，追杀20多里，五月八日，兖、郓、滑州的军队都赶来增援，在汴水岸边摆开阵势，旌旗武器非常森严壮观。蔡贼看到这些，不敢出军营。第二天，太祖指挥各路军队，进攻敌方军营，从清晨4时到下午4时，杀敌20多万。当夜秦宗权、张晊偷偷逃走。秦宗权到郑州，竟然烧尽那里的房屋，屠杀郡城的人民才离开。开始时蔡州贼寇分散兵力进犯陕、洛、孟、怀、许、汝等州，都抢先占据着，因为这次的战败，贼寇们都放弃了州城逃走。太祖于是慎重挑选将佐，使他们修缮城墙壁垒，作战时防守的准备，这样远近流亡失所的人又回来很多。这时，扬州节度使高骈被副将毕师铎杀害，又有孙儒与杨行密互相攻伐，朝廷不能遏制，于是加封太祖为检校大尉，兼任淮南节度使。

当太祖抵御蔡州贼寇时，郓州朱瑄、兖州朱瑾都领兵来救援。到秦宗权已败，太祖因为朱瑄、朱瑾与自己同姓，又对自己出过力，都厚加赏赐，送其回去。朱瑄、朱瑾因为太祖的军士们勇敢强悍，私下心里都很喜爱他们，于是偷偷地在曹州和濮州的边界上悬赏重金布帛来招诱他们，太祖的军士为了财货之利而离开的人很多，太祖于是传送檄文去谴责他们。朱瑄的回话毫无礼貌，太祖于是命令朱珍侵袭曹州进攻濮州，以惩其邪。不久，朱珍攻伐曹州，抓住曹州刺史丘礼献给太祖，接着又调动军队包围了濮州。兖州和郓州与太祖之间的间隙，由此而生。

十月，僖宗命令水部郎中王赞撰刻纪功碑赐给太祖。同月，太祖亲自率领骑兵几千人在濮河岸边巡视，乘机在范县击败朱瑄的援兵。十二月，僖宗派遣使者赐给太祖铁券，又命翰林承旨刘崇望撰刻德政碑赐给太祖。

文德元年（888年）正月，太祖率领军队向东奔赴淮南，行程中驻扎在宋州时，听到杨行密攻下扬州，于是回师。这时，李璠、郭言到淮河岸边，被徐州军队扼阻，不能前行。太祖大怒，便计划征讨徐州。二月十八日，僖宗诏令任太祖为蔡州四面行营都统，各镇的军队受太祖控制指挥。三月三日，唐昭宗即位。同月，蔡州人石璠率领一万多人剽掠陈州、亳州，太祖派朱珍率领精锐骑兵几千人擒获石璠献上。四月一日，魏博镇乐彦祯违背律令，他儿子乐从训逃奔到相州，派人来请求援军。太祖派朱珍率领大军渡过黄河，接连攻占黎阳、临河两邑。不久魏博镇军队推举小校官罗弘信当统帅。罗弘信当上统帅后，派遣使者到汴州致送心意，太祖厚待使者并接受了他的求和心意，命令朱珍班师。同月，河南尹张全义在河阳袭击李罕之，打败了他。李罕之逃出，到太原请求救兵，李克用派出一万骑兵去支援他。李罕之就收聚自己的部队，与太原晋军一起联合兵力，急攻河阳。张全义危急，派遣使者到汴州求救，太祖派丁会、牛存节、葛从周率领军队奔赴救援，在温县发生激烈战斗，击败敌军。于是解除了河桥的围困，张全义回到河阳，趁便以丁会作为河阳留后。

五月三日，昭宗诏令授太祖为检校侍中，同月，太祖认为已经拥有了洛、孟地区，解除了对西部的忧虑，准备大力整顿军队，尽力诛除蔡州贼寇。适逢蔡州人赵德諲将汉南地区全部归降朝廷，又派遣使者向太祖求和，发誓尽力同讨秦宗权。太祖向朝廷上表奏明这件事，朝廷于是任赵德諲为蔡州四面副都统。又将河阳、保义、义昌三处节度使作为太祖的行军司马，兼管粮食马料等后勤供应。到此时，太祖统领诸侯的军队会合赵德諲到汝水边去攻伐蔡州贼寇，逼近蔡州城。5天之内，建起28座兵寨包围蔡州城，这是仿照天上二十八星宿的数量。这时太祖亲自冒着敌人的弓箭炮石指挥战斗，一天，一支飞来的箭射中了他的左腋，鲜血浸透了单衣，太祖对身旁的人说："不要让别人知道。"

九月，因为粮食运输供应不上，撤军。这时，太祖知道秦宗权余孽已不足以构成祸害，就转移部队去攻伐徐州。十月，太祖派朱珍率领军队在吴康镇与徐州时溥交战，徐州兵马被打得大败，接连占领丰、萧两座城邑，时溥带着击散了的骑兵逃进了彭门。太祖命令分出一支兵力去攻打宿州，宿州刺史张友带着符节印章投降。不久徐州人关闭城门坚守，太祖就命令庞师古屯扎部队守着徐州就回去了。同月，蔡州贼寇孙儒攻陷扬州，自称为淮南节度使。

龙纪元年（889年）正月，庞师古攻下宿迁县，向吕梁进军。时溥率领两万军队，首先压住庞师古的军队摆开战阵，庞师古坚急迎战，击败时溥，杀敌2000多人，时溥逃进彭门。二月，蔡贼将领申丛派遣使者报告说，已将秦宗权捆缚在营帐下面，折断其腿，予以囚禁。太祖当天接受诏令以申丛为淮西留后官。不久，申丛又被都将郭璠杀害。同月，郭璠押解秦宗权前来献给太祖，太祖派遣行军司马李璠、牙校朱克让用囚车将秦宗权解押到长安。押到后，在一棵独柳树下面将秦宗权斩首。蔡州平定。三月，加封太祖为检校太尉、兼任中书令，提封为东平王，以奖赏平定蔡州的功劳。

大顺元年（890年）四月一日，宿州小将领张筠驱逐刺史张绍光，胁迫众人投靠时溥。太祖率领亲信部队征讨他，杀敌千人，张筠坚守城池。乙卯日，时溥出兵蹂躏砀山县，太祖派遣朱友裕领兵袭击他，击败徐州叛军3000多人，俘虏沙陀援军石君和等30人。六月七日，淮南孙儒派遣使者与太祖亲善友好，太祖上表奏明这件事，请求将淮南节度使授予孙儒。十七日，昭宗任命太祖为宣义军节度使，又充任河东东面行营招讨使，因当时朝廷宰臣张濬正在领兵攻伐太原。八月一日，昭义军都将冯霸杀死了沙陀人所任命的节度使李克恭来投降。十五日，李克用亲自率领蕃族汉族步兵骑兵几万人包围了潞州，太祖派遣葛从周率领骁勇善战的兵士，在黑夜悄悄地穿过包围圈潜入潞州。九月十九日，太祖到河阳，派遣都将李谠领军直奔泽州、潞州，走到马牢川时，被晋人打败。太祖又派遣朱友裕、张全义率领精兵作为接应援助。不久朱从节、葛从周放弃潞州归来。二十五日，太祖在厅堂上责备众位将领的败军之罪，砍下李谠、李重胤的首级传视军中后，回师。十月三日，太祖从河阳到滑台。当时奉诏令将讨伐太原，先派遣使者向魏州人借路通过，魏州人不答应。此前，太祖曾派信使雷邺向魏州请购粮食，不久被罗弘信的牙军杀害。罗弘信害怕，而跟太原互通友好。十二月二十，太祖派遣丁会、葛从周率领部队渡过黄河攻取黎阳、临河，又命令庞师古、霍存攻占淇门、卫县，太祖率领大军徐徐跟随其后。

二年（891年）春正月，魏州军队屯扎在内黄。五日，太祖与魏军交战，从内黄到永定桥，魏军连败5次，杀死魏军一万多人。罗弘信害怕，派遣使者带很多的钱来请求讲和。太祖下令停止对魏州的焚烧抢掠并归还俘虏给他，罗弘信因而感激欢悦听从命令。太祖于是收兵驻扎在黄河岸边。八月十二日，太祖派遣丁会急攻宿州，宿州刺史张筠坚守城池，丁会于是堵拦汴水来淹浸宿州。十月五日，张筠投降，宿州平定。十一月一日，曹都副将郭绍宾杀死刺史郭饶，带着全郡军民投降。同月，徐州将领刘知俊率领2000人投降，从此徐州军势不振。十二月，兖州朱瑾率领3万士兵进犯单父，太祖派丁会率领大军攻袭他，在金乡界取得大胜，杀敌两万多人，朱瑾一人骑马逃走。

景福元年（892年）二月三日，太祖亲征郓州，先派朱友裕驻军斗门。九日夜晚，郓州朱瑄率领一万步兵骑兵在斗门袭击朱友裕，朱友裕南退。十日，太祖一早营救斗门，不知道朱友裕已经撤退，在前面先到斗门的人都被郓军杀害。当时朱瑄还在濮州。十二日，遇上朱瑄率领兵士准备回到郓州，前来冲击。太祖驱马南奔，被敌军追赶非常危急，前有堑沟，太祖跃马而过，张归厚持鞘矛殿后奋力迎战，才得以逃脱。这时李瑠和几位部将全被杀害。十一月，太祖派朱友裕领兵攻克濮州，濮州平定。于是下令转移军队攻伐徐州。

二年（893年）四月十九日，庞师古攻下彭门，彭门平定。乾宁元年（894）二月，太祖亲自率领大军从郓州东路向北到达鱼山。朱瑄察知后，就领兵直奔鱼山，而且想速战速决。太祖整顿军队出营时，朱瑄、朱瑾已在前面摆好阵势。突然间刮起强烈的东南风，太祖军旗乱了行次，兵士都有怯色，太祖立即命令骑兵扬鞭呐喊，一下子西北风猛然刮起，这时两军都在杂草中间，太祖乘机下令放火。顷刻烟雾火焰连天，太祖乘势进攻敌方阵地，朱瑄、朱瑾大败，死亡有一万多人，残兵拥挤着进入清河城，太祖在鱼山下收聚敌尸筑起高大的坟墓以纪战功，驻军几天后返回。

二年（895年）正月二十九日，太祖派朱友恭率领军队再次攻伐兖州，挖成堑壕围住兖城。不久，朱瑄从郓州率领步卒骑兵运送支援的粮食想进入兖州，朱友恭埋下伏兵击败了他们，在高吴将他们的军粮全部夺过来，趁机俘虏了番将安福顺、安福庆。二月二十一日，太祖率领亲信部队驻扎在单父，作为朱友恭的后援。四月，濠州、寿州又被杨行密攻陷。这时，太原派将领史俨儿、李承嗣带领一万骑兵驰援郓州。朱友恭退回汴州。八月，太祖率领亲信部队攻伐郓州，到大仇时，派前锋部队挑战，在梁山埋下伏兵。不久俘虏蕃将史完府，夺得战马数百匹。朱瑄逃回郓城。十月，太祖驻军郓州，齐州刺史朱琼派使者前来请求投降，朱琼就是朱瑾的堂兄。太祖于是将部队转往兖州，朱琼果然来降。不久，朱琼被朱瑾欺骗，被抓住杀害了，太祖就以朱琼弟弟朱瑄为齐州防御使。十一月，朱瑾又派部将贺环、柳存以及番将何怀宝等一万多人袭击曹州，想解除兖州之围。太祖知道后，从兖州带领军队策马飞奔到巨野南边，追击敌寇，敌寇几乎被全部杀尽，活捉了贺环、柳存、何怀宝及剩余贼党3000多人。下午4时，忽然刮起狂风，沙尘飞腾，太祖说：

"这是杀人还不够。"于是下令将所获俘虏全部杀光，狂风才停止。第二天，捆起贺环等将领在兖州城下示众，太祖平素知道贺环名声，于是放了他，只在兖州城下杀了何怀宝，然后班师。

三年（894年）六月，李克用率领蕃族、汉族等军队在斥丘扎营，派他儿子落落领着铁林小儿骑兵3000人逼近洹水。葛从周与他们战斗，大获全胜，活捉落落献上。李克用悲痛惊骇，请求重修过去的友好亲善以赎回他儿子，太祖不答应，就将落落押送给罗弘信，杀了他。7天后，太祖军队回来驻扎在阳留以攻伐郓州。

四年（895年）正月，太祖率领洹水的军队大举攻伐郓州。十五日，在济水旁边扎寨，庞师古命令诸将搭起桥梁。十九日夜晚，庞师古率领中军先渡过济水，呐喊声震撼郓城，朱瑄听到后，弃城而逃。葛从周追到中都北面，抓住了朱瑄和他的妻子、儿子献上，立即诛杀。郓州平定。二十三日，太祖进入郓城，任命朱友裕为郓州兵马留后。这时太祖听说朱瑾与史俨儿在丰、沛一带搜刮军粮，只留下康怀英据守兖州，太祖因而乘胜派遣葛从周带领大军袭击兖州。康怀英听说郓城失守，接着又有葛从周大军来临，就出城投降。朱瑾、史俨儿便逃奔淮南。兖、海、沂、密等州平定。于是以葛存周任兖州留后。

九月，兖、郓等州已经平定，将士们威猛骁勇，太祖便大举南征淮南。命令庞师古率领徐、宿、宋、滑等州部队直奔清口，葛从周率领兖、郓、曹、濮等州部队径赴安丰。淮南人派朱瑾领兵抵拒庞师古，朱瑾便决淮水来淹庞师古部队，庞师古于是兵败战死。葛从周行军到濠梁，听说庞师古失败了，也下令回师撤军。

历仕四朝 晚节不保——冯道

冯道，字可道，瀛州景城人。先祖曾务农或为儒，没有一定职业。冯道年少时，性情纯朴厚道，好学能文，不以衣食粗陋为耻，除奉养父母外，只是读书吟诗，即使大雪封门、尘垢满席，也依旧兴致盈然。天祐年间，刘守光任他为幽州掾。刘守光领兵讨伐中山，向僚属咨询，冯道常以利害规劝他。刘守光恼怒，把他打入牢狱，不久被人搭救，免遭不测。刘守光败亡，冯道逃回太原。监军使张承业用他做本院巡官。张承业看重他的文章道德，待他非常优厚。当时有个叫周玄豹的人，擅长给人看相，与冯道不和睦，便对张承业说："冯生没有前途，公不可以太重用他。"河东记室卢质得知后说："我曾见到过杜黄裳司空的画像，冯道的相貌酷似他，将来一定是做大事的，周玄豹的话不足为凭。"张承业不久举荐他做了霸府从事，稍后又任太原掌书记。其时庄宗据有河北，文牒事务繁忙，统由冯道掌管。

庄宗军队与梁军隔黄河相对峙。一天，郭崇韬以诸将校会餐人数过多，主管人供应不起，请稍减员，庄宗怒道："我想给那些为我效力的人管几顿饭，自己都做不得主，那么就请河北三镇三军另外选择一人任主帅，我要求回太原，以避贤让路。"随即命冯道当面草拟文书，以向部下宣告。冯道持笔待了很久，庄宗严厉催促他，他缓缓起身答道："我的职责是掌管笔墨文书，岂敢不奉命从事。现今大王您屡建大功，刚刚平定南方寇乱，崇韬所谏，未必失当，拒绝他可以，却不可用刚才那番话挑起众议。敌人若是得知，便会说大王您这里君臣不和了。希望再三考虑，那便是天下的万幸。"不久郭崇韬入朝致谢，因为冯道替他解了围。人们开始敬重冯道的胆识。庄宗在邺宫继位，授冯道省郎，充翰林学士，从绿衣赐紫。平定梁朝后，又升中书舍人、户部侍郎。后因父亲亡故，在景城守丧。时逢年景不好，他把节余的俸禄，全部用来振济乡里百姓，他的住所不过是茅屋陋室。凡地方官的赠物，即便是一斗谷、一匹帛也不受纳。其时正当契丹国势强盛，他们久闻冯道声名，预谋要把他劫走，因边地民众已有防备，冯道才得以免祸。

明宗入主洛阳后，马上问近臣安重诲说："先帝在位时的冯道郎中在什么地方？"安重诲回答："不久前授翰林学士。"明宗说："此人我久已熟知，是好宰相。"很快便拜冯道为端明殿学士。"端明"之号就是从冯道开始设立的。不久冯道迁中书侍郎、刑部尚书平章事。凡贫困微贱无所依恃却有才干、有抱负、又与他素来相知的士人，他一律提拔任用；唐朝末年世族中行为浮躁的人，必定贬抑不用。有位工部侍郎名叫任赞，退朝时，和同僚在后面嘲笑冯道说："他若快走，一定会掉下《兔园册》。"冯道听说此事，召来任赞对他说："《兔园册》的文章都是名儒编集的，我能够背诵。旧朝廷一些士子，不过读了些考场上的华丽辞藻，就去应试，都是窃取公卿的名位，真是何等浅薄、狭隘。"任赞非常惭愧。又有梁朝宰相李琪，常以文章自诩。曾进呈《贺平中山王都表》，文中有"复真定之逆城"一句，冯道批评他说："昨日收复的是定州，而非真定。"李琪不懂地理，顿受挫辱。其后百官上明宗徽号的奏文共有三章，都由冯道一人写成，文笔浑然天成，绝非一般文体，满朝文武都心悦诚服。冯道尤其长于诗文，提笔一挥而就，不仅文词典丽，而且内蕴古义，为远近之人传抄。时人因此逐渐敬畏他才学高深，从此朝廷间也风气肃然，不再有浅薄放肆的举止。继而冯道改任门下侍郎，户部、吏部尚书，集贤殿弘文馆大学士，又加尚书左仆射，封始平郡公。一天冯道上朝退下后，明宗望着他对侍臣说："冯道本性纯厚俭朴，最近在德胜寨住一处草房，与随从同器吃饭，睡则是草木一捆，可他却心安理得。及至为守父丧退居乡里，他自己种田、砍柴、采集，与农夫们杂处，并不介意自己往日的高贵身份，这真是士大夫啊。"

天成、长兴年间，天下连年丰收，朝廷无事。明宗坐朝延英殿，留冯道向他询问朝廷外面的事。冯道说："陛下以至上的道德承受天命，上天以丰年昭示祥瑞，陛下更要天天谨慎，以酬答上天之心。臣常忆起在先帝霸府任职时，曾奉命出使中山，过井陉险地时，唯恐马匹失蹄，哪敢放松缰绳，等到平地，便不再控制，结果被马摔下，几乎致残。臣所说的这件事虽小，却可喻大事。陛下不要由于天下清明安定，连年丰收，便无节制地享乐。兢兢业业，是臣对陛下的希望。"明宗十分赞同。改日，明宗又问冯道："天下虽然丰收，但百姓是否就能获益？"冯道回答："粮食太贵农民挨饿，粮食太贱农民受损害，这是普通的道理。臣记得近世有位举子叫聂夷中，作了一首《伤田家诗》，诗中写道：'二月卖新丝，五月粜秋谷，医得眼下疮，剜却心头肉。我愿君王心，化做光明烛，不照绮罗筵，偏照逃亡屋。'"明宗说："这首诗极好。"即刻令侍臣抄下，时常自己背诵。冯道讲话简练切题，善于使听者获益，这方面一般人难以与他相比。当时的经书谬误甚多，为此冯道和同僚李愚一起，委派学官田敏等人，取西京长安郑覃刊刻的石经，雕刻成印版，使经书得以流行于天下，后辈学者都仰赖这些书籍。明宗去世后，唐末帝继位，任命冯道为山陵使。丧礼结束，又遵循旧例，命他出镇同州。冯道执政清静淡泊，不干预狱讼，不扰乱市易。有个叫胡饶的州府属官，军吏出身，性格粗犷，一天因事在官署门口谩骂冯道。手下人数次向冯道通报，他都不予理睬，说"此人一定醉了。"后把他召入官署，摆酒设宴，款待了一个晚上才起身离去，没有一点儿怒色。不久，冯道入朝任司空。

及至晋祖入主洛阳，任冯道为宰相。次年，契丹派遣使臣给晋祖加徽号，晋祖也要给契丹献徽号，对冯道说："此行非你不成。"冯道没有为难。晋祖又说："你官高德崇，不可深入沙漠。"冯道回答："陛下受北方契丹朝廷的恩泽，臣受陛下的恩泽，有什么不可以呢！"上路后，快行至西楼时，契丹国主要到郊外迎接,手下大臣说:"哪有天子迎接宰相的礼节。"于是未去。冯道的名声就这样,大到影响异邦礼俗的地步。还朝后,朝廷废除枢密使,援照唐朝成例,把它归并到中书省,枢密院官印交付冯道,大小事务也全部由他掌管。不久,冯道加官司徒,兼侍中,晋封为鲁国公。晋祖曾就如何用兵征询冯道的意见。冯道回答:"陛下历经磨难,创成大业,雄才大略闻名天下。讨伐不义,必须听从一人决断。臣本是一介书生,为了陛下才在中书省效力,恪守历代成规,不敢有丝毫差池。臣在明宗朝时,明宗也曾问过臣军事,臣也是以这番话做答的。"晋祖非常赞同他的话。冯道曾上表请求引退,晋祖不看,而是先派郑王去探望他,并对他说:"你明日若不复出,朕就会亲自前去请你。"冯道不得已而复出。当时受皇帝的恩宠,没有人能与冯道相比。

晋少帝继位,加冯道守太尉,晋封为燕国公。冯道曾问朝廷中一位熟悉的门客说:"我在政事堂,人们对我有何议论?"门客说:"是非参半。"冯道说:"一般人都是对与自己意见相同的人就加以肯定,不同的就予以否定。否定我的恐怕10人中就有9人。古昔的孔仲尼是圣人,尚且要被叔孙武叔诋毁,何况我这样微小的人物呢!"即使如此,冯道仍坚持自己的处世之道,始终不改。而后有人离间冯道和少帝的关系,在少帝面前说:"冯道不过是太平时的好宰相,遇到时世艰难就无济于事了。就像坐禅的僧人不能用他来呼鹰一样。"由此少帝让冯道离开朝廷出任同州节度使,经过一年多,又改任南阳节度使,加中书令。

契丹进入汴京,冯道自襄、邓奉召入汴,契丹王从容问道:"天下百姓,如何才能得救?"冯道回答:"如今的百姓,即使佛祖再世也救不了,只有皇帝能救他们。"其后官宦士绅没有受到伤害,这都是冯道和赵延寿暗地保护的结果。当年三月,冯道随契丹王北上,与晋室公卿一同到达常山。不久契丹王死,永康王代替他统率部众。到永康王北上之后,留下同族人解里据守常山。这时后汉军队愤激,与城内人配合,一同赶走了解里,不久收复常山城。冯道率同僚四出巡查抚慰,处事得体,百姓各安其所。有人将功劳推归冯道,他说:"我一介儒臣有什么作为,都是各位将士的功劳。"冯道以德高望重做众人表率,因此为众人从诸将中挑选勤谨老成的将领,以骑校白再荣暂做他们的统帅。军民由此安定,冯道最有功劳。冯道在常山,见有中原士女被契丹俘获的,便出珠玉宝物把她们赎回,都安置在僧尼庵院寄居,尔后又寻找到她们的家人,使她们回到家里。再有,契丹人先前留下冯道、李崧、和凝，以及文武官员在常山，当年闰七月二十九日，契丹下伪诏追叫李崧，令他挑选朝廷大臣10人，到木叶山参加葬礼。契丹麻答召冯道等人到他的营帐，要告诉他们。李崧偶尔先到一步，获悉契丹麻答的命令，面露惧色。麻答想让他们明日与朝廷大臣一齐去，李崧因此不等冯道，与和凝先出营帐，继而在帐门外遇见冯道，于是同他分手后都返回住所。不一会儿，李筠等人纵火与契丹交战，鼓声相闻，兵器相接。当日几个人若一齐到营帐与麻答相见，或稍有迟疑，就会悉数被俘获了。当时人认为冯道做平民时有至善的德行，在朝做官又有众望，所以时常会有像这样的阴间之助和好报应。

待到从常山回京朝觐，后汉高祖对他非常赞赏，拜为守太师。乾祐年间，冯道除了上朝之外，安居自乐。

待到后周太祖平定内乱，提议立徐州节度使刘赟为后汉嗣君，派冯道与秘书监赵上交以及枢密直学士王度等人前去迎接。冯道便和刘赟从徐州赴汴京。走到宋州时，正值澶州兵变，枢密使王峻派郭崇韬率兵赶到，驻扎在衙门外。当时冯道和赵上交等一同住在衙门内。当天，刘赟身边带领随从卫士关闭衙门登上门楼，盘问郭崇从哪里来。郭崇回答说："后周太祖已受拥戴登基。"刘赟的人明白发生了事变，以为他们被冯道出卖，都想杀掉冯道以图心头痛快。赵上交和王度获悉后，惶恐不知所措，只有冯道行为自如，毫无恐惧之色，不久也就得以免祸。冯道尚未闻达时曾写一首诗："终闻海岳归明主，未省乾坤陷吉人。"至此，诗中的话真正得到应验。广顺初年，冯道再次被拜为太师、中书令。太祖对他非常器重，每次他入朝应对，都不称呼他的名字。太祖去世时，世宗任冯道为山陵使。恰逢河东刘崇进犯，世宗要率军亲征，召集大臣讨论，冯道加以劝阻。世宗因此说："唐朝初年，天下草寇蜂拥而起，都是唐太宗亲自扫平的。"冯道上奏说："陛下能比得上唐太宗吗？"世宗恼怒地说："冯道你为何小看我！"冯道因此不再进言。待到世宗亲征时，没有让冯道扈行，留他奉祭太祖陵，这时他已患病。祭山陵礼仪完毕后，冯道护送太祖神像回旧时宫殿，还未等到送进太庙附祭，当晚便在家中去世，时间是显德元年四月十七日，享年七十三岁。世宗得知，3日不上朝，册书赠冯道为尚书令，追封瀛王，加谥号文懿。

冯道历仕四朝，3次做中书令，在宰相位前后20余年，以行为持重、镇抚风俗为自己的责任，从未以一纸一字扰乱诸侯。平生非常廉洁俭朴，一直到他晚年，家中才稍见奢侈。他的儿子冯吉非常狂放不羁，他管束不住。有见识的人都因他未能把美好的声誉保持到底而感叹惋惜。

《新五代史》

《新五代史》概论

《新五代史》原名《五代史记》，北宋欧阳修模仿《春秋》笔法且将五代融而为一撰成，共74卷，本纪12卷，列传45卷，考3卷、世家及年谱11卷、四夷附录3卷。全书文字简要，并补充了不少新史料，为正史中自唐朝以后的唯一的私修史书，与《旧五代史》同为研究五代十国史的主要资料。

一

欧阳修幼时因家庭贫困，无钱上学，他母亲就用荻草枝儿在地上画字，亲自教他学文化。在艰苦的环境中，母亲的辛勤教育和自己的刻苦学习，为欧阳修一生治学打下了深厚的文化基础。

宋仁宗天圣七年（1029年），22岁的欧阳修参加进士科考试，连考3次，都获得第一名。第二年，他经过复试被录取之后，就被派为西京（今洛阳）留守推官，作为西京留守钱惟演的幕僚，走入仕途。

仁宗景祐元年（1034年），欧阳修被调到朝廷当馆阁校勘，在保管和编辑图书的机构中任职。他开始留心社会生活，积极参与当时宋朝政府内部的政治斗争，开始了他的从政与做学问交并进行的精力旺盛时期。他积极支持范仲淹的改革主张。不久，范仲淹在保守势力的攻击下，受到降职处分，被排挤出去当地方官。欧阳修也被降为夷陵（今湖北宜昌市）县令。直到1040年，才恢复原职，回到馆阁。

仁宗庆历三年（1043年）春，欧阳修被调到谏院做谏官。这时范仲淹也从西北前线调回朝廷，升任参知政事，开始改革政治。欧阳修参与其事，与范仲淹、余靖、杜衍合称"庆历四君子"。在保守派的攻击下，庆历五年（1045年）欧阳修再度被贬斥出京，先后在滁州（今安徽滁县）、扬州（今江苏扬州一带）、颍州（今安徽阜阳）做了九年地方官。

仁宗嘉祐七年（1062 年），欧阳修又被调回朝廷任翰林学士，担任编写唐朝历史书的工作，以后一直做到参知政事。到了晚年，欧阳修在政治上趋向保守，不大赞成已经开始了的王安石变法。到神宗熙宁四年（1071年）获准告老退休，第二年去世。

欧阳修的政事，在后世往往淹没不彰。作为一个学者，他的学术成就是多方面的，在宋代已是大名鼎鼎，到后代更是声誉垂响。他既是"宋学"的开创者之一，又是诗人、散文家、词家，也是史学家、经学家、目录学家、金石学家，他为宋代整个学术领域的繁荣发展起了积极作用。

欧阳修在历史上的最大影响是他对北宋文学改革运动的重要作用。他一方面反对晚唐以来追求辞藻华丽、讲求对偶等不良文风，一方面提倡继承韩愈的道统和文统。唐宋古文运动就是分别在韩愈、欧阳修的倡导下发展起来的。在散文的创作方面，欧阳修有所突破和创新。他的散文共有 500 余篇，是他文学创作中成就最高的部分。欧阳修的散文，不发无关题旨的议论，不抒无缘无故之情，不写与主题无关的景物，明白简练，晓畅自然，为后世留下了典范。

在经学方面，欧阳修效法于前人，而又超越于前人。他治《春秋》经，不是从经义出发、持门户之见，而是从事实出发，以考史证经之伪，以经中所载事实证传之诬。他对流传颇久的《易》经的源头，进行了认真的剖析，指出不懂得"圣人幽赞神明"，就不懂得《易》经。并针对《周易》《洪范》两书的流行的说法，大胆黜斥河图洛书之妄谬。他以积极入世思想去研究《春秋》，从而跳出旧传注的窠臼，以便从经文中引申出合乎现实需要的新解释。他把经学研究的成果大量地注入《新五代史》中，以经学求致治之源，以史学垂训戒、匡时弊。这样，一方面使得经学有了新的伸根之处，另一方面又使旧有的史学翻出了不少新意。

在金石学方面，欧阳修有开创性的成就。古代生产工具和器物是研究古史的可靠资料。商周铜器如鼎、彝、尊、爵之类，每每刻有文字。秦以后，盛行勒石刻碑。这些金石文字是反映古代史事、订正古籍和传说的有力依据。隋唐以来，已开始了对古物及其刻辞的研究，不过侧重于文字和书法。宋代发展成了"金石学"的专门学科。欧阳修利用他做官的有利条件，又"性颛而好古"，收藏并且观览、拓印了丰富的文物，写成了《集古录》，记载了几百篇跋文。它是我国学术史上正式出现的"金石学"的开端。

作为史学家的欧阳修积极倡导一种积极的写作原则，并且十分严肃认真地去实践。他在《代人上王枢密求先集序》里说："言所以载事而文所以饰言，事信言文，乃能表现于后世。""事信"必须是"不虚美，不隐恶"，是非褒贬，都有意义可寻，才能称为忠实的记录。"言文"的基本要求，必须是有法有则。古文家所致力的是传记文，欧阳修在这方面把史笔和文心结合起来，运用在史书的修撰过程中。这里我们着重介绍《新五代史》。

二

作为一部私修的史书，其产生是有一定的背景的，就欧阳修的个人遭遇也可见一斑。宋仁宗景祐三年（1036年）仲夏，年方30的欧阳修因替指陈时弊而遭贬逐的范仲淹申辩，身遭诬陷，被逼即行离京，从水路调赴1000里外的峡州夷陵。他满怀悲愤来到这远离洛阳、开封的荒僻小邑，开始了坎坷的生活道路。这是欧阳修在仕途初次遭到的挫折，此后又几经调移和再贬滁州，虽是不幸，却也使他的思想与创作起了变化。他从一度繁荣富庶的京都走到贫困多难的基层乡镇，从朝廷收藏文件图书的馆阁走向冷酷复杂的社会，看到了他任文学侍从见不到的许多情景，触动思绪，引起了他对现实与历史一些问题的思考。正是在这谪居外州的时间里，他利用"政务之暇"着手私家著史的事业，即《新五代史》的写作。

在欧阳修写作《新五代史》之前60多年，已有薛居正奉命领衔撰写监修的《旧五代史》（原名《五代史》）的编纂，不过是把5个小朝代的史书汇合成为一个缩编本，而不是有规划地重写一书。所以其书内容明显地反映着五代统治者的立场观点，多为之作曲笔回护，淹没了史实真相，使后世统治者失去"借鉴"的机会，文章也平淡卑弱，虽然材料很多，叙写详尽，但缺乏考辨选择，同时，文字烦冗，长达150卷。至北宋中期，对五代时期历史已有新的看法，因而在统治者中提出了重撰《五代史》的要求，欧阳修私自重新修订《五代史》，就是在这样的条件下产生的。

《新五代史》出于私撰，但由《欧阳文忠公外集》卷十七、卷十八、卷十九《与尹师鲁书》《答李淑内翰书》等篇，可知欧阳修修撰此书经历了长期探索，并与友人反复商量过。他断断续续私修五代史，费时甚多。他撰写《新五代史》所依据的史料，也非常丰富，加起来也有数十种，共计400多卷。经过18年左右的时间，到皇祐五年（1053），一部74卷的

《五代史记》即《新五代史》基本脱稿。此后，他仍反复斟酌，不断修改，直到逝世。因其不肯轻易示人，生前未见流传。嘉祐年间（1056—1063年）范镇等向朝廷建议，征取其书，以备正史，"公辞以未成"。其时实已成书，只是以未成为辞而不肯示人而已。欧阳修死后，朝廷下令征去了这部著作，熙宁十年（1077年）正式颁行于天下，与薛氏书并行，世人为区别起见，称薛史为《旧五代史》，欧史为《新五代史》。《新五代史》由于被宋廷列为科举考试的一科，因而受到学者的重视。

欧阳修的《新五代史》共74卷，目录一卷，分为5个组成部分：本纪12卷；列传45卷；考二篇3卷；世家年谱11卷；四夷附录3卷。

欧阳修在编写体例上对以往正史作了一些改变。《新五代史》则把五朝的本纪列传综合在一起，按时间先后顺序加以排列。欧阳修按照自己的观点，把人物分成几种类型，分别列入各朝的《家人传》《臣传》《死节传》《一行传》《唐六臣传》《义儿传》《伶官传》《宦者传》《杂传》之中。如专在一代做官的人，列入这一代的《臣传》，而历仕数代的人，则被列入《杂传》，他又把后妃与宗室列入《家人传》，而废掉过去的后妃传与宗室传。通过这些名目繁多的传名区分，以及史文中的用字差异以贯彻他的褒贬原则。

另外，他尽量注意事增文损。如薛史《帝纪》61卷，新史删并为12卷，还注意适当增进内容，如在本纪中，新增边疆各族与五代的贡使关系。对周世宗毁佛之时，新史简化成10余字。对于十国事，新史增为11卷，其中有一卷是十国年谱，即相当于十国年表。又增有"四夷附录"三卷，记奚、契丹、吐浑等。这主要是因为欧阳修在采用史料上，比他以前的史家视野开阔，不但注重运用各朝实录，而且还采用小说、笔记之类的记载，以补充旧史书中所没有的史事。有些则插入比较生动的情节，以小见大，使读者加深对历史事件和人物的了解。

《新五代史》对于世俗流行的迷信思想别有不同的看法。各史书中充满迷信灾异的五行志，《新五代史》全予删去，《司天考》也只记一些天象的变化，略去灾异之事。书中于神异之事，皆以客观的笔法记之，并随时加以评论，这确是欧阳修比一般史家的高明之处。

欧史不立志，只有司天、职方二考（天文和地理）。他主观地认为五代典章制度不足为后世法，仅撰二考以备稽查。鉴于五代时疆域交错，很难用文字表达明白，为了准确反映现实情况，欧阳修将表志改革为职方考，深受王鸣盛的推崇，说："此考虽简略，然提纲挈领，洗眉刷目。"通看此考，便知五代土地，以梁为最小，后汉较大，周又大，而后唐为最大。为我们今天研究五代沿革地理提供了宝贵资料。

简言之，欧史文笔简练，字斟句酌，全书出于一手，远非《旧五代史》所能及，史实方面亦有所补充。欧史直书其事，如朱温以追叛为名向邻部发动进攻之事，欧史即直书"移檄兖郓，诬其诱汴亡卒以东，乃发兵攻之。"（卷一《梁太祖本纪》）这几点是欧史的长处。但欧史叙事过于简略，甚至于重要史实不着一字，且书中差错时有所见，故虽力求高"简"，但有时实际上是"简而不明"。作为史书而言，其史料价值较逊于《旧五代史》。

宋人吴缜撰有《五代史纂误》5卷，纠正了欧史有关120事的错误记载，很受时人重视。但其书久佚。清乾隆时，从《永乐大典》辑出120事，析为3卷，略具梗概。清人杨陆荣的《五代史志疑》4卷、吴兰庭的《五代史记纂误补》4卷，都揭示了欧史的若干错误，可供参阅。彭元瑞、刘凤诰2人，先后撰成《五代史记补注》40卷，以欧史为正文，以薛史、《册府元龟》《五代会要》《五代史补》等书分注于欧史正文之下，是一部五代史的史料汇编，对于查检五代史事，颇为有用。

政　略

朝廷兴亡　宰相为难

　　翔为人深沉有大略，从太祖用兵三十余年，细大之务必关之。翔亦尽心勤劳，昼夜不寐，自言惟马上乃得休息。而太祖刚暴难近，有所不可，翔亦未尝显言，微开其端，太祖意悟，多为之改易。

　　太祖破徐州，得时溥[①]，宠姬刘氏，爱幸之，刘氏故尚让[②]妻也，乃以妻翔。翔已贵，刘氏犹侍太祖，出入卧内如平时，翔颇患之。刘氏诮[③]翔曰："尔以我尝失身于贼乎？尚让，黄家宰相；时溥，国之忠臣。以卿门地[④]，犹为辱我，请以此诀[⑤]矣！"翔以太祖故，谢而止之。刘氏车服骄侈，别置典谒，交结藩镇[⑥]，权贵往往附之，宠信言事不下于翔。当时贵家，往往效之。

　　太祖崩，友珪立，以翔先帝谋臣，惧其图己，不欲翔居内职，乃以李振代翔为崇政使，拜翔中书侍郎、同中书门下平章事。翔以友珪畏己，多称疾，未尝省事。

　　末帝即位，赵岩等用事[⑦]，颇离间旧臣，翔愈郁郁[⑧]不得志，其后，梁尽失河北[⑨]，与晋相拒杨刘[⑩]，翔曰："故时河朔[⑪]半在，以先帝之武，御貔虎[⑫]之臣，犹不得志[⑬]于晋。今晋日益强，梁日益削，陛下处深宫之中，所与计事者，非其近习，则皆亲戚之私，而望成事乎？臣闻晋攻杨刘，李亚子负薪渡水，为士卒先。陛下委蛇守文[⑭]，以儒雅自喜，而遣贺环为将，岂足当彼之余锋乎？臣虽惫矣，受国恩深，若其乏材，愿得自效。"岩等以翔为怨言，遂不用。

其后，王彦章败于中都[15]，末帝惧，召段凝[16]于河上。是时，梁精兵悉在凝军，凝有异志，顾望不来。末帝遽呼翔曰："朕居常忽卿言，今急矣，勿以为怼[17]，卿其教我当安归？"翔曰："臣从先帝三十余年，今虽为相，实朱氏老奴尔，事陛下如郎君[18]，以臣之心，敢有所隐？陛下初用段凝，臣已争之，今凝不来，敌势已迫，欲为陛下谋，则小人间之，必不见听。请先死，不忍见宗庙之亡！"君臣相向恸哭。

翔与李振俱为太祖所信任，庄宗入汴，诏赦梁群臣，振喜谓翔曰："有诏洗涤，将朝新君。"邀翔欲俱入见。翔夜止高头车坊，将旦，左右报曰："崇政李公入朝矣！"翔叹曰："李振谬为丈夫矣！复何面目入梁建国门乎？"乃自经而卒。

（《新五代史》卷二十一，梁臣传）

【注释】

①时溥：唐末徐州节度使，唐中和三年（883年）为东南面行营兵马都统，镇压黄巢起义。景福二年（893年）梁军攻占徐州，时溥被杀。

②尚让：唐末黄巢起义军将领。黄巢建"大齐"，任尚让为太尉兼中书令。撤出长安后，屯兵太康（今属河南），被李克用等击败，884年与黄巢同时战死（一说降于唐将时溥）。

③诮（qiào）：责备，谴责。

④门地：指门第，门阀地位。唐以后以当代官爵高下为区分门第的标准。

⑤诀：诀别，告别。

⑥"别置"句：典，制度、礼仪，此处指打着仪仗之人。谒，说明、陈述，此处指传达、通报的使者仆人。藩镇，亦称"方镇"。唐初在重要地区设总管，后改称都督，总揽数州军事。唐玄宗时，在边要诸州设置十节度经略使，通称藩镇，其权力扩大到总揽一区的军、民、财政，所辖区内各州刺史均为其下属。安史之乱后，内地也多设节度使，所辖地区还多兼军号。藩镇往往拥兵自大，传位于子孙或部下。五代时藩镇更多。宋初削夺藩镇兵权，结束了藩镇割据局面。

⑦"末帝"句：末帝，即梁太祖第三子朱友贞，乾化三年即位。用事，当权。

⑧郁郁：忧伤、沉闷貌。

⑨河北：道名，唐贞观十道、开元十五道之一，治所在魏州（今河北大名东北），辖境相当于今北京、河北、辽宁省大部，河南、山东古黄河以北

地区。

⑩杨刘：在今山东东阿县东北古黄河南岸。

⑪河朔：泛指黄河以北地区。

⑫貔（pí）虎：比喻勇猛的军队。

⑬得志：得意，达到目的。

⑭委蛇守文：委蛇（wēi yí），庄重而又从容自得的样子；守文，遵守成文。

⑮"王彦章"句：王彦章，梁将，龙德三年（923年）为北面行营招讨使，抵抗晋军，后战死。中都，县名，治所在今山东汶上。

⑯段凝：梁将，时为代替王彦章任北面行营招讨使，后降晋。

⑰怼（duì）：怨恨。

⑱郎君：贵公子，此处指门生故吏称府主之子。

【译文】

敬翔为人深沉，有方略，跟着梁太祖用兵打仗有30多年，小事大事都必定牵涉到他。敬翔同时也尽心尽力、勤恳操劳，白天夜里都不睡，他自己说只有在马上才能休息一下。而梁太祖性格刚烈暴躁，难以接近，有不可行的事，敬翔也不曾挑明来说白，只是稍微开个头，让梁太祖体会领悟（到不妥或不可行的事）大多因此而改变。

梁太祖攻占了徐州城，获得唐将时溥的爱妾刘氏，（梁太祖）很宠爱她，刘氏是故去的尚让的妻子，（梁太祖）就让刘氏做敬翔的妻子。敬翔显贵了，可刘氏还在侍奉梁太祖，像平时一样进出他的卧室，敬翔因此感到很担忧。刘氏斥责敬翔说："你以为我曾在盗贼那里丧失了节操吗？（你以为尚让、时溥是贼，可是）尚让，是黄巢大齐朝廷的宰相；时溥，是大唐国的忠臣。凭你的门第，还辱没了我。请从此分别吧！"敬翔因为梁太祖的缘故，（便向刘氏）谢罪并阻拦了她（的分别）。刘氏的车马服饰很骄纵奢侈，还另设仪仗队和传达使者，与藩镇交往联系，权贵们往往依附于她，她（在梁太祖那里的）宠爱信任、对军国之事的讨论参与（的程度）并不亚于敬翔。当时的显贵之家，往往要仿效刘氏。

梁太祖死后，朱友珪立为皇帝，因敬翔是先帝的谋臣，朱友珪怕他打自己的主意，不想要敬翔担任朝廷亲近的职务，就以李振代替敬翔任崇政院使，任敬翔为中书侍郎、同中书门下平章事。敬翔也因朱友珪怕自己，就常常称病（在家），不去过问政务。

梁末帝即位后，赵岩等专权弄事，大肆挑拨离间（朝廷与）老臣（的关系），敬翔更加忧闷、不得志。此后，后梁把河北地区都丢失了，和晋军在杨刘对抗着，敬翔说："以前我们还占有着河北一半的地区，凭着先帝的武威，统率着勇猛善战的臣子，（梁）尚且不能打败晋。现在晋日益强大，梁渐渐日益削弱，陛下住在深宫之中，和陛下谋划事情的人，不是陛下的亲信，就都是内亲外戚的偏爱（之人），（这样）还有希望办成大事吗？我听说晋军进攻杨刘时，晋王李存勖是背着柴草过河，身先士卒。而陛下从容自得，遵守成文，因儒雅而沾沾自喜，却派贺环任统率梁军的将军，（这样）难道足以抵抗敌军的余锋吗？我虽然困乏衰朽了，但蒙受了国家很深的恩泽，如果国家缺乏有才能的人，我希望能效力。"赵岩等认为敬翔说的是怨恨之话，就没听他的。

此后，王彦章在中都打了败仗，梁末帝害怕了，从黄河上召见段凝。此时，梁的精兵都在段凝的军队里，段凝心怀不轨，左右顾盼着（担心犹移）而不来朝见（皇上）。梁末帝急促地喊敬翔说："我平时不注重你的话，现在危急了，请你不要怨恨，请你指教我该怎样归宿呢？"敬翔说："我跟随先帝30多年，现在虽然当着宰相，实际上只是朱家的老奴仆而已，我事奉陛下如同事奉郎君，凭着我的忠心，哪敢有所隐瞒？陛下当初任用段凝时，我曾论过此事。现在段凝不来朝见陛下，（而且）敌人的势力已迫近了，（如果我）想要替陛下谋划，那么小人就会来挑拨离间（我们的君臣关系），（我的谋划也）一定不会被（陛下）采用。请（让我）先死吧，我不忍心看到朝廷的灭亡！"（说完）君臣面对着痛哭。

敬翔和李振都被梁太祖所信任，后唐庄宗进入汴京（开封）时，下诏赦免梁的众位臣子，李振欢喜地对敬翔说："（唐）有诏书赦免（我们），（我）将朝见新的皇帝。"他邀请敬翔想一起入宫参见（新皇帝）。敬翔夜里住在高头车坊，快天亮时，身边的人报告说："崇政院使李公进朝了！"敬翔叹息道："李振错为男人了！又有什么脸面进梁朝的建国门呢？"他于是上吊而亡。

御 人

钱唐断交

　　钱镠①据有两浙②，号兼吴赵而王，自梁及庄宗，常异其礼，以羁縻③臣属之而已。明宗即位，镠遣使朝京师，寓书④重诲⑤，其礼慢。重诲怒，未有以发，乃遣其嬖吏⑥韩玫、副供奉官乌昭遇复使于镠。而玫恃重诲势，数凌辱昭遇，因醉使酒，以马箠⑦击之。镠欲奏其事，昭遇以为辱国，固止之。及玫还，返谮⑧于重诲曰："昭遇见镠，舞蹈⑨称臣，而以朝廷事私告镠。"昭遇坐死御史狱，乃下制⑩削夺镠官爵以太师致仕⑪，于是钱氏遂绝于唐矣。

（《新五代史》卷二十四，唐臣传）

【注释】

　　①钱镠：五代时吴越国的建立者。

　　②两浙：浙东、浙西的合称。浙东，唐方镇名，全称浙江东道，治所在越州（今浙江绍兴）。浙西，唐方镇名，全称浙江西道，治所在杭州。天复二年（902年）钱镠被唐封为越王，天祐元年（904年）又被唐封为吴王，后梁太祖封他为吴越王，后唐庄宗也对他给予册封。

　　③羁縻：笼络使其不生异心。

　　④寓书：致书、寄信。

　　⑤重诲：即后唐明宗时的枢密使安重诲。

　　⑥嬖吏：宠吏。

　　⑦箠（chuí）：鞭子。

⑧谮（zèn）：诬陷；中伤。

⑨舞蹈：古时臣子朝见皇帝时的一种仪节。

⑩制：帝王的命令。

⑪致仕：交还官职，意为辞官。

【译文】

　　钱镠占有两浙，兼有吴王、越王的封号而称王，从梁到唐庄宗，常以异常的礼仪对待钱镠，只是以便笼络他，使他称臣附属朝廷而已。唐明宗即位后，钱镠派遣使节来京城朝见，致书安重诲，礼节比较傲慢。安重诲愤怒却没有发作，就派遣他的宠吏韩玫、副供奉官乌昭遇回使于钱镠。而韩玫仰仗安重诲的势力，几次欺辱乌昭遇，趁着醉意，用马鞭抽打乌昭遇。钱镠要把此事上奏朝廷，乌昭遇认为（这样会）辱没国家，就坚决地阻止了他。等到韩玫回来，他反而在安重诲那里诬蔑（乌昭遇）说："乌昭遇见到钱镠时，以臣见君之仪向钱镠称臣，并把朝廷之事私下告诉钱镠。"乌昭遇坐死御史狱中，（朝廷）就下令剥夺钱镠的官职爵位，（钱镠）以太师之职辞官，自此以后钱氏就与唐断绝了关系。

军 事

郭崇韬定唐

康延孝①自梁奔唐，先见崇韬②，崇韬延之卧内，尽得梁虚实。是时，庄宗军朝城，段凝军临河③。唐自失德胜，梁兵日掠澶、相，取黎阳、卫州④，而李继韬以泽潞叛入于梁，契丹数犯幽、涿⑤，又闻延孝言梁方召诸镇兵欲大举，唐诸将皆忧惑，以谓成败未可知。庄宗患之，以问诸将，诸将皆曰："唐得郓州，隔河难守，不若弃郓与梁，而西取卫州、黎阳，以河为界，与梁约罢兵，毋相攻，庶几以为后图。"

庄宗不悦，退卧帐中，召崇韬问计，崇韬曰："陛下兴兵仗义，将士疲战争、生民苦转饷者，十余年矣。况今大号⑥已建，自河以北，人皆引首以望成功而思休息。今得一郓州，不能守而弃之，虽欲指河为界，谁为陛下守？且唐未失德胜时，四方商贾，征输必集，薪刍⑦粮饷，其积如山。自失南城，保杨刘⑧，道路转徙，耗亡太半。而魏、博五州，秋稼不稔⑨，竭民而敛，不支数月，此岂按兵持久之时乎？臣自康延孝来，尽得梁之虚实，此真天亡之时也。愿陛下分兵守魏、固杨刘，而自郓长驱捣其巢穴，不出半月，天下定矣！"

庄宗大喜曰："此大丈夫之事也！"因问司天，司天言："岁不利用兵。"崇韬曰："古者命将，凿凶门而出。况成算⑩已决，区区常谈，岂足信也！"庄宗即日下令军中，归其家属于魏，夜渡杨刘，从郓州入袭汴⑪，八日而灭梁。

(《新五代史》卷二十四，唐臣传)

【注释】

①康延孝：梁将。龙德三年（923年）后梁以段凝为北面行营招讨使，梁军先锋将康延孝叛降于唐。

②崇韬：即郭崇韬，时为后唐枢密使。

③"是时"句：是时，此时，指后梁龙德三年、后唐同光元年（923年）。庄宗，即后唐庄宗李存勖。朝城，唐开元七年（719年）改武圣县置，治所在今山东莘县西南朝城。临河，县名，治所位于今河南浚县东北部。

④"唐自"句：德胜，在今河南濮阳县，五代时为黄河渡口。晋军（即唐军）在此隔河筑有南北两寨（城），称"夹寨"。同光元年五月梁军夺取德胜南城。澶，澶州，治所在顿丘（今河南清丰县西）。相，相州，治所在安阳。黎阳，县名，治所在今河南浚县东北。卫州，治所在汲县（今河南汲县）。

⑤"而李"句：李继韬，李嗣昭（晋王李克用之弟的养子）之子，时为昭义军留后，同光元年三月叛附于梁，后被杀。泽潞，唐方镇名，治所在潞州（今山西长治市），后并入昭义军。幽，幽州，治所在今北京市城区西南。涿，涿州，治所在范阳县（今河北涿州市）。

⑥大号：国号。同光元年四月，唐庄宗即位，国号唐，是为后唐。

⑦刍（chú）：牲口吃的草。

⑧杨刘：在今山东东阿县东北古黄河南岸。

⑨"而魏"句：魏博为唐、五代方镇，长期据有魏、博、贝、卫、澶、相六州；本处所指"五州"当为上述六州中的五州。稔（rén），庄稼成熟。

⑩成算：已定的计划。

⑪汴：汴州（今河南开封），为后梁东都。

【译文】

梁将康延孝从梁投唐，先参见郭崇韬，郭崇韬把他请到卧室内，了解到梁军的全部虚实情况。这时，唐庄宗领军驻在朝城，梁将段凝率梁军驻扎临河。唐自从丢失了德胜（南城），梁军迅速攻取了澶州、相州，夺取了黎阳、卫州，而且唐将李继韬又以泽潞投降了梁，契丹几次侵犯幽州、涿州，又听康延孝说梁正召集各方镇的兵马要大规模行动，唐的众将领为此忧虑疑惑，以为难以预料唐的成败。唐庄宗对此很担忧，就此询问众将领，众将都说："唐夺得郓州，隔着黄河难以防守，不如放弃郓州（把郓州）给梁，而向西夺取卫州、黎阳，以黄河为界，与梁定约息兵，不再互相攻击，（如此这般）或许可作为以后的打算。"

唐庄宗不高兴，回来躺在军帐中，召来郭崇韬询问计策，郭崇韬说："陛下起兵主持正义，将士疲于战争、百姓苦于转运粮饷的情况，已有 10 多年了。何况现在国号已建立，从黄河以北，人们都伸长脖子希望看到成功而期盼休养生息。现在唐夺得一个郓州，就不能守住却放弃它，虽然想划河为界，谁来为陛下把守边界？况且唐没有丢失德胜（南城）时，（向）各方商人征的税、缴的赋必能聚集起来，柴草粮饷，堆积成山。自从丢失（德胜）南城、救保杨刘，在道路上转移调迁，（粮草）消耗丢失了一大半。而且魏、博等 5 州，秋天的庄稼没成熟，（即使）对百姓搜尽式地征敛，也支持不了几个月，这难道是停兵不战、长久坚持的形势吗？我自从康延孝投来，已全部了解了梁兵的虚实情况，这真是上天灭亡梁的时机啊。希望陛下分出兵力据守魏州，固防杨刘，而从郓州长驱直捣梁的巢穴，不用半月，天下可定！"

唐庄宗大喜说："这真是大丈夫的事业啊！"他于是询问掌管天象的官员，掌管天象的官员说："年景不利于用兵（打仗）。"郭崇韬说："古时任命将帅（领兵出征），是打通不吉利的门出发的。何况（我们能取胜的）计划已经决定，平庸之语，哪里值得相信！"唐庄宗（于是）当天下令军中，把他们的家属安顿到魏州，（唐军）夜里就从杨刘渡过黄河，从郓州进入（梁地）袭击汴州，仅用 8 天就灭了梁。

理　财

庄宗夫妇　既吝且贪

　　庄宗自灭梁①，志意骄怠，宦官、伶人乱政，后②特用事于中。自以出于贱微，踰③次得立，以为佛力。又好聚敛，分遣人为商贾，至于市肆之间，薪刍果茹④，皆称中宫所卖。四方贡献，必分为二，一以上天子，一以入中宫，宫中货贿山积。惟写佛书，馈赂⑤僧尼，而庄宗由此亦佞佛。……

　　同光三年秋大水，两河之民，流徙⑥道路，京师赋调不充，六军之士，往往殍踣⑦，乃预借明年夏、秋租税，百姓愁苦，号泣于路，庄宗方与后荒于畋游。十二月己卯腊，畋于白沙⑧，后率皇子、后宫毕从，历伊阙⑨，宿龛涧，癸未乃还。是时大雪，军士寒冻，金枪卫兵万骑，所至责民供给，坏什器，彻庐舍而焚之，县吏畏恐，亡窜山谷。

　　明年三月，……宰相请出库物以给军，庄宗许之，后不肯，曰："吾夫妇得天下，虽因武功，盖亦有天命。命既在天，人如我何！"宰相论于延英，后于屏间耳属之，因取妆奁及皇幼子满喜置帝前曰："诸侯所贡，给赐已尽，宫中所有惟此耳，请鬻⑩以给军！"宰相惶恐而退。及赵在礼作乱⑪，出兵讨魏，始出物以犒⑫军，军士负而诟⑬曰："吾妻子已饿死，得此何为！"

　　庄宗东幸汴州，从驾兵二万五千，及至万胜⑭，不得进而还⑮，军士离散，所亡太半。至罂子谷，道路隘狭，庄宗见从官执兵仗者，皆以好言劳之曰："适报魏王平蜀⑯，得蜀金银五十万，当悉给尔等。"对曰："陛下与之太晚，得者亦不感恩。"庄宗泣下，因顾内库使张容哥索袍带以赐之，容歌对曰："尽矣。"军士叱容哥曰："致吾君至此，皆由尔辈！"因抽刀逐之，左右救之而免。容哥曰："皇后惜物，不以给军，而归罪于我。事若不测，吾身万段矣！"乃投水而死。

（《新五代史》卷十四，唐太祖家人传第二）

【注释】

①"庄宗"句：庄宗，即后唐庄宗李存勖（xù）（923—926年在位）。同光元年（923年）庄宗灭后梁。

②后：指后唐庄宗皇后刘氏。

③踰（yú）：即"逾"，超过，超越。

④薪刍果茹：薪，柴。刍（chú），牲口吃的草。果，果子，瓜果的果。茹（rú），蔬菜。

⑤馈（kuì）赂（lù）：赠送财物。馈，赠送；赂，赠送财物。

⑥徙（xǐ）：迁移。

⑦殍（piǎo）踣（bó）：殍，饿死。踣，倒毙。

⑧白沙：地名，在今河南省洛阳市东。

⑨伊阙：地名，在今河南省洛阳市南。

⑩鬻（yù）：卖。

⑪赵在礼作乱：指同光四年（926年）二月邺都军将赵在礼在贝州发动兵变。

⑫赉（lài）：赏赐。

⑬诟（gòu）：骂，辱骂。

⑭万胜：地名，在今河南省中牟县西北。

⑮"不得"句：指成德军节度使李嗣源因害怕唐庄宗加害于己而发动兵变，于同光四年（926年）三月占领汴州（今河南开封），庄宗只得半路上返回都城洛阳。

⑯魏王平蜀：指同光三年（925年）庄宗派长子、魏王李继岌与大将郭崇韬一起带兵伐蜀，同年灭蜀。

【译文】

后唐庄宗自从灭掉后梁，意志骄傲懈怠，宦官、戏子乱政，皇后执掌后宫大权。皇后自认为出身低下，之所以能超越次序而被立为皇后，她以为靠的是佛力。她喜欢聚物敛财，还派人出去当商人做买卖，以至于在市场上，柴草果菜都说是后宫所卖的。各地方所贡献的物品，必定要分为两部分，一部分奉献给皇上，一部分收归后宫，宫中的货品财物堆积如山。皇后只是好抄写佛书，馈赠财物给僧人、尼姑，而庄宗也从此迷信起佛来。……

同光三年秋发了大水，伊水、洛河流域的百姓流离失所，朝廷的赋税不足，全军将士，往往饿死。于是朝廷预借第二年夏、秋的租税，老百姓愁苦不堪，号哭在路上。庄宗正与皇后沉溺于打猎和游乐之中。十二月己卯日，已是腊月，皇上在白沙打猎，皇后带着全部皇子及后宫人员随着庄宗，经伊阙，住龛洞，至癸未日才回来。当时下着大雪，军士遭寒受冻，金枪卫兵有上万骑兵，所到一地，就要老百姓供给，军士们还毁坏家什器物，甚至拆毁草庐房屋来烧火，县吏害怕，就逃进了山谷。

第二年三月……宰相请求拿出朝廷仓库中的财物来供给军队，庄宗同意了，但皇后不答应，说："我们夫妻得到天下，尽管是靠着武力，但也有天命。命运既然掌握在上天，人又能把我怎样！"宰相在延英殿议论供给军队之事，皇后在屏风后听到了，于是就拿出脂粉盒和皇帝的小儿子李满喜放在皇帝面前，说："诸侯所贡献的东西，已赏赐散发光了，宫中所有的就是这些，请拿去卖掉来供给军队！"宰相害怕不安地退下朝来。等到赵在礼发动叛乱，庄宗派兵讨伐魏州时，才拿出财物来赏给军士，军士拿着财物骂道："我的老婆孩子都饿死了，要它干什么！"

庄宗东征讨伐汴州叛军，随同出征的兵士有2.5万人，到了万胜镇，不能前进而往回走时，军士纷纷逃离，逃跑离散的有一大半。到了罂子谷，道路狭窄难行。庄宗看见拿着兵器仪仗的随从官员，都用好话慰劳他们说："刚得报告：魏王平定了蜀国，获得蜀国的金银50万两，要全部赏给你们。"对方答道："陛下给得太晚了，得到的人也不会感谢您的大恩。"庄宗不禁哭了起来，于是回头找内库使张容哥要袍带赏赐给他们。张容哥说："袍带已用完了。"军士叱责张容哥说："致使我皇陷入这种境地，都是由于你们！"于是抽出刀追逐张容哥，张容哥被左右的人救护才得脱免。张容哥说："皇后吝惜财物，不拿出来供给军队，却归罪于我。如果出现不可预料的事，我就碎身万段了！"他于是投水自杀了。

明宗谋潞王

潞王从珂为河中节度使①，重诲②以谓从珂非李氏子，后必为国家患，乃欲阴图之。从珂阅马黄龙庄，其牙内指挥使杨彦温闭城以叛。从珂遣人谓彦温曰："我遇汝厚，何苦而反邪？"报曰："彦温非叛也，得枢密院宣，请公趋③归朝廷耳！"从珂走虞乡，驰骑上变。明宗疑其事不明，欲究其所以，乃遣殿直都知范温以金带袭衣、金鞍勒马赐彦温，拜彦温绛州刺史，以诱致之。重诲固请用兵，明宗不得已，乃遣侍卫指挥使药彦稠、西京留守索自通率兵讨之，而诫曰："为我生致彦温，吾将自讯④其事。"彦稠等攻破河中，希重诲旨，斩彦温以灭口。重诲率群臣称贺，明宗大怒曰："朕家事不了，卿等不合⑤致贺！"从珂罢镇，居清化里第。重诲数讽⑥宰相，言从珂失守，宜得罪，冯道⑦因白请行法。明宗怒曰："吾儿为奸人所中，事未辨明，公等出此言，是不欲容吾儿人间邪？"赵凤⑧因言："《春秋》责帅之义，所以励为臣者。"明宗曰："皆非公等意也！"道等惶恐而退。居数日，道等又以为请，明宗顾左右而言他。明日，重诲乃自论列⑨，明宗曰："公欲如何处置，我即从公！"重诲曰："此父子之际，非臣所宜言，惟陛下裁之！"明宗曰："吾为小校时，衣食不能自足，此儿为我担石灰，拾马粪，以相养活，今贵为天子，独不能庇之邪！便其杜门⑩私第，亦何与公事！"重诲由是不复敢言。

（《新五代史》卷二十四，唐臣传）

【注释】

①"潞王"句：从珂，即后唐明宗养子李从珂，本姓王；后唐明宗即位时，任河中节度使，封潞王；长兴三年（933年）为凤翔节度使；在应顺元年或清泰元年（934年）发动兵变，废闵帝，即位，是为末（废）帝。河中，方镇名，治所蒲州（后升为河中府，治所在今山西永济市蒲州镇）。

②重诲：即安重诲，后唐明宗时任枢密使。

③趋：快走，赶快。

④讯：审问，询问。

⑤合：应该。

⑥讽：用含蓄的话暗示或劝告。

⑦冯道（882—954年）：字可道，自号长乐老，后唐、后晋时，历任宰相；契丹灭后晋时，又附契丹为太傅；后汉时为太师；后周时为太师、中书令。

⑧赵凤：后唐明宗时为端明殿学士、同中书门下平章事。

⑨论列：议论、陈述。

⑩杜门：闭门不出。

【译文】

潞王李从珂任河中节度使，安重诲认为李从珂不是李家之子，将来定会是国家的祸害，就想暗暗谋算他。李从珂在黄龙庄看马，他属下的牙内指挥使杨彦温关闭城池背叛（李从珂）。李从珂派人对杨彦温说："我待你不薄，为什么反叛呢？"（杨彦温）回答说："杨彦温不是反叛，而是得到枢密院宣布的皇帝诏谕，请您赶快回朝廷去而已！"李从珂跑到虞乡，快马上报事变。唐明宗想弄清原委，就派殿直都知（官）范温用金带连着的衣、金鞍配着的马赏赐给杨彦温，任命杨彦温为绛州刺史，以此引诱杨彦温。安重诲坚决地请求派兵讨伐，唐明宗无法，才派侍卫指挥使药彦稠、西京留守索自通率兵讨伐杨彦温，并告诫药、索说："给我把杨彦温活着带来，我要亲自审问他的事情。"药彦稠等攻下河中，并按安重诲的意思，杀了杨彦温以灭口。安重诲率群臣来称颂庆贺，唐明宗大怒道："我的家事还没弄明白，你们不应来祝贺！"李从珂被免了节度使，住在清化里的府宅里。安重诲几次暗示宰相，（要他们）上奏李从珂的失职，应当获罪，冯道于是奏请按法律处治（他）。唐明宗愤怒地说："我儿被奸人所中伤，事情还没辨别清楚，你们就说出这样的话，这是不想在人间容下我儿吧？"赵凤于是说："《春秋》中要求将帅的大义，是用来劝勉当臣子的。"唐明宗说："这些都不是你们的意思！"冯道等惶恐不安地退出去了。几天之后，冯道等又请求（唐明宗处治李从珂），唐明宗看着身边的人而说着别的事。第二天，安重诲就亲自议论（此事），唐明宗说："您想怎么处置（李从珂），我马上听您的！"安重诲说："这是父子之间（的事），不是我所应当说的，但由陛下裁决它！"唐明宗说："我当军中小校时，衣食不能自己满足自己，这个儿子为我挑石灰、捡马粪，以此养活我，现在我贵为天子，难道还不能保护他吗！使他在家闭门不出，对朝廷之事有何影响！"安重诲从此不敢再提及此事。

德 操

仁厚的李重美

　　重美①，幼而明敏如成人。废帝②即位，自左卫上将军领成德军节度使、兼河南尹、判③六军诸卫事，改领天雄军节度使、同中书门下平章事，封雍王。

　　石敬瑭反，废帝欲北征，重美谓宜持重，固请毋行。废帝心惮敬瑭，初不欲往，闻重美言，以为然，而刘延皓④与刘延朗⑤等迫之不已，废帝遂如河阳⑥，留重美守京师。京师震恐，居民皆出城以藏窜，门者禁止之。重美曰："国家多难，不能与民为主，而欲禁其避祸，可乎？"因纵民出。及晋兵将至，刘皇后积薪于地，将焚其宫室，重美曰："新天子至，必不露坐，但佗日⑦重劳民力，取怨身后耳！"后以为然。废帝自焚，后及重美与俱死。

（《新五代史》卷十六，唐废帝家人传）

《新五代史》

【注释】

　　①重美：后唐废帝之子。

　　②废帝：即后唐废帝李从珂。本姓王，后封为潞王；后以兵反，于清泰元年即皇位。

　　③判：唐、五代、宋时官制。

　　④刘延皓：唐废帝皇后刘氏之弟，任枢密使、天雄军节度使。

　　⑤刘延朗：唐废帝时任枢密副使。

⑥河阳：古县名，治所在今河南孟州市。

⑦佗日：他日。佗，同"他"。

【译文】

李重美，年少时就像大人般聪慧敏捷。唐废帝即位后，他从左卫上将军的职位上担任成德军节度使、兼任河南尹、判六军诸卫事，又改任天雄军节度使、同中书门下平章事，封雍王。

石敬瑭反叛后唐，唐废帝想北征叛军，李重美认为应当谨慎稳重，并坚持请求废帝不要出征。唐废帝心里害怕石敬瑭，当初就不想去，听了李重美的话，认为李重美讲得对，但刘延皓和刘延朗等大臣却不停地催促皇帝北征，唐废帝就去了河阳，留下李重美据守京城。皇帝北征后京城的人非常恐惧，居民都出城躲藏逃避，守城门的人禁止他们（出城）。李重美说："国家多灾多难，不能给百姓做主而保护他们，却要禁止他们去躲避灾祸，行吗？"因此纵使百姓出城。到晋军快要到来（的时候），刘皇后在地上堆积柴草，要烧毁他们的宫室，李重美说："新的皇帝来了，一定不会坐在露天，（如果烧掉宫室），只会使新皇帝在今后重又役使百姓，叫我们死后还要遭到百姓怨恨！"刘皇后以为正确。唐废帝自焚了，刘皇后和李重美也都死了。

传世故事

五代之士与儒

自后梁太祖开平至后周显德，前后计53年，而天下经历了五代王朝。士人不幸生活在这个时期，而想保全节操而不事二姓者，就很少见了。在这个时期，要按照死事忠君和不事二姓来要求士人，那么天下算得上"士人"的便没有一个了。再说，当时的社会风习，认为苟且偷生、仕事二姓之主是理所当然的事。至于那些儒者，以仁、义、忠、信为信条，享用人家的俸禄，在人家的国家机构中任职，而不管人家的国家生存与灭亡，都以苟且偷生而恬然自得，非但不知羞愧，反而以自己的所得为荣耀的人，哪里能数得清呢！

杨行密计诛叛臣

朱延寿，是杨行密夫人朱氏的弟弟。田頵及安仁义将要反叛时，杨行密怀疑朱延寿也参与了密谋，于是假装眼睛有病，每次接待朱延寿派来的使者，必定当着使者的面故意把见到的东西说得颠三倒四。有一次走路故意撞在柱子上跌倒在地，被朱夫人扶起来，好久才苏醒过来，哭着说："我大业已就，却坏了眼睛，是天意要我成为废人啊！我的儿子都不能够托付大事，假若延寿来，把大业交给他，我就没有遗恨了。"朱夫人听后大喜，马上召来朱延寿。延寿到，杨行密迎到寝宫门口，刺杀了他，并休掉了朱氏夫人，让她另行嫁人。

后唐庄宗猜忌良将

自从晋王李存勖得到魏博后，便让王建及统领银枪效节军。王建及作为将领，喜欢把家财散发给士兵。李存勖派宦官韦令图到银枪效节军中做监军。韦令图向李存勖报告说："王建及很得将士之心，怕他另有所图，不能让他统帅银枪效节军。"李存勖马上改派王建及做代州（今山西代县一带）刺史。王建及郁恨不乐而死，年仅57岁。

方镇割据　　百姓遭殃

梁王朱全忠的军队围困龟缩在凤翔（今陕西凤翔）的李茂贞的军队已经一年多了，李茂贞每次出战就遭到失败，于是紧闭城门不敢出战了。城中的柴草、粮食全都用光了，再加上从入冬到开春，降雪不止，百姓冻死的每天达几千人。一斗米价值7000钱，以至于烧人粪、煮尸体吃。父亲吃自己孩子的肉，有来争夺的，父亲说："这是我的孩子，你怎能够吃呢！"人肉每斤要价100钱，狗肉每斤要价500钱。父亲安心自得地吃着自己的孩子，而人肉比狗肉还贱。

宰相李愚清贫廉洁

李愚身为宰相，不治理私宅，借居在延宾馆内。有一次，他病了，唐明宗派宦官去问病，看到他睡着破席烂毡，四壁空空，回官后报告了明宗。明宗叹息了好久，传令将宫中的帐幔铺被等赐给了他。

人物春秋

乱世明君——唐明宗

明宗圣德和武钦孝皇帝，生于少数民族，无姓氏。父霓，为雁门部将，生子邈佶烈，以善于骑射被太祖选为侍卫，性情忠厚寡言，办事认真谨慎，太祖收为养子，赐名嗣源。

梁军攻兖、郓两州，朱宣、朱瑾来求援军，太祖派李存信率兵3万去救援。存信留驻莘县不肯前进，太祖使嗣源另率3000兵士攻击梁军，梁军解围而去。存信留莘县久了，被罗弘信袭击败走，嗣源独能殿后而还，太祖以嗣源所部500骑兵将士为"横冲都"。

900年，李嗣昭攻梁邢、洺两州，出青山，遇葛从周兵，嗣昭败走，梁军追赶。嗣源从近道赶来，对嗣昭说："为公一战。"他下马解鞍磨箭镞，在高处摆开阵势，左右指画，梁追兵望见不知在干什么。嗣源大叫说："我要杀葛公，士兵不要动！"说罢纵马驰入敌阵，出入奋击，嗣昭也驰入敌阵，梁兵退走了。嗣源身中4箭，太祖解衣看伤，赐药治疗，多方慰劳，从此李横冲名扬四方。

梁、晋大军在柏乡对峙，梁龙骧军以赤、白马分为两阵，旗帜铠仗和马的颜色一样，晋兵望见都感到恐慌。庄宗举盅向嗣源敬酒说："你望见梁军的赤、白马害怕吗？连我也有点胆怯啊！"嗣源笑着回答说："这是虚张声势，这些马明日都会归到我的马厩中来。"庄宗高兴地说："你理应以这种气魄去消灭敌人。"嗣源拿起酒盅一饮而尽，然后飞身上马驰入敌阵，攻其白马，捉拿两名裨将而回。梁兵大败而去，嗣源因功被封为代州刺史。

庄宗攻打刘守光，嗣源及李嗣昭率兵3万出飞狐、定山后，攻取武、妫、儒3州。庄宗攻占魏州，接着攻下磁、相两州，封嗣源为相州刺史、昭德军节度使。后来，移镇安国。契丹攻幽州，庄宗派嗣源与阎宝等人去驱逐。

923年，移阵横海。梁、唐军对峙于河上，李继韬以潞州降梁，庄宗十分忧愁，召嗣源商议说："继韬以上党降梁，而梁正在急攻泽州，我们若出其不意袭击郓州，能够断梁的右臂，可以吗？"嗣源说："隔河对峙久了，倘若不出奇兵很难成大事，我请求担当这一重任。"因此率步骑5000渡过济水到达郓州，郓州军毫无防备，被一举攻破，嗣源当即被任命为天平军节度使、番汉马步军副都总管。

梁军攻破德胜南栅，庄宗退兵守杨刘城，王彦章急攻郓州，庄宗全军救援，嗣源为前锋进攻梁军，追至中都，捉住彦章及梁监军张汉杰。

彦章虽败，而段凝仍将梁兵驻守河上，庄宗未知所向，众将希望乘胜攻占青、齐两州，嗣源说："彦章兵败，段凝还不知道，即使他已知道了，从迟疑到定计，也要两三天，纵然知道了我们的计划，立即发救兵，必然从黎阳渡河，几万军队，船一天能准备齐吗？从这里到汴州不过数百里，前边无险阻，大队人马前进马上就到，攻下了汴州，段凝还能有什么作为！"郭崇韬也劝庄宗进攻汴州，庄宗认为说得很对，派嗣源率千骑先到汴州，攻封丘门，王瓒投降。庄宗后到，见嗣源大喜，拉着他的衣服，以头相触说："天下与你共享。"马上任嗣源为中书令。

天成元年，郭崇韬、朱友谦都由于庄宗听信谗言而被杀，嗣源因名位高也受到庄宗猜忌。赵在礼在魏州谋反，大臣们都请求派嗣源去讨伐，庄宗不许，群臣屡请，庄宗不得已才派嗣源去讨伐。

三月二十五日，嗣源至魏，驻军御河南，在礼登楼谢罪。二十七日，军士哗变，强迫嗣源入魏城与赵在礼合军，傍晚嗣源出城到魏县。三月一日，率兵南进，派石敬瑭率300骑兵为先锋。嗣源经过巨鹿，掠小坊马2000匹补充军队。十六日，进入汴州。

四月一日，庄宗死。三日，嗣源率军进入洛阳。八日，自为监国，在兴圣宫朝见群臣。二十日，才到西宫在庄宗灵前祭奠，在枢前即皇帝位，换掉丧服穿上皇帝礼服。二十六日，魏王继岌死。二十八日，大赦，改元。

长兴四年十一月二十三日，侍卫亲军都指挥使康义诚杀三司使孙岳。二十六日，皇帝在雍和殿病死。

唉，自古以来治世少而乱世多！三代之王有天下者，都是数百年，能够赞颂者，不过几个国君而已，何况后世呢！更何况五代呢！

我听长辈对我说："明宗虽出身于少数民族，可为人纯质，宽仁爱人。"对于五代的君主来说，称得上好皇帝。他常常夜里焚香，仰天而祝说："臣本蕃人，怎能治理好天下！世乱太久了，希望早生圣人。"初即位，放出宫人、伶官；废内藏库，四方所贡之物，全部交有关机构处理。广寿殿火灾，有关部门处理，请加强保护。明宗叹气说："天以火警告我，我怎敢增加奢侈呢！"天气常干旱，又突然下雪，皇帝坐庭园中，下诏官中不要扫雪，说："这是天赐给我的。"多次向宰相冯道等人问民间疾苦，听说谷帛贱，民无疾疫，就高兴地说："我有何德能得天如此重爱，应与大家都做好事，来报答上天之恩。"官吏有贪污的，常被处死刑，说："这种人是民贼、是蛀虫啊！"下诏褒奖廉洁的官吏孙岳等人，以昭天下。他如此爱人恤物，完全是有意把国家治理好。

他即位时，年龄已高，不近声色，不乐游猎。在位7年，是五代君主中最长寿的人，战争基本上停止了，年年丰收，百姓因此得到休养生息。

可是他是少数民族，虽仁慈而不明，往往不分是非地杀大臣。甚至对从荣父子之间的事都不能防患于未然，祸起仓促，使他犯了反叛大罪，皇帝也因此饮恨而死。

当时，大理少卿康澄上疏谈时事，说："掌握国家权力的人有不足惧者五，深可畏者六：日、月、星发生变异不足惧，天象变异不足惧，小人流言蜚语不足惧，山崩川竭不足惧，水旱虫蝗不足惧；贤士躲藏深可畏，人民流亡深可畏，上下相徇深可畏，廉耻丧失深可畏，毁誉乱真深可畏，直言不闻深可畏啊！"有见识的人都认为这些话切中时弊。从荣之变，任圜、安重诲等人之死，可谓上下相徇、毁誉乱真之弊了。可是康澄的话，也不是指一时的弊病，凡是掌握国家政权的人，都要经常警诫自己才好。

亡国之憾——李后主

李煜，字重光，李璟的第六个儿子。李煜为人仁而孝，善作诗文，又善于写字作画。他额头极宽，前齿两个并成一个，有一只眼睛两个瞳仁。从太子李冀以上五个哥哥都早死，李煜按顺序被封为吴王。宋建隆二年（961年），李羡迁于南都，立李煜为太子，留京监国。李璟死，李煜继帝位于金陵。母亲钟氏，其父名泰章。李煜尊他母亲为"圣尊后"；立他的妃子周氏为皇后；封他的弟弟李从善为韩王，李从益为郑王，李从谦为宜春王，李从度为昭平郡公，李从信为文阳郡公。大赦境内。派中书侍郎冯延鲁准备贡礼送给宋朝廷，令各司四品以下的官员没有任务的，每日两人奉陪于内殿。

建隆三年，泉州留从效死。李璟向周朝称臣的时候，留从效也奏表章贡品献到京师，周世宗因为李璟的缘故，不接受。留从效听说李璟迁到洪州，怕李璟来袭击，于是派他儿子留绍基到金陵去纳贡，而留从效已病死，泉州人于是将他的族人一并送到金陵，另推立副使张汉思。张汉思年岁大了，不能胜任职务之事，泉州人陈洪进把他赶走，自己称"留后"，李煜便以陈洪进为节度使。乾德二年，开始使用铁钱，民间多私藏旧钱，旧钱更加少了，很多商人用10个铁钱换一个铜钱带出州境，官家无法禁止，李煜因此下令以一枚铜钱当10枚铁钱用。李煜任韩熙载为中书侍郎、勤政殿学士，封其长子韩仲遇为清源公，封其次子韩仲仪为宣城公。

建隆五年（964年），李煜命令两省侍郎、给事中、中书舍人、集贤殿、勤政殿学士，分批于光政殿值夜班，和他们谈论。李煜曾由于韩熙载尽忠，能率直说真话，想用为宰相，而韩熙载后房有妓女侍妾数十人，多到外舍私陪宾客，李煜因此认为难以为相，于是降而授予韩熙载右庶子之职，分司南都。韩熙载将众妓女尽行斥逐，自己单车上路，李煜很高兴，把他留下来，恢复他的职位。不久，众妓女又渐渐回来了，李煜说："我真是无可奈何啊！"这一年，韩熙载死了，李煜感叹地说："吾始终不得让韩熙载为宰相啊。"他想以平章事追赠，问前代可有这样的事例？群臣答道："以前刘穆之曾追赠开府仪同三司。"遂追赠韩熙载为平章事。韩熙载，是北海武将之家的孩子，初时和李谷相友善。后唐明宗时，韩熙载南奔吴地，李谷送他到正阳，酒酣话别，韩熙载对李谷说："江左倘若任用我为宰相，我一定长驱北上，以平定中原。"李谷说："中原倘若用我为宰相，我直取江南，就像探囊取物而已。"及至周朝之师南征淮河一带，任命李谷为将，率军以攻取淮南，而韩熙载却不能有所作为。

开宝四年，李煜派他弟弟韩王李从善入朝宋京，李从善被扣留不让回去。李煜亲手写信求宋朝让他弟弟从善回南唐，宋太祖还是不允许他回去。李煜因为国家日益困窘而快快不乐，满怀忧愁，成天和臣下饮酒，愁思悲歌，不能自己。

开宝五年，李煜下令贬损国家制度的规格，下书称为"教"，改中书、门下省为左、右内史府，尚书省为司会府，御史台为司宪府，翰林院为文馆，枢密院为光政院，诸王为国公，以尊于宋朝。李煜性骄矜奢侈，喜爱声色，又喜奉佛教，爱高谈阔论，不理政事。

开宝六年，内史舍人潘佑上书进谏，李煜把他抓了起来，投入狱中。潘佑自缢身死。

开宝七年，宋太祖派使者持诏书宣李煜赴宋京，李煜推托有病，不肯入宋京。宋朝大军南征，李煜派徐铉、周惟简等人奉表向宋朝请求暂缓军事进攻，宋太祖不答复。开宝八年十二月，宋师攻克金陵。开宝九年，李煜被俘至宋京，宋太祖赦免他，封他为"违命侯"，官拜左千牛卫将军，后被毒死。

《宋史》

《宋史》概论

《宋史》共496卷，包括本纪47卷，志162卷，表22卷，列传255卷，约500万字，是正史中卷帙最为浩繁的一部官修史书。

一

设局辟官修撰前代史著是中国古代史学的传统。元朝统一中国后，曾努力笼络吸收汉族、契丹族的知识分子为其政权服务，汉族王朝的历史和文化受到元朝统治者的高度重视。元朝议修前代历史，始于至元年间（1264—1294年），灭亡南宋之前，当时有儒臣上奏请求纂修辽、金两史，获朝廷允准，灭亡南宋后，元世祖忽必烈命令臣僚撰修宋、辽、金三史。但半个多世纪过去了，始终没有结果。其中的重要原因就是对"三史"体例问题看法不一，争执不休。一种意见认为，宋为正统，辽、金为割据，三史的编纂取《晋书》体例，把西晋、东晋列入本纪，而把外族建立的赵、燕、秦等政权列入载记，不以正统看待。另一种意见认为，辽自唐末占据北方，与五代、北宋相次而终，当为北史；宋继周统，重新统一南方，至靖康之变，当为宋；金破辽灭宋，占有中原100多年，当为北史；建炎以后，中国非宋所有，当为南史。

元代中期，李孟曾请求纂修宋史，袁桷在呈给翰林国史院《修辽金宋史搜访遗书条例事状》中说，先朝圣训，屡命史臣修撰辽、金、宋史，可惜都因循未就。此后，延祐（1314—1320年）、天历（1328—1330年）年间又两次议修三史未成。修纂三史工作一再迁延未就，引起不少儒臣的非议。三史成功地修撰的转机出现在顺帝时期。至正三年（1343年），元顺帝下诏修辽、金、宋三史，当时脱脱主持修史，断然决定辽、金、宋都为正统，设局修三史。脱脱为都总裁，中书平章政事铁木儿塔识、中书右丞贺惟一（后改名太平）、御史中丞张起岩、翰林学士欧阳玄、侍御史吕思诚、翰林侍学士揭缴斯为总裁，负责编纂事宜。都总裁、总裁之下，选择文臣担任史官，在翰林国史院分史置局，设立了辽史、金史、宋史三局，三史同时修撰。

《宋史》修撰的组织领导、正统问题确定之后，又解决了修史的经费问题，于是从至正三年四月开始正式编纂。由于有旧史作基础，经过编纂人员的努力，历时两年半修成。元朝仿效宋制，用宰相兼领史事。都总裁官脱脱在《辽史》修成后辞去右丞相之职，由阿鲁图继任，所以《宋史》修成后由阿鲁图领衔进呈。其实在《宋史》修撰中起主要作用的是都总裁、总裁和《宋史》局的史官。

脱脱（1314—1356年）以中书右丞相的身份兼都总裁，他实行的重用儒臣等"更化"政策，为《宋史》的编撰创造了必要的外部条件。在此之前，三史的体例尤其是谁为正统的问题严重阻碍着三史的修撰，在众说纷纭、久而不决的情况下，脱脱断然决定"三国各与正统，各系其年号"，从而平息了长期以来得不到解决的体例问题，使三史得以顺利修撰，并确定了平等对待辽、金、宋三史的准则。作为三史都总裁，他又组织了修史班子，解决了修史所需浩繁经费。在修撰中许多是非问题也由脱脱裁定。《修三史诏》说"纂修期间，予夺议论，不无公私偏正，必须交总裁官质正是非，裁决可否"。总之脱脱为《宋史》修撰做出了重要贡献。

《宋史》全书出于各位总裁官和《宋史》局史官之手。三史总裁官系挑选有威望、有史才的人担任。史官则在有文学才能、道德修养高的人中选择。《宋史》的编写，大体上是由史官撰成初稿，然后进呈总裁，由总裁笔削裁定。总裁官揭傒斯、张起岩、欧阳玄在修纂《宋史》中起了主要作用。除上述诸人外，参与修纂《宋史》的史官有斡玉伦徒、泰不华、干文传、贡师道、余阙、贾鲁、危素等23人。

二

《宋史》叙事始于赵匡胤称帝，终于元军攻破崖山（今广东新会南），陆秀夫背着帝昺投海，记载了有宋一代320年的历史。宋朝的历史在中国古代史上占有重要地位，它与汉、唐合称"后三代"，承汉唐之制而有进一步的发展，并开启明清乃至近代社会历史变化的端倪，显现出中国封建社会历史转折的新特点。宋代的农业、手工业和商业都比唐代有了进一步的发展，经济重心南移宣告完成。记录这一时期的史料较多，但专制主义中央集权又集前代之大成，所以史料都有所偏重或侧重，或者是在典章制度，或者是在北宋历史，或者是在南宋历史，或者是在民族关系方面。全面、系统地反映宋朝历史的基本史籍当首推《宋史》。

《宋史》编撰体例完备，融会贯通地采取了元朝以前所有纪传体史书的体例，纪、志、表、传一应俱全，保存了大量的丰富史料。《宋史》列传记有 2000 多人；《宋史》食货志共 14 卷；兵志 12 卷；《宋史》礼志共 28 卷，是整个二十五史礼志的一半。《宋史》一书是在前人撰修的史籍的基础上加工而成的，充分利用了宋人所修诸史，主要是国史、实录和日历等史籍的成果。整个宋代，政府十分重视当代史的编修工作，与前代比较起来，史馆组织更趋严密，修史制度更加健全。在学者士大夫当中，编写当代史和记述当代史实也十分普遍，形成风气。当时印刷术普遍推广，雕版印刷使得书籍广泛流传，遗留下来的史籍，远远地超过了唐代。

《宋史》虽修于元朝末年，但其主要材料是宋代的国史、实录、日历书籍。这些史籍现在几乎全部失传了，别的史籍虽然也有征引，但与《宋史》相比，取舍、详略各有不同；即使相同的部分，也可以参互考校。这是《宋史》的史料价值，也是它能存在下去的主要原因。

《宋史》在史料处理上，以《春秋》的编纂法则，疑事传疑，信事传信，不随己意妄加篡改，从而在很大程度上保证了原始史料的真实性。

《宋史》卷帙浩繁，修成之后遭到许多批评和非议。其突出的问题一是遗漏较多，二是繁杂芜秽，三是编次错讹。如卷三百五十七已有李熙靖，卷四百五十三又有李熙靖，查其事迹，实系一人，并非偶同姓名者，这就是人们批评的一人两传。传与传，表与传，纪与传，传文与传论之间互相矛盾，如《陈宜中传》说尹玉等皆战死，张全不发一矢；《尹玉传》则称张全等抗战军败。《宋史》前后详略不一，北宋的历史讲得很完备，因为有王称《东都事略》和李焘《续资治通鉴长编》作为参考，南宋高宗、孝宗、光宗、宁宗四朝的历史也写得较好。但南宋中叶以后，记载得过于简略。

由于《宋史》存在不少问题，从明代以来许多人着手重修宋史。如明柯维琪的《宋史类编》、王维俭的《宋史记》，等等。这些重修之书，都只能作为《宋史》的补充，而直到现在，后修的许多宋史没有一部能取代它的地位，顾炎武、朱彝尊这些大家想重修而终于没有结果，都不是偶然的。《宋史》史料价值和历史地位仍然高于所有的改写之作，由于《宋史》的自身价值，使得它无可动摇地成为宋朝的基本史料书。

为了纠正《宋史》上的一些错误，有不少考证文章，如邓广铭《宋史职官志考证》《宋史刑法志考证》，纠正了很多错误；聂崇歧《宋史丛考》对本纪与地理志的错误进行了纠正。

自元代以来，《宋史》曾多次刊刻。主要版本有元至正六年（1346 年）杭州路刊本，明成化十六年（1480 年）朱英在广州的刊本，明嘉靖南京国子监本，明万历北京国子监本，清乾隆四年武英殿本，清光绪元年浙江书局本，1934 年上海商务印书馆百衲本，中华书局标点本。中华书局标点本是目前最好的版本。但这个版本仍有一些错误，还不能完全取代以前的版本。

三

《宋史》篇幅大，内容多，通读不是一件很容易的事。而就对后人的启示和教益而言，纪和传则是主要的。

《宋史》本纪共 47 卷，记十六帝（内含宋末二王）。本纪按传统体例，逐年记载每一代皇帝在位时期的军国大事，同时对全书志、表、传起到一个总纲作用。本纪在每一个皇帝后，例有一赞，表达元朝史臣的史观。本纪的书法依据《史记》《汉书》和《新唐书》。本纪中北宋九朝不载诏令原文，只记大事，南宋部分间有载诏令者，可能是因为没有强求一律。本纪以宋为正统，系宋年号。辽、金诸国称号，用《南史》《北史》例，一视同仁，平等对待。文字繁简适宜。通过对本纪的了解，可以基本掌握宋代历史发展的大致脉络。

《宋史》列传的编撰原则是，人臣有大功者，虽父子各自列传。其余以类相从，或数人共一传。共分为 22 类，255 卷，总共为近 3000 人立传，卷数与篇幅均占全书一半以上。计有后妃列传两卷，宗室列传 4 卷，公主列传一卷，群臣列传 177 卷，循吏列传一卷，道学列传 4 卷，儒林列传 8 卷，文苑列传 7 卷，忠义列传 10 卷，孝义列传一卷，隐逸列传 3 卷，列女列传一卷，方技列传两卷，外戚列传 3 卷，宦者列传 4 卷，佞幸列传一卷，奸臣列传 4 卷，叛臣列传 3 卷，世家列传 6 卷，周三臣列传一卷，外国列传8卷，蛮夷列传4卷。《宋史》列传分类很有条理。所传各人不仅按后妃、宗室、群臣等名目分类，每一类中各人也以类相从。如《道学传》将程氏门人归入一卷，朱氏门人归入另一卷。列传中《外国》和《蛮夷》分为两类，开国内、国外分别叙述之先河。又创设《道学传》，将道学、儒林分为两类，也是前代所没有的。列传特设立《世家》一类，记载有关割据政权的历史。所立《周三臣传》，用来弥补新旧《五代史》之缺，记载拥周反宋的韩通、李筠和李重进3人事迹。

历史活动的主体是人，历史铸就了人，人也可以改变历史。人物的言行可以让人们去了解分析历史，也可以启发人们思考现在和未来。宋代出现过许多优秀的政治家、思想家、文学艺术家、科学家，是一个人才辈出的伟大时代。他们的言行、喜怒哀乐、坎坷人生、悲欢离合，一直到现在仍然出现在戏剧舞台上和文艺作品中。

《宋史》创立《道学列传》。从《道学列传》来看，卷一记北宋五子，即周敦颐、程颢、程颐、张载、邵雍的言行。卷四记二程门人刘绚、李吁、谢良佐、游酢、张绎、苏昞、尹焞、杨时、罗从彦、李侗的言行，卷三记朱熹、张栻的言行。卷四记朱熹门人黄干、李燔、张洽、陈淳、李方子、黄灏的言论。传文展示了宋代程朱理学在道统传承中的轨迹及其历史地位，尤其是赞扬了集理学之大成的朱熹。非程朱嫡传，以及以陆九渊为代表的心学一派不予立传，显示了浓厚的宗派色彩。

《宋史》尊崇理学，以朱熹为宗。参加编撰《宋史》的史官中，不少人就是程朱理学的崇拜者，加上元建国后，元统治者对理学和朱熹的抬高，以朱子学说定为国是，曲学异端全部罢除，理学思想和学说理所当然地成为《宋史》编撰的指导思想。全书所述事件曲直、制度优劣、人品优劣，都以理学为标准进行判定，"大旨以表章道学为宗，余事皆不甚措意"。

理学实际分为两大流派，一是朱熹的客观唯心主义理学，一是陆九渊的主观唯心主义心学。陆九渊思考问题的出发点不同于朱熹，朱熹以"理"为本体，更多地突出超感性现实的先验规范。陆九渊则以"心"为本体，强调理就存在于人的心中，或者说世界本原之理与人心之理是相通、相同的。在了解了北宋五子和朱熹后，不妨拿陆九渊与之进一步比较。

赵普等是宋朝开国时期的著名人物，他们的升降沉浮与宋王朝的政治制度、皇位的接替、民族关系的处理直接相关，这些文臣武将抱着忠于宋朝的信念，为宋初40年的励精图治做出了重要贡献。

北宋的杨家将和南宋的岳家军同样有名，根据其人其事演绎的历史故事更是家喻户晓。杨业及其后代高举抗辽大旗，殒命沙场，为国捐躯，这一可歌可泣的英雄行为震动了一代又一代人的心灵。岳飞精忠报国的义举更成为历代仁人志士的楷模，他死于"莫须有"的罪名铸成了人们爱憎的铁壁铜墙。

说到包拯和寇准，人们都不会陌生。包青天、黑脸包公的形象成为人们表达自己意愿的化身，人们希望有更多铁面无私、清正廉洁的"包公"为民做主，鸣冤叫屈，伸张正义。历史上的包公是怎样的呢？《包拯传》中有一个大略的介绍。寇准一生正直，仕途坎坷，可他从没失去做人的尊严，他的人格形象为后世许多士大夫所景仰和追求。

范仲淹、欧阳修、苏轼、陆游等人是宋代文学史上的巨人。范仲淹一句"先天下之忧而忧，后天下之乐而乐"，喊出了封建社会士大夫对社会对民族对国家的责任感，他领导的"庆历新政"虽然仅是昙花一现，但它成了王安石变法的先导。欧阳修、苏轼对中国文学的发展和积累，贡献了极大一笔财富。他们在社会政治生活中不人云亦云，表现了不卑不亢的品质。苏轼一生命运多舛，坎坷不平，对王安石变法和后来的司马光"元祐更化"都持谨慎态度，正是由于这一点，他几度升沉，其命运紧紧与北宋中后期政治相关联。陆游作为爱国诗人，值得人们去品味。

两宋之际是宋代历史上的最黑暗时期，在这个时期出现了童贯、蔡京、秦桧等人。他们得到昏庸皇帝的宠信，一生作恶多端，危害国家，危害人民，通过阅读他们的传记，还可以认识到这些作恶者终究没有好下场。

政　略

杯酒释兵权

　　乾德初，帝因晚朝与守信等饮酒，酒酣，帝曰："我非尔曹^①不及此，然吾为天子，殊不若为节度使之乐，吾终夕未尝安枕而卧。"守信等顿首曰："今天命已定，谁复敢有异心，陛下何为出此言耶？"帝曰："人孰^②不欲富贵，一旦有以黄袍加汝之身，虽欲不为，其可得乎。"守信等谢曰："臣愚不及此，惟陛下哀矜^③之。"帝曰："人生驹过隙^④尔，不如多积金帛、田宅以遗^⑤子孙，歌儿舞女以终天年。君臣之间无所猜嫌，不亦善乎。"守信谢曰："陛下念及此，所谓生死而肉骨^⑥也。"明日，皆称病，乞解兵权，帝从之，皆以散官^⑦就第，赏赉^⑧甚厚。

　　　　　　　　　　　　　　　　（《宋史》卷二百五十，石守信传）

【注释】

　　①尔曹：你们。

　　②孰：谁，哪个。

　　③哀矜（jīn）：同情，怜悯。

　　④驹过隙：比喻光阴迅速。

　　⑤遗：留给。

　　⑥生死而肉骨："生"、"肉"都是使动用法。生死，使死者复生。肉骨，使白骨长肉。形容恩惠深厚。

　　⑦散官：指有官名而无固定职事的官。

⑧赉（lài）：赐给。

【译文】

乾德初年，太祖趁晚朝的时候与石守信等一起饮酒。酒喝得正畅快的时候，太祖开口说道："要不是你们的大力相助，我绝不会有今天，但我做了天子，总觉得远不如做节度使时快乐，整夜地不曾落枕睡过安稳觉。"石守信等人磕头说："现在天命已定，哪个还敢存有二心？不知陛下为什么说出这种话来？"太祖说："哪个人不图富贵？一旦有人把黄袍加在你们身上，到那时即使你不想做天子，又怎么可能脱身呢？"石守信等人谢罪说："我们太愚笨了，连这都想不到，希望陛下可怜可怜我们吧！"太祖说："人生在世，好像骏马掠过细缝一般快得很啊！不如多多积聚些金银、田产房屋留给子孙，多养些歌儿舞女，来度过一生。这样一来，君臣之间就不会有什么猜疑了，这不是也很好吗？"石守信感激地说道："陛下替我们想到了这一点，真是使死者复生、白骨长肉啊。"次日，石守信等都托言有病，乞求解除兵权，太祖给予准允，都让他们以散官的身份回家养老，给他们的赏赐也特别优厚。

太祖微访

太祖数微行①过②功臣家，普③每退朝，不敢便④衣冠。一日，大雪向⑤夜，普意⑥帝不出。久之，闻叩门声，普亟出，帝立风雪中，普惶惧迎拜。帝曰："已约晋王矣。"已而太宗至，设重裀⑦地坐堂中，炽炭烧肉。普妻行酒，帝以嫂呼之。因与普计下太原。普曰："太原当⑧西北二面，太原既下，则我独当之，不知姑俟⑨削平诸国，则弹丸黑子⑩之地，将安逃乎？"帝笑曰："吾意正如此，特试卿尔。"

（《宋史》卷二百五十六，赵普传）

【注释】

①微行：微服出行。即身穿便装外出，不使人知其真实身份。

②过：访问。

③普：赵普（962—992年），字则平，河南洛阳人。宋初曾任枢密使、

宰相等职。

④便：动词，穿戴便衣便帽。

⑤向：接近。

⑥意：估计。

⑦裀（yīn）：垫子或褥子。

⑧当（dāng）：抵挡。

⑨姑俟（sì）：姑，姑且。俟，等待。

⑩弹丸黑子：形容地方狭小。

【译文】

　　宋太祖多次微服出行访问功臣之家，所以，赵普每次退朝回家后，不敢马上换上便衣便帽。一天，大雪一直下到半夜，赵普想皇上不会外出了。过了很久，听到敲门声，赵普急忙出门探看，只见皇上站在风雪之中。赵普惶恐不安地上前跪拜迎接。太祖说："我已经约了晋王到你这儿来。"不一会儿，太宗也到了。于是他们铺起厚厚的垫褥，在厅堂中就地坐了下来。燃起薪炭，烧起肉来。赵普的妻子给他们酌酒助兴，皇上称他为"嫂子"。宋太祖便同赵普商议攻伐太原的大计。赵普说："太原挡住西北两面。如果太原攻了下来，那西北两面之敌势必由我们独挡。不如暂等一下，先调兵去削平南方各国。各国削平了，那么太原这个弹丸之地，会逃脱覆灭的命运吗？"太祖笑道："我的意思正是这样，刚才不过试探你一下。"

半部《论语》治天下

　　初，太祖侧微①，普②从之游，既有天下，普屡以微时所不足者言之。太祖豁达，谓普曰："若尘埃中可识天子。宰相，则人皆物色之矣。"自是不复言。普少习吏事，寡学术，及为相，太祖常劝以读书。晚年手不释③卷，每归私第，阖④户启箧⑤取书，读之竟日⑥。及次日临政，处决如流。既薨，家人发箧视之，则《论语》二十篇也。

（《宋史·赵普传》）

【注释】

①侧微：地位微贱。

②普：赵普，宋太祖赵匡胤的宰相。

③释：放下。

④阖（hé）：关闭。

⑤启箧（qiè）：启，开。箧，箱子。

⑥竟日：终日。

【译文】

当初，宋太祖赵匡胤地位微贱，赵普常跟他来往交游。宋太祖做了皇帝后，赵普屡屡用他微贱时的短处和缺点来说他。宋太祖心胸豁达却不见怪，他对赵普说："如果在低微卑贱的芸芸众生中能识出天子，那么，宰相的重位就人人都会去物色谋求了。"自此以后，赵普再不敢说宋太祖的不是了。赵普做过小吏，没有读什么书，等到做宋太祖的宰相时，宋太祖常常劝他读点书。赵普晚年时喜好读书，常常手不释卷，每次回到家里，就关上门，打开箱子拿书看，常常孜孜不倦，读书终日。到第二天处理政事时就像流水一般，有条有理，顺畅迅速。赵普死后，家里人打开他的箱子来看，只有20篇章节的《论语》。

赵普荐贤

普①性深沉有岸谷②，虽多忌克③，而能以天下事为己任。宋初，在相位者多龌龊循默④，普刚毅果断，未有其比。尝奏荐某人为某官，太祖不用。普明日复奏其人，亦不用。明日，普又以其人奏，太祖怒，碎裂奏牍⑤掷地，普颜色不变，跪而拾之以归。他日补缀⑥旧纸，复奏如初。太祖乃悟，卒⑦用其人。又有群臣当迁官，太祖素恶其人，不与⑧。普坚以为请，太祖怒曰："朕固不为迁官，卿若之何？"普曰："刑以惩恶，赏以酬功，古今通道也。且刑赏天下之刑赏，非陛下之刑赏，岂得以喜怒专之。"太祖怒甚，起，普亦随之。太祖入宫，普立于宫门，久之不去，竟得俞允⑨。

（《宋史》卷二百五十六，赵普传）

【注释】

①普：即赵普，北宋大臣。

②岸谷：比喻变化无常，莫测高深。

③忌克：谓忌人之能，想出人头地。

④龌龊循默：龌龊（wò chuò），拘于小节。循默，因循守旧，寡言少语。

⑤奏牍（dú）：指臣子向君王上奏的文书，即奏章。

⑥缀（zhuì）：缝补。

⑦卒：终于。

⑧与：赞同。

⑨俞允：同意。

【译文】

赵普性格深沉，变化莫测，虽然常常妒忌刻薄别人，但是能够以天下为己任。宋朝初年，当宰相的人大多缺乏魄力，总是不多言语，而赵普刚毅果断，没人能与他相比。赵普曾经上奏举荐某人做某官，太祖不肯任用。第二天，他还是推荐这个人，太祖仍然不肯录用。第三天，赵普仍然上奏推荐那个人，太祖发怒了，把奏文撕得粉碎，扔在地上。赵普脸色不变，跪下将碎纸一片片地捡起来，带了回去。过了几天，他把撕碎的奏章补贴好，再次像以前那样上奏，太祖省悟，终于任用了那个人。又一次，有一个大臣应当升迁，可是太祖素来讨厌他，不予提升。赵普坚持自己的意见，为他请求。宋太祖发怒地说："我就是不给他升官，看你怎么办？"赵普说："刑罚用来惩处邪恶，奖赏用来酬报功劳，这是古往今来都公认的通理。况且，刑赏是天下人的刑赏，不是陛下一人的刑赏，怎么能够凭您个人的喜怒而独断专行呢？"宋太祖更生气，站起身来走了，赵普仍紧跟其后。太祖进了内宫，赵普则站在宫门口等候，久久不去，直到得到了太祖的允诺。

吕蒙正劝主荐人

尝灯夕①设宴，蒙正待②，上语之日："五代之际，生灵涂丧③，周太祖自邺南归，士庶皆罹剽掠④，下则火灾，上则彗孛⑤，观者恐惧，当时谓无复太平之日矣。朕躬览庶政⑥，万事粗理，每念上天之贶⑦，致此繁盛⑧，乃知理乱在人。"蒙正避席⑨曰："乘舆⑩所在，士庶走集⑪，故繁盛如此。臣尝见都城外不数里，饥寒而死者甚众，不必尽然。愿陛下视近以及远，苍生之幸也。"上变色不言。蒙正侃然⑫复位，同列多其直谅⑬。

上尝欲遣人使朔方⑭，谕中书选才而可责以事者，蒙正退以名上，上不许。他日，三问，三以其人对。上曰："卿何执⑮耶？"蒙正曰："臣非执，盖⑯陛下未谅尔。"固称："其人可使，余人不及。臣不欲用媚道⑰妄随人主⑱意，以害国事。"同列悚息⑲不敢动。上退谓左右曰："蒙正气量，我不如。"既而⑳卒㉑用蒙正所荐，果称职。

（《宋史》卷二百六十五，吕蒙正传）

【注释】

①灯夕：上元节，即元宵节。

②待：在旁边陪着，这时吕蒙正正任相。

③生灵凋丧：老百姓损伤死亡。

④"士庶"句：士庶，指一般民众。罹剽掠，遭到抢劫掠夺。

⑤彗孛（bèi）：指光芒四射的彗星，亦指扫帚星。

⑥躬览庶政：亲自阅览各种政令。

⑦贶（kuàng）：赏赐。

⑧繁盛：意谓繁荣昌盛。

⑨避席：退出席位。

⑩乘舆：皇帝的车驾。这里是皇帝的代称。

⑪走集：奔向聚集。

⑫侃然：刚毅正直的样子。

⑬"同列"句：同列，指在座的同僚。多，称赞。直谅，正直诚实。谅，真实可信。

⑭朔方：北方。

⑮执：固执。

⑯盖：表原因的连词。

⑰媚道：谄媚的方法。

⑱人主：皇上。

⑲悚（sǒng）息：悚，恐惧。息，喘息。

⑳既而：不久。

㉑卒：终于。

【译文】

朝廷在上元节设宴，吕蒙正在旁边陪侍太宗。宋太宗告诉他说："在五代交接的时候，百姓大量伤亡，周太祖从邺都南返时，士人和百姓都遭到劫夺，地上发生火灾，天上彗星扫过，看到这种情景的人都十分恐慌，当时认为再不会有太平的日子了。我继位以来，亲自阅览各种政令，万事大致得到治理，常常思念上天的赐予，现在呈现一派如此繁荣景象，才知道治与乱都在人为。"吕蒙正听后，退出席位说："这里是帝王所在，民众便奔向这里来，所以才有如此的繁盛。我曾看见京城外没有几里路远的地方，饥寒而死的人非常多，这不一定是问题的全部。愿陛下看到近处想到远处。乃是老百姓的大幸啊。"大家听后一下变了脸色，不再说话了。吕蒙正说罢，刚毅正直地回到自己的座位。对这件事同僚都称赞他正直诚实。

宋太宗曾经打算派人出使北方，下诏通知中书省要选取有才干而又能完成任务的人，吕蒙正退出班列，呈上他选定的人名，但太宗不同意派这个人出使。此后，太宗又3次问起这件事，吕蒙正3次都以原来那个人作答。太宗说："你为什么这样固执呢？"吕蒙正说："不是我固执，而是您不相信别人。"仍然坚持说："那个人可以出使，其余的人比不上他。我不想讨好陛下，盲目地附和皇上的旨意，以使国家利益受到损害。"朝中的同事听后，惶恐屏气，不敢妄动。太宗退朝以后对身旁的侍臣说："蒙正的气量，我不如。"不久，终于任命了吕蒙正所推荐的那个人，那人也果然称职，出色地完成了任务。

御　人

澶渊之盟

　　（景德元年十一月）己未，遣使安抚河东诸州。契丹①逼冀州，知州王屿击走之。……庚午，车驾北巡。司天②言：日抱珥，黄气充塞，宜不战而却。癸酉，驻跸③韦城县。甲戌，寒甚，左右进貂帽麑裘，却之曰："臣下皆苦寒，朕安用此。"王继忠数驰奏请和，帝谓宰相曰："继忠言契丹请和，虽许之，然河冰已合，且其情多诈，不可不为之备。"契丹兵至澶州④北，直犯前军西阵，其大帅挞览耀兵出阵，俄中伏弩死。丙子，帝次澶州。渡河，幸北砦⑤，御城北楼，召诸将抚慰。郓州⑥得契丹谍者，斩之。戊寅，曹利用使契丹还。

　　十二月庚辰朔，日有食之。契丹使韩杞来讲和。辛巳，遣使安抚河北、京东。……又幸李继隆营，命从官将校饮，犒赐诸军有差。诏谕两京以将班师。甲申，契丹使姚东之来献御衣食物。乙酉，御行营南楼观河，遂宴从官及契丹使。丙戌，遣使抚谕怀、孟、泽、潞、郑、滑等州，放强壮归农。遣监西京⑦左藏库李继昌使契丹定和，戒诸将勿出兵邀其归路。……甲午，车驾发澶州，大寒，赐道傍贫民襦裤⑧。乙未，契丹使丁振以誓书来。丁酉，契丹兵出塞。戊戌，至自澶州。……辛丑，录契丹誓书颁河北、河东诸州。

　　　　　　　　　　　　　　　（《宋史》卷七，真宗本纪）

【注释】

　　①"契丹"：契丹，古族名、古国名，源于东湖。北魏以来，在今辽河

上游一带游牧。唐末，建辽朝，与五代、北宋并立，1125年被金朝所灭。

②司天：观察天象。

③跸（bì）：帝王的车驾。

④澶州：州名，亦名澶渊郡，唐时治所在今河南清丰西，五代、宋移到今河南濮阳。

⑤砦："寨"的异体字。

⑥郓（yùn）州：州名。宋时治所在今山东东平，辖今山东荷泽地区东北一带。

⑦西京：五代晋天福三年（938年）自东都河南府迁都汴州，以汴州为东京开封府，政东都河南府为西京，北宋沿此不改。

⑧襦袴（rú kù）：衣物。襦，短袄。袴，同"裤"。

【译文】

宋真宗景德元年十一月己未日，真宗派遣使臣安抚河东各州官民。契丹军队逼近冀州，知州官王屿率领宋军将其击退。……庚午日，皇帝御驾到北部巡视。司天说：太阳环绕光晕，其中充满黄色的气，应当不发生战斗而退却。癸酉日，帝王的车驾留驻在韦城县。甲戌日，天气寒冷，左右大臣向皇帝进献貂帽麃裘之类的衣物，真宗推却说："各位大臣都寒冷不堪，我怎么能心安理得地穿这些东西呢。"王继忠多次上奏请求和契丹议和，真宗对宰相寇准说："王继忠说契丹请求和议，纵然是同意了，但是黄河已经封冻，契丹人性情又多狡诈，我们不能不做些准备。"契丹军队到达澶州城的北边，直接进犯宋前军的西面阵营，契丹军大帅挞览亮出兵器出阵作战，身中箭弩而亡。丙子日，真宗皇帝幸驻澶州城。然后渡过黄河，驻停在北边的寨子，亲自登上城的北楼，在那里召集各位将领，对他们进行安抚和慰问。郓州的宋军抓获到契丹的间谍，将他斩杀。戊寅日，曹利用出使契丹国后归还宋朝。

十二月初一日，有日食发生。契丹国派遣韩杞来到宋廷讲和。辛巳日，真宗派使者前往安抚河北、京东等地方。……皇帝又到达李继隆的军营，命令随从官员和诸军将校合聚饮酒，对诸军进行了不同程度的赏赐。下诏两京的将领调回出征的军队。甲申日，契丹派遣姚东之出使宋朝并进献皇帝所用的衣食之物。乙酉日，真宗到行营南楼看观黄河，于是就设宴款待随从的官员和契丹的使臣。丙戌日，派遣使臣安抚晓谕怀、孟、泽、潞、郑、滑等州的官民，将军中强壮的男丁放回务农。派遣监察西京左藏库的李继昌出使契丹议定和解，告诫诸位将领不要出兵拦击他的归路。……甲午日，皇帝的车驾从澶州出发返回京师，天气十分寒冷，赐给沿途各地贫民百姓袄裤。乙未日，契丹派丁振把宋契两国的和约送来。丁酉日，契丹军队北还，出塞而去。戊戌日，到达澶州。……辛丑日，抄录契丹所立和约颁发河北、河东各州。

绍兴议和

（绍兴十一年）冬十月丙寅朔，金人陷泗州①，遂陷楚州②。……戊辰，杨政及金人战于宝鸡县，败之，禽通检孛堇。……壬午，遣魏良臣、王公亮为金国禀议使。……是月，金人陷濠州③，邵隆复陕州④。

十一月……辛丑，兀术遣审议使萧毅、邢其瞻与魏良臣等偕来。……壬子，萧毅等入见，始定议和盟誓。乙卯，以何铸签书枢密院事，充金国报谢进誓表使。……是月，与金国和议成，立盟书，约以淮水中流画疆，割唐、邓二州畀之，岁奉银二十五万两、绢二十五万匹，休兵息民，各守境土。诏川、陕宣抚司毋出兵生事，招纳叛亡。

（《宋史》卷二十九，高宗本纪）

【注释】

①泗州：州名，治所在今江苏盱眙。

②楚州：州名，治所在今江苏淮安县。

③濠州：州名，治所在今安徽凤阳临淮关西。

④陕州：州名，治所于今河南三门峡西。

【译文】

高宗绍兴十一年冬十月丙寅朔日，金军攻陷泗州城，又占领楚州。……戊辰日，杨政和金国军队在宝鸡展开了战斗，击败了金军，抓获金国通检孛堇。……壬午日，宋派遣魏良臣、王公亮为出使金国的禀议使。……在这个月里，金人攻陷了濠州，邵隆收复了陕州。

十一月……辛丑日，兀术派遣审议使萧毅、邢其瞻与魏良臣等一起来到宋朝。……壬子日，萧毅等人入见高宗，开始议定订立盟约之誓。乙卯日，委派何铸管理枢密院事，充当到金国送报谢进誓表使。……本月，与金国议和取得成功，订立盟书，双方相约以淮河中流为疆界，割让唐、邓两个州给金国，每年向金呈奉银25万两、绢25万匹，停止用兵，让人民生息，双方各守自己的疆土。下诏到川、陕宣抚司，不要出兵滋事生非，招纳叛亡。

吕端大事不糊涂

赵普在中书①，尝曰："吾观吕公奏事，得嘉赏未尝喜，遇挫折未尝惧，亦不形于言，真台辅②之器也。"……太宗即以端为左谏议大夫。……后欲相③端，或曰："端为人糊涂。"太宗曰："端小事糊涂，大事不糊涂。"决意相之。

（《宋史》卷二百八十一，吕端传）

【注释】

①中书：官署名，即中书省。

②台辅：指三公宰相之位。

③相：以……为相。

【译文】

赵普主持中书省时曾说："依我所见，吕公奏事，受到嘉奖未曾高兴，遇到挫折不畏惧，也不在言语上表露出来，这真是宰相的气度啊。"……宋太宗就任命吕端为左谏议大夫。……后来宋太宗想任命吕端为宰相，有人说："吕端为人糊涂。"太宗说："吕端小事糊涂，大事不糊涂。"下决心任命他为宰相。

寇准选贤

（寇）准在相位，用人不以次①，同列颇不悦。它日，又除②官，同列因吏持例簿③以进。准曰："宰相所以进贤退不肖④也，若用例，一吏职尔。"

二十四史精华

【注释】

①以次：按等级顺序。

②除：授。

③例簿：此指有关官员任免方面的法规、文书。

④肖：贤。

【译文】

寇准出任宰相时，任命官员从不论资排辈，朝廷的同事对此意见很大。有一天，又要提升任命官员了，同事便让一小官员抱着条例本献给寇准。寇准说："宰相的职责就是选贤任能，驱除那些无才无德的人，如果只按条例办事，那一个小官吏就可完成任务了。"

《宋史》

法　制

吕蒙正不受朝士所献古镜

　　朝士①有藏古镜者，自言能照二百里，欲献之蒙正以求知②。蒙正笑曰："吾面不过楪③子大，安用照二百里哉？"闻者叹服。

（《宋史》卷二百六十五，吕蒙正传）

【注释】

　　①朝士：指朝廷的臣僚。

　　②知：结交、友善之意。

　　③楪（dié）：同"碟"，盛食物的小盘子。

【译文】

　　朝中有个官员珍藏了一面古镜，自称这个镜子能照 200 里，想赠给吕蒙正，以求得与他交好。吕蒙正笑着说："我的脸面不过一面碟子那么大，哪里用得着能照 200 里的镜子呢？"闻知这件事的人对他赞叹不已。

吕蒙正受诬不辩

　　蒙正初为相时，张绅①知②蔡州③，坐④赃免。或言于上⑤曰："绅家富，不至此，特蒙正贫时勾索⑥不如意，今报之尔⑦。"上命即复绅官，蒙正不辨。

后考课院⑧得绅实状，复黜⑨为绛州⑩团练副使。及蒙正再入相，太宗谓曰："张绅果有赃。"蒙正不辨亦不谢⑪。

（《宋史》卷二百六十五，吕蒙正传）

【注释】

①张绅：生平不详。

②知：任知府。

③蔡州：隋大业初改溱州置，治所在今河南省汝南县。

④坐：获罪。

⑤上：即宋太宗。

⑥勾索：勾取勒索。

⑦尔：罢了。

⑧考课院：考核官员政绩的政府机关。

⑨黜（chù）：贬。

⑩绛州：唐武德元年（618年）改绛郡为绛州，所辖在今山西新绛县一带。

⑪谢：感谢。

【译文】

吕蒙正起初做宰相时，张绅任蔡州知府，由于犯贪污罪而免职。有人对皇上说："张绅家境富裕，不会贪污，只因吕蒙正贫困时向他勒索没有如愿，如今对他进行报复罢了。"皇上听了，命令马上将张绅官复原职，吕蒙正对此不作申辩。后来，考课院获得张绅贪污的真凭实据，皇上又把张绅贬为绛州团练副使。直到吕蒙正再次入朝为相，太宗才对他说："张绅的确犯了贪污罪。"吕蒙正听了，还是不申辩，自己再度入主相府也不感激皇上。

包拯不持一砚归

端①土产砚，前守缘贡②，率取③数十倍以遗权贵。拯④命制者才足贡数，岁满不持一砚归。

（《宋史》卷三百十六，包拯传）

【注释】

①端：即端州，在今广东省高要市一带。

②缘贡：趁着进贡的机会。

③率取：率，大概。取，索取。

④拯：即包拯，北宋大臣，字希仁，庐州合肥（今属安徽）人。天圣进士，仁宗时任监察御史、天章阁待制、龙图阁直学士等职，官至枢密副使。

【译文】

端州甚产砚台。以往的太守经常借进贡之机，大都要索取多于贡品数十倍的端砚，去送给那些达官贵人。包拯在端州，却下令只造足够进贡数目的端砚。任期一年满后，他没有带回一方砚台。

《宋史》

军 事

岳飞脱颖而出

康王至相①，飞因刘浩见，命招贼吉倩，倩以众三百八十人降。补承信郎。以铁骑三百往李固渡尝敌②，败之。从浩解东京围，与敌相持于滑南，领百骑习兵河上。敌猝至，飞麾其徒曰："敌虽众，未知吾虚实，当及其未定击之。"乃独驰迎敌。有枭将舞刀而前，飞斩之，敌大败。迁秉义郎，隶留守宗泽。战开德、曹州皆有功，泽大奇之，曰："尔勇智才艺，古良将不能过，然好野战③，非万全计。"因授以阵图。飞曰："阵而后战，兵法之常，运用之妙，存乎一心。"泽是其言。

康王即位，飞上书数千言，大略谓："陛下已登大宝，社稷有主，已足伐敌之谋，而勤王之师日集，彼方谓吾素弱，宜乘其怠击之。黄潜善、汪伯彦辈不能承圣意恢复，奉车驾日益南，恐不足系中原之望。臣愿陛下乘敌穴未固，亲率六军北渡，则将士作气，中原可复"。书闻，以越职夺官归。

诣河北招讨使张所，所待以国士，借补修武郎，充中军统领。所问曰："汝能敌几何？"飞曰："勇不足恃，用兵在先定谋，栾枝曳柴以败荆④，莫敖采樵以致绞⑤，皆谋定也。"所矍然⑥曰："君殆非行伍中人。"飞因说之曰："国家都汴，恃河北以为固。苟冯据要冲⑦，峙列重镇，一城受围，则诸城或挠⑧或救，金人不能窥河南，而京师根本之地固矣。招抚诚能提兵压境，飞唯命是从。"所大喜，借补武经郎。

命从王彦渡河，至新乡，金兵盛，彦不敢进。飞独引所部鏖战，夺其蠚而舞，诸军争奋，遂拔新乡。翌日，战侯兆川⑨，身被十余创，士皆死战，又败之。夜屯石门山下，或传金兵复至，一军皆惊，飞坚卧不动，金兵卒不来。食尽，走彦壁⑩乞粮，彦不许。飞引兵益北，战于太行山，擒金将拓拔耶乌。居数日，复遇敌，飞单骑持丈八铁枪，刺杀黑风大王，敌众败走。飞自知与彦有隙，复归宗泽，为留守司统制。泽卒，杜充代之，飞居故职。

（《宋史》卷三百六十五，岳飞传）

【注释】

①康王至相：指靖康元年，赵构被张浚陈说利害，取消了使金的打算，回到相州（今属河南）。

②尝敌：试敌。作战前先以小部分部队试探敌军的力量。

③野战：不按常规作战。

④栾枝曳柴以败荆：栾枝，春秋时晋国人。荆，楚地，代指楚国。晋文公时，晋、楚两国交战，栾枝领兵击敌。阵势已成，栾枝令战士曳柴，假装逃跑的样子。楚军拼命追赶，晋军从侧面给以袭击，楚师大败。

⑤莫敖采樵以致绞：莫敖，春秋时的楚国官名，即司马。绞，古国名，在今湖北郧县西北。《左传》桓公十二年载，楚国讨伐绞，驻军于绞之南门。楚莫敖屈瑕说，绞小而寡谋，可用采樵者迷惑他们。遂派30人扮成采樵者混进绞人之中。楚人在北门等待，并在山下设了伏兵。这样，出城的绞人遇到伏兵，逃向北门，正好碰上等在北门的楚兵。岳飞在这里说，屈瑕用采樵者致使绞人逃向北门，这是用智谋，并非靠勇敢。

⑥矍然：惊慌四顾的样子。

⑦苟冯据要冲：苟，如果。冯，通"凭"，依靠、凭借。要冲，交通要道的形胜之地。

⑧挠：阻挠，阻挡。

⑨侯兆川：即侯赵川，旧称在河南辉县，"重山四障，险临天成"。

⑩彦壁：王彦的军营。

【译文】

康王赵构回到相州，岳飞借着刘浩的关系见了康王，康王命岳飞前去招降吉倩，吉倩率领380人前来投降。岳飞补为承信郎。率铁骑兵300名前往李固渡试探敌军的虚实，打败了敌人。跟随刘浩解救东京开封之围，与敌军相持在滑南，率领 100 名骑兵在河边操练。敌兵突然到来，岳飞指挥他的同伴说："敌人虽到，但不知我们的虚实，应当趁着他们还未站稳脚跟攻击他们。"于是，单枪匹马冲上前去迎击敌人。一员猛将举刀向前，岳飞斩杀了他，敌兵大败。他被提升为秉义郎，隶属于留守宗泽，在开德、曹州的战斗中都立过功，宗泽认为他是出色的将领，说："论你的勇敢、智慧和才气，古代的优秀将领也超不过你，但是你喜欢不按常规作战，这不是万全之计。"就此将阵图授给岳飞。岳飞说："摆成阵势而后交战，这是兵法的常规，运用得巧妙，全在于专心。"宗泽以为然。

康王赵构即位，岳飞写了数千言的奏章，大意是说："陛下你已登上帝位，国家有了主人，也已充分准备了讨伐敌人的各种策略，而援助朝廷的军队一天天汇聚拢来，对方正把我们说成是向来软弱，正好乘他们懈怠的时候来进攻他们。黄潜善、汪伯颜这些人不能遵照徽钦二帝的意志收复失地，陪伴着车驾一天天地更往南跑，恐怕这样不能维系中原人民的期望。我希望陛下趁着敌人的巢穴还未巩固，亲自率领全军北渡黄河，把将士们的士气振作起来，中原就可以收复了。"高宗收到这道奏章，以越职言事的罪过将他罢官。

他走访了河北招讨使张所，张所像对待国士那样接待了岳飞，暂补他为修武郎，充任中军统领。张所问他道："你可以抵挡多少人？"岳飞回答："不能光凭勇猛，用兵在于先制定策略，栾枝用曳柴的计策打败了楚国，莫敖屈瑕用采樵者迷惑绞人并将绞人骗到了北门，这些战例都是智谋所决定的。"张所惊叹地说："你这个人绝不是兵士队列中的人。"岳飞就此说服张所道："国家以开封为都城，仗恃着河北地区而得到稳固。假如能够凭借那些交通要道，建立起并肩排开的重镇，一城受困，那么其他各城有的阻敌，有的援救，金兵就不敢窥视河南，京城这块大本营地带也就巩固了。招讨使你真能够率兵临境，岳飞我只听从你一个人的命令。"张所大喜，暂补他为武经郎。

有命让他随王彦渡过黄河，他们走到新乡，就遇上金兵大增，王彦不能前进。岳飞独领张所的部下跟金兵苦战，夺取了敌兵的大旗不断挥动，各军努力争先，于是攻下了新乡。第二天，战于侯兆川，岳飞身受 10 多处创伤，战士个个拼死战斗，又打败了金兵。夜间驻扎在石门山下，人传金兵又来了，全军都感到害怕，岳飞老老实实地躺着，一动也没动，金兵到底没有来。粮食吃完了，战士们跑到王彦的军营去借粮，王彦不答应。岳飞领兵更向北进，战斗在太行山，活捉了金将拓拔耶乌。过了几天，又跟金兵遭遇，岳飞一人一骑挺起丈八铁枪，刺杀了黑风大王，其他的敌人全都逃跑。岳飞心里明白，他跟王彦有隔阂，就又回到宗泽那里，做了为留守司的统制官。宗泽死，杜充代替宗泽的职务，岳飞还做原来的职务。

韩世忠抗金第一功

四年，以建康、镇江、淮东宣抚使驻镇江。是岁，金人与刘豫①合兵，分道入侵。帝手札命世忠饬守备，图进取，辞旨恳切。世忠受诏，感泣曰："主忧如此，臣子何以生为！"遂自镇江济师，俾统制解元守高邮，候金步卒；亲提骑兵驻大仪，当敌骑，伐木为栅，自断归路。

会遣魏良臣使金，世忠撤炊爨，绐良臣有诏移屯守江，良臣疾驰去。世忠度良臣已出境，即上马令军中曰："视吾鞭所向。"于是引军次大仪，勒五阵，设伏二十余所，约闻鼓即起击。良臣至金军中，金人问王师动息，具以所见对。聂儿孛堇闻世忠退，喜甚，引兵至江口，距大仪五里；别将挞孛也②拥铁骑过五阵东。世忠传小麾鸣鼓，伏兵四起，旗色与金人旗杂出，金军乱，我军迭进。背嵬军各持长斧，上揕入胸，下斫马足，敌被甲陷泥淖，世忠麾劲骑四面蹂躏，人马俱毙，遂擒挞孛也等二百余人。

所遣董旼亦击金人于天长县之鸦口，擒女真四十余人。解元至高邮，遇敌，设水军夹河阵，日合战十三，相拒未决。世忠遣成闵将骑士往援，复大战，俘生女真及千户③等。世忠复亲追至淮，金人惊溃，相蹈藉，溺死其众。

捷闻，群臣入贺，帝曰："世忠忠勇，朕知其必能成功。"沈与求④曰："自建炎以来，将士未尝与金人迎敌一战，今世忠连捷以挫其锋，厥功不细。"帝曰："第优赏之。"于是部将董旼、陈桷、解元、呼延通等皆峻擢有差。论者以此举为中兴武功第一。

（《宋史》三百六十四，韩世忠传）

【注释】

①刘豫：景州阜城（今属河北）人，字彦游，北宋末历任河北提刑等职。

②挞孛也：金军将领。

③千户：官名，即掌兵千人的武官。

④沈与求：德清人，字必先，政和年间进士，宋高宗时累官至御史中丞，迁吏部尚书，兼翰林学士，进知枢密院事。金兵入侵，曾赞成高宗亲征。

【译文】

建炎四年，韩世忠以南京、镇江、淮东宣抚使的身份驻军于镇江。这一年，金人跟刘豫联合军队，并分兵几路入侵宋国。宋高宗下圣旨，命令韩世忠整军守备，谋求进取，词意恳切。韩世忠接受了诏书。感动得流泪说："皇帝为国事这样忧虑，做臣子的凭什么生存呢？"接着就从镇江渡过了军队，派统制官解元守卫高邮，等待迎击金军的步兵；韩世忠亲率骑兵驻扎在大仪，以抵抗金人的骑兵，他砍伐树木做成栅栏，自己断绝归路。

恰逢朝廷派魏良臣出使金营，韩世忠撤掉了做饭的锅灶，骗魏良臣说，朝廷有诏书，命他们移防长江，魏良臣听了立刻驰去。韩世忠估算了魏良臣出境的时间，立即上马命令部队："注意我马鞭所指的方向。"于是领军驻在大仪，控制了五阵，设下伏兵20余处，并约定，各处伏兵听到鼓声就立即出击。魏良臣到达金营，金人询问宋军的动静，他就把他所见到的事情都告诉了金人。金军聂儿孛董听说韩世忠退兵，特别高兴，领兵到长江口，距大仪只有5里之遥配合他作战的金军将领挞孛也率领铁骑经过五阵东边。韩世忠传令小校击鼓，伏兵四起，旗色跟金军的旗帜混杂出现，金军混乱，宋军轮番进击。背嵬军战士各持长斧，上刺敌人的胸膛，下砍敌军的马腿。敌人的披甲之士陷在泥潭中，韩世忠指挥着强劲的骑兵四面践踏，连人带马都被击毙，擒获了挞孛也等200多人。

受韩世忠派遣的董旼也在天长县的鸦口袭击了金军，捉到了40多个女真人。解元到高邮，遇上了敌军，他在夹河镇设置了水军，一天战斗13场，双方相持不分胜负。韩世忠派成闵率领骑兵前去援助，再一次大战，俘虏了女真人和千户官等。韩世忠又亲自追赶敌军到淮河，金军惊慌逃散，互相践踏，掉进水里淹死的很多。

捷报传到朝廷后，群臣上朝庆贺，宋高宗说："韩世忠忠诚勇敢，我知道他一定能够成功。"沈与求说："自从改元建炎以来，将士们还从没有跟金兵迎战过一次，现在韩世忠连连取胜，挫败了他们进攻的锋芒，这个功劳不小。"宋高宗说："只有从优奖赏他们。"于是，韩世忠的部将董旼、陈桷、解元、呼延通等都得到不同程度的提拔。谈到这件事的人都把这件事当做使宋朝中兴的第一件大事情。

理　财

宋太祖以俭治国

宫中苇帘，缘①用青布；常服之布，瀚②濯至再。魏国长公主襦③饰翠羽，戒勿复用，又教之曰："汝生长富贵，当念惜福。"见孟昶宝装溺器，挭④而碎之，曰："汝以七宝饰此，当以何器贮食？所为如是，不亡何待！"

（《宋史·赵太祖本纪》）

【注释】

①缘：衣边。

②瀚（hàn）：同"浣"，洗。

③襦（rú）：短衣或短袄。

④挭（zhèng）：撞。

【译文】

宋太祖宫中挂的苇帘是用青布镶边，日常穿的衣服，总是洗了又洗。魏国长公主短袄上饰有翠鸟的毛羽，他告诫她不要再穿，并教导她说："你生长在富贵之家，应当经常想到珍惜幸福生活。"太祖见到后蜀主孟昶用珠宝装饰的便器，当即把它撞破，说："你用多种珍宝装饰这种东西，那又用什么来装贮食物呢？这样奢侈，怎么可能不亡国呢？"

泉州官员多私交

杜纯字孝锡，濮州鄄城人……以荫为泉州司法参军^①。泉有蕃舶^②之饶，杂货山积。时官于州者私与为市^③，价十不偿一，惟知州^④关咏与纯无私买，人亦莫知。后事败^⑤，狱治多相牵系，独两人无与。咏犹以不察免，且檄参对，纯愤懑^⑥，陈书使者为讼冤，咏得不坐^⑦。

（《宋史》卷三百三十，杜纯传）

【注释】

①"以荫"句：荫，指子女因先代官爵而受到封赏。泉州，州名，治所在今福建泉州市，曾为海关交通贸易的重要港口。司法参军，州置官员，主刑法。

②蕃舶：指外国商船的贸易。

③私与为市：私下经商为自己收买货物。

④知州：州之行政长官。

⑤败：败露。

⑥愤懑：愤慨。

⑦不坐：没有治罪。

【译文】

杜纯，字孝锡，濮州鄄城人，因为承袭父亲的爵位做了泉州司法参军。泉州当时同外国海运通商，很富裕，各种货物在这里堆积如山。当时在泉州做官的，很多人都暗暗地同商人交易，为自己收买货物，物品的价钱十不付一。只有知州关咏和杜纯没有私买，人们也不知道他们操守的清白。后来事败，在审理案子中大多数官吏相互牵连，被陷了进去，唯独他们二人没有沾染。但关咏还是因未查究这种不法行为而被免了官，并召他受审。杜纯对这样处理不满，便向使者陈书，为关咏辩冤，才使关咏没有被治罪。

文臣不爱钱　武臣不惜死

　　家①无姬侍。吴玠素服飞，愿与交驩②，饰名姝遗之。飞曰："主上宵旰③，岂大将安乐时？"却不受，玠益敬服。少豪饮，帝戒之曰："卿异时到河朔，乃可饮。"遂绝不饮。帝初为飞营第，飞辞曰："敌未灭，何以家为？"或问天下何时太平，飞曰："文臣不爱钱，武臣不惜死，天下太平矣。"

（《宋史》卷三百六十五，岳飞传）

【注释】

　　①家：指岳飞家。

　　②交驩（huān）：驩同"欢"。交驩，谓结交而取得对方的欢心。

　　③宵旰（gàn）："宵衣旰食"的省略语，意为天不亮就穿上了衣服，天晚了才吃饭，用以比喻为官勤勉。

【译文】

　　岳飞家中从没有姬妾陪伴服侍。吴玠平时很佩服岳飞，愿意跟他结交，曾打算把一个修容打扮的美女赠送给他。岳飞坚持拒绝，说："皇帝每天还宵衣旰食，现在岂是我们大将享受安乐的时候！"吴玠对他更加尊敬佩服。岳飞年轻的时候很能喝酒，皇帝告诫他道："你将来到了河朔时，再放量饮酒吧！"于是他不再饮酒。皇帝要给他修建房屋，岳飞辞谢说："敌寇未灭，怎么能考虑家呢？"有人问他天下何时方能太平，岳飞说："文臣不贪爱金钱，武臣不吝惜生命，天下就太平了！"

德　操

王旦不短寇准

《宋史》

　　寇准数短①旦，旦专称准。帝②谓旦曰："卿虽称其美，彼专谈卿恶。"旦曰："理固③当然。臣在相位久，政事阙失④必多。准对陛下无所隐，益见其忠直，此臣所以重⑤准也。"帝以是⑥愈贤⑦旦。中书⑧有事送密院⑨，违诏格⑩，准在密院，以事上闻。旦被责，第⑪拜谢，堂吏皆见⑫罚。不踰⑬月，密院有事送中书，亦违诏格，堂吏欣然呈旦，旦令送还密院。准大惭，见旦曰："同年⑭，甚得许⑮大度量？"旦不答。寇准罢枢密使，托人私求为使相⑯，旦惊曰："将相之任，岂可求耶！吾不受私情。"准深憾之⑰，已而除准武胜军节度使，同中书门下平章事，准入见，谢曰："非陛下知臣，安能至此？"帝具道旦所以荐者。准媿⑱叹，以为不可及⑲。

　　　　　　　　　　　　　（《宋史》二百八十二，王旦传）

【注释】

　　①短：揭别人的短处。

　　②帝：此处指宋真宗。

　　③固：本来。

　　④阙失：缺点，过失。

　　⑤重：敬重、尊敬。

　　⑤以是：因此。

　　⑦贤：作意动词用，意即"以……为贤"。

⑧中书：官署名，即中书省。

⑨密院：官署名，即枢密院。

⑩格：规格程式。

⑪第：只，仅仅。

⑫见：被。

⑬踰：超过。

⑭同年：科举制度同榜的人。

⑮许：这样，如许。

⑯使相：宋多以节度使等官衔加给事中、中书令等称"使相"，但不干预政事。

⑰憾之：怨恨他。

⑱塊：同"愧"。

⑲及：比得上。

【译文】

　　寇准屡次指责王旦的过失，可王旦却一直称赞寇准。宋真宗皇帝对王旦说："你虽然称赞他的美德，可他尽说你的坏话。"王旦说："按理本应就是这样。我担任宰相的时间长，处理政事时的失误肯定很多。寇准对您无所隐瞒，这就更可看出他是忠心耿耿、正直无私的，这就是我敬重他的原因。"所以宋真宗更加觉得王旦品德高尚。有一次，中书省发文件到枢密院，违反了皇帝规定的格式，寇准此时在枢密院，便把这件事报告了皇上，结果王旦受到斥责，仅仅上朝拜揖谢罪了事，而中书省的值班官吏却都受到了处分。事后还不到一个月，枢密院有公文送到中书省，也违反了皇上规定的格式。值班官一见，便高高兴兴地送给王旦看，王旦立即下令将那文件送还枢密院。寇准深感惭愧，见到王旦就说："同年，你的度量怎么这么大？"王旦对此不作回答。寇准被免去枢密使后，托人向王旦请求做使相，王旦惊讶地说："将相的职位，难道是可以随便求取的吗！我不接受私人请求。"寇准因此对他十分怨恨。不久，寇准被授予武胜军节度使、同中书门下平章事。寇准入朝拜谢皇上说："要不是陛下了解我，我怎能到今天这地步？"宋真宗把王旦推荐的事一一说了出来。寇准又惭愧又赞叹，自认为赶不上他。

刘居正严于教子

刘挚①字莘老，永静东光人。儿时，父居正课②以书，朝夕不少间。或谓："君止一子，独不可少宽③邪？"居正曰："正以一子，不可纵④也。"

（《宋史》卷三百四十，刘挚传）

【注释】

①刘挚：字莘老，河北东光人。宋哲宗时，官至中书侍郎，门下侍郎，尚书右仆射。

②课：按规定的内容或分量学习或教授。

③少宽：稍稍放宽。

④纵：放纵。

【译文】

刘挚，字莘老，永静东光人。童年时，父亲刘居正让他读书学习，从早到晚不曾放纵他。有人对刘居正说："你只有一个儿子，难道就不能稍稍放松一些吗？"刘居正答道："正因为我只有一个儿子，才不可听之任之啊。"

传世故事

宋太祖赏罚分明

宋乾德二年（964年），宋太祖赵匡胤下令从水陆两路征伐后蜀。陆路领兵者为忠武节度使王全斌，武信节度使崔彦进为副，枢密副使王仁赡为都监；水路领兵者为宁江节度使刘廷让，枢密承旨曹彬为都监。陆路经栈道入川，水路则溯长江西上。蜀主孟昶听说宋军来犯，便任王昭远领兵拒敌。王昭远向来自负，以为自己胸有韬略。离成都时，宰相李昊（hào）为他饯行，他手执铁如意，自比诸葛亮，于酒酣耳热之际，撸胳膊挽袖子地对李昊说道："我此行岂止是战败宋军，我要率领这二三万雕面恶少儿，轻轻松松地直取中原！"

可是，仗一打起来，情形却与王昭远恰好相反，宋军节节胜利，蜀军连连败北。王昭远在剑州一役为王全斌活捉，后蜀的后续部队元帅孟元喆（同哲）落荒而逃，最后，蜀主孟昶不得不递上了降表。从王全斌等离开宋都至孟昶俯首投降，前后只用了66天时间。

水陆两支宋军在征讨蜀国的过程中，表现了不同的军纪。水路军兵发夔州，每过一城，诸将都想大开杀戒，都监曹彬予以坚决制止，因此，这一路军所过之处"始终秋毫无犯"。陆路军却相反，王全斌等入成都后，日夜饮酒作乐，不管军务，纵容士兵抢掠蜀人子女、钱财。太祖诏命投降的蜀兵赴京，并予优待，给以路费，王全斌等却擅自减少了路费的金额，并纵任部下大加侵掠，结果逼得蜀兵起而反抗。

乾德五年（967年），后蜀的臣民赴京诣阙告御状，揭发了王全斌、王仁赡、崔彦进等人破蜀时的种种不法行径。于是，太祖把诸将同时叫了回来。王仁赡先朝见太祖，太祖询问他时，他为解脱自己，历数了诸将的过失。太祖气愤地追问他："难道你索取李廷珪的妓女，开丰德库贪污金宝，也是别人干的吗？"他被问得惶恐不知所对。经过查证，王全斌等3人共索要、收取、贪污646800余贯钱，而蜀官珍宝及外府另藏不在簿记的还不包括在内。另外，擅自克扣蜀兵路费、屠杀降兵以致反叛的罪状也一并算在3人的头上。3人在事实面前都承认无误。于是，太祖命御史台召集百官，于朝堂上议定3人该当何罪，百官都说应判3人死刑。太祖念3人有灭蜀大功，特准将功折罪，免于一死，但予以贬官的处分。以王全斌为崇义军留后，崔彦进为昭化军留后，免去王仁赡枢密副使一职，降为右卫大将军。

王仁赡在历数诸将过失时曾说："清廉谨慎，未尝负陛下任使的，只有曹彬一人。"太祖也早已听到过曹彬监军守法的事迹，因此提升他为宣徽南院使兼义成节度使，并给予特别优厚的赏赐。曹彬入朝时推辞道："诸将都获罪，臣独受赏，臣深感不安。"太祖说道："你有功劳无过错，又不自我吹嘘。如果你哪怕有一丝一毫的过失，王仁赡岂肯为你隐瞒。奖善惩恶乃是国家的常典，你就不要推辞了。"

王安石用人不当

吕惠卿，字吉甫，泉州晋江人。吕惠卿因中进士而被起用为真州（今江苏仪征、六合境内）推官（掌勘问刑狱的佐僚之官），他任期满后回京述职，遇到王安石。与王安石讨论史书经义，意见大多一致，于是成为至交。

宋神宗熙宁年间，王安石受命进行变法革新，吕惠卿那时正在集贤馆编修书籍，王安石竭力推荐起用吕惠卿，他在皇帝面前说："吕惠卿的贤能，岂止是今天当世，即使是前代的诸儒也不能与他相比。研学先王之道又能在实际中运用的，只有吕惠卿一个人做得到。"后来王安石的新政中设置有三司条例司，就安排吕惠卿在其中处理文书条令事宜。王安石事无巨细都要与他商议，凡是新政变法中所拟定的章奏法令，都是出自吕惠卿的手笔。他也因此而升迁为太子中允、崇政殿说书、集贤校理等职。

王安石的政敌司马光上书说："吕惠卿投机取巧，不算君子，王安石被大家指责的事情都是他干的。王安石贤明但刚愎自用，不懂时务，吕惠卿为他出谋，王安石就去实行，所以天下人都指责他为奸邪。他们任用熟人不按吏治常规，很不得人心。"神宗皇帝说："吕惠卿奏对明辨而有条理，看样子是个俊才。"司马光说："他确实善于文学论辩，但是心术不正，希望陛下慢慢观察他。"神宗皇帝默然不语。司马光又给王安石写信说："谄谀献媚的人，现在对公确实十分顺耳舒心，但一旦公失势，他必定将会出卖公而求自己腾达。"王安石很不高兴。

那时正好吕惠卿丧父，他服丧在天章阁修起居注（古代帝王的言行录），参与制定诏诰，与王安石的儿子王雱（páng）一起修订《三经新义》。王安石改革遇到阻力，请求辞职，吕惠卿就指使他的同党改变姓名每天上书挽留王安石。王安石便向皇帝力荐吕惠卿做参知政事（副宰相）。吕惠卿担心王安石下台后新政动摇，便命令所有的监司、郡守百官上书陈述变法的利害，又怂恿神宗皇帝下诏书，不许因为部分官吏执法不严而废止新法。所以王安石的变法新政，就维持得更加稳固了。他还曾经提议停止科举取士，受到冯京的据理力争而没能通过。

郑侠上书说吕惠卿结党相护，冯京是他的死对头，王安石的弟弟王安国曾经痛恨他的谄媚奸佞而当面侮辱他，于是便陷害这3个人，使他们都获罪。王安石因为其弟安国的原因，开始与吕惠卿有矛盾。吕惠卿背叛王安石之后，凡是可以害王氏一家的事他都干了。韩绛做宰相制服不了他，便上书请求重新起用王安石，王安石复职后仍与他共事。

王安石原为相执政时，吕惠卿竭力谄媚迎合，到他执掌政权，王安石罢相之后，他就极力排斥王安石及其同僚，甚至把王安石的私人书信都翻出来作为证据。王安石后来罢官退居金陵（今南京），经常信手写"福建子"（吕惠卿为福建泉州人）三个字，大概深深后悔引用吕惠卿而又被他所误。后来章发、曾布、蔡京等人当朝，都厌恶吕惠卿的为人，不敢再起用他。

欧阳修论朋党

北宋仁宗时期，增设谏官，选用天下名士，欧阳修首在选中。每次朝见，仁宗都要向他延问时政，咨询当前所当行的时务。在他们的申张之下，小人难以进用。欧阳修担忧忠善之士最终必定受挫，因此多次向皇帝申言辨别君子小人。

当时，范仲淹被贬到饶州（治所在今江西鄱阳），在朝的廷臣都议论要赦免他，只有司谏高若讷认为范仲淹应当被黜。欧阳修写信斥责他，说他不知羞耻事。高若讷把他的信拿去上告，欧阳修因此也被贬为夷陵（今湖北宜昌）县令。后来范仲淹出使陕西，欧阳修为他送行，说："我那时的举动，岂是为了自己的私利吗？君子不能同进，却是可以同退的。"后来欧阳修也复官了。

范仲淹被贬，欧阳修与尹洙、余靖等都因为同情范仲淹而被贬官逐出，他们被当时看作是"党人"。从此，朝廷上兴起一股反对朋党的舆论，对此，欧阳修而做了一篇《朋党论》进献给皇帝，大意是：

"臣听说关于朋党的议论，自古就有，只是希望国君辨明是君子的朋党还是小人的朋党。君子与君子因志同道合而结成朋党，小人与小人因私利相投而结成朋党，这是自然的道理。但臣认为小人与小人间没有朋党，只有君子之间才有朋党。因为小人所喜好的是地位和私利，所贪图的是钱财，当他们利益相同时，暂时相互勾结引以为朋党；一旦见到利益他们就会争先恐后，等到利益完了之后又相互残害，即使是兄弟亲戚之间也不能相保。所以说小人没有朋党。而君子之间则不是这样，他们所坚守的是道义，所奉行的是忠信，所爱惜的是名节。用这一原则来修身，就会同道相助；用此原则治理国家，就会同心共济，始终如一。所以说只有君子才有朋党。作为君主的，只要贬退小人的假朋党，重用君子的真朋党，天下就可以太平了。在前代君主中，商纣有亿万个臣子，就有亿万颗心，可算是没有朋党了，但商纣却因此而亡；周武王有3000臣子，他们都同心一致，可以算得上大朋党了，但周武王用他们却导致国家兴盛。所以说君子的真朋党再多也不会满足。……这些国家兴衰、太平动乱的历史事迹，当国君的应当引以为鉴。"

欧阳修论事深刻而切中要害，被许多人所忌恨，而皇帝却奖励他敢于直言，当面赐给他五品官服，对身边侍臣说："像欧阳修这样的人，到哪里寻得到？"

苏轼为民造福

苏轼字子瞻，自号东坡，有时也自称东坡居士。他不但是一位了不起的文学家，而且还是一位忧国忧民的"父母官"。为官期间，他总想造福于民，苏堤就是他在这方面的一个杰作。

苏轼是一个很矛盾的人物。他曾经热心于改革变法，但又对变法的某些方面表示反对；他后来倒向了保守派反对变法，但又对他们的某些倒行逆施不满。比如，变法派实行免役法，是针对保守派坚持的差役法而来的。而苏轼却既指责免役法，又指责差役法。他说："免役之害，掊敛民财，十室九空，敛聚于上而下有钱荒之患；差役之害，民常在官，不得专利于农，而贪吏猾胥得缘为奸。"差役法是让百姓出徭役，结果造成长年在外为官家干活，荒废了农业生产，农民苦不堪言。他也看到了贪官污吏从中为奸，更加重了农民的负担。而免役法是让百姓出钱代替出工，以期解决差役法的这些弊端。但他又指责这是"掊敛民财"，如果让贪官污吏来主持这件事，苏轼说的情况是可能出现的，但它代表不了新法的全部情况。他还说免役法造成了"十室九空"，就夸大了新法的缺点方面。

正因为如此，当变法派得势的时候，他受到排斥；当保守派当权的时候，他又受到迫害。但他在为官的时候，对变法派一些于民有利的措施，还是认真执行的，并且，他总是把百姓的疾苦放在心里。

哲宗元祐四年（1089），苏轼被贬为杭州知州。到任后，便发现这里大旱，"饥疫并作"，百姓出现粮荒和瘟疫。他立即上书朝廷，要求免除本路应上缴的粮食的三分之一，获得批准，减轻了农民的一部分负担。

苏轼说，杭州是一个水陆交汇的地方，因此灾害和瘟疫都比较多。他从自己家中拿出2000缗钱和50两黄金，设立了一个药房，并且还准备一些粮食，专等饥民来求医。

南宋以后，杭州成了一个大都会。而此之前，那里还是很荒凉的。因为那里近海，地下的泉水都是咸苦的。唐朝有一位刺史李泌引西湖水，凿成六口井，百姓才喝到淡水。白居易修白堤，疏浚西湖，引湖水入漕河（即大运河），再从漕河引水灌田千顷。从此，那里的百姓逐渐富裕起来。后来，官府经常疏浚西湖和这里的河道，使这一带保持了富庶。

宋朝开国以后，这里的水利工程逐渐失修，漕河淤塞水浅，3年就得挖一次，不然就无法行船，成了百姓的一项长期负担。西湖浅滩也长满了"葑"，是一种类似茭白的水草，这些水草死后化为泥土，称为"葑田"，使湖面越来越小。据当时统计，这样的"葑田"有"二十五万余丈"，湖面已经所剩无几。当年的六井也差不多淤废了。

为了解决这些问题，苏轼开凿了两条河，让漕河有足够的水以通航运，还修一条大堤挡住海潮，使潮水不再灌入市内，又挖深了六井。最大的工程是在湖中的葑田上取土，造成一条30里长的大堤，一是使湖水加深，扩大了湖面，又在堤上形成一条大道，方便了行人。这就是现在的苏堤，当时被称为"苏公堤"。为了解决水草淤塞，一是让在这里种菱的农民，每年收获后把残根等除尽，再一个是雇人在湖上种菱。

因此，很长一段时间，杭州的百姓几乎家家挂着他的画像，连吃饭的时候也要去祝颂几句。还有人为他修了生祠，就是活着的时候为他修的庙。可见那里的人民对他的感情。

苏轼修了大堤，使西湖免于淤塞。有了西湖，才有了以后天下闻名的杭州和富庶的杭州。如果西湖被淤塞，今天杭州会是什么样子，真难以想象。

人物春秋

澶渊之盟　功不可没——寇准

　　寇准，字平仲，华州下邽人。寇准年少时英俊超迈，通晓《春秋》三传，19岁，参加进士考试。宋太宗选拔人才，多至殿前考问，太年轻的人经常不用。有人教寇准增加年龄，他回答说："我刚开始进取，怎可欺骗皇帝呀？"后来考中，授任大理评事，归州巴东、大名府成安两县县令。每逢定期征收赋役，并不立即出示官府文书，只是把乡里人的姓名贴在县城门口，百姓们都不敢延期。积官升至殿中丞、郓州通判。召试学士院，授为右正言、直史馆，任三司度支推官，转任盐铁判官。正逢朝廷诏令百官谈论政事，寇准极力陈述利弊，太宗更加器重他。升为尚书虞部郎中、枢密院直学士，判吏部东铨。一次在殿中奏事，言语不合皇帝的心意，太宗发怒起身要走，寇准立即拉住太宗的衣服，让他重新坐下，等事情决定后太宗才退下。太宗从此对他倍加赞赏，说："我得寇准，如同唐太宗得到魏徵一样。"

　　淳化二年春，天气大旱，太宗延请近臣询问时政得失，众人都说是自然现象。寇准答道："《洪范》讲天人之间，相互感应，十分灵验；之所以出现严重旱灾，是因为刑政有不公平的地方啊。"太宗发怒，起身回宫。片刻后，又召寇准问有什么不公平的地方，寇准说："请陛下把二府的大臣召来，我马上就说。"太宗下诏召二府大臣入宫，寇准于是说："前不久祖吉、王淮都枉法受贿，祖吉收受的赃物较少却被处死，王淮因为是参知政事王沔的兄弟，所以虽然贪污了自己主管的钱财上千万，只被处以杖刑，并且仍然恢复他的官职，这不是不公平又是什么呢？"太宗责问王沔有无此事，王沔叩头谢罪，于是太宗严厉斥责王沔，并知道寇准可资重用。随即任命寇准为左谏议大夫、枢密副使，又改任同知枢密院事。

寇准与知枢密院事张逊多次在朝中争论政事。有一天，寇准与温仲舒同行，在路上碰到一个疯子迎着他的坐骑直呼太岁。判左金吾王宾与张逊关系极好，张逊指使他揭发这件事情。寇准拉温仲舒做证，张逊则让王宾单独上奏，言辞严厉，并且互相指责对方的缺点。太宗大怒，贬斥张逊，寇准也被罢为青州知州。

太宗很看重寇准，寇准离京赴任后，常常想念他，心中不乐。他对左右大臣说："寇准在青州高兴吗？"大臣回答说："寇准去的是条件好的州郡，应该不会有什么痛苦。"几天后，太宗又重新发问。左右大臣猜想太宗将再次召用寇准，因而对答道："陛下想着寇准，一刻也不能忘怀，听说寇准每天酗酒，不知道是不是也想念陛下。"太宗沉默无语。第二年，召拜寇准为参知政事。

唐末以来，外族民户有在渭南居住的，温仲舒任秦州知州，将他们驱赶到渭北，并且树立堡垒栅栏来限制他们的行动。太宗看了奏疏心中不悦，说："古时羌戎尚杂处伊、洛一带，那些外族人喜欢移动不喜欢安定，一旦调遣，将重新困扰我关中地区了。"寇准说："唐朝的宋羡不奖赏边境战功，终于导致开元年间的太平安宁。边境的武臣求取功劳而招来祸患，深可鉴戒。"太宗于是令寇准出使渭北，安抚那些外族民户，把温仲舒调到凤翔府。

至道元年，加官为给事中。当时太宗在位已久，冯拯等人上奏请求立皇太子，太宗大怒，把他们贬斥到岭南，朝廷内外没有人再敢谈论此事。寇准刚从青州被召回朝廷，入宫拜见，太宗的脚伤厉害，亲自撩起衣服给寇准看，并且说："你来得怎么这样迟缓？"寇准答道："不是陛下亲召，我无法来京师。"太宗说："谁可以继承皇位？"寇准说："陛下为天下选择君主，与妇人、宦官商议，不可以，与近臣商议，也不可以；只能由陛下亲自选择符合天下人心愿的。"太宗低头良久，屏退左右的人说："襄王行吗？"寇准说："知子莫如做父亲的，陛下既然认为可以，希望就此确定下来。"太宗于是以襄王为开封府府尹，改封寿王，立为皇太子。太子拜谒太庙后回宫，京师里的人都欢欣跳跃，说："真是少年天子啊！"太宗听后不高兴，召见寇准对他说："人心这样快就归附太子，想把我放在什么位置？"寇准再拜祝贺道："这真是国家社稷的福分啊！"太宗回宫对后妃们讲，宫中之人都前来祝贺。太宗再次出来，请寇准喝酒，大醉而罢。

至道二年，祭祀南郊，内外官员都晋升官秩。寇准喜欢的人多获得台省清要之官，不喜欢的和不认识的都排在后面进升。彭惟节的官位一直在冯拯之下，冯拯转为虞部员外郎，彭惟节转为屯田员外郎，章奏上面排列官衔，彭惟节还是在冯拯之下。寇准大怒，以政事堂文书警告冯拯不要扰乱朝廷制度。冯拯愤怒，说寇准专权，又上章揭发岭南官吏除拜不公平等几件事。广东转运使康戬也说："吕端、张洎、李昌龄都是寇准引荐的，吕端对他感恩戴德、张洎对他曲意奉承，而李昌龄则畏惧害怕，不敢跟寇准抗争，所以寇准得以随心所欲、破坏朝廷典制。"太宗发怒，寇准刚好正在主持祭祀太庙，太宗把吕端等人召来加以斥责。吕端说："寇准刚愎自用，我们不想多跟他争论，是担心这样会有伤国家体统。"因而再拜请罪。等到寇准入朝应对，太宗跟他讲起冯拯的事情，寇准为自己辩护。太宗说："你在朝廷上争辩，有失执政官的体统。"寇准还是竭力不停地争辩，又拿着中书门下的文书在太宗面前争论是非曲直，太宗更加不高兴，因而叹息道："鼠雀还能知道人意，何况是人呢？"于是罢寇准，让他出任邓州知州。

真宗即位，寇准升为尚书工部侍郎。咸平初年，移为河阳府知府，改任同州知州。咸平三年，到京师朝见，走到阌乡，又移任凤翔府。真宗巡幸大名府，诏寇准前往皇帝住所，升刑部，任代理开封知府。咸平六年，升兵部，任三司使。当时将盐铁、度支、户部三使合为一使，真宗命令寇准裁定制度，于是以六名判官分掌三司事务，繁简这才适中。

真宗早就想任命寇准为宰相，担心他刚毅直率难以独任。景德元年，任命毕士安为参知政事，过了一个月，都被任命为同中书门下平章事，寇准以集贤殿大学士位居毕士安之下。

当时，契丹入侵，派流动的骑兵在深州、祁州一带抢劫掠夺，稍有不利立即退走，往来自如没有斗意。寇准说："这是想让我们习以为常而不加注意。请陛下训练部队任命将领，挑选精锐部队扼守要害之地以防备敌人。"这年冬天，契丹果然大举入侵。告急的文书一夜之间送来5次，寇准全部扣下，照常饮酒说笑。第二天，同僚们告诉真宗，真宗大为惊恐，向寇准责问此事。寇准说："陛下想要了结此事，用不着5天的时间。"于是请真宗驾幸澶州。同僚们都很害怕，想要退下，寇准把他们拦住，让他们等待真宗起驾。真宗认为难以办到，想要回宫。寇准说："陛下回宫则我不能与陛下相见，那大事就完了，请陛下不要回宫，准备起程。"真宗这才商议亲征之事，召集群臣询问方略。

　　不久，契丹包围瀛州，直趋贝州、魏州，朝廷内外震惊恐惧。参知政事王钦若是江南人，请真宗巡幸金陵；陈尧叟是四川人，请求真宗驾幸成都。真宗询问寇准，寇准心知两人打算，却假装不知，说："谁为陛下出的这种计策，罪该处死。如今陛下神明英武，将帅团结一致，如果御驾亲征，敌寇自然会逃走的。不然的话，可以出奇兵打乱敌人的阴谋，坚持防守以使敌军疲乏困顿，以逸待劳，稳操胜券。为什么要抛弃宗庙社稷，巡幸楚、蜀遥远之地，使所到之处人心崩溃，敌人乘势长驱深入，天下还能保得住吗？"于是请求真宗巡幸澶州。

　　到了澶州，契丹兵势正盛，众人请真宗停下来暗观战斗形势。寇准坚决请求道："陛下如果不渡过黄河，那么人心危急，敌军士气则没有受到震慑，这不是树立神威、争取胜利的做法。况且王超率领精兵屯驻在中山府以扼制敌人的咽喉部位，李继隆、石保吉分兵布阵以扼制敌人的左右肘臂，各地征战镇守的部队每天都有赶来援助的，为什么还有顾忌而不敢进呢？"众人都很畏惧，寇准力争，事情决定不下来。出来在照壁间碰到高琼，寇准对他说："太尉你蒙受国恩，今天应用来回报。"高琼答道："我是一介武夫，愿以死效国。"寇准再次进去奏对，高琼跟随其后站在庭下，寇准厉声说道："陛下对我的话不以为然，何不试着问问高琼等人。"高琼随即抬头奏道："寇准的话是对的。"寇准说："机不可失，陛下应当赶紧起驾。"高琼随即指挥卫士把御辇搬了进来，真宗于是渡过黄河，来到北城门楼，远近将士看见皇帝御盖，欢呼雀跃。契丹人面面相觑，惊愕惶恐，队列难成。

　　真宗将军务全部委托给寇准，寇准秉承皇帝的旨意，专心决断，士兵喜悦。敌军骑兵几千人乘胜进逼城下，真宗诏令士兵迎战，杀敌大半，敌骑这才撤退。真宗回行宫，留寇准在城上，慢慢派人去看寇准在干什么，寇准正和杨亿饮酒赌博，唱歌说笑，欢快呼叫。真宗高兴地说道："寇准这样，我还有什么可担心的呢？"相持10多天，契丹统军萧挞览出阵督战。当时威虎军军头张环守着床子弩，按弩发射，箭射中萧挞览前额，萧挞览死后，契丹暗中送来书信，请求结盟。寇准不答应，而契丹使者请和的态度更加坚决，真宗将要答应他。寇准想让契丹使者向宋称臣，并且献来幽州之地。真宗对打仗已经厌倦，只想把契丹笼络住、不断绝关系而已。有人诬陷寇准利用打仗以自重，寇准不得已答应契丹使者的请求。真宗派曹利用到契丹军营中商讨岁币之事，说："数目在百万以下都可以答应。"寇准把曹利用召到帐篷里，对他说："虽然有皇帝的敕令，你所答应的数目不准超过30万，超过30万，我杀了你。"

曹利用到达契丹军营，果然以 30 万订立和约归来。河北停止用兵，都是寇准出的力。

寇准当宰相，用人不按官位次序，同僚们很不高兴。几天后，又要选授官职，同僚让堂吏持着条例文书而进。寇准说："宰相的职责在于进用贤人、罢黜不肖之徒，假如按照条例，只不过是堂吏的职能罢了。"景德二年，加授寇准为中书侍郎兼工部尚书。寇准对自己在澶渊之盟中的功劳十分自傲，真宗也因此对他十分优待。王钦若非常嫉妒。一天会朝，寇准先退，真宗目送他离去，王钦若趁机进奏道："陛下敬重寇准，是因为他对国家有功吗？"真宗说："是的。"王钦若说："澶渊之战，陛下不以为耻辱，反而认为寇准有功于社稷，为什么呢？"真宗吃惊道："这是什么缘故？"王钦若说："敌军兵临城下而被迫订立盟约，《春秋》认为这是耻辱；澶渊之举，就是城下之盟啊，以陛下至高无上的尊贵而签订城下之盟，还有什么耻辱能与之相比呢？"真宗脸色大变，很不高兴。王钦若又说："陛下听说过赌博吗？赌博的人钱快输光了，于是把自己的所有财物都拿出来，称为孤注。陛下成了寇准赌博的孤注，这也太危险了。"

从此真宗对寇准的礼遇日渐减少。第二年，罢寇准为刑部尚书、陕州知州，于是任命王旦为宰相。真宗对王旦说："寇准用官职许诺给别人，把它看作是自己的恩赐。等你做了宰相，一定要引以为戒。"跟随真宗封禅泰山，升为户部尚书、知天雄军。真宗祭祀汾阴，任命寇准为提举贝、德、博、洛、滨、棣巡检捉贼公事，升兵部尚书，入判尚书省。真宗巡幸亳州，命寇准权东京留守，任枢密使、同平章事。

林特任三司使，因河北每年所交纳的绢帛空缺，催得很急。而寇准向来不喜林特，极力支持河北转运使李士衡，并且讲在魏州时曾进交河北绢 5 万匹而三司不接收，所以才出现空缺。但京师每年要消耗绢百万匹，寇准所助交的才 5 万匹。真宗不高兴，对王旦说："寇准刚强愤激的性格如同往前。"王旦说："寇准喜欢别人记住他的好处，又想让别人害怕他，这都是大臣应当回避的；而寇准却专门这样做，这是他的缺点。"不久，罢寇准为武胜军节度使、同平章事、判河南府。又移任永兴军。

天禧元年，寇准改任山南东道节度使，当时巡检官朱能协同内侍都知周怀政伪造天书，真宗向王旦询问此事。王旦说："当初不相信天书的是寇准。如今天书降下，必须让寇准呈上来。"寇准跟着进呈天书，朝廷内外都觉不对。于是拜寇准为中书侍郎兼吏部尚书、同平章事、景灵宫使。

　　天禧三年，祭祀南郊，寇准升为尚书右仆射、集贤殿大学士。当时真宗得了中风，刘太后在宫内参与大政，寇准密奏道："皇太子是人心所向，希望陛下以宗庙社稷为重，把皇位传给他，选择正派的大臣辅佐他。丁谓、钱惟演，都是巧言谄媚之徒，不能让他们辅佐太子。"真宗深以为然。寇准暗中命令翰林学士杨亿起草奏章，请求皇太子监国，并且想拉杨亿共同辅政。随后图谋败露，寇准被罢为太子太傅，封莱国公。当时周怀政坐卧不安，担心获罪，于是阴谋杀害大臣，请求停止刘皇后参与政事，奉真宗为太上皇，把帝位传给太子，并且重新任命寇准为宰相。客省使杨崇勋等人将此事告诉丁谓，丁谓穿便服、乘牛车连夜去找曹利用商议对策，次日将此事上报朝廷。于是处死周怀政，寇准被降为太常卿、相州知州，移安州，又贬为道州司马。真宗起初并不知晓，几天后，问左右大臣说："我好久没有看到寇准，这是怎么回事？"左右大臣都不敢回答。真宗去世时也讲只有寇准和李迪可以托付大事，对寇准重视和信任到这种程度。

　　乾兴元年，寇准再被贬为雷州司户参军。当初，丁谓出于寇准门下而当上参知政事，侍奉寇准十分谨慎。一次在政事堂会餐，饭羹沾污了寇准的胡须，丁谓起身，慢慢为寇准拂拭干净，寇准笑道："参知政事是国家重臣，怎么替长官拂起胡子来啦？"丁谓十分羞愧，于是对寇准倾轧排挤得越来越厉害。等到寇准被贬没有多长时间，丁谓也被流放到南方，经过雷州时，寇准派人带了一只蒸羊在境上迎接。丁谓想见寇准，寇准拒绝。听说家僮想要趁机报仇，寇准就把家门关上，让他们纵情赌博，不让他们出去，等丁谓走远了，方才停止。

　　仁宗天圣元年，移任衡州司马。当初，太宗曾获得通天犀，命工匠做成两条腰带，一条赐给寇准。这时，寇准派人从洛中取回来，几天之后，寇准沐浴全身，穿上官服和腰带，向北方跪拜两次，喊左右仆人搬好床具，躺在床上去世。

　　起初，张咏在成都，听说寇准入朝当了宰相，对自己的部属说："寇公是个奇才，可惜学问不够。"等寇准出任陕州知州，张咏刚好从成都离任归来，寇准精心安置供帐，盛情招待张咏。张咏将离，寇准把他送到郊外，问道："您以什么来教导我呢？"张咏慢慢说道："《霍光传》不可不读啊。"寇准不明其含义，回来后取出《霍光传》阅读，读到"不学无术"，寇准笑道："张公在说我呢！"

　　寇准年轻就已经富贵，性格豪爽奢侈，喜欢狂饮，每次宴请宾客，都关上门户，卸下车马，尽欢而散。家里从来没有点过油灯，即使是厨房厕所，也必定燃用蜡烛。

在雷州一年多。去世之后，衡州的任命才到，于是归葬西京。过荆南公安时，县里百姓都在路边设祭哀哭，把竹枝折断插在地上，挂满纸钱，过了一月再看，枯竹都生出了新笋。众人因而为寇准建立庙宇，每年供奉。寇准没有儿子，以侄儿寇随为继承人。寇准死后11年，朝廷恢复他为太子太傅，赠中书令、莱国公，以后又赐谥号为"忠愍"。皇祐四年，诏翰林学士孙抃撰写神道碑，仁宗亲自书写篆首，为"旌忠"。

《辽史》

《辽史》概论

《辽史》116卷，元朝脱脱奉敕修撰。其中包括本纪30卷，志32卷，表8卷，列传45卷，另附国语解一卷。它是研究辽代历史的最基本也是最重要的史料。

一

辽朝是契丹族10世纪初到12世纪初在中国东北建立的王朝，它在我国历史的发展过程中占有重要的地位。契丹族从四五世纪出现在历史舞台上就受到汉族先进文明的影响和熏陶，显露汉化趋势。在长期与汉族的交往中，逐渐接受了汉文化。据史籍记载，辽王朝的建立者耶律阿保机从不自外于中国，重用汉族知识分子，不失时机地发展契丹政治、经济和文化事业。在学习和接受汉族文明的过程中，辽朝统治者也曾效法前代中原汉族王朝，设置修史机构，指定专人修史，以《起居注》《日历》《实录》的形式记载辽朝统治者的言行和辽朝的重大事件。辽兴宗时的萧韩家奴、耶律良和辽道宗时的不撷、忽突董都曾担任修撰起居注的工作。辽代先后进行了4次较大规模纂修进呈《实录》的工作。第一次纂修在圣宗统和九年（991），枢密使、监修国史室昉与翰林学士邢抱朴承旨同修《统和实录》20卷。第二次纂修在兴宗重熙十三年（1044），前南院大王耶律谷欲、翰林都牙耶律庶成、翰林都牙兼修国史萧韩家奴编辑自遥辇可汗以来到重熙年间的事迹，成《先朝事迹》20卷。第三次是道宗大安元年（1085），史臣进呈太祖以下七帝实录。第四次是天祚帝乾统三年（1103），监修国史耶律俨纂修太祖诸帝实录共70卷。

元朝建立后，不断有人向统治者建议修辽、金、宋三史。中统二年（1261）七月，翰林学士承旨王鹗向元世祖忽必烈建议修辽、金两史，并推荐辽皇族后代左丞相耶律铸和汉族文臣平章政事王文统监修辽、金史。当时戎马侘傺，忽必烈心有余而力不足。3年之后，王鹗再次提出设局纂修本朝实录，并附修辽、金两史。忽必烈接受了这一建议，并部分付诸实行，但仍然没有结果。元朝灭亡南宋后，在半个多世纪里又曾3次下诏修纂宋史、辽史、金史。但因正统问题争论不休，迟迟未能进行。直到元朝最后一个皇帝顺帝至正三年（1343），才正式开局纂修。中书右丞相脱脱为都总裁，总裁官有欧阳玄、张起岩、吕思诚、揭傒斯等。脱脱确定三史各为正统，各系其年号，使这一争论很久的问题得到了解决。至正四年（1344）三月，《辽史》完成，是三史中最先成书的一部，前后费时不到一年，由廉惠山海牙、王沂、徐昺、陈绎曾4人分撰。

脱脱作为丞相，实行重用儒臣的开明政策，为三史修纂创造了良好的外部环境，尤其是他确立的编纂义例和方针对顺利修纂三史起了决定性的作用。金朝编修辽史时，曾就金朝继承哪一朝帝统问题，是继唐，还是继辽、宋，引起过几次论争，问题没有解决。元朝是继哪朝帝统更为复杂。有人认为宋为正统，辽、金为割据。有人认为，辽自唐末占据北方，与五代、北宋相次而终，当为北史；宋继周统，至靖康之变，当为宋史；金破辽灭宋，据有中原，当为北史；建炎以后则当为南宋史。在争论不决、阻碍修史的情况下，脱脱断然决定三史各为正统、各系其年号，平息了这场旷日持久的争论。脱脱为组织史官、提供经费也做出了很大的贡献。

《辽史》的编撰，大体上是由史官撰成初稿，然后进呈总裁，由总裁笔削裁定。因而总裁在修纂《辽史》中有着重要作用。欧阳玄、揭傒斯、张起岩都是元代的著名学者，熟悉历史典故，精通儒学经典。欧阳玄订立三史凡例，作为撰写初稿者的写作依据，不公正处亲笔改定，并且亲笔撰写三史中的论、赞、表、奏。揭傒斯强调修史以用人为本，重视史法和史意，在三史编纂中，毅然以笔削自任。政事得失、人才贤否必定求得公正。张起岩对初稿中立言未当之处，总是据理改定。吕思诚除参加《辽史》等三史的编修外，还总裁后妃、功臣传，荟萃《六条政类》。铁木儿塔识、贺惟一（后改名太平）两位总裁在《辽史》修纂中也起过重要作用。

二

《辽史》所以能在不到一年的时间里修撰成功，除了有一个较为完善的写作班子外，更主要的是利用了辽代耶律俨编纂的国史和金代陈大任编纂但未最后完成的《辽史》。其中耶律俨的著作《辽实录》是后来金修《辽史》的基础，是元修《辽史》引证最多的著作之一。陈大任的《辽史》也是元修《辽史》的重要依据。

除了上述两书外，元修《辽史》还大量采用了南宋人叶隆礼的《契丹国志》。这本书不同于耶律俨的《辽实录》和陈大任的《辽史》依据实录撰成，而是宋朝方面当时所存有关契丹材料的总汇。元修《辽史》天祚帝纪及其相关传多采自《契丹国志》。元修《辽史》利用过的其他史料，有《资治通鉴》、前朝各史《契丹传》、辽朝修的《辽朝杂礼》、宋人王曾的《上契丹事》、刁约的《使辽诗》等，还有高丽的著作《大辽事迹》《大辽古今录》等。值得指出的是由于耶律俨《实录》和陈大任《辽史》早已失传，这两部著作中的许多原始资料赖《辽史》一书得以保存，因而元修《辽史》作为现存唯一的一部比较系统、完整地记载辽朝历史的史籍，自然有着不可低估的史料价值和历史地位。

此外，《辽史》不仅有纪传，还立有不少志、表，这些志、表有的是其他正史中所没有的。如《营卫志》就是《辽史》所独有，其中保存了契丹早期的宫帐《斡鲁朵》、捺钵（行营）及部族的组织与历史等重要史料。有些志的内容安排也很有特色。如《仪卫志》中舆服内容分为"国舆"和"汉舆""国服"与"汉服"，仪仗分为"国仗""渤海仗""汉仗"等，不但记述契丹早期的车舆、服饰和仪仗等制度，同时对后来采用汉制辇舆和服饰、仪仗的时间、规格、形制等方面都有所论述。《礼志》分载契丹族与汉族礼仪；《百官志》分纪北、南面官制，在内容上也都有自己的特色，是研究辽朝历史的重要资料。在天祚帝纪后面，还附有耶律大石的西征及西辽建国的材料，这是汉文资料关于西辽的珍贵文献，是学界研究古辽史的重要资料。《辽史》中的表立得很多，有世表、部族表、属国表、皇子表、公主表、皇族表、外戚表、游幸表等，篇幅约占全书的六分之一。

《辽史》以实录为凭，记事大体上无所粉饰，尤其是在记述宋、辽关系时，拿《辽史》与《宋史》互相参照，往往有利于弄清《宋史》所讳史实的真相，就是说《辽史》的记载往往更接近历史真实。

由于参考资料有限，加之成书时间仓促，《辽史》有许多不足之处，几百年来一直受到研究者的指责和批评。首先是其记事过于简略，以至出现史实错误或漏载了许多修史所必不可少的重要内容。立国建号是非常重要的历史事件，辽自建国以后，曾多次改变国号，先称契，后称大辽，后又称大契丹，尔后复称大辽。如此重要的史实，《辽史》却失于记载，不能不说是一个极大的疏漏。辽立国时间很长，元修《辽史》共116卷，从卷数看为《宋史》的五分之一强，但每卷的分量很少，全书只有47万字，仅相当于《宋史》的十分之一。在如此有限的篇幅中，内容重复的地方也很多，这样也就难免不出现叙事的疏漏。其次是《辽史》各部分内容互相矛盾。如耶律余睹立晋王事，《天祚纪》及《萧奉先传》《耶律余睹传》以为是萧奉先诬陷，《晋王传》《皇子表》则以为是事实。《兵卫志》载永昌宫正户1400，而《营卫志》则载永昌宫正户8000，二者当有一误。书中还有一人两传的情况。《辽史》中契丹人的姓名是用汉字书写的契丹语音，由于所用汉字极不统一，且名、字杂见，出现混乱现象。第三是错误百出。元修《辽史》过于草率，错误之处比比皆是，有纪年错误，有史实错误，有的错误是沿袭所据资料而失于考证造成的，有的则是编修者妄改的结果。

《辽史》尽管有上述种种不足之处，但辽、金两朝所修辽史均已失传，辽代其他文献保存下来的也很少，因此，它成了现存最早最完整的一部辽代史书，是后人研究辽代历史的最基本的史籍。

《辽史》在元代只印了100部，此印本今已失传。元末明初另有翻刻本。明初修《永乐大典》所引《辽史》很可能是元至正五年的最初刻本。明代有南监本、北监本。清代有乾隆殿本、四库本、道光殿本。20世纪30年代商务印书馆用几种元末明初的翻刻本残本拼成百衲本。1974年，中华书局以百衲本为基础，采用各种版本进行参校，改错补漏，刊出新标点本，是目前最好的版本。

三

《辽史》全书按纪、志、表、传编排，是一部按传统方法纂修的纪传体史书。本纪和列传是全书的主要内容。本纪是从开国皇帝太祖耶律阿保机到天祚皇帝耶律延禧，共9帝，计30卷，《辽史》本纪所占的比重，超过了金、宋两史。《辽史》本纪以内容的多少来安排卷数，太祖本纪两卷，太宗本纪两卷，世宗本纪一卷，穆宗本纪两卷，景宗本纪两卷，圣宗本纪8卷，兴宗本纪3卷，道宗本纪6卷，天祚皇帝本纪4卷。《辽史》本记述了辽朝九帝的历史事迹和整个朝代的重大事件，在《辽史》中占有首要地位。

辽太祖耶律阿保机，在位20年，于10世纪初统一契丹八部，控制邻近女真、室韦等族。任用汉人韩延徽等，改革习俗，建筑城郭，创造契丹文字，发展农业和商业，推进契丹族封建化进程。916年称帝，建年号。攻取营、平等州，又于926年攻灭渤海。阿保机称帝后，积极加强政权建设，巩固统一国家。他仿照汉制，立长子耶律倍为皇太子，确立了世袭皇权，初步奠定了因俗而治的南面官、北面官制度。又建立军队、制定法律，使国家政权粗具规模。在经济上，他开拓经济领域，使契丹向农牧经济和定居生活转变。他还注意发展文化事业，缩短契丹与中原的距离，要求契丹贵族学习汉族文字和文化，对儒学、佛教、道教采取兼收并蓄的态度，随着汉化的加深，契丹统治下的各族人民与中原汉族人民更加接近。他在位时十分重视人才，尤其是汉族知识分子，康默记、韩延徽、韩知古等都受到重用，有力地促进了这一时期的民族融合。这就是辽太祖本纪提供给我们的印象。

辽太宗耶律德光是辽朝的第二代皇帝，在位时间长达20年。统治期间奖励耕织，继续强化政权建设。936年，他借后唐叛将石敬瑭求援之机，立石敬瑭为晋帝，取得燕云十六州。后来宋朝为了收复这大片失地，与辽朝多次发生战争，对双方社会发展都产生了重大影响。辽朝经过长期的扩张，领土不断扩大，东至大海，西至金山，北至胪朐河，南至白沟，幅员万里。这时辽政权已走上封建化道路，境内人民，大致可以分为以农业为主的汉人和渤海人以及以畜牧业为主的契丹、奚族人民。为了适应这些不同的民族和不同的生产方式，辽太宗取得燕云十六州后，在中央设置南面官和北面官的双轨统治机构。南面官仿照汉制统治汉人及渤海人，杂用汉族地主知识分子和契丹贵族；北面官以辽朝旧制统治契丹族和其他少数民族的人民，任用契丹贵族。辽太宗统治的末年，南下灭亡了后晋。《辽太宗本纪》叙述了这段在契丹发展史上占有重要地位的历史。

《辽史》本纪是全书的提纲，比较完整和系统地记载了辽朝200多年的发展脉络。在太祖本纪中叙述了契丹族的兴起，他的祖父匀德实开始教民种耕，发展畜牧业，他的父亲撒剌的开始铁冶，教民铸造，始兴版筑，设置城邑，教民种植桑麻，学习织编技术。经过太祖、太宗时的封建化过程，辽朝国力不断强盛，与许多民族、国家、地区建立了经济的和文化的联系。本纪中篇幅最长的是圣宗本纪，突出地反映了辽宋之间多年的征战与讲和，如对澶渊之盟等重大事件都有较详的记载。天祚帝纪记叙了辽朝被金灭亡的过程，还简述了耶律大石率族众西征，在中亚建立西辽的始末。通过本纪集中反映了辽朝由弱到强、由盛转衰的历史过程。

列传和本纪构成了辽史的纵横面貌。列传成为本纪的重要补充。有些内容虽属简略，但可补充本纪的不足。《辽史》列传的原则和体例鲜明，分后妃、宗室、外戚、群臣等类型入传，大臣有大功者，虽父子也分别列传。其余以类相从，或数人共一传，为国捐身者都可立传，不须避忌。《辽史》列传相对来说显得单薄，45卷中除上述后妃、宗室、外戚、勋臣之外，还有文学列传两卷，能吏列传一卷，卓行列传一卷，列女列传一卷，方技列传一卷，伶官宦官列传一卷，奸臣列传两卷，逆臣列传3卷，二国外记一卷。

契丹族建立的辽朝在太祖耶律阿保机和太宗耶律德光统治时期，强化皇权统治，不断向南掳掠，得到燕云十六州地面后，进一步采取因俗而治的政治制度，"以国制治契丹，以汉制待汉人"，发展契丹民族的经济和文化，辽朝在逐渐脱离野蛮，向封建文明迈进。但是继立的世宗和穆宗没能在此基础上积极进取，辽朝统治开始出现衰落的景象，统治阶级内部矛盾日益加深，社会矛盾也不断恶化，统治危机已经形成。扭转这种不利的被动局面，继续推进契丹封建化进程，不仅需要一个相对统一和安定的政治环境和社会局面，更需要一位锐意改革和强有力的执政集团。承天皇太后（萧太后）和辽圣宗以及耶律隆运（韩德让）、耶律斜轸、室昉等人就是适应这种形势需要出现的杰出历史人物。萧太后是景宗的皇后，景宗死后，她在耶律斜轸和耶律隆运等人的参决下，立其长子耶律隆绪继皇帝位。在统治仍不很稳定的情况下，萧太后紧紧依靠耶律斜轸、耶律隆运等蕃汉大臣，在政治、经济、军事等方面实行了一系列旨在加强和巩固辽朝统治的改革措施，迅速改变了政局不稳的局面，开创了辽朝统治的全盛时代，对契丹的历史发展产生了深远的影响。阅读上述各人传记，对了解圣宗统治的近半个世纪的辉煌历史必将有极大的帮助。

政　略

君臣论军国之务

九月壬寅，次赤山[①]，宴从臣，问军国要务，对曰："军国之务，爱民为本。民富则兵足，兵足则国强。"上以为然。

（《辽史》卷四，太宗本纪）

【注释】

①赤山：山名，在今辽宁省境内。

【译文】

辽太宗会同八年九月壬寅之日，太宗率兵驻扎在赤山，宴请随行大臣，并问他们什么是治理军国的根本。大臣回答说："治军治国的事务中，爱民是根本。人民富裕了，兵力就充足，兵力充足则国家富强。"辽太宗认为说得对。

穆宗诏令求谏

十二月丁巳，诏大臣曰："有罪者，法当刑。朕或肆怒，滥及无辜，卿等切谏，无或面从。"辛巳，还上京[①]。

（《辽史》卷六，穆宗本纪）

【注释】

①上京：地名，在今内蒙古昭乌达盟巴林左旗。

【译文】

辽穆宗应历七年十二月丁巳日，辽穆宗诏令大臣们说："犯有罪行的人，应该按照法律判刑。我有时随意动怒，对无罪的人滥施刑法，你们应该对我直言规劝，不要当着我的面附和我。"辛巳日，回到了上京。

辽太祖即位记

太祖为于越①，秉国政，欲命曷鲁为迭剌部夷离堇②。辞曰："贼在君侧，未敢远去。"太祖讨黑车子室韦③，幽州刘仁恭遣养子赵霸率众来救。曷鲁伏兵桃山，俟霸众过半而要④之；与太祖合击，斩获甚众，遂降室韦。太祖会李克用于云州，时曷鲁侍，克用顾而壮之曰："伟男子为谁？"太祖曰："吾族曷鲁也。"

会遥辇痕德堇可汗⑤殁，群臣奉遗命请立太祖。太祖辞曰："昔吾祖夷离堇雅里⑥尝以不当立而辞，今若等复为是言，何欤？"曷鲁进曰："曩吾祖之辞，遗命弗及，符瑞⑦未见，第为国人所推戴耳。今先君言犹在耳，天人所与，若合符契。天不可逆，人不可拂，而君命不可违也。"太祖曰："遗命固然，汝焉知天道？"曷鲁曰："闻于越之生也，神光属⑧天，异香盈幄，梦受神诲，龙锡⑨金佩。天道无私，必应有德。我国削弱，畸龊⑩于邻部日久，以故天生圣人以兴起之。可汗知天意，故有是命。且遥辇九营棋布，非无可立者；小大臣民属心于越，天也。昔者于越伯父释鲁⑪尝曰：'吾犹蛇，儿犹龙也。'天时人事，几不可失。"太祖犹未许。是夜，独召曷鲁责曰："众以遗命迫我，汝不明吾心，而亦偾随耶？"曷鲁曰："在昔夷离堇雅里虽推戴者众，辞之，而立阻午为可汗。相传十余世，君臣之分乱，纪纲之统隳。委质⑫他国，若缀斿⑬然。羽檄蠭午⑭，民疲奔命。兴王之运，实在今日。应天顺人，以答顾命，不可失也。"太祖乃许。明日，即皇帝位，命曷鲁总军国事。

（《辽史》卷七十三，耶律曷鲁传）

【注释】

①"太祖"句：太祖，指辽太祖耶律阿保机（872—926 年），为辽王朝的创建者。于越，官名，辽始置，为有功之臣的最高荣衔。

②"欲命"句：曷鲁，即耶律曷鲁（872—918 年），辽初大臣。迭剌部，辽时契丹族部落之一。夷离堇，官名，掌管兵马。

③黑车子室韦：古代部族名。

④要：腰击也。

⑤遥辇痕德堇可汗：遥辇，为契丹族第二个永久性部落联盟，建于 8 世纪 30 年代，存在 170 多年之久。痕德堇，人名。可汗，我国古代契丹、蒙古等少数民族的最高首领。

⑥夷离堇雅里：夷离堇，官名。雅里，人名。

⑦符瑞：祥瑞的征兆，犹言吉兆。

⑧属：连也。

⑨锡：赐也。

⑩齮龀（yǐ chèn）：用侧齿啮咬。引申为毁伤。

⑪释鲁：即耶律释鲁，曾为契丹族军事首长，后被其子谋杀。

⑫委质：谓人臣拜见人君时，屈膝而委体于地。后也用来表示归顺之意。

⑬缀旒（liú）：垂挂的玉串。旒，古代帝王、诸侯冠冕前后垂悬的玉串。此喻指附庸地位。

⑭羽檄蠭（féng）午：羽檄，军事文书，插羽毛以示紧急。蠭午，纷然并起貌。

【译文】

辽太祖做了于越官，掌握国家政权，准备任命耶律曷鲁为迭剌部的夷离堇。曷鲁推辞说："有贼人在您的身旁，我不能离您而去。"太祖讨伐黑车子室韦，幽州的刘仁恭派遣自己的养子赵霸率兵来援救室韦。曷鲁在桃山埋下伏兵，等到赵霸的队伍过去一半时，便拦腰截击；后与太祖的部队共同攻击赵霸兵，斩杀、俘虏了很多人，最后室韦投了降。太祖与李克用相会于云州，当时由曷鲁陪伴，李克用见了曷鲁，夸奖说："这位伟男子是谁？"太祖回答说："是我族的耶律曷鲁。"

后来碰上遥辇部落的痕德堇可汗去世，文武百官遵照可汗的遗嘱，迎立太祖为皇帝。太祖推辞说："从前，我们的祖先夷离堇雅里曾因为不应当被立为皇帝而拒绝即位，现在你们又提出让我这个不当立的人即位，这是为什么呢？"曷鲁进言说："从前，我们的祖先雅里拒绝称帝，是因为先王没有留下立他为帝的遗嘱，也没有见上天显出吉兆，而只是受国人推崇、拥戴罢了。现在，死去的可汗言犹在耳，上天和众人立您为君的意愿，十分相符。对上天不可违抗，对众人也不能违犯，而对先君留下的遗命更不能不照办。"太祖说："先君留下的遗命本来很正确，但你哪里知道天意呢？"曷鲁说："我听说您出生的时候，神异的光彩布满了天空，奇异的香气充满了帐幄，做梦时受到了神灵的指点，得到了龙赐的金佩。天道是无私的，一定要显出种种吉兆以与人的德行相应。我们的国家势力衰弱，受邻近部落欺压已很长时间了，因此，上天降生圣人来振兴我国。死去的可汗了解天意，所以才留下立您为君的遗命。况且遥辇部落的帐族星罗棋布，并不是没有可被立为帝王的人，只是臣民上下都倾心于您，这就是天意。过去，您的伯父释鲁曾说：'我就像一条蛇，侄儿就像一条龙。'天时人事，机不可失。"太祖还是没有答应。这天晚上，太祖单独召见了曷鲁，责备他说："众人都拿先君的遗命逼迫我，你也不明白我的心思，还与众人一唱一和！"曷鲁说："从前，夷离董雅里虽然得到了众人的推崇、拥戴，但他还是拒绝即帝位，而立阻午为可汗。相传了10余代以后，君臣的职守都已混乱，纲常礼义都已毁坏。只有依附别的国家，就像冠冕上缀挂的玉饰一样。战争频繁，百姓疲于奔命。拥立君王的时机，实在今日。您应当顺应天人，以实行可汗临终时的遗命，不可失去这次机会。"太祖听后，便答应了。第二天，太祖登上了皇帝的位置，便令曷鲁总管军国大事。

罗衣轻巧谏兴宗

上①尝与太弟重元狎昵，宴酣，许以千秋万岁后传位。重元喜甚，骄纵不法。又因双陆②，赌以居民城邑，帝屡不竞③，前后已偿数城。重元既恃梁孝王④之宠，又多郑叔段⑤之过，朝臣无敢言者，道路以目。一日复博，罗衣轻⑥指其局曰："双陆休痴，和你都输去也。"帝始悟，不复戏。

（《辽史》卷一百九，罗衣轻传）

【注释】

①上：此指辽兴宗耶律宗真。

②双陆：古代的一种掷骰行棋的赌博游戏，又称双六。

③竞：犹言"胜"也。

④梁孝王：即西汉文帝之子刘武，初封代王、淮阳王，后为梁王，在七国叛乱中，拒吴楚有功，深得文帝及窦太后宠幸。

⑤郑叔段：春秋时郑国武公之子，郑庄公之弟。为了争夺君位，郑叔段曾在母亲武姜的唆使下阴谋发动叛乱，后被郑庄公镇压。

⑥罗衣轻：人名，辽伶官，为人滑稽通变。

【译文】

辽兴宗与弟弟耶律重元的关系曾经很亲密。一次，喝酒喝得正来劲时，兴宗许愿说自己死后要把皇位传给耶律重元。耶律重元很高兴，便骄横放肆，无法无天。兴宗又与耶律重元玩双陆，把居民城镇作赌注。兴宗每赌必输，前后已赔进了几个城镇。耶律重元凭着像西汉梁孝王那样所受的宠信，又有很多像春秋时郑叔段那样的罪过，朝中的大臣们都不敢讲真话，只能在道路上以目相视表示愤慨。一天，兴宗又赌博，罗衣轻指着双陆棋盘说："双陆，你再别犯痴了，赌博连你自己都快输掉了！"兴宗有所醒悟，就不再玩双陆博戏了。

御 人

石敬瑭取媚异主

晋帝^①辞归，上^②与宴饮。酒酣，执手约为父子。以白貂裘一、厩马^③二十、战马千二百饯之。命迪离毕^④将五千骑送入洛。临别，谓之曰："朕留此，候乱定乃还耳。"……辛巳，晋帝至河阳^⑤，李从珂^⑥穷蹙，召人皇王倍^⑦同死，不从，遣人杀之，乃举族自焚。诏收其士卒战殁者瘞之汾水^⑧上，以为京观^⑨。晋命桑维翰为文，纪上功德。

（《辽史》卷二，太祖本纪；卷三，太宗本纪）

《辽史》

【注释】

①晋帝：这里指石敬瑭（892—942 年）。

②上：这里指辽太宗耶律德光。

③厩（jiù）马：养于马棚中的马。

④迪离毕：辽国战将。

⑤河阳：县名，今河南省孟州市。

⑥李从珂：原为后唐将领，936 年，起兵攻陷洛阳，夺取了帝位。936 年，石敬瑭统兵攻之，后兵败自焚。

⑦人皇王倍：即辽太祖耶律阿保机长子耶律倍（899—936 年）。926 年，被立为东丹王，人称"人皇王"。李从珂起兵篡位后，倍极力反对之。

⑧汾水：水名，为黄河支流，源出山西宁武县，南流曲沃县西折，在孟津县入黄河。

⑨京观：古代战争，胜者为了炫耀武功，收集敌人尸体，封土成高冢，称为京观。

【译文】

晋帝石敬瑭准备告辞回府，辽太宗设宴和他饮酒。酒喝得兴起时，石敬瑭拉着太宗的手，拜太宗为父。太宗便以一件白色貂皮衣服、20匹厩马、1200匹战马给他作送别的礼物。又命令迪离毕率领5000骑兵送他回洛阳。临别之时，石敬瑭对迪离毕说："我就停留在这儿，等叛乱平定后再回辽国。"辛巳日，晋帝石敬瑭到了河阳，李从珂兵败走投无路，便派人去召耶律倍来一同自杀。耶律倍不同意，李从珂派人将他杀害了，于是和全家族的人一起自焚而死。太宗下令收集战死的李从珂士兵的尸体，将其埋葬在汾水之上，形成了一座高大的坟墓。晋帝石敬瑭命令桑维翰写文章，来记载辽太宗的功德。

耶律忠贞　太祖起疑

（耶律）古，字涅剌昆，初名霞马葛。太祖为于越①，尝从略地山右②。会李克用于云州③，古侍，克用异之曰："是儿骨相非常，不宜使在左右。"以故太祖颇忌之。时方西讨，诸弟乱作，闻变，太祖问古与否，曰无。喜曰："吾无患矣！"趣召古议。古陈殄灭之策，后皆如言，以故锡赉甚厚。

神册④末，南伐，以古佐右皮室详稳老古⑤，与唐兵战于云碧店。老古中流矢，伤甚，太祖疑古阴害之。古知上意，跪曰："陛下疑臣耻居老古麾下耶？及今老古在，请遣使问之。"太祖使问老古，对曰："臣于古无可疑者。"上意乃释。老古卒，遂以古为右皮室详稳。

既卒，太祖谓左右曰："古死，犹长松自倒，非吾伐之也。"

（《辽史》卷七十五，耶律古传）

【注释】

①太祖为于越：太祖，即辽太祖耶律阿保机。于越，官名，为有功之臣的最高荣衔。

②"尝从"句：略地，巡视边境也。山右，指今山西省一带。

③云州：今山西省大同市。

④神册：辽太祖年号。

⑤"以古"句：右皮室，军队名号。辽太祖以行营为宫，选各部豪健者置腹心部（机构名），号皮室军；辽太宗又扩充至30万人，分南、北、左、右皮室等名号，其实际上是御卫亲军。详稳，官名，为官府监治长官。

【译文】

耶律古，字涅剌昆，初名为霞马葛。辽太祖做了于越后，耶律古曾跟随太祖巡视山右边境。太祖与李克用在云州相会时，耶律古作陪。李克用见了耶律古，很惊奇，对太祖说："这人骨相非同一般，不能把他放身边使用。"因此，太祖十分猜忌耶律古。当时正逢出兵西征，诸弟之乱又起，太祖闻知事变，就打听耶律古是否参与了叛乱，回答说没有。太祖高兴地说："我不用担心了！"马上召见耶律古商量对策。耶律古陈说了消除叛乱的计策，后来的情况果如其言。因此，太祖对他赏赐十分丰厚。

神册末年，南伐后唐，太祖让耶律古辅助右皮室详稳老古领兵作战。在云碧店，与后唐兵交战。老古被流箭射中，伤势很重。太祖怀疑这是耶律古暗害老古。耶律古知道太祖的心思，便跪着说："您疑心我耻于做老古的部下吗？趁老古现在没死，请您派人去问问他。"太祖派人去问老古，老古回答说："我对耶律古没有任何怀疑。"太祖的疑虑这样才消除了。老古死后，太祖便以耶律古为右皮室详稳。

耶律古死后，太祖对身边的大臣说："耶律古死了，就像高大的松树自己倒落一样，不是我'砍'倒的。"

契丹重用韩延徽

韩延徽，字藏明，幽州安次①人。父梦殷，累官蓟、儒、顺三州刺史。延徽少英敏。燕帅刘仁恭奇之，召为幽都府文学……

后守光②为帅，延徽来聘，太祖③怒其不屈，留之。述律后④谏曰："彼秉节弗挠，贤者也，奈何困辱之？"太祖召与语，合上意，立命参军事⑤。

攻党项、室韦⑥，服诸部落，延徽之筹居多。乃请树城郭，分市里，以居汉人之降者。又为定配偶，教垦艺，以生养之。以故逃亡者少。

居久之，慨然怀其乡里，赋诗见意，遂亡归唐。已而与他将王缄有隙，惧及难，乃省亲幽州，匿故人王德明舍。德明问所适，延徽曰："吾将复走契丹⑦。"德明不以为然。延徽笑曰："彼失我，如失左右手，其见我至必大喜。"既至，太祖问故。延徽曰："忘亲非孝，弃君非忠。臣虽挺身逃，臣心在陛下。臣以是复来。"上大悦，赐名曰匣列。"匣列"，辽言复来也。即命为守政事令、崇文馆大学士，凡中外事悉令参决。

（《辽史》卷七十四，韩延徽传；康默记传）

【注释】

①幽州安次：在今河北省安次县（廊坊）西北。

②守光：即幽州将帅刘守光。

③太祖：即辽太祖耶律阿保机。

④述律后：即辽太祖之妻述律平，封号为应天大明地皇后。

⑤参军事：官名。

⑥党项、室韦：都是古代部族名。

⑦契丹：我国古代民族名，原为东胡的一支，很早就居住在今辽河上游一带，过着游牧生活。后来耶律阿保机统一各族，建为契丹国，即辽国。

【译文】

韩延徽，字藏明，幽州安次人。父亲名叫梦殷，累官为蓟、儒、顺三州的刺史。韩延徽年少时就英俊不凡，燕帅刘仁恭十分器重他，封他为幽都府的文学官。

后来刘守光为将帅，韩延徽来到辽国聘问，辽太祖对他的傲慢不屈十分恼火，便扣留了他。述律皇后劝告太祖说："他坚守节操，不屈不挠，是个贤人，你怎么能把他扣押起来而侮辱他呢？"太祖便召见了韩延徽，与他谈话，韩延徽的谈吐太祖很是中意，太祖就任命他为参军事。攻打党项、室韦两族，征服其他各部落，韩延徽出的计谋最多。韩延徽又请太祖建造城池，分划市里，以让投降来的汉人居住。又为这些汉人选定配偶，教他们垦地种植，以自给自足。因此，汉人逃离的很少。

过了很长时间，韩延徽十分思念家乡，便作诗以抒发思乡之情，最后跑回到了后唐。不久，与后唐的将领王缄产生了矛盾，韩延徽害怕招致灾祸，便回到了幽州探望亲人，躲在朋友王德明的住所里。德明问他将去哪儿，延徽回答说："我将又去契丹。"王德明听后，不以为然。韩延徽笑着说："契丹失去了我，就像人失去了左右手，契丹人见我回来，一定很高兴。"等到到了契丹国，辽太祖问他回来的原因，韩延徽答道："忘记亲人是不孝道的，遗弃君王的是不忠诚的。我虽然抽身逃跑了，但我的心仍牵挂着您。因此，我又回到了这里。"辽太祖听后十分高兴，给他赐名为匣列。匣列，辽语的意思是"又来"。太祖又马上任命他为守政事令、崇文馆大学士，里里外外的事情，都要请他帮助参谋、决定。

合住一言胜十万雄兵

　　合住①久任边防，虽有克获功，然务镇静，不妄生事以邀近功。邻壤敬畏，属部乂②安。宋数遣人结欢，冀达和意，合住表闻其事，帝③许议和。……镇范阳④时，尝领数骑径诣雄州⑤北门，与郡将立马陈两国利害，及周⑥师侵边本末，辞气慷慨，左右壮之。自是，边境数年无事。识者以谓合住一言，贤于数十万兵。

　　　　　　　　　　　　　（《辽史》卷八十六，耶律合住传）

【注释】

　　①合住：即耶律合住，安粘衮，辽太祖之侄孙。智而有文，通晓军政事务。

　　②乂（yì）：安定。

　　③帝：指辽景宗耶律贤。

　　④范阳：在今河北省涿州市一带。

　　⑤雄州：故地在今河北省雄县。

　　⑥周：指五代后周国。

【译文】

　　耶律合住多年担任边防官，虽然打仗勇猛有夺城之功，但他还是致力于边境的安宁，不随便动武以求眼前的功劳。邻国的人都很敬畏他，他的部下也相处得平安无事。宋朝多次派人与之交好，希望他转达与辽和解的意思。耶律合住就上书朝廷，让朝廷知道此事。辽景宗答应与宋朝议和。……耶律合住镇守范阳的时候，曾经带领几个骑兵径直来到了雄州城的北门，他立在马上向宋朝的雄州郡守将陈说了两国交战的利害关系，以及后周军队侵犯边境前后经过。耶律合住说话时慷慨激昂，雄州郡守将的部下都夸赞他。此后，边境上多年没有出现战争。有见识的人因此说，耶律合住的一句话，就胜过了数十万雄兵。

《辽史》

法 制

萧保先严酷致祸乱

六年①春正月丙寅朔，东京②夜有恶少年十余人，乘酒执刃，踰垣入留守府③，问留守萧保先所在："今军变，请为备。"萧保先出，刺杀之。户部使大公鼎④闻乱，即摄留守事，与副留守高清明集奚、汉兵千人，尽捕其众，斩之，抚定其民。东京故渤海地，太祖力战二十余年乃得之。而萧保先严酷，渤海苦之，故有是变。

（《辽史》卷二十八，天祚皇帝本纪）

《辽史》

【注释】

①六年：此指辽天祚帝天庆六年。

②东京：故地在今辽宁省辽阳市一带。

③"踰垣"句：垣（yuán），墙也。留守府，官署名，负责镇守都城等事，其官多以亲王、重臣或地方长官充任。

④大公鼎：人名。

【译文】

六年春正月初一日的晚上，东京有十几个无赖的恶少，乘着酒兴持刀翻墙进入了留守府，询问留守萧保先在什么地方，并说："如今出现了兵变，请做好防备。"萧保先出来后，恶少们就刺杀了他。户部使大公鼎听说留守府发生暴乱，便代理留守职务，并与副留守高清明一起，召集奚族和汉族的士兵1000人，将闹事的恶少们统统逮捕，然后将其斩杀，以安抚、稳定当地的百姓。东京是过去渤海国的地盘，辽太祖奋力征战了20多年才夺得此地。而萧保先执政凶残、酷暴，渤海一带的人深受其苦，因此才发生了这次变乱。

辽道宗不改姓氏之制

上表乞广本国姓氏曰："我朝创业以来，法制修明；惟姓氏止分为二，耶律与萧而已。始太祖^①制契丹大字，取诸部乡里之名，续作一篇，著于卷末。臣请推广之，使诸部各立姓氏，庶男女婚媾有合典礼。"帝^②以旧制不可遽厘^③，不听。

（《辽史》卷八十九，耶律庶成传）

【注释】

①太祖：指辽太祖耶律阿保机。

②帝：指辽道宗耶律洪基。

③厘：订正，改正。

【译文】

耶律庶成呈上表书，请求增加辽国人的姓氏，他说："我们大辽王朝自建国以来，法律制度昌明，唯有姓氏还只是两个，即耶律和萧姓而已。起初辽太祖制定我们契丹族的文字时，采用各部落中乡村里巷的名称制为姓氏，并将此写成了一篇文章，著录在文字之书的后面。我请求将太祖拟订的这些姓氏加以推广，从而使众部落各立姓氏，让老百姓男女婚姻合乎制度和礼仪。"辽道宗觉得过去的制度不能突然改变，就没有听从他的意见。

耶律庶成修订辽法

重熙[①]初……（庶成）与枢密副使萧德修定法令，上诏庶成[②]曰："方今法令轻重不伦[③]。法令者，为政所先，人命所系，不可不慎。卿其审度轻重，从宜修定。"庶成参酌古今，刊正讹谬，成书以进。帝览而善之。

（《辽史》卷八十九，耶律庶成传）

【注释】

①重熙：辽兴宗耶律宗真年号。

②庶成：即耶律庶成，辽大臣，字喜隐，善辽、汉文字，于诗尤工，兴宗时曾任牌印郎君、枢密直学士、林牙等职。

③不伦：不成条理也。

【译文】

重熙初年……耶律庶成与枢密副使萧德一道修定法令，辽兴宗诏令耶律庶成说："如今国家的法令轻重失调。法令，是治理国政的先决条件，它关系到人的性命，不能不慎重。希望你审察、衡量法令的轻重，按照合宜的原则加以修定。"耶律庶成就参考、斟酌古今的法令，改正了现今法令中的错谬之处，编写成书后呈交给了皇帝。兴宗看过便称赞编写得好。

萧韩家奴论止盗之法

时[①]诏天下言治道之要，制[②]问"……补役之法何可以复？盗贼之害何可以止？"韩家奴[③]对曰：

"……臣闻唐太宗问群臣治盗之方，皆曰：'严刑峻法。'太宗笑曰：'寇盗所以滋者，由赋敛无度，民不聊生，今朕内省嗜欲，外罢游幸，使海内安静，则寇盗自止。'由此观之，寇盗多寡，皆由衣食丰俭，徭役重轻耳……"

（《辽史》卷一百三，萧韩家奴传）

【注释】

①时：此指辽兴宗重熙初期。

②制：即制书，是帝王命令的一种。

③韩家奴：即萧韩家奴，辽大臣，兴宗时曾任同知三司使事、节度使、翰林都林牙等职。

【译文】

当时辽兴宗诏令全国人讨论治国的大政方针，并颁下制书问道："补役之法如何才能恢复？盗贼之害如何才能制止？"萧韩家奴上疏回答说：

"……我闻说唐太宗向大臣们询问惩治盗匪的办法，大臣们回答说：'用严刑峻法。'唐太宗笑着说：'匪盗之所以滋生，是由于赋敛无度，民不聊生。如今我在宫内节制嗜好和欲望，在外停止游猎和巡幸，使全国安宁无事，那么匪盗就自然没有了。'由此看来，匪盗的多少，都是由百姓的衣食丰俭、徭役轻重决定的……"

马人望虑远而除厚敛之弊

京城狱讼填委①，人望②处决，无一冤者。会检括③户口，未两旬而毕。同知留守萧保先怪而问之，人望曰："民产若括之无遗，他日必长厚敛之弊，大率十得六七足矣。"保先谢曰："公虑远，吾不及也。"

（《辽史》卷一百五，马人望传）

【注释】

①填委：纷集，堆积。

②人望：即马人望，辽官吏，字俨叔，道宗至天祚帝时曾任松山县令、中京度支司盐铁判官、警巡使、上京副留守等职。

③检括：查检征收。

【译文】

京城的诉讼案多如牛毛，马人望对此作了果断处理，没有一个受冤屈的。

适逢清查、征收户头人口税，马人望在不到 20 天的时间内就了结了这件事。同知留守萧保先对此觉得惊奇，并问他为什么进行得这么快。马人望说："百姓的财产倘若被搜刮得没有存余，以后就必然助长大肆搜刮的弊端。对百姓的财产，大约征收到十分之六七就足够了。"萧保先告诉他说："你考虑得长远，我赶不上你。"

《辽史》

军　事

太宗畋猎习武

九月庚午，侍中①崔穷古言："晋主②闻陛下数游猎，意请节之。"上③日："朕之畋猎，非徒从乐④，所以练习武事也。"乃诏谕之。

（《辽史》卷四，太宗本纪）

《辽史》

【注释】

①侍中：官名。侍于皇帝左右，权位较尊。

②晋主：后晋之君王。此指晋高祖石敬瑭（892—942年）。

③上：皇上，此指辽太宗耶律德光。

④从乐：同"纵乐"。

【译文】

会同三年九月庚午日，侍中崔穷古向辽太宗说："晋主石敬瑭听说陛下多次出外打猎，致意于您，请您节制游猎之事。"辽太宗回答说："我出外打猎，并不只是尽情娱乐，而是为了练习军事。"于是颁下诏书，晓谕此事。

图鲁窘之计

耶律图鲁窘，字阿鲁隐，肃祖子洽昚①之孙，勇而有谋。

……

从讨石重贵②，杜重威③拥十万余众拒滹沱④桥，力战数日，不得进。帝⑤曰："两军争渡，人马疲矣，计安出？"诸将请缓师，为后图，帝然之。图鲁窘厉色进曰："臣愚窃以为陛下乐于安逸，则谨守四境可也；既欲扩大疆宇，出师远攻，讵能无厪圣虑⑥。若中路而止，适为贼利，则必陷南京⑦，夷属邑。若此，则争战未已，吾民无奠枕⑧之期矣。且彼步我骑，何虑不克。况汉人足力弱而行缓，如选轻锐骑先绝其饷道，则事蔑⑨不济矣。"帝喜曰："国强则其人贤，海巨则其鱼大。"于是塞其饷道，数出师以牵挠其势，重威果降如言。

（《辽史》卷七十五，耶律图鲁窘传）

【注释】

①洽昚（shèn）：即耶律洽昚，字牙新，曾任迭剌部夷离堇。

②石重贵：后晋高祖石敬瑭的养子，生于914年，死于964年，石敬瑭死后继位。在位4年，史称出帝。

③杜重威：后晋大将。

④滹（hū）沱：水名，源出山西省繁峙县县泰戏山，穿太行山，东流入河北平原。

⑤帝：指辽太宗耶律德光。

⑥"讵能"句：讵（jù），难道、哪里。厪（qín），劳也。

⑦南京：即今北京市。

⑧奠枕：即安枕，意为安定。

⑨蔑：无，没有。

【译文】

耶律图鲁窘，字阿鲁隐，是肃祖儿子耶律洽昚的孙子，勇敢而有智谋。……

耶律图鲁窘跟随辽太宗征讨后晋石重贵，后晋大将杜重威率领10万多人马在滹沱桥上抗击辽军。辽军苦战多日，不能前进。辽太宗说："两军争渡，人马都很疲累了，可想什么办法呢？"将领们都请暂缓用兵，以后再做打算。辽太宗同意了他们的意见。耶律图鲁窘神情严肃地进谏道："我考虑，认为陛下要乐于安逸，就小心谨慎地守住四方边境行了。既然想扩大疆土，出兵远征，哪能不多费点脑筋呢？如果中途而止，就正好有利于敌人，那么南京就必定要沦陷，所属城镇也要失落。如果是这样，那战争就不会休止，我国的老百姓就没有安宁之日了。况且敌人步行，我军骑马，何必担心打不败他们呢。更何况汉人的脚力差，行动慢，如果我们挑选轻快、精锐的骑兵先去断绝他们的粮道，那事情就没有不成功的。"辽太宗高兴地说："国家强盛，它的人民就贤明；海水深广，它的鱼儿就巨大。"于是，派兵阻塞敌人的粮道，多次出兵牵制、搅扰敌人的兵势，后来杜重威果然投降，就像耶律图鲁窘所预言的那样。

耶律虎古料宋必取河东

耶律虎古，字海邻，六院夷离堇觌烈之孙①。少颖悟，重然诺。

……十年②，使宋还，以宋取河东③之意闻于上。燕王韩匡嗣曰："何以知之？"虎古曰："诸僭号之国，宋皆并收，唯河东未下。今宋讲武习战，意必在汉。"匡嗣力沮④，乃止。明年，宋果伐汉，帝以虎古能料事，器之，乃曰："吾与匡嗣虑不及此。"授涿州⑤刺史。

（《辽史》卷八十二，耶律虎古传）

【注释】

①"六院"句：六院，辽契丹族部落之一。夷离堇，官名，职掌兵马。
②十年：此指辽景宗（耶律贤）保宁十年，即978年。
③河东：指今山西省境内黄河以东地区。当时为北汉王朝所在地。
④沮（jǔ）：阻止。
⑤涿州：州名，故地在今河北省涿州市一带。

【译文】

耶律虎古，字海邻，是六院部夷离堇觌烈的孙子。耶律虎古自幼聪明，也很守信用。

……保宁十年，耶律虎古出使宋朝回来，将宋朝攻取河东地区的意图报告了辽景宗。燕王韩匡嗣对耶律虎古说："你怎么知道宋朝会攻打河东呢？"耶律虎古说："那些越分自立旗号的国家，都被宋朝兼并了，只有河东地区没被攻取。现在宋朝在练兵习战，其用意一定是为了攻取河东。"韩匡嗣极力劝说景宗不要防御宋军，景宗才没有采取行动。第二年，宋朝果然出兵征伐北汉，景宗认为耶律虎古善于预料事情，很器重他，还说："我和韩匡嗣都还没有想到这点上。"景宗授给了他涿州刺史的官职。

理　财

入仕当以治国安民为己任

　　铎鲁斡所至有声，吏民畏爱。及退居乡里，子普古为乌古部节度使[①]，遣人来迎。既至，见积委[②]甚富。谓普古曰："辞亲入仕，当以裕国安民为事。枉道欺君，以苟货利，非吾志也。"命驾而归。普古后为盗所杀。

（《辽史》卷一百五，耶律铎鲁斡传）

【注释】

　　①"子普古"句：普古，耶律铎鲁斡之子。乌古部，辽契丹部落之一。
　　②积委：此指储积的财物。

【译文】

　　耶律铎鲁斡所到之处，都有名望，官吏百姓都敬畏并爱戴他。等到他退休要回家乡居住时，儿子耶律耶普古已是乌古部节度使，便派人前来迎接父亲。到了普古家后，耶律铎鲁斡见其家中储积着许多财物。耶律铎鲁斡对普古说："告别父母亲去做官，应当以国家富强、人民安定为行事的根本。违背道义，欺蒙君主，用不正当的途径来谋取财物，这都不是我的意愿！"于是命令车驾返回原处。耶律普古后来被造反之人杀了。

德 操

辽太宗观画思亲

　　冬十一月①丙午，幸弘福寺为皇后饭僧，见观音画像，乃大圣皇帝②、应天皇后③及人皇王④所施⑤，顾左右曰："昔与父母兄弟聚观于此，岁时未几，今我独来！"悲叹不已。乃自制文题于壁，以极追感之意。读者悲之。

（《辽史》卷三，太宗本纪）

《辽史》

【注释】

　　①冬十一月：此指辽太宗天显十年十一月。

　　②大圣皇帝：指辽太宗耶律阿保机。

　　③应天皇后：即太祖耶律阿保机之妻述律平，史称应天皇后。

　　④人皇王：指辽太祖之长子耶律倍，926年被任命为东丹王，人称人皇王。

　　⑤施：赠送。

【译文】

　　冬十一月丙午日，辽太宗耶律德光到弘福寺替皇后给僧人施舍饭食，看到寺院里的观音画像，是他的父母辽太祖、应天皇后及哥哥耶律倍所赠送的，太宗回过头来对身旁的人说："以往，我和父母及兄弟们曾在这里一起观赏，没过多少年，如今只有我一个来这里了！"太宗悲叹不已。因此，自作了一篇文章，题写在寺院的墙壁上，用以尽情抒发他追念父母、兄弟的情意。读者看后，都为之悲伤。

辽太祖品评诸子

章肃皇帝，小字李胡，一名洪古，字奚德，太祖①第三子，母淳钦皇后萧氏。

少勇悍多力，而性残酷，小怒辄黥②人面，或投水火中。太祖尝观诸子寝，李胡缩项卧内，曰："是必在诸子下。"又尝大寒，命三子采薪。太宗③不择而取，最先至；人皇王④取其干者束⑤而归，后至；李胡取少而弃多，既至，袖手而立。太祖曰："长巧而次成，少不及矣。"而母笃爱李胡。

（《辽史》卷七十三，章肃皇帝李胡传）

【注释】

①太祖：即辽太祖耶律阿保机，为辽王朝的创建者。

②黥：用刀在人的面额刺字符，然后涂上墨。

③太宗：即辽太宗耶律德光，字德谨，为辽太祖次子。

④人皇王：即辽太祖长子耶律倍。926年初，被太祖封为东丹王，人称人皇王。

⑤束：捆。

【译文】

章肃皇帝，小字李胡，又名洪吉，字奚德，是辽太祖的第三个儿子，其母是淳钦皇后萧氏。

李胡自小就勇猛剽悍，力气极大，而且性情残酷，稍一发怒就要在人的脸上刺字，或把人投入水火之中。辽太祖曾经察看几个儿子睡觉，发现李胡是缩着脖子睡在床里头，便说："这孩子将来没出息，必定在几个孩子之下。"又有一次，天气非常寒冷，太祖叫3个儿子去外面砍柴火。二儿子耶律德光跑去不加选择地砍到一堆柴火，最先回到屋里；大儿子耶律倍只取那些干燥的柴火捆起来，最后回到家里；李胡砍得少，并且丢得多，等到回到家里，又用袖子笼着手站在一旁。太祖见后，说："大儿子最乖巧，二儿子老成，小儿子比不上两个哥哥。"可是，淳钦皇后最疼爱李胡。

耶律倍让天下

天显元年①从征渤海，拔扶余城②，上欲括户口，倍③谏曰："今始得地而料民，民必不安。若乘破竹之势，径造忽汗城④，克之必矣。"太祖从之。倍与大元帅德光⑤为前锋，夜围忽汗城，大諲譔⑥穷蹙，请降。寻复叛，太祖破之。改其国曰东丹，名其城曰天福，以倍为人皇王主之。仍赐天子冠服，建元甘露，称制⑦。……上谕曰："此地濒海，非可久居，留汝抚治，以见朕爱民之心。"驾将还，倍作歌以献。陛辞，太祖曰："得汝治东土，吾复何忧。"倍号泣而出。遂如仪坤州⑧。

未几，诸部多叛，大元帅讨平之。太祖讣至，倍即日奔赴山陵。倍知皇太后⑨意欲立德光，乃谓公卿曰："大元帅功德及人神，中外攸属，宜主社稷。"乃与群臣请于太后而让位焉。于是大元帅即皇帝位，是为太宗。

太宗既立，见疑，以东平⑩为南京，徙倍居之，尽迁其民。又置卫士阴伺动静。倍既归国，命王继远撰《建南京碑》，起书楼于西宫，作《乐田园诗》。唐明宗⑪闻之，遣人跨海持书密召倍，倍因畋⑫海上。使再至，倍谓左右曰："我以天下让主上，今反见疑；不如适他国，以成吴太伯⑬之名。"立木海上，刻诗曰："小山压大山，大山全无力。羞见故乡人，从此投外国。"携高美人，载书浮海而去。

……至汴，见明宗。明宗以庄宗⑭后夏氏妻之，赐姓东丹，名之曰慕华。……倍虽在异国，常思其亲，问安之使不绝。

后明宗养子从珂弑其君自立，倍密报太宗曰："从珂弑君，盍⑮讨之。"及太宗立石敬瑭为晋主，加兵于洛。从珂欲自焚，召倍与俱，倍不从，遣壮士李彦绅害之，时年三十八。

（《辽史》卷七十二，义宗倍传）

【注释】

①天显元年：即926年。天显，辽太祖年号。

②扶余城：故址在今吉林省四平市西。

③倍：即耶律倍，辽太祖耶律阿保机的长子。

④忽汗城：即今黑龙江宁安市西南东京城，为古渤海国都城。

⑤德光：即耶律德光，辽太祖的次子。922年，被封为天下兵马大元帅。927年即皇位，史称辽太宗。

⑥大諲譔（yīn zhuàn）：人名，为渤海国国王。

⑦称制：行使帝王的权力。

⑧仪坤州：州名，治所在广义县。

⑨皇太后：此指辽太祖妻述律平，907年被尊为地皇后，史亦称应天皇后。

⑩东平：府名，渤海国置，治所在伊州。

⑪唐明宗：即后唐君主李嗣源，在位8年。

⑫畋（tián）：打猎。

⑬太伯：周太王的长子。太王欲立幼子季历为王，太伯遂避逃江南，后为吴国的创建者。

⑭庄宗：即后唐君主李存勖（885—926年），为后唐王朝的创立者，在位4年。

⑮盍（hé）：何不。

【译文】

天显元年，耶律倍随辽太祖讨伐渤海国，攻下了扶余城。辽太祖打算统计户口，耶律倍进谏说："如今刚刚攻得渤海国就统计人口，老百姓必定会骚动不安。倘若乘着这破竹之势，直接攻打渤海国都忽汗城，取得胜利是不成问题的。"辽太祖听从了他的建议。耶律倍与大元帅耶律德光为前锋，乘天黑包围了忽汗城，渤海国王大諲譔走投无路，便请求投降。不久，又反叛，辽太祖就攻占了忽汗城。将渤海国国名改为东丹国，将忽汗城改称天福城，封耶律倍为人皇王，主持东丹国国政。并赐给天子衣帽，建年号为甘露，耶律倍于是上任执政。太祖告诫耶律倍说："这地方邻近大海，不能长久地待在这儿，我留下你在此安抚治理，是为了表现我的爱民之心。"太祖的车驾将要返回朝廷，耶律倍便作歌以献。等到太祖辞行时，太祖对耶律倍说："能够有你治理东部国土，我还有什么担心的呢？"耶律倍号啕大哭地出来送行。太祖于是到了仪坤州。

没过多久，各部落大多叛乱，大元帅耶律德光征伐平定了他们。太祖去世的讣告传来后，耶律倍当天就赶到了太祖陵墓的所在地。耶律倍得知皇太后有立耶律德光为帝的意思，便对公卿大臣们说："大元帅耶律德光的功德已施及人、神，为中、外之人所景仰，应该让他主持国家大政。"因此，与文武百官一道请求皇太后立耶律德光为帝，而自己让出帝位。因此，大元帅耶律德光登上了皇帝的位置，这就是辽太宗。

太宗即位后，耶律倍受到猜忌。辽太宗将东平改称南京，就让耶律倍迁到此地居住，并把此地的老百姓统统迁走，又安置了卫士暗中监视耶律倍的行动。耶律倍回到南京后，便命令王继远写了《建南京碑》一文，又在西宫建造了藏书楼，写作了《乐田园诗》。后唐明宗得知这些情况后，便立即派人拿着书信渡过渤海秘密召见耶律倍，耶律倍就乘机去海上打猎。后唐使者再次来到，耶律倍对身旁的部下说："我把天下让给了太宗，如今反而被猜忌，我不如去到别的国家，以此获得吴太伯那样让位于弟的名声。"他立了一块木头在海上，木上刻有诗句："小山压大山，大山全无力。羞见故乡人，从此投外国。"他后来携带高美人，载着书籍，漂洋过海而去了。

……到达汴京后，耶律倍拜见了唐明宗。唐明宗将唐庄公的后妃夏氏嫁给了耶律倍，给他赐姓东丹，起名叫慕华。……耶律倍尽管身在异国，但经常想起家乡的亲人，他派回家乡问安的使者一直没断。

后来，唐明宗的养子李从珂杀害了明宗，自立为帝。耶律倍暗中报告辽太宗说："李从珂杀害了后唐君主，你何不讨伐他呢？"等到辽太宗扶立石敬瑭为后晋的君主后，石敬瑭出兵攻打洛阳。李从珂想自焚，便召耶律倍来一起死。耶律倍不同意，李从珂就派壮士李彦绅杀死了他，当时他仅 38 岁。

杀虎救驾

开泰五年①秋，大猎，帝射虎，以马驰太速，矢不及发，虎怒，奋势将犯跸②。左右辟易③，昭衮④舍马，捉虎两耳骑之。虎骇，且逸。上命卫士追射，昭衮大呼止之。虎虽轶⑤山，昭衮终不堕地。伺便，拔佩刀杀之。辇至上前，慰劳良久。

（《辽史》卷八十一，陈昭衮传）

【注释】

①开泰五年：1016 年。开泰，辽圣宗年号。

②跸（bì）：帝王的车驾。

③辟易：惊退。

④昭衮：辽朝官员，辽圣宗时曾任敦睦宫太保，兼掌围场事。

⑤轶：逃也。

【译文】

开泰五年秋天，大规模围猎。圣宗皇帝用弓箭射击老虎，由于马跑得太快，圣宗手中的弓箭还没有来得及发射。老虎被激怒了，便奋起反抗，眼看即将冲撞皇帝的车驾了，皇帝身旁的人吓得连忙躲避。陈昭衮丢开自己骑的马，抓住老虎的两只耳朵骑到了虎背上。老虎大为惊骇，逃跑了，皇上命令卫兵追赶并射击老虎，陈昭衮在虎背上大声呼喊，制止追射老虎尽管逃到了山里，但陈昭衮始终没从老虎身上摔落下来。瞅了个机会，他就拔出佩刀杀死了老虎。皇帝的车驾赶到了眼前，皇帝对陈昭衮慰问了很长时间。

韩留性不事权贵

耶律韩留，字速宁，仲父隋国王之后①。……性不苟合，为枢密使萧解里所忌。上②欲召用韩留，解里言目病不能视，议遂寝。四年③，召为北面林牙④，帝曰："朕早欲用卿，闻有疾，故待之至今。"韩留对曰："臣昔有目疾，才数月耳；然亦不至于昏。第臣驽拙⑤，不能事权贵，是以不获早睹天颜。非陛下圣察，则愚臣岂有今日耶！"

（《辽史》卷八十九，耶律韩留传）

【注释】

①"仲父"句：仲父，辽皇族族系名号，为三父房（孟父房、仲父房、季父房）之一。隋国王，即耶律释鲁，为辽太祖耶律阿保机之伯父，曾任过于越等职。

②上：指辽兴宗耶律宗真。

③四年：此指辽兴宗重熙四年。

④北面林牙：北面，指掌管契丹宫帐、部族、属国的官僚机构。林牙，官名，掌文翰之事。

⑤驽拙：笨拙。

【译文】

耶律韩留，字速宁，仲父房隋国王的后代。……耶律韩留本性不爱附和别人，遭到了枢密使萧解里的忌恨。辽兴宗打算召用耶律韩留，萧解里就说韩留的眼睛有毛病，不能看东西，召用的事就告吹了。重熙四年，耶律韩留被任命为北面林牙，兴宗说："我早就想用你，听说你有病，因此一直等到如今。"耶律韩留回答说："我过去患有眼病，不过才患了几个月的时间；然而也没有病到看不见东西的地步。只是我太愚蠢、笨拙、不会巴结权贵，因此不能早日见到您的面。倘若不是陛下您明察，那我哪还会有今天呢！"

此社稷计　何憾之有

太康二年①，耶律乙辛②为中京留守，诏百官廷议，欲复召之，群臣无敢正言。撒刺③独奏曰："萧岩寿④言乙辛有罪，不可为枢臣，故陛下出之；今复召，恐天下生疑。"进谏者三，不纳，左右为之震悚。乙辛复为枢密使，见撒刺让曰："与君无憾，何独异议？"撒刺曰："此社稷计，何憾之有！"乙辛诬撒刺与速撒同谋废立，诏按无迹，出为始平军⑤节度使。

（《辽史》卷九十九，耶律撒刺传）

【注释】

①太康二年：即1076年。太康，又作太康，辽道宗年号。

②耶律乙辛：辽大臣，契丹族五院部人，字胡睹衮，道宗时曾任护卫太保、北院同知、南院枢密使、北院枢密使等职，是辽代有名的奸臣。

③撒刺：即耶律撒刺，辽大臣。

④萧岩寿：辽大臣，契丹族乙室部人。道宗时，因直言切谏，得罪了耶律乙辛，受其陷害，导致流放被杀。

⑤始平军：行政区划名，治所在今辽宁省法库西南辽滨塔。

【译文】

　　太康二年，耶律乙辛任中京留守，辽道宗诏令文武百官在朝廷讨论，想把耶律乙辛召回京都，众大臣没人敢说直话，只有耶律撒剌上奏道："萧岩寿说耶律乙辛有罪，不能做枢密使，因此陛下您才把他调出京城；如今又想召他回京，恐怕天下人对此事生出疑心。"耶律撒剌如此再三地进谏，但道宗不听从，其他大臣都为耶律撒剌担心。耶律乙辛又做了枢密使，见到耶律撒剌后，责问他说："我与你没有什么怨仇，为何偏偏对我表示异议呢？"耶律撒剌说："我这是为国家考虑，对你哪里有什么怨仇呢？"耶律乙辛诬告耶律撒剌与耶律速撒合伙谋划废立皇帝的事，道宗因此下令查核，但无证据，便把他调出京都任始平军节度使。

萧陶隗切谏招祸殃

《辽史》

　　大康①中……上②尝谓群臣曰："北枢密院军国重任，久阙其人，耶律阿思、萧斡特剌③二孰愈？"群臣各誉所长，陶隗④独默然。上问："卿何不言？"陶隗曰："斡特剌懦而败事；阿思有才而贪，将为祸基。不得已而用，败事犹胜基祸。"上曰："陶隗虽魏徵⑤不能过，但恨吾不及太宗尔！"然竟以阿思为枢密使。由是阿思衔⑥之。

　　九年⑦，西圉⑧不宁，阿思奏曰："边隅事大，可择重臣镇抚。"上曰："陶隗何如？"阿思曰："诚如圣旨。"遂拜西南面招讨使。阿思阴与萧阿忽带诬奏贼掠漠南牧马及居民畜产，陶隗不急追捕，罪当死，诏免官。久之，起为塌母城节度使。未行，疽⑨发背卒。

　　陶隗负气，怒则须髯辄张。每有大议，必毅然决之。虽上有难色，未尝遽⑩已。见权贵无少屈，竟为阿思所陷，时人惜之。

（《辽史》卷萧陶隗传）

【注释】

　　①大康：辽道宗耶律洪基年号。

　　②上：指辽道宗。

　　③耶律阿思、萧斡特剌：均为人名。耶律阿思，字撒班，道宗时曾任行

宫都部署、北院大王、枢密使等职。萧斡特剌，生平未详。

④陶隗：即萧陶隗，字乌古邻，辽大臣，为人刚直，有威重。

⑤魏徵：唐初大臣、杰出政治家，曾屡谏唐太宗励精图治。其言论见于《贞观政要》。

⑥衔：怀恨也。

⑦九年：此指辽道宗大康九年，即1083年。

⑧圉（yū）：边境，边疆。

⑨疽（jū）：一种毒疮。

⑩遽：畏惧。

【译文】

大康年间……辽道宗曾对大臣们说："北枢密院肩负军国重任，它缺人主事已经很长时间了，耶律阿思、萧斡特剌两人哪个更适合担任枢密使？"大臣们都各自称赞他俩的长处，只有萧陶隗默不作声。道宗问他说："你为何不发言呀？"萧陶隗说："萧斡特剌怯懦而爱坏事；耶律阿思有才干可为人贪婪，将成为祸根。如不得已而用他们，坏事的人还是强似祸根。"道宗说："萧陶隗，即使是魏徵也不能超过你，可惜的是我比不上唐太宗啊！"可是，道宗最终还是让耶律阿思做了枢密使。从此耶律阿思就暗恨萧陶隗了。

大康九年，西部边境不安宁，耶律阿思奏报皇上说："边境的事情非常重要，可选择身居要职的大臣镇抚。"道宗说："萧陶隗怎么样？"耶律阿思说："我所想的正与皇上的旨意相合。"因此就任命萧陶隗为西南面招讨使。耶律阿思暗中与萧阿忽带一道向道宗诬告说，强盗抢掠大漠之南的牧马以及居民的牲口、财物，而萧陶隗没有及时抓捕。论其罪，萧陶隗被判处死刑，后来道宗下令只免了他的官。过了很久，道宗又起用萧陶隗为塌母城节度使。萧陶隗未能赴任，背上就生了毒疮，病逝了。

萧陶隗为人硬气而不肯屈居人下，发怒的时候，脸上的胡须就要张扬开来。每次遇有大事要商议的时候，他总一定是果断地做出决定。就算是皇上脸有难色，他也未曾畏惧而作罢。在那些掌权的达官显贵面前，他也一点不屈服，最后被耶律阿思陷害，当时的人都为他感到惋惜。

传世故事

马人望视事半年而仓廪实

　　马人望生活在辽道宗时代。当时辽朝已经开始走下坡路，政治上也很腐败。他是汉人，先祖是后晋的大臣，后来做了辽太祖耶律阿保机的俘虏，被安置在医巫闾山（今辽宁省北镇市附近）一带居住。从曾祖父开始，就在辽为官。马人望自小丧父，但他聪明颖悟，勤奋好学，学识渊博，远近知名。辽道宗咸雍年间（1065—1074 年），中了进士，被任为松山（今辽宁省葫芦岛市西南）县令。

　　马人望刚直不阿，胸怀为民造福之志。当时，整个朝廷需要的木炭都要由松山县提供。因此，松山县百姓烧制木炭的负担很重。马人望便要求自己的顶头上司——中京留守萧吐浑把上贡木炭的任务平均分配一下。萧吐浑非常不高兴，不愿答应他的要求。但马人望坚持要求平均负担。萧吐浑讲不过道理，便把他关押起来，关了将近 100 天。再问他的时候，他还是坚持自己的要求。

　　萧吐浑被马人望的倔劲给感动了，高兴地对他说："你为了百姓肯于这样坚持自己的要求，今后定有大用。"萧吐浑便把马人望的表现报告了朝廷，朝廷答应了马人望平均木炭负担的请求。

　　后来，马人望又被调到涿州新城县（今河北省高碑店市南）任县令。那里与宋朝接壤，是辽国驿道的起点。辽国的驿站，往往要由百姓负担驿马、驿夫之类的杂役，百姓往往不堪重负。马人望到任后，尽量自己解决驿马和驿夫，不骚扰百姓，这里的百姓也很爱戴他。

在他担任警巡使的时候，赶上检括户口。检括户口，往往连百姓家的财产也要检查，有不合规定的都要没收归官，所以要花费很长的时间。可是马人望一个月就干完了。有人觉得很奇怪，问他为什么干得这样快。他说，若是把老百姓的财产都检括出来了，就会助长聚敛百姓的作风。检个大概就可以了。听到他的话的人，称赞他考虑得远。

后来，他又改任上京（辽国都城，在今内蒙古自治区昭乌达盟巴林左旗）副留守。虽然那些年灾害不断，各地都相继发生了饥荒，但由于马人望治理有方，上京地区却基本上没有出现饥荒。

不久，他又调为中京度支使。他到任的时候，各地的仓库空虚。但由于他治理得好，只"视事半年"，各地仓库就存入了15万斛的谷物和20万贯钱。为什么他管理国库就能增加收入呢？从后来他做南京（辽五京道之一，在今北京市西南）三司使时的管理办法，就可以知道一二。

当时政治腐败，仓库在出纳当中有很多弊病。马人望在各库建立了严格的账目，那些想从中作弊的人根本无法下手。

其实，马人望在各地工作，做各种工作，都有突出的政绩，主要原因在于他爱护百姓。他任新城县令的时候就深感向百姓摊派驿道用的马牛等各种用品及劳役，成了百姓的沉重负担。所以他改革了这种摊派的办法，而是让百姓出一部分钱，再用这钱雇人出驿工，减轻了百姓的负担，百姓觉得这是个好办法。

马人望一直干到年老退休。

萧陶隗力矫积弊

尽管辽代统治者极力发展农业，取得了相当的成绩，但畜牧业毕竟是契丹人世代相承的"祖业"，在辽代的经济中一直占有重要的位置。在辽太祖和太宗的时代，以及后来的圣宗时代，虽然大力提倡农业，使农业生产有了很大程度的发展，但并没有放弃畜牧业。特别是太祖、太宗，在原来游牧的基础上，又发展了"群牧"的方法，使得国家掌握了大量的畜牧业资源，保证了畜牧业的发展，从而也保证了契丹人民生活的必须，保证了战争对马匹的需要。

但辽代圣宗以后，鼎盛时期已过，开始走下坡路。而在对畜牧业的管理上，也出现了一些问题，使得辽代的畜牧业的发展一度出现了停滞甚至倒退。多亏萧陶隗（wěi）的工作和建议，才制止并扭转了畜牧业下降的趋势，使辽代的畜牧业得以继续发展。

萧陶隗的六世高祖辖特曾在辽初当过宰相。道宗耶律洪基咸雍初年任马群太保。一看官名，就知道这是一个负责群牧的官员。后来，萧陶隗发现，到了他上任负责群牧的时候，"群牧"这项行之有效的发展畜牧业的方法，已经名存实亡了。因为负责群牧工作的官员不负责任，马匹出现有病、死亡等情况，也不如实上报，更不予以治理。并且，各级官吏都采取欺上瞒下的办法，不向上反映真实的情况。因此，账上的马匹数，与实际拥有的数量相差悬殊。

他决心要解决这个问题。萧陶隗深入到马群中，了解马群的实际情况。他又查阅了全部马群的账目，把那些已经病弱不堪的马匹从账册上清除掉，让账实相符。

然后，他又上书皇帝，报告了真实情况及自己的主张。他在上书中谈到实际情况时说："马群以少为多，以无为有，上下相蒙，积弊成风"。他建议，应该在表册上反映真实的数字，建立确切的账目作为依据。这样做，对公对私都有好处。道宗予以同意。

经过这次整顿，群牧又繁盛起来。到了大安二年（1086），经过了20年的发展，马群又发展到上百万匹。道宗奖励了各级群牧官，还给他们晋了级。到天祚帝初年，辽国朝廷控制的马匹，已经有数万群，每群不下千匹，就是说辽朝已经拥有上千万匹的马。

萧陶隗为辽代畜牧业的发展做出了重大贡献。他却受人诬诌，得病而死。

韩延徽教民垦艺　治国安邦

契丹所以能够在较短的时间里，从游牧经济转换成亦农亦牧的经济并进而逐渐发展成以农业为主的经济，固然与契丹族自身的要求和努力分不开，但也同一些汉族知识分子对契丹族的帮助分不开。韩延徽就是帮助契丹建立政治体制并发展经济的一位重要人士。

　　韩延徽是唐末的人，原来家住幽州安次县（今河北省安次县西）。父亲韩梦殷是晚唐的蓟、儒、顺三州（分别在今北京市的西北、北和东北面）刺史。韩延徽自幼聪明，被选为官，后来做到幽州观察度支使。有一次他被派到契丹为使。在谈判过程中，他寸步不让，激怒了辽太祖耶律阿保机，阿保机把他扣留下来，不准回国。

　　太祖皇后述律氏知道这件事以后，对太祖说道：这个人不肯屈服，是因为他受了唐朝的派遣，这是他忠诚的表现，有什么理由监禁屈辱他呢？太祖觉得皇后说得有道理，就把他放了，并同他进行了一次热烈的交谈。交谈中，韩延徽说的话，辽太祖感兴趣，太祖便要求他留在契丹，参与契丹的政务。韩延徽受到太祖的信任，积极性也很高。这时候，就连打着唐朝旗号的后唐也已经支持不住，很快就要亡国了。在中国的北方、契丹的南方，正是后梁的天下，处在五代十国的时期，社会动荡不安，韩延徽也无处可奔，就留在了契丹，正赶上太祖要攻伐位于契丹西方的党项和北方的室韦，由于韩延徽提出了不少宝贵的建议，没用多大力气，就使这两个少数民族臣服了契丹。自此，太祖对韩延徽是越来越信任，越来越重视。

　　韩延徽作为汉族的知识分子，比较了解唐朝和中原发达地区的国家机构建制以及他们统治国家和民众的方法，他建议辽太祖建设城郭，在城里建设市民的居住区，这样就可以让投降或者逃亡到这里来的汉族人留下来，这些人会种田，有些人还会各种手工技术，这都是契丹人很需要的。对于那些还没有家室的人，可以帮他们选择配偶，建立家庭，使他们安心地在这里从事生产。

　　更重要的，是韩延徽还让这些汉人在这里发展农业生产，开垦荒地种植谷物，这等于是给契丹人发展农业生产做出了示范，对促进契丹农业生产的发展起了很大的作用。另一方面，由于中原地区的纷乱，很多汉族人愿意在这里定居。大批的汉人到来和定居在这里，带来了先进的生产技术和生产经验，对契丹经济的发展起了很大的作用。

　　韩延徽还帮助辽太祖建立起了许多国家典章制度，这对缺少立国经验的辽太祖来说是至关重要的。特别是这些制度进一步促进了契丹经济的发展。

　　有一次，韩延徽想家了，就从契丹逃回中原后唐，后唐也给了他一个官做。但是在那苟延残喘的后唐朝廷里，将领之间互相忌妒，使他无法容忍，他又重新回到契丹。太祖听说韩延徽回来了，乐不可支。太祖问他：为什么要逃回中原，为什么又回来了？他回答说：忘记爹娘是不孝，忘记君王是不忠。

臣虽然逃回中原，但臣的心还在陛下这里，所以臣又回来了。

韩延徽走了以后，太祖像失魂落魄了似的，连做梦都梦见韩延徽，所以韩延徽回来以后，使他非常兴奋。他还赐给韩延徽一个名子叫匣列，在契丹语中是归来的意思。还封他为鲁国公。太祖把他视为佐命功臣之一。

铎鲁斡不满子聚财

耶律铎鲁斡，字乙辛，是辽代重臣。他在辽朝任官多年，起初曾担任同知、招讨使等职，辽道宗大安五年（1089），任南府宰相，一直到寿昌初年（1095）致仕回乡，前后任宰相之职有五六年。

耶律铎鲁斡虽然身居要职，却廉洁节俭，重义轻财，从来就不聚敛财物。他当官的时候，所到之处，政声都很好，属下的官吏、百姓对他既敬畏，又爱重。他退休回乡家居后，仍然丝毫也没有改变其重义轻财的品格。

耶律铎鲁斡的儿子耶律普古担任乌古部节度使，见父亲已退休，便派人去接父亲到自己任所同住。耶律铎鲁斡因退休后家居无事，便欣然前往。他来到耶律普古的官衙中，见儿子积聚了许多的财物，不禁对之大为不满。耶律铎鲁斡语重心长地对儿子说："你离开亲人出来做官，应当力图使国家昌盛富裕，百姓安居乐业。现在你做事不从正道，不能一心为国为君，而是贪图财富，你实在是辜负了我对你的殷切期望！"因为不满于耶律普古的所做所为，耶律铎鲁斡不肯住在儿子那里，仍然命来时的车驾将他载回家中。

耶律普古却听不进父亲对他的忠告，仍然执迷不悟，后来终于被强盗所杀。他贪图财物，终于为财物而丢了性命，结局何其悲惨。如果耶律普古好好听从父亲的教诲，肯定不会落得如此下场。

人物春秋

谋略宏远　料敌精准——耶律休哥

　　耶律休哥，字逊宁。休哥少年时就具有三公和辅相的才识和气度。当初乌古和室韦两个部落叛乱，休哥跟随北府宰相萧干征讨他们。应历末年，任惕隐。

　　乾亨元年，宋军进攻燕州，北院大王奚底、统军使萧讨古等兵败失利，南京被围困。皇帝命令休哥代替奚底，率领五院军前去援救。在高粱河与宋军大部队遭遇，他与耶律斜轸分兵为左右两翼，击败宋军，追杀30余里，斩首一万余级，休哥身负伤有3处。次日清晨，宋军主帅逃去，休哥受伤不能骑马，便乘一辆轻车一路追到涿州，没赶上敌军就回来了。

　　这年冬天，皇帝命令韩匡嗣、耶律沙讨伐宋，以报复宋军包围南京之役。休哥率本部兵马跟从韩匡嗣等人在满城作战。第二天正要再次开战，宋人请降，匡嗣相信。休哥说："宋军部伍整齐，兵锋正锐，一定不会轻易屈服，这只是诱骗我们罢了，应当严阵以待。"匡嗣不听。休哥率部登上高处观察敌情，一会儿，大批宋军赶到，击鼓呐喊，快速进击，匡嗣仓促不知所措，士兵们丢弃了大旗、战鼓而逃散，辽军失败。休哥指挥本部完整的队伍出击，宋军才撤退。皇帝下诏任命他总领南面戍兵，封为北院大王。

　　第二年，皇帝亲自出征，包围了瓦桥关。宋军前来援救，瓦桥关守将张师率兵突围而出，皇帝亲自督战，休哥斩杀张师，余下的宋兵又逃回关里。宋军在河水南面摆开阵势，将要交战时，皇帝看到唯独休哥的战马和铠甲都是黄色的，担心被敌军认出，就赐给他黑甲、白马，把原来的战马、铠甲换了下来。休哥率领精锐骑兵渡河，击败了宋军，一直追到莫州。杀得尸首堆满于道路，箭也用光了，生擒了宋军几员战将回来献给皇帝。皇帝十分高兴，赏赐给他御马、金盂，并慰劳他说："你的勇猛超过了你的名声，假若人人都像你一样，还担忧什么不能被攻克？"回师后，授予他于越的称号。

圣宗即位后，太后临朝掌权，命令休哥总督南面军务，并授予他临机处置的权力。休哥平均安排了各地的戍兵，设立更休法，奖励农业生产，整治武备，边境一带呈现出一派安定繁荣的景象。统和四年，宋军再次进攻，他们的将领范密、杨继业兵出云州；曹彬、米信兵出雄州、易州，夺取了歧沟、涿州，攻陷了固安并屯兵驻守。当时，北南院、奚部的部队没有赶到，休哥兵单将寡，不敢出战。夜间派轻装骑兵出没于两军交界地带，捕杀单个和老弱的宋兵来威吓其他人；白天则用精锐士兵虚张声势，使宋军忙于应付防守，借此消耗他们的战斗力。又在树林草丛中设下伏兵，阻截宋军的粮道。曹彬等人因为粮草供应不上，退保白沟，一个多月后，再次赶来。休哥派轻骑兵迫近他们，趁他们临时休息吃饭时，击杀那些离开队伍单独出来的人，一边战斗一边退却。因此宋军自救不暇，就集结成方阵，在队伍两侧边挖战壕边行进。士兵渴了没有水喝，就趴在烂泥塘边喝水，如此行进4天才进抵涿州。听说太后的军队赶到，曹彬等人冒雨而逃。太后增派精锐的士兵，追赶上了他们。宋军筋疲力竭，就把兵车联在一起依托据守，休哥包围了他们。晚上，曹彬、米信率数骑逃走，其余的宋军全都溃散。休哥追到易州东边，得知宋军还有数万人马，正在沙河岸边生火做饭，休哥当即指挥部队前往进攻他们。宋军望见尘土飞扬便四处逃散，掉下河岸相互践踏而死的人超过一半，尸首把沙河水都堵塞住了。太后回师，休哥收殓宋兵尸体筑成一座大墓，以示军功，被封宋国王。

休哥再次上书说，可以乘宋朝衰弱，南下攻略，使黄河成为宋、辽的边界线。此书奏上后，没有被采纳。等到太后南下征伐，休哥担任先锋，在望都击败了宋军。当时宋将刘廷让率领数万名骑兵倾巢，与李敬源约定会师，扬言要攻取燕州。休哥听说后，首先派兵扼守住宋军所要经过的要害之地。等到太后率大部队赶到后，休哥与宋军交战，杀死李敬源，刘廷让逃向瀛州。七年，宋朝派刘廷让等人乘夏季大雨天气前来攻打易州，诸将对他非常畏惧。只有休哥率精锐士兵在沙河北侧迎头拦击，打死打伤了数万人，缴获辎重不可胜计，进献给朝廷。太后称赞他的功劳，下诏令他今后入朝不必行跪拜之礼，不用称名。自此以后，宋军不敢北上。当时宋朝人想止住小孩子啼哭，就说：

"于越来了!"

休哥认为燕州的人民穷乏困苦,便减免租赋和徭役,抚恤孤寡人家,告诫戍兵不要侵犯宋朝边境,即使是牛马跑到北面来也要全部送还去。远近的人民仰慕他的教化,边僻之地得以安宁。十六年,休哥去世。这天晚上,天降大雨,树木上结冰。圣宗下诏在南京为他立祠。

休哥谋略宏大深远,料算敌情如有神助一般。每次作战胜利,常常把功劳推让给手下诸将,所以将士们都乐意为他效力。他身经百战,从未杀一个无辜的人。

学识广博　贯通经史——韩企先

韩企先,燕京人。九世祖韩知古,在辽朝做官,为中书令,移居柳城,世代富贵显赫。乾统年间,韩企先考中进士,盘旋留滞,不得进用。都统完颜杲平定中京,提拔韩企先为枢密副都承旨,逐渐升为转运使。完颜宗翰任都统经营治理山西时,上表让韩企先代理西京留守。太宗天会六年,刘彦宗去世,韩企先代替他担任同中书门下平章事、知枢密院事。七年,升任尚书左仆射兼侍中,封为楚国公。

起初,太祖平定燕京,开始用汉官赏赐左企弓等人,在广宁府设中书省、枢密院,而朝廷的宰相则用女真自己的官号。太宗初年,没有什么改变。等到张敦固被处死,把中书省、枢密院移到平州,蔡靖献燕山之地投降,又移到燕京,凡是汉人地区选任官职、征调租税等事,都由燕京中书省和枢密院根据朝廷的命令进行管理。所以从时立爱、刘彦宗到韩企先等人在任宰相时,他们的职掌大体上都是这样。斜也、宗斡主持国政,建议太宗改革女真族的传统制度,采用汉人的官制。天会四年,才开始确定官制,设置尚书省以下各级官署机构。

天会十二年,任命韩企先为尚书右丞相,召他到上京。这时,朝廷正讨论礼仪制度,改革以前旧的规章。韩企先学识广博、贯通经史,了解前代旧制,有的继承,有的更改,都使之调和中正、没有偏颇。韩企先做宰相,每次都要选拔有才能的人出任官职,专门以培植和奖掖晚辈后生为自己的责任。推荐读书人,鉴别人才,一时间台省多由有德行的君子担任官职。弥补政事的缺漏和不足,在进行秘密的策划和公开的谏劝时,必定向诸王征求意见。宗翰、宗斡都很敬重他,当时的人称他为贤明的宰相。

熙宗皇统元年,韩企先被封为濮王。六年,韩企先去世,终年65岁。海陵王正隆二年,降封为齐国公。世宗大定八年,诏令韩企先配享太宗庙庭。

大定十年,司空李德固的孙子李引庆请求继承他祖父的猛安爵号。世宗说:"李德固没有什么功劳,他的猛安称号姑且空缺。汉人宰相只有韩企先最为贤明,其他人比不上。"十一年,将在衍庆宫画功臣像时,皇上说:"丞相韩企先,本朝的典章制度多是由他制定的,至于处理和决定国家大事,都与大臣们谋划商议,不让外人知道,所以没有人能够知道他的功劳。前后汉人宰相中没人能比得上他,把他安置在功臣像里面,也足以昭示和勉励后人。"十五年,赐韩企先谥号为"简懿"。

《金史》

《金史》概论

《金史》135卷，元朝脱脱等奉敕编纂。全书本纪19卷，志39卷，表4卷，列传73卷，共计100万字左右，是研究金代历史最基本、最重要的史料。

一

金朝是中国历史上由女真族建立的一个封建王朝。从12世纪初建立到13世纪初被蒙古族建立的国家灭亡，历10帝120年。金朝在中国历史的发展过程中占有重要地位。金朝从建立之时起，就与中原的赵宋王朝保持交往，其后两国之间有战争也有和平。金朝统治者十分重视文化，尤其是注意吸取汉文化。在这个过程中，金朝统治者曾经效法中原汉族王朝，建立并健全修史制度。金朝有记注院，掌修起居注；秘书监所属有著作局，掌修日历；还有国史院，掌修实录和国史。金代官修的各类史书中，以实录的修纂最为完备，从太祖阿骨打以下至宣宗各帝，均有实录，只有卫绍王和哀宗未及修成。除此之外，还有记载金朝先世的《先朝实录》三卷。实录之外，还修有国史，包括历代皇帝本纪和功臣列传等。

金宣宗南迁时，将实录等文献资料带到汴京。蒙古与南宋联合灭亡金朝后，由于张柔和王鹗等人的努力抢救，部分文献资料得以保存下来。张柔是依附于蒙古政权的地方军阀，参与蒙古军攻打汴京的战争。汴京被攻陷时，张柔不取金帛，独自进入史馆，收取金朝实录和秘府所藏图书。这批珍贵的资料一直保存在元朝的史馆内。忽必烈即帝位前，广泛招集汉族知识分子，为自己的统治出谋划策，王鹗位在其中，忽必烈即帝位后，授王鹗为翰林学士承旨。王鹗向忽必烈建议说："自古帝王得失兴废，班班可考者，以有史在。我国家以武定四方，天戈所临，罔不臣属，皆太祖庙谟雄断所致。若不乘时纪录，窃恐岁久渐至遗忘。金实录尚存，善政颇多；辽史散逸，尤为未备。宁可亡人之国，不可亡人之史。若史馆不立，后世也不知有今日。"忽必烈采纳了他的意见，"命国史附修辽、金二史"。但此时庶事草创，戎马倥偬，忽必烈心有余而力不足。3年之后，王鹗再次提出修撰辽金两史，仍没有结果。元朝灭亡南宋后，在半个多世纪里，又曾3次下诏修纂宋、辽、金三史。但因正统问题争论不休，迟迟没能进行。直到元朝最后一个皇帝顺帝至正三年（1343），才正式开局纂修。中书左丞相脱脱为都总裁，总裁官有欧阳玄、张起岩、揭傒斯等人。脱脱确定三史各为正统，各系其年号，使这一争论很久的问题得到了解决。至正四年（1344）三月，《辽史》完成后不久，脱脱罢相，新任丞相阿鲁图继任主持修撰，次年十一月，《金史》修成，由阿鲁图领衔进呈。

　　《金史》的编撰，大体由纂修人员撰成初稿，然后进呈总裁，由总裁笔削裁定。总裁是《金史》编修的高级官员，为都总裁的主要助手，具体组织编修，以确定选材、编例、润笔等事。《金史》设总裁8人：铁木儿塔识、贺惟一、张起岩、欧阳玄、揭傒斯、李好文、杨宗瑞、王沂。《金史》在短期内顺利成文，与8位总裁官的作用密切相关。铁木儿塔识，精通儒理之学，尽心竭力搜罗天下贤士，积极为三史修纂出谋划策。贺惟一，积极主张尽早结束关于正统问题的论争，投入人力物力财力纂修三史。张起岩，潜心钻研金朝历史，熟悉金源故实，又精通宋代理学，对编修中的错误，多能及时据理改定。欧阳玄，顺帝下诏修撰金史等三史，他被召为总裁官，创立三史凡例，作为编修者的依据，纂修者的议论不公正、感情用事之处，他亲笔改正；书中论、赞、表、奏，多系其亲自动笔写成，《金史》等三史修成，其功居多。揭傒斯，主张修史在于用人，重视史法和史意，在三史编修过程中，毅然以笔削自任。政事得失、人才贤否必定求得公正。遇到不详之事，必定反复辩论，考证源流。李好文，至正四年以礼部尚书的身份参与编修三史，任金、宋两史的总裁官，授为治书侍御史，掌史事。杨宗瑞，曾领修《经世大典》，至正时总裁宋、金两史。王沂，除纂修《辽史》外，又任宋、金两史总裁官，他多居文字之职，庙堂之作，多出其手。

　　总裁官在《金史》成书过程中的作用和贡献不小，但参加具体写稿的史官的作用和贡献不可忽视。《金史》的编撰者，共有6人：沙剌班、王理、伯颜、赵时敏、费著、商企翁。他们都有较高的经史或文学修养，学有专长，为《金史》的纂修付出了不少的心血。

二

《金史》与《辽史》《宋史》同时开始编纂，成书略晚于《辽史》，而早于《宋史》，在三史当中，《金史》是较好的一部。这与资料的充足有密切关系。

《金史》主要取材于金朝实录、刘祁的《归潜志》和元好问的《遗山文集》《中州集》和《壬辰杂编》等。

《金史》所依据的史料书籍，有些今已不存，赖《金史》保存了其中的一些材料，《金史》因而显得珍贵。

元修三史，《辽史》简略粗糙，《宋史》杂芜繁乱，《金史》相对来说修得较好。《金史》不仅记载了金朝120年的历史，还记述了金朝建立前的女真族的早期发展史。女真早期历史的资料十分缺乏，《金史》所记的这部分资料十分珍贵。在编纂体例上，这部分资料被《金史》编撰者作为"世纪"列在本纪之前，专述金太祖先世的生平事迹，仍以纪传体的形式，追述建国前的女真族历史。

在编纂体例上，《金史》最富创建性的是在本纪末尾又列《世纪补》一篇，用来记述金朝历史上未曾称帝而为后代追认的几位皇帝的事迹。它既有别于《本纪》所记载的正式登基的皇帝，而又不失被追认之后的皇帝身份，处理得十分得当。这种独有的编纂体例，又为后代修史者所承继。

在总体设计上，《金史》没有出现《宋史》那样详北宋略南宋的不合理布局，而是做到详略得当，重要人物、事件、制度一般都较为详细，能够反映出某一历史现象的基本面目。该书的志和表，记载较为全面、系统，使用了大量的原始资料，使得一代典章制度得以再现，具有较高的史料价值。《金史·交聘表》是其首创的一种编纂形式，它采用编年体的修史方法，而用表格的方式记述金朝与邻国的战和关系。表格将宋、夏、高丽并列，易于相互参照，了解同一时期金朝周边关系的情况，是研究宋、夏、金相互关系的重要参考史料。

《金史》也存在一些错误和缺点。一是语多掩饰、虚妄。如《纥石烈牙吾塔传》记其为侵宋战争的主帅，所向无敌，战功卓著，而实际上他是"无功而还"；二是体例编次欠当，有些该立传的没有列传。如金初大将韩常，与另一名将宗弼共事，累有战功，《金史》上却没有他的传。金太祖阿骨打抗辽建国，得到杨朴的帮助甚多，事见《辽史》，而《金史》无传。崔立杀宰相、劫后妃等，以汴京降蒙古，按旧史家的观点应列入叛臣、逆臣传中，而《金史》却将其与"功臣"同卷，显属编次失当；三是人名错讹，互相歧异。如宗杰，太祖之子，目录列本名木里也，而卷六十九本传作没里野。宗望，卷七十四作斡离不，又名斡鲁补，《礼志》作斡里不，等等。这些译名的不统一，造成了许多混乱，而且常与《辽史》《宋史》《元史》相互歧异。

尽管《金史》有上述不足，但它不仅提供了金朝历史的基本资料，更辑佚和保存了众多的金朝文献，它在中国史学史上的地位和价值不容忽视和否定。

《金史》修成后多次刊行。元代初刻本今存80卷，此外有元复刻本、明南监本、北监本、清殿本等。1975年中华书局出版的点校本《金史》，以百衲本为底本，充分吸收了前人整理校勘的成果，是目前最好的版本。

三

《金史》本纪第一卷是《世纪》，记载金始祖函普到康宗乌雅束的世系，简要介绍了世居白山黑水之间的女真族由原始社会后期进入阶级社会，由各部纷争的混乱局面走向统一、逐渐强盛的历史过程。这段历史表明，女真族过着不定居的漂泊的生活，到后来逐渐发展到耕垦种植，建筑居室。女真族同时由无文字、无书契、无约束发展到"稍以条教为治，部落浸强"。女真族已经由迁徙不常的渔猎和游牧生活发展到半渔猎半农耕的生活。以后各卷，依次记载了金太祖、太宗、熙宗、海陵王、世宗、章宗、卫绍王、宣宗、哀宗等9朝的历史。其中太祖本纪记载了金太祖完颜阿骨打统一女真各部，设置猛安谋克制度，建立奴隶制国家，颁行女真文字，战胜并攻灭辽朝等重要史实。太宗本纪主要记载金太宗继续开展对辽、宋的战争，擒获辽天祚帝，灭亡北宋，掳获徽、钦二帝，并进一步南下侵掠宋朝。在继续扩大侵略战争、拓展金朝领土的过程中，金朝的政治、军事、经济制度也随之相应得到改变和发展。熙宗本纪反映了废除女真旧制，采用汉制等政治改革，统治集团内部争斗日趋激烈，各族人民的反抗斗争相继发生。海陵王本纪，主要记载了金朝进一步改革政治制度，任用汉人，采用汉制，推行封建化，并再次发动侵略南宋的战争，镇压各族人民的起义。世宗本纪和章宗本纪是《本纪》部分最详者，记载了金朝统治者争取各贵族的支持，巩固统治，完成封建化进程，农业、牧业、手工业、商业得到较大发展。随着封建剥削的加强，农民起义相继发生，民族间的融合与战争交替进行，土地兼并严重，社会矛盾尖锐，社会经济呈现衰落的趋势。卫绍王、宣宗、哀宗本纪主要记载金蒙战争，统治集团内部互相倾轧诛杀，红袄军等各族人民反金抗蒙斗争的情况。

金太祖完颜旻、海陵王完颜亮、世宗完颜雍等都是金朝历史上的杰出人物。完颜旻以其卓越的才能，促进女真民族的最后形成，并完成了氏族制向奴隶制进化的历史过程，建立了金朝奴隶制国家，这是金朝历史发展的第一次飞跃。完颜亮和完颜雍当政时期，随着政治上和军事上的向南渗透，金朝面临着必须适应中原地区较高"经济情况"的历史选择，世宗在海陵王所奠定的封建化进程的基础上，基本上完成了向封建化转化的历史过程，这是女真族发展史上的第二次飞跃。太祖完颜旻是金朝的开基人，对女真族历史的发展起了重要作用。在女真部落联盟的建立、巩固和发展过程中，年轻的阿骨打（太祖完颜旻）的军事、政治才能受到女真首脑人物的赏识，加之他善于处理女真内部的各种矛盾，得到女真族人民的拥戴，在女真统一民族形成过程中，终于成长为一个智勇双全的英雄人物。他顺应女真人反抗奴役的要求，积极组织反抗辽朝压迫的斗争，取得一个又一个的胜利，并不失时机地建立了民族国家，使女真族由一个弱小民族变为东北地区首屈一指的强大民族。为了适应对辽作战和巩固国家政权的需要，金太祖对脱胎于氏族制的女真社会进行了一系列的重大改革。金太祖在奠定开国规模和改革过程中，十分注意学习先进的汉族文化和录用汉化很深的知识分子。《金史》较全面地叙述了上述情况。

海陵王完颜亮是金朝的第四任皇帝。他弑君为帝，力除异己，锐意改革，善用人才，加速了女真族社会发展进程。后来发动不得人心的侵宋战争，败亡江南。在位期间，他加强中央集权，下令废除设置在燕京和汴京的行台尚书省，消除金朝发源地与新近征服的辽、宋地区的差别，使政令统一于中央朝廷。又实行"正隆官制"，使之成为金朝一代定制。他是一位知书明礼、文武具备的颇有远见的君主。为了消除统治阶级内部夺权的隐患，他大批镇压女真族和宗室大臣，联合各族上层势力共同维护金朝的统治。他还改革科举制度，大力选拔人才和官吏。在经济上，他积极推行封建化措施，把女真人南迁，统一币制和财权。力排众议，迁都燕京，完成了封建化进程中具有决定性的一步。几百年来，人们对完颜亮的看法褒贬毁誉，大相径庭，有人说他是历史上最凶狠、奸诈的无道暴君，有人说他英锐有大志，是金朝历史上杰出的政治家。《海陵王完颜亮本纪》将提供给读者一种意见。

宗弼、宗望、宗翰等是金朝初年著名的军事将领。在抗辽侵宋战争中，他出生入死，为女真贵族灭亡辽朝、入主中原立下了汗马功劳。宗弼，即兀术，金太祖阿骨打的第四子，起初跟随宗望、宗翰等人攻宋，1129年任统帅，渡过长江，追南宋高宗入海，第二年被韩世忠阻击于长江黄天荡，相持40余天，才得渡江退回。不久，被调往陕西，与张浚大战于富平，苦战后勉强获胜。以后连年进攻秦岭北麓一带，都被吴玠击退。金熙宗时，任都元帅，撕毁挞懒等主持的和约，于1140年重新发动侵宋战争，进兵河南，受到岳飞、刘锜等军的阻击，后终于掠取秦岭、淮河以北的土地。阅读这些将领的传记，可以更清楚地了解金朝统治者的扩张政策。

王若虚、元好问等都是金代著名的文学家。王若虚论文主张辞达理顺，于诗反对模拟雕琢，推崇白居易、苏轼，对黄庭坚及其江西诗派深表不满。王若虚著有《五经辨惑》等，对汉、宋儒者解经之谬及古文、古书的错讹颇有批评。元好问工诗文，在宋元之际颇负众望，诗词风格沉郁，并多伤时感事之作。元好问所著《论诗》绝句30首，崇尚天然，反对柔靡雕琢，在文学批评史上颇有地位，他的《遗山集》和《中州集》对元修《金史》起过重要作用。

政 略

金太祖定国名

上①曰："辽以宾铁②为号，取其坚也。宾铁虽坚，终亦变坏，惟金不变不坏。金之色白，完颜部③色尚白。"于是国号大金，改元收国④。

（《金史》卷二，太祖本纪）

【注释】

①上：指金太祖完颜阿骨打（1068—1123年），公元1115年称帝，建国号大金。

②宾铁：纯精之铁，亦即所谓镔铁。

③完颜部：女真族部落之一，是女真宗室形成的中心。

④收国：金国的第一个年号，起于1115年，止于1116年。

【译文】

金太祖说："辽国以宾铁为称号，是取其坚硬之意。宾铁虽然坚硬，但最终也会变锈，而只有金才不会变锈、坏损。金的颜色是白色，而我们完颜部落在颜色上又崇尚白色。"于是，以大金作为国号，并改皇帝年号为收国。

金世宗论为政之道

丙申，尚书省进"皇太子守国宝"，上①召皇太子授之……皇太子再三辞让，以不谙政务，乞备扈从②。上曰："政事无甚难，但用心公正，

毋纳谗邪，久之自熟。”皇太子流涕，左右皆为之感动。皇太子乃
受宝。

（《金史》卷八，世宗本纪）

【注释】

①上：指金世宗完颜雍（1123—1189年）。

②扈从：侍从帝王出巡。

【译文】

（大定二十四年三月）丙申日，尚书省将“皇太子守国宝”进献给了世宗，
世宗召见了皇太子，并将守国宝授给他。……皇太子再三推辞，并以不熟悉
朝政事务为由，请求为世宗作保驾的侍从。世宗说：“处理政务并不太难，
只要用心公正，不听信谗言，时间长了就自然熟练。”皇太子感动得流下了
眼泪，身旁的大臣们也为之感动。皇太子于是接受了守国宝。

金章宗学议

戊寅①，上②问辅臣：“孔子庙诸处何如？”平章政事守贞曰：“诸
县见议建立。”……夏四月癸亥③，敕有司，以增修曲阜宣圣庙工毕，赐
衍圣公以下三献法服及登歌乐一部④……己巳，以温敦伯英言，命礼部令
学官讲经。

（《金史》卷九至卷十一，章宗本纪）

【注释】

①戊寅：此指金章宗明昌五年（1194年）闰十月戊寅日。

②上：指金章宗完颜璟（1168—1208年），女真名麻达葛，金世宗之孙。

③四月癸亥：此指明昌六年（1195年）四月癸亥日。

④“赐衍圣公”句：衍圣公，是宋仁宗对孔子后裔的封号。三献，古代
祭祀时献酒3次，第一次称初献爵，二次称亚献爵，三次称终献爵。法服，
指礼法规定的服饰。

【译文】

戊寅日，金章宗问辅臣们说："建孔子庙的事各地进展得怎样？"平章政事守贞答道："各县正在拟议建立孔庙之事。"……夏季四月癸亥日，金章宗命令有关官吏说，在增建曲阜宣圣庙的工程完结后，赐给孔子后裔衍圣公三献祭祀时所穿的法服以及升堂奏歌所用的乐器一部。……己巳日，依照温敦伯的建议，金章宗命令礼部令学官讲授儒家经典。

完颜伯嘉之谏

礼部郎中抹捻胡鲁剌[①]以言事忤旨，集五品以上官显责之。明日，伯嘉[②]谏曰："自古帝王莫不欲法尧、舜而耻为桀、纣，盖尧、舜纳谏，桀、纣拒谏也。故曰'纳谏者昌，拒谏者亡'。胡鲁剌所言是，无益于身；所言不是，无损于国。陛下廷辱如此，独不欲为尧、舜乎。……"

（《金史》卷一百，完颜伯嘉传）

【注释】

①抹捻胡鲁剌：人名。

②伯嘉：即完颜伯嘉，字辅之，明昌二年（1191年）进士，曾任中都左警巡判官、莒州刺史、留守、节度使、元帅左监军、宣抚使等职，元光二年（1223年）卒。

【译文】

礼部郎中抹捻胡鲁剌因为进言之事对金宣宗的旨意有背，宣宗便召集朝中五品以上的官员公开责骂他。第二天，完颜伯嘉向宣宗进言道："自古以来，帝王没有不想效法尧、舜而耻做桀、纣的，这大概是因为尧、舜能够接受谏言，而桀、纣拒绝规劝的缘故。所以说'接受劝谏的君王使国家昌盛，拒绝批评的君王使国家衰亡'。抹捻胡鲁剌所讲的如果正确，对他自己也没有什么利益；他所讲的如果不正确，对国家也没有什么损害。陛下您在朝廷这样责骂他，难道您偏偏不想当尧、舜吗？……"

承晖论捕盗之法

山东盗贼起……犹往往潜匿泰山岩穴间。按察司请发数万人刊除林木，则盗贼无所隐矣。承晖①奏曰："泰山五岳之宗，故曰岱宗。王者受命，封禅告代②，国家虽不行此事，而山亦不可赭③也。齐人易动，驱之入山，必有冻饿失所之患，此诲盗非止盗也。天下之山亦多矣，岂可尽赭哉。"议遂寝。

（《金史》卷一百一，承晖传）

【注释】

①承晖：金官员，字维明，本名福兴，金世宗至宣宗时曾任笔砚直长、侍司直长、右警巡使、近侍局长、兵部侍郎、提刑副使、节度使、右丞相等职。

②封禅告代：古代帝王在泰山上筑坛祭天称"封"；辟基祭地称"禅"。告代，此谓祝祷皇位的交替。

③赭：红色。此谓以火焚烧。

【译文】

山东地区盗贼扰民……还常常逃到泰山的岩洞、树林中躲藏起来。按察司请求调发几万人到山上砍掉树木，以使盗贼失去藏身之地。承晖奏报朝廷说："泰山是五岳之尊，所以又称岱宗。侯王接受任命，帝王祭祀天地，祝祷王位交替，都要在泰山举行仪式。国家即使不举行这类仪式，但也不能在泰山上砍烧林木。齐人（山东人）容易作乱，而把他们赶入山中，他们必然会有挨冻受饿的灾祸，这样，便是唆使人当盗贼，而不是制止盗贼出现。全国的山林那么多，难道能全部烧掉吗？"于是就放弃了烧山的动议。

杨云翼医谏

云翼尝患风痹①，至是稍愈，上②亲问愈之之方，对曰："但治心耳。心和则邪气不干，治国亦然，人君先正其心，则朝廷百官莫不一于正矣。"

上瞿然③，知其为医谏也。

（《金史》卷一百十，杨云翼传）

【注释】

① "云翼"句：云翼，即杨云翼，字之美，明昌五年（1194年）进士，曾任判官、太常寺丞、吏部郎中、礼部侍郎、御史中丞、礼部尚书等职。风痹，病名，即今之中风。

②上：指金哀宗完颜守绪（1193—1234年），女真名守礼。

③瞿（jué）然：惊视貌。

【译文】

杨云翼曾经得了中风，到了这时稍有好转。金哀宗亲自询问使病好转的药方，他回答说："我只是疗治心罢了。心中平和，邪气就无法干扰。治理国家也是这样。君主首先使自己的心端正，那么朝廷的文武百官就没有谁不归于正直了。"金哀宗听后，惊讶地看着他，心里明白他这是借病事来劝谏自己。

二十四史精华

《金史》

御 人

熙宗诸色皆用

左丞相宗贤、左丞禀等言[①]，州郡长吏当并用本国人。上曰："四海之内，皆朕臣子，若分别待之，岂能致一。谚不云乎，'疑人勿使，使人勿疑'。自今本国及诸色[②]人，量才通用之。"

（《金史》卷四，熙宗本纪）

《金史》

【注释】

①"左丞相"句：宗贤，金大臣，本名赛里，熙宗时曾任左丞相，兼都元帅等职。左丞，官名，掌监察百官等事，权势极大。禀，即完颜禀，金大臣。

②诸色：这里指各民族。

【译文】

左丞相宗贤、左丞完颜禀等人说，各州郡的官吏都应当全部由女真族人来充任。金熙宗说："全国范围之内的人，都是我的臣民，如对他们区别对待，怎么能够达到统一呢！谚语不是说'疑人不用，用人不疑'吗？从现在起，对于女真族人及其他民族的人，都应当考察其才能，然后加以任用。"

金世宗不举亲

尚书省[①]奏，拟同知永宁军[②]节度使事阿可为刺史，上[③]曰："阿可年幼，于事未练，授佐贰官可也。"平章政事唐括安礼[④]奏曰："臣等以阿可宗室，故拟是职。"上曰："郡守⑤系千里休戚，安可不择人而私其亲耶。若以亲亲之恩，赐与虽厚，无害于政。使之治郡而非其才，一境何赖焉。"

（《金史》卷七，世宗本纪）

【注释】

①尚书省：官署名。

②永宁军：治所在今河北省蠡县。

③上：指金世宗完颜雍（1123—1189年），女真名乌禄，金太祖之孙。

④唐括安礼：人名。

⑤郡守：官名。此指刺史之职。

【译文】

尚书省奏报说，准备让同知永宁军节度使事完颜阿可担任刺史之职。金世宗说："完颜阿可年轻且行事不老练，让他担任副职官就行了。"平章政事唐括安礼禀告说："我们认为完颜阿可是皇族子弟，所以才打算让他任刺史之职。"世宗说："刺史之职关系到千里之内百姓的喜忧福祸，怎么能不选择人才而偏私皇亲呢？假如出于亲爱自己亲属的感情，赏赐他的东西虽然可丰厚，但不可有害于国政。让他治理州郡，但他又没那种才能，整个辖境的百姓将依靠谁呀？"

辱命受罚

璋①受命使宋……璋至临安②，宋人请以太子接书，不从。宋人就馆迫取书，璋与之，且赴宴，多受礼物。有司以闻，上③怒，欲置之极刑。左丞相良弼奏曰："璋为将，大破宋军，宋人仇之久矣。将因此陷之死地，未可知也。今若杀璋，或者堕其计中耳。"上以为然，乃杖璋百五十，除名，副使客省使高翊杖百，没入其所受礼物。

（《金史》卷六十五，完颜璋传）

【注释】

①璋：即完颜璋，金太祖之侄孙，本名胡麻愈。

②临安：今杭州市，时为南宋京城。

③上：指金世宗完颜雍（1123—1189年）。

【译文】

完颜璋受命出使南宋。……完颜璋到达临安后，宋人请求让宋朝太子出来接受国书，完颜璋不同意。宋朝就派人到宾馆强要国书，完颜璋就给了，并且出席了宋朝的宴会，接受了很多礼物。有关官员把这个情况报告了金世宗，金世宗大为恼怒，要对完颜璋处以死刑。左丞相良弼禀奏世宗说："完颜璋做将军时，曾经大败南宋军队，南宋人早就对他恨之入骨了。南宋人想借此机会陷害他，不无可能。现在如果杀掉他，也许就落入了敌人的圈套之中。"金世宗认为良弼说得对，于是杖打完颜璋150下，免除了他的职务，并对副使节客省使高翊也杖打了100下，还没收了他们所收受的礼物。

金世宗左右不用无能之臣

（宗尹①）乞致仕。世宗②曰："此老不事事，从其请可也。"宰臣③奏曰："旧臣宜在左右。"上曰："宰相总天下事，非养老之地。若不堪其职，朕亦有愧焉。如贤者在朝，利及百姓，四方瞻仰，朕亦与其光美。"宰臣无以对。

（《金史》卷七十三，宗尹传）

【注释】

①宗尹：金大臣，本名阿里罕。

②世宗：即金世宗完颜雍。

③宰臣：朝中辅佐君王为政的重臣。

【译文】

宗尹告老请求退休。金世宗说："这位老人家不能干事了，可以批准他的请求。"朝中的重臣们禀奏道："过去的老臣留在皇帝旁边比较合适。"金世宗说："宰相总理全国大事，朝中并非养老的地方。如果他不能胜任这一职务，我会感到惭愧。如果是德才兼备的人在朝中主持工作，就有利于百姓，这样，全国各地的人民也会拥戴他，我也可与他一起得到光荣和赞美。"朝中的重臣们听了，也就无话可说了。

施宜生泄密受烹

四年冬，为宋国正旦使①。宜生②自以得罪北走，耻见宋人，力辞，不许。宋命张涛馆之都亭，因间以首丘③风之。宜生顾其介④不在旁，为廋语⑤曰："今日北风甚劲⑥。"又取凡间笔扣之曰："笔来⑦，笔来。"于是宋始警。其副使耶律辟离刺使还以闻，坐是烹死。

（《金史》卷七十九，施宜生传）

【注释】

①正旦使：贺庆新春的使节。

②宜生：即施宜生，字明望。

③首丘：本谓狐狸眷恋故土，死后脑袋仍朝着窟穴所在的土丘。后因以称不忘故土或死后归葬故乡。

④介：传话的随从人员。

⑤廋（sōu）语：隐语。

⑥"今日"句：暗示金国将南下攻宋。

⑦笔来：与"必来"谐音。

【译文】

正隆四年冬，金朝让施宜生充任出使宋国的正旦使。施宜生自己因为曾在宋国犯罪而投奔北方的金国，所以羞于见到宋国人，于是坚决拒绝，但朝廷不允许。到宋后，宋朝命令张涛安排施宜生住在都亭的客馆，并趁机以归还故土之类的话劝告施宜生。施宜生看自己的随从人员不在身旁，便用暗语向宋人说："今天北风很强大。"又从几桌上拿起笔敲着说："笔来，笔来。"

宋朝人于是开始警觉起来。随行的副使节耶律辟离剌出使宋国回到金朝后，将施宜生的行为报告了朝廷，施宜生因此被烹死。

世宗议国书朝事

二十四年，世宗幸上京①，尚书省奏来岁正旦外国朝贺事，世宗曰："上京地远天寒，朕甚悯人使劳苦，欲即南京②受宋书，何如？"辉③对曰："外国使来必面见天子，今半途受书，异时宋人托事效之，何以辞为？"世宗曰："朕以诚实，彼若相诈，朕自有处置耳。"辉以为不可。

（《金史》卷九十五，程辉传）

【注释】

①世宗幸上京：世宗，即金世宗完颜雍（1123—1189 年），上京，今黑龙江省哈尔滨市阿城区南。

②南京：指今河南省开封。

③辉：即程辉，字日新，皇统二年（1142 年）进士，大定二十三年（1183 年）任参知政事。

【译文】

大定二十四年，金世宗来到了上京，尚书省奏请有关来年正月初一日外国使者入朝庆贺之事，金世宗说："上京地方偏远，天气寒冷，我十分同情外国使者所受的劳苦，想就在南说接受宋朝的国书，你们认为怎么样？"程辉回答说："外国使者来后必须面见皇上，如今我们在半路上接受别人的国书，日后宋人推辞自己不愿做的事时都会像这样寻找借口，到那时我们怎么办呢？"金世宗说："我以诚实的态度对待宋国，宋国如果对我们进行欺诈，我自会处置他们。"程辉觉得金世宗说的不可行。

金世宗用才唯能

刘仲洙字师鲁，大兴宛平①人。大定三年②，登进士第。……调深泽③令。……有盗夜发，居民震惊，仲洙率县卒生执其一，余众遂溃，旦日掩捕皆获。寻以廉能进官一阶……俄转吏部。世宗④谓宰臣曰："人有言语敏辩而庸常不正者，有语言拙讷而才智通达、存心向正者，如刘仲洙颇以才行见称，然而口语甚讷也。"右丞张汝霖曰："人之若是者多矣，愿陛下深察之。"

（《金史》卷九十七，刘仲洙传）

《金史》

【注释】

①大兴宛平：即大兴府宛平县，今北京市西南。
②大定三年：大定，金世宗完颜雍年号，1163年。
③深泽：县名，今河北省深泽县。
④世宗：即金世宗完颜雍。

【译文】

刘仲洙，字师鲁，大兴府宛平县人。金世宗大定三年，参加科举考试中进士。……调任深泽县令。……有一天晚上，由于有夜盗事件发生，县里的居民们被闹得惶恐不安，刘仲洙便率领县衙的吏卒们活捉了盗贼中的一个，其余的盗贼逃跑了。第二天，刘仲洙又带人搜捕，将盗贼全部抓获。不久，刘仲洙因为廉洁而能干，官职被提升了一级……不久又被调到吏部任职。金世宗对朝中辅政的重臣们说："有的人能言善辩，但能力平庸，心术不正；有的人虽笨嘴拙舌、不善言辞，但才智通达，好心向正。像刘仲洙就是以才智和品行而深受人们称道，但他口齿笨拙，不善讲话。"右丞张汝霖说："像这样的情况多着呢，希望陛下您细心考察后再予以选用。"

法 制

因时制宜以成一代之法

宗宪①本名阿懒。……兼通契丹、汉字。未冠，以宗翰②伐宋，汴京破，众人争趋府库取财物，宗宪独载图书以归。朝廷议制度礼乐，往往因仍辽旧，宗宪曰："方今奄③有辽、宋，当远引前古，因时制宜，成一代之法，何乃近取辽人制度哉。"希尹④曰："而⑤意甚与我合。"由是器重之。

（《金史》卷七十，宗宪传）

【注释】

①宗宪：金景祖之曾孙，金熙宗至世宗时曾任门下侍郎、行台平章政事、中京留守、安武军节度使等职，官至右丞相。

②宗翰：金大将，宗宪之兄。金初任左副元帅。天会四年，攻破太原，又与斡离不会师攻陷东京。天会五年至七年间，任统帅攻宋，久掌兵权。熙宗即位，拜太保、尚书令，领三省事。

③奄：覆盖，包括。此作统一讲。

④希尹：金大臣，熙宗时曾任左丞相等职。

⑤而：你。

【译文】

宗宪，原名阿懒。……兼通契丹族、汉族的文字。他未成年时，曾跟随宗翰讨伐南宋。攻破汴京后，许多人都抢先跑到府库里抢取财物，只有宗宪一人偏偏拿取图书运回家。朝廷讨论制订政治制度及礼乐制度，经常是沿袭辽国的旧制度。宗宪说："如今我们得到了辽国、宋国的土地，应当远引古代的制度，并按照当前的实际情况制定出适宜的制度，以形成我们这一朝代的法令。我们为什么要就近取用辽国的制度呢？"希尹听后说："你的意见跟我的正好相合。"从此，希尹就很器重宗宪。

张汝霖执法不严

世宗①召谓曰："卿②尝言，监察御史所察州县官多因沽买以得名誉，良吏奉法不为表襮③，必无所称。朕意亦然。卿今为台官，可革其弊。"……时将陵主簿高德温大收税石米，逮御史狱。汝霖具二法上。世宗责之曰："朕以卿为公正，故登用之。德温有人在宫掖④，故朕颇详其事。朕肯以宫掖之私挠法⑤耶？不谓卿等顾徇如是。"汝霖跪谢。

（《金史》卷八十三，张汝霖传）

【注释】

①世宗：即金世宗完颜雍，女真名乌禄，1161—1189 年在位。在位时，内治外和，团结人心，一时号为"小尧舜"。

②卿：此指张汝霖，金官员，字仲泽，少聪慧好学，贞元二年，赐进士第，特授左补阙，后任大兴县令、翰林待制、刑部郎中、礼部郎中、转运使、礼部尚书、御史大夫等职。为人甚圆滑，善揣人意。

③表襮（bó）：犹言表彰也。

④宫掖：古代帝王的嫔妃所居之宫室。

⑤挠法：扰乱法令。

【译文】

金世宗召见张汝霖说："你过去曾讲，监察御史所考查的州官和县官，多半由于花钱买通上级而获得了官位和声誉，而奉公守法的好官却得不到表彰、重用，如此一来就必定使官员们不得其所。我的看法也是这样。你如今当了台官，应当革除这些弊端。"当时将陵主簿高德温大肆收纳税户贿赂的大米，于是被御史逮捕关进了大牢。张汝霖向朝廷陈说了处理高德温的两种方法。金世宗责备他说："我觉得你办事公正，因此才提拔重用你。高德温有熟识的嫔妃在宫掖之中，因此我对他的事情了解得很详细。我怎么愿意由于嫔妃们的私情而扰乱国家的法令呢？没想到你们会这样地有所顾忌而徇私情！"张汝霖听后，便跪在地上向世宗请罪。

郑建充刚暴招人怨

建充①性刚暴，常畜猘犬②十数，奴仆有罪既笞，已复嗾③犬啮之，骨肉都尽。……省部文移④有不应法度，辄置之坐下，或即毁裂，由是在位者衔之。军胥李换窃用公帑⑤，自度不得免，乃诬建充藏甲欲反，皆无状。方奏上，摄事者素与建充有隙，恐其得释，使吏持文书给建充曰："朝省有命，奈何？"建充曰："惟汝所为。"是夜，死于狱中。

（《金史·郑建充传》）

【注释】

①建充：即郑建充，金官员，熙宗天眷年间任平凉尹等职。

②猘（zhì）犬：疯狗。

③嗾（sǒu）：用口作声指挥狗。

④文移：公文。

⑤帑（tǎng）：财物。

【译文】

郑建充性情十分暴烈，平时总养着10余条疯狗，对于有罪过的奴仆，他用鞭子抽打过后，还要唆使疯狗噬咬，人的骨肉都被咬食干净。……省部的公文如有不合法度的，他就放在座位之下，有时马上予以销毁，所以，在位的人都对他怀恨在心。军吏李换盗用公家财物，自料不能逃脱郑建充的惩罚，便诬告郑建充私藏兵器，打算反叛，但都无证据。正要上奏朝廷时，办理此案的人平时与郑建充有矛盾，他害怕郑建充被释放，便派官吏拿着公文欺骗郑建充说："朝廷和省部对你的事已有了指示和命令，你看怎么办？"

郑建充回答:"那就听你们发落吧!"这天夜里,郑建充死在了狱中。

李石献策息争端

山东、河南军民交恶,争田不绝。有司^①谓兵为国根本,姑宜假借。石^②持不可,曰:"兵民一也,孰轻孰重。国家所恃以立者纪纲耳。纪纲不明,故下敢轻冒。惟当明其疆理^③,示以法禁,使之无争,是为长久之术。"趣^④有司按问,自是军民之争遂^⑤息。

(《金史》卷八十六,李石传)

【注释】

①有司:古代设官分职,各有专司,因称职官为"有司"。

②石:即李石,字子坚,金官员,熙宗至章宗时,任行军猛安、礼宾副使、巡检史、刺史等职。

③疆理:最高的道理。

④趣:同"促",催促也。

⑤遂:于是。

【译文】

山东、河南地区的军民关系非常不和,连续发生争夺田地的事件,执事的官员觉得军队是国家的根本,理应将民田借给军队。李石坚持认为不能如此,说:"军队和百姓同样是国家的根本,不能认为哪个轻哪个重。国家赖以存立的是法纪纲常。法纪纲常不严明,因此下级就敢随便冒犯。唯有使大家明白这至为重要的道理,并宣传法律所禁行的事项,才可使军民之间不产生争端。这也就是让国家长治久安的方法。"朝廷因此催促有关官员查办此事,从这以后,军民争夺田地的纠纷就平息了。

金世宗定朝制

移剌杰①上书言"朝奏屏人议事，史官亦不与闻，无由纪录。"上②以问宰相，琚③与右丞唐括安礼对曰："古者史官，天子言动必书，以儆戒人君，庶几有畏也。……人君言动，史官皆得记录，不可避也。"上曰："朕观《贞观政要》④，唐太宗与臣下议论，始议如何，后竟如何，此政史臣在侧记而书之耳。若恐漏泄几事⑤，则择慎密者任之。"朝奏屏人议事，记注官不避自此始。

（《金史》卷八十八，石琚传）

【注释】

①移剌杰：金朝史臣。

②上：指金世宗完颜雍，女真名乌禄，金太祖之孙。1161—1189 年在位。

③琚：即石琚，字子美，金世宗时曾任平章政事、右丞相等职。死于大定二十二年，时年 72 岁，谥文宪。

④《贞观政要》：书名，唐吴兢撰，10 卷，书采唐太宗与群臣问答之语，记当时法制政令，议论事迹，用备借鉴。

⑤几事：机密之事。

【译文】

移剌杰向金世宗上书说："朝廷禀奏时要清退无关人员而后商议国事，连史官也不得参与，史官就无从记录了。"金世宗就此事问宰相们，石琚与右丞唐括安礼回答说："古时的史官，对天子的言行务必作出记录，以使天子警诫自己而不犯错误，这或许可使天子有所畏忌吧。……天子的言行，史官都予以记录，因此不能让史官回避。"金世宗说："我看《贞观政要》一书，唐太宗与臣下商讨国事，开始如何商议，后来又怎样完结，这都是由史官在旁边记录书写而成的。如果怕泄漏国家的机密事情，则可以挑选那些谨慎守密的人担任史官。"朝廷禀奏而清退无关人员时就不再让记注官回避了，这种制度就是从这时候才开始实行的。

军　事

良马不可殉

　　天辅三年……（阿离合懑^①）疾病，上^②幸其家问疾，问以国家事，对曰："马者甲兵之用，今四方未平，而国俗多以良马殉葬，可禁止之。"乃献平生所乘战马。

（《金史》卷七十二，阿离合懑传）

《金史》

【注释】

　　①阿离合懑：金景祖乌古乃第八子，健捷善战，太祖时曾为国论乙室勃极烈（官名）。

　　②上：指金太祖完颜阿骨打（1068—1123 年），汉名旻，金国建立者，在位 9 年。

【译文】

　　金太祖天辅三年……阿离合懑身患重病，金太祖到他家去探望，并询问他有关国家的一些事情，阿离合懑回答说："马是打仗用的，现在各地尚未平定，而我们全国的民间习俗大多以良马来殉葬，应当禁止这种习俗。"于是，阿离合懑向朝廷献出了自己平生所骑的战马。

郦琼论宋之成败

宗弼问琼以江南成败[①]，谁敢相拒者，琼曰："江南军势怯弱，皆败亡之余，又无良帅，何以御我。颇闻秦桧[②]当国用事。桧，老儒，所谓亡国之大夫，兢兢自守，惟颠覆是惧。吾以大军临之，彼之君臣方且心破胆裂，将哀鸣不暇，盖伤弓之鸟可以虚弦下也。"既而，江南果称臣，宗弼喜琼为知言。

（《金史在》卷七十九，郦琼传）

《金史》

【注释】

①"宗弼"句：宗弼，即兀术（？—1148 年），金大将，天会七年（1129 年）任统帅，渡长江，追宋帝赵构入海，后又多次率军南下攻宋，累官太师都元帅，领行台尚书事。琼，即郦琼，字国宝（1104—1153 年），南宋叛将，临漳（今属河北）人，降金后曾为山东路弩手千户，知亳州事。

②秦桧：字会之（1090—1155 年），南宋权奸，江宁（今南京）人，绍兴时两任宰相，力主投降，向金国称臣纳贡，阻止抗金，杀抗金名将岳飞，害死忠臣良将无数，为世人所痛恨。

【译文】

宗弼向郦琼询问有关攻打宋朝的成败问题，以及宋朝谁敢抗御金军之事，郦琼说："宋朝军队势力虚弱而畏惧战斗，都是吃了败仗的残兵，又没有好的将帅，怎么能抗御我军呢？早听说秦桧在宋国执政掌权。秦桧，是一个老儒生，是亡国的士大夫，他胆小谨慎，一心自保，又恐宋朝的政权被颠覆。我们率领大军前去攻打，宋国的君臣将会吓得心破胆裂，连哀叹都来不及，这就像惊弓之鸟闻弦声而落一样。"不久，宋朝果然向金国称臣，宗弼为郦琼有远见之言而感到高兴。

蒲庐浑用兵

乌延蒲庐浑，曷懒路乌古敌昏山①人。……蒲庐浑膂力绝人，能挽强射二百七十步。……攻黄龙府②，力战有功。阇母③败于兔耳山，张觉④复整兵来，诸将皆不敢战。蒲庐浑登山望之，乃绐⑤诸将曰："敌军少，急击可破也。若入城，不可复制。"遂合战，破之。

（《金史》卷八十，乌延蒲庐浑传）

【注释】

①曷懒路乌古敌昏山：在今朝鲜咸镜北道境内。

②黄龙府：在今吉林省农安县一带。

③阇（dú）母：金太祖之弟，金初著名将领。

④张觉：原为辽将，1123年投降宋朝。

⑤绐（dài）：欺骗。

【译文】

乌延蒲庐浑，是曷懒路乌古敌昏山人。……乌延蒲庐浑膂力过人，他能拉动强弓将箭射出270步。……攻打黄龙府时，作战勇猛，立有战功。（1123年，阇母率金兵与张觉交战），阇母军在兔耳山（今北京顺义境内）被打败，张觉又整顿军队前来攻打，将领们都不敢迎战。乌延蒲庐浑登上兔耳山瞭望敌营，蒙哄众将领说："敌军人数很少，迅速出击可以打败他们。若进到城里，我们就再无法制服他们了。"于是，众将领合力击敌，打败了张觉军。

掘堑御敌不可行

北鄙①岁警，朝廷欲发民穿深堑以御之。石②与丞相纥石烈良弼皆曰："不可。古筑长城备北，徒耗民力，无益于事，北俗无定居，出没不常，唯当以德柔之。若徒深堑，必当置戍，而塞北多风沙，曾未期年，堑已平矣。不可疲中国有用之力，为此无益。"议遂寝③。是皆足称云。

（《金史》卷八十六，李石传）

【注释】

①鄙：边境。

②石：即李石，字子坚，辽阳（今辽宁省辽阳）人，金将领。

③寝：止也。

【译文】

北方边境每年都出现军事吃紧的情况，朝廷准备征发民工去挖掘深沟，以此防御北方之敌。李石与丞相纥石烈良弼都说："挖深沟不可行。古时修筑长城以防备北方来敌，白白消耗了民力，对军事却没有好处。北方民族没有固定的居住地，出没无常，还是应当以仁德来感召他们。如果只是深挖壕沟，那就必定要设置部队防守，可是塞北风沙太大，不到一年，壕沟就被风沙填平了。不能烦劳国中有用的劳力，干这种劳而无益的事。"深挖壕沟的动议于是被取消。这样的主张都是值得称道的。

《金史》

安国驱羊追敌

襄遣安国追敌①，佥②言粮道不继，不可行也。安国曰："人得一羊可食十余日。不如驱羊以袭之便。"遂从其计。安国统所部万人疾驱以薄之，降其部长。

（《金史》卷九十四，完颜安国传）

【注释】

①"襄遣"句：襄，即完颜襄，金大臣，时任右丞相。安国，即完颜安国，金官员，字正臣，本名阇母，时任西北路招讨使。敌，此指北阻䪁（即北鞑靼）部落。金章宗承安元年（1196年），金廷让右丞相完颜襄率大军讨伐北阻䪁，大捷于多泉子（地名）。襄遂遣安国追杀残敌。

②佥（qiān）：都，皆。

【译文】

完颜襄派完颜安国追杀北阻鞥部落的军队，众人都说运粮的道路被切断了，不能前进。完颜安国说："一个人得到一只羊，可以吃上 10 多天，修筑道路运粮还不如赶着羊群追袭敌人便利。"完颜襄采用了他的计策。完颜安国所率的部队一万多人快速进军，追逼敌人，终于使北阻鞥部落的首领投降。

李革献策

是时①兴兵伐宋，革②上书曰："今之计当休兵息民，养锐待敌。宋虽造衅，止可自备。若不忍小忿以勤远略，恐或乘之，不能支也。"不纳。太原兵后阙食，革移粟七万石以济之。二年，宣差粘割梭夫③至河东，于是晚禾未熟，牒行省④耕毁清野。革奏："今岁雨泽及时，秋成可待。如令耕毁，民将不堪。"诏从革奏。

（《金史》卷九十九，李革传）

《金史》

【注释】

①是时：指金宣宗兴定初年，即 1217 年前后。

②革：即李革，金官员。

③粘割梭夫：人名。

④行省：地方行政区划名。

【译文】

这时，金国发兵攻打宋朝，李革上书朝廷说："金国为今之计，应当使军民休整、歇息，从而养锐待敌。即使宋国引起争端，我们也只能自加防备。如果不忍住小小的激愤，而兴师动众去远征宋国，或许也能压制住宋朝，只怕不能支持长久。"太原兵后来缺少粮食，李革便调拨了 7 万石粟粮给予接济。兴定二年（1218 年），宣差粘割梭夫到了河东地区，这时晚收的庄稼还没成熟，朝廷便让粘割梭夫向河东行省下达命令：耕毁庄稼，以防敌人获取粮食。李革上奏说："今年雨水及时，秋季粮食丰收可望。如果下令耕毁庄稼，老百姓将不堪其苦。"朝廷最后下诏，表示同意李革的奏请。

勿用小人　开国承家

时方擢王守信、贾耐儿者为将，皆鄙俗不材、不晓兵律，行信①惧其误国，上疏曰："《易》称'开国承家②，小人勿用'。圣人所以垂戒后世者，其严如此。今大兵纵横，人情恼惧，应敌兴理非贤智莫能。狂人庸流，猥蒙拔擢，参预机务，甚无谓也。"于是，上③皆罢之。

（《金史》卷一百七，张行信传）

【注释】

①行信：即张行信，金官员，字信甫，金世宗至宣宗时曾任铜山令、监察御史、转运使、左谏议大夫、按察使等职。

②家：古代卿大夫的采地食邑。

③上：指金宣宗完颜珣（1163—1223 年），女真名睹补。

【译文】

那时刚提拔王守信、贾耐儿等为将领，他们都是鄙俗无才、不懂兵法的人，张行信怕他们误害国家大事，便向皇帝上疏说："《易经》说'建国、治家，都不能任用德才低下的小人'。圣人用以告诫后人的教诲就是这样严明。现在大军纵横作战，人心惶恐不安；抗击敌人，伸张正义，如果不是德才兼备的人就不能胜任。狂妄平庸之辈，已受到提拔，参预了军国大事，这是毫无意义的。"于是，金宣宗罢免了他们。

理　财

金世宗戒贿

尚书省奏汾阳军节度使副使牛信昌生日受馈献，法当夺官。上曰："朝廷行事苟不自正，何以正天下。尚书省、枢密院生日节辰馈献不少，此而不问，小官馈献即加按劾①，岂正天下之道。自今宰执②枢密馈献亦宜罢去。"

（《金史》卷六，世宗本纪）

【注释】

①按劾：审查、揭发罪行。

②宰执：指左右丞、枢密使等中央级的官员。

【译文】

尚书省官员向朝廷奏报，汾阳军节度副使牛信昌过生日时收受别人赠送的礼物，按照法律应当免去他的官职。金世宗说："朝廷办事如果本身不行正道，那又怎么能要求天下人遵守法纪呢？尚书省和枢密院的官员们在节日和生日时已收受了不少的赠礼，对此你们不过问，而对小官收受赠礼却立即查办或弹劾，难道这是治理天下的方法吗？从现在起，即使是属于宰执一级的枢密使接受了别人赠送的礼物，也应该罢免官职。"

上行下效营私

上谓宰臣^①曰："宫殿制度^②，苟务华饰，必不坚固。……今土木之工，灭裂^③尤甚，下则吏与工匠相结为奸，侵克工物，上则户、工部^④官支钱度材，唯务苟办，至有工役才毕，随即敧^⑤漏者，奸弊苟且，劳民费财，莫甚于此。自今体究，重抵以罪。"

（《金史》卷八，世宗本纪）

【注释】

①上谓宰臣：上，指金世宗完颜雍（1123—1189 年），女真名乌禄，金太祖之孙，1161—1189 年在位。宰臣，指朝中辅助皇帝处理政务的高级臣僚。

②制度：指建造规格。

③灭裂：草率从事。

④户、工部：官署名。户部掌管户口、财政。工部掌管营造工程事。

⑤敧：倾斜。

【译文】

金世宗对宰臣们说："宫殿的修建标准，如果追求华丽的装饰，必定不会牢固。……现在搞土木建筑的人，更加草率、马虎。下边，官吏与工匠相互勾结，狼狈为奸，侵吞和克扣工程方面的材料；上边，户部与工部的官员支取经费，挪用材料，只求草率了事，以致工程刚完就出现房斜屋漏的情况。奸人舞弊，敷衍塞责，劳民伤财，严重至极了。自此往后，要审察、追究责任，处以重刑抵偿损失。"

海陵赐物

天德四年二月，立光英为皇太子。是月，安置太祖画像于武德殿，尽召国初尝从太祖破宁江州^①有功者，得百七十六人，并加宣武将军，赐酒帛。

其中有忽里罕者，解其衣进光英曰："臣今年百岁矣，有子十人。愿太子寿考多男子与小臣等。"海陵使光英受其衣，海陵即以所服并佩刀赐忽里罕，答其厚意。后以"英"字与"鹰隼"字声相近，改"鹰坊②"为"驯鸷坊"。

（《金史》卷八十二，光英传）

《金史》

【注释】

①宁江州：治所在今吉林省扶余县境内。

②鹰坊：宫中饲养鹰的场所。

【译文】

天德四年二月，海陵王立光英为皇太子。当月，还将金太祖阿骨打的画像安设在武德殿里，并召集建国初期曾跟随金太祖攻打宁江州的所有立功人员176人，给他们同时加封宣武将军的称号，赐给酒、帛。有一个名叫忽里罕的人，脱下自己的衣服进献给了光英，并说："我今年已有100岁了，有10个儿子。我祝愿皇太子像我一样长寿，多得男孩。"海陵王让光英接受了忽里罕的衣服，海陵王马上把自己身上穿的衣服及携带的佩刀赏赐给了忽里罕，以报答忽里罕深厚的情意。后来因为光英的"英"字与"鹰隼"的"鹰"字读音相近，海陵王便改"鹰坊"为"驯鸷坊"。

张汝霖引君奢侈

汝霖通敏习事，凡进言必揣上微意……故言不忓而似忠也。初，章宗新即位，有司言改造殿庭诸陈设物，日用绣工一千二百人，二年毕事。帝以多费，意辍造。汝霖曰："此非上服用，未为过侈。将来外国朝会①，殿宇壮观，亦国体也。"其后奢用浸广，盖汝霖有以导之云。

（《金史》卷八十三，张汝霖传）

【注释】

①朝会：诸侯、臣属等朝见君主。

【译文】

　　张汝霖为人圆通精明，晓于事理，上朝进言的时候他必定要揣摩皇上的心意……所以他说话总是顺着皇上，显得很忠诚。金章宗刚刚即帝位，主事的官员建议改造宫殿中的各种陈设物，每天要用绣工1200人，两年才能完工。金章宗见花费太大，准备停止改造工程。张汝霖说："这些陈设物并不是皇上享用，算不上过分奢侈。将来外国的使臣来朝见皇上，看见殿宇壮观，这也是国家的体面。"此后朝廷奢侈的用度就越来越多了，这是与张汝霖的诱导不无关系。

德 操

《金史》

杨邦基为官不阿

太原尹徒单恭贪污不法，托名铸金佛，命属县输金，邦基①独不与，徒单恭怒，召至府，将以手持铁柱杖撞邦基面，邦基不动。秉德②廉察官吏，尹与九县令皆免去，邦基以廉为河东③第一，召为礼部主事。

(《金史》卷九十，杨邦基传)

【注释】

①邦基：即杨邦基，字德懋，金官员，金熙宗时曾任太原交城令。死于大定二十一年（1181年）。

②秉德：金官员。

③河东：指今山西省境内黄河以东地区。

【译文】

太原府尹徒单恭贪污违法，曾经打着铸造金佛的借口，命令下属各县进献黄金，只有杨邦基一人不肯。徒单恭十分恼火，就把杨邦基召到尹府，手拿铁挂杖，准备砸向杨邦基的脸部，杨邦基岿然不动。秉德奉命考察官吏是否清廉时，将太原府尹徒单恭和9个县的县令都罢免了，而杨邦基在廉洁方面却数河东地区第一，被召用为礼部主事。

马肩龙舍身救从坦

宣宗①初，有诬宗室从坦②杀人，将置之死。人不敢言其冤，肩龙③上书，大略谓："从坦有将帅才，少出其右者，臣一介书生，无用于世，愿代从坦死，留为天子将兵。"书奏，诏问："汝与从坦交分厚欤？"肩龙对曰："臣知有从坦，从坦未尝识臣。从坦冤，人不敢言，臣以死保之。"宣宗感悟，赦从坦，授肩龙东平④录事，委行省⑤试验。

（《金史》卷一百二十三，爱申传）

【注释】

①宣宗：即金宣宗完颜珣，女真名吾睹补，汉名珣，1213—1223 年在位。

②从坦：金皇族子弟，曾任刺史、宣差都提控、河平军节度使等职。

③肩龙：即马肩龙，字舜卿，金代官员。

④东平：府名，治所在须城县。

⑤行省：地方行政区划名。

【译文】

金宣宗初年，有人诬告皇族子弟从坦杀了人，朝廷将要对他处以死刑。人们都不敢说他受了冤枉，但马肩龙却上书给宣宗，书信的大概内容是说："从坦具有将帅的才能，极少有人能超过他。我是一个微不足道的书生，对社会没有多大用处，我愿代从坦去死，请留下他为皇上带兵作战。"这封信上奏给宣宗后，宣宗召见了他，问道："你与从坦的交谊、情分十分深厚吗？"马肩龙回答说："我知道有个从坦，可从坦未曾认识我。从坦受到冤屈，大家都不敢作声，我愿以性命来保下他。"金宣宗深受感动，并有所醒悟，因此赦免了从坦，且任命马肩龙为东平府录事，还委派他到行省去试用。

拒写碑文

崔立①变，群小附和，请为立建功德碑。翟奕②以尚书省命召若虚③为文。时奕辈恃势作威，人或少忤，则谗构④立见屠灭。若虚自分必死，私谓左右司员外郎元好问曰:"今召我作碑,不从则死。作之则名节扫地,不若死之为愈。虽然,我姑以理谕之。"乃谓奕辈曰:"丞相功德碑当指何事为言?"奕辈怒曰:"丞相以京城降,活生灵百万,非功德乎?"曰:"学士代王言,功德碑谓之代王言可乎?且丞相既以城降,则朝官皆出其门,自古岂有门下人为主帅诵功德而可信乎后世哉?"奕辈不能夺。……后兵入城,不果立也。

(《金史》卷一百二十六,王若虚传)

【注释】

①崔立:金末割据者,将陵人。初为安平都尉。天兴元年,在汴京围城中被任命为西南元帅。第二年,杀宰相,自称太师、军马都元帅、尚书令。以与蒙古军队议和为名,搜刮金银,执太后、皇后等人入蒙古军营,欲效法刘豫而为傀儡皇帝。1234年为将领李伯渊所杀。

②翟奕:金末大臣。

③若虚:即王若虚,金代文学家,号慵夫、滹南遗老,官至翰林直学士。

④谮构:诋毁、陷害。

【译文】

崔立发动兵变,朝中的一些奸邪的小人都随声附和,还求为崔立建树功德碑。翟奕以尚书省的名义命召王若虚写作碑文。当时,翟奕一伙依仗势力耍威风,只要有人稍微冒犯他们,他们就向朝廷进谗言、罗织罪名并马上加以杀害。王若虚自料必定被杀,就暗中告诉左右司员外郎元好问说:"如今召我写碑文,倘若不听从就要处死。写了又会使自己的名声和节操完全丧失,这还不如死了好。尽管如此,我姑且与他们讲讲道理。"于是,对翟奕一伙说:"丞相的功德碑文应当写哪些事情?"翟奕一伙发怒地说:"丞相拿京城来投降,使上百万人活了性命,这不是功德吗?"王若虚说:"学士替君王拟写文书,但把写功德碑文称作替君王拟写文书行吗?而且丞相已经拿京城投降了,那么朝廷的官员就都成了他的门客。自古以来,哪有门客为自己的主帅歌功颂德而被后世人相信的事呢?"翟奕等人终于没能使他改变不写碑文的意愿。……后来,蒙古兵进了城,功德碑最后还是没有立成。

王震割股医母

　　王震，宁海州文登县人。为进士学。母患风疾①，刲②股肉杂饮食中，疾遂愈。母没，哀泣过礼，目生翳③。服④除，目不疗而愈，皆以为孝感所致。特赐同进士出身。

（《金史》卷一百二十七，王震传）

【注释】

　　①风疾：即今所谓中风。

　　②刲（kuī）：刺，割。

　　③翳（yì）：眼病引起的遮膜。人眼有这种遮膜蒙盖时，看物模糊不清，甚至完全看不见。

　　④服：谓居丧，即在直系亲长的丧期之中。

【译文】

　　王震，宁海州文登县人。在为进士考试准备功课时，母亲中风得病。王震便割下自己大腿上的肉拌和在食物之中给母亲吃，母亲的病就好了。母亲去世时，王震由于悲哀哭泣过度，眼睛生出了遮膜。等到母亲的丧期过去后。他的眼病不经治疗就痊愈了，人们都认为这是孝心感动神灵所致。朝廷还特地赐给他进士出身。

传世故事

达鲁古城之战

宋政和五年，辽天祚帝天庆五年（1115）正月初一日，居于东北的女真族首领完颜阿骨打称帝，国号大金，改元收国。初五日，完颜阿骨打便率军进攻辽之黄龙府，开始了灭辽之军事行动。

女真族本是辽国的附属，完颜阿骨打乃辽完颜部节度使劾里钵的第三子，于辽天庆三年（1113）袭位为完颜部首领。天庆四年，辽天祚帝至混同江钓鱼，怀疑完颜阿骨打有异志，欲杀之。完颜阿骨打乃率部大修战备，计划叛辽。是年十月，阿骨打攻取辽之宁江州，又在出河店大败辽军，兵势大振。所以，完颜阿骨打建国称帝，图谋一举灭辽。

辽帝为防御金兵西进，命行军都统耶律鄂尔多、左副都统萧伊苏、右副都统耶律章努、都监萧色佛埒，统率骑兵 27 万、步卒 70 万迎敌。辽天祚帝则亲自率兵抵达达鲁古城，驻军宁江州之西，并下诏亲征。

辽帝既声称御驾亲征，却又暗地里遣使至金营与完颜阿骨打议和，在信中直呼阿骨打之名，要求其为辽之属国。阿骨打一面复信提出议和的条件，一面进军达鲁古城，先占领高地列阵。

完颜阿骨打居高观望，只见"辽兵若连云灌木状"，气势逼人，金兵稍生畏意。阿骨打乃对左右道："辽兵心贰而情怯，虽多，不足畏！"意思是，辽军人心不齐，连败之下必生畏惧之心，尽管很多而并不足畏。此乃阿骨打稳定军心激励士气之言。

在敌众我寡的情况下，阿骨打决定突然进击，打敌人个措手不及！因此，他乘辽主与众将正在商量是否接受其议和条件之机，不等辽主回书，便果断地发起攻击。阿骨打命大将宗雄率右军先攻辽之左军，令完颜娄室、银术可率左军猛攻辽之中军。辽军不意金军突然发动进攻，左军先退，宗雄又奉阿骨打之命援助完颜娄室等攻辽右军。宗雄灵机一动，率军绕到辽军后背进击，与娄室等对辽军形成两面夹击之势。完颜阿骨打又遣大将宗干率一支军队作为疑兵以牵制辽之右军，令大将宗翰率中军协助娄室等猛攻之，娄室等九进九出，冲锋陷阵，所向披靡。此时，绕至辽军背后的宗雄又发动袭击，辽军大败。

完颜阿骨打麾军追击，乘胜包围辽军主帅大营。第二天早晨，辽军突围，金军追至阿噜冈，全歼辽之步兵。本来，辽人为了长期战守，特在边地屯田。此役后，金人尽获辽人的耕具。

达鲁古城之战后，辽国内忧外患并至，已是风雨飘摇、奄奄待毙了。完颜阿骨打在此役中所用战术颇为高明，先派宗雄击破辽之左军，然后集中兵力进攻辽之右军，宗雄又率军绕到辽军背后进行袭击，终使金军以少胜多。而辽军几乎没有什么战略部署，在金军的突然进击下被动应战，最终失败。

浚州之战

宋徽宗宣和七年，金太宗天会三年(1125年)，金灭辽国，紧接着计划攻宋。宋将韩民义因与易州守将辛综结怨，率部下500人降金，力劝金太宗完颜晟伐宋。宋隆德府希望义胜军2000人亦降于金，并具言宋朝武备空虚之状，金将宗望、宗翰等亦劝金太宗立即出兵攻宋，金太宗遂于是年十月下诏南伐，命贝勒宗翰为左副元帅；先锋经略使完颜希尹为右监军；左金吾上将军耶律伊都为右都监；以六部路军帅达兰为六部都统，金音为副；以拣摩为南京路都统，宗望为副；知枢密枢院事刘彦宗为汉都统。诸将共统兵约近7万南下攻宋，希望占领宋朝黄河以北的广大地区。

十二月，南京路副都统宗望率部攻宋之三河，大败宋军，并进抵燕山。宋燕山知府郭药师率所部7万人投降，宗望大喜过望，奏请金太宗封郭药师为燕山留守。同时麾军直逼北宋都城汴梁。

宋徽宗闻知金兵分两路南下，宗望之军气势尤猛，意在攻取汴梁，大惊之下，束手无策，于是下罪己之诏，将皇位禅让给太子赵桓，自己则打算弃汴梁而逃。

赵桓即位，马上檄召各路兵马赴京勤王，并令河北河东制置副使何灌率兵两万增援金兵南下的必经之地浚州，与浚州守将梁方平共守黄河大桥以阻击金兵。

因何灌所部兵力不足两万，宋钦宗赵桓答应何灌自行招募以凑数，结果，两万之数倒是凑齐了，新兵们都没有上过战场，甚至不会骑马，上马后战战兢兢，两手紧紧抱住马鞍，趴在马背上，一时传为笑柄。宋朝君臣竟欲指望这样的军队抵挡金国数万铁骑，未免视战争如儿戏。

宗望率军至邯郸后，即令郭药师率1000铁骑前锋，乘宋兵不备、汴京空虚袭取之。郭药师以1000骑兵太少，请求增兵，宗望乃再拨给郭药师1000骑兵。

宗望恐怕大军行进迟缓，因此果断地派郭药师率两千骑兵倍道兼行，加上郭药师熟悉通往汴京的路线、地形及宋军的守备虚实，令之为先锋官，实是极为恰当之举。

是时已至元旦，郭药师率军疾行300里，于宋钦宗靖康元年、金天会四年（1126年）正月初二日抵达浚州，离汴京只有200里之遥。浚州位于黄河北岸、开封府正北，守将为内侍梁方平。郭药师率金兵发起突然袭击时，梁方平及其部下毫无防备，不战即溃，逃过黄河。在黄河南岸守卫的宋兵见金兵南下，旗帜隐然渐至，又见河北岸宋军狼狈南逃，皆无斗志，不等金兵到来，便烧毁黄河大桥的缆绳而逃，正在桥上拥挤而过的宋兵有数千人落入黄河而死。何灌所率领的两万援军到此，发现守军早已跑了个干净，于是争相溃逃，何灌不能制止，只得驰往汴京。

金兵至黄河北岸，因桥已毁，不得遽渡，乃寻获一只小船，每次只能渡过数人，穿梭不停地渡了5天，郭药师的前锋骑兵方才全部过河。金兵过河后，马上南进。因不是同时渡河，随渡随进，故不成队伍，三三两两，马不停蹄，络绎不绝地径奔汴京。

宗望率大军抵达黄河北岸，亦凭小舟渡河，随渡随进，以增援其先锋部队。宗望过河后，与郭药师会师于汴京城西北的牟驼冈。此处为宋天驷监之所在地，有马两万匹，至此尽为金兵所获。宗望笑对左右道："南朝可谓无人，若以一二千人守河，我辈岂得渡哉！"

宗望尚且不知，宋朝守河之军不止一二千，因郭药师进兵神速，早已望风而逃，还有数千人在桥断时落入黄河，随流而下到渤海喂了鱼鳖。金兵在牟驼冈稍事休整之后，即以火船数十艘顺流而下进攻汴京之宣泽门。幸赖宋尚书右丞、东京留守李纲率汴梁军民团结抗战，才抵挡住了金兵的攻势。

而早在金兵先锋部队抵达浚州时，宋徽宗便已闻讯南逃，宋钦宗也想弃都城逃跑，被李纲劝阻，因而北宋尚能保住都城，又苟延残喘了一年。

至靖康二年初，金兵终于攻下汴京，俘获宋徽宗、宋钦宗北去，北宋遂亡。金兵进袭浚州之战，行动至为迅速，竟使宋军来不及应战，望风溃逃，继而长驱南下，围攻汴京。至于徽钦二帝皆为金人掳去，则宋人之国耻可谓空前绝后了。而宋朝兵将纷纷降金，亦由宋廷失政所致。北宋君为昏君，臣为庸臣，将为劣将，兵为弱兵，加上朝政紊乱，徽钦二帝被擒，实乃咎由自取！

金世宗重视农事

辽国逐渐衰落的时候，辽国北方的女真族却日益开始强大。辽国把一部分汉化程度比较深的女真人迁入自己的内地，编入户籍，称为熟女真。而大部分女真人仍居住在粟末江（今松花江）以北地区，共有72个部落，称为生女真。这时的女真人还没有书契文字，靠渔猎畜牧为生。契丹人经常欺侮他们，称为"打女真"，还要求女真人进贡人参、貂皮、名马、蜂蜡等等。女真人不甘心受契丹人的欺凌，拥戴完颜部的酋长阿骨打为首领，起兵反辽，并多次大败辽军。辽天祚帝天庆五年、宋徽宗政和五年（1115），完颜阿骨打称帝，建立金国，定年号为收国。阿骨打史称金太祖。

太祖天辅七年（1123），阿骨打去世，他的弟弟完颜晟（shèng）即位为帝，史称金太宗。太宗天会三年（1125），金灭辽。第二年，就是宋钦宗靖康元年，金兵长驱直下，攻陷宋都汴京，掠走徽、钦二宗，这就是"靖康之耻"。次年，赵构称帝于南京（今河南省商丘市），北宋从此结束，南宋皇朝开始，南宋和金国的对抗自此开始了。

女真是奴隶制社会，他们占领了华北，便把落后的奴隶制带到那里，使那里的生产力受到严重的破坏。但先进的制度必然代替落后的制度。在汉人的影响下，女真的奴隶制度逐渐崩溃。女真统治者，意识到奴隶制度非常落后，就开始重视农业生产，因为汉人先进的生产力是与他们先进的社会制度相适应的。太祖、太宗年间，他们以征伐和掠夺为要务，没有更多的力量顾及发展农业生产。而熙宗和废帝海陵王时代，他们不但要征伐，还陷入了内部的纷争之中，也无法顾及农业生产。到了金朝的第五位皇帝、金太祖阿古打的孙子世宗完颜雍即位后，开始努力发展农业生产，并成绩突出。

世宗是在 1161 年继位的，金建国已经将近 50 年。前几代金帝，不管对汉族人的感情如何，对发达的汉族文化，他们是不得不表示钦佩的。因此，他们都要认真地学习汉族文化。尽管完颜希尹创制了女真大字，世宗自己还创制了一套女真小字，但他们还是要大量地学习汉语的典籍。因为靠学习翻译成女真字的汉族经典，数量远远不够。世宗是一个民族意识很强的人。他极力维护女真人的传统文化，汉族文化对他自己的熏陶极大。他讲话的时候，经常是引经据典。他对儒家的思想是很赞赏的。因此，他在自己的治世活动中，也是以儒家的"仁政"为指导思想的。当然，他是一个很有思想的人，并不盲从。

在他晚年的时候，曾经说："帝王之政，固以宽慈为德。然如梁武帝专务宽慈，以至纲纪大坏。朕尝思之，赏罚不滥，即是宽政也。"梁武帝仁慈好佛，三度舍身当和尚，最后被饿死。

他还说道，以前的君王不了解农民种田甘苦的人很多。他们所以最后失掉了天下，这也是重要的原因。他还举一位辽国君主为例：当臣下向他反映百姓没有饭吃的时候，他竟反问臣下：那他们为什么不吃干腊肉？

正是基于这种思想，他努力地了解农民的疾苦，经常到郊外去观察庄稼的生长情况。金朝的统治基础是女真人。金朝统治者把女真人按"猛安谋克"的组织形式组织起来。每 300 户为一谋克，每四谋克为一猛安。它既是居民组织，也是军事组织。金军南下以后，分布在各地的女真人也都按这个形式组织起来，称为"猛安谋克户"。猛安谋克户过去不会种田，现在国家分给他们田地，他们还是不会种。并且，他们又享有某些特权。所以，他们不好好种田。有的人把田里的桑树、枣树砍掉当柴卖。还有些猛安谋克户自己不种，把土地租给汉人种。大定五年（1165），世宗派人去检查那些砍伐桑枣当柴卖的人；大定二十一年，又下令猛安谋克户一定要自己耕种土地，实在无力耕种，地才可以出租。他用这些措施，鼓励女真人学习汉人的农业生产技术。

女真人习惯于放牧，所以南下不久曾经规定路两边5里以内的土地都作放牧用，5里以外才允许农民耕种，对农民来说非常不方便。大定十一年，有人向世宗反映这种做法给农民造成的不便，世宗听后说："对百姓不利的事，就怕不知道。一旦知道了，朕一定不作。"便下令让农民像过去一样耕种。

有人反映，一些豪强之家，强占大量民田，使百姓无法耕种。海陵帝时的参政纳合椿年一家就占了800顷。有的人家平均每人占30顷，以致小民无田可耕，无以为生。世宗当即决定，凡是占地10顷以上的，超出的部分都括籍入官，就是都收归官家，然后分给贫苦百姓耕种。还有些猛安谋克户，迁徙以后两处都占有土地，也决定必须交还一处。

大定二十二年，有人报告说，有些猛安谋克户仍旧不自己耕种土地。有一个百口之家的猛安户，地里一棵苗也没有种。世宗听后很生气，问道："那里的劝农使干什么去了？一定要治他的罪！"并下令，有地不种的猛安户要打60大板，谋克户打40大板，租他们地种的农民无罪。

世宗还注意减轻农民的负担。大定二年，他告诉大臣，不允许大户把徭役负担转嫁给贫民。有人提出建议说，由于国家财政紧张，向几个路（州以上的行政组织）预借一些租税。世宗说，国家的财政虽然紧张，可是百姓的生活更为艰难。他没有同意这个建议。当然，租税是封建国家搜刮农民的主要来源，虽然世宗有一些减免租税的行动，但总的说来，金代的赋税还是很重的。世宗时代，只是相对说来略轻一些。

总之，由于世宗实行了一些相对说来比较宽松的农业政策，有利于农民生产积极性的提高，也有利于以畜牧渔猎为主的女真社会向农业社会的转变，并使金朝中叶出现了经济全面恢复、发展和繁荣的新景象。史载，世宗时代出现了"群臣守职，上下相安，家给人足，仓廪有余"的局面，"天下治平，四民安居"。国家的粮食储备也比较充裕，一年的收成，够用3年。他在世时在各地设立了很多常平仓，他去世后，他的孙子章宗继位的时候，常平仓储粮3700多万石，可供4年之用。

由于金世宗治世有方，使得金朝社会得到了比较好的发展，历史上有人把他称为"小尧舜"。

经营产业　强占官田

　　纳合椿年是金朝的女真族知识分子。他聪明，有学问，有才能。但同样也贪婪、爱财，在历史上名声也不太光彩。

　　金初，当完颜希尹创制的女真大字颁布后，金朝便办了一些女真字学馆，就是教授女真文字的学校。儿童时代的纳合椿年也进入了西京（在今山西省大同市）的学馆。不过，他当时的名字叫做乌野。在学校里，他是属于聪明的学生。后来，他又被选送到当时金国的首都上京（今黑龙江省哈尔滨市阿城区北白城）的国家学校学习。学成后，被补为尚书省令史，几经升迁，终至谏议大夫。

　　有一次，他酒后无德，受到了海陵帝的批评，海陵帝命他以后戒酒，从此后，他终生不饮。海陵帝对他挺器重，曾经赐给他玉带和马匹。"纳合椿年"这个名字，也是这个时候海陵帝赐给他的。

　　海陵帝问他道："你的才干是很难得的。不知道还有没有像你这样有才能的人了？"

　　几天后，纳合椿年就向海陵帝推荐了纥石烈娄室。海陵帝以纥石烈娄室为右司员外郎。不到10天，海陵对纳合椿年说："经过这些天的试用，纥石烈娄室果然像你说的那样有才干。怪不得人家说：只有贤明的人才了解贤明的人，这话说得真对！"海陵帝也赐给娄室一个名字，叫纥石烈良弼。这个人在世宗时代，成了有名的贤相。

　　纳合椿年在正降二年（1157）去世。海陵帝亲自去哭丧，还赏给他家银2000两、綵（cǎi）百端（每端约两丈）、绢千匹、钱千万。他的孩子也都封了官。安葬的时候又赐钱百万，还给安葬用的路费。

　　世宗的时候，百姓向皇帝反映，有些官豪之家，占据大量的官地，使贫苦百姓无法耕种。所谓"官地"，就是公家的土地。金朝把无主的土地和从汉族百姓手中掠夺归官的土地都称为"官地"。因此，世宗下令检核田亩。结果发现，纳合椿年在世的时候，在西南路（今山西省与内蒙古自治区交界处一带）大量侵占官地，仅查实的就有800余顷。当时查出来像纳合椿年这样的共有30余家，总计占田3000余顷。世宗下令，每家只给留10顷，其余的没收归公。因此，史书说他"颇营产业，为子孙虑，冒占

高汝砺治财

金世宗虽然号称"小尧舜"，治国有方，但到了他的时代，金朝的发展已经达到了顶峰。他死后，金朝就开始走下坡路了。农民起义不断地发生、北方新兴起的蒙古族不断地骚扰，搞得金朝统治者焦头烂额。为解决日益严重的经济困境，他们便加重盘剥百姓。当然，这期间也有些官吏明白"以退为进"的道理，主张对百姓实行一些宽松的政策，从而保证金朝朝廷的财源。高汝砺就是这样一位官僚。

高汝砺是应州金城（今山西省应县）人，年轻时中了进士。有一次章宗要求大臣们推荐能用作刺史的人，他被举为石州刺史。以后进入朝廷，为左司郎中。

有一次他单独向章宗奏事，跪在章宗御案的下面。突然，章宗的扇子掉地下了，这时，宦官们都已回避，不在殿内。而捡扇子这类的事，是宦官们的事，别人是不能捡的，并非此事下贱，而是为了皇帝的安全，也是职分的关系。所以，高汝砺看着扇子，仍旧跪在那奏事，直到奏完退下为止。章宗觉得他很懂事体，提升他为谏议大夫。

宣宗贞祐二年（1214），金迁都南京，即汴京（今开封）。路上，高汝砺被拜为参知政事。宣宗听说汴京的谷价飞涨，担心朝廷迁去后谷价会更高。大臣们一致认为应该对汴京的谷价加以限制。高汝砺却不同意大家的意见。他说：物价的高低，变化是很快的。买的多卖的少，物价就贵。现在迁都，各地的人都到汴京来，买粮的人自然就多了起来，物价怎么会不涨呢？如果我们限制物价，那么有粮食的人就会藏之不卖，贩运的人也就不会再贩粮进城。那么买粮的人就更急着买粮，物价就会更高。谷物是难得的，钱钞却是易得的，只有我们设法增加谷物的供应，增加钱钞的流通，谷价自然就会降下来，宣宗觉得他说得很有道理，决定按高汝砺的意见办。

贞祐三年，蒙古军南下，攻陷顺州（今北京市顺义区）、北京（今内蒙古宁城西）、中都（今北京）等地，有人提议把黄河以北的军人家属迁到黄河以南，只留军士在河北守卫郡县。高汝砺说，这样做，只对于那些豪强之家有利，而对贫苦百姓不利。一旦把他们迁离本土，让他们扶老携幼，奔波于道路，流离失所，那是多么凄惨的景象啊！再说百姓见军属迁走了，也一定惊疑不定，人心动摇。军士们离开家属，他会心神不安，无法一心守土。

但是高汝砺的意见没有被采纳。军人家属迁移到新地，朝廷就要括地（就是把"官田"从百姓手中搜罗出来）分给他们，要不就得加税，以增加对他们的供应。宣宗让大臣们讨论一下如何是好。高汝砺说，现在，农民已经报怨租税过重，如果继续加租，那么，农民就更不敢租种官田了；农民不种官田，军队的供应就更少。再说，很多穷苦人家全家都靠着官田过日子，如果他们无法租种官田，他们何以为生？他们若是失去了生计，社会就要动荡不安。前次山东分配土地的时候，肥沃良田都分给富家，贫苦百姓只得到贫瘠的土地，结果对军民双方都造成很大的损失，现在应该汲取这个教训。现在荒芜的官田和放马的草地很多，不如把这些地给军属开荒，让他们自己耕种，这样就可以避免伤害百姓。再说，黄河南岸的土地适宜种麦，而现在正是播种麦子的季节，千万不要因为括地的问题误了农时。宣宗这一次接受了他的建议。

由于金国朝廷的经济状况越来越差，便不断增加对百姓的赋敛。那时桑树皮是重要的造纸原料，朝廷就征收桑皮纸钱，每年从农民身上多搜刮7000多万贯。以后还嫌不足，要增加两倍征收桑皮纸钱。高汝砺再次上书提出自己的看法。他开门见山地说："臣闻国以民为基，民以财为本，是以王者必先爱养基本。"他还说，现在，黄河以南的百姓赋税负担已经比以前增加了两倍，如果再增加他们的桑皮纸钱，就要影响他们的温饱。农民无法生存，就要逃亡；农民逃亡，土地就会荒芜。那么。军费还从哪里出呢？他请求皇帝减免农民的租税负担，只有这样，缺乏的费用才有希望解决。

贞祐三年，黄河以南地区农业大丰收，百姓手中的粮食比较多。高汝砺又上书说，国家最重要的事情就是粮食。现在各地屯兵、修城等都需要大量的粮食。应该趁现在丰收，尽多地收购粮食。并且设法鼓励地方官多从民间收购粮食。能向国库输送3000石的，就在皇帝这里记功；5000石以上的官升一级；万石以上的官升一等。宣宗采纳了他的建议。这种做法既可防止谷多的时候谷价急骤下降，出现谷贱伤农的情况，又使国家储备了比较多的粮食，避免荒年时粮食的馈乏。

为了增加财政收入，金朝朝廷实行了盐铁酒醋的专卖，有人提出还要实行食油的专卖。高汝砺又上书反对。他说，国以民为本，现在国家可以失去民心吗？他罗列出实行食油专卖可能会出现的五种恶果，如"小民受病，益不能堪"，造成"贵处常贵，贱处常贱"，油价上涨，等等。

高汝砺的这些建议，虽然无法根本改变金朝的困境，但毕竟在一定程度上起到了改善经济状况的作用，也在一定程度上减轻了对百姓的盘剥，在当时的条件下，不能不说这是为百姓做了些好事。宣宗对他的看法也很不错，曾经赏赐给他一尊金鼎和三枚金币。某些人攻击高汝砺，他也有自己的主意，认为这是"有功者人喜谤议"。

高汝砺立钞法畅流通

中国是世界上最早使用纸币的国家。这一方面是中国古代商品经济发展的需要，也是中国古代造纸术和印刷术发达的表现。纸币最先是在民间出现的。宋朝初年，益州（今属四川省）的商品经济发达。商人们使用铜币、铁币不方便，每千钱有十几斤甚至二十几斤。商人们便自己制造"楮（chǔ）币"流通于市。楮币又叫"交子"。后来有16家大商人联合起来共同发行楮币。但如果发行人破产，持币者就无处兑付，引起纷争。所以后来官府介入，改由官府发行。并且还扩大到益州以外的地区流通。到南宋时代，流通更广，称为"会子"，由户部发行。官办以后，有时发行量过大，引起贬值，百姓深受其害。

金代也仿效宋国，发行纸币，称为交钞。交钞分为大钞和小钞两种。大钞称绩，有一贯、两贯、三贯、五贯和十贯5种；小钞称文，有100文、200文、300文、500文和700文5种。开始时以7年为期，到期兑换新钞，叫做换界。以后各代皇帝，为了解决财政问题，往往大量发行交钞，造成货币贬值，百姓甚至拒绝使用。承安二年（1197年），因交钞发行数量过多，民间常有人拒绝使用大钞，官府不得不用小钞换回大钞。像这种现象时常发生。

由于货币总是变来变去，吃亏的总是百姓，所以百姓往往聚在一起抱怨。但为了解决财政上的困难，金章宗坚持要把交钞推行下去，不准任何人反对和阻挠。章宗泰和七年（1207年），传旨于御史台，下令从今以后，有人在城市中聚集一起议论钞法的毛病的，要予以拘捕；举报的人给以300贯的奖励。说明金朝统治者已经恼羞成怒，进而采取高压政策来对付敢于表示不满的群众了。但是高压并不能解决问题，章宗又下令户部尚书高汝砺负责"议立钞法条约"，增加大小钞的发行。也就是要研究出一套可行的发行交钞的方案。

高汝砺是一个比较圆滑的人，在有一个多月以内同各方面官员协商过多次，都不解决问题。还是得由章宗出面在泰和殿召开会议，并且指示高汝砺，今后不要总是讲钞多不值钱就换，争取让交钞升值就可以了吗！

根据皇帝的指示，第二天，高汝砺便下令：民间交易典当等等，只要交易额在一贯以上，就一定要用交钞，不许用钱（指金属货币），立契约交换的，可以用三分之一的实物，三分之二的交钞。对于不同的地区，还做出了不同的规定。有违犯者流放两年。告密者给以不同标准的奖励。官员违犯的不但要打板子，还要免职。而能促使交钞流行的，给予晋职的奖励。行商携带的现钱不得超过10贯。对各家存放的现钱也作出限制，超过规定标准的，可以到官府指定的地方兑换成交钞。携带现钱超过10贯的，不准离开汴京。

河北按察使斜不出准备出去巡查，按规定应该发给他一贯钱作旅差费，他以使用不便为由，要求换成现钱，结果让御史奏了一本，说他带头破坏钞法，因而，被打了70大板，还被降了一级，免去现职。

在这种情况下，高汝砺也做出了强硬的姿态，表示钞法一定要坚持下去。要求在各州、府、县，直到镇，都设立专人办理换钞的事。朝官到地方办事的时候，也要随时兼顾推行钞法的宣传工作。民间拥有的宋朝的纸币——会子，也可以代替现钱使用，但超过10贯的不可以。除国家专卖的盐准许用实物偿付之外，其余的交易一律要用交钞。

高汝砺认为，百姓不愿意使用交钞，责任并不在百姓，而是官家变来变去。这种随意变化，百姓很不方便。因此，他在致力于发展经济的同时也提出了一些方便交钞流通的方法。

高汝砺在各州府库内都设立了办钞库，就是专门受理交钞问题的部门。为了方便交钞的流行，对于那些残破的交钞，只要不是伪造的，都可以给兑换成完整的交钞。

各地的办钞库都设立在官衙里面，百姓办事还是不方便，有一个商人要换14万贯的交钞，原来的铜钱是很重的。因此，他又建议在各地的市场等商业繁华地带设立换钞的机构。他的这个建议得到了章宗的支持。

　　由金属货币变成纸币，是经济生活中的一件重大进步，它又反过来促进了经济的发展。但纸币的发展，却是伴随着统治者对百姓的盘剥并行的。高汝砺的工作，一方面帮助金朝统治者盘剥百姓，另一方面确实也起到了促进纸币发展的作用。

人物春秋

攻战征伐立功勋——完颜宗翰

完颜宗翰的本名叫粘没喝,是金国宰相完颜撒改的长子。17岁时,就勇冠三军。等到商议征伐辽国,宗翰与太祖的意见不谋而合。太祖在边境上击败辽军。俘获耶律谢十,撒改派遣宗翰和完颜希尹前来祝贺胜利,当时就建议太祖即皇帝位以示庆贺。等到太宗以下的宗室成员和群臣们都劝太祖登基时,太祖仍然谦让再三,宗翰与阿离合懑、蒲家奴等人进言道:"如果不乘此时建立国号,就无法维系天下人之心了。"太祖于是才定下决心。辽国的都统耶律讹里朵率领20余万人戍卫边境,太祖出兵迎击他们,宗翰指挥右军,在达鲁古城大败辽军。

天辅五年四月,宗翰上奏说:"辽国作恶多端,内外人心离散。我朝兴师以来,大业已定,但是辽国还没有扫灭,今后一定会成为祸患,现在乘他们国内不稳,可以出其不意夺取他们的天下。无论从天时还是从人事上说,都不可失去这个机会。"太祖认为他的话有道理,就下令诸路整军备战。五月戊戌,皇帝举行射柳仪式,大宴群臣。皇帝看着宗翰说:"今天商议西征,你前后所上的计策十分符合我的心愿。宗室之中虽然有比你年长的人,但如果选择元帅,没有谁能代替你。你应努力训练部队,等待出兵的日期来临。"皇帝亲自为他斟酒,并命他一饮而尽,并解下自己的衣服给他穿上。群臣们说眼下正值天气暑热,这才作罢。没过多久,宗翰担任移赉勃极烈,作为蒲家奴的副职西进袭击辽国皇帝,但未能成行。

十一月,宗翰再次请求说:"各部队长期停驻,人人想发奋争先,战马也很健壮，应当乘此时进军攻取中京。"群臣们说此时天气刚刚寒冷，太祖不听这些话，终于采纳了宗翰的意见。于是，忽鲁勃极烈完颜杲担任内外诸军都统，蒲家奴、宗翰、宗干、宗磐任副手，宗峻率领合扎猛安，都领受了金牌，余睹担任向导，攻取中京即北京。攻下中京之后，宗翰率偏师奔赴北安州，与娄室、徒单绰里合兵，大败奚王霞末，北安州于是投降。

宗翰在北安州驻扎部队，派遣希尹经营附近各地，俘获了辽国护卫耶律习泥烈，才得知辽国皇帝正在鸳鸯泺打猎，杀了自己的儿子晋王敖鲁斡，众叛亲离，而且西北、西南两路兵马都是老弱病残，无法用来作战。宗翰派耨盌温都、移剌保向都统杲报告说："辽国皇帝在山西已是穷困交迫，却仍以射猎为事，不忧虑危亡，自己杀死自己的儿子，臣民失望。攻取的策略，希望从速通知。如果有不同意见，我在此亲提偏师去讨伐他。"杲派奔睹与移剌保一起来答复说："刚刚接到诏令，不让马上进军山西，应当审核详细后再慢慢议定。"当时，宗翰派人向杲报告时，就已经整顿兵马等着出兵的日期。等奔睹来到，知道完颜杲没有发兵进取的意思，宗翰担心等待与完颜杲约会就可能失去机会，当即决定进军出发。派移剌保再次前往报告都统说："当初受命时虽然没让乘机攻取山西，但也准许我们见机行事。辽人可以攻取，这个形势已经十分明显，一旦失去机会，以后就很难谋取了。现在我已经进兵，应当与大部队会合于什么地方，希望见告。"宗干劝完颜杲同意宗翰的决策，杲才下定决心，约定在奚王岭会合商议。

宗翰进至奚王岭，与都统完颜杲会合。完颜杲的部队出青岭，宗翰的军队出瓢岭，相约在羊城泺会师。宗翰率6000名精锐士兵袭击辽朝皇帝。听说辽朝皇帝从五院司前来拒战，宗翰昼夜行军，一夜至五院司，辽帝逃走。于是派希尹等追赶他。西京又叛乱，耿守忠率5000名士兵来援救，行至城东40里，蒲察乌烈、谷菽率先迎击，斩首1000余。宗翰、宗雄、宗干、宗峻随继赶到，宗翰率部下从中间冲击耿守忠的部队，让其余的士兵下马从旁边射箭，耿守忠大败而逃，他的人马被歼灭了。宗翰的弟弟扎保迪于是役阵亡。

宗翰已经安抚平定了西路的州县部族，在皇帝的临时行宫拜见皇帝，于是跟从皇帝攻取燕京。燕京平定，皇帝赐给宗翰、希尹、挞懒、耶律余睹金器多少不等。由于太祖已经答应把燕京送给宋人，所以把军队撤到鸳鸯泺，身体不适，将要回京师。任命宗翰为都统，戾勃极烈昱、迭勃极烈斡鲁担任他的副手，驻军云中。

太宗即位，诏令宗翰说："托付你独当一面，应当升迁官职的人，你不用请命即可自行任免。"因而给了他空名宣头一百道。宋人请求割让几个城池，宗翰答复说给武、朔两州。宗翰请示皇帝说："宋人不归返我国叛逃的人，阻绝了燕山往来的道路，以后必定会破坏盟约，请不要割让山西的郡县。"太宗说："先皇帝曾经答应他们了，还是应该给他们。"

手下诸将俘获了耶律马哥，宗翰把他押至京师。皇帝下令给宗翰的部队700匹马，田种1000石、米7000石赈济新近归附的百姓。诏令说："新归附的百姓，等到可以耕作之时，划分土地让他们居住。"宗翰请求分宗望、挞懒、石古乃的精锐部队讨伐各部。诏令说："宗望所部不能分兵，另外以精锐士兵5000名给你。"宗翰朝拜太祖的陵墓，入见皇帝，说："先皇帝在世时，山西、南京各部的汉族官吏，军帅都可以用皇帝的名义进行任免。现在南京全遵循旧制，只有山西需要朝廷直接任命。"皇帝下诏说："全部按照先皇帝在燕京所下的诏敕从事，你等根据他们的勤奋与能力来迁升他们的职务。"

宗翰又奏说："先皇帝在征讨辽国之初，为争取宋朝与我们协力夹攻，所以答应把燕地割让给他们。宋人与我们结盟之后，请求增加钱币以求换取山西诸镇。先帝推辞了他们增加的钱币。盟书上说：'不能收容藏匿逃亡的人，以引诱纷扰边境的百姓。'现在宋朝好几路都招纳叛逃之人并厚加赏赐。我们多次开列出叛逃人的名单，向童贯索要，曾经限定日期，用誓书相约束，结果一个人也没送回来。结盟还不到一年，现在已成这样，万世遵守盟约，那里还能指望呢？况且西部边境并未安宁，割去山西各郡，那么各部队就失去了屯驻据守的地点，如果有作战行动，恐怕难以持久，请求暂时搁置不要割让。"皇帝全部同意。

皇帝因为宗翰击败辽国，经营夏国使其奉表称臣，非常嘉许他的功劳，拿出10匹马，让宗翰自己挑选两匹，其余的分赐各位军帅。

斡鲁奏报宋朝不发运岁币及人口，而且将要背叛盟约，所以不可不加以防备。太宗命令宗翰拿着各路的户口簿按上面的登记数字向宋朝索要。之后，阇母再一次奏称宋朝有破坏盟约的各种迹象，宗翰、宗望一起请求讨伐宋朝。于是，谙班勃极烈杲任都元帅职，留居京师，宗翰担任左副元帅，从太原讨伐宋朝。

宗翰从河阴出发，降服朔州，攻克代州，包围了太原府。宋朝河东、陕西的军队4万人援救太原，在汾河北岸战败，被斩杀一万余人。宗望自河北直趋汴京，久无音讯，于是留下银术可等围困太原，宗翰率领部队向南进发。天会四年降服平定了几个县和威胜军，攻克了隆德府即潞川。部队进至泽州，宋朝使者来到军中，才得知割让三镇讲和的事。路允迪拿着宋廷割让太原的诏书前来,太原人却拒不受诏。宗翰攻取文水及盂县,再次留银术可围困太原。宗翰乃返回山西。

　　宋少帝诱使萧仲恭写信给余睹,用复兴辽国的江山社稷来打动他。萧仲恭呈献了这封信,皇帝诏令再次讨伐宋朝。八月,宗翰从西京出发。九月丙寅,宗翰攻克太原,捉住了宋朝经略使张孝纯等。鹘沙虎攻取了平遥,降服了灵石、介休、孝义各县。十一月甲子,宗翰从太原直奔汴京,降服了威胜军。攻克了隆德府,于是攻下了泽州。撒剌答等在此之前已攻破了天井关,进兵逼迫河阳,打败了宋兵一万余人,降服了该城。宗翰攻克了怀州。丁亥,渡黄河。闰月,宗翰率军抵达汴京,与宗望会师。宋朝约定以黄河为两国界限,重新请求和好,但两国没有和解。丙辰,银术可等攻克了汴州。辛酉,宋少帝来到军前,住在青城。十二月癸亥,少帝上奏表投降。皇帝诏令元帅府说:"将帅和士卒立有战功的人,按其功劳高下升官并奖赏。那些战死在沙场、为王朝献身的,要优厚地抚恤他们的家属,赐赠官职和封爵务必从优从厚。"皇帝派完颜勖到军中慰劳赏赐宗翰、宗望,使者都一一握着他们的手以示慰劳。五年四月,宗翰押着宋朝的两位皇帝及其宗族470余人和珪璋、宝印、衮冕、车辂、祭器、大乐、灵台、图书,随大军一道北还。七月,皇帝赐给宗翰铁券,除了谋反和叛逆之罪以外,其余无论何罪都不追究,对他的赏赐非常丰厚。

　　宗翰奏称,请在河北、河东的府、镇、州、县中选拔以前的资历深、能力强的人出来任职,以安抚新归附的百姓。皇帝派耶律晖等人随从宗翰前行。皇帝又诏令黄龙府路、南路、东京路各于所部选择像耶律晖这样的人派遣给宗翰。宗翰于是奔赴洛阳。宋朝的董植率兵到郑州,郑州人重新反叛。宗翰命令各将进击董植部队,再次攻取了郑州。于是迁移洛阳、襄阳、颍昌、汝州、郑州、均州、房州、唐州、邓州、陈州、蔡州的百姓到河北,而派遣娄室平定陕西的州郡。当时河东一带强盗寇贼还挺多,宗翰就分别留下将领和士兵,在黄河两岸屯兵驻守,自己回师山西。昏德公给宗翰写信"请立赵氏,使他奉职修贡,民心一定欢喜,这是万世之利"。宗翰接到了这封信却没有答复。

　　康王派遣王师正奉表前来金国,暗中却携康王的信件招诱契丹人和汉人。金人得到了这封信并报告了皇帝。太宗下诏讨伐康王。河北各将领打算停止对陕西用兵,并力南伐。河东诸将认为不可,说:"陕西和西夏接邻,事关重要,部队不可撤回。"宗翰说:"当初与夏人相约夹攻宋人,而夏人不响应。然而耶律大石在西北,与西夏交结往来。我们舍弃陕西而会师于河北,他们必定会认为我们有急难之事。河北不足为虑,应当首先对陕西用兵,攻略平定五路，削弱西夏之后，然后再攻取宋朝。"宗翰可能是想出兵平掉夏国。议论久未能决，上奏请示于皇帝，皇帝说："康王赵构跑到哪里我们就穷追到那里。等到平定宋朝，应当建立一个如同张邦昌那样的藩辅属国。陕右的土地，也不能放置而不夺取。"于是娄室、蒲察统帅部队，绳果、婆卢火监战，平定陕西。银术可守卫太原，耶律余睹留守西京。

宗翰在黎阳津与东军会合，在濮州与睿宗相会。进军至东平，宋朝知府权邦彦弃家夜逃，遂把部队驻扎在东平东南50里处。又攻取了徐州。在此之前，宋人把江、淮地区的金币都运来放在徐州的官库，宗翰全部得到了它，分给各部队。袭庆府前来投降。宋朝济南知府刘豫率城向挞懒投降。于是派遣拔离速、乌林答泰欲、马五去扬州袭击康王，还没有走到150里，马五率领500名骑兵已先行赶赴到了扬州城下。康王得知金兵前来，已经在前一天晚上渡江了。于是康王写信请求保存赵氏的社稷。在此之前，康王曾经写信给元帅府，称"大宋皇帝构致书大金元帅帐前"，到此时则贬去大号，自称"宋康王赵构谨致书元帅阁下"。他在四月、七月写的两封信都是如此。元帅府答复他的信，招他投降。于是，挞懒、宗弼、拔离速、马五等分道向南进讨。宗弼的部队渡长江攻取建康，进入杭州。康王被逼逃入海上，阿里、蒲卢浑等从明州在海上航行了300里，没有追赶上。宗弼就率军返回。在这以后，宗翰准备用徐文的计策讨伐江南，与睿宗、宗弼的意见不一致，就停止了。

原先，太宗让斜也担任谙班勃极烈，天会八年，斜也去世，这一位置空了许久。而熙宗是宗峻的儿子，太祖的嫡孙，宗干等人不跟太宗说这件事，太宗也没有立熙宗为皇位继承人的意思。宗翰入京师朝见，对宗干说："皇位继承人的位置空虚得太久了，合剌是先帝的嫡孙，应当册立，不早日确定下来，恐怕此位会授给不应得到的人。我日日夜夜未曾忘却此事。"于是与宗干、希尹商议定，入宫向太宗进言，请求再三。太宗因为宗翰等都是朝廷大臣，情义不可削夺，于是就听从了他们的意见，册立熙宗为谙班勃极烈。于是，宗翰担任了国论右勃极烈，兼都元帅。

熙宗即位，任命宗翰为太保、尚书令、领三省事，封为晋国王。宗翰请求退休，皇帝下诏不许。天会十四年去世，终年58岁。追封他为周宋国王。正隆二年，按惯例封他为金源郡王。大定年间，改赠为秦王，谥号为桓忠，灵位安放于太祖庙。

书文精美 知人且明——王庭筠

王庭筠字子端，是辽东人。他7岁时学作诗，11岁时能整首写诗。大定六年考中进士，被任为恩州军事判官，他刚刚从政，就赢得好名声。恩州人邹四图谋造反，事情被发觉，逮捕了1000多人，但邹四却躲藏起来未被捕获。朝廷派大理司直王仲轲审理此案，王庭筠用计捕获了邹四，他分辨出被牵连的人，判犯有预谋罪的只不过有12个人罢了。

明昌元年三月，金章宗传旨于学士院，说道："王庭筠所作的试文，句子太长，我不喜欢，也担心四方学子仿效他。"章宗又对平章张汝霖说："王庭筠文采很好，但行文不够老练，这个人才能高，改进不难。"这年四月，征召王庭筠试馆阁职务，被选中。御史台上奏，说王庭筠在馆陶任职期间曾犯贪污罪，不应安排他在馆阁中任职，于是作罢。王庭筠定居在彰德，在隆虑县购置田地，入黄华山寺读书，因此自号为黄华山人。这年十二月，章宗谈及翰林学士时，感叹人才缺乏，参知政事完颜守贞说："王庭筠就是合适的人选。"明昌三年，朝廷征召他为应奉翰林文字，让他和秘书郎张汝方评品内府所收藏的书法、名画等级，分入选的书法、名画为550卷。

明昌五年八月，章宗对宰相说："应奉翰林文字王庭筠，我打算把起草诏诰的任务委任给他，这样的人才是很难得的。近来党怀英作《长白山册文》，很不精美。听说文人们很妒忌王庭筠，不看文章如何，却抓住他的品行进行诋毁。大致说来，读书人好多嘴多舌，或相互结党。过去东汉时的儒生与宦官分别结成党派，这本不足怪。又如唐朝的牛僧孺、李德裕，宋朝的司马光、王安石，他们都是读书人，而互相排斥诋毁，这也真无聊！"遂提拔王庭筠为翰林修撰。

承安元年正月，因受赵秉文上书一事的牵累，被削夺一级，杖打60，解除职务，这事载在《赵秉文传》中。承安三年，贬降为郑州防御判官。四年，又起用为应奉翰林文字。泰和元年，再任翰林修撰，侍从章宗去秋猎，奉命作诗30余首，受到章宗的嘉奖。第二年逝世，终年47岁。章宗一向知道他贫穷，命有关部门赠钱80万，供丧葬费用，又搜集他一生所作的诗文，收藏于秘阁。又把亲笔诗作赏给他的家属，诗的小序中说："王遵古，是我的老朋友，他的儿子王庭筠，因有文才被选入宫中任职，前后10年，现在已经去世，玉堂、东观再也找不到这样的人了。"

王庭筠外表清秀伟岸，善于谈笑，表面上看，气质高贵，别人起初不敢接近他，和他见面以后，脸上洋溢着温和的气色，热情诚恳，对对方百般体贴，唯恐不周，别人有一点可取之处，他就满口称赞，过后虽然他人有100个对不起自己的地方，也从不计较。和他交往的如韩温甫、路元亨、张进卿、李公度等人，经他推荐的如赵秉文、冯璧、李纯甫等人，都成为一时的名人，因此世人称许他有知人之明。

王庭筠的文章能充分地表达自己的思想，晚年的诗作格律严整，七言长诗尤其工于险韵。他著有《聚辨》10卷、文集40卷。他的书法学米芾，与赵沨、赵秉文都是书法名家，王庭筠尤其擅长画山水墨竹。

《元史》

《元史》概论

《元史》210卷，明朝宋濂、王祎等修撰，是一部用时很短而史料价值极高的官修正史。

一

《元史》在正史有其鲜明特点，主要表现在以下两个方面：

首先是编修时间特别早。元朝灭亡的当年（1368年），明太祖朱元璋就下令编修《元史》。第二年就组织了以李善长为监修，宋濂、王祎为总裁，赵埙等16人为纂修的修史班子，立即开局编修。1368年，明军攻克大都（今北京），元顺帝率后妃太子仓皇出逃到上都，就当时历史形势而言，元朝灭亡已成定局。但是扩廓帖木儿拥兵山西，李思齐、张良弼等人盘踞陕西，纳哈出据辽阳，梁王把匝剌瓦尔密割据云南，尤其是扩廓帖木儿拥兵数十万，对刚刚建立的明王朝威胁最大。中原大地虽经明军北伐渐次攻克，但留恋前朝的蒙古、色目、汉族地主贵族及前元官僚仍然大有人在。总之担心元朝的残余势力卷土重来成为明太祖朱元璋的一块心病。如何在舆论上宣传元朝已经灭亡、天下已经统一成为明政权的迫切需要。编修《元史》成为明太祖朱元璋实现这一政治目的的极好途径。为了笼络故元遗民，安定社会秩序，招抚与平定割据势力，完成统一大业，巩固新生的明政权，朱元璋急于表明自己是"奉天承运，济世安民"的圣主，新建王朝只不过是继元朝之后中国历史上封建王朝的继续，《元史》一旦修成，就意味着一个朝代的终结，从而消除残元势力复国的幻想，使明王朝成为承继元朝帝统的合法王朝。

总结元朝灭亡的历史教训，使新王朝得以长治久安，是朱元璋急于下诏纂修《元史》的良苦用心所在。朱元璋利用元末农民反元斗争壮大自己的实力，并从而窃取农民战争的胜利果实，建立明王朝。他亲眼目睹了庞大的元帝国被农民推翻的全过程，在他崛起的过程中，他经常与他的谋臣一起总结元朝兴盛和衰亡的历史教训，并以此告诫诸臣和诸子。朱元璋认为"元虽亡国，事当记载，况史记成败、示劝惩，不可废也"。他在下诏修《元史》时深刻地指出："自古有天下国家者，行事见于当时，是非公于后世。故一代之兴衰，必有一代之史以载之。元主中国，殆将百年，其初君臣朴厚，政事简略，与民休息，时号小康。然昧于先王之道，酣溺胡虏之俗，制度疏阔，礼乐无闻。至其季世，嗣君荒淫，权臣跋扈，兵戈四起，民命颠危，虽间有贤智之臣，言不见用，用不见信，天下遂至土崩。然其间君臣行事，有善有否，贤人君子或隐或显，其言行也多可称者。今命尔等修纂，以备一代之史，务直述其事，毋谀美，毋隐恶，庶合公论，以垂鉴戒。"朱元璋的这段话实际上为编修《元史》规定了指导思想和编修方针，通过编修《元史》达到以史为鉴，巩固统治的政治目的。

其次是编修速度特别快，用时特别短。1368年底朱元璋下诏修《元史》。第二年初，在南京天界寺开局，诏中书左丞相李善长为监修，翰林学士宋濂、待制王祎为总裁，汪克宽、胡翰、宋僖、陶凯、陈基、赵埙、曾鲁、高启、赵访、张文海、徐尊生、黄篪、傅恕、王祎、傅著、谢徽等16人为纂修。历时半年就完成上自太祖，下至宁宗的"粗完之史"，计本纪37卷、志53卷、表6卷、传63卷、目录2卷，共161卷。元顺帝一朝史事，因没有典籍可据，暂付缺如。同时派遣儒士欧阳佑等采集顺帝一朝的有关史料，运回京师。洪武三年二月，重新开局修史，纂修除赵埙以外，另外召来朱右、贝琼、朱世濂、王廉、王彝、张孟兼、高逊志、李懋、李汶、张宣、张简、杜寅、俞寅、殷弼等14人，仍由宋濂、王祎等为总裁。这年七月初续修《元史》完成，计补修纪10卷、志5卷、表2卷、传36卷。两次合在一起，编成210卷。全书编纂时间总共331天。

二

忽必烈及其以后的元朝各帝，推行汉法，其中包括采用中原王朝通常举行的修史制度，如编纂历朝实录和撰修后妃功臣列传以及各种政书等。《元史》材料的来源，顺帝以前主要是《元十三朝实录》《经世大典》和《元一统志》《国朝名臣事略》等碑传资料；顺帝朝则据《庚申帝大事纪》

等杂史笔记及采访所得。其中《十三朝实录》是蒙元时期最系统、最详细的编年史料，成为明初修《元史》重要参据材料。《经世大典》是元文宗时官修政书，全书880卷，目录12卷，附录2卷，共10篇，君事4篇，即帝号、帝训、帝制、帝系；臣事6篇，即治典、赋典、礼典、政典、宪典、工典，各典又分若干细目。《元史》志、表部分基本删节自《经世大典》。如《元史》百官志、三公表、宰相表等取自"治典"，食货志大多取自"赋典"，礼乐志、舆服志、历志、选举志取自"礼典"，兵志及外夷传取自"政典"，刑法志取自"宪典"，河渠志取自"工典"，地理志取自"赋典"中"都邑""版籍"二目，这二目内容多据虞应龙等人纂修的《大元大一统志》。

元朝翰林国史院在编纂各帝实录的同时，也搜集、采摘史料，编纂《后妃功臣列传》，由中书左丞相兼翰林学士承旨、知制诰兼修国史吕思诚任总裁，参加者有周伯琦等。此书未见上书表，可能没有修成，但积累起来的资料肯定是有的，修《元史》时，后妃传及诸功臣、特别是许多没有碑传留下的蒙古、色目大臣、武将的情况，多半采自于此。

《国朝名臣事略》15卷，苏天爵撰。全书47篇名臣事略，起自木华黎，终至刘因，共47人，都为元朝前期名臣。《元史》列传中有关人物传记大多取材此书，如《木华黎传》几乎全采此书，又如《许衡传》《郭守敬传》，王祎原拟稿及定稿也采自此书。《元史》列传按蒙古、色目、汉人、南人的编次也仿照此书。

《元史》编修时的资料相对来说还是比较充足的，但成书仓促，纰漏甚多，历来受到学者们的讥议。如元初开国功臣中，木华黎、博尔忽、博尔术、赤老温等4人号称"四杰"，但《元史》中赤老温缺传，列传中虽有博尔忽之名，却无史实，也等于无传。号称"开国四先锋"之一的大将哲别也没有立传。元世祖忽必烈时代的名相和礼霍孙等重要宰辅大臣也没有立传。这些都是重大的缺漏。《元史》一人两传、两人合一的情况也很严重。由于译名不一，所据史料不同，又缺少彼此互校，因而出现一人两传的情况，如列传中有速不台传，又有雪不台传，有石抹也先传，又有石抹阿辛传，都是同名异译，一人两传。

史实重复、前后矛盾的现象在《元史》中也很普遍。由于纂修者对史料随得随抄，因而书中经常出现一事再书的现象。有的史事记载，前后不一，互相抵牾。史实也有错乱的，史料中没有庙号的皇帝，改写时常常弄错，太祖误为太宗，太宗误为太祖等张冠李戴的现象也很普遍。《元史》

出现这些错误，受到种种指责不是偶然的，造成这种情况的原因有，一是朱元璋急于成书，纂修者因时间仓促，根本没有时间认真考订研究分析，只得照抄各种资料，略加删节，辑集成书，应付了事。二是主持修史的宋濂和王袆二人都是"词华之士""本非史才"；而临时起征的"山林遗逸之士""皆草泽腐儒，不谙掌故，一旦征入书局，涉猎前史，茫无头绪，随手掊扯，无不差谬"。三是元代史料内容的贫乏，也增加了修史者的困难，实录和《经世大典》《大元大一统志》等本身有不少问题。

《元史》尽管存在上述很多缺点，但没有任何理由加以轻视，它仍然有较高的史料价值。宋濂等修史时对全书各篇都不作论赞，基本上是照抄照搬，只是略有删节而已。因而《元史》基本上保留了元朝原始材料的本来面目，比较接近历史实际。《元史》的本纪部分，除顺帝一朝外，其他均是现已失传的元代列朝实录的摘抄。《元史》志、表部分，除顺帝一朝外，绝大部分采自元文宗时官修现已散失的《经世大典》。列朝实录和《经世大典》，对于研究元史有着特殊重要的意义，它们的许多内容只能在《元史》中才能看到。《元史》的列传，一部分采自元朝官修的后妃功臣列传，一部分采自私家的家传、神道碑、墓志铭等。后妃功臣列传原稿早已散失，作为《元史》依据的某些家传、碑铭也已不再存在，因此《元史》列传中也有不少值得重视的资料。作为保存至今最早的、相对完备的元代史料，《元史》的历史地位和史料价值不可忽视。

《元史》成书后，当年就刻板付印，最早的版本通常称为洪武本，也就是祖本。其后又有南监本和北监本。清代有武英殿本和道光本。1935年商务印书馆影印的百衲本，以残洪武本和南监本合配在一起影印，最接近于祖本。1976年中华书局以百衲本为底本，参照各种版本进行校勘，出版了新标点本，是目前最好的版本。

三

关于本纪。《元史》本纪47卷，几占全书四分之一。其中《太祖记》一卷，除记载太祖铁木真一生活动外，还记载了其先十世的简单情况和世系。《太宗、定宗纪》一卷，《宪宗纪》一卷，《世祖纪》14卷，《成宪纪》4卷，《武宗纪》2卷，《仁宗纪》3卷，《英宗纪》2卷，《泰定帝纪》2卷，《明宗纪》一卷，《文宗纪》5卷，《宁宗纪》一卷，《顺帝纪》

10卷。《世祖纪》和《顺帝纪》共24卷，占本纪的一半以上，而蒙古前四汗，即太祖、太宗、定宗、宪宗的本纪又过于简略。太宗、定宗合一卷，定宗死后3年之间竟未记一事，有人认为显然属于漏落。前四汗本纪，特别是太祖本纪，记述了13世纪初蒙古族的兴起，成吉思汗统一蒙古各部，建立国家，并东征西讨、向外扩张的情形。《世祖纪》详述忽必烈率兵南下，逐渐采用汉法，建立元朝，灭金亡宋，统一中国，各种制度相继建立，统治阶级内部矛盾激化，是本纪中最详也是最重要的内容。元朝中期，由于国家统一和社会相对比较安定，使农业生产得到恢复和发展，手工业生产取得显著进步，商业、中外经济文化交流、城市经济空前活跃，这些在元朝中期各帝本纪中都有一定程度的反映。顺帝本纪较详，比较集中地反映了元末民族矛盾、阶级矛盾的加剧以及元末农民起义等情形。

元太祖成吉思汗是蒙古开国君主，闻名世界的军事统帅。他戎马一生，搏击一世。他率领蒙古铁骑，以其卓越的军事才能和一往无前、不惜一切代价克敌制胜的坚韧精神，东征西讨，南攻北伐，所向无敌。从森林环绕的贝加尔湖到流水滔滔的申河（即印度河），从咸海周围的大草原到古老中国的华北大平原，到处都有他战马驰骋留下的足迹。在欧亚大陆上，建立起一个空前庞大的蒙古帝国。《元史·太祖本纪》是我们了解蒙古族早期历史和成吉思汗本人的资料之一。

窝阔台是蒙古国第二代大汗，成吉思汗之子。从青年时代起，窝阔台便跟随成吉思汗征服漠北诸部，攻伐金朝。即大汗位后，强化国家机器，提高大汗权威，始创朝仪制度；始置仓廪，确立驿站制度，推动草原社会经济发展。《元史》说在他的统治下，"量时度力，举无过事，华夏富庶，羊马成群，旅不赍粮，时称治平"。是蒙古族发展史上的一位重要人物，《元史·太宗纪》记叙了他的事迹。

元世祖忽必烈是元朝的创建者，他年轻时就想有所作为，对学习和吸收中原汉文化持积极、开明的态度。在即汗位之初，忽必烈排除保守贵族的干扰，宣布鼎新革故，锐意推行汉法。实行安业力农的国策，以中原王朝为榜样，同时部分保留充分保障蒙古贵族特权的一些旧制，确立了中央集权的封建统治体系及相应的典章制度，奠定了有元一代之制。1279年，忽必烈灭掉南宋，在中国历史上建立了第一个少数民族统治的空前庞大的全国性政权，即元朝。《元史·世祖本纪》对忽必烈的所作所为有较为详细的叙述。

元顺帝妥欢贴睦尔,是元朝末代皇帝。即位之初,任命有拥戴之功的伯颜为中书右丞相。这时元朝统治阶级内部矛盾异常激烈,同时社会矛盾不断加剧。不久元顺帝支持脱脱逐走伯颜,重用儒士,恢复科举取士,开马禁,减盐额,修辽、金、宋三史。但这些措施并没有挽救元朝的社会危机,不久农民起义爆发,元朝灭亡。《元史·顺帝本纪》对这段历史的演变过程及其原因有较详细的记叙。

四

关于列传。《元史》列传共97卷,记载了1200多人。立传名目与前史大同小异,计有后妃、宗室、儒学、良吏、忠义、孝友、隐逸、列女、释老、方技工艺、宦者、奸臣、逆臣。《元史》列传突出的弊端是蒙古色目人立传太少,有些传记内容空洞,如丞相见于宰相表的蒙古人有59人,立传的人不及一半;见于宰相表的色目人更多,立传的更少;太祖诸弟、诸子仅各有一人立传,太宗以后皇子竟无一人立传。

元朝建立过程中涌现出不少英雄人物。在开国功臣中,木华黎、博尔忽、博尔术、赤老温号称"四杰"。木华黎追随成吉思汗,参与统一蒙古高原各部的战争,屡立战功。后来参加指挥进攻金朝的战争,攻取辽东、辽西等地。成吉思汗西征时,封木华黎为太师国王,负责率各族军队征取太行山以南各地,连破河北、河东、山东等地,在这些军事行动中,他改变了以往蒙古军春去秋来、一味屠杀掠劫的办法,意在长期占领。后在山西病死。速不台与折里麦、哲别、虎必来并称开国四先锋。早年,速不台追随成吉思汗,参加统一漠北诸部的战争,战功卓著。后参与指挥攻金战争并随从蒙古军西征。阅读他们的传记可以从一个侧面了解蒙古族兴起和强盛的过程。

元朝建立后,对于采取什么政策来统治汉族地区,元统治者内部意见不一。窝阔台时,蒙古近臣别迭等人主张"汉人无补于国,可悉空其人以为牧地"。汉化很深的耶律楚材是契丹族人,他反对这种倒退措施,主张实行汉法统治。忽必烈时期,蒙古贵族中仍然有反对实行汉法者,中原汉族学者上书忽必烈,认为只有实行汉法,统治才能长久。当时蒙古已经统治中原地区,为了巩固统治,他不得不任用了大批汉人,采用汉法。汉族地主董文炳、程钜夫等人都受到重用。忽必烈曾亲切地称呼董文炳为董大哥，董文炳的兄弟和后代也受到元朝统治者的重用。程钜夫被忽必烈任命为御史中丞，有人说他是"南人"，不应担此重任，忽必烈斥责说，你们没用过南人，怎么知道不可用呢？并要求省、部、台、院等部门都要参用南人。程钜夫还奉命到江南求贤。他乘此机会推荐了赵孟頫等20多名江南士人。姚枢和许衡也是被人推荐而受到重用的。元朝统治者对汉族以外的其他少数民族的上层人物也都极力笼络。契丹人耶律楚材被召用后，倍受重用，他在蒙古成吉思汗、窝阔台两大汗时期任事将近30年，官至中书令，元代立国规模多由他奠定。八思巴是元代第一代帝师，又为喇嘛首领。八思巴见了忽必烈之后，备受崇敬，被封为国师。阅读上述人的传记，可以了解到蒙古贵族如何一步一步地加强自己的统治，促进蒙古族封建化的进程。

元朝统治者以理学作为维护封建统治的思想工具。蒙古统治北方之初，北方儒士对南方理学知之甚少，南宋理学家朱熹、陆九渊等人的著作在北方很少流传。蒙古灭金后，北方一些儒士如窦默、郝经、许衡等逐渐受到重用。他们与姚枢、刘因等迅速成长为理学家。理学在北方广为传播那是理学家赵复被停到北方之后的事。赵复到燕京后，受到忽必烈的召见，后来在燕京设立太极书院，由赵复讲授程朱理学的书目、宗旨、师承关系，从而培养了一大批理学家。其中许衡、刘因、吴澄被称为元代三大理学家。许、刘力主朱学，吴氏则调和朱陆二派。许衡等人与过去空谈性命不同，比较倾向日用生理，提出"治生论"。刘因等理学家提出返求六经的主张，比较务实。元代理学的这些变化趋势，在理学中起着承上启下的作用，成为明清理学思想的滥觞。阅读这些理学家的传记，可以加深对理学发展阶段及其特色的深刻理解。

脱脱、欧阳玄、吕思诚等人的传记，除记载他们的生平事迹外，对元修辽、金、宋"三史"的情况也有所反映，阅读它们可以加深对元修三史历史背景的了解。

元代的科学技术取得了突出的成就。其代表成果有王祯的《农书》及虞应龙等的《大元的一统志》的编纂等。其中郭守敬的成就特别重要。他是一位在天文、水利、数学等多方面取得成就的科学家。他制定的《授时历》是中国古代推算最精确和使用最久的历法。他创制的简仪比欧洲16世纪末叶丹麦天文学家第谷·布拉赫发明的同样仪器早300年。

国学经典

宋涛/主编

二十四史精华

二十四史的各史名篇的精选

辽海出版社

【第二卷】

《二十四史精华》编委会

主　编	宋　涛				
副主编	李志刚	高明芬	张黎莉	孙　伟	李　林
	王秋菊	闫亦贵	刘赫男	温德新	焦明宇
	李　洋	崔　静	余秀洁	关　涛	刘　巍
编　委	王　佳	赵子萱	韩安娜	郑传富	李铭源
	李金博	何春丽	常　旭	郑志龙	樊祥利
	朱政奇	魏伯阳	魏百花	魏红艳	杨　敏
	刘雨晴	邢语恬	郭运娇	张晓宇	许长河
	李小辉	王　曼	夏　禹	肖　冰	杨　超
	李　娟	张　鹏	李　萌	李玉海	宋　佳
	于春燕	王　威	任光宇	王冬云	王伟娜
总编辑	竭宝峰	刘赫男	佟　雪	陈玉伟	

前　言

　　中华民族在几千年生息、发展的清晰脉络中，留下了一部部浸透着人类心血和智慧的历史典籍，不仅记载了中华民族产生和发展的全部过程，也涵纳了中华民族的精神财富和智慧。可以说，中国是一个史籍浩如烟海、世无匹敌的文献之邦。在祖先留给我们的精神财富中，最优秀也最具代表性的就是二十四史。

　　二十四史是中国唯一一部完整的官修史总集，也是世界上唯一一部连续修造1800余年，记载4000余年悠久历史的辉煌巨著。主要包括：《史记》《汉书》《后汉书》《三国志》《晋书》《宋书》《南齐书》《梁书》《陈书》《魏书》《北齐书》《周书》《隋书》《南史》《北史》《旧唐书》《新唐书》《旧五代史》《新五代史》《宋史》《辽史》《金史》《元史》《明史》。它以统一的纪传体裁，完整、系统地记录了上起传说中的黄帝，下迄明崇祯十七年间历史各个时期的经济、政治、科技、军事、文化、艺术、外交等多方面内容，展示了数十个王朝的兴衰轨迹，是研究中国历史最具权威性的史料，也是考查我国周边国家历史的珍贵资料，堪称中华文明的"百科全书"。

　　二十四史具有深厚的文化积淀，不仅可作历史著作来读，亦可作为文学名篇或政治著作来读。但由于成书年代久远，文字艰深，

典故生僻且随处可见，令广大读者望而却步。为了使这些史学巨著在现代社会中重放异彩，让读者从中体味博大精深的华夏文明和高深莫测的人生智慧，本书编委会倾尽心力为广大读者朋友选编了一部既可收藏又能读懂的《二十四史精华》。

本书对二十四史进行了精心的整理，既有文白对照，也有传世故事，集普及与研究、通俗与学术于一体，希望能够给喜欢史学的朋友以启迪与帮助。

前 言

目　录

《三国志》

《晋书》

《宋书》

夫妻脱俗

汉代王霸（字儒仲）自幼有节操，后立朝为官，更显示出其清操雅节。王莽篡权当政时，他弃官归隐，与人断绝一切交往。后东汉光武帝刘秀当政，朝廷知道他很有才能，征召他为尚书。但每当上朝面见天子，他从不肯称臣，只肯自称其名。官府问他为什么这样，王霸回答说："天子有所不臣，诸侯有所不友。"实际上，他是心中不忘自己原来为官的西汉旧朝，心有芥蒂。不久，他又托病弃官不做，带着同样很有节操的妻子以及两个儿子隐居不仕，茅屋棚户，躬耕于野。尽管后来朝廷一再征召他，他却再也不肯入朝为官了。

王霸有个知心朋友，名叫令狐子伯。后来，令狐子伯做了楚郡之相，其子也当了楚郡的官。有一次，令狐子伯让儿子送信给王霸，令狐子伯之子坐着华丽的车子，带着随从，前呼后拥地到了王家。令狐子伯之子衣饰华美，气宇轩昂，风度翩翩。此时，王霸的两个儿子正在田地里耕作，听说家里来了客人，放下锄头便赶回家来。只见两人蓬头垢面，衣服破旧，腿上沾满了泥。因为没有见过世面，见到气度不凡的令狐子伯之子，不仅不敢说话，而且畏畏缩缩，自觉羞愧，连正眼看一下客人都不敢。王霸眼见自己的儿子和令狐子伯之子形成鲜明对照，不觉也感到十分羞愧。

客人走后，王霸仍在想着刚才的事，越想越觉得心里不是滋味，以至久躺床上。王霸的妻子，见丈夫如此模样，一时也摸不着头脑。问丈夫究竟是为了什么事，王霸不肯说。王霸妻子以为是自己做错了什么事情，向丈夫请罪认错。王霸不得已，才开口说道："并不是你做错了什么事情，而是为了刚才的事。我和令狐子伯两人虽是知心的朋友，但在志向以及许多方面都不一样。刚才你也看到了，他的儿子衣服鲜亮，举止彬彬有礼，落落大度；而咱们的儿子呢？头发乱蓬蓬，浑身泥垢，也不懂得什么礼节，见到客人便畏畏缩缩，满脸露出羞惭的神色。毕竟父子情深，我看到自己的儿子这种样子，心里觉得实在不是滋味！"王霸妻一听丈夫是因为这件事而难过，便恳切地开导丈夫说："你从小就十分注意自己的品行，一生注重节操，十分轻视荣华富贵。如今令狐子伯虽然做了楚相，但比起品行来，你们两个谁更高尚，这不是很清楚的事情吗？怎么你今天忽然忘记了自己的一贯节操，为自己儿子感到惭愧起来了呢？"

王霸听了妻子的这番话，犹如服了一剂清醒剂。他忽地从床上爬起来，笑着说："对啊！我怎么会变得如此庸俗起来了呢？"于是和妻子、儿子们搬到一个无人知晓的地方，终身隐居不出。

吕布杀董卓

吕布，字奉先，是五原郡七原（今包头市西北）人，以骁勇英武而闻名。刺史丁原做骑都尉屯兵河内时，任用吕布做主簿（主官属下掌管文书的亲吏），对他特别亲近优待。汉灵帝死后，丁原带兵入攻洛阳，与何进一起讨伐宦官势力。何进兵败，董卓入主京都，准备杀掉丁原，火并他的兵众。董卓知道吕布深受丁原亲信，就诱降吕布让他杀掉丁原，吕布就斩了丁原首级去拜见董卓。董卓让吕布做骑都尉（掌管骑兵之事），对他十分宠爱信任，并且与吕布立誓，结成父子关系。

吕布擅长骑马射箭，膂力过人，有号称"飞将"。董卓得势后让他升迁为中郎将，封都亭侯。董卓深知自己平时对人无礼，树敌甚多，害怕有人谋害他，于是他行走坐立都让吕布守卫在侧。然而董卓性格刚愎而偏激，发起怒来则从不顾忌后果。有一次曾经因一件小事而手持戈向吕布掷去，吕布很敏捷地躲避过去了，随后他马上变脸色向董卓致歉，董卓也解了气。吕布从此对董卓怀恨在心。董卓常派吕布为他守卫中府，因此他又与董卓宠爱的婢女私通了。吕布害怕此事泄露，心中非常不安。

那时候，何进的心腹王允自从何进被诛杀后，就一直跟随董卓。王允对董卓屈意奉承。董卓看他既有忠心又有才能，就毫不生疑，让他主持朝中诸多大事，内外无不倚重于他。王允见董卓毒辣残暴，要篡夺汉位，就与士孙瑞、杨瓒等人一起密谋除掉董卓。因为董卓也臂力过人，能够左右开弓，况且又侍卫严密，一般人是很难刺杀他的，他们想到吕布，决定利用吕布的身份和他的武力。他们把刺杀的计划告诉了吕布，让他做内应。吕布说："我和他是父子关系，怎么办呢？"王允说："君姓吕，与他本来就不是骨肉亲情。现在你连自己的命都不一定保得住。他投戈刺你时，难道想到过父子关系吗？"吕布便答应了王允他们。

汉献帝初平三年（193年），皇帝生病初愈，要在未央殿大会群臣。董卓朝服驾车而行，半途马惊坠入泥中，董卓就回来换衣服，他的美妾让他不用上朝，董卓不听，又去上朝。于是董卓在道路两旁都设了卫兵，从门墙到宫殿，左边步兵，右边骑兵，屯卫极其严密，让吕布等人在前后护卫他。王允就与士孙瑞秘密向皇上表奏了当晚的行动，让士孙瑞拟了诏书授令吕布，命令骑都尉李肃与吕布等20多个坚定的勇士穿上卫士的服装在北掖门内等待董卓。董卓快到时，马惊警不愿向前再走。董卓觉得奇怪要回家，吕布加以劝说，才入门上朝。李肃用戟刺董卓，因董卓穿着铠甲而没有刺进，只是伤了臂膀从车上摔下来，董卓朝四面喊："吕布在哪里？"吕布回答："有皇上圣诏在此，命诛讨贼臣。"董卓大骂："狗东西怎敢这样！"吕布应声用矛刺中了董卓，接着斩杀了他。董卓的主簿田仪和家奴等都前赴护着董卓尸体，吕布又杀了这些人。于是颁敕诏书，士兵们无不高呼万岁，百姓都在道路上欢歌跳舞。

吕布反复无常被杀

　　吕布，字奉先，汉末人。起初为骑都尉丁原的主簿，丁原待他亲如父子。汉灵帝死后，丁原接受大将军何进的召请，率兵前往洛阳，出任执金吾，吕布也随侍左右。

　　那时，董卓为篡汉正在努力扩充实力，他见吕布骁勇善战，就设计收买吕布。吕布利欲熏心，杀死丁原，率丁原的兵众投靠了董卓。董卓任命吕布为骑都尉，认他为义子，待他如心腹。不久，董卓又升他为中郎将，封都亭侯，日常出入总是让他随身侍卫。后来，吕布曾因小过失触怒了董卓，董卓拔戟投将过去，差点儿要了吕布的命。吕布赶紧恭恭敬敬地道歉，董卓这才消气。两人表面上和好如初，吕布内心却已对董卓产生了怨恨。以后吕布又同董卓的侍妾发生了暧昧关系，他唯恐露出马脚，常觉不安。正巧司徒王允阴谋除掉董卓，他就暗中拉拢吕布，让吕布做内应。吕布见王允劝他杀掉义父，有些为难，王允便劝道："您姓吕，他姓董，本来就不是骨肉至亲。您现在担惊受怕，唯恐被杀，您与他像父子关系吗？而且，他掷戟刺杀您时，还有父子之情吗？"于是，吕布又转而投靠王允，刺杀了董卓。王允任他为奋威将军，封温侯。

董卓虽死，他的部下李傕（jué）却不肯善罢甘休。吕布与其对阵不敌，便率百余名骑兵奔南阳投靠袁术。袁术本来待他不错，他自以为杀董卓有功，纵容部下任意抢掠。袁术感到这种人是个麻烦。吕布发现袁术的不快，便又领兵离开了袁术。以后，他忽投张杨，忽投袁绍，几经辗转，总算被陈留太守张邈和陈宫等迎为兖州牧，在濮阳落下脚来。然而，曹操听说后，即率大军攻打吕布。经过两年多时间，曹操终于破吕布于巨野，吕布只好投奔刘备。

刘备其时管领徐州，驻兵下邳。他没想到投靠自己的吕布却又听从袁术的计策，率兵偷袭他，弄得他妻子儿子被俘，自己逃往海西。刘备在海西人困马乏，粮草断绝，只好投降吕布。吕布恨袁术答应给他粮食却不送来，就派车马迎回刘备，让他当豫州刺史，屯兵小沛。当袁术遣大将纪灵率兵3万攻打刘备时，吕布又引兵前去援救刘备，并辕门射戟，使袁刘两家罢兵。

建安三年（198年），吕布又和袁术联手，派大将高顺进攻屯驻小沛的刘备，刘备城破败走。曹操让夏侯惇（dūn）援助刘备，也为高顺击败，于是曹操亲率大军攻伐吕布。兵临下邳城下时，曹操派人送信给吕布，陈述利害关系，劝其投降。吕布想投降，但被陈宫劝阻了，可他又不听陈宫的破曹之计。他暗中派人求救于袁术，袁术没法增援，他只好困守孤城。

曹操见吕布不降，便围着下邳城挖沟，引沂、泗二水灌城。城中的吕军军心涣散，上下离德。吕布的部将侯成不满吕布的苛责，与几个将领一起擒下陈宫、高顺，率众投降了曹操；吕布与几个部下登上下邳城南门的白门楼。曹兵将白门楼团团围住，吕布只好投降。

曹操、刘备等人坐定白门楼，吩咐人带上吕布。吕布见过曹操，说道："从今以后，天下可以平定了。"曹操回答："为什么？"吕布道："方今之世，您最担心的不过是我吕布，而我已经投降。如果让我统领骑兵，而您统领步兵，那么平定天下岂不易如反掌！"曹操听了，有些心动。吕布又回过头来，对刘备说道："玄德，现在您为座上客，我是阶下囚，绳子把我捆得这么紧，您难道就不为我说句话讲个情吗？"曹操笑道："捆绑老虎，岂能不捆得紧一些。"说罢，叫人给吕布松一松。刘备在旁连忙制止道："不行。您忘了吕布是如何对待丁原、董卓的吗？"曹操听了，同意地点了点头。吕布气得盯着刘备道："你这个大耳朵小儿最不值得信赖！"于是，曹操让人绞死了反复无常的吕布。

官渡之战

　　199年，袁绍消灭公孙瓒后，声威大振，并有幽、冀、青、并4州，辖境相当于今陕西北部、山西、河北、山东一带广大地区，成为东汉末期势力最强的军阀。此时的袁绍雄心勃勃，踌躇满志，计划亲统大军进攻曹操"挟天子以令诸侯"的许县，企图消灭曹操后过过做皇帝的瘾。

　　曹操麾下众将闻知袁绍将大举来攻，皆面露惧色。时许县一带曹操的将士不过三五万人，骤临强敌，曹操想必亦得心惊，但他却不露畏惧之色，率兵至官渡屯扎，准备迎敌。

　　官渡在今河南省中牟东北，临官渡河，是此河的主要渡口，往南不足200里即是许都。官渡左、右一带因北临黄河，多为斥泽，芦苇丛生，交通不便。袁绍南下攻许，最近的路线便是通过官渡径直南下，故而官渡实为南北要冲，曹操在此屯军，就是为了扼住袁绍南下之路。

　　第二年，袁绍选精兵10万人，骑兵一万，胡骑8000，浩浩荡荡而至官渡，在此依沙堆为屯，东西横亘数十里。曹操见袁绍势大，急调守卫原武的于禁所部回官渡助守。曹操于日食之日率兵出击袁绍，无功而还，于是坚壁不出。袁绍军筑土山居高临下以射曹军，曹操亦令于禁率军士筑土山还击，并制造"霹雳车"，发射石头以击土山上的袁军。袁军仰攻不成，又转为地下，企图掘地道以袭曹营。曹操令士兵们沿营壁挖长壕以拒之，袁军利用地道偷袭的计划又失败了。

　　本来，袁绍以为大军所到，势如破竹，乃令将士们各自拿一条3尺长的绳子，等操军败时将曹操擒缚。不意两军攻守了3个多月，袁军竟不能前进一步。而此时，曹军中也面临粮尽的威胁，粮食一尽，必生内乱，曹操忧心忡忡，欲引军退守许都，又怕军退之时，袁绍麾军追击，将会一败涂地，故延宕不决，于是写信与许都留守荀彧商量。

　　荀彧是曹操的重要谋士，在曹操生死存亡的紧急关头，他审时度势，认为曹军在粮尽的情况下，如果一退，必将招致袁军的追击，不仅曹操的官渡守军会被歼灭，许都也势必难保。因此荀彧指出了两军对峙之时一方先退的严重后果，鼓励曹操坚守官渡，用奇计袭破袁绍，这是战胜袁军的一个唯一可行的方略。

曹操得荀彧信后，决计坚守官渡，寻找袁军的纰漏，以奇兵袭破之，从而扭转战场上的被动局面。

碰巧，曹操获悉袁绍之将韩猛押运粮草将至袁绍军中，遂用谋士荀攸之计，派许晃、史涣引一军悄悄离营，间道北上，在故市截击韩猛的运粮车队，韩猛仓促应战，被打得大败而逃，许晃等乃尽烧袁绍的粮草辎重而归。与此一来，袁绍军中也眼看就要断炊，袁绍只得再调粮草运来，并派淳于琼发兵万余人迎接运粮队至故市、乌巢。这一带是黄河冲积下的沙丘水泽，距袁绍军北营有 40 里。

袁绍的谋士许攸鉴于两军相峙而无功，便向袁绍建议分军绕道奇袭许都，劫持天子以令诸侯。曹操老巢一失，则败亡无日。袁绍却说："吾要当先取操！"遂不采纳许攸的意见。

这时，许攸的家人犯法，被袁绍留守之将逮捕，许攸大怒，竟奔逃至曹营投靠曹操。曹操闻许攸来投，大喜过望，竟光着脚出来迎接。许攸问："袁军甚盛，公还有几日之粮？"曹操道："尚能维持一年。"许攸摇头道："不对！请实言相告。"曹操道："可支半年。"许攸问："足下不想破袁绍吗？怎不讲实话？"曹操乃道："刚才我与你开玩笑，军中粮食实可维持一月，你有什么好计策吗？"许攸遂献计道："袁绍粮草辎重均在故市、乌巢，屯军守备不严，若以奇兵袭之，烧其粮草，不出 3 日，袁氏必败！"

曹操此时粮草殆尽，欲战不能胜，欲退必致败，已陷入进退维谷之绝境。故闻许攸之计，不辨真伪，毅然亲自率精兵 5000 潜离官渡，用袁军旗帜暗号，于夜间偷偷至乌巢，包围起袁军守兵，突然放火，袁军大惊，自相纷乱，至黎明，淳于琼才发现曹军人少，乃集合军队列阵。曹操急率军攻之，淳于琼退回营地，以保护粮草辎重。

袁绍见乌巢火起，仅派轻骑往救，而自统大军进军曹营。袁绍认为，与其去救乌巢，不如进攻曹营，以收"围魏救赵"之效。

袁绍的轻骑至乌巢时，有人建议曹操分兵拒敌，曹操道："敌人到了背后再说！"乃率众猛攻淳于琼，将士皆死战，终于击溃淳于琼军，生俘淳于琼，斩首千余，皆割其鼻。牛马则被曹军割下唇舌。聚积在乌巢的袁军粮草辎重，也被曹军烧了个精光。

然后，曹军回头再战袁绍派来的援军，大败之，斩其将赵睿，顺利返回官渡。这时，袁绍大将张郃攻曹营不克，中军监军郭图向袁绍进谗言攻击张郃，张郃忧惧，干脆阵前倒戈，投降了曹操。曹操令奇袭乌巢的将士们将被斩杀的袁军的鼻子和牛马的唇舌展示给袁军士兵们看，袁军大骇，曹操乘势麾军杀出，袁军不战自乱，四散而逃。袁绍见事不可为，乃率800骑仓皇北窜，曹军穷追不舍，一直追到延津。

官渡之战，曹操以少击众，以弱胜强，俘虏袁绍败卒10余万，缴获珍宝财物无数，一举奠定了统一北方的基础。

曹孟德借刀杀人

祢衡，字正平，平原般人。才思敏捷，长于辩术，但为人尚气刚傲，清高反俗。建安初年，他来到许都。当时许都新建不久，名人贤士都从四面八方聚集到这里。有的人见祢衡刚到京师，便问他："你何不追随陈长文、司马伯达呢？"祢衡轻蔑地答道："我怎么能追随屠夫酒保！"别人又问他："荀文若、赵稚长怎么样？"祢衡又不屑一顾地说："荀文若，可以借他的面孔去吊丧；赵稚长，可以叫他管管厨房招待客人。"整个许都城内，他能看得上眼的只有孔融和杨修两个人。他常说："大儿孔文举，小儿杨德祖。余子碌碌，不足数也。"

孔融虽然比祢衡年长许多，但对他的人品才干却佩服得五体投地。为了使这位知己"龙跃天衢，振翼云汉，扬声紫微，垂光虹霓"，孔融几次在曹操面前称扬他"目所一见，辄诵于口；耳所瞥闻，不忘于心"，夸赞他"忠果正直，志怀霜雪，见善若惊，疾恶如仇"，甚至说他是"帝室皇居"的"必蓄非常之宝"。曹操本来求贤若渴，爱才如命，听孔融这样一说，便急于见到祢衡。但祢衡向来瞧不起曹操，他自称有"狂病"，不肯前去拜谒，并且有不敬之词。

曹操见祢衡如此态度，就怀恨在心。不过因为祢衡名气颇响，曹操还不想杀他，只打算找个机会羞辱他一下。祢衡精通音乐，善于击鼓，曹操便在一次宴会上叫他充当鼓师，而且要穿上特制的表演服装。轮到祢衡演奏时，他奏了一曲"渔阳参挝"，只见他踏地前行，容态非常，击响的鼓声悲壮，听者莫不慷慨。待到他行近曹操时，堂上官吏喝令他换上鼓师服装。他于是脱了个一丝不挂，当众裸身而立，然后慢腾腾地换上鼓师的衣冠，又奏了一曲，脸不变色心不跳地离席而去。曹操苦笑着说道："原打算羞辱祢衡，反倒叫他羞辱了我。"

事后孔融责备祢衡道："你是位大雅君子，怎么能这么干呢？"接着又向他讲述了曹操渴慕其才的心意，他便答应了面谒曹操道歉。孔融又去见曹操，说祢衡上次犯了狂病，现在恳求亲自登门谢罪。曹操听后大喜，连忙吩咐把门的有客登门要马上通报，而且对待客人要极为热情。

祢衡如约前往曹操驻地。他身着布单衣，头戴粗布巾，手持3尺大杖，来到曹操大营门前，往地上一坐，一边以大杖捶地，一边破口大骂起来。把门的连忙向曹操通报，说外面有个狂生，坐在营门口，出言大逆不道，可否把他抓起来治罪。曹操没想到祢衡放肆到如此地步，只觉得怒火中烧，恨不得立即把祢衡斩首示众，但转念一想，这样做岂不落得个器量狭小不能容人的恶名。便对孔融说道："祢衡这个浑小子，我杀他不过像捏死只麻雀、老鼠罢了。但这家伙平素有点儿虚名，杀了他，周围的人会认为我容不下他。现在我把他送给刘表，看看他会有什么下场。"

祢衡被送到刘表那儿后，果然又因傲慢不逊得罪了刘表，刘表也不愿承担诛杀名人的骂名，把祢衡送给了江夏太守黄祖。黄祖性情急躁，终因祢衡在一次宴会上当众辱骂了他，一怒之下将其处死。借刀杀人的曹操总算出了胸中这口恶气，而后人也并未因为祢衡之死否认曹操有招贤纳士之德。

刘秀忍辱负重

刘秀的长兄刘縯（yǎn），秉性刚毅，为人慷慨。王莽篡汉后，他常常愤愤不平，心怀恢复刘氏江山的大志。所以，他不热心治理产业，而是倾家荡产地交结天下好汉。地皇三年（公元22年），刘縯率子弟兵七八千人举起反抗王莽的旗帜，自称柱天都部，并让刘秀在宛县与李轶同时起兵。刘縯、刘秀兄弟率军作战时，因为得到了新市、平林、下江义军的配合，先后击败了王莽的前队大夫甄阜、属正梁丘正和纳言将军严尤、秩宗将军陈茂，从而威名大振，远近闻风而降。王莽惊恐万分，悬赏捉拿刘縯，开价封邑5万户、黄金10万斤、爵位上公。

新市、平林的将帅担心威望日高的刘縯危及自己的势力，便事先密谋好，立平庸懦弱的刘玄为帝，然后派人找来刘縯，告诉他这一决定。刘縯却认为立帝的时机不成熟，建议姑且称王，号令全军。然而，将军张卬（áng）坚决反对，并拔剑击地，威胁道："做事犹疑，必不成功。今日决定立刘玄为帝，决不许有人反对！"诸将只好听从了他的意见。

更始元年（公元23年）二月，刘玄被拥立为帝，刘縯被任为大司徒，封汉信侯，刘秀被任为太常偏将军。五月，刘縯所部攻陷了宛县；六月，刘秀所部击败了王莽大司徒王寻、大司空王邑率领的百万大军。刘氏兄弟的声名因此愈加威震四方。

更始帝刘玄和大司马朱鲔（wěi）、绣衣御史申屠建等妒忌刘縯德高望重，阴谋借召集诸将会聚之机除掉刘縯。聚会时，刘玄拿过刘縯的宝剑观看，申屠建顺势向刘玄献上一块玉玦，暗示他迅速决断，杀掉刘縯，刘玄却始终未敢发出诛杀刘縯的指令。散会后，刘縯的舅父樊宏提醒他道："从前的鸿门宴，范增曾举玉玦暗示项羽杀掉刘邦。今天申屠建献玉玦恐怕不怀好意吧？"刘縯只是付之一笑。刘秀对阿谀朱鲔等人的李轶也心存戒备，他劝刘縯不可再信任李轶，刘縯也不予理会。

刘縯有位部将刘稷，这个人勇冠三军，曾几次冲锋陷阵，击溃围兵。他听说刘玄即位时，怒道："本来起兵造反、欲建功业的是刘縯兄弟，这位刘玄是干什么吃的？"刘玄及其亲信得知后，心中深恨刘稷，待委任他为抗威将军而他不肯接受时，便决定着手除掉他和刘縯。一天，刘玄与他的亲信将领朱鲔、李轶等派了数千人马，逮捕了刘縯、刘稷，当天将其杀死。

当时，刘秀刚刚领兵攻下颍阳。他得知兄长遇害的消息后，觉得自己的势力不足以与更始帝君臣公开对抗，便装出一副忠诚、懦怯的样子，立即赶到宛县，向刘玄当面谢罪。刘縯的属下迎接刘秀时都向他表示哀悼之情，而他却一句心里话没说，只是怪罪自己而已。见过刘玄后，他既未提起自己战胜王寻、王邑的大功，又未敢为兄长刘縯服丧，饮食言笑和平素一样，丝毫未露出伤感、怨恨的情绪。更始帝刘玄见刘秀如此服服帖帖，自己倒有些不好意思，于是任命刘秀为破虏大将军。此后，刘秀利用刘玄对他的信任，渐渐壮大了自己的势力，最后得以取而代之，成为东汉的开国皇帝，而刘玄则于众叛亲离、投降赤眉后，为赤眉将领谢禄杀害。

汉光武帝偃武修文

汉光武帝刘秀是汉高祖刘邦的九世孙，少年时喜好农事，勤于稼穑。他哥哥刘伯升好侠养士，常常取笑他像刘邦的哥哥刘仲一样爱好耕田种地。新莽天凤年间（公元 14—公元 19 年），刘秀赴长安跟中大夫庐江许子威学习《尚书》，粗通了大义。王莽末年，天下大乱，刘秀于南阳宛县起兵反抗王莽。经过两年半的杀伐征战，刘秀于建武元年（公元 25 年）称帝。

刘秀在率领武将建立东汉王朝的过程中，一直忙于南征北战，东挡西杀，没时间顾及传统的经术和教育。当时，王莽篡汉已成强弩之末，天下乱成一团，前汉的一套礼乐制度分崩离析，古籍经典残乱不堪。刘秀立国后，十分注重文治对巩固政权的重要作用，加上他本来爱好经术，因此，他每到一地，来不及下车，就首先拜访当地的儒雅之士，搜求缺失的经典，补缀逸漏的篇章。本来四方的儒生学士都携带许多图书，逃往山中林下，如今看到刘秀如此重视经术，便都带着经典古籍争先恐后地赶往京师，如范升、陈元、郑兴、杜林、卫宏、刘昆、桓荣等饱学之士均接踵而至。刘秀还建立了五经博士制度，让博士各以家德传业授徒，使学术出现了诸家纷出的局面，如《易》有施氏、孟氏、梁丘氏、京氏各派，《尚书》有欧阳、大小夏侯诸派，《诗》有齐、鲁、韩 3 家，《礼》有大戴、小戴两派，《春秋》有严氏、颜氏各家。而且，搜集的图书数量也渐渐可观起来，刘秀由高邑迁还洛阳时，运载书籍的车子已多达两千余辆。之后，图书又增加了两倍。

建武五年（公元 29 年），刘秀又在洛阳城开阳门外修建了太学。学生们在太学之中研读经书，模拟古代的礼乐仪式。当时，在刘秀倡导的此风影响下，身穿儒衣、口称先王、寄身学校者颇为众多。博士所在的地方，学生们不远万里而来求教，背着粮食而上学的成百上千。对于年高名盛的博士，前来受教而列于名簿上的弟子竟不下万人之多。

特别是平定了陇、蜀之后，光武帝刘秀更是偃武修文，专事经学，除非有紧急情况，口不言兵家之事。一次，皇太子曾向刘秀问及攻战之事，刘秀答道："从前卫灵公向孔子询问如何摆列战阵，孔子不予回答。军队上的事，不是你该过问的。"皇太子见他每天清晨上朝，日斜下朝，总是与公卿将相讨论经国之道，夜半才能休息，忍不住劝道："陛下有夏禹、商汤的才智，却没有黄老修身养性的福气。望您保重精神，轻松一些。"刘秀却说："我乐此不疲。"他虽然完成了立国大业，却兢兢业业，仿佛尚未开国一般。由于他懂得经术，总揽朝纲，量时度力，所以治政大体并无过失。史家说他"退功臣而进文吏，戢弓矢而散马牛，虽道未方古，斯亦止戈之武焉"。

人物春秋

受命危难中兴汉室——刘秀

世祖光武皇帝刘秀，字文叔，南阳郡蔡阳县人，汉高祖第九代孙子，出自汉景帝所生长沙定王刘发的那个支系。刘发生春陵节侯刘买，刘买生郁林太守刘外，刘外生钜鹿都尉刘回，刘回生南顿令刘钦，刘钦生光武帝。光武帝9岁成为孤儿，由叔父刘良收养。他身高7尺3寸，须眉浓秀，大嘴，高鼻梁，额骨隆起，生性喜欢种植庄稼，而哥哥刘伯升好行侠养士，曾讥笑光武帝经营农业，把他比作汉高祖的哥哥刘仲。王莽天凤年间，光武帝来到长安，拜师学习《尚书》，略通大义。

王莽末年，天下连年蝗灾，盗贼蜂拥而起，地皇三年，南阳发生饥荒，各家的宾客大多去偷盗抢劫。光武帝为逃避官吏躲到新野，顺便在宛城出售粮食。宛人李通等人用图谶鼓动光武帝说："刘氏复兴，李氏为辅。"光武帝起初不应，暗自思量哥哥伯升一向结交无业游民，必将发动起义，况且王莽败亡的征兆已经显露，天下日渐动荡，于是同李通等人定下大计，从此就购置兵刃弩箭。十月，与李通从弟李轶等起兵于宛城，时年他28岁。

十一月，有彗星出现在张星星区。光武帝于是率领宾客回到春陵。当时伯升已经聚众起兵。起初，众子弟十分恐惧，都逃散躲藏起来，说："伯升要害我们。"等到看见光武帝身着武将的绛衣大冠，都吃惊地说："谨慎厚道的人也干这种事。"因而稍微心安。伯升于是请来新市军和平林军，同他们的主帅王凤、陈牧一道向西进攻长聚。光武帝开始骑牛，杀死新野尉后才得以骑马，进占并屠戮了唐子乡，又杀死了湖阳尉。军中瓜分财物不均，众人愤恨不平。想反攻刘姓各部。光武帝收敛起宗族成员所得到的财物，全部给了他们，众人才转怒为喜。进占棘阳后，与王莽前队大夫甄阜、属正梁丘赐交战于小长安，汉军被打得大败，退守棘阳。

更始元年正月初一日，汉军重又与甄阜、梁丘赐交战于沘水西岸，大败敌军，斩杀了甄阜、梁丘赐。伯升又在昆阳击败王莽的纳言将军严尤和秩宗将军陈茂，进而包围了宛城。二月初一日，拥立刘圣公为天子，以伯升为大司徒，光武帝为太常偏将军。三月，光武帝另与一些将领征讨昆阳、定陵、郾等地，全都攻占下来，缴获了大批的牛马和财物，粮食数十万斛，转运至宛城城下，王莽获悉甄阜、梁丘赐战死，汉帝已经登基，派遣大司徒王寻、大司空王邑统兵百万，可以作战的士兵为42万人。五月，抵达颖川，又和严尤、陈茂会合。当初，光武帝曾替春陵侯家向严尤申诉拖欠租赋事，严尤召见后，欣赏他的风度。到此时，汉军城中出来投降严尤的人说光武帝不掠夺财物，只是筹划军事策略。严尤笑道："是那位须眉俊美的人吗？他怎么竟做这种事！"

起初，王莽征调天下精通兵法的63家学派中的数百人，一并任用为军吏；又选拔训练卫兵，招募猛士，组成庞大的军队开赴战场，各种军旗和军用物资在千里大道上络绎不绝。当时军中有巨人叫巨无霸，身高一丈，腰大十围，任命为垒尉；又驱赶各种猛兽如虎、豹、犀牛、大象之类，以助军威。秦汉以来，出征的军队声势如此浩大，还从未有过。光武帝率领数千名士兵，巡逻到阳关。众将领见到王寻、王邑军容盛大，就顺原路撤退，奔回昆阳城，全都心惊胆战，忧虑后方的妻子儿女，想分别返回各自原来驻守的城池。光武帝建议道："现在士兵和军粮都很少，而外敌强大，合力抵御他们，或许可以立功；如果力量分散，势必难以保全。而且宛城还没夺取，主力不能前来救援，昆阳一旦被攻破，一日之间，各部也将被消灭，今天不同心协力共同谋取功名，反而要去守护各自的妻子儿女和财物吗？"众将发怒道："刘将军怎敢这样说话！"光武帝笑着起身走了。正逢侦察骑兵回来，说王莽大军将进抵城北，军队绵延数百里，看不见后尾。众将领窘迫地相互商量说："还是重新请刘将军来商议对策吧。"光武帝再度剖析成败得失。众将忧虑窘迫，都同声称是。当时城中只有八九千人，光武帝便让成国上公王凤、廷尉大将军王常留守昆阳，晚上自己同骠骑大将军宗佻、五威将军李轶等13人骑马，出昆阳城南门，到外地调集兵马。这时王莽军队来到城下的近10万人，光武帝等人几乎出不了城。他们到了郾、定陵，调动各营所有兵马，而那些将领贪恋钱财，想分兵留守它。光武帝说："现在如果能够击败敌人，所得珍宝是已有的万倍，大功可以告成；如果被莽军打败，脑袋都没有了，还用什么财物！"大家这才听从了他的命令。

严尤劝说王邑说："昆阳城小但坚固，现在假冒帝号的人在宛城，速派大兵前往，他们一定逃走；宛城敌人被打败了，昆阳自然降服。"王邑说："我过去以虎牙将军的身份围攻翟义，因为没能将他生擒，所以受到责备。今天率领百万大军，遇到敌人据守的城池而不能攻取，如何交代？"于是围绕昆阳城设下数十道防线，建成百座营盘，树起云车高10余丈，靠近昆阳俯视城中，各类旗帜遮盖了田野，人马搅得满天尘埃，敲鼓击钲的军乐声传出数百里之远。王莽军有的挖掘地道攻城，有的用冲车撞城和用篷车攀城。大批弓弩手连续不断发射，箭如雨下，城中军民不得不背着门板而汲水。王凤等人乞求投降，遭到拒绝。王寻、王邑自以为胜利已为时不远，神态十分安闲，晚上有流星坠落在王莽军营地之中，白天有云，形如山丘，崩落于营盘，离地一尺左右才崩散开来，王莽军将士全部都匍伏在地上。

六月初一日，光武帝即与各部人马一齐进发，自己亲率步、骑兵1000余人，在离王莽军大约四五里的地方排开阵势。王寻、王邑也派兵数千人前来交战。光武帝冲击敌营，斩下数十名敌军首级。其他各部将士高兴地说："刘将军平生见到小股敌人就害怕，今天遇到强敌却勇猛无畏，真叫人奇怪！还是继续在前，请让我们帮助将军！"光武帝再次进攻，王寻、王邑派出的军队又退去，义军各部一同乘机进攻，杀死王莽军数百近千人。义军连续获胜，继续向昆阳进军。此时伯升攻取宛城已有3天了，而光武帝还不知道，于是派人伪装成宛城的使者携带书信通知昆阳守军，说："宛城的救兵即刻赶到。"却故意失落了这封书信。王寻、王邑闻知后，十分不快。义军众将领屡战屡捷，胆气更壮，无不以一当百。光武帝就与3000名敢死队员，从城西涉水直扑王莽军的中军，王寻、王邑的阵势大乱，义军一鼓作气打垮敌军，于是杀死了王寻。昆阳守军也击鼓呐喊着冲杀出来，内外夹击，喊杀声惊天动地，王莽军大溃退，逃跑的士兵互相践踏，死尸僵卧在百余里的路上。当时正是雷声大作，狂风骤起，屋瓦全被风刮得乱飞，暴雨如注，滍水水势猛涨，吓得虎豹都四肢颤抖，士兵们争着渡河，淹死的不计其数，河水也都被阻塞断流。王邑、严尤、陈茂轻装骑马踏着死尸渡河逃走。义军全部缴获了王莽军的各种军用物资，兵车、盔甲和珍宝，多得无法计算，运了几个月都没运完，有人把剩余的物资烧掉了。

光武帝再接再厉夺取颍阳。当时伯升被更始帝所杀害，光武帝从父城赶回宛城请罪。伯升司徒府的属吏迎接光武帝并表示慰问，光武帝口不能语，只能沉痛地引咎自责而已。他未曾自我表白昆阳的功劳，又不敢为伯升服丧，吃饭说笑如同平时一样。更始因此心中有愧，便任命光武帝为破虏大将军，封武信侯。

九月初三日，三辅的豪杰一同斩杀王莽，将首级送到宛城。更始帝将北上建都洛阳，以光武帝兼管司隶校尉事，命他前去整修宫室和官府。于是光武帝任命了属吏，写好文书发到各属县，行使起督促文书、察举非法的职责，一切按照汉朝的旧规定办事。当时三辅地区的官吏和士人到洛阳城东迎接更始帝，看见诸位将军经过，都是头上戴帻，身穿如同妇女所穿的衣裳，即珠玉和绣裙之类，无不感到可笑，甚至有人害怕不吉利而溜掉了。等到看见司隶校尉的部下，都高兴得不知如何是好。老年的官吏有的流着泪说："不料想今天还能重新看到汉朝官员的威仪！"从此有识之士倾心于光武帝。

待更始帝到达洛阳，就派光武帝以破虏将军的身份代理大司马事务。十月，持节向北渡过黄河，镇抚河北各州郡。所到郡县，便接见二千石、长吏、三老、官属，下至一般佐史，考察治政得失，如同州牧巡行辖区一样。他一到某地就审查释放囚徒，革除王莽苛政，恢复汉朝官吏的名称。吏民欢欣鼓舞，争着带上牛肉和酒，迎接慰劳光武帝一行人。进抵邯郸，原赵缪王之子刘林劝说光武帝道："赤眉军现在在河东，只要决堤放水淹他们，百万赤眉军全可以让他们成为鱼。"光武帝不理睬，又前往真定。刘林于是诡称卜者王郎是成帝的儿子刘子舆，在十二月，拥立王郎为天子，建都邯郸，并派遣使者劝降了许多郡国。

二年正月，光武帝鉴于王郎一兴起就比较强大，于是向北攻取蓟县。王郎下达快递文书，悬赏十万户侯捉拿光武帝。而原广阳王之子刘接于蓟城中起兵，以响应王郎。城内混乱，谣言四起，人心惶惶，说邯郸使者刚刚到达，二千石以下官吏都前去迎接。于是光武帝急忙坐车南逃，无论白天黑夜都不敢进入城市，吃住全在道旁。到达饶阳，部下全断了炊。光武帝就自称是邯郸使者，进入传舍。传舍的官吏刚送进食物，光武帝的随从因为饥饿，争夺食物。传吏怀疑他们是伪装的使者，就击鼓数十下，假称邯郸的将军来到，光武帝的部下都大惊失色。光武帝上车想跑，后害怕出不去，慢慢回到座位，说："请邯郸的将军进来。"许久才驾车离去。传舍中的人远远地喊守护城门的人关闭大门。门长说："天下形势还难预料，而能随便关闭长者吗？"

于是光武帝得以从南门离去。他们日夜兼程，冒着霜雪，天气正寒冷，脸都冻裂了。到了呼沱河，没有船只，当时河水结冰，才得以通过，还没全部过完而后面的几辆车陷入河中，进抵下博县城西，彷徨犹豫不知该向何方。有一个白衣老人在路边，指示说："努力！信都郡仍忠于刘玄，离这里80里。"光武帝立即奔赴信都。信都太守任光开门出迎。光武帝因此征发附近各县的兵卒，得到4000人。先攻打堂阳、贳县，全都降服。王莽和成卒正邳彤也率全郡归降。又昌城人刘植、宋子人耿纯，各领宗亲子弟，占领各自的县城，以拥戴光武帝。于是北上迫降下曲阳，兵马初步集结，乐意投靠的人达到数万人。接着向北进攻中山，夺取卢奴。所过之处调发"奔命"兵，向周围各郡传递文书，要求共同打击邯郸势力，郡县又再次响应号召。又南下进攻新市、真定、元氏、防子，都占领下来，因此进入赵国地界。

当时王郎大将李育驻扎于柏人，汉兵不知敌情，前部偏将军朱浮、邓禹被李育打败，辎重丧失。光武帝在后面听说此事，收容了朱浮、邓禹的溃散的士兵，与李育大战于柏人的外城城门，大获全胜，全部夺回了被李育缴获的物资。李育退守城池，光武帝攻之不下，就率军夺取广阿。恰好上谷太守耿况、渔阳太守彭宠各派他们的将领吴汉、寇恂等人统帅突骑来协助攻打王郎，更始帝也派遣尚书仆射谢躬讨伐王郎，光武帝便大肆犒劳士兵，于是东进围困钜鹿。王郎守将王饶坚守，一个多月仍未攻下。王郎派将军倪宠、刘奉领兵数万援救钜鹿，光武帝迎战于南栾，斩杀数千人。四月，围攻邯郸，连战连胜。五月初一日，攻取邯郸，处死王郎。收缴文书，得到自己部下向王郎联络或诽谤自己的信件数千封。光武帝不查看，集合众将当面把信烧掉，说："让担心此事之人都心安吧。"

更始帝派侍御史持节封光武帝为萧王，命令他遣散军队回到更始帝身边。光武帝以河北地区尚未平定为由推辞，不应征召，从此开始脱离更始帝。

那时长安混乱，四方背叛。梁王刘永专命于睢阳，公孙述称王于巴、蜀，李宪自立为淮南王，秦丰自号楚黎王，张步起事于琅邪，董宪起事于东海，延岑起事于汉中，田戎起事于夷陵，都各任命将帅，侵占郡县。又有各种名号的贼兵如铜马、大肜、高湖、重连、铁胫、大抢、尤来、上江、青犊、五校、檀乡、五幡、五楼、富平、获索等，各自率领部队，人数合计数百万人，在当地劫掠。

光武帝将攻击诸寇贼，先派遣吴汉到北方征发十郡兵马。幽州牧苗曾不听从调动，吴汉就斩杀苗曾而征发了他的部下。秋天，光武帝进攻铜马于鄡县，吴汉率领突骑来到清阳会合。贼兵多次挑战，光武帝坚守营垒，贼兵有出外抢掠的人，就发兵消灭他们，断绝了贼兵的粮道。累计一月有余，贼兵粮食吃光，乘夜色逃去，光武帝追击到馆陶，大败贼军。接受投降一事还没结束，高湖、重连军从东南方前来，与铜马残部会合，光武帝又与他们大战于蒲阳，全部打败并降服了他们，封他们首领为列侯。降人仍然心中不安，光武帝懂得他们的心意，命令他们各自回营整顿队伍，于是自己轻装骑马一一巡视各部队列。降人互相说道："萧王以诚心对待我们，我等怎能不以死报效呢！"从此都顺服。光武帝把降人全部分配给各位将领，士兵于是多达数十万，因而关西称光武帝为"铜马帝"。赤眉一个别帅与大肜、青犊军共 10 万人驻扎射犬，光武帝进击，大败他们，各军全都逃散。派吴汉、岑彭袭杀谢躬于邺城。

青犊、赤眉军开进函谷关，进攻更始帝。光武帝就派遣邓禹率领 6 员副将引兵向西进发，以利用更始、赤眉相争的动乱机会。当时更始帝派大司马朱鲔、舞阴王李轶等屯守洛阳，光武帝也命令冯异把守孟津予以抗衡。

建武元年春正月，平陵人方望拥立原来的孺子刘婴为天子，更始帝派遣丞相李松进攻并斩杀了他们。光武帝北上进攻尤来、大抢、五幡军于元氏，追击到右北平，连续打败他们。又战于顺水之北，乘胜冒进，反而受挫兵败。贼兵追击得很紧，短兵相接，光武帝自己从高坡上跳下去，遇到突骑王丰，王丰下马让给光武帝，光武帝扶着王丰的肩膀上马，回过头来笑着对耿弇说："几乎被敌人所耻笑！"耿弇频频射箭击退贼兵，得以幸免。光武帝的士兵死亡数千人，散兵回来后退守范阳。军中不见光武帝，有人说他已战死，众将不知如何是好。吴汉说："大家努力！萧王哥哥的儿子在南阳，何愁没有主公？"众人恐惧，几天以后才安定下来。敌兵虽然取胜，但平素折服于汉军军威，客主双方互不摸底，晚上就撤走了。大军重又前进到安次，与敌交锋，击败他们，斩首 3000 余级。敌兵退入渔阳，于是派遣吴汉率领耿弇、陈俊、马武等 12 位将军追击于潞县之东，一直进抵平谷，大败并消灭了敌军。

朱鲔派遣讨难将军苏茂进攻温县，冯异、寇恂与他们交锋，大败敌军，斩杀苏茂的将领贾强。于是众将商议给光武帝上尊号，马武先向光武帝进言："天下无主。如果有圣人利用天下凋敝的时候崛起，我们虽有仲尼为相，孙子为将，也恐怕难有作为。覆水难收，后悔无及。大王执意谦让，那么宗庙社稷怎么办！应该返回蓟县登基，再商议征伐的事情。否则现在能说谁是逆贼而放手攻打他们呢？"光武帝震惊地说："将军为何说出这样的话？该斩首了！"马武说："众将领都这样说。"光武帝让他出去劝说众将。于是引军回到蓟县。

夏四月，公孙述自称天子。光武帝从蓟县返回，路过范阳，下令埋葬以往阵亡将士。抵达中山，众将又上奏说："汉朝遭遇王莽之乱，宗庙废弃，祭祀断绝，豪杰愤怒，兆民惨遭涂炭。大王与伯升首举义兵，更始凭靠你们的努力才得以占有帝位，而不能维护好大业，破坏搅乱了纲纪，盗贼日益增多，百姓处于危难和窘境之中。大王初征昆阳，王莽不战自溃；后来夺取邯郸，河北的州郡归顺平定；三分天下而有其二，据有数州领土，军队多达百万。谈武力没有人敢于对抗，论文德更是无可挑剔。臣等听说帝王之位不可以长久空着，天命不可以谦让拒绝，愿大王一心以社稷为重，以百姓为念。"光武帝不听。行进到南平棘，众将又坚决地请求光武帝登基。光武帝说："贼寇尚未平定，四面受敌，怎么能立即考虑正号位的事呢？诸位将军暂且出去吧。"耿纯又进来说："天下士大夫丢弃亲戚，别离故土，追随大王于箭石横飞的战场，他们的打算原来是想攀龙鳞，附凤翼，以实现建功立业的志向。现在功业已成，天人也相应合，而大王拖延良机而违逆众心，不定尊号，我恐怕士大夫失去希望，没有办法，就会有离去而归家的想法，不愿长此苦守下去。大军一旦散去，难以再度招集。良机不可久留，众心不可违背。"耿纯言辞十分诚挚恳切，光武帝深受感动，说："我会考虑这件事。"

进抵鄗城，与光武帝过去同在长安居住求学的强华从关中送来赤伏符，符文是："刘秀发兵捕不道，四夷云集龙斗野，四七之际火为主。"群臣因而再次上奏道："承受天命之符，与之相应的人当居大位，相距万里而符信相合，不经商议而情思相同，周代的白鱼之信，何足相比！现今上无天子，海内混乱，符瑞所示，昭然若揭，应该顺从天神的意愿，以满足大家的希望。"刘秀于是命令有关部门设立坛场于鄗县城南千秋亭的五成陌。

六月二十二日，即皇帝位。烧柴祭告上天，升烟以享六宗，望祭群神。祭祀祝文说："皇天上帝，后土神祇，垂青于我而降下天命，将百姓托付给我刘秀，为人父母，秀不敢当。手下群臣，不谋而合，都说：'王莽篡位，刘秀发愤起兵，破王寻、王邑于昆阳，杀王郎、铜马于河北，平定天下，海内蒙受恩惠。上应天地之心，下为百姓所归。'谶记说：'刘秀发兵捕不道，卯金修德为天子。'秀仍然坚辞，以至于一而再，再而三。群臣都说：'皇天大命，不可拖延。'敢不恭敬受命。"于是定年号为建武，大赦天下，改鄗县名为高邑。

这个月，赤眉军拥立刘盆子为天子。

二十七日，前将军邓禹攻击更始定国公王匡于安邑，大败王匡，斩杀将领刘均。秋天七月五日，拜前将军邓禹为大司徒。十一日，以野王令王梁为大司空。十六日，以大将军吴汉为大司马，偏将军景丹为骠骑大将军，大将军耿弇为建威大将军，偏将军盖延为虎牙大将军，偏将军朱祐为建义大将军，中坚将军杜茂为大将军。当时宗室刘茂自号"厌新将军"，率众投降，封为中山王。

（八月）初三日，驾临怀县，派遣耿弇率领强弩将军陈俊驻扎五社津，守备荥阳以东。派吴汉率领朱祐以及廷尉岑彭、执金吾贾复、扬化将军坚镡等11位将军，围困朱鲔于洛阳。

八月十六日，祭祀社稷。十七日，拜祭高祖、太宗、世宗于怀县离宫。进抵河阳，更始廪丘王田立归降。

九月，赤眉军攻入长安，更始帝逃到高陵。六月，诏书说："更始失败，弃城逃走，妻子儿女裸露，流散道路。朕非常怜悯他们。今天封更始为淮阳王。吏民有敢于伤害他们的，罪与大逆相同。"十九日，以原密县县令卓茂为太傅。二十六日，朱鲔举城投降。

冬天十月十八日，车驾进入洛阳，来到南宫却非殿，于是定都于此。派岑彭进攻荆州敌军。

十一月三十日，驾临怀县。刘永自称天子。十二月十一日，从怀县返回洛阳。

赤眉军杀死更始帝，而隗嚣占据陇右，卢芳起兵于安定。破虏大将军叔寿进攻五校敌于曲梁，战死。

二年春天正月初一日，有日食。大司马吴汉率领9位将军进攻檀乡敌军于邺城的东边，大败并降服了他们。十七日，封全部功臣为列侯，大国有四县，其余各有等差。下诏说："人情得到满足，常被放纵所苦，为快一时的欲望，忘却应当谨慎对待刑法的宗旨。只因诸位将军功业远大，真诚希望传之无穷，应当是如临深渊，如履薄冰，战战兢兢，日日谨慎。凡有显著功劳而未得到报答，没有列入封侯名册的人，大鸿胪迅速奏上，朕将分别封赏他们。"博士丁恭议论说："古时候帝王分封诸侯，地不超过百里，所以有利于建侯，取法于雷卦，实行强干弱枝，以此来把国家治理好。现在封给诸侯4县，不符合法制。"光武帝说："古代凡是灭亡的国家，都是因为无道，没听说是因为功臣封地多而亡国的。"于是派遣谒者立即颁发印绶，策文说："高位而不骄傲，位虽高而没有危险；约束自己遵守法度，势虽盈满也不会溢出。要谨慎小心地对待此事，传爵位于子孙，长久成为汉朝的藩属。"十九日，更始的复汉将军邓晔、辅汉将军于匡投降，都恢复原有爵位。某日，筑起高庙，建社稷坛于洛阳，立郊兆坛于城南，开始以火德为正，以赤色为上色。

这个月，赤眉焚烧西京的宫室，挖掘园陵，抢掠关中。大司徒邓禹进入长安，派司徒府官吏护送西汉11帝的神主，放入高庙。

真定王刘杨、临邑侯刘让谋反，派遣前将军耿纯杀了他们。二月十六日，驾临修武。大司空王梁被免去职务。十九日，以太中大夫宋弘为大司空。派遣骠骑大将军景丹率领征虏将军祭遵等两位将军进攻弘农贼，打败了他们，因而派遣祭遵围攻蛮中贼张满。渔阳太守彭宠造反，攻打幽州牧朱浮于蓟县。延岑自称武安王于汉中。某日，从修武返回到洛阳。

三月某日，大赦天下，诏书说："近来狱中多有冤屈之人，用刑过甚，朕非常怜惜他们。孔子说：'刑罚不得当，那么百姓的手脚就慌得不知所措。'和中二千石、诸大夫、博士、议郎商议削减刑法。"

派遣执金吾贾复率领两位将军进攻更始郾王尹遵，打败并降服了他。

骁骑将军刘植进攻密县贼，战死。派遣虎牙大将军盖延带领4位将军讨伐刘永。夏四月，包围刘永于睢阳。更始将领苏茂杀死淮阳太守潘蹇而依附刘永。

二日，封叔父刘良为广阳王，兄子刘章为太原王，刘章弟刘兴为鲁王，春陵侯正妻之子刘祉为城阳王。

五月十九日，封更始元氏刘歙为泗水王，原真定王刘杨之子刘得为真定王，周朝后代姬常为周承休公。二十二日，诏书说："百姓有被迫嫁出的女儿，卖掉的儿子想回到父母身边的，任凭他们抉择。敢于扣留不放的，按律论处。"

六月七日，立贵人郭氏为皇后，儿子刘强为皇太子，大赦天下。增加郎、谒者、从官的官阶各一等。十五日，封宗子刘终为淄川王。

秋八月，光武帝亲自率军征伐五校。二十六日，驾临内黄，大败五校于蒲阳，降服了他们。派遣游击将军邓隆救援朱浮，与彭宠交战于潞县，邓隆战败。盖延夺取睢阳，刘永逃到谯县。破虏将军邓奉占据淯阳反叛。

九月二日，从内黄返回京师。骠骑大将军景丹死去。延岑大败赤眉于杜陵。关中饥荒，百姓相食。

冬十一月，以延尉岑彭为征南大将军，率领8位将军讨伐邓奉于堵乡。

铜马、青犊、尤来剩余贼军共同于上郡拥立孙登为天子。孙登将领乐玄杀死孙登，率领部下5万余人投降。派遣偏将军冯异代替邓禹讨伐赤眉。让太中大夫伏隆持节安集青、徐二州，招降张步归顺。

十二月三十日，诏书说："宗室列侯被王莽所废黜，先祖灵魂无所归依，朕十分哀伤。一并恢复他们的故国。如果列侯已经身亡，所在郡县将他的子孙的名字上报到尚书那里，给以封拜。"

这一年，盖延等大败刘永于沛县之西。起初，王莽末年，天下闹旱灾、蝗灾，黄金一斤换小米一斛；到这时野谷丛生，麻和菽尤其多，野蚕结茧，覆盖山岗，百姓从中得到好处。

三年春天正月初六日，以偏将军冯异为征西大将军，杜茂为骠骑大将军。大司徒邓禹和冯异与赤眉战于回溪，邓禹、冯异被击败。征虏将军祭遵攻破蛮中，杀了张满。二十三日，立皇父南顿君以上四庙。二十四日，大赦天下。闰月十八日，大司徒邓禹被免职。

冯异与赤眉战于崤底，大败赤眉，赤眉残部向南逃往宜阳，光武帝亲自率军征讨他们。十二日，驾临宜阳。十七日，亲自统辖六军，大量布置兵马，大司马吴汉的精兵排列于前，中军在其后，骁骑、武卫分列左右。赤眉看到后震惊恐怖，派出使者请投降。十九日，赤眉君臣反绑双臂，献上高皇帝玺印绶带，光武帝命令交付城门校尉。二十一日，从宜阳回到洛阳。二十二日，诏书说："群盗纵横，残害百姓，刘盆子窃据尊号，扰乱天下。朕出兵征伐，立刻土崩瓦解，10余万人束手降服。先帝的玺印归于王府。这都是仰仗祖宗之灵，士人之力，朕怎配有此荣耀！"选择吉日祭祀高庙，赏赐天下长子并将成为父亲后嗣的人以爵位，每人一级。

二月二日，祭祀高庙，接受传国玺。刘永立董宪为海西王，张步为齐王。张步杀死光禄大夫伏隆而造反。驾临怀县。派遣吴汉率领两位将军攻击青犊于轵县之西，大败并降服了他们。

三月十六日，以大司徒司直伏湛为大司徒。彭宠攻陷蓟城，自立为燕王。光武帝亲自率兵征伐邓奉，抵达堵阳。夏四月，大败邓奉于小长安，将其斩杀。冯异与延岑战于上林，击破了他。吴汉率领7位将军与刘永将领苏茂战于广乐，大败茂军。虎牙大将军盖延围困刘永于睢阳。

五月二十四日，车驾回宫。三十日，有日食。

六月七日，大赦天下。耿弇与延岑战于穰县，大败岑军。

秋七月，征南大将军岑彭率3位将军讨伐秦丰，战于黎丘，大败丰军，俘获他的将领蔡宏。

（八月）二十六日，诏书说："官吏不满六百石，下至墨绶县长、国相，有罪需处置必先请示。男子80岁以上，10岁以下，只要不是犯了不道罪，或下诏具名特捕的人，都不准囚禁。应当查问的立即接受查问。女犯出钱雇山的可以放回家。"

盖延攻占睢阳，俘获刘永，而苏茂、周建拥立刘永的儿子刘纡为梁王。

冬天十月十九日，驾临舂陵，祭祀陵园祖庙，因而摆酒于旧住宅，广招新朋旧友聚会。十一月十二日，从舂陵返京。涿郡太守张丰造反。

这一年，李宪自称天子。西州大将军隗嚣上书。建义大将军朱祐率祭遵与延岑交战于东阳，斩杀延岑的将领张成。

四年春天元月二日，大赦天下。

二月初一日，驾临怀县。二十一日从怀县抵京师。派遣右将军邓禹率领两位将军与延岑战于武当，打败了延岑。

夏天四月七日，驾临郏城。十九日，驾临临平。派遣大司马吴汉进攻五校贼于箕山，大败五校。

五月，驾临元氏。初一日，驾临卢奴。派遣征虏将军祭遵率领4位将军讨伐张丰于涿郡，斩了张丰。

六月二日，车驾还洛阳宫。

七月八日，驾临谯县。派遣捕虏将军马武、偏将军王霸围攻刘纡于垂惠。

董宪的将领贲休以兰陵城归降，董宪围困该城。虎牙大将军盖延率平狄将军庞萌援救贲休，没能成功，兰陵被董宪所攻陷。

秋天八月十日，驾临寿春。太中大夫徐恽擅自杀死临淮太守刘度，徐恽因此被处死。派遣扬武将军马成率领3位将军讨伐李宪。九月，围困李宪于舒城。

冬天十月七日，车驾回到洛阳宫中。太傅卓茂死去。

十一月十九日，驾临宛城。派遣建义大将军朱祐率两位将军围攻秦丰于黎丘。十二月二十日，驾临黎丘。

这一年，征西大将军冯异与公孙述的将领程焉交战于陈仓，打败了他。

五年春天正月十七日，车驾回到洛阳宫中。二月初一日，大赦天下。捕虏将军马武、偏将军王霸攻取垂惠。二十日，驾临魏郡。二十七日，封殷朝后人孔安为殷绍嘉公。

彭宠被他的苍头奴杀死，渔阳平定。

大司马吴汉率建威大将军耿弇进攻富平，获索贼等于平原郡，大败并降服他们。又派耿弇率领两位将军征讨张步。

三月八日，改封广阳王刘良为赵王，开始前往封国。平狄将军庞萌造反，杀死楚郡太守孙萌而东去投靠董宪。派遣征南大将军岑彭率领两位将军讨伐田戎于津乡，大败田戎。

夏四月，天旱，蝗灾出现。河西大将军窦融开始派遣使者进贡。

五月二日，诏书说："久旱伤害麦子，秋粮未能下种，朕十分忧虑。是因为将领残暴，官吏不胜任，狱中多有冤枉之人，百姓既愁又恨，而引起天气失调吗？命令中都官、三辅、郡、国释放关押的囚犯，不是犯殊死之罪的人一概不再追究，现有的囚徒免罪为百姓。务必选用和柔贤良的人为官，斥退贪婪残暴之吏各自处理好政事。"

六月，建义大将军朱祐攻取黎丘，俘获秦丰；而庞荫、苏茂围困了桃城。光武帝当时驾临蒙县，因而亲自率兵征讨庞萌等。先整顿兵马，才进而援救桃城，大败庞萌等军。

秋天七月四日，驾临沛县，祭祀高祖原庙。下诏修复西京的园陵。进而驾临湖陵，征讨董宪。又驾临蕃县，于是进攻董宪于昌虑，大败董宪。

八月六日，进而驾临郯县，留吴汉攻打刘纡、董宪等人，车驾转而攻取彭城、下邳。吴汉攻占郯县，俘获刘纡；吴汉继而围攻董宪、庞萌于朐县。

冬十月，开始回京，驾临鲁国，派大司空祭祀孔子。

耿弇等与张步交战于临淄，大败张步。光武帝驾临临淄，进而驾临剧县。张步杀苏茂来投降，齐地平定。

初建太学。车驾回到洛阳宫中，驾临太学，赏赐博士弟子各有等差。

十一月初一日，大司徒伏湛被免职，尚书令侯霸为大司徒。

十二月，卢芳于九原自称天子。西州大将军隗嚣派遣儿子隗恂入侍。交阯牧邓让率领七郡太守派遣使者进贡。诏书免除济阳两年的徭役。这一年，野生谷物逐渐减少，田地更加广泛开垦出来。

六年春天正月十六日，改春陵乡为章陵县。世世代代免除徭役，如同丰、沛一样，没有差遣。二十一日，诏书说："去年水、旱、蝗虫为灾，粮价飞涨，民用物品缺乏。朕因百姓没有东西养活自己，忧伤地怜悯他们。命令郡国有粮食的，分发给年事已高的人，鳏夫、寡妇、孤儿、没有后代的老人和有痼疾或残废的人，无家可归贫困不能自谋生存的人，按《律》所规定的办理。二千石官员要尽力加以抚慰，不要出现失职现象。"扬武将军马成等人攻取舒城。俘获李宪。

二月，大司马吴汉夺取朐城，俘获董宪、庞萌，山东全部平定。众将军领回到京师，安排酒宴并颁行赏赐。

三月，公孙述派遣将军任满侵犯南郡。

夏天四月八日，驾临长安，首次拜谒高庙，于是逐个祭祀十一陵。派遣虎牙大将军盖延等7位将军从陇道讨伐公孙述。

五月二十一日，从长安回到洛阳。

隗嚣反叛，盖延等因此与隗嚣交战于陇坻，众将被打败。

某日，诏书说："天水、陇西、安定、北地各郡官吏百姓被隗嚣诱入歧途的人，又三辅遭赤眉之难时，犯有不道罪的人，从殊死罪以下，全部予以赦免。"

六月二十四日，诏书说："设官置吏，是为了管理百姓。现在百姓遭难，户口减少，而县级官吏设置仍很繁冗，命令司隶校尉、州牧各自核实所辖各部，裁减官员。县、国不足以安置长吏而可以合并的，上报大司徒、大司空二府。"于是分别上奏合并削减400余县，吏职裁撤，十留其一。

代郡太守刘兴于高柳进攻卢芳将领贾览，战死。起初，乐浪人王调占据乐浪郡不归服。秋天，派遣乐浪太守王遵进攻他，郡吏杀死王调投降。

派遣前将军李通率领两位将军，与公孙述的将军交战于西城，打败了他们。

夏天，有蝗灾。秋天九月四日，赦免乐浪郡犯谋反、大逆、殊死罪以下的犯人。三十日，有日食。

冬天十月十一日，诏书说："我德薄不明智，寇贼为害，强弱相陵，百姓失所。《诗经》说：'日月显示凶兆，不按其道运行。'长久考虑这一灾祸，心中很内疚。敕令公卿荐举贤良，方正各一人；百官都可以呈上密封的奏章，不要有所隐讳；各自办理职责内的事务，务必遵守法度。"

十一月某日，诏命王莽时吏民被罚为奴婢而不合乎旧有法律规定的，都释放为百姓。

十二月二十七日，大司空宋弘被免职。二十八日，诏书说："此前战事不断，费用不足，所以实行十一之税。现在军队屯田，粮食储备略有增加。命令郡国收取田租实行三十税一，如同旧制。"隗嚣派遣将领行巡侵犯扶风，征西大将军冯异抵御并击败了他。

这一年，初次废除郡国都尉官。开始派遣列侯前往各自的封国。匈奴派使者来进贡，让中郎将回报。

七年春天正月初二日，诏命中都官、三辅、郡、国释放囚犯，不是犯死罪的人，都一律不再追究他的罪。现有囚徒释放为平民。犯耐罪而逃亡的人，官吏行文免除他们的罪名。

又下诏说："世上以厚葬为有德，薄葬为鄙陋，以至于富有的人奢侈无度，贫穷者耗尽资财，法令不能禁止。礼义不能劝阻，战乱时坟墓被盗挖，才明白厚葬的祸害。布告天下，叫大家知道忠臣、孝子、慈兄、悌弟薄葬送终的道理。"

二月十七日，废除护漕都尉官。

三月四日，诏书说："现在国家有众多的军队，并且大多精壮勇武，应当暂且遣散轻车、骑士、材官、楼船士以及临时设置的军吏，令他们重新成为百姓。"公孙述立隗嚣为朔宁王。

三十日，有日食，光武帝避开正殿，停止军事行动，不听政事5天。诏书说："我德薄招来灾祸，谴责见于日月，战栗恐惧，还能说什么呢！现在正在考虑自己的过失，希望能消弭灾祸。命令官吏各自负起职责，遵守法令制度，加恩惠给百姓。众官僚各自呈上密封奏章，不要有所隐讳。凡上书的人，不得称我圣明。"

夏天四月十九日，诏书说："近年阴阳错乱，出现日食、月食，百姓有过失，责任全在我一人，大赦天下。公、卿、司隶、州牧荐举贤良、方正各一人，叫他们前往公车报到，朕将亲自召见考察他们。"

五月六日，前将军李通为大司空。二十二日，诏命吏民因遭遇饥荒战乱以及被青、徐二州贼人劫掠为奴婢或小妾的人，愿意离去或留下的，听任其便。胆敢拘留不放的，以卖人法处置。这年夏天，出现连阴雨。以汉忠将军王常为横野大将军。

八月二十六日，封前河间王刘郡为河间王。隗嚣侵犯安定，征西大将军冯异、征虏将军祭遵予以击退。

冬天，卢芳所任命的朔方太守田飒、云中太守乔扈各自举郡投降。当年，撤销长水、射声两校尉官。

八年春正月，中郎将来歙袭击略阳，杀死隗嚣守将而占领了该城。夏天四月，司隶校尉傅抗下狱死。隗嚣进攻来歙，不能攻陷城池。闰月，光武帝亲自讨伐隗嚣，河西大将军窦融率领五郡太守与车驾相会于高平。陇右溃败，隗嚣逃到西城，派遣大司马吴汉、征南大将军岑彭围困了西城；车驾进抵上邽，敌军不降，命虎牙大将军盖延、建威大将军耿弇攻打敌军。颍川盗贼侵占属县，河东郡的守军叛变，京师为之骚动。

秋天，发了大水。八月，光武帝从上邽日夜东进。九月初一日，车驾回到洛阳宫中。六日，光武帝亲自征讨颍川盗贼，盗贼全部投降了。安丘侯张步叛逃回琅邪，琅邪太守陈俊征讨并俘获了他。二十四日，从颍川回到京师。

冬天十月二十二日，驾临怀县。十一月二日，从怀县回到京师。

公孙述派兵援救隗嚣，吴汉、盖延等回到长安驻扎。天水、陇西重又叛变归顺隗嚣。

十二月，高句丽王派使者进贡。当年，有大水灾。

九年春天正月，隗嚣病死，他的将领王元、周宗又拥立隗嚣的儿子隗纯为王。迁移雁门郡吏民到太原。

三月某日，初次设置青巾左校尉官。公孙述派遣将军田戎、任满据守荆门。

夏天六月六日，驾临缑氏，登上辕辕山。派遣大司马吴汉率4位将军打败卢芳的将领贾览于高柳，战斗不利。

秋天八月，派遣中郎将来歙监督征西大将军冯异等5位将军讨伐隗纯于天水。

骠骑大将军杜茂与贾览交战于繁畤，杜茂被战败。这一年，撤销关都尉，重新设置护羌校尉官。

十年春正月，大司马吴汉率领捕虏将军王霸等5位将军进攻贾览于高柳，匈奴派骑兵援救贾览，众将同他们交战，击退了他们。修理长安的高庙。

夏天，征西大将军冯异打败公孙述将领赵匡于天水，之后，征西大将军冯异病死。

秋天八月二十五日，驾临长安，祭祀高庙，于是又祭十一陵。二十四日，进而驾临汧县。隗嚣将领高峻投降。

冬十月，中郎将来歙等人大败隗纯于落门，隗纯的将领王元逃奔蜀地，隗纯与周宗投降，陇右平定。

先零羌人侵犯金城、陇西，来歙率领众将进攻羌人于五溪，大败羌人。

十七日，车驾回到洛阳宫中。这一年，撤销定襄郡，迁移该郡百姓到西河。泗水王刘歙、淄川王刘终双双而亡。

十一年春天二月八日，诏书说："天地之性以人为贵。杀奴婢，不许减罪。"

三月九日，驾临南阳；返回的路上，驾临章陵，祭祀园陵。城阳王刘祉死了。三十日，车驾回到洛阳宫中。

闰月，征南大将军岑彭率领3位将军与公孙述将领田戎、任满交战于荆门，大败他们，俘获了任满。威虏将军冯骏围困田戎于江州，岑彭率领水军征伐公孙述，平定巴郡。

夏四月二十八日，撤销大司徒司直官。先零羌人侵犯临洮。

六月，中郎将来歙率领扬武将军马成打败公孙述的将领王元、环安于下辩。环安派遣间谍刺杀中郎将来歙。光武帝亲自率军征讨公孙述。秋天七月，临时驻扎长安。八月，岑彭击败公孙述的将领侯丹于黄石。辅威将军臧宫与公孙述将领延岑交战于沈水，大败延岑军。王元投降，车驾从长安回到洛阳。

二十六日，诏书说："烧灼奴婢之人，按律论罪。赦被烧灼的人为平民。"冬天十月某日，下诏废除奴婢射伤人要弃市的律令。

公孙述派间谍刺杀了征南大将军岑彭。马成平定武都，依靠陇西太守马援击败先零羌，把羌人分别迁到天水、陇西、扶风三郡。十二月，大司马吴汉率领水军讨伐公孙述。

这一年，撤销朔方牧，并入并州。初次停止州牧亲自进京奏事。

十二月春正月，大司马吴汉与公孙述将领史兴交战于武阳，斩了他。

三月九日，诏命陇、蜀百姓被卖为奴婢而自己到官府鸣冤的人，以及狱官未处理的，都可免为平民。夏天，甘露降于南行唐。六月，黄龙出现于东阿。

秋七月，威虏将军冯骏攻取江州，俘获田戎。九月，吴汉大败公孙述的将领谢丰于广都，斩了他。辅威将军臧宫夺取涪城，斩了公孙恢。大司空李通被罢。

冬天十一月十八日，吴汉、臧宫与公孙述交战于成都，大败述军。公孙述受伤，夜里死去。二十一日，吴汉血洗成都，诛灭公孙述的宗族以及延岑等人。

十二月初一日，扬武将军马成代理大司空事务。

这一年，九真境外蛮夷人张游率领种族民众内附，封为归汉里君。撤销金城郡划归陇西。参狼羌侵犯武都，陇西太守马援讨伐并降服了他们。诏命边地官员力量不足以出战的就固守，追击敌虏根据敌情以决定进退，不受逗留法的约束。横野大将军王常死了。派遣骠骑大将军杜茂率各郡驰刑徒驻屯北方边疆，建筑亭候，修造烽火台。

十三年春天正月初一日，大司徒侯霸死了。二十九日，诏书说："往年已敕命郡国，地方特产不许有所贡献，现在仍未停止，非但有预先饲养选择的劳顿，还导致频频递送于路上，使所经过的地方劳扰破费。命令太官不准再接受贡品，明确告诫地方远方的膳食只用来献给宗庙，自应按照旧规定办理。"

二月，派遣捕虏将军马武屯守呼沱河以防御匈奴。卢芳从五原逃亡到匈奴。二十七日，诏书说："长沙王刘永、真定王刘得、河间王刘邵、中山王刘茂，都袭爵为王，不符合经义。以刘兴为临湘侯，刘得为真定侯，刘邵为乐成侯，刘茂为单父侯。"刘氏皇族及原封国撤销而后代封侯的共计137人。二十八日，降赵王刘良为赵公，太原王刘章为齐公、鲁王刘兴为鲁公。（三月）十一日，以殷绍嘉公孔安为宋公，周承休公姬武为卫公。省并西京十三国：广平国属钜鹿，真定国属常山，河间国属信都，城阳国属琅邪，泗水国属广陵，淄水国属高密，胶东国属北海，六安国属庐江，广阳国属上谷。

三月十二日，沛郡太守韩歆为大司徒。十七日，代理大司空事务的马成被免职。

夏四月，大司马吴汉从蜀地返回京师，于是大宴将士，并普遍慰劳将士，以策书记录下他们的功勋。功臣增加食邑重新封拜，凡365人。因外戚恩泽受封的人有45人。废除左右将军官。建威大将军耿弇被罢免。

益州传送来公孙述的瞽师、用于郊庙礼仪的乐器、葆车、舆辇，于是皇帝的车马仪仗才开始齐备。当时战争已停，天下警事较少，公文的往来和差役的调遣，力求简少，以至于仅有过去的十分之一。

二十六日，以冀州牧窦融为大司空。五月，匈奴侵犯河东。秋七月，广汉境外的白马羌首领率领他的族人内附。九月境外蛮夷进贡白雉、白兔。

冬天十二月三十日，诏命益州百姓自建武八年以来被略卖为奴婢的人，全部释放为平民；有依托他人为妾的，愿意离去，听任离去；敢于扣留不放的，按照青、徐二州的前例以略人法处置。重新设置金城郡。

十四年春正月，建完南宫前殿。匈奴派遣使者进贡，命中郎将报聘。

夏天四月二十九日，封孔子后人孔志为褒城侯。越巂人任贵自称太守，派遣使者上报民户簿籍。秋九月，平城人贾丹杀死卢芳将领尹由来降。这一年，会稽郡发生瘟疫。莎车国、鄯善国派遣使者进贡。

十二月某日，诏命益、凉两州奴婢，从建武八年以来向所在地方官提出申诉的人，一律释放为平民，被卖者也不必偿还卖身钱。

十五年春天正月二十三日，大司徒韩歆被免职，自杀。二十九日，有彗星出现在昴星一带。汝南太守欧阳歙为大司徒。建义大将军吴祐被罢免。二十九日，有彗星出现于营室星区。

二月，迁徙雁门、代郡、上谷3郡的百姓，安置到常山关、居庸关以东。

起初，巴蜀已平定，大司马吴汉上书请求分封皇子，不许，连续几年反复上奏。三月，才诏命群臣商议。大司空窦融、固始侯李通、胶东侯贾复、高密侯邓禹、太常登等的奏议说："古代封建诸侯，用来藩卫京师。周代封侯八百，同姓诸姬氏都因此建国，辅佐王室，尊事天子，享国久长，成为后世的法范。所以《诗经》说：'大开你的领地，成为周王室的辅弼。'汉高祖圣德，君临天下，也务必亲亲，分封兄弟和诸子，不违背过去的规定。陛下圣德通贯天地，恢复刘氏基业，褒扬宿德，奖励功勋，和睦九族，功臣和宗室都蒙受封爵，大多授予广大的封地，有的拥有数县。现今皇子仰仗天恩，已能穿成人衣冠出入迎拜，陛下恭廉克让，有意压制而不让论议封爵，群臣百姓尽皆失望。应当在此盛夏吉时，定下号位，以增广藩辅，明示亲亲之道，尊宗庙，重社稷，应古法，合旧规，满足大家的心愿。臣等请求由大司空送上舆地图，由太常选择吉日，安排礼仪。"制书说："可以。"

夏天四月二日，以太牢祭告宗庙。十一日，派大司空窦融祭告先祖，封皇子刘辅为右翊公，刘英为楚公，刘阳为东海公，刘康为济南公，刘苍为东平公，刘延为淮阳公，刘荆为山阳公，刘衡为临淮公，刘焉为左翊公，刘京为琅邪公。七日，追谥帝兄伯升为齐武公，帝兄仲为鲁哀公。

六月二十五日，重新设置屯骑、长水、射声3个校尉官；改青巾左校尉为越骑校尉。诏下州郡核实垦田亩数和户口年龄，并查实二千石长吏中徇私舞弊的人。冬天十一月初一日，大司徒欧阳歙下狱死。十二月二十七日，关内侯戴涉为大司徒。卢芳从匈奴进占高柳。这一年，骠骑大将军杜茂被免职。虎牙大将军盖延死去。

十六年春天二月，交阯女子征侧造反，占据城邑。三月三十日，有日食。

秋九月，河南尹张伋以及诸郡太守10余人，由于丈量田亩不实，都被下狱处死。

郡国大姓以及私人武装首领、群盗在各地纷纷起兵，在当地攻杀抢劫，杀害长吏。郡县派兵追击，兵马一到他们就逃散，兵马一走他们又集结在一起。青、徐、幽、冀4州尤为严重。冬十月，派遣使者到郡国，允许群盗自相揭发，5人共同斩杀一人的，免去他们的罪。官吏虽然曾经犯有拖延、回避、放纵的过失，都不追究，准允通过讨伐盗贼来弥补。州牧、郡太守、县令、县长中因治内有盗贼而不去搜捕的，又有因畏惧放弃城池、擅离职守的，都不认为是失职，只按他们俘获盗贼多少来考察政绩的优劣，唯独藏匿盗贼的一定予以治罪。于是官吏们争相追捕盗贼，盗贼一并瓦解。迁徙盗贼的首领到其他郡，分给土地和粮食，让他们安心生产。此后牛马可以安心放牧，城门可以不闭。卢芳派遣使者来请求投降。十二月某日，封卢芳为代王。

起初，王莽之乱以后，布、帛、金、粟都可以当货币用。这一年，开始通行五铢钱。

十七年春正月，赵公刘良死了。二月三十日，有日食。

夏天四月某日，巡视南方，皇太子和右翊公刘辅、楚公刘英、东海公刘阳、济南公刘康、东平公刘苍随行，驾临颍川，进而驾临叶县、章陵。五月二十一日，车驾返回洛阳宫中。六月二十九日，临淮公刘衡死了。秋七月，妖巫李广等聚众占据皖城，派遣虎贲中郎将马援、骠骑将军段志讨伐他们。九月，攻破皖城，斩杀李广等人。冬天十月十九日，废皇后郭氏为中山太后，立贵人阴氏为皇后。进封右翊公刘辅为中山王，食常山郡的赋税。其余9个国公，都依据旧封晋爵为王。

二十二日，驾临章陵。修缮园庙，祭祀旧居，视察田地房舍，摆酒作乐，颁发赏赐。当时宗室中的女性长辈由于酒喝得兴奋互相说道："文叔小的时候恭谨诚实，待人不殷勤，只是温和罢了。今天竟能如此！"光武帝听后，大笑道："我治理天下，也想用柔道行事。"于是为舂陵的宗室都建起祠堂。有5只凤凰出现在颍川郡的郏县。十二月，从章陵返回京师。这一年，莎车国派遣使者进贡。

十八年春二月，蜀郡守将史歆叛变，派遣大司马吴汉率领两位将军讨伐，包围了成都。

某日，巡视西方，驾临长安。三月某日，祭祀高庙，于是逐一祭拜十一陵。经过冯翊郡界，进而驾临蒲坂，祭祀后土。夏天四月十四日，车驾返回洛阳宫中。

十五日，诏书说："当今边郡偷盗粮食50斛，论罪可判处死刑，开酷吏妄杀之路，废除此法，处理和内郡相同。"

派遣伏波将军马援率领楼船将军段志等进攻交阯征侧等人。

二十五日，驾临河内。二十九日，从河内回到京师。五月，有旱灾。卢芳重新逃入匈奴。

秋七月，吴汉攻取成都，斩了史歆等人。某日，赦免益州辖区犯殊死罪以下的罪徒。

冬天十月二十四日，驾临宜城。回归途中，祭祀了章陵。十二月十日，车驾回到宫中。这一年，废除州牧官，改置刺史。

十九年春天正月十五日，追尊孝宣皇帝为中宗。开始祭祀昭帝、元帝于太庙，祭祀成帝、哀帝、平帝于长安，祭祀舂陵节侯以下四世于章陵。

妖巫单臣、傅镇等造反，占据原武，派遣太中大夫臧宫围攻他们。夏天四月，夺取原武，斩了单臣、傅镇等人。

伏波将军马援击败交阯贼，斩了征侧等人。接着击败九真贼都阳等人，降服了他们。

闰月二十五日，进封赵、齐、鲁三国公爵为王。

六月二十六日，诏书说："《春秋》大义，立皇后的儿子为太子。东海王刘阳是皇后儿子，应该继承大统。皇太子刘强崇尚谦让之道，愿意退居藩国地位。父子的情谊，应以不长久违背儿子的心愿为重。以刘强为东海王，立刘阳为皇太子，改名为刘庄。"

秋九月，巡视南方。二十一日，驾临南阳，进而驾临汝南郡南顿县县衙，摆酒聚会，赏赐吏民，免征汝南郡南顿县田租一年。父老上前叩头说："皇上的父亲担任汝南郡南顿县令时间很长，陛下熟悉这个县衙，每次一来就施加厚恩，希望能降恩免征 10 年的赋税。"光武帝说："我享有天下重器，常常害怕不能胜任，过一天算一天，怎么敢预定 10 年这么远呢？"吏民又说："陛下实际上是舍不得，为什么这样谦恭呢？"光武帝大笑，又增免一年。进而驾临淮阳、梁、沛等地。

西南夷侵犯益州郡，派遣武威将军刘尚讨伐他们。越巂太守任贵谋反。十二月，刘尚袭击任贵，杀了他。这一年，重新设置函谷关都尉。修复西京的宫室。

二十年春天二月十日，返回宫中。夏天四月三日，大司徒戴涉被下狱，予议处死。大司空窦融被免职。

五月四日，大司马吴汉死了。匈奴侵犯上党、天水，直至扶风。

六月十四日，广汉太守蔡茂为大司徒，太仆朱浮为大司空。十六日，左中郎将刘隆为骠骑将军，代理大司马事务。十九日，改封中山王刘辅为沛王。秋天，东夷韩国人率众到乐浪郡内附。

冬天十月，巡视东方。二十日，驾临鲁国，进而驾临东海、楚、沛等国。

十二月，匈奴侵犯天水。二十八日，车驾回到宫中。这一年，撤销五原郡，迁移该郡吏民，安置到河东。免除济阳县 6 年徭役。

二十一年春正月，武威将军刘尚击败益州夷人，平定该地。

夏四月，安定属国胡人叛变，屯聚在青山，派遣将兵长史陈䜣讨伐平定了他们。

秋天，鲜卑侵犯辽东，辽东太守祭肜大败鲜卑。

冬十月，派遣伏波将军马援出塞攻击乌桓，未取胜。匈奴侵犯上谷、中山。

是年之冬，鄯善王、车师王等十六国都派遣儿子入侍皇帝，并进献贡品，请求设置都护。光武帝因中国刚刚安定，顾不上境外之事，于是送还他们的侍子，给予优厚的赏赐。

二十二年春天闰月十九日，驾临长安，祭祀高庙，于是逐一祭祀十一陵。二月某日，从长安回到京师。夏天五月三十日，有日食。

秋七月，司隶校尉苏邺死于狱中。

秋九月，地震造成地裂。下诏说："日前有地震，南阳尤为严重。大地承受物体极重，所以静而不动。而今震裂，罪在君上。鬼神不顺从无德的人，灾祸降到吏民的头上，令朕不安。令南阳不必交今年的田租和饲草。派遣谒者巡察。凡死罪囚犯在地震那天以前定罪的，减死罪一等，囚徒全都解去脚镣，穿上丝棉衣服。赐给郡中被压死的人以棺材钱，每人3000。凡人头税和拖欠的田租而房屋损坏尤其严重的，不再收取。吏民死亡，或者还压在断垣毁屋下面，而家人羸弱不能收敛的，官府就出钱粮雇人，为他们寻找。"

冬天十月十九日，大司空朱浮被免职。二十日，光禄勋杜林为大司空。

这一年，齐王刘章死去，青州发生蝗灾。匈奴奠鞬日逐王比派遣使者到渔阳请求和亲，派中郎将李茂回报。乌桓击败匈奴，匈奴北迁，大漠以南空虚。诏命撤去边郡亭候的吏卒。

二十三年春正月，南郡蛮人造反，派武威将军刘尚征伐，迁移蛮族人到江夏。

夏天五月八日，大司徒蔡茂死了。九月十三日，以陈留太守玉况为大司徒。冬天十月九日，以太仆张纯为大司空。高句丽率族人到乐浪归附。

十二月，武陵蛮人造反，抢掠郡县，派刘尚去讨伐，交战于沅水，汉军败，刘尚战死。

这一年，匈奴奠鞬日逐王比率领部下并派使者到西河郡归附。

二十四年春天正月十九日，大赦天下。

匈奴奠鞬日逐王比率领部下并派遣使者到五原塞通好，请求替汉朝抵御北匈奴。

秋天七月，武陵蛮侵犯临沅，派遣谒者李嵩、中山太守马成讨伐蛮人，未能取胜，于是伏波将军马援率领4位将军去征伐。诏令有关部门申明过去制定的阿附蕃王法。

冬天十月，匈奴奠鞬日逐王比自立为南单于，于是分化为南、北匈奴。

二十五年春天正月，辽东境外貊人侵犯右北平、渔阳、上谷、太原，辽东太守祭肜招降了他们。乌桓首领朝见。

南单于派遣使者到京都进贡，自称藩臣；又派他的左贤王打败北匈奴，开地千里。三月,南单于派子入侍。三十日,有日食。伏波将军马援等击败武陵蛮人于临沅。冬天十月,蛮人全部投降。夫余王派遣使者进贡。当年,乌桓首领率众内属,到京师朝贡。

二十六年春天正月,诏命有关部门增加百官的俸禄。千石以上,少于西汉旧制;六百石以下,比以往俸禄有所增加。

初建寿陵。窦融上书说园陵广袤,不必计较花费。光武帝说:"古时候帝王的葬具,都是陶俑瓦器,木车草马,让后世的人不知道墓室的所在。太宗懂得生死真义,景帝能谨遵孝道,遭遇大乱的变故之后,而只有霸陵有幸保全,岂不是美事吗!今所建墓地不许超过二三顷,不堆土为陵,不修池,只要不存水就可以了。"

派遣中郎将段彬授予南单于玺印绶带。令他居云中,开始设置使匈奴中郎将一职,率兵保护南单于。南单于派儿子入侍,奉奏章来到京师。于是云中、五原、朔方、北地、定襄、雁门、上谷、代等8个郡的百姓回到了本土。派遣谒者分别带着驰刑徒修补整治城郭。发送尚在中原地区的边民,陆续返回各县,都赐给治装费,转运粮食供给他们。

二十七年夏天四月二十一日,大司徒玉况死。

五月十一日,诏书说:"过去契担任司徒,禹担任司空,都没有'大'字。命令二府去掉'大'字。"又改大司马为太尉。骠骑大将军行大司马事的刘隆当天被罢免,以太仆赵熹为太尉,大司农冯勤为司徒。益州郡境外蛮夷率族人内属。北匈奴派遣使者到武威要求和亲。

冬天,鲁王刘兴、齐王刘石开始前往封国。

二十八年春天正月某日,徒封鲁王刘兴为北海王,把鲁国加封给东海王。赐给东海王刘强虎贲武士、骑兵仪仗、以木架钟磬设礼乐。

夏天六月七日,沛国太后郭氏死了,于是下诏郡县捕捉王侯的宾客,受牵连而死的有数千人。

秋天八月十九日,东海王刘强、沛王刘辅、楚王刘英、济南王刘康、淮阳王刘延开始前往封国。

冬天十月十五日,诏命死罪囚徒都一律叫到蚕室受腐刑,女子受官刑。北匈奴派遣使者进贡,要求和亲。

二十九年春天二月初一日,有日食。派遣使者清理冤狱,释放囚徒。四日,赐给天下男子爵位,每人两级;赐给鳏夫、寡妇、孤儿、无子女的老人、有痼疾或残废的人,贫困不能自保的人以粮食,每人5斛。

夏天四月十日，诏命天下关押起来的死罪以下的囚犯直到一般的刑徒减去原罪一等，其余的罪可用钱财赎罪或罚劳役各有差别。

三十年春正月，鲜卑头领内属，入朝庆贺。

二月，巡视东方。十三日，驾临鲁国，进而驾临济南。闰月十三日，车驾回到洛阳宫中。有彗星出现于紫宫星区。

夏天四月九日，徙封左翊王刘焉为中山王。五月，发生严重水灾。赐给天下男子爵位，每人两级；赐给鳏夫、寡妇、孤儿、无子女的老人、有痼疾或残废的人、贫困不能自保的人以粮食，每人5斛。秋天七月某日，驾临鲁国。免除济阳县当年的徭役。冬天十一月某日，由鲁国返回京师。

三十一年夏天五月，发生严重水灾。

二十五日，赐给天下男子爵位两级；赐给鳏夫、寡妇、孤儿、无子女的老人、有痼疾或残废的人、贫困不能自保的人以粮食，每人6斛。三十日，有日食。这年夏天，闹蝗灾。秋天九月三日，诏令死罪囚犯都一律聚集到蚕室接受腐刑，女子接受宫刑。是年，陈留下了谷子雨，形状像稗草籽。北匈奴派遣使者进贡。

中元元年春天正月，东海王刘强、沛王刘辅、楚王刘英、济南王刘康、淮阳王刘延、赵王刘盰都来朝见光武帝。二十八日，巡视东方。二月十日，驾临鲁国，继而驾临泰山。北海王刘兴、齐王刘石朝见光武帝于东岳。二十二日，焚柴望祭岱宗，登临泰山，聚土为坛而祭天；二十五日在梁父打扫干净场地而祭地。三月三十日，司空张纯死。

夏天四月五日，车驾回到洛阳宫中。十一日，大赦天下。免征嬴、博、梁父、奉高等地的徭役，不交今年的田租和饲草。改年号为中元。驾临长安。二十日，祭祀长陵。五月二十八日，从长安回到洛阳。

六月二十四日，任太仆冯鲂为司空。二十八日，司徒冯勤死了。

这年夏天，京师有甘美的泉水涌出，这泉水能使人们的顽症痊愈，只是盲人、跛人不能治。又有赤草长在水边。郡国频频报告发现甘露。群臣上奏道："地神显灵而朱草萌生。孝宣帝每有嘉瑞，就改年号，神爵、五凤、甘露、黄龙，都用来纪年，这是为了把感应送达天地神灵，表彰德信。因此化为升平，称作中兴。当今天下清平安宁，灵物不断降世。陛下心存谦虚退让，推辞而不愿自应瑞征，然而怎么可以让吉祥的符应和明显的喜庆湮没而无闻呢？应当命令太史把祥瑞记录编集起来，以传后世。"光武帝不同意。他常常自谦无德，每当郡国上奏祥瑞，就压下而不接受，因此史官很少能记载下来。秋天，有3个郡国出现蝗灾。冬天十月六日，司隶校尉东莱人李忻为司徒。

十九日，派司空告祭高庙说："高皇帝与群臣约定，非刘氏不封王。吕太后残害三个赵王，擅自封吕氏为王，仰仗社稷之灵，吕禄、吕产被诛除，天命几乎旁落，危急的朝廷重新安定。吕太后不应该配享高庙，与至尊同在祖庙。薄太后德性仁慈，孝文皇帝治国贤明，子孙仰赖他们的福荫，延续皇祚至今。上薄太后尊号为高皇后，配享地神。迁吕太后庙主到园寝，四时上祭。"

十一月三十日，有日食。这一年，初建明堂、灵台、辟雍，以及北郊兆域。宣布图谶于天下。免除济阳、南顿本年的徭役。参狼羌人侵犯武都，打败郡兵，陇西太守刘旴派兵援救武都，与武都郡兵一起讨伐反叛的羌人，大获全胜。

二年春天正月初八日，开始建立北郊，祭祀后土。东夷倭奴国国王派来使者进贡。

二月五日，光武帝死于南宫前殿，时年六十二岁。遗诏说："朕无益于百姓，全照孝文皇帝制度，后事务必节省。刺史、二千石长吏都不要离开城池，不要派属吏或用邮传上书致哀。"

当初，武光帝久在军中，讨厌战争，而且知道天下疲惫不堪，盼望生活安定。自从陇、蜀平定以后，不是紧急情况，未曾再谈论军事。皇太子曾经问起攻战的事情。光武帝说："过去卫灵公问战阵，孔子不回答，这种事不是你所该做的。"他每天一大早就上朝，日头偏西才退朝。多次召见公卿、郎将讲论经书的道理，夜半时分才睡觉。皇太子见到光武帝勤劳不息，找机会劝说道："陛下具有夏禹、商汤的贤明，而没有黄帝、老子养性的福气，希望能保养精神，优游自宁。"光武帝说："我自己乐意这样，不为此感到劳累。"虽然亲身建立大业，却兢兢业业如同能力不足一样，所以能贤明慎重地对待国事，总揽大权，量时度力，所办的事没有什么过失。他辞退功臣而任用文官，收藏起弓箭而放马牛回归民间，虽然治国之道未能和古代圣贤的时候相比，这也算是配得上止息干戈的"武"字了。

文章华美传千古——班固

班固字孟坚。9岁，就能写文章、诵诗和赋。年长后，逐渐博贯群书，对九流百家的著作，都做彻底钻研。他学习没有一定的老师，不为章句之学，只是抓住学问的主要意义而已。他生性宽和容众，不恃己才压制别人，儒生因此而敬慕他。

永平初年，东平王刘苍因为至亲的关系以骠骑将军的名义佐理国政，开东阁，延英雄。当时班固正年少，就上书给刘苍说：

将军您以周公、邵公的德行，屹立于本朝，承继了美好明智的策略，建立了威武灵祥的称号，过去是周公有此殊荣，今天是将军，《诗经》和《尚书》所记载的，再无他人有此事了。《传》上说："必有非常之人，然后有非常之事，有非常之事，然后有非常之功。"班固我有幸生于清明之世，安乐处于视听范围之外，用蝼蚁般短浅的目光，悄悄地观察国政，真诚地赞美将军担负着千载以来的重任，踏着先圣周公的足迹，摆开舒展美好的姿态，雄踞贵宠的地位，博贯一切事务，服膺《六艺》、区分黑白是非，求善无厌，甚至对狂夫的言语也加以采择，不违背对民众的诺言。我看见您新开了幕府，广泛地延揽俊杰，四方的士人匆忙归附，甚至穿颠倒了衣裳。将军应当详细考察唐尧、唐汤对皋陶、伊尹的举荐，让无论远近都不偏废，隐居的一定得到显达，寄希望于总揽贤才，聚集明智，悠游庙堂，名声扬于当代，巨大的影响在后代将连绵不尽。

我看原来担任过司空掾的桓梁，是老成博学之儒士，在州里德高望重，已经70岁了，行为不逾越法则，是参与助祭清庙的最佳人选、当代的俊美之士。京兆祭酒晋冯，自幼修身，头白了也不改初衷，他好古乐道，具有古代美好的行为，社会上的人没有赶得上他的。扶风掾李育，通晓经典行为卓著，教授100个学生，客居于杜陵，住的茅屋，连阶梯也是土造的。京兆、扶风两个郡相继请他为官，因为家贫，他几次都借故有病而辞归了。温故而知新，议论通达明晰，遵循廉洁原则，行为和才能都兼备，虽然是前世的名儒，国家所器重的人，没有谁能与如今的韦贤、平当、孔光、翟方相比。应当让他们主持考绩，由此而让他们参与更多的事务。京兆督邮郭基，他的孝顺行为在州里很著名，经学方面受到老师同学的赞扬，政务方面的成绩有决然不同于人的效果。如果郭基能到将军身边，让他做您秉笔的僚属，那么进一步他将会如鸿鹄高飞有大用，退一步说他会在危急之时奋不顾身为国像杞梁一样战斗而死。凉州从事王雍，躬行卞严一般的节义，倘若增强礼乐方面的修养，凉州的达官贵人们就没能超过他们的了。古代的周公一举兵就有三国埋怨，说："为什么把我们安排在后面呢。"请将军尽快开府理事，以慰远方。弘农功曹史殷肃，广闻博学，才能绝伦，能够吟诵《诗经》三百篇，奉使对答如流。以上所说6位先生，都有卓越的行为、绝代的才能，他们的道德高尚闻名当代，如蒙将军征纳任用，作为将军您的辅佐，这就是孔子感叹山梁的雌雉一样，正遇上了他们的活动的好时候呵。过去卞和献宝，被施加了刖刑；屈原尽忠报国，最终自沉于汨罗江，但和氏璧却千年以后也放射出光芒，屈原的文章万代以后也受到赞赏。但愿将军继续发射照耀细微的光明，发扬周公那种太阳偏西了还来不及吃饭的勤恳精神，屈尊委威，不耻下问，让茫茫尘世之中，永远再没有卞和、屈原那种遗恨。

刘苍采纳了班固的意见。

父亲班彪亡故之后，班固回乡。班固认为班彪所续的前朝史不详细，就潜心研究，想完成父亲未竟的事业。不久有人上书明帝，告发班固私自改作国史。明帝有诏书下到郡时，逮捕了班固将他关进京兆府的监狱里。把他家的书也全部拿走了。原先扶风人苏朗造假图谶到处散布流言，关进监狱中死去了。班固的弟弟班超怕班固被郡县里拷问，自以为不难辩护清楚，就奔赴到京城上书，得到了明帝的召见。班超把班固著作的意图完全向明帝做了说明，而这时候郡里也上书说明班固著作的本意。明帝认为班固是奇才，就召他在校书部工作，任命他为兰台令史。班固与前任睢阳令的陈宗、长陵令尹敏、司徒从事孟异共同完成了《世祖本纪》。提升班固为郎官，做典校秘书的工作。他又写了功臣、平林、新市、公孙述等列传、载记28篇，上奏明帝。明帝就让他重新去完成以前他所写的著作。

班固认为汉代继承的是帝尧的气运，在这个基础上建立了皇帝的基业，帝位传到第六位皇帝汉武帝的时候，史臣司马谈和司马迁就追述皇家的功德，私作本纪，将大汉朝的历史编在百王之末，置于秦朝和项羽之侧，太初以后的事，又付之阙如不予载录，因此他研究以往的史书，搜集所闻，写成了《汉书》。而《汉书》从汉高祖写起，到汉平帝之世及王莽被诛杀结束，共12世，230年，全书条理行事，依靠并贯彻《五经》，上下博通，写了如《春秋》经一样形式的帝纪、表、志、传一共100篇。班固自永平中期受诏，潜精积思20年，到建初年间才完成。时人很重视他的书，学者加以诵读的。

班固自从为郎官以后，渐渐得到皇上的亲近。当时京师建造官厅房室，修建城壕，而关中父老还是盼望朝廷西顾。班固有感于前代司马相如、东方朔之流创作文章，归结到讽劝，于是给皇上献上了《两都赋》。他在文中盛赞洛阳官室制度的完美，以此来驳斥主张淫侈的理论。

后来汉章帝爱好文章，班固就更加得到宠信，多次到皇宫中给皇上读书，有时候甚至连续几天几夜。每次皇上巡视外地，他就献上赋、颂。朝廷有重大的事情议论，皇上让他诘问公卿，在皇上面前展开辩论，对班固的赏赐恩宠很厚。班固自觉有两代人的学问才识积累，而官位超不过郎官，对东方朔、杨雄对自己的议论很有感触，悔恨自己没遇上苏秦、张仪、范雎、蔡泽所处的时代，于是作《宾戏》自荐。后来升任班固做了玄武门的司马官。皇上与诸儒生讲论《五经》，班固作了《白虎通德论》，皇上又命令他把当时讨论的情况撰写成文。

当时北单于派遣使臣前来贡献，请求与汉朝和亲，皇上诏问群臣。议论的人有的认为："匈奴是善于欺骗的国家，没有归服汉朝的心意，只是畏惧汉朝的威望，被南匈奴追逼，所以希望汉朝回访，借助汉朝来安定他们众叛亲离的局面。现在我们如派遣使臣前去，恐怕会失去南匈奴亲附我们的诚意，而助成了北匈奴狐假虎威的奸诈之计，不能与北匈奴和亲。"班固议论说："我考虑，自从汉室兴起旷世历年，军事上都与夷狄纠缠，尤其是与匈奴之间的事最多。安抚、防御的方法，手段不一样，或者用政治手段与他们讲和，或者用武力征讨他们，或者卑下地迁就他们，或者他们臣服汉朝。虽然屈伸不定，原因因时而异，但是没有拒绝与他们的往来而放任他们、不与他们交接的。所以自从光武帝开始，就重新整顿原有的典制，多次派出使者，以至于使者前后相继，一直到光武帝后期，才开始暂时地断绝了与他们之间的关系。永平八年，又重新议论与他们通好。当时在朝廷上争论了好几天，不同意见杂然纷陈，多数认为匈奴通好困难，很少说与他们结好的容易的一方面。先帝（汉明帝）圣明，高瞻远瞩，于是又派出使者，与匈奴的关系恢复到跟从前一样了。以此推知，没有一世放弃而不发展与匈奴关系的。现在乌桓国来朝，向翻译官稽首；康居、月氏，自远而来；匈奴分崩离析；有名的国王来降服，西、北、南之人都前来归服，都是在没有使用武力的情况下出现了，这实在是国家与神相交通的自然的征验啊。臣愚蠢地认为应该依照过去的成例，再派使者去匈奴，这样从远处说可以继承五凤、甘露年间接待远方归服之人的精神，从近处讲不抛弃建武、永平年间实行羁縻政策的意义。外族使者来两次，我们派使者去一次，既可以说明中国是以忠、信为主的，又可以使他们知道圣明的汉朝礼义是有一定的，岂可叛背、狡猾、辜负了我们的好意呢？不与匈奴往来我不知道有什么好处，与他们通好我没有听说什么害处。假若北匈奴稍微强大，能够兴风作浪，那时候再寻求与他们通好，怎还来得及呢？不如借助现在的情势施予恩惠，从眼前和长远来制定对待他们的策略。"

班固又作了《典引篇》，叙述汉朝的德属继承。他认为司马相如的《封禅赋》，文字虽然绮丽但体裁没有什么根据，杨雄的《美新赋》，文体虽然有所根据但事实虚伪，大约是他认为达到了各方面的最高成就。

《河图》《洛书》确实、明白，是天的智慧；孔子的图书、遗命，是圣人的信任；躬行道德的根本（孝道），是端正人性；逢吉祥之代，当封禅之时，是天子所受的大命。顺从天命以创立制度，稳定人性以协和神灵，报答天、地、人之神所多次给予的福瑞，展开效法唐尧封禅的明文，这件事情重大而允当，无论醒着还是睡着都萦绕在皇上的心里。瞻前顾后，一味推让，岂不是轻视祖宗而难正天命吗？从远古开始考察，迄于今世，封禅的共有74人，其中虽有天下不使其封禅而假为竹素之文者，没有光扬法度而弃其文章而不封禅者，现在轮到了我们为何使其独缺（不封禅）呢！

这时候圣上（章帝）既已倾注精神，全面掌握文化，屡次访求儒者，倾听故老的意见，与他们讨论斟酌道德的渊源，探索仁义的深刻道理，以这样的行动来追求瑞符所显示的前景的完善。既听从各诸侯的直言，又根据占卜的兆辞广泛地思考。将要延续万代，宏扬光辉，振奋博大的火德，激发以往的遗风，传播浓烈的芳香，久而愈新，用而不竭，深沉浩荡的上天的大法，谁能使它完美无缺地施行呢？只有唐尧啊，只有大汉啊！班固后来因为治母丧而离职。永元初年，大将军窦宪出征匈奴，班固为中护军，并参与议事。北单于听到汉军出征的消息，派遣使者叩访居延塞，意欲与汉朝修好，朝见天子，请求汉朝派使臣。窦宪派遣班固代行中郎将的权力，率领数百名骑兵与匈奴使者一起出居延塞迎接北匈奴单于。正遇上南匈奴击破了北匈奴的王庭，班固到了私渠海，听到了这一消息，就带领众人回到了塞内。到后来窦宪战败，班固因连坐最先免去了官职。

班固对他的手下人不加管教，他的手下人不遵守法度，小吏们感到很恼火。当初，洛阳令种兢在路上行走，班固的家奴扰乱种兢的车辆马匹，小吏用手推他并向他大声呼喊。班固的家奴借酒醉而叫骂，种兢大怒。只是因为畏惧窦宪而不敢发作，只好怀恨在心。到窦宪的宾客都遭到逮捕审问时，种兢因为旧恨而抓了班固并把他关了起来，班固于是死在了监狱之中，时61岁。皇上下诏谴责种兢，种兢处罚了主其事的小吏而搪塞过去了。

班固所著的《典引》《宾戏》《应讥》、诗、赋、铭、诔、颂、书、文、记、论、议、六言等作品，留下来的共有40篇。

神勇定西域　终身献汉室——班超

班超，字仲升，扶风郡平陵县人，为人有大志，不拘小节。然而内心却孝顺恭谨，在家常干重活，吃苦耐劳，不以劳累为耻辱。很有口才，博览群书。永平五年，班超的哥哥班固被召任校书郎，班超和母亲随同哥哥来到洛阳。家里清贫，班超常常替官府抄写文书来养家糊口。抄写时间久了，枯躁乏味，苦不堪言，于是中止抄写，放下笔叹息着说："大丈夫没有别的志向，应当效法傅介子、张骞，在异域立功，以取得封侯，哪能长久在笔砚间讨生活呢！"周围的人都对他嗤嗤发笑。班超说："庸庸碌碌的人，哪能理解壮士的志向！"后来前往看相的人那里去，看相的说："尊驾，你是个布衣儒生，然而将来会封侯于万里之外。"班超询问其中的原因，看相的说："你长着燕子一样的下巴和老虎一样的脖颈，象征要飞而食肉，这是万里封侯的长相。"很久之后，显宗问班固："你的弟弟在哪里？"班固回答："替官府抄写文书，得些钱用来奉养老母。"显宗就任命班超为兰台令史，后来因事被免官。

永平十六年，奉车都尉窦固出击匈奴，任用班超充当代理司马，率军进攻伊吾，在蒲类海交战，斩获很多敌军首级而回。窦固认为他有才能，派遣他与从事郭恂一起出使西域。班超来到鄯善，鄯善王广招待班超在礼仪上非常周到，后来忽然变得疏远而懒怠。班超告诉他的下属官员说："是否觉得广的礼仪已变得淡薄了？这一定是有北方匈奴的使者来到，鄯善王对依附那方多疑不决的缘故。聪明的人能察觉将会发生的事情，何况现在的事情已经很明白了呢？"

于是，班超把侍候他们的鄯善人找来，诈他说："匈奴的使者已经来了几天了？他们住在哪里？"侍者张皇失措，实话实说。班超把侍者关了起来。然后召集36名部下到一起，与他们一起喝酒，喝到酣畅耳热的时候，趁机激怒部下说："你们同我都在偏僻遥远的西域，打算建立大功，以便趁此机会取得富贵。现在匈奴使者才来几天，鄯善王广就对我们如此无礼，如果让鄯善人把我们绑起来送往匈奴，那么我们的躯体就要作豺狼的食物了。对此怎么办呢？"部下都说："现在处于危险境地，生死关头，我们全听司马。"班超说："不入虎穴，焉得虎子！根据现在的形势，只有趁黑夜用火攻匈奴使者，让他们不知道我们的人数多少，必然会异常震惊恐怖，可以全部消灭他们。消灭了这批匈奴使者，那么鄯善就被吓破了胆，我们可以大功告成了。"

大家说:"此事应该和从事商量商量。"班超怒气冲天地说:"成败决定于今天,从事是个普通的文官,他听了这个计划,必然恐惧,而使计谋泄露,我们将一无所成地死去。这绝不是好汉所干的!"众人一致说:"好。"

天刚黑,班超就带领部下奔往匈奴的营地。恰巧天刮大风,班超命令10个人手里拿着战鼓藏在匈奴使者住房的后面,约定说:"看见火起,都要立即猛力击鼓,大喊大叫。"其余的人都手里拿着兵器弩箭从两面封锁着大门而埋伏下来。班超就顺着风势点起火来,前后埋伏的人击鼓呐喊。匈奴人受惊乱窜,班超亲手格杀3人,部下斩下匈奴使者及其随从士兵30多人的首级,其余的100多人都被烧死。第二天,班超才回来告诉了郭恂,郭恂大惊,接着脸色有所变化。班超知道他的意思,举手说:"你虽然没有参加这次行动,但班超怎能独吞功劳呢?"郭恂这才高兴起来。

班超于是召见鄯善王广,拿匈奴使者的首级给他看,鄯善全国为之震惊害怕。班超开导安抚鄯善王,鄯善王于是把自己的儿子送往汉朝,作为质子。班超回去以后,把这一胜利向窦固做了汇报。窦固很高兴,详细上报了班超的功劳成效,并请求重新选拔使者出使西域。明帝赏识班超的气节,下诏给窦固说:"有像班超那样的官吏,为什么不派他去而要另选呢?现在提升班超为军司马,命令他继续完成未竟之功业。"班超再次受命出使。窦固打算给他增派士兵,班超说:"愿率领原来跟从我的30多人就够了,如果出现了意外,人多了反而是个累赘。"这时于阗王广德刚刚攻破莎车国,于是称雄于天山南路,而匈奴派遣使者监护他的国家。班超已经出发西进,首先到达于阗。广德接见的礼仪不周。而且该国的风俗迷信神巫。神巫说:"天神发怒了,问为什么要归服汉朝?汉朝的使者有一匹浅黑色的马,赶快把马牵来杀死祭我。"于阗王就派人去向班超讨马。班超回答允许让马,不过要神巫自己来牵。不久,神巫来到。班超立即斩下他的首级送给广德,并因此指责他。广德以前听说班超在鄯善时消灭了匈奴使者的事情,非常恐慌,马上攻击杀死匈奴使者而投降班超。班超重赏于阗王及其文臣武将,并乘机安抚他们。当时龟兹王建是匈奴扶持起来的,他依仗匈奴的力量,占据天山北路,并派兵攻破疏勒,杀了他们的国王,而立龟兹人兜题为疏勒王。次年春天,班超率领部下抄近的小路来到疏勒。在离兜题居住的槃橐城有90里的地方,派一个叫田虑的小官去招降兜题,班超指示田虑说:"兜题本不是疏勒人,该国人一定不服从他的命令,他若不立即投降,你就把他抓起来。"田虑只身一人来到槃橐兜题的王宫。兜题看田虑位轻势弱,没有丝毫投降之意。田虑趁其不备，向前劫持并捆绑了他。兜题身旁的人因事出意外，被田虑的突然行动吓得四散逃跑了，田虑把兜题挟在腋下，纵身上马，飞一般地去见班超。班超等人立即扬鞭策马，奔向槃橐城。到了那里，班超把疏勒的文武官员召集起来，向他们宣布龟兹攻灭疏勒的霸道行径和兜题的种种暴虐行为，趁机立了被龟兹杀死的疏勒国王的侄子忠来做国王，老百姓非常高兴。疏勒新国王忠和他的官吏们一致请求班超把兜题杀掉，班超不同意，打算以此树立威信，放走了兜题。疏勒从此同龟兹结怨。

永平十八年，明帝去世。焉耆因为中国有国丧，于是攻杀了西域都护陈睦。班超孤立无援，而龟兹、姑墨几次发兵进攻疏勒。班超固守槃橐城，与忠互为首尾。尽管他们兵力单薄，仍然坚守了一年多。肃宗刚刚登极，因为西域都护陈睦刚刚战死，担心班超人单势危不能自保，下诏召班超撤回汉朝。

班超出发撤回汉朝，疏勒举国忧虑恐惧。该国都尉黎弇说："汉朝的使者一旦抛弃了我们，我们疏勒国就会再一次被龟兹灭亡。实在不忍心看见汉朝的使者离去。"说罢，就用刀自杀了。班超回到于阗，于阗的王侯以下都呼号悲泣，说："我们依靠汉朝使者如同孩子依靠父母一样，实在不能离我们而去。"互相抱着班超坐骑的脚，使班超无法前行。班超担心于阗国最终不会让他东进，又打算继续完成自己的志向，于是又回到了疏勒。疏勒有两座城在班超离开以后，又投降了龟兹，并和尉头国联合。班超逮捕斩杀了反叛者，打败了尉头国，杀了600多人，疏勒再度安定下来。

建初三年，班超统率疏勒、康居、于阗、拘弥等国军队一万多人攻打姑墨国的石城，攻破了它，斩首700级。班超打算趁机平定各国，就上疏请求增派军队，说："臣看见先帝打算开通西域，所以北面进击匈奴，西面出使各国，鄯善、于阗立即归附。而今拘弥、莎车、疏勒、月氏、乌孙、康居又愿意归附，打算共同合力平灭龟兹，打开通往汉朝的道路。如果得到龟兹，那么西域不顺从的就只有百分之一了。臣伏地自思，我出身于军队小官，实愿踏着谷吉的足迹，捐躯于偏僻遥远的边地，也许可以像张骞那样弃身于空旷的原野。从前魏绛不过是诸侯国的一个大夫，尚且能够与戎人和好，何况臣凭借大汉的声威，而连铅刀一割的用处都没有吗？前朝评议的人都说夺取西域三十六国，称为断匈奴右臂。现在西域各国，从日落之处起，没有不归化的，大小国家喜悦，献物给朝廷不断，只有焉耆、龟兹还没有归服顺从。臣以前和部下36人出使偏僻遥远的西域，备遭艰难困苦。自从孤军坚守疏勒，至今已有一年，胡夷的心理，臣很能领会。问西域大小城郭诸国，都说'依靠汉朝与依靠上天相同'。由此证验,那么葱岭之道可以打通;葱岭之道打通了,那么龟兹就可以讨伐。现在应该任命龟兹侍子白霸为该国国王,以步、骑兵几百人送他前往,与各国的军队联合,年月之间,龟兹可以擒服。用夷狄进攻夷狄,是上等的计策。臣看见莎车、疏勒的土地肥沃宽广,牧草丰盛,不比敦煌、鄯善之间的差,出征的士兵可以不费中国的粮草而自给自足。况且姑墨、温宿两国国王,是被龟兹所扶立,既不是这两国的人,更被这两国人民所厌恶,势必会有反叛、归降的事件发生。如果两国前来投降,那么龟兹不攻自破。希望下发臣的奏章,让大臣参考定计。实在有万分之一可取之处,即使死了又有什么怨恨呢。臣班超渺小,特蒙神灵保佑,暗中希望不要让我现在死去,让我能亲眼看见西域的平定,陛下举起祝贺的酒杯,告大功于祖庙,宣布大喜于天下。"此书奏上,章帝知道这件事可以成功,商议打算派给部队。平陵人徐干素来与班超志同道合,上书愿意奋不顾身辅佐班超。建初五年,于是任用徐干为代理司马,率领驰刑徒和义从 1000 人前往增援班超。

《后汉书》

此前莎车认为汉军不会出塞,于是投降了龟兹,而疏勒国都尉番辰也跟着叛变。恰巧碰上徐干刚到,班超就和徐干进击番辰,大败番辰,斩首 1000 多级,捕获了许多俘虏。班超已经击败番辰,打算进攻龟兹。认为乌孙的兵力强大,应借助它的力量,就上书说:"乌孙是个大国,有士兵 10 万,所以武帝把公主嫁给乌孙王为妻,到孝宣皇帝的时候,终于得到乌孙的帮助。现在可以派遣使者去招抚他们,与他们齐心合力对付龟兹。"章帝接受了这个建议。建初八年,任命班超为将兵长史,给予大将军的乐队、旗帜和仪仗。任用徐干为军司马,另外派遣卫侯李邑护送乌孙使者,赏赐大小昆弥以下官员锦帛。

李邑才到于阗,正逢龟兹进攻疏勒,李邑害怕,不敢前行,因此上书陈述西域的事情不会成功,又大肆毁谤班超拥抱爱妻、爱子,在外国过安乐的生活,没有内顾中国之心。班超听说后,叹息说:"我不是曾参却遭到接二连三谗言的攻击,恐怕要受到当朝的怀疑了。"于是休退了他的妻子。章帝知道班超忠诚,于是痛切地责备李邑说:"即使班超拥爱妻、抱爱子,想回国的士兵有 1000 多人,为什么都能同班超一条心呢?"命令李邑前往班超那里接受部署和节制调度,下诏给班超:"如果李邑在你那里有可以委派的任务,可以留下来任职。"班超马上派李邑带领乌孙侍子回京师。徐干对班超说:"李邑以前亲自诋毁您,打算破坏夺取西域的大计,现在为什么不遵照诏书留下他,换派其他官吏送侍子呢?"班超说:"为什么话说得这样粗陋?因为李邑毁谤我班超,所以今天派遣他回去。自己问心无愧,何必担忧别人说什么！图一时内心的痛快而留下他，不是忠臣。"

第二年，又派遣代理司马和恭等4人率兵800前往班超那里，班超乘机调发疏勒、于阗的军队进攻莎车。莎车暗暗地派使者到疏勒王忠那里，以重利引诱他，忠于是反叛顺从莎车，向西守卫乌即城。班超就另立疏勒国的府丞成大充当疏勒王，全部调发没有反叛的人去进攻忠，双方对峙了半年之久，而康居派遣精兵援救忠，班超不能取胜。当时大月氏新与康居结亲，互相友善，班超就派使者多带锦帛送给大月氏王，让他去说服康居王，康居王于是罢兵，把忠带回到他的国家，乌即城就向班超投降了。

过了3年，忠说动康居王借了军队，回来占据了损中城，秘密地与龟兹策划，派使者向班超伪降。班超内心里知道他的奸计而外表装作答应他的样子。忠大为喜悦，立即率领轻装骑兵前来见班超。班超秘密地安排伏兵以等待忠。为他摆宴奏乐，喝了一会儿酒，便大声呵斥部下把忠绑起来杀掉。趁机袭击打败了他的队伍，杀死700多人，天山南路于是就畅通无阻了。

次年，班超调集于阗等国的军队25000人，再次进攻莎车。而龟兹王派遣左将军调发温宿、姑墨、尉头等国合计5万人援救莎车。班超召集将校和于阗王商议说："现在兵少难以匹敌，应付之计不如各自散去。于阗的部队从这儿向东，长史也从这里西归，等到夜里以鼓为号，听到鼓声，就各自出发。"消息传开以后，班超暗暗地嘱咐看守俘虏的士兵放松戒备，让被俘的龟兹士兵逃回去报告消息。龟兹王听闻之后大喜，自己带领一万名骑兵在西部边界截击班超，让温宿王率领8000骑兵在东部边界伏击于阗部队。班超得知两支敌军已经出发，秘密召集各部整装，鸡叫时奔赴莎车营地，胡人大惊，慌乱奔跑，追击斩首5000余级，缴获大量马匹等牲畜、钱财和物资。莎车于是投降，龟兹等国的军队因而各自退走四散，从此班超威震西域。

当初，大月氏曾经帮助汉朝进击车师有功，这一年进贡奉献珍宝、符拔和狮子，因而求娶汉朝公主做妻子，班超拒绝了大月氏王的请求，让大月氏的使者回去，因而引起了大月氏王的怨恨。永元二年，大月氏派遣副王谢率领部队7万攻打班超。班超的士兵较少，都非常害怕。班超开导士兵说："月氏虽然兵多，然而跋涉几千里翻越葱岭而来，没有给养补充，有什么担忧的呢？但应当坚壁清野，坚守不战，他们饿极自然会来投降，不过几十天就可决定胜负了。"谢于是前来攻打班超，攻不下，便放纵士兵四处抢掠，然而一无所获。班超估计他们的粮食将要用完，必定向龟兹求救，于是派遣几百名士兵在东部边界截击他们。谢果然派遣骑兵携带金银、珠宝、美玉等赠送龟兹。班超的伏兵拦击，把他们全杀死，手里拿着他们使者的首级给谢看。谢非常惊恐。马上派遣使者前来请罪，希望能让他们活着回去。班超放回了他们。大月氏为此大受震动，年年岁岁，向汉朝贡献方物。

第二年，龟兹、姑墨、温宿都来投降，于是任用班超充当西域都护府都护，徐干充当长史。任命白霸充当龟兹王，派遣司马姚光护送他。班超与姚光共同胁迫龟兹废掉国王尤利多而拥立白霸，让光带领尤利多回到京师。班超居住龟兹它乾城，徐干屯守疏勒。西域只有焉耆、危须、尉犁因为从前曾杀死过都护，怀有二心，其余的国家全部平定。

永元六年，班超于是调集龟兹、鄯善等八国兵合计7万人，以及部下和商人1400人讨伐焉耆。部队到达尉犁国界，便派遣使者晓谕焉耆、尉犁、危须说："我们都护前来，打算安抚三国，如想改过从善，应该派遣高级官员来迎接都护。我们都护自当赏赐。事情办完就回师。现在赏赐国王五色丝绸500匹。"焉耆王广派遣他的左将北犍支牵着牛抬着酒来迎接班超。班超质问北犍支说："你虽然是匈奴侍子，而今却掌握着国家的权力，都护亲自前来，国王不及时出迎，罪过在你。"有人向班超建议，要乘机杀掉北犍支。班超说："不是你所能考虑得到的，这个人的权力比国王还大，现在我们还没有进入焉耆，就先把他杀了，那会使他们增疑，严加防备，扼守险要，我们难道能顺利地到达他们的城下吗？"于是赏赐北犍支许多礼物，送他回去。广就和高级官员在尉犁迎接班超，并献上珍奇的礼物。

焉耆国有一座"苇桥"，是进入焉耆的通道，广于是封锁该桥，不打算让汉军进入焉耆国。班超改从其他道路越境。七月的最后一天，到达焉耆，离城20里，安营在大泽之中。广因出乎意料，大惊失色，于是想丢弃王城，驱赶百姓作掩护，退居山中的城堡里去。焉耆左侯元孟从前曾在京师时做质子，秘密派遣使者把这件事告诉班超，班超马上把他斩杀，表示不相信。于是约定某一天班超要和各国国王见面，还宣扬将要重加赏赐，于是焉耆王广、尉犁王汎和北犍支等30人相跟着来见班超。焉耆国相腹久等17人害怕被杀，都逃入海里，而危须王也没有赴会。坐下来后，班超愤怒地质问焉耆王广："危须王为什么没有来到？腹久等人为何逃走？"于是喝令部下把广和汎等人当场捉拿，押到陈睦过去驻守的城址外杀掉，送首级到京师。并放纵士兵抄掠，斩首5000余级，抓获俘虏15000人、马牛羊30多万头，改立元孟为焉耆王。班超在焉耆留住了半年，安抚当地百姓。

第二年，皇帝下诏说："以往匈奴独占西域，抢掠河西，永平末年，城门白天也都关闭。先帝深深同情边民遭受敌寇杀害，就命令将帅出击西部，攻破雪山，兵临蒲类，取得车师，城郭各国受到震慑，纷纷归附，于是开通西域，设置都护，而焉耆王舜、舜的儿子忠独自策划反叛，倚仗该国有险要的关隘，杀害西域都护，并加害到都护的部下。先帝重视平民的生命，不愿再兴兵役，所以派遣军司马班超安抚于阗以西城郭各国。班超于是越过葱岭，抵达悬度，出入22年，城郭各国，尽皆臣服。改立各国国王，而安定各国的人民，不动摇中国，不烦调发士兵，使得远方夷人地区，呈现一派和平兴旺的景象，统一不同风俗的人们的心态，而行上天的诛伐，消除过去的耻辱，以报阵亡将士的仇恨。《司马法》说：'奖赏不能拖过一个月，想让人们能迅速看到做善事的好处。'封班超为定远侯，享受一千户人家的赋税。"

班超感到在偏僻遥远的西域住得已经很久，年老思念故土。永元十二年，上书说："臣听说太公封在齐国，五代死后都埋葬在周地，狐狸将死头必然向狐穴所在山丘，代郡的马不忘故乡而依恋北风。周、齐两地同在中原，只有千里之隔，何况我处在遥远荒凉的边地，小臣怎能没有依恋北风、头向故土的思念呢？蛮夷的风俗，畏惧壮年人，欺侮老年人。臣班超如狗马变老，牙齿不全，时常害怕风烛残年，经不起风霜，一旦倒下，孤魂弃于他乡。昔日苏武困留匈奴之中有19年，而今臣有幸得以奉节带印，监管领护西域，如果是以享年终老驻守地，实在无所遗恨，然而恐怕后世人有功业已就而身死异域之讥。臣不敢奢望回到酒泉郡，但愿活着进入玉门关。臣衰老多病，冒死妄言，谨派儿子班勇带着进贡礼物进入塞内。趁臣还活着的时候，让班勇亲眼看见中原的故土。"而班超的妹妹、同郡人曹寿的妻子班昭也上书为班超请求说：

妾同胞哥哥西域都护定远侯班超，有幸得以小功特别蒙受重赏，爵位列在通侯，官秩等级二千石。天恩特出，确实不是小臣所应该蒙受的。班超开始出使西域，志在为国献身，希望建立小功，以身报效。恰巧碰上陈睦败死的事变，道路阻隔断绝，班超以一身辗转在偏僻遥远的地区，晓喻开导各国，利用他们的部队，每次战斗，总是冲杀在前，身受金属武器的伤害，不怕死亡。依赖承蒙陛下的神异威灵，才得以在沙漠之地延长寿命，至今累计已达30年。至亲生离，不再相识。原来跟随他的部下不少，都已经去世。班超年龄最大，今年已经70岁了。衰老多病，头发全白，双手不听使唤。视觉、听觉不灵敏，扶着手杖才能行走。虽想竭尽全力，用来报答帝王的恩赐，但困于年迈，如狗马牙齿落尽。蛮夷的习性，狂悖忤逆，欺侮老人。而班超已朝不保夕，长久不见有人接替，恐怕会造成为非作歹人的出现，和叛逆作乱之心的滋生。而卿大夫都心怀侥幸，没有人肯作长远的考虑。如果突发暴乱，班超已是力不从心。那么对上亏损国家多世建立的功业，对下抛弃忠臣竭尽全力取得的成果。实在值得痛惜，所以班超万里上书自述心中的甘苦和焦虑，伸着脖颈眺望，至今已有 3 年，未见审察评议。

妾私下听说古时候 15 岁服兵役，60 岁复员，也有休息不再任职的。由于陛下用至孝治天下，所以得到万国的欢心，不遗弃小国的臣属，何况班超已得到侯伯的爵位，所以敢冒死替班超请求怜悯，乞求班超得享余年。一旦得以活着回来，重见宫阙，使国家没有远征的顾虑，西域也无叛乱的忧患，班超得以长久蒙受魏文侯葬骨般的恩宠、田子方哀怜老马般的仁惠。《诗经》说："人民也真劳苦啦！该让他们躺一躺。爱护京城这些人，因而安抚了四方。"班超有书信与妾活着诀别，恐怕不能再度相见。妾确实伤心班超在壮年之时竭忠尽孝于沙漠之地，疲惫衰老的时候捐躯于空旷的原野之上，实在使人哀痛怜悯。如果得不到救护，班超以后有一天遭遇变故，希望班超一家有幸能得到赵括之母和卫姬那种不受连坐的优待。妾愚直不懂大义，冒犯禁讳。

汉和帝看了班昭的书奏，被她的话所感动，于是调班超回汉。

班超在西域 31 年。永元十四年八月到洛阳，被任命充当射声校尉。班超平素患有胸痛病，回来以后，病情加重。和帝派中黄门探问病情，赐给医药。这年九月病死，享年 71 岁。朝廷怜惜他，派使者前来吊祭，所赠葬具非常优厚。子班雄继承爵位。

当初，班超被调回，任用戊己校尉任尚充当都护。与班超办理交接事宜，任尚对班超说："君侯在外国 30 余年，小人卑下而继任君侯的职位，责任重大而计谋思虑肤浅，应该对我有所教诲。"班超说："我年老昏愦，任君多次担当重要职务，难道是班超所能够企望赶上的吗？实在不得已，愿进愚钝的建议。塞外的吏士，本来不是孝子贤孙，都是因为罪过发配到边地军营中屯田的。而蛮夷怀有鸟兽之心，难抚养而易滋事。现在你性情严急，水清无大鱼，苛察得不到属下的人附和。应当摆脱世务，自求安逸，治理简易，宽宥小过，只抓大原则就行了。"班超离开后，任尚私下对亲信说："我认为班君会有奇异的计谋相告，今天所说平平而已。"任尚来后不到几年，西域便发生叛乱，因为失职罪被调回，正如班超所告诫的那样。

《三国志》

《三国志》概论

《三国志》为西晋杰出史学家陈寿所撰著，主要记叙魏、蜀、吴三国鼎立时期的历史。该书是继《史记》《汉书》之后的又一纪传体史学名著，与《史记》《汉书》以及《后汉书》并称为"前四史"，共同成为我国古代二十四史之翘楚。

一

陈寿，字承祚，巴西郡安汉县（今四川南充北）人，生于蜀汉后主刘禅建兴十一年（233年），卒于西晋惠帝元康七年（297年），享年65岁。

陈寿平生才学出众，以蜀中文士入仕，故后半生仕途极为坎坷，故此《华阳国志·陈寿传》论其人生结局，如是叹曰："位望不充其才，当时冤之。"

陈寿之世，史学著述颇为繁荣。继两汉传统，其时魏、吴两国均设有专门史官，掌管国家大事、帝王起居的记录。在曹魏，文帝、明帝曾命卫觊、缪袭草创纪传，累载书不得成，后又命韦诞、应璩、王沈、阮籍、傅玄、孙该等共同撰作，最后由王沈独就其业，成就《魏书》40卷，其书固然毛病不少，如刘知几曾说它"多为时讳，殊非实录"，但其中不乏原始材料。在官修之外，尚有鱼豢私人撰作的《魏略》89卷，其书"巨细毕载，芜累甚多"（《史通·题目篇》），但资料甚为丰富。这些都为后来陈寿撰著《魏志》做好了前期的资料准备工作。在孙吴，亦曾谕令韦曜、周昭、薛莹、梁广、华核等人撰作《吴书》，其书由韦曜独终其业，计55卷。这自然也成为陈寿撰著《吴志》的主要参考资料。至于蜀汉，虽说"国不置史，注记无官"（《三国志·蜀后主传评》），但私人著述仍然颇多。这些著述也有可为陈寿撰作《蜀志》的材料。当然，《三国志》的成书，主要在于陈寿本人的辛勤收集和刻苦钻研。

陈寿在着手《三国志》的创作前，有过相当长时期的研究准备。早在他入仕晋朝任佐著作郎时，因晋制规定凡"著作郎到职，必撰名臣传一人"，他就撰有蜀汉丞相诸葛亮故事，将诸葛亮著作"删除重复，随类相从"，在平阳侯相任上时编成《诸葛亮集》24卷。其书上奏朝廷后，就备受晋武帝赞赏。此后开始了蜀汉地方史的研究。鉴于既有的前人著述《巴蜀耆旧传》"不足经远"，于是在巴蜀之外，陈寿又加入汉中人物，撰成《益部耆旧传》10篇。史称此书文辞优雅，史事翔实，"较美《史》《汉》"，"焕乎可观"（《华阳国志·先贤士女总赞》）。此外，他还撰作《释讳》《广国论》等书。晋武帝咸宁六年（280年），西晋灭吴，于是天下复归一统，三国图籍及各种文献资料，得以统一集中于洛阳，至此撰作前朝断代史的条件已臻完备，由是陈寿"乃鸠合三国史，著魏、吴、蜀三书六十五卷"（《华阳国志·陈寿传》）。在撰作《三国志》前后，陈寿还以资料汇编的形式辑录有《魏名臣奏事》40卷、《汉名臣奏事》30卷，以及撰作《古国志》50卷。累计陈寿平生著述，计达250卷（篇）以上，其中流传至今者，仅见被后世列为"正史"的《三国志》。

《三国志》记叙了自184年黄巾起义至280年西晋灭吴，近100年的历史。全书记载的内容，包括魏、蜀、吴三国形成、发展乃至消亡的全部历史过程。

根据历史发展的线索，陈寿以"实录"的形式分别成书《魏志》（亦称《魏书》）、《蜀志》（亦称《蜀书》）、《吴志》（亦称《吴书》）。其中《魏志》30卷：帝纪4卷、后妃纪1卷、宗室传2卷、列传21卷、方伎传1卷、外国传1卷；《蜀志》15卷：刘二牧传1卷、先主后主传2卷、后妃宗室传1卷、11列传卷；《吴志》20卷：吴主传2卷、妃嫔传2卷、宗室传2卷、列传14卷。另有《叙录》1卷（早佚）。三书成书次序为《蜀》先、《魏》次、《吴》后，三书合一，是为《三国志》，共计65卷。

二

《三国志》是一部纪传体的断代史。

从其成书的时间来看，在所有正史中紧承《汉书》之后，所以其创作原则和方法全以《汉书》为楷模，但不同之处在于，《三国志》仅有纪、传而无表、志。

由于《三国志》记叙的是魏、蜀、吴3个政权的历史内容，在中国历史发展行程中显示出三驾马车的轨迹，故此在3个国家的形成、发展直至消亡的史实编纂上，陈寿独创一格，分国各自为史，"原始察终"，溯源导流，各自形成一个完整的体系。正因有此，我们从中看到了一种与其他"正史"不同的断限方法。

整体来看，《三国志》这部断代史，依据所叙内容，其时间所断之限，前伸东汉后延西晋各有一定的所限，给世人一个十分明白的前因后果，其榫卯接榫颇为严合。

在《三国志》的创作过程中，陈寿以实事求是的态度，依据既成的历史事实，将魏、蜀、吴3个政权作为各自独立的个体看待，将它们各国历史单独成书，以示这3个政权在历史中的合法性——均以正朔承绪刘汉王朝。这就是人们所说的三国体制"正朔有三"。但从整个社会的发展走向来看，这3个政权在上承下启的过程中毕竟有所不同，故而陈寿在运笔时亦随之而予以一定的区别。

从中国历史发展走向的主航道来看，东汉之后三国并峙，三国而降西晋一统，作为断代史的《三国志》，在系年上必须有一条能贯串全书的主纲，这一主纲必须与前之汉、后之晋在系年上连接起来而无间断。因此，在三国中究竟以哪一国的君王为"纪"，关系着整部《三国志》的分合自然、首尾相应。陈寿在编纂过程中选用了曹魏的系年作为全史之纲，以此来统属这三个独立的割据政权在同一时期内的种种事件。这样就有了《魏志》中的"武帝纪""文帝纪""明帝纪"等，而于其他两国国主则分别在《蜀志》和《吴志》中为他们立传。与之相应，在《魏志》中，对于刘备称帝、孙权登基之事皆不记叙，而在《蜀志》和《吴志》中，对于君王即位，则记明魏之年号，这就表明，虽说陈寿承认"正朔有三"，但也显示出"正统在魏"。立魏为正统，应该说其道理最为充分。姑且不言曹魏承汉立国最早，且其所占地域在三国之中最为广大，更重要的是它在系年上上接东汉下连西晋，汉禅魏、魏禅晋，一线穿连，使汉——魏——晋这条历史发展主轴线毫无间断。所以陈寿以曹魏政权的系年作为整部《三国志》之纲，以之统摄3个独立政权自汉末至晋初这一历史发展阶段的种种事件和活动，有如一线穿珠，颗粒无遗，使人明晰可见三国鼎立的发端、形成、发展及结束的全过程。

陈寿在西晋政权下撰作《三国志》以魏为正统，既尊重历史事实，又照应政治需要。但他毕竟出身于蜀地且仕蜀汉政权多年，故在思想感情上仍然"身在曹营心在汉"，比较倾向于蜀。更发人深思的是，在记叙曹丕受禅时，群臣颂功德、上符瑞者先后动辄百余人，陈寿均不予记载，反之当蜀汉先主刘备在武担登基称帝时，对其群臣请封之辞、劝进之表、告祀之文，陈寿却大书特书。而称帝即位即标志着一个国家政权的正式确立，由此可见陈寿的用心。

《三国志》，合读为一部完整的断代史，分读则为三部正史化的地方史。这一特点在二十四史中是绝无仅有的。

由于《三国志》分别为三国国别史，在资料的处理上，尤其对各书人物思想观点及有关称谓评述的记叙，自然难免矛盾冲突。对此陈寿采用了"分据各国史料实录国别史"的编纂方法，尽力跳出三国各自政治立场的圈圈，让历史事实说话，各是其所是、非其所非，故在撰作三志时实录各国原有史料的内容和语气。这样，写到哪一志时，即以这一政权的政治观点来述评其他两国所发生的种种事情。如在《魏志》中，以蜀、魏之间的战争，则记作"蜀寇魏""魏伐蜀"；在《吴志》中，对魏、吴之间的争斗，则记作"吴讨魏""魏侵吴"等。依此同理，在各志中对所述政权的种种事件，就其政治观点在笔法上稍显隐晦，但于整部书中其他处录实补充。如对汉献帝逊位于魏文帝，《魏志》记为"汉帝以众望在魏"，于是召集公卿百官"告祠高庙""禅位"于魏王，而在《蜀志》《吴志》两书中，对此篡逆事件，一再加以挞伐，其声讨曹氏凶奸篡盗之辞比比可见。再如三国之间的战争，陈寿于失败一方记叙较简略，而于得胜一方着笔较详尽。拿最为著名的战例赤壁之战来说，曹魏大败而退，故《魏志》关于这场战争记叙较简；吴、蜀联军取得大捷，故《蜀志》《吴志》有关传记叙述较为详备，尤其作为联军主力的孙吴军队，对其作战过程及其取胜情状，则大书特书。所有这些，一方面加强了各割据政权国别史的独立性，另一方面又要求人们在阅读《三国志》时，必须综合分析三志中的史料真情，这种"事每互见"又加强了三志的内在联系，使其有机地融为一体。

三

三国时期是一个政局动荡不安的时代，是一个乱世。而乱世出英雄，故此三国又是一个人才辈出、英雄并起的时代。陈寿的《三国志》只有纪、传，专重这一时期人物及其活动的记载。全书共记载了 437 人的传记。对于这么多人物，陈寿以帝王为纲、臣僚为目，以政治人物为先，其他人才为次。与此同时，还照顾到各个人物在历史舞台上出现的时序。因此，整部《三国志》的人物传记的安排，是以类合传、依时排列。

在以类合传方面，除了《蜀志》中"刘二牧传"及《吴志》中"刘繇太史慈士燮传"外，一概以帝王（包括创业者如孙坚、孙策）、后妃、宗室、文臣、武将、忠良、清名、文学、术数等来分定人物，将同类人物合为一传。如在《蜀志》中，"关（羽）张（飞）马（超）黄（忠）赵（云）传"即为武将，"许（靖）麋（竺）孙（乾）简（雍）伊（籍）秦（宓）传"即为文臣。再如《吴志》中，"吴（范）刘（惇）赵（达）传"即为术数，"王（蕃）楼（玄）贺（邵）韦（曜）华（核）传"即为文学。

在以类合传时，还注意按人物活动的时间先后列其次序。拿《吴志》为例，周瑜、鲁肃、吕蒙、陆逊应划为一类，但周、鲁、吕 3 人为孙吴政权的开国元勋，故合传在前，而陆逊乃后起中坚，故单独作传在后。此外，从陈寿对人物的分类安排上，还可以看出他突出政谋人物，对军事人物稍加看轻。如在《魏志》中，曹操的谋臣"程（昱）郭（嘉）董（昭）刘（晔）蒋（济）刘（放）传"在前，而其虎将"张（辽）乐（进）于（禁）张（郃）徐（晃）传"在后。再如《吴志》，于孙吴政权的建立其军功甚大的程普等人，即安排在张昭、顾雍等政治人物之后。

以类合传、依时排列，既隐含了陈寿对历史人物的论断，也易于让世人从中取得极有价值的鉴益。对于前者，以《魏志》中对曹操的谋臣分类为例。陈寿将曹操的一批重要谋臣如荀彧、荀攸、贾诩、程昱、郭嘉、董昭、刘晔、蒋济等人，分作两传来写，即荀彧、荀攸、贾诩合为一传，其他人另合一传。之所以如此划分，是因为二荀、贾诩同于"清治德业"，至于程昱等，则"筹画所料是其伦也"。在对待曹操倾移汉祚的态度上，荀彧叔侄不以为然，荀彧甚至因有所反对而被曹操逼死，贾诩更是倾力维护汉室、营救献帝，只是在汉家天下大势已去不得已才转变态度，反之，程昱等人从一开始即追随曹操图谋汉家天下，是曹操的铁杆保"皇"派。对于后者，以《蜀志》中对刘封、彭羕、廖立、李严、刘琰、魏延、杨仪等人合传为例。虽说这 7 个人的经历各不相同，但有一个最为显著的共同之处，即自取祸患不得善终。试看陈寿对他们的论评："刘封处嫌疑之地，而思防不足以自卫。彭羕、廖立以才拔进，李严以干局达，魏延以勇略任，杨仪以当官显，刘琰旧仕，并咸贵重。览其举措，迹其规矩，招祸取咎，无不自己也。"如此分类，确实用心良苦，读史明智，也许正源于此。智，岂为虚言？！

四

当然，陈寿的《三国志》仍有其不足的一面，其主要表现在以下几个方面：

（一）陈寿的《三国志》，是在封建正统史观指导下写成的。为了强调这种正统，他在书中运用了阴阳和五行学说，将朝代的嬗替、皇位的禅让，看作是天意所定，即"五德相生受命"。这种"五德相生"，其运转轮回的次序为"木生火，火生土，土生金，金生水，水生木"，如此往返，循环无穷。他继承了前人"汉为火德"的观念，认为汉代气数已尽，代之者必为土德。故此三雄代汉，是以土德替取火德。为了说明这种"历史的必然"，他在《三国志》中运用了大量的土德资料，来显示魏、蜀、吴出现在历史上的合理性。现以魏、蜀、吴三主称帝为例，以见其宣扬天下感应和天命论思想之一斑：在《魏志·文帝纪》中，写曹丕称帝，即言"黄龙见谯"。黄，显示土德；谯，曹氏故乡。借此说明曹魏替代刘汉乃天意所定。在《蜀志·先主传》中，写刘备称帝，即言"西南数有黄气，直立数丈"。在《吴志·吴主传》中，写孙权称帝，即言"黄龙、凤凰见"，并且孙权即位之后干脆以"黄龙"为其年号。除此等外，陈寿还屡屡以童谣、占候、预言、测字等资料预兆着重大事件的发生。所有这些，反映出了《三国志》消极的一面。

（二）该书的不足之二，应是它作为一部"正史"在体例上的欠阙。如前所述，《三国志》只有纪、传而无表、志。这就造成了典章制度没有专篇叙述，并且因纪、传对此等内容往往语焉不详，故难让人对这一时期的制度革变形成完整的概念，这就给后人研究这一时期的有关内容带来了殊困。古人认为，"史之所难，无出于志"（《史通·正史篇》），可能陈寿因为资料收集得不全，故此没有作志。话又说回来，这种"不妄作"的态度还是有值得肯定之处！

（三）《三国志》中有不少疏漏之处。《三国志》虽说同时写着3个并立政权的历史事件，由于作者做到详主略次、文字简洁，故在叙事时并无重复。应该说这是《三国志》的优点之一。但也正是在这种简略之中存在着一定的脱漏，有些还是极其重要的人物和事件。拿人物来说，重要者如与华佗齐名且同时的名医张仲景、当时科学家马钧、著名书法家钟繇等人，《三国志》不着一字。再如魏晋间重要的政治人物桓范、何晏等，《三国志》也未为他们立传。拿事件来说，重要者如关系到人事制度的曹操三下求贤令、关系到赋税制度的曹操打击河北豪强令、关系到屯田制度的曹操"置屯田令"等，陈寿一概从略。如果不是裴松之在为其书作注时——加入，则如此重大的制度变革和历史变故，后人可能就不得而知了。此外，《三国志》对于当时的少数民族，除东北地区的乌丸、鲜卑、东夷有传上，其他如西部的氐、羌诸族，西域诸国，以及活跃在孙吴境内的山越、蜀汉境内的南中诸族，都没有独立作传成篇。所有这些因略而漏的情况，不能不说是《三国志》的又一缺陷。

（四）《三国志》在文采上稍有不足，以至历史人物的描写生动传神不够。在文采方面，"前四史"以《三国志》为逊。

尽管有以上几点不足之处，陈寿仍不失为"良史"，其书仍不愧为"实录"。《三国志》自撰出后，受到历代研习者的赞誉。陈寿之世，当时诸家叙三国史事之书，自《三国志》行世而渐至湮没无闻。陈寿去世后，晋梁州大中正、尚书郎范頵等人，上表向朝廷推荐《三国志》说："陈寿作《三国志》，辞多劝诫，明乎得失，有益风化，虽文艳不若（司马）相如，而质直过之。"（《晋书·陈寿传》）北魏人崔浩认为陈寿撰作《三国志》，"有古良史之风，其所著述，文义典正，皆扬于王庭之言，微而显，婉而成章。自班（固）、史（迁）以来，无及寿者"（《魏书·毛修之传》）。而南朝梁人刘勰，在其《文心雕龙·史传》篇中则说："及魏代三雄，记、传互出，《阳秋》《魏略》之属，《江表》《吴录》之类，或激抗难征，或疏阔寡要，惟陈寿《三国志》，文质辨洽，荀、张比之迁、固，非妄誉也。"南宋"为文藻思英文"的叶适，更进而认为陈寿"笔高处逼司马迁，方之班固，倡少文义缘饰尔，要终胜固也"（叶适《习学纪言序目·蜀志》）。至清代，著名史学家钱大昕则作如是论评："予性喜史学，司、班而外，即推此书，以为过于范（晔）、欧阳（修）。"（《潜研堂集·三国志辨疑序》）从前人的种种评述中，可见《三国志》的写作成就及其史学价值。

政　略

董卓乱天下

　　董卓之入洛阳（贾）诩以太尉掾为平津①都尉，迁讨虏校尉。卓婿中郎将牛辅屯陕②，诩在辅军。卓败，辅又死，众恐惧，校尉李傕、郭汜、张济等欲解散，间行归乡里。诩曰："闻长安中议欲尽诛凉州人，而诸君弃众单行，即一亭长能束君矣。不如率众而西，所在收兵，以攻长安，为董公报仇，幸而事济，奉国家以征天下，若不济，走未后也。"众以为然。傕乃西攻长安。语在卓传。后诩为左冯翊，傕等欲以功侯之，诩曰："此救命之计，何功之有！"固辞不受。……

（《三国志·魏志》卷十，贾诩传）

《三国志》

【注释】

　　①平津：古津渡名，又名关名。因地处小平县而得名。一名河阳津。故址在今河南巩义市西北的黄河上，为古代黄河的重要渡口。

　　②陕：县名，汉置，三国魏同。故治在今河南三门峡市西郊附近。

【译文】

　　董卓入洛阳，贾诩以太尉属官的身份任平津都尉，后来升任讨虏校尉。董卓的女婿中郎将牛辅驻军陕县，这时贾诩在牛辅的部队里任职。董卓失败，牛辅又死，部队恐惧，校尉李傕、郭汜、张济等人打算把部队解散，走小路回家。贾诩说："听说长安城里有人想杀尽凉州人，而你们丢掉部队单独行动，就是一个亭长也能把你们捆起来啊！不如率领部队往西去，所到之处收集士兵，用他们攻打长安，为董公报仇，如侥幸成功，尊奉朝廷来征服天下；如果不成功，那时逃跑也不晚呢。"大家认为不错。李傕于是向西攻打长安。这件事记载在《董卓传》里。后来贾诩任左冯翊，李傕等人想根据他的功劳封他为侯，贾诩说："这是一个救命的计策，哪有什么功劳！"坚决推让不接受。

董昭献计

　　太祖朝天子于洛阳，引昭并坐，问曰："今孤来此，当施何计？"昭曰："将军兴义兵以诛暴乱，入朝天子，辅翼王室，此五伯①之功也。此下诸将，人殊意异，未必服从，今留匡弼②，事势不便，惟有移驾幸许耳。然朝廷播越③，新还旧京，远近跂望④，冀一朝获安⑤。今复徙驾，不厌⑥众心。夫行非常之事，乃有非常之功，愿将军算其多者。"太祖曰："此孤本志也。杨奉近在梁⑦耳，闻其兵精，得无为孤累乎？"昭曰："奉少党援，将独委质⑧。镇东、费亭之事，皆奉所定，又闻书命申束⑨，足以见信。宜时遣使厚遗答谢，以安其意。说'京都无粮，欲车驾暂幸鲁阳，鲁阳近许，转运稍易，可无县乏⑩之忧'奉为人勇而寡虑，必不见疑，比使往来，足以定计。奉何能为累！"太祖曰："善。"即遣使诣奉。徙大驾至许。奉由是失望，与韩暹等到定陵钞暴⑪。太祖不应，密往攻其梁营，降诛即定。奉、暹失众，东降袁术。三年，昭迁河南尹⑫。时张杨为其将杨丑所杀，杨长史薛洪、河内太守缪尚城守待绍救。太祖令昭单身入城，告喻洪、尚等，即日举众降。以昭为冀州牧。

　　　　　　　　　　　（《三国志·魏书》卷十四，董昭传）

【注释】

　　①五伯：即五霸。春秋时实力最强的5个诸侯国。一般认为是齐桓公、晋文公、秦穆公、宋襄公、楚庄王。

　　②匡弼：辅佐。

　　③播越：流亡。

　　④跂望：举足翘望。

⑤获安：得到安定。

⑥厌：满足；服从。

⑦梁：县名。在今河南省临汝县西，当时杨奉率军驻扎于此。

⑧委质：即委贽。委，委付。贽，初见尊长时所送的礼品。古人初次相见，执贽以为礼。

⑨申束：一再表明。

⑩县乏：县，同"悬"。县乏即匮乏，缺少。

⑪定陵：县名，在今河南省叶县西。钞暴：劫掠、滋扰。

⑫河南尹：官名。东汉建都洛阳，以河南为尹，掌京师。

【译文】

曹操在洛阳要朝见汉献帝，把董昭拉在一起同坐，问董昭："现在我来这里，应当用什么计谋？"董昭说："您兴义兵以诛暴乱，入朝拜见天子，辅佐王室，功劳可比五伯。这里的将军，各人情况不同，意见也不一样，不一定会听从您的命令。现在留下来辅佐皇帝，形势不利，只要把天子移到许昌去，就好多了。但朝廷流徙，刚刚返回洛阳，大家都翘首以待，希望迅速安定。现在再次迁都，不符合大家的心意。然而只有从事非常的事情，才会有非常的功劳。希望您考虑利弊。"曹操说："这本意也是如此。杨奉就在附近的梁地，听说他的军队训练有素，会不会成为我的障碍呢？"董昭回答说："杨奉缺乏同党的援助，将独来进见。您封为镇东将军和承袭费亭侯这件事，都是杨奉定的。又有书命约束，足以相信。适当的时候，派遣使者送份厚礼感谢他，安定他的思想。说'京都没有粮食，想护卫献帝去鲁阳。鲁阳临近许昌，运输比较容易，可以减除粮食匮乏之忧。'杨奉为人有勇无谋，一定不会怀疑。等到使者返回就可以确定迁都的计划，杨奉怎么能成为将军的障碍呢？"曹操说："很好。"就派使者拜访杨奉。把献帝迁到了许昌。杨奉因此而感失望，与韩暹等人到定陵劫掠献帝，曹操不理，却秘密率军攻击杨奉在梁的营地，降的降，杀的杀，很快地平定了。杨奉、韩暹失掉了部队，往东投降了袁术。建安三年，董昭升任河南尹。当时张杨为他的部将杨丑杀害。张杨的长史薛洪、河内太守缪尚守城等待袁绍的援救。曹操命令董昭一个人进城，告喻薛洪、缪尚等人，当天就率众投降曹操。董昭被任命为冀州牧。

御 人

曹操论事

《三国志》

安定太守母丘兴将之官，公戒之曰："羌、胡欲与中国通，自当遣人来，慎勿遣人往。善人难得，必将教羌、胡妄有所请求，因欲以自利；不从便为失异俗意，从之则无益事。"兴至，遣校尉范陵至羌中，陵果教羌，使自请为属国都尉。公曰："吾预知当尔，非圣也，但更①事多耳。"

（《三国志·魏书》卷一，武帝纪）

【注释】

①更：经历。

【译文】

安定太守母丘兴将要赴任，曹操告诫他说："羌人、胡人想和我们来往，自然应该让他们派人来，切记不要派人去。好人难得；不好的人势必教唆羌、胡人提出不合理的要求，以便从中自己谋利。我们不答应，便使他们失望；而如果答应，就对我们不利。"母丘兴到达安定，派校尉范陵去羌人那里，范陵果然教唆羌人，叫他们请求让他当属国都尉。曹操说："我预料一定会这样的，我不是圣人，只是经历的事多点罢了。"

古之大教　在通人情

　　和洽字阳士，汝南西平人也。举孝廉，大将军辟[1]，皆不就。袁绍在冀州，遣使迎汝南士大夫。洽独以"冀州土平民强，英桀所利，四战之地。本初乘资[2]，虽能强大，然雄豪方起，全未可必也。荆州刘表无他远志，爱人乐士，土地险阻，山夷民弱，易依倚也"。遂与亲旧俱南从表，表以上客待之。洽曰："所以不从本初，辟[3]争地也。昏世之主，不可黩近[4]，久而阽危[5]，必有谗慝间其中者[6]。"遂南度武陵。

　　太祖定荆州，辟为丞相掾属[7]。时毛玠、崔琰并以忠清干事[8]，其选用先尚俭节[9]。洽言曰："天下大器[10]，在位与人，不可以一节俭[11]也。俭素过中[12]，自以处身则可，以此节格物[13]，所失或多。今朝廷之议，吏有著新衣、乘好车者，谓之不清；长吏过营[14]，形容不饰，衣裳敝坏者，谓之廉洁。至令士大夫故污辱其衣，藏其舆服[15]；朝府大吏，或自挈壶餐以入官寺[16]。夫立教观俗，贵处中庸，为可继也。今崇一概难堪之行以检殊涂[17]，勉而为之，必有疲瘁[18]。古之大教，务[19]在通人情而已。凡激诡[20]之行，则容隐伪矣。"

（《三国志·魏书》卷二十三，和洽传）

【注释】

　　①辟：征召。

　　②乘资：利用，借助。资，借。

　　③辟："避"的古字。

　　④黩近：轻易接近。黩，轻慢。

　　⑤阽危：危险。

　　⑥"谗慝"句：爱说坏话挑拨离间的小人。间：离间。

　　⑦丞相掾属：丞相自己征召的协助办理具体事务的属官。正的叫掾，副的叫属，通称掾属。

　　⑧"毛玠"句：毛玠、崔琰，人名，士族首领，曹操的重要谋士。忠清：忠直清廉。

　　⑨先尚：首先重视。节，节操、品格。

⑩大器：宝器，比喻治国的根本。

⑪俭：同检，约束，要求。

⑫过中：超过正常标准。

⑬格物：纠正事物。

⑭长吏过营：俸禄高的官吏。汉以秩二百石以上为长吏，大致为县令以上的官。营：治所。

⑮舆服：车子与衣服。古代乘车、衣冠都有规定，以表明等级。

⑯官寺：官署。

⑰殊涂：不同的道路。比喻不同的方式方法。

⑱疲瘁：弊病。

⑲务：努力做到。

⑳激诡：过激而离奇。

【译文】

和洽字阳士，汝南郡西平县人。被推举为孝廉，大将军征召，却不应。袁绍在冀州，派使者迎接汝南郡的士大夫，和洽独认为"冀州土地平坦，人民强悍，对英雄豪杰有利，是四方争战之地。袁本初借助它，即使能强大起来，然而英雄豪杰正在兴起，能否保全，就说不准了。荆州的刘表，无远大的志向，爱护人民，喜欢才智之士。地势险要，山平民弱，容易依靠。"于是和洽与亲戚故旧一起到南方随从刘表，刘表用上客之礼对待他。和洽说："我所以不跟随袁本初，是为了躲避争战之地。刘表这样不明时势的主子，不可太亲近了，否则时间一久，就有危险。一定有邪恶的小人从中挑拨离间。"因此就南迁到武陵郡。

太祖平定荆州后，征召和洽为丞相掾属。当时毛玠、崔琰都凭忠直清廉治事，他们选用人才首先重视节俭的品德。和洽进言说："治国之本，在于根据职位选拔人才，不能拿节俭这个标准衡量一切。过分节俭，自己要求自己还可以，如果拿这个规范一切事物，失误恐怕很多。现在朝廷有这样的议论，官员中有穿新衣、乘好车的人，就说他们不清廉；大官们到治所来，不讲究仪表，衣服皮袍破旧的人，就认为他们廉洁。以致士大夫们故意弄脏自己的衣服，隐藏他们的官服、车子；朝廷和丞相府的大官们，有的自己提着酒食到官署来。建立教化和观察社会风气，贵在恰到好处，为了便于继承和延续下去。现在推崇一种难为人人接受的行为准则，要求各种各样的人遵守，如果勉强推行下去，一定会出现弊端。古代的大教，着重在通人情。凡是过激而离奇的行为，里面常常包藏着虚伪。"

徐邈嗜酒　名见青史

徐邈字景山，燕国①蓟人也。太祖平河朔②，召为丞相军谋掾③，试守奉高令④，入为东曹议令史。魏国初建，为尚书郎。时科⑤禁酒，而邈私饮至于沈醉。校事赵达问以曹事⑥，邈曰："中圣人⑦。"达白之太祖，太祖甚怒。度辽将军鲜于辅⑧进曰："平日醉客谓酒清者为圣人，浊者为贤人，邈性修慎，偶醉言耳。"竟坐⑨得免刑。后领⑩陇西太守，转为南安⑪。文帝⑫践阼，历谯相⑬，平阳、安平⑭太守，颍川典农中郎将，所在著称⑮，赐爵关内侯⑯。车驾⑰幸许昌，问邈曰："颇复中圣人不⑱？"邈对曰："昔子反毙于谷阳⑲，御叔罚于饮酒⑳，臣嗜同二子，不能自惩㉑，时复中之。然宿瘤以丑见传㉒，而臣以醉见识㉓。"帝大笑，顾左右曰："名不虚立。"迁抚军大将军军师㉔。

（《三国志·魏书》卷二十七，徐邈传）

【注释】

①燕国：郡，国名。

②河朔：古时泛指黄河以北地区。

③丞相军谋掾：官名。

④试守：试用。奉高：县名，在今山东泰安县东。令，县令。一县的最高行政长官。

⑤科：法令条规。

⑥校事赵达问以曹事：校事，官名。也作校官、校曹。曹操任汉丞相时置。是皇帝或执政的耳目。曹：古时分职治事的官署或部门。曹魏时尚书台分为五曹。

⑦中（zhòng）圣人：指喝醉了酒。圣人，指酒。

⑧度辽将军鲜于辅：度辽将军，官名。曹魏将军名号，官三品。鲜于辅：人名。鲜于，复姓。原为汉末幽州牧刘虞部将，后率部降曹操。

⑨坐：因而。

⑩领：领，兼任。

⑪转为南安：转，调任。南安：郡名。东汉中平五年分汉阳郡置。治所在今甘肃省陇西县渭水西岸。

⑫文帝：即曹丕。

⑬谯相：谯国之相。曹魏时，诸国各置相一人，职如太守。

⑭平阳、安平：平阳，郡名。治所在今山西省临汾市西南。安平：郡、国名。治所在信都，今河北省冀州市。

⑮称：颂扬。

⑯关内侯：爵位名。一般封有食邑多少户，有按规定户数收取租税的权利。秦汉时置，曹魏沿之。

⑰车驾：帝王的代称。此指曹丕。

⑱不：通"否"。

⑲子反毙于谷阳：春秋时晋楚战于鄢陵，楚王召子反谋划，子反因饮了谷阳所上之酒而醉不能往，楚军因而打了败仗。子反因此而引罪自杀。子反：楚国大臣。谷阳：即谷阳竖，子反的仆人。

⑳御叔罚于饮酒：御叔是鲁国大夫。臧武仲出使晋国，经过御叔封地顺便拜访他，他却自顾饮酒，并说了一些不好听的话，因此，他被罚出加倍的贡赋。

㉑自惩：自己警戒。

㉒宿瘤以丑见传：相传宿瘤是齐国采桑女，颈上生了个大瘤，因号宿瘤。齐湣王认为她有德，迎立为后。

㉓见识：被记得。识，通"志"。

㉔抚军大将军军师：抚军大将军，官名。魏文帝曹丕置。军师：官名。二品以上将军均置军师一人，官五品，职参军机。

【译文】

徐邈字景山，燕国蓟县人。太祖平定黄河以北地区之后，召他担任丞相军谋掾，试用奉高县令，后来又调任为东曹议令史。魏王国建立之初，任尚书郎。当时禁止饮酒，而徐邈却喝得大醉。校事赵达向他询问曹事，徐邈回答说："中圣人。"赵达报告了太祖，太祖大为震怒。度辽将军鲜于辅为之解脱说："平日醉酒的人把清亮的酒叫做圣人，浑浊的酒称贤人，徐邈为人谨慎端正，这次是喝多了说酒话。"徐邈因此免受刑罚。后来，徐邈兼任陇西太守，又调任南安太守。曹丕当了皇帝后，他历任谯国相，平阳、安平太守，颍川典农中郎将，政绩很好，名声显著，被赐爵关内侯。文帝巡视许昌，问徐邈说："还再中圣人否？"徐邈回答说："从前子反因为喝了谷阳献的酒误了大事而自杀身死，御叔饮酒而受到处罚，我爱酒和这两个人相同，不能自己约束自己，时常还是要喝一点。然而宿瘤因为长得丑陋而见诸史传，我则因为喝醉了而被皇上记得。"文帝哈哈大笑起来，环顾左右侍臣，说："真是名不虚传。"调徐邈为抚军大将军军师。

法　制

王修执法与为人

　　王修字叔治,北海①营陵人也。年七岁丧母。母以社日②亡,来岁邻里社,修感念母,哀甚。邻里闻之,为之罢社。年二十,游学南阳,止张奉舍。奉举家得疾病,无相视者,修亲隐③恤④之,病愈乃去。初平中,北海孔融召以为主簿⑤,守高密⑥令。高密孙氏素豪侠,人客数犯法。民有相劫者,贼入孙氏,吏不能执⑦。修将吏民围之,孙氏拒守,吏民畏惮不敢近。修令吏民:"敢有不攻者与同罪。"孙民惧,乃出贼。由是豪强慑服。举孝廉⑧,修让邴原,融不听。时天下乱,遂不行。顷之,郡中有反者。修闻融有难,夜往奔融。贼初发,融谓左右曰:"能冒难来,唯王修耳!"言终而修至。复署功曹。时胶东⑨多贼寇,复令修守胶东令。胶东人公沙卢宗强⑩,自为营堑,不肯应发调。修独将数骑径入其门,斩卢兄弟,公沙氏惊愕莫敢动。修抚慰其余,由是寇少⑪止。融每有难,修虽休归在家,无不至。融常赖修以免。

　　袁谭在青州⑫,辟修为治中从事⑬,别驾刘献数毁短修。后献以事当死,修理之,得免。时人益以此多焉。……

(《三国志·魏书》卷十一,王修传)

【注释】

　　①北海:郡国名。治所在营陵(今山东省昌乐县东南)。

　　②社日:古代祭祀土神的日子。

③隐：怜悯。

④恤：救助。

⑤主簿：官名。汉代中央及郡县官署均置此职，主管文书，办理日常事务。

⑥守高密：守，代理官职。高密，县名，在今山东省高密市西南。

⑦执：捉拿。

⑧孝廉：汉代选举科目之一，孝廉即孝顺廉洁的人。

⑨胶东：国名。治所在即墨（今东省平度市东南）。

⑩宗强：宗族豪强。

⑪少：稍稍。

⑫青州：州名。汉武帝所置十三刺史部之一。治所在临菑（今山东省淄博市临淄北）。

⑬治中从事：官名。为州刺史助理。

【译文】

王修字叔治，北海郡营陵县人。7岁时丧母。是社日那天死的。第二年社日，邻里祭祀土神，王修怀念母亲，十分悲痛。邻里人听到他哀泣之声，便停止了祭祀。王修20岁时，到南阳游学，在张奉家住。张奉全家得病没有人去看望。王修怜悯他们，侍候他们，等到他们的病好了才离开。初平年间，北海国孔融征召他担任主簿，代理高密县县长。高密县孙氏向来横行县里，他的族人家客经常犯法。百姓有被抢劫的，盗贼跑到孙氏家中，官吏不敢进入孙家逮捕。王修带了官吏百姓包围了孙家，孙氏抗拒坚守，官吏和百姓害怕，不敢前去。王修命令官吏百姓："胆敢不攻打的与盗贼同样治罪。"孙氏害怕了，于是把盗贼放了出来。从此地方上横行霸道的有所畏惧屈服了。王修被荐举为孝廉，他让给邴原，孔融不同意。这时天下动乱，王修没有到任。不久，郡里有造反的。王修听到孔融有难，连夜前往救孔融。盗贼刚刚发作时，孔融对左右的人说："能够冒险而来助我的，只有王修。"话刚刚说完，王修就来了。王修再次代理功曹。当时胶东的盗贼匪徒很多，又命令王修代理胶东县令。胶东人公沙卢宗族强大，自己修建了营垒壕沟，不服从政府的派遣和交纳赋税。王修独自率领几名骑士直入公沙卢家，杀了公沙卢的兄弟，公沙家族的人惊得目瞪口呆，不敢动。王修安抚慰问其余的人，从此盗贼的危害，才稍稍制止。孔融每次遇到祸患，王修即使在家休假，也从没有不去救助他的。孔融常靠王修之力而得以免除祸患。

袁谭在青州时，征召王修为治中从事，别驾刘献多次诋毁贬低王修。后来刘献因事应当判死刑，王修办理这件案子，刘献得以免于死罪。当时的人因此更加称赞王修的为人。

人能有改　乃至于斯

国中有盗牛者，牛主得之。盗者说："我邂逅迷惑，从今已后将为改过，子既已赦宥，幸无使王烈闻之。"人有以告烈者，烈以布一端①遗之。或问："此人既为盗，畏君闻之，反与之布，何也？"烈曰："昔秦穆公②，人盗其骏马食之，乃赐之酒。盗者不爱其死，以救穆公之难。今此盗人能悔其过，惧吾闻之，是知耻恶。知耻恶，则善心将生，故与布劝为善也。"闲年③之中，行路老父担重，人代担行数十里，欲至家，置而去，问姓名，不以告。顷之，老父复行，失剑于路，有人行而遇之，欲置而去。惧后人得之，剑主于是永失；欲取而购募，或恐差错，遂守之。至暮，剑主还见之，前者代担人也。老父揽④其袂，问曰："子前者代吾担，不得姓名，今子复守吾剑于路，未有若子之仁，请子告吾姓名，吾将以告王烈。"乃语之而去。老父以告烈，烈曰："世有仁人，吾未之见。"遂使人推之，乃昔时盗牛人也。烈叹曰："韶乐九成，虞宾以和，人能有感，乃至于斯也！"遂使国人表其闾而异之。

（《三国志·魏书》裴注引《先贤行状》）

【注释】

①端：古布帛长度名。绢曰匹，布曰端。古绢以 4 丈为一匹，布以 6 丈为一端。唐以 4 丈为匹，6 丈为端。

②秦穆公：（公元前？—公元前 621 年）春秋时秦国之君。嬴姓，名任好。

③闲年：隔年。

④揽（lǎn）：执，举。

【译文】

国内有个偷牛的，被牛主捕得，偷牛贼说："我一时糊涂，从今以后洗手不干了，您既然原谅了我，请不要让王烈知道。"有人告诉了王烈，王烈拿了6丈布给了偷牛贼。有人问："这个人既然做了贼，怕您知道，您反而给布，为什么呢？"王烈说："从前秦穆公的骏马，被人盗去吃了，秦穆公还赐给盗马的酒喝。后来盗马的不惜拼命救了秦穆公的危难。现在这个偷牛贼，能够悔过，怕我知道，这是晓得做坏事可耻，知可耻，做好事的思想就有了，所以给他布以劝他从善啊。"隔了一年，一个老父挑着重担子走路，有个人代他挑行数十里，快到家了，那人把担子放下就走了，问他的名字，不说。不久，这个老父又在路上走，把剑丢了。有个人看见了，心想不顾而去，但又想，后来的人得了，剑会永远丢失了，拿着去找失主，又担心有错领的情况，于是就守在那里。到了夕阳下山的时候，失主返回来见了他，原来是前年代他挑担的那个人。老父扯着那个人的袖子说："你从前代我挑担，不知道你的姓名，现在你又在路上守着我丢失的剑，没有遇到过你这样的好人，请你告诉我你的姓名，我将告诉王烈。"那个人告诉他就走了。老父把这个情况告诉了王烈，王烈说："世界上有这么好的人，我还没有见过面。"于是派人寻访，原来是从前那个偷牛的人呢。王烈叹息说："韶乐九成，虞宾以和，人能有感，竟到了这个地步呀！"就使国人表扬他的乡里，敬重他的善行。

军　事

曹操反间破马超

是时关中诸将疑繇欲自袭，马超遂与韩遂、杨秋、李堪、成宜等叛。遣曹仁讨之。……韩遂请与公相见，公与遂父同岁孝廉^①，又与遂同时侪辈，于是交马语移时，不及军事，但说京都旧故，拊手欢笑。既罢，超等问遂："公何言？"遂曰："无所言也。"超等疑之。他日，公又与遂书，多所点窜，如遂改定者；超等愈疑遂。公乃与克日会战，先以轻兵挑之，战良久，乃纵虎骑夹击，大破之，斩成宜、李堪等。遂、超等走凉州^②，杨秋奔安定^③，关中^④平。诸将或问公曰："初，贼守潼关，渭北道缺，不从河东击冯翊而反守潼关，引日而后北渡，何也？"公曰："贼守潼关，若吾入河东^⑤，贼必引守诸津，则西河^⑥未可渡，吾故盛兵向潼关；贼悉众南守，西河之备虚，故二将得擅取西河；然后引军北渡，贼不能与吾争西河者，以有二将之军也。连车树栅，为甬道而南，既为不可胜，且以示弱。渡渭为坚垒，虏至不出，所以骄之也；故贼不为营垒而求割地。吾顺言许之，所以从其意，使自安而不为备，因畜士卒之力，一旦击之，所谓疾雷不及掩耳，兵之变化，固非一道也。"始，贼每一部到，公辄有喜色。贼破之后，诸将问其故。公答曰："关中长远，若贼各依险阻，征之，不一二年不可定也。今皆来集，其众虽多，莫相归服，军无适主，一举可灭，为功差易，吾是以喜。"

（《三国志·魏书》卷一，武帝纪）

【注释】

①孝廉：汉代察举官吏的科目名。孝，指孝子；廉，指廉洁的官吏。汉

武帝元光元年（公元前134年）初，令郡国举孝廉各一人，后合称孝廉。三国因之。

②凉州：州名。西汉置。为汉武帝十三刺史部之一。辖境相当今甘肃、宁夏和青海湟水流域，陕西定边、吴旗、凤县、略阳等县。

③安定：郡名。西汉元鼎三年（公元前114年）置。治所在今宁夏固原。辖境相当今甘肃泾川、宁县、崇信、平凉、镇原和宁夏泾源、隆德、固原、西吉等县。

④关中：地区名。秦都咸阳，汉都长安，称函谷关以西为关中。或以为在秦岭以北范围，包括陇西、陕北等地。

⑤河东：郡名。黄河在山西地作北南流向，战国、秦、汉时因指今山西西南部为河东；魏晋以后泛指山西全省。

⑥西河：地区名。战国魏地。故地在今河南安阳一带。其时黄河流经安阳之东，西河意即河西。

【译文】

这时关中各将领怀疑钟繇要袭击自己，马超因与韩遂、杨秋、李堪、成宜等人反叛，曹操派曹仁去讨伐他们。……韩遂要求与曹操见面，曹操与韩遂的父亲是同年孝廉，又与韩遂为同辈人，曹操与韩遂并马交谈了很长一段时间，不说军事，只谈论在京都时的一些旧事，说到投机的时候，两人拍手大笑。会见以后，马超等人问韩遂："曹操说了些什么呢？"韩遂说："没说什么。"马超等就怀疑韩遂有不可告人之密。另一天，曹操又给韩遂写信，涂改的地方很多，像是韩遂改定的。马超等人对韩遂更加怀疑。曹操于是与马超约定日子会战，先用轻装步兵挑战，战了很久，才使用勇猛的骑兵夹击，大破敌军，杀了成宜、李堪等人。韩遂、马超跑到凉州，杨秋逃到安定，关中平定了。诸将中有人问曹操："以前，贼守潼关，渭北道缺，不从河东击冯翊而反守潼关，拖延时间而后北渡，这是为什么呢？""开始时，敌人据守潼关，如果我们进入河东，敌人一定会率领部队把守各个渡口，这样，我们就无法渡过西河了。所以我故意把大军开往潼关，敌人就会使用所有的兵力，把守南面，这样使得西河的防守空虚，这样徐晃、朱灵二将能集中力量夺取西河，然后带领部队北渡黄河，敌人不能与我们争夺西河，就是因为有二将的军队在那里啊。连结车辆，树立栅栏，修筑通道通往南方，这是既做好不可战胜的准备，也显示我军力量的薄弱，给敌人以假象。渡过渭水修筑坚固的壁垒，敌人来了我不出应战，是为了使他们骄傲，所以敌人不修筑壁垒而要求割地。我顺着他们答应了。我所以顺从是想稳住他们，让他们不做防备。而我们则积蓄力量，突然发起攻击，这就叫做迅雷不及掩耳。用兵的变化无穷，本来就没有一种固定的方法啊。"起先，敌人每有一支部队到来，曹操总是喜形于色。敌人被打败之后，将领们问这是为什么，曹操答道："关中土地辽阔，如果敌人各自据守险阻，我们征讨他们，没有一二年的时间是不能克敌制胜的。现在他们集聚到一起来，人马虽然多，但是各不相属，又无统一的主帅，一战就能消灭他们，比较容易取胜，他们集中到一起来，'送货上门'，我所以很高兴。"

锦囊妙计　　敌至乃发

《三国志》

　　太祖既征孙权还，使辽与乐进、李典等将七千余人屯合肥。太祖征张鲁，教①与护军薛悌，署②函边曰："贼至乃发。"俄而权率十万众围合肥，乃共发教，教曰："若孙权至者，张、李将军出战；乐将军守护军，勿得与战。"诸将皆疑。辽曰："公远征在外，比③救至，彼破我必矣。是以教指及其未合逆击之④，折其盛势，以安众心，然后可守也。成败之机，在此一战，诸君何疑？"李典亦与辽同。于是辽夜募敢从之士⑤，得八百人，椎牛⑥飨将士，明日大战。平旦⑦，辽被甲持戟，先登⑧陷陈，杀数十人，斩二将，大呼自名，冲垒入⑨，至权麾下⑩。权大惊，众不知所为，走登高冢⑪，以长戟自守。辽叱权下战⑫，权不敢动，望见辽所将众少，乃聚围辽数重。辽左右麾围⑬，直前急击⑭，围开，辽将麾下数十人得出，余众号呼曰："将军弃我乎！"辽复还突围，拔⑮出余众。权人马皆披靡⑯，无敢当者。自旦战至日中，吴人夺气⑰，还修守备，众心乃安，诸将咸服。权守合肥十余日，城不可拔，乃引退。辽率诸军追击，几复获权。太祖大壮辽，拜征东将军。……

（《三国志·魏书》卷十七，张辽传）

【注释】

　　①教：文体的一种，为上对下的命令。

②署：题名，题字。

③比：及，等到。

④教指：教的意思。指，同旨。未合：指孙权部队还没有形成包围。逆击：迎战。

⑤敢从之士，敢于跟张辽出击的勇士。

⑥椎牛：杀牛。

⑦平旦：天明时。

⑧先登：冲在最前面。

⑨冲垒入：冲开敌人营垒进入。

⑩麾下：谓将旗之下。此处指孙权所在军营。

⑪高冢：高土堆。

⑫叱权下战：叱呼孙权下来决战。

⑬左右麾围：左右指挥突围。

⑭直前急击：迅速向前猛烈攻击。

⑮拔：救出。

⑯披靡：溃散。

⑰夺气：丧失勇气。

【译文】

曹操征讨孙权回来之后，派张辽和乐进、李典等率7000余人驻扎合肥。曹操征讨张鲁，下令给护军薛悌，在信封上写道："敌人来了，再打开。"不久，孙权率军10万包围合肥，于是大家一起把密封的命令打开，命令说："如果孙权到来，张、李率军出战，乐率军守城，护军薛悌不得出战。"诸将都很疑惑。张辽说："曹公远征在外，等救兵赶到，敌军一定已经把我们打败了。所以命令我们趁敌军还没形成包围就迅速迎击，挫败敌人的锐气，以安定军心，这样才能坚守啊。成败的关键，就在这一战，你们有什么可疑惑的。"李典表示同意。于是张辽当晚就征募敢于跟他战斗的士卒，一共得800人，杀牛慰劳将士，第二天大战。天将亮，张辽披甲执戟，首先冲入敌阵，杀数十人，斩两将，大声呼喊自己的姓名，直冲入敌军营垒，达到孙权的指挥所。孙权大惊，大家不知如何是好，急忙登上一个高土堆，用长戟自卫。张辽呵斥孙权下来决战，孙权不敢动，望见张辽率领的部队不多，就集合部队层层包围张辽。张辽左右指挥突围，向前猛烈攻击，包围圈冲开了，张辽率领勇士数十人冲出，其余的士兵大声呼喊："将军抛弃我们吗？"张辽再次冲入包围圈，救出其余士卒。孙权的部队溃散，无敢阻挡的。从早上战斗到中午，吴军士气丧失了，张辽返回营地加修守备工事，军心安定，诸将都佩服张辽。孙权包围合肥10余天，无法攻克，就率军回去。张辽率各路军马追击，几乎把孙权捉了。曹操大大嘉奖张辽，任命他为征东将军。……

《三国志》

传世故事

曹操诈术世无双

　　曹操少年时就为人机警，擅长权术。他喜欢飞鹰走狗，不务正业，他叔父常在他父亲曹嵩面前告状，使他颇感头痛。后来在路上碰到叔父，他便装出脸歪嘴斜的模样，叔父很奇怪地问他怎么回事，他说突然中了恶风。叔父回家告诉了曹嵩，曹嵩吃惊之余，连忙喊来曹操，却见曹操脸面和平常一样。曹嵩问道："你叔父说你中了风，已经好了吗？"曹操答道："我本来就没中风，只是他看不惯我，所以才造我的谣。"曹嵩于是对弟弟产生了疑心。此后曹操再放荡，叔父告诉曹嵩，曹嵩都不再相信。曹操自此更加肆无忌惮了。

　　等到曹操成人率军领众时，他似乎明白了兵不厌诈的谋略，接人待物不实，屡以变诈成事。兴平元年（194年），曹操引兵攻打吕布，在濮阳城里中了圈套。他飞马仓皇逃窜，不幸正撞在吕布的骑兵手上。正巧吕布的骑兵不认识他，问道："曹操何在？"曹操顺手一指，骗他道："骑黄马逃跑的那个就是。"这些人便放过曹操，向骑黄马的追去。曹操乘机逃出城去。

　　建安十六年（211年），曹操率军西征马超、韩遂。为了击败马韩联盟，曹操采用离间之计，便在韩遂身上做起了文章。韩遂的父亲与曹操是同年的孝廉，韩遂本人又与他为同辈的故人，所以韩遂在战场上与他见面时，曹操故意和他交马欢谈多时，话题不涉及眼前的争战，只是回忆京都的故旧。谈到兴头上，曹操拍手大笑，气氛渲染得很是热烈，好像沙场变成了宴会似的。韩遂回营后，马超问他："曹操对您说了些什么？"韩遂答道："没说什么。"曹操对韩遂如此热情，焉能不说什么，马超心下起疑。过几天以后，曹操又写信给韩遂，信中故意涂抹了多处。马超听说韩遂有曹操的信件，又追问信的内容，韩遂便把信拿给他看。他看到上面勾勾画画的，就以为韩遂为了隐瞒什么而作了改写，因此愈加怀疑韩遂背地在与曹操搞什么勾当。曹操见离间成功，马韩联盟出现裂痕，便择日会战，把马超、韩遂等打得落荒而逃。

建安二十三年（218年），太医令吉本与少府耿纪、司直韦晃等造反，进攻许都，放火焚烧丞相长史王必营寨，王必受伤致死。曹操勃然大怒，把汉百官召集到邺，命令救火的站在左边，没救火的站在右边。众人以为参与救火的必然不会加罪，都站到了左边。曹操却认为"没救火的并非助长叛乱者，救火的正是奸贼"，下令把站到左边的人全都处以死刑。

一次，曹操率军讨贼平乱，仓库中的粮食不足。他私下问主粮官怎么办，主粮官答道："用小斛分配，粮食就不会不够。"他深表赞同，说道："好办法。"后来军中有人发现了分粮用的是小斛，举军哗然，都说曹操欺骗兵众。曹操便对主粮官说："现在要借你的头来压一下兵众，不然事情不好收拾。"于是杀掉了主粮官，把他的头颅挂起来示众道："行小斛，盗官谷，斩之军门。"曹操喜用变诈之术，论者以为其"矫情任算""谲敌制胜""抑可谓非常之人"。

曹操重用郭嘉

郭嘉字奉孝，是颍川阳翟人。东汉末年，群雄并起，他起初北上去投靠袁绍，不久对袁绍的谋臣辛评、郭图说："聪明的人谨慎地选择明主而事奉他，才能百举百全成就功名。袁公只是表面效法周公的礼贤下士，但不知用人的真谛。他好谋无断，想要与他共平天下大乱，成就霸业，困难至极啊！"于是离开了袁绍。

曹操起兵之初，有颍川戏志才为他谋划大业，十分器重，但是戏志才早死，曹操给荀彧（yù 郁）写信说："自从戏志才死后，我没有可以与之共同计事的人，颍、汝等地向来多出奇才，谁可以继替志才呢？"荀彧便推荐了郭嘉。召见郭嘉与他谈论天下大事之后，曹操说："能使孤成就大业的，一定是这个人。"郭嘉在晤谈出来之后也说："这才真正是我的主公啊！"曹操任他做司空军祭酒。

按照郭嘉的意见，曹操先进攻吕布，三战都大获全胜，吕布便坚守不战。

当时士卒都很疲惫，曹操想引军退还，郭嘉则建议他加紧进攻，果然活捉了吕布。

孙策占据江东之后，听说曹操北攻袁绍，在官渡相持，就准备北渡长江袭击曹操后方许都。众人听说都很惊惧，只有郭嘉预言说："孙策新据江东，他所诛杀的都是英雄豪杰，那些人都有能以死力相报的故旧。但是孙策毫无防备，尽管他有百万之兵，但无异于单行于中原。如果刺客伏击他，那么他实在不过是一个人的对手。以我看来，他必定会死在匹夫的手中。"后来孙策连江还没渡过，就被许贡的朋友刺杀了。

郭嘉随曹操征讨袁绍，袁绍死后，又征战袁绍之子袁谭、袁尚于黎阳，连战连胜。诸将都要乘势进取，而郭嘉说："袁绍喜欢这两个儿子，没有立继承人，而郭图、逢纪各做他们的谋臣，必定会相互争斗。我们若进攻太急他们会团结与我军相持，若慢攻缓取他们必相互争立。不如先向南去征伐刘表，以待袁氏兄弟之变，生变后再攻取他，可一举而定。"曹操说："太好了。"于是南征，后果如郭嘉所言，谭、尚争夺冀州，袁谭被袁尚打败，逃到平原，派辛毗来请求投降。曹操回征，一举平定。因此曹操封郭嘉为洧阳亭侯。

郭嘉深通算计谋略，对事物情理言必有中。曹操常说："只有奉孝（郭嘉字）能知道孤的心意。"郭嘉38岁时，从柳城回来时病重，曹操探问多次。郭嘉死后，曹操哀痛至极，对荀攸等人说："诸位年纪都与我同辈，只有奉孝最年轻。本想在天下平定之后把后事托付给他，然而他竟中年夭折，这也是天命啊！"他在为郭嘉作的祭奠表文中说："每有大议，临敌制变。臣策未决，嘉则成之。平定天下，谋功为高。不幸短命，事业未终。追思嘉勋，实不可忘。……哀哉奉孝！痛哉奉孝！惜哉奉孝！"

后来曹操征讨荆州，火烧赤壁，他感叹说："如果郭奉孝在的话，我不会到如此境地！"平时，陈群曾经指责郭嘉行为不检点，多次在朝廷上批评郭嘉，而郭嘉却神色自若。曹操更加器重郭嘉了，但是对于陈群能够坚持正义，他也极为高兴。

司马昭之心路人皆知

魏甘露五年（260年），大将军司马昭又进位相国，封晋公，加九锡。

魏帝高贵乡公曹髦（máo）见大权一天天地被司马氏夺去，特别气愤。一天，他叫来侍中王沈、尚书王经、散骑常侍王业，对他们说道："司马昭之心，路人皆知。我不能坐等被废之辱。今日我要亲自和你们去讨伐他。"王经劝阻道："从前鲁昭公忍受不了季氏，去讨伐他，结果弄得自己出逃失国，身受天下耻笑。当今大权归于司马氏之门，已经为时好久了。朝廷四方都为他拼死效力，根本不考虑逆顺之理，这也不是一天两天了。更何况陛下的兵微将少，陛下依靠什么去讨伐他？一旦动手，那还不是想除病患反而病患愈重了！大祸难测，还望陛下三思！"曹髦怒火难平，从怀中扯出黄素诏书，掷于地下，吼道："是可忍，孰不可忍！今日定当前去讨贼！"于是进入后宫去禀告太后。王沈、王业慌忙跑出宫去报告司马昭。

司马昭得信后，做好了准备。这时，曹髦仗剑登车，率领数百僮仆从宫中鼓噪而出。行至东止车门，正好遇到司马昭的弟弟屯骑校尉司马伷（zhòu）率兵堵截，曹髦的左右一顿呵斥，司马伷之兵四散奔走。接着中护军贾充又领兵在南阙下迎战曹髦等人，曹髦的僮仆被打得溃不成军，但曹髦仍然一边自称天子，一边挥剑乱砍。贾充兵不敢进逼，太子舍人成济问贾充："事态危急，怎么办？"贾充厉声道："晋公养你们这些人，正为了今日。你们还犹疑什么！"成济与其哥哥骑督成倅（cuì）便率部下向前冲去。成济边冲边回头问道："要死的？要活的？"贾充答道："要他死！"成济一矛戳去，给曹髦戳了个透心凉。司马昭得知曹髦的死讯，吓了一跳，他自己躺到地上，说道："天下会怎样议论我呀！"太傅司马孚连奔带跑地赶往出事地点，枕着曹髦的大腿，痛哭着说："杀陛下的，是为臣之罪啊！"

曹髦被杀后，太后下诏说此儿"悖逆不道""宜以民礼葬之"，但司马昭等人却叩头请求道："臣等之心实有不忍，以为可加恩以王礼葬之。"太后恩准后，20岁的曹髦被埋在洛阳西北30里河边上，围观的百姓指着坟头说道："这就是前日被杀的天子啊！"

不久，司马昭又上书太后道："高贵乡公率领随驾的将士，挥舞兵器，鸣金擂鼓，向臣处进攻。臣恐刀兵相见，便命令将士不准伤害他，违令者以军法从事。骑督成倅弟太子舍人成济，冲入兵阵刺伤了高贵乡公，以至于他命丧黄泉。臣已依照军法逮捕了成济。臣闻人臣守节，唯有一死；侍奉天子，义不逃难。这次变故突然，转瞬祸降，臣真想虽死不辞，听凭命定。但想到高贵乡公原本打算谋杀皇太后，倾覆宗庙，臣忝居大任，义在安国，担心纵然身死，罪责却越发严重。因此，臣想遵照伊尹、周公之权，平定社稷之难，当即反复命令，不准接近他的车驾，不料成济突入阵中，以致造成大变。臣哀伤痛恨，五脏欲裂，不知殒节何地才好。按照法律规定，大逆不道者，父母、妻子、同母兄弟一起斩首。成济凶顽悖道，乱国犯法，罪不容诛。特令侍御史逮捕了成济家属，交付司法部门结案定罪。"太后看毕，下诏道："五刑之罪，莫大于不孝。一般人有不孝子，尚且告他处罚他，此儿怎么还能当人主看待呢？我是妇道人家，不明大义，还以为成济算不上大逆不道。但大将军心情恳切，出言凄怆，所以准你所奏。当颁告远近，使人均知原委。"

然而，成倅、成济兄弟两人却不肯服罪就范，他们光着膀子爬上屋顶，狂悖傲慢，恶言恶语地破口大骂。司马昭手下人无法捉住他们，只好放箭，把他们射死了事。

司马懿使诈骗曹爽

魏明帝时，司马懿官居太尉，权倾朝野。明帝卧病不起，遗诏命他与曹爽共同辅佐少子齐王曹芳。

曹爽身为宗室，与明帝关系十分亲密，受封武卫将军。明帝临终又拜他为大将军，齐王即位，改封武安侯，食邑12000千户，特别恩准他带剑着履上殿，"入朝不趋，赞拜不名"。但是，太尉司马懿乃三朝元老，年迈德高，且握有兵权，因此曹爽对他心怀畏惧，待他有如父辈，事事不敢独断专行。曹爽的心腹丁谧为其出谋划策，让其弟曹羲出面，表奏齐王封司马懿为太傅，实际上是以明升暗降之法剥夺司马懿的实权。齐王年幼无知，诏命"太尉为太傅"。曹爽又任其弟曹羲为中领军、曹训为武卫将军、曹彦为散骑常侍，其余诸弟也都以列侯的身份随身侍从，出入宫禁。明帝时受到压抑的何晏、邓飏、李胜、丁谧、毕轨等人，曹爽一律委以重任，视为心腹。自此，曹爽得以专权，处理政事很少让司马懿参与。

司马懿为了避祸就称病不出，但暗中窥伺着曹爽的举动，准备东山再起。曹爽也并不放心司马懿的动静，李胜出任荆州刺史时，曹爽特地让他去面辞司马懿，借机察看一下这位元老是否真的染病。

司马懿接见了李胜。李胜客套道，自己没有什么功劳，却蒙恩回到本州任职，此次登门辞别，不料太傅垂恩接见，实属有幸。司马懿卧在床上，叫两个婢女侍候在旁边，他伸手拿衣服，衣服却从哆哆嗦嗦的手上掉了下来；他又指着自己的嘴，意思是口渴，婢女送上粥，他拿杯的手直颤抖，粥都洒在了他胸口上。李胜见状，不禁流下了泪水，说道："如今陛下年龄尚幼，天下全仗太傅。众臣都以为太傅是旧病复发，哪里料到贵体衰弱到如此程度！"司马懿缓了几缓，好容易呼吸顺畅了一点儿，这才说道："我年纪大了，得了顽症，离死不远。您屈驾并州，并州接近胡地，好自为之，恐怕我们难再见面，叫人徒唤奈何！"李胜纠正道："我是回到本州任职，并不是并州。"司马懿仍装糊涂，还是说："您此番到并州，要努力自爱！"说话间前言不搭后语，好似连篇昏话。李胜再次解释道："我是忝还荆州，不是并州。"这回司马懿似乎明白了一点儿，说道："我到岁数了，神情恍惚，没听懂您的话。您此番还归本州任刺史，盛德壮烈，正好建功立业。现在该是与您相别的时候，我看自己气力渐衰，今后肯定无缘再会，因此想尽微力，设置薄酒，以叙生离死别之情。并让司马师、司马昭兄弟两人与您结交。请您不要离开他们，不要辜负在下的区区心意。"说着便流下眼泪，呜咽起来。李胜也跟着连声长叹，说道："我会听从太傅吩咐的，但要等待陛下敕命。"接着告辞离去。

李胜拜见曹爽，报告说："太傅说话颠三倒四，嘴巴对不准杯子，指南边为北边。还说我做并州刺史，我回答是还归为荆州刺史，不是并州。与他慢慢说，总算有认识人的时候，知道我是去做荆州刺史。他又想为我设酒送别。不能就此舍去，应该等着他饯别。"说着起了恻隐之心，流泪道："太傅病入膏肓，无可救药，令人怆然。"

曹爽信以为真。两月之后，他们兄弟几个都跟随齐王出城朝拜高平陵。司马懿见机会来到，便率兵占据了武库，扼住了洛水浮桥，然后矫皇太后之命，问罪曹爽兄弟。曹爽兄弟无能，束手就擒。

不言之教　父子清廉

胡质，三国魏淮南寿春（今安徽寿县西南）人，少时就与当时蒋济、朱绩等闻名于江淮之间。后受别驾蒋济荐举，魏太祖曹操任命他为顿丘县令。魏文帝时，升任东莞太守，在那里当了9年的官。后又任荆州刺史、征东将军，封关内侯。胡质很有才能，为官时也很有政绩，所到之处，境内太平，士子百姓生活安定。

胡质为官正直清廉，凡有朝廷赏赐或得到财帛等物，均随时分送给部下，从不归于私囊。嘉平二年（250），他老病而死，家中除了朝廷所赐的朝服和自己的书籍以外，竟没有财物。朝廷听人报告了他死后的境况，也大为感动。因为当时早于胡质一年而死的司空徐邈、卫尉田豫等为官也同样十分清廉，身后家无财物，朝廷为表彰这些清节之士，就特意下了一道诏书，诏书中表扬胡质等3人"忠清在公，忧国忘私，不营产业。身没之后，家无余财"。又赐给胡质以及徐邈、田豫等几家一些钱粮，布告天下，以表彰他们的清廉自持。

如果说教育的方法是多种多样的，那么，胡质对儿子胡威的影响是重在身教。自身的行为就是最好的榜样，胡质一生以忠清著称，其子胡威由于受到直接的家庭影响，潜移默化，也养成了清正廉洁的良好品质。当年胡质在荆州当刺史时，有一次胡威从京城去荆州探望父亲。由于胡质一贯不治产业，故家中十分清贫，胡威无钱雇车马，更谈不上带书童仆役之类，便一个人独自骑着一头驴上路。每到晚上停下住宿，胡威都要一面放驴，一面拣柴。等驴吃饱，柴也拣得差不多了，再自己烧饭吃，他却不以为苦。到荆州后，胡威在父亲那里住了10多天，便向胡质告辞，准备回家。临别时，胡质拿出一匹绢来，给儿子当做路上的花费。胡威见父亲竟会有绢匹，心中感到有些疑惑，问胡质道："父亲大人一向十分清廉高洁，不知道这匹绢是哪里来的？"胡质向儿子解释说："是我的俸禄中节余下来的，给你当做路上的盘费。"胡威这才放心收下。

当时，胡质帐下有个都督请假回家，正好赶在胡威回家之时。这个都督不敢明目张胆地提出伴送胡威回家，便先上了路，到百里之外，故意装着是偶然碰上的路伴，相随着走了数百里，路上时时帮助、照顾胡威。胡威越走越觉得奇怪，心想此人为何老是和我相伴，而且数百里路走下来，还没有要分手的意思？他知道直截了当一定问不出原因来，便略施小计，诱使这个都督说出了真相。胡威确知这位都督是有意要照顾自己时，便将父亲给的那匹绢送给他，婉言要他不必再相伴而行。后来，胡威在寄给父亲的信中特意将此事告诉胡质。胡质不但不因为这个都督照顾了自己的儿子而感激他，反而严厉责罚了这位都督，并将他除了名。做官做到如此清廉的程度，自然再也不会有各种弊端了。

由于父子俩如此清正廉洁，所以名声越来越传扬开去。胡威后来也被朝廷委了官职，先是担任侍御史、安丰太守等，后升任徐州刺史。跟父亲一样，胡威做官同样很有政绩，所任之处，民风淳厚，社会安定。

后来由魏而入晋，晋武帝时，一次胡威入朝，武帝谈起当年胡质为官的政绩，又谈起其清廉，十分赞叹。他问胡威道："你和你父亲相比，到底哪个更清廉一些？"胡威立刻回答说："我不如我的父亲。"武帝问："你父亲在哪方面胜过你呢？"胡威回答道："我的父亲清廉，唯恐为别人所知道，而我清廉却唯恐别人不知道，所以说和父亲相比，我还差得很远！"晋武帝对胡威的直率明理十分感慨，后来又升胡威为右将军、豫州刺史。到最后，更召他入朝，任命他为尚书，加以奉车都尉的官职。

尽管晋武帝一再重用他，胡威仍然敢于犯颜直谏，绝不留情。有一次，他向武帝谏言，说政令太宽，以至于许多朝廷大臣都不遵法令，晋武帝辩解说："对尚书郎以下的官员，我并没有加以姑息。"胡威答道："我所奏之事，目的哪里是要管束那些小官吏呢？正是要约束住像我这样的朝臣，才能够整治社会风气，严肃法纪！"

胡威于太康元年（280年）去世，朝廷追赠他为镇东将军，赐谥号曰"烈"。胡质、胡威父子俩一生清廉，其事迹载于史册，给后人以很大的启迪。

著书教子　名垂青史

王昶是三国时的魏国大臣，字文舒，太原晋阳（今山西太原西南）人。魏文帝时，他由中庶子转任散骑侍郎，又任洛阳典农。魏明帝即位，他官扬烈将军，封爵关内侯。后迁征南大将军，进封京陵侯，官至司空。

王昶关心民生疾苦，曾率民广垦荒地，勤劝农耕，很有政绩。他任外官时，不忘朝廷政事。他认为魏朝建立以后，继承了秦汉以来成法的弊端，不大加改革，朝政难以兴盛，于是著《治论》20余篇，阐述自己的政见。又写《兵法》10余篇，论用兵之道。他将这些均上奏朝廷，希望朝廷能够改革朝政和兵政，使国家兴旺发达。

王昶为官勤于政事，在家则很注意修身及教育子弟。他常以儒家谦抑冲和的思想要求和教育子弟，连给他们起名字也体现出这种谦冲修身的思想，如他给自己哥哥的儿子一个起名为默，字处静；一个起名为沈，字处道。给自己的儿子取名浑、深，分别起字为"玄冲""道冲"，集中地反映了他的教子思想。尤其值得一提的是，他为了教育自己的子侄们，特意作了一篇书来告诫他们。在《三国志·魏志》中，王昶的传略十分简略，而史官却将他这篇"书戒"全部载入，可见他的这篇"书戒"在人们心目中的地位。

这篇"书戒"中充满了人生的哲理，王昶在文中告诫子侄们："夫人为子之道，莫大于宝身全行……患人知进不知退，知欲而不知足……人或毁己，当退而求之于身。若己有可毁之行，则彼言当矣；若己无可毁之行，则彼言妄矣。当则无怨于彼，妄则无害于身，又何反报焉……谚曰：'救寒莫如重裘，止谤莫如自修。'斯言信矣。……其施舍务周急，其出入存故老，其论议贵无贬，其进仕尚忠节，其取人务道实，其处世戒骄淫，其贫贱慎无戚，其进退念合宜，其行事加九思。如此而已，吾复何忧哉！"全文很长，但这几句已足以见出王昶教育子侄的基本思想。他提出为子之道最要紧的是"宝身全行"，实际上就是强调要加强自身修养，不断改正自己的缺点错误。他教育子侄，不要进而不知退，欲而不知足，凡事要适可而止，知足常乐。尤其可贵的是，他提出了对待别人批评或者诽谤的正确态度，即首先要在自身找原因，冷静加以分析，然后坦然处之。"止谤莫如自修"一句，可以当做人们的座右铭。"书戒"的最后提出的9点要求，更是具体而合理。如俗语称"三思而行"，但王昶对子侄们的要求更高，告诫他们"其行事加九思"，于此也可见他的良苦用心。虽然作为一个封建时代的官员，其思想必然包含着阶级和时代的局限性，但这篇"书戒"中，可以借鉴的东西仍然还是很多的。

刘备隐晦

建安元年（196年），曹操上表奏请封刘备为镇东将军、宜城亭侯。当时刘备正与袁术相峙，吕布乘机袭取了张飞守卫的下邳，俘虏了刘备的妻子儿女。刘备引军撤至广陵，兵困粮绝，欲还小沛，于是与吕布议和。吕布让他返回徐州，一同进攻袁术。可是吕布手下众将都劝他杀掉刘备，吕布并不听从，反而把众将的主张告诉了刘备。刘备心中惊恐，想找个托身之地离开徐州。他请人劝说吕布，让他驻扎小沛，吕布准他前往。

刘备还归小沛，马上招聚离散的士卒达万人之多。吕布恨他招兵买马，亲自率兵攻打他，他只得逃奔曹操。曹操待他特别优厚，让他做豫州牧，重整旗鼓，东击吕布，没想到又为吕布部将高顺击败。建安三年十月，曹操亲自率兵征讨吕布，帮助刘备围困吕布于下邳，从而活捉了吕布。

曹操特别赏识刘备，刘备随他回许都后，曹操就表奏他为左将军，对他大加礼遇，"出则同舆，坐则同席"。曹操才高自负，蔑视群雄，而对刘备另眼相看，他认为刘备有雄才大略，决非池中之物。一次，他请刘备喝酒，大论起天下豪杰。当他问道谁可以称得上英雄时，刘备举出家门四世三公的袁绍，他不以为然地笑道："方今天下，可以称为英雄的，只有您和我曹操啊！袁绍之流，何足挂齿！"刘备正在吃菜，一听此言，惊得勺和筷子都失手掉下。正好当时空中响了一声雷，刘备急忙遮掩道："圣人云'迅雷风烈必变'，真有道理呀。一声惊雷，竟然把我吓得这样。"

刘备为什么如此心虚呢？一是他确有角逐中原、称雄天下的野心；二是他当时秘密参与了车骑将军董承等人奉密诏诛曹操的阴谋。他既担心自己不甘蛰伏人下的野心败露，又害怕自己参与诛曹的阴谋被拆穿，所以曹操一语道破他乃"天下英雄"时，他有些情绪失控。

曹操也确实是位奸雄，他经常派密探监视在京诸将，看看是否有人聚在一起饮酒论事，如有，寻个借口把他打发了。刘备为防曹操，经常紧闭大门，在自家庭园里种芜菁，足不出户，不与别人往来。一次，曹操的密探上门窥视，等他回去报告后，刘备便对张飞、关羽说道："我怎么会是个种菜的人呢？曹操听到报告后，肯定会产生怀疑。这个地方决不能再待了。"当天夜晚，刘备打开后院栅栏，与张飞、关羽等人轻装飞奔而去。

孔明废李严为民

南阳人李严以颇有才干称名于世。

章武二年（222年），李严被刘备召到永定官，官拜尚书令。刘备病重将死，特地把他和诸葛亮叫到面前，遗诏命他们辅佐后主刘禅。后主刘禅即位，加封他为都乡侯、光禄勋、前将军。诸葛亮想率军驻扎汉中，便让他统领后方，屯驻江州。李严非常佩服诸葛亮的雄才大略，诸葛亮也很看重李严的性格才能，两人时有书信往来，相互引为知已。

建兴八年（230年），李严升任骠骑将军。因魏将曹真企图兵分3路进攻蜀国，诸葛亮便命李严率领两万人赴守汉中，并且表奏李严的儿子李丰为江州都督督军，接管李严在江州的军政。建兴九年，诸葛亮兵出祁山，任李严为中都护，主持后方政事及催办粮草。

当时正值阴雨天气，且连绵不断，道路泥泞难行，无法及时输送粮食。李严担心因此受责，便想出一个花招。他先派参军狐忠、督军成藩去假传圣旨，召诸葛亮撤军。等诸葛亮领旨回兵时，李严又故作惊讶，散布说"军粮充足，何以撤兵"，想借此推诿自己后勤不力的责任，显出诸葛亮不愿进兵的过错。而且，他还上表欺骗后主，说诸葛亮是"伪装撤退，以便引诱敌军前来，再与之作战"。诸葛亮撤军后，把双方前前后后亲笔写下的信件公文都拿了出来，铁证如山，罪在李严。李严无言以辩，只好坦白认罪。

李严自刘备死后，劣迹渐生。诸葛亮对此早有察觉，但因他是先帝托孤重臣，自己与他又素为相知，所以一直以诚相待，对他父子委以重任，希望借以感化他。这次，李严公然欺上瞒下，贻误军机，诸葛亮觉得不能不绳之以法。于是，他上表后主，说明原委："自先帝去世后，李严在各任所，专门考虑私利，安身求名，置国事于不顾。当臣北向出兵时，想调李严兵镇守汉中，而他百般刁难，不听从调遣，并且要求出任巴州刺史以管领五郡。去年臣欲西征，想让他主管汉中，他却对司马懿等的征召表现出兴趣。臣知道他是想乘臣出兵之际逼臣取利，所以臣才表奏其子李丰主管江州，给以礼遇重位，以换取他服务于一时。李严到汉中后，总理诸事，群臣上下都怪臣待他太为优厚。其实臣之所以这样做，是因为大业未定，惩治李严的缺失还不如表彰他。然而，臣没料他到竟然本末倒置到如此地步！他的罪责，如不惩处，将危害国家。为臣不敏，余不赘言。"于是，罢免了李严的一切官职，以平头百姓的身份把他流放到梓潼郡。

事后，诸葛亮仍然感到心情沉重，李严虽有大过，但毕竟是个人才。所以，他在给李严的儿子李丰的信中，嘱他"宽慰都护（李严），勤追前缺"；如能深刻反省，今后或许"否可复通，逝可复还"。李严确实也等着诸葛亮重新起用自己，未料3年后诸葛亮魂归西天，李严知道他人再不会记得自己，因而心怀抑郁死。后人习凿齿曾有评曰："法行于不可不用，刑加乎自犯之罪。爵之而非私，诛之而不怒，天下有不服者乎！诸葛亮于是可谓能用刑矣，自秦、汉以来未之有也。"

母贤子孝

孟仁本出身寒微，最后官至吴国司空。可以说，孟仁的一生行事，全都是他母亲呕心沥血、精心教育的结果。

从孟仁幼年时开始，孟母便开始对儿子进行严格的教育。孟仁年少时便出门救学，跟从南阳学者李肃学习。孟仁的母亲真不愧是个有心人，临行前，特地为儿子赶制了一条特别厚实而又特别大的被子。旁人见她做法独特，感到迷惑，问她为什么要这么做，孟母告诉人家："我的儿子没有什么特别好的品性，可以赢得别人跟他交往。出门求学的人大多贫困，我缝这样一条大被子，就是为了让我儿子的同学可以跟我儿子同睡，以便跟我儿子结为益友，对他学习上一定会有所帮助。"话一经点明，旁人也就完全理解了孟仁母亲的良苦用心。

可喜的是，孟仁领会了母亲的良苦用心以后，大大激励了其发愤好学的精神。他读书非常勤奋，常常晚上挑灯夜读，不肯休息。他的老师李肃对他十分赞赏，当面夸奖他说："真是宰相之器！"

孟仁成人以后，开初担任骠骑将军朱据手下的小军吏，将母亲接去一道生活。他官职既卑，又很不得志，境况十分艰难。一天晚上，外面大雨，家中屋漏，难以安寝。孟仁自己倒还不觉什么，只是感到竟让自己母亲经受这样的苦楚，越想越觉得难过。他从床上爬起身来，情不自禁地流泪哭泣，向母亲谢罪。孟仁母亲却不以为意，只是勉励儿子道："只要你不忘志向，勤奋努力，受点苦不算什么，有什么值得哭的呢！"孟仁听到母亲的勉励，立即收泪止声。

骠骑将军朱据知道他们母子俩的困窘后，便将孟仁提升为监池司马（即管理渔业的小官）。孟仁虽家里境况贫寒，却很清廉。这时候，他的母亲已经不在他的任所，而是回老家去住了。孟仁虽身为监池司马，却会结网，又用自己结的网打鱼晒寄给母亲。他的母亲却当即将鱼干退回，并写了一封信去责备儿子道："你身为渔官，却将鱼干寄给我，难道你不懂得要避嫌疑吗？"

孟仁就是在其母亲的不断教育督促下逐渐成熟起来的。后来他当了县令，仍然不能将老母亲带到任上，因此每得到什么时新的食物，都要先寄回家给母亲吃，以尽孝道。孟仁母亲后来亡故，孟仁十分悲痛，不顾朝廷的法令，弃官不做，回家尽孝。幸而朝廷知道他的孝心，赦免了他的过错。事过之后，仍然让他出来做官。

因为有了母亲的教诲，孟仁才养成了勤奋的精神和方正的性格。

孙权论才

孙权占据江东，物产丰富，人杰地灵，与曹魏和刘备集团三足鼎立。

一次孙权和陆逊谈论周瑜、鲁肃和吕蒙时说："公瑾（周瑜字）雄伟刚烈，胆略过人，所以能够打败曹操，开拓荆州，但是太高邈了，很难有人能继承他，现在有你继承了他的衣钵。公瑾过去邀请子敬（鲁肃字）到江东来，推荐于我，我和他饮酒谈论，天下大事、帝王之业无不涉及，这是人生的一大快事。后来曹操由于俘获了荆州刘琮的残部，扬言率领数十万大军水陆共进，直攻我东吴。我请教所有的文武大臣，询问怎么对付，大家都没有办法。至于子布、文表等人，都说应该派遣使者修好和约去迎接他们。鲁肃当即驳斥说不能那样，劝我赶紧召回周瑜，委以重任，逆水而上迎击曹军，这是第二大快事。况且他决策计谋，远在子布、文表之上。后来他劝我借荆州给刘备，这是缺失之一，但是仍不足以影响他的两大功绩。古代周公用人不求全责备，所以我勿视他的缺失而看重他的长处，常常把他与东汉初年的邓禹相比。另外子明（吕蒙字）年轻的时候，我认为他只不过刚毅、果敢而有胆量而已，待到他长大成年，学问大增，眼界开阔，常有奇思大谋，可以说仅次于公瑾，只是言谈风姿赶不上他。但他谋取了关羽，胜过子敬。子敬曾经给我写信说：'帝王初起宏图大业，都有所驱除，关羽不足为虑。'这是子敬内不辨主次，外妄口大言，我也原谅了他，不随便责备他。然而他领军扎营，能做到令行禁止，军将职责分明毫无废弛，路不拾遗，他的治理也高明至极啊！"

人物春秋

命世之才济天下——曹操

太祖曹操，字孟德，是汉朝相国曹参的后代。桓帝时候，曹腾为中常侍大长秋，被封为费亭侯。曹腾养子曹嵩继承他的爵位，官做到太尉。无人知晓曹嵩原来的家世渊源。曹嵩生了儿子，这就是魏太祖武皇帝曹操。

曹操幼时机警，有应变本领，常好打抱不平，行为不检点，不注意增进自己的操行、事业。所以当时人并没觉得他有什么奇特之处，只有梁国桥玄，南阳何颙认为他不是一般人。桥玄对曹操说："天下就要乱了，不是出色的政治家解决不了问题，能安定天下的，大概就是你了。"20岁时，他被举为孝廉，被任命为郎，转任洛阳北部尉，升为顿丘县令，又被征召入朝任议郎。光和末年，黄巾起义，曹操被任命为骑都尉，讨伐颍川盗贼。升任济南国相，济南国有10多个县，县的主官和属吏大多巴结讨好权贵外戚，贪赃受贿，胡作非为。于是曹操奏请罢免了8个官吏。禁绝不合礼制的祭祀活动。坏人逃奔境外，郡内社会秩序清平安定。很长时间之后，又被调回京城，改任东郡太守；他借口有病，返回家乡。

不久，冀州刺史王芬，南阳许攸，沛国周旌等联络地方豪强，策划废黜汉灵帝，立合肥侯为帝，把这个谋划通知了曹操，曹操拒绝参加，王芬等因此失败。

金城边章、韩遂杀死刺史、郡守，发动叛乱，有兵十几万，天下骚动。朝廷征召曹操为典军校尉。这时正碰上灵帝去世，太子即位，太后临朝听政。大将军何进和袁绍谋划诛杀宦官，太后不同意。何进就召董卓进京，想借董卓兵力胁迫太后。没等董卓到达京城，何进就被杀了。董卓到京城，废黜皇帝为弘农王，另立献帝，京都大乱。董卓奏表请求任命曹操为骁骑校尉，想和曹操共商朝廷大事。曹操于是改名换姓，从小路东行回故乡。出关后，过中牟县，受到亭长怀疑，被逮捕押送到县城，中牟县有人偷偷认出了他，为他说好话，释放了他。这时董卓已杀太后和弘农王。曹操抵达陈留，拿出家产，募集义兵，准备讨伐董卓。冬天十二月，在己吾县开始建立军队，这一年是中平六年。

初平元年春正月，后将军袁术、冀州牧韩馥、豫州刺史孔伷、兖州刺史刘岱、河内太守王匡、渤海太守袁绍、陈留太守张邈、东郡太守桥瑁、山阳太守袁遗、济北相鲍信同时起兵，各有几万人军队，推袁绍为盟主。曹操代理奋武将军。

二月，董卓听说袁绍等人起兵，就把天子迁到长安，自己留驻洛阳，接着烧毁了官殿。这时袁绍驻扎河内，张邈、刘岱、桥瑁、袁遗驻扎酸枣，袁术驻扎南阳，孔伷驻扎颍川，韩馥驻扎邺县。董卓兵力强大，袁绍等人谁也不敢率先进击。曹操说："发动义兵，讨伐暴乱，大军已经会合，诸位还迟疑什么呢？假使董卓听说山东发动义兵，他就凭借王室的威势，紧守二周的险要，东向控制天下，虽然他是倒行逆施，那也值得忧虑。现在他烧毁官室，强制迁徙天子，天下震动，不知道该投向何人，这是老天要他灭亡的时刻，一仗下来天下就安定了，机会不可放过啊。"接着领兵西进，打算去占领成皋。张邈派将军卫兹分领一些军队跟随曹操到荥阳汴水，遇到董卓将军徐荣，和徐荣交战失利了，士兵死伤众多。他被流矢射中，骑的马受了伤，堂弟曹洪把马给曹操，他才得以趁夜逃开。徐荣见曹操带兵虽然少，却仍能拼命坚持一整天战斗，估计酸枣不易攻取，只好带兵回去了。

曹操到酸枣，各路军马10多万人，天天酒席聚会，不思进取之策。曹操批评他们，并给他们出主意说："你们诸位接受我的建议，让渤海太守领河内兵据守孟津，酸枣的各位将军守住成皋，占有敖仓，堵住辕辕、太谷通道，全面控制住险要地势，让袁将军率领南阳军队驻扎丹、淅，攻进武关，威胁三辅。然后各军都高筑壁垒，不出战，多设疑兵，向天下表明讨伐董卓的强大优势。以正义之师，讨伐叛逆，胜利唾手可得。现在为伸张正义而发动了军队，却又迟疑不进，让天下失望，我私下为诸位感到羞耻。"张邈等不能采纳曹操建议。

曹操兵少，于是和夏侯惇到扬州去募兵，刺史陈温、丹阳太守周昕拨给他4000多兵。返回的途中在龙亢停歇时，许多兵士叛逃了。到铚县、建平县，又招募兵士1000，进驻河内郡。

刘岱与桥瑁关系恶化，刘岱杀了桥瑁，以正肱代理东郡太守。

袁绍和韩馥策划拥立幽州牧刘虞为皇帝，曹操拒绝支持。袁绍又曾得到一颗玉印，和曹操共坐时，把玉印向他臂肘举去，让他看。曹操因此耻笑讨厌他了。

二年春，袁绍、韩馥终于拥立刘虞为皇帝，刘虞却到底也不敢接受。夏四月，董卓回长安。秋七月，袁绍胁迫韩馥攻取冀州。

黑山贼于毒、白绕、眭固等10多万人进占魏郡、东郡，王肱抵挡不住。曹操带兵进东郡，在濮阳进攻白绕，打败了他。袁绍因而表奏朝廷推荐他为东郡太守，郡治设在东武阳。

三年春，曹操驻扎顿丘，于毒等进攻东武阳。曹操带兵西行入山，进攻于毒等人的大本营。于毒闻知，放弃武阳回救。他在半路拦击眭固，又在内黄攻击匈奴於夫罗，全都把他们打得大败。

夏四月，司徒王允和吕布一起杀了董卓，董卓将军李傕、郭汜等杀了王允，进攻吕布，吕布向东败出武关。李傕等把持朝政。

青州黄巾100多万人涌进兖州，杀了任城国相郑遂，又转入东平国境。刘岱准备进攻黄巾，鲍信劝阻说："现在贼寇多到100万人，百姓都非常恐惧，士兵缺乏斗志，不能和他们硬抗啊。我看贼寇拖家带口，军队没有稳定供应，只靠临时抢夺，现在不如保存兵力，先做好防守，他想打没人和他打，想攻又攻不进来，他们势必离散解体，然后我们选拔精锐部队，占据他们的要害一进攻，就可以取胜了。"刘岱不听，坚持出战，结果被黄巾杀死。鲍信于是和兖州的属吏万潜等人到东郡迎接曹操来兼任兖州牧。接着曹操和鲍信等进兵，在寿张东攻击黄巾。鲍信奋战而死，才勉强打败了黄巾。悬赏也没找寻到鲍信尸体，大家就雕刻一尊鲍信木像，哭祭一番。追击黄巾直到济北，黄巾请求投降。冬天，接受黄巾投降士兵30多万人，随行家属100多万，曹操收编其中精锐部分，号称青州兵。

袁术和袁绍有矛盾，袁术向公孙瓒求援，公孙瓒派刘备驻扎高唐县，单经驻扎平原县，陶谦驻扎发干县，进逼袁绍。曹操和袁绍联合反击，把3支人马全都打败。

四年春，曹操驻扎在鄄城。荆州牧刘表截断袁术粮道，袁术带兵进入陈留，驻扎在封丘，黑山残余盗贼以及於夫罗等帮助袁术。袁术派将军刘详驻扎匡亭。曹操进攻刘详，袁术救刘详，曹操和袁术交战，大败袁术。袁术退保封丘。曹操包围封丘，还未来得及合围，袁术又逃奔襄邑。曹操追到太寿，决开渠水灌城。袁术逃向宁陵。曹操又追他，他就逃奔九江。夏天，曹操回师驻扎定陶。

下邳阙宣聚兵几千人，自称天子，徐州牧陶谦和他共同发兵，夺取了泰山郡的华、费，攻占任城。秋天，曹操征讨陶谦，攻占10余座城。陶谦守徐州不敢出城。这一年，孙策奉袁术命令渡江，几年之内，就占有了江东。

兴平元年春天，曹操从徐州返回。当初，曹操之父曹嵩卸任后回谯县，董卓之乱时，在琅邪避难，被陶谦杀害，所以曹操一心想着复仇东伐。夏天，派荀彧、程昱守鄄城，再一次征讨陶谦。攻占5座城，接着扩大占领地区直至东海。回师经过郯县，陶谦的将军曹豹和刘备在郯东驻扎，拦击曹操，曹操打败他们。接着攻占襄贲。对所过之处，都大加杀戮。

正当此时，张邈和陈宫反叛，去迎接吕布，郡县都起来响应。荀彧、程昱保卫鄄城，范、东阿两县坚守。曹操于是领兵回返。吕布到了，攻打鄄城没能攻下，向西转移，屯驻濮阳。曹操说："吕布一个早上就得到了一个州，但不能占据东平，切断亢父、泰山之间的通道，利用险要地形拦击我，却远远地屯驻到濮阳去，我知道他办不出什么事了。"于是进兵攻打他。吕布出兵交战。先用骑兵冲青州兵，青州兵溃逃。曹操阵势变乱，曹操冒火奔逃，从马上坠落，烧伤右手掌。司马楼异扶曹操上马，于是撤退。还没到营地就停下来了。诸将没见着曹操，都恐慌了。曹操就强撑着身体慰劳军队，下令军中加紧准备攻击器具，把部队向前开进，再一次攻打吕布军队。和吕布相持100多天。蝗灾出现，老百姓挨饿，吕布军粮也用尽了。双方各自撤兵。

秋九月，曹操回鄄城。吕布到乘氏，被乘氏县人李进打败，向东转移驻扎山阳。这时袁绍派人劝说曹操，想和曹操建立和好关系。曹操新失去兖州，军粮用尽了，想要答应袁绍要求。程昱劝阻，便接受了程昱意见。冬十月，曹操到东阿。这一年，谷子一斛50多万钱，人饿得出现吃人现象，于是曹操解散新招募的官兵。陶谦死了，刘备接替了他。

二年春，曹操袭击定陶。济阴太守吴资守卫南城，曹操没攻下来。正碰上吕布领兵来到，又打败了吕布。夏季，吕布将军薛兰、李封驻屯钜野，曹操进攻他们，吕布来救薛兰，薛兰败了，吕布逃走了，于是杀了薛兰等人。吕布又和陈宫领兵一万多从东缗来交战。当时曹操兵少，布置了埋伏，突然发动攻击，大败吕布。吕布连夜逃走，于是再一次进攻，占领了定陶，分兵平定各县。吕布东逃投奔刘备，张邈跟从吕布，叫弟弟张超携带家属守卫雍丘。秋八月，曹操围雍丘。冬十月，天子任命曹操为兖州牧。十二月，雍丘城破，张超自杀。曹操杀尽张邈三族。张邈去找袁术求救，被自己的部下杀死。兖州平定，曹操接着向东攻打陈地。

是年，长安发生混乱，天子东迁，在曹阳被打败，渡河到达安邑。建安元年春正月，曹操兵临武平，袁术任命的陈国国相袁嗣投降。曹操将要去迎接天子，有的将军怀疑这个举动恰当与否，荀彧、程昱劝他迎接。于是派遣曹洪带兵西去迎接，卫将军董承与袁术将军苌奴占据险要地势抗拒，曹洪无法前进。

汝南、颍川黄巾何仪、刘辟、黄邵、何曼等各有兵几万人，先响应袁术，后来又归附孙坚。二月，曹操进兵打败他们，杀了黄邵等人，刘辟、何仪和他们的部属全都投降。天子任命曹操为建德将军。夏六月，调任镇东将军，封费亭侯。秋七月，杨奉、韩暹带着天子回洛阳，杨奉另外在梁县驻扎。曹操接着到达洛阳，在京都设防，韩暹逃走，天子赐予曹操节钺，录尚书事。洛阳残破，董昭等劝他迁都到许县去。九月，皇帝出关东行到许县，以曹操为大将军，封武平侯。自从天子西迁，朝廷日渐混乱，直到这时，才把宗庙、社稷制度建立起来。

天子东迁时，杨奉从梁县出发企图中途拦截，没来得及。冬十月，曹操征讨杨奉，杨奉南逃去投奔袁术，曹操就攻打杨奉的梁县营地，攻下来了。在这时候，朝廷以袁绍为太尉，袁绍耻于班次在曹操之下，不肯接受太尉职位，曹操就坚决辞职，把大将军的职位让给袁绍。天子任命曹操为司空，代理车骑将军。这一年，采纳枣祗、韩浩等人建议，开始兴办屯田。

吕布袭击刘备，攻占下邳。刘备来投奔曹操。程昱劝曹操说："我看刘备有雄才大略而又很得人心，终究是不会甘居人下的，不如趁早除掉。"曹操说："现在正是招收人才的时候，杀一个人而失掉天下人心，这办法不行。"

张济从关中逃到南阳。张济死后，侄子张绣率领他的兵。二年春正月，曹操到宛，张绣投降，接着又后悔，又反叛了。曹操和他交战，被流矢射中，长子曹昂，侄子曹安民遇害。曹操于是带兵回舞阴，张绣领骑兵来抢夺辎重，曹操打败了他，张绣逃奔穰县，和刘表合会。曹操对诸将说："我接受张绣等人投降，错在没有马上就要他的人质，以至于弄到这个地步。我明白失败的原因了。你们诸位看着，从今以后，不会再有这类失败了。"于是就回许县去。

袁术想在淮南称皇帝，派人告诉吕布。吕布逮捕送信使者，把袁术的信转呈朝廷。袁术愤怒，进攻吕布。被吕布打败。秋九月，袁术侵扰陈郡，曹操东征袁术。袁术听说曹操亲自来了，丢下大军自己逃跑，留下将军桥蕤、李丰、梁纲、乐就统领军队。曹操到，打败桥蕤等将军，把他们都杀了。袁术逃过淮河。曹操回许县。

曹操从舞阴回许县的时候，南阳、章陵等县再次反叛，投向张绣，曹操派曹洪去攻打，战事不顺利，驻叶县，多次受到张绣、刘表的侵袭。冬十一月，曹操亲自南征，到达宛县。刘表将军邓济据守湖阳，曹操攻破湖阳，活捉邓济，湖阳军民投降。攻舞阴，攻下来了。

三年春正月，曹操回许县。开始设置军师祭酒官职。三月，曹操把张绣包围在穰县。夏五月，刘表派兵救张绣，抄曹军后路。曹操将要退兵，张绣带兵来追，曹操军队不能前进，就聚拢部队，缓行推进。曹操给荀彧写信说："贼来追我，我虽然一天只能前进几里，但我估计，走到安众县，一定可以打败张绣。"到了安众，张绣和刘表会师，守住了险要，曹操军队前后受敌。曹操于是趁夜在险要处开凿地下通道，把辎重全部运送过去，埋下伏兵。这时天亮了，敌人以为曹操逃走了，调动全军来追。曹操就发动埋伏的步兵夹攻，把敌兵打得大败。秋七月，曹操回许县。荀彧问曹操："事前已经预计敌必败，是怎么回事？"曹操说："敌阻拦我回撤的部队，和我身处死地的部队作战，我所以知道必胜。"

吕布又为了袁术而派高顺进攻刘备，曹操派夏侯惇救刘备，战斗不利，刘备被高顺打败。九月，曹操东征吕布。冬十月，曹操屠杀彭城军民，捉住了彭城国相侯谐。进到下邳，吕布亲自反击。曹操大败吕布，捉住了吕布猛将成廉。追到城下，吕布恐惧，打算投降。陈宫等人阻拦吕布投降，派人向袁术求援，又劝吕布出战，出战又败了，于是回城固守。曹操攻不进城，士卒劳累，打算撤兵回返。后来还是采纳荀攸、郭嘉的计策，决开泗水沂水灌城。过了一个多月，吕布将军宋宪、魏续等逮捕陈宫，献城投降。曹操活捉吕布、陈宫，都杀了。太山臧霸、孙观、吴敦、尹礼、吕豨各自都聚合了一些部队。吕布打败刘备时，臧霸等全都跟从吕布。吕布失败，捉住了臧霸等人，曹操以优厚待遇对他们予以接受，接着又割青、徐两州沿海地区委托给他们。从琅邪国、东海郡、北海国中分出一部分地区建立城阳、利城、昌虑郡。

当初，曹操任兖州牧，任命东平国的毕谌为别驾。张邈叛变的时候，张邈劫持了毕谌的母亲、弟弟、妻子、儿子；曹操向他表示歉意，让他走，对他说："你老母亲在他那里，你可离开我到他那里去。"毕谌叩头表示没有二心。曹操夸赞了他，为他流了泪。毕谌退出去以后，就逃到张邈那里去了。等到打败吕布，毕谌被活捉了，大家为毕谌担心。曹操说："一个人对父母孝顺，难道能不对君主忠心耿耿吗！这正是我所需要的人啊。"任命他为鲁国国相。

四年春二月，曹操回到昌邑。张杨部将杨丑杀了张杨，眭固又杀了杨丑，带着张杨的部队投降袁绍，驻扎在射犬。夏四月，曹操进军到黄河边，派史涣、曹仁渡黄河进攻眭固。眭固派张杨原来的长史薛洪、河内太守缪尚留守，自己带兵北去迎接袁绍求救，在犬城遇到了史涣、曹仁。相互交战，大败眭固，杀了眭固。曹操于是渡过黄河，包围射犬。薛洪、缪尚领兵投降，被封为列侯。曹军回驻敖仓。以魏种为河内太守，把河北地区事务托付给他。

当初，曹操荐举魏种为孝廉。兖州反叛时，曹操说："只有魏种不会背弃我啊。"等到听说魏种逃跑了，曹操发怒地说："魏种，只要你不南逃到越，北逃到胡，我绝不放过你！"攻下射犬后，活捉了魏种，曹操说："只是考虑到他是个人才啊！"解开了绑他的绳子并任用了他。

当时袁绍已然吞并了公孙瓒，兼有了四州的土地，兵有10多万，准备进军攻许县。诸将认为打不过袁绍。曹操说："我了解袁绍的为人。他志向大，智慧小；声色严厉，内心怯懦；好忌妒人，好争胜，但缺乏威信；兵员多，但组织混乱，隶属关系不明确；将军骄横，不听指挥，政令不统一。土地虽然广阔，粮食丰富，恰好可以变成奉送给我的礼品。"秋八月，曹操进驻黎阳，使臧霸等人进入青州攻打齐、北海、东安等地。留于禁驻扎在黄河边。九月，曹操回许县，分兵守官渡。冬十一月，张绣率兵归降，被封为列侯。十二月，曹操进驻官渡。

袁术自从在陈郡失败，日渐窘困，袁谭从青州派人迎接他。袁术想经由下邳北行，曹操派刘备、朱灵去拦击。就在这时，袁术病死。程昱、郭嘉听说曹操派遣刘备出征，对曹操说："刘备不能放出去。"曹操心中后悔，派人追赶，已经来不及。刘备没东去之前，暗地和董承等谋反，到下邳，就杀了徐州刺史车胄，宣布脱离曹操，带兵驻扎在沛国。曹操派刘岱、王忠去攻打，未能取胜。庐江太守刘勋带兵投降，被封为列侯。

五年春正月，董承等人的阴谋泄漏，都被处死。曹操将要亲自东征刘备，诸将都说："和您争天下的，是袁绍啊。现在袁绍正要来，您却丢下袁绍去东征，袁绍趁机抄我们后路，怎么办？"曹操说："那刘备，是人中豪杰，现在不打，必成后患。袁绍虽有大志，但遇事反应迟钝，动作缓慢。"郭嘉也劝曹操，于是向东进攻刘备，打败了刘备，活捉了刘备将军夏侯博。刘备逃奔袁绍。曹操俘虏了刘备的妻子和孩子。刘备的将军关羽驻扎下邳，曹操又攻下邳，关羽投降。因为吕猋叛投了刘备，曹操又进兵打垮吕猋。曹操回到官渡，袁绍到底也没有出击。

二月，袁绍派遣郭图、淳于琼、颜良去白马攻打东郡太守刘延，袁绍带兵到黎阳，准备渡河。夏四月，曹操北救刘延。荀彧劝曹操说："现在我军兵少，不是敌人对手，把敌人兵力分散开来才好。您到延津做出要渡河抄他后路的样子，袁绍必然救应，然后您用轻兵奔袭白马，攻其不备，可以打败颜良。"曹操接受他的建议。袁绍听说曹军渡河，马上分兵西去救应。曹操就带兵强行军赶奔白马。离白马还有10多里时，颜良大惊，来迎战，曹操派张辽、关羽上前进攻，打败敌军，杀了颜良。于是白马之围被解，迁出白马民众，顺河西行。袁绍于是渡河追赶曹操军队，追到延津南。曹操停住部队，在南阪下扎营，派人登高瞭望，瞭望人报告说："大约五六百个骑兵。"等了一会儿，又报告："骑兵渐渐增加，步兵数不过来。"曹操说："不必报告了。"就下令骑兵解下马鞍放开战马。这时，从白马运出的辎重都已上路，诸将认为敌方骑兵多，不如退回去结营自保。荀攸说："这正是要用辎重引诱敌人，怎么要撤走？"袁绍骑兵将领文丑和刘备带五六千人先后赶到。诸将又报告："可以上马了。"曹操说："没到时候。"等了一会儿，敌骑渐多，有的散开奔向辎重。曹操说："可以了。"可是大家上了马。当时曹操骑兵不到600，就坚决发动攻击，大败敌军，杀了文丑。颜良、文丑都是袁绍名将，两次战斗全被杀掉，袁绍军队震动极大。曹操回军驻扎官渡。袁绍向前推进守卫阳武。关羽逃归刘备。

八月，袁绍聚拢部队，一点儿一点儿地向前推进，紧靠沙堆扎营。

营垒东西相连几十里。曹操也展开部队和袁军一一对垒。相互交战，曹军不利。当时曹操军队不到一万，带伤的有十分之二三。袁绍又向前推进到官渡，堆土山，挖地道。曹操也在营垒里堆土山挖地道和他对抗。袁绍向曹操营内射箭，箭如雨下，走路的，都要蒙着盾牌，兵士恐惧。这时曹操军粮供应不足，给荀彧写信，和他商量想撤回许县。荀彧认为："袁绍把全部军队集中到了官渡，打算和您决胜败。您是以最弱小的兵力抵抗最强大的敌人，若不能战胜他，就要被他战胜，这是决定天下大局的关键啊。再说，袁绍不过是一般人的强者而已，能聚集人，但不会使用。靠您的英明威武，又加上是为朝廷讨伐叛逆名正言顺，能有什么事办不成！"曹操听从了荀彧的意见。

孙策听说曹操和袁绍相持，就计划袭击许县，还没出发，就被刺客杀死了。

汝南归降的盗贼刘辟等反叛曹操响应袁绍，进攻许县附近地区。袁绍派刘备支援刘辟，曹操派曹仁击刘备。刘备败逃，曹仁接着攻破刘辟营垒。

袁绍几千辆运粮车到了前线，曹操用荀攸计策派徐晃、史涣拦击，大败袁军，把运粮车全部烧掉。曹操和袁绍对抗几个月，虽然一仗接一仗杀敌斩将，但兵少粮尽，士卒疲乏。曹操对运粮的人说："过15天为你们打败袁绍，就不再劳累你们了。"冬十月，袁绍调车运输粮食，派淳于琼等5人带兵一万多人护送。停驻在袁绍军营北40里。袁绍谋臣许攸贪财，袁绍难以满足，他就来投奔曹操，于是趁机劝曹操进攻淳于琼。曹操左右的人怀疑许攸的建议，荀攸、贾诩劝曹操采纳。曹操于是留曹洪守营，自己带步兵骑兵5000人趁夜出发，天亮就到了。淳于琼等发现曹操兵少，就在营门外列阵。曹操迅速冲击，淳于琼退保营垒，曹操就进攻营垒。袁绍派骑兵救淳于琼。身边有人对曹操说："贼骑渐近了，请您分兵抵抗。"曹操生气地说："贼在我背后再报告！"士兵都拼命作战，大败淳于琼等人，把他们都杀了。袁绍刚听说曹操进攻淳于琼时，对长子袁谭说："乘他进攻淳于琼，我攻占他的营地，他就没有地方可回了。"就派张郃、高览攻曹洪。张郃等听说淳于琼被打垮，就来投降曹操。袁绍部队彻底崩溃，袁绍和袁谭等人弃军逃走，渡过了黄河。曹操派兵追赶没有追上。缴获了袁绍的全部辎重、图书档案和珍宝，俘虏了袁绍军队。曹操缴获的袁绍书信档案里，发现许县和前线军中人给袁绍的信，曹操将其全部焚烧了。冀州各郡大都献出城邑投降。

当初，桓帝时，有黄星在楚宋分野出现，辽东殷馗精通天文，说此后50年，应当有真人兴起于梁、沛之间，他的发展不可阻挡。到此时一共50年，而曹操打败袁绍，天下无人能与之匹敌。

六年夏四月，曹操在黄河边炫耀武力，进攻袁绍在仓亭的驻军，打败了它。袁绍回冀州后，再次收聚走散的兵士，攻取平定各个反叛的郡县。九月，曹操回许县。袁绍没败之前，派刘备攻取汝南，汝南贼共都响应刘备。曹操派遣蔡扬攻打共都，不顺利，被共都打败了。曹操南征刘备。刘备听说曹操自己出征，就逃奔刘表去了，共都等人全都溃散。

七年春正月，曹操驻扎在谯县，下令说："我发动义兵，为天下除暴乱。故乡人民，几乎死光，在故乡走一天，碰不到一个熟人，这让我非常悲痛。现在我命令，发动义兵以来，将士断绝后代的，在亲戚中找人过继给他做后代，授给他们土地，官府供给他们耕牛，设置学校教育他们。替活着的人建立庙宇，让他们祭祀死去的亲人，魂如果有灵，我死之后还有什么遗憾呢！"接着到浚仪县，整修睢阳渠，派人用太牢祭祀桥玄，曹操进驻官渡。

袁绍自从军队被打败以后，发病吐血，很快死亡。小儿子袁尚继承职位，大儿子袁谭自称车骑将军，驻扎黎阳。秋九月，曹操征讨他们，接连作战，袁谭、袁尚一次一次败退，固守自保。

八年春三月，曹操攻黎阳外城，袁军出战，曹军进击，大败袁军，袁谭、袁尚连夜逃走。夏四月，曹操进驻邺县。五月回许县，留贾信驻扎黎阳。

己酉，下令说："《司马法》说'将军败退的要处死'，所以赵括母亲请求不受赵括连累。这说明古代的将军，在外打败仗的，家中人要牵连承受罪罚。我自从派遣将军出征讨伐以来，只赏功而不罚罪，这不是国家的完善制度。现在我命令：将领出征，损耗军队的，要抵罪，作战失利的，要免官职、爵位。"

秋七月，下令说："战乱以来，已历时 15 年，青年人不曾看到仁义礼让的社会风尚，我很伤心。现在我命令，各郡国都要研究文献典籍，满 500 户的县设置校官，选拔当地学有成就的人对青年人施以教育，以便先王之道不被废弃，而有益于天下。"

八月，曹操征刘表，驻军西平。曹操离开邺县南征时，袁谭、袁尚争冀州，袁谭被袁尚打败，逃到平原县设防坚守。袁尚攻打紧急。袁谭派辛毗来找曹操，请接受投降，并请派兵去援救。诸将全都怀疑袁谭，荀彧却奉劝曹操答应他，曹操于是带兵北返。冬十月，到达黎阳，让儿子曹整和袁谭女儿订立婚约。袁尚听说曹操北来，就解了平原之围回邺县去。东平国吕旷、吕翔反叛袁尚，驻扎于阳平，率领部属投降曹操，被封为列侯。

九年春正月，渡过黄河，拦截淇水导入白沟以通粮道。二月，袁尚又攻袁谭，留苏由、审配守卫邺县。曹操进军到洹水，苏由投降。到邺县，攻城，堆土山，挖地道。袁尚的武安县长尹楷屯驻毛城，保证上党粮道的畅通。夏四月，曹操留曹洪攻邺，自己带兵进攻尹楷，打败了尹楷，然后回师。袁尚将军沮鹄守邯郸，曹操又攻取了邯郸。易阳县令韩范、涉县长梁岐带领全县投降，被封为关内侯。五月。平毁土山、地道，挖围城壕沟，决漳水灌城。城中饿死的人占据总人口的半数。秋七月，袁尚回师救邺。诸将都认为"这是回老家的部队，人人都会自动奋战，不如暂时回避。"曹操说："袁尚从大道回来，应当回避，如果顺着西山回来，这就要变成我的俘虏了。"袁尚果然顺着西山回来，在滏水岸边扎营，夜里派军队来冲邺县城外的曹军包围圈。曹操反击，赶走袁军，接着要包围袁尚军营，包围圈还没合拢，袁尚恐惧，派原先的豫州刺史阴夔和陈琳来请求投降。曹操不同意，加紧包围。袁尚夜里逃出包围，去守祁山。曹操追击袁尚，袁尚将军马延等临阵投降，袁军溃散。袁尚逃奔中山。曹操缴获了袁尚的全部辎重，得到了袁尚的印授节钺，让袁尚部下投降的人拿给袁尚家属看，邺县城里人心浮动。八月，审配哥哥的儿子审荣，夜里打开他把守的城东门放进曹操军队，审配反击，败了，活捉了审配，杀了他，邺县平定了。曹操到墓上去祭祀袁绍，痛哭流泪，慰劳袁绍妻子，归还他们家人的宝物，赐给各种丝织品，由官府供给口粮。当初，袁绍和曹操共同起兵，袁绍问曹操："如果事情不成，那么，什么地区可以据守呢？"曹操说："您的看法呢？"袁绍说："我南面守住黄河，北面守住燕、代，联合戎狄兵力，向南争夺天下，也许可以成功吧？"曹操说："我依靠天下人的才智，用恰当方法去组织、运用他们，没有哪处地方不可以据守。"

九月，曹操下令说："河北遭受袁氏的灾难，特令不交今年的田租、赋税！"加重惩治豪强兼并贫民的刑罚，百姓很高兴。天子任命曹操兼任冀州牧，曹操辞去兖州牧。

曹操围邺的时候，袁谭攻取甘陵、安平、渤海、河间。袁尚败回中山。袁谭攻中山，袁尚逃奔故安，袁谭于是兼并了袁尚的军队。曹操给袁谭写信，责备他不遵守约定，和他断绝婚姻关系，送回袁谭女儿，然后进军。袁谭恐惧，撤出平原郡逃往南皮县据守。十二月，曹操进入平原郡，平定郡内各县。

十年春正月，进攻袁谭，打败了袁军，杀了袁谭，处死了他的妻子儿女，冀州平定。下令说："跟袁氏办过坏事的，允许改过自新。"下令百姓不许报复私仇，禁止厚葬，违者一律依法制裁。这个月，袁熙大将焦触、张南反叛袁熙、袁尚，并进攻熙、尚，袁熙、袁尚逃奔三郡乌丸。焦触等带着他们所据的县投降，被封为列侯。开始讨伐袁谭时，征发百姓凿冰通船，有的百姓畏惧苦累，逃跑了。曹操下令，以后这些人来归降，不得接受。不久，有的逃亡百姓来军营自首，曹操对他们说："允许你们投降，就破坏了军令；杀了你们，那又是杀认罪自首的人。你们赶快回去藏得隐秘一些，别让官吏抓住。"百姓们流着眼泪离去了。以后，到底还是被抓回来办了罪。

夏四月，黑山贼张燕率兵10余万投降，被封为列侯。故安的赵犊、霍奴等杀幽州刺史、涿郡太守。三郡乌丸攻打驻守犷平的鲜于辅。秋八月，曹操出征，斩了赵犊等人，又渡潞河救犷平，乌丸奔逃出塞。

九月，下令说："偏袒同伙，相互勾结，是古代圣人所痛恨的，听说冀州风俗，即使是父子也各有帮伙，称颂自己，诽谤对方。以前直不疑本没有哥哥，而世人竟说他和嫂私通，第五伯鱼三次娶的都是没有父亲的孤女，但有人却说他打过岳父；王凤专权跋扈，谷永却把他比作申伯，王商进献忠言，张匡却说他搞左道骗人，这都是以白为黑，欺骗上天蒙蔽君主的行为，我打算整顿风俗，这四种坏行为铲除不尽，就是我的耻辱。"冬十月，曹操回邺县。

当初，袁绍以外甥高干兼并州牧，曹操攻占邺县时，高干投降，就任命他为并州刺史。高干听说曹操讨伐乌丸，就在并州反叛，拘押了上党太守，发兵把守住壶关口。曹操派乐进、李典去进攻高干，高干退守壶关城。十一年春十月，曹操征讨高干。高干听说曹操来征，就留下独立活动的将军守城，自己逃进匈奴，向单于求救，单于不接纳。曹操围壶关3个月，攻下了壶关。高干于是向荆州奔逃，被上洛都尉王琰捕获杀掉。

秋八月，曹操东征海贼管承，到达淳于，派乐进、李典打败管承，管承逃上海岛。曹操割出东海郡的襄贲、郯、戚县并入琅邪国，撤销昌虑郡。

三郡乌丸趁天下大乱，攻入幽州，掳掠汉民共计 10 多万户。袁绍把他们的首领都立为单于，以百姓的女儿冒充自己的女儿嫁给他们。辽西单于蹋顿强大，受到袁绍优待，所以袁尚兄弟投奔他，他一次次入塞扰乱。曹操准备去征讨蹋顿，就开凿渠道，从呼沱通入泒水，命名为泉州渠，以通渤海。

十二年春二月，曹操从淳于回邺县。丁酉，下令说："我发动义兵讨灭暴乱，到现在共 19 年，所征必胜，难道功劳只在于我吗？是贤士大夫的力量啊。天下虽然尚未平定，我将会同贤士大夫一起去平定；但现在我独自享受功劳奖赏，我怎能心安呢？希望加紧评定功劳施行封赏。"于是大封功臣 20 多人，都封为列侯。其余的各按等受封。并且为死者的孤儿免除徭役负担。轻重奖赏各有差别。

曹操将北征三郡乌丸，诸将都说："袁尚是一个在逃的贼寇罢了，夷狄贪婪而不讲交情，哪能被袁尚利用呢？现在深入其境去征讨，刘备必然劝说刘表袭击许县。万一事态恶化，后悔都来不及了。"唯独郭嘉料定刘表必不能任用刘备，劝曹操出征。夏五月，到达无终。秋七月，大水泛滥，沿海道路不通，田畴请求当向导，曹操同意了。田畴带领军队出卢龙塞，塞外路断了，无法通行。于是平山填谷 500 多里，经过白檀，穿过平冈，到达鲜卑庭，东进柳城。离柳城只有 200 里了，敌人才发觉。袁尚、袁熙和蹋顿及辽西单于楼班、右北平单于能臣抵之等带领几万骑兵迎战。八月，部队登上白狼山，突然遇上了敌军，敌军声势强大。曹操辎重还在后面，披甲兵士少，都感恐惧。曹操登上高处，望见敌阵不严整，于是挥兵进攻，派张辽为先锋，敌军大崩溃，斩了蹋顿及名王以下首领，胡、汉投降的有 20 多万人。辽东单于速仆丸及辽西、北平各个乌丸首领，丢下本族人，和袁尚、袁熙逃奔辽东，只剩有骑兵几千人。当初，辽东太守公孙康凭仗地处偏远，不服从朝廷。等到曹操打败乌丸，有人劝曹操接着去征讨公孙康，袁尚兄弟就可以捉住了。曹操说："我正要让公孙康斩送袁尚、袁熙首级来，不需要麻烦兵士了。"九月，曹操领兵从柳城回返，公孙康就斩了袁尚、袁熙及速仆丸等，送来了首级。诸将中有人问："您回师而公孙康斩送袁尚、袁熙，这是什么原因？"曹操说："他一向畏惧袁尚等人，我紧逼，他们就要合力对我，我放松他们，他们就要自相残杀了，这是必然之势啊。"十一月，到达易水，代郡乌丸行单于普富卢、上郡乌丸行单于那楼带着他们的名王来祝贺。

十三年春正月，曹操回到邺县，开凿玄武池以训练水军。汉朝撤销三公官职，设置丞相、御史大夫。夏六月，以曹操为丞相。

秋七月，曹操南征刘表。八月，刘表去世，其子刘琮接替他的职位，屯驻襄阳，刘备屯驻樊城。九月，曹操到新野，刘琮就投降了，刘备逃奔夏口。曹操进军江陵，下令荆州吏民，废除旧制度，实行新规定。紧接着，评论荆州归降者的功绩，封侯的15个人，以刘表大将文聘为江夏太守，叫他统领本部兵马。邀请任用了荆州名士韩嵩、邓义等人。益州牧刘璋开始接受摊派给他的征调租赋徭役义务，派遣兵卒补给朝廷军队。十二月，孙权为刘备进攻合肥。曹操从江陵出发征讨刘备，到巴丘，派遣张熹救合肥。孙权听说张熹到了，就撤兵而回。曹操到赤壁，和刘备作战，不利。当时又流行瘟疫，死了不少官兵，于是领兵返回。刘备于是占有荆州、江南诸郡。

十四年春三月，曹操领兵到谯，修造轻便船，整训水军。秋七月，从涡水入淮水，出淝水，驻扎合肥。辛未，下令说："最近以来，多次出征，有时还遇到瘟疫，官兵死亡，不能回家，妻子失去丈夫，百姓流离失所，仁慈之人难道高兴这样吗？是不得已啊！现在下令，战死者的家属没有产业不能自己生活的，官府不得断绝食粮供应，主管官吏要抚恤慰问，以称我的心意。"为扬州郡、县委派主管官吏，开辟芍陂地区屯田。十二月，领兵回谯。

十五年春，下令说："自古接受天命开国及中兴的君主，何曾不是得到贤人君子和他共同治理天下呢！在他得到贤才的时候，简直不需要走出里巷，难道是侥幸碰到的吗？只是有时在上位的人不肯去求啊。现在天下还没有平定，这正是求贤之紧要关头啊。'孟公绰担任赵国、魏国的家臣是才力有余的，但不能任命为滕、薛一类小国的大夫。'如果限定只有廉洁的人才可任用，那齐桓公靠谁帮助成为霸主呢！现今天下难道没有身穿粗布陋衣，胸怀超凡见识，而在渭水边钓鱼的姜尚一类人吗？又难道没有蒙受'私通嫂嫂'恶名，确有接受贿赂事实，并且还没有得到魏无知力荐的陈平一类人吗？希望你们帮助我连最卑微的人也不要漏略，广泛发现人才。只要有才干就荐举，我好选拔任用。"冬季，建造铜雀台。

十六年春正月，天子任命曹操嫡长子曹丕为五官中郎将，设置官属，为丞相副手。太原人商曜等在大陵反叛，派夏侯渊、徐晃包围打败了他们。张鲁割据汉中。三月，派钟繇讨伐他。曹操派夏侯渊等从河东出发与钟繇会师。

这时关中诸将怀疑钟繇将要袭击自己，马超于是和韩遂、杨秋、李堪、成宜等反叛。曹操派曹仁讨伐他们。马超等屯驻潼关，曹操告诫诸将："关西兵精悍，你们坚守营垒别和他们交战。"秋七月，曹操西征，和马超等隔着潼关驻扎。曹操紧紧牵制住敌军，而暗派徐晃、朱灵等夜渡蒲阪津，占据河西扎营。曹操从潼关北渡河，还没渡过去时，马超急攻渡船，校尉丁斐于是放出牛马引诱敌兵，敌兵乱取牛马，曹操才得渡过河去，顺着河向南，边筑甬道边推进。敌兵后退，挡住渭口。曹操就多设疑兵，暗地用船运兵进入渭水。架浮桥，夜里，在渭水南岸分兵扎营。敌兵夜里攻营，伏兵起来打败了他们。马超等屯扎渭水南岸，派使者请求割让黄河西岸土地以缔结和约，曹操不同意。九月，进军渡渭水，马超等多次挑战，曹操又不应战。马超等又坚持请求割地，请求送来人质以缔结和约。曹操用贾诩计策，假装答应他们。韩遂请求与曹操相见。曹操和韩遂父亲同一年被举为孝廉，又和韩遂本人年龄不相上下，于是马头相接交谈多时，但不涉及军事，只谈京都老友往事，拍手欢笑。谈完以后，马超问韩遂："您和他说了什么？"韩遂说："没说什么。"马超等怀疑不信。另一天，曹操又给韩遂写信，多处涂改，弄得像是韩遂涂改的一样。马超等更加怀疑韩遂。曹操于是和他们定日子会战，先以轻装士兵挑战，交战很长时间，才派出勇猛骑兵夹攻，于是大败敌军，斩了成宜、李堪等人。韩遂、马超等逃奔凉州，杨秋逃奔安定，关中平定。诸将中有人问曹操："当初，敌守潼关，渭水北岸防卫空虚，您不从河东攻冯翊而反守潼关，拖延一段时间后才北去渡河，这是为什么呢？"曹操说："敌据守潼关，如果我进入河东，敌必然分守各个渡口，那样一来，西河就不能渡了。我故意大兵向潼关，敌集中全力防守南部，西河守备空虚，所以两位将军能夺取西河！其后领兵北渡，敌无法和我争西河，那是因为西河已经有了我方两位将军的部队啊。连接兵车树立栅栏，筑甬道掩护着南进，就是要形成敌方不易取胜的态势，又要向敌方故意示弱。渡过渭水后构筑坚固壁垒，敌人来了不出战，为的是助长敌人的骄傲啊。所以敌方不筑营垒而要求割地。我顺口答应，为的是顺从他的意思，使他们自己感到安全而不做战争准备。因此我能蓄积士卒战斗力，突然出击，这就是所谓迅雷不及掩耳。兵势的变化，本无固定的格式啊。"起初，敌兵每有一部到达前线，曹操就有喜色，敌兵失败之后，诸将问他一再有喜色的原因，曹操回答："关中地域长道路远，若敌各在一处据险而守，征讨他们，没有一两年不能平定。现在都来集中，他们兵虽多，但谁也不服从谁，军队没有主帅，一仗就可以消灭，取得成功很容易，我为此高兴。"冬十月，军队从长安北征杨秋，围安定。杨秋投降，就恢复了他的爵位，让他留任，安抚当地百姓。十二月，从安定回师，留夏侯渊驻扎长安。

十七年春正月，曹操回到邺县。天子特许曹操朝拜时司仪宣呼行礼仪式，不须直呼其名；入朝时，不须小步快走；上殿时，可以穿鞋佩剑，就像当年的萧何一样。马超残余部队梁兴等屯驻在蓝田，曹操派夏侯渊打败了这支军队平定了地方。割河内郡的荡阴、朝歌、林虑，东郡的卫国、顿丘、东武阳、发干，钜鹿郡的廮陶、曲周、南和，广平郡的任城，赵国的襄国、邯郸、易阳等县来扩大魏郡。冬十月，曹操征孙权。

十八年春正月，曹操进军濡须口，攻破孙权的江西营地，捉获孙权都督公孙阳，领兵而回。天子下诏，把天下由十四州恢复为九州。夏四月，曹操到邺县。

五月丙申，天子派御史大夫郗虑持节册命曹操为魏公，册文说：

朕由于不修德行，少年时遭遇忧患，先是远迁在西土，后又东迁到唐、卫，在这时候，像缀旒一样任凭别人执持。宗庙没有祭祀，社稷没有确定的位置；许多坏人觊觎皇位，分裂天下。境内百姓，朕不能领有，即使我高祖创建的皇权，也都几乎要坠落在地了。朕因此日夜忧虑，潜心默念："历代祖先啊，先代辅佐大臣们啊，你们谁能怜悯我啊？"因此而感动天心，诞生了丞相，保佑我皇家平安，在艰难中给我皇家巨大帮助，朕于是有了依靠。现在将授予您典法礼仪，希望您恭敬地听我的命令。

先是董卓首先作乱，把国家推进灾难，各位州牧郡守放下本管区域的政务来拯救王室，您引导他们前进，首先进攻敌军，这是您忠于本朝的表现啊。后来黄巾违犯天道，侵扰我三州，祸乱连及百姓，您又打败他们，安定了东夏。这又是您的功劳啊。韩进、杨奉专擅朝政您就讨伐他们，消除他们制造的灾难。把朝廷迁到许都，建造京城重地，设置官府，开始祭祀，不遗弃应有的典礼制度，天地鬼神于是获得安宁。这又是您的功劳。袁术僭称帝号，在淮南胡作非为，但畏惧您的神威，您运用伟大英明的谋略，蕲阳战役，桥蕤被杀，威势南指，袁术毙命，党羽溃散。这又是您的功劳。回师东征，吕布正法，战车将返，张杨丧命，眭固服罪，张绣来降，这又是您的功劳。袁绍叛逆扰乱天道，阴谋颠覆社稷，凭恃他兵多，发动军队进犯朝廷，当这时候，国家兵力薄弱，上下恐惧，谁也没有坚定信心，您坚守保卫朝廷的大原则，精诚感动上天，发挥您的武威，运用您的神妙策略，亲临官渡，大歼叛贼。把我国家从危亡中拯救出来，这又是您的功劳。挥师渡大河，开拓疆域，平定四州，袁谭、高干，都被杀头，海盗奔逃，黑山归顺，这又是您的功劳啊。三支乌丸，两世作乱，袁尚投奔他们，占据塞北，威胁中原，您包裹马脚，挂牢车子，以防跌滑，穿隘过险，一战就消灭了他们，这又是您的功劳啊。

刘表违抗朝廷，放纵胡为，不履行自己义务，王师出发，威风先到，百城八郡，屈膝投降，这又是您的功劳啊。马超、成宜狼狈为奸，占据黄河、潼关，企图作恶逞凶，您在渭南把他们打垮，献上首级万颗，接着平定边境，安抚戎、狄并与他们和好。这又是您的功劳啊。鲜卑、丁零通过几层翻译也来朝见，单于白屋也愿意臣服，愿意纳贡，这又是您的功劳啊。您有平定天下之大功，又有完美之德性，您理顺全国上下的社会政治秩序，倡导美好风俗，普遍而辛勤地施行教诲，顾惜民命，审慎处理刑狱，官吏不施残暴，百姓不怀恶意，诚恳地尊崇帝族，显扬、接续中断的封爵，以前有功有德的人，没有谁没有得到应有的安排。虽然伊尹功勋上感皇天，周公业绩光照四海，也赶不上您。

朕听说先王都分封德高功大的人为诸侯，赐给他们土地，分给他们人民，增高他们的荣誉，完备他们用以显示特权的礼器，为的是让他们能保卫王室，辅佐朝廷。周成王时，管叔、蔡叔作乱，平定叛乱以后，吸取叛乱教训，想念有功之臣，于是派邵康公向齐太公授权：在东到海，西到河，南到穆陵，北到无棣的范围之内，大小诸侯有过错，齐太公都有权征讨。把这权利世世赐予太师，使齐成为显赫于东方的大国。到襄王时，也有楚人不对周王尽义务的事发生，又命令晋文公担任侯伯，赐予他二辂、虎贲、铁钺、秬鬯、弓矢，开辟南阳大片土地，世世代代做诸侯盟主。所以周室未能灭亡，就是因为有两国可以依赖。现在您发挥大德，保卫朕的安全，顺应天命，发展大业，平定全国，没有谁不服从，功劳比伊尹、周公还高，而奖赏比齐、晋要低，朕很惭愧。我是一个渺小的人，高居万民之上，常想做皇帝的艰难，就像走近了深渊，就像在薄薄的冰面上行走，不是您帮我走过去，我没有人可以依靠。现在以冀州的河东、河内、魏郡、赵国、中山、常山、钜鹿、安平、甘宁陵、平原共 10 郡，封您为魏公。赐予您黑红色的土，以白茅包上，您可以去占卜吉日，建您魏国的社稷。过去在周朝时，毕公、毛公身有封国但又入朝任辅佐周王的卿，周公、召公以朝廷太师太保身份出朝兼为诸侯之伯，这种朝内朝外的重任，您都能同时担当起来。我命令您以丞相身份像原来一样兼任冀州牧。再加赐您九锡，希望您听从我的命令。考虑到您筹建制度，为人民提供行动规范，使民安居乐业，没有二心，因此赐予您大辂、戎辂各一辆，黑红色的马 8 匹。您鼓励农业，农民耕作努力，粮食丝帛都有积存，国家事业因而兴盛，因此赐予您衮服冕服，再配上一双赤舄。您提倡谦让，并使人民实际去做，因而年龄大年龄小的都讲礼貌，社会上下一片和谐，因此赐予您轩悬之车、六佾之舞。您辅佐朝廷发扬汉朝风俗教化，直达四方，使远方民族改变精神面貌，中原精神生活更加充实，因此赐予您用朱红颜色漆门的特权。您深明道理，思念皇帝的困难，把有才能的人任用为官，把善良的人都提拔起来，因此赐予您在殿前纳陛的特权。您执掌国家大政，保持严肃公正不偏不倚的态度，即使一点点小的坏人坏事，都不会不加压制、放逐，因此赐予您虎贲战士300人。您严格按国家法律办事，揭露犯罪行为，触犯国法的，没有谁能逃脱惩处，因此赐予您铁和钺各一件。您高瞻远瞩，明察八方，周密地讨伐逆贼，平息全国的叛乱，因此赐予您彤弓一张、彤矢百支、秬铁弓一张、玈矢千支。您以温和恭敬为根本，孝顺友爱为美德，明智公平忠厚诚实，深深地感动了我，因此赐予您秬玈一卣，配上圭瓒。魏国设置丞相以下各种官职，都和汉初诸侯王的制度一样。慎重啊，您要大范围地普遍地关怀您的臣民，辅助他们做好各种事务，用这些行动来完成您的伟大功德，报答、颂扬我高祖传留下来的美好天命。

秋七月，开始建立魏国的社稷宗庙。天子聘曹操的3个女儿为贵人，岁数尚幼的，就暂且留在魏国等待结婚年龄的到来。九月，建造金虎台，凿渠引漳水进入白沟以通达黄河。冬十月，分魏郡为东西部，设置都尉管辖。十一月，开始设置尚书、侍中、六卿官职。

马超在汉阳，又联合羌、胡作乱，氐王千万反叛朝廷响应马超，在兴国驻兵。曹噪派夏侯渊讨伐马超。

十九年春正月，曹噪开始举行"耕籍田"礼。南安赵衢、汉阳尹奉等讨伐马超，斩杀马超妻子、儿子，马超逃奔汉中。韩遂转徙到金城，又进入氐王千万的部落，率领羌、胡一万多骑兵和夏侯渊交战，夏侯渊出击，大败韩遂，韩遂逃奔西平。夏侯渊和诸将攻兴国，屠杀兴国军民。此后撤销了安东、永阳郡。

安定太守毋丘兴将去赴任，曹操告诫他说："羌、胡想和中国交往，自然会派人来联系，你千万不要先派人到羌、胡中去联系。善良人难找到，不善良人一定会教羌、胡乱提要求，他们乘机从中取利。不听从要求，就错失了羌、胡求好的美意，听了要求则对事情没有好处。"毋丘兴到任后，派遣校尉范陵进入羌中，范陵果然给羌人出主意，叫他们自己提出要当属国都尉。曹操说："我预先就知道会出这样事，并非我聪明，是我经历的事情多而已。"

三月，天子命令把曹操位次排列在诸侯王的上面。改授金玺、赤绂、远游冠。

秋七月，曹操出征孙权。

当初，陇西宋建自称河首平汉王。在枹罕聚集部队，改纪元，设置百官，前后30多年。曹操派夏侯渊从兴国出发去征讨。

冬十月，屠杀枹罕军民，斩宋建，凉州平定。曹操从合肥返回。

十一月，汉皇后伏氏，过去因给她的以前任过屯骑校尉的父亲伏完写信，信中说皇帝因为董承被杀而怨恨曹操，语句恶毒，事情被人揭发，因此获罪。皇后被废黜杀死，皇后兄弟也被杀死。

十二月，曹操到孟津。天子命令曹操在出行仪仗队中配备旄头骑兵，宫殿中设备钟虡。己未，曹操下令说："一般地说，品行好的，未必能有所作为，有所作为的，未必品行好。陈平难道厚道，苏秦难道守信吗？但陈平奠定了汉朝基业，苏秦扶助了弱小的燕国。这样说来，士人有缺点，能废弃不用吗？主管部门要是明白这个道理，那么贤士就不会被遗漏丢弃，官府也就不会耽误工作了。"又说："一般说来，刑律，是百姓的生命线啊。但军中负责刑律的，有时不是合适人选，就这样把三军生死大权交给他，我很害怕。希望选择明白法律道理的人，让他主持刑法事务。"于是，设置理曹掾属。

二十年春正月，天子立曹操二女儿为皇后。撤销云中、定襄、五原、朔方郡，在每郡原来辖区设置一个县，管理当地居民，合并原4个郡为一个新兴郡。

三月，曹操西征张鲁，到陈仓，将要从武都进入氐。氐人挡住道路。曹操先派出张郃、朱灵等打败了氐人。夏四月，曹操从陈仓出散关，到河池。氐王窦茂兵有一万多人，凭仗有险可守，不投降。五月，曹操进攻并屠杀了氐人。西平、金城诸将麹演、蒋石等人共同斩了韩遂首级送给曹操。秋七月，曹操到阳平。张鲁派弟弟张卫和将军杨昂等据守阳平关。在山腰筑城10多里，曹操攻不破，于是带兵回撤。敌兵见大军后退，守备就松解了。曹操趁机秘密派遣解㑦、高祚等穿越险要地段，在夜间发起进攻，大败张鲁军队，斩了张鲁将领杨任。进攻张卫，张卫在黑夜中逃走。张鲁军队溃散，逃往巴中。曹操军队进入南郑，全部缴获了张鲁库藏的珍宝。巴和汉地区全都归降。把汉宁郡恢复为汉中郡，分出汉中郡的安阳县、西城县组成西城郡，设置太守。分锡、上庸为上庸郡，设置都尉。

八月，孙权围合肥，张辽、李典打败了他。

九月，巴人七姓戎王朴胡、賨邑侯杜蒦带巴夷、賨民来归附。于是分开巴郡，以朴胡为巴东太守，杜蒦为巴西太守，都封为列侯。天子命令曹操可以秉承皇帝旨意分封诸侯，任命太守、国相。

冬十月，开始设置名号侯到五大夫，连同旧有的列侯、关内侯，共六等，用于奖赏军功。

十一月，张鲁从巴中带着残余兵力来投降。张鲁和5个儿子都被封为列侯。

刘备袭击刘璋，夺取益州，接着占有巴中。曹操派张郃去攻打刘备。

十二月，曹操从南郑返回，留夏侯渊驻扎汉中。

二十一年春二月，曹操回邺。三月壬寅，曹操亲耕籍田。夏五月，天子把魏公曹操进爵为王。代郡乌丸行单于普富卢和他部下的侯王来朝。天子下令让魏王女儿称公主，享受汤沐邑。秋七月，匈奴南单于呼厨泉带着部下名王来朝，魏王用客礼接待他，接着把他留在魏国，派右贤王去卑监匈奴国。八月，魏王以大理钟繇为相国。冬十月，魏王整训部队，接着出发征讨孙权，十一月，魏王到谯县。

二十二年春正月，魏王驻扎居巢。二月，进军驻扎江西郝溪。孙权在濡须口筑城拒守，于是魏王进逼攻打，孙权后退逃走。三月，魏王带兵回返，留夏侯惇、曹仁、张辽等驻屯居巢。

夏四月，天子命令魏王设置天子旌旗，出入称警跸。五月，建造泮宫。六月，魏王以军师华歆为御史大夫。冬十月，天子命令魏王冕上悬垂12枚旒，乘坐金根车，驾6匹马，配设五时副车。以五官中郎将曹丕为魏国太子。

二十三春正月，汉太医令吉本和少府耿纪、司直韦晃等造反，进攻许都，烧丞相长史王必的军营，王必和颍川典农中郎将严匡攻杀了吉本等人。

曹洪打败吴兰，杀死吴兰将领任夔等人。三月，张飞、马超逃往汉中，阴平氐人强端杀了吴兰，把首级送给朝廷。夏四月，代郡，上谷乌丸无臣氐等人反叛，魏王派遣鄢陵侯曹彰去打败了他们。

六月，下令说："古代埋葬死者，一定要找瘠薄的地去埋。现命令划出西门豹祠西边原上的一片地，来建造我的寿陵，就用原地高度为基点，不堆坟丘，不栽树为标志。《周礼》冢人掌管公墓土地，凡是诸侯都葬在王墓左右两侧的前方，卿大夫在后方。汉朝制度也叫做陪陵。现决定有功的公卿大臣列将，死后陪葬我的寿陵。把寿陵墓地规划得广阔一些，让陪葬的容纳得下。"

秋七月，魏王训练部队，接着西征刘备，九月，到长安。

冬十月，宛县守将侯音等人造反，逮捕南阳太守，掳略官民，据守宛县。在二十四年春正月，曹仁屠杀宛县军民，杀了侯音。

夏侯渊与刘备在阳平交战，被刘备所杀。三月，魏王从长安出发，经过斜谷派军队占据了军事要地，进军汉中，接着又到阳平。刘备据险抵抗。

夏五月，魏王带兵回长安。秋七月，魏王以夫人卞氏为王后。魏王派于禁帮助曹仁进攻关羽。八月，汉水泛滥，淹了于禁军队，于禁军队全部溃散，关羽捉了于禁，接着包围曹仁。魏王派徐晃救曹仁。

九月，魏相国钟繇因为西曹掾魏讽造反而获罪，被免职。冬十月，魏王大军回洛阳。孙权送来书信，愿以讨伐关羽作为对朝廷的报效。魏王从洛阳南征关羽，还未到前线，徐晃已经打败了关羽，关羽逃走，曹仁被解围，魏王驻扎摩陂。

二十五年春正月，魏王到达洛阳，孙权杀关羽，把关羽首级传送给朝廷。

庚子，魏王在洛阳去世，年龄是66岁。留下遗令说："天下还没安定，还不能够一切遵从古代礼制办事。埋葬以后，全部除去孝服。那些带兵驻扎戍守的，都不许离开驻屯地。各部门官吏照常做自己的本职事情。用现在流行穿用的服装装殓，不要陪葬金玉珍宝。"魏王被谥为武王。二月丁卯，葬于高陵。

鞠躬尽瘁　死而后已——诸葛亮

诸葛亮，字孔明，琅邪郡阳都县人，汉朝司隶校尉诸葛丰的后代。父亲名珪，字君贡，汉末任太山郡丞。诸葛亮自幼丧父，叔父诸葛玄是袁术任命的豫章太守，诸葛玄携带诸葛亮和诸葛亮弟弟诸葛均去赴任。恰逢汉朝改派朱皓取代诸葛玄。诸葛玄一向和荆州牧刘表有交往，就去投奔刘表。诸葛玄死后，诸葛亮亲自参加农田耕种，喜吟《梁父吟》。身高8尺，常自比与管仲、乐毅，与他们相提并论，当时人没有谁赞成他的自我评价。只有和诸葛亮友好的博陵崔州平、颍川徐庶元直认为诸葛亮的自我评价符合实际。

当时先主（刘备）屯驻新野，徐庶拜见先主，先主器重徐庶。徐庶对先主说："诸葛孔明，是条卧龙，将军是否想要见他？"先主说："您陪他一块来吧。"徐庶说："此人只能去拜见，不能委曲他来拜见将军。将军应当委屈自己前去拜见他。"于是先主就去拜见诸葛亮，先后去了3次才见到。于是屏退其他人，对诸葛亮说："汉朝陷入危机，奸臣窃取了大权，皇帝流离失所。我不考虑自己的品德能力，想在全天下伸张大义，可是智慧和办法不够，因此遭受挫折，直到今天。但我志向还没放弃，您说如何是好？"诸葛亮回答说："从董卓以来，豪杰并起，地跨几个州几个郡的，多得数不过来。曹操和袁绍相比，名声小，兵力少，但曹操终能打垮袁绍，变弱为强，这不仅是时机碰得好，也是人的谋略强啊。现在曹操拥兵百万，挟持了天子，以天子名义号令诸侯，这的确不能和他正面冲突了。孙权占有江东，已历3代，地势险要，人民拥护，贤士能人愿为他效力。这支力量可结为外援，而不能去并吞。荆州北面有汉水、沔水可供据守，远接南海的广阔地域可以提供丰盛财源，东与吴会相连，西面通达巴蜀，这是兵家必争之地，但它的主人没有能力来守护。这可能是老天为将军提供的，将军有意吗？益州地形险要，肥田沃土上千里，是座物产富饶的天然仓库，高祖凭借它建成了帝业。刘璋昏暗，北受张鲁威胁，境内人口众多，财源充沛，但不懂得关怀体贴民众，有智慧有才干的人希望得到贤明君主。将军既是皇室后代，信义天下皆知，多方招求英雄，思慕贤才如饥如渴，如能跨有荆、益两州，守住险要，西面和各支戎人和好，南面安抚夷越各族，对外和孙权建立友好关系，对内改进政治，天下形势一有变化，就派一员上将率领荆州兵力进军宛、洛，将军亲自率领益州兵力出击秦川，百姓有谁敢不用篮子盛饭，用壶装酒欢迎您的部队呢？如果真像这样了，那就可以完成霸业，汉朝就可复兴了。"先主说："说得好！"于是和诸葛亮一天比一天友好亲密起来。关羽、张飞等不高兴，先主向他们解释说："我有了孔明，就像鱼得了水一样，希望你们各位不要再说什么了。"关羽、张飞于是不复议论。

刘表长子刘琦，也非常器重诸葛亮。刘表听了后妻的话，爱小儿子刘琮，不爱刘琦。刘琦常想和诸葛亮研究自保安全的办法，诸葛亮总是拒绝，不给他出主意。刘琦于是领诸葛亮游览后花园，一同登上高楼。喝酒时，叫人把楼梯撤了，然后对诸葛亮说："现在上不连天，下不连地，话从你口中出来，只进我的耳朵，可以说了吗？"诸葛亮说："您没看到申生在内遭遇了灾祸，重耳在外获得了安全吗？"刘琦领悟其中含意，暗地谋划去外地任职的办法。正巧黄祖死了，有了外出任职的机会，就当了江夏太守，不久刘表死去，刘琮听说曹操来攻荆州，就派去使者请求投降。先主在樊城听说了，率领部下向南走，诸葛亮和徐庶都随行，被曹操追上来击溃，俘虏徐庶之母亲。徐庶向先主告辞，指着心说："本来想和您一起创建王霸大业的，是这一小块地方，现在失去了老母，这小块地方乱了，不能再对事情有所帮助了，请允许我从此和您分别。"于是就到曹操那里去了。

先主到达夏口，诸葛亮说："事情紧急，请派我去向孙将军求救。"当时孙权带兵驻扎柴桑，观望成败。诸葛亮劝孙权说："天下大乱，将军起兵占有了江东，刘豫州也在汉南招募军队，和曹操争夺天下。现在曹操大敌已破，基本控制了北方局势，接着又击破荆州，威镇四海。英雄无用武之地，所以刘豫州逃到这里。希望将军量力而行。如果能凭借吴、越兵力和中原对抗，不如早点和曹操决裂；如果不能抵挡，为什么不放下刀枪、卷起盔甲，屈膝投降称臣呢！现在将军表面装作服从，内心仍在犹豫，事情紧急而不下决断，大祸就要降临了。"孙权说："如果像您说的这样，刘豫州为什么不干脆投降他呢？"诸葛亮说："田横只不过是齐国一个壮士罢了，还坚守原则不屈辱投降呢，更何况刘豫州是王室后代，英才盖世无双，众多贤士思慕敬仰他就像水归大海一样？如果事情不成功，那是天意，怎么能向曹操投降称臣呢？"孙权激动地说："我不能拿全吴土地、10万大军，交给别人控制。我考虑定了！不是刘豫州，没有谁可以抵挡曹操。但豫州新败，能担当起这重任吗？"诸葛亮说："刘豫州军队虽在长阪战败，现在从战场回来的战士加上关羽精锐水军有一万人，刘琦会合江夏战士也不下万人。曹操军队，远来疲劳，听说追击刘豫州时，轻骑一天一夜行300多里，这就是所谓的'强弩之末其势不能穿鲁缟了。'所以兵法上禁止这样进军，说'必定会导致主帅的失败'。加上北方人不习惯水战，还有荆州民众附附曹操，是曹操用军事力量威逼的结果，不是心服。现在将军果真能派遣猛将带几万军队和豫州同心协力，则打败曹操，必定无疑。曹操失败，必然退回北方，如此则荆、吴势力增强。鼎足三分局面就确立下来了。成败关键，看您今天的决定。"孙权非常高兴，就派周瑜、程普、鲁肃等水军3万人，随诸葛亮去见先主，合力抵抗曹操。曹操在赤壁战败，带兵回返邺城。先主于是占领江南，以诸葛亮为军师中郎将，让他督察零陵、桂阳、长沙三郡事务，征调三郡赋税，供应军需。

建安十六年，益州牧刘璋派法正迎接先主，要先主攻打张鲁。诸葛亮和关羽镇守荆州。先主从葭萌出发回师攻击刘璋，诸葛亮与张飞、赵云等率兵溯江而上，分头平定郡县，和先主合围成都。成都攻克，以诸葛亮为军师将军。署左将军府事。先主外出，诸葛亮常镇守成都，确保钱粮足用，兵力充实。二十六年，部下劝先主称皇帝，先主没答应。诸葛亮劝说道："当年吴汉、耿弇等开始劝世祖称皇帝，世祖辞让，劝说好几次也没答应。耿纯对世祖说：'天下英雄敬仰归向您，把希望寄托到您身上了，如果您坚持不听从大家的建议，士大夫们就各自转回去另找主人，没有必要再跟从您了。'世祖被耿纯真挚深刻的谈话感动了，就接受了大家的建议。现在曹氏篡夺了汉朝政权，天下无主，大王是刘氏后裔，是为了延续刘氏帝统才奋起斗争的，现在接受帝号，是理所当然之事。士大夫随大王长期辛苦，也是想建点小功，如耿纯所说的那样。"先主于是即位为皇帝，任命诸葛亮为丞相，任命书说："朕遭遇家族不幸，恭敬地承接了帝位，小心谨慎，不敢安逸，希望丞相诸葛亮了解朕的意思，不要放松弥补朕的不足，帮助朕发扬伟大的汉室光辉，以照明天下。希望您努力啊。"诸葛亮以丞相录尚书事，假节。张飞死后，诸葛亮兼司隶校尉。

章武三年春，先主在永安病重，把诸葛亮从成都召去，托付后事。对诸葛亮说："您的才能是曹丕的10倍，必能安邦定国，最终完成统一大业。如果太子可以辅佐，就辅佐他，如果他不成才，您可以取而代之。"诸葛亮流着泪说："我一定竭尽全力辅佐，坚守忠贞原则，一直到死。"先主又写了一份诏书告诫后主："您和丞相共事，要把他当父亲一样看待。"建兴元年，封诸葛亮为武乡侯，设立丞相府署办理政务。不久，又兼益州牧。政事不分大小，皆由诸葛亮决定。南中地区各个郡，全都叛乱了，诸葛亮因为新遭国丧，所以没有马上派兵镇压。暂且先遣派使者出访东吴，趁便建立和平友善关系，进而结成盟国。

三年春，诸葛亮领兵南征，当年秋天全都平定，南中能提供军事物资，国家因而逐渐富饶。于是整军练武，等待机会出兵伐魏。五年，率领各路大军北驻汉中，出发前，给皇帝呈上奏疏说：

先帝创建大业未半而中途逝世了，如今天下三分，益州困难重重，这确实是危急存亡的关键时刻。但侍卫大臣在朝廷依然兢兢业业，毫不懈怠；忠诚将士在疆场依然英勇奋战，不顾个人安危，这是因为他们追念先帝的特殊恩惠，想向陛下报答啊。陛下应当广泛听取意见，以发扬先帝遗留的美德，进一步振奋志士们的精神，不应该无缘无故看轻自己，用不恰当的借口去堵塞臣下进献忠谏的途径。皇宫和丞相府的臣僚是一个整体，赏罚褒贬，不应当标准不同。如果有作恶犯法和尽忠行善的，应该交付主管官吏研究奖惩，以显示陛下处理国事的公正严明。不应该对谁偏袒，使宫内宫外有不同准则。侍中、侍郎郭攸之、费祎、董允等，这些都是善良诚实人，心怀忠贞思想纯洁，所以先帝选拔出来遗留给陛下。我认为宫里的事，不论大小，全都听取他们意见，然后施行，必定能减少缺漏，增强效果。将军向宠，性格温和善良，办事公正，通晓军事，以前试用过他，先帝称赞他"有才能"，所以大家讨论推举他为部督。我认为军营中的事全都听取他的意见，必能使将士和睦，各种人才都各得其所。亲近贤臣疏远小人，这是前汉兴隆的原因；亲近小人疏远贤臣，这是后汉衰落的原因，先帝在世时，常和我议论这些事，没有一次不对桓、灵时的情况深感遗憾。侍中、尚书、长史、参军，这些都是忠贞善良宁死也要坚持原则的人，希望陛下亲近他们、信任他们，这样，汉室的兴盛就不用花很多日子了。

我本是平民百姓，在南阳亲自从事耕作，只想在乱世里勉强保全性命，并没想在诸侯间扬名做官。先帝不在乎我低贱鄙陋，他降低身份，3次到草屋中来看望我，征询我对当世的看法，我从而受到感动，就答应追随先帝奋斗。后来遭遇失败，在军事溃退中接受重任，在艰难危险时奉命出使，从那以来已经21个年头了。先帝知道我谨慎，所以临终把大事托付给我。接受托付以来，日夜忧虑，唯恐托付的事不能实现，伤了先帝知人之明。所以五月里渡涉泸水，深入荒凉地带。现在南方已经平定，兵力已经充足，应该鼓舞、率领三军，北进平定中原。希望能竭尽我平庸的才能，扫除奸邪恶人，兴复汉朝，返回旧都，这是我报答先帝和效忠陛下的职责啊。

至于斟酌内政，除弊兴利，尽忠劝谏，那是攸之、祎、允的职责。希望陛下把消灭贼寇兴复汉朝的成效托付给我，不见成效，就治我的罪，报告先帝在天之灵。责备攸之、祎、允的怠慢，公布他们的过错。陛下也应当自己多加考虑，访询安邦治国的好办法，考察接纳正确意见，深入追念先帝遗诏。我承受大恩无限感激，现在就要远离陛下了，面对这份表章，不禁落泪，不知自己说了什么。

于是率军出发，屯驻于沔阳。

六年春，扬言经由斜谷道进攻郿县，派赵云、邓芝以作疑兵，占据箕谷，魏大将军曹真带兵抵挡赵云、邓芝。诸葛亮亲领各路兵马攻祁山，队伍整齐，赏罚严肃，号令分明，南安、天水、安定三郡反叛魏国响应诸葛亮，关中为之震动。魏明帝西行坐镇长安，派张郃抵挡诸葛亮，诸葛亮派马谡督领各路大军前行，和张郃战于街亭。马谡违背诸葛亮部署，行动失当，被张郃打得大败而归。诸葛亮迁徙西县居民1000多家回到汉中。杀掉马谡，以向将士承认错误。上疏说："我以微薄才能，占据了不应占有的高位，亲任统帅，整训三军，没能讲清制度，严明法规，没能临事警惕慎思，所以出现街亭违背部署的错误，箕谷戒备不周的过失，错误都在于我任人不当。我缺乏知人之明，考虑事情多有不明之处。《春秋》有追究主帅责任的原则，根据我的职务，应当承当责任，请允许我自己降职三级，以惩罚我的罪过。"于是以诸葛亮为右将军，代行丞相职务，所管辖事务同往常一样。

冬季，诸葛亮又从散关出击，包围陈仓，曹真率军抵挡。诸葛亮军粮用尽，只好后撤，魏将王双率骑兵追击，诸葛亮与他交战，打败了他，斩了他。七年，诸葛亮派陈式攻武都、阴平，魏国雍州刺史郭淮率兵想进击陈式，诸葛亮亲自进到建威，郭淮退回，于是平定了武都、阴平两郡。后主给诸葛亮下诏书说："街亭战役，罪在马谡，而您把罪责加在自己身上，深深贬低自己。我不便违背您的心意，听从了您的要求。前年出兵，斩了王双，今年出征，郭淮遁逃，招降氐、羌，收复两郡，威镇残暴敌人，功勋卓著。现在天下还不安定，首恶尚未铲除，您肩负重任，主持国家大事，却长久自我贬低压制，这不是光大弘扬兴复大业的办法，现在恢复您的丞相官职，希望您不要推辞。"

九年，诸葛亮取道祁山出击，用木牛运输，军粮用尽，只好退兵。和魏将张郃交战，射死张郃。十二年春，诸葛亮统率全部大军由斜谷出兵，用流马运输，占据武功的五丈原和司马懿对峙于渭水南岸。诸葛亮常担忧军粮供应不上，使自己大志不能实现，所以就分出军队就地屯田耕种，作为长久驻扎的基础，屯田士兵散住在渭水沿岸居民之间，而百姓安居，军队不扰民自利。相持百余日，当年八月，诸葛亮患重病，在军营中逝世。年龄是54岁。军队撤退以后，司马懿巡察诸葛亮的营垒故址，说："真是天下奇才啊！"

诸葛亮临终嘱咐，把他葬在汉中定军山，依山造坟，墓坑仅能放下棺柩，就以当时的服装入殓，不用殉葬品。后主下诏书说："您兼具文武才能，明智、忠厚、诚实。接受托孤遗诏，匡正辅佐朕，接续中断的汉朝，兴复衰落的皇室，志在平定大乱。于是您整顿军队，没有一年不出兵征讨，英武神奇，威镇八方。即将为第三次崛起的汉朝建立特殊功勋，建立可与伊尹、周公媲美的功勋，老天为什么不施仁慈，事情接近完成，却患病去世！我为此非常伤心，心肝像碎裂一样难受。尊崇美德，评定功勋，条列事迹，议定谥号，为的是让您的光辉照耀后世，让您青史留名、永垂不朽。现在派遣使持节左中郎将杜琼，赠您丞相武乡侯印绶，谥您为忠武侯，魂如果有灵，您将因获得这份荣誉而高兴。唉，伤心啊！唉，伤心啊！"

起先，诸葛亮自己上表给后主说："成都我家有桑树800棵，薄田15项，我后代的穿衣吃饭，会有富余。至于我在外任官，没有别的开支，随身衣食，全由官府供给。我不再另外经营产业，增加少许财富。到我死的时候，不让家中、任上有多余财物，而辜负陛下恩德。"到他死时，仍是如此。

诸葛亮擅长巧思，改进连弩，制造木牛流马，都出自他的设计。研究运用兵法，设计八阵图，都掌握住了要害之处。诸葛亮言论、教令、书信、奏议大多值得阅读，另编为一集。

景耀六年春天，后主下诏在沔阳为诸葛亮建庙。当年秋天，魏国镇西将军钟会征蜀，抵达汉川，祭祀诸葛亮的庙，下令军士不许在诸葛亮墓地左右放牧打柴。诸葛亮弟弟诸葛均，官做到长水校尉。诸葛亮儿子诸葛瞻，继承了诸葛亮的封爵。

《晋书》

《晋书》概论

　　《晋书》，唐房乔即房玄龄撰，共 130 卷，计有本纪 10 卷，志 20 卷、列传 70 卷、载记 30 卷，记载从晋武帝泰始元年至恭帝元熙二年（256—420 年）156 年的史事，诸志所载典章制度则上承汉末。书中虽多矛盾、疏漏，但仍是研究晋史的主要依据。

一

　　《晋书》130 卷，始修于唐太宗贞观十八年（644 年），至二十年修成。按朝代顺序，《晋书》在二十四史中列第五，但从成书年代看，《晋书》成于唐初，在宋、齐、魏乃至隋书之后，距西晋灭亡已有 300 多年，距东晋灭亡也有 200 多年。

　　《晋书》题为房乔撰，实际上是一部集体撰制的官修史书。在我国史籍的编撰史上，唐初可以说是一个转折点。唐代以前，史书的编撰是官修和私人编撰并存而以私家著述为主，私家编撰的史书往往不能完全符合当权统治集团的需要，甚至某些奉诏所修的国史，也由于修史者不尽站在以皇帝为代表的最高统治集团一边，自觉不自觉地触及乃至危害其统治利益，因此在隋文帝统一全国后，为了进一步加强中央集权，在史学方面加强了控制，开皇十三年（593 年）下诏："人间（即民间）有撰集国史、臧否人物者，皆令禁绝。"（《隋书·文帝纪》）这是明令禁绝私人撰集国史。唐朝政治上的再度统一，要求思想文化方面有相应的措施，扫除分裂割据的痕迹，树立统一的历史观。私人修史远远不能适应这种形势的需要。于是在贞观三年（629 年）设置专门的修史机构，从而把官修国史制度化，完成了国史从私修到官修的过渡。《晋书》的编修正是这种官修史书背景下的重要产物。

《晋书》的撰稿人很多，参加编写工作的共有22人。其中房玄龄（即房乔）、褚遂良、许敬宗3人为监修，即担任主编；此外，唐太宗李世民还亲自写了宣帝纪、武帝纪、陆机传、王羲之传等4篇论赞，所以《晋书》旧称"太宗文皇帝御撰"也是有道理的。

<h1 style="text-align:center">二</h1>

《晋书》以其130卷的巨制，能在短短3年时间内编成，除上面提到的编写人员众多这个因素外，另一个因素则是可供直接参考的资料十分丰富。唐朝官修的《晋书》所利用的史料大致有3个来源：一是两晋南北朝时期各家撰著的有关晋朝历史；一为晋朝各帝的起居注；一为杂史文集等史料。

首先是18家晋史。晋末距唐初已有200余年，在这一段时间内，研究晋史的学者很多，据《隋书·经籍志》和《唐书·艺文志》所载，已成书的不下20家。唐太宗在《修〈晋书〉诏》中称："前后晋史十有八家"。但究竟是哪18家，到现在已很难确定，一般通行的意见，是指：晋陆机的《晋纪》，王隐的《晋书》、谢沈的《晋书》、干宝的《晋纪》、邓粲的《晋纪》、孙盛的《晋阳秋》、虞预的《晋书》、曹嘉之的《晋纪》、何法盛的《晋中兴书》、朱凤的《晋书》、宋：徐广的《晋纪》、檀道鸾的《续晋阳秋》、裴松之的《晋纪》、谢灵运的《晋书》；齐：臧荣绪的《晋书》；梁：萧子云的《晋书》，萧子显的《晋史草》，沈约的《晋书》等18家。此外还有晋：束皙的《晋书》帝纪十志、荀绰的《晋后书》、习凿齿的《魏晋春秋》；宋：刘谦之的《晋纪》、王韶之的《晋纪》、郭季产的《晋纪》；梁：萧铣的《东晋新书》、郑忠的《晋书》等8家，也在参考之列。

上述这些史书，体例不尽相同，有的属纪传体，有的为编年体；所记年限也不尽一致，有的只写到西晋灭亡，有的仅东晋一朝史事，而最使唐初统治集团深感不满的，是没有一个尽善尽美的本子为他们所用，所以唐太宗要批评说"（臧）荣绪烦而寡要，行思（谢沈）劳而少功，叔宁（虞预）味同画饼，（萧）子云学埋涧流，处叔（王隐）不预于中兴，（何）法盛莫通乎创业"。至于干宝、陆机、曹嘉之、邓粲只不过略记帝王，檀道鸾、孙盛、徐广、裴松之等人虽然富有才华，然而"其文既野，其事罕有"。于是下诏重修。唐朝官修的《晋书》即以臧荣绪的《晋书》

为底本，参考其余史料，重新编写而成的。

其次是晋朝的起居注。晋朝的史官是著作郎兼任的，初隶属于中书省，晋惠帝时，又设置著作郎一人，称为"大著作"，专掌史任，同时设辅助性的佐著作郎8人。著作郎掌起居集注，记录皇帝言行和当朝大事。因此晋朝的起居注很多，据《隋书·经籍志》记载，就有23种，共557卷，这也是修《晋书》的重要参考资料。

再次是杂史文集，包括有晋朝旧事、五胡十六国史及杂说3种。关于晋朝旧事的有《晋朝杂事》《晋宋旧事》《晋要事》《晋故事》《晋建武故事》《交州杂事》《晋八王故事》《桓玄伪事》《晋东宫旧事》等书。五胡十六国的国书30家，及崔鸿的《十六国春秋》等书。杂说如傅畅的《晋诸公赞》、郭颁的《魏晋世语》、刘孝标《世说新语注》、祖冲之的《述异记》、刘义庆的《幽明录》、干宝的《搜神记》、东阳无疑的《齐谐记》许善心的《符瑞记》等书。

正是由于唐朝官修《晋书》取材宏富，加之编纂得当，所以明显优于以往各种晋史。唐代著名史学家刘知几在他的史学名著《史通》中说，自从唐本《晋书》出现后，"言晋史者皆弃其旧本，竞从新撰者焉"。唐朝官修《晋书》能够取代旧有的18家晋史，得到广泛流传，说明它的编写是成功的，也自有其存在的价值。

《晋书》系叙述两晋（西晋、东晋）时期155年（265—419年）的历史。总括起来，它有如下特点和价值。

首先，从编辑分工合作情况看，《晋书》是官修史书中组织分工比较合理、能够发挥各家专长的一部史学著作。在《晋书》的修撰过程中，主持监修的房玄龄等人对组织分工作了比较合理的安排，因其所长，分工撰录，便于发挥个人专长，然后集合各人的专长，合成一书。这在官修史书上是一个比较突出的特点。后代官修史书在这方面是赶不上《晋书》的。

其次，从编辑体例来说，《晋书》在古代史籍中是体例比较合理并有所创新的一部史学著作。《晋书》的编辑体例，基本上沿袭《史记》《汉书》《宋书》《南齐书》《魏书》的体例并加以发展。有本纪、列传、志书和载记，发挥了纪传体史书固有的特色。本纪中的宣帝、景帝、文帝三纪，追述西晋建立前曹魏后期司马氏专权的历史，说明晋朝帝业的开创始末。这3个人虽没有帝号，陈寿《三国志》也未立传。干宝《晋纪》创立三帝纪，唐修《晋书》承袭这种做法，并对以后的《金史》创立《世纪》产生了影响。

《晋书》列传的编次，很是得体。例如陶潜死于刘宋，为了褒奖他心不忘晋，也为他立传；桓温本有争晋的阴谋，所以他的传不列入桓彝之下，而是与王敦、桓玄同入叛逆传中。70 卷列传，共列入 772 人，除按时代先后编次外，还有很多合传。其中有按高门士族合为一传的，有的多达 10 人以上，如桓彝子孙 16 人、安平王司马孚子孙 13 人、王湛子孙 12 人、陶侃子孙 11 人，分别合为一传。这种写法反映了当时士族的强盛和时人对门第观念的重视。有的则按传主的共同特点合传，如阮籍、嵇康、向秀、刘伶等人合传，是因为他们都具有"其进也，抚俗同尘；其退也，餐和履顺，以保天真"的特点。比如将徐广、陈寿等 12 人合为一传，皇甫谧、束皙等 4 人合为一传，则是因为他们都是历史学家、考古学家。又比如卷五十九的八王合为一传，若以世次论，他们根本不可能合为一传，但因为他们是导致西晋灭亡的"八王之乱"的罪魁，所以也合为一传。

《晋书》中载记的运用是最具特色的体裁。载记是用来记叙新市、平林、公孙述等的割据势力，有些类似于《史记》的世家。《晋书》写的是统一皇朝的历史，对于东晋十六国时期的历史记载，自然贯彻着一种统一的思想。十六国都在中土，又不受晋封，势难以按照《史记》的世家那样处理，因为世家所列诸侯皆由周王室分封而承认周王室为天下共主，这样就只有援引"载记"之例，分国记述前赵、后赵、前燕、前秦、后秦、后蜀、后凉、后燕、西秦、北燕、南凉、南燕、北凉、夏等 14 个政权。三十载记，只称"僭伪"，不强调"华夷"，正是唐太宗摒弃华夷之辨的狭隘民族偏向，实行"爱之如一"的民族政策的思想的直接体现。

再次，从史料的角度来看，《晋书》取材广泛，内容丰富，叙事详尽，是一部具有较高史料价值的史学著作。这是《晋书》的一大优点。唐代创官家修史，在图书资料的汇集和人力的组织上都要优于私家。前文在叙及《晋书》的史料来源时曾提 18 家晋史及其他史著，这在《晋书》中也有反映。比如在《晋书》本纪中，追溯了曹魏末年司马氏专政和代魏的历史，可以弥补《三国志》的不足。在《晋书》列传中，保存的珍贵史料更多，足以反映两晋时期社会矛盾的全貌以及经济文化发展的情况。同时，列传中多载有原始的历史文献，如《禹贡地域图序》（卷三十五）、裴頠的《崇有论》（卷三十五）、刘寔的《崇让论》（卷四十一）等，对于说明晋代的社会风俗，都是极重要的文献。再比如五胡十六国这段历史，在《晋书》以前虽有《三十国春秋》《十六国春秋》等著作，但原著久已失传，今天所能看到的，只是后人的辑本，因而研究这一段历史就不能不留意《晋书》三十载记。此外，唐以前虽有为数众多的晋史著作，但《晋书》取代这些著作后，大多都已失传，流传到今的全本几乎没有了，所以在保存史料方面，《晋书》无疑是有很大成就的。

《晋书》尽管有较完备的体例和充实的史料，但也有其不足之处。

首先值得注意的是《晋书》中所表现的孝道伦理和天命论思想。这还得从魏晋以来的政治、文化思想的变化说起。魏晋以来，由于政权更替频繁，儒教的伦理纲常，尤其是忠君思想，已被大大削弱了。孝道被统治者们死死抱住不放，当成维系其统治的重要手段，所以，从南北朝的各史开始，有关"孝义""孝行"或"孝友"的类传频频出现。到了唐朝，儒家学说逐渐居于正统思想地位。在总结前王得失与进行伦理说教两者之间，《晋书》的修撰者们更多地从后者着眼。因此，宣扬伦理纲常，用以"敦励风俗"，突出孝道，就成为修撰《晋书》的基本思想。这可以说《晋书》的指导思想有别于唐初所修其他各史的一大变化。在《晋书》中，不仅专门为"孝友"产传，就连其他列传也刻意突出孝道。书中所采的"孝悌名流"，有些被后世奉为"孝"的典范，列入"二十四孝图"，足见其影响之深远。另一方面，为了维系和神化皇权，《晋书》还注入了强烈的天命论思想。监修房玄龄按照唐太宗的旨意，明确肯定"王者，必有天命"的命题。因此书中多采摘一些荒诞的神怪故事，"以广异闻"。如《成恭杜皇后传》写皇后少有姿色，长大了还没有牙齿，"帝采纳之日，一夜齿尽生。"《干宝传》说他父亲的一个婢女，幽闭墓中10多年，后来竟然又复苏、嫁人，并且还生儿育女。这种宣扬鬼神怪异，因果报应的文字，对于讲究客观真实的历史著作来说，是极其有害的。

《晋书》另一个值得注意的问题，是它的前后矛盾、疏漏脱落之处。由于是众手修书，参加的人的水平参差不齐，撰成后又未经精心通纂，因而书中存在一些前后矛盾，互不照应之处。至于书中关于人名、地名、官职、时间、地点的错误及前后不一之处，更是不胜枚举。

尽管有上述不当之处，但《晋书》毕竟是在广泛吸取前人成果和占有材料的基础上撰成的，应该说是成绩多于缺点，在我国古代史籍中是一部具有较高水平的史书。加上修撰者多为文学之士，魏晋以来以至唐初，盛行四六骈体文，修撰诸公辞藻华丽，"竞为绮艳"，这对于专门的史学著作讲究笃实的学风来说，固然是不相宜的，但对于一般读者，通过文白对照的形式，展现其中的部分篇什，不是既可以温习一点两晋史实，又可以欣赏到初唐学子的"绮艳"文风么？！

三

我们在这里提供一些有关两晋时期的政治、经济、民族、文化的背景知识可能对了解晋史会有一定帮助。

政治方面：两晋时期政治的一个突出的特点，就是门阀政治（又称贵族政治）。所谓"门阀政治"就是由世家大族把持朝政，出身低微的人是无缘进入官府的。本来，在西汉时期，由于跟随刘邦起事的多为出身低微之徒，后来当上了高官，形成了所谓的"布衣卿相之局"。东汉时期地方世家大族势力虽有所发展，但由于两汉时期采取由社会基层组织推举的"察举"和"征辟"的途径选拔官吏，一些出身寒门的人如果德才兼备还是可以入仕为官的。东汉末年的社会大动荡，摧毁了社会基层组织，原来的"察举"和"征辟"不能有效地进行，曹魏建立后，就实行"九品官人法"，依据人物的品行定为九等，作为选拔官吏的标准，"盖以论人才优劣，非为史世高差"。迭至西晋，当权者司马氏本东汉中叶以来的世家大族，西晋政权所依靠的也是一些世家大族。此时虽继续采用"九品官人法"，但掌握评选标准的却是世家大族，以致形成"上品无寒门，下品无士族"的局面。东晋偏安江东后，门阀政治更是发展到极致，且出现两大变化。其一是地方握有兵权的大族显要往往左右朝政，晋初的"王与马，共天下"就是很好的说明，其后的桓氏家族也是如此。其二是南北士族的结合。东晋所在的江东本是三国时吴国的地盘，与曹魏打击豪强，任人唯才不同，孙吴政权所依据的却是世家大族的势力，等到晋司马氏带领北方士族进入江东时，那里的士族力量已相当强盛，《晋书·王导传》上说："顾荣、贺循、纪瞻、周玘，皆南土之秀"。正是在南北世家大族的共同扶持下，东晋偏安政权才得以延续。门阀政治终东晋一世，直到刘裕取代东晋建立宋朝，门阀政治才算走到了历史的尽头。

两晋的门阀政治导致了许多社会现象和社会矛盾。首先，是统治阶级的奢侈和对门第观念的重视。门阀政治和门阀制度的形成，使得士族和寒门成为绝对不可逾越的两大阶层，士族子弟无论才智、品质如何，都可以做到高官，特殊的政治制度保证他们有特殊的社会地位，从而也保证他们有优裕的生活,在这种优裕的生活中,统治阶层腐化了。如晋武帝的宫妾、妃子近万人,皇帝不知在哪家过夜为好,他经常乘着羊车,傍晚时分任羊行走,等到哪家门前停止不前进了,就在哪儿过夜。于是宫女在门前洒上盐水,逗引羊车在自家门前停留。皇帝如此,世家大族更是竞相淫奢。用人乳喂猪者有之,用麦芽糖洗锅者有之,用蜡烛烧火做饭者有之,真是"奢侈之费,甚于天灾"。

门阀制度保证了统治阶级的优越地位和奢侈生活,他们当然竭尽全力去保护它。于是两晋时期对门第观念尤为强调,不仅一切唯出身论,就连通婚、社会交往也要强调彼此的门第和族望。这也就进一步促进了家族观念和牒谱学的勃兴。在《晋书》中往往同一族的人物合为一传,这也是门阀制度的反映。

其次是门阀政治导致了社会矛盾,这种矛盾在东晋尤为明显。东晋立国之初,有北来士族与当地土著士族的矛盾,而在北来士族之间为了争夺中央统治权,也有种种矛盾斗争,这种矛盾斗争突出地表现在"荆、扬之争"上。东晋时期,以扬州为内户,荆州为外阃,扬州虽然是京畿一政治中枢所在;而长江中游的荆州又因为是防御北方的军事重镇,它的经济和军事力量,又常有控制下游的可能,镇守荆州的将领往往拥兵自重,威胁下游的扬州,企图争取最高统治权。而下游扬州的皇室在自身利益受到世家大族威胁时,也往往借助荆州的军事力量进行"清君侧"。这样,为争夺统治权的世族之间的矛盾又和中央与地方的矛盾交织在一起,因而就有了"王敦之乱""苏峻、祖约之乱"和桓温父子的专权,直到东晋灭亡。

两晋时期,民族关系是我国历史上少数民族空前活跃,民族矛盾空前激化,民族融合空前剧烈的时期。自秦汉以来,在我国北方就生活着为数众多的游牧民族,他们逐水草而居,行无定所,社会组织还处于原始社会、奴隶社会或由奴隶向封建社会的过渡阶段。三国鼎立,魏、蜀两国利用少数民族相互牵制、对抗,加上北方草原的旱灾的影响,北方的匈奴(胡)、羯、鲜卑、氐、羌等民族开始大规模地进入中原。西晋初年,进入内地的少数民族已达 800 多万人。少数民族的迁徙又导致内地汉人的大规模的迁移,加上晋朝统治阶级的盘剥。因而形成了所谓"流民起义",这在《晋书》中有很充分的记载。随着少数民族大规模地移入,力量也日益强大起来,经过"八王之乱"打击后的西晋王朝,经不起匈奴贵族刘曜、石勒等强大的军事势力的冲击,终于灭亡了。东晋时期,黄河流域已基本上控制在少数民族手中，并建立了为数众多的国家，这就是历史上的"十六国"。少数民族的移入，一方面摧毁了北方的经济，但更重要的是他们在同汉文化的接触过程中，逐渐接受汉文化的熏陶，并逐渐融合在汉文化中。

另一方面，东晋王朝也不断地与北方少数政权发生冲突。在东晋历史上，曾出现多次北伐，著名的如"祖逖北伐""庾亮、庾翼北伐""桓温北伐"等。这些北伐的军事行动要么是准备不充分，要么是受到东晋统治集团的阻挠，最终没有取得成功，它从一个侧面反映了民族矛盾的激化。在南北军事对峙和军事冲突中，著名的如"淝水之战"，锻炼了一批杰出的军事将领，出现了一些典型战例，在军事史上写下了光辉的篇章。

两晋时期民族关系另一个值得注意的趋势，是南方各民族的内迁，像西南的巴、蛮，东南方的山越，这些民族自东汉末年开始活跃，在两晋时期和汉人一起，共同促进了南方经济的开发。

两晋时期经济的发展有两个值得注意的倾向，一是生产关系的变化；一是南方经济的开发。

秦汉时期，主要是一家一户的自耕农经济，经过东汉末年和三国时期的社会大动荡，自耕农经济遭到很大破坏，萌发于西汉末年的庄园经济得到充分发展，并成为两晋时期农业经济的主要形式。在庄园之中，世家大族占有大量土地，建立庄园或别业，庄园之内不仅有种植业，还有种种手工业、制作业和加工业，以及川泽园林。一个庄园构成一个独立封闭的自给自足的经济体系，庄园里从事农业生产的为部曲佃客和奴隶，他们的人身依附关系进一步强化，部曲佃客相当于豪强世族的农奴。在西晋颁布的占田制中，规定按官品的高低占有田地、荫其亲属和占有佃客，从而为世家大族占有田地提供保证。不仅如此，地方豪强还兼并民田甚至官田，世家大族广占田地，建立别业（庄园），役使部曲佃客和奴隶，从而构成了门阀制度的经济基础。

两晋以前，我国的经济重心一直在北方黄河流域，孙吴时期南方经济虽得以开发，但比起曹魏来仍有所不及。东晋偏安江东，大量的北方流民也随之进入长江中下游地区，他们带来了先进的生产技术和大量的人力，从而促进了南方经济的大发展。

两晋时期思想文化方面的突出特征，就是清谈和玄学。清谈是崇尚虚无、空谈名理的一种风气。玄学是指对《老子》《庄子》《周易》这"三玄"的研究与解说。玄学是清谈的主要依据和内容，清谈是对玄学的阐述和表现方式。

然而两晋的清谈玄学既不同于东汉，也不同于曹魏。曹魏时期清谈虽有转向玄虚的倾向，但像何晏、王弼、夏侯玄等人虽是清谈、玄学家，却仍以此为其政治服务。可是，当魏晋政权交替之时，曹氏和司马氏两个集团钩心斗角，愈演愈烈，许多热心政治的名士，相继被杀。于是，一些苟全禄位的大官僚大地主，以玄谈为事，完全流入玄虚之境。这样，清谈玄学成为高门大族有闲者的点缀，或虚饰夸诞，故作姿态；或故弄玄虚，钓名取禄。清谈玄学的这种变化，既有庄园经济作为世家大族的物质基础，又与门阀政治相表里，成为两晋时期社会上层的时髦风尚。不仅士大夫等士族官僚从事清谈，和尚也参加玄谈，如支道林、慧远等都是很有名的清谈家。

清谈玄学如果只是一般有闲阶级的点缀，倒也罢了，要紧的是两晋的一些主要当权者，不理政事，却以清谈为务。如东晋早期丞相王导，可说是一位清谈领袖。《世说新语》说他清谈时，只谈嵇康的《声无哀乐论》《养生论》和欧阳坚石的《言尽意论》3篇的义理，而词锋无所不至。东晋另一名相谢安，少年时清谈还不佳，为此他特别请教过阮裕，但后来与支道林、许询、王濛等谈《庄子》时，却是词气潇洒，才峰秀逸，一座倾倒。又如琅玡大族王衍，也是不理政事，"妙善玄言，唯谈老庄为事"。直到被石勒杀死前，才醒悟过来，懊悔地说，假如以前不崇尚清谈玄学，全力匡救天下，何至于今日。空谈无补于实际。后人指责两晋时清谈误国。西晋既亡，东晋复不振，这也是一个重要原因。

政　略

卫瓘借酒吐真言

惠帝之为太子也，朝臣咸谓纯质，不能亲政事。瓘每欲陈启废之，而未敢发。后会宴陵云台，瓘托①醉，因跪帝床前曰："臣欲有所启。"帝曰："公所言何耶？"瓘欲言而止者三，因以手抚床曰："此座可惜！"帝意乃悟，因谬曰："公真大醉耶？"瓘于此不复有言。贾后由是怨瓘。

（《晋书》卷三十六，卫瓘传）

【注释】

①托：假装。

【译文】

晋惠帝司马衷做太子时，朝中大臣都认为他老实巴交，恐怕将来不能亲政。卫瓘每次都想在武帝面前开口请求废掉太子，却始终不敢开口。后来有一次武帝宴请朝臣于陵云台，卫瓘假装喝醉了酒，便跪在武帝龙床前说："臣有事想启奏皇上。"武帝便问他道："您有什么事要上奏？"卫瓘欲言又止，如此再三之后用手抚摸着龙床说："此座可惜！"武帝心里明白了卫瓘的意思，却故意说："您真是喝得大醉了啊？"卫瓘自此以后再也不提废太子之事。贾后因此对卫瓘耿耿于怀。

御　人

崇尚虚浮　终致一死

《晋书》

（司马）越之讨苟晞也[1]，衍以太尉为太傅军司。及越薨，众共推为元帅。衍以贼寇锋起，惧不敢当。……俄而举军为石勒所破，勒呼王公，与之相见，问衍以晋故。衍为陈祸败之由，云计不在已。勒甚悦之，与语移日。衍自说少不豫事，欲求自免，因劝勒称尊号。勒怒曰："君名盖四海，身居重任，少壮登朝，至于白首，何得言不豫世事邪！破坏天下，正是君罪。"使左右扶出。谓其党孔苌曰："吾行天下多矣，未尝见如此人，当可活不？"苌曰："彼晋之三公，必不为我尽力，又何足贵乎！"勒曰："要不可加以锋刃也。"使人夜排墙填杀之。衍将死，顾而言曰："呜呼！吾曹虽不如古人，向若不祖尚浮虚，戮力以匡天下，犹可不至今日。"

（《晋书》卷四十三，王衍传）

【注释】

①"越之"句：晋怀帝因为司马越专权，又多违诏命，十分恼火，便于永嘉五年（311年）三月，下诏列数司马越的罪状，并以征东大将军、青州刺史苟晞为讨伐司马越的大将军。司马越与苟晞"竟为暴刻"，相互火并。

【译文】

司马越出兵讨伐苟晞，以太尉王衍为太傅军司。司马越死后，众人推举王衍为元帅。王衍因贼寇蜂起，内心恐惧，不敢就任。……不久，全军被石勒消灭，石勒称王衍为王公，并亲自接见了他，向他打听许多晋廷的旧事。王衍便为石勒陈述晋朝失败的缘由，并且说以前晋廷的大政方针不是出于他。石勒与他谈得十分投机，一直谈到太阳偏西。王衍还自我开脱，说自己自少时起就不参与政事，请求免罪，并劝石勒称帝。石勒大怒道："你的名声传扬四海，身居重位，年轻时就担任朝官，直至白发，怎么还说自己不参与政事呢！破坏天下，正是你的罪过！"说完便让左右的人把他扶出去。接着又问孔苌道："我行走江湖见到的人很多，却从未见到过像这样的人，还能让他留在世上吗？"孔苌回答说："王衍在晋廷位居三公，肯定不会替我们效力的，将这样的人杀了又有什么值得可惜的呢？"石勒说："请不要用刀子等兵器将他杀死。"于是，就在晚上让人推倒王衍等人所居住的房子，将他们活活压死。王衍临死前，环顾左右，叹息道："唉！我等虽不能和古人相比，倘若先前不是崇尚虚浮，热衷清谈，而共同努力来匡救天下，也不会落得今天的下场啊。"

《晋书》

法　制

刘暾不畏权臣

（其后）武库火，尚书郭彰率百人自卫而不救火，暾①正色诘之。彰怒曰："我能截君角②也。"暾勃然谓彰曰："君何敢恃宠作威作福，天子法冠而欲截角乎！"求纸笔奏之，彰伏不敢言，众人解释，乃止。彰久贵豪侈，每出辄从百余人。自此之后，务从简素。

（《晋书》卷四十五，刘暾传）

【注释】

①暾：即刘暾，字长升，太康初年为博士，后任酸枣县令、侍御史等职。晋怀帝时，为羯人石勒之游骑所获，被杀害。

②角：古代法官所戴法冠，作角形，状似獬豸（古代传说中的一种独角兽）首。

【译文】

武器库失火后，尚书郭彰率领 100 人作自我保护，而不去救火，侍御史刘暾严厉地斥问了他。郭彰恼怒地说："我可以削掉你帽子上的角！"刘暾听后大怒，对郭彰说："你怎敢仗着自己得宠作威作福，而把天子法官帽子上的角削掉！"刘暾要来纸和笔，准备将此事记下上奏朝廷，郭彰见后连忙趴在地上，不敢作声，经众人劝解说情，刘暾才作罢。郭彰长期过着显贵、豪奢的生活，每次外出，总有 100 多人跟随其后。自此，郭彰在生活上就注重简朴从事了。

陆云巧断命案

（陆云①）出补浚仪②令。县居都会之要，名为难理。云到官肃然，下不能欺，市无二价。人有见杀者，主名不立，云录其妻，而无所问。十许日遣出，密令人随后，谓曰："其去不出十里，当有男子候之与语，便缚来。"既而果然。问之具服，云："与此妻通，共杀其夫，闻妻得出，欲与语，惮近县，故远相要候。"于是一县称其神明。

（《晋书》卷五十四，陆云传）

【注释】

①陆云：西晋文学家，字士龙，曾任清河内史等职。

②浚仪：县名，在今河南省开封市。

【译文】

陆云离京出任浚仪县令。浚仪县地处通往京城的要道上，都说不易治理。陆云上任后，全县安定，下边的人骗不了他，市场上物价统一。一次，有人被谋杀，凶手没有抓到，陆云就拘捕了被害人的妻子，但没有审讯她。过了10天，陆云释放了她，并暗中派人跟踪。陆云对去跟踪的人说："这女人离去，不超过10里地，就会有一个男人等候她，并与她说话，你就把这个男人抓来。"事情后来果然如此。一审问，那男人便认罪，说："我与此女通奸，一同杀害了她的丈夫。听说她被释放出来，我想与她说话，又不敢在离县城近的地方见她，便在远处迎候她。"于是，全县的人都称赞陆云断案如神。

军　事

风声鹤唳

（晋秦）决战肥水①南，坚②中流矢，临阵斩融③。坚众奔溃，自相蹈藉投水死者不可胜计，肥水为之不流。余众弃甲宵遁，闻风声鹤唳，皆以为王师已至，草行露宿，重以饥冻，死者十七八。

（《晋书》卷七十九，谢玄传）

【注释】

①肥水：亦作"淝水"，水名，源出安徽合肥西北。近人调查证实，东晋太元八年（383年）谢玄等败前秦苻坚于肥水，所指即今安徽寿县城附近东肥河段。

②坚：即苻坚（338—385年），十六国时前秦皇帝。

③融：即苻融，十六国时前秦将领，字博休，时任征南大将军。

【译文】

东晋和前秦的军队在淝水的南面展开决战。苻坚身中流箭，苻融被杀。苻坚的军队溃败逃命，自相践踏与落水而死的人不计其数，淝水也因死者堵塞而断流。残余的人都丢弃兵甲，连夜逃跑，听到刮风的声音和鹤的鸣叫声，都以为是晋军追了来，他们在草丛中奔走，在野外歇息，加上又饿又冻，有十分之七八的人死了。

草木皆兵

梁成①与其扬州刺史王显、弋阳太守王咏等率众五万，屯于洛涧②……晋龙骧将军刘牢之率劲卒五千，夜袭梁成垒，克之，斩成及王显、王咏等十将，士卒死者万五千。谢石③等以既败梁成，水陆继进。坚与苻融④登城而望王师，见部阵齐整，将士精锐，又北望八公山⑤上草木，皆类人形，顾谓融曰："此亦劲⑥敌也。何谓少乎！"怃然有惧色。

（《晋书》卷一百十三，苻坚载记）

【注释】

①梁成：十六国时前秦将领。

②洛涧：淮河支流，在今安徽省寿县东。

③谢石：东晋将领，字石奴，东晋名臣谢安之弟。

④坚与苻融：坚，指苻坚（338—385 年），十六国时前秦皇帝。苻融（？—383 年），十六国时前秦将领，字博休，时任征南大将军。

⑤八公山：在今安徽省寿县西北。

⑥劲（qíng）：强劲有力。

【译文】

梁成与前秦扬州刺史王显、弋阳太守王咏等人率领 5 万人的军队，驻扎在洛涧。……东晋龙骧将军刘牢之率领 5000 名强健的士兵，夜袭梁成的营垒，将其攻克，斩杀了梁成及王显、王咏等 10 名将领，前秦的士兵死了 1.5 万人。谢石等人趁打败梁成之机，从水陆两路分兵随后进击。苻坚和苻融登上城楼瞭望晋军，看见晋军兵阵整齐，将帅与士兵都很强悍，又从北面望见八公山上的草木都很像人的形状，苻坚于是回过头来对苻融说："这些敌人都很强大啊！怎么能说晋军没有人马呢？"苻坚的神情茫然而恐惧。

姚泓兵败

刘裕①进据郑城。泓②使姚裕、尚书庞统屯兵宫中……姚丕守渭桥，胡翼度屯石积，姚谵屯霸东，泓军于逍遥园③。镇恶④夹渭进兵，破姚丕于渭桥。泓自逍遥园赴之，逼水地狭，因丕之败，遂相践而退。姚谌及前军姚烈、左卫姚宝安、散骑王帛、建武姚进、扬威姚蚝、尚书右丞孙玄等皆死于阵，泓单马还宫。镇恶入自平朔门，泓与姚裕等数百骑出奔于石桥。谵闻泓之败也，召将士告之，众皆以刀击地，攘袂大泣。胡翼度先与刘裕阴通，是日弃众奔裕。谵夜率诸军，将会泓于石桥，王师已固诸门，谵军不得入，众皆惊散。

泓计无所出，谋欲降于裕。其子佛念，年十一，谓泓曰："晋人将逞其欲，终必不全，愿自裁决。"泓怃然不答。佛念遂登宫墙自投而死。泓将妻子诣垒门而降。谵率宗室子弟百余人亦降于裕，裕尽杀之，余宗迁于江南。送泓于建康市斩之，时年三十，在位二年。……

姚苌以孝武太元九年僭立，至泓三世，以安帝义熙十三年而灭，凡三十二年。

（《晋书》卷一百十九，姚泓载记）

【注释】

①刘裕：字德舆，小字寄奴，自幼贫穷，后为北府兵将领，曾从刘牢之镇压孙恩起义，后出兵灭南燕、后秦，元熙二年（420年）代晋称帝，国号宋。422年卒。

②泓：即姚泓，字元子，十六国时后秦姚兴长子，是后秦的末代皇帝，他在位前后，国势迅速衰微，417年，刘裕率晋军攻入长安，姚泓出降，后被刘裕斩首于建康。

③逍遥园：地名，在当时长安城东部。

④镇恶：即王镇恶，刘裕部将，时任龙骧将军。

【译文】

刘裕进据郑城。姚泓派姚裕、尚书庞统屯兵长安宫中……又遣姚丕守渭桥、胡翼度屯驻石积，姚赞进驻灞东，姚泓亲自率兵把守逍遥园。王镇恶从两侧率兵强渡渭水，大破姚丕于渭桥。姚泓急忙从逍遥园发兵支援，因临近水边，地方狭小，加上姚丕兵败，人马互相践踏，不战而败。姚谌及前军将军姚烈、左卫将军姚宝安、散骑常侍王帛、建武将军姚进、扬威将军姚蚝、尚书右丞孙玄都战死阵前，只有姚泓单人独骑返回宫殿。王镇恶率晋兵从长安北门平朔门攻入长安城，姚泓与事先奉命率兵戍守宫阙的姚裕带兵数百出逃到长安宫城北面的石桥。姚赞听说姚泓兵败，就把将士召集到一起，告诉他们这一不幸的消息，将士们听说以后，全都悲痛得以刀戳地，捋起袖子放声大哭，姚泓部将胡翼度事先已经与刘裕相勾结，这一天便脱离自己的军队投降了刘裕。姚赞便在夜间统帅诸路人马，准备在石桥与姚泓会合，可晋军已将长安外城各城门死死封住，姚赞军队无法进入，后秦兵士全都成了惊弓之鸟，四散奔逃。姚泓此时已是黔驴技穷，打算向刘裕投降。他的儿子佛念，当时只有 11 岁，便对姚泓说道："晋军进城后必定会肆行其欲望，我们还是不能保全自己，不如自杀了好。"姚泓怃然不答。于是，佛念登上宫墙，然后跳了下去，自杀而死。姚泓带领妻子儿女到城门外投降刘裕。姚赞率领宗室其他子弟 100 多人也向刘裕投降，刘裕将他们全都杀掉，将其他的宗室迁往长江以南。将姚泓押送到建康斩首，当时年仅 30 岁，在位只有两年。……

姚苌于孝武帝太元九年自立为帝，至姚泓已传三世，后秦最终于安帝义熙十三年被刘裕灭亡，总共 32 年。

理　财

刘实崇俭

　　刘寔字子真，平原高唐①人也。……寔少贫苦，卖牛衣②以自给。然好学，手约绳，口诵书，博通古今。清身洁己，行无瑕玷。……及位望通显，每崇俭素，不尚华丽。尝诣石崇家，如厕，见有绛纹帐，裀褥甚丽，两婢持香囊。寔便退，笑谓崇曰："误入卿内。"崇曰："是厕耳。"实曰："贫士未尝得此。"乃更如他厕。

（《晋书》卷四十一，刘实传）

【注释】

　　①高唐：今山东高唐县。
　　②牛衣：给牛御寒的覆盖物。

【译文】

　　刘寔字子真，平原郡高唐县人。……幼年时十分贫苦，靠卖牛衣养家糊口。但他酷爱学习，手上牵着牛绳，口中背诵诗文，博古通今。洁身自好，品行端庄。……及至后来身居高位，威望尊崇，仍然还是崇尚节俭素朴，不追求奢侈华靡。曾有一次造访石崇家，中间上厕所，看见厕所里面挂着红色的花帐子，床垫、被褥都很华丽，两个婢女还手拿香囊。刘寔便退了出来，笑着对石崇说："不好意思，我错进了您的内室。"石崇道："那就是厕所。"刘寔一听马上说："我是个清贫之士，从未见过这样的厕所。"说完之后，又改上其他厕所。

慕容超亡国

……超登天门①，朝群臣于城上，杀马以飨将士……超幸姬魏夫人从超登城，见王师之盛，握超手而相对泣。韩诨谏曰："陛下……正是勉强之秋，而反对女子悲泣，何其鄙也！"超拭目谢之。其尚书令董锐劝超出降，超大怒，系之于狱。于是贺赖卢、公孙五楼为地道出战王师，不利。河间人玄文说裕曰："……若塞五龙口，城必自陷。……今旧基犹在，可塞之。"裕从其言。至是，城中男女患脚弱病者太半。……超叹曰："废兴，命也。吾宁奋剑决死，不能衔璧求生。"于是张纲②为裕造冲车……城上火石弓矢无所施用；又为飞楼、悬梯、木幔③之属，遥临城上。超大怒，悬其母而支解④之。城中出降者相继。裕四面进攻，杀伤甚众，悦寿⑤遂开门以纳王师。超与左右数十骑出亡，为裕军所执。裕数之以不降之状，超神色自若，一无所言，惟以母托刘敬宣而已。送建康市斩之，时年二十六，在位六年。

（《晋书》卷一百二十八，慕容超载记）

【注释】

①"超登"句：超，即慕容超，是南燕献武皇帝慕容德的侄子，即慕容德之兄北海王慕容纳的儿子。因慕容德无子，他被立为太子并得以继承南燕帝位。天门，指帝王宫殿的门。

②张纲：是投降刘裕的南燕巧匠。

③木幔：一种装有木板作掩护的攻城车。

④支解：一种古代刑罚。"支解"就是割解人的四肢。

⑤悦寿：是当时南燕朝中的尚书。

【译文】

……慕容超登上宫殿门楼，在城楼之上朝见朝中大臣，并杀掉战马让将士饱饱地吃上一餐饭……慕容超的宠姬魏夫人也跟随他一块登上城楼，看到晋廷王师人马之盛，便握住慕容超的手相对哭泣。大臣韩诨劝谏说："陛下……目前正是发奋尽力的时候，却对着女人悲啼，多么让人瞧不起啊！"慕容超听后擦干眼泪，立即道歉。南燕的尚书令董锐劝慕容超出城投降，慕容超很生气，便将他投进监狱。正当此时，南燕将领贺敕卢、公孙五楼挖掘地道准备出城袭击晋军，没能成功。河间人玄文向刘裕建议道："……如果堵塞住五龙口，广固城（时为南燕都城，在今山东青州西北）就会不攻自破。……现在五龙口的旧基仍在，可以将它堵塞起来。"刘裕采纳了这一建议。恰巧，广固城内的军民一大半患有脚病……慕容超叹息道："是废是兴，命中早已注定。我宁愿挺剑战死，也不会向人捧璧求生。"这时候，投降于刘裕的南燕巧匠张纲为刘裕建造攻城之车……有了这种攻城之车，广固城上的火石、弓矢全都失去了用武之地；张纲还设计建造了飞楼、悬梯、木幔这样的攻城的战具，站在这些战具上面老远就能看到城上的一举一动。慕容超大为恼火，便把张纲的母亲吊将起来，然后割解她的四肢。这时从城内出来投降刘裕的人络绎不绝。刘裕从四面向广固城发动进攻，南燕兵士死伤很多，慕容超的尚书悦寿打开城门放进晋军，慕容超与手下几十人仓皇出逃，被刘裕的士兵捉住。刘裕列举了他顽固不降的罪状，慕容超却神色自若，默不作声，只是将自己的老母托付给刘敬宣照料而已。刘裕将慕容超押解到建康斩首，当时他只有 26 岁，在位 6 年。

德 操

外坦内淳

籍[1]嫂尝归宁，籍相见与别。或讥之，籍曰："礼岂为我设邪！"邻家少妇有美色，当垆[2]沽酒。籍尝诣饮，醉，便卧其侧。籍既不自嫌，其夫察之，亦不疑也。兵家[3]女有才色，未嫁而死。籍不识其父兄，径往哭之，尽哀而还。其外坦荡而内淳至，皆此类也。

（《晋书》卷四十九，阮籍传）

【注释】

①籍：即阮籍，魏晋时著名诗人，字嗣宗。

②当垆：古时卖酒者积土为垆，以安放酒坛，卖酒时坐于垆边，称当垆。

③兵家：指专门服兵役的世家，其地位较低。

【译文】

阮籍的嫂子要回娘家探望，阮籍前去与她告别。有人嘲笑他违背礼教，他说："礼教岂是为我制定的！"他的邻居家有个少妇长得极漂亮，在酒店里做卖酒的生意。阮籍时常到这个少妇那里喝酒，喝醉了就躺在少妇身旁睡起来。阮籍对自己的行为满不在乎，而那少妇的丈夫了解他的为人，对他也不疑忌。有一户专服兵役的人家有个才貌双全的女儿，没出嫁就死了。阮籍也不认识她的父亲和兄长，便直接去她家哭丧，尽情地表达自己的悲哀后才离去。阮籍外表放达而内心至为淳朴，都从这类事情中表现出来。

桓冲厚报羊主

彝^①亡后，冲^②兄弟并少，家贫，母患，须羊以解，无由得之，温^③乃以冲为质。羊主甚富，言不欲为质，幸为养买德郎。买德郎，冲小字也。及冲为江州^④，出射，羊主于堂边看，冲识之，谓曰："我买德也。"遂厚报之。

（《晋书》卷七十四，桓彝传）

【注释】

①彝：即桓彝，东晋大臣。

②冲：即桓冲，桓彝之子，桓温之弟，东晋将领。

③温：即桓温，东晋大臣，字元子，明帝之婿，任过荆州刺史等职，曾专擅朝政。

④江州：州名，治所在今湖北省黄梅县西南。桓冲任过江州刺史一职。

【译文】

桓彝死后，桓冲的兄弟们年龄都很小，家境贫穷。他的母亲病了，治疗要用到羊子，可又没办法得到。桓温便以桓冲作抵押向人换取羊子。一个养有羊子的人家里十分富裕，他说不想要桓冲作抵押，并希望帮助抚养买德郎。买德郎，是桓冲的小字。桓冲做了江州刺史后，一次外出射猎，那个养羊人在堂屋旁边观看，桓冲认出了他，并对他说："我就是买德郎呀！"因此对他厚相报答。

传世故事

晋明帝除霸

晋明帝司马绍是晋元帝的长子，从小就聪明，曾经巧妙回答"日与长安孰远"的问题而名传千古。永昌元年（322年），元帝死，他继承了帝位。

明帝即位前后，形势极混乱，晋室衰微，朝政兵权都操持在王敦手中。就在元帝死前的几个月，王敦以清君侧为名，反于武昌，率大军洗劫了石头城。在逼迫元帝封他为丞相、江州牧、武昌郡公后，他才还兵武昌。明帝即位时，王敦又暗示朝廷征召自己，明帝只好亲笔写诏，任他为司空、扬州牧，率军移驻姑孰。王敦见明帝好欺侮，就愈加骄横无忌。四方进贡的物品大都被他据为己有，各级官吏几乎全都是他的手下。他还把自己的哥哥王含、堂弟王舒、王彬、王邃等都安插在执掌兵权的要职上，并且重用沈充、钱凤为自己的谋臣。这些人相互勾结，成为晋室的最大威胁。

明帝自当太子时就险些被王敦废掉，因此心中早有除掉这个权臣的念头，只是群臣都阿附王敦，王敦的兵力又强于自己，所以他不敢轻举妄动。太宁二年（324年），王敦身患重病。明帝得知消息不禁暗喜，便不断派人以探病为由前去察看王敦的虚实。而且，他自己还换上便衣，偷着去侦察王敦的营垒。但在表面上，他还是不动声色，以提拔王敦兄王含父子的职务来迷惑王敦。王敦不知明帝的真意，就任温峤为丹阳尹，让他乘上任之机，打探一下朝廷的动静。怎曾想温峤正是明帝的亲信，一到建康，温峤便向明帝述说了王敦的阴谋。

原来王敦在病榻上为手下谋划了3条计策：其一为"归身朝廷，保全门户"，其二为"退还武昌，收兵自守"，其三为"悉众而下，万一侥幸"。而王敦的党羽钱凤等都倾向于铤而走险、聚众谋反的第三条计策。明帝觉得这正是讨伐王敦的把柄，便决定兴师问罪。考虑到不少人畏惧王敦，明帝就声称王敦已经死去，下诏历数王敦的罪恶，亲率六军进攻王敦。

明帝进兵时，把矛头专门指向王敦的谋主钱凤，借以分化王军。他在诏书中说道："诛讨钱凤的罪行，唯其一人是问，我决不滥施刑罚。有能杀死钱凤送上其首级者，封为五千户侯，赏五千匹布。"对于王敦的得力干将冠军将军邓岳和前将军周抚等，明帝故作体谅地说他们本无异志，实为王敦所逼，"我正要委任他们以要职。其余文臣武将为王敦所用者，我一概不予追究责任"。为瓦解王军的斗志，明帝还在诏书中说道："王敦的将士追随他多年，久怀怨恨之心。有的人父母亡故或妻儿死去，都不准返乡赴丧，对此我深感哀怜。独生子在军中者，准其还归家园，终生不再从军；其余的将士，一律放假 3 年。"

明帝的分化瓦解策略果然收到了效果，王敦的军队"情离众泪，锋摧势挫"，先后被王导、苏峻等击败，王敦病死，钱凤为周光所斩，沈充被吴儒所杀。明帝大获全胜后，有的官员建议对王敦"剖棺戮尸，以彰元恶"，于是明帝命人掘开王敦坟墓，焚烧其衣冠，令尸体跪而受刑，其首级被高悬示众。晋明帝"运龙韬于掌握，起天旆（pèi）于江靡""以弱制强，潜谋独断""拨乱反正，张本弱枝，虽享国日浅，而规模弘远矣"。

贾后一石两鸟

晋太熙元年（290 年），晋武帝司马炎去世，他的儿子司马衷即位，是为晋惠帝。惠帝立妃贾南风为皇后。这位嫉妒成性、残忍凶暴的皇后自惠帝为太子时，就已把他摆弄得言听计从。

晋武帝活着时，很多大臣都说太子有些糊涂，很难亲理政事。太子少傅卫瓘（guàn）好几次想建议武帝废掉太子，但心存顾忌，始终未说出口。后来武帝于陵云台宴请朝臣时，卫瓘便装着喝醉的样子，跪在武帝床前说道："臣想有所禀奏。"武帝问道："你想说什么？"卫瓘欲言又止，反复了三次后，就用手抚摸着床道："这个座位很可惜。"武帝明白他话中有话，却故意打岔道："你喝醉了。"连太子的师傅都不维护太子，武帝自然也对儿子的才干智力产生了怀疑。于是，他决定考查一下儿子。一次，他把太子东宫的官员都集合在一起，赐以酒宴。另外却把一封密封的案件交与儿子处理。太子看后，不知如何决断，贾后大为紧张，赶忙请外人替太子草就了处置的奏章，其中引用了不少古代文献。一旁的侍从张泓看到这种情况，提醒贾后道："太子平素从不读书学习，奏章引用古代文献，陛下肯定生疑，从而以作伪之罪责怪太子。不如就事论事，怎么想就怎么说。"贾后大喜说："请你代笔起草奏章，他日富贵与你共享。"张泓素有小才，很快草成，又叫太子抄写好，回奏给武帝。武帝一看，奏章写得头头是道，非常高兴，才没有废掉太子。贾后从此对卫瓘怀恨在心。

惠帝即位后，太子太傅汝南王司马亮任太宰，太子少傅卫瓘为太保，两人都受赐"剑履上殿，入朝不趋"，共同把持了朝政。司马亮是惠帝祖父司马昭的四弟，辈分既高，权势又重，贾后对他非常顾忌。她觉得智力低下的惠帝已是自己的傀儡，但要真正掌握生杀予夺的大权，还必须除掉自己顾忌和仇恨的太宰、太保。不过，明目张胆地诛杀重臣会引起麻烦，于是，她开始物色司马亮和卫瓘的对头，意欲假他人之手达到自己的目的。

惠帝的五弟楚王司马玮功勋卓著，性格凶狠，爱作威作福，朝臣对他都害怕几分。那时，他奉诏入京诛杀了权臣杨骏之后，正屯兵于司马门。司马亮为削夺他的兵权，奏请惠帝命令诸侯王都返回藩国，卫瓘也积极赞同司马亮的建议，司马玮因此特别憎恨他们两人。贾后见司马玮可以利用，便在惠帝面前诬陷司马亮和卫瓘图谋废立，指使他亲手写下罢免他们的诏书，连夜派人送给楚王司马玮，命他遵旨执行。司马玮一见密诏，正中心意，随即调动军队，逮捕了司马亮、卫瓘等。而且，他还假公济私，乘机矫诏杀害了他们。

天亮时，贾后知司马玮必杀司马亮、卫瓘，便又唆使惠帝采取张华之计，派人带兵以矫诏杀人的罪名逮捕了他，并且处以死刑。司马玮临刑时，从怀中拿出惠帝的亲笔诏书，悲愤地向监刑尚书刘颂说道："我受诏行事，以为是在为社稷尽忠，可如今却说我犯下大罪。我是先帝的子息，竟然蒙受如此不白之冤，希望您以后能为我申述。"刘颂虽然同情他，但也不敢不依旨行刑。司马玮被杀时才21岁，他哪里知道"贾后先恶瓘、亮，又忌玮，故以计相次诛之"。贾后一箭双雕，铲除了她独揽朝权的障碍。

杜预为晋兴邦

晋代的大将军杜预，为晋国统一天下立下过汗马功劳。但人们未必知道，杜预还是个经济学家，为晋国的经济发展也立下了不朽功勋。

杜预字元凯，是京兆杜陵（今陕西省西安市东南）人。他的祖父和父亲都是魏国的高官。但他的父亲因为与司马懿政见不合而受害，所以杜预年轻时，虽然博学多才，却不被任用。司马懿死后，司马昭继承父业，才改变了对杜预的态度。司马昭还把自己的妹妹高陆公主嫁给杜预，从此，杜预的地位才发生了重大变化。他被拜为尚书郎，还承袭了父亲原来受封的丰乐亭侯爵位。在魏军大举伐蜀的时候，杜预也随着司徒钟会出征。但灭蜀后，钟会反叛并被乱军杀死，许多将领遇难了，只有杜预以自己的智谋脱险。此后，杜预日益受到司马氏的重视。在司马炎夺取魏国江山，自立为帝，建立晋朝以后，杜预还与江充等人为晋国制定了许多新的律令。

晋武帝泰始七年，匈奴右贤王刘猛叛晋，武帝拜杜预为度支尚书，并下诏令杜预考虑一套完善的办法解决刘猛叛后的问题，杜预却提出了一套发展经济稳定局势的方案。

杜预的建议，比较主要的有：第一，建立籍田。籍田是古代流传下来的一种制度，名义上是天子耕种的土地，史籍上有不少关于天子亲耕籍田的记载。但是实际上那是天子征用民力来耕种的土地。但建立籍田的本身，就表示天子对农业的重视。杜预意在通过天子表示重视农业，来加强国家的力量，从而安定边疆。第二，制造人排等新式器具。人排是一种用人力驱动的鼓风机，用来给冶铁炉鼓风冶铁的。其实，在东汉时代，就有南阳太守杜诗制造成功水排，用水力推动鼓风机冶铁。魏代也有韩暨制造水排的记载。但战乱之中，难以制造，水排又必须有相应的河流，不是随处可建。杜预的建议，旨在发展冶铁业，从而促进各业的发展。第三，兴建常平仓，这是国家储备粮食的仓库。并由国家制定谷物的价格。第四，建立管理食盐的生产销售运输和管理的制度。杜预提出的这些建议，对内有利于国家安定和繁荣，对外可以巩固边疆。因此，都被晋武帝采纳了。

杜预虽然出身于军伍，却对发展经济好像有一种特别的关注。泰始十年，杜预见黄河孟津渡口险要，时有渡船倾覆，建议在孟津东北不远处的富平津建造一座大桥。有人提出反对说：商周时代都没有在这里造桥，说明这里不能造桥。杜预没有听这一套，果然在这里造成了一座桥。桥成后，武帝亲自看视，称赞杜预说："如果没有先生，这道桥是不可能造成的！"

咸宁四年（278年）秋，荆州、扬州等20多个州郡和封国发生洪水，紧接着又是蝗灾，不但五谷不收，连农民的房舍都被冲毁。低洼的地方，积水排不出去，略高一点的地方，也都变得贫瘠荒凉，给百姓的生活和国家的经济造成了空前困难。这时，杜预再次上书，提出解决水患和兴农富国的建议。

杜预认为，这一次的水灾所以这样严重，是因为兖州（今山东省西南部）、豫州（今河南省东部及安徽省北部）等地修了一些堤坝，本想使洪水不溢出河道。但当洪水来到时，这些堤坝反而阻挡了洪水的排泄。并且，由于河水不能流往各地，也限制了那一地区水产业的发展，使那里的人民连鱼虾螺蚌之类水产品都吃不到。因此，他建议拆毁那些阻碍水流的堤坝，让水能够自然流出，并加以适当地疏导。如此的话，不但河水可以流出，还可以同时发展那里的水产事业，让饥民得到鱼虾等水产充饥。这些堤坝拆毁后，洪水带来的泥沙，还可以淤积出不少土地。这些土地一般比较肥沃。明年春天再种五谷，五谷必然大丰收。

杜预还提出，现在国家养了很多牛，可是这些牛却不用来种地，以至于有些牛已经老了，可是还没有穿鼻子（耕牛都要在鼻子上穿个孔，戴上嚼子，便于驾驭）。这些牛白养着，没有发挥作用，国家却要派出很多士卒饲养它们，还要消耗大量的草料。应该把这些牛大部分卖给农民，让它们发挥作用。卖得的钱，用来抵偿这些牛的成本。

杜预这项建议使武帝很受启发，很快下诏说：现在国家养的牛总计45000多头。如果这些牛没有派上用场，头数再多，又有什么好处？并且这些牛的费用也越来越高。古人认为，养马养牛，平常耕地，战时用来打仗运输。它们与猪羊不同。我们白养着这些牛，不合时宜。现在既然已经拆毁了堤坝，就从国家养的牛中拨出35000头，发给兖豫两州的农民和将吏士卒，用来春耕。第二年有了收成以后，再让他们按每头牛300斛谷的价钱交给国家。这些牛，国家可以净剩700多万斛的粮食，今后几年国家都有了充足的粮食。

就是说，武帝完全采纳了杜预的建议。

杜预的这些建议，使国家和百姓都大受其益，朝廷和百姓拍手称赞。有人给他送了个绰号，叫做"杜武库"，意思是说，杜预好像一个武器库，要什么有什么。

在灭亡了吴国以后，杜预还整治了淯（zhì）水和滰（yù）水，这两条河均在今河南省，扩大灌溉面积万余顷，国家和百姓都得到了巨大的利益，成了百姓的依靠，所以百姓把这两项水利工程叫做"杜父"。在南方，他整治了汉水、湘水、沅水等多处河流湖泊。不但发展了灌溉，还方便了航运。百姓作歌歌颂杜预道："后世无叛由杜翁，孰识智名与勇功。"

杜预还编辑、写作了一本书，名为《春秋左氏经传集解》，流传后世。

当他 63 岁去世时，被追赠为征南大将军开府仪同三司。

500 年后，杜预的后代杜审言，特别是杜审言的孙子杜甫，都成了唐代的著名诗人。

刘舆因才受重用

《晋书》

刘舆字庆孙，俊明有才，在西晋时期以才闻名，与其兄刘琨（字越石）同为时人称赞。当时京都有谚云："洛中奕奕，庆孙、越石。"

晋惠帝时，"八王之乱"中司马氏兄弟之间互相残杀，东海王司马越和范阳王司马虓起兵时，任刘舆为颍川太守。到河间献王司马颙用刘乔在许昌讨伐司马虓时，他们假借皇帝名义发布诏书说："颍川太守刘舆迫胁范阳王司马虓，距逆诏命，多树私党，擅权劫持各郡县，合聚兵众。刘舆兄弟过去因为与赵王司马伦有姻亲关系，擅弄权势，凶狡无道，早就该伏诛，只因遇到赦令才得以保留性命。小人无忌，作恶日多，竟用苟晞攻袭兖州，断截王命。镇南大将军刘弘，平南将军、彭城王司马释，征东大将军刘准，当各统所领兵部，直接会师许昌，与刘乔并力共讨。另外派遣右将军张方为大都督，督建威将军吕朗、阳平太守刁默，率步骑十万，同会许昌，以讨除刘舆兄弟。敢有举兵违抗王命的，诛及五族。能杀死刘舆兄弟并呈送首级者，封三千户县侯，赐绢五千匹。"

司马虓兵败，刘舆与他一起逃奔河北。司马虓镇守邺城，任刘舆为征虏将军，做魏郡太守。

司马虓死后，东海王司马越准备召用刘舆，有人说："刘舆就像油污，当你接近之后很容易弄脏。"刘舆来了之后，司马越便心存疑忌地任用他。而刘舆一入司马越王府便暗地里察看了天下的兵簿和仓库、牛马、器械以及水陆地形，都默记在心。那时军国事务繁多，每次开会时遇到问题，除潘滔以外都对答不上来。刘舆见了东海王后，应答辨明，筹划清晰，东海王司马越侧身与他筹措共议。不久司马越便任命他为左长史。司马越后来又任刘舆为上佐，宾客满筵，文案堆积，远近信札报记每天都有数千，刘舆终日不倦，有时甚至连夜劳作。这样人人欢畅，没有不佩服的。刘舆命事议政侃侃而谈，酬对彬彬有礼，当时人都称服他的才能，把他比作陈遵。那时人称司马越府中有三才：潘滔大才，刘舆长才，裴邈清才。司马越诛杀缪播、王延等，都是刘舆出谋定计。

司马越非常重用刘舆。王延被诛后，延妾荆氏有一个乐妓，王延还未入殓刘舆就要聘娶她，还未迎娶，又被太傅从事中郎王俊争夺去了。御史中丞傅宣上书劾奏，司马越不追问刘舆，而免了王俊的官。刘舆接着建议司马越派遣他的兄长刘琨镇守并州，为司马越的北面屏障。洛阳还未攻破，刘舆就因手指生疮而死，时年47岁。死后司马越追赠他为骠骑将军，因有功而封定襄侯。

骄兵必败

311年，汉昭武帝刘聪虏西晋怀帝，5年后，即316年，刘聪又攻破西晋都城长安，俘晋愍帝，西晋遂亡。

西晋虽亡，而西晋丞相、大都督中外诸军事、琅琊大司马司马睿却在建康称晋王，改元建武，大有号召天下恢复中原之势。

西晋灭亡的第二年，即东晋建武元年、汉麟嘉二年（317），刘聪为了剿灭北方晋之残余势力，乃派其从弟刘畅率兵3万进攻荥阳，消灭屯驻于此的晋冠军将军、荥阳太守兼领河东平阳太守李矩之军。

时李矩军屯于韩王故垒。当李矩获知汉军来攻的消息后，汉军距晋军仅有7里之遥，顿时晋军上下惶惶不可终日。

刘畅自恃人多势众，来势凶猛，乃先遣使至晋营招降。

大敌当前，若负隅顽抗，晋军无疑是死路一条。至于李矩部众人数，史无明载，不过，推测一下，充其量不超过万人。正因为力量悬殊，因此，尚未交战，汉军已骄横不可一世，而晋军则闻敌色变。李矩审时度势，遂隆重接待汉之使者，表示愿意归降。

在此危急时刻，必须先稳住刘畅，使之不做战备，才能有机会出奇制胜。所以，李矩在汉使到来之时，将精兵隐藏起来，而现其老弱病残，以示无法为战。汉使回去后，将所见所闻如实禀报，刘畅得知李矩手下皆老弱残兵，并已同意投降，甚为欣慰。

李矩还遣使给刘畅送去美酒和牛肉，供其犒赏大军，刘畅遂大宴众将士，痛饮至夜，皆陶然而醉。

入夜后，李矩召集众将士，准备夜袭汉军。晋军士卒听了，皆有惧色。李矩见士卒不可用，急中生智，乃令将军郭诵至附近的子产祠祈祷，使巫师当众宣称："子产有教，当遣神兵相助。"众将士听了，信以为真，士气大振，摩拳擦掌，准备在"神兵"的帮助下击破汉军。

李矩于是精选能征善战的勇士千名，令郭诵率领，乘夜袭击汉营。汉军大宴后，皆醉卧营中，大多已进入梦乡，做梦也想不到已经答应投降的李矩会来劫营。所以，晋军夜袭非常顺利，以区区千人突入3万汉兵营中，左砍右杀，许多汉兵在醉梦中便丢了脑袋。刘畅也饮得大醉，忽闻营中大乱，登时酒醒了大半，出营一看，汉军早已乱成一团，死的死，逃的逃、降的降，一败涂地，只得上马而逃。

天亮后，李矩打扫战场，缴获汉军马匹辎重不计其数。3万汉兵，被斩首的达数千人，余者皆降，只有刘畅一人逃脱。

李矩以1000袭3万，竟打了一个歼灭战，为战争史上一大奇迹也！

刘畅3万大军，一夜之间灰飞烟灭，就败在一个"骄"字上。可见，"骄兵必败"，乃不易之理！

范坚维护国家法制

东晋成帝时，朝廷执掌司法的廷尉奏道，殿中有个长史叫邵广，盗窃了公库里的帐幔3张，约合布30匹。被查获后，经法司审理，以为应当处以极刑。

邵广有两个儿子，大的叫邵宗，13岁；小的叫邵云，11岁。这两个孩子十分孝顺，不忍父亲被杀，就手举黄幡，到朝堂击响"登闻鼓"，向官府乞求法外开恩，宁愿自己没身为小官奴，以赎取父亲的活命。

两个孩子的请求能否准允呢？政府官员进行了讨论。尚书郎朱暎认为，天下做父母的，有儿子的多，没有儿子的少，倘若这种替父顶罪的办法行开了，逐渐就会成为惯例或制度。如此一来，一些人犯了罪，又恐怕承受死刑的惩处，都让儿子去顶罪赎命，那么，国家的法制不就废弛了吗？牺牲了孩子，犯罪现象也制止不了，不能开这样一个门路。尚书右丞范坚赞同朱暎的议论。

可是主持这一案件审理的部门，最后还是提出，将邵广判为钳徒（以铁束颈而为徒隶的囚犯），两个儿子没入官中，这样既足以惩治罪犯，又能使百姓明白父子间的天伦关系，知道圣朝提倡仁孝、施恩于孝。因此，可以作为特例，将邵广的死罪减为五岁刑，两个儿子交付奚官为奴，可这种办法不作为可以援用的先例和永久制度。

范坚上疏反驳这种主张，他说："自从远古淳朴的民风消失以后，就产生了刑罚惩治的制度。刑罚的使用，不止是为了惩罚，而是为了少用甚至不用刑罚；死刑的判处，不止是为了杀人，而更重要的是为了少用甚至不用死刑。尽管国家有时也下令施恩赦罪，宽大处理，据情议狱，减缓死刑，可却没有因为一点小小的恻隐之心，就轻易取消典刑。而且，这次既然允许了邵宗、邵云的请求，宽免了他们父亲的死刑，倘若以后出现与此类似的情况，但儿子没有提出舍己赎父要求的，这将置他们于何地呢？他们岂不会被人们视为没有人伦孝顺之心的禽兽了吗？主持这一案件的官员说，他们的主张是特意允许邵宗、邵云的请求，而不将这一处理办法订为永久制度。臣以为国家的方针制度，关系重大，些小之事尚且要谨慎对待，何况是国家法制，这是不能率易行事的。现在之所以宽宥邵广，是由于他的儿子的孝心感人，可是天下人都有爱父爱母之心，谁又比邵宗、邵云差呢？今天你既然允准了邵家兄弟的请求，倘若将来有人继起仿效，你准不准呢？难道后继者就不是陛下的百姓吗？难道他们就没有孝顺父母的诚心吗？所以，所谓'特意允许'之说，不会有什么益处；而'下不为例'必然会引起无穷的怨怼。这一处理办法，臣以为是施舍一个小小的恩典于今天，却留下千千万万的怨怼于以后，实在不可取。"成帝最终听从了范坚的意见，断然处死了邵广。

桓温与殷浩之争

桓温字元子，宣城太守桓彝的儿子。桓彝为人害死，泾县令江播曾参与其事。桓温时年15，便枕戈泣血，发誓为父报仇。他18岁时江播已死，桓温便在丧仪上杀死了江播的两个儿子，此事为人们拍手称快。

桓温后娶南康长公主，被晋王室拜为驸马都尉，世袭万宁男的爵位，后任琅邪太守，转为徐州刺史。桓温与庾翼关系友善，曾向庾申言自己平定中原的大志，庾翼便向晋明帝推荐桓温道："桓温年少但有雄才大略，希望陛下不要把他当做常人对待，应当储备人才培养他，给他以重任，将来就靠他建立伟业。"庾翼死后，朝廷任命桓温假节总理荆、梁四州的军事，任安西将军、荆州刺史，并领护南弯校尉，权力渐重。

晋穆帝永和二年（346年），桓温率众西伐入蜀，出人意料地取得大胜。后又出兵北伐，收复洛阳。朝廷看到桓温权势过重，兵众过多，开始有所担心。晋简文帝看到殷浩素有盛名，朝野推服，于是就把殷浩引为心腹栋梁，依靠殷浩的实力来钳制、抗衡桓温。这样，桓温便与殷浩两人相互疑忌、防范起来。

殷浩年少时与桓温齐名，两人常在心中暗地竞争。桓温有一次曾对殷浩问道："君怎么比得上我？"殷浩说："我与君周旋的时间太长了，宁愿让君居我之上。"桓温常以雄豪自许，多次轻视殷浩，殷浩并不害怕他。桓温得势后，曾对人说："年少时我与殷浩同骑竹马，我骑了以后丢下的殷浩就拿去骑，他本来就在我之下。"又曾对郗超说："殷浩的道德文章都不错，假如用他做宰相，完全可以总理政务，把握百官，现在朝廷没有使用他的长处。"

朝廷任用殷浩为建武将军、扬州刺史，参与朝政，另图北上军事。永和七年（351年）后赵灭亡，朝廷准备北伐关中、河北，任殷浩为中军将军、假节，总督扬、豫、徐、兖、青5州军事。殷浩受命后，以光复中原为己任，上疏北征许、洛。同时他也任命一些文才武将，任淮南太守陈逵和兖州刺史蔡裔为前锋，安西将军谢尚和北中郎将荀羡为督统。但是，次年在许昌为前秦所败，第二年又在山桑（今安徽蒙城北）遭到姚襄的伏击，全军大败。

这时候，桓温也拥兵北征。当他知道朝廷依靠殷浩等人来钳制自己之后，非常气愤，但由于他与殷浩平时相互了解，因此也不怕殷浩。桓温与朝廷相持了许多年，虽然名义上是君臣，实际上也只是松散的羁縻关系而已，长江上游八州的资用征敛，都没有上交朝廷。后来，桓温以出兵北伐为借口，带领四五万强兵顺江而下，进驻武昌，直接威胁下游南京，朝中一片恐慌。简文帝当时做抚军，便写信给桓温申明社稷大计，质问桓温的意图究竟何在。桓温上书抱怨朝中对他妄生疑忌，外敌当前而内忧于后，担心皇上中了奸人的反间之计，力陈自己为国家社稷的忠心，一再声称自己进军武昌是为了北伐。朝廷又进封他为太尉，桓温坚决推辞不受。

此时，殷浩北伐屡战屡败，耗资巨大，引起朝野一片怨言，桓温就上书说殷浩"受专征之重，无雪耻之志，坐自封植，妄生风尘，遂使寇仇稽诛，奸逆并起，华夏鼎沸，黎元殄悴"，历数殷浩兵败误国的罪行，请求朝廷"且宜退弃，摈之荒裔"。

于是朝廷将殷浩废为庶人，徙居东阳的信安县。从此，朝廷内外军政大权都被桓温专断。

孔严太守宽宥王谈

东晋废帝太和年间，有个青年农民王谈，刚10岁时，父亲就被邻人窦度无端杀害。幼小的王谈，悲痛之余立下志向，要不惜一切代价为父报仇。可窦度在当地也算是一个强人，由于欠下命债，他也时刻保持着警惕。王谈幼小，势孤力弱，他的打算唯恐引起仇人怀疑，家里从来不敢购置武器，平日身上连一寸小刀也不携带。他就是这样很有心计地暗中准备，等待时机；不到有把握的时候，他决不轻举妄动。

8年过去了，王谈已长成一个壮壮实实的18岁的小伙子。他悄悄买了一把制作精良、锋利无比的铁锸。一个种田的农民时常带着铁锸下地干活，这是十分自然的事，别人也没有特别留意。他早就熟知窦度出门经常坐船，而村东的大桥下是必经之地。他想，这地方比较偏僻，行人稀少，桥离水面不高，倘若趁仇人的小船通过桥洞之时，自己伏在桥上行事，居高临下，比较容易成功。他决定就这么干。

一天，他计算窦度快要回来之时，就躲进小河边的草丛中。远远果然望见窦度的船划过来了，他迅速跃上桥去，待船头刚一露出桥洞，瞄准窦度的头部，用尽平生力气将锸劈下，不偏不倚正中头顶。窦度几乎连喊叫都未出口，就倒在血泊之中，即刻毙命。

筹划8年，等待8年，大仇得报，王谈心中郁积多年的恶气出尽，他丝毫没有恐惧之感，如释重负般地拿着凶器，径直前往县城投案自首。

当时的吴兴太守孔严，出身会稽郡的名门望族，善于治理地方，颇得士民称颂。他管理百姓，尤其重视表彰忠孝。如余杭有个妇人，在大饥荒之年，卖掉自己的儿子，以养活丈夫的哥哥的儿子。又如武康有兄弟两人，妻子都怀有身孕，弟弟远行尚未回家，本地遭逢荒年，势必不能保全两个孩子，兄嫂就抛弃自己的儿子而养活弟弟的儿子。孔太守对这类舍己为人的精神，都全力提倡和加以表扬。当王谈报仇杀人的案子送到郡里以后，孔太守审问几次，就被王谈小小年纪，立志复仇，苦待8年，终于成功的事迹感动了。他以为王谈不仅不是杀人凶犯，而是一个尊亲孝勇的血性君子。他即刻将王谈的孝勇事迹上报朝廷，为他请求宽宥，并得到了允准。

王谈对于孔严太守的宽宥和表彰，也深受感激。不久，孔严因病辞官回籍，病逝。他的3个儿子也在孙恩之乱中被杀。这时，王谈不忘旧恩，他移居会稽，为孔严父子修理坟墓，尽心尽力，当时人都盛赞他的高义。后来的吴兴太守孔庇，根据王谈的孝义行为，举他为孝廉。

石勒纳谏

晋咸和五年（330年），后赵的天王石勒即位称帝，并把国都由襄国迁往临漳。接着，石勒又派荆州监军郭敬、南蛮校尉董幼攻占了襄阳，派河东王石生击败了反叛的休屠王羌。一时间，石勒名震天下。周围的邦国异族如高句丽、肃慎、鲜卑、高昌、于阗、鄯善、大宛等都纷纷向他进贡送礼，就连晋帝的荆州牧陶侃也派人献上江南的珍宝奇兽。石勒感到踌躇满志，不断宽刑赦罪，赏赐群臣。

石勒本为匈奴别部的后裔，屡遭汉人的白眼，加之又曾被人掠卖为奴，受尽坎坷。如今当上了皇帝，不免要体验一下天子的荣华，享受一下帝王的富贵。于是，他降下旨意，让臣下负责营建一座富丽堂皇的邺宫。廷尉续咸听到石勒要大兴土木，觉得有失天子节俭治国之道，便上书切谏。正在兴头上的石勒猛地被人浇了一盆冷水，勃然大怒，骂道："不杀掉这个老家伙，我的官殿就修不起来！"就吩咐御史把续咸抓进了监狱，准备开刀问斩。

中书令徐光见状，连忙劝石勒道："陛下天资聪颖，远远超过了唐尧、虞舜。然而，如今连忠臣的良言都听不进去，难道陛下想作夏桀、商纣那样的君主吗？臣子的进言，可以采纳实行的，就采纳实行；不能采纳实行的，也理当加以容忍。怎么能因为人家的几句直言，就随便杀死人家呢？"这番话使石勒恢复了理智，他察觉到自己的做法会造成堵塞言路、挫伤贤臣的后果；但是，宫殿不修，他又不甘心。权衡利弊之后，他暂时决定停建邺宫，立即释放续咸，并且给以表彰。想到自己这个皇帝当得真有点受气，连修个宫殿都要受人阻拦，他便对徐光叹道："我身为君主，如此不能当家做主！先前续咸的上书，我怎会不知是金玉良言？我不过是同他开个玩笑罢了。但是，普通人家里有些积蓄，还想另置宅第，更何况我富有天下、身为万乘之尊了。我最终还是要营建邺宫的，不过现在可以下令停建，以成就我正直臣子的名气。"于是，石勒降旨停建邺宫，又赏赐给续咸 100 匹绢、100 斛，造成众臣认为续咸因谏得赏而天子从谏如流的印象。之后，石勒又诏命公卿百官每年推荐贤良、方正、直言、秀异、至孝、廉清等各一人。所荐人士在回答策问时，成绩上等者授任议郎，中等者授任郎，下等者授任郎中。被举荐的人士也可递相引荐其他的人才。此举为广招贤人打开了通路。

人物春秋

南征北战风雨中——晋帝司马炎

武皇帝名炎，字安世，是文帝司马昭的长子。为人宽容厚道，慈善好施，喜怒不现于色，有容人的气量。魏国嘉平年间，赐爵北平亭侯，历任给事中、奉车都尉、中垒将军，同时还兼任散骑常侍，经过多次提拔后做了中护军、假节。奉命到东武阳县去迎接常道乡公曹奂，被提升做中抚军，进封爵位为新昌乡侯。到晋王国建立的时候，便被确定为王国的继承人，授官抚军大将军、开府，做相国的副手。

起先，文帝因为景帝司马师是宣帝司马懿的直系长子，早年去世，没有后代，便将武帝的弟弟司马攸过继给他，作为子嗣，并特别加以宠爱，自己认为是代司马攸担任相国职位的，今后死了，晋王的王位应当交还给攸。常常说："这是景王的天下，我怎么去分享啊。"当议论王国继承人的时候，有意使司马攸继承。何曾等人坚决反对说："中抚军聪察明智，神明威武，才华出众，旷世少有。又立发垂地，手长过膝，这不是一般的长相啊。"由于大臣们的坚持，就定下司马炎为太子。咸熙二年五月，司马炎被立为晋王的太子。

八月初九日，文帝司马昭去世，太子司马炎继承了相国、晋王的职位。发布命令：放宽刑罚，赦免犯人，安抚百姓，减轻徭役，国内举行 3 日的丧礼。这一月，身材高大的人出现在襄武县境，高达 3 丈，告诉该县县民王始说："现在天下应当太平了。"

九月初七日，任命魏国的司徒何曾担任晋王国的丞相，镇南将军王沈担任御史大夫，中护军贾充担任卫将军，议郎裴秀担任尚书令、光禄大夫；他们都设置办公机构，聘请办事人员。

十一月，初次设立四护军，来统率京城以外的军队。闰十一月十五日，下令各郡中正官，按六条标准推荐沉抑在下、不得升迁的人员：一是忠诚恭谨，奋不顾身；二是善事尊长，合乎礼仪；三是友爱兄弟，尊敬兄长；四是洁身自好，勤劳谦虚；五是讲究信义，遵守诺言；六是努力学习，陶冶自身。

这时候，晋王的恩德普及，四方归心。由于这样，魏国的皇帝曹奂知道天命已经有了归属，就派遣太保郑冲送策书说："我的祖先虞舜大受上天安排的命运，从唐尧处承继了帝位，也因天命又禅让给了夏禹。3位君主死后的灵魂上升天庭，配享天帝，而且都能广布天子恩德。自从夏禹受禅以后，上天又将伟大的使命降落在汉帝身上。因火德而兴起的汉帝已经衰微，于是又选中并授命给我的高祖。媲美于虞夏四代的光明显赫，这是四海公认的。晋王你的祖辈和父辈，衷心信服贤明的先哲，辅弼光大我曹氏宗族，功业德泽广布四方。至于天地神灵，无不亲善和顺，水土得到平治，万物得到成长，各方因此得到安宁。应当接受上天的使命，协调帝王统治天下的中正法则。于是，我虔诚地遵守帝王世系的传递，将帝位恭敬地禅让给你。帝王相继的次序已经落在你身上了，诚实地执行公平合理的原则吧，上天赐予的禄位得以长久。你应恭敬地顺从天帝的意旨，一切遵循常规法则，安抚周边国家，用来保持上天赐予的吉祥，不要废弃我武帝、文皇的伟大功业。"武帝开始时谦让，魏国的公卿大臣何曾、王沈等人坚持请求，才接受了魏帝的禅让。

泰始元年冬季十二月十七日，在南郊设置坛场，百官有爵位的以及匈奴南单于等四方各国到会的有数万人，举行烧柴祭天仪式，将继承帝位的事报告天帝说："新任皇帝臣司马炎冒昧使用黑色的公牛做祭品，明白地告诉光明而伟大的天帝：魏帝考查了帝位转移的运数，秉承了上天神圣的意旨来命令我：从前的唐尧，发扬光大了崇高的理想，禅让帝位给虞舜，舜又将帝位禅让给夏禹，他们都努力推行德政，留下了光辉的典范，得以世代相传，历年久远。到了汉朝，火德衰微，太祖武皇帝平息动乱，匡时救世，扶持拥戴刘氏，因此又接受了汉帝的禅让。就说进入魏朝吧，仍然是几代动乱，几乎到了灭亡的地步，确实是依靠晋王匡扶拯救的功德，因此得以保存魏国的宗庙祭祀，在艰难危险的时候，给予了极大的帮助，这都是晋王有大功于魏国啊。广阔的四方，无不恭敬顺从，肃清梁、岷，席卷扬、越，极远的荒外也得到统一，吉祥与符瑞多次出现，天命与人事互相呼应，四方无不服从。于是，我效法尧、舜、禹三帝，接受上天授予的帝位。我司马炎的威德不足以继承帝统，辞让又得不到准许。在这时候，公卿大臣、百官僚佐、庶民仆隶以及各族酋长，都说：'皇天洞察下方，寻求民间的疾苦，既然授命为贤明的君主，就不是谦让可以拒绝和违背的事情。帝王的世系不能无人继统，庶民的生计与神灵的祭祀不可以无人主持。'我虔诚地奉行帝王传递的命运，恭谨地畏惧天命的威严，慎重地选择了吉日良辰，登坛接受魏国的禅让，举行祭天仪式将登基的事报告天帝，并永久地满足众人的厚望。"禅让典礼结束，武帝就来到洛阳宫，亲临太极前殿，发布诏令说："从前，我的祖父宣王，聪慧明智，敬慎明察，顺应上天的运数，弘扬帝王的功德，开创了宏伟的基业。伯父景王，身行正道，明达事理，兴旺发达了中国。到了父亲文王，思虑精密远大，和洽天地神灵，适应天命，顺从时运，接受了晋王的封爵。仁慈普及四海，功业惊动天地。因此，魏国曹氏借鉴先王的法则，效法唐尧的禅让，访求诸侯公卿，归结天命于我。我敬畏上天之命，因此不敢违背。想到我的威德不足，承担如此宏大的功业，置身在王侯公卿的上面，得以主宰天下，内心不安，十分畏惧，不懂治理国家。只有依靠你们这些在我左右的得力助手，忠心耿耿的文武大臣，你们的祖辈父辈，已经辅佐过我的祖先，光大兴隆了我晋国的基业。打算与天下各方共同享有这美好的岁月。"与此同时，颁布对已判刑囚犯的减免令，更改年号。赏赐天下人的爵位，每人五级；鳏寡孤独生活困难的人以稻谷，每人五斛。免收一年的田租、户调和关市的商税，老账、旧债全部免去。调解过去的嫌隙，废除原来的禁令，撤去官职、削除爵位的人，全都给予恢复。

十八日，武帝派遣太仆刘原到太庙禀告接受禅让的事。分封魏帝曹奂为陈留王，食邑一万户，居住在邺城的王宫中；曹氏诸王都降为县侯。追加尊号：宣王司马懿称宣皇帝，景王司马师称景皇帝，文王司马昭称文皇帝，宣王妃张氏称宣穆皇后。尊称太妃王氏为皇太后，居住的宫名崇化宫。分封叔祖父司马孚为安平王，叔父司马干为平原王、司马亮为扶风王、司马伷为东莞王、司马骏为汝阴王、司马彤为梁王、司马伦为琅邪王，弟弟司马攸为齐王、司马鉴为乐安王、司马机为燕王，堂伯父司马望为义阳王，堂叔父司马辅为渤海王、司马晃为下邳王、司马瑰为太原王、司马珪为高阳王、司马衡为常山王、司马子文为沛王、司马泰为陇西王、司马权为彭城王、司马绥为范阳王、司马遂为济南王、司马逊为谯王、司马睦为中山王、司马陵为北海王、司马斌为陈王，堂兄司马洪为河间王，堂弟司马楙为东平王。以骠骑将军石苞任大司马，赐爵乐陵公，车骑将军陈骞赐爵高平公，卫将军贾充任车骑将军、鲁公，尚书令裴秀赐爵钜鹿公，侍中荀勖赐爵济北公，太保郑冲任太傅、寿光公，太尉王祥任太保、睢陵公，王国丞相何曾任太尉、朗陵公，御史大夫王沈任骠骑将军、博陵公，司空荀颉赐爵临淮公，镇北大将军卫瓘赐爵菑阳公。其余人员增加封邑、晋封爵位各有不同的等次，文武百官普遍增加爵位两级。改《景初历》名为《太始历》，腊祭百神用酉日，祭祀社神用丑日。十九日，武帝下召，倡导勤俭节约，拿出皇宫库藏的珍珠玉石、赏玩嗜好这类物品，按不同等次分赏给王公以下人员。设置中军将军，用来统领宿卫的左卫、右卫、骁骑、游击、前军、左军、右军等七军。二十日，武帝诏令陈留王曹奂使用天子的旗帜，备用按东、西、南、北、中方位配置的青、白、红、黑、黄五色侍从车，继续沿用魏国的历法，照常在南郊祭天、北郊祭地，礼乐制度也不改变，上书晋帝无须称臣。赐给山阳公刘康、安乐公刘禅的子弟各一人为驸马都尉。二十六日，任命安平王司马孚担任太宰、假黄钺、大都督中外诸军事。又下诏令说：以前，王凌策划废黜齐王曹芳，但曹芳终究未能保住自己的帝位。邓艾虽然自夸功勋，有失臣节，但他没有反抗，接受处罚。现在，彻底赦免他们家属的罪行，各自回到原地并确定他们的直系继承人。使衰败的世家兴旺起来，灭绝的大族后继有人，简化法典，省并刑律。废除曹魏时期对宗室担任官职的禁令。将官佐吏遭遇3年丧期的丧事，准许回家服完丧礼。百姓免去他们的徭役。停止部曲将领、州郡长吏以下人员的人质制度。削减郡国供给皇宫的征调，不准主管音乐的部门演出奢侈华丽的散乐、杂技等伎艺，以及雕刻彩饰这类出游、田猎的器具。鼓励众人敢于讲真话，设置谏官来主管这件事情。

这一月，凤凰6只、青龙3条、白龙两条、麒麟各一只，现于郡国境内。二年春季正月初七日，武帝派遣兼任侍中侯史光等人，给予符节，出使四方，视察民间的风俗，禁止不合礼制的祭祀。初八日，有关部门请求建立供奉七代祖先的庙堂，武帝难于为这事征发徭役，没有批准。十一日，除去宫中在五更的时候，主唱鸡歌的卫士。二十二日，尊称景皇帝夫人羊氏为景皇后，居住的宫名弘训宫。二十七日，册立杨氏为皇后。

二月，解除原魏国对汉朝宗室任官的禁令。十一日，常山王司马衡去世。武帝下诏书说："五等爵位的分封，都是选取过去建立了功勋的人。本封是县侯的传爵位给次子降为亭侯，乡侯的降为关内侯，亭侯的降为关中侯，都收取他的封户租税的十分之一作为俸禄。"二十九日，郊外祭天，用宣皇帝司马懿配享，在太庙中祭祀祖先，用文皇帝司马昭配天帝。二十二日，诏书说："古代百官，都可以规诫帝王的过失。然而，保氏官特别以直言规劝天子作为自己的职责，现在的侍中、散骑常侍，实际上处在保氏官这样的职位上。挑选那些能够打破情面、矫正过误、匡扶救助、弥补不足的人，来兼任侍中、散骑常侍。"

三月二十日，吴国派遣使臣前来吊唁文帝司马昭，有关部门上奏回答吴国称诏书。武帝说："以前，汉文帝、后汉光武帝怀柔安抚他和公孙述，都没有辨正君臣的名分礼仪，这是用来笼络还没有归服的人的啊。孙皓派遣使臣的时候，还不知道晋国已经接受了魏帝的禅让，只用书信的方式来回答他。"

夏季五月戊辰，武帝下达诏令说："陈留王品德谦恭，每有一事就上表奏闻，这不是优待尊崇他的办法啊。主管的人应该向他讲明用意，不是重大的事情，就由王国的官属用表的方式上奏。"壬子，骠骑将军、博陵公王沈去世。

六月二十五日，济南王司马遂去世。秋季七月初五日，营建太庙，运来荆山的木材，开采华山的石料；铸造铜柱12根，表面涂上黄金，雕刻各种物像，用明珠加以装饰。二十二日，谯王司马逊去世。三十日，有日蚀出现。八月初十日，裁减右将军官职。

起初，武帝虽然遵从汉魏的制度，已安葬了文帝，便脱去丧服，但是身穿居家的衣服，头戴白色的帽子，不侍御座，撤去御膳，悲哀恭敬如同居丧时期一样。二十二日，有关部门上奏，请求改穿官服，恢复御膳，武帝不允；直到3年丧期服满以后，才恢复平素的服食起居。后来服太后的丧礼，也是这样。九月二十日，散骑常侍皇甫陶、傅玄兼任谏官，上书直言规诫，有关部门上奏武帝，请求搁置这件事。武帝下诏书说："大凡涉及谈论人主的过失，臣下最感困难，又苦于人主不能倾听与采纳，这就是从古以来忠臣直士所以情绪激昂的原因啊。常常将陈述的事交主管的人，又大多近乎严厉的挑剔，说是优容宽厚应该由皇上施予，这像什么话吗？一定要详细评论议定。"

二十三日，有关部门上奏："晋继承伏羲、神农、黄帝的业绩，踏着虞舜、夏禹的足迹，适应天命，顺从时运，接受魏帝的禅让，应当统一使用前朝的历法和车马、祭牲的颜色，都如同虞舜遵守唐尧典制的先例。"奏章被准。

冬季十月初一日，发生日蚀。初二日，武帝下诏书说："从前，虞舜下葬苍梧，当地的农夫并未让出耕地；夏禹下葬成纪，那里的市井依旧照常营业。追思祖先清廉简易的宗旨，所迁徙陵地10里以内居民这件事，动不动就引起烦扰骚乱，应该完全停止它。"

十一月初五日，倭国人来朝进献特产。合并冬至圆坛祭天、夏至方坛祭地于南郊祭天、北郊祭地，使冬至与夏至的祭祀统一于南郊与北郊。撤销原魏国监视山阳公国的督军官职，废除对它的有关禁令与限制。十五日，景帝夫人夏侯氏被追加尊号为景怀皇后。十七日，把已死祖先的牌位迁徙入太庙。

十二月，撤销屯田制的农官系统，将它与郡县合并。这一年，凤凰6只、青龙10条、黄龙9条、麒麟各一只，出现在郡国境内。

三年春季正月癸丑，白龙两条，出现在弘农郡的渑池县境。丁卯，武帝册立长子司马衷做晋国的太子。颁布诏令说："我以不足的德望，被推尊为天子，小心恭谨，心怀畏惧，担心不能安定匡救天下，想同全国上下，共同整饬、发扬王者的政教，从根本上进行变革，对于设置继承人，明确嫡长子，不是最紧迫的事情。加上近代每次建置太子，必定有赦免罪犯、施行恩惠的事，其间往往是不得已才这样做的，都是顺从王公百官的奏请罢了。当今，盛衰治乱的更迭变化即将稳定，准备用道德仁义的道理去教化他们，用真善丑恶的典型去诱导和警戒他们，使百姓放弃投机侥幸的念头，笃守终始如一的行为，小恩小惠，所以没有必要采用它了。这样的政策要使大家都能明白。"

三月初六日，初次准许二千石以上的官吏可以守完3年的丧礼。丁未，白天如同黄昏一样黑暗。裁减武卫将军官职。任命李熹做太子太傅。太山发生石崖崩裂。

夏季四月十六日，张掖郡的太守焦胜上书说：氏池县的大柳谷口有一处黑色石崖，白天显现出彩色纹理，实在是大晋国的吉祥，将它描画下来，进献朝廷。武帝下令用一丈八尺长的绢帛做祭品，上告于太庙，并将图像藏在秘府中。

秋季八月，撤销都护将军机构，将它所管辖的五官、左、右以及虎贲、羽林五署交还给光禄勋。

这一年王导妻曹氏去世，赠金章紫绶。早年，曹氏性好妒嫉，王导对她十分惮惧，私下在别处营造府邸，安置群妾。曹氏得知，要去那里，王导唯恐群妾蒙受羞辱，急忙命人驾车赶去，仍恐迟到，便用手中的麈尾柄驱牛快进。司徒蔡谟听说后，开玩笑对王导说："朝廷要赐你九锡。"王导没有觉察，只是谦虚推让。蔡谟说："没听说有其他东西，只有短辕牛车，长柄麈尾。"王导大怒，对人道："当年我与群贤同游洛中时，还没听说有蔡克的儿子呢！"

九月十四日，武帝下诏书说："古时候，用德行高低来显示爵位等级，按功劳大小来制定俸禄多少，虽然是最低一级的官吏，还享有上等农夫的收入，对外能够做到奉公守法，丢掉私念，对内完全可以赡养家人，周济亲友。现在，有爵位的官员，俸禄还不能养家糊口。这不是用来倡导教化的根本方法啊。当议论增加官吏的薪俸。"赏赐王侯公卿以下人员数量不等的绢帛。升太尉何曾任太保、义阳王司马望任太尉、司空荀顗任司徒。

冬季十月，准许士兵中遭遇父母死亡的人，只要不是在边疆战场上，都可以因家奔丧。十二月，改封宗圣侯孔震为奉圣亭侯。山阳公刘康入京朝见。禁止占星望气、预言吉凶的法术。

四年春季正月初三日，武帝任命尚书令裴秀担任司空。十八日，晋国的律令修订完成，参与者增封爵位、赏赐绢帛各有不同的等级。光芒四射的彗星名字称孛的出现在轸宿星区。十九日，武帝在用于宗庙祭祀的农田上，举行耕田的仪式。二十日，下诏令说："古代，设置象征五刑的特异服饰来表示耻辱，但是百姓都不去犯法，当今，虽然有诛灭父族、母族和妻族的酷刑，可是作奸犯科的事不断发生，为什么德化与刑治的差别有这么大呢！文帝十分爱惜百姓，怜悯狱讼，于是命令众大臣参考历代刑典，修订晋朝的法律。我继承父祖留下的基业，想使天下长治久安，愿同各方用德化作为治国的根本。当前，温暖的春天孕育万物，春耕伊始，我亲自带领王公百官，耕种用于宗庙祭祀的农田千亩。加上律令已经修订完成，将它颁布于天下，准备采用简化刑律、致力德化，来慈爱抚育境内的百姓。应当从宽处理犯法的人，使他们得到改正错误、重新做人的机会，对天下已经判刑的罪犯，实行免刑或减刑吧。长吏、郡丞、长史每人赐马一匹。"

二月初三日，山阳公国增加设置相、郎中令、陵令、杂工宰人、鼓吹车马各有不同的数量。废除中军将军官，设置北军中候代替它。十七日，东海人刘俭因德行突出，被任命为郎官。调中军将军羊祜担任尚书左仆射、东莞王司马伷担任尚书右仆射。

三月二十一日，皇太后王氏去世。

夏季四月初二日，太保、睢陵公王祥去世。初三日，将文明皇后王氏在崇阳陵内与文帝合葬。废除振威、扬威护军等官，设置左、右积弩将军。

六月初一日，武帝下达诏书说："郡国的守相，每三年一次巡视所属的各县，必定在春季，这是古代地方官吏用来陈述职守、传布风化、展示礼仪的方式啊。接见长吏，观察风俗，协调礼律，考查度量，慰问老人，拜访高年；讯视囚徒，受理冤狱，仔细考察政令、刑罚的成功与失败，深入了解百姓所忧虑与痛苦的事情。不分远近，都如同我亲身巡视这些地方。督促教导五常，勉励从事农耕；劝勉求学之人，让他们专心致意于六经，不要学习诸子百家的非根本之学，妨碍了自己的远大前程。士人和庶民中有勤奋学习、遵循道德、孝亲敬兄、诚实守信、廉洁奉公、品行优异的人，推荐并进用他们；有在父母面前不孝敬，在亲族面前不仁爱、违反礼义、抛弃纲常、不遵守法令的人，要加以严惩。田地垦辟，生产发展，礼教普及，令行禁止，这是地方官吏能干啊；百姓穷困，农田荒芜，盗贼四起，狱讼繁多，欺下瞒上，礼教废弛，这是地方官吏的无能啊。如果地方官吏任职期间，有秉公廉洁、不谋私利、刚正不阿、不图虚名的人，以及那些自身贪赃受贿，靠献媚黩货求得安身，公正节操没有树立，但是私家财富却日益增加的人，都要细心考察他们。奖善惩恶，进贤去邪，这正是我垂衣拱手，总揽大纲，督责贤能的郡国守相完成治理天下任务的目的啊。唉，你们要警戒啊！"

秋季七月，泰山石崩，一群陨星向西流失。戊午，武帝派遣使臣侯史光巡视天下。十四日，祭拜崇阳陵。

九月，青、徐、兖、豫四州水灾严重，伊河、洛河洪水泛滥，与黄河连成一片，政府开仓以赈救灾民。武帝下诏书说："即使诏令已作了规定，以及奏请得到批准的事情，但在实施中有不符合实际的，都要如实上报，不得隐瞒。"

冬季十月，吴国将领施绩入侵江夏，万郁寇扰襄阳。武帝派遣太尉、义阳王司马望出屯龙陂。荆州刺史胡烈打败了万郁。吴将顾容入寇郁林，太守毛炅给他以沉重打击，杀了吴国的交州刺史刘俊、将军修则。

十一月，吴国将领丁奉等人出兵芍陂，安东将军、汝阴王司马骏与义阳王司马望反击，再次被击败。二十七日，武帝诏令王公百官以及郡国守相，推荐德行高尚、公正耿介、直言不讳的人士。

十二月，武帝向郡国守相颁布5条诏书：一是修养心身，二是厚待百姓，三是体恤孤寡，四是重农抑商，五是杜绝请托。二十八日，武帝到听讼观查阅廷尉府洛阳地区在押囚犯的案卷，并亲自审讯罪犯，进行判决。扶南、林邑国分别派遣使臣来朝，贡献物品。

五年春季正月初一日，武帝一再告诫郡国掌管税收、财务的计吏，以及守相、令长，务必使农民充分利用土地资源，不准他们弃农经商。初四日，武帝到听讼观，查阅囚犯的案卷，并亲自审讯，大多从宽释放。两条青龙出现在荥阳郡境内。

二月，分雍州的陇右五郡以及凉州的金城、梁州的阴平，建置秦州。二十日，二条白龙出现在赵国境内。青、徐、兖3州水灾，武帝派遣使臣去救济慰问灾民。壬寅，任命尚书左仆射羊祜都督荆州诸军事，征东大将军卫瓘都督青州诸军事，东莞王司马镇东大将军、都督徐州诸军事。二十六日，武帝下诏令说："古时代，每年记录各种属吏的功绩与过误，积累3年再惩罚或奖励他们。现在，令史这类属吏，只选择粗疏低劣的人加以淘汰，起不到鼓励、劝进的作用，不是晋升勤能、罢黜疏劣的好办法啊。当分别记录勤恪能干、功绩卓著、德行优异这样的人，年年如此，成为制度，我将评论他们的事功劳绩。"

三月二十八日，诏令蜀汉丞相诸葛亮的孙子诸葛京，安排适当的官职。

夏季四月，发生地震。

五月初一日，凤凰出现在赵国境内。特赦交趾、九真、日南这三郡判处5年以下刑期的囚犯。

六月，邺城的奚官督郭廙上书武帝，陈述5件事情，用来谏诤，言辞十分恳切直率，武帝破格提升他担任屯留县的县令。西平人麴路鸣、登闻鼓，上奏的言辞大多妖妄诽谤，有关部门奏请将他斩于市场，陈尸示众。武帝说："是我的过误啊。"释放了麴究。撤销镇军将军，重新设置左、右将军的官职。

秋季七月，延请诸公入朝，征询正直的言论。

九月，彗星出现在紫宫星座。

冬季十月十九日，武帝因汲郡太守王宏治理有方，成效卓著，赐谷1000斛。

十一月，武帝给弟弟司马兆追加封爵、谥号为城阳哀王，并将儿子景度过继给司马兆，作为后嗣，继承他的爵位。

十二月，武帝下令州郡推荐勇敢有力、优秀奇异的人才。

六年春季正月初一日，武帝不侍在正殿而来到殿前，也没有陈列乐队。吴国将领丁奉入侵涡口，扬州刺史牵弘打败并赶走了他。

三月，武帝下令赦免判处5年以下刑期的囚犯。夏季四月，两条白龙出现在东莞境内。五月，分封寿安亭侯司马承为南宫王。

六月初四日，秦州刺史胡烈在万斛堆处进讨叛虏秃发树机能，奋力战斗，死在战场上。武帝下诏派遣尚书石鉴代行安西将军、都督秦州诸军事，和奋威将军田章共同讨伐叛虏。

秋季七月十四日，武帝下令陇右五郡遭受叛虏侵扰的百姓，免收田租、户调，无法维护生活的人，开仓予以救济。二十二日，城阳王司马景度去世。

武帝下诏令说："自从泰始初到现在,重大的事件都编撰记录下来,保存在秘书府内,还抄写有副本。今后凡有这类事件,都应加以编撰汇集,并把它作为经常的制度。"二十四日,任命汝阴王司马骏担任镇西大将军、都督雍、凉二州诸军事。

九月,大宛国进献汗血马,焉耆来朝进贡特产。冬季十一月,武帝亲往太学,举行祝贺学业有成的"乡饮酒"古礼,并分别不同的等次,赏赐太常博士、学生的绢帛牛酒。分封儿子司马柬为汝南王。十二月,吴国的夏口都督、前将军孙秀率众投降,授官骠骑将军、开府仪同三司,赐爵会稽公。十七日,又恢复设置镇军将军官职。

七年春季正月二十六日,武帝给太子司马衷举行表示成人的加冠典礼,赏赐王公以下人员分别以不同等次的绢帛。匈奴族酋帅刘猛反叛,出奔塞外。

三月,吴帝孙皓率领兵将进军寿阳,武帝派遣大司马司马望出屯淮北来防御他。初七日,司空、钜鹿公裴秀去世。十四日,任命中护军王业担任尚书左仆射、高阳王司马珪担任尚书右仆射。孙秀所部将领何崇带领5000人前来投降。

夏季四月,九真郡太守董元被吴国将领虞泛围攻,军队战败,死在战斗中。北地胡人寇金城,凉州刺史牵弘讨伐叛胡。鲜卑等族在内地叛变,将牵弘围困在青山地界。牵弘军战败,死在战场上。

五月,武帝封儿子司马宪为城阳王。雍、凉、秦三州发生饥荒,武帝下令赦免这三州境内判处斩刑以下的罪犯。

闰五月,武帝举行求雨的祭祀,太官也减低膳食标准。又下令交趾三郡、南中各郡免交今年的户调。

六月,武帝诏令公卿以下人员,每人推荐将帅一名。二十四日,大司马、义阳王司马望去世。大雨连绵,伊河、洛河、黄河洪水泛滥成灾,漂流居民4000多家,淹死300多人,诏令救济灾民,死了的赐予棺材。

秋季七月二十六日,调车骑将军贾充担任都督秦、凉二州诸军事。吴国将领陶璜等人围攻交趾,太守杨稷和郁林太守毛炅以及日南三郡向吴国投降。

八月初九日,调征东大将军卫瓘担任征北大将军、都督幽州诸军事。十九日,城阳王司马宪去世。分益州的南中四郡建置宁州,特赦这四郡判处斩刑以下的囚犯。

冬季十月初一日,发生日蚀。冬十一月十二日,卫公姬署去世。十二月,天降大雪。撤销中领军官署,将它与北军中候机构合并。调光禄大夫郑袤担任司空。

八年春季正月，监军何桢出讨匈奴族刘猛，多次打败了他，凶奴左部首帅李恪杀了刘猛，前来投降。十九日，武帝在用来祭祀宗庙的农田里，举行耕田仪式。

二月初一日，禁止制造违反规定的装饰品、丝织物。十八日，太宰、安平王司马孚去世。诏令中央、地方各级官吏，每人推荐能胜任边郡职事的人3名。武帝和右将军皇甫陶议论政事，陶与武帝发生争论，散骑常侍郑徽上表请求依法处理皇甫陶。武帝说："敢于讲真话，这是殷切希望在我身边的人，都能做到的事情啊。君主常常因为有了阿谀奉承的人，才造成祸患，那里会由于有了正直的大臣，使国家遭受损害的啊！郑徽超越职权，妄自上奏，难道符合我的本意吗？"于是，撤了郑徽的官职。

夏季四月，增设后将军，用来完备前、后、左、右四军的建制。六月，益州牙门张弘诬陷他的刺史皇甫晏谋反，并将晏杀害，通过驿站送人头到京都。张弘坐罪被处死，诛灭了他的父、母、妻三族。二十日，武帝颁布对已判刑囚犯的减免令。二十四日，诏令陇右四郡遭受叛虏侵害的人家，免交田租。

秋季七月，调车骑将军贾充担任司空。九月，吴国西陵督步阐前来投降，授官卫将军、开府仪同三司，赐爵宜都公。吴国将领陆抗进攻步阐，武帝派遣车骑将军羊祜带领兵众从江陵进军，荆州刺史杨肇到西陵迎接步阐，巴东监军徐胤进攻吴国的建平郡，来牵制吴国，求援步阐。

冬季十月初一日，有日蚀发生。十二月，杨肇进攻陆抗，不能取胜，被迫撤军退回。步阐因西陵城陷落，被陆抗擒获。

九年春季正月二十二日，司空、密陵侯郑袤去世。二月二十五日，司徒、乐陵公石苞去世。武帝分封安平亭侯司马隆为安平王。三月，分封儿子司马祗为东海王。夏季四月初一日，出现日蚀。五月，发生旱灾。任命太保何曾兼领司徒。六月二十九日，东海王司马祗去世。

秋季七月初一日，发生日蚀。吴国的将领鲁淑围攻弋阳，被征虏将军王浑击败。撤销五官，左、右中郎将，弘训太仆，卫尉，大长秋等官职。鲜卑族入侵广宁，杀戮、掳掠5000人。武帝下诏选聘公卿以下人员的女儿来充实后官，搜罗挑选没有结束以前，暂时禁止婚嫁。

冬季十月十七日，武帝发诏，女子满了17岁，父母还没有将她出嫁的，由当地官吏给她婚配。十一月初三日，武帝来到宣武观，举行盛大的阅兵典礼，初十日才结束。十年春季正月十八日，武帝在用于宗庙祭祀的农田里，举行耕田仪式。闰正月十一日，太傅、寿光公郑冲去世。十七日，高阳王司马珪去世。十八日，太原王司马瓌去世。

二十五日，武帝下诏书说："嫡子与庶子的区别，用来分辨上下，表明贵贱。但是，近代以来，大多宠爱姬妾，使她们升上了后妃的位置，搞乱了尊卑贵贱的秩序。从今往后都不准选用妾媵作为嫡系正妻。"

二月，分幽州的五郡建置平州。三月初二日，发生日蚀。夏季四月二十八日，太尉、临淮公荀颐去世。

六月初三日，武帝到听讼观，查阅囚徒的案卷，亲自审讯犯人，多数被从宽发落，得到释放。夏季，出现严重的蝗灾。

秋季七月初六日，杨皇后去世。二十二日，吴国平虏将军孟泰、偏将军王嗣等人，带领军队来降。

八月，凉州的叛虏入寇金城等郡，镇西将军、汝阴王司马骏讨伐叛虏，杀了他的酋帅乞文泥等人。十九日，将元皇后杨氏安葬在峻阳陵内。

九月初四日，武帝调大将军陈骞担任太尉。晋军攻下了吴国的枳里城，活捉立信校尉庄祐。吴国将领孙遵、李承率领军队，入侵江夏，太守嵇喜打败了他们。在富平津处修建了黄河大桥。

冬季十一月，在洛阳城东的七里涧处，修建了石桥。十二日，武帝来到宣武观，大规模阅军。

十二月，彗星出现于轸宿星区。武帝设置管理在春耕前举行亲耕仪式这种农田的籍田令。分封太原王的儿子司马辑为高阳王。吴国威北将军严聪、扬威将军严整、偏将军朱买来晋投降。

这一年，凿通陕南山，在黄河堤岸上打开缺口，使河水向东流入洛河，用来畅通漕运。

咸宁元年春季正月初一日，颁布对已判刑罪犯的减免令，更改年号。

二月，由于将官、士兵已到结婚年龄应当娶妻的人众多，便规定了凡是养育有5个女儿的人家，就免去他的租调徭役。辛酉，原任郏县县令夏谡做官清廉，名声远扬，赏赐稻谷100斛。由于官吏的俸禄菲薄，分别不同的等次，赏赐公卿以下人员的绢帛。叛虏树机能送来人质，请求归降。

夏季五月，下邳、广陵两地区发生风灾，吹折树木，毁坏房屋。

六月，鲜卑族力微派遣儿子来朝贡献。吴国入寇江夏。西域戊己校尉马循讨伐叛虏鲜卑，战胜并杀了它的渠帅。二十四日，设置总管东宫事务的太子詹事官。

秋季七月三十日，发生日蚀。郡国出现蝗虫灾害。八月十八日，沛王司马子文去世。武帝把死去的太傅郑冲、太尉荀颛、司徒石苞、司空裴秀、骠骑将军王沈、安平献王司马孚等王公，以及还健在的太保何曾、司空贾充、太尉陈骞、中书监荀勖、平南将军羊祜、齐王司马攸等功臣，都书名在旗幡上，配享于太庙。九月十一日，青州发生蝗害，徐州洪水泛滥成灾。冬季十月初二日，常山王司马殷去世。初十日，彭城王司马权去世。十一月十一日，武帝在宣武观大规模地检阅军队，十七日结束。十二月初五日，追加尊号：宣帝庙称高祖，景帝庙称世宗，文帝庙称太祖。这一月，发生了严重的瘟疫，洛阳地区的百姓死亡超过了一半。武帝分封裴颜为钜鹿公。

二年春季正月，由于瘟疫流行，停止了元日的朝会。分别不同的等次，赏赐没有固定职事的闲散官吏下至士兵的蚕丝。

二月初五日，河间王司马洪去世。十三日，武帝下令赦免判处 5 年以下刑期的囚犯。东方夷族有 8 国归顺。并州的叛虏侵犯边塞，被监并州诸军事胡奋打败。

起初，敦煌太守尹璩去世，凉州刺史任用敦煌县令梁澄代领太守的职务，议郎令狐丰罢黜梁澄，擅自代领该郡事务。丰死以后，弟弟令狐宏又代行郡职。到这，凉州刺史杨欣杀了令狐宏，通过驿站送宏头到洛阳。

早些时候，武帝患病，到现在病体痊愈，大臣们祝贺平安。武帝下诏书说："每次想到近来遭遇瘟疫死去的人们，心里就为他们十分难过。难道能因我一个人的病体康复，就忘了百姓的苦难了吗？凡是来祝贺平安的人，都应该予以谢绝。"

夏季五月，镇西大将军、汝阴王司马骏讨伐北胡，杀了它的渠帅吐敦。创立专门供五品以上官员子弟读书的国子学。二十一日，武帝举行了隆重的求雨祭祀。

六月癸丑，武帝在太庙中进献荔枝。甲戌，彗星出现在氐宿星区。从春季发生旱灾，到这月才降雨。吴国京下督孙楷率领军队来降，被任命为车骑将军，赐爵丹杨侯。两条白龙出现在新兴郡的井中。

秋季七月，彗星出现在大角星附近。吴国的临平湖自后汉末年淤塞，到这时自行开通。年老的人都在传说："此湖堵塞，天下大乱；此湖畅通，天下太平。"初五日，安平王司马隆去世。东方夷族有 17 国归附。河南、魏郡洪水泛滥成灾，淹死了 100 多人，武帝诏令赐予棺材。鲜卑族阿罗多等人入寇边境，西域戊己校尉马循征讨入侵鲜卑，杀死 4000 多人，生俘 9000 多人，在这种形势下，阿罗多等人来晋投降。

八月初二日，河东、平阳发生地震。二十一日，以太保何曾任太傅，太尉陈骞任大司马，司空贾充任太尉，镇军大将军、齐王司马攸任司空。慧星出现在太微星座，九月又出现在翼宿星区。丁未，在洛阳城东修建太仓，又在东、西市场修建常平仓。

闰九月，荆州有五郡发生水灾，漂流居民4000多家。冬季十月，任命汝阴王司马骏担任征西大将军，平南将军羊祜担任征南大将军。二十一日，册立杨氏为皇后，颁布对已判刑罪犯的减免令，赏赐王公以下人员以及鳏寡各有不同的等次。十一月，两条白龙出现在梁国境内。十二月，武帝征召从未任官的士人安定郡皇甫谧，出任太子中庶子。进封皇后的父亲镇军将军杨骏爵位为临晋侯。当月，由于平州刺史傅询、前任广平太守孟桓做官清廉、声名远扬，傅询赏赐绢帛200匹，孟桓100匹。

三年春季正月初一日，发生日蚀。武帝分封儿子司马裕为始平王、安平穆王司马隆的弟弟司马敦为安平王。又下诏书说："宗族和亲属，都是国家的辅翼，想使他们遵守和奉行道德礼仪的规范，成为天下人们学习的榜样。但是，身处富贵地位又能谨慎行事的人不多，召穆公召集兄弟在一起，歌咏名为《唐棣》的诗篇作为训诫，这是周代姬氏本宗和支庶能够传递百代、没有凋残的原因啊。现在任命卫将军、扶风王司马亮担任宗师，所有应当施行的事情，都要在宗师那里征询意见。"十五日，始平王司马裕去世。彗星出现在西方。武帝派遣征北大将军卫瓘征讨鲜卑族的力微。

三月，平房护军文淑讨伐叛房树机能等人，都打败了他们。彗星出现在胃宿星区。二十一日，武帝准备进行一次田猎活动，担心践踏了麦苗而停止。

夏季五月十五日，吴国将领邵凯、夏祥带领兵众7000多人前来归降。六月，益、梁两州有八郡发生水灾，漂杀居民300多人，淹没了囤积军粮的简易仓库。

秋季七月，调都督豫州诸军事王浑担任都督扬州诸军事。中山王司马睦因犯罪削爵为丹阳县侯。

八月二十一日，武帝改封扶风王司马亮为汝南王、东莞王司马伷为琅邪王、汝阴王司马骏为扶风王、琅邪王司马伦为赵王、渤海王司马辅为太原王、太原王司马颙为河间王、北海王司马陵为任城王、陈王司马斌为西河王、汝南王司马柬为南阳王、济南王司马耽为中山王、河间王司马威为章武王。分封儿子司马玮为始平王、司马允为濮阳王、司马该为新都王、司马遐为清河王，钜平侯羊祜为南城侯。任命汝南王司马亮作镇南大将军。大风吹倒树木，突然降温并且结冰，五郡国降霜成灾，庄稼损害严重。

九月十七日，调左将军胡奋任都督江北诸军事。兖、豫、徐、青、荆、益、梁7州发生严重的水灾，淹没了秋季作物，武帝诏令开仓赈灾。分封齐王的儿子司马蕤为辽东王、司马赞为广汉王。

冬季十一月十六日，武帝来到宣武观，大规模地检阅军队，二十二日才结束。十二月，吴国的将领孙慎入寇江夏、汝南，掳掠1000余家后撤走。

这一年，西北杂居的各族，以及鲜卑、匈奴、五溪蛮夷、东方夷族的3个国家，先后10多人次，各自带领本族部落归顺。

四年春季正月初一日，发生日蚀。

三月十五日，尚书左仆射卢钦去世。辛酉，调尚书右仆射山涛任尚书左仆射。东方夷族有6国来京朝贡。

夏季四月，光芒类似蚩尤旗状的彗星出现在井宿星区。六月初十日，阴平郡的广武县发生地震，二十七日又震。州刺史杨欣在武威地区与叛虏若罗拔能等人交战，大败，死在战场上。弘训皇后羊氏去世。

秋季七月二十三日，武帝将景献皇后羊氏与景帝合葬于峻平陵内。二十二日，高阳王司马缉去世。二十六日，范阳王司马绥去世。荆、扬两州有20个郡国，都发生了严重的水灾。九月，调太傅何曾任太宰。十五日，调尚书令李胤任司徒。

冬季十月，武帝调征北大将军卫瓘任尚书令。扬州刺史应绰进攻吴国的皖城，杀敌军5000人，焚毁囤聚的谷米180万斛。十一月十六日，太医官署的司马程据，进献用雄鸡头部羽毛制成的裘衣，武帝因其为新奇特异的服饰，是被典制礼仪禁止的东西，在大殿前面焚烧了它。十九日，又敕令中央、地方官吏敢有再违犯的，将惩罚他们。吴国昭武将军刘翻、厉武将军祖始来晋投降。二十六日，调尚书杜预出任都督荆州诸军事；征南大将军羊祜去世。十二月初一日，西河王司马斌去世。十三日，太宰、朗陵公何曾去世。

这一年，东方夷族有九国归附。

五年春季正月，叛虏酋帅树机能攻陷凉州。初一日，武帝派遣讨虏护军、武威太守马隆讨伐他。二月初一日，白麟出现在平原国。三月，匈奴族都督拔弈虚带领部落归顺。十二日，由于百姓正度荒年，武帝也减少膳食费用的一半。彗星出现在柳宿星区。

夏季四月，彗星又出现在女御星区。武帝颁布对已判刑囚犯的减免令，废除部曲督以下将吏的人质制度。五月二十五日，有八郡国下冰雹，伤害秋季农作物，损坏了百姓的房屋。

秋季七月，彗星出现在紫宫星座。九月初四日，有麟出现在河南郡。

冬季十月十九日，匈奴余渠都督蚀雍等人带领部落归顺。汲郡人不准发掘战国魏襄王的墓葬，得到有小篆字体的竹简古书共 10 多万字，收藏在保存国家秘籍的部门。

十一月，武帝大规模伐吴，派遣镇军将军、琅邪王司马颙出兵涂中，安东将军王浑出兵长江西岸，建威将军王戎出兵武昌，平南将军胡奋出兵夏口，镇南大将军杜预出兵江陵，龙骧将军王浚、广武将军唐彬率领巴蜀的士兵，顺长江向下游进军，东西共有军队 20 多万。任命贾充担任大都督，行冠军将军杨济为副手，总领各路军队。

十二月，马隆进攻叛虏树机能，彻底击败叛虏，杀了树机能，平定凉州叛乱。肃慎国派遣使臣，前来贡献楛箭杆、石制箭镞。

太康元年春季正月初一日，五色云气覆盖了太阳。二十五日，王浑攻克吴国的寻阳、赖乡等城池，活捉了武威将军周兴。

二月初一日，王浚、唐彬等人攻下了丹杨城。初三日，又攻克西陵，杀了吴国的西陵都督、镇军将军留宪，征南将军成璩，西陵监郑广。初五日，王浚又攻占夷道、乐乡等城，杀了夷道监陆晏、水军都督陆景。十七日，杜预攻陷江陵，杀了吴国的江陵督伍延；平南将军胡奋攻克江安。在这时候，晋国各路军队同时并进，乐乡、荆门等地的吴国守军，相继前来归降。十八日，武帝任命王浚担任都督益、梁二州诸军事，又下达诏令说："王浚、唐彬向东进军，肃清巴丘以后，与胡奋、王戎一起攻克夏口、武昌，再顺流东下，直达秣陵，与胡奋、王戎审时度势，相机行事。杜预应当稳定零、桂，安抚衡阳。大军既已前进，荆州的南部地区，定当传布檄文就可平定，杜预应分一万人给王浚，7000 人给唐彬；夏口既已攻下，胡奋应分 7000 人给王浚；武昌得手，王戎分 6000 人增加唐彬的兵力。太尉贾充移驻项城，总管监督各方事宜。"王浚率军向前，攻陷了夏口、武昌，于是战舰漂浮东下，凡是到达的地方，没有遇到抵抗就平定了。王浑、周浚在版桥地界，与吴国的丞相张悌交战，大败吴军，杀了张悌以及随同他的吴国将领孙震、沈莹，将他们的人头送往洛阳。孙皓穷困紧迫，请求投降，向琅邪王司马伷送上吴国皇帝的御玺及绶带。

三月十五日，王浚率领水军，直达建邺的石头城，孙皓恐惧，反缚双手，载着棺材，在晋军营门前投降。王浚手持符节，代表武帝解开了他的双手，烧毁棺材，送他上京都洛阳。收集吴国的地图户籍，取得 4 州，43 郡，313 县，

523000 千户，32000 千吏，23 万兵，男女共 230 万口。吴国原来任命的州牧郡守以下的官吏，都继续留任，废除了孙皓烦琐残酷的政令，宣布了简便易行的措施，吴国百姓十分高兴。

夏季四月二十九日，武帝颁发对已判刑囚犯的减免令，更改年号，特别准许民间举行 5 天的集会饮宴，来表示欢庆，赈恤孤寡老弱、贫困穷苦的人。河东、高平降下冰雹和雨，伤害了秋季作物。武帝派遣侍中张侧、黄门侍郎朱震，分别出使杨、越地区，抚慰刚刚归顺的百姓。白麟出现在顿丘境内。三河、魏郡、弘农降下冰雹和雨，伤害了隔年才成熟的麦苗。

五月二十五日，武帝赐孙皓爵位为归命侯，任命他的太子孙瑾担任中郎，其余的儿子任郎中。吴国德高望重的人，根据他们的才能，任命相应的官职。孙氏在交战中阵亡的高级将领，他们的家属搬迁到寿阳县居住；将吏渡江北来定居的，免除 10 年的租调徭役，百姓和各种工匠，免除 20 年。

六月十一日，武帝来到殿前，举行盛大的朝会，并引孙皓上殿，众大臣都高呼万岁。十二日，在太庙中进献酃渌美酒。有六郡国遭遇雹灾，伤害了秋季农作物。十五日，武帝诏令凡士兵中年龄在 60 岁以上的人，都免去徭役，回归家中。二十五日，任命王浚为辅国大将军、襄阳县侯，杜预当阳县侯，王戎安丰县侯，唐彬上庸县侯，贾充、琅邪王司马伷以下人员，都增加封邑。与此同时，评论功绩，进行封赏，分别不同等次赐予公卿以下人员的绢帛。

二十二日，初次设置翊军校尉官职。复封丹水侯司马睦为高阳王。二十九日，东方夷族有 10 国归附。

秋季七月，叛虏轲成泥入寇西平、浩亹，杀晋督将以下 300 多人。东方夷族有 20 国入朝贡献。初五日，调尚书魏舒任尚书右仆射。八月，车师前部国王派遣儿子入侍武帝。初五日，武帝分封弟弟司马延祚为乐平王。3 条白龙出现在永昌境内。

九月，众大臣由于天下统一，多次请示到泰山举行祭祀天地的典礼，武帝谦让，没有允许。

冬季十月初四日，废除家中养育 5 个女儿免除租调徭役的法令。十二月十五日，广汉王司马赞去世。

二年春季二月，淮南、丹阳发生地震。三月十五日，安平王司马敦去世。分别不同等次，将俘掠的吴国人口赏赐王公以下人员。武帝下令挑选原孙皓的妓妾 5000 人，进入后宫。东方夷族有 5 国入朝贡献。

夏季六月，东方夷族 5 国归顺。有 16 个郡国降下冰雹和雨，大风吹倒树木，毁坏百姓的房屋。江夏、泰山发生水灾，漂流居民 300 多家。

秋季七月，上党又遭暴风、冰雹大雨袭击，毁坏了秋季作物。八月，彗星出现在张宿星区。

冬季十月，鲜卑族的慕容廆入寇昌黎郡。

十一月二十五日，大司马陈骞去世。彗星出现在轩辕星区。鲜卑族入寇辽西郡，平州刺史鲜于婴讨伐，打退了这次侵扰。

三年春季正月初一日，撤销秦州建制，与雍州合并。十八日，调尚书令张华出任都督幽州诸军事。

三月，安北将军严询在昌黎地界，打败了鲜卑族慕容廆，鲜卑死伤数百人。

夏季四月二十五日，太尉、鲁公贾充去世。

闰四月初一日，司徒、广陵侯李胤去世。

五月初九日，两条白龙出现在济南境内。

秋季七月，废除平州、宁州刺史每三年一次入朝奏事的制度。

九月，东方夷族有 29 国归服，贡献他们的特产。吴国原将领莞恭、帛奉起兵反叛，攻陷建邺县城，杀了县令，竟然围攻扬州。徐州刺史嵇喜讨伐，平定了这次叛乱。

冬季十二月十三日，调司空、齐王司马攸任大司马、督青州诸军事，镇东大将军、琅邪王司马伷任抚军大将军，汝南王司马亮任太尉，光禄大夫山涛任司徒，尚书令卫瓘任司空。二十五日，武帝诏令国内水灾、旱灾特别严重的地区，免交田租。

四年春季二月十四日，调尚书右仆射魏舒任尚书左仆射、下邳王司马晃任尚书右仆射。戊午，司徒山涛去世。

二月十九日，武帝分封长乐亭侯司马寔为北海王。

三月初一日，发生日蚀。十四日，大司马、齐王司马攸去世。

夏季四月，任城王司马陵去世。

五月初一日，大将军、琅邪王司马伷去世。改封辽东王司马蕤为东莱王。

六月，增加九卿官职的礼遇与品秩。牂柯境内的獠族 2000 多部落归顺。

秋季七月十四日，调尚书右仆射、下邳王司马晃出任都督青州诸军事。二十八日，兖州洪水成灾，免去灾区百姓的田租。

八月，鄯善国王派遣儿子入侍，武帝赐给归义侯的封号。任命陇西王司马泰担任尚书右仆射。

冬季十一月二十二日，新都王司马该去世。以尚书左仆射魏舒担任司徒。

十二月初五日，武帝在宣武观大规模地检阅军队。

这一年，河内郡以及荆州、扬州水灾严重。

五年春季正月初四日，两条青龙出现在武器库内的井中。

二月初二日，封南宫王的儿子司马玷为长乐王。二十八日，发生地震。

夏季四月，任城、鲁国的池水色红如血。五月十三日，宣帝庙的大梁折断。

六月，初次设置奉皇帝诏令关押犯人的黄沙监狱。

秋季七月十六日，武帝的儿子司马恢去世。任城、梁国、中山降下雨和冰雹，损坏了秋季农作物。减少征收天下户调的三分之一。

九月，南安地区遭受风灾，吹断了树木。有五郡国发生严重的水灾，降霜成害，损伤了秋季农作物。

冬季十一月十四日，太原王司马辅去世。

十二月初十日，武帝发布对已判刑罪犯的减免令。林邑、大秦国分别派遣使臣来朝贡献。

闰十二月，镇南大将军、当阳侯杜预去世。

六年春季正月初一日，因连续几年农业歉收，免除了百姓所欠田租、债务中的旧账。初九日，调征南大将军王浑任尚书左仆射、尚书诸葛都督荆州诸军事。

三月，有六郡国遭遇霜灾，桑树和麦苗受损。

夏季四月，扶南等10国来朝贡献，参离4000多部落归附。有4个郡国发生干旱，10个郡国洪水泛滥成灾，毁坏了百姓的房屋。

秋季七月，巴西地区地震。

八月初一日，发生日蚀。武帝下令减少征收百姓三分之一的绵绢。有白龙出现在京兆郡内。调镇军大将军王浚任抚军大将军。

九月二十一日，山阳公刘康去世。

冬季十月，南安境内发生山崖滑坡，地下水从中流出。南阳郡捕捉到只有两只足的野兽。龟兹、焉耆国王派遣儿子入侍武帝。

十二月初一日，武帝在宣武观大规模地阅军，历经10天结束。十七日，抚军大将军、襄阳侯王浚去世。

七年春季正月初一日，发生日蚀。初二日，武帝下诏说："近几年来，自然灾害和怪异现象多次出现，日蚀发生在正月初一日，地壳震动，山崖滑坡。国家治理得不好，责任完全在我一人。公卿大臣每人都密封上书，尽你们所知，讲出灾异多次出现的原因，不要有任何隐瞒或忌讳。"

夏季五月，有 13 个郡国发生旱灾。鲜卑族慕容瘣入寇辽东。

秋季七月，朱提出现山崩，犍为发生地震。

八月，东方夷族有 11 国归顺。京兆发生地震。

九月二十九日，骠骑将军、扶风王司马骏去世。有 8 个郡国发生严重的水灾。

冬季十一月初四日，武帝任命陇西王司马泰都督关中诸军事。

十二月，武帝派遣侍御史视察遭受水灾的各郡国。释放后宫女官、才人、歌妓、舞女以下 270 多人各回自己的家中。初次颁发大臣服满 3 年丧礼的制度。二十一日，河阴地区下降赤雪，面积达 200 亩。

这一年，扶南等 21 个国家、马韩等 11 个国家派遣使臣，来朝贡献。

八年春季正月初一日，发生日蚀。太庙大殿下塌。

三月十九日，临商观发生地震。

夏季四月，齐国、天水降霜成灾，损害了麦苗。

六月，鲁国发生严重风灾，吹倒了树木，毁坏了百姓的房屋。有 8 个郡国又出现了严重的水灾。

秋季七月，前殿的地面下陷，深达几丈，其中发现有埋在下面的破船。

八月，东方夷族有两国归顺。

九月，改建太庙。

冬季十月，南康郡的平固县县吏李丰反叛，聚集同党围攻郡县，自称将军。

十一月，海安县的县令萧辅，聚集徒众反叛。

十二月，吴兴郡人蒋迪，聚集党徒反叛，围攻阳羡县。州郡发兵捕捉讨伐，全部判处死刑。南方夷人扶南、西域的康居等国，分别派遣使臣，来朝贡献。

这一年，有五郡国发生了地震。

九年春季正月初一日，发生日蚀。武帝下诏书说："振兴教化的根本，在于政治清明，讼事平允及时，地方官吏不去多方体恤百姓的疾苦，却任意凭借私人的恩怨，制造扩大狱讼；又大多贪残污浊，扰乱百姓。当敕令刺史、郡守，纠察那些贪赃枉法的人，推荐那些公正清廉的人，有关部门讨论他们的罢黜或升迁。"又要求中央、地方各级官吏，荐举清廉有才能的人，提拔出身微贱的人。长江东岸的 4 个郡发生地震。

二月，尚书右仆射、阳夏侯胡奋去世，调尚书朱整任尚书右仆射。

三月初七日，杨皇后在洛阳城西的郊外，举行亲身蚕事的典礼，分别不同等次赏赐绢帛。二十二日，初次将春季祭社和秋季祭社合并为春季祭社。

夏季四月，长江南岸有8个郡国发生地震。陇西郡降霜成灾，伤害了越冬麦苗。

五月，义阳王司马奇触犯刑律，削爵为三纵亭侯。武帝诏令中央、地方各级官吏推荐能胜任郡守、县令职事的人才。

六月初一日，发生日蚀。改封章武王司马威为义阳王。有32个郡国发生严重旱灾，损害了麦田。

秋季八月十四日，陨石坠落有如雨点。武帝下令郡国将判处5年以下刑期的囚犯马上结案发遣，不要滞留各种讼事。

九月，东方夷族有7国到东夷校尉府归顺。24个郡国发生螟灾。

冬季十二月初七日，分封河间平王司马洪的儿子司马英为章武王。十二日，青龙、黄龙各一条出现在鲁国境内。

十年夏季四月，由于京兆太守刘霄、阳平太守梁柳办事有方，成效卓著，分别赏赐稻谷1000斛。有8个郡国发生霜灾。太庙改建完成。十一日，迁徙死去祖先的牌位进入新建的太庙，武帝在道旁亲自迎接，并举行祭祀远祖、近祖的典礼；颁布对已判刑罪犯的减免令，文武百官增加爵位一级，参加修建太庙的增加两级。十三日，尚书右仆射、广兴侯朱整去世。十九日，崇贤殿发生火灾。

五月，鲜卑族慕容廆归降，东方夷族有11国归顺。

六月初七日，山阳公刘瑾去世。又恢复分别设置春季祭社与秋季祭社。

冬季十月二十一日，改封南宫王司马承为武邑王。

十一月丙辰，代行尚书令、左光禄大夫荀勖去世。武帝疾病初愈，赏赐王公以下人员的绢帛，各有不同等次。含章殿练武的鞠室发生火灾。

二十三日，武帝任命汝南王司马亮担任大司马、大都督、假黄钺。改封南阳王司马柬为秦王、始平王司马玮为楚王、濮阳王司马允为淮南王，都授予假节的权力，前往各自的封国，并分别统率封国所在地附近数州的军事。分封儿子司马乂为长沙王、司马颖为成都王、司马晏为吴王、司马炽为豫章王、司马演为代王，孙子司马遹广陵王。又分封濮阳王的儿子司马迪为汉王、始平王的儿子司马仪为毗陵王、汝南王的次子司马羕为西阳公。改封扶风王司马畅为顺阳王，畅的弟弟司马歆为新野公，琅邪王司马觐的弟弟澹为东武公、繇为东安公、漼为陵公、卷为东莞公。各王国的属官相，改名内史。

二十九日，太庙的大梁折断。

这一年，东方夷族僻远的 30 多个国家、西南方夷族的 20 多个国家，来朝贡献。叛虏奚轲率男女 10 万人归降。

太熙元年春季正月初一日，更改年号。初九日，调尚书左仆射王浑任司徒、司空卫瓘任太保。

二月十二日，东方夷族有 7 国入朝贡献。

三月初五日，调右光禄大夫石鉴任司空。

夏季四月十二日，调侍中、车骑将军杨骏任太尉、都督中外诸军、录尚书事。二十日，武帝在含章殿逝世，时年 55 岁，葬在峻阳陵地，庙号世祖。

武帝度量宏大，待人厚道，一切事情都本着仁恕的原则办理，能容纳直言正论，从不以粗暴的态度待人；明智通达，长于谋略，能断大事。所以，能够安定各方，平定天下。继魏国奢侈苛刻的风气之后，百姓怀念过去古朴的风尚，武帝就用恭敬节俭原则来加以督促，用清心寡欲思想来加以劝导。有关部门曾经上奏宫中的牛青丝鼻绳断了，武帝命令用青麻绳代替它。当朝处理政事能宽容，法令制度有常规。高阳许允被文帝司马昭处死，允的儿子许奇担任太常丞。武帝将要在太庙中行事，朝臣议论因为许奇出身在遭受过打击的家庭，不想要他接近武帝，请求将他调离太常府，出外任长史。武帝追述许允旧日的声誉，夸赞许奇的才能，反而提拔他担任了祠部郎，当时的舆论都赞扬武帝有公正豁达的气度。平定吴国以后，天下太平，于是对施政方略产生了厌倦，沉溺于游荡宴乐的生活之中，放纵偏爱皇后家族，亲近并优待当朝权贵，经验丰富的老臣宿将，得不到信任和重用，典章制度遭到破坏，请托徇私公开流行。到了晚年，明知惠帝司马衷不能承担大任，但是仗持孙子司马遹天资聪颖，智力过人，所以没有另立太子的打算。又考虑到司马遹不是贾后亲生，担心最终会导致危机，于是便和亲信共同商议死后的保证措施。出主意的人说法不一，长时间又下不了决心，最后采用了王佑的谋划，派遣太子司马衷的弟弟秦王司马柬都督关中，楚王司马玮、淮南王司马允同时出镇要害的地方，来增强皇室司马氏的力量。又担心皇后杨氏的逼迫，再任命王佑为北军中侯，来统率保卫皇帝的禁军。不久，武帝卧病不起，不见好转，渐渐进入危重，缔造晋国的功臣，都已先后死去，文武百官惶恐不安，也不知该怎么办才好。适逢武帝的病情稍稍缓了过来，有诏令任命汝南王司马亮辅佐朝政，又想在朝臣中挑选几位名声好、年纪轻的人协助司马亮辅政；杨骏隐藏诏令，并不公布。武帝转眼间又迷糊错乱，杨皇后趁机拟诏，任命杨骏辅佐政务，催逼司马亮马上出发，到镇赴任。武帝一会苏醒，询问汝南王司马亮来了没有，示意想见他，有重要的事情向他交代，身边的人回答说没有到，武帝便进入了昏迷垂危的地步。朝廷内部的动乱，概源于此。

右军才气世所夸——王羲之

王羲之字逸少，是司徒王导的堂侄。幼时语言迟钝，别人也并不认为他有什么特异之处。在他13岁时，曾经去拜访周颛，周颛审视他后，对他很感惊异。当时宴客很重视烤牛心这道菜，宴会开始时，其他客人还没尝这道菜，周颛首先切给王羲之吃，从此王羲之开始知名。他成年以后，富于才辩，以耿直著称，尤长于楷书，是古往今来的佼佼者，人们评论他的运笔气势，以飘忽如浮云、矫健如惊龙来形容。他深受堂伯父王敦、王导的器重。当时陈留人阮裕名声很重，在王敦手下任主簿。王敦曾对王羲之说："你是我们家的优秀子弟，应不次于阮主簿。"阮裕也认为王羲之和王承、王悦是王家的3位优秀青年。当时太尉郗鉴派他的门客去王导家选择女婿，王导让这位门客去东厢房挨个相看他的子侄。这位门客回去后，对郗鉴说："王家的小伙子们都很好，但是当他们得知我是选女婿的，一个个都一本正经的，只有一个人在东床上敞着怀吃饭，好像不知此事。"郗鉴听了以后，说道："这个人就是我要选的好女婿啊！"一打听，原来他就是王羲之，于是就把女儿嫁给了他。

王羲之初任官为秘书郎，征西将军庾亮聘请他为参军，历升至长史。庾亮临死前，向朝廷上奏，称赞王羲之品行清高且有鉴识。后来升任宁远将军、江州刺史。王羲之在少年时就有很好的名声，朝廷上的公卿贵官都很爱重他的才华，多次征召他任侍中、吏部尚书，他都不干。又任他为护军将军，他又推脱不接受。扬州刺史殷浩一向敬重他，劝他接受任命，给他写信说道："很多人都以你的进退来考察国家政事的兴衰，我们这些人也是这样。你的进退关系到国家的兴衰，怎么能不顾一代兴亡，只顾满足自己的心意呢？希望你细心体察众人的心意。你若不应时任职，国家哪有善政可言呢？你如果豁然想通了，就能够体验到众人的心意所向了。"王羲之写信回答说："我一向无心在朝廷上任职，王丞相在位时就坚持让我在朝廷任职，我誓不答应，那时我写的书信手迹尚在，可见我的这种志向由来已久，并不是你参政之后我

二十四史精华

《晋书》

才不愿任职的。自从儿子娶妻、女儿出嫁之后，我就立志学尚子平那样隐居不仕，也曾多次向亲朋知己说过，并非一天两天的事了。承您不弃。如果想任用我的话，即使是关陇、巴蜀地区，我也在所不辞。我虽然不具备应对朝廷事务的才能，但能忠于职守，宣扬国威和德政教化，所起的作用，自当不同于一般的使臣，一定让远近的百姓们都知道朝廷对他们并不见外，这样给国家带来的好处，比起护军将军一职所起的作用，就大不相同了。汉代末年曾派太傅马日磾去安抚关东，若不嫌我身份低微，对我的能力无所怀疑的话，最好在初冬时节赴任，我恭敬等候。"

王羲之被任为护军将军后，又再三要求去宣城郡任职，朝廷不答应，于是任他为右军将军、会稽内史。当时殷浩与桓温不和，王羲之认为国家的安定在于朝臣和外官的和衷共济，因而给殷浩写信，进行劝诫，殷浩不听。在殷浩要北伐的时候，王羲之认为必败无疑，便写信劝止，言辞恳切。殷浩最终还是出征了，果然被姚襄打得大败。殷浩想再次北征，王羲之又写信给他说：

得知安西将军谢尚失败的消息，国家和我本人都为之痛惜，时刻不能忘怀。小小的江左地区，竟治理成这样，使天下人为之寒心，已非一朝一夕，再加上这次失败，这真应该认真地加以研究。过去的事已无法挽回，希望筹划开拓未来的方略，让天下百姓有个安身立命之地，以此成就中兴的大业。治理政事，道义是成功的关键，行政宽容和谐是根本，一味以武功取胜，这样做是不应该的，遵循以道义取胜的原则，以此来巩固大业，我想您会清楚其中的道理。

战乱以来，掌管朝廷和地方大权的人，没有深谋远虑、锦囊妙计，而一味损耗百姓，各逞其志，结果竟无一功可论，一事可记，忠正的言论和好的策略摈弃不用。致使天下将出现土崩瓦解之势，怎么能使人不痛心疾首、悲愤万端呢！当事者又怎么能推脱使天下陷于混乱的罪责呢？追究过去的罪责，又能起什么作用？应该改弦更张，虚心求取贤人，和有识之士共同商定大计，不能再出现忠正言论屈服于当权者个人意志那样的局面了。现在军队在外失败，国内物资耗尽，保住淮河一线的想法已经无力做到，不如退保长江一线，都督将领名回旧镇，长江以北各地，只是维持现有局面而已。掌握国家大权的人，应引咎自责，应自行贬降，向百姓谢罪，一改过去的做法，和朝廷的贤能臣僚制定平稳的政治措施。废除那些繁苛规定，减轻百姓的赋役负担，和百姓一起重新做起，这样差不多能满足百姓的希望，把他们从艰难困苦中解脱出来。

二十四史精华

《晋书》

刺史大人您出身于平民百姓，担当国家的重任，在推行德政方面，没有做到事事妥当，您身为统帅而遭到这样的失败，恐怕朝廷上的贤能之士没有人肯分担这个责任的。现在应赶快推行德政，以弥补过去的失误，广招贤能之士，和他们分担责任，即使这样做，还不能断定能否达到预期目的。如果您认为以前做得还不够，因而再去追求不合时宜的东西，天地虽然这样广大，还有您立足之地吗！我明白我说的话您一定不听，反而会招致您的怨恨，但是我在这个问题上感触很深，因而不能不尽情陈言。如果您一定要率兵出征，不明白这个道理而贸然行动，我实在无法理解。希望您再和其他人共同斟酌。

又接到州衙的命令，让会稽增运军粮1000石，征调军粮和劳役同时进行，又都限定军事需要的时间，面对这一切，灰心丧气，不知所措。一年以来，剥夺黎民百姓，其恶果是罪徒满路，这和秦始皇时的虐政相差无几，只不过还没有实行灭三族的刑罚罢了，我担心陈胜、吴广那样的灾难，过不了多久就会发生。

王羲之又向会稽王上书，陈述殷浩不应北伐的道理，并论及政事，说道：

古人因其君主没有成为尧舜那样而感到羞耻，做臣子的人，哪有不希望他所侍奉的君主受到尊崇，可以和前代圣君贤主媲美，何况现在又是千载难逢的大好时机呢？但是现在的才智和力量都比不上当年，又怎能不根据轻重情况的不同而妥善处理呢？现在虽然有令人高兴的事，但是反躬自问，令人忧愁的事多于令人高兴的事。经典说得好："若不是圣人治理天下，外面虽然显得安宁无事，必有重重的内忧。"现在的情况是，外边既不安宁，内忧却更深重。古代能成就大业的人，有人或许不依靠大家的智谋，而能尽全国的力量建立一时功业的，也往往不乏其人。那是因为个人的智谋确实足以超过众人，用国家暂时的困苦能获得一劳永逸的结果，只有这样的人，才能做到这一点。用这个标准衡量现在的人，能与古人相比吗？

要使朝廷必胜，一定要仔细衡量敌我双方的情况，具备万全之策方能行动。成功之后，就应利用当地的民众和实力扩充自己的力量。现在成功还没有把握，但是饱经战乱之后的幸存者也会被歼灭殆尽，无所剩留。再说从千里之外运送军粮，这是自古以来的一大难题，何况现在要转运供给，向西运往许昌、洛阳，向北运过黄河。就是秦朝的弊政，也没有达到这样的程度，那么十家九空的忧患，便会接踵而至。现在从事转运的人没有归还日期，各种征调又日重一日，仅以小小的吴越地区，维系天下十分之九的军需，不灭亡还有什么结局呢！而又不量力而行，不失败不停止，国内的人因此而痛心悲叹，但没有人敢说真话。

过去之事，说也没用，未来的事情还可以加以补救，希望殿下您能考虑再三，改弦更张，下令殷浩、荀羡回师据守合肥、广陵，许昌、谯郡、梁、彭城等地的驻军都回师把守淮河一线，建立起不可战胜的根基，等根基牢固形成攻势，再出兵征伐，也为时不晚，这确实是在当前形势下最高明的策略。如果不这么做，国家的灾难就会不日而至。掌握安危变化的关键，易如反掌，考察国家的虚实，形势就明摆在眼前，希望殿下英明决断，迅速决定。

我的地位低下，而谈论国家的重大问题，我怎不知这是很难的事情？但是古人或身为平民百姓，或是军阵中的士卒，他们尚且为国家出谋划策，决策者并不因此讥笑他们，况且我身居大臣之末位，怎能沉默不语呢！在关系到国家存亡的关键时刻，决定了就去实行，绝不能犹豫不定延误时机，这时不做出决断，后悔可就晚了。

殿下您德高望重，国内人心所归，以皇室贵胄辅佐朝廷，您最有条件去直说直做，使国家出现当年那样兴盛的局面，但是您的作为并不像人们期望的那样，这使我这个受您器重的人为之终夜兴叹，我真替您感到可惜。国家陷于深度的灾难之中，我时常担心，伍子胥的忧虑不仅是古代的悲剧，麋鹿出没的地方不只是山林水泽这样的地方。希望殿下您暂时摈弃那些清虚玄远不切实际的追求，解救国家的危难，这可以说在败亡的危局中奋力图存，转祸为福，这是国家的大幸，四海的百姓也有所依赖了。

当时东部地区发生灾荒，王羲之赈灾。但是朝廷征发的赋税徭役仍很繁重，吴郡、会稽一带尤其严重，王羲之多次上疏力争，往往被朝廷采纳。他又给尚书仆射谢安写信说：

近来我陈述的意见，常常被您采纳，因此令下之后，百姓们可以稍微休养生息，各务其本业。如不是这样，这一郡百姓都跳东海喂鱼了。

现在大事还没有安排的，漕运就是其中之一。我的意见是，希望朝廷下达规定的期限，交有关部门办理，不要再催逼下层，只是到年底考核成绩的好坏就行了。主管官员的成绩最差的，派囚车把他送交朝廷治罪。如果有3个县完不成任务，郡守一定要免职，有的可以降级使用，让他到边远艰苦地区任职。

再者，从我到此，助手常常有四五个人，加上上司衙门以及都水御史行衙的文件之多，像雨点般下发，其中颠倒错误，互相抵触，不知有多少。我只能闭着眼睛按常规办理，推给下面，只是拣重要的事交主簿办理，一般的则交下面机构办理。主管人到任，还不到 10 天，官吏和百姓来回奔走，费用以万计数。您正担任重要职务，您可以认真地考虑一下我所说的情况。在平时，江左地区，扬州只用一位称职的刺史就足以把政事统理得井井有条，现在有一群有才能的人来治理，反而没有治理好，只因为法令不一，多方牵制。我认为，用简而易行的办法，便足以守住已有的成就。

仓库监督官耗费、盗窃官米，往往数以万计，我认为杀掉一人，便能断绝这种弊端，但是当权的人不同意。近来检查各县，都是这样。余姚县被耗盗官米 10 万斛，向百姓收取重税，却用来肥了贪官污吏，致使国用缺乏，真可叹啊！

自从有战事以来，各种征调徭役以及担任转运军粮的人，死亡叛乱散逃回不了原地的人很多，百姓们被损耗到这种程度，国家仍照常规抽人补充代替，因此，各地都被弄得凋敝困苦，谁也不知该怎么办。被长官遣派出去的人，上路以后，多数叛逃，于是监送的官吏也和叛逃的人一起逃跑了。按照常规，就让叛逃者的家属和邻里负责追捕。追捕不到人，家属和邻里接着也叛逃而去。百姓流离逃亡，户口日渐稀少，原因就在这里。另外，各种工匠和医生，或死或逃，家家空无一人，没有人代替他们的差役，但是上司还不断催促，这种情况已延续了 10 年或 15 年，尽管官吏不断遭到弹劾而获罪，但无济于事，这样下去，老百姓怎么能承受！我认为从现在开始，各种减死的罪犯以及判 5 年徒刑的罪犯，可以补充逃亡人户的亏缺，减死罪犯可长期服兵役，判 5 年徒刑的罪犯可以充当各色工匠医生，把他们的家属也迁来，以充实城市。城市得到充实，这是行政的根本，又可以杜绝逃亡事件的发生。如不把他们的家属迁来，逃亡之患仍将和以前一样重演。现在免除他们服刑而充当杂役，又把他们的家属迁来，小民愚昧无知，有的人可能认为这种惩罚比杀头还严重，因而可以杜绝奸恶。惩罚虽然看起来很轻，但惩办的性质却很严重，这难道不是适合现时需要的措施吗！

王羲之平常喜欢服丹食药，涵养性情，不喜住于京城，他刚渡过浙江，便产生终身住在这里的想法。会稽有秀丽的山水，很多名人都生活在这里，谢安在做官以前也住在此地。孙绰、李充、许询、支遁等人都以文章名满天下，都在江东一带构筑别墅，和王羲之志趣相投。他曾和这些志趣相投的人在会稽郡山阴县的兰亭聚集宴饮，王羲之亲自撰文表达他的志趣，文章说：

永和九年，这年的干支为癸丑，在暮春三月上旬，众人会集在会稽郡山阴县的兰亭，采兰游戏，以驱除晦气。高人贤士们都到了，老老少少聚集在一起。这里有高山峻岭，茂密森林，修长的竹子，又有清澈见底的小溪。小流湍急，萦绕如带，利用溪水漂流酒杯，取以饮酒，人们依次坐在岸边。虽然没有乐队助兴的盛大场面，然而一边喝酒，一边吟诗，也足以尽情抒发幽雅的情怀。

此日，晴空万里，空气清新，暖风轻拂，令人心胸舒畅，仰头纵眼望去，宇宙是如此广大，低头细察，万物是如此繁盛，这样放眼纵观，敞开胸怀，耳目得到极大的享受，确实是赏心悦目之事啊！

人们在互相交往中，很快就度过一生。有的人互相敞开胸怀，在一室之内促膝畅谈；有的人寄情于万物，放浪不羁，忘记了自身的存在。虽然他们对人生的追求千差万别，性格或恬静或躁急各不相同，但是他们对自己的境遇感到满意的时候，即使是暂时的称心，他也会痛快满足，从而忘记了老年即将到来。一旦对所追求的东西感到厌倦，心情随之发生变化，无限的感慨也随之而来了。以前曾为之高兴的事情，顷刻之间，已成为过眼烟云，因而不能不引起无限感慨。况且人的生命的长短，听命于自然，最终是要完结的。古人说："人的生和死，也是大事情啊！"这怎么能不引起无限伤痛呢！

考察古人产生感慨的原因时，发现竟都如出一辙，我面对书卷，不能不感慨悲叹，弄不明白这究竟是为什么。我当然明白，那种认为生死如一、寿灭相同的说法是虚假荒诞之词，后世的人考察今天的人和事，也就像今天的人考察古代的人和事一样，想来真让人悲伤！因此我逐一记下参加集会人的姓名，并录下他们所作的诗文。后世和今天，虽然时代不同，人事各异，但引起人产生感慨的原因，却是一致的。后世的读者，读了我这篇文章也将会产生感慨的。

有人拿潘岳的《金谷诗序》和王羲之这篇文章相比，把王羲之和石崇相比，王羲之听了很高兴。

王羲之平素喜欢鹅，会稽有个老妇饲养了一只鹅，叫声很好听，王羲之要买下这只鹅，但没有买成，于是他带着亲友前去观看。老妇听说王羲之要来。把那只鹅宰了煮熟来招待他，王羲之为此整日叹惜。又有个山阴县道士饲养了一群好鹅，王羲之前往观看，非常高兴，执意要买下。道士说："你替我抄写一部《道德经》，我把这一群鹅送给你。"王羲之欣然命笔，写完之后，把鹅用笼子装起来带回，满心高兴。王羲之就是这样真诚坦率。有一次他到他门客家里，看到桌面光滑干净，就在上面写满了字，一半是楷书，一半是草书。后来门客的父亲没注意把字刮掉，那位门客为此懊丧了好几天。

王羲之又曾在蕺山看到一个老妇,手拿六角竹扇叫卖,王羲之在她的竹扇题了字,每把扇子上5个字。老妇人起初是满脸怒气,他对老妇人说:"您只说这是王右军的书法,每把扇子可要价100钱。"老妇人按着他的话去卖,人们竞相购买。又一天,老妇人又拿来扇子求王羲之书写,王羲之笑而不语。他的书法被世人珍重,都和这事一样。他经常自称:"我的书法同钟繇相比,可以说是并驾齐驱;比起张芝的书法,应该说仅在其次。"他曾给人写信说:"张芝在池塘边练字,洗笔把池水都染成黑色,别人如果能这样入迷,未必赶不上他。"王羲之的书艺,开始时不如庾翼、郗愔,到他晚年,书艺才达到精妙的境界。他曾用章草体给庾亮写回信,庾翼看到,深为佩服,因而给王羲之写信说:"我过去曾收藏张芝的章草十幅,过江南渡时颠沛流离,于是遗失了,常为这样精妙的书法绝迹而感叹。忽见您给家兄写的回信,书法美妙入神,好像张芝的书迹又呈现在面前。"

当时的骠骑将军王述,与王羲之齐名,但王羲之很看不起他,两人不大合得来。王述先前曾在会稽任职,因母亲逝世,回会稽郡境内守孝,王羲之接替王述的职务,只去吊唁了一次,就没有再去。王述每次听到吹角声,认为是王羲之来问候自己,于是洒扫庭院来等待,一连几年,王羲之竟然没有来看他,王述因此非常怨恨。后来王述被任为扬州刺史,将要赴任时,在会稽郡内走了一圈,却不去见王羲之,临走时,才去告别了一下。在此之前,王羲之常对他的宾朋们说:"王述只是个做尚书的材料,到老可能得个仆射的职位。他得到会稽内史的职位,就飘飘然了。"当王述被任为大官,王羲之作为王述的下属,感到羞耻,便派人去京师,请求朝廷把会稽郡分出来设立越州,派去的人言词失妥,深受当时贤明人士的讥笑。事后王羲之内心惭愧,满腹感慨,对他的儿子们说:"我不比王述差,而职位相差悬殊,或是由于你们不如王坦之(王述子)的缘故!"后来王述查考会稽郡的政事,当问及刑狱的情况时,主管官员疲于回答问题,被弄得狼狈不堪。王羲之对此深感羞耻,于是称病离开会稽郡,来到他父母的坟前发誓说:"在永和十一年三月(癸卯日是初一)九日辛亥,儿子王羲之敬告二老在天之灵。羲之生来不幸,很早父亲去世,未得到父亲的教诲。母亲和哥哥的抚养,使我慢慢长大成人,因人才缺乏,才得到国家的职位。我在职任上在忠孝方面没有建立名节,退职之举又违背了荐贤而代的道义,每当我诵读老子、周任的告诫,常担心一旦失身死去,辱及祖宗,哪里仅仅是自身的事呢!因此我昼夜叹息,像坠入万丈深谷。知足而止,现在就做出决定。恭敬地在这月的吉日良辰摆设筵席,向祖宗叩头行礼，满怀诚心，在二老灵前发誓：从今以后，如果我胆敢变心，贪图禄位，投机进身，那我是无视父母的不肖之子。作为儿子而不肖，是天地所不容、礼教所不齿的。誓言出自诚心，就像白日在天一般！"

王羲之离职以后，和吴郡、会稽一带名士尽情游览山水，捕鸟钓鱼，娱乐身心。他又和道士许迈一起炼丹服药，为采集药石不远千里，遍游东部各郡，遍访名山大川，泛舟东海。他感叹道："我最后会死于纵情游乐。"谢安曾对他说："我中年以后，因喜怒哀乐伤害了身体，和亲友离别，就会好几天心情不好。"王羲之说："人到晚年，自然如此，刚要想听听音乐来陶冶情操，又常常担心儿子们发觉，对欢乐情绪有所影响。"朝廷鉴于他发了绝誓，就不再征召他做官。

当时刘惔任丹阳尹，许询曾在刘惔处借宿，床帐被褥都新鲜艳丽，饮食也十分丰盛，美味俱全。许询说："如果能保持这样的生活，比在东山强多了。"刘惔说："你如知道吉凶祸福是由人们的行为决定的，我哪能保证永远过这样的生活。"王羲之当时在座，说道："如果巢父、许由遇上稷、契，不会说这种话。"说得许询和刘惔二人都脸有愧色。

王羲之离官初期，优游无所事事，他给吏部侍郎谢万写信说：

古代逃世隐居的人，有的披乱头发装疯卖傻，有的满身污垢，也够艰难的了。现在我安逸而坐，实现了当初的愿望，实为大幸，这难道不是上天赐予的吗！违背天意是不会有好结果的。

前些时东游归来，种植桑树、果树，现在长得茂盛，鲜花盛开，我带领儿子们，怀抱小孙孙，在桑果林中游玩，摘得好吃的果子，切开分吃，享受眼前的欢乐。虽然我的道德修养不深，仍想以敦厚退让教育子孙。如果子孙有轻薄举动，就罚他用马鞭子去清点马匹，效法古代万石君的风范，你认为这样做怎么样？

近来将要和谢安石东游山海，同时到田野考察收成情况，以此来打发闲暇时光。除衣食之外的剩余，想和知心朋友时时进行欢宴，虽不能吟诗作赋，但举杯痛饮、讲讲田野里的所见所闻，以此来作为谈笑之助，这种得意的生活，言语是表达不出来的！我常常按照陆贾、班嗣、杨王孙等人的处世原则去做，很想学习他们的高风，我的志愿就全在这里了。

后来谢万任豫州都督，王羲之写信劝诫它，说道："以你豪迈不羁的次质，屈居群官之中，实在令人难以想象。但是所谓通达明智的人，也只能随事行止，这样才能达到远大的目标。希望您经常和下层官吏在生活上保持一致，那就完美无缺了。吃饭只有一道菜，睡席不用双层，这有什么，但古人却传为美谈。成功与否的原因，在于积小以成大，您要好好记住。"谢万没有采纳他的建议，后来果然失败。

王羲之59岁时去世，朝廷赠衔金紫光禄大夫。他的儿子们遵从他的生前本意，坚辞不受。

《宋书》

《宋书》概论

《宋书》，南朝沈约撰，共100卷，其中本纪10卷、列传60卷、志30卷，叙事自宋武帝永初元年至宋顺帝升明三年（420—479年），记刘宋60年史事，成书草率，叙事又多忌讳，但保存史料较多，八志内容上溯三代秦汉，尤详于魏晋，可补《三国志》之缺。

一

《宋书》是记载南朝刘宋王朝八帝统治59年（420—479年）的史书。《宋书》中的帝纪10卷用编年方法记述武帝、少帝、文帝、孝武帝、前废帝、明帝、后废帝、顺帝等皇帝时的大事，从武帝刘裕创业建立刘宋王朝开始，中经"元嘉之治"、宋魏和战直到萧道成代宋，可以说是刘宋一代兴亡的政治史。

《宋书》体裁包括帝纪、列传和志，没有"表"。南北朝各代正史都是沿用纪传体，当时人修史比较注意议论，因而志、表等形式运用得较少，只有《宋书》《南齐书》和《魏书》有志。沈约自谓"修史之难，莫出于志"，对于志书的修撰，他是颇花费一番工夫的。早于他的何承天又精通天文、历法，沈约精于音律，《宋书》八志为人称道，也在情理之中。

《宋书》中的列传，主要是当时历史人物的传记，共有60卷。其中的《恩幸传》和《索虏传》是以前没有的。所谓"恩幸"，据作者自己解释，是合《汉书》的《恩泽侯表》和《佞幸传》二者为一的。实际上，《宋书》的《恩幸传》与《汉书》并不相同。沈约所谓的恩幸，是当时的寒门。南朝重视门阀，以高门上品而居高位；出身寒微而为吏者，则入恩幸传。这是门阀制度由盛而衰的反映。《恩幸传》记载法兴、单尚之、戴明宝、徐爰等15人的传略。《索虏传》创自《晋书》，用以记叙北魏事迹。北朝人多辫发，南朝人骂他们是索头虏，因而称其传为《索虏传》，含有轻蔑的意思。魏收出使江南，看到《宋书》有《索虏传》，于是在他所著的《魏书》中，把记南朝史事的篇目称为《岛夷传》。南北互相诋毁，这对于真实地反映历史情况，有害无益。由于南北分裂，双方对峙，《宋书·索虏传》的材料不够丰富，内容也有失实之处。关于北魏史事的详细记载可以参看《魏书》。

《宋书》中的八志是最富特色的，共30卷，以卷数论，它不及列传的二分之一；以分量论，则几乎与纪传相等，占到全书的二分之一。自从班固《汉书》、司马彪《续汉书志》之后，今存史籍，唯《宋书》诸志资格最老。宋志不仅记刘宋一代制度，同时还上溯到曹魏时期，包括晋代。所以后来著名史家刘知几讥讽它"失于断限"。但宋志上括曹魏，使魏晋典章制度源流分明，对于保存史料，研究刘宋一代制度，有益无损。

《宋书》志目有八，在八志之前，有《志序》一篇，是诸志的总序。因其篇幅短小，未能独立成卷，置于《律历志》之前，因而有人将其误认为是《律历志》的序。《志序》首先概述了源流，再次阐述《宋书》八志的缘起。沈约一生为官，熟悉各种典章制度。志是《宋书》的精华所在。

《宋书》志30卷，《律历志》有上、中、下3卷，保存了许多有关律吕和历法的资料，有的全文收录，十分宝贵。《礼志》5卷，篇幅几乎为全志的三分之一。《乐志》4卷，记载魏晋及刘宋时期乐舞的沿革，其中也收录了流传在民间的乐舞，命名《乐志》的内容更加丰富，这是过去司马迁《乐书》和班固《乐志》所没有的，为后世《乐志》开创了新的方向。《天文志》4卷，保留了详尽的星变记录。《符瑞志》3卷，是《宋书》新增加的志目，记载灾异符瑞与人事的关系。《五行志》5卷，主要记述自然灾害。《州郡志》4卷，记地理沿革。《百官志》两卷，主要记述魏晋、刘宋的官制。

沈约《宋书》自撰成流传以后，历来有着不同的看法，有人认为《宋书》仅次于《史记》，有人则批评《宋书》繁芜，甚至不如裴子野《宋略》。的确，以刘宋偏安江淮短短五六十年的历史，却撰成皇皇百卷的巨著，是有其繁芜之处，但还不是《宋书》的大毛病。最让史界所诟病的，是《宋书》的忌讳、回护和曲笔。势必把历史真相搞得黑白混淆，是非颠倒。篡夺说成"禅让"，已经成为朝代更替的习惯用语。"反""叛""功""义"，一切唯主子是从，全无是非标准。如宋汝阴王被废，乃萧道成遣王敬则逼杀，沈约却写道："天禄永终，禅位于齐。壬辰，帝逊位于东邸……建元元年五月己未殂于丹阳宫，时年十三，谥曰顺帝。"看不到半点篡夺杀戮的痕迹。并且凡是宋臣如沈攸之、袁粲等效忠于宋，谋讨萧道成者，一概称之为"反"；而如张敬儿等为萧道成党羽者，反而称之为"起义"。所以刘知几批评他，"舞词弄札，饰非文过"。取舍完全凭自己的臆想，奖惩恣意于笔端，这是作者的丑行，违反人伦，人神共愤。清代史家赵翼也说，撰写刘宋的本纪，却将忠于刘氏的行为说成是反叛，为萧氏奔走出力的说成是忠义，这难道也是可以轻易载于史册的么？批评十分尖刻。

再者，《宋书》成书时间短促，有草率失检之处。《宋书》无食货、刑法和艺文三志，这是《宋书》的一大欠缺。尽管如此，沈约的《宋书》还是有其价值和长处的。

首先，《宋书》保存了丰富的史料。由于《宋书》为当朝人，当朝人记当朝史事，虽然不免有为当权者避讳和回护、曲笔的现象，但他们所接触的材料远比后世人所能接触的丰富得多。这表现在以下几个方面：

第一，《宋书》的帝纪和列传中，记载了当时阶级矛盾和社会矛盾的史实。如在《少帝纪》和《褚叔度传》中记载了富阳人孙洁光领导的农民起义；《文帝纪》和《蛮夷传》《沈庆之传》《张邵传》中记载了荆州、雍州、豫州地区的"蛮族"骚动等。另外，在帝纪和诸王列传中还揭示了刘宋统治集团的政治斗争，如"徐（羡之）、傅（亮）废位""太子劭弑逆""南郡王之反""竟陵王之叛""桂阳王之叛"等。

第二，《武帝纪》《文帝纪》记载了宋初的改革和"元嘉之治"；《前废帝纪》和《后废帝纪》记载了宋末政治腐败的情况。《百官志》记载了晋宋时代特别是刘宋时期的政治制度。《州郡志》不仅记载了刘宋时代的地方行政机构的建置，同时还追溯了自魏晋以来南方地区州郡设置的变迁情况以及东晋刘宋时期南方侨置州郡的分布情况，对于研究这一时期的历史地理具有较大的史料价值。

第三，《宋书》虽然没有专门记载社会经济情况的《食货志》，但在一些列传中还是保存了一部分反映当时社会经济发展情况的史料。如在《羊玄保传》中提到"富强者兼岭而占，贫弱者樵苏无托"。可以窥见当时土地兼并的情况。《孔琳之传》《范泰传》以及《何尚之传》中记载了关于改铸钱币的争议，从中可以了解到南朝初年货币铸造及货币经济的发展情况。《谢灵运传》和《孔秀恭传》记载了当时士族的庄园别业，可以了解庄园经济的形态。等等。

第四，《宋书》列传和志书记载了不少有关当时科技发展的情况，如《何承天传》记载了天文家何承天在天文方面的成就，《律历志》记载了杨伟的《景初历》、何承天的《元嘉历》和祖冲之的《大明历》。而《五行志》记载了日、月食，地震，水、旱灾情况。这些都是了解研究当时科技发展的重要史料。沈约在《谢灵运传》后所作的"论"，从屈原、宋玉讲起，一直叙述到魏晋以来文学的发展和演变，是文学批评史方面的重要文章。

第五，《蛮夷传》不仅记载了东晋和南朝南方各少数民族的生产、生活方式情况和诸少数民族与汉民族融合的过程，还在《索虏传》和《吐谷浑传》中叙述了北魏和吐谷浑的建国源流，可以补《魏书》的不足。此外，它还叙述了亚洲各国如天竺（印度、巴基斯坦）、扶南（柬埔寨）、师子国（斯里兰卡）、倭国（日本）、高丽、百济（朝鲜）等国与刘宋王朝的交通贸易和使节往来，是研究刘宋时期中外经济文化交流历史的珍贵史料。

《宋书》的列传中的一大长处是运用了带叙手法以及生动的文笔。《宋书》列传目录有姓名者，共230余人。但《宋书》有带叙法，一人传中可带叙同时有关的其他人，即所谓："其人不必立传，而其事有附见于某人传内者，即于某人传叙其履历以毕之，而下文仍叙某人（指传主）之事。"如《刘道规传》，写刘道规时，使刘遵为将攻破徐道覆时，接着插带叙说："刘遵字慧明，临淮海西人，道规从母兄萧氏舅也。官至右将军、宣城内史、淮南太守。义熙十年卒，追赠抚军将军。追封监利县侯，食邑七百户。"下文又重叙刘道规事，以完成本传。《何承天传》带叙谢元，《何尚之传》带叙孟颉，《刘义庆传》带叙鲍照，《谢灵运传》带叙荀雍、羊璇之、何瑜等。这样事实较少之人，不必立传，而事实又不至于湮没，确是一大优点。沈约本人即是文士，文字功夫当然了得。《梁书》本传说他诗、文俱佳，以至于当时北方人还特意模仿他的文笔。他撰写的《宋书》可读性较强，不像后世的史学考据文章干枯乏味。

此外，《宋书》中沈约撰写的"序""论"也很有特色，可以帮助我们了解沈约以及南北朝时期的史学思想，是研究中国史学史的有用的参考资料。古人修史，基本史实的叙述大体因袭前人著作甚多，沈约《宋书》多本于徐爰等之旧史，百卷巨帙一年而成。但是，除去体例编排之外，纪传体史书最能体现作者特色的地方，就是序或论部分。

沈约《宋书》的序或论时时可以看出南朝时史学对历史发展的洞察能力。《武帝纪》的"史臣曰"，以简洁的文字描述了汉末到刘宋间政治历史的梗概，抓住了各时期的要害。说："魏武自以兵威服众，故能坐移天历。鼎运虽改，而民未忘汉，"解释了曹操为什么慑于舆论，不敢篡夺政权。关于司马氏取代曹氏，沈约认为，"及魏室衰孤，怨非结下。晋藉宰辅之柄，因皇族之微，世擅重权，用基王业"。说明曹魏政权尚未到矛盾尖锐濒于崩溃的局面，是司马氏巧取豪夺得了政权。关于东晋，沈约写道："晋自社庙南迁，禄去王室。朝权国命，递归台辅。君道虽存，主威久谢。"这样的估计，要言不烦，恰中肯綮。《孔季恭传》的"史臣曰"，纵论荆、扬二州为南朝经济中心，能使"数郡忘饥""覆衣天下"。而统治者剥削无度，"田家作苦，役难利薄""并命比室，口减过半"，终于导致灭亡。

值得注意的是，《宋书》在隋、唐时期流传不广，到宋朝始有刻本。历经传抄，已有脱误和缺佚。今本《宋书》已非原貌，既有残缺，也有后人补入之文字，请阅读时请加以留意。

二

为帮助阅读《宋书》，下面简要地介绍一下刘宋时期的历史发展大势。

东晋以来，有两种社会势力在互相激荡。一种是世家大族的势力，他们依一定的门第和仕途，在政治上享有特殊的地位。另一种是寒门将帅的势力，他们由军功起家，或由寒吏入仕。这两种势力，在刘宋59年的历史中互为消长，并与整个南朝相始终。

南朝的世家大族，承两晋以来的余绪，凭借世资，坐取公卿，继续盘踞高官重位，如宋孝武帝以琅琊王僧达为尚书右仆射，而僧达"自负才地，三年间便望宰相"。他们优越的政治地位又是以庄园经济的基础为前提的。谢灵运在会稽始宁县的别墅，包含南北二山，有水田旱田，果园五所，竹林菜圃，便是很好的说明。世家大族的社会地位，比起他们的政治和经济地位来，更显得优越。世族、寒门二者身份高下的不同，决定了他们社会地位的悬殊。寒人虽致位通显，上升为贵戚近臣，但并不为世族看重，甚至受到侮辱。孝武帝舅父路庆之的孙子路琼之，和王僧达做邻居，曾去拜访王僧达，僧达不仅不跟琼之讲话，还把他坐过的床让人烧掉，搞得路琼之下不了台。世家大族为了要表示自己门第的优越感，为了不混淆与士庶的界限，就必须不与寒门庶族通婚，所以世家大族对婚姻的选择，特别重视门当户对。但也正是由于世家大族有田园别墅供其剥削和享受，政治上有父祖的资荫作凭借，他们大都鄙薄武事，结果，寒门庶族出身的将士军人，便以军功作为进身之阶。宋武帝少年时，曾伐获新洲，又曾与刁逵赌博，输了不能付钱，被刁逵绑在马桩上，其出身寒微可知。其他将帅如蒯恩、到彦之、沈庆之、张兴世、沈攸之、宗越、吴喜、黄回等人都出身寒门。不仅如此，刘宋时期君主为了行使君权，也常引用寒门出身之人典掌机要，形成自东晋以来的一大变局。本来自魏晋以来，世家大族的势力愈益发展，结果自然是君权的衰落。一切高官显要，全由世家大族来充任，于是君主的用人之权，只限于卑官寒吏。可是魏晋以来的世家大族，如前所述，凭借其身份特权，进至高位；并且拥有大量庄园，过着悠闲的生活，不必为仕途担心，也不关心吏治，结果实际吏治，均由卑官寒吏去办理，也就是说，世家大族固然把持了政权高位，同时却又脱离了实际吏治。世家大族一方面盘踞高官重位，一方面又不屑留心吏治，并且进而压抑君权。刘宋皇室既出自寒门，为了行使君权，自然有所委信，当时世家大族太多，剥夺其官品不大可能，结果，只好一方面优容世家大族，任其霸占高官重位，一方面便引用寒士，掌握实际大权。

元嘉三十年（453年），文帝刘义隆想废掉太子刘劭，消息走漏，反被刘劭所杀，劭赶忙继位称帝。自此开始了皇室内部互相残杀的丑剧。文帝第三子刘骏，起兵讨刘劭，劭败被杀，刘骏即帝位，这就是孝武帝。此后父子相残、兄弟相杀之事屡见不鲜。孝武帝怕他的叔父荆州刺史南郡王刘义宣威胁他的帝位，派兵杀了他，同时还杀死了他的弟弟竟陵王刘诞、海陵刘休茂等。刘骏死后，太子刘子业继位，即前废帝。前废帝以其叔祖江夏王刘义恭权力太大，把他杀掉。文帝的第十一个儿子刘彧，因而起兵杀前废帝，自己即位称帝，这就是明帝。明帝又尽杀前废帝的兄弟刘子勋等人。孝武帝刘骏共有28个儿子，其中10人夭折，被前废帝所杀者两人，被明帝所杀者16人，至此，无一幸存。当时有一首民谣唱道："遥望建康城，小江逆流萦。前见子杀父，后见弟杀兄。"

导致这种自相残杀的原因固然很多，但它跟刘宋时期世家大族的下降、寒人执掌机要有莫大的关系。

刘宋的君主，鉴于东晋政权由于门阀强盛，威权下移，因此中央重用寒人，参掌机要；而外藩则派宗室出任。宗室出任方面大吏，握有兵权，往往形成地方割据势力，形成中央与地方的对立。如南郡王刘义宣，即在荆州刺史任上败死，刘诞败死于南兖州刺史任上，刘子勋败死于江州刺史任上，而孝武帝刘骏，也是由江州刺史起兵，杀前废帝而取得帝位的。

其次，刘宋以寒人掌机要，往往被派往诸王身边充任典签——也称签帅，他们职位虽低，权力却很重。如孝武帝刘骏起兵夺取帝位时，曾担任其典签的戴法兴、戴明宝、戴闲3人，参与密谋策划，刘骏称帝后重用他们为中书通事舍人，执掌机要，握有实权。又如明帝刘彧夺取帝位时，寒人阮佃夫协助明帝废除前废帝，因而封侯执政，后废帝刘昱在位时，阮佃夫又想进行废主，事泄被杀。寒人执政对皇室内乱确实起到了推波助澜的作用。在刘宋王室自相残杀的内乱中，大权逐渐旁落到中领军将萧道成手中。447年，萧道成杀后废帝刘昱，立刘准为顺帝，3年之后，萧道成也像当年的刘裕一样，登位称帝，刘宋王朝就这样在内乱中灭亡了。

二十四史精华

《宋书》

政　略

宋武帝刘裕

　　上^①清简寡欲，严整有法度，未尝视珠玉舆^②马之饰，后庭无纨绮^③丝竹之音。宁州尝献虎魄^④枕，光色甚丽。时将北征，以虎魄治金创^⑤，上大悦，命捣碎分付诸将。平关中，得姚兴从女^⑥，有盛宠，以之废事。谢晦^⑦谏，即时遣出。财帛皆在外府^⑧，内无私藏。宋台^⑨既建，有司奏东西堂施局脚床^⑩、银涂钉，上不许；使用直脚床，钉用铁。诸主出适^⑪，遣送不过二十万，无锦绣金玉。内外奉禁，莫不节俭。性尤简易，常著连齿木屐^⑫，好出神虎门^⑬逍遥，左右从者不过十余人。时徐羡之^⑭住西州^⑮，尝幸^⑯羡之，便步出西掖门，羽仪^⑰络绎追随，已出西明门矣。诸子旦问起居，入羡^⑱脱公服，止著裙帽，如家人之礼。孝武大明^⑲中，坏上所居阴室^⑳，于其处起玉烛殿，与群臣观之。床头有土鄣，壁上挂葛灯笼、麻绳拂。侍中^㉑袁颛盛称上俭素之德。孝武不答，独曰："田舍公^㉒得此，以为过矣"。故能光有天下，克成大业者焉。

（《宋书》卷三，武帝本纪下）

【注释】

　　①上：皇上，此指宋武帝刘裕（356—422年），东晋末为北府兵将领，后掌握政权，420年代晋，成为南朝宋的开国皇帝。

　　②舆：车。

　　③纨绮：丝绸，亦转义为身着丽服的歌儿舞女。

④虎魄：亦作"琥珀"，可作装饰品。

⑤金创：指刀枪等物所造成的外伤。

⑥姚兴从（zòng）女：姚兴，后秦国君。从女，侄女。

⑦谢晦：宋代大臣，深受刘裕信任，文帝时谋反，被诛。

⑧外府：指国库，区别于少府或中府（皇帝的私府）。

⑨宋台：指刘裕封宋王，遂有王府。

⑩"有司"句：有司，有主管部门或官员。施，放。局，弯曲，通"跼"。

⑪诸主出适：诸主，各位公主。出适，出嫁。

⑫木屐：木拖鞋。

⑬神虎门：和下文的西掖门、西明门均为当时建康城门。

⑭徐羡之：宋初重臣。

⑮西州：地名，晋宋间扬州刺史治所，在今江苏南京。

⑯幸：帝王所至临。

⑰羽仪：指皇帝出行的仪仗。

⑱羕：门房小门。

⑲孝武大明：宋孝武帝大明（457—464年）年间。孝武帝刘骏是刘裕之孙。

⑳阴室：指皇帝生前所居殿室，其死后作为遗物收藏之处。

㉑侍中：官名。

㉒田舍公：乡下人。

【译文】

宋武帝刘裕清心寡欲，注重法度，不讲究装饰排场，后宫也不设歌舞之类。宁州曾经贡献虎魄枕，非常好看，当时将要北伐，因为虎魄可以治疗刀枪之伤，皇上得了此枕非常高兴。令人把它捣碎分给将领们。平定关中时，俘获了姚兴的侄女，非常宠爱她，因此而影响了军政大事。谢晦提出批评，皇上马上就放她出宫。财物都在国库，而没有什么私藏。宋王府建立，办事部门奏请在东西堂放置式样比较好看的曲脚床，钉子涂银，皇上不准，结果使用直脚床，用铁钉。里里外外，都遵守规定，节俭从事。皇上生性喜欢随便，常穿着木拖鞋，喜欢去神虎门外转悠，随从不过十来个人。当时徐羡之住在西州，皇上常去他那儿，走出西掖门，仪仗队在后面紧追，可他早已走出西明门了。儿子们早上起来请安，进门都穿便服，行家人礼，很平常。孝武帝大明年间，把皇上生前住的殿室拆了，盖玉烛殿。孝武帝和群臣参观皇上生前居室，只见床头有土垒的小墙，墙上挂着葛布灯笼、麻绳拂子。侍中袁颙一个劲地称赞皇上的俭素之德。孝武帝不置可否，过一会儿，才自言自语地说："乡下人若能这样，那就很不错了。"所以皇上能拥有天下，终于成就宏大的事业。

何尚之进谏

是岁造玄武湖[①]，上欲于湖中立方丈、蓬莱、瀛洲三神山[②]，尚之[③]固谏乃止。时又造华林园，并盛暑役人工，尚之又谏，宜加休息，上不许，曰："小人常自暴[④]背，此不足为劳。"

（《宋书》卷六十六，何尚之传）

【注释】

①是岁造玄武湖：是岁，宋文帝元嘉二十二年（445年）。玄武湖，在今江苏南京市东北玄武门外。

②"上欲于"句：上，皇上，此指宋文帝刘义隆。三神山，《史记·秦始皇本纪》："齐人徐市等上书，言海中有三神山，名曰蓬莱、方丈、瀛洲，仙人居之。"

③尚之：何尚之，生于东晋末，入宋历任要职。

④暴（pù）："曝"，晒。

【译文】

这一年修建玄武湖，皇上想要在湖中建起方丈、蓬莱、瀛洲三座神山，何尚之竭力劝阻，才算作罢。当时又建造华林园，正是盛暑高温让人苦干，尚之又加以劝阻，认为这种天气应当让服役者休息，皇上不同意，说："小人是经常晒脊梁的，干这点活算什么。"

御 人

宋武帝用人良苦

先是，庐陵王义真①为扬州刺史，太后谓上②曰："道怜③汝布衣兄弟，故宜为扬州。"上曰："寄奴④于道怜岂有所惜。扬州根本所寄，事务至多，非道怜所了。"太后曰："道怜年出五十，岂当不如汝十岁儿邪？"上曰："车士⑤虽为刺史，事无大小，悉由寄奴。道怜年长，不亲其事，于听望不足。"太后乃无言。

（《宋书》卷五十一，长沙景王道怜传）

《宋书》

【注释】

①庐陵王义真：宋武帝刘裕之子，封庐陵王。

②太后谓上：太后，皇帝之母。上，此指宋武帝。

③道怜：刘裕之弟，封长沙王。

④寄奴：刘裕小字。

⑤车士：义真小字。

【译文】

此前，庐陵王义真担任扬州刺史，太后对皇上说："道怜是你一起从平民百姓过来的兄弟，应让他当扬州刺史。"皇上说："我对道怜还会有什么舍不得给的吗？扬州这个地方关系重大，事务繁杂，不是道怜所能胜任的。"太后说："道怜已经50出头了，难道还不如你那10岁的儿子吗？"皇上答道："车士虽是刺史，但事无大小，都由我做主。而道怜就不同了，他年岁大，要是不亲自操持，就会影响声望。"太后就不再说什么了。

法 制

萧惠开令行禁止

其年①，会稽太守蔡兴宗之郡②，而惠开自京口请假还都③，相逢于曲阿④。惠开先与兴宗名位略同，又经情款⑤，自以负衅摧屈⑥，虑兴宗不能诣⑦已，戎勒部下："蔡会稽⑧部伍若借问，慎不得答。"惠开素严，自下莫敢违犯。兴宗见惠开舟力甚盛，不知为谁，遣人历舫讯，惠开有舫十余，事力二三百人，皆低头直去，无一人答者。

（《宋书》卷八十七，萧惠开传）

【注释】

①其年：此指南朝宋明帝泰始五年。

②"会稽太守"句：会稽，郡名，治所在山阴。太守，郡之长官。蔡兴宗：宋朝名臣。

③"而惠开"句：惠开，萧惠开，宋朝名臣，当时任南东海太守等职。京口，在今江苏镇江。都，指当时首都建康。

④曲阿（ē）：县名，今江苏丹阳。

⑤情款：情意真挚融洽。

⑥负衅摧屈：为有过失而收敛。此指萧惠开曾依附晋安王刘子勋，反对明帝继位。

⑦诣：到。

⑧蔡会稽：此以所任官职（会稽太守）称蔡兴宗。

【译文】

这一年，会稽太守蔡兴宗奔赴其任职之郡，而萧惠开从京口请假回建康，两人相逢于曲阿。萧与蔡名气、地位相差无几，过去也有真挚融洽的交情，但萧惠开因为他依附晋安王的事，自己觉得抬不起头来，估计蔡兴宗不会前来看望，就命令部下："蔡会稽部下若有人问起，谁都不要回答。"惠开向来严于治下，因此没人敢于违犯。蔡兴宗见这支船队规模颇盛，但不知是谁，便派人一艘艘船挨着问，惠开有船 10 余只，从事力役的有二三百人，不管问到谁，都是低头走开，没有一人回答。

奚显度苛虐无道

大明①中，又有奚显度者，南东海郯②人也。官至员外散骑侍郎。世祖常使主领人功③，而苛虐无道，动加捶扑，暑雨寒雪，不听暂休，人不堪命，或有自经④死者。人役⑤闻配显度，如就刑戮，时建康县⑥考⑦囚，或用方材⑧压额及踝胫，民间谣曰："宁得建康压额，不能受奚度拍。"又相戏曰："勿反顾，付奚度。"其酷暴如此。前废帝⑨尝戏云："显度刻虐，为百姓所疾⑩，比⑪当除之。"左右因倡"诺"。即日宣旨杀焉。时人比之孙皓杀岑昏⑫。

（《宋书》卷九十四，戴明宝传）

【注释】

①大明：南朝宋孝武刘骏的年号。

②南东海郯：南东海为郡名，郯，县名，在今浙江嵊州市。

③人功：服役、施工人员和工程。

④自经：上吊。

⑤人役：服劳役的人。

⑥建康县：设置在当时首都建康（今江苏南京）。

⑦考：同"拷"。

⑧方材：砖。

⑨前废帝：南朝宋皇帝刘子业，荒淫残暴，在位不到两年被废杀。

⑩疾：恨。

⑪比：近期。

⑫孙皓杀岑昏：孙皓，三国吴末代君主，极为残暴。岑昏是他的亲信，因公愤太大，孙皓不得已杀之。

【译文】

南朝宋大明年间，有一个奚显度，南东海郡郯县人氏，官做到员外散骑侍郎。世祖经常让他监督施工，而他残酷暴虐，没有人性，经常责打人，无论是暑天雨中，还是寒冬雪下，都不让干活的人稍有喘息，在他监管下的人都觉得没活头，甚至有上吊自杀的，役夫们如闻说分配到姓奚的那里，就好像判了死刑上杀场一般。当时建康县拷讯囚犯，有时用方砖压在犯人的额头和脚踝、小腿上，民间便传开了一首歌谣："宁肯在建康压额头，受不了奚显度的苦头。"又相互开玩笑说："别回头，把你交给奚显度。"奚显度的酷暴就是这般厉害。前废帝曾当好玩似地说："显度如此酷虐，为百姓所恨，近来我要除掉他。"他的话刚完，左右就顺着答应道："是。"当天就颁下他的圣旨，杀掉了奚显度。当时人都把废帝杀奚显度比作孙皓杀岑昏。

军　事

刘义真兵败

　　高祖遣将军朱龄石替义真镇关中①，使义真轻兵疾归。诸将竞敛②财货，多载子女③，方轨徐行。虏④追骑且至，建威将军傅弘之曰：“公处分亟进⑤，恐虏追击人也。今多将辎重，一日行不过十里，虏骑追至，何以待之。宜弃车轻行，乃可以免。”不从。贼追兵果至，骑数万匹，辅国将军蒯恩断后不能禁，至青泥⑥，后军大败，诸将及府功曹⑦王赐悉⑧被俘虏。义真在前，故得与数百人奔散，日暮，虏不复穷追。义真与左右相失，独逃草中。中兵参军⑨段宏单骑追寻，缘道叫唤，义真识其声，出就之，曰：“君非段中兵邪？身在此。”宏大喜，负之而归。义真谓宏曰：“今日之事，诚无算略。然丈夫不经此，何以知艰难。”

（《宋书》卷六十一，庐陵孝献王刘义真传）

【注释】

　　①“高祖”句：高祖，此指宋武帝刘裕。义真，刘裕子。关中，这里主要指今陕西中部地区。东晋末，掌握兵权的刘裕率军攻关中，灭后秦，一度让义真留守关中。

　　②敛：搜聚。

　　③子女：年轻女子。

　　④虏：指夏主赫连勃勃，南朝称其为“佛佛”。

　　⑤公处分亟进：公，指刘裕。处分，安排。亟：急速。

　　⑥青泥：地名。

　　⑦府功曹：官名。

⑧悉：全。

⑨中兵参军：军职名。

【译文】

高祖派将军朱龄石代替义真镇守关中，让义真带轻兵，急速返回。义真手下将领们争着搜聚财物，还带着许多年轻女子，南归的队伍走得很慢。夏国赫连勃勃的军队在后面追赶，眼看就要追上了，建威将军傅弘之说："刘公对我们的指示是快速行军，这是因为担心敌人会追迫。如今辎重太多，一天走不到 10 里路，敌军追上了，怎么办好。应当把车辆丢掉，轻骑行进，才是办法。"义真不予采纳。敌人追兵果然赶来，有马数万匹，辅国将军蒯恩断后，但抵挡不住，到了青泥这个地方，后军就溃败了，众将领以及府功曹王赐都当了俘虏。义真在前队，所以和数百人奔走离散，天色渐暗，敌军也就不再追了。义真与他左右的人走散，一个人逃进草丛中。中兵参军段宏骑着马找他，沿着路叫唤，义真听出段宏的声音，就从草丛中走出来。说："你不是段中兵吗？我在这里呢。"段宏大喜，背着他归队。义真对段宏说："今天的事，太少算计，不过，大丈夫不经历一下，怎么会知道什么是磨难呢。"

沈攸之截粮

薛常宝①在赭圻②食尽，南贼大帅刘胡③屯浓湖④，以囊盛米系流查⑤及船腹，阳⑥覆船，顺风流下，以饷赭圻。攸之⑦疑其有异，遣人取船及流查，大得囊米。

（《宋书》卷七十四，沈攸之传）

【注释】

①薛常宝：当时南方叛军（即下文所称"南贼"）的一员将领。

②赭圻：岭名，在今安徽繁昌县北。

③刘胡：宋将，后反叛。

④浓湖：旧湖名，今已埋废，故址在今安徽繁昌县境。

⑤流查：木筏。查，本作"楂"，通"槎"。

⑥阳：表面上。

⑦攸之：沈攸之，南朝宋军将领。

【译文】

薛常宝在赭圻吃光了粮食，南贼大帅刘胡驻守浓湖，用袋子装了米，系于木筏和船腹，再把船盖上，让船顺风而下，供给赭圻的同伙用。沈攸之对此异感到常有疑问，于是派人截取这些船和木筏，得到了大批袋装的米。

宗越治军

越①善立营阵，每数万人止顿，越自骑马前行，使军人随其后，马止营合，未尝参差。及沈攸之②代殷孝祖③为南讨前锋，时孝祖新死，众并惧，攸之叹曰："宗公可惜，故有胜人处。"而御众严酷，好行刑诛，睚眦④之间，动用军法。时王玄谟⑤御下亦少恩，将士为之语曰："宁作五年徒，不逐王玄谟。玄谟尚可，宗越杀我。"

（《宋书》卷八十三，宗越传）

【注释】

①越：宗越，南朝宋武将，为人残暴，前废帝在位时，他助纣为虐，十分得意，明帝即位后，因谋反被杀。

②沈攸之：宋将领，宗越谋反，先告诉了沈攸之，沈攸之便向明帝告发。

③殷孝祖：宋将，泰始二年（466年）在与叛军作战时中箭阵亡。

④睚眦（yá zì）：怒目而视，借比小怨小忿。眦，亦作"眥"，眼角。

⑤王玄谟：宋军将领。

【译文】

宗越精于立营布阵，每当数万人的军队行动，宗越骑马在前，大队人马跟在后面，他的马停在哪里，军营就在哪里形成，整齐有序，没有差错。后来，沈攸之代替殷孝祖为南讨军的前锋总指挥，当时孝祖刚战死，部下心中害怕，这时沈攸之想起了宗越，叹息道："宗公可惜了，他果然是有胜人之处。"但宗越对待部下太过严酷，喜欢用刑杀人，常因小事动用军法。那时候王玄谟对待部下也是刻薄少恩的，将士们编了一首顺口溜说："宁可作五年刑徒，也不想跟着王玄谟。王玄谟还叫我活着，宗越可要杀我。"

理　财

刘休佑刻薄至极

　　休祐①素无才能，强梁自用，大明之世，年尚少，未得自专，至是②贪淫，好财色。在荆州，裒刻③所在，多营财货。以短钱④一百赋⑤民，田登⑥，就求白米一斛⑦，米粒皆令彻白，若有破折者，悉删简⑧不受。民间籴⑨此米，一升一百。至时又不受米，评米责⑩钱。凡诸求利，皆悉如此，百姓嗷然⑪，不复堪命⑫。

《宋书》

（《宋书》卷七十二，晋平剌王刘休佑传）

【注释】

　　①休祐：刘休祐，南朝宋文帝刘义隆第十三子，初封山阳王，后改封晋平王。

　　②至是：指刘休祐在宋明帝即位后地位转强。

　　③裒刻：搜刮财物。

　　④短钱：不足实数的钱。

　　⑤赋：给。

　　⑥田登：指稼收获。

　　⑦斛：容量单位，10斗为一斛。

　　⑧悉删简：悉，全，都。删简，弃置。

　　⑨籴（dí）：买（米）。

　　⑩责：求，索取。

⑪嗷然：叫苦不迭。

⑫堪命：活命。

【译文】

（刘）休祐，向来没有才能，且又自负，在大明年间，年纪还轻，不怎么专横，等到这时，贪淫本性暴露无遗，贪财好色。他在荆州，专事搜刮，多积财物。以不足实的100钱给老百姓，等收获季节，收取白米一斛，要求米粒必须极白，有米粒不完整的，就让挑选干净，否则不收。民间买这样的米，一升就要花100钱。到时候突然又不收米了，而是评定米的等级收钱。他所干的求利刻薄之事，都是这一类的，百姓叫苦不迭，简直无法活了。

清廉之士朱修之

《宋书》

修之①治身清约，凡所赠贶②，一无所受，有饷③，或受之，而旋④与佐吏赌之，终不入己，唯以抚纳群蛮⑤为务。征为左民尚书，转领军将军⑥。去镇⑦，秋毫不犯，计在州然⑧油及牛马谷草，以私钱十六万偿之。然性俭克少恩情，姊⑨在乡里，饥寒不立，修之未尝供赡。尝往视姊，姊欲激之，为设菜羹⑩粗饭，修之曰："此乃贫家好食。"致饱而去。先是，新野⑪庾彦达为益州刺史，携姊之⑫镇，分禄秩之半以供赡之，西土⑬称焉。

（《宋书》卷七十六，朱修之传）

【注释】

①修之：朱修之，南朝宋人，曾被北魏俘虏，后辗转回到南方，任荆州刺史等职。

②贶（kuàng）：赠，赐。

③饷：此指上司慰劳、奖励一类。

④旋：随即。

⑤群蛮：指当时南方各少数民族。

⑥"征为"句：征，皇帝特聘，任命官职。左民尚书，官职名。领军将军，军职名，但"将军"名号多，权位亦不一样。

⑦去镇：镇，指朱修之所任职的荆州。去，离开。

⑧然：通"燃"。

⑨姊（zǐ）：姐姐。

⑩羹（gēng）：古时称汤为羹。

⑪新野：在今河南新野。

⑫之：去，到。

⑬西土：指位于中国西部的益州一带。

【译文】

　　朱修之清廉自守，对于各种馈赠，概不接受；有时受到慰劳、奖励，接受后，就与自己属下吏员们，自己总是不得要的。他以安抚群蛮为要务。朝廷聘任他为左民尚书，又转为领军将军。离开荆州时，秋毫不犯，计算在荆州任职期间耗费的灯油及牛马所食谷草，用自己的钱16万支付补偿。但他为人俭克，少人情味，姐姐在乡间，饥寒交迫，难以度日，他却没能帮助过。曾经去看望姐姐，姐姐想激一激他，用菜汤粗饭招待他，不料修之却说："这是穷人家的美食了。"他饱食而去。先前，新野人庾彦达当益州刺史，带着姐姐去上任，以所得俸禄的一半来供养她，益州一带被传为佳话。

德　操

刘德愿、羊志善哭得官

　　德愿①性粗率，为世祖②所狎侮。上③宠姬殷贵妃薨④，葬毕，数与群臣至殷墓。谓德愿曰："卿哭贵妃若悲，当加厚赏。"德愿应声便号恸，抚膺擗踊⑤，涕泗交流。上甚悦，以为豫州刺史⑥。又令医术人羊志哭殷氏，志亦呜咽。他日有问志："卿那得此副急泪？"志时新丧爱姬，答曰："我尔日自哭亡妾耳⑦。"志滑稽善为谐谑，上亦爱狎之。

（《宋书》卷四十五，刘德愿传）

【注释】

　　①德愿：刘德愿，南朝宋人，善驾车，官至廷尉。

　　②世祖：宋孝武帝刘骏。

　　③上：皇上，即孝武帝。

　　④薨（hōng）：死。

　　⑤抚膺擗踊：膺，胸口。擗踊：捶胸顿足，哀痛之状。

　　⑥豫州刺史：官名，刺史为一州之长。豫州，基本范围在今河南东南部至湖北东北部。

　　⑦"我尔日"句：尔日，那天；妾：小老婆。

【译文】

　　刘德愿为人粗朴直率，世祖也对他极随便，常加戏弄。皇上的宠姬殷贵妃死了，安葬后，又多次与群臣到她的墓地去。皇上对德愿说："你要是哭殷贵妃哭得悲伤，我就重赏你。"他的话一说完，德愿便大哭大叫，捶胸顿足，眼泪鼻涕齐下。皇上对此很高兴，任命他为豫州刺史。皇上又命令因医术而入宫的羊志哭殷氏，羊志也哭得很伤心。后来有人问羊志："你的眼泪怎么要它来就来了？"羊志当时刚死了一个爱妾：便答道："我那天是哭自己的亡妾呀。"羊志这人滑稽得很，善于取笑，皇上也极喜欢他。

步履轻　因母病

（谢瞻①）弟嚼②字宣镜，幼有殊行。年数岁，所生母郭氏，久婴痼疾③，晨昏温清④，尝药捧膳，不阙一时，勤容戚颜，未尝暂改，恐仆役营疾⑤懈倦，躬自执劳。母为病畏惊，微践⑥过甚，一家尊卑⑦，感嚼至性，咸纳屦而行⑧，屏气而语，如此者十余年。

（《宋书》卷五十六，谢嚼传）

《宋书》

【注释】

①谢瞻：东晋末人，卒于宋初，为著名诗人谢灵运的族兄。

②嚼：音 jiào。

③久婴痼疾：婴，缠绕。痼疾，经久难治之病。

④清（qìng）：寒，凉。

⑤营疾：看护病人。

⑥微践：轻步行走。

⑦一家尊卑：古时家中有老幼，还有主仆，故有此语。

⑧咸纳屦而行：咸，都、全。屦（jù），鞋子。纳屦而行，指把鞋穿好走路，以免发出响声。

【译文】

谢瞻的弟弟谢嚼，字宣镜，自幼就有不平常的表现。几岁时，他的生母郭氏长期患病，久治不愈。他不分早晚、冷热，给母亲送药端饭，送药先尝，端饭后吃，一时不缺，勤谨的面容，愁忧的脸色，从未改变。又怕家中仆役们照顾得不好，事情都尽量自己做。他母亲病而怕惊动，因此他走路轻轻，十分当心。家中所有的人被他的孝心所感动，都把鞋子穿好走路，屏住呼吸，轻言轻语，像这样一直有10来年之久。

蔡廓奉兄如父

廓①年位并轻，而为时流所推重，每至岁时②，皆束带③到门。奉兄轨如父，家事小大，皆咨④而后行，公禄赏赐，一皆入轨，有所资须，悉就典者⑤请焉。从高祖⑥在彭城⑦，妻郗氏书求夏服，廓答书曰："知须夏服，计给事自应相供，无容别寄。"时轨为给事中⑧。

（《宋书》卷五十七，蔡廓传）

《宋书》

【注释】

①廓：蔡廓，字子度，济阳考城人，东晋末追随刘裕。

②岁时：年节。

③束带：衣冠楚楚。

④咨：询问，请示。

⑤典者：此指管家。

⑥高祖：此指宋武帝刘裕。

⑦彭城：今江苏徐州。

⑧给事中：官名。简称"给事"。

【译文】

蔡廓年纪轻，官位不高，可却为当时名流所推重，时逢年节，家中有许多衣冠严整的人来访。他尊奉史长蔡轨，就像对待父亲一样，家中事无论大小，都要先向哥哥请示，再做决定，所得的俸禄赏赐，统统交给哥哥，如需要用钱时，就先向管家请取。他跟随高祖在彭城时，妻子郗氏写信来要夏天穿的衣服，他回信说："需要夏服一事已知。料想给事会给你的，不必另寄。"当时蔡轨当着给事中的官，因此他信中这么写。

宋武帝钟爱义恭

江夏文献王义恭①，幼而明颖，姿颜美丽，高祖特所钟爱②，诸子莫及也。饮食寝卧，常不离于侧。高祖为性俭约，诸子食不过五盏盘，而义恭爱宠异常，求须③果食，日中无算，得未尝啖④，悉以乞与⑤傍人。庐陵诸王⑥未尝敢求，求亦不得。

（《宋书》卷六十一，江夏文献王刘义恭传）

【注释】

①江夏文献王义恭：刘义恭，南朝宋武帝刘裕子，封江夏王。江夏，郡名，治所在今武汉市武昌。

②高祖特所钟爱：高祖，此指宋武帝。钟爱，特别喜爱。

③须：通"需"。

④啖（dàn）：即"啖"，吃。

⑤悉以乞与：悉，全，都。乞与，给予。

⑥庐陵诸王：指宋武帝的其他儿子。

【译文】

江夏文献王刘义恭，自幼聪明伶俐，模样也长得俊秀，高祖十分喜欢，别的儿子谁也没法相比，吃饭睡觉，常在他身边。高祖生活上十分节俭，孩子们吃饭，不超过5个盘子的菜，而义恭却十分受宠爱，每天从早到晚，要这要那，要了他并不吃，都给别人。庐陵王等谁都不敢像他那样开口要东西吃，就算要，也要不到。

张敷思母之情

张敷字景胤，吴郡①人，吴兴②太守邵子也。生而母没。年数岁，问母所在，家人告以死生之分，敷虽童蒙，便有思慕之色。年十许岁，求母遗物，而散施已尽，唯得一画扇，乃缄录③之，每至感思，辄开笥④流涕⑤。

见从母⑥，常悲感哽咽。

【注释】

①吴郡：郡名，今属江苏苏州市。

②吴兴：郡名，治所在吴兴。

③缄录：密藏。

④笥：竹箱。

⑤涕：泪。

⑥从（zòng）母：伯母；叔母。

【译文】

张敷字景胤，吴郡人，吴兴太守张邵的儿子。他一出生，母亲就死了。几岁时，问起母亲在哪里，家人把实情告诉了他，他虽年幼，可已有思念的表现。到10多岁时，提出要母亲的遗物，别的都已找不到了，只有一把画扇还在，他珍藏起来，每到思母情切时，就开箱取视，流泪不止。见到伯母、叔母，时常含悲伤心，语声哽咽。

范晔走向刑场

将出市①，晔②最在前，于狱门顾谓综③曰："今日次第，当以位邪？"综曰："贼帅为先"④。在道语笑，初无暂止。至市，问综曰："时欲至未？"综曰："势不复久。"晔既食，又苦劝综，综曰："此异病笃⑤，何事强饭。"晔家人悉至市，监刑职司问："须相见不？"晔问综曰："家人以来⑥，幸得相见，将不暂别。"综曰："别与不别，亦何所存。来必当号泣，正足乱人意。"晔曰："号泣何关人，向见道边亲故相瞻望，亦殊胜不见。吾意故欲相见。"于是呼前。晔妻先下抚其子⑦，回骂晔曰："君不为百岁阿家⑧，不感天子恩遇，身死固不足塞罪，奈何枉杀子孙？"晔干笑云罪至而已。晔所生母⑨泣曰："主上念汝无极，汝曾不能感恩，又不念我老，今日奈何？"仍以手击晔颈及颊，晔颜色不怍⑩。妻云："罪人，阿家莫念。"妹及妓妾⑪来别。晔悲涕流涟，综曰："舅殊不同夏侯色⑫。"晔收泪而止。

综母以子弟自蹈逆乱，独不出视。晔语综曰："姊⑬今不来，胜人多也。"晔转醉，子蔼亦醉，取地土及果皮以掷晔，呼晔为别驾⑭数十声。晔问曰："汝恚⑮我邪？"蔼曰："今日何缘复恚，但父子同死，不能不悲耳。"

（《宋书》卷六十九，范晔传）

【注释】

①将出市：古代于闹市处决犯人。

②晔：范晔，南朝宋史学家，字蔚宗，顺阳人。元嘉二十三年末，因牵涉密谋迎立彭城王刘义康一案，被杀。

③综：谢综，范晔的外甥。

④贼帅为先：这是一句玩笑话。

⑤笃：指病势沉重。

⑥以来：此处"以"通"已"。

⑦其子：指范晔之子范蔼，因范晔而被株连。

⑧阿家（gū）：这是范晔妻对她婆婆（范母）的称呼。

⑨所生母：生身之母。

⑩怍（zuò）：惭愧。

⑪妓妾：指范晔家中的小妻和歌舞女艺人。

⑫夏侯色：三国魏夏侯玄谋杀司马师，事泄被杀，夷三族，"临斩东市，颜色不变，举动自若"。

⑬姊（zǐ）：姐姐，此指谢综母。

⑭别驾：范晔曾任荆州别驾从事史这一官职。

⑮恚（huì）：愤怒，怨恨。

【译文】

就要被押赴刑场了，范晔走在最前面，在监狱的门口，回过头来对谢综说："今天排次序，还论官位大小吗？"谢综说："谁是贼帅，谁就该在前面。"他们一路说笑着，接连不断。到了市场，范晔问谢综："时间到了吗？"谢综答道："看来不会很久了。"范晔吃了一顿饭，又一再劝谢综也吃，谢综说："这跟病重不同，没有必要勉强吃饭。"范晔的家人都到刑场来了，监斩官问："要见个面吗？"范晔问谢综："家里人已经来了，有幸再见一次面，不就要暂别了吗？"谢综说："道不道别，还有什么呢。来了，都是哭哭啼啼的，叫人心烦。"范晔说："哭叫也没有什么，刚才见路边上亲人故旧都朝我这儿看，倒也是最好不见。但我还是想见一下。"于是家属都被叫过相见。范晔的妻子先抚摸着儿子，回头骂范晔："你不为百岁娘亲考虑，不感激天子的恩待，你死有余辜，为什么还让儿孙也要把命搭上。"范晔干笑着说自己罪不可恕而已。范晔的生母哭泣着说："主上待你极好，你不能感恩，又不想着我已年老，到今天这般地位，怎生是好。"以手连连打范晔的头颈和脸颊，他却并无羞愧之色。妻子说："罪人，阿家您不要再想他了。"妹妹和妓妾也来告别，范晔很悲伤，谢综说："舅舅和当年夏侯的表现相去太远了吧。"范晔就不哭了。谢综的母亲因为是家人自找死路，所以没有来看。范晔对谢综说："姐姐今日不来，那比别人强多了。"范晔酒后醉意上来了，他的儿子范蔼也是，他从地上抓土、捡果皮向范晔身上丢，连着叫范晔"别驾"几十声。范晔问他："你恨我吗？"范蔼答道："今天为何还要恨，只是父子同死，不能不觉得可悲啊。"

严世期善举义行

《宋书》

　　严世期，会稽①山阴②人也。好施慕善，出自天然。同里③张迈三人，妻各产子，时岁饥俭，虑不相存，欲弃而不举，世期闻之，驰往拯救，分食解衣，以赡④其乏，三子并得成长。同县俞阳妻庄年九十，庄女兰七十，并各老病，单孤无所依，世期衣饴⑤之二十余年，死并殡葬。宗亲⑥严弘、乡人潘伯等十五人，荒年并饿死，露骸不收，世期买棺器殡埋，存育孩幼。

　　　　　　　　　　　　　　　（《宋书》卷九十一，严世期传）

【注释】

　　①会稽：郡名。

　　②山阴：县名，是会稽郡治所，在今浙江绍兴。

　　③里：民户聚居处的基层单位，古有以25家为里的，但多有变更。

　　④赡：供给、帮助。

　　⑤衣饴：此两字均为动词。衣（yì），给予衣物。饴（sì），给人食物，通"饲"。

　　⑥宗亲：同宗亲戚。

【译文】

会稽山阴人严世期非常乐于帮助别人，乐于做善事，出于天性。与他同里而住的张迈等 3 人，妻子各生了孩子，当时正闹饥荒，都怕养不活，准备把孩子抛弃掉，世期听说后，急忙赶去救助，给吃给穿，解决困难，结果 3 个孩子都得到抚养而长大成人。同县有个俞阳，他的妻子庄年已 90，女儿兰，年 70，两人老而有病，孤单无靠，世期向她们提供衣食，前后 20 余年，她们去世后，还为之料理丧事。他的同宗亲戚严弘、同乡潘伯等 15 人，都在荒年饿死，骨骸暴露不收，世期为他们置办棺材，并且还抚养他们留下的孩子。

刘凝之终归隐逸

（刘）凝之①慕老莱②、严子陵③为人，推家财与弟及兄子，立屋于野外，非其力不食，州里重其德行。州三礼辟西曹主簿，举秀才，不就④。妻梁州刺史⑤郭铨女也，遣送丰丽，凝之悉散之亲属。妻亦能不慕荣华，与凝之共安俭苦。夫妻共乘薄笨车⑥，出市买易，周用之外，辄以施人。为村里所诬，一年三输公调⑦，求辄与之。有人尝认其所著屐⑧，笑曰："仆⑨著之已败，令家中觅新者备君也。"此人后田中得所失屐，送还之，不肯复取。

……

荆州年饥，义季⑩虑凝之馁毙⑪，饷⑫钱十万。凝之大喜，将⑬钱至市门，观有饥色者，悉分与之，俄顷立尽。性好山水，一旦⑭携妻子泛江湖，隐居衡山之阳⑮。登高岭，绝人迹，为小屋居之，采药服食，妻子皆从其志。元嘉二十五年⑯，卒，时年五十九。

（《宋书》卷九十三，刘凝之传）

《宋书》

【注释】

①刘凝之：南朝宋人，一生未做官。

②老莱：老莱子，即老子，春秋时的大哲学家李耳。

③严子陵：严光，字子陵，少曾与刘秀同游学，刘秀称帝，他变姓名隐遁，后被刘秀派人找到，但终于拒受官职，仍归山林。

④"州三礼辟"数句：州，指刘凝之所居之荆州。辟，辟除，征召，古

时选任官吏的方式之一。西曹，分管府吏署用事。主簿，西曹的主事。秀才，南北朝时是荐举人才的主要科目。就，指接受任命或称号。

⑤刺史：州之长官。

⑥薄笨车：粗陋的车子。

⑦公调：缴公的户调（实物税）。

⑧屐（jī）：木拖鞋。

⑨仆：古人的谦称。

⑩义季：南朝宋衡阳王刘义季，时镇江陵。

⑪馁毙：饿死。

⑫饷：馈赠。

⑬将：持。

⑭一旦：某一日。

⑮衡山之阳：衡山，在今湖南。阳，山之南称阳。

⑯元嘉二十五年：元嘉，南朝宋文帝刘义隆年号，元嘉二十五年为448年。

【译文】

刘凝之心慕老莱子和严子陵的为人，把家财让给弟弟和哥哥的儿子，在野外别建屋，靠自己的劳动生活。他所在的荆州看重他的德行，3次征召他担任西曹主簿之职，又举他为秀才，可他都没有接受。他的妻子是梁州刺史郭铨的女儿，陪嫁丰盛，也都被刘凝之送给亲属了。这位夫人倒也不慕荣华，能安心与他一起过艰苦俭朴的生活。夫妻俩一起坐着粗陋的车子，外出到市场做点买卖，除了维持自己的生活之外，都用来帮助别人。不幸遭到村里基层机构的诬害，一年之中交了3次公调，可他没说什么，有要就给。有人曾说他所穿的木拖鞋是自己的，他就笑道："鄙人所穿的已经旧了，让我回家中再找一双新的给您吧。"这人后来在田中找到了他自己丢失的拖鞋，就把刘凝之给的那双送还，凝之说什么也不肯收。

……

荆州闹饥荒，衡阳王刘义季担心凝之会乏食饿死，给他送来10万钱。刘凝之大喜，拿着钱到市场门口，看到面带饥色的人，就分钱给他，不一会10万钱就分光了。他又十分喜欢山水，终于带领妻子泛游江湖，隐居于衡山之南。登上高岭，不与人来往，搭盖小屋，住了下来，采药服用。他的妻子儿女都服从他的意愿。元嘉二十五年，他死去了，时年59岁。

传世故事

蒯恩喂马

蒯恩字道恩，是兰陵郡承县人。高祖征讨孙恩时，县差去征兵，让他充当二等兵，给马伐草料。蒯恩常背回大捆草料，比别人多几倍，每次往地上扔草料，就叹息说："大丈夫弯弓能达三石力，为什么要给马伐草料！"高祖刘裕听说后，就配给他兵器，蒯恩非常高兴。自此征讨妖贼，常常作为先锋，多取敌人首级。他既熟悉作战阵势，胆力又超过常人，诚心尽力，小心谨慎，未曾有过失，非常得高祖信任。

刘义隆感恩

元嘉三年（426年），太祖刘义隆讨伐荆州（今湖北江陵）刺史谢晦，下诏命令益州（今四川境内）派遣军队袭击江陵，谢晦已经平定，益州的军队才到了白帝（今重庆奉节县）城。张茂度平时与谢晦很要好，有人议论说他故意出兵迟缓，当时张茂度的弟弟张邵是湘州（今湖南及广东北部、广西东北部）刺史，率兵营救太祖，太祖因为张邵的忠诚节义，所以不对张茂度加罪，把他带还京城。元嘉七年（430年），重新起用做廷尉，兼奉车都尉，出任本州中正官，进为五兵尚书，迁太常。后因脚病遣为义兴（今江苏宜兴溧阳）太守，加秩中二千石。太祖曾从容地对张茂度说："不要把在西蜀讨伐谢晦这件事放在心上。"张茂度回答说:"我如果不蒙受陛下您的开明,现在说不定坟墓上的草木都长出来了。

颜竣嫉妒能人

侍中颜竣这时才开始大富大贵,与何偃都在门下省做官,把各自的文章拿来互相欣赏,相处得非常好。颜竣自以为受到皇帝的礼遇超出别人,应该居于重要的位置,然而他的位次与何偃等人没有什么不同,心里觉得有些不高兴。等到何偃代替颜竣任领选官,颜竣更加愤恨不满,于是与何偃结怨。颜竣当时在朝廷权势极大,何偃内心颇觉不安,所以引发了心痛病,性情也变得乖僻,上表给皇帝要求解除官职,称病告医不再做官。世祖对侍何偃礼遇甚厚,对他的病也百般加以治疗,让名医替他开药,随他取所需医药,何偃的病才得以治愈。

荀伯子自夸

荀伯子官任太子征虏功曹,国子学博士。他的妻弟谢晦推荐保举他,入朝为尚书左丞,又出补临川(今江西抚州)内史。车骑将军王弘称赞荀伯子说:"为人沉稳庄重不浮华,有先人平阳侯的遗风。"荀伯子出自颍川荀氏大族,常常自夸自己家世之美,对王弘说:"天下富贵人家,唯有您琅邪王氏与我颍川荀氏,谢晦这些人,不值得一提。"

张敷不能容人

中书舍人秋当与周赳一起掌管要务,认为张敷与他们同为中书省官吏,想要去拜访他。周赳说:"假如他不能容纳我们,就不如不去拜访。怎么可轻易去拜访他呢？”秋当说：“我们都已是员外郎了，何必担心不能和他一起同坐。”张敷先摆设两个座椅，距离墙壁三四尺远，两位客人就座以后，应答接待非常热情，不一会儿却传呼左右人说：“把我移到远离客人之处。”周赴两人仓皇失色地离去。

为官为家　高风亮节

颜延之，字延年，琅琊临沂（今属山东）人。他父亲早逝，自小孤苦。尽管家境贫困，却爱好读书，几乎无所不览，后成为南朝宋代著名诗人，与谢灵运齐名。

颜延之为官多年，生性耿直，因而常常得罪权贵。他见刘湛、殷景仁之辈专权，心有不平，常说道：“天下之事，应当和天下人共同治理，难道凭一两个人的小聪明就能处理得了？”为此，刘湛非常恨他，将他贬出朝廷，改任永嘉太守。但是颜延之仍然不改其直，所以仕途屡次受挫。

颜延之除了爱喝酒的毛病外，生性清廉俭约，不谋私利。尽管做了官，却也常有家中空空不能自给的时候。他常常穿布衣，食蔬菜，在郊外独饮，自由自在。颜延之有好几个儿子，各自继承其父亲的不同品性。有一次，宋武帝刘裕问颜延之，他的几个儿子谁最得父风，颜延之答道：“竣得臣笔，测得臣文，㚟得臣义，跃得臣酒。”他所称得其笔法的儿子颜竣，后来慢慢官居高位，权重当朝，其地位远远超过了颜延之。

颜竣比较孝顺，见父亲日子并不富裕，也常想着给父亲以供养。颜延之却不领儿子的情，颜竣所给，他一点都不肯接受。平时仍住在原先的旧房子里，衣服器具，丝毫未有改变，一如既往地过着布衣蔬食的清贫生活。颜延之喜欢出游，外出时，常常是乘坐着瘦牛拉着的粗笨车子。颜竣位高，出行时总是仪仗显赫，护卫众多，十分威风。颜延之出去，只要一遇儿子的仪仗护卫，总是立刻在道旁停住牛车避让。不得已碰到了儿子，总是说：“我平生最不喜欢见显要人物，今天真是运气不佳，碰上了你！”但是他对新朋旧友等却非如此，有时骑马出游，在街巷碰到老朋友，总要停下亲切地攀谈一番。骑在马上，有时常跟朋友要酒喝，要到了酒便自斟自饮，十分自在，朋友间丝毫不拘礼节。

颜竣当上高官后，便准备造所好房子，颜延之却含意深长地对儿子说道："希望你好自为之，不要弄到最后，让后人嗤笑你的愚蠢！"这话大有深意，因为前代有许多造了豪华宅第后家族却很快败落，不能安享永保的事例。颜延之尽管没有明说，却有告诫儿子不要追求豪华奢侈的深意在。又有一次，颜延之因事早上去见儿子，见家中已宾客盈门，颜竣却还在睡觉，没有起床，不禁怒火万丈。他极为严厉地训斥儿子道："你本出身贫贱，如今算是高高在上了，居然傲慢无礼到这种样子，你这官能做得长久吗？"

颜竣为官甚有父风，他直言敢谏，言辞恳切，无所回避，常使皇帝不悦，因而也不肯听从其言。后来，终于招来杀身之祸。可见封建时代立朝为官，也实在是难矣！

人物春秋

田园诗人"五柳先生"——陶潜

陶潜，字渊明，少年时就有很高的志趣，曾撰写《五柳先生传》，以"五柳先生"比拟自己，说：

不知道五柳先生是什么地方人，也不知道他的姓名，在他住宅的旁边有五株柳树，因此就把"五柳"作为他的号。他沉静寡言，不羡慕功名利禄。喜欢读书，但不过分穿凿字句，每当心中有所领悟，便高兴得忘记了吃饭。他性情嗜好酒，然而由于家境贫困，不能经常有酒喝。亲戚朋友知道他的这种情况，有的就备酒招呼他，他去饮酒，总要把酒喝光，希望能够喝醉。喝醉了就回家，从不舍不得走。他的住屋四壁空荡，不能遮风蔽日；他穿的粗毛短衣，破烂缝补；他的竹篮瓜瓢常常空着，如此清苦，却安逸自乐。他曾经撰写文章自寻乐趣，文章很能表达自己的志趣。他忘却世俗，愿意终生过着这种生活。陶潜自己是这样叙述的，时人说这是实际的记录。

陶潜的双亲年老，家境又贫穷，起初他任江州（今江西九江）祭酒，因不能忍受官职的拘束，便辞职回乡。州府又召他做主簿，他不接受。他亲自耕耘种作，以自供自给，他的身体瘦弱疲病。后来在镇军将军刘裕幕府中任镇军参军，又在建威将军刘敬宣的幕下任建威参军，他向亲朋好友说："我姑且以出任官职来作为归隐田园的本钱，行吗？"当官的听后，便任命陶潜为彭泽令。公家的田地全都指使差役种粘稻，他的妻子坚持请求种粳稻，于是，他就用50亩地来种粘稻，用50亩来种粳稻。郡守派了督邮到彭泽，县官告诉陶潜应该整饰衣冠，束紧衣带去拜见督邮，陶潜愤慨地说："我不能为了五斗米而向小人弯腰。"当天，陶潜解下官印，辞掉了县令的官职。陶潜写了《归去来》赋，赋中写道：

回去啊！田园将要荒芜了，为什么还不回去？既然自己的心志被形体所驱使，又为什么惆怅而悲愁呢？认识到过去已经不可挽回，知道未来尚可以弥补。确实迷失了道途，好在尚不远，领悟到今天的正确、昨天的错误。回归时，水路中，船摇晃着是那样轻快飘扬，风轻飘飘地吹拂着衣裳；陆路上，向行人询问前面的路程，可恨的是星光微弱，辨认不清。

看见了简陋的家屋，高兴得奔跑过去。家僮、仆人高兴地出来迎接，幼子等候在家门口。屋前的小路已经荒芜，但松树、菊花还在！拉着幼子进入屋内，酒器里盛满了酒，拿来了酒壶、酒杯，自斟自酌。悠闲地观望着庭院里的树木，脸上露出了愉快的神情。靠着南边的窗子，寄托着傲世的情怀，深知狭小的屋室仅能容纳足膝，却也适宜于安身。每日在园子里散步倒也自成乐趣，屋子虽然设了门，门却经常关着。挂着手杖优游歇息，时常抬起头向远处眺望，云朵无意地飘出山头，鸟儿飞倦了也知道归巢。日光暗淡，太阳将落，我抚摩着松树，独自流连徘徊。

回去啊！愿与世间息绝交游。世俗与我相违背，再驾车出游还能有何要求？喜欢与亲戚谈心，乐于弹琴读书以消除心中的忧愁。农夫们告诉我春天到了，将要在田地上耕作。有的驾着篷车，有的划着小船，顺着山路蜿蜒曲折地进入幽深的山谷，沿着崎岖不平的山路，经过了小山岗。树木欣欣向荣，泉水缓缓流动。羡慕万物适时地生长，感叹我的生命可将要结束。

算了吧，寄身于天地间能有多久？为什么不随着心意决定自己的行止？为什么要心神不定，又想到哪儿去了呢？富贵不是我的愿望，仙境也不可能期待。有时乘着美好的时光独自去游赏，有时放下拐杖去除草培土。登上东面的田边高地放声长啸，面对清澈的流水吟诗。姑且顺应自然而终归死去，乐天知命，还会有什么疑虑？

义熙末年，征召陶潜为著作佐郎，陶潜不接受。江州刺史王弘要与陶潜认识，但未能达到目的。陶潜曾到过庐山，王弘让陶潜的朋友庞通之带着酒具在半路上的栗里邀请陶潜。陶潜患有脚病，便差派一个差役和两个小孩抬着竹轿去请陶潜。陶潜来到后，便高兴地一块喝酒。不多时，王弘来了，陶潜也没与他过意不去。此前，颜延之任刘柳后军功曹，在浔阳与陶潜款叙情怀。后来颜延之任始安郡守时，经过浔阳，天天去造访陶潜，每次前往，必然一醉方休，临离开时，留下两万钱给陶潜，陶潜全都存入酒店，逐渐去取酒来喝。曾经在九月九日重阳节时没有酒，他走出门在屋子旁边的菊花丛中坐了很久，正逢王弘送酒来到，他马上就地喝了起来，到喝醉了才进家门。陶潜不懂音乐，却存有一张素琴，琴没有弦，每当他酒喝够了，总是抚弄着素琴，以此来寄托自己的心志。不分贵贱，只要来造访他的，凡是有酒，他总要摆出来，如果陶潜先喝醉，就会对客人说："我喝醉了，要睡了，你先走吧。"陶潜就是如此地纯真、直率。郡守去探望陶潜，正逢陶潜的酒酿好，便拿下头上的葛布巾来过滤酒，滤完酒，又将葛布巾戴在头上。

陶潜幼年官微，并考虑放弃或接受某种官职，自以为曾祖父陶侃是东晋皇帝的辅政大臣，而感到羞耻的是生为后代的他，却身份低微，屈居人下。从曾祖以后，帝王的基业虽然逐渐兴隆，陶潜却不肯再做官了。他所撰写的文章，都写上写作的年、月。义熙以前，则写晋朝年号；自永初以后，只写明甲子而已。给他儿子的信中，谈了自己的志趣，并且拿它作为对儿子的教导和告诫。信中说：

天地赋人以生命，人有生也有死，自古以来的圣人贤士，有谁能够幸免呢？子夏说过："生死由命运，富贵在天。"子夏也是与孔子4个得意门生一样的人，他亲身受过孔子的亲口教诲，他发表这种议论，难道不是因为命运的好坏而不可妄意追求、寿命的长短永远无法从分外求得的缘故吗？我已经过了50岁，还为穷苦所困扰，因为家境贫穷破败，只好到处漂泊。我的本性刚直、才质倔强，因而与世人不和，自己估计这样做下去，必定留下来自世俗的祸患。勉强辞官归隐，辞别世俗，却使你们幼小时便遭受饥寒之苦。常被东汉孺仲的贤妻的话所感动，自己盖着破棉絮，对儿子又有什么可惭愧的呢？只恨邻居没有羊仲、求仲那样的高士，而家中又没有像老莱子的妻子那样的贤妻，抱着这样的苦心，确实独自感到怅然失意。

幼时喜欢读书，偶然也爱闲适怡神，打开书卷阅读，心有所得时，便高兴得忘记吃饭。看见树林枝叶交错成荫，听见鸟婉转鸣叫，便又高兴得很。我曾说过，五六月在北边窗下闲卧时，恰逢凉风突然吹来，便自称是伏羲时代以前的人了。意志浅薄，学识寡陋，岁月瞬息流逝，远远地回顾过去，一切是那么的渺茫！

患疟疾以来，身体逐渐衰弱了。亲戚、老朋友不遗弃我，经常拿来药物相救助，不过，恐怕自己的寿命已经不久。可恨的是你们还幼小，家境贫困，没有仆人，劈柴打水等劳动，什么时候可以免啊！只在嘴里叨念着，怎能用言语表达呢？你们虽然不是同一个母亲生的，但你们应该想到四海之内都是兄弟。鲍叔和管仲在分钱财时，管仲多分，鲍叔并不猜疑；归生和伍举各事其主，路上相遇仍能坐在荆条上款叙以往的友情。鲍叔能帮助管仲转失败为成功；伍举因在国丧时，在郑国维护了公子纠的地位而立了功。他们这些人尚且如此，更何况同父亲生的人呢？颍川的韩元长是汉末的名士，身处辅助国君的执政大臣地位，80岁时才辞世，兄弟却住在一起，一直到年老。济北的氾稚春是西晋时节操品行高洁的人，他七代人拥有共同的财产，家里所有的人都没有埋怨的神色。《诗经》中写道："在高山上能高瞻远瞩，在大路上能通行无阻。"你们要谨慎啊！我还有什么话可说呢？

陶潜还写了《命子诗》留给他的儿子，诗中写道：

我的祖先是那么悠远，可以追溯到帝尧陶唐。尧的儿子丹朱做了舜的虞宾，此后，历代留有功德的光辉。陶唐氏的后裔御龙曾任职夏朝、豕韦又辅佐商朝。周朝司徒陶叔，端庄盛美，他的宗族因他而昌盛。纷乱的战国时代以及寂寂无闻的周朝衰落时期，陶氏的人才有的隐居林间，有的则隐居于山中。周末群雄战乱，犹如奔窜的虬龙蟠绕云上，飞驰的鲸鱼惊起了浪涛，由于上天成全而建立了汉朝，愍侯陶舍也就得到了眷顾。光荣的愍侯，运气当是依附帝王以建功立业。手执宝剑清晨起舞，他的战功是那样的显著。面对山河立下誓言，开辟疆土拓展地域。汉景帝时的丞相陶青是那样的勤勉，他精诚地追随帝王辅佐朝政。长河浩瀚渺茫，大树郁郁苍苍。众多的支流疏导长河，繁多的枝条罗盖大树。君子有时沉默独处，有时发愤入世，命运本来就有高贵，也有低贱。直到东晋，祖辈功业显赫于长沙（今湖南），英武的长沙公曾祖上封地，独揽荆、湘、江等州军事大权。功成后便辞官返乡，面临荣耀而心不迷乱，谁说此种心志，中近民可以有的呢？我的祖父武昌太守陶茂很严肃，始终谨慎小心。他正直执法，是荆、江二州刺史属官的模范，他的恩惠，使全郡人民和悦。父亲是多么仁慈啊！他淡泊虚疏，托身于仕途，对官职的得失，喜怒都不形于色。慨叹我自己孤陋寡闻，远望前辈，自己都不及他们。感到惭愧的是头发已经花白，而只能背负日光单身孤立，应受五种惩罚的罪过，莫过于没有后代。真正值得我思念的是听到你呱呱落地的哭泣声。在吉日良时为你占卜，给你起名叫俨，取得表字叫求思，你要朝夕保持温和恭敬，我所盼望的就在于此。我还想到孔丘的孙子孔鲤，希望你能跟上他成为肖孙。长疮的人夜半生子，便拿来火光察看，生怕儿子像自己。君子有自己的志趣，为什么要等待我呢？既然看着他出生，确实希望他能令人满意。人们也说，这种感情是真切的。岁月流逝，你将逐渐长大。福不会无缘无故地来到，祸害也容易降临。早起晚睡，时刻盼望你能成才，如果你不才，也只好哀叹"亦已焉哉"。

陶潜于元嘉四年（427年）去世，时年63岁。

金戈铁马　气吞万里如虎——刘裕

宋高祖武皇帝刘裕，字德舆，小名寄奴，身材魁梧，风骨奇特。家虽贫，志向远大，不拘小节。刘裕最初任冠军孙无终的司马。

隆安五年（402）春，孙恩频繁进攻句章，每次都被刘裕击败，又撤往海上。三月，孙恩北击海盐，刘裕跟踪追击，在海盐县城旧址筑起城池。起义军白天攻城，城内兵力空虚，刘裕就挑选数百人组成敢死队，都脱掉盔甲，手持短兵器，击鼓呐喊冲出城，起义军被震慑得士气大跌，丢盔卸甲逃散，大帅姚盛被斩。虽然连战连胜，但众寡悬殊太大，刘裕因而颇感忧虑。一天晚上，偃旗息鼓，藏匿主力，假装已逃遁。第二天早晨开启城门，派几个老弱病残上城墙。起义军在城外远远地问刘裕在什么地方。城楼上人回答说："昨晚逃走了。"起义军信以为真，蜂拥进城。刘裕乘其懈怠，指挥伏兵猛攻，大获全胜。孙恩感到城攻不下来，就率部向沪渎进发。刘裕又弃城追击。海盐县令鲍陋派其子嗣之领吴兵1000，请求打先锋。刘裕说："起义军精干，吴兵又不擅战，如若前锋失利，必会导致我军溃败。吴兵殿后作声援吧。"嗣之不听。当晚，刘裕四处设伏兵，又置备旗鼓，但每处不过数人。次日，孙恩率万余人接战。前锋遭遇后，伏兵齐出，举旗击鼓。起义军以为四面都有伏兵，撤退。嗣之追赶，被杀死。刘裕边战边退，由于起义军人多势众，所率士兵几乎都战死、受伤。刘裕考虑到可能难免一死，跑到设置伏兵的地方，停下来，命令随从脱下死者的衣服穿上。起义军以为刘裕本当逃走现在反倒停下来，怀疑设有埋伏。刘裕乘机高呼再战，英姿飒爽，英勇无比，起义军以为真的设有伏兵，就离去了。刘裕慢慢地撤退，再渐渐聚拢被冲散的士兵。

五月，孙恩攻陷沪渎，杀吴国内史袁山松，四千人战死。同月，刘裕又在娄县打败起义军。

六月，孙恩乘胜渡海，突然进军丹徒，士兵多达10余万人。刘牢之还驻在山阴，京师震动。刘裕日夜兼程，与起义军同时抵达丹徒。当时敌我众寡悬殊，又加上长途急行军十分疲惫，而丹徒守军又无斗志。孙恩率兵数万，击鼓呐喊攻蒜山，蒜山居民都拿起扁担准备抵抗。刘裕率部猛烈攻击，大败起义军，起义军死伤惨重。孙恩靠鼓排渡泗，才得以退回船上。孙恩虽然被击败，但仍依仗其人多，径直向京师进发。由于楼船高大，又遇逆风难以前往，10天后才到白石。得知刘牢之已撤回拱卫京师，朝廷有防备，就改向郁洲进军。

八月，朝廷加封刘裕为建武将军、下邳太守，派他带领水军追到郁洲讨伐，刘裕又大败孙恩。孙恩南逃。十一月，刘裕追击孙恩到沪渎，在海盐，又大败孙恩。三战三捷，俘虏的起义军数以万计。此后，孙恩军由于饥饿、疾病、瘟疫死伤大半，从浃口逃到临海。

元兴元年（402年）正月，骠骑将军司马元显率军西进讨伐桓玄，桓玄亦率荆楚大军，南下讨伐元显。元显派镇北将军刘牢之抵御，刘裕协助刘牢之。

刘牢之率部到溧洲。桓玄到了，刘裕请求发起攻击，未得同意，刘牢之打算派儿子敬宣到桓玄营中讲和。刘裕与牢之外甥东海何无忌联袂坚决谏阻，牢之不听。派遣敬宣到桓玄营中。桓玄攻克京师，杀害元显，任命牢之为会稽内史。牢之恐惧，对刘裕说："桓玄很快就会剥夺我的兵权，大祸即将临头啊。现在应当向北边的高雅靠近，在广陵起义，你能同我前往吗？"刘裕答道："你率精兵数万，望风而降。桓玄新得志，威震天下。三军人心，都已涣散，广陵岂能去得了！我要回去，退回京口吧。"牢之起义后自缢而亡。何无忌问刘裕："我该到哪里去呢？"刘裕说："镇北将军起义定然难免一死，你可随我回京口。桓玄若能守臣节北面侍君，我就与你归顺他；否则，与你共击之。现在正是桓玄骄横为所欲为之日，肯定要用我们。"桓玄堂兄桓修领抚军衔镇守丹徒，任命刘裕为中兵参军，军队编制、郡辖范围不变。

自从孙恩溃败后，追随他的士兵日渐稀少，他害怕被活捉，在临海投水自杀。剩下的人推举孙恩妹夫卢循为首领。桓玄想尽快平定东方，就任命卢循为永嘉太守。卢循虽然接受了任命，但仍然为所欲为。五月，桓玄又派刘裕东征。当时卢循从临海进入了东阳。元兴二年（403年）正月，桓玄又遣刘裕讨伐卢循，攻下东阳，卢循逃到永嘉，刘裕追击又攻下永嘉，杀卢循大帅张士道，并追到晋安，卢循渡海南逃。六月，桓玄加封刘裕为彭城内史。

桓玄想篡夺皇位，桓玄堂兄卫将军桓谦派人问刘裕说："楚王功勋卓著，德高望重，四海归附。朝廷有禅让之意，你意下如何？"刘裕已立志推倒桓玄，故意谦逊地答道："楚王，宣武之子，功德盖世。晋室微弱，失民心已久，乘天运取而代之，有何不可。"桓谦高兴地说："你觉得可以，那就可以。"

十二月，桓玄篡位，把天子送到寻阳。桓修入朝，刘裕跟他一起到京师。桓玄见过刘裕后，对司徒王谧说："昨日看见刘裕，气度不凡，是人中豪杰。"每次游猎集会，都热情地邀刘裕同往，给刘裕的馈赠赏赐也很丰厚。刘裕更讨厌他。有人对桓玄说："刘裕龙行虎步，相貌不凡，恐怕不愿为人下，宜及早打算。"桓玄说："我正欲平定中原，只有刘裕能担此大任。关陇平定后，再作计议。"桓玄于是下诏说："刘裕以少胜多，屡次打击起义军的气焰。渡海追寇，十灭其八。诸将奋力作战，多数受过重伤。上自元帅下至将士，论功行赏，以表功勋。"

当初刘裕东征卢循，何无忌跟随到山阴，他劝刘裕在会稽起义。刘裕认为桓玄未篡皇位，而且会稽距京城遥远，起义难以成功，等他篡位的事实彰著后，再在京口起兵，定能成功。这时桓修回京师，刘裕借口伤口疼痛，忍受不住陆路行走之苦，与无忌坐船同回京城，共谋复兴王室之计。于是与弟道规、沛郡刘毅、平昌孟昶、任城魏咏之、高平檀凭之、琅邪诸葛长民、太原王元德、陇西辛扈兴、东莞童厚之，共同筹谋。当时桓修弟桓弘为征虏将军、青州刺史，镇守广陵。道规是桓弘的中兵参军，孟昶是主簿，刘裕派刘毅秘密前去与孟昶接头，在江北聚结力量，图谋起兵杀桓弘。长民是豫州刺史刁逵左军府参军，计划在历阳响应。元德、厚之准备在京城聚集力量攻打桓玄，并约定同时起义。

　　元兴三年（404年）二月二十七日，刘裕借口游猎，与无忌等集聚亲信心腹，同谋者有何无忌，魏咏之、咏之弟欣之、顺之，檀凭之、凭之侄儿韶，韶弟祗、隆、道济，道济堂兄范之，刘裕弟道怜、刘毅，刘毅堂弟藩，孟昶，孟昶族弟怀玉，河内向弥、管义之，陈留周安穆，临淮刘蔚、堂弟珪之，东莞臧熹、堂弟宝符，侄子穆生，童茂宗，陈郡周道民，渔阳田演，谯国范清等27人；愿追随的百余人。二十八日清早，城门开，无忌穿传诏服，假称传诏居前。众义士随他急驰入城。齐声呼叫，守城官兵惊呆，不敢阻拦，很快将桓修斩首示众。刘裕哭得很悲惨，厚葬桓修。孟昶劝桓弘这天出城狩猎。为让狩猎人出城，天没亮就开了城门，孟昶、道规、刘毅等率壮士五六十人乘机长驱直入。桓弘正在吃粥饭，当即斩了他，收集他的余部渡江而去。起义军刚攻下京城时，桓修的司马刁弘率文武官吏前来救援。刘裕登上城楼对他说："郭江州已奉圣谕在寻阳反正，我等也被密诏前来诛除逆贼叛臣，约在今日相会。叛贼桓玄的首级已挂在城头示众，诸君难道不是大晋之臣吗，今天来想怎样？"刁弘等人信以为真，率众撤走。刘毅到后，刘裕命他杀刁弘。

　　刘毅兄刘迈先在京师，起义前几天，刘裕派同谋周安穆告他，叫他到时做内应。刘迈表面上答应了，内心却很震惊恐惧。安穆见他惶恐，估计事情肯定会泄露，赶忙返回。当时桓玄委任刘迈为竟陵太守，刘迈不知该如何办才好，乘船欲去竟陵郡。这夜，桓玄写信给刘迈说："北府人什么动向？你最近见到了刘裕说了些什么？"刘迈以为桓玄已获知他们的密谋，早晨一起来就把真相告诉了桓玄。桓玄惊恐，封刘迈为重安侯；后又怪罪他没有拘留安穆，让他逃了，就杀了他。杀元德扈兴、厚之等人。召集桓谦、卞范之等人商讨对付刘裕的办法。桓谦等建议："速派兵攻打。"桓云说："不妥。刘裕兵力精锐、行动敏捷，若派兵去攻打等于去送死。如果先派水军迎战，恐怕又不足以与之抗衡，假如出了差错，刘裕就成了气候，而我们就输定了。不如将大军集结在覆舟山等待刘裕的军队。刘裕军出入无人之地200里，没遇敌手，锐气定然会受挫，等到了覆舟山突然发现这么多兵力严阵以待，肯定会惊慌恐惧。我们按兵不动、固守阵地，不与他们交锋，他们想打打不成，自然会解散离去。"由于桓谦一再恳切请求出兵，桓玄于是派遣顿丘太守吴甫之、右卫将军皇甫敷北上抗拒义军。

桓玄自从获悉刘裕率众起义后，成天忧心忡忡不知所措。有人说："刘裕等力量弱小，哪里具备成气候的力量，陛下何必担忧呢。"桓玄回答说："刘裕堪称当代雄才；刘毅家无多少储蓄，赌博时却敢下注百万；何无忌，乃是刘牢之的外甥，很像他舅舅。他们联合起来，共举大事，怎能说他们不会成功呢。"

起义大众推举刘裕为盟主，并在京城传递檄文，任命孟昶为长史，总管后勤事务，檀凭之为司马。百姓愿意追随的千余人。三月初一日，吴甫之领兵到江乘。甫之，桓玄的猛将，他的部队是精锐。刘裕亲自拿着长刀，高喊着冲向敌军，所向披靡，很快就杀甫之。进军到罗落桥，皇甫敷率数千人迎战。宁远将军檀凭之和刘裕各领一队人马，凭之战败被杀，其部下溃败散。刘裕越战越勇，左右冲突，在约定时间内打败了敌军，击毙了皇甫敷。

桓玄获悉皇甫敷等人都覆没了，更加恐惧。派遣桓谦驻扎东陵口，卞范之驻守覆舟山西侧，两地驻军合起来有两万人。二日早晨，起义军用完早饭后，丢弃剩余粮食，进至覆舟山东侧，派原是乞丐的士兵在山上插旗，迷惑敌人。桓玄又派武骑将军庾祎之前来，配以精兵锐器，援助桓谦等人。刘裕身先士卒，冲向敌军，将士都拼命死战，都以一当百，喊杀声震天动地。当时东北风大，刘裕就下令放火，烟火遮天蔽日，击鼓声、喊杀声震动京师。桓谦等各路军，一时间土崩瓦解。桓玄当初虽然派兵布阵，但已打定了逃走的主意，嘱咐领军将军殷仲文在石头城备好船，带着他的子侄渡江南逃了。

三月初三日，刘裕平定了石头城，设置留台官，在宣阳门外焚烧桓温的神庙，在太庙立了东晋的新皇帝。派遣众将帅追击桓玄，尚书王嘏率百官恭迎圣驾。司徒王谧与众人推举刘裕管理扬州，刘裕坚辞不肯。于是以王谧为录尚书事，兼任扬州刺史。后又推举刘裕为使持节，统管扬州徐州兖州豫州青州冀州幽州并州八州军务，领军将军、徐州刺史。

先前朝廷接手的是晋朝这个乱摊子，政治混乱，百官放纵，百业废弛，桓玄虽然也想整治，但众人都不听他的。刘裕以身示范，先以威严约束宫廷内外。百官皆认真供职，二三天内，风气大变。况且桓玄虽然凭着英雄豪气被推举获得了拥护，但很快就篡夺了皇位，晋朝的各地刺史和在朝大臣，都尽心尽力地服侍他，君臣名分定了。刘裕在朝廷里职位卑微，又无一支军队，在草莽之地振臂高呼，倡导大义恢复帝位。因此王谧等人觉得失去了民心，都觉愧疚恐惧。

诸葛长民过了约定的时间还不能起事，刁逵拘捕了他，并押送石头城，还未到桓玄就失败了。桓玄逃往寻阳，江州刺史郭昶之将事先准备好的皇室信物送给他。桓玄搜罗2000余人，挟天子逃往江陵。冠军将军江陵、辅国将军何无忌、振武将军刘道规率领军队追赶。尚书左仆射王愉、王愉的儿子荆州刺史王绥等人，是江东的名门望族。王绥年轻时名气就很大，因为刘裕出身平民，很是看不起。王绥，还是桓玄的外甥，也有夺取王位的志向。刘裕都杀了他们。四月，遵奉武陵王遵为大将军，承袭旧制。大赦天下，唯有桓玄一族的后人不在大赦之列。

当初刘裕家境贫寒，曾欠刁逵社钱3万，长久无力偿还。刁逵执法甚严，拘捕了刘裕，王谧拜访刁逵，暗地为刘裕代还了欠款，于是刘裕获释。刘裕名微位卑，名流都不与他往来，只有王谧同他交往。桓玄打算篡位时，王谧亲手解下了安帝的玉玺和系玺丝带，成了桓玄的篡位功臣。等到起义军攻克了石头城，众人都认为王谧该杀，只有刘裕保护他。刘毅曾乘朝会的时候问王谧玉玺在什么地方，王谧愈加惊恐不已。等到王愉父子被杀，王谧堂弟王谌对他说："王驹本无罪，而起义军杀了他，这是剪除异己，断绝百姓的指望。你是桓玄的同伙，名位又如此显赫，想幸免能吗？"驹，是王愉的小名。王谧害怕，逃到曲阿。刘裕写信告诉大将军，好好保护王谧，迎接他回来官复原职。

桓玄哥哥的儿子桓歆，聚集兵力向寻阳进军，刘裕命令辅国将军诸葛长民迎击，桓歆败走。无忌、道规在桑落洲大败桓玄大将郭铨，各路义军进据寻阳。皇上授权刘裕掌管江州军务。桓玄逃回荆郢后，大规模地招兵买马，招募水军建造楼船、制造武器，很快率兵两万，挟天子从江陵出发，顺江东下，与冠军将军刘毅等人在峥嵘洲遭遇，众将士奋勇拼搏，大败桓玄。桓玄丢下将士，又挟天子逃向江陵。桓玄同党殷仲文送东晋两皇后回京师。桓玄逃到江陵后，想趁机西逃。南郡太守王腾之、荆州别驾王康产恭迎天子到南郡郡府。

当初征虏将军、益州刺史毛璩派遣堂孙毛璩之与参军费恬护送弟弟的灵柩顺江而下，护灵柩有200人，毛璩弟弟的儿子毛修之当时是桓玄的屯骑校尉，引诱桓玄入四川。桓玄到了枚回洲，费恬与毛璩之迎击。益州督护冯迁砍下了桓玄的头，送到京师。接着又在江陵杀了桓玄的儿子桓升。

当初桓玄在峥嵘洲大败，义军以为大局已定，未及时追击。桓玄死后近10天，义军的主力还不到。桓玄的侄儿桓振逃到华容的涌中，招聚桓玄的党徒数千人，清晨袭击江陵城，城内居民争相出城投奔桓振。王腾之、王康产都被杀了。先前藏在沮川的桓谦，也聚众响应。桓振为桓玄发丧，设丧廷。桓谦率文武百官将玉玺绶带送还给安帝。何无忌、刘道规到江陵后，在灵溪与桓振交战。桓玄的部属冯该又在杨林设置伏兵，义军溃败，退回寻阳。

兖州刺史辛禺心怀不轨意欲叛逆。恰逢北青州刺史刘该反叛，辛禺请命征讨刘该，到了淮阳，辛禺也反叛了。辛禺长史羊穆之杀辛禺，并把他的首级在京师传递示众。十月，刘裕任青州刺史，率披铠甲执锐器的卫队百人进入州衙。刘毅等各路人马又进军到夏口。刘毅攻鲁城，刘道规攻偃月垒，都予以攻克。十二月，各路军挺进平定巴陵。义熙元年（405年）正月，刘毅等抵江津，击败桓谦、桓振，平定江陵，皇帝获救。三月，皇帝从江陵到达。

十一月，天子重申前令，封刘裕为侍中，晋升为车骑将军、开府仪同三司。刘裕坚决推辞。皇上派百官恳劝。义熙三年（407年）二月，刘裕回到京师，准备拜访廷尉，安帝在先诏令廷尉，刘裕的辞呈不得被接受，进宫面陈推辞，天子才同意，很快刘裕回到丹徒。

闰月，府内大将骆冰谋划叛乱，将要被抓时，独自逃走，刘裕追上去斩了他。当初桓玄战败，因为桓冲的忠贞不贰，给他的孙子取名为桓胤。到此时骆冰谋划让桓胤称帝，与东阳太守殷仲文暗地勾结。刘裕于是斩杀了殷仲文以及他的两个弟弟。此时，桓玄的残党余孽，都被处死了。

义熙四年（408年）正月，天子召刘裕入朝辅佐，加封为侍中、车骑将军、开府仪同三司、扬州刺史、录尚书，照旧担任徐兖二州的刺史。刘裕上书解除了兖州刺史一职。

当初，燕王鲜卑人慕容德在青州僭越称帝，他死后，他哥哥的儿子慕容超继位，先后多次在边境制造祸患。义熙五年（409年）二月，在淮河以北大肆掠夺，俘虏了阳平太守刘千载、济南太守赵元，掠走1000多家。三月，刘裕发布北讨的檄文。四月，水师从京师出发，沿淮河进入泗水。五月，到下邳，留下舰船辎重，用步兵进攻琅琊郡。每过一处都筑城派兵留守。戍守梁父、莒城的鲜卑人都逃跑了。

慕容超听说晋军即刻将至，他的大将公孙五楼劝说："应占据大岘，割掉粟苗，坚壁清野等待敌军，晋军远道而来没有粮草，想交战又不能，一二十天之后，就可折断刑杖鞭笞他们了。"慕容超不听，说："敌军远道而来，肯定不能长久有战斗力，一旦引他们过了大岘，我用精锐的骑兵去攻打，不用担心击不败他们，哪用得着先毁庄稼，示弱于人呢？"在刘裕即将出兵时，谋士们认为，鲜卑人听说大军去讨伐他们，一定不敢迎战，如果不截断大岘，就会坚守广固，割粟苗坚壁清野，来断绝三军的粮草，这样不只是很难成功，而且还会回不来。刘裕说："这件事我考虑成熟了，鲜卑人贪婪，贪图眼前小利，他们舍不得粟苗。认为我们孤军深入，不能长久作战，只能进驻临朐，退守广固。我军一旦进入大岘，将士们就没有后退的想法，带领怀有必死之心的军队，对付怀有野心的叛逆，何愁不成功！他们不能坚壁清野牢固死守，是替各位保护财产。"刘裕已经进入大岘，用手指着天说："我们大功告成了。"

六月，慕容超派遣五楼和广宁王贺赖卢首先占据了临朐城。听说晋朝大军到了，留下年老的瘦弱的士兵守广固，其余的全部出击。临朐有一条巨蔑河，离城40里。慕容超告诉五楼："赶快去占领它，晋军得到了水源，就很难击败了。"五楼率骑兵急进。晋龙骧将军孟龙符率领骑兵打先锋，急驰争夺巨蔑河，五楼败退。晋军稳步地前进，战车4000辆，分为左右两翼，成方阵徐徐前行，车子全部蒙上青布，驾车的人手持长槊。又把轻骑兵作为机动部队。军令严肃，队伍整齐。在离临朐几里的地方，燕军精锐的骑兵一万多人，先后到达，刘裕命令兖州刺史刘藩，刘藩弟并州刺史刘道怜、咨议参军刘敬宣、陶延寿，参军刘怀玉、慎仲道、索邈等合力攻打。将近未时，刘裕派咨议参军檀韶直奔临朐。檀韶率领建威将军向弥、参军胡藩急驰前进，当天便攻下了临朐城，砍断燕军牙旗，全部缴获慕容超的辎重。慕容超听说临朐城已被攻克，带领大军逃走，刘裕亲自带兵追赶，燕军狂奔不停。慕容超逃到广固。

第二天，东晋大军进逼广固城，立即攻外城，慕容超退守内城。并且筑长长的壁垒来守卫它，壁垒高3丈，外面3道壕沟穿插其间。停泊长江、淮河上的船只，将粮食屯集在齐地。刘裕安抚接纳归顺的士兵，汉族人和少数民族人都很高兴，士兵们都信任他。

七月，天子下诏加封刘裕为北青、冀两州刺史。慕容超的大将垣遵、他的弟弟垣苗都率领士兵来归顺晋朝。刘裕准备制造攻城的器械时，守内城楼上的燕兵说："你们没有得到张纲，怎么能够制造出来呢！"张纲，南燕国的尚书郎，他擅长奇技。碰巧慕容超派张纲向后秦国姚兴称臣求援，请求派兵救助。姚兴假装答应他，而实际上害怕晋军，不敢派兵。张纲从长安返回，泰山太守申宣俘虏了他并送给晋军。刘裕于是让张纲坐在楼车的顶端，让城内人看到，城里人没有不感到大惊失色的。于是让张纲大规模制造攻城器具。慕容超没有得到救援，张纲反而被俘虏了，变得担心害怕了，于是请求做晋的藩国，请求割地以大岘为界，进献马匹1000只。刘裕不答应，围攻城池更加厉害。黄河以北的百姓带武器粮食来投奔的日以千计。

录事参军刘穆之，谋略过人，刘裕让他充当首席谋士，每次有举动都向他咨询。当时姚兴派使者告诉刘裕说："慕容超素与我相邻友好，现在因为处境艰难向我求援，我当派精骑兵10万，径直占据洛阳。晋军如果还不后退，我就命令铁骑长驱直入。"刘裕大声地告诉后秦使者："你告诉姚兴，我平定南燕之后，停战3年，就去平定关中、洛阳。现在自己送上门来，就快些过来吧。"刘穆之听说有后秦的使者，迅速赶来，然而刘裕已经打发他走了。刘裕把姚兴的话以及他的回答，详细地告诉了刘穆之。刘穆之忧虑地对刘裕说："平常事情不论大小，都让我先考虑一下。这件事应该好好地考虑，为什么那么仓促地答复呢？你答复姚兴的言辞，不能威慑敌人，反会激怒他们。如果南燕还没攻克，后秦的援军突然到了，不知您怎么对付他们？"刘裕笑着说："这是军机，所以不告诉你。兵贵神速，他们如果真的出兵救援，一定害怕我们知道，怎么可能先派遣使者呢。这是他们看到我军攻打南燕心里已经恐惧，说一些自我掩饰的话罢了。"

九月，天子加封刘裕为太尉、中书监，刘裕坚辞。十月，黄河以北归顺晋朝。张纲制造的攻城器械，设计奇巧，像飞楼木幔之类，莫不齐备。城上的火石、弓箭等守城工具，都没有用了。

义熙六年（410年）二月初五日，攻下广固城，慕容超越城逃走，征虏贼曹乔胥俘获了他，杀南燕王公以下的以及俘虏的人口一万多，马2000匹，押送慕容超回师，在建康街头斩首。

刘裕北伐之时，徐道覆还有伺机而动的野心，劝卢循乘虚而出，卢循没有听从。徐道覆就到番愚（广州）劝说卢循："我们居住在南岭以南，难道真的只能限此一隅，只是因为打不过刘裕罢了。如今他在围攻固若金汤的广固城，不知什么时候才能攻下。乘此时，用归乡心切的将士，偷袭何无忌、刘毅的部队，成功易如反掌。不趁这一有利时机，如果刘裕平定南燕之后，稍稍休养生息，过了一二年，一定有檄文征讨你。如果刘裕亲自率军队到豫章，派遣精锐的部队越过南岭，即使将军再勇猛，恐怕也抵不住。现在这个机会，万万不可错过。如果占领了他们的都城，捣了他们的老巢，刘裕即使回师，也无能为力。"卢循听从了他的话，于是带兵越过了南岭。这个月，攻克了南康、庐陵、豫章三郡，各郡的郡守都弃职逃走。此时平定南燕的消息还未传到，天子派使者赶紧告诉刘裕，刘裕刚刚攻下南燕国，想在下邳休整，进而平定河、洛，但不久朝廷的使臣到了，当天就班师回朝。

镇南将军何无忌与徐道覆在豫章交战，晋军战败，何无忌被杀。朝廷内外非常震惊。朝廷想请晋帝渡江北上靠近刘裕的军队，不久得知起义军还未到，京城的人心稍稍安定。刘裕到了下邳，用船运载辎重，自己带领骑兵回师。到山阳，听说何无忌被杀，担心京城失守，于是日夜兼行，和几十个人到了淮河，向行人询问京城的消息。有人告诉他们说："起义军还没有到，刘裕如果回来了，就不用担心。"刘裕很高兴，一个人乘船过江，径直赶到京口，京城的人心大为安定。四月初二日，刘裕回到京师，解除戒严。

抚南将军刘毅上书请求南征，刘裕写信给刘毅："我以前常和起义军作战，知道他们的战术，他们近来又接连获胜，不可轻视。最好等我休整完毕，我们一同前往。"刘毅不听，率水师两万从姑孰出发。卢循北上，派徐道覆向寻阳进攻，自己进攻湘中的各郡。荆州刺史刘道规派兵到长沙迎战，被卢循打败。起义军直入巴陵，准备攻江陵。徐道覆听说刘毅率军沿江西上，派人报告卢循说："刘毅的军队很强大，应该合力击败他。如果这次胜利了，夺取天下就没有什么问题了。根本安定了，就不用担心枝叶不平定。"卢循当天从巴陵出发，与徐道覆联手东下。另外有艨舰9艘，舰上有4层楼，高12丈。刘裕因为南方诸郡失守，上书请求免职，皇上不允。五月，刘毅在桑落洲（今江西九江）被击败，弃船从陆路逃走，其余逃走不及的人，都被起义军俘虏。

卢循刚到寻阳时，听说刘裕已经回来了，不相信。击败刘毅的军队后，询问凯旋将士，都相顾失色。卢循想退回寻阳，占领江陵，占据两地来对抗晋朝廷。徐道覆认为应当乘胜追击，据理力争，商讨几天后，才被采纳。

刘毅失败的消息传来，朝廷内外动荡不安，此时北伐的军队才回到京师，大部分都受伤染病，京城的战士，不过数千。起义军已经攻破江、豫两镇，士兵10余万人，车船绵延百里。孟昶、诸葛长民担心起义军步步进逼，想保护天子渡长江北上，刘裕不同意，孟昶一再坚决请求。刘裕说："现在重镇被占，强敌向腹地逼近，人心惶惶，没有长久的打算。如果天子北渡，那么就会土崩瓦解，长江以北又怎么去得了呢！假使能够渡江北上，也只不过暂时延缓一段时间罢了。现在士兵虽然少，还可以一战。如果京城被攻破，那么君臣同归于尽，假如厄运一定要降临，我必当以死来护卫社稷，横尸宗庙，实现多年以来以身报国的志愿，不逃到民间苟且偷生，我已拿定了主意，你不要再说什么！"孟昶害怕刘裕不能成功，就上书天子说："刘裕北伐的时候，大家都不赞同，只有我赞同刘裕的行动，导致强敌趁机而入，社稷危急，这是我的罪过，现在我只有以死来谢罪天子。"把奏折封好后，就服毒自尽。

朝廷开始重金招聘守城勇士，投身效力朝廷的人，都委以京城的官职。征发老百姓修建石头城，建牙城戒备森严，当时有人主张分兵把守各要塞。刘裕认为："敌众我寡，如果分兵驻守，敌人会摸清我们的虚实。况且一地失利，三军士气都会丧失，现在将军队集中在石头城，调遣起来机动灵活，既可以让敌人无法知道我军的人数，又可以集中力量。如果部队需要转移汇集，以后再说吧。"把军队转移驻扎在石头城，在淮河中设栅栏隔断了查浦。不久起义军大部队到了，刘裕分析说："敌人如果在新亭向前挺进，就锐不可当，胜败就难以估量，如果停泊在西岸，那么就要成为我们的俘虏。"

徐道覆想在新亭、白石两地上岸后焚船。卢循犹豫不决，总想考虑出万全之策，对徐道覆说："我大军还未到，孟昶就闻风自杀，就大势来说。晋军在数日内就会溃败。现在急于决定胜负，既然不是必由之路，况且还要损伤士兵，不如按兵不动等他们自败。"刘裕此时登上石头城观察起义军，开始看到他们向新亭方向进军，环顾左右，脸都变了色。不久起义军的舰只回头停泊在蔡洲。徐道覆还想前行，卢循阻止了他。此时，晋军陆续到京师附近集结，整修越城，修筑查浦、药园、廷尉3个堡垒，都派重兵把守。冠军将军刘敬宣驻守京城北郊，辅国将军孟怀玉驻扎丹阳郡西部，建武将军王仲德驻守越城，广武将军刘怀默驻扎建阳门外。还派宁朔将军索邈率领鲜卑人的虎班铁骑1000多匹，都披上五彩的绸缎，从淮河以北赶到新亭。卢循派10余只舰船排除石头城前栅栏，刘裕命令用神弩射击，起义军的舰船都被毁坏了，卢循于是下令停止攻栅栏。偷偷地派兵在南岸埋伏，派一些年老体弱的士兵坐在船上向白石城进发。刘裕担心起义军从白石城上岸，于是率领刘毅、诸葛长民从北面出击，留下参军徐赤特守卫南岸，命令他死守不要轻举妄动。

刘裕带兵走后，起义军火烧查浦后上岸，徐赤特的守军被打败，战死失踪的有100多人。徐赤特丢下余部，坐小船渡过淮河，卢循就率领几万人屯扎在丹阳郡。刘裕急忙率领军队回来援救。大家担心起义军过了江，都认为刘裕应当从小路回城避免遇敌。刘裕先前已分兵一路回到石头城，大家都不知道。让战士们休息，吃饱喝足之后，在南塘严阵以待。因为徐赤特违抗军令，被处以斩首。刘裕还命令参军褚叔度、朱龄石率精兵1000多人渡过淮河。起义军几千人，都手握长刀和短兵器，精制的盔甲在太阳下闪光，跳跃着蜂拥而进。朱龄石所带的士兵大多是鲜卑人，善于徒步长矛作战，并且布阵以待。起义军的短兵不能敌，死伤了几百人，退走。在日落时，晋军也返回了。刘毅被打败后，豫州主簿袁兴国反叛晋朝，占据历阳响应起义军。琅琊郡的内史魏顺之派大将谢宝讨伐并斩杀了他。豫州司马袭击谢宝，魏顺之不去救援反而撤退，刘裕愤怒，杀了魏顺之。魏顺之，是魏咏之的弟弟。这样，有功的将领都受到震动，不敢不听从命令。

六月，天子又加封刘裕为太尉、中书监，还授给黄金装饰的钺。刘裕接受黄钺，其他的封赏坚决不接受。让司马庾悦担任建威将军和江州刺史两职，从东阳向豫章出发。

七月初十日，起义军从蔡洲南撤，回寻阳驻扎。刘裕派遣辅国将军王仲德、广川太守刘锺、河间太守蒯恩追击。刘裕回到东府，大规模扩建水军，船又都是有高楼的大舰，有10余丈高。卢循派他的大将荀林进犯江陵，桓谦先从江陵逃往羌，后又从羌进入四川，谯纵让他当荆州刺史。桓谦和谯道福率兵两万人，进攻江陵，正好与荀林相遇，相隔100多里。东晋的荆州刺史刘道规在枝江斩杀了桓谦，在江津击败苟林的军队，追杀到竹町，斩杀了苟林。

　　初卢循逃走之时，刘裕知道他必定进犯江陵，立刻派遣淮陵内史索邈率领骑兵从陆路援助荆州。又派建威将军孙季高率士兵3000，从海路袭击番禺。江州刺史庾悦到五亩峤，卢循已派1000多人占据山道，庾悦的前锋鄱阳太守虞丘进击溃了起义军。刘裕已治理好军务。十月，率领兖州刺史刘藩、宁朔将军檀韶等水师南征。

　　这个月，徐道覆率兵3万进犯江陵。荆州刺史刘道规又大败其军，斩杀万余人，徐道覆又回到盆口。开始刘裕派索邈入川，索邈在山道上被起义军截断，直到徐道覆被击败后才到达四川。自从卢循南下，江陵方面与京城的音讯就断绝了，传递消息的人都说已被占领。直到索邈到后，才知卢循已经逃走了。卢循从蔡洲南逃时，留下他的亲信范崇民率5000人、大舰100多艘戍守南陵。王仲德等人听说大军将至，于是进攻范崇民。十一月，大败范崇民的军队，焚烧其舰船，收抚散兵。

　　卢循在广州的守兵对海道不设防。这个月，建威将军孙季高从海路忽然到了，起义军的城池高峻严整，守城的士兵有几千人。季高焚烧了起义军的船只，全部上岸，从四面围攻，当天就攻下了广州城。卢循的父亲乘小船逃往始兴。季高安抚老百姓，剿杀起义军将士，派兵好好守城。当初刘裕派遣季高出兵的时候，大家都认为从海路进攻遥远，一定很艰难，且分散了兵力，费时又很长。刘裕不赞同。天子诏令季高说："大军在十二月底，一定打败起义军。你现在到广州去，捣毁他们的巢穴，让他们溃逃时，没有去处。"季高依命而行，如期成功。

　　卢循这时正修整舰只，制造一些攻城的器械。刘裕想从长计议，于是驻军雷池。起义军扬言不进攻雷池，顺水而下。刘裕知道起义军想进攻，但考虑到起义军战败后，可能从京江进入东海，派王仲德带200艘舰船在吉阳断绝起义军的去路。十二月，卢循、徐道覆率兵几万人，乘船而下，前后相连，不见边际。晋军出动全部轻便小船，刘裕亲自摇旗擂鼓，命令三军合力出击。又在西岸派出一些步兵、骑兵。三军奋勇争先。晋军中有很多威力大的神弩，所到之处无坚不摧。刘裕在江中间督军。起义军的船只顺着风和水流的去向，全部停泊在西岸上。岸上的士兵首先预备了火攻的材料，于是点火烧起义军的舰只，烟雾满天，起义军大败，卢循等人退回寻阳。当初派步兵驻西岸，没有人不感到奇怪的，等到烧了敌军船只，大家才信服。召回王仲德，让他还担当先锋。留下辅国将军孟怀玉驻守雷池。卢循听说晋朝大军沿江上溯，想逃往豫章，于是全力在左里设置栅栏隔断江面。晋军到左里，准备决战，刘裕手中拿的令旗旗杆断了，折断的旗帜沉入水中，大家都感到很奇怪。刘裕笑着说："从前在覆舟的一战，旗杆也折断了，现在又是，一定能够打败敌人。"立即攻克栅栏前进。卢循的军队虽然也拼命迎战，但无能为力。各路晋军乘胜追击，卢循乘小船逃走。被晋军杀的以及投水自杀的起义军，总共有万余人。收纳投降的士兵，赦免那些被逼走上叛逆之路的人。派刘藩、孟怀玉轻装追击残兵，卢循收集残兵剩将，还有几千人，从小路逃回广州。徐道覆退守始兴。刘裕在左里凯旋班师。

十四年（411年）六月，接受皇上所赐相国、宋公、九锡的任命。十二月，天子崩驾，大司马琅邪王即皇帝位。

元熙元年（419年）正月，晋升公爵为王爵，以十郡增封给宋国。

二年（420年）六月，到京师。晋帝禅位于宋王刘裕。

永初三年（422年）五月，宋高祖刘裕病危，告诫太子说："檀道济是有才略，但无大志，比其兄檀韶好掌控。徐羡之、傅亮也无异志，谢晦多次随我东征西战，谙悉机变，若有人图谋篡位，必是此人。以后让他远离京城，到会稽、江州去。"二十一日，高祖在西殿驾崩，时年60岁。

高祖节俭简约寡欲，严肃认真讲究法度，不看重珍珠宝玉华车骏马，不爱奢靡丝竹之音。宁州曾进献虎魄枕，色泽艳丽。当时正准备北征，需用虎魄治疗刀枪伤。高祖非常高兴，下令捣碎虎魄枕，将虎魄分给众将。平定关中后，得姚兴侄女，美妙绝伦，高祖十分宠爱，以至荒废政事，谢晦进谏，高祖醒悟，马上打发她走了。钱财都收入国库，不藏于私家。宋宫建成后，有人上奏请东西厅堂使用局脚床、涂银钉，高祖不许，用直脚床、铁钉。诸公主出嫁，陪嫁赠送不过20万，没有锦绣金玉相送。内外尊奉禁令，莫不节俭，高祖生性简朴，常着连齿木屐，喜欢出神虎门散步，左右随从不过10余人，当时徐羡之住在西州，高祖很思念他，步行出西掖门，侍卫连忙追随，高祖已出了西明门。诸子早晨向高祖请安，高祖回家就脱去皇袍穿上便服，如同普通百姓。孝武帝大明年间，拆高祖居室建玉烛殿，武帝与群臣一起观看高祖居室。大臣们看到床头上有土，壁上挂的葛灯笼用的是麻绳。侍中袁头盛赞高祖俭朴素之德，孝武帝没回答，只是说："一个田舍郎能得到这些，就很过分了。"由于这些高贵品质，高祖能一统天下，终成大业。

国学经典

二十四史的各史名篇的精选

二十四史精华

宋　涛／主编

辽海出版社

【 第三卷 】

《二十四史精华》编委会

主　编　宋　涛

副主编　李志刚　高明芬　张黎莉　孙　伟　李　林

　　　　王秋菊　闫亦贵　刘赫男　温德新　焦明宇

　　　　李　洋　崔　静　余秀洁　关　涛　刘　巍

编　委　王　佳　赵子萱　韩安娜　郑传富　李铭源

　　　　李金博　何春丽　常　旭　郑志龙　樊祥利

　　　　朱政奇　魏伯阳　魏百花　魏红艳　杨　敏

　　　　刘雨晴　邢语恬　郭运娇　张晓宇　许长河

　　　　李小辉　王　曼　夏　禹　肖　冰　杨　超

　　　　李　娟　张　鹏　李　萌　李玉海　宋　佳

　　　　于春燕　王　威　任光宇　王冬云　王伟娜

总编辑　竭宝峰　刘赫男　佟　雪　陈玉伟

前 言

　　中华民族在几千年生息、发展的清晰脉络中，留下了一部部浸透着人类心血和智慧的历史典籍，不仅记载了中华民族产生和发展的全部过程，也涵纳了中华民族的精神财富和智慧。可以说，中国是一个史籍浩如烟海、世无匹敌的文献之邦。在祖先留给我们的精神财富中，最优秀也最具代表性的就是二十四史。

　　二十四史是中国唯一一部完整的官修史总集，也是世界上唯一一部连续修造 1800 余年，记载 4000 余年悠久历史的辉煌巨著。主要包括：《史记》《汉书》《后汉书》《三国志》《晋书》《宋书》《南齐书》《梁书》《陈书》《魏书》《北齐书》《周书》《隋书》《南史》《北史》《旧唐书》《新唐书》《旧五代史》《新五代史》《宋史》《辽史》《金史》《元史》《明史》。它以统一的纪传体裁，完整、系统地记录了上起传说中的黄帝，下迄明崇祯十七年间历史各个时期的经济、政治、科技、军事、文化、艺术、外交等多方面内容，展示了数十个王朝的兴衰轨迹，是研究中国历史最具权威性的史料，也是考查我国周边国家历史的珍贵资料，堪称中华文明的"百科全书"。

　　二十四史具有深厚的文化积淀，不仅可作历史著作来读，亦可作为文学名篇或政治著作来读。但由于成书年代久远，文字艰深，

典故生僻且随处可见，令广大读者望而却步。为了使这些史学巨著在现代社会中重放异彩，让读者从中体味博大精深的华夏文明和高深莫测的人生智慧，本书编委会倾尽心力为广大读者朋友选编了一部既可收藏又能读懂的《二十四史精华》。

本书对二十四史进行了精心的整理，既有文白对照，也有传世故事，集普及与研究、通俗与学术于一体，希望能够给喜欢史学的朋友以启迪与帮助。

前言

目 录

《南齐书》

《梁书》

《陈书》

《魏书》

《北齐书》

《周书》

《南齐书》

《南齐书》概论

南朝宋、齐、梁、陈四代，齐历时最短，从479年齐高帝立国至502年齐和帝被废，仅23年。有如昙花一现的齐代，是处于南北朝时期大分裂局面下偏安一隅的小国，它的历史命运，注定了记载齐代历史的专门史书——《南齐书》不可能有壮观之貌。然而，这并不能丝毫降低《南齐书》的价值，相反在专门记载齐史的著作舍此无存的情况下，它成了治南北朝史，尤其是齐史的必备书了。

一

《南齐书》的作者萧子显(489—537)，字景阳，南兰陵郡南兰陵县(今江苏常州市)人。出身于南齐贵族是齐高帝萧道成之孙。萧子显一生著述宏富，据史书记载，有《后汉书》100卷，《齐书》60卷，《普通北伐记》5卷，《贵俭集》30卷、《文集》20卷。另有诗赋《鸿序赋》一首，"体兼众制，齐备多方，颇为好事者所传，故虚易远"。可惜这些著作除《齐书》外均已失传。

《南齐书》原名《齐书》，后世为了与《北齐书》区别，才加了一个"南"字而成今名。《南齐书》原书60卷，《隋书·经籍志》《旧唐书·艺文志》均载60卷，曾巩的《录》始称"《南齐书》五十九卷"，前人史家推断，"盖子显欲仿沈约作自序一卷，附于后，未成就；或成而未列入耶。"（《二十二史劄记》）又据《南史萧子显传》"自序二百余字"的记载，进而推论，"岂即其附《齐书》后之作，而延寿撮其略，入于本传者耶？"（同上）

《南齐书》的取材有二：其一是前人所撰史书。齐虽历时短暂，但仍继承了往代撰修正史之传统。《南齐书·檀超传》载："建元二年，初置史官，以超与骠骑记室江淹掌史职。上表立条例，开元纪号，不取宋年，无假年表。立十志：律历、礼乐、天文、五行、郊祀、刑法。艺文依班固，朝会、舆服依蔡邕、司马彪，州郡依徐爱。百官依范晔，合州郡。"又改日蚀入天文志，立帝女传、处士传、列女传。诏内外详议。王俭认为，"宜立食货，省朝会"，承袭前代五行，省帝女传，帝女中"若有高德异行，自当载在列女"。通过审议，皇帝批复，"日月灾隶天文，余从俭议"。由此看来，齐代史书的体例早在齐时就已通过反复审议而初步拟定。檀超"史功未就"而卒，江淹则撰成《齐史》十志行于世。刘知几的《史通·古今正史》载："江淹始受诏著述，以史之所难，无出于志，故先著十志，以见其才"。另外萧子显撰《南齐书》之前还有沈约的《齐纪》20 卷，吴均的《齐春秋》30 卷，王逸的《齐典》5 卷、熊襄的《齐典》10 卷等，这些都为萧子显作《南齐书》做了资料准备和前期撰述工作。其二是齐宫廷收藏的档案文献。萧子显乃齐之皇族，齐亡时 14 岁，齐代发生的种种事件，他亲眼所见者不少。更为重要的是，他利用皇族身份之便，阅览了大量宫廷收藏的档案文献，占有了他人不易获得的大量资料。《南齐书》编就后，表奏皇上，诏付秘阁，所以能够完整保存，流传至今。

二

《南齐书》继承前代纪传体史书的传统，有纪 8 卷、志 11 卷、列传 40 卷。纪的部分，主要记载齐代七帝史事，与往代正史相比，体例上没有多大变化。志的部分，略异于它史，《艺文》《沟洫》《食货》《刑法》等重要志缺无，并《郊祀》《舆服》两志入《礼志》。历代史家多认为《南齐书》中的《百官》《州郡》两志传述翔实，最具参考价值。列传部分，其写法仿于《宋书》，而类传较有特色，并在名目上作了更动。如改《宋书》之《良吏》为《良政》《隐逸》为《高逸》《恩幸》为《幸臣》《索虏》为《魏虏》，专立《文学》，等等。

《南齐书》主要优点在于：第一，它记录的内容较为真实。萧子显身为南齐贵族，较早参与政治，南齐发生的许多事情，他都亲历目睹，这使得《南齐书》的很多材料都直接采用了第一手资料。《南齐书》成于梁代，而齐、梁又同为萧氏朝代，梁代齐后，完整地保存了齐代的档案文献，作者利用皇族身份之便，查阅了大量齐代原始材料，从而保证了《南齐书》材料的真实性。第二，保存了一些重要的资料，对研究科技史、文化史有重要的参考价值。《南齐书》在"文学"列传中写进了祖冲之，并全文引用了祖冲之所上"大明历"表。另外，还记录了他创造指南车、千里船、水推磨的过程和机械特点。这些都是研究齐代科技史的珍贵资料。第三，志中的《百官》《州郡》两志，史料价值较高。《百官志》记载"侍中"，谓"汉世为亲近之职。魏晋选用，稍增华重，而大意不异。宋文帝元嘉中，王华、王昙首、殷景仁等，并在侍中，情在亲密，与帝接膝共语，貂拂帝手，拔貂置案上，语毕复手插之。孝武时，侍中何偃南郊陪乘，銮辂过白门阙，偃将蜀，帝乃接之曰：'朕乃陪卿。'齐世朝会，多以美姿容者兼官。永元三年，东昏南郊，不欲亲朝士，以主玺陪乘，前代未尝有也。侍中呼为门下。亦置令史……"如《州郡志》载："巴州，三峡险隘，山蛮寇贼，宋太始三年，议立三巴校尉等镇之。后省，升明二年，复置。建元二年，分荆州巴乐、建平，益州巴郡为州，立刺史，而领巴东太守，又割涪陵郡属，永明元年省，各还本属焉。"这些重要的记载，详实地反映了当时职官、州郡的设置与变迁，为研究当时的政治、文化和地理沿革有重要参考价值。

第四，文字精练，合传较多，并采用了类叙方法。文字精练，是《南齐书》作者用笔的一大特点。这主要表现在列传上，他以合传的方法，对人物的共同之处不重复用墨，避免了词句的重复。其合传分为两种，一是同类合传，一是同姓合传。同类合传有"皇后""文学""良政""高逸""孝义""幸臣""魏虏"等，同姓合传主要是王子列传。合传便于查找资料，使用时根据以"以类相求"的原则，很容易找到所欲求的史料。

三

尽管《南齐书》有上述优点，其不足之处有以下几点：第一，作者以唯心主义的史观，把英雄创造历史的谬说与宿命论结合起来，站在地主阶级的立场上，把封建地主阶级的代表人物写成创造历史的英雄，把封建统治秩序说成是永恒的社会秩序。他不只像别的宿命论者那样，从相貌以及一些自然现象去附会'天命'以神化皇权，而且特别强调'历数'，把皇权的转移说成是先天的安排，不是争夺得来的，都表现一个'天意支配下的历史程序'。正所谓"圣人之有天下，受之也，非取之也"。不仅如此，作者还大肆宣扬因果报应的观点，例如将佛教抬到高乎其他一切学派的地位。第二，书中有重要失实之处。作者在行文时，对有损齐朝廷形象的历史事件采用了曲笔方式，从而有违历史事实。例如《高帝纪》，对高帝令王敬则勾结杨玉夫等人杀宋苍梧王之事不书，只言"玉夫杀帝，以首与敬则，呈送高帝"，根本看不出高帝杀君夺位之迹。第三，有些叙事过于简略。《州郡志》虽对州郡的地理位置及沿革记载详备，但"州郡不著户口"，这使得有关当时经济状况的材料缺乏。

政　略

清官刘怀慰

怀慰①至郡②，修治城郭③，安集居民，垦废田二百顷，决沈湖灌溉。不受礼谒④，民有饷⑤其新米一斛者，怀慰出所食麦饭示之，曰："旦食有余，幸不烦此。"因著《廉吏论》以达其意。

（《南齐书》卷五十三，刘怀慰传）

【注释】

①怀慰：刘怀慰，南朝宋齐时人。

②至郡：指齐高帝时刘怀慰被任命为齐郡太守，到郡上任。齐郡，此指齐所置，治所在瓜步（今江苏六合）。

③城郭：古时指内城与外城为城郭，亦泛称城邑。

④礼谒：礼节性拜见。

⑤饷：赠送。

【译文】

刘怀慰到了齐郡任上，修治内城池，安定百姓，开垦荒田200顷，开通沈湖，用以灌溉。他不受别人的礼节性拜访，百姓有送给他一斛新米的，他就拿出自己所吃的麦饭给人看，说："我每天除了吃的仍有剩余，不必麻烦给我送这送那。"他还专门写了《廉吏论》以表达自己的清廉之意。

一身之外 亦复何须

永明三年，（裴昭明①）使虏②，世祖③谓之曰：“以卿有将命之才④，使还，当以一郡相赏。”还为始安内史⑤，郡民龚玄宣，云神人与其玉印、玉版书，不须笔，吹纸便成字。自称“龚圣人”，以此惑众。前后郡守敬事之，昭明付狱治罪。及还，甚贫罄⑥。世祖曰：“裴昭明罢郡还，遂无宅。我不谙书，不知古人中谁比？”……

……昭明历郡皆有勤绩，常谓人曰：“人生何事须聚蓄，一身之外，亦复何须？子孙若不才，我聚彼散；若能自立，则不如一经⑦。”故终身不治产业。

（《南齐书》卷五十三，裴昭明传）

【注释】

①裴昭明：南朝宋齐时人，《南齐书》入《良政列传》。

②使虏：指出使北魏。“虏”是南方政权对北朝的蔑称。

③世祖：此指齐武帝。

④卿有将命之才：卿，古时对人的尊称。将命，传达言辞。

⑤始安内史：始安，郡名，治所在始安（今广西桂林）。内史，相当于太守，是郡的长官。

⑥罄（qìng）：尽，空。

⑦一经：指任何一部儒家经典。西汉时韦贤、韦玄成父子皆以明经官至丞相，故时有谚曰：“遗子黄金满籝（筐笼一类的竹器），不如一经。”

【译文】

永明三年，裴昭明出使北魏，世祖对他说：“你有传达言辞的才能，出使回来后，要以一郡之官赏你。”待他回归，被任命为始安内史。当地有个叫龚玄宣的，说什么神人给了他玉印、玉版书，不用笔，往纸上一吹，就会成字，自称“龚圣人”，以此来迷惑众人。前面好几任郡守对他敬重，而昭明到任，就把他抓进了监狱。在他离开始安时，十分贫困。世祖说：“裴昭明从始安离任还，结果连住的地方都没有。我不熟悉书，不知古人中谁是这样的？”……

　　……裴昭明在历经任职的郡都有勤政之绩，他常对人说：“人活在世上，为什么要聚蓄财富，一身之外，还要什么呢？子孙如不成才，我聚他散；子孙若能自立，那再多财富还不如一部经典。”因此他一生都不积蓄家产。

御 人

张敬儿求官

太祖①以敬儿②人位既轻，不欲便使为襄阳重镇，敬儿求之不已，乃微动③太祖曰："沈攸之在荆州，公知其欲何所作？不出敬儿以防之，恐非公之利也。"太祖笑而无言。乃以敬儿为持节④、督雍梁二州郢司二郡军事⑤、雍州刺史，将军如故⑥，封襄阳县侯，二千户⑦。部伍泊沔口⑧，敬儿乘舴艋⑨过江⑩，诣晋熙王燮⑪。中江遇风船覆，左右丁壮者各泅走，余二小吏没舱⑫下，叫呼"官"⑬，敬儿两掖挟之，随船覆仰，常得在水上，如此翻覆行数十里，方得迎接。失所持节，更给之。

（《南齐书》卷二十五，张敬儿传）

【注释】

①太祖：此指南朝齐高帝萧道成。

②敬儿：张敬儿，本名苟儿，出身将家，武艺高强，宋末追随齐高帝。

③微动：以言语打动。

④持节：官名，刺史而总军务者所任。

⑤"督雍梁二州"句：雍州，治所在襄阳。梁州，治所在南郑（今陕西汉中）。郢州，治所在汝南（治夏口城，今湖北武汉市武昌）。司州，治所在平阳（今河南信阳）。郢、司二郡，为何二郡，不详。

⑥将军如故：张敬儿先已为宁朔将军、辅国将军。

⑦二千户：食封2000户。

⑧沔口：今称汉口，在湖北武汉。

⑨舴艋（zé měng）：小船。

⑩江：特指长江。

⑪诣晋熙王燮：诣，到，往见。晋熙王燮：宋朝宗室刘燮，时任郢州刺史。

⑫舱：一种船的名称。

⑬叫呼"官"：南朝时臣下对皇帝，百姓对官吏都可称"官"。

【译文】

太祖因为张敬儿资历尚浅，就不想让他担当襄阳重任，敬儿则一再请求，他用以打动太祖的理由是："沈攸之在荆州，您会料到他能干出什么事来？您要是不派敬儿去（襄阳）防止他，恐怕不利于您呀。"太祖笑而不说什么。于是，以张敬儿为持节、都督雍梁二州郢司二郡军事、雍州刺史，他所担任的将军之职如故，封他为襄阳县侯、两千户。他所率部队驻于沔口，自己乘着舴艋过江，去会见晋熙王燮。在大江中遇到风浪船翻了，左右身强力壮者都游泳逃生，剩两个小吏，在波涛中叫呼"官"，敬儿一臂挟一个，随船起伏，常在水面之上，如此漂流数十里，才得到援救。皇上给他的节也丢失了，又重新颁发。

孔琇之为官

（孔琇之）出为临海太守，在任清约，罢郡还，献干姜二十斤，世祖①嫌少，及知琇之清，乃叹息。

（《南齐书》卷五十三，孔琇之传）

【注释】

①世祖：此指齐武帝萧赜。

【译文】

孔琇之出任临海太守，任职期间清正俭约，从临海离任返京，献上干姜20斤，世祖嫌少，等知道孔琇之清正的事迹，为之叹息。

法　制

傅琰断案

太祖①辅政，以山阴②狱讼烦积，复以琰③为山阴令。卖针卖糖老姥④争团丝，来诣⑤琰，琰不辨覈⑥，缚⑦团丝于柱鞭之，密视有铁屑，乃罚卖糖者。二野父⑧争鸡，琰各问"何以食⑨鸡"，一人云"粟⑩"，一人云"豆"，乃破鸡得粟，罪言豆者。县内称神明，无敢复为偷盗。琰父子并著奇绩，江左⑪鲜有。世云"诸傅有《治县谱》，子孙相传，不以示人。"

（《南齐书》卷五十三，傅琰传）

【注释】

①太祖：此指齐高帝萧道成。

②山阴：在今浙江绍兴。

③琰：傅琰，南朝宋、齐时良吏，曾两任山阴令，皆有政绩。

④姥（mǔ）：老年妇女。

⑤诣：往见。

⑥覈（hé）：查验，核实。

⑦缚（fù）：卷，绕。

⑧野父：农夫。

⑨食（shì）：喂鸡。

⑩粟：古时经常作为谷类的总称。

⑪江左：长江下游东部地区。

【译文】

　　太祖辅政，因为山阴打官司的多，案子难办，让傅琰再次担任山阴县令。有两个老妇，一卖针，一卖糖，争一团丝，前来找傅琰解决，傅琰并不勘问、查验，而是把团丝缠在柱上，以鞭抽之，而仔细一看，丝上有铁屑，于是就清楚了，罚卖糖的那人。两个农夫争一只鸡，傅琰各问他们"是拿什么喂鸡的"，一人说是"粟"，一人说是"豆"，就杀了鸡，结果证明鸡吃的是粟，于是就定说给鸡喂豆的那人的罪。一县之内，都称道县令的神明，无人再敢偷盗。傅琰父子俩都治绩出色，在江左地区是罕见的。世间广泛流传说"姓傅这家人有一本《治县谱》，子孙相传，不向外人宣示。"

袁彖被释

　　彖①性刚，尝以微言②忤③世祖，又与王晏④不协，世祖在便殿⑤，用金柄刀子治瓜⑥，晏在侧曰："外间有金刀之言，恐不宜用此物。"世祖愕然，穷问所以。晏曰："袁彖为臣说之。"上衔怒⑦良久，彖到郡⑧，坐逆用禄钱⑨，免官付东冶⑩。世祖游孙陵⑪，望东冶，曰："中有一好贵囚。"数日，车驾与朝臣幸冶，履行库藏，因宴饮，赐囚徒酒肉，敕见彖与语，明日释之。

（《南齐书》卷四十八，袁彖传）

【注释】

　　①彖（tuán）：袁彖，南朝宋、齐间人，官至侍中（实际相当宰相）。

　　②微言：隐含深义之言。

　　③忤：冒犯。

　　④王晏：南朝宋、齐间人，官至侍中。

　　⑤便殿：宫中帝王休息宴游的别殿。

　　⑥治瓜：削瓜，切瓜。

　　⑦衔怒：记恨。

　　⑧郡：指吴兴郡（治所在乌程，今浙江吴兴）。袁彖被任命为冠军将军，监吴兴郡事。

⑨坐递用禄钱：坐，因……而得罪。递用，预支。禄钱，官吏的俸钱。

⑩东冶：南朝设东冶、南冶，收领囚徒，从事生产。

⑪孙陵：三国吴孙氏陵区。

【译文】

　　袁彖性格刚直，曾因含义深微之言冒犯了世祖皇帝，与王晏关系不好。一天，世祖在便殿，用金柄刀子切瓜，王晏在旁边，说："外面正流传金刀怎样的话，皇上恐怕最好不要用这家什。"世祖感到吃惊，就追问这话从何而来，王晏便说："是袁彖对我说的。"皇上记在心中，恨恨不已。袁彖到了吴兴郡，因为预支俸禄钱的事，被免去官职，送付东冶干苦工。世祖游孙陵，遥望东冶，说："那里有一名不一般的囚犯。"数日之后，坐着车，带着群臣来到东冶，步行巡视了库房，又设宴，分赐囚徒酒肉，传下命令，召袁彖来见，君臣间说了些话，次日，就释放了袁彖。

理　财

宋明帝贪吃丧命

　　帝①素能食，尤好逐夷②，以银钵盛蜜渍之，一食数钵。谓扬州刺史王景文曰："此是奇味，卿颇足不？"景文曰："臣夙③好此物，贫素④致之甚难。"帝甚悦。食逐夷积多，胸腹痞⑤胀，气将绝。左右启饮数升酢酒⑥，乃消。疾大困，一食汁滓犹至三升，水患积久，药不复效。大渐⑦日，正坐，呼道人⑧，合掌便绝⑨。

（《南齐书》卷五十三，虞愿传）

【注释】

　　①帝：指南朝宋明帝（465—472）刘彧。

　　②逐夷：鱼名，亦指晒干的咸鱼肠。

　　③夙（sù）：早。

　　④贫素：贫困。

　　⑤痞：胸中结块的病。

　　⑥酢（cù）酒：发酸的酒。

　　⑦大渐：病危。

　　⑧道人：有法术的人。

　　⑨绝：死。

【译文】

　　宋明帝一向能吃，尤其喜欢吃逐夷，用银制的钵子装上蜜，将逐夷渍在蜜中，他一吃就好几钵。他对扬州刺史王景文说："这是奇味，您也常吃吗？"王景文答道："我早先也喜欢吃，因没钱，要搞到不易。"明帝听了很高兴。吃逐夷太多，消化不良，胸腹感觉胀，受不了了。左右给他喝了几升酸酒，才消了下去。他的病很重了，吃顿饭，连汤带菜还要吃下3升，由于水积得太多，影响了服药的效果。他病危那天，端正坐着，叫道人过来，两手合掌间，气绝而亡。

齐明帝"好俭喜约"

上^①慕俭约，欲铸坏太官元日上寿银酒枪^②，尚书令王晏等咸^③称盛德。颖胄^④曰："朝廷盛礼，莫过三元^⑤。此一器既是旧物，不足为侈。"帝不悦。后预曲宴^⑥，银器满席，颖胄曰："陛下前欲坏酒枪，恐宜移在此器也。"帝甚有惭色。

（《南齐书》卷三十八，萧颖胄传）

【注释】

①上：皇上，此指齐明帝萧鸾。

②"欲铸坏"句：铸坏，销熔。太官，负责皇帝饮食宴会的官职。元日，新年元旦。酒枪，暖酒之器，又称"酒铛"。

③咸：都，全。

④颖胄 (zhòu)：其父萧赤斧为齐高帝萧道成族弟。萧颖胄有文彩，有器度。

⑤三元：元旦，为新年第一月的第一天，故称"三元"。

⑥后预曲宴：预，参加。曲宴，宫中之宴。

【译文】

齐明帝追求俭朴节约，打算把太官元旦之日上寿所用的银酒枪给销熔掉，尚书令王晏等人都因此称赞皇上有盛德。萧颖胄却说："朝廷举行的典礼，隆重者莫过于每年的三元。这一器物早已置办，留着它也算不上奢侈。"皇上听后不悦。后来，萧颖胄参加宫中宴会，见满桌都是银器，便对皇上说："陛下前此打算销熔的那个银酒枪，恐怕应当放在这里面。"皇上十分惭愧。

德　操

刘琎太迂阔

　　建元①初，（刘琎②）为武陵王晔③冠军征虏参军④。晔与僚佐饮，自割鹅炙⑤，琎曰："应刃落俎⑥，膳夫⑦之事，殿下⑧亲执鸾刀⑨，下官未敢安席。"因起请退。与友人孔澈⑩同舟入东，澈留目观岸上女子，琎举席自隔，不复同坐。豫章王太尉板行佐⑪。兄瓛夜隔壁呼琎共语，琎不答，方下床著⑫衣立，然后应。瓛问其久，琎曰："向束带未竟。"其立操如此。文惠太子⑬召琎入侍东宫⑭，每上事，辄削草⑮。

（《南齐书》卷三十九，刘琎传）

《南齐书》

【注释】

　　①建元：南朝齐高帝萧道成的年号。

　　②刘琎：南朝著名学者刘瓛（huán）弟。

　　③武陵王晔（yè）：齐武帝第五子萧晔。

　　④冠军征虏参军：萧晔先任冠军将军，后转征虏将军。参军，参谋。

　　⑤鹅炙：烤鹅。

　　⑥俎（zú）：古代割肉类用的砧板。

　　⑦膳夫：厨师。

　　⑧殿下：指对太子或亲王的尊称。

　　⑨鸾刀：有铃的刀。

　　⑩孔澈：《南史》作孔逿。

⑪"豫章王"句：豫章王，指南齐豫章王萧嶷，齐高帝次子，齐武帝时任太尉。板，以板授官。行佐：官名。

⑫著（zhuó）：穿。

⑬文惠太子：齐武帝萧赜长子萧长懋，武帝即位后为皇太子，未及继位而死。

⑭东宫：太子所居之处。

⑮削草：把草稿销毁。

【译文】

建元之初，（刘琎）任武陵王萧晔冠军将军、征虏将军参军。萧晔和手下官员们在一起饮酒，自己用刀割烤鹅吃，刘琎说："动刀切割，是厨师做的事情，殿下亲拿鸾刀，下官感觉坐不下去了。"说着，真的起身要走。他与友人孔澂同舟东行，孔澂盯着岸上女子看，刘琎就拿着席子，隔在两人之间，并再也不和他同坐了。当时任太尉的豫章王，萧嶷任命他为行佐之官。他的哥哥刘瓛夜里隔着墙壁叫他，要和他说话，他不答应，而是下床穿好了衣服再答应。哥哥问他为什么过了好一会才有回声，他答道："刚才是因为腰带还没有束好。"他的操行就是这样的。文惠太子召他入侍东宫，每次奏事，他都把草稿毁掉。

沈约撰《宋书》

世祖使太子家令沈约撰《宋书》①，拟立《袁粲②传》，以审世祖。世祖曰："袁粲自是宋家忠臣。"约又多载孝武、明帝诸鄙渎事③，上④遣左右谓约曰："孝武事迹不容顿⑤尔。我昔经事宋明帝，卿⑥思讳恶之义⑦。"于是多所省除。

（《南齐书》卷五十二，王智深传）

【注释】

①"世祖"句：世祖，此指齐武帝萧赜。太子家令，官名，太子属官。沈约，南朝著名的文学家、史学家，其所撰《宋书》百卷，今存。

②袁粲：南朝宋人，初名愍孙，后改名。宋末萧道成打算代宋，他拟起兵杀萧道成，事泄被杀。

③"约又多载"句：孝武，宋孝武帝刘骏。明帝，宋明帝刘彧。鄙渎事，丑恶之事。

④上：皇上，即齐武帝。

⑤顿：为难。

⑥卿：古时对人的尊称。

⑦讳恶之义：故意把丑恶之事隐而不提。

【译文】

世祖皇帝让太子家令沈约修撰《宋书》，打算写《袁粲传》，专为此事请示世祖。世祖说："袁粲可以肯定地说是宋家忠臣。"沈约又多多记载了宋孝武帝和明帝的丑恶之事，皇上派左右向沈约传达说："孝武帝的事迹嘛，就不为难改动了。宋明帝，我是经历过、臣事过的，请您要考虑有哪些事不该记载，这是讳恶之义。"因此删除了很多内容。

传世故事

齐明帝尽杀武帝诸子

临贺王萧子岳字云峤，世祖武皇帝第十六子。齐武帝永明七年（489年）被封为王。齐明帝（高宗）杀武帝诸子，只有子岳及6个弟弟后死，当时人称为"七王"。朔望日朝见，明帝回到后宫，便叹息说："我和爱卿的儿子们都不长久，可高帝、武帝的子孙一天天长大。"永泰元年（498年），明帝病危，昏死后又苏醒过来，于是杀子岳等人。延兴、建武年间，齐明帝3次大杀诸王。每次杀戮之前，明帝都是先烧香，痛哭流泪，别人就知道今夜要杀人了。子岳死时，才14岁。

兄弟相攻

萧宝玄娶尚书令徐孝嗣的女儿为妃，孝嗣被杀后被迫离绝，东昏侯送了两个少姬给他，宝玄很怨恨，暗中准备造反。第二年，崔慧景起兵，回到广陵（今江苏扬州市西北），派使者来拥戴宝玄为皇帝。宝玄把来使杀掉，调集将士守城。东昏侯派骑兵军主戚平、外监黄林夫帮助镇守京口（今江苏镇江市）。崔慧景将要渡江，宝玄暗中接应，杀掉司马孔矜、典签吕承绪和戚平、黄林夫，打开城门迎接崔慧景。又使长史沈佚之、谘议柳憕指挥着军队，自己坐着八扛舆，手持绛色旗，跟着崔慧景到了京城，住东府，老百姓投奔他的很多。崔慧景败亡后，官军得到了大量投给宝玄及慧景军的名片，东昏侯下令烧掉，说："江夏王尚且造反，怎可再对别人治罪。"宝玄逃跑后，几天才露面。东昏侯把他叫进后堂，用步障裹上，命令身边的几十个无赖击鼓吹角，在外面围了很多重，派人对他说："你当时围攻我时也是这样的。"过了几天，才把宝玄杀掉。

崔慧景起兵围建康

崔慧景起兵，进军至查硎，竹塘人万副儿善于射猎，能捕老虎，投奔慧景，说："现在平路都被官军切断，不能再走。只有从蒋山的山尾上进兵，出其不意。"慧景听从了他的建议，分派千余人沿着山路鱼贯而进，夜里从西边下山，喊叫着冲向城中。官军惊恐，立时逃散。东昏侯又派右卫将军左兴盛率台城内的官军3万人到北篱门阻击崔慧景，左兴盛军望风退走。慧景率兵入乐游苑。崔恭祖带10余名轻装骑兵冲进北掖门，后又退回。宫门全部关闭。慧景便包围了皇宫。此时，东府、石头、白下、新亭各城皆溃。左兴盛逃回，不能入宫，又逃到秦淮河渚的荻船中，被崔慧景捉住杀掉。宫中派兵出战，败归。崔慧景放火烧掉兰台府署作战场，守卫尉萧畅率军驻扎在南掖门，指挥城内的军事，随时应战，城内这才逐渐安定下来。

张绪父子显才

张绪，从小就很有节操，叔父将他比作古代的乐广。张绪后入仕，累官至国子祭酒、散骑常侍、金紫光禄大夫。张绪很有学问，尤其精通周易，讲解起来，常有精妙之语，时人都很佩服。张绪由刘宋入齐朝，仍然在朝为官，前后历经数帝，齐高帝、齐武帝、刘明帝等都十分赞赏他清淡有节，风姿高雅。

张绪一生清简寡欲，口不言利，有钱财就散给部下，或施舍于人，确实很有清节。他行为端正，有时穷得整日没有吃的。门生见他饥寒，为他煮食物，他从不主动索求。张绪又耿介不肯阿谀人,有一次和客人闲谈,张绪自称道:"我从不知道低声下气奉承别人!"此语传到朝廷宰相耳中,引起他心里老大的不舒服,为此,张绪被外放,出任吴郡太守。

张绪的儿子张充,字延符,入仕时已是南朝齐代,比他父亲晚了几十年。张充跟父亲一样,也精通《老子》《周易》之学,后也担任国子祭酒、散骑常侍、金紫光禄大夫。张充之所以后来能够很有学问,并立朝为官,与其悟性和父亲教导有关。

当张绪在朝廷为官时,远离家乡苏州。张充和诸兄弟们没有父亲管束,在家乡便放浪形骸,不拘小节,肆意玩乐起来,不把学习放在心上。张充特别喜欢打猎,一有工夫,就牵狗架鹰,到郊外尽兴打猎。

一次,张绪回乡探亲,刚刚走到苏州城西郊,便碰到儿子张充在那里打猎。只见张充左手臂上停着一只猎鹰,右手牵着一只猎犬,嘴里还大声吆喝着,显得兴致勃勃。一见到父亲,张充顿时不知所措,急忙将臂上的鹰和牵着的猎犬都放走,恭恭敬敬地向父亲下拜行礼。张绪没有声色俱厉地训斥儿子,只是语气沉重地说道:"你又要呼鹰,又要牵狗,不觉得太辛苦吗?"张充受到父亲的责备,认识到自己的过错,便一面向父亲行跪拜之礼,一面郑重其事地回答父亲道:"古语所谓'三十而立',儿子今年已经29岁了。请父亲大人放心,到明年再看,我一定下决心完全改过!"此时,张绪便不再对儿子加以责备,而是马上用鼓励的语气对儿子说:"有了过错知道改正,仍然不失为贤人,过去孔子的学生也有过这样的事。"

张充是悟性极高的人,受了父亲的批评,便真的下决心改过。他彻底丢弃了过去的坏毛病,修身养性,刻苦攻读。还不到一年,他就已经读了很多书,并且精通了《老子》、周易之学。和他的叔父张稷一道,名声极好。

张充成才以后,还有个小插曲:齐武帝曾经想任命张绪为尚书仆射,这时尚书令王俭当朝,王俭不同意,加以谏止,其中的一个理由是张绪的儿子年少时行为缺乏检点。张充听到此事,特意写了一封长信给王俭,予以辩解。这封长信,载于《梁书》中。于此可见,一个人行为失检,其造成的影响是多么难以消除啊!尽管已事过境迁,但仍然会在个人历史上留下一个丑陋的影子。

人物春秋

流俗势力　终被赐死——江谧

　　江谧字令和，是济阳考城人。江谧当初曾被关押在尚方署，孝武帝平定京城后，才被放出来。初任奉朝请，辅国行参军，于湖县令，为官精干称职。宋明帝任南豫州刺史时，江谧倾身侍奉，明帝对他很是亲信。明帝做皇帝后，任江谧为骠骑参军。其弟江蒙相貌丑陋，明帝经常把他叫来戏侮取乐。

　　江谧转任尚书度支郎，不久迁任右丞，兼比部郎。泰始四年（468年），江夏王刘义恭的第十五个女儿死去，其时19岁，尚未行笄礼。礼官讨论应按成人行葬礼，诸王着"大功"丧服。左丞孙夐特别上奏说："《礼记》上说女子十五而笄，郑玄解释为此是针对已许嫁的女子而言的。至于未许嫁的女子，则二十岁行笄礼。射慈说十九岁死仍然属于殇。因此礼官的决定不合经典，没有根据。"朝廷决定让博士太常以下礼官都检讨认错，江谧因此受杖责50，停职百日。江谧又上奏说："孙夐事先没作研究辨析，混同谬议。按照惯例，也应受责罚。"于是孙夐又检查认罪。皇上下诏允诺。

　　后来江谧出任建平王刘景素冠军长史、长沙内史，行湘州事，为政苛刻。僧遵道人与江谧关系密切，随江谧到郡里，只因犯些小事，便被他下到郡狱里，僧遵撕衣为食，3件衣都吃完了，便被活活饿死。此事被有关部门揭发，江谧被调回京城等待处理。明帝驾崩后，江谧遇赦幸免。后任正员郎，右军将军。

　　太祖萧道成统领南兖州时，任江谧为镇军长史、广陵太守，入都任游击将军。江谧品性流俗，善于趋利附势。元徽（473~477年）末年，朝野都有心拥戴建平王刘景素，江谧便使劲巴结景素，后来景素失败，江谧几乎丧命。苍梧王被废以后，人心未定，江谧便竭诚归服太祖，被任命为以本官领尚书左丞。升明元年（477 年），迁任黄门侍郎，左丞仍旧。沈攸之事件爆发，朝议加太祖黄钺，就是江谧的建议。沈攸之被平定后，江谧迁任吏部郎，渐受信任。又迁任太尉谘议，领录事参军。齐王国设置建制时，江谧任右卫将军。建元元年（479 年），迁任侍中，出任临川王平西长史、冠军将军、长沙内史、行湘州留事，先遣到镇所，其后骠骑豫章王萧嶷领湘州，任江谧为长史、将军、内史，知州留事仍旧。被封为永新县伯爵，食邑四百户。建元三年，任左民尚书。诸位皇子出阁用文武主帅，都让江谧来安排。不久皇帝下敕说："江谧本为寒门，按说不应和贵族平等使用。但他甚有才干，可以让他主持吏部工作。"

江谧长于刑法诉讼，他分管的部门很有成绩。太祖驾崩时，江谧推说有病不入内殿，众人都推测他是因没被参与顾命而心怀不满。世祖萧赜做皇帝后，江谧没有被升官，因此心中怨恨。后来世祖生病，江谧去见豫章王萧嶷，鼓动说："皇上这病是没指望了，太子又没什么才能，你现在有什么打算呢？"世祖知道后，让江谧出京去任征虏将军、镇北长史、南东海太守。还没出发，世祖又命御史中丞沈冲揭发江谧前后罪行，下诏赐死，当时江谧 52 岁。

精通历法　长于技艺——祖冲之

冲之少年时代就研习古事，思想机敏。刘宋孝武帝把他安排在华林园省察工作，赐给他住宅、车马和衣物。又派他到南徐州任从事史，从而入仕，后来被调回中央任公府参军。

刘宋元嘉时，所使用的历法为何承天所制《元嘉历》，比古代十一家历法更精密，可祖冲之认为粗疏，于是更造新的历法。给皇帝上奏说：

我广泛搜访前人书籍，深入研究古代经典，五帝时的躔次，三王时的交分，《春秋》中的气朔，《竹书纪年》中的薄食，司马谈、司马迁的载述，班彪、班固的列志，曹魏时的注历，晋代的《起居注》，以寻求古今之异，考察总结了华族和少数民族的历法。自产生文字以来，2000 多年，日、月相离相会的迹象，五星行度疏密之验证。我是专门下功夫深入思考，都是能够知道而可讲述的。特别是自己测量圭尺，亲自观察仪器和计时器漏刻，眼睛完全看到毫厘小数，心中进行计算，考查变迁，这就深入掌握了其他历法的详情了。

然而古代历法粗疏错误，大都不够精密，各家互有矛盾，他们未能研究出对它的正确认识。等到何承天所献上的历法，他愿望是要改革，可是设置的法则简略。根据我的校验，看到它的 3 个错误：日月所在位置，发觉其误差三度；冬至，夏至晷影长度几乎失误一天；五星见伏的日期，误差达到 40天，留逆进退，有的推移了两个星宿。春秋分冬夏至失去真实，则节气置闰就不正确；宿度不与天象实际相符，则等候观察就无准。我生逢圣明的时候，都赶上好运气，敢于拿出愚盲，再次创造新的历法。

谨提出改变的设想有二，设置法则的情况有三。改变的第一点：按旧法一章，为十九年设有七闰，闰数多了，经过 200 年就差一天。节气置闰既然变动，则要相应改变闰法，日月运行轨道的分纪就屡次迁改，是由于这一条。现在改章法为 391 年设有 144 闰，令其符合周代、汉代之法，那么将来就能永远使用，不会再出现差误变动。第二点：根据《尚书·尧典》所说"日短星昴，以正仲冬"。以此推之唐尧之世的冬至日，在现在星宿之左边差不多五十度。汉代初期，仍用秦代历法，冬至日在牵牛六度。汉武帝改革建立《太初历》，冬至日在牵牛初度。后汉的四分历，冬至日在斗宿二十二度。晋代的姜岌用月食检验日之所在，知道冬至日在斗宿十七度。现在参照中星，考查日月交食和朔望变化，冬至之日，在斗宿十一度。通而计之，不满百年，就差了二度。旧法都令冬至日有固定位置，天文数据既然差错，则日月五星的宿度，就逐渐显露错误。乖谬既然显著就相应改变。这样做只能符合一时，而不能通行长久。改来改去不停，便是由于这条。现在知道冬至所在位置岁岁微差，回过头检验汉代历注，都很缜密，将来永久施用，不必烦劳屡次修改。还有设置法则，其一，以子时为时辰之首，（从方向来说）子位在正北，封爻应在初九日为升气的开始，虚为北方七宿之中宿。元气的发端，应当在这个"次"。前代学者虞喜，对其意义给予了详细论述。我的历法上元度日，发端于虚宿。其二，用日辰之号子，甲子日为前导，历法设起算年（上元），应当在此年。但是黄帝以来，世代所用，总共有 11 种历法，"上元"之年，没有相当于这个名称的。我的历法上元那年在甲子。其三，以上元之年，历法中的众多条款，都应以此为计算的起点。可是《景初历》的交会迟疾，历元的开始参差不齐。又如何承天的历法，日月五星，各自有各自的历元，交食迟疾，也都设置不同起点，剪裁使得朔气相合而已，条件次序纷繁错误，未达到古代的意境。现在设法使日月五星交会迟疾，都是以上元岁首为起点，众多支流有共同的源泉，大多没有错误。

如果对定形进行测量，就得到真实效果。悬挂的星象显著明亮，用圭表等仪器测验可推算，变动的气虽不明显而微弱，可用径寸的竹管候测不会有差错。现在我所建立的，容易使人取信。但是综合研究始终，大多存在不精密，革新变旧，有简有繁。用简的条款，道理上不必自我恐惧；用较繁的意思，不过不是谬误。为什么？就是记闰不整齐，数据各有分数，把分数作为主体，并非不细密，我这样做是特别珍惜毫厘之类的小数，以完成求解出美妙之则，不去掉累积，以成就永久固定的著述，不是经思考而不知道，也不是明白了还不改。如果所献上的历法万一可以采用，我愿意由皇帝向各部门宣传，给予详细考究。

上报到皇帝，孝武帝令朝廷的官员们懂得历法的提出质难，而没人能把他难倒。可是正赶上孝武帝逝世未能施行。派祖冲之出去担任娄县令，又调回任谒者仆射。当年宋孝武帝平定关中时缴获后秦姚兴时制作的指南车，有外部形状而没有机巧，每当行走，使人在车内旋转指向。到宋升明时，齐太祖肖道成辅佐朝政，使祖冲之按古法修造指南车。祖冲之改用铜制机械，圆转不穷，而指示方向保持不变，是三国时马钧以来所没有的。当时有一位北方人索驭麟，也说能制造指南车，肖道成就让他与祖冲之各造一辆，让他们在京城的乐游苑相对同时进行校对试验，结果索驭麟的颇有偏差，于是折毁烧掉了。齐永明（483—493年）中，竟陵王肖子良爱好古物，祖冲之制造了一件欹器献给他。

文惠太子肖长懋在东宫，看到了祖冲之的历法，启奏给齐武帝施行，文惠太子不久死去，事情又被搁置。祖冲之转任长水校尉，领本职。他写作《安边论》奏章，建议开屯田，发展农殖。齐明帝在位时（494—498年）中，明帝肖鸾派祖冲之巡行四方，兴造大业，可以有利于百姓，恰好连年有战争，事情终于没有实行。

祖冲之懂得乐律学，博塞游戏当时独绝，没有能和他匹敌的。他认为诸葛亮有木牛流马，于是制造一件器械，不依靠风、水，施用机关能自己运行，不靠人力。又造千里船，在长江的新亭江段试验，一日能走100多里。在乐游苑造水碓磨，齐世祖即武帝亲自到场观看。又特别精通数学。永元二年（500年），祖冲之去世，终年72岁。

《梁书》

《梁书》概论

　　《梁书》是我国古代一部重要的纪传体断代史书，共 56 卷，包括本纪 6 卷，列传 50 卷。主要记述南朝时期萧梁王朝自 502 年建立到 557 年灭亡计 56 年的历史。

一

　　《梁书》是由姚思廉与其父姚察合写而成。姚察（533—606 年），字伯审，祖籍吴兴武康（今浙江德清县西）。陈朝灭亡后迁往关中，定居万年（今陕西西安）。一生历仕梁、陈、隋三朝。梁朝灭亡时，姚察才 22 岁；陈朝建立后他任秘书监、领大著作、吏部尚书等职。开始修撰《梁书》，书未成，陈亡。

　　589 年，隋文帝统一中国，结束了长达 300 余年的大分裂局面，使我国封建社会政治、经济、文化得到了一定的发展。593 年，隋文帝禁止民间私修国史，自西汉以来私人自发修史的工作便变成了由朝廷组织的事业，开我国设史馆专修国史之先风。唐朝开国之君也极为重视史学，并希望藉此以达长治久安、永保皇业的目的。李世民认为"览前王之得失，为在身之龟鉴"，加上中国自古有盛世修史的传统，故设史馆修史，李世民（唐太宗）曾亲领修撰《晋书》，魏徵、房玄龄、褚遂良、令狐德棻等大臣皆兼领史职，所选史官多为一时名家，被列为正史的二十五史有三分之一是在这一时期修成的，《梁书》即是其中之一。

　　隋朝建立之后，姚察已定居关中，任隋朝秘书丞。开皇九年（589 年），姚察奉命撰修梁、陈二史，书未成便于大业二年（606 年）去世。临死前嘱咐儿子思廉一定要完成他的未竟之业。

　　姚思廉（557—637），字简之。自幼受家学熏陶，嗜书如命，一生历仕陈、隋、唐三代，在陈时任会稽王扬州刺史陈庄的主簿，入隋，任汉王杨谅王府参军，迁代王杨侑侍读。唐贞观初年历任著作郎、弘文馆学士、散骑常侍等职，一生敢于直言极谏，虽高官厚禄，然淡泊名利。贞观三年（629年），唐太宗诏令著作郎姚思廉与秘书监魏徵同著《梁书》。因事先已有丰富的积累和深厚的功底，经过近9年的努力，终于在贞观十年撰成《梁书》，由魏徵转奏皇帝，并藏于秘阁。姚思廉撰写《梁书》主要是根据姚察的书稿，另外可供参考的还有谢昊、许亨等九家梁书。

二

《梁书》与同时代的《宋书》《南齐书》相比，其最大的特点是内容扼要，文字精练朴实，没有六朝骈文华而不实的辞藻，仿效司马迁、班固用简练的散文叙事。

在编目层次上，将开国元勋，尤其是那些出身寒门但贡献极大的文臣武将排在宗室诸王和世家名流之前；为不曾入仕但在文学、医学上独有建树的阮孝绪、陶弘景等人立传，尤其是为出身低微的范缜、刘勰等人立传，表现出作者思想开明和纪实的一面。

在编纂方法上，叙事自成一体，一般传记多分为3部分，首先写人物身世、籍贯、品第、官职，其次写重要史实，然后写死后的情况。在人物分类上以人物地位、身份、职务归类，也有以操行、才华及学术政绩归类，如"孝行""处士""止足"篇均以操行归类；良吏侧重政绩，《儒林》《文学》等篇则重学术文化的成就。

《梁书》尽管缺少"表"和"志"，亦有曲笔、虚词之嫌。但仍不失为一部重要的史书，在南朝各史中它是编得最好的一部，在其他梁史著作散失的情况下，更使之成为我们研究这一段历史最原始、最重要的依据，加之对海南各国历史的记载，有关战役的经过等为研究中国哲学史、民族史、战争史保存了大量的资料，一些奏章中也反映了农民起义的情形，在文学、艺术、宗教、风习、医学等方面也保存了有益的资料。

在编纂体例上，《梁书》只有本纪和列传两大部分，主要记述帝王纪年与大事以及历史人物、少数民族等，缺少综系年代、世系和人物的《表》，以及记载当朝典章制度的"志"，好在《隋书》"志"实际上包括了梁、陈、北齐、北周、隋5个朝代，共分为礼仪、音乐、律历、天文、五行、食货、刑法、百官、地理、经籍等10个篇目，在这个意义上讲，《梁书》并非无"志"，只是归在《隋书》之中，有关内容要到《隋书》中去查，这是读《梁书》要特别注意的地方。

政 略

太子赈贫

普通^①中，大军北讨，京师谷贵，太子^②因命菲衣减膳，改常馔为小食。每霖雨积雪，遣腹心左右，周行闾巷^③，视贫困家，有流离道路，密加振^④赐。又出主衣^⑤绵帛，多作襦袴^⑥，冬月以施贫冻。若死亡无可以敛者，为备棺槥^⑦。每闻远近百姓赋役勤苦，辄敛容色。常以户口未实，重于劳扰。

（《梁书》卷八，昭明太子传）

【注释】

①普通：南朝梁武帝萧衍年号，520—527 年。

②太子：昭明太子萧统，梁武帝长子。

③闾巷：普通百姓住的地方。

④振：同"赈"。

⑤主衣：主衣库，储藏皇帝服饰用品的专用仓库。

⑥襦袴：上下衣服。袴，通"裤"。

⑦槥（huì）：小棺材。

【译文】

普通年间，朝廷出兵北伐，京城谷价昂贵，昭明太子就命令手下的人为他准备差的衣服，降低膳食标准，把每天的正餐改为小吃。每当下雨飘雪，就派身边的人出去穿街走巷，看望贫困人家，如果有流离失所的，就亲切地加以周济。又拿出主衣库的丝绵绢帛，做了许多衣裤，冬天施舍给贫困挨冻者。如遇到有死亡而没有收埋的，就为之备给棺材。他每每听说远近百姓赋税徭役繁重而勤苦，就会在脸色上表现出来。他常认为户口统计不实，所以百姓负担沉重。

萧秀恤民

郢州当塗为剧地①，百姓贫，至以妇人供役，其弊如此。秀至镇②，务安之。主者③或求召吏，秀曰："不识救弊之术；此州凋残，不可扰也。"于是务存约己，省去游费④，百姓安堵⑤，境内晏然。先是夏口常为兵冲⑥，露骸积骨于黄鹤楼下，秀祭而埋之。一夜，梦数百人拜谢而去。每冬月，常作襦袴以赐冻者。……

秀有容观，每朝，百僚属目。性仁恕，喜愠不形于色。左右尝以石掷杀所养鹄⑦，斋帅⑧请治其罪。秀曰："吾岂以鸟伤人。"在京师，旦临公事，厨人进食，误而覆之，去而登车，竟朝不饭，亦不之诮⑨也。……

（《梁书》卷二十二，安成康王萧秀传）

【注释】

①当塗为剧地：塗，通"途"。当途，位于四方要冲。剧地，形势险要之地。

②秀至镇：秀，即梁安成康王萧秀，梁武帝弟，天监十三年（514年）始任郢州刺史。镇，即郢州，为当时军事重镇。

③主者：刺史属下官员。

④游费：指巡游等的资费。

⑤安堵：安居。

⑥兵冲：兵家必争、易发战事之地。

⑦鹄（hú）：天鹅。

⑧斋帅：警卫头目。

⑨诮（qiào）：责备。

【译文】

郢州地处四方要冲，形势险要，百姓贫困，以至于让妇女承担力役，其凋敝程度可想而知。萧秀到了郢州任上，努力安定民生。有些官员要求增添吏员，他就说："你们不懂救弊之术，这里一片凋残，不能再干增加百姓负担的事了。"于是上下严格约束，也尽量节省开支，这样，百姓安居，一州之内也很安定。原先夏口常有战事，一些阵亡者的残骸堆积于黄鹤楼下，萧秀予以祭祀、掩埋。一天晚上，他梦见数百人对他拜谢而后离去。每到寒冬，他就制做衣服，赐给那些无衣受冻的人。……

萧秀外表出众，每当朝会，百官都喜欢朝他看。他为人讲仁恕，喜怒不形于色。他手下有个人曾用石头打死了他所养的天鹅，他的警卫头目斋帅要求惩罚那人，但萧秀却说："我怎么能因为死一只鸟而伤人呢？"在京城时，早晨起来要赶去上朝，厨师送来早餐，不小心打翻在地，他就登车而去，这顿早饭没吃，饿到中午。就这样，他也没有责备那个厨师。

御 人

梁武帝"射钩斩祛"

义师①起，四方多响应，高祖使仙琕故人姚仲宾说之②，仙琕于军斩仲宾以徇③。义师至新林④，仙琕犹持兵于江西⑤，日钞运漕⑥。建康⑦城陷，仙琕号哭经宿，乃解兵归罪。高祖劳之曰："射钩斩祛⑧，昔人弗忌。卿⑨勿以戮使断运，苟自嫌绝也。"仙琕谢曰："小人如失主犬，后主饲之，便复为用。"高祖笑而美之。俄而仙琕母卒，高祖知其贫，赙给⑩甚厚。仙琕号泣，谓弟仲艾曰："蒙大造之恩，未获上报。今复荷殊泽，当与尔以心力自效耳。"

（《梁书》卷十七，马仙琕传）

【注释】

①义师：指萧衍乘齐内乱起兵。

②"高祖"句：高祖，此指梁武帝萧衍。仙琕，马仙琕，原为南齐将领。故人，老相识。说（shuì），劝说，此指诱降。

③徇：示众。

④新林：地名，在今江苏江宁县。

⑤江西：此指今安徽境内长江以北地带。

⑥日钞运漕：不断袭扰水上补给。

⑦建康：今江苏南京，齐、梁均都于此。

⑧射钩斩祛：常用典故。春秋时管仲曾射中齐公子小白带钩（古人束腰

革带上的金属钩），小白继位（即齐桓公）后仍予重用。晋文公重耳也曾在危难中被寺人（阉人）披斩及袖口，即位后也不予追究。

⑨卿：古时对人的尊称。

⑩赙（fù）给：助人料理丧事的钱物。

【译文】

高祖起兵后，四方广泛响应，高祖让马仙琕的老相识姚仲宾去劝降，仙琕不但不听，还将仲宾斩首示众。高祖的军队到了新林，仙琕所率军队仍在江西，频繁袭扰江上交通补给。建康城易主，仙琕痛哭了一宿，终于投降。高祖安慰他说："射钩斩琕，古人尚不以为嫌。你不必为杀使者断运漕这些事而有顾虑。"仙琕表示："小人如同失主之犬，现在有了新主人，就为新主所用。"高祖笑着给予肯定。不久仙琕母亲去世，高祖知道他贫困，于是给予优厚的丧葬补助。仙琕因此大哭，对弟弟仲艾说："多蒙主上再生之恩，还没能报答，如今又受厚恩，我要和你尽心尽力效劳啊。"

法　制

乐蔼博识断案

　　蔼①性公强，居宪台②甚称职。时长沙宣武王③将葬，而车府忽于库失油络④，欲推主者⑤。蔼曰："昔晋武库火，张华⑥以为积油万石必然⑦，今库若有灰，非吏罪也。"即而检之，果有积灰，时称其博物弘恕⑧焉。

（《梁书》卷十九，乐蔼传）

【注释】

　　①蔼：乐蔼，南阳淯阳（在今河南南阳市）人，南朝梁时官至广州刺史。

　　②宪台：指御史府。乐蔼曾任御史中丞，司监察职。

　　③长沙宣武王：梁武帝长兄萧懿。

　　④油络：古时车上悬垂的丝织绳网。

　　⑤主者：指车库的主管者。

　　⑥张华：西晋大臣，文学家。他在《博物志》中说："积油满万石，则自然生火。武帝泰始中，武库火，积油所致也。"他认为晋武帝泰始年间的武库火灾是由储油自燃而引起的。

　　⑦然：通"燃"。

　　⑧博物弘恕：具有广博的知识，又持宽宏的态度分析问题。

【译文】

　　乐蔼为人公正，精明能干，在御史台任职干得很出色。当时长沙宣武王将要安葬，而车府忽然在库内不见了油络，于是就将追究主管者的责任。乐蔼说："从前西晋武库失火，张华认为是储油万石必燃的原因所致。现在只有察看车库内是否有油络燃后的灰烬，若有，就可以肯定不是主管者的责任。接着就进行检查，库内果有积灰，于是人们都称赞乐蔼的知识广博，分析案件时态度宽宏。

《梁书》

军 事

司州陷落

三年，魏①围司州②，时城中众不满五千人，食裁③支半岁，魏军攻之，昼夜不息，道恭④随方抗御，皆应手摧却。魏乃作大车载土，四面俱前，欲以填堑⑤，道恭辄于堑内列艨冲斗舰以待之，魏人不得进。又潜作伏道以决堑水，道恭载土㹠⑥塞之。相持百余日，前后斩获不可胜计。魏大造梯冲⑦，攻围日急，道恭于城内作土山，厚二十余丈；多作大槊⑧，长二丈五尺，施长刃，使壮士刺魏人登城者。魏军甚惮之，将退。会道恭疾笃⑨，乃呼兄子僧勰，从弟⑩灵恩及诸将帅谓曰："吾受国厚恩，不能破灭寇贼，今所苦转笃，势不支久，汝等当以死固节，无令吾没⑪有遗恨。"……其年五月卒。魏知道恭死，攻之转急。……至八月，城内粮尽，乃陷。

（《梁书》卷十，蔡道恭传）

《梁书》

【注释】

①魏：当时据中原与梁朝对峙的北魏政权。

②司州：治所在平阳（今河南信阳）。

③裁：通"才"。

④道恭：蔡道恭，当时任司州刺史。

⑤堑：壕沟，护城河。

⑥土㹠：装满土的草袋。㹠（tún），小猪。

⑦梯冲：云梯，冲车，都是古时攻城战具。

⑧矟：古代兵器，即长矛。

⑨疾笃：病势危重。

⑩从（zòng）弟：堂弟。

⑪没：通"殁"，死。

【译文】

天监三年，北魏围攻司州，当时城中不到5000人，粮食只能支持半年，魏军攻得急切，昼夜不停，蔡道恭灵活机动地抗御，一次次地打退了敌人的进攻。魏军又做大车运土，四面齐进，企图把护城河填没。蔡道恭则于护城河内列战舰以待，使魏军无法前进。魏军又挖暗道，想让护城河决口，蔡道恭又运载土狳加以堵塞。与魏军相持了百余日，前后杀敌俘敌不可计数。魏又大造攻城的云梯、冲车，攻打更急。蔡道恭于城内堆起土山，厚达20余丈；又做了许多长矛，长2丈5尺，置长刃，让壮士刺魏军登城士兵。魏人很害怕，有了撤军的打算。恰在此时，蔡道恭病重，他把侄儿僧勰、堂弟灵恩及诸将帅叫来，对他们说："我受国家厚恩，不能破敌灭贼，现在我的病转重，难以久支，你们应当以死战来固守你们的志节，不要让我死后有遗恨。"……这年五月，蔡道恭病逝。魏人知道后，又加强了攻势。……到了八月，城内粮尽，司州陷落。

冯道根口不论勋

道根①性谨厚，木讷少言，为将能检御部曲②，所过村陌，将士不敢虏掠。每所征伐，终不言功，诸将欢哗争竞，道根默然而已。其部曲或怨非之，道根喻曰："明主自鉴功之多少，吾将何事。"高祖尝指道根示尚书令沈约③曰："此人口不论勋。"约曰："此陛下之大树将军④也。"处州郡⑤，和理清静，为部下所怀。在朝廷，虽贵显而性俭约，所居宅不营墙屋，无器物侍卫，入室则萧然如素士之贫贱者。当时服其清退，高祖亦雅重之。微时⑥不学，既贵，粗读书，自谓少文，常慕周勃⑦之器重。

（《梁书》卷十八，冯道根传）

【注释】

①道根：冯道根，南朝梁将领。

②部曲：军队（多指地方豪强或将领的私兵）。

③"高祖"句：高祖，此指南朝梁武帝萧衍。尚书令，官名，系朝中要职。沈约，南北朝时期著名文学家、史学家。

④大树将军：东汉初光武帝刘秀部下大将冯异不喜论功，常独处树下，军中号为"大树将军"。

⑤州郡：古时两级地方行政建置。

⑥微时：指原来处于较低社会地位时。

⑦周勃：西汉初年大将，"为人木强敦厚"。所谓"器重"，也就是指此。

【译文】

冯道根为人谨厚，质朴寡言，领兵带将，对部下约束严格，所过村庄，将士不敢为非作歹。每次战后，从不摆功，其他将领喧哗计较，他却默然无语。他的部下中有抱怨的，他就劝说他们："自有明主善于衡量各自功劳大小，我们何必操心。"高祖曾指着道根对尚书令沈约说："这个人不论勋。"沈约说："这是陛下的大树将军啊。"在各处州郡任职，也有条有理，甚得人心。居于朝廷，虽然官位显要，但秉俭约之性，住的房子不加装饰，既无高档器物，也无侍卫人员，进入室内，有如同进入寒素贫贱之家的感觉。时人都对他的清正自约很佩服，高祖也予推重。原先地位微下时未能学习，有了地位后，读了些书，不过自己认为于文不足，经常钦慕周勃的器重。

理　财

鱼弘四尽

　　（鱼弘）常语①人曰："我为郡②，所谓四尽：水中鱼鳖尽，山中獐鹿尽，田中米谷尽，村里民庶尽。丈夫生世，如轻尘栖弱草，白驹之过隙。人生欢乐富贵几何时！"于是姿③意酣赏，侍妾百余人，不胜④金翠，服玩车马，皆穷⑤一时之绝。

（《梁书》卷二十八，夏侯亶传附鱼弘）

【注释】

　　①语：对…说。

　　②为郡：指担任太守治理一郡。

　　③姿：通"恣"。

　　④不胜：负担不了。

　　⑤穷：尽。

【译文】

　　鱼弘常常对人说："我当太守治郡，要做到四尽，即：水中鱼鳖要抓尽，山中獐鹿要捕尽，田里的粮食要占尽，村里的百姓也要用尽其力。男子汉活在世上，就好比轻细的灰尘停留在柔软的草叶上，又好比白驹过隙。人生欢乐富贵又能有几时！"于是他恣意饮酒观舞，侍妾有百余人，都有戴不过来的金翠饰品，他穿的玩的乘的骑的，都是当时最高档次的。

太守何远

顷之，（何远）迁武昌太守。远本倜傥①，尚轻侠，至是乃折节②为吏，杜绝交游，馈遗③秋毫无所受。武昌俗皆汲江④水，盛夏远患水温，每以钱买民井寒水，不取钱者，则揽⑤水还之。其他事率多如此。迹虽似伪，而能委曲用意焉。车服尤弊素，器物无铜漆。江左⑥多水族⑦，甚贱，远每食不过干鱼数片而己。

（《梁书》卷五十三，何远传）

【注释】

①倜傥（tì tǎng）：卓越豪迈。

②折节：改变以往生活方式和态度。多指严格要求自己。

③馈遗（wèi）：赠送。

④江：专指长江。

⑤揽（liǎn）：担运。

⑥江左：长江下游以东地区，即今江苏省一带。

⑦水族：水生动物。

【译文】

没过多久，（何远）调任武昌太守。何远为人倜傥，崇尚侠义，而此时起，他大为改变，严格克制自己，不再交往，不收别人的丝毫馈赠。武昌地方居民都取用江水，盛夏季节，何远嫌江水温度高，常常用钱买老百姓井中较凉的水，如有不收他钱的，他就要担水还给人家。其他事也大多如此。他这些做法虽然显得有点过分，但他的用意还是有了成效。他所乘的车所穿的衣服，不是旧的，就是很朴素，所用器物也无铜器漆器。江左地方多水生动物，所以价格低廉，而何远每顿饭不过吃干鱼数片而已。

德　操

吕僧珍性甚恭慎

僧珍^①有大勋，任总心膂^②，恩遇隆密，莫与为比。性甚恭慎，当直禁中^③，盛暑不敢解衣。每侍御座^④，屏气鞠躬，果食未尝举箸。尝因醉后，取一柑食之。高祖^⑤笑谓曰："便是大有所进。"禄俸^⑥之外，又月给钱十万，其余赐赉^⑦不绝于时。

（《梁书》卷十一，吕僧珍传）

【注释】

①僧珍：吕僧珍，南朝齐梁时人，尤受梁武帝萧衍的信重。

②心膂：亲信，骨干之人。膂，脊骨。

③直禁中：直，通"值"。禁中，皇宫中。

④御座：指皇帝的宝座，实即指皇帝。

⑤高祖：此指梁武帝。

⑥禄俸：官吏的薪水。

⑦赉（jī）：以物赠人。

【译文】

吕僧珍立有大功，被视为最亲信者，恩重遇厚，无人能与之相比。他为人恭敬谨慎，在皇宫中值班，酷暑之日都把衣服穿得十分整齐。每当侍陪皇上，不敢大口呼吸，动辄点头哈腰，座席上放的吃食，从不举筷取用。有一次他喝多了酒，取了一只柑子吃了。高祖笑着对他说："这真是大有长进啊。"除了禄俸之外，每月还给他10万钱，其他赏赐的、赠送的，总也不断。

萧伟豪奢乐施

　　伟①少好学，笃诚通恕，趋贤重士，常如不及。由是四方游士，当世知名者，莫不毕至。齐世②，青溪宫改为芳林苑，天监③初，赐伟为第，伟又加穿凿，增植嘉树珍果，穷极雕丽，每与宾客游其中，命从事中郎萧子范④为之记。梁世藩邸⑤之盛，无以过焉。而性多恩惠，尤愍⑥穷乏。常遣腹心左右，历访闾里⑦人士，其有贫困吉凶不举者，即遣赡卹之。太原王曼颖⑧卒，家贫无以殡敛，友人江革⑨往哭之，其妻儿对革号诉，革曰："建安王⑩当知，必为营理。"言未讫⑪而伟使至，给其丧事，得周济焉。每祁寒⑫积雪，则遣人载樵⑬米，随乏绝者即赋给之。

（《梁书》卷二十二，南平元襄王萧伟传）

【注释】

①伟：萧伟，梁武帝之弟。

②齐世：齐代，在梁之前。

③天监：梁武帝第一个年号，502—519年。

④萧子范：本为齐宗室，入梁在南平王萧伟手下任职。

⑤藩邸：诸王府第。

⑥愍（mǐn）：哀怜。

⑦闾里：乡里，泛指民间。

⑧太原王曼颖：一个叫王曼颖的太原人。太原，郡名。

⑨江革：梁朝名士、名臣。

⑩建安王：即萧伟，他初封建安王，后改封南平王。

⑪讫：完。

⑫祁寒：严寒。

⑬樵：柴薪。

【译文】

　　萧伟自小喜爱学习，为人和蔼可亲，向往贤者，敬重士人，常常表现得十分谦逊。因此，四方游走之士，当世知名人物纷纷而来。齐时，将青溪宫改为芳林苑，到梁天监初年，又将芳林苑赐给萧伟作为府第，萧伟加以整修，新种了不少好树，比以前大为增色，便时常与宾客一道在苑中游玩，每每都要命从事中郎萧子范把尽欢的过程、情景记下来。梁朝诸王府第的盛况，没有超过他的了。萧伟的性格喜施恩惠，尤其是怜悯一些穷困的人士。常派手下亲信，走访乡里士人，见有贫穷而婚丧一类事无力举办者，就给予帮助。太原人王曼颖死，家里无钱安葬，友人江革到他家中吊唁，他的妻儿向江革哭诉困境。江革说："建安王会知道的，他一定会帮助。"话还没说完，萧伟派的使者就到了王家门口，给予资助，料理丧事。每到严寒积雪之时，还派人用车拉着柴米，见有生活困难者就发给一些。

传事故事

梁武帝伺变

　　梁高祖武皇帝萧衍,字叔达,小字练儿,是西汉名相萧何的后裔。他能文善武,精通谋略,与沈约、谢朓、王融、萧琛、范云、任昉、陆倕等并称,被当时人称为"竟陵八友"。齐明帝时,以功累迁至辅国将军、雍州刺史,镇守襄阳。

　　齐建武五年(498年),齐明帝死,太子萧宝卷即位,是为东昏侯。萧宝卷昏庸残忍,朝权把持在扬州刺史、始安王萧遥光、尚书令徐孝嗣、尚书右仆射江祐、右将军萧坦之、侍中江祀和卫尉刘暄手里。这6位权贵轮流主持政事,而他们彼此之间,钩心斗角,齐帝萧宝卷也不是个甘心任人摆布的角色,他时时在窥伺机会,以便夺回权力,另立亲信。萧衍善于见风使舵,看到齐室已处于山雨欲来风满楼的时刻,便对舅父张弘策说道:"政出多门,必然要大乱。《诗经》有云:'一国三公,吾谁适从?'何况而今朝廷六贵当权!他们之间一旦产生了嫌隙,就必然会相互仇杀。如今要选择避祸之地,只有我这襄阳最为合适。我在襄阳勤恳治事,多行仁义,可以稳稳地成为西伯那样的人物。只是几个弟弟还在京城,令人担心难免罹祸。此事须与兄长萧懿商量一下。"

　　当时,萧懿正在郢州执掌大权,萧衍特派张弘策向他陈述自己的建议道:"从前,晋惠帝昏庸无能,宗室诸王相互争权,造成内乱九兴而外患三起。如今,6个显贵也在争权,他们个个手执王法,发号施令,都想独自专权。因而,他们之间难免睚眦成仇,相互火并。何况嗣主萧宝卷当太子时就声誉不佳,宠幸小人,秉性残忍。他一上台,定会我行我素,绝不可能任人左右。时间一久,君臣离心,他必然要大开杀戒,诛戮权臣,从而造成政局更加混乱。现在掌权的六贵中，只有江、刘可为根干，但江祐怯懦而少决断，刘暄柔弱无能。他们成事不足，败事有余，折鼎覆𫗰，指日可待。萧坦之胸怀猜忌，出言举足总是伤害别人；徐孝嗣不是栋梁之材，终究要听凭别人的驱使。他们之间一旦出现了裂痕，朝野内外必定土崩瓦解。现在你我能够镇守外藩，正好可以做好将来的打算。所谓智者见机，不俟终日。趁着如今他们没对你我产生猜疑防范之机，应当赶快召回诸弟，以免今后难以拔足。你镇守的郢州，为荆湘的要害之地，我坐镇的雍州，人马有数万之多。我们可以虎踞郢、雍，以观天下之变。世道太平，可为本朝竭诚尽忠；社会骚乱，可为国家剪除凶顽。与时进退，正好为万全之策。若不及早打算，恐后悔无及。"萧懿是个恪守愚忠的人，弟弟萧衍这一番话使他觉得心惊肉跳，连脸色都吓变了。他不赞成萧衍的主张，不过也没有阻拦萧衍自己去干。

张弘策回告萧衍后，萧衍便自管自地行动起来。他先把弟弟萧伟、萧蟊接回襄阳，然后秘密地制造各种作战器械，命人砍伐了大量的竹子木材，全都沉入檀溪，以便到时制作舟船。永元二年（500 年），官至齐尚书令的萧懿被齐帝萧宝卷杀害，得到信息的萧衍在议事堂召集手下诸将，宣布道："从前周武王大会孟津，人人皆曰商纣可伐。而今萧宝卷昏庸残暴，穷凶极恶，朝中贤臣几乎被斩尽杀绝，民生涂炭，上天不容。我要与诸位同心协力，共兴义举，讨伐昏主。欲当公侯将相的，就看今朝的努力。各位如立功勋，到时我萧某绝不食言！"于是，召集兵卒，得甲士一万余人、马千余匹、船3000 艘。他又叫人取出沉在檀溪中的竹子木材，用以制造了许多战船。他依靠这些力量，开始了讨伐萧宝卷的征程。一年后，萧衍攻陷了建康，齐帝萧宝卷被废见杀。梁天监元年（502 年），萧衍废齐和帝萧宝融，即位称帝。

何敬容独勤政务

何敬容长期在尚书省任职，很熟悉过去的事情，而且聪明有远见卓识，勤于文书之类的具体公务，从早晨一直工作到晚上也不休息。自晋、宋以来，宰相们都以文学和义理来消遣，不理政务，只有何敬容一人勤于庶务，因而遭世人嗤笑。当时，萧琛儿子萧巡很有些轻薄之才，作了卦名离合等诗来嘲笑何敬容，何敬容对此不屑一顾，仍然我行我素。

刘览不徇私情

梁高祖听说刘览很有孝性，几次去省视他。服丧期满后，被任命为尚书左丞。刘览生性聪敏，尚书令史多达700人，刘览见一面就记住了他们的姓名。刘览做官清廉正直，不谋私利，姐夫御史中丞褚湮和堂兄吏部郎刘孝绰利用职务之便大肆贪污受贿，刘览上奏弹劾，两人都因此免了官。刘孝绰怨恨刘览，经常对人说："狗咬过路人，刘览咬自家人。"刘览出任始兴郡内史，治郡尤其清廉有节操。

明哲妇人

贞敬太夫人（王僧辩母谥号）姓魏，王神念在天监初年率部属据东关（今安徽巢县东南东关），后退保合肥巢湖以西，在那里娶了魏氏夫人为妻，生有王僧辩。魏氏夫人安详随和，善于待人接物，里里外外，莫不爱戴她。当初，王僧辩被关进监狱，夫人流着泪，光着脚，要进宫负荆请罪，梁世祖不接见她。当时贞惠太子很受世祖宠爱，军国大事大都让他参与。夫人入阁拜见贞惠太子，自责教子无方，泪流满面，甚为悲伤，大家都深表同情。后来，王僧辩被赦免出狱，夫人谆谆教训，辞色严厉，对王僧辩说："人臣侍君，必须忠烈，不但要保佑今世，而且要流芳子孙。"后来王僧辩光复旧都（指建康，今南京市），功盖天下，夫人也总是谦逊退让，不以富贵骄人，朝野上下交口称赞，说她是明哲妇人。

陆琛造茅屋读书

陆琛从小勤学，善于写文章。在宅院内造两间茅屋，杜绝往来，日夜读书，如此者有几年。书只读一遍，就能背诵出来。曾经向人借《汉书》，遗失《五行志》四卷，就默写出来，还给人家，一点也没有遗漏。小时候，外祖父张岱就觉得他非同一般，常常对女婿说："这孩子是你家的阳元啊。"17岁那年，被推举为本州秀才。

沈瑀正人先正己

沈瑀因母丧离职，服丧期满后，被任命为振武将军、余姚县县令。余姚县大族虞氏有1000多家，到县衙门走后门，拉关系，人众聚集，喧嚣若市。先前的县令都不能杜绝此风，自沈瑀到任后，如果不是因公事而来，一律罚他们站立阶下，绳之以法。县南又有豪族几百家，子弟横行乡里，互相包庇，恣意聚敛财物，老百姓都很害怕他们。沈瑀传唤那些年老者为石头仓看守，年轻者为县府僮仆，大家都号泣道路。从此，豪族销声匿迹，不再有违法乱纪之事。沈瑀刚来余姚上任时，富吏们都穿着鲜艳美丽的服装，以显示自己身份地位的优越。沈瑀怒气冲冲地说："你们这些人不过是下贱的县吏，哪有资格学贵人样？"于是，叫他们都改穿草鞋粗衣，罚他们整天站立，脚稍有摇晃，就打板子。沈瑀寒贱时，曾经一人到余姚县贩卖瓦器，受到这里富人们的侮辱，所以，他趁机报复，因此，县里的士大夫和富人们对他心怀怨恨，可是，沈瑀做官清白自守，没有留下把柄，因而能够实现他的愿望。

范述曾两袖清风

齐明帝即位，任命范述曾为游击将军，出任为永嘉太守。范述曾为政清平，不尚威猛，人民以此为便。所辖横阳县（治所在今浙江平阳县）山谷险峻，是逃亡之徒聚集之地，先前太守进行追捕都未能平息。范述曾上任后，推行恩德，讲求信用，所有强盗土匪都自动出山，负荆请罪，范述曾把他们编成户籍，达二百多家。从此，横阳县商贾流通，人民安居乐业。范述曾在永嘉郡励行清白，不受贿赂，齐明帝知道后，深表赞赏，下诏嘉奖，征辟他为游击将军。离郡赴任之时，郡中人民送故旧钱20多万两，范述曾丝毫不收。当初到郡上任时，范述曾未带家属，到现在离任回朝时，随从中仍没有挑行李的。无论老少，人民都出来送行，依依不舍，啼哭声几十里之外也能听到。

人物春秋

忠厚至孝　勤勉政事——萧衍

梁高祖武皇帝名萧衍，字叔达，小名练儿，南兰陵郡中都里人，是汉朝相国萧何的后代。出生时与众不同，膝盖骨有两块并列的骨头，头顶高隆，右手心有"武"字一样的纹理。长大后，博学多才，好谋划策略，能文能武，当时的名流贤达都很推崇赞扬他。

起初任巴陵王南中郎法曹行参军，迁任卫将军王俭的东阁祭酒。王俭一见到萧衍便很器重他，并感到惊异，对庐江何宪说："这萧家公子30岁以内会当侍中，30岁以后就没法形容其显贵。"竟陵王萧子良开设西邸，招徕文人学士，高祖与沈约、谢朓、王融、萧琛、范云、任昉、陆倕等都游学于此，时称八友。王融英俊爽朗，见识鉴识能力超人，特别敬重高祖，另眼相看。每每对自己亲近的人说："主管统治天下，必定就是这个人。"后又任随王任镇西咨议参军，不久因父亲去世而离任。

隆昌初年，明帝辅佐朝政，起用高祖为宁朔将军，镇守寿春。服丧期满后，被任命为太子庶子、给事黄门侍郎，入直殿省，参与萧谌等评品和册封有功之人，封为建阳县男，食邑300户。

建武二年（495年），北魏派大将刘昶、王肃率兵侵袭司州，朝廷任命高祖为冠军将军、军主，隶属江州刺史王广担任后援。部队距离义阳城百余里地，不少人认为北魏军气势正盛，故犹豫不决，都不敢前进。高祖请求担任先锋，王广把手下精兵分调给高祖。那天夜里便向前进军。离魏军驻地只有几里地，径直登上贤首山。魏军搞不清来兵实力，不敢逼近。黎明时，城内官兵看见援军已到，便出兵攻击北魏军营垒，高祖率领部下从外部向内进攻。北魏军内外受到攻击，便突破重围败逃。撤军后，任命高祖为右军晋安王的司马、陵郡太守。回宫后任太子中庶子，领羽林监。不久，出京镇守石头城。

四年（497年），北魏孝文帝亲自率大军进攻雍州，齐明帝命令高祖增援。十月，到襄阳，下诏又派遣左民尚书崔慧景总领各路军队，高祖及雍州刺史曹虎等都受他调度管辖。第二年（498年）三月，崔慧景和高祖进军至邓城，魏文帝率10万余骑兵突然追至邓城。崔慧景惊恐，打算引兵退却，高祖坚决地阻止他，他不听从并狼狈脱逃。魏国骑兵乘机发动进攻，于是齐军大败。高祖独自领军抗战，杀死北魏军数百人，魏国骑兵稍向后退，因而才得以结成阵势断后，到晚上才下船撤退。崔慧景所率军队几乎全军覆没，只有高祖保全军队胜利而归。不久高祖兼管雍州府事务。

七月，又授持节，都督雍、梁、南北秦四州及郢州的竟陵、司州的随郡等地的军事，为辅国将军，任雍州刺史。当月，齐明帝驾崩，东昏侯即帝位，扬州刺史始安王遥光、尚书令徐孝嗣、尚书右仆射江祏、右将军萧坦之、侍中江祀、卫尉刘暄轮番执政，每日一道诏令。高祖听说后，便对其从舅张弘策说："政出多门，国家秩序便乱了。《诗经》说'一国有3个首脑，我跟从哪个好呢？'何况现在有6个首脑，这怎么能行呢！一旦形成猜疑发生间隙，便相互诛杀，现在躲避祸乱只有您这个地方。时常以仁义行事，便可轻易成为西伯侯。但几个弟弟都在京城，恐怕遭受世乱之祸，必须和益州图谋这件事。"

当时高祖的大哥萧懿辞去益州的任职回来，仍然任郢州刺史，他便让张弘策前往郢州，向萧懿陈说计策："过去晋惠王昏朽、诸王争权，于是内乱多次发生，外敌也三番五次侵犯。今日6位权贵争权，人人都掌握着国家大政。挟持皇帝发布诏令，都想一人垄断权柄。彼此怒目终成仇恨，肯定要相互残杀。而且新继位的皇帝在东宫时本来没有什么好声望，对左右凶狠无比，目如黄蜂，视害人如乐事。登上帝位后，怎会情愿虚坐皇帝的位子，把大政交给朝臣。积隙猜疑异心后，必定大加杀戮。始安王遥光想做历史上的又一个赵伦，形迹已显现出来，跛脚人想上天，相信没有这个道理。况且他性情猜疑心胸狭小，只不过是乘乱兴风作浪罢了。能够当大任的只有江祏、刘暄两人而已，江祏胆小没有决断，刘暄柔弱而没有才干，断送国家指日可待。萧坦之猜忌成性，一开口便伤人，徐孝嗣不是柱石之才，让人牵着鼻子转，如果嫌隙加大，猜疑祸起，内外就会土崩瓦解。今得以镇守外藩，有幸图谋生计，聪明的人见机行事，不坐等末日。趁现在朝廷没生猜疑防备之心，最好召集各位兄弟聚集一起。等到有了猜疑防备后，想跑也没有退路。郢州控带荆、湘，西应汉、沔；雍州兵马，一呼数万。雄视其间，等待天下变动。世界太平则效忠本朝，天下大乱则剪灭暴君，可以随时进退，这是万全之策。如不早做打算，后悔也来不及了。"萧懿听了后脸色大变，心里不以为然。张弘策回来后，高祖便接来了弟弟萧伟和萧憺，这年到襄阳。于是暗中制造武器工具，砍伐竹木，沉入檀溪，秘密地建造船只。

永元二年（500年）冬，萧懿被杀害。消息传来，高祖便秘密地召集长史王茂、中兵吕僧珍、别驾柳庆远、功曹史吉士瞻等策划谋反，决定后，在十一月乙巳召集僚佐于议事厅，说："过去周武王在孟津会盟，大家都说'商纣王可以讨伐'。现在昏主恶劣，十分暴虐，诛杀朝廷贤臣，并断绝他们的后代，生灵涂炭，上天命我等代天行罚。你们同心疾恶，共同发起义举，公侯将相就在今天，你们要各尽所能，我绝不食言。"当天建立军旗。于是收集将士一万多人，马千余匹，船3000艘，捞出原来沉放在檀溪的竹木造船。

起初，东昏侯任刘山阳为巴西郡太守，配备精兵3000，使他路过荆州随萧颖胄以袭击襄阳，高祖知道这一计谋后，便遣参军王天虎、庞庆国前往江陵，在州府广泛散发书信。等刘山阳西上，高祖对诸将领说："荆州本来就怕襄阳人，何况唇亡齿寒，自然会急得像断弦一样，怎么会不暗地同谋呢？我如果统领荆、雍之兵，扫平东夏，即使韩、白再世，也无计可施，况且以无主见的昏君，驱使着用刀逼来应征的徒众呢？我能让刘山阳一到荆州，便让他交出脑袋，诸君等着看如何。"等刘山阳到巴陵，高祖又让王天虎带着书信交给萧颖胄兄弟。王天虎去后，高祖对张弘策说："举凡用兵的道理，攻心是上策，攻城是下策，心理战是上策，用兵作战是下策，现在这件事就是如此。最近派王天虎前往州府，使州府官员人人有书信。这段时间驿马传书特别紧急，只有两封信交给行事萧颖胄兄弟，书信上说：'王天虎口述具体情况。'等问王天虎又没说什么，行事不得而知，不允许随便乱说。王天虎是行事萧颖胄的心腹，他人知道后一定认为行事与王天虎共同隐匿了此事，这样人人会产生怀疑。刘山阳从众人所说中感到疑惑，认为与萧颖胄不是一条心，则行事是进是退自己也不清楚，这样便中了我的圈套。这就是发两封空信便平定了一个州。"

刘山阳到江安，听说后果然生疑不进。萧颖胄很害怕，便斩杀了王天虎并将他的人头送给刘山阳，刘山阳这才信任萧颖胄，带几十人开进荆州城，萧颖胄埋伏兵士斩杀刘山阳，并将他的人头送给高祖。并将南康王对尊号的意见告诉高祖，还说："时月不利，当等来年二月；匆忙进兵，恐怕不当。"

高祖回答说："现在屯兵10万，粮草军用自会用完，况且所凭藉的义心，乘一时骁勇锐利，一事接一事，还怕疑虑松懈；假若将部队停留十旬，必定后悔退缩。说变就变，便成就不了大事。如今太白星现于西方，依仗仁义而行动，天时人愿，有何不利？地位名分已定，怎么能中途停止呢？过去周武王讨伐商纣王，天时也不顺，难道还要等待年月吗？"竟陵太守曹景宗派遣杜思冲劝说高祖迎接南康王定都襄阳，等正尊号后，然后进军，高祖没有听从。王茂又私下写信给张弘策说："我奉事萧衍将军，当义无反顾；然现在把南康王送到别人手中，他们便可以挟天子以令诸侯，而将军前去受人驱使，这怎会是岁寒之计呢？"张弘策说起此事，高祖说："假如前途大事没有成功，便会兰花与艾草一起被焚；如果功业建成，威震四海，号令天下，谁敢不从！怎么会是白白受人摆布呢？等到了石城，我当面给王茂、曹景宗讲清楚。"在沔州南面设立新野郡，以招集新近归附的人。

三年（501年）二月，南康王任相国，任命高祖为征东将军，给鼓乐吹乐一部。二月十三日，高祖自襄阳出发，留下弟弟萧伟守卫襄阳城，总领州府大事，弟弟萧蠡守卫垒城，府司马庄丘黑守樊城，功曹史吉士询兼任长史，白马戍主黄嗣祖兼任司马，缐县县令杜永兼任别驾，小府录事都郭俨负责漕运。并向京城发布檄文说：

"天道不会总是太平，天时不会总是平顺，凶险与安泰相交替，阴暗清明常变动，都是行危困然后通达，经历多灾多难启迪圣贤。所以昌邑王有悖天德，孝宣才得势，海西侯扰乱朝政，简文帝得以升宝座，都是治理混乱以开拓基业，光大盛世和天命，这样的道理已被以前的经历所验证，事例在过去的史书中也记载得很清楚。

"专横的君王扰乱天常，毁灭抛弃君德，奸恶荒淫，日滋月甚。在婴儿时就糅合着暴虐，在孩童时便埋下了凶险。猜忌凶毒，随时随地出现，暴残昏乱，遇事便发。自先皇帝死去，喜笑的神情已显露出来。皇帝的棺木还停放在殡宫，脸上便毫无哀伤之色，欢娱游晏比平常还要热闹频繁，穿着奇异的衣服，极尽华丽。至于选挑妃嫔，连姊妹也不放过，招收侍女，姑侄不分，宫嫔像小商贩，妇女们穿戎衣。以至身体裸露，内衣不振，以图欢笑。淫纵放肆，驱逐到郊邑。老弱到处流浪，士女遭到迫害。满路上可见到生小孩的妇女，大道上塞满了车载的尸体，母亲来不及抱，小孩来不及哭。劫掠剽掳，日夜不断。白天休息，夜晚游玩，从未停止。酒店里淫乱酗酒，装醉乱唱宠信放纵愚蠢的人，被妖孽所迷惑，梅虫儿、茹法珍收集重用小人，专制独断、

《梁书》

残杀忠良，诛灭卿相。刘镇军以舅氏尊严，尽忠报国；江仆射以外戚的显贵，竭诚奉侍皇帝；萧领军作为亲戚，立志做国家的柱石，徐司空、沈仆射是官吏之首，众望所归。或有舅甥之情，或勋劳功绩卓巨；或忠诚地克服危难，或效力王室，都受先皇的遗托，共同协助新皇帝，送走先皇，侍奉当今皇帝，倾心尽力。对他们应该奖励当世，并让他们的后代高官得坐。而一旦被杀戮，孩童也不能幸免。人与神都怨恨，陌路之人也感到愤慨。萧令君忠于王朝，其忠诚人世鬼域都知道，过去寇贼不时出没，南郑危乱形势紧迫，他挺刀而出，孤军作战。到后来大军反叛，他又掌控京城，谋划王室，指挥各路将领，收拾叛军，保住了我大齐江山。崔慧景勇猛迅速，出兵交战，令敌军闻风丧胆，失魂落魄，投效者络绎不断，很多人带着粮食如影跟随，愚蠢的、聪明的竞相投奔他。加之又在江甸誓师，奋不顾身，奖励义师，像闪电一样打击敌人，歼灭大敌，以巩固皇基。功劳超出桓、文，勋绩有过于伊、吕；并且勤劳谦虚反省自己，用事实来表明心迹，功成便隐退，不求荣誉和满足。没得到奖赏，祸灾却很快降临，扼杀精英，怎能不感到冤痛！而恶毒之人违命、蜂虿藏着毒性，便派刘山阳驱逐煽动逃犯，招收威逼亡命之徒，秘密策划，企图偷袭。萧右军、夏侯征虏以忠义为本，出奇谋，图大举，举手之间便杀了他，恶贯满盈，罪不容诛。至于违背礼教，伤害风化，残虐人民，像晋灵公那样弹射路人的，比起来还算好些，像商纣那样杀剖胎儿，砍断腿骨，比起他来还算不残酷，把世上的竹子都砍掉做成书简，也难以写完他的罪过，把天下山泽的兔子都杀光连成皮书也记不完他的罪过。自开天辟地以来，史书所记，昏庸的君主、残暴的皇后，没有比现在这位更昏更暴的了。

"人神无主，宗庙社稷处于危险境地，天下动荡，百姓不安，黎庶危惧，如同摧折其角，百姓私议，无立足之地。将军作为前朝的亲属，有责任关注国家的安危，上有先帝委托交付的重任，下应体察民众痛苦，怎可以睡在柴草上点火，坐视国家灭亡呢！永康王是高宗的后代，很受慈念宠爱，与日月一样光明，清纯专一，神灵知晓，吉祥引龟、符瑞应验于璧出，威镇陕西，德行感化西夏，赞歌不断，万人推崇。右军萧颖胄、征虏将军夏侯详都同心爱戴，住在故楚国宫殿所在地，日、月、星重新放出光明，天下九州万象更新，升平之运，从此开始，太平盛世，正在此时。然而为帝之德尽、管昭显，但天下未定，首恶未除，实现太平盛世的路还不畅通。仰仗天意，率先开路。即日遣冠军、竟陵内史曹景宗等20位将军，率5万军兵像骥绁一样快捷，瞻视勇猛，争先恐后，如龙骧并驾齐驱，从陆地出横江，直捣朱雀，长史、冠军将军、襄阳太守王茂等30名将领，率7万船舰水军，乘流而下，消灭敌军精锐，攻克险阻，从侧面攻白城。南中郎咨议参军、军主萧伟等39名军主，大船快桨，乘风破浪，旗鼓8万，云集石头城。南中郎咨议参军、军主萧蠡等42名军主，熊罴之士，甲盾10万，顺流而下，攻克新亭。益州刺史刘季连、梁州刺史柳惔、司州刺史王僧景、魏兴太守裴师仁、上庸太守韦癙、新城太守崔僧季，都庄严地奉英明的诏令，恭敬地行使上天的惩罚。蜀、汉的精兵，沿江而下，淮、汝的劲旅乘波速追。将军总领勇猛的军士、骁健勇猛的士兵百万，修缮燕国的弓，聚集赵地的马，撞击金鼓动地，敲响皮鼓震天，利剑的寒光比太阳还亮，红旗一展整个天空都变成了红色，战船连起来有千里之长，往来不绝，前呼后拥。萧右军深谋远虑，能文能武，英明远略，秉公济民。拥有荆南的人民，调遣四方的军队，宣传皇帝的诏令，护卫天子的车驾。旌旗所指之处，无所不克，龙腾虎跃，云集建业。罢免流放愚蠢与狡猾的人，与海昏抗礼，澄清神甸，平定京城。就好像泰山塌下来压倒蚂蚁的窝，高悬的河流溃口浇灭残火和余烬，怎么会有不消灭的呢！

"现在所要诛杀的，只不过是梅虫儿、茹法珍而已。诸君都是受人尊敬的贵族后裔，有学问之家，都在奸党前低头，受制于凶恶威吓。如果能随着世道的变化立功，变祸为福，对河岳发誓，将永远系青戴紫。如果执迷不悟，抗拒王师，大部队一到，格杀无赦。好比火烧原墅，野草与芝兰都将毁灭，努力求得福禄，不要以后后悔。赏罚分明，像水一样清明。"

高祖到竟陵，命令长史王茂和太守曹景宗为前军，中兵参军张法安驻竟陵城。王茂等到汉口，轻兵渡过长江，逼近郢城。荆州刺史张冲布兵据守石桥浦，义军与官兵作战失利，军主王僧起在这一战役中阵亡。众将议论要合兵围攻郢城，分兵袭击西阳、武昌。高祖说："汉口宽不过一里，可以步攻箭射相配合，房僧寄带重兵固守，是郢城人的掎角。如果所有的军队都前进，敌军肯定会断绝我军的退路，一旦受阻，便会后悔莫及。现在想派王茂、曹景宗所部渡江，与荆州军队相会合，以逼近敌军的堡垒。我从背后包围鲁山，以打通沔、汉。郢城、竟陵等地的粮食，可顺流而下运出；江陵、湘中的军队，连接着可随即赶到，这样粮食充足、兵员增多，围守这两个城，不攻便会自拔，可以很轻易地夺取天下。"众将领都说："妙！"于是便派王茂、曹景宗率兵渡江，进驻九里。当天，张冲出兵迎战，王茂等拦击敌军，大破敌军，敌人卸盔丢甲逃跑。荆州刺史派冠军将军邓元起、军主王世兴、田安等好几千人，在夏普会合大军。高祖修筑汉口城的工事据守鲁山，命令水军将领张惠绍、朱思远等在江中游弋阻截，中断郢、鲁两城的信使。

三月，便命令邓元起进军据守南堂西陼，田安之驻城北，王世兴驻守曲水老城。当时，张冲已死，其部下推荐军主薛元嗣和张冲的长史程茂为主帅。

三月十一日，南康王在江陵即帝位，将永元三年改称为中兴元年，遥废东昏侯为涪陵王。任高祖为尚书左仆射，加封征东大将军、都督征讨诸军事，手握黄钺。西台又派冠军将军萧颖达带兵来会师。当日，薛元嗣的将领沈难当率轻舰几千艘，争先攻击，张惠绍等将他们一一击破，全部擒获。

四月，高祖出师沔阳，命令王茂、萧颖达等进兵逼近郢城。薛元嗣作战很疲惫，所以不敢出来迎战。众将领想乘机攻击，高祖没有同意。

五月，东昏侯派宁朔将军吴子阳、军主光子衿等13军援救郢州，进守巴口。

六月，西台派遣卫尉席阐文慰劳将士，带回萧颖胄等人的建议，对高祖说："现在屯兵在长江两岸，不合力围攻郢城，平定西阳、武昌，攻占江州，有利的战机已失去；不如向魏求援，与北边的邻国结联和好，仍不失为一个好的计策。"高祖对席阐文说："汉口有大道与荆、雍相通，控制牵引秦、梁，粮草运输、物资储备，都要关注这里发生的任何变化，所以大兵逼压汉口，势必引起好几个州的连锁反应。现在如果将军队合在一起去围攻城池，又分兵几路前进，鲁山必然是前去沔阳路上的障碍，此地地势险要，有掩喉控颈的形势。如果粮草送运不畅通，军队自然会离散，哪里能持久呢？邓元起最近想派兵3000前去平定寻阳，对方如果突然醒悟到须识时务，派一个郦生就足够了；假如抗拒王师，3000兵不能攻下来。前进与后退都没凭据，我看不可行。西阳、武昌攻击便可占领，占领后便应加以镇守。驻守两城不能少于一万士兵。粮食储备问题还不大，可是兵员却无从补充。如果贼军中有能干远见的人，万人攻击一城，两城势必不能相互呼应救助。如果我分出兵力前去增援，则前锋与后援都被削弱；如果不派兵增援，孤立的城池肯定会被攻陷落入敌手。一座城陷落后，几个城便会逐一像土崩裂一样很快陷落，这样天下大业便休矣。如果攻克了郢城，就能席卷长江流域沿途的城池，西阳、武昌，自然闻风披靡，何必把兵众分散得七零八落，给自己制造危险和麻烦呢！而且我们的一举一行，都应合着天象的运行；更何况拥有好几个州的兵力以诛伐群贼，拦坝蓄水去扑火，哪有不灭的道理？怎能向北面请救，以显出自己弱小呢！而且魏国未必能守信用，只是白白地让我们蒙受不好的名声。这样的下等计谋，怎能说是上策呢？你替我向镇守的军队讲清楚：前去攻取，都已托付讲明了，发生的一切都看在眼里，不要担心不能胜利，希望驻守的军队安心地镇守好了！"

　　吴子阳等进军武口，高祖便命令军主梁天惠、蔡道祐据守渔湖城，唐修期、刘道曼屯兵白阳垒，夹持长江两岸，准备迎击敌军。吴子阳又进占加湖，距离郢城30里，傍山面水，修筑营垒以坚守。鲁山城首脑房僧寄死去，众人重新推举助理防务孙乐祖代替城主职位。七月，高祖命王茂率曹仲宗、康绚、武会超等偷偷出兵袭击加湖，打算攻打吴子阳。当时河水干涸不能行船，当夜河水猛涨，众兵乘流齐进，擂鼓呐喊攻击敌军，敌人很快溃败，吴子阳等人逃走，士兵都在江水中淹死众多。王茂俘虏余众，凯旋而归。于是郢、鲁两城相互联通呼应。

　　此前，东昏侯派遣冠军将军陈伯之镇守江州，作为吴子阳的后援。高祖便对众将领说："出征讨伐不一定总是凭借实力，成名更重要。现在加湖之战敌军大败，谁人敢不慑服。陈虎牙是陈伯之的儿子，狼狈地逃回家，那里的人们在感情上按理应会恐惧，我认为九江发一篇檄文便可以平定。"因此命令搜查抓获的俘虏，发现其中有一位是陈伯之的幢主，名叫苏隆之，给优厚的赏赐，让他将檄文传送过去。鲁山城主孙乐祖，郢城主程茂、薛元嗣先后请求归降。起初，郢城关闭城门时将佐文武男女人口10余万人，疾病瘟疫流行死亡者有十分之七八，至城门打开，高祖都加以抚恤，对死人给予棺材。

　　先前，汝南人胡文超在湿阳起义，请求讨伐义阳、安陆等郡，以便能够效力高祖，高祖又派遣军主唐修期攻打随郡，都取得了胜利，攻克了城池。司州刺史王僧景派自己的儿子王贞孙作为人质请求不要攻击，司州被和平解决。

　　陈伯之派遣苏隆之前来复命，说不便于进军。高祖说："陈伯之这句话，说明他进退不定，乘他犹豫不决时，快速出兵攻击他，使他无计可施，必定不能有大的危害。"便命令邓元起率领众兵，即日沿江而下。八月，天子遣黄门侍郎苏回慰劳军队。高祖登上战船，命令诸将领依次上路前进，留下上庸太守韦叡驻守郢城，执掌州府事务。邓元起快到寻阳，陈伯之仍然猜疑恐惧，便收兵退保湖口，留下他的儿子陈虎牙驻守盆城。等到高祖来到时，便缴械束甲请罪。九月，天子下诏让高祖平定东夏，并相机行事。就在这个月，留下少府、长史郑绍叔驻守江州城。先头部队到达芜湖，南豫州刺史申胄丢弃姑孰逃走，至此大军进据之，照例派遣曹景宗、萧颖达率领骑兵、步兵进驻江宁。东昏侯派遣征虏将军李居士率领步兵迎战，被曹景宗所部击溃。于是王茂、邓元起、吕僧珍进据赤鼻逻，曹景宗、陈伯之所部为机动部队。当天，新亭城主江道林率兵出战，在战斗中被众兵擒获。大军到达新林后，命令王茂进据越城，曹景宗据守皂荚桥，邓元起据守道士墩，陈伯之据守篱门。江道林残余部队退却屯驻航南，义军穷追不舍，因而江军再次溃散逃亡，退守保卫朱爵，凭借淮河以自卫。当时李居士仍据守新亭垒，请求东昏侯火烧南岸城镇的旁屋以开辟新的战场。自大航以西、新亭以北，都被夷为平地。

十月，齐朝乐昏侯的石头城军主朱僧勇率领水军 2000 人归降。东昏侯又派遣征虏将军王珍国率领军主胡虎牙等在航南大路布下战阵，全都配备强兵锐器，人数有 10 余万。宦官王㜐子手持白虎旗幡督率各路大军，又拆断航桥，以断绝军队的退路，誓死决战。王茂、曹景宗自两边拉开阵势，互成掎角，相互声援急速前进，将士们展开殊死搏战，无不以一当百，战鼓声、呐喊声震天动地。王珍国的部队，一时间土崩瓦解，跳入淮河而死者，尸体堆积与航桥等高，后到的人踩着死者的尸体渡过淮河，于是朱爵等军皆望风而溃。义军追至宣阳门，李居士交出新亭垒，徐元瑜交出东府城投降，石头、白下等地的守军都被击败。二十一日，高祖镇守石头城，命令各路大军包围 6 个城门，东昏侯便放火烧门内，驱逼营署、官府一并入城，聚众 20 万人。青州刺史桓和在东昏侯面前假称出战，乘机率所部前来投降。高祖下令各路大军修筑工事。

起初，义军逼近，东昏侯派遣军主左僧庆镇守京口，常僧景镇守广陵，李叔献屯兵瓜步，后来申胄从姑孰逃归，又让他屯兵破墩以为东北声援。至此，高祖派遣使者前去讲明形势和道理，他们都率部众归降。于是派遣自己的弟弟辅国将军萧秀镇守京口，辅国将军萧恢屯守破墩，从弟宁朔将军萧景镇守广陵。吴郡太守蔡缚弃本郡赴义师。

十二月初六日，兼卫尉张稷、北徐州刺史王珍国杀死了东昏侯，将他的人头送给义师。高祖命令吕僧珍统率大军封锁府库及图书秘籍，收东昏侯的妃子潘妃及凶党王㖗之等 41 位属官，加以斩杀。宣德皇后下令废涪凌王为东昏侯，依照汉朝海昏侯旧例。授高祖中书监、都督扬州南徐州两州的军事、大司马、录尚书、骠骑大将军、扬州刺史等职，封为建安郡公，食邑万户，给班剑 40 人，黄钺、侍中、征讨军事等职权一并保留，依照晋武陵王遵承制的旧例。

十九日，高祖入屯阅武堂。

中兴二年（502 年）二月初二日，接受任命为相国、梁公。三月初三日，接受任命为梁王。三月二十八日，齐帝将帝位让给梁王。

高祖上表推让，未获允准。于是齐百官豫章王元琳等八百 819 人，以及梁王府台侍中萧云等 117 人，共同上表劝高祖接受天命，高祖谦让不接受。当天，太史令蒋道秀列举天文符谶 64 条，事情都很明显；群臣再次上表恳求，高祖才接受禅让践帝位。

太清二年（548年）春正月初七日，魏攻陷涡阳。十二日，豫州刺史羊鸦仁、殷州刺史羊思达，均弃城逃走，魏进据之。二十三日，以大将军侯景为南豫州刺史，安北将军、南豫州刺史鄱阳王萧范为合州刺史。

秋八月初十日，侯景叛乱，接连攻打马头、木栅、荆山等地。十六日，安前将军、开府仪同三司邵陵王萧纶统帅众军讨伐侯景。特赦南豫州。

冬十月，侯景袭击谯州，执刺史萧泰。二十日，侯景进兵攻历阳，太守庄铁降于景。二十二日，侯景自横江渡至采石。二十四日，侯景军至京师，临贺王萧正德率众附从贼军。

十一月初四日，贼军攻陷东府城，杀南浦侯萧推、中军司马杨曒。二十三日，邵陵王萧纶率武州刺史萧弄璋、前谯州刺史赵伯超等入援京师，屯驻于钟山爱敬寺。二十八日，萧纶进军湖头，与贼军作战，兵败。二十九日，安北将军鄱阳王萧范遣嫡长子萧嗣、雄信将军裴之高等率众入援，驻扎于张公洲。

十二月三十日，司州刺史柳仲礼、前衡州刺史韦粲、高州刺史李迁仕、前司州刺史羊鸦仁等均率军入援，推举柳仲礼为大都督。

三年（549年）春正月初一日，柳仲礼率众分营据守南岸。同日，贼军于青塘渡兵，袭破韦粲军营，韦粲拒战身死。初四日，邵陵王萧纶、东扬州刺史临成公萧大连等率兵会集于南岸。十二日，高州刺史李迁仕、天门太守樊文皎进军青溪东，被贼击败，文皎战死。

二月二十一日，南兖州刺史南康王萧会理，前青冀二州刺史湘潭侯萧退率江州兵马屯驻于兰亭苑。二十四日，安北将军、合州刺史鄱阳王萧范于本号外加任开府仪同三司。

三月初三日，前司州刺史羊鸦仁等进军东府北，与贼军作战，大败。十二日，贼军攻陷宫城，纵兵大肆抢掠。十四日，贼矫诏遣石城公萧大款撤去外援军。十五日，侯景自任为都督中外诸军事、大丞相、录尚书。十六日，援军各自退却散去。

四月二十四日，高祖因所求食物得不到供应，忧愤成疾。同月，青冀二州刺史明少遐、东徐州刺史湛海珍、北青州刺史王奉伯各自以本州附从于魏。

五月初三日，高祖崩逝于净居殿，时年86岁。

高祖生来就懂得孝道。6岁时，献皇太后崩驾，高祖多日水米不进，哀哀哭泣，痛苦之状胜过成年人，内外亲属，都对他特别敬重。及至丁服文皇帝丧事，当时正为齐朝随王咨议，随府在荆州镇，隐约听得父丧消息，便急急上投自劾之文辞官而去，连夜奔走，不吃不睡，日夜兼程地赶路，不管风高浪险，一刻也不曾休歇。高祖本来强壮，待到还至京都，清瘦得皮包骨头，亲友难以识认。面对旧宅举丧号哭，声断气绝，好久不省人事，每当临哭便呕血数升。服丧期间不再有米粒粘牙，仅仅靠大麦度日，每天仅食两溢。祭扫陵墓，涕泪所洒之处，草木为之变色。待到身居帝位，便于钟山造大爱敬寺，于清溪边造智度寺，又于台内立至敬等殿。又建7庙堂，每月过访两次，陈设素斋。每当行跪拜之礼时，总是潸然泪下，悲哀之状令左右十分感动。加以才德圣明，所擅长之事能精研穷究，少时便潜心学问，精通儒玄二学。即使是日理万机、事务繁多之时，仍是手不释卷，燃烛点灯，常至五更。作《制旨孝经义》《周易讲疏》及六十四卦、二《系》《文言》《序卦》等义，《乐社义》《毛诗答问》《春秋答问》《尚书大义》《中庸讲疏》《孔子正言》《老子讲疏》，总计200余卷。且指正先儒迷惑不解之处，阐发先圣文句之大义。王侯朝臣均上表请求答疑，高祖逐一解释。整修装饰国学，增加生员，建立五馆，设置五经博士。加以忠实地信仰释迦正法，尤其长于佛典，作《涅盘》《大品》《净名》《三慧》诸经义记，又数百卷。听政之闲，便于重云殿及同泰寺讲说，名僧、博学之辈，比丘、比丘尼、优婆塞、化婆夷四部听众，每每万余人。又作《通史》，亲自作赞与序，共600卷。天性睿智聪明，下笔成文，即使是千篇赋百首诗，文不加点，一蹴而就，都是文质彬彬。从诏铭赞诔到箴颂笺奏，从在郡之日到登帝位之时，各种文集，又有120卷。礼乐书数射御六艺均十分娴熟，棋艺到了炉火纯青的地步，于阴阳、谶纬、预测之学、占卜之术，样样精通。又撰《金策》30卷。所作草书、隶书、尺牍，及骑马射箭之术，无不令人叫绝。勤于政事，孜孜不倦。每至冬日，四更刚完，便敕令使者举烛视事，执笔时遭遇寒气，手背因此而皲裂。惩治奸人，挖掘隐恶，洞察物理人情，每每哀怜流涕，然后准许上奏。每日只食一餐，膳食中没有鲜鱼肥肉，只有些豆羹粗食而已。各种政务繁多，如果日已过午，便嗽嗽口继续理政。身上穿着布衣，以木棉布做成黑色粗质帷帐，一顶帽子用3年，一床被子用两年。平常所行节俭之事，如上者举不胜举。50开外便断绝房事。后宫职司自贵妃以下，六宫除祭祀礼服之外，都是衣不曳地，衣袖也不用锦绮。不饮酒，不听音乐，只要不是宗庙祭祀、大宴宾客及各种法事，不曾奏乐。生性方正，虽居小殿暗室，也总是衣冠整齐。闲坐时也将腰挺得笔直，盛夏酷暑，从不曾袒胸敞怀。如果不是仪表整洁，从不与人相见；即使与宫人、小臣见面，也像对待贵宾一样。纵观历代君主，温良恭俭，庄严肃穆，博学多艺，极少有像梁高祖这样的。

唯物主义无神论者——范缜

范缜，字子真，自幼孤苦贫穷，侍母亲至孝。年龄接近20，听说沛国刘瓛聚众讲学，就前往跟他学习，出类拔萃而刻苦攻读，刘瓛对他十分器重，亲自替他举行加冠礼。在刘瓛门下多年，无论什么时候，总是穿草鞋布衣，步行于路。刘瓛门下乘车骑马的王公贵族很多，范缜在他的门下，毫无羞愧。已长大成人，博通经学，尤其精于《周礼》《仪礼》和《礼记》。为人正直，喜发高论和惊人之语，发表高论，得不到士友的赞同，只与表弟萧琛相互理解，萧琛称范缜叫"口辩"，十分佩服他具有很深的造诣。

范缜起先在齐朝官宁蛮主簿，经多次提升官至尚书殿中郎。齐武帝永明年间，与北魏和亲，每年互通聘问修好，特地挑选有才学之士作为使臣，范缜及堂弟范云、萧琛、琅邪颜幼明、河东裴昭明相继受命，都显名于邻国。当时竟陵王萧子良广招宾客，范缜也在其中。建武年间，升为领军长史。出任宜都太守，因母亲逝世而离职。回家在南州居住。义军到来，范缜穿着黑色丧服出迎。梁高祖萧衍曾与范缜同游萧子良的西邸且交情不错，见面之后很高兴。至平定建康城，委派范缜为晋安太守。在郡任职期间，十分清廉节俭，全凭俸禄维持生计。工作4年，调任尚书左丞。范缜无论离职复任，即使是亲戚都无所馈赠，唯独馈赠前尚书令王亮。范缜在齐朝做官时，与王亮同在尚书台为郎，素有交情，到这时王亮被摈弃在家。范缜亲自出迎梁高祖的军队，志在得到卿相的职位，后来愿望没有实现，便时常怏怏不乐，所以私下相互亲近结交，以使矫正时弊。后来终究因为王亮而获罪，被流放到广州。

最初，范缜在齐朝，曾侍奉竟陵王萧子良。萧子良诚心信佛，而范缜极力声言无佛。萧子良问道："您不相信因果报应，那么世间怎么会有富贵，怎么会有贫贱？"范缜回答说："人的出生好比一棵树上的花，同样在一枝树杈上发芽，一起在一个花蒂上绽开，随风飘落，有的擦过窗帘落在绣垫上，有的穿过篱笆掉进粪坑里。落在绣垫上的，正是殿下您；掉进粪坑里的，正是下官我。贵贱即使差别再大，因果报应究竟如何体现呢？"萧子良说服不了他，心中十分不快。范缜回去阐明其中的道理，著《神灭论》说：

有人问我："怎样知道精神灭亡呢？"答："精神即形体，形体即精神，因此形体存在精神就存在，形体死亡精神就灭亡。"

问："形体是对没有知觉的称谓，精神是对有知觉的命名，有知觉和没知觉，在认识事物时就明显不同，精神和形体，按理而言是不容混而为一的，把形体和精神说成是一回事，真是闻所未闻。"答："形体是精神的实体，精神是形体的作用，这就是形体指实体而言，精神指作用而言，形体和精神，不能相互分开。"

问："精神本来不是实体，形体本来不是作用，说不能把它们分开，其中的道理在哪里呢？"答："名称不同而实体只有一个。"

问："名称既然已经不同，实体怎能只是一个？"答："精神对于实体，好比锋利对于刀刃，形体对于作用，好比刀刃对于锋利，锋利这个名称不是指刀刃，刀刃这个名称不是指锋利，但是抛开锋利就没有刀刃，抛开刀刃就没有锋利，没听说没有刀刃而锋利还存在，怎能形体死亡而精神还存在呢？"

问："刀刃对于锋利，或许像刚才所说，形体对于精神，其中的道理并不如此。凭什么这样说呢？树木的实体是没有知觉的，人的实体是有知觉的，人既然有像树木一样的实体，却具有与树木不同的知觉，难道不是树木具有实体，人具有实体又具有知觉吗？"答："奇怪呀，这种说法！人如果具有像树木那样有实体作为形体，又具有与树木不同的知觉作为精神，那么就可以像刚才论述的那样。如今人的实体，这种实体本身是具有知觉的，树木的实体，这种实体本身是不具有知觉的，人的实体不是树木的实体，树木的实体不是人的实体，哪里会有像树木的实体却又具有与树木不同的知觉呢！"

问："人的实体所以不同于树木的实体，是因为人的实体具有知觉。人如果没有知觉，与树木有什么不同？"答："人没有不具有知觉的实体，就好像树木没有具有知觉的形体一样。"

问："死人的形骸，难道不是没有知觉的实体吗？"答："死人的形骸是没有知觉的人实体。"

问："如此说来，人果真具有像树木一样的实体，却具有与树木不同的知觉了。"答："死人具有像树木那样的实体，却没有与树木不同的知觉；活人具有与树木不同的知觉，却没有像树木那样的实体。"

问："死人的骨骼，不是活人的形骸吗？"答："活人的形体不是死人的形体，死人的形体不是活人的形体，已经区别得十分清楚了，哪里会有活人的形骸，却具有死人的骨骼呢！"

问："如果说活人的形骸不是死人的骨骼，既然不是死人的骨骼，那么不应从活人的形骸变成，不从活人的形骸变成，那么死人的骨骼是从哪里变成这个样子呢？"答："这是从活人的形骸，变成了死者的骨骼啊。"

问："活人的形骸变成了死人的骨骼，难道不是因为有生才有死吗？这就知道死人的形体和活人的形体没有两样。"答："如果茂盛的树木变成了枯木，难道枯木的实体就是茂盛的树木的形体吗？"

问："茂盛的形体变成了干枯的形体，干枯的形体就是茂盛的形体；蚕丝的形体变成了丝线的形体，丝线的形体就是蚕丝的形体，这里有什么区别呢？"答："如果干枯就是茂盛，茂盛就是干枯，就应该茂盛的时候凋零，干枯的时候结果。又茂盛的树木不应变成干枯的树木，因为茂盛就是干枯，那便没有什么再变化的了。茂盛和干枯是一回事，为何不先干枯后茂盛呢？必定先茂盛后干枯，为什么呢？蚕丝和丝线的道理，也与这种剖析相同。"

问："活人形体的消亡，就应该豁然都没有，为何刚成为死人的形体，还拖延很长时期没完了呢？"答："这是因为有生有灭的形体，要有各自生灭的顺序的缘故。那些突然产生的东西必定会突然灭亡，逐渐产生的东西必定逐渐灭亡。突然产生的，暴风骤雨正是这种东西；逐渐产生的，动物、植物正是这种东西。有的突然生灭，有的逐渐生灭，这是万物自身的规律。"

问："形体就是精神，手之类也是精神吗？"答："都是精神的一部分。"

问："如果都是精神的一部分，精神既然能思想，手之类也应该能够思虑。"答："手之类也应该有痛痒的感觉，但没有对是非的思虑。"

问："感觉和思虑，是一回事是两回事？"答："感觉就是思虑，程度浅是感觉，程度深是思虑。"

问："像这样，应该有两种思虑，思虑既然有两种，那么精神有两种吗？"答："人的形体只是一个，精神怎能有两个？"

问："如果不能有两个，怎能有痛痒的感觉，又有对是非的思虑？"答："像手和脚虽然不同，终究是一个人，对是非的思虑与对痛痒的感觉虽然仍有区别，也终究只是一个精神。"

问："对是非的思虑，与手足无关，应与什么地方相关？"答："对是非的思虑，是由心这种器官主宰的。"

问："心这种器官，是指五脏中的心，不是吗？"答："是的。"

问："五脏有什么区别，而唯独心具有对是非的思虑呢？"答："七窍还有什么区别，可是所起的作用却不一样。"

问："思虑没有固定的领域，怎么知道是由心这种器官主宰的呢？"答："五脏各有自己主管的事情，其他脏器没有能进行思虑的，因此知道心脏是进行思虑的主体。"

问："为何思虑不寄放在眼睛等身体的其他部分之中？"答："如果思虑可以寄放在眼睛部分，眼睛为何不寄放在耳朵部分呢？"

问："思虑自身没有本体，因而可以寄放在眼睛部分，眼睛自身有主体，不需要寄放在其他部分。"答："眼睛为何有本体而思虑没有本体，假若思虑没有本体在我的形体中，而且可以普遍寄放在别的地方，那么张甲的性情也可以寄放在王乙的身体中，李丙的性情也可以寄放在赵丁的身体中。是这样吗？不是这样的。"

问："圣人的形体和凡人的形体一样，却有凡人和圣人的区别，所以知道形体与精神根本不同。"答："不对。纯金能照，有杂质的不能照，具有能照特性的纯金，哪里会有不能照的杂质。又哪里有圣人的精神却寄托在凡人的器官中，也没有凡人的精神却寄托在圣人的身体里。因此眉八彩，眼重瞳，这是尧和舜的容貌，龙颜、马口，这是轩辕和皋陶的容貌，这都属于外表形态的奇异之处。比干的心，内分七窍，姜维的胆，大如拳头，这都属于心脏器官的特殊表现。由此可知圣人生就的特质，每每与常人大不一样，不仅是圣人的道德与众不同，就连形体也超越众生。将凡人与圣人的形体等同起来，这是无法接受的。"

问："您说圣人的形体一定与凡人不同，请问阳货与孔子相似，项籍与舜相似，舜、项籍、孔子、阳货的智慧有天渊之别，而形体却相同，这是什么缘故呢？"答："珉与玉类似却不是玉，鸡与凤凰类似却不是凤凰，万物中的确有这种现象，人本来也不例外。项籍、阳货的外貌相似而实质并不相似，心脏器官不一样，虽然外貌相似也毫无用处。"

问："凡人与圣人的差别，形体与器官不同，可以这样说；圣人十全十美，按理不应有差别，但孔子、周公的外貌不同，商汤、文王的形状两样，说明精神与形体并不相互依存，从这里表现得更加明显了。"答："圣人在心脏器官方面相同，形体不一定相同，就像马的毛色不一而同样善于奔跑，玉的色泽有别而全都十分美好。因此晋国的垂棘璧、楚国的和氏璧同样价值连城，骅骝宝马、骐骊良驹都能一日千里。"

问："形体与精神不能截然分开，已经听清楚了，形体死亡，精神也就灭亡，道理本该如此。请问经书上说'为死去的父母建立宗庙，用对待鬼神的礼节祭祀他们',讲的是什么意思呢?"答:"圣人的教化是这样的,目的在于安定孝子的心情,进而清除苟且不忠厚的想法,将死人神化,正是从这种考虑出发的。"

问:"死去的伯在披着甲胄,谢世的鼓生化为大猪出现,典籍著录这些事情,难道是为了推行教化吗?"答:"妖怪渺茫,有真有假,暴死的人很多,没有都变成鬼,为什么唯独鼓生、伯有能这样呢?突然出现的人和猪的形象,未必就是齐国的彭生、郑国的伯有啊!"

问:"《周易》说:'圣人因此知道鬼神的情状。圣人与天地相类似,因而不违反天地之道。'又说:'一辆车装着鬼。'其中说的是什么意思?"答:"有的是禽,有的是兽,区别在于会飞还是会跑;有的是人,有的是鬼,区别在于显见还是幽隐。人死会变成鬼,鬼亡会变成人,那就不知道了。"

问:"知道这种精神消亡的道理,有什么用处呢?"答:"浮屠危害政事,沙门败坏风俗,如风惊雾起,驰荡不休,我对由此产生的弊病深感悲痛,想拯救那些执迷不悟的人。为什么那些人收尽钱财去请和尚,倾家荡产去皈依佛门,却不怜恤亲戚,不怜悯穷人呢?实在是由于厚待自己的想法太多,帮助别人的考虑太少。因此薄礼赠予贫穷的友人,吝啬的表情就现在脸上;巨资送给富有的和尚,喜悦的心情便流露于容发。难道不是因为在和尚那里寄托着美好的期待,从亲友那里得不到丝毫的回报,进行施舍,一点儿不救济贫穷,积攒功德,全都是为了自己,加上被愚昧的话所迷惑,对地狱苦楚十分恐惧,受虚妄之辞的引诱,对天堂欢乐十分欣羡,因此抛弃儒家的服饰,穿起和尚的袈裟,取消传统的祭典,陈设释氏的器具,家家抛弃亲人,人人断绝后嗣,致使队伍缺兵,官府无吏,粮食被游手好闲的懒汉用光,财物被泥塑木雕的庙宇耗尽。所以坏人不受惩处,颂声仍旧盈年。正因为如此,它的影响无休无止,它的危害没边没际。万物的生成出于自然,万物的变化都来源于自身,顷刻存在,转瞬消逝,生不加阻碍,死不予追寻,顺应天理,全都安于自身的禀性,小人安于种植,君子安于寡欲,耕种而后饮食,食品不可穷尽,养蚕而后穿着,衣物不会缺少,下层的人生活有余用来供养上层的人,上层的人少私寡欲对下层不加干预,能够尽其天年,能够治好国家,能够称霸天下,凭借的就是自然无为之道。"

这种观点公开之后,朝野议论纷纷,竟陵王萧子良召集僧侣进行反驳,没有难倒范缜。

范缜流落南方多年,被召回京都建康。回京后被任命为中书郎、国子博士,死于任所。有文集10卷。

《陈书》

《陈书》概论

《陈书》是二十五史中在唐初撰成的 8 部官修史书之一，记载了南北朝时期封建割据政权——陈朝（557—589 年）兴国、发展、覆亡的历史。

一

《陈书》成于姚思廉之手，实际上是姚察、姚思廉父子两代撰成。《陈书》的编撰，始于陈代，姚察即参与其事。姚察以史职参与，由于陈亡之故，《陈书》未成而辍。隋代，姚察又受命撰修梁、陈二史，未成而卒。唐兴，天下初定，令狐德棻倡议修前朝史，唐高祖遂于武德四年十一月诏修魏、周、隋、齐、梁、陈六朝史。当时，受命撰修陈史的有窦进、欧阳询、姚思廉。由于种种原因，数年而不就。至贞观三年（629 年），唐太宗重诏修撰，姚思廉奉敕撰梁、陈二史。贞观九年，成《陈书》。

《陈书》虽成于姚氏父子，但前人之功不可没。刘知几《史通》云："陈史初有吴郡顾野王、北地付绰各为撰史学士，其武、文二帝纪即为顾、付所修。太建初（宣帝），中书郎陆琼续撰诸篇，事伤烦杂，姚察就加删改，粗有条贯，及江东不守，持以入关，隋文帝尝索梁、陈事迹，察具以所成，每编续奏，而依违荏苒，竟未绝笔。皇家贞观初，其子思廉为著作郎，奉诏撰成二史。于是赁藉旧稿，加以新录，弥历九载，方始毕功。"可见，《陈书》的修撰，除了姚氏父子付出了艰辛的劳动外，也有他人之功。

二

《陈书》共36卷，其中本纪6卷，分别记载高祖(陈霸先)、世祖(陈蒨)、废帝(陈伯宗)、宣帝(陈顼)、后主(陈叔宝)五皇史实；列传30卷，大致按皇后、武将、文臣、宗室、儒林、文学、孝行、侍臣、逆臣之类，较为全面地反映了陈朝的历史。然而，历代史家对它的评价并不高，认为非但不能与前四史相提并论，而且在唐八史中也算不得上乘。主要因为《陈书》自身的缺点所致。

首先，作者的唯心主义史观。在撰述王朝的盛衰和帝王将相的得失成败时，以宿命论的观点，强调"天意"和"历数"，认为王朝的兴衰，"大人物"的成败，都是神意的体现或某种神秘力量的既定安排。在记人记事时，承袭前代的阴阳五行、图谶灾异的陈腐思想，对奇异传说、鬼怪奇闻、相面望气、因果报应着力渲染。姚察是位佛教信徒，习佛法，读佛经，临终犹正坐诵佛。姚思廉虽不见有其父之佞佛行为，但对佛事也不加排斥。因此，在《陈书》中，对佛事的记载尤详。这虽然反映了当时的社会风尚，但姚氏的崇佛思想，使得他们对佛事的记载充满了感情色彩，并用佛教所宣扬的因果报应作为对历史人物的总结，则有失偏颇。

其次，体例有疵。《陈书》的体例，看似严谨，细加分析，其中欠妥之处仍不乏时见。在人物立传方面，凡陈氏子孙，不分贤愚，人人立传，使《陈书》成了变相的陈氏族谱。在人物的归类方面，颇有不当之处。

再次，多溢美、隐恶、讳过之笔。姚氏出身庶族，对此他特别忌讳。其父历仕梁、陈、隋三朝，功名显赫，隋代封为北绛郡公。在《姚察传》中，姚思廉洋洋洒洒用了 3000 余字来记述，详叙朝廷之优礼、名流之褒奖及察之逊谢等词，事极琐屑，极尽文饰之能事。而对其祖父的记述则简而又简，含糊地说："父上开府僧坦，知名梁武代，二宫礼遇优厚。"详略之间，出入极大。之所以如此，缘于其祖父只是梁时太医正，仅因医术精明而受梁武帝看重。在儒家思想占统治地位的封建时代，技艺为士林所不齿。姚思廉以士林标榜，而轻视祖父之业。

隐恶讳过之处，多处可见。如，《世祖本纪》及《衡阳王昌传》对世祖夺嫡、谋杀高祖子衡阳王陈昌一事的记载都极为简单，并隐瞒真相，说是侯安都请缨前去迎接衡阳王，衡阳王溺水而死。又如陈高祖篡梁一事，《南史》载为："刘师知为陈武害梁敬帝入宫，诱帝出，帝觉之，绕床而走曰：'师知卖我，陈霸先反，我本不须作天子，何意见杀。'师知执帝衣，行事者加刃焉。"而从《陈书·高祖本纪》中绝对看不出逼夺之迹，刘师知本传中也找不出一字涉及此事。如此隐恶讳过，有违事实，《陈书》得不到史家赞誉，自然是在情理之中。

　　尽管《陈书》的不当之处不少，但它仍在二十五史之列，足可说明《陈书》是瑕不掩瑜，至少是瑕玉互见的。《陈书》的价值之一在于，它成于姚氏父子之手，姚氏父子曾仕于陈，对陈朝之事亲身经历，虽成于唐，但可以说是当世人写当世事，是现存比较好的原始记载。其二，纪传中大段甚至全文保留诏令、奏疏，保留了陈代的不少作品，对于窥视陈代文风及典章制度，有较大参考价值。其三，《陈书》以及《梁书》的行文风格，是对六朝文风的变革。散文或古文的倡导与重振，以唐中叶和北宋时期为主，姚氏父子在陈末唐初已开其先河，在古代文学史上的地位不可忽视。

政 略

侯安都居功自傲

部下将帅多不遵法度，检问收摄，则奔归安都①。世祖性严察，深衔之。安都弗之改，日益骄横。每有表启，封讫，有事未尽，乃开封自书之，云又启某事。及侍宴酒酣，或箕踞②倾倚。尝陪乐游禊③饮，乃白帝曰："何如作临川王时？"帝不应。安都再三言之，帝曰："此虽天命，抑亦明公之力。"宴讫，又启便借供帐水饰④，将载妻妾于御堂欢会，世祖虽许其请，甚不怿。明日，安都坐于御坐，宾客居群臣位，称觞上寿。初，重云殿灾，安都率将士带甲入殿，帝甚恶之，自是阴为之备。

（《陈书》卷八，侯安都传）

【注释】

①安都：指侯安都，南朝陈始兴曲江（今广东韶关）人，建国元勋，曾官司空、侍中，食邑5000户，后被文帝赐死。

②箕踞：坐时随意伸开两腿，像个簸箕，是种不合礼节的坐法。

③禊(xì)：被祭，古人消除不祥的一种祭祀，常在春秋两季时于水滨举行。

④供帐：供设帷帐。水饰：供游玩用的船只上的装饰，代指船只。

【译文】

侯安都的部下将帅大多不遵守法规，在外胡作非为，有关人员要检查、盘问、收捕他们，他们就逃回侯安都处。世祖陈茜性严厉，对侯安都很是不满。

侯安都不但不改正，反而日益骄横无礼。呈交皇上的文书封好之后，一旦想起还有什么没有说完的事情，就拆开文书，另行添加所谓还需陈述给皇上的事情。在官廷宴会上酒兴正浓的时候，他就忘乎所以，甚至随意伸开两腿，像个簸箕，歪歪斜斜地靠在椅子上。有一次，举行袚祭，侯安都陪从陈文帝饮酒，大家玩得很痛快，侯安都问陈文帝："您现在做皇帝，与你做临川王时相比，怎么样？"陈文帝没有回答。侯安都执意要他回答，文帝就说："我能当皇帝，虽然是天命的安排，您也出力不少。"宴会之后，他又请求文帝立即借给他船只，他要把妻妾家人们接来官廷欢聚，文帝虽然同意了他的请求，但很不高兴。第二天，侯安都坐在皇帝宝座上，宾客们坐在臣子的座位上，斟酒为他祝寿。当初，重云殿发生火灾，侯安都率领将士，带着武器上殿，文帝就很憎恨他。这次以后，陈文帝就暗中对他防备起来。

迁都之议①

时朝议迁都，朝士家在荆州者，皆不欲迁，惟弘正②与仆射王褒③言于元帝曰："若束修④以上诸士大夫微见古今者，知帝王所都本无定处，无所与疑。至如黔首万姓，若未见舆驾入建邺，谓是列国诸王，未名天子。今宜赴百姓之心，从四海之望。"时荆陕人士咸云王、周皆是东人，志愿东下，恐非良计。弘正面折之曰："若东人劝东，谓为非计，君等西人欲西，岂成良策？"元帝乃大笑之，竟不还都。

（《陈书》卷二十四，周弘正传）

【注释】

①侯景攻陷梁都城建康后，湘东王、荆州刺史萧绎派王僧辩与陈霸先一道平定侯景，在江陵即位称帝。围绕定都江陵还是迁都建康的问题，大臣之间产生了争议。

②弘正：周弘正，汝南安城（在今河南东部）人。

③王褒：琅邪临沂（今山东临沂）人。

④束修：本指学生送给老师的礼物。古代人15岁入学，必用束修，因以束修指代受过低级教育的读书人。

【译文】

当时，梁元帝上朝议论迁都问题，那些家在荆州的大臣们不愿迁都，只有周弘正和尚书仆射王裒对元帝说："对于那些只要受过教育的、稍微懂得古今历史的士大夫们来说，他们知道帝王定都的地方原本不是固定不变的，这个道理是没有疑问的。至于对平民百姓来说，假如他们看不到您皇上的车马进入都城建业（今南京市），他们就会把您视为列国诸王之一，而不把您看作天子。现在，皇上应该顺应民心，遵从天下百姓的愿望。"当时，荆、陕大臣都说王裒、周弘正是东部人，因而愿意迁都东面的建康，这恐怕不是良策。周弘正当面驳斥他们说："如果说东部人劝说皇上迁都东面，因而不是良策，那么，你们西部人想定都西面，难道就是良策吗？"梁元帝听说大笑，但最终没有迁都建康。

不辱使命

太清二年，（徐陵）兼通直散骑常侍。使魏，魏人授馆宴宾。是日甚热，其主客魏收①嘲陵曰："今日之热，当由徐常侍②来。"陵即答曰："昔王肃③至此，为魏始置礼仪；今我来聘，使清复知寒暑。"收大惭。

（《陈书》卷二十六，徐陵传）

【注释】

①魏收（506—572年）：北朝北齐史学家，撰有《魏书》。

②徐常侍：指徐陵，南朝陈文学家，今山东郯城人，陈时官尚书左仆射、中书监。

③王肃：北魏大臣，原仕东晋，归北魏后，深受魏高祖礼遇，负责制定礼仪。

【译文】

太清二年（548年），徐陵兼任通直散骑常侍。他出使东魏，东魏替他安排馆舍，设宴招待。这一天，天气非常炎热，宴会主持人魏收嘲笑徐陵说："今日天气炎热，该是由您徐常侍带来的。"徐陵立即回答说："先前王肃到北魏后，替北魏最早制定了礼仪；现在，我来访问您们东魏，使您又知道了寒暑冷热。"魏收听后，感到很惭愧。

法　制

铁面无私

　　六年，（徐陵）除散骑常侍、御史中丞。时安成王顼为司空，以帝弟之尊，势倾朝野。直兵鲍僧睿假王威权，抑塞辞讼，大臣其敢言者。陵闻之，乃为奏弹，导从南台①官属，引奏案而入。世祖见陵服章严肃，若不可犯，为敛容正坐。陵进读奏版时，安成王殿上侍立，仰视世祖，流汗失色。陵遣殿中御史②引王下殿，遂劾免侍中、中书监。自此朝廷肃然。

（《陈书》卷二十六，徐陵传）

【注释】

　　①南台：指中央监察机构御史台。

　　②殿中御史：御史台官职。

【译文】

　　天嘉六年（505年），徐陵被任命为散骑常侍、御史中丞。当时，陈世祖的弟弟安成王陈顼（即陈宣帝）为司空，他身份尊贵，势倾朝野。直兵（官名）鲍僧睿依仗安成王的权势，阻塞诉讼，大臣们没有敢对他提意见的。徐陵听说鲍僧睿的事情，就上奏弹劾，他率领御史台的官员，捧着奏文去朝见陈世祖，世祖见徐陵服饰、态度非常严肃，貌不可犯，就收敛起笑容，正襟危坐。徐陵上前宣读奏文时，安成王也在殿上侍立，抬头望着世祖，吓得流汗变色。徐陵叫殿中御史带安成王下殿去，终于罢免了他的侍中、中书监的职位。从此，朝廷风纪肃然。

姚察拒馈赠

　　察①自居显要，甚励清洁②，且廪锡③之外，一不交通④。尝有私门生⑤不敢厚饷⑥，止送南布一端⑦，花练⑧一匹⑨。察谓之曰："吾所衣著⑩，止是麻布蒲练⑪，此物于我无用。既欲相歉接⑫，幸不烦尔。"此人逊请，犹冀受纳，察历色驱出，因此伏事⑬莫敢馈遗⑭。

（《陈书》卷二十七，姚察传）

【注释】

　　①察：姚察，在南朝陈任吏部尚书，入隋撰梁、陈二史未成而逝，其子姚思廉成功其事。

　　②清洁：清正廉洁。

　　③廪（lín）锡：廪，官府供给的粮食。锡，赐给。

　　④交通：交往，在交往中受礼。

　　⑤私门生：南朝时期对贵族、官僚等的依附者。

　　⑥饷：赠送。

　　⑦止送南布一端：止，通"只"。南布，当指木棉布。端，古以六丈为一端。

　　⑧花练：粗丝织的花布。

　　⑨匹：古以4丈为一匹。

　　⑩衣著：著（zhuó），同"着"。

　　⑪麻布蒲练：粗陋之衣。

　　⑫歉接：歉，通"款"，歉接意为交好。

　　⑬伏事：服侍。

　　⑭馈遗（wèi）：赠送。

【译文】

　　姚察身居要职以后，非常注意保持清廉，除了自公家所得的粮米和赏赐，不收受任何人的礼品。他曾经的一个门生，还不敢送太重的礼，只送了南布一端，花布一匹。姚察对他说："我所穿的衣服，只不过是麻布蒲练这样的粗品，这些东西对我来说是用处不大。既然想和我交好，也用不着费心。"这人仍然请求，希望他能接受，姚察生起气来，板着面孔把他赶了出去，因此想巴结他的人都不敢赠送东西给他。

军 事

虎将程文季

文季①临事谨急，御下严整，前后所克城垒，率皆迮②水为堰，土木之功，动逾数万。每置阵役人，文季必先诸将，夜则早起，迄暮不休，军中莫不服其勤干。每战恒为前锋，齐③军深惮之，谓为"程兽"④。

（《陈书》卷十，程文季传）

《陈书》

【注释】

①文季：程文季，南朝陈将领。

②迮（zuò）：狭窄，使变狭。此言堵截。

③齐：此指北齐，曾一度与陈对峙。

④程兽：应为"程虎"，《陈书》作者姚思廉出于避讳的考虑，改为"程兽"，《南史》则作"程彪"。

【译文】

程文季遇事严谨性急，督责部下十分严格，先后攻克的城垒，都截水为堰，土木用工，动不动就超过数万。每有战事，他早早起床，到天黑也还不休息，比将领们都要忙碌，全军上下都叹服他的勤奋干练。每次打仗，他常常当前锋，北齐人很怕他，把他称为"程兽"。

将军章昭达

昭达①性严刻，每奉命出征，必昼夜倍道；然有所克捷，必推功将帅，厨膳饮食，并同于群下，将士亦以此附之。每饮会，必盛设女伎杂乐②，备尽羌胡之声③，音律姿容，并一时之妙，虽临对敌寇，旗鼓相望，弗之废也。

（《陈书》卷十一，章昭达传）

【注释】

①昭达：章昭达，南朝陈将领。

②女伎杂乐：女伎，指善于歌舞的女子。杂乐，种类很多，除歌舞外，很可能还有一些军事体育活动。

③羌胡之声：羌，我国古代西方少数民族。胡，古代对西、北方少数民族的通称。"羌胡之声"，慷慨激越，有利于鼓舞斗志。

【译文】

章昭达严厉刻急，每当出征，必定昼夜兼程，但打了胜仗，必定归功于他手下的将帅，他在饮食方面，也和部下一样，将士因此乐于追随他。每有饮宴之会，一定要盛设女伎和杂乐，表演羌胡之声，淋漓尽致，而那些女艺人的艺技和姿容也极绝佳，即使是面对敌寇，看得见敌军的旗帜，听得到敌人的鼓声，他还是照常不误。

仁者必有勇

及侯景寇郢州，申①随都督王僧辩据巴陵，每进筹策，皆见行用。僧辩叹曰："此生要鞭汗马②，或非所长，若使抚众守城，必有奇绩。"僧辩之讨陆纳也，申在军中，于时贼众奄至，左右披靡，申躬蔽僧辩，蒙楯③而前，会裴之横救至，贼乃退，僧辩顾申而笑曰："仁者必有勇，岂虚言哉！"除散骑侍郎。

二
十
四
史
精
华

【注释】

①申：指司马申，南朝陈河内温（今河南温县）人，官至右卫将军。

②要鞬（jiān）汗马：比喻带兵打仗。鞬，系在马背上用来装箭的筒。要，约束。

③楯：通"盾"，盾牌。

【译文】

等到侯景进犯郢州（治所在今武昌）时，司马申随从都督王僧辩据守在巴陵（今湖南岳阳），每次向王僧辩提出计谋，都被采纳并发挥了作用。王僧辩感叹说："如果要这个后生带兵打仗，或许不是他所擅长的；如果让他安抚民众，守卫城池，肯定会有奇迹。"后来，王僧辩讨伐农民起义首领陆纳的时候，司马申也在军队中，有一次，陆纳兵汹涌而来，王僧辩身边的人一个个地倒下，这时，司马申用身体掩护着王僧辩，用盾牌遮挡着身体向前冲，恰好裴之横救兵来到，陆纳兵因而退却，王僧辩回头看了看司马申，笑着说："有仁义的人必定有勇气，此话不假呀！"司马申被提拔为散骑侍郎。

《
陈
书
》

理　财

吴明彻救济乡亲

　　起家梁东宫直后①。及侯景寇京师，天下大乱，明彻②有粟麦三千余斛，而邻里饥馁，乃白诸兄曰："当今草窃，人不图久，奈何有此而不与乡党共之？"于是计口平分，同其丰俭，群盗闻而避焉，赖以存者甚众。

（《陈书》卷九，吴明彻传）

《陈书》

【注释】

　　①东宫直后：太子属官。

　　②明彻：指吴明彻，南朝陈秦郡（属今甘肃）人，陈朝开国功臣。曾官领军将军、侍中。

【译文】

　　吴明彻在梁朝开始做官东宫直后。侯景进犯都城建康（今南京市），天下大乱，出现大饥荒，吴明彻家有粟麦3000多斛（一斛为一石），他看到邻里乡亲挨饿，就与哥哥们商量说："当今世道战乱，盗贼横行，度日艰难，朝不保夕，我们家有这么多粮食，为什么不与乡亲们共享呢？"于是，按人口计算，把粮食分给乡亲们，与乡亲们同甘共苦。附近盗贼听说此事，都逃避了。这样，许多乡亲得以生存下去。

守财奴

众性希啬[1]，内治产业，财帛以亿计，无所分遗。其自奉养甚薄，每于朝会之中，衣裳破裂，或躬提冠屦。永定二年，兼起部尚书[2]，监起太极殿。恒服布袍芒屦，以麻绳为带，又携干鱼蔬菜饭独啖之，朝士共诮其所为。众性狷急[3]，于是忿恨，遂历诋公卿，非毁朝廷。高祖大怒，以众素有令望，不欲显诛之，后因其休假还武康，遂于吴中赐死，时年五十六。

（《陈书》卷十八，沈众传）

【注释】

①众性希啬：众，指沈众，南朝陈吴兴武康（今浙江德清县武康镇）人，梁尚书令沈约的孙子，官至中书令。希，同"吝"。

②起部尚书：官名，主管营造宗庙、宫室。

③狷急：性急不能受委屈。

【译文】

沈众生性吝啬，经营家业，财帛多达以亿计，但丝毫不分送给别人。他自己生活也非常俭朴，每次朝会中，穿着破烂衣裳，又亲自携带自己的帽子和鞋子。永定二年（558年）兼任起部尚书，负责监造太极殿。他总是穿着布袍、草鞋，以麻绳作腰带，又自带干鱼蔬菜饭，一个人吃，朝廷官员都讥笑他的行为。沈众生性脾气急躁，受不了委屈，由此心怀怨恨，于是诬陷公卿，诽谤朝廷。陈高祖大怒，只是考虑到沈众在家世、为政方面还素有声望，因而不想明目张胆地杀他，后来，趁他休假还乡武康途中，把他赐死在苏州城，当年56岁。

德　操

侠御将军

翔字子羽，少有志操。……永定元年，授贞毅将军、步兵校尉。迁骁骑将军，领朱衣直阁①。骁骑之职，旧领营兵，兼统宿卫。自梁代以来，其任逾重，出则羽仪②清道，入则与二卫通直，临轩则升殿侠侍。翔素有名望，每大事恒令侠侍左右，时人荣之，号曰"侠御将军"。

（《陈书》卷十八，韦载传附族弟翔传）

《陈书》

【注释】

①直阁：在台阁中当值

②羽仪：仪仗中用鸟羽装饰的旌旗等。

【译文】

韦翔（huì）字子羽，从小就有志操。……永定元年（557年），陈高祖授予他贞毅将军、步兵校尉。后调任骁骑将军，身着红色制服，侍卫台阁。骁骑将军的职责，以前是统率骑兵营兵马，兼管夜晚警卫工作。从梁代以来，它的责任越来越重，皇帝外出时则簇拥着彩旗飘扬的仪仗队，负责警戒，入则与殿中二卫一道担任警卫，皇上临朝时则披甲执仗侍卫在旁。韦翔向来声望好，每每有什么大事，陈高祖总让他在身旁侍卫，当时的人以此为荣，称他叫"侠御将军"。

533

避利免祸

侯景攻陷台城，百僚奔散，允①独整衣冠坐于宫坊，景军人敬而弗之逼也。寻出居京口。时寇贼纵横，百姓波骇，衣冠士族，四出奔散，允独不行。人问其故，允答曰："夫性命之道，自有常分，岂可逃而获免乎？但患难之生，皆生于利，苟不求利，祸从何生？方今百姓争欲奋臂而论大功，一言而取卿相，亦何事于一书生哉？庄周所谓畏影避迹②，吾弗为也。"乃闭门静处，并日而食，卒免于患。

（《陈书》卷二十一，萧允传）

【注释】

①允：指萧允，南朝陈兰陵（今江苏常州）人，为人淡于名利，历官黄门侍郎、光禄大夫。

②畏影避迹：出自《庄子·渔父》。本意是害怕自己的影子，逃避自己的脚迹，比喻不必要的顾忌。

【译文】

侯景攻陷梁宫城，百官逃散，只有萧允一个人衣帽整齐地静坐在太子官署，侯景军人深感敬畏，也不逼迫他。不久，他出居京口（今江苏镇江）。当时，侯景之兵到处烧杀抢掠，平民百姓惊慌，四出逃命，官绅士族也逃散各方，只有萧允不去逃命。有人问他为什么，他回答说："大概性命之道，自有它的本分，人难道可以逃脱命运的安排吗？大凡患难的产生，都是由于利益所致，如果不贪求利益，怎么会招致灾祸呢？当今天下大乱，人们竞相奋力求取功劳，希冀指日获得高官厚禄，这些同我一介书生有什么关系呢？庄子所谓畏影避迹，我是不会干这样没有必要的事情的。"于是，闭门静处，两日一餐，终于免遭祸患。

岁寒知松柏之后凋

祯明三年，隋军来伐，隋将贺若弼进烧宫城北掖门，宫卫皆散走，朝士稍各引去，惟宪①卫侍左右。后主谓宪曰："我从来侍卿不先余人，今日见卿，可谓岁寒知松柏后凋也。"后主遑遽将避匿，宪正色曰："北兵之入，必无所犯，大事如此，陛下安之。臣愿陛下端正衣冠，御前殿，依梁武见侯景故事。"后主不从，因下榻驰去，宪从后堂景阳殿入，后主投下井中，宪哭拜而出。

（《陈书》卷二十四，袁宪传）

【注释】

①宪：指袁宪，南朝陈陈郡阳夏（今河南太康）人，官至侍中。尚书仆射。

【译文】

祯明三年（589年），隋军南伐陈，隋将贺若弼进攻、焚烧陈宫城北掖门，宫中侍卫人员都逃散了，朝中官员也都陆续逃走，只有袁宪一人侍卫在陈后主身边。后主对袁宪说："我待您从来不比待其他人好，但从今日之事来看，可以说是岁寒而知松柏之后凋啊。"陈后主吓得慌慌张张地要逃避、藏匿起来，袁宪脸色严肃地说："北兵攻进来后，肯定不会冒犯皇上的，大事既然如此，陛下就不必惊慌了。希望陛下正衣帽，坐在前殿，依照梁武帝接见侯景的惯例接纳贺若弼。"后主不听，就下床跑着离开，袁宪从后堂景阳殿进去，只见陈后主投入井中，袁宪哭着叩拜后主后，就出去了。

富妻不嫌穷夫

梁末，侯景寇乱，京邑大饥，饿死者十八九。孝克①养母，饘粥不能给。妻东莞臧氏，领军将军臧盾之女也，甚有容色，孝克乃谓之曰："今饥荒如此，供养交阙，欲嫁卿与富人，望彼此俱济，于卿意何如？"臧氏弗之许也。时有孔景行者，为侯景将，富于财，孝克密因媒者陈意，景行多从左右，逼而迎之，臧涕泣而去，所得谷帛，悉以供养。孝克又剃发为沙门，改名法整，兼乞食以充给焉。臧氏亦深念旧恩，数私致馈饷，故不乏绝。后景行战死，臧伺孝克于途中，累日乃见，谓孝克曰："往日之事，非为相负，今既得脱，当归供养。"孝克默然无答。于是归俗，更为夫妻。

（《陈书》卷二十六，徐陵传附弟孝克传）

【注释】

①孝克：指徐孝克，很有孝行。

【译文】

梁朝末年，侯景作乱，都城建康一带大饥，饿死者达十分之八九。徐孝克奉养母亲，穷得连粥都喝不上。他的妻子臧氏是领军将军臧盾的女儿，长得很美，徐孝克就对她说："现在如此饥荒，大家生活都很困难，无法奉养母亲，我想把你出嫁给富人，这样，我们大家都可指望生存下去，你觉得怎样？"臧氏不同意。当时有个侯景的战将孔景行，他很富足，徐孝克就暗中叫个媒人给他说亲，孔景行随从大伙来到徐孝克家，强行迎娶臧氏，臧氏哭哭啼啼地去了。徐孝克从中得到的聘礼，都用来供养母亲。他自己削发当和尚，取名法整，同时，又乞讨食物来补充供给。臧氏也深念旧恩，经常私下里送来钱粮衣物，所以，徐孝克和母亲也还能够勉强度日。后来，孔景行战死，臧氏在路上等候孝克，几天后，终于相见，臧氏对孝克说："过去的事情实是万不得已，并不是哪个忘恩负义，现在既然事情已经过去，我们应当一起回家供养母亲。"徐孝克沉默不语，于是还俗，两人重新结为夫妻。

传世故事

鲁悉达终附陈高祖

王琳企图东下，由于鲁悉达控制着长江中游，王琳担心他会是自己的隐患，就频频派使者来招诱鲁悉达，鲁悉达始终不从，王琳不能东下，就联络北齐，互为表里，北齐派清河王高岳援助王琳。双方相持了一年多，碰巧鲁悉达副将梅天养等人由于犯错恐惧，就引导北齐军攻入城中。鲁悉达统率所属几千兵马，渡过长江，归附陈高祖。陈高祖见他终于来了，很高兴，说："为何迟至今日才来？"鲁悉达回答说："臣镇守陛下上流，愿为陛下屏障，陛下授臣官职，恩德无量，沈泰袭臣，对臣威胁也大啊，然而，臣之所以主动来归附陛下，是因为陛下豁达大度，如同汉高祖。"陈高祖感叹说："爱卿说得对啊。"授予鲁悉达平南将军、散骑常侍、北江州刺史，封为彭泽县侯。

郑灼以瓜镇心读书

郑灼读书专心勤奋，特别精通《礼记》《仪礼》《周礼》。年轻时，曾梦见与皇侃相遇途中，皇侃对他说："郑郎开口"，皇侃吐痰郑灼口中，从此，郑灼对于经典义理更有长进。郑灼家贫，无钱买书，就夜以继日地抄书，笔毫抄掉了，又把笔毛削尖，继续使用。郑灼常常粗茶淡饭，很缺乏营养，讲授经书时经常感到心头发烧，如果是瓜果上市的季节，他就仰面躺下，用瓜果放在心口上，凉凉心，起来接着诵读，郑灼就是如此专心致志地读书的。

人物春秋

坎坷一生——陈后主叔宝

后主名叔宝，字元秀，乳名黄奴，高宗嫡长子。梁承圣二年（553年）十一月二十日生于江陵。次年，江陵陷落，高宗随迁关右，留后主于穰城。天嘉三年（562年）回京师，立陈叔宝为安成王世子。天康元年（566年）任命为宁远将军，设置佐史。光大二年（568年）为太子中庶子，不久迁官侍中，仍兼旧职。太建元年（569年）正月初四日立为皇太子。

太建十四年（582年）正月初十，高宗驾崩。十一日，始兴王陈叔陵作乱被杀。十三日，太子即皇帝位。至德四年夏五月初七日，立皇子陈庄为会稽王。秋九月十七日，皇帝驾临玄武湖，大陈船舰阅兵，宴饮群臣赋诗。

祯明二年（588年）十一月，隋派遣晋王杨广率众军攻伐，自巴、蜀、沔、汉顺流至广陵，数十路并进，沿江镇守官相继奏闻。这时新授湘州刺史施文庆、中书舍人沈客卿执掌机密大事，压下奏折不报，所以没有准备和防御。

三年（589年）春正月初一日，隋总管贺若弼从北路广陵渡京口，总管韩擒虎直趋横江，渡采石，从南路将与贺若弼军会合。初二日，采石守将徐子建飞书告变。初三日，皇上召公卿入议军事。初四日，城内外戒严，以骠骑将军萧摩诃、护军将军樊毅、中领军鲁广达同为都督，遣南豫州刺史樊猛率水师出白下，散骑常侍皋文奏统兵镇守南豫州。初六日，贺若弼攻陷南徐州。初七日，韩擒虎又攻陷南豫州，皋文奏败归。至此隋军南北路并进。后主遣骠骑大将军、司徒豫章王陈叔英屯驻朝堂，萧摩诃驻守乐游苑，樊毅守耆阇寺，鲁广达驻守白土冈，忠武将军孔范驻守定時。镇东大将军任忠从吴兴赶来，仍驻朱雀门。十七日，若弼进据钟山，屯兵白土冈东南。二十日，后主遣众军合力与贺军作战，众军战败。贺若弼乘胜至乐游苑，鲁广达犹自率散兵力战，不能抵挡。若弼军进攻宫城，烧北掖门。此时韩擒虎率众自新林至于石子冈，任忠出降于韩，又引韩擒虎经朱雀航直趋宫城，从南掖门入。于是城内文武百官均出逃，只有尚书仆射袁宪在殿内。尚书令江总、吏部尚书姚察、度支尚书袁权、前度支尚书王瑗、侍中王宽居于省中。后主闻敌兵至，跟着10余宫人出后堂景阳殿，将自投于井，袁宪在旁，苦谏不从，后阁舍人夏侯公韵又以身遮井，后主与他争持很久，方才得入。到夜里，为隋军所擒。二十二日，晋王杨广进据京城。

三月初六日，后主与王公百官从建邺出发，进入长安。隋仁寿四年（604年）十一月二十日，逝世于洛阳，时年52岁。

才华横溢受君宠——张丽华

后主张贵妃名丽华，是研究军事的学者家的女儿。她的家里很穷，父兄靠编织草席为生。后主当太子时，被选中入宫，那时龚贵嫔任良娣（太子之妾），贵妃当时10岁，被龚贵嫔使唤，后主看见她很喜欢，于是她得到宠幸后，生下了太子深。后主即位，拜张丽华为贵妃。张贵妃性情聪明灵慧，很受后主宠爱。每逢后主带贵妃和宾客游玩饮宴，贵妃便推荐诸位宫女同去，后宫中的人都感激她，争着说贵妃的好话，于是她集后宫宠爱于一身。贵妃又喜好厌魅巫术，假借鬼神邪说来迷惑后主，在宫内设置不合礼制的祭祀，命众多妖邪巫师他们奏乐跳巫舞，同时打探宫外之事，社会上的一句话一件事，张贵妃必然会先知道，并以此告诉后主，于是后主愈加敬重贵妃，贵妃的内外宗族中人多被重用。等到隋军攻陷台城，张贵妃和后主一起躲入井中，被隋军抓获，晋王杨广命令将贵妃斩首，并在青溪中桥张贴布告公之于众。

史臣侍中郑国公魏徵考察通览史籍，参照补充元老旧臣的回忆，说后主初即位之时，遇到始兴王陈叔陵之乱，受伤在承香阁卧床休养，当时诸嫔妃均不准入内，只有张贵妃侍奉后主。当时柳太后还住在柏梁殿，也就是皇后的正殿。后主沈皇后始终不受宠爱，无权侍奉后主养病，另外住在求贤殿。至德二年，即在光照殿前建临春、结绮、望仙三阁，阁高达数丈，共有数十间，其窗户、壁带、悬楣、栏槛等均用檀香木制作，又用金玉装饰，其间嵌以珍珠翡翠，外面装有珠帘，里面有宝床、宝帐，其中服用和玩赏的物品一类，瑰奇珍丽，是古今所没有的。每逢微风，香气可传数里之外，清晨旭日初照，光芒映至后庭。楼阁下堆积奇石为山，引水作池塘，培植珍奇树木，杂种鲜花药草。后主自己住在临香阁，张贵妃住结绮阁，龚、孔两位贵嫔住居望仙阁，各阁间设并行的走廊，可以往来行走。还有王、李两位美人，张、薛两位淑媛，袁昭仪、何婕妤、江修容等7人，均受宠爱，交替到阁上游玩。又任宫女中通识文学的袁大舍等人为女学士。后主每逢召请宾客和贵妃等人游玩饮宴，便命诸位贵人以及女学士和游玩的客人共同吟赋新诗，互相赠给应答，选取最艳丽者作为歌词，配上新曲，从宫女中选长得漂亮的达千百人，命其学习而歌唱，分部依次进入，以此相乐。其中的曲子有《玉树后庭花》《临春乐》等，乐曲内容大意，全是赞美张贵妃、孔贵嫔娇容美色的。其大略说："璧月夜夜满，琼树朝朝新。"而张贵妃的头发有7尺长，秀发如漆，光洁照人。她特别聪明灵慧，富有神采，行动坐卧悠闲自然，容貌端庄艳丽。每逢顾盼斜视，眼里流露出光彩，照映周围的人。她常在阁上梳妆，靠近轩阁栏干，宫中的人远远望去，飘逸如神仙一般。她富有才华，能言善辩，记忆力强，善于观察皇帝的脸色。当时，后主疏于政事，各司上奏，全由宦官蔡脱儿、李善度入内请示，后主把张贵妃放在膝上共同决策。李、蔡两人记不住的事，贵妃均为其逐条讲述，没有遗漏的。于是后主更加宠爱敬佩贵妃，在后宫堪称第一。后宫嫔妃的家里，不遵守法度，有做了没理的事的，只要向贵妃求情，贵妃便命李、蔡二人先启奏他们的事，然后从容地为他们讲情。大臣中有不服从她的，也由此诋毁他，贵妃所说后主没有不听从的。于是张、孔二人的势力，在四方气焰逼人，大臣们执政，也随风而倒。宦官邪佞之人，内外勾结，辗转相互提携引进，贿赂官员，赏罚不合规矩，朝廷法度黑暗混乱了。

《魏书》

《魏书》概论

《魏书》是我国封建社会"历史"中第一部记述少数民族政权史事的著作，原编排本纪12卷、传92卷、志10卷，合为114卷。但因其有一卷再分为几卷的，故隋唐史志均作为130卷，现也一般通行130卷之说。《魏书》作者魏收，记述了道武帝拓拔珪于386年建立魏国开始，到东魏孝静帝元善见于550年灭亡止，共165年的历史。

一

魏收（506—572年），字伯起，小字佛助，下曲阳（今河北晋县西）人。自称是西汉初高良侯魏无知的后人。他自幼机警，勤奋苦读，学问与日俱增。25岁，魏收升任散骑侍郎，掌起居注兼修国史，不久兼中书侍郎，和温子升、邢邵齐名，被誉为北朝三才。

北魏末年，社会混乱，政治腐败，统治阶级内部矛盾错综复杂。魏收浮沉于宦海，经历了多次挫折。北魏分裂后，高欢把持东魏朝政，魏收被召赴晋阳（今山西太原），任中外府主簿，后来转为高欢丞相府属。这时尽管有位司马子如向高欢推荐魏收，说他是"一国大才"，然而由于魏收曾为北魏孝武帝所信任，又得罪过高欢的亲信，因而不被重用。魏收感到单凭文才已难以通达，便转而请求修史。经过崔暹的推荐，高欢的长子高澄"乃启收兼散侍常侍，修国史"。

550年，高欢次子高萍以齐代魏，建元天保。由于魏收直接参与了这次政变，凡"神代诏册诸文"，都由魏收一手策划，因此在事变当年，他就被高萍授予中书令兼著作郎的职务。551年，文宣帝高萍诏命魏收撰写魏史，这样才把魏史的撰写工作真正提到了日程上。高萍还鼓励魏收大胆直书许诺不诛史官，不废史官。这样，魏收在45岁时开始撰写《魏书》，用近 4 年的时间终于写出了反映北魏 160 多年的历史。历来史学家也不把《魏书》作为官修史书，而是当做魏收的个人著作。

魏收修订《魏书》后更加被重用。和他齐名的温子升、邢邵被皇帝疏远和处死后，北齐遇有大事和发诏命，以及军国文辞，都由魏收一人执笔。他升任尚书右仆射，并在玄州苑阁上画了魏收像，极受朝野尊崇。572 年，魏收死去。魏收一生历经北魏、东魏、北齐 3 个皇朝，历事魏孝明帝到北齐后主 9 位君主，到北齐后主时，"掌诏诰，除尚书右仆射，总议监五礼事，位特进"。宦途达到了顶点。

魏收正式开始编修《魏书》是在天保二年，到天保五年完工奏上，前后经过不到 4 年时间。如从天保四年魏收专在阁修史算起，则仅有一年时间。因为魏收利用了当时许多关于北魏的史料，所以能迅速完成一部多达 130 卷的史书。

在二十五史中，《魏书》有一个很特殊的情况，就是完成全书后，又被迫做过多次修改，后来还有多人重撰魏史。

《魏书》一出，在统治集团内部就引起了轩然大波，众口沸腾，称其为"秽史"，致使其书一直未能面世。为什么会出现这种情况呢？

魏收在北齐很得高氏父子的宠爱，从 544 年以后，国家大事、军国文辞，都是魏收所作。可是《魏书》成书后，竟由北齐皇帝一再下诏命令其修改，可见当时围绕《魏书》的斗争是十分激烈的。

从现存资料看，《魏书》一再修改，与编纂体例、篇目结构、史学思想等史书最根本的内容无关，而都是围绕着是否为某人立传及怎样记述进行的。那些指责《魏书》不实，要求更改的人也都是为了满足私人的要求。如卢斐上诉说："臣父仕魏，位至仪同，功业显著，名闻天下，与收无亲，遂不立传。博陵崔绰，位至本郡功曹，更无事迹，是收外亲，乃为佳传"（《北史·魏收传》）。但查考史实，卢斐之父卢同党附元叉，多所诛戮，并非"功业显著，名闻天下"。而崔绰虽然官小职卑，却是"贤俊之曹，冠冕州郡"，不是"更无事迹"可言。斐以官位高低作为是否立传的标准，显然是不足取的。

《魏书》一再修改，实际上与当时的社会风气有关。魏晋南北朝时期是门阀贵族居于统治地位的时代，北魏拓跋氏政权及后来的东魏、西魏、北齐、北周也都不例外。当时，不仅魏收撰《魏书》时罗列谱系，重视门阀，而且那些《魏书》所记历史人物的后裔也同样十分重视门阀。社会风气如此，所以门阀贵族对书中所记其先人传记不合自己心意的贵族，自然要大做文章，以求为其先人遮掩丑恶，增添光彩。达不到目的，则一再推波助澜，围攻魏收，死后多年，仍要掘其墓，抛其骨。

《魏书》被群起而攻之，与当时的政治背景和魏收本人的为人处事、性格品质极有关系。

北魏后期，随着世家士族的发展，统治阶级内部矛盾错综复杂，日益激化。北魏终于分裂为东魏和西魏之后，掌握实权的高氏和宇文氏，分别取代东魏和西魏，建立了北齐和北周。魏收属于东魏、北齐系统，所以《魏书》强烈地反映了以这个系统为中心的色彩，凡不属于这个系统的或关系不够密切的人，自然会认为这部书"抑扬失当，毁誉任情"，从而加以指责。

魏收本人性情轻薄，恃才傲物，有借史来酬恩报怨的行为，这是《魏书》被斥为"秽史"的重要原因。近人李正奋说："魏收之书，世称秽史，致谤之由，端在轻薄，尊己卑人，矜克性成；史才有余，史德不足，此固不能为收讳也。"由于他持此种态度，书中曲笔不少。曲笔首先表现在祖护北魏和北齐统治者。如北魏政权本始于道武帝拓拔珪，《魏书·序记》却上推27代，而内容十分空洞。对西魏事，摒而不书。总而言之，一切不利于自己意图者，都在曲笔之列。曲笔的另一表现，是利用修史的机会徇情营私。魏收参与国史的修撰，得到了阳休之的帮助，他便对阳休之说："无以谢德，当为卿作佳传。"阳休之的父亲阳固的为政北平（今河北卢龙），是一个有名的贪官，后被中尉李平弹劾免职，而魏收却记载："固为北平，甚有惠政，久之，坐公事免官。"甚至还说："李平深相敬重。"郦道元是北魏著名的地理学家和文学家，其《水经注》是我国第一部全面系统的水文地理名著，可是魏收却把他列入《酷吏列传》，文人相轻之意昭然。

除了以上原因，《魏书》被斥为"秽史"还有因人废书的因素。魏收德情浅薄，轻才傲物，尽管其与修史关系不直接，但弄坏了名声，也为攻击《魏书》的门阀贵族后代提供了口实。

不管怎么说，作为第一部记录我国少数民族历史的《魏书》是有其存在流传的合理性的。

二

《魏书》原编排本纪12卷，志10卷，合为114卷，后分为130卷。

其具体篇目内容如下：

第一，帝纪 14 卷。是北魏帝王的编年大事记。其中包括：

《序纪》卷，记拓拔珪以前 27 人。

《道武帝纪》1 卷   《明元帝纪》1 卷

《太武帝纪》2 卷   《文成帝纪》1 卷

《献文帝纪》1 卷   《孝文帝纪》2 卷

《宣武帝纪》1 卷   《孝明帝纪》1 卷

《孝庄帝纪》1 卷

《前废帝纪、后废帝纪、出帝纪》1 卷

《孝静帝纪》1 卷

第二，列传 96 卷，其中：

《皇后列传》1 卷，记后妃 28 人。

《王子列传》12 卷

《大臣列传》60 卷

《外戚列传》2 卷   《儒林列传》1 卷

《文苑列传》1 卷   《孝感列传》1 卷

《节义列传》1 卷   《良吏列传》1 卷

《酷吏列传》1 卷   《逸士列传》1 卷

《术艺列传》1 卷   《列女列传》1 卷

《恩幸列传》1 卷   《阉官列传》1 卷

《匈奴》等列传 9 卷（包括十六国、东晋、宋、南齐、梁、高句丽、西域、蠕蠕等）

《序传》1 卷（记魏收的家世、本人经历、修撰《魏书》的情况）

第三，《志》20 卷：

《天象志》4 卷，记载当时天文学成就和观测星象的各项记录；《地形志》4 卷，记载北魏、东魏时期州、郡、县的建置，并附有地理沿革和户口数目；《律历志》2 卷，记载当时通行的历法及修订的情况；《礼志》4 卷，记载当时祭祀天地、祭祀宗庙和婚、丧、冠等礼节的仪式；《乐志》1 卷，记载与当时祭祀等礼节仪式相配合的音律和乐章；《食货志》1 卷，记载当时农业、工业、商业以及货币的发展情况；《刑罚志》1 卷，记载当时刑法的制订和变异情况；《官氏志》2 卷，记载各级文武官吏的设置状况和鲜卑贵族的姓氏变化；《灵征志》2 卷，记载地震、大水等灾异和神龟、白雀之类的祥瑞；《释老志》一卷，记载当时佛教和道教的传播、发展及其与北魏统治者的关系。

三

《魏书》在编纂体例方面与前人史书不同的做法，有以下几个方面：

首先，设立《序纪》。《魏书》第一卷为《序纪》，记述北魏先世，远溯至道武帝拓拔珪以前27代一个名叫"毛"的人，拓拔珪称帝后追尊为成皇帝，下至拓拔什翼犍，追赠为昭成帝，共27人。这27人当时没有帝号，都是北魏建立后追赠的，因而与历史相距甚远。故而唐刘知几把那些人比喻为"沐猴""腐鼠"，语虽尖刻，但称这些人徒有虚号、没有事迹的意见却是对的。但是这些人反映北魏的世系也是有价值的。

其次，列传注重谱系罗列。《魏书》的列传中，对于高门大姓的谱系姻亲，往往不论亲疏，详加罗列。而这些大量罗列的人物，有许多并无事迹可记。由于这种"家谱"式的传记，当时就有人提出批评。但是，魏收多叙谱系枝叶的笔法，也确为后人辨别北魏时汉人与鲜卑人家世源流提供了许多的方便。一般说来，《魏书》注重谱系，一般一人立传，子孙附后，但也不尽拘泥于此。对事迹特别突出、材料也很丰富的也单独立传。

第三，《外戚传》载后妃家族男子。魏收的《外戚传》不记后妃，而专载后妃家族男子，开一新体例。自此以后，唐修《晋书》《北齐书》《北史》《隋书》时也步其后尘，专立《外戚传》。二十五史中的《旧唐书》《新唐书》《宋史》《金史》《明史》也都有专记外戚的类传，可见其影响的深远。

第四，新创《官氏志》和《释老志》。就《官氏志》而言，前半部分讲官制，后增部分谈氏族。后半部分分别列举了拓跋部和所属各部落、氏族原来的姓氏及所改的汉姓，为研究拓跋氏部族的形成、发展、扩大和汉化提供了完整而重要的资料。像这样专讲姓氏变化的史志，在二十五史中仅此一篇。《释老志》也分为两部分，对北魏以前的佛教、道教状况作了具体记载。关于佛教，从西汉霍去病获金人，东汉蔡愔取佛经，洛阳建佛寺，魏晋后印度佛教东来，中国佛教徒西去，以及佛经的翻译、建造佛像，开凿石窟，佛教弥漫全国等情况，作了详细完备的叙述，宛如一篇中国佛教小史。关于道教的起源、发展，以及被北魏统治者利用的情况，也说得很有系统条理。《释老志》的创立，符合历史发展的必然要求，对史学的发展有着重要的贡献。

<h1 style="text-align:center">四</h1>

《魏书》具有较高的史料价值，具体说来有以下几个方面：

首先，记述了鲜卑拓跋部的早期历史及进入中原后封建化的过程。大致勾画出了鲜卑拓跋部由原始社会到阶级社会的发展轮廓。始祖力微以后，拓跋部迁到今内蒙古自治区南部，生产力得到发展，原始氏族社会逐渐瓦解，魏收的叙述也渐详尽起来。以后的封建化过程，孝文帝时的三长制、均田制，改鲜卑为汉姓，一系列的社会改革，都有详尽的记载。北魏王朝之所以成为我国历史上第一个由少数民族统治中原地区的政权，政治比较稳定，维持的时间也较长，《魏书》详尽地记录了鲜卑贵族与汉族联合统治的情况。

其次，反映了鲜卑贵族门阀化的情况。据《魏书》记载，孝文帝迁都洛阳之后，立即按照汉族门阀制度的模式，改变鲜卑贵族的姓氏，并规定其门第等级。魏收对"以贵承贵，以贱袭贱"的门阀进程有详细的记载。为研究南北朝时期门阀制度的状况，提供了大量的材料。

第三，描述了佛教、道教的情况及其与北魏统治后的关系和社会影响。除了前述之外，《释老志》还描述了佛教对北魏的社会影响。北魏统治者大多支持利用佛教。道武帝等各个皇帝都支持大修佛寺等佛事活动，尽管太武帝大规模地灭了一次佛，但总的说来，还是支持的，所以佛教在北魏得到了长足的发展，佛中人也为统治者提供各种统治帮助。《释老志》记载当时为佛寺服务的"僧祇户""佛图户"的状况，对于我们了解寺院经济和阶级关系无疑是很有用的。

第四，记述了北魏的经济制度及经济状况。《魏书》列有《食货志》。《食货志》详细记载了北魏均田制实行的时间。均田原则，各类人受田的数量、受田种类、调整规则均有记录。同时对与均田制有关的三长制和租调制也有详细的记述。这些内容为后人研究北魏的土地制度、赋役制度和基层政权组织制度，提供了系统的基本史料。对北魏货币使用情况的记录，也有助于我们从一个侧面了解北魏社会经济发展的情况。

第五，记载了我国国内少数民族的情况及北魏朝与国外经济文化的交流。《魏书》的记载不限于北魏、东魏王朝，还涉及北魏统治范围以外的国家、地区和民族。如卷一〇〇为高句丽、百济、勿吉、失韦、豆莫娄、地豆于、库莫奚、契丹、乌洛侯等当时9国的列传。另外还有卷一〇一和卷一〇二的记述，这些记载证明，在北魏时期，由于各民族人民错居杂处，共同进行生产交流，民族融合日益加深，对于认识我国历史是由多民族共同创造的这一事实，有重要价值。

第六，保存了文化史、科技史等多方面的资料。《魏书》对文化方面对北魏发展有建树的思想家、文学家、艺术家的事迹，都有记载。像《儒林传》中的梁越、卢丑、张伟、梁祚、平恒、陈亲、常爽、刘献之、张吾贵、刘兰、孙惠蔚、徐遵明、董微、刁冲、卢景裕、李同轨、李兴业等17位儒者的事迹，都具体地反映了北魏儒学及教育状况。

总的说来，《魏书》在整个二十四史中，虽不算十分突出，但简单地把它斥为"秽史"也是站不住脚的。它编撰体例合理，文笔流畅生动，它能给后人提供有关北魏一朝的各种研究参考。

政　略

笔公古弼

　　上谷①民上书，言苑囿过度，民无田业，乞减太半，以赐贫人。弼②览见之，入欲陈奏，遇世祖③与给事中刘树碁④，志不听事。弼侍坐良久，不获申闻，乃起，于世祖前捽⑤树头，掣⑥下床，以手搏其耳，以拳殴其背曰："朝廷不治，实尔之罪！"世祖失容放碁曰："不听奏事，实在朕躬，树何罪？置之！"弼具状以闻。世祖奇弼公直，皆可其所奏，以丐⑦百姓。……

　　世祖大阅⑧，将校猎于河西。弼留守，诏以肥马给骑人，弼命给弱马。世祖大怒曰："尖头奴，敢裁量⑨朕也！朕还台⑩，先斩此奴。"弼头尖，世祖常名之曰"笔头"，是以时人呼为"笔公"。弼属官惶怖惧诛，弼告之曰："吾以为事君使畋猎不适盘游⑪，其罪小也。不备无虞⑫，使戎寇恣逸，其罪大也。今北狄孔炽，南虏未灭，狡焉之志，窥伺边境，是吾忧也。故选肥马备军实，为不虞之远虑。苟使国家有利，吾何避死乎？明主可以理干，此自吾罪，非卿等之咎。"世祖闻而叹曰："有臣如此，国之宝也！"赐衣一袭⑬、马二匹、鹿十头。后车驾⑭畋于山北，大获麋鹿数千头，诏尚书发车牛五百乘以运之。世祖寻谓从者曰："笔公必不与我，汝辈不如马运之速。"遂还。行百余里而弼表至，曰："今秋谷悬黄，麻菽布野，猪鹿窃食，鸟雁侵费，风波所耗，朝夕参⑮倍，乞赐矜缓，使得收载。"世祖谓左右曰："笔公果如朕所卜，可谓社稷之臣。"

（《魏书》卷二十八，古弼传）

【注释】

①上谷：郡名，辖境在今河北张家口，小五台山以东，赤城、北京市延庆县以西，及内长城和北京昌平区以北的地方。

②弼：即古弼，北魏大臣，官至尚书令、司徒，忠谨好学，善骑射，好直谏，后遭诬告被杀。

③世祖：即太武帝拓跋焘。

④棊："棋"字的异体字。

⑤捽（zuó）：揪。

⑥掣（chè）：拉。

⑦丐：给予。

⑧大阅：对军队的大检阅。

⑨裁量：这里是戏耍、戏弄的意思。

⑩台：南北朝时期称朝廷禁省为台，称禁城为台城。

⑪盘游：游乐。

⑫无虞：意料不到的突发情况。

⑬一袭：衣服一套为一袭。

⑭车驾：用作帝王的代称。

⑮参：同"叁"。

【译文】

上谷地区的老百姓上书太武帝，言说皇家花园苗圃占田过多，使得百姓无田可种，请求减半，以便赏赐给贫苦之家耕种。古弼看了奏章以后，入宫，准备奏明皇上，碰上世祖正在与刘树下棋，根本没有听奏章的意思。古弼在旁边坐等了好久，世祖也不问他有何事，于是古弼站起身来，当着世祖的面，揪住刘树的头发，将他从椅子上拉下来，然后一只手拽住刘树的耳朵，一只手攥成拳头殴打他的脊背，斥责刘树说："皇上不理朝政，都是你这个佞臣的罪过。"世祖立刻变了脸色，放下手中的棋子，大声说："没听你的奏章，这错全在我，刘树有什么罪呢？还不快松手？"古弼就把他听到的一五一十地告诉世祖。世祖对古弼的正直大为惊叹，并答应了他的奏请，把一半土地赐给贫贱之家耕种……

又一次，世祖检阅三军，然后大小将校准备会猎于黄河西部。当时古弼留守在家，世祖下诏古弼送一批健壮的马匹以供游猎之用，古弼却送去一些瘦劣之马。世祖非常生气，大怒道："尖头奴才，竟敢对我的旨令不听话，等我回到宫中，一定要砍下你的狗头。"古弼脑袋尖削，世祖常喊他"笔头"，所以当时人们便称他为"笔公"。古弼的下级僚属非常担心，害怕杀头。古弼对他们说："我认为侍奉国君田猎而不能使他尽兴游乐，这一罪责不是太大。如果我们不提高警惕，防备不测，一旦敌人大举进攻，这才是最大的罪责啊！目前北方敌军气焰嚣张，南方也是强敌压境，敌人正虎视眈眈，暗中观望我方动静，等待下手的机会，这才是我所忧虑的啊。之所以挑选健壮的马匹留给军队，就是从以防不测这一角度来考虑的。只要对国家有利，我就不怕杀头。皇上英明睿智，是会理解我的良苦用心的。这是我的罪过，不是你们的过错。"世祖听后，深有感触地说："有这样的忠直之臣，真是国家的宝啊。"便赐给古弼一套礼服、两匹马、10只鹿。后来又有一次世祖在山北打猎，捕获麋鹿几千只，世祖下诏尚书派牛车500辆来拖运。过了一会，世祖又对手下人说："笔公一定不会给我派这些牛车，还不如早点用马将这些猎物运走。"说罢就回宫，刚走了100多来里便接到古弼的奏表说："今年的谷穗已经下垂变黄，桑麻大豆也布满田野，山猪野鹿经常偷吃，飞鸟大雁也来啄食，再加上风吹雨打，损失很大。早收与晚收要相差3倍。请皇上恩准暂缓拉运麋鹿，以使车辆集中运输已收入的秋谷与杂粮。"世祖看完奏表后说："果然像我说的那样，笔公真可谓是国家的栋梁啊。"

高允直谏

恭宗季年①，颇亲近左右，营立田园，以取其利。允谏曰：天地无私，故能覆载；王者无私，故能包养。昔之明王，以至公宰物，故藏金于山，藏珠于渊，示天下以无私，训天下以至俭。故美声盈溢，千载不衰。今殿下国之储贰②，四海属心③，言行举动，万方所则④，而营立私田，畜养鸡犬，乃至贩酤市鄽⑤，与民争利，议声流布，不可追掩。天下者，殿下之天下，富有四海，何求而不获，何欲而不从，而与贩夫贩妇竞此尺寸。昔虢⑥之将亡，神乃下降，赐之土田，卒丧其国。汉之灵帝，不修人君之重，好与宫人列肆贩卖⑦，私立府藏⑧，以营小利，卒有颠覆倾乱之祸，前鉴若此，甚可畏惧。夫为人君者，必审于择人。……故愿殿下少察愚言，斥出佞邪，亲近忠良，所在田园，分给贫下，畜产贩卖，以时收散。如此则休⑨声日至，谤议可除。

……

给事中⑩郭善明，性多机巧，欲逞其能，劝高宗大起宫室。允谏曰："臣闻太祖道武皇帝既定天下，始建都邑。其所营立，非因农隙，不有所兴。今建国已久，宫室已备，永安前殿足以朝会万国，西堂温室⑪足以安御圣躬，紫楼临望可以观望远近。若广修壮丽为异观者，宜渐致之，不可仓卒。计斫⑫材运土及诸杂役须二万人，丁夫充作，老小供饷，合四万人，半年可讫。古人有言：一夫不耕，或受其饥；一妇不织，或受其寒。况数万之众，其所损废，亦以多矣。推之于古，验之于今，必然之效也。诚圣主所宜思量。"高宗纳之。

（《魏书》卷四十八，高允传）

【注释】

①"恭宗"句：恭宗，北魏文成帝拓跋浚，太武帝拓跋焘的嫡孙。季年，末年。

②储贰：皇位继承人。

③属心：归心，心悦诚服地归附。

④则：表率，效法。

⑤市廛：集市。廛（chán），公家所建供商人存储货物的房舍。

⑥虢（guō）：周代诸侯国名。

⑦列肆贩卖：摆摊贩卖。

⑧府藏：仓库。

⑨休：美好。

⑩给事中：官名，备顾问应对，讨论政事。

⑪温室：汉之宫殿名，此指暖室。

⑫斫（zhuō）：砍。

【译文】

恭宗晚年，一味亲近左右奸佞小人，广占田地，大兴园圃，从中获利。高允进谏说："天地之所以能承载万物是因他没有私心；帝王之所以能领有百姓也因没有私心。过去的圣君明主，以最公平的心主宰事物，所以把金子藏在山中，把宝珠藏在深渊，以此向天下人显示无私，用俭朴教训天下人。所以他们的美名流传，千年不衰。目今殿下是国家皇位继承人，四海归附，言行举动，被万方效法，而营建私田，畜养鸡犬，甚至在市场上卖酒，与百姓争利，人们议论纷纷，却与贩卖东西的争夺这些小利。过去虢国行将灭亡的时候，天神曾经降临人间，赐给它土地，可最后还是丧失了那个国家。东汉的灵帝，不尽做皇帝的责任，喜欢与官人设店铺做买卖，私设仓库，以谋取小利，终于有颠覆丧难的祸患。过去的教训如此，非常值得畏惧。做君主的人，对选择人才必须谨慎。……所以希望殿下体察我的话，斥退奸佞小人，亲近忠良之士，把各地的田园，分给贫穷的人，畜产和贩卖的东西，及时收回散发出去。如果这样，颂扬之声就会一天天传来，非议之论也可以消除。"

……

给事中郭善明，生性机变乖巧，想炫耀自己的才能，劝高宗大兴宫室。高允劝谏说：我听说太祖拓跋珪平安天下以后，才开始修建都市，他建筑这些城邑，施工一定要利用农闲季节，否则不予动工。现在我们立国的时间已久，宫室已经齐备，永安前殿足够朝会万国，西堂暖室足够皇上宴请歇息，站在紫楼之上足可以登高远眺。如果要广修壮丽的宫室作为奇观，也应该逐渐进行，不可仓猝从事。预计砍伐木材、运输土方及各种杂活需得两万人，成年男子干活，老年儿童供给粮饷，合计起来共4万人，半年内才能完工。古人说过："一个男子不耕种，就有人受饥饿；一个女子不纺织，就有人受冻寒。何况动用几万民工，他们所损失和耗费的东西也太多了啊。考究古代，验证当今，这是必然的结果。这确实是圣明的帝王不得不思量的。"高宗听从了他的建议。

御 人

公孙轨先廉后贪

（公孙）轨，字元庆。少以文学知名……出从征讨，补诸军司马。世祖平赫连昌，引诸将帅入其府藏，各令任意取金玉。诸将取之盈怀，轨独不探把。世祖乃亲探金赐之，谓轨曰："卿可谓临财不苟得，朕所以增赐者，欲显廉于众人。"

……世祖将北征，发民驴以运粮，使轨部诣雍州。轨令驴主皆加绢一匹，乃与受之。百姓为之语曰："驴无强弱，辅脊自壮。"众共嗤之。……轨既死，世祖谓崔浩①曰："吾行过上党②，父老皆曰：'公孙轨为受货纵贼，使至今余贼不除，轨之咎也。其初来，单马执鞭；返去，从车百两③。'……轨幸而早死，至今在者，吾必族而诛之。"

（《魏书》卷三十三，公孙轨传）

【注释】

①崔浩：北魏清河东武城人，字伯渊。太宗初拜博士祭酒，累官至司徒，仕魏三世，军国大计，多所参赞。浩工书，并通经史，作《国书》30卷，为鲜卑大臣所忌，太平真君十一年遂以矫诬罪诛死灭族。

②上党：地名。在今山西长治市。

③两：同"辆"。

【译文】

公孙轨，字元庆，少年时就以文学闻名于世……跟随皇上出兵讨贼，补任诸军司马。世祖拓跋焘讨伐赫连昌时，带领众将帅进入皇家仓库，令他们随意取走里面的金银和宝玉。诸将恣意拿取，怀中都堆得满满的，只有公孙轨不取什么。世祖便亲手拿了一块金子赐给他，并对他说："你真可算得上是临财不取，我之所以要这样进行赏赐，就是要在众人面前找出那些清正廉洁之人。"

……世祖准备向北征讨，便征调老百姓的驴子搬运粮食，让公孙轨调雍州驴。公孙轨却令驴主每条驴增绢一匹，公孙轨与驴主共分其利。当时百姓中流传这样两句话："驴无强弱，辅绢自壮。"人们以此来讥笑公孙轨贪婪。……公孙轨死后，世祖对崔浩曰："我从上党地区经过，那里的父老乡亲都说：'公孙轨接受赃贿、放纵贼寇，致使余祸至今未除，这都是公孙轨的罪过。他初来上党时，单人匹马；离开上党时，运载货物的车子就达上百辆。'……公孙轨死得早，要不然的话，我一定要诛灭他的九族。"

卢昶有辱使命

卢昶，字叔达，小字师颜，学涉经史，早有时誉。太和初，为太子中舍人、兼员外散骑常侍①，使于萧昭业②。……及昶至彼，值萧鸾③僭立，于是高祖④南讨之，昶兄渊为别道将。而萧鸾以朝廷加兵，遂酷遇昶等。昶本非骨鲠⑤，闻南人云兄既作将，弟为使者，乃大为恐怖，泪汗交横。鸾以腐米臭鱼荤豆供之，而谒者⑥张思宁辞气謇谔⑦，曾不屈挠，遂以壮烈死于馆中。昶还，高祖责之曰："衔命之礼，有死无辱，虽流放海隅，犹宜抱节致殒。卿不能长缨羁首⑧，已是可恨。何乃俛眉饮啄，自同犬马。有生必死，修短几何。卿若杀身成名，贻之竹素⑨，何如甘彼刍菽⑩，以辱君父乎？纵不远惭苏武，宁不近愧思宁！"

（《魏书》卷四十七，卢玄传）

【注释】

①员外散骑常侍：官名，是皇帝侍从官之一，掌管机要。

②萧昭业：南齐高帝萧道成的曾孙。

③萧鸾：萧昭业侄子，南朝齐明帝。

④高祖：即孝文帝元宏（467—499年）。

⑤骨鲠（gěng）：耿直，正直。

⑥谒者：官名，从八品。

⑦謇（jiǎn）谔：正直敢言貌。

⑧长缨羁（jī）首：自戕以殉国。

⑨竹素：指史书。

⑩刍（chú）菽：喂牲口的草料。

【译文】

卢昶，字叔达，小名师颜，学业涉经史之书，很早就博得时人的称赞。高祖太和初年，官拜太子中舍人，兼员外散骑常侍，受命出使到萧绍业营中。……卢昶到达萧昭业营中以后，恰逢萧鸾杀死萧昭业僭号自立，于是高祖发兵向南征讨他，卢昶的哥哥卢渊为别道将。萧鸾因朝廷派兵征讨，就残酷地虐待卢昶等人。卢昶本来不是一个正直之士，又听萧鸾营中的人说他的哥哥做北魏军将领，弟弟在这里做使者，非常担心害怕，吓得眼泪汗水直往下淌。萧鸾用烂米臭鱼像喂牲口一样给他们吃，而谒者张思宁严词斥敌，竟不屈不挠，于是在馆驿中壮烈而死。后来卢昶返魏，高祖谴责他说："奉命出使，纵使死在异邦，也不能有辱使命，即使被流放到海角天涯，仍应该保持节操，你未能自戕以殉国，已经就很令人愤慨。为何还要卑躬屈膝地吃喝敌人提供的饭食，把自己等同于犬马一般呢？人有生必有死，即使苟且多活一些时日又算得了什么呢。你如果身死成名，也可名垂于青史，为何要吃那种粗食以延残喘，而有辱君命呢？即使不有愧于汉代的苏武，难道不有愧于与你同时出使的张思宁吗？"

法　制

孝文帝大义灭亲

（元）恂①不好书学，体貌肥大，深忌河洛②暑热，意每追乐北方。中庶子③高道悦数苦言致谏，恂甚衔之。高祖幸嵩岳④，恂留守金墉⑤，于西掖门内与左右谋，欲召牧马轻骑奔代⑥，手刃道悦于禁中。领军⑦元俨勒门防遏，夜得宁静。厥明，尚书陆琇驰启高祖于南，高祖闻之骇惋，外寝⑧其事，仍至汴口而还。引恂数罪，与咸阳王禧等亲杖恂，又令禧等更代，百余下，扶曳出外，不起者月余。拘于城西别馆。引见群臣于清徽堂，议废之。司空、太子太傅穆亮，尚书仆射、少保李冲，并免冠稽首而谢。高祖曰："卿所谢者私也，我所议者国也。古人有言，大义灭亲。……此小儿今日不灭，乃是国家之大祸，脱待我无后，恐有永嘉之乱⑨。"乃废为庶人，置之河阳⑩，以兵守之，服食所供，粗免饥寒而已。……

……中尉李彪承间密表，告恂复与左右谋逆。高祖在长安，使中书侍郎邢峦与咸阳王禧，奉诏赍椒酒⑪诣河阳，赐恂死，时年十五。

（《魏书》卷二十二，废太子传）

【注释】

①恂：即元恂，字元道。北魏孝文帝长子，太和十七年（公元493年）七月立为皇太子，后废。

②河洛：指黄河洛水两条河流之间的地区。

③中庶子：官名，太子属官。

④嵩岳：即嵩山，在河南登封市。

⑤金墉：古城名，即金墉城，是当时洛阳城（今河南洛阳市东）西北角上一小城。

⑥代：即北魏王朝的发祥之地，包括今山西代县在内的部分地区。

⑦领军：官名，与中护军同掌中央军队，是重要军事长官之一。

⑧寝：（消息等）扣住不发。

⑨永嘉之乱：永兴元年（304年）匈奴贵族刘渊利用东晋"八王之乱"和各族人民起义的时机，起兵离石，国号汉，次年其子刘聪歼灭晋军10余万人，并在同年遣刘曜率兵破洛阳，俘怀帝，纵兵烧掠，杀王公士民3万余人，史称这一时期为"永嘉之乱"。

⑩河阳：古县名，在今河南孟州市。

⑪椒酒：用椒实浸制的酒。

【译文】

元恂不爱读书学习，身体肥胖，惧怕洛阳地区暑热的天气，心里常常思念南迁洛阳之前北方的快乐情景。中庶子高道悦多次苦言劝谏，元恂因此对他十分不满。高祖驾幸嵩山，留元恂镇守金墉城。元恂就在西掖门与心腹谋议，准备轻快的马匹驰回到南迁之前的代国所在地，便在皇宫内亲手杀掉高道悦。领军元俨严守宫门，预防哗变，当天夜里才没出什么意外，和先前一样宁静。第二天天一亮，尚书陆琇骑着快马向南奏明高祖，高祖闻报后惊骇不已，但并未向外透露此事，仍然到汴口巡游一番才返回洛阳。回来后列举元恂几条罪状，与咸阳王元禧等人一起亲自杖罚元恂，并不时令元禧等人代他杖罚，打了100多下，被人挽扶着拖了出去，一个多月不能起床。接着又将元恂拘禁在城西客馆中。太祖在清徽堂召见群臣，商议废黜太子一事。司空、太子太傅穆亮，尚书仆射、少保李冲都摘下乌纱帽为元恂谢罪求情。高祖说："你们谢罪求情只是出于个人利益，而我提议废掉太子却事关社稷命运，古人说过大义灭亲这句话……今日如果不废黜他，便为我元魏江山留下一个大祸根，等到我死之后，永嘉之乱的惨剧恐怕会再度重演。"于是废元恂为庶人，把他安置在河阳，派兵防守，所供应的饭食衣服，也只是刚够免除饥寒而已。

……后来中尉李彪密呈奏表，告发元恂与手下人意欲谋反。高祖当时正在长安，便派中书侍郎邢峦与咸阳王元禧，奉诏携带椒酒赴河阳，诏赐元恂自尽，当时年仅15岁。

司马悦辨真凶

　　世宗初，悦①除镇远将军、豫州刺史。时有汝南②上蔡董毛奴者，赍钱五千，死在道路。郡县疑民张堤为劫，又于堤家得钱五千。堤惧拷掠③，自诬言杀。狱既至州，悦观色察言，疑其不实。引见④毛奴兄灵之，谓曰："杀人取钱，当时狼狈⑤，应有所遗，此贼竟遗何物？"灵之云："唯得一刀鞘而已。"悦取鞘视之，曰："此非里巷所为也。"乃召州城刀匠示之，有郭门者前曰："此刀鞘门手所作，去岁卖与郭民董及祖。"悦收及祖，诘之曰："汝何故杀人取钱而遗刀鞘？"及祖款引⑥，灵之又于及祖身上得毛奴所著皂襦⑦，及祖伏法。

（《魏书》卷三十七，司马悦传）

【注释】

　　①悦：即司马悦，字庆宗，曾官北魏立节将军、建兴太守、宁朔将军、司州别驾，永平元年（508年）被杀。

　　②汝南：郡名，治所在上蔡（今河南上蔡西南），辖境相当于今河南颍河、淮河之间，以及安徽茨河、淮河以北的地区。

　　③拷掠：鞭打，这里指用刑。

　　④引见：接见。

　　⑤狼狈：此为慌张的意思。

　　⑥款引：对所犯罪行供认不讳。

　　⑦皂襦：黑色的短袄。

【译文】

　　世宗即位初年，司马悦擢升为镇远将军、豫州刺史。当时汝南郡上蔡县有个叫董毛奴的人携带了5000钱，被人杀死在大路上。郡县两级都怀疑是村民张堤杀人后抢劫，并且在张堤家中搜出5000钱。张堤怕受刑，只好屈招是自己杀人。此案送到州里，司马悦通过观察罪犯的语言和脸色，怀疑其中有问题。便接见了董毛奴的哥哥董灵之，问他说："杀人抢钱，当时慌乱紧张，一定丢下了什么东西，这个罪犯究竟丢下什么东西没有？"

董灵之说："只是拾到一把刀鞘。"司马悦拿过刀鞘仔细观察，说："这把刀不是乡下制造的。"便召集州城里的刀匠都来看这把刀鞘，有一个叫郭门的人走上来说："这把刀鞘是我打制的，去年卖给城外的百姓董及祖。"司马悦便拘禁了董及祖，责问他说："你为何杀人抢钱而丢下刀鞘呢？"董及祖此时对所犯罪行供认不讳，董灵之又在董及祖身上搜出了董毛奴所穿的黑色短袄，董及祖被处死。

理　财

贪人败类

后幸左藏①，王公、嫔、主以下从者百余人，皆令任力②负布绢，即以赐之，多者过二百匹，少者百余匹。唯长乐公主手持绢二十匹而去……世称其廉。仪同、陈留公李崇，章武王融③并以所负过多，颠仆④于地，崇乃伤腰，融至损脚。时人为之语曰："陈留、章武，伤腰折股，贪人败类，秽我明主"。

《魏书》

（《魏书》卷十三，皇后列传）

【注释】

①左藏：魏都洛阳城左的国库。藏，储存东西的地方。

②任力：有多大力出多大力。

③融：即元融，北魏皇族，封章武王。

④颠仆：因负载过重而跌倒。

【译文】

灵皇后驾幸洛阳城左的国库，王公、妃嫔及随从100多人。灵皇后下令跟随的人可在国库中尽力扛负布匹，然后就将这些布匹赐给他们，扛得多的竟一次扛了200匹，少的也不下百匹。而长乐公主手里只拿了20匹……当时的人们称赞长乐公主很廉洁，不贪财。仪同官陈留公李崇和章武王元融都因为扛得太多，跌倒在地，李崇扭伤了腰，元融扭伤了脚。当时的人作了这样两句顺口溜：“陈留、章武，伤腰折股。贪人败类，秽我明主。”

杨氏不羡荣华

姚氏妇杨氏者，阉人符承祖姨也。家贫无产业①。及承祖为文明太后所宠贵，亲姻皆求利润②，唯杨独不欲。常谓其姊曰：“姊虽有一时之荣，不若妹有无忧之乐。”姊每遗其衣服，多不受，强与之，则云：“我夫家世贫，好衣美服，则使人不安。”与之奴婢，则云：“我家无食，不能供给。”终不肯受。常著③破衣，自执劳事。时受其衣服，多不著，密埋之，设④有著者，污之而后服。承祖每见其寒悴，深恨⑤其母，谓不供给之。乃启其母曰：“今承祖一身何所乏少，而使姨如是？”母具以语之。承祖乃遣人乘车往迎之，则历志不起，遣人强舁⑥于车上，则大哭，言：“尔欲杀我也！”由是符家内外皆号为痴姨。

（《魏书》卷九十二，列女传）

【注释】

①产业：家产。

②利润：分沾利益。

③著：同“着”。

④设：如果，即使。

⑤恨：埋怨。

⑥舁（yú）：抬。

【译文】

有位姚姓的妻子杨氏，是宦官符承祖的姨母。家贫没有家产。及至符承祖为文明太后宠幸以后，他的亲戚便都来投靠他，以便分沾利益，只有杨氏不这样做。她时常对他姐姐说：“姐姐虽然有一时的荣华富贵，但不如我有无忧无虑的欢乐。”她姐姐常送她一些衣服，大都没有接受，如若强行塞给她，她就说：“我夫家世代贫穷，这些华丽的衣服，穿在身上反而令人不安。”姐姐便说送给她丫鬟，她就说：“我家缺衣少食，养不起丫鬟。”不肯接受。

常常穿得破衣烂衫，内内外外，亲手操持。有时偶尔接受几件衣服，也都没有穿，而是偷偷地把它埋藏起来，即使有穿在身上的，也要先把它弄脏然后再穿。符承祖每每见到她穷困潦倒、面容憔悴，心里便怨恨他母亲，认为母亲没有周济她，就开口对他母亲说："现在我们倒是要什么有什么，啥也不缺乏，却让姨母这样贫寒。"母亲便把这前前后后的经过全告诉儿子。于是符承祖便派人乘车去迎接杨氏，杨氏却死活也不肯起身，又派人强行把杨氏抬到车上，她便大哭不止，并说："你不如要我的命吧！"从此，符家内外都称她为"痴姨"。

二十四史精华

《魏书》

德　操

李洪之贪赃丧命

　　李洪之，本名文通……少为沙门，晚乃还俗。真君①中，为狄道护军……会永昌王仁随世祖南征，得元后姊妹二人。洪之以宗人潜相饷遗，结为兄弟，遂便如亲。颇得元后在南兄弟名字，乃改名洪之。……元后临崩，昭太后问其亲，固言洪之为兄。……以外戚为河内太守，进爵任城侯……

　　洪之素非廉洁，每多受纳。时高祖始建禄制，法禁严峻，司察所闻，无不穷纠。遂锁洪之赴京。高祖临太华，庭集群官，有司奏洪之受赃狼藉……高祖亲临数之，以其大臣，听②在家自裁。……及临自尽，沐浴换衣。防卒扶持，将出却入，遍绕家庭，如是再三，泣叹良久，乃卧而引药。

（《魏书》卷八十九，酷吏传）

【注释】

　　①真君：北魏太武帝拓跋焘的年号，共12年（440—451年）。
　　②听：判决。

【译文】

　　李洪之，本名文通……幼时曾做过和尚，后来还俗。北魏真君年间，为狄道郡护军。……正值永昌王拓跋仁随世祖南征，得到元后姐妹2人。李洪之便以同宗的身份暗中相遗赠，并结为兄妹，从此便如同亲兄妹一般。又打听到了元后在南方的兄弟的名字，就改名洪之。……元后临死前，昭太后问她有什么亲人，元后便说李洪之是自己的哥哥。……

李洪之以外戚的身份被任命为河内太守，封爵任城侯。……

李洪之向来不太廉洁，常常接受别人的贿赂。当时高祖刚刚建立官吏俸禄制度，法律严苛，司法监察部门一发现犯罪行为，就会追查到底。这样李洪之便被脚镣手铐押往京都。高祖亲临太华殿，召集群臣，执法官奏陈李洪之贪赃枉法的种种罪行……高祖看了罪状后很愤怒，亲自历数其罪，因为他是朝中大臣，赐他在家自尽。……自尽那天，李洪之沐浴更衣。士卒一直扶持着他，将出门时，又转身回去，绕着屋子走了几圈，哭泣叹息了好长一段时间，便躺在床上仰起脖子服药自尽了。

传世故事

鲜卑主误杀其子

　　拓跋力微是鲜卑索头部的大人，也就是后来史称的魏始祖神元皇帝。他雄武，颇富谋略，所率索头部在鲜卑诸部中势力最为强盛，有骑兵号称 20 余万，诸部大人都尊他为首。他迁居定襄的盛乐后，认为以前匈奴蹋顿之徒所采取的劫掠边民以谋财利的行径既伤及自身又易树仇敌，不足为法，就采取了与曹魏睦邻友好的政策。

　　曹魏景元二年（261 年），拓跋力微派遣其子拓跋沙漠汗前往曹魏。沙漠汗留居曹魏时，与人相处得很融洽，得到了不少馈赠的财物。西晋取代了曹魏后，拓跋力微继续保持与中原的友好关系，沙漠汗仍然留在西晋，6 年后，他才以父亲年迈为由辞晋北归。

　　晋咸宁元年（275 年），沙漠汗再次奉父命前往西晋。是年的冬天，他离开晋都北归，晋武帝赠给他许多物品，以致随归的牛车达百辆之多。沙漠汗一行抵达并州时，晋征北将军卫瓘密奏武帝，请求扣留他们。武帝难以失信于人，没有答应。卫瓘又上书武帝，请求以金钱锦缎贿赂鲜卑诸部的大人，用离间计使他们彼此怀疑，相互仇杀。武帝这次同意了卫瓘的意见，让他照计行事，并且扣留了沙漠汗。

　　咸宁三年（277 年），晋武帝准予沙漠汗返乡，拓跋力微闻知大喜，派遣诸部大人前往阴馆迎接沙漠汗。沙漠汗在阴馆与他们一起饮酒时，仰见天上有鸟飞翔，便对他们说道："我给你们射一只下来。"说完拿过弹弓弹射，弦声响后，鸟儿随即从空中掉在了地上。那时，鲜卑没有弹弓这种武器，诸部大人只听见弓弦响，未见箭射出，却看到鸟儿被击落，都不禁惊得面面相觑。他们在背后商议道："沙漠汗的风度服装已经同于中原，而且还学会了此等绝世的奇术，如果他回来继承首领的位置，实行改革，我们这些人肯定会不得志。不如让拓跋力微身边的几个儿子当接班人。"再加上先前晋人已对他们施用了离间计，因此他们一拍即合，开始策划除掉沙漠汗。他们首先抢在前头赶了回去，拓跋力微见他们归来，问道："我儿子已经游历了中原，现在有什么长进啊？"诸部大人都回答道："令郎才能技艺十分高超，用一只空弓就能射落飞鸟。他学到手的好像是晋人的旁门左道，这可是乱国害民的不祥之兆哇！愿您三思。"拓跋力微因沙漠汗先后去中原多年，日渐宠幸起身边的几个儿子，而且他已届垂暮之年，头脑已不如往日明晰。这次一听诸部大人如是说，心中起了疑心，就说道："不能容他回来，就该趁早除掉他！"诸部大人要的便是这句话，于是派人前去杀死了沙漠汗。

拓跋力微诛除了儿子后有些悔之无及，一窝火，人也病倒在床。乌桓王库贤时为拓跋力微宠信，手中握有实权，加上又接受了卫瓘的重礼，于是便想利用拓跋力微卧病之机制造混乱。他故意当着诸部大人的面在庭院中磨砺大斧，诸部大人很奇怪，问他磨斧干什么，他回答说："主上恼恨你们进谗言，夺去了沙漠汗的性命。现在要把你们的大儿子都抓起来处死。"诸部大人听后信以为真，各自散去。其后不久，拓跋力微一命归阴，鲜卑诸部内乱频仍，拓跋氏的势力因此走向了衰落。

魏太宗善用贤士

魏泰常八年（423年），魏太宗明元帝拓跋嗣死，其子拓跋焘即位，是为世祖太武帝。世祖明智过人，勇武善断，在位的近30年间，"扫统万，平秦陇，剪辽海，荡河源，南夷荷担，北蠕削迹。廓定四表，混一戎华，其为功也大矣！遂使有魏之业，光迈百王"。他建立丰功伟业的经验之一，是举贤任能，"拔士于卒伍之中，惟其才效所长，不论本末"。

神䴥（jiā）四年（431年），世祖曾下诏书，表明了求贤若渴之心。他听到有关官员盛称"范阳卢玄、博陵崔绰、赵郡李灵、河间邢颖、勃海高允、广平游雅、太原张伟等，皆贤俊之胄，冠冕州邦"，便在诏书中急不可耐地指示各地方官，以礼征召卢玄这类"隐迹衡门，不耀名誉者"。诏书下达后，州群官员闻风而动，一下子给他送来了数百人。世祖非常高兴，按照各人的特长全部录用了他们。然而，有些地方官员为了执行诏命，举荐贤才时也不管人家是否志愿出山，一律以催逼的手段，把人家打发到了京师。世祖知道以后很生气，就在第二年下诏明令禁止。他在诏书中说道："我多年来致力于扫平伪逆、征讨凶顽的大业，极想得到助我治国安邦的英才贤士，故而诏命各州郡发现隐逸，荐举人才。古时的君子修身养性于衡门之下，奇才大略为世所用，但他们都不是被逼着出山的。或者雍容雅静，不慌不忙，像陶潜一样三命而后至；或者绕绕惶惶，急于立业，像伊尹一样负鼎而自到。他们出山的缓急虽然不一样，但济时匡世却是相同的。各地召人纳士均应晓喻以礼，由其进退自如，为何要逼迫他们呢？这样做纯属地方官员有失我的旨意。哪里是发扬光大我的思想？分明是在显示我的德行不到家。从今以后，各地选人荐士时务必要宣传我虚心求贤之心，人到以后就应根据各自的文才武艺，授以政事。"

世祖如此求贤若渴，召人有道，果然使一大批忠臣良将聚集于他的身边，而且"人思效命，所向无前"。此外，世祖还善于调动群臣为他效力的积极性。自古以来，都是人臣为天子歌功颂德，而世祖却反其道而行之，"命歌工历颂群臣"，亦即让乐工歌手专门演唱各位大臣的某一突出的长处，以这种特殊的文艺形式褒扬人臣。如官至上党王的长孙道生，为人特别廉洁。他身居高位，却"衣不华饰，食不兼味"。一副骑马用的熊皮障泥用了数十年仍不肯丢掉换新的。他出镇在外，家中的子弟翻造了新屋，他回家后叹道："昔霍去病以匈奴未灭、无以家为，今强寇尚游魂漠北，吾岂可安坐华美也。"在狠狠教训了子弟后，命人拆毁了新屋。抚军大将军、左光禄大夫崔浩"才艺通博，究览天人，政事筹策，时莫之二"，多谋善断有如汉初的张子房。世祖看重长孙道生的清廉、崔浩的智谋，因此吩咐歌工演唱他们时，有"智如崔浩，廉如道生"之语。其他诸臣，歌中亦各有所佳。群臣见世祖这般称扬自己，受宠若惊，更加竭力效劳了。

孝静帝用臣反为臣用

北朝北魏末年，高欢拥兵专权，杀死节闵帝，立元修为傀儡皇帝，即孝武帝。后孝武帝元修逃奔关中宇文泰，为西魏；高欢又在东方立元善为帝，即孝静帝，迁都邺（今河北临漳县西南），是为东魏。东魏建立之后，政权一直掌握在高欢、高澄父子手中。

孝静帝元善喜好文学，美仪轩然，力气很大，能挟石狮子翻墙，射箭无不中的。每次嘉会喜宴，爱让群臣赋诗，文武皆备，有北魏初年孝文帝遗风。当时，齐文襄王高澄掌握大权，对孝静帝极为忌恨，就派自己将军府中的中兵参军崔季舒去皇帝身边做中书黄门侍郎（侍从皇帝，传达诏命的高级官吏），专门窥察皇帝动静，事无大小都要向高澄密报。

崔季舒字叔正，生性敏捷，少年时就涉猎经史，擅长撰文作书，在当时就很才名。在高澄将军府做中兵参军时就深受重爱，所以拼死效忠。高澄当时做中书监，把门下省的事权也揽归己，崔季舒善晓音乐，故而方伎类的官也隶属中书。方伎属中书，就是从崔季舒开始的。高澄每次进奏文表，有的文辞繁杂不通，崔季舒就取出专门加以修饰润色，再向皇帝规劝。孝静帝每次向高澄作答，都要与崔季舒商量，称崔中书是自己的奶母。崔季舒虽身在魏帝朝中，但心却在高澄专权的霸府中，他们每次密谋大计，他都要参加。

高澄经常问崔季舒："那傻瓜又怎么样了？那傻样子稍有变化否？"孝静帝曾经与高澄一起在邺城东打猎，皇帝驰逐如飞。监卫都督乌那罗、受工伐从后面呼喊孝静帝道："天子别跑了，大将军要发火了。"高澄曾经与皇帝一起饮酒，高澄举杯劝酒说："臣澄劝陛下饮酒。"孝静帝不高兴，说："自古没有不亡的国家，朕为什么要这样活着"！高澄大怒道："朕！朕！狗屁朕"！高澄当即让崔季舒打了皇帝三拳，拂袖而去。第二天，高澄又派崔季舒向皇帝表示致歉，孝静帝也向他致谢。皇帝又赐给崔季舒绢，季舒不敢接受，去请示了高澄，高澄让他只接受一段，皇帝把100绢给他，说："这也是一段！"

崔氏以身作则　不孝子回心转意

崔氏，不知其名，北魏时人。她生性严明而高尚，且教子有方，并能以身作则教人以孝道，因而在史籍中留下了事迹。

崔氏嫁清河（今山东临清市东北）房爱亲为妻，丈夫早逝，崔氏与儿子们相依为命。她熟读经史，贤惠知礼，丈夫死后，便担起教子读书重任，亲自教授《诗经》《礼记》等典籍。儿子们在其悉心教育下，不仅学到了知识，更主要的是懂得了立身处世的道理。崔氏的两个儿子房景伯及房景先，都成了当时的名士。因崔氏家中生活贫困，懂事的房景伯很早就开始替人代写文书等，赚钱养家。弟弟房景先见哥哥辛苦，刚刚12岁，就要求以劳动贴补家用。崔氏见他还小，不肯答应。房景先再三请求，终于得到母亲允许，白天砍柴，晚上诵读经史，不仅减轻了家中的生活压力，学问也大为长进。在崔氏的教育下，她的一家成了一个和睦亲爱、尊老爱幼的美好家庭。

房景伯、房景先后来都立朝为官。房景伯任清河太守时，只要碰到疑难案子，觉得难以决断，便总要向母亲请教。崔氏常为他出谋划策、排难解疑。有一次，有个百姓的儿子十分不孝，房景伯的属下都主张干脆把他抓进官府，治他的罪。房景伯于心有所不忍，但也深为其不孝而伤感，便照例回来请教母亲崔氏。崔氏对房景伯说："人常言，耳闻不如目见。这个老百姓生长山野，没有见过礼教是什么样子，所以不懂得孝敬长辈。何必要责罚他呢？你去把他的母亲接来，跟我一起住，叫他的儿子跟在你身边，让他看看你平时的作为，他也许会自己改掉错误。"

房景伯依从母亲的教诲，将这百姓母子两人接来同住。崔氏和百姓的母亲两人一道进食时，房景伯恭恭敬敬地伺候两位老人家，而不孝顺的儿子则站在旁边，亲眼看着房景伯怎么侍奉长辈。就这样，还没有到第十天，百姓之子就觉得自己太不应该了，主动悔过，要求和他母亲一道回家去。崔氏对房景伯说："虽然他表面上看来已经自己感到惭愧，但还不知道他的内心究竟有没有真正悔悟，就暂时不要让他回家，再留些日子看看吧！"

就这样，百姓母子俩在房景伯家中一住住了20多天。这时候，不孝顺的儿子真正从内心里悔悟了，他主动叩头谢罪，直至头上都叩得鲜血直流。百姓的母亲也大受感动，痛哭失声，请求放他们母子俩回家去。崔氏见不孝子已经真正悔过，便让母子两人回家去了。这位不孝子彻底改正了自己的错误，不仅如此，而且其孝顺后来竟远近出了名。

崔氏就这样以自己的家庭为榜样，使一位不孝子变成了有名的孝子。

柳崇巧审疑案

北魏柳崇，河东解县人，为人端方雅致，颇有气量，也颇有学行。他初出仕时，任太尉主簿、尚书右外兵郎中，不久就在官场中崭露了头角，引起了上层统治者的重视。

当时，河东、河北二郡为了辖境问题长期发生争执。由于有争议的地区有富饶的盐池，又有一条十分重要的有名通道——虞阪。因此，两郡的官吏和百姓，都不愿意将那块地区割让出去。在相当长的一个时间里，郡与郡之间、百姓与百姓之间，纷纷攘攘，争讼不休，一直闹到京城的御史台以及其他有关部门。魏孝文帝久闻柳崇善于处理此类复杂事务，便派他去审理这一专案。他通过仔细考察争议地区的历史归属和现实情况，妥善做好两郡官民的疏导工作，平稳地处理了双方多年的纷争。两郡的官民上下，都表示愿意停止诉讼。这桩麻烦案件的办妥，更加提高了柳崇的声誉。

后来，他升迁为河北太守。他刚到河北郡上任，就发生了一起郡民张明丢失马匹的案件。县令费了好大力量，也没有查出盗贼，却抓了10多个形迹可疑的嫌疑犯。但究竟谁是盗马贼，仍然难以断清。案子就这样送到了郡里。柳崇也觉得漫无头绪，难以审理。想来想去，他考虑好了一个可以试试的办法。

柳太守把那10多个嫌疑犯逐一叫上堂来，先是一个个从头到足仔细观察，然后开始同他们逐个谈话。可是，他一个字也不提张明丢马、捉贼破案的事。他和颜悦色地向他们问长问短，问他们家住哪里，家里有几口人，父母还在不，有兄弟几个，子女几个，又问他们在家以何为生，今年农村收成怎样，交纳多少赋税，家里的日子过得如何，等等。嫌疑犯们一开始都十分紧张，经过同太守一番平静、和缓的对话，心里没有鬼的人，言谈不再拘束，情态也逐渐自然、放松起来。多数人随问随答，侃侃而谈，看不出有什么心理负担。但柳太守也发现有两三个人神情诡秘，故作矜持，说话吞吞吐吐，生编硬造，显然是为了掩盖自己身上的某种不肯让人知道的东西。

经过对嫌疑犯们的辞色的细微观察，柳崇的心里已经明白大半。然后，他才开始转入审案正题。他集中力量对那几个表现极不正常的人进行严厉审问。在他的凌厉而有力的追问下有两个人的精神防线终于崩溃，再也无法抵赖，只得承认是他们合伙盗走了张明的马，为首的贼人叫吕穆，尽管他奸猾狡黠，到底还是暴露了真正面目，受到了国法的惩处。柳崇的智谋干练，使得郡内匪人畏服，社会秩序帖然安定。

魏高祖褒忠求贤

魏高祖孝大皇帝拓跋宏是个有雄才大略的君主。他"爱奇好士，视下如伤"。对忠心耿耿的臣子，不仅在其生前给以高官显位，而且在其死后还树碑立传，想因此引起忠义效应。

太原晋阳人王睿（ruì），字洛诚，因精通天文卜筮之学，而且容貌伟丽，早在魏高宗文成皇帝拓跋浚（jùn）朝即被任为要职。承明元年（476年），文明太后临朝听政，王睿特别受宠，累官至吏部尚书，封太原公，得以参与机密政事，满朝文武都怕其三分。

太和二年（478），高祖拓跋宏与文明太后率领百官群僚来到虎圈观赏老虎时，发生了意外。一只老虎突然蹿出了圈外，直扑高祖和文明太后所坐的地方。左右侍从一时吓得心惊胆丧，作鸟兽散。只有王睿镇定自如，他从别人手中夺过一支戟，一边挥舞着吓唬老虎，一边紧紧护卫着高祖和文明太后。老虎被赶跑后，惊魂落定的高祖和文明太后特别感激王睿这个舍身相救的忠臣，从此对他更加另眼相待。王睿的官职不断上升，一直做到了中山王、镇东大将军。高祖和文明太后赏给他的珍宝绫罗数以万计。因为每次赏赐，都是由宦官押着有帷幕遮盖的车子，于夜间开进他的府第，因此他人不知其详。至于赏赐给他的田园、奴婢、牛马等等，也都是好上加好的。

王睿对政事提出的一些意见，高祖也往往听得进去。如沙门法秀的谋逆事件，曾株连到许多人。王睿为避免打击面过宽，曾劝谏高祖道："与其误杀了无辜之人，倒不如宁可放过了有罪之人。应以严惩首恶，余皆不问为宜。"高祖采纳了他的谏言，结果使1000多人免受了牵连。后来，他患病时，高祖、文明太后曾几次亲自去探视他。他身当垂危之际，还向天子上奏了最后一道奏疏，言辞恳切地写道："臣闻为治之要，其略有五：一者慎刑罚，二者任贤能，三者亲忠信，四者远谗佞，五者行黜陟。夫刑罚明，则奸宄息；贤能用，则功绩著；亲忠信，则视听审；远谗佞，则疑间绝；黜陟行，则贪叨改。"

王睿死时，高祖和文明太后非常哀痛。他们亲自到灵前吊唁，并赐给隆重的葬仪，赠以卫大将军、太宰、并州牧，谥以"宣王"称号。下葬那一天，高祖登上城楼目送王睿的灵车；并且诏命于京城南20里的大道右侧为其修建祠庙，树碑一座，铭刻他的业绩，设置5户人家于庙旁，专门负责祭祀。高祖还命人画了几张王睿御虎护驾的画图，悬挂在诸殿之中，命文臣高允配上赞语。当时，京城中的仕女也抢着谱写新曲，歌唱王睿，名之为《中山王乐》。高祖得知后，吩咐采进乐府，命乐工加以合乐演奏。高祖拓跋宏以种种形式褒扬王睿的忠义，自然期待着有更多的王睿出现。

赵修小人得志　暴富暴亡

我们常用"小人得志"这句话来形容某些暴发户那不可一世的样子。北魏世祖时代的赵修就是一个这样的得志小人。

赵修是赵郡房子（在今河北省高邑县南）人。他的父亲是县里的一个小官吏。他年轻时，只是在太子东宫当一个小吏，侍候太子元（拓跋）恪。他力气很大，很讨元恪的欢心。

高祖元宏死后，元恪当上了皇上，史称世宗。元恪便让赵修跟着进宫，当了一名侍者，继续伺候世祖元恪。由于他有长期服侍元恪的经验，会邀众取宠，所以一天比一天受宠。世宗登基后，赵修的官位在短短几个月就连续攀升几次。先后被任命的官职就有：员外通直、散骑常侍、镇东将军、光禄卿等等，每次升官，他都要设宴庆贺，世宗亲自到他的家里参加宴会。皇帝带了头，诸王公、卿士、百僚便都跟着世宗参加。世宗还亲自接见他的母亲。赵修能喝酒，每次宴会，连那些王公们也经常被灌得支持不住。

皇帝每次到郊庙去举行祭祀活动，赵修都要陪着皇帝来来去去，骑着高头大马，出入于只允许皇帝和内眷们出入的地方。足见世宗对他的信任和宠幸了。

咸阳王元禧被诛以后，那大量的家财，大部分赏赐给了赵修和另一个宠臣高肇，不用说平常的俸禄、贿赂和掠夺，仅这一次的赏赐，就足以让他成为大富翁了。

其实赵修并非聪敏，他不爱读书，不通文墨。但就是这样的人，越是会做那些荒淫无耻的事情。

赵修发迹了，他的父亲也沾了光，被赠为威烈将军和本郡的太守。可惜不久他就死了。百官从王公以下都来吊唁，祭祀用的牛和其他用具堵塞了大门和大街。给他做的石碑、石兽、石柱，都要征用百姓的车给拉送到他的家乡，而费用都是公家给出。发丧用的车上百辆，一路上所需的费用也是公家给出。同时，世宗还宣布，追赠赵修的父亲为龙骧将军。

出殡本是件悲伤的事情。可是，赵修一路上毫无悲戚之容。他和宾客们一路上抢掠妇女，或者扒光了她们的衣服调戏，或者奸污。那些歹徒们鼓噪笑骂，毫无节制。

这一年，世宗又给赵修扩建宅邸，他邻居的房屋很多都被他兼并了。而邻居中那些"自愿"把房屋捐献给赵修的，就会受到破格的提拔。有姓侯的两兄弟，就因为把房基捐献给了赵修，竟被提为一个大郡的长史。

赵修的房舍高大气派，耀眼夺目，标准等同于王公贵族的宅邸。赵修出身低贱，一夜暴富，真是小人得志。尤其是他在葬父过程中的表现，更加令人发指。有一个叫王显的人，原来依附在赵修的门下，后来他也不满赵修的胡作非为，便暗中把他的所作所为记录下来，并向世宗揭发出来。还有几个与赵修一起为非作歹的人，怕受他的牵连，见有人揭发赵修，也争着揭发他的罪恶。

世宗见揭他的人很多，知道再护着他是很不得人心的，便下诏指责赵修"不识人伦之体，不悟深浅之方""居京造宅，残虐徒旅"等多条罪状，并下令抽他100鞭子。由于赵修的民愤很大，执行笞刑的长官挑了5名强壮的兵士，轮着抽他的屁股。说是100，实际上抽了300多下。一般的人受了这种刑罚，肯定当场一命呜呼，可赵修竟没有被当场打死，拉他的车把他拉出去80里以后，他才断气。

折箭教子一场空

北魏时，我国西北部有个少数民族部落，叫做吐谷浑。大约在405年前后，阿豺被立为吐谷浑的国主。

阿豺是个有才能的国君，他自号骠骑将军，又因境内有沙洲数百里，更自号沙洲刺史。在位期间，阿豺兼并羌氏数千里疆域，一时号称强国。后来，阿豺又主动派遣使者到南朝刘宋朝廷，表示愿意依附刘义隆。424年冬天，刘义隆还没有来得及接受他的依附，阿豺便忽然得了重病。

阿豺卧病在床，自知性命难保，便准备料理后事。他一共有20个儿子，阿豺将他们全都叫到自己床边，嘱咐儿子们，他死以后，应当奉叔父慕璝为国主，儿子们均答应了。阿豺深知，自己死后，20个儿子如果能团结一致，一定可保国泰民安，但如20个儿子互相你争我斗，那部落就难免会走向衰亡。于是，想要趁自己尚在人间，教育儿子们一番。略略思考后，阿豺对儿子们说："你们各自都拿出一支箭来，将它折断。"儿子们遵照父命，各自拿出一支箭，不费吹灰之力便将它一折两段，丢弃一旁。这时候，阿豺又叫在他旁边侍候他的弟弟慕利延拿出20支箭来，对弟弟说："你也拿一支箭，将它折断。"慕利延轻而易举地照办了。阿豺再对慕利延说："你将其余的19支箭放在一起，一道折断。"这一次，慕利延使出浑身的力气，累得脸红脖子粗，却再也无法将手中的这把箭一齐折断了。阿豺这才对他的弟弟和儿子们说："你们刚才都看见了，单独一支箭很容易折断，但当所有的箭都束集在一起时，却再也折不断了。这充分说明了一个道理：你们20个人如果能像20支箭合在一起那样，协力同心，紧紧集结在一起，我们的部落才能够稳固安定。希望你们同心同德，团结一致！"刚说完这些话，阿豺便去世了。

阿豺死后，慕璝继位为国主。他稍有才略，收服了众多流民，部落得以强盛。待慕璝死后，阿豺的弟弟慕利延继立为国主。十分遗憾的是，慕利延和阿豺的20个儿子并没有将阿豺临死前对他们的谆谆教诲放在心上。这时候，阿豺诸子和慕利延逐渐产生了矛盾，慕利延杀了阿豺的长子纬代等多人，最后，终于搞得国势不可收拾。阿豺如地下有知，当痛其弟弟及诸子的不遵教诲。

人物春秋

心境悠然　政治宽松——拓跋宏

　　高祖孝文皇帝，名宏，显祖献文皇帝拓跋弘的长子，母亲是李夫人。皇兴元年（467年）八月二十九日，生于平城紫宫。孝文帝生时皮肤洁白如玉，并有奇异之姿。在襁褓之中就显示出一种不同凡响的姿态。成人后，深沉，气度从容，仁厚孝顺，充分显露出君临天下者的风范。显祖惊喜万分，对他也就格外宠爱。皇兴三年夏，六月初三日，孝文帝被立为皇太子。

　　皇兴五年秋，八月二十日，元宏在太华前殿即皇帝位，大赦天下，改元延兴元年。

　　太和十年（486年）春，正月初一日，孝文帝首次穿戴衮龙袍、冕旒冠，在朝廷上大摆筵席，接受万国使臣的朝贺。

　　太和二十三年（499年）春，正月初一日，孝文帝召见群臣，群臣向孝文帝祝寿大病痊愈，于是在澄鸾殿大宴文武百官。五日，孝文帝参观西门豹祠，从漳水乘舟返回。南齐皇帝萧宝卷派太尉陈显达率军进犯荆州。六日，孝文帝命前将军元英率军迎击。八日，孝文帝从邺城出发，二十一日，孝文帝从邺城返回洛阳。二月二十七日，齐将陈显达攻陷马圈戍。三月四日，孝文帝率军南征。八日，因顺阳被南齐军围攻，情况危急，孝文帝命令振武将军慕容平城，率5000骑兵增援顺阳。十日，孝文帝患病，司徒、彭城王元勰留在行宫中照料病情，主持军国事务。二十一日，孝文帝抵达马圈。

　　三月二十四日，孝文帝病重，北返洛阳，停留于谷塘原。二十八日，孝文帝下诏，赐皇后冯润自尽。命司徒元勰前往洛阳，请皇太子元恪到鲁阳登基即位。

　　夏，四月一日，孝文帝在谷塘原的行宫逝世。终年33岁。辅政大臣们封锁孝文帝逝世的消息，到达鲁阳后，才为孝文帝发丧，护送孝文帝的灵柩返回洛阳。给孝文帝元宏加上"孝文皇帝"的谥号，祭庙的名号称为"高祖"。五月二十一日，将孝文帝元宏安葬于长陵。

　　孝文帝生性纯厚，4岁时，父亲献文帝拓跋弘身上生疮，孝文帝亲口为父亲吸脓。5岁，父亲把皇位传给他，他悲伤得痛哭流涕，无法自制。献文帝问他为什么哭泣，孝文帝回答说："接替父亲的皇位，内心过于悲痛。"献文帝听后，感慨万分，冯太后因为孝文帝聪慧英明，害怕他长大以后会对冯氏家族不利，阴谋废掉孝文帝。在寒冬腊月，将身穿单衣的孝文帝关在一所空房子里，3天不给食物，召来咸阳王元禧，想立他为帝，元丕、穆泰、李冲坚决劝阻，冯太后才打消了这一邪念。虽然如此，孝文帝对冯太后却从来都没有怨恨之意，只是对元丕等人深怀感激。孝文帝对他的弟弟们，十分关怀和爱护，自始至终都没有一点矛盾，且与亲戚族人和睦相处，礼尚往来。虽然对大臣们要求严格，执行法纪从不宽容，然而秉性宽厚仁慈，常常原谅别人的无心之过。某次上菜的人用热汤烫伤了他的手，又一次他在食物中吃到了虫子之类的脏东西，他都一笑置之，给予原谅。有个宦官曾在冯太后面前陷害他，太后大怒，命人用棍子打了他几十下，孝文帝默默忍受，并不为自己辩解。冯太后死后，孝文帝对此事并不介意，没有加以追究、报复。

　　孝文帝处理政事时，能广泛听取意见，从善如流。同情、怜悯百姓，始终想为百姓多做些有益的事。凡举行天地、四季、祖庙的祭祀典礼，孝文帝必定亲自参加，从不因天气的严寒、炎热而有所停滞。尚书省的奏章、提案，孝文帝多亲自审阅处理。文武百官无论官职高低，孝文帝都对他们的情况加以留心，以求尽可能地发挥他们的才干、作用。常常说："作为君主，怕的是不公平，为人处事不能推心置腹以诚相待；如能处事公平、以诚相待，北方的胡人与南方的越人就可以亲如兄弟了。"孝文帝曾经心平气和地对史官说："对于当时发生的事，应该真实地记载下来，不要对丑恶、可耻的事情加以隐瞒。君主作威作福，没有人能阻止他，如果史书都不记载他的所作所为，他还有什么可怕的呢！"孝文帝南征北巡时，有关部门奏请修整道路，孝文帝却说："只要整修桥梁，能让车马通过就可以了，不必铲去杂草平整路面。"凡是修建各种设施，都是不得已而为之，从不兴建那些不是急需的工程项目，以免浪费民力。孝文帝南下淮南时，如同在北方国内一样，遇有因军事上的需要而必须砍伐百姓的树木时，必定留下绢布作为赔偿，从不践踏毁坏百姓的庄稼。所有风俗习惯、祭祀活动，只要是古代典籍上未加记载的，一律废除。

孝文帝非常喜欢读书，甚至到了手不释卷的地步。《五经》中的道理，读过一遍《五经》后便能加以讲解，虽然未经老师专门传授，他却能探寻出其中的精髓与奥妙。诸子百家，史书传记，无不广泛涉猎。喜欢谈论《庄子》《老子》，尤其精通佛理。孝文帝很有才气，喜欢文学创作，诗赋铭颂，兴之所至，随意挥洒。有时就在马上口授军国文告，写成后，不需要改动一个字。自从太和十年以后，所有的诏书、文告，都出自孝文帝的手笔。其他类型的文章，有100多篇。思贤若渴，礼贤下士，喜欢结交奇人异士。对待贤能之士，按才能的大小，常与他们不同程度地结成布衣之交。心境悠然淡远，不为现实的各种事务所困扰。孝文帝自幼箭法高超，膂力过人。10多岁的时候，就能用手指弹碎羊的肩胛骨。猎射飞禽走兽，箭无虚发。到15岁时，便不再杀生，停止了狩猎活动。孝文帝生性节俭，生活朴素，常常穿洗了又洗的衣服。马鞍、马勒只用铁、木制成。孝文帝的闲闻逸事，都是这一类的。

奇才忠贞思报国　历侍王朝五十载——高允

高允，字伯恭，自幼就是孤儿，因此有些早熟，有着非凡的气度，清河人崔玄伯见他后极为惊异，赞叹说："高子内心德行高尚美好，神情文雅明朗，如镜子外照一般，将来必能成大器，而为一代人杰，只可惜我不能亲眼看到了。"在高允10多岁时，祖父去世，他为奔丧回到家乡，把家产交给两个兄弟管理，自己出家做了僧徒，释名法净。不久又还俗。高允生性喜爱文史典籍，身背书籍，不远千里拜师求学。他知识广博，对历史和儒家的经典，以及天文、历法、占卜等学问都很精通，尤其喜爱《春秋公羊传》一书。曾被郡守征聘为功曹。

北魏神麚三年，世祖太武帝的舅舅阳平王杜超临时代行征南大将军，镇守邺城，任高允为从事中郎，这时他已40多岁了。当时正值春天，但很多州郡中的囚徒还不能处置，杜超于是命高允与中郎吕熙等人分别前往这些州郡，评议刑罚事务。吕熙等人贪污受贿，尽皆获罪，只有高允一人为官清廉，获得了奖赏。卸官后他回到家乡，以教书为生，学生有千余人。神麚四年，高允与卢玄等人一起被朝廷征聘，封为中书博士。后来升任为侍郎，与太原人张伟一起以侍郎兼领卫大将军及乐安王拓跋范的从事中郎。世祖太武帝的弟弟拓跋范备受宠爱，他在陇西镇守长安时，曾得到高允多方面的扶持和帮助，大受裨益，深得秦地人民的拥戴。不久，高允被征召回朝。高允曾作过一首《塞上翁诗》，诗中饱含辛酸苦辣，抒发了他以往得意与失落之情。骠骑大将军、乐平王拓跋丕西征上邽时，高允又以侍郎的身份参议拓跋丕军中的作战事务。有关的事迹收在《乐平王丕传》中。魏军平定凉州后，高允因参议谋划有功，被赐汶阳子的爵位，兼领建武将军。

此后，魏帝颁诏令高允与司徒崔浩共同著述国史，写成《国记》，兼任著作郎。当时，崔浩召集了很多通晓天文历法的人，考证校定自汉代建国以来日食月食和金木水火土五星的运动行度，并检查旧史中的失谬，另外制定了魏国的历法，然后拿给高允看。高允说："天文历法不能作毫无证据的空谈，要想将距今很远时代的天象推算准确，必须首先检验对距今较近的时代的天象的推算结果。况且汉代元年仲冬十月，金、木、水、火、土五星汇聚在东井宿的说法，实际是对历法的浅薄不识之论。今天我们讥笑汉代的史官，却察觉这种说法的错误，恐怕将来我们的后人会像我们现在讥笑古人一样地讥笑我们了。"崔浩说："你所说的谬误指的是什么？"高允道："考查《星传》，金、水二星常常在距太阳很近的地方运行。仲冬十月的凌晨，太阳运行到尾宿和箕宿附近，黄昏时从西南方落下，而东井宿此时正从东北方升起。有什么理由说金、水二星会跑到正对着太阳的最远的地方运行呢？这是因为史官想神化，所以不再依据天象运动的规律来推算的结果。"崔浩说："想要改变天象并没什么不可以，您难道不怀疑木、火、土三星能汇聚在一起吗？为什么只对金、水二星的往来运行感到奇怪呢？"高允道："这些事不可以作没有根据的争论，最好还是深入地研究一下为好。"当时在座的人都感到奇怪，只有东宫少傅游雅说："高君擅长历法，他的说法应当是有根据的。"过了一年多，崔浩对高允说："过去我们争论的问题，我并没有认真地思考，后来经过进一步的考证研究，确实像你说的一样，五星应提前3个月汇聚在东井宿，而不是在十月。"他又对游雅说："高允的学问如此精深，我却不知道，就像钟阳元不知魏舒的箭法高明一样。"于是大家对高允的才识尽皆臣服。高允虽然精通历法，但最初并不做推算，而且对于自己的这种谨慎做法很有说辞。只是游雅屡次向他请教有关灾害和奇异天象的问题。高允说："古人说过，真正了解一件事并不容易，已经了解了又怕了解得不全面，因此还不如不了解。天下玄妙的道理极多，怎么能问这些事呢。"游雅不再提问。

不久，高允在做本官的同时兼做了秦王拓跋翰的老师。其后，世祖让他教授恭宗学习儒家经典，受到了很高的礼遇。同时又令高允与侍郎公孙质、李虚、胡方同共同议定法令条文。世祖推荐高允参与讨论刑罚和治国之策，他的见解非常符合世祖的主张。于是世祖向他征询道："国家政务繁多，应最先处理什么事呢？"当时全国的土地多遭封禁，而且京城中不靠务农而吃饭的人非常多。因此高允说："臣自幼穷苦，只懂得种地，请允许我谈论农业的事情吧。古人说：一平方里的土地可开垦良田3顷70亩，100平方里的土地则可开垦良田37000顷。如果辛勤地耕耘，每亩就可以增产3斗粟米，如果懒惰则会减产3斗。这样一来，100平方里的良田，增产或减产粟米的总数就可以达到322万斛，况且天下的良田如此广大，增产或减少的粟米又该有多少呢？如果官府和农户都有积蓄的粮食，那么即使遇上饥荒的年景，又有什么可担忧的呢？"世祖认为这个想法非常好。于是解除对土地的封禁，把良田都授给了农民。

曾经，崔浩举荐提拔了冀、定、相、幽、并5州的数十人，初次为官就当了郡守。恭宗对崔浩说："在他们之前已经征聘了很多人，也是从各个州郡中选拔的，这些人在职的时间长，勤勤恳恳地工作，但未能得到任何报答。现在可以先把过去征聘的人补充到其他郡县任职，然后以新征聘的人代行郎吏一级的官职。而且郡守县令要管理民众，所以最好任用那些经历丰富的人。"崔浩与太子恭宗争辩，并派遣了他自己选拔的那些人。高允听说此事后，对东宫博士管恬说："崔公不能幸免了！如果他非要以他的这种错误做法来和殿下较量，并要争个胜负，怎么还能平安度日呢？"

辽东公翟黑子深受世祖的恩宠，他奉公出使并州时，竟收受上千匹布的贿赂，事情很快败露。于是黑子来向高允请教对策，他说："如果圣上向我问及此事，我是自首服罪呢，还是避而不答？"高允道："公是朝廷中的宠臣，回答圣上的提问时最好说实话。并且要告诉圣上你对朝廷的忠诚，这样你的罪就不会太大了。"而中书侍郎崔览和公孙质等人却不这样认为，他们都说，一旦自首从实招认，获罪大小实在无法测度，因此最好是回避不说。黑子认为崔览等人更关心自己，反而愤怒地对高允说："按您说的去做，简直就是引诱我去送死，如果真是这样，为什么不直说呢！"于是就这样与高允绝交了。后来，黑子在回复世祖的提问时没能说实话，终于被世祖疏远，最后获罪而遭杀戮。

当时，著作令史闵湛和郗标因性格奸佞，巧言奉迎，深为崔浩所信任。他们看到崔浩注的《诗经》《论语》《尚书》和《易经》后，立即上书魏帝，声称马融、郑玄、王肃和贾逵等人，虽然都注释讲述过《六经》，但都存在疏漏和错误，不如崔浩的注解精辟。建议广泛搜集国内的各种书籍，藏入官府。然后颁行崔浩对儒家经典的注解，让天下人学习。并请求魏帝降旨，让崔浩注解《礼传》，使后人能够了解正确的经义。崔浩也上表推荐闵湛，称他有著述才能。而后，闵湛又劝崔浩把他所撰写的国史刊刻上石，以便流传万世，他的目的是想使崔浩撰写国史时秉笔直书，使拓跋部的事迹记录得既详备又不雅观的情况得到更充分的表现。高允听说此事后，对著作郎宗钦说："闵湛所做的一切，分寸之间，恐怕就会导致崔家遭受百年不遇的大难。我的门徒中可没有这种人。"不久，大祸降临了。

当初，崔浩被拘捕后，高允则在中书省内值班。恭宗派东宫侍郎吴延去叫高允，并把他留在官内暂住一夜。第二天，恭宗要入朝拜见世祖，让高允同往。走到官门前，恭宗对高允说："入朝后，当见到圣上的时候，我自然会引导你的。倘若圣上有事问你，你只管依着我的话说。"高允问恭宗："为了什么这样做呢？"恭宗说："进去自然就知道了。"入朝后见到了魏帝，恭宗说："中书侍郎高允自在臣的官中以来，已共同相处了多年，他做事小心谨慎而且周密，臣非常了解他。虽然他与崔浩同做一事，然而高允低微，都是听从崔浩的主张。请饶恕他的性命吧。"世祖把高允叫到面前，对他说："《国书》是否都是由崔浩撰写的呢？"高允答道："《太祖记》是前著作郎邓渊所撰。《先帝记》和《今记》是臣与崔浩共同撰写的。然而崔浩多做综合的工作，只是统筹裁定而已。至于史中注解疏证的部分，臣做的比崔浩多。"世祖听后勃然大怒，说道："这个罪比崔浩还重，怎么能留他活路！"恭宗急忙说："高允是小臣，见到圣上威严庄重的样子，就语无伦次了。臣曾经详细地问过高允，他每次都说是崔浩写的。"世祖问高允："果然如太子所说的吗？"高允答道："臣才质平庸，著述写作时谬误百出，冒犯了天威，此罪理应灭族，如今臣已甘愿受死，所以不敢不说实话。殿下因为臣长期为他讲习授课，所以可怜臣，为臣祈求活命。其实他并没有问过臣，臣也没有说过那些话。臣回答圣上的都是实话，不敢心神无主。"世祖对恭宗说道："正直啊！对一个人来说，这已经是很难做到的了，而且能够至死不移，不就更难了吗！而且他说的话都是实话，真是忠臣啊。就为他的这些话，我宁愿不追究他的罪，最好还是宽恕了他吧。"高允终于被赦免了。世祖于是把崔浩叫到面前，让人诘问他。崔浩非常慌恐，不能答对。而高允却对每件事情都能郑重说明，有条有理。所以当时世祖更加生气了，命高允撰写诏书，自崔浩以下，僮仆及小吏以上，共128人，均夷灭五族。高允迟疑着没有动笔，世祖则频频下令急切地催促。高允祈求再次拜见圣上，然后再动笔撰写诏书，于是世祖把他叫到跟前，高允说道："崔浩所犯的罪，如果还有除著述国史之外的其他什么原因的话，那不是臣胆敢知道的。倘若只因国史一事，那么，秉笔直书，坦率写作虽然对朝廷有所触犯，但也还不至于处死呀。"世祖勃然大怒，命武士将高允拘捕起来。恭宗赶快为高允请罪。世祖说："如果没有这个人对我表示愤然不满，早就有几千人被斩了。"崔浩最后终于被杀，而且灭了五族，其他人也都惨遭杀戮。宗钦在临死之前，曾感叹说："高允或许是个圣人吧！"

事过之后，恭宗责备高允说："人应当能够把握时机，审时度势，不能审时度势，书读得再多又有什么用呢？那时候，我一开始就引导卿回复圣上的提问，为什么不顺着我的话说，以至于把圣上气成那个样子。每当想起此事，就让人心惊肉跳。"高允说："臣是出生于东方荒野中的凡夫俗子，本来并没打算做官。恰遇上太平盛世，在朝廷征聘贤士的时候，也就应选了。于是脱去布衣，穿上官服，在中书省任职，而且还经常在麒麟阁参与校勘典籍。那些白拿着朝廷的俸禄而又不做事的官员都很荣耀，而真正有才干的人却被压制不能任用，这种局面已经太久了。史书乃是帝王行为的真实记录，是为后代留下的一个明确鉴戒，这样才能使今人可以了解古人，而后人也可以了解今天。正因为言行举止都要详细记载，所以帝王的行为才要格外谨慎。然而崔浩一家虽世代都蒙受朝廷特殊的礼遇，在当时是非常显赫的大族，但他辜负了圣上对他的恩宠，自取灭亡。但即使对崔浩的这些做法，在当时也还是有值得讨论的余地的。崔浩才智疏弱，却担负着栋梁般的国家重任，在朝中他没有正直的节操，在家中难与亲人和睦相处，个人的贪欲早已使他忘记了廉洁之本，个人的爱憎早已取代了正直与真理，这些都是崔浩的责任。但是，至于记录朝廷日常生活的种种事迹，谈论国家事务的正确与失误，这些却也都是史书中的要点，与事实不可违背太多。然而，臣与崔浩实际上共同参与此事，不论生死荣辱，按理说两人本不应该有什么不同，实在是由于蒙受了殿下的极大关怀，才违心地苟且幸免，这并非臣的本意。"恭宗听后非常感动，赞叹一番。高允后来对人说，我没有接受太子的引导，是唯恐辜负了翟黑子，因为当初我就是这样教导他的，所以现在我自己也应该这样做。

恭宗临去世的几年前，对自己身边的人非常亲近，私自营造田园，获取财利。高允规劝他说："天地没有私欲，所以天能够覆盖着大地，而大地能够生长万物；帝王没有私欲，所以能够包养天下。过去贤明的君主，都以极公正的态度从政治民，所以把金银留藏在山中而不去开采它，把珍珠留藏在深水中而不去捕捞它，用这些事实将自己的无私昭示天下，用自己的节俭教诲天下人。所以赞美之声四起，万代传颂。今天，殿下作为国君的继承者，四海归心，您的言行举止，将成为天下人效法的榜样，而您却营造私人田园，畜养鸡犬，甚至在市集上贩酒，还与市民讨价还价，以至于到处流布着各种议论。天下乃是殿下的天下，您富有得享有了四海之内的一切，还有什么想要而得不到的呢，有什么欲望不能满足呢，反而去和那些男女商贾争夺蝇头小利。从前虢国将亡之时，神从天上降临了，赐给他们土地田园，最后竟丧失了国家。汉灵帝不学习君主的庄重威严，而喜欢与宫中的人摆摊贩卖，自己建立了府库，经营小利，最后使国家发生了颠覆混乱的灾难。前车之鉴，非常可怕呀。一个做君主的人，在选择用人时必须慎重，仔细观察。所以人们把知人善任叫做哲，这一点对于帝王来说是困难的。《商书》说：'不要接近小人'，孔子也说过，你亲近了小人，他就会对你无礼，你疏远了小人，他就会怨恨你。武王亲近周公、邵公、姜太公和毕公，所以能称王天下。殷纣王亲近飞廉、恶来，因而灭亡了国家。纵观古今的社稷存亡之际，没有不是由于亲近小人所致。现在殿下总发自内心地感叹缺少人才，实际上贤达之人并不少。近来在您身边侍奉您的那些人，恐怕都不是治国安邦的材料。所以希望殿下能够稍微倾听一下臣的话，远小人近贤臣，把归自己所有的田园分给贫苦的人，找准时机把畜养和贩卖之事也结束了。只有这样，听到赞美之声的那一天才会到来，而指责之声也就可以平息了。"恭宗并没有接受高允的劝告。

恭宗死后，高允很久都没有入宫进见圣上。后来世祖召见他，高允入宫时，一上台阶就抽泣，悲痛不已。世祖见此情景，也跟着哭了，并命高允出使，离开京城。朝臣们都不知因为什么缘故，彼此说道："高允没遇到什么值得悲泣的事呀，让圣上如此哀伤，究竟为什么呢？"世祖听到后，把他们招呼过来说："你们不知道高允的悲痛吗？"朝臣们说："臣等看到高允不说话，只是哭泣，而陛下为这事很悲伤，所以偷偷地说几句。"世祖说："崔浩被杀时，高允也应当一同处死，由于太子苦谏，才得以幸免。今天太子不在人世了，高允看到我因此很悲痛。"

高允后来上表说："前些年圣上下诏，命臣汇集各种天文及灾异现象，并与人间的各种事情相互联系，既要精练又要值得一看。臣听说箕子陈述治国的方略而写成《洪范》，孔子讲述鲁国的历史而著成《春秋》，这些都是宣扬各种治国安民的法规、恭敬地观测天象的例子。所以，根据人们行善还是作恶，天马上就会做出反应而出现灾难或奇异的天象，随着人们的成功或失败，天马上也会应验而降临灾祸或福禄。天与人其实相距很远，但所得到的报应，却像回声一样快，真是太可怕了。古往今来，历代帝王之中，没有一位不尊崇这个天人感应的规律，并以这个法度作为考核的标准来整饬国家，修德行善的。在此之后，史官都要把那些事情记录在案，以便作为行动的借鉴。汉成帝时，光禄大夫刘向见国家的命运将有危难，权力旁落外戚手中，所以屡次上表陈述出现了妖异天象，但都未被采纳。于是以《洪范》和《春秋》两书中有关上天已对人间的恶迹有所报应而出现了灾异天象的内容加以解释，希望以此使君主有所触动而醒悟，但皇帝终究还是没有对现状进行治理查问，最后终于灭亡了国家。这难道不是很悲哀的吗！尊敬的陛下，您的神威与武功效法皇天，英明而远见卓识，并以非常恭敬的态度来考查古代，一切都按照传统的规矩行事，对古代的言论行为，无不深入地鉴别品评，这些都是先帝所不及的。臣才疏学浅，孤陋寡闻，恐怕没有能力为圣上开阔见闻，使您有所裨益，并且恭敬地实现您英明的意旨。今天臣郑重地依照《洪范传》《天文志》，将其中有关事实的要点摘出，并加以汇集，省略掉那些修饰性的言辞，一共录成八篇。"世祖阅后认为很好，说道："高允对灾异现象的精通程度，难道不如崔浩吗？"到高宗即位以后，高允辅佐新君，表现出很高的谋略。当时，司徒陆丽等人都受到了重赏，而高允却没有受到什么奖励，对于此事，他至死都没有一句怨言。这些事情表现了他对朝廷的忠诚，为人谦逊而不好夸耀的品行。

给事中郭善明，生性机智乖巧，想在皇帝面前显示一下自己的才能，劝高宗大兴土木，营建宫殿。高允劝阻道："臣听说太祖道武皇帝在平定天下之后，才开始营建都城，但所有的工程，不等到农闲的时候绝不动工兴建。现在国家已经建立很久了，各种宫室都已建造齐备，永安前殿足以让君主接受万国宾客的朝见，西厢温暖的房间也足以安置侍奉圣体，登上紫色的楼阁临望，远近可一览无余。如果大范围地修建雄伟华丽的宫殿，目的只是为了奇异好看，那最好还是慢慢地建，不可仓促行事。统计起来，修建这些宫殿，斫制石木材，运送上方，以及各种杂劳役，总共需要两万人，壮年男子承担这些劳役，老人小孩送水送饭，总计则达4万人，而且需要半年时间才能完成。古人说过：一个男人不耕种，就会有人挨饿；一个妇女不织布，就会有人受冻。何况数万人之多，所造成的损失和浪费就太大了。回首想想古代的事实，再来检验今天，必然会得到同样的结果。圣上确实应该再考虑考虑为好。"高宗采纳了这些建议。

高宗继承了太平事业，但依旧沿袭着鲜卑的风俗习惯，婚丧嫁娶都不遵循中原的传统仪式，于是高允规劝道：

先帝在世之时，多次颁发圣明的诏令，婚姻嫁娶之时不得演奏音乐，送殡埋葬之日也不得唱歌、击鼓跳舞、杀牲和焚烧祭品，这一切都要禁止。虽然这些规定已颁布了很久，但风俗仍然没有改变。而且由于身居高官的人不能改悔，平民百姓也渐渐习惯而成为风俗，对人民教育的荒废，竟到了今天这般地步。过去周文王在百里大小的诸侯国中，不论整饬德政民风，还是颁布政令，首先从自己和妻子做起，而后再要求他的兄弟，最后才到天下的百姓，终于占有了三分之二的天下。这表明统治者无论做什么事，都要首先从自己和亲人做起。《诗经》说："教育你的亲属行善无恶，天下人就都会效仿了。"所以，君主的一举一动不可不谨慎啊。

《礼记》说：有女儿出嫁的人家，三日燃烛不灭；迎亲娶妻的人家，三日不能奏乐。今天各王纳室娶亲，都由乐部供给艺伎，以供嬉戏玩耍，却反而单对平民百姓横加禁止，不许奏乐，这是第一件怪事。

古代婚娶，都选择有道德节义的人家，细心挑选贞洁贤淑的女子，先要请人说媒，接着再下聘礼，对邀集的幕僚和朋友要注重他们身份的区别，亲近那些乘车的客人，崇尚他们端庄肃穆的仪态，婚姻大事，就是这么难。可是在今天，诸位宗王年仅15岁就赐给了妻室，离家单独居住了。然而配给妻子的宗王们，长幼不分，胡作非为，而与宗王婚配的人，尽是些嫔妃宫女。自古以来，没有比这更过分的违礼之事了。近几年来，频频有人揭发和检举这种违礼之事。如果真是诸位宗王因饮酒无度而受到责难，事情的缘起，也都是由于他们的妻子因年老色衰而遭到抛弃，从而造成了这种纷乱的局面。如今皇子所娶的妻室，多出自嫔妃宫女之中，但却反要天下的平民百姓必须依照礼制的规定婚嫁，这是第二件怪事。

万物生长，最终皆亡，古代贤明的先王制定了礼制，用来养生送死，这是符合人情道理的。如果毁灭生命而自寻死路，那就是圣人禁止的了。然而，埋葬的意思就是藏匿，死去的人不可能再出现了，所以要把他们深深地藏匿起来。过去帝尧被葬在谷林，农民并没有因此而迁徙到别的土地上去耕种；帝舜被葬在苍梧，商人也没有被迫到别的地方去做生意。秦始皇倒是营建了地下冥城，把它的基础牢牢地固定于三泉之上，所用的金玉珍宝不可计数，但他刚死不久，尸体就被焚烧了，墓穴就被盗掘了。可见，尧舜的俭朴，秦始皇的奢侈，谁是谁非一目了然。现在国家营建陵墓，花费上亿的银钱，一旦烧了，不也同样成为一片灰烬。如果奢侈浪费对死者有益，为什么单单古人不这样做呢。如今圣上不停地营造茔域，却坚决禁止平民百姓有所兴建，这是第三件怪事。

"古代丧礼祭礼，为代替死者受祭，必须立尸，用来辨别左昭右穆的次序，使死者有所依凭，致行献食之礼。如今死者被埋葬之后，人们干脆直截寻找一位与死者相貌相似的人，死者是父母，就像对待父母一样地侍奉他，死者是配偶，则与他像夫妻一样相互恩爱。伤风败俗，亵渎人伦，混乱礼制，没有比这更厉害的了。朝廷不加禁止，百姓也不改易杜绝，这是第四件怪事。

"宴飨之礼可以规定礼制仪式，教诲臣民，所以圣贤的帝王都重视它。礼制之严甚至到了酒杯满了就不能喝，饭菜不新鲜就不能吃，音乐不是合乎规范的高雅之声就不能演奏，食物不是纯正的货色就不能摆上宴席。而如今在大宴宾客的时候，宫廷内外的人都混杂在一起，因醉酒而喧闹不休，毫无礼仪可言。同时让滑稽小丑做粗俗表演，玷污人们的视听。朝廷长期形成了这种坏习惯，反倒以其为美，而斥责纯洁素朴的风尚，这是第五件怪事。

"今天，陛下作为历代帝王中最后的一位，因袭了晋代动乱而遗留的弊端，反而不加以矫正厘定，鞭挞陋俗，臣只怕天下的百姓，永远也见不到传统的礼仪和道德了。"

高允不止一次地这样劝谏高宗，而高宗也都能从容静听，有时因直言过激而有所冒犯，高宗实在不入耳，就让身边的人将他搀扶出去。只要在不便当众劝谏的情况下，高允就要求到内宫拜见高宗，高宗深知高允的心意，总是预先在屏风旁迎接他。高允得到很高的礼遇和尊敬，早来晚走，有时接连几天都住在宫里，大臣们都不知道他们在议论些什么。

一次有人上书，历陈朝廷的得失，高宗将表章翻看了一遍，然后对群臣说："一国之君就是一家之父，父亲有了错误，做儿子的为什么不写成表章，在人群之中当众劝谏他，让大家都知道他的坏处，而是躲在家里私下处理呢。这难道不是对父亲的爱戴，而恐怕家丑外扬吗？如今国家有了善举或恶行，作为臣子不能当面陈述，却要上表在大庭广众之下劝谏一番，这难道不是宣扬君主的缺点，而标榜他自己是多么正确吗？像高允那样的人，才是真正的忠臣。朕有了错误，他常常以正直之言当面辩论，说到朕所不爱听的时候，仍然能侃侃而谈，毫不回避迁就。朕认识到了自己的过错，而天下的人却不知道朕曾受过规谏，这难道不是忠诚吗！你们这些人常在朕的左右，朕却从来没有听到过你们当面对朕说过一句正直的话，只是趁朕高兴的时候祈求官职。你们这些人手持弓箭和刀斧，侍奉在朕的身边，只有白白站立的苦劳，却全都做了王公贵族。而高允手持一支笔，纠正国家的偏失，却只不过是个小小的著作郎。你们难道不感到羞愧吗？"于是，高宗封高允为中书令，同时还让他像过去一样著述校勘。司徒陆丽说："高允虽然得圣上恩宠，但他家境贫寒，衣着俭朴，妻子儿女身份都很寒微。"高宗气愤地说："怎么不早告诉我！今天朕要重用他了，才说出他家境贫寒。"当天，高宗亲自来到高允的家，看到只有草房若干间，房间里是粗布做的被子和乱麻做成的袍子，厨房中也只有咸菜而已。高宗感叹地说："古人的生活难道比得上这样清苦吗！"当即赐给高允丝帛500匹、粟米千斛，封高允的长子高忱为绥远将军、长乐太守。高允再三表示坚决辞让，高宗没有同意。当初与高允一起被征聘的游雅等人，多已拜官封侯，甚至高允手下的百十名小吏，也都做到了刺史郡守一级的职位，而高允却做了27年的著作郎，没有升官。当时朝廷中的官吏没有俸禄，高允就经常让他的几个孩子砍柴伐木，维持生计。

当初，尚书窦瑾因获罪而遭诛杀，他的儿子窦遵为避难逃亡到了山泽之中，窦遵的母亲焦氏也因此而被囚禁在县府。后来，焦氏虽因年老而得到赦免，但窦家的亲友之中竟没有一个人愿意赡养她。高允便把她留在自己家里保护赡养。6年之后，窦遵得到赦免后才将老母接走。高允的行为就是这样敦厚。后来，高允转做了太常卿，同时还继续担任中书令。他上奏《代都赋》，用以规劝讽谏，此文也属于汉代张衡《东京赋》和《西京赋》之类的作品，但内容多没有保存下来。当时，中书博士索敞与侍郎傅默、梁祚讨论人的名与字的尊卑贵贱，著述议论纷纭杂乱，于是高允撰写了《名字论》，为人们解惑释疑，他引经据典，论证翔实。后来他又在任中书令的同时兼领秘书监，解除了太常卿一职，并晋封爵位梁城侯，加官左将军。

以前，高允与游雅及太原张伟同是同学而成了朋友，游雅曾评价高允说："爱发怒的人，一生中就不可能不发怒。而过去的史书中记载的卓公心胸宽阔，文饶大度海量，心地狭窄的人或许不相信有这种人。我与高子相交40年了，却从来没有见过他为事情的对或错而面露喜怒之色，不也就相信了。高子内心文德辉耀，外表柔弱，说起话来迟迟不能出口，我常叫他'文子'。崔公曾对我说：'高生博学多才，为一代佳士，只是缺少点勇武的风度气节'当时我也这么看。可后来发生的事却并非如此。司徒的国史罪，只不过因一点小事所引起，但到圣上降诏责罚的时候，崔公竟声音也嘶哑了，腿也发抖了，连话都说不出来，宗钦和比他职位低的官员都吓得趴在地上，大汗直流，个个面无人色。而高子却详细地叙述事理，申明是非，言辞清晰明辨，声音高亢洪亮。圣上被他的行为所感动，在场的人也没有不称赞他的。他以仁厚之心对待同僚和朋友，保佑他们大吉，过去一向所说的勇武，比高允的行为又怎么样呢？宗爱依仗着权势，肆无忌惮，名声威振四海。他曾在大臣议政之处召见百官，宗王公侯及各级官员，只要看见他的殿庭就全都下拜，只有高子直到走上台阶后才长揖见礼。由此可见，汉代的汲长孺能躺在床上接待卫青，又有什么有悖于礼仪的呢！过去一向所说的风度气节，难道不就是说的这些吗？了解一个人本来就很难，被别人了解更难了。我仅了解高允的外表，却不了解他的内心，而崔公竟连他的外表也不了解。钟子期遇见了俞伯牙，从此不再听琴，管仲一看到鲍叔牙，眼睛都亮了，确实是有原因的啊。"高允就是这样为世人所推崇。

　　高宗很尊重高允，常常不叫他的名字，而一直称呼他"令公"。于是"令公"之名传布得很广。高宗死后，显祖住在守丧的地方，乙浑趁机独揽朝政，密谋策反，威胁着国家的命运。文明太后杀了他，召高允到官中，参议决定国家的大政方针。又下诏对高允说："近来，学校长期得不到修建，市肆衰落，学业荒废，青年们的叹息之声，在今天又重新出现了。朕已继承管理了这个伟大的事业，天下安宁，根据过去的制度，想要在郡国设立学校，使学习这项事业能够得以继续传授。卿是儒学宗师，开国元老，以您现在的名望和多年的德行，最适合与中书省和秘书省的官员参议此事，以便传布。"高允表奏道："臣听说像筹划治国大事这样的重要事业，必须首先对人民进行教育和培养；所有的秩序以及九类大法，也都是由于以礼德教化进行统治而形成的。所以，辟雍照耀着周代的《诗经》，而泮宫则是《鲁颂》中显要的内容。自永嘉之乱以后，已有的典章制度都被破坏了。乡间之间再也听不到吟诵《雅》《颂》的声音，京城都邑再也看不到释奠拜师的礼节。道德沦丧，事业衰落，已经有150年了。每当尊敬的先王想要效法过去的典章制度之时，都要治理和提倡纯朴的风尚，只要制定的方案切实理想，很快就能够使局面恢复。陛下恭敬地处理政务并注意节约，明察是非，建立了丰功伟业，天下安宁，百官都能服从领导。为使祖宗的遗志得以发扬，已绝迹的周代礼制得以复兴，于是大发仁德之声，思考着创立新的礼乐法度及文章教化。不论达官显贵还是庶民百姓，都会为此而感到异常欣慰。臣承蒙圣上降旨命令，将中书、秘书两省的官员召集到一起，披阅览读历史典籍，详细研究典章制度和法度准则，随时随地督促儒者们努力从事他们的事业，重视学问而专心于他们的学说。这个圣明的诏令，综合汇集了古代的理义。遵照圣旨，注重建立学校，以便重振风俗教化。这样就能使先王业绩的光辉照耀未来，盛美之音流传天下。臣请求建立这样一种制度，大型的郡设立博士两名，博士的助手4名，学生100名；次大的郡设立博士两名，助手两名，学生80名；中型的郡设立博士1名，助手1名，学生60名；小型的郡设立博士1名，助手1名，学生40名。博士要选拔录用那些广泛涉猎儒家经典，一生的经历忠诚清白，能够为人师表的人，年龄要在40岁以上。选拔录用助手的标准与博士相同，年龄在30岁以上。如果道德修养高尚又大器早成，他的才华足以使他担任教书授业的工作，那么则不限于年龄。学生则挑选那些家世清白，受人敬重，行为美好谨慎，能够遵循礼教的人。首先将富贵人家的子弟全部录取，然后再录取通过考试的人。"显祖听从了高允的建议。自此开始，郡国之内开始设立了学校。

后来，高允因为年老有病，多次请求辞官，皇帝没有同意。于是他写了《告老诗》。又因为昔日一同被征聘的同僚故旧，如今多已故去，他感叹时光的流逝，怀念故人，于是作了《征士颂》，颂文中只写了那些应聘在朝廷做官的人，其余未能入聘者则没被录入。对这批贤达之士，也只是简单列举了他们的生平事迹。现将颂文抄录于后：

中书侍郎、固安伯范阳人卢玄，字子真

郡功曹史博陵人崔绰，字茂祖

河内太守、下乐侯广宁人燕崇，字玄略

上党太守、高邑侯广宁人常陟，字公山

征南大将军从事中郎勃海人高毗，字子翼

征南大将军从事中郎勃海人李钦，字道赐

河西太守、饶阳子博陵人许堪，字祖根

中书郎、新丰侯京兆人杜铨，字士衡

征西大将军从事中郎京兆人韦阆，字友规

京兆太守赵郡人李诜，字令孙

太常博士、钜鹿公赵郡人李灵，字虎符

中书郎、即丘子赵郡人李遐，字仲熙

营州刺史、建安公太原人张伟，字仲业

辅国大将军从事中郎范阳人祖迈

征东大将军从事中郎范阳人祖侃，字士伦

东郡太守、蒲县子中山人刘策

濮阳太守、真定子常山人许琛

行司隶校尉、中都侯西河人宋宣，字道茂

中书郎燕郡人刘遐，字彦鉴

中书郎、武恒子河间人邢颖，字宗敬

沧水太守、浮阳侯勃海人高济，字叔民

太平太守、平原子雁门人李熙，字士元

秘书监、梁郡公广平人游雅，字伯度

廷尉正、安平子博陵人崔建，字兴祖

广平太守、列人侯西河人宋愔

州主簿长乐人潘天符

郡功曹长乐人杜熙

征东大将军从事中郎中山人张纲

中书郎上谷人张诞，字叔术

秘书郎雁门人王道雅

秘书郎雁门人闵弼

卫大将军从事中郎中山人郎苗

大司马从事中郎上谷人侯辩

陈留郡太守、高邑子赵郡人吕季才

历代帝王治理百官，无不积蓄网罗各种有才能的人，以便使统治之术更加高明有效。周文王因为任用了众多的贤达之士才能使天下安宁，汉武帝因为得到了贤者的辅佐才开创了盛世这些事迹都被记载于史籍之中，也都是自古至今最普通的道理。魏朝自神麚年间以来，国内太平安定，诛灭了享有几代非法统治的赫连氏，扫清了在极其荒僻遥远的地方肆意妄为的贼寇，向南攻破了江南的楚地，向西荡涤了凉州之地，域外不同地方的民众，都仰慕魏朝的盛德大义，纷纷前来归顺。自此，国家偃戈息鼓，停战罢兵，重建礼教，创立学校，广罗俊才异秀之士，用他们应接咨询国家政事。真是日夜梦想着贤达睿哲之人，恨不得马上就能见到他们，四处寻访，只是为了能够求得才智超群的人。当时，大家都异口同声地称赞范阳人卢玄等 42 人，他们全是官宦的后代，在地方上都享有盛名，有辅佐之才。陛下亲自颁发圣旨，征聘卢玄等人，留着官位等待他们去做，空着爵位等着封给他们，他们之中的 35 人入朝做了官，其余的人虽依照规定而没有被州郡聘用，但其才干也同样不可估量。那时，满朝英杰俊士，人才济济，一派美好兴盛景象。昔日臣与他们一同承蒙朝廷的举荐步入仕途，要么从容出入于朝廷议论政事，要么随意集聚到家中尽情娱乐，大家都以为，千载难逢的机会就从那时开始了。但时间流逝，吉凶相送，共同被征聘的人中，由于年老或丧亡，如今差不多都已去世。今日尚健在的虽还有几位，但也天各一方，终难相见。往日的欢乐，今天却变成了悲伤。张仲业东行到了营州，多么希望他能回来一起倾心畅叙，在垂殁之年整装相聚，在桑榆之际感怀情谊。但仲业也不幸去世了。如今，朝中的百官都是晚辈，左邻右舍也都是陌生的面孔，进入宫廷没有寄托自己心意的场所，里里外外也没有让人解颜欢笑的地方。顾盼着自己的这副躯壳，所以只好永远叹息不止了。一篇颂辞可以赞美品德高尚的人的形象，也可以畅所欲言，寄托自己的情怀。我已有 20 年没有写文章了，但事情急切，总挂念在我心上，怎么能沉默不语呢？于是为他们作了颂辞，颂辞说：

　　祥瑞紫气冲九天，群雄并起乱华夏，君王恭谨往征伐，屡驾战车飞跃马。扫荡流寇草莽贼，剪除邪恶与妖霸，四海之内合风俗，八方之中兴教化。刑罚教化量无际，天下安宁且同一，偃戈藏兵息战事，唯建礼教勤思虑。圣帝广求旷世杰，询访荐举能与贤，投竿垂钓山隐士，奇异才人同出现。

　　勤勉不倦卢子真，器量宏大心地纯，钻研学问德为准，研习六艺依据仁。旌旗弓矢应征选，换上官服除布裙，手提衣襟走上朝，良谋佳策日日陈。自东至南勤出使，跃马扬鞭独驰骋，北燕冯弘来归顺，南朝刘宋和如亲。

　　茕单影孤崔茂祖，年幼丧亲遭不幸，严于律己多努力，重整旗鼓家道兴。专心勤勉习《六经》，遨游文藻辞章明，高官厚禄终辞谢，平静自保一清心。

　　燕崇常陟重诚信，言行高尚靡有失，不求苟且升官爵，任其自然去留职。淡泊谦和又节俭，与世无争善推辞，思念贤哲乐于古，如饥似渴求知识。宁静致远高子翼，悟性高好李道赐，以礼相约结为友，和谐共处如抚琴。并肩参议万机事，清官为民施善行，悠闲自得度日月，聊以寄托两颗心。

　　审时度势许祖根，谋深智富逞才能，上仗皇恩功名就，下靠德友情谊重。功勋建树虽然晚，福禄享受实先行，同辈旧臣与故友，位居群后是此人。孤身独立杜士衡，扪心自问无愧疚，不尚华丽言和语，结交新知不弃旧。计其财产虽贫弱，讲经论道富五斗，所说同僚此一人，实是国家真英秀。

超凡出众韦友规，人品正直心善良，他人长处勤汲取，自己小节善弃扬。禀性有序喜静默，南征北战漂泊郎，虽然屈居王侯下，念念不忘大志向。

赵国故土好地方，代不绝出多奇士，山岳聚集才人众，杰秀贤能推三李。神采飘逸似清风，言语和悦行谦恭，初九日圣贤行隐没，仰慕君王赴京城。李诜拜官治长安，李灵授爵作皇传，垂训皇宫教后辈，肩负处理万机务。李熙早夭寿虽短，官已拜至侍郎署，所存风尚值效取，光明显赫贯终生。

学识渊博张仲业，性情清雅心高洁，礼仪容止仿古式，典谟诰旨理殷切。身处艰险心不改，节操如一贯始终。结朋交友重仁德，训教后辈尽孝道，教化覆盖及龙川，人民归附从其教。

祖迈杰出且贤能，祖侃授官也适选，闻名家邦受称赞，名声行为同丕显。兼济天下唯其志，独善其身非己愿，冲破束缚无规矩，功勋业绩终未展。刘策许琛忠职守，鞠躬尽瘁竭力行，出使四方能游说，入见皇帝献其功。驾乘轻车走天下，燕地降服崇屈从，名声彰著映当代，社稷大业更昌盛。

大器早成宋道茂，人小年少远播名，真诚相待结知己，行为处事守信用。怡怡和睦诸兄弟，穆穆温暖一家庭，影响广大且深远，声名高振入云空。常在宫中尽臣责，兼掌天下京都城，量刑罚罪中为准，民风和谐百事平。

壮哉美哉刘彦鉴，艺文礼乐无不善，任其自然为禀性，本领才能自修炼。高官厚禄不崇尚，地位寒微不辱慢，谢绝朱门辞官去，回归山林大自然。四俊之一邢宗敬，美名赞誉远播扬，辞章华丽似行云，文名洋溢早流芳。道遇路人疾病苦，诗赋相赠了慰问，真挚情感显于辞，人伦事理出于韵。

爽朗豁达高叔民，默识渊通论古今，领新悟异出奇想，发自心胸睿思明，气质堪比和氏璧，文采辉炳善辞章，仕途踌躇坐京城，衣锦还乡归旧邦。先知先觉李士元，性格耿直不迷惑，抖擞精神入殿阁，为臣尽忠效王国。行端履正榜样好，严循法度守绳墨，心地善良一君子，言行举止无差错。

孔子称许游和夏，汉人赞美渊与云，脱凡逾众游伯度，出类拔萃更超群。校勘经史入秘阁，总领州郡出河汾，移风易俗施教化，梳理疑乱解争纷。怡然理顺通难义，涣然冰释解疑文，精心研析儒家术，分别九流易辨清。

崔建宋悟二贤人，生性奇伟又英杰，颖脱而出自民间，休名美德漫宫阙。謇謇仪态殊正直，遒遒风节且高亮，贤达卓异不自负，白手起家终辉煌。潘符高尚为典范，杜熙随和性友善，洁身自好不逐流，一尘不染有主见。名望高绝世罕有，只为小吏淡做官，不计得失反逾多，不尚名利反逾显。

张纲温和人谦逊，叔术端正性刚直，道雅洽闻且强记，闵弼博学又多识。隐者之中拔其萃，渐成栋梁展鸿志，发奋进取忘餐饮，雄心岂能足斗食。遵循礼仪行仁义，榜样规范自不失，挫折不悲心坦荡，得志不喜意平实。

郎苗初来入仕途，各种方法受考核，智足谋深超乎众，言论足可安邦国。性与时尚相融洽，勤勉理政不妄说，合乎今日新标准，无异古代之准则。人求物利性贪婪，惑意乱神沉于酒，洁身自好属侯辩，唯富德义至笃厚。日日饮酒虽放纵，逾受敬重逾温柔，无道身躯藏私室，仿佛跻彼众公侯。

若论季才之性格，执着竞争又文静，长行远抵南秦地，申明皇威施政令。公平诱导权利弊，矫正是非依准绳，帝王事业得发扬，边疆昌盛且安宁。

群贤毕至会一世，声名显赫扬魏国，竭志效忠安天下，各展其能尽臣责。身披体袭红衣裳，腰系双佩扎玉带，荣耀辉煌在当时，风节高尚传千载。君臣相聚难相伴，古今常理异莫觉，昔日遵奉朝廷合，征举之士能和谐。撩起衣襟独畅想，解带宽衣自舒怀，此时忻乐如昨日，生死存亡忽两乖，沉思默想念故旧，内心翻腾久不平，挥毫赞美诸公德，更增我心悲与哀。

北魏皇兴年间，献文帝下诏命高允兼任太常，并去兖州拜祭孔子庙，献文帝对高允说："这件事只有人品宽厚、德行高尚的人才有资格前往，你就不推辞了。"其后，高允跟随显祖献文帝出征北伐，大胜而归，行至武川镇时，高允上奏《北伐颂》，颂辞说："昊广皇天真伟大，降赐鉴戒唯仁德，眷恋有魏负重任，居高临下照万国。礼仪教化大和谐，君王满腹多谋略，平息乱事依皇威，严守法则万民协。劫掠旧隶属北疆，承政发令在番邦，往昔只因常起事，驾车北去顾逃亡。世袭旧制不遵循，背离忠义违诚信，网罗亡徒聚强盗，丑寇败类真不少。竟敢率领众羊犬，图谋放纵更猖獗，圣帝降旨告上下，兴师挥戈去北伐。跃马扬鞭裹干粮，星驰电掣进军忙，扑伐征讨劫杀勇，横扫千军斧钺扬。斧钺所至人头落，执馘获俘灭敌旅，尸横遍野填沟谷，血流成河可漂杵。元凶敌首狐奔逃，假借陋室暂歇脚，手下爪牙已遭剐，身边心腹也被杀。周人和亲敬老笃，忠厚仁德及草木，英明圣皇世绝伦，古今美德汇一身。恩泽被覆京观下，仁德宏旨又垂临，瘗埋尸骨放俘虏，仁爱施予生死魂。生灵死魂蒙仁爱，天地庇护人且喜，人伦纵贯幽冥界，皇泽圣恩播异上。物归其诚安天下，敬神行祭献其福，远近内外得安抚，率土之滨皆臣服。古代所称善用兵，三月克敌属神异，如今圣上也兴师，告捷不足十二日。大军上下同心战，千邦万国共和协，道义光耀垂万载，功勋劳绩铭玉牒，颂扬之声久不灭，流传播布至未来。"显祖阅后非常喜欢。

还有一事。当时，显祖献文帝常常闷闷不乐，因为高祖拓跋宏年纪尚幼，所以献文帝想立京兆王拓跋子推为太子，于是，他召集诸位大臣，依次征询他们的意见。这时高允上前跪倒在地，哭泣说道："臣不敢多言，只怕烦劳圣听，愿陛下以祖宗托付的事业为重，再回头想想周公辅成王的古事。"显祖于是把帝位传给了高祖，并赏赐高允丝帛千匹，以表彰他的忠诚亮节。高允后又被升任为中书监，兼领散骑常侍。他虽长期掌管著史校史的工作，然而却不能专心勤勉地从事此事，当时，他与校书郎刘模收集了一些资料，大略地对崔浩过去的工作做了续补，以《春秋》的体例为标准，而对崔著时有勘误匡正。自高宗到显祖的事迹以及军事、国政、书志、檄文，多为高允所撰。到了晚年，高允才推荐高闾接替自己。因他评议朝政有功，又被晋封爵位咸阳公，兼领镇东将军。

不久，高允又被任命为使持节、散骑常侍、征西将军和怀州刺史。一年秋季，高允巡行疆界，他关怀百姓的疾苦，所至之处，问寒问暖，当行至邵县的时候，高允见邵公庙塌毁，便对人说："邵公的德操，毁伤它而不尊敬它，那么积德行善的人还能敬仰什么呢。"于是上奏魏帝，要求对邵公庙重加修葺。当时高允已年近90岁了，仍然劝导百姓学习问业，使得这种风气蔚然成风。相反，当时的很多儒者却悠闲自得四处游历，而不去过问国家政事。多年以后，在北魏正光年间，中散大夫、中书舍人河内人常景追思怀念高允，亲率郡中的故旧老人，在野王以南为高允修立祠堂，树立碑石，记述他的丰德。

北魏孝文帝太和二年，高允又以年老为由，请求解甲归田，他先后上呈了10余份奏章，但孝文帝最后还是没有同意，于是高允以有病在身为由，请假回乡。当年，孝文帝就下诏征聘高允，命州郡负责用可以坐乘的安车将他送到京都。来到京城后，封他为镇军大将军，兼领中书监。高允表示坚辞，不予接受。孝文帝又搀扶着他走入内宫，修改议定《皇诰》。高允当时上奏了《酒训》，奏章说：

"圣上曾命臣对于历代因贪杯饮酒而带来的种种弊端、败坏道德的事情加以汇集议论，写成《酒训》。臣愚朽年迈，按照常理都是该被抛弃的人了，而圣上却仍然施予臣异常隆重的恩典，在臣将死之年还录用臣，在臣心志衰丧的时候还勉励臣。臣接受皇命，诚惶诚恐，喜忧交加，不知怎样用行动来报答圣上的关心。尊敬的陛下英明睿智，远见卓识，身居高位安抚万国；太皇太后圣明贤达，仁德广大，救治养育万邦黎民。普天之下，无不称颂。尽

二十四史精华

《魏书》

管到了晚年还依旧忧虑而操劳不止，各种设想和希望总是接连不断，而且喜欢回首往事，总结一生行为的警示和戒鉴。这种至诚至厚的心怀能够感悟百神，更何况百官和庶民了。臣不胜欣喜，郑重地把臣的所见所闻全部写出来，作《酒训》一篇。但是臣愚笨无知，见识短浅，加上习文弄墨荒废多年，所以文辞拙劣，意义鄙陋，不值得阅读采纳。尊敬的圣上慈悲为怀，能够体恤臣的一片赤诚之情，宽恕臣悖理不明的主张。《训》辞是：

"自古及今，圣贤的帝王都要举行宴飨的礼仪以供奉鬼神，由于上古时代还没有酒，当时都是用水来进行祭礼活动，所以帝王在举行飨礼的时候，要将水制的斋酒放置在厅堂上，而把祭礼用的齐酒放在它的下面，这正是崇尚根本，尊重渊源，而将祭品的滋味看得更次要的表现。如果做到这些，那么，尽管是带着酒杯旅行，走到哪儿喝到哪儿，也不至于混乱。所以，一个人若能在彰明礼制之后饮酒，人们对他的恭敬仰慕之情就不会降低，若能在处理完事务之后饮酒，一切仪式也就不会出现差错。不遵循这项原则的做法，则是违背正道的。如果这样，又将怎么能作为时代的楷模和处事的典范而永世长存呢？综观古今历代兴衰成败的经验教训，其吉凶祸福皆在于人，而不在于天。商纣王帝辛沉湎于酒，殷商王朝因此而灭亡；周公姬旦作《酒诰》，用它来训诫康叔，周朝因此而得以昌盛。春秋时楚国的公子侧（字子反）非常糊涂，纵情饮酒，终致命丧，而汉代的穆生滴酒不沾，却留下一代美名。有些人长期以来一直作为人们行动的戒鉴，而另一些人则被世人万代传颂。酒这种东西能够改变和惑乱人的性情，虽说是哲人，但又有谁能控制得住自己呢。为官者会因酒而懒散地处理国家政务，庶民也会因酒而对政令怠慢不执行，聪明贤达之士会因酒而失去理智，温恭柔顺之人会因酒而使他们发生争斗，而长期狂饮无度又不知悔改，容易得疾。又岂只是病，简直就是减少寿命。有句谚语也说过：饮酒所带来的好处像毫毛一样小，而它对人的损害则像刀切一样快利。这里所说的好处，只是酒的滋味甜美，不也很少吗。这里所说的伤害，则是幼年时代即使你心志迷乱，幼年乱志这种损害，不也很多吗？万勿因饮酒无度而使自己沉沦，千万不要因饮酒争胜而丧失伦常之道。如果做不到这些，就会使国家发生混乱，迷失方向，使人民漂泊流浪。不学习传统，不遵守法规，违背了这些原则还能继承什么呢。《诗经》不是说过，'对待事情要像制造骨器和玉器一样，精心地用刀去切割它，用锉去锉平它，用刀去雕琢它，用物去磨平它。'这就是朋友之间应遵循的原则。做官的人要对君主的错误有所劝谏，为君者要对屡次谋划建功的人有所限制，这是君臣之间应恪守的法则。如果一个人所说的话是善良而有益的，就要反复地斟酌审察，并牢牢地记住它，如果一个人所说的话是恶意而无益的，就要哀怜它，宽恕它。这就是先王采纳规劝时所抱的态度。在昔日司马晋的时代，士大夫多丧失了法度，肆意地放荡不羁，以为这样才是不受约束的表现，纵情地举杯豪饮，以为这样才有高尚豁达的气度，吟唱着关于酒的颂歌，互相炫耀。他们声称尧和舜都有千杯万盏的酒量，宣扬诋毁法度的言论，拿伟大的圣贤为例，来表明他们的行为是在效法上天，难道真是如此吗？子思说过，孔子饮酒，喝不了一升。由此推断，尧舜能饮千杯万盏的说法都是荒谬不合理的。

"今天，伟大的魏国应受河图而统治天下，如日月的光辉普照大地，教化所及之处无不归心臣服，仁德之风日盛，遍播于四海。太皇太后以至仁至德教诲万民，不知厌倦，所付出的忧虑和劳苦比皇亲之情还要殷勤周到，政令和教诲广行天下，超越疆界。所以能够使国运与天地和谐，使功绩堪比天地万物。圣上将仁德恩泽降施百姓，于是天下尽皆遵守法度，普天之下，率土之滨，无处不蒙受着恩利。在朝中供职的群臣，都是些有志之士，他们最好要约束自己，从善而行，行为端正，忠直守一。节制饮酒以便形成法度，顺随德政以便建立标准。使人明白狂饮无度的危害，它会让人明知有害而无法自制，使人知道恭敬谨慎乃是极荣耀的美德。遵守孝道以赡养老人，光宗耀祖而使名声远扬。重蹈孔子的学生闵子和曾子的足迹，把仁德之风传给后人。这样才能向上以报答苍天的赐予，向下以保护所取得的成就。怎么能不努力啊！怎么能不努力啊！"

高祖看后非常高兴，常把它放在自己身边。

高祖孝文帝后来下诏，允许高允乘车入殿，大臣朝拜时也可不必行礼。第二年，孝文帝下令让高允议定法令条文。虽然他的年纪已经很大，但意志和观察力仍没有一丝衰减，犹如当年身为校书郎，披览考定史籍时一样。其后，孝文帝又降诏说："高允的年纪已经到了危险的阶段，但他家境贫寒，因而保养也很不够。可以让乐部派出10名弹奏丝竹乐器的人员，每隔5日到高允的家里去演奏，以便使他的心志能得到娱乐。"同时还特别赐给他一头蜀地的牛，一辆蜀地制造的四面开窗的四驾马车，一件素面的几案，一件素面的手杖和一口蜀地制造的刀。又赐给他珍奇异味，每当春季和秋季的时候，就经常送给他。不久，孝文帝再降诏令，命早晚为高允送饭，每逢朔日初一和望日十五还要致送牛肉和美酒，至于衣服绵绢，每月都要奉送。高允把这些东西都分赠给了亲朋故友。当时，凡地位显赫的大臣家里，都有很多亲属在朝廷内充任高官，而高允的子弟中却没有一人身兼官爵。他就是这样的清廉谦逊。后来，高允又被升任为尚书、散骑常侍，孝文帝常常邀请他入朝，备好几案手杖，向他征询治国安邦的大政方针。至太和十年，高允兼领光禄大夫，并被授予系有紫色丝带的金印。朝廷中的重大事务，都要征求询问他的意见。

北魏王朝刚刚建国的时候，法令严明，朝廷中的官吏很多都受过杖刑的责罚。高允前后侍奉了5位皇帝，在尚书省、中书省和门下省3省供职，历时50余年，却一点过错也没有。当初，在太武帝太平真君年间，因为狱讼刑罚之事停顿日久，积案很多，于是世祖令高允开始在中书省，根据儒家经典的宏旨审断处理多种悬而未决的事情。高允依据法令评定刑罚，历时30多年，朝廷内外交口称赞他断事公平。高允深知，刑罚之事关系到人民的性命，他常常感叹道："古代的皋陶虽具有极高尚的德行，但他的后代英国和蓼国却也很早就灭亡了，刘邦与项羽争夺天下之际，英布虽曾因犯罪而受过黥刑，但也称了王。尽管已经历了很长的时代，但仍然还遗留有刑罚的痕迹。圣贤尚且如此，何况凡夫俗子，哪能没有错误呢？"

太和十年四月，群臣京城西郊商议国事，孝文帝下诏，令人用自己的马车迎接高允赴西郊的住所板殿观瞻察视。行至途中，马忽然受惊而狂奔起来，车翻了，高允的额眉处受了3处伤。高祖孝文帝和文明太后派医送药，护理治疗，慰问探望。驾车的车夫将要因此事而受到重罚，高允得知后，赶忙上朝，陈奏自己安然无恙，请求免去车夫的罪过。在此之前，也曾发生过一件类似的事情，魏帝让中黄门苏兴寿搀扶高允行走，一次曾在风雪中遇犬受惊而跌倒，苏兴寿为此非常害怕。高允却安慰鼓励他，不许人把这事张扬出去。苏兴寿说，我替高允办事，与他共同相处了3年，从来没有见他发过脾气。他对人循循善诱，诲人不倦。昼夜手不释卷，吟诵阅读。他对亲人的感情极其深厚，对故旧朋友念念不忘。他谦虚谨慎，善于汲取别人的长处。尽管身居高职，地位显赫，但志向却同无官阶无财产的庶民一样。他喜爱音乐，每当乐伎们弹琴唱歌，击鼓跳舞的时候，他总是在一旁敲着节拍称好。他还非常信仰佛教与道教，经常设斋讲习，对生养之事非常喜好，对杀戮之事则极为憎恶。他性格又很简易通达，不随便与人交往游历。当年，显祖献文帝平定青州，收复齐国故地的时候，曾将当地的名门望族迁徙到了代地。当时，众多的士宦人物辗转迁移，长途跋涉，都已饥寒交迫。在迁徙的人群之中，有很多是高允的亲属，他们都徒步而行，一直走到了目的地。高允把自己的财物全部分发给徙民，用来帮助救济他们的生活，并且慰问周到，关怀入微。人们无不为他仁厚的心怀所感动。他招收徙民中有才能的人，然后上表奏请魏帝，请求任用。当时人们议论纷纷，人们都对这些新选用的人员存有疑虑，高允却说，选取人才，任用能人，不宜于压制身份低微的人。在此之前，高允曾被征召在方山写作颂文，其心气和志向仍与当年相差无几，谈论往事，记忆犹新，不曾遗忘。太和十一年正月，高允去世，享年98岁。

当初，高允常常对人说："我过去在中书省任职时曾积有阴德，赈济民众，拯救生灵。如果在阳间的报答不出差错的话，我应享有百年的寿命。"在他去世前10多天的时候，身体稍感不适。但他仍然没有入寝就卧，请医服药，而是像往常一样出入随意，行动自如，咏诗诵文不断。高祖孝文帝和文明太后得知高允不适后，即派医生李修前往把脉诊病，李修审视完，告诉高允身体平安无恙。而后李修入朝，秘密地向孝文帝报告说，高允的身体机能与血气循环都出现了异常，恐怕不久于人世了。于是，孝文帝派遣使者送去赏赐给高允的御膳珍馐，自酒米到盐醋，共100多种，包括当时所有的美食佳味，而且还有床帐、衣服、茵被、几案和手杖，东西摆满了整个庭院。侯王官员们来来往往，纷纷前来慰问嘱咐，高允抑制不住自己兴奋的心情，面带喜色地对人说："因为我太老了，上天降恩于我，馈赠了这么多佳品，这回可有东西招待客人了。"然后只是上表感谢了一番而已，并没有多想什么。就这样又过了几天，高允在深夜悄然离开了人世，平静得连家人都没有察觉。高允死后，孝文帝下诏赠绢1000匹、布2000匹、丝绵500斤、锦50匹、各色各样的彩色丝织物百匹、谷米千斛，用来供丧葬时使用。自北魏初年到现在，无论生者还是死者，还没有人蒙受过这样丰厚的赏赐，朝廷给了高允很高的荣誉。将要入葬之时，孝文帝赐赠高允侍中、司空公和冀州刺史等官，他生前担任的将军、公等官爵依然如故，谥号为文，并赐命服一套。高允撰写的诗、赋、诔、颂、箴、论、表、赞，加上他所著的《左氏释》《公羊释》《毛诗拾遗》《论杂解》《议何郑膏肓事》等，共百余篇，都分门别类编纂成集，流行于世。高允还通晓算法，著有算术方面的著作3卷。高允死后，他的儿子高忱继承了他的事业。

《北齐书》

《北齐书》概论

《北齐书》是唐李百药所撰，共为50卷。

一

李百药(565—648年)，唐初史学家，字重规，定州安平(今河北深州市)人。隋开皇初年，李百药仕于隋，为东宫通事舍人，不久升为太子舍人，兼东宫学士，由于遭受毁谤，以病辞去。至开皇十九年（599年）隋文帝又令他袭其父德林的安平公爵位，出仕为礼部员外郎。皇太子杨勇又将他召为东宫学士。文帝下诏令他撰修五礼，制定律令，撰写《阴阳书》。在朝中深得隋文帝信用。

唐太宗即位后，重其才名，起用李百药为中书舍人，赐爵安平县男，受诏参加制定《五礼》及律令。贞观二年（628年）即为礼部侍郎。十二月，唐太宗要大臣就是否行"封建"进行辩论。以尚书右仆射萧瑀为首的一批人，力主"分封"，李百药坚决反对，写了一篇《封建论》奏上，揭露分封制的弊害，认为郡县制不能变更。唐太宗赞成李百药等人的意见，"竟从其议"。

贞观三年（629年），唐太宗下诏修前朝史书，李百药奉敕修《齐史》，贞观十年（636年），李百药完成《齐史》。

贞观十年，加封为散骑常使，赐彩物400段。十一年（637年）因撰成《五礼》及律令，晋爵为子，这时，他已73岁，于是，以年老体衰，请求退休，退出了政治舞台。

二

《齐志》"长于叙事""多记当时鄙言"，即口语，能秉笔直书。《史通》对王劭称评如此，然《齐志》竟不传世，很为可惜。

李百药在修《齐书》时，吸收了前人修史的成果，特别是其父李德林的《齐史》。李德林历经北齐、北周、隋三朝，15岁时已为魏收所赏识，在各朝一直担任诏令和其他重要文件的起草工作。齐武平三年（572年），除中书侍郎，参加了国史即齐史的编写，撰有纪传24卷。隋开皇初年，奉诏续撰，增至38卷，可以说北齐史已粗具规模，但全书未成而卒。李百药承其家学，在其父《齐史》的基础上参考他书，至贞观十年（636年）写成《齐史》。宋代以后，为区别于萧子显的《南齐书》，于是称《北齐书》。

《北齐书》的编写体例，大致模仿《后汉书》，卷末各加论、赞。体例上没有创新，列传名目全同前史，无表、志。但与同时修的《梁书》《陈书》《周书》等诸书比较，在叙述前王之失的方面，则又要深刻得多，体现了借鉴于一代之失的思想。

李百药本人既做过隋朝的官吏，又曾有过参加农民起义的一段历史。他的阅历，使他对农民起义和隋的灭亡，都有较深的认识。因此，在修《北齐书》时，以"前王"败事为后来统治者戒，就比较明确，叙述前代兴亡的史实就很自然。《北齐书》对当时封建统治者残暴荒淫的卑鄙肮脏的丑事记载较多。李百药在这方面的记载是有用意的，要借鉴于北齐政权之失，就必须着力披露统治者的过失，对昏君和暴政必须有较多的暴露。李百药在纪、传中对高齐政权暴政的叙述和史论中的评论，起到了远鉴前王败事，借鉴于一代之失的作用。

当然，由于时代和阶级的局限，《北齐书》与当时修撰的其他各史书基本一样，为统治者隐讳文饰，其中掩盖鲜卑旧俗一点，就是显著一例。另外，对于统治者常常记载一些捏造的神奇事迹，以示其异于平常的人。如《高祖神武皇帝本纪》称，高欢未生之时，其居处即"数有赤光紫色之异。"这都是很明显的虚妄之文。

尽管如此，本书仍不失为这一段历史时期集中而系统的记载，文笔也比较简洁，故本书一出，其他北齐史逐渐淹湮无闻，因而在旧史中本书有它一定的地位。

政 略

高欢劝政

（兴和）四年五月辛巳，神武朝邺①，请令百官每月面敷②政事，明扬侧陋③，纳谏屏邪，亲理狱讼，褒黜④勤怠；牧守有愆⑤，节级相坐；椒掖⑥之内，进御以序；后园鹰犬悉皆弃之。

（《北齐书》卷二，神武纪下）

【注释】

①"神武"句：神武，即高欢（？—547年），东魏权臣，执政东魏达16年，死后，其子高洋代魏称齐帝，是为北齐，高欢被追为神武帝。邺，地名，今河北临漳县西。

②敷：陈述，奏进。

③侧陋：有德才但地位低下的人。

④黜（chù）：贬斥，废除。

⑤愆（qiān）：过失，错误。

⑥椒掖：指后宫。

【译文】

兴和四年五月辛巳日，高欢前往邺城朝见东魏孝静帝，请孝静帝下令各级官员每月面向皇帝奏进政事，推举和选拔那些地位低下又有才能的人。作为皇帝，应接受纳谏，屏除奸佞之徒，亲自处理案件，褒奖勤者而罢免懒怠的人。地方州郡牧守有了错误，就应逐级处罚；后宫嫔妃进用，应讲究顺序；后宫花园内所供玩赏的鸟畜也应全部放走。

赵彦深其人其事

赵彦深，自云南阳宛人……彦深幼孤贫，事母甚孝。年十岁，曾侯司徒崔光。光谓宾客曰："古人观眸子以知人，此人当必远至。"性聪敏，善书计，安闲乐道，不杂交游，为雅论所归服。昧爽①，辄自扫门外，不使人见，率以为常。

初为尚书令司马子如贱客，供写书。子如善其无误，欲将入观省舍。……神武在晋阳，索二史，子如举彦深。……子如言于神武，征补大丞相功曹参军，专掌机密，文翰多出其手，称为敏给。神武曾与对坐，遣造军令，以手扪②其额曰："若天假卿年，必大有所至。"每谓司徒孙腾曰："彦深小心恭慎，旷古绝伦。"

及神武崩，秘丧事，文襄③虑河南有变，仍自巡抚，乃委彦深后事，转大行台都官郎中。临发，握手泣曰："以母弟相托，幸得此心。"既而内外宁静，彦深之力。及还发丧，深加褒美，乃披④郡县簿为选封安国县伯。从征颍川，时引水灌城，城堞⑤将没，西魏将王思政犹欲死战。文襄令彦深单身入城告喻，即日降之，便手牵思政出城。先是，文襄谓彦深曰："吾昨夜梦猎，遇一群豕，吾射尽获之，独一大豕不可得。卿言当为吾取，须臾获豕而进。"至是，文襄笑曰："梦验矣。"即解思政佩刀与彦深曰："使卿常获此利。"

文宣⑥嗣位，仍典机密，进爵为侯。天保⑦初，累迁秘书监，以为忠谨，每郊庙，必令兼太仆卿，执御陪乘。转大司农。帝或巡幸，即辅赞太子，知后事。……文宣玺书劳勉，征为侍中，仍掌机密。河清元年，进爵安乐公，累迁尚书左仆射、齐州大中正、监国史，迁尚书令，为特进，封宜阳王。武平二年拜司空，为祖珽所间，出为西兖州刺史。四年，征为司空，转司徒。……七年六月暴疾薨，时年七十。

彦深历事累朝，常参机近，温柔谨慎，喜怒不形于色。自皇建⑧以还，礼遇稍重，每有引见，或升御榻，常呼官号而不名也。凡诸选举，先令铨定，提奖人物，皆行业为先，轻薄之徒，弗之齿也。孝昭⑨既执朝权，群臣密多劝进，彦深独不致言。孝昭尝谓王晞云："若言众心皆谓天下有归，何不见彦深有语。"晞以告，彦深不获己，陈请，其为时重如此。常逊言恭己，未尝以骄矜待物，所以或出或处，去而复还。母傅氏，雅有操识。彦深三岁，傅便孀居，家人欲以改适，自誓以死。彦深五岁，傅谓之曰："家贫儿小，何以能济？"彦深泣而言曰："若天哀矜，儿大当仰报。"傅感其意，对之流涕。及彦深拜太常卿，还，不脱朝服，先入见母，跪陈幼小孤露，蒙训得至于此。母子相泣久之，然后改服。……齐朝宰相，善始令终唯彦深一人。

（《北齐书》卷三十八，赵彦深传）

【注释】

①昧爽：黎明，拂晓。

②扪（mén）：摸。

③文襄：即高欢长子高澄，高洋称帝后追尊其为文襄帝。

④披：翻阅。

⑤城雉：城墙。

⑥文宣：即高洋（公元529—559年），北齐建立者，公元550—559年在位。

⑦天保：北齐文宣帝高洋年号（550—559年）。

⑧皇建：北齐孝昭帝高演年号（560—561年）。

⑨孝昭：北齐帝高演年号（560—561年在位）。

【译文】

赵彦深，自称是南阳宛人。……他自幼丧父，家境贫寒，对母亲十分孝顺。10岁时，曾经探望司徒崔光，崔光对宾客们说："古代人看眼睛就能知晓一个人，这个孩子将来前程一定远大。"赵彦深天性聪明敏捷，善于书写和计算，安闲乐道，不乱交朋友，向来为人们所叹服。每天拂晓时，他就起来打扫门外，不让别人看见，已经成为一个习惯。

刚开始时，赵彦深是尚书令司马子如的一个地位低微的宾客，替他干些书写之事。司马子如非常欣赏他书写能做到无误，想推荐他入观省舍。……神武帝高欢在晋阳时，索求二史之职，司马子如推举赵彦深。……司马子如在高欢面前替赵彦深说了话，赵彦深就被征补为大丞相功曹参军，专门掌管国家机密大事。文章词句大多出自他的笔下，人们常称他聪明伶俐。高欢曾经和他对坐，命令他起草军令，用手触摸他的额头说："如果苍天能让你长寿，你必定能干大事。"高欢每次对司徒孙腾说："赵彦深小心恭敬、谨慎，万古之人很难和他相比。"

等到高欢死时，秘不发丧。高澄担心河南有变，要自己亲自去巡抚，于是就把宫中的事委托给赵彦深，转迁为大行台都官郎中。临出发时，高澄握着赵彦深的手，哭泣着说："母弟族的事情都托付给你，很幸运有像你这样的人。"后来，宫廷内外一片宁静，靠的全是赵彦深的力量。等到高澄从河南返回发丧，对赵彦深大加褒扬和赞美，于是，翻开郡县簿籍，晋封赵彦深为安国县伯。从征颍川，引水攻城，城墙即将被水淹没，而西魏大将王思政仍想死战。高澄命令赵彦深一人入城劝降王思政，当天颍川城就投降，赵彦深拉着王思政的手走出城门。在此之前，高澄对他说："我昨晚梦见打猎，遇到一群猪，我用箭射，结果全被抓获，唯独只有一头大猪逮不住。你说你替我去抓取，片刻便猎取而归。"说到此，高澄便大笑着说："我的梦应验了。"于是，就解下王思政的佩刀交给赵彦深说："让你常常能获得这样的好处。"

文宣帝高洋即位，赵彦深仍掌管国家机密，并晋爵为侯。天保初年，屡升至秘书监。因为忠诚和谨慎，文宣帝每次到郊外祭庙时，都令赵彦深兼任太仆卿，骑马陪着皇帝。转升大司农。文宣帝有时外出巡游，赵彦深就辅佐太子，对后宫之事了解很深。……文宣帝下诏慰劳和劝勉他，拜他为侍中，仍典掌机密。河清元年，晋爵为安乐公，屡次升迁至尚书左仆射、齐州大中正、监国史，又升尚书令，作为特殊的升迁，被封为宜阳王。武平二年，拜为司空，因祖珽的离间，出任为兖州刺史。四年，征为司空，转升司徒。……武平七年六月，因暴病而死，享年70岁。

赵彦深经历几个帝王，经常参与国家重大决策。他温柔谨慎，喜怒不形于色。从皇建以来，帝王对他的礼节日益隆重，每次召见，就坐在皇帝的床上，皇帝常称他的官号而不直叫其名。凡是各种选举，他总要先加铨选，然后确定，提拔和奖励人物，都是以在事业上有所作为的人为先，行为轻薄之人，提都别想提。孝昭帝高演已经执掌朝政，群臣多次劝他即位，而只有赵彦深不进言。孝昭帝曾经对王晞说："如果说许多人都称天下有归，为什么不见赵彦深有话。"王晞把这话告诉了赵彦深，他迫不得已，向高演陈请了自己的意见。赵彦深在当时就是如此地被看重。他常常说话谦逊，内心恭敬，接人待物从没有骄傲过，因而有时在京或外调，离开后又返回。他的母亲傅氏，素有操节和见识，赵彦深 3 岁时，她便守寡，家里的人想让她改嫁，她发誓至死也不从。赵彦深 5 岁时，她对他说："家庭贫困，而孩子又小，怎样才能生活呢？"赵彦深哭泣着说："如果老天同情我们，我长大后一定报答。"傅氏被赵彦深的诚意所感动，母子二人抱头而哭。等赵彦深官至太常卿，从朝上回来，不脱朝服就入堂拜见母亲，跪在地上陈述幼小的孤苦，正是母亲的教诲而到今天这样。母子二人相互哭了很久，赵彦深才换去朝服。……北齐的宰相，能善始善终的，只有赵彦深一个人。

御 人

孙搴之事

　　会高祖①西讨，登风陵，命中外府司马李义深、相府城局李士略共作檄文②，二人皆辞，请以（孙）搴自代。高祖引搴入帐，自为吹火③，催促之。搴援笔④立成，其文甚美。高祖大悦，即署⑤相府主簿，专典⑥文笔。又能通鲜卑语，兼宣传号令，当烦剧之任，大见赏重。赐妻韦氏，既士人子女，又兼色貌，时人荣之。寻除⑦左光禄大夫，常领主簿。

　　世宗初欲之邺⑧，总知朝政，高祖以其年少，未许。搴为致言⑨，乃果行。恃此自乞特进，世宗但加散骑常侍。时又大括⑩燕、恒、云、朔、显、蔚、二夏州、高平、平凉之民以为军士，逃隐者身及主人、三长、守令罪以大辟⑪，没入其家。于是所获甚众，搴之计也。

　　搴学浅而行薄，邢邵尝谓之曰："更须读书。"搴曰："我精骑三千，足敌君羸卒⑫数万。"尝服棘刺丸，李谐等调之曰："卿棘刺应自足，何假外求。"坐者皆笑。司马子如与高季式召搴饮酒，醉甚而卒，时年五十二。高祖亲临之。子如叩头请罪。高祖曰："折我右臂，仰觅⑬好替还我。"子如举魏收、季式举陈元康，以继搴焉。

　　　　　　　　　　　　　　（《北齐书》卷二十四，孙搴传）

《北齐书》

【注释】

　　①高祖：即高欢（？—547年），魏权臣。先后归杜洛周、葛荣起义军，后叛降尔朱荣。荣死后，称大丞相，逼北魏孝武帝西奔长安投宇文泰，立孝

静帝，魏分为二。执东魏权柄达 16 年。死后，其子高洋代魏称帝，追尊其为高祖神武帝。

②檄文：古代官府用以征召、晓谕或声讨用的文书。

③吹火：点火。

④援笔：执笔。

⑤署：代理，暂任。

⑥典：主管，主事。

⑦除：升迁。

⑧"世宗"句：世宗，即高澄，高欢长子。高洋称帝后，追尊他为世宗文襄皇帝。邺，地名，今河北临漳西南。

⑨致言：向皇帝进以言语，即替世宗在高祖面前讲情。

⑩大括：大肆搜寻。

⑪大辟：即处以砍头的死刑。

⑫羸（léi）卒：瘦弱的士卒。

⑬仰览：希望好好地查找。仰，旧时公文用语，下行文中表示命令，有"切望"的意思。

【译文】

正值高祖高欢率军向西讨伐，登上风陵，命令中外府司马李义深、相府城局李士略一同为他起草征讨檄文，二人都推辞，并推荐孙搴来代替他们。高祖把孙搴带进军营中，亲自为他点火，催促他赶快动笔。孙搴提起笔，一气呵成，檄文行文优美。高祖十分高兴，当即命孙搴代理相府主簿，专门负责管理文书之类的事情。孙搴又能通晓鲜卑语，还兼管宣传和发布命令的事情，身兼大小事务，很被高祖看重。高欢还把韦氏之女赐给孙搴为妻，她出身于士族之家，且长得如花似玉，当时的人们都把这当成一种荣幸的事情。不久，孙搴又升为光禄大夫，常领主簿。

世宗高澄一开始想到邺城，以了解朝政之事。高祖认为他年纪尚轻，就没有允许。孙搴替世宗在高祖面前求情，世宗终于如愿以偿到邺城。孙搴以此为资本，要求世宗对他进行超迁，而世宗仅仅给他加了个散骑常侍。那时，国家大肆搜求燕、恒、云、朔、显蔚、二夏州、高平、平凉等地的老百姓为士兵，逃亡和隐藏者本人和主人、三长、守令等处以死刑，他的全家被收为奴婢。因此，召集了众多的士兵，这也是孙搴所献的计策。

孙搴学识浅薄而行为轻浮，邢邵曾对他说："你还需要多看些书。"孙搴回答说："我 3000 精锐的骑兵，足够应付你数万名瘦弱的士卒。"曾经口服棘刺丸，李谐等调笑他说："你自己的棘刺应该够多了，没必要再从外面求购。"在座的人都大笑。司马子如与高季式邀请孙搴喝酒，结果孙搴大醉而死。这年，他 52 岁。高欢亲临察看，司马子如下跪，磕头谢罪。高祖说："折断我的右臂，希望你们能寻找一个更好的还给我。"于是，司马子如推荐了魏收，高季式推举了陈元康来取代孙搴。

《北齐书》

法　制

口手俱足　余无所需

　　（厍狄士文）寻拜贝州刺史①。性清苦，不受公料，家无余财。其子尝啖官厨饼，士文枷之于狱累日，杖之二百，步送还京。僮隶无敢出门。所买盐菜，必于外境。凡有出入，皆封署其门，亲故绝迹，庆吊不通。法令严肃，吏人贴服，道不拾遗。凡有细过，士文必陷害之。尝入朝，遇上赐公卿入左藏②，任取多少。人皆极重，士文独口衔绢一匹，两手各持一匹。上③问其故，士文曰："臣口手俱足，余无所须"。上异之，别赍遗④之。

（《北齐书》卷十五，厍狄士文传）

【注释】

　　①"厍狄"句：厍（shē）狄士文，人名。寻，不久。拜，授官，任命。

　　②左藏：国家藏钱财的府库。

　　③上：隋文帝杨坚。

　　④赍（jī）遗（wèi）：以财物相送。

【译文】

　　厍狄士文被任命为贝州刺史。厍狄士文清廉艰苦，从不接受国家的财物，家中钱财也不多余。他的儿子曾经吃了官厨的饼，厍狄士文就把他戴上枷锁，送进监狱，关了许多天才被放出来，还用棍子打了200棍，然后，步行把他送回到京师。他的仆人们都不敢出门，需要买的盐、菜等必需品，都必须到外地购买，多余的部分，都封存起来。亲朋故友都断绝了和他家的交往，连庆贺喜事和吊唁丧事这类的事情，都不来往。他任职时，法令严明，大小官吏和人民都极为顺从。辖治范围内路不拾遗。凡是有人犯了一点小错误，厍狄士文一定严惩不贷。曾有一次进朝廷，正遇上皇帝把国库里的东西赏赐给王公大臣，每个人可任取所需，没有数量上的限制。大臣们都拿最贵重的物品，而厍狄士文只用嘴衔着一匹绢，双手也只是各拿一匹。皇帝问他这样做的原因，厍狄士文说："我的嘴和手都已经满足了，其余的什么也不需要了。"皇帝惊异，就又送给了厍狄士文一批钱物。

苏琼执法严明

苏琼，字珍之，武强①人也。……尝谒东荆州刺史曹芝。芝戏问曰："卿欲官不？"对曰："设官求人，非人求官。"芝异其对，署为府长流参军。……并州尝有强盗。长流参军推其事，所疑贼并已拷伏，失物家并识认，唯不获盗赃。文襄②付琼更令穷审，乃别推得元融等十余人，并获赃验。文襄大笑，语前妄引贼曰："尔辈若不遇我好参军，几致枉死。"

除南清河太守，其郡多盗，及琼至，民吏肃然，奸盗止息。或外境奸非，辄从界中行过者，无不捉送。零县民魏双成失牛，疑其村人魏子宾，送至郡，一经穷问，知宾非盗者，即便放之。双成诉云："府君放贼去，百姓牛何处可得？"琼不理，密走私访，别获盗者。从此畜牧不收，多放散，云："但付府君。"有邻郡富豪将财物寄置界内以避盗，为贼攻急，告曰："我物已寄苏公矣。"贼遂去。平原郡有妖贼刘黑狗，构结徒侣，通于沧海。琼所部人连接村居，无相染累。邻邑于此伏③其德。郡中旧贼一百余人，悉充左右，人间善恶，及长吏饮人一杯酒，无不即知。琼性清真，不发私书。道人道研为济州沙门统④，资产巨富，在郡多有出息，常得郡县为征。及欲求谒，度知其意，每见则谈问玄理，应对肃敬，研虽为债数来，无由启口。其弟子问其故，研曰："每见府君，径将我入青云间，何由得论地上事。"郡民赵颍曾为乐陵太守，八十致事归。五月初，得新瓜一双自来送。颍恃年老，苦请，遂便为留，仍致于厅事⑤梁上，竟不剖。人遂竞贡新果，至门间，知颍瓜犹在，相顾而去。有百姓乙普明兄弟争田，积年不断，各相援引，乃至百人。琼召普明兄弟对众人谕之曰："天下难得者兄弟，易求者田也，假令得地失兄弟心如何？"因而下泪，众人莫不洒泣。普明兄弟叩头乞外更思，分异十年，遂还同住。每年春，总集大儒卫凯隆、田元凤等讲于郡学，朝吏文案之暇，悉令受书，时人指吏曹为学生屋。禁断淫祠⑥，婚姻丧葬皆教令俭而中礼。……当时州郡无不遣人至境，访求政术。天保中，郡界大水，人灾，绝食者千余家。琼普集部中有粟家，自从贷粟以给付饥者。州计户征租，复欲推⑦其贷粟。纲纪⑧谓琼曰："虽矜饥馁⑨，恐罪累府君。"琼曰："一身获罪，且活千室，何所恐乎？"遂上表陈状，使检皆免，人户保安。此等相抚儿子，咸言府君生汝。在郡六年，人庶怀之……前后四表，列为尤最。

（《北齐书》卷四十六，苏琼传）

【注释】

①武强：地名，今河北武强县。

②文襄：即高欢长子高澄。其弟高洋建北齐后尊称其为文襄帝。

③伏：同"服"，佩服。

④沙门统：佛教寺院的主管。沙门，佛教名词。一译"桑门"，表示勤修善法、息灭恶法之意。原为古印度各教派出家修道者的通称，后佛教专指依照戒律出家修道的人。统，主管。

⑤厅事：厅堂，官吏办公场所。

⑥淫祠：滥设的祠庙。

⑦推：除，去。

⑧纲纪：管家仆。

⑨馁（něi）：同"馁"，饥饿。

【译文】

苏琼，字珍之，是武强人。……曾经拜访东荆州刺史曹芝。曹芝戏谑地问他说："你想不想当官？"苏琼回答说："应是官求人，而不是人求官。"曹芝惊讶于他的回答，就任命他为府长流参军。……并州曾有强盗，长流参军推论这事，对怀疑是贼的人加以拷打，被偷盗的人家也来认出他们是贼，可就是找不到赃物。高澄把这件事交给苏琼重新进行审理，于是苏琼再加推究而抓获元融等10多人，并有赃物为证。高澄大笑，走到被误认为是贼的人面前说："你们这些人，如果不是遇到了我的好参军，差一点就冤枉而死。"

升为南清河太守，南清河境内盗贼很多，等苏琼来后，民吏十分恭敬，奸盗停止而不再发生。有时，外郡的奸贼从境内经过都被抓获。零县有个名叫魏双成的人丢失了一头牛，怀疑其本村名叫魏子宾的人偷去，就把魏子宾送到郡府，经过一再查问，苏琼知道魏子宾不是偷牛的人，于是，就放他回去。魏双成问苏琼说："府君把贼放走，我的牛到哪里去找？"苏琼不加理睬，多次暗中查访，终于抓获了盗贼。自此以后，南清河境内的牲畜在外放养而不赶收回家，说："只是把它们托付给了府君。"邻郡有一个富豪把自己的财产寄托在南清河郡，以防止强盗抢劫，被强盗攻打的很急，他告诉强盗们说："我的财物已经托付给苏公了。"于是，盗贼便离去。平原郡刘黑狗，勾结和聚集了许多同伴，通达大海。苏琼在南清河境内将许多村子联合起来，共同对付，妖贼对他们没有丝毫的染指。邻近的城邑在这一点上都很佩服苏琼的才德。南清河境内以前为贼的100多人，全都充当了苏琼的左右人员，世间的好坏，以至长吏喝了百姓的一杯酒，苏琼都会很快就知道。苏琼的品性清纯正直，不擅自给人写私信。道人道研是济州的沙门统领，资产颇多，在郡内放贷生息，常常被郡县征收赋税。道研想求见苏琼，苏琼知道道研的意图，每次见面苏琼则谈论和问及玄学的问题，应对相当虔诚，道研虽为索债而来，但没机会开口。道研的弟子问他原因，道研说："每次见到府君，就把我带到青天白云里去，怎么能够谈论地上的事情。"南清河有个名为赵颖的郡民，曾是乐陵太守，80岁时离任而归乡。五月初，他得到两个新鲜瓜，亲自将瓜送给苏琼。赵颖依仗自己年纪大，苦苦请求苏琼把瓜收下，苏琼就把瓜留下，却把它放置在厅堂的梁上，最终也不肯剖瓜而食。于是，人们就竞相向苏琼呈进新鲜果品，到了厅门看到赵颖的瓜还在，就只好相望离去。百姓乙普明兄弟俩争田夺地，多年得不到解决，各自相互引例为证者达100多人。苏琼召集普明兄弟俩而当着众人开导他们说："天下最难得的是兄弟，容易求得的是田地，如果为得到田地而失去兄弟间的亲情，又怎么样呢？"苏琼流下了眼泪，众人也是无不洒泪而哭。普明兄弟叩头称谢而请求到外想一想，兄弟俩在分开已达十年后，又重新生活在一起。每年春天，苏琼汇集大儒者卫凯隆、田元凤等在郡讲学，官吏在办政事之余，命他们全去听讲，那时的人们把吏曹当做学生屋。禁止并拆除过多的祠庙，婚丧嫁聚都要从俭而又符合礼节。……当时，各州郡都派人到南清河来询问治理之术。天保年间，郡内发大水而人民受到灾难，无饭可吃的有1000多家。苏琼把有粮食的家庭召集起来，要他们把家中粮食贷赈给饥饿的人。州郡挨家征收，然后又想除去他们贷出的粮食。家仆对苏琼说："虽然你同情那些饥饿的人，恐怕将来你要被连累遭罪的。"苏琼说："我一个人获罪，而使千家活了下来，这还有什么可怕的呢？"于是，就上表朝廷，陈请事情，让一切查验都取消，人民平安。这些人抚摸着自己的孩子，都说是苏琼使他们获得了生命。在南清河6年，人人都怀念他……朝廷前后4次表彰，他都名列第一。

《北齐书》

理　财

主幼政荒

　　帝幼而令善①，及长，颇学缀文②，置文林馆，引诸文士焉。而言语涩呐③，无志度，不喜见朝士。自非宠私昵狎④，未尝交语。性懦不堪，人视者，即有忿责。其奏事者，虽三公令录莫得仰视，皆略陈大旨，惊走而出。每灾异寇盗水旱，亦不贬损，唯诸处设斋，以此为修德。雅信巫觋⑤，解祷无方。……

　　宫掖⑥婢皆封郡君，宫女宝衣玉食者五百余人，一裙直⑦万匹，镜台直千金，竞为变巧，朝衣夕弊。承武成⑧之奢丽，以为帝王当然。乃更增益宫苑，造偃武修文台，其嫔嫱诸宫中起镜殿、宝殿、玳瑁殿，丹青雕刻，妙极当时。又于晋阳起十二院，壮丽逾于邺下。所爱不恒，数毁而又复。夜则以火照作，寒则以汤为泥，百工困穷，无时休息。凿晋阳西山为大佛像，一夜然⑨油万盆，光照宫内。又为胡昭仪起大慈寺，未成，改为穆皇后大宝林寺，穷极工巧，运石填泉，劳费亿计，人牛死者不可胜纪。御马则藉以毡罽⑩，食物有十余种，将合牝牡⑪，则设青庐⑫，具牢馔⑬而亲观之。狗则饲以粱肉。马及鹰犬乃有仪同、郡君之号，故有赤彪仪同、逍遥郡君、凌霄郡君，高思好书所谓"驳龙逍遥"者也。犬于马上设褥以抱之，斗鸡亦号开府，犬马鸡鹰多食县干⑭。鹰之入养者，稍割犬肉以饲之，至数日乃死。

　　又于华林园立贫穷村舍，帝自弊衣为乞食儿。又为穷儿之市，躬自交易。写筑⑮西鄙诸城，使人衣黑衣为羌兵，鼓噪⑯凌之，亲率内参临拒，或实弯弓射人。自晋阳东巡，单马驰鹜⑰，衣解发散而归。

又好不急之务，曾一夜索蝎，及旦得三升。特爱非时之物，取求火急，皆须朝征夕办，当势者因之，贷一而责十焉。赋敛日重，徭役日繁，人力既殚，帑藏[18]空竭。乃赐诸佞幸卖官，或得郡两三，或得县六七，各分州郡……于是州县职司多出富商大贾，竞为贪纵，人不聊生。爰[19]自邺都及诸州郡，所在征税，百端俱起。凡此诸役，皆渐于武成，至帝而增广焉。然未尝有帷簿[20]淫秽，唯此事颇优于武成云。

（《北齐书》卷八，幼主帝纪）

【注释】

①"帝幼"句：帝，指北齐幼主高恒，后主高纬之子，即位时年仅八岁。令，善，美。

②缀文：作文。

③涩呐（nè）：说话困难而少说话。涩，语言艰难。呐，语言迟钝，不善讲话。

④昵（nì）狎（xiá）：亲近。

⑤巫觋（xí）：诬术。男巫称觋，女巫称巫。此指巫术。

⑥宫掖：宫中。

⑦直：通"值"。

⑧武成：北齐帝高湛的庙号（561—565年在位）。

⑨然：同"燃"。

⑩毡罽：毛毯。罽，疑应为"罽"（jì），一种毛织品。

⑪牝（pìn）牡：公母禽畜。牝、牡分别为母、公禽畜。

⑫青庐：房屋。

⑬牢馔（zhuàn）：精美的食品。牢，官府发给的粮食。馔，食物，多指精美食物。

⑭县干：食干是北齐的制度。

⑮写（xiè）筑：拆除建筑物。写，同"卸"，即拆除。

⑯鼓噪：擂鼓助威。

⑰驰鹜（wù）：像野鸭子那样快飞。鹜，野鸭。

⑱帑（tǎng）藏：钱财的收藏。帑，府库的钱财。

⑲爰：句首语气词，无意义。

⑳帷簿：指宫内。

【译文】

幼主高恒从小是十分善良的，等到长大，喜欢写文章，设置文林馆，常带些文人雅士去那里。而他说话结巴，不善言谈，没有大的志向和气度，不喜欢召见文武大臣。不是自己个人所宠爱和亲近的人，他从不和他们说话。性格懦弱，谁看他，就会遭到责骂，向他上奏政事的人，虽然是王公大臣，也不能抬头看他，都草草陈报大意之后，惊慌逃出。每当灾异寇盗水旱发生时，他也不自我反省，只是在各处设置斋戒，用这一手段来表示自己在修德。特别是信仰巫术，却对祭神祝告祈福去进行胡乱的解释。……

宫廷侍女都被封为郡君，宫女中穿着宝衣、吃玉食的人有 500 多，所穿的裤子值万匹，所用的镜台也值千金，相互攀比，早晨穿的新衣服，晚上就算是旧的而不用了。承袭武成帝的奢侈和华丽，认为帝王本应如此。更新和增添宫廷和苑林，修建偃武修文台，在他的嫔妃宫中建造镜殿、宝殿和玳瑁殿，用彩色的颜料雕刻，在当时是极为美妙的。又在晋阳建十二院，其壮观和美丽的程度超过了当时都城邺城。他所喜欢的东西是不断变化的。众多物品被毁多次之后而又要修复。夜间用火来照明，冷时用热水来取暖，手工业者困苦而贫穷，不能有丝毫的休息。雕琢晋阳西山成为一座大佛像，一夜之间就燃用了万盆油，以致远处的火光遍照宫廷。又替胡昭仪修建大慈寺，没有竣工，又改修穆皇后大宝林寺，穷尽一切技巧，从很远的地方搬运石头填塞泉水，所耗费的钱财不计其数，人和牛相继死去的不可计数。骑马所用的垫子是用毛织成的毯子，马吃的食物有 10 多种。把公母禽畜关在一起，并给它们盖上好屋室，用精美的食品去喂养，而且自己常去观看。狗用上等的肉食饲养，马和鹰狗都有如仪同、郡君的称号，所以有赤彪仪同、逍遥郡君、凌云郡君等名称，高思好书写的所谓"驳龙逍遥"就是这一类的。幼主还骑在马上，用褥子把狗包裹起来而抱在怀里，斗鸡也称开府，狗马鸡鹰都按县干的标准去喂养。鹰所吃的食物，则是从狗身上一点点割下的新鲜肉，狗被割肉而亡。

又在华林园设立贫穷的村庄，幼主自己穿着破烂的衣服去当小乞。又充贫困的孩子到街上去，亲自从事买卖。拆去国家西边的许多城镇，让人穿上黑色的衣服扮演羌族的士兵，擂鼓呐喊去攻打所扮的羌兵，并亲自率领军队去参战，有时用真的弓箭去射杀扮演者。从晋阳到东方巡游，自己单身匹马，脱衣散发，像野鸭似地飞速返回晋阳城。

而且他喜欢干一些不重要的事情，曾经有一天夜里到处搜索蝎子，到天明时，所找的蝎子竟有 3 升。对于一些在一定季节难以找到的东西，他特别喜欢，需求甚急，常常是早晨要的，晚上一定要办好。一些有权势的人利用这个机会大肆放贷，以一还十。赋税极重，徭役与日俱增，人民筋疲力竭，国家府库所收藏的钱财也耗费一空。于是，就赐给一些所宠幸的人以官职，让他们出卖，有的得到两三个郡，有的得到六七个县，每个人都分有州郡。……因此，一些富商大贾控制了一些州县的职权，竞相贪污，人民无法生存。从邺城到各个州郡，都在征收重税，万事齐起。所有这些赋税徭役，都在武成帝时开始，到幼主时，税收的范围更加扩大。然而，幼主在官内却不荒淫污秽，只有这一点比武成帝要好些。

北齐之亡

　　抑又闻之：皇天无亲，唯德是辅；天时不如地利，地利不如人和。齐自河清①之后，逮于武平②之末，土木之动不息，嫔嫱之选无已，征税尽，人力殚，物产无以给其求，江海不能赡其欲。所谓火既炽矣，更负薪以足之，数既穷矣，又为恶以促之，欲求大厦不燔③，延期过历④，不亦难乎！由是言之，齐氏之败亡，盖亦由人，匪唯天道也。

　　　　　　　　　　　　　　　　（《北齐书》卷八，幼主帝纪）

【注释】

　　①河清：北齐武成帝高湛的年号（562—565 年）。

　　②武平：北齐后主高纬的年号（570—576 年）。

　　③燔（fán）：焚烧。

　　④过历：超过时限。

【译文】

　　听说："皇天无亲，唯德是辅""天时不如地利，地利不如人和"。北齐自河清年间以后，到武平末年，大兴土木，挑选宫女，从未间断；税收被征尽了，人力也用完了，本国所产的物品已不能满足他们的需求，大江大海也填塞不了他们的贪欲。这正是：火已经烧得够旺盛的了，还要背着柴草往上加，使它更加旺盛；气数已经尽了，还要作恶多端来加速他的灭亡。这样做还想要大厦不被烧掉，延长自己的统治期限，这是再难不过了！因此可以说，北齐的败亡，主要是由人造成的，而不仅仅是天道的原因。

德　操

魏收作史　多撼于人

（天保）二年①，诏（魏收②）撰魏史。……初（文宣）帝令群臣各言尔志，收曰："臣愿得直笔东观③，早成《魏书》。"故帝使收专其任。又诏平原王高隆之总监之，署名而已。帝敕收曰："好直笔，我终不作魏太武诛史官。"始魏初邓彦海撰《代记》十余卷，其后崔浩典史……李琰之徒世修其业。浩为编年体，（李）彪始分作纪、表、志、传，书犹未出。宣武④时，命邢峦追撰《孝文起居注》，书至太和十四年⑤，又命崔鸿、王遵业补续焉。下讫孝明⑥，事甚委悉。济阴王晖业撰《辨宗室录》三十卷。收于是部通直常侍房延佑、司空司马辛元植、国子博士刁柔、裴昂之、尚书郎高孝干专总斟酌，以成《魏书》。辨定名称，随条甄举，又搜采亡遗，缀续后事，备一代史籍，表而上闻之。……

……修史诸人祖宗姻戚多被书录，饰以美言。收性颇急，不甚能平，夙有怨者，多没其善。每言："何物小子，敢共魏收作色，举之则使上天，按之当使入地。"初收在神武时为太常少卿修国史，得阳休之助，因谢休曰："无以谢德，当为卿作佳传。"休之父固，魏世为北平太守，以贪虐为中尉李平所弹获罪，载在《魏起居注》。收书云："固为北平，甚有惠政，坐公事免官。"又曰："李平深相敬重。"

时论既言收著史不平，文宣⑦诏收于尚书省与诸家子孙共加讨论，前后投诉百有余人，云"遗其家世职位"，或云"其家不见记录"，或云"妄有非毁"。收皆随状答之。范阳卢斐父同附出族祖玄《传》下，顿丘李庶家《传》称其本是梁国蒙人，斐、庶讥议云："史书不直。"收性急，不胜其愤，启诬其欲加屠害。帝大怒，亲自诘责。裴曰："臣父仕魏，位至仪同⑧，功业显著，名闻天下，与收无亲，遂不立传。博陵崔绰，位止本郡功曹，更无事迹，是收外亲，乃为《传》首。"收曰："绰虽无位，名义可嘉，所以合传。"帝曰："卿何由知其好人？"收曰："高允曾为绰赞，称有道德。"帝曰："司空才士，为人作赞，正应称扬。亦如卿为人作文章，道其好者岂能皆实？"收无以对，战栗而已。但帝先重收才，不欲加罪。时太原王松年亦谤史，及斐、庶并获罪，各被鞭配甲坊，或因以致死，卢思道亦抵罪。然犹以群口沸腾，敕魏史且勿施行，令群官博议。听有家事者入署，不实者陈牒。于是众口喧然，号为"秽史"，投牒者相次，收无以抗之。时左仆射杨愔、右仆射高德政二人势倾朝野，与收皆亲，收遂为其家并作传。二人不欲言史不实，抑塞诉辞，终文宣世更不重论。又尚书陆操尝谓愔曰："魏收《魏书》可谓博物宏才，有大功于魏室。"愔谓收曰："此谓不刊之书⑨，传之万古。但恨论及诸家枝叶亲姻，过分繁碎，与旧史体例不同耳。"收曰："往因中原丧乱，人士谱牒，遗逸略尽，是以具书其支流。望公观过知仁，以免尤责。"……

（孝昭）帝⑩以魏史未行，诏收更加研审。收奉诏，颇有改正。及诏行魏史，收以为直置秘阁，外人无由得见。于是命送一本付并省，一本付邺下⑪，任人写之。

其后群臣多言魏史不实，武成⑫复敕更审，收又回换。遂为卢同立传，崔绰返更附出。杨愔家《传》，本云"有魏以来一门而已"，至是改此八字；又先云"弘农华阴人"乃改"自云弘农"，以配王慧能自云太原人。此其失也。

（《北齐书》卷三十七，魏收传）

【注释】

①天保二年：即551年。天保，北齐文宣帝高洋的年号。

②魏收：生于506年，卒于572年。北朝北齐史学家。下曲阳（今河北晋州市）人，善诗文。北魏时，编修国史；北齐时，奉诏编撰《魏书》。身为北齐大臣，所撰《魏书》多为北齐回护，尽毁北魏所修史书，被称为"秽史"。

③东观：汉代宫中藏书处。

④宣武：北魏帝元恪的庙号。

⑤太和十四年：即490年。太和，北魏孝文帝年号。

⑥孝明：北魏皇帝元诩庙号。

⑦文宣：即北齐帝高洋。

⑧仪同：官名，"仪同三司"的简称。

⑨不刊之书：不能改动或不可磨灭的书。刊，代指削除刻错了的字，不刊，即言不可更改。

⑩孝昭帝：即北齐高演的庙号。

⑪邺下：今河北临漳县西南。

⑫武成：北齐帝高湛的庙号。

【译文】

天保二年，下诏让魏收编撰魏史。……当初，文宣帝命令群臣各自说出自己的志向，魏收说："我乐意在东观秉笔直书著史，早日写成《魏书》。"因此，文宣帝让魏收专门负责编写《魏书》工作，又令平原王高隆之为总监，只负责署名罢了。文宣帝高洋还告诫魏收说："好一个直笔修史，我不会像魏太武帝拓跋焘那样诛杀史官崔浩。"开始，魏初邓彦海编撰《代记》10多卷，后来崔浩领导修史……李琰等人连年编修，崔浩写成编年体，李彪开始分别作纪、表、志、传，史书还没有问世。宣武帝元恪时，又命令邢峦追记《孝文起居注》，一直写到太和十四年，又命令崔鸿、王遵业续写，下限时间一直延续至孝明帝元诩，历史记载十分详细。济阴王元晖业撰写《辨宗室录》30卷。魏收因此指挥通直常侍房延佑、司空司马辛元植、国子博士刁柔与裴昂之、尚书郎高孝干专门负责总的安排综合，写成了《魏书》。他们辨别、确定名称，对每一条记载进行鉴定，又收集散失的遗文，补续后面的事，终于完成了一朝史书，于是向皇帝上表报告。……

……参加修史人员的祖宗亲戚大多被写进《魏书》，并以美言相饰。魏收性情十分急躁，不能公平待人，对以前他所怨恨的人隐没他的优点。他常说："哪个小子敢和魏收作对，稍加抬举他可以上天，按压他可使他进入地狱。"开始，魏收在北齐神武帝高欢时任太常少卿；编修国史，得到过阳休之的帮助，所以，他感激阳休之说："对于您的帮助，我没有别的感谢，我一定在《魏书》里替您写一篇好的传。"阳休之的父亲阳固，魏时是北平太守，由于贪污和残暴被中尉李平弹劾而获罪，在《魏起居注》里有所记载。而魏收写道："阳固在北平，非常廉政，因公事获罪而免官。"又说："李平对他深为敬重。"

当时，人们纷纷议论魏收著史不公平，文宣帝高洋命令魏收到尚书省与许多被收入《魏书》的人的子孙进行辩论，先后对魏收投诉的人有100多人，或说："遗漏我家世职位。"有的说"我的家世不被记录"，或说"妄自非议和毁灭"。魏收都能根据各人的具体情况而作出答复。范阳卢斐父亲卢同被附在其同族祖先卢玄《传》下，顿丘李庶家《传》中称李本来是梁国蒙人，卢斐、李庶讥嘲魏收说："史书不公正。"魏收性情急躁，忍不了这么大的愤怒，陈述并控告卢、李二人想对他加以谋害。文宣帝大为恼怒，亲自加以盘问。卢斐说："我的父亲在魏国任职，位至仪同三公，功绩相当显著，名闻天下，与魏收没有亲戚关系，就没有被立传。博陵人崔绰，官职仅仅是本郡的一个功曹，更没有其他事迹，因为是魏收的远亲，于是就把他放在《传》的开端。"魏收说："崔绰尽管没有显赫的官职，但他的名声很好，所以把他写入合传。"文宣帝高洋说："你怎么知道他是个好人？"魏收说："高允曾经为崔绰写过赞，称赞他有道德。"文宣帝高洋说："司空高允是个有才之士，为他人作赞，应当赞扬。也同你替他人写文章一样，称他好的难道都是事实吗？"魏收无言以对，只是因害怕而不停地颤抖。但文宣帝最看重的是魏收的才华，因此不对他加罪。当时，太原王松年也诽谤魏史，和卢斐、李庶一同获罪，各自遭到笞刑后而被发配到甲坊，有的因此而死亡，卢思道也获罪。然而，由于大家对魏史仍议论不止，文宣帝下诏魏史暂不推行，命百官广泛地加以议论。听任那些家事关魏史的人到衙署上来，让认为魏史不实的人投书陈述。因此，众口哗然，称魏史为"秽史"，投书陈述的人相次以进，魏收再也抵挡不住了。当时，左仆射杨愔、右仆射高德正两人权倾朝政，与魏收都很亲近，魏收就为他们的家族作传。两人不论说《魏书》史事不实，抑制控诉，在文宣帝时，人们就不敢再议论这件事了。再加上尚书陆操曾对杨愔说："魏收的《魏书》，可以算得上博物宏才，对魏朝是一大功绩。"杨愔对魏收说："这就叫做不刊之书，流传万代。令人感到惋惜的只是各家无关紧要的亲戚的传，过多而繁碎，与旧史的体例不同。"魏收说："以前因为中原动乱，士人的家谱和牒传丧失殆尽，因而具体写他们的分支。但愿您看见过失而知晓仁义，以免追究责任。"……

孝昭帝高演因为魏史没有刊行，下诏令魏收再加以研究和审查。魏收接受诏书后，对原《魏书》作了较大的改正。等到下诏魏史刊印，魏收认为它应放在秘阁，外人不得看阅。于是，命人送一本到晋阳，一本放在邺下，任人议论……

以后，群臣都说魏史不符合事实，武成帝高湛又下诏再次审查，魏收又回头更改。于是就为卢同立传，崔绰反而从传中取出。杨愔家《传》，本说"有魏以来一门而已"，这次改更这8个字，又先说"弘农华阴人"；改为"自云弘农"，以与王慧龙自己说是太原人相一致。这是魏收作《魏书》的过失。

传世故事

称兄道弟　志在谋权

北齐高祖神武帝高欢，字贺六浑，渤海蓚（tiáo）人。先仕后魏朝为臣。魏孝庄帝时，朝政大权执掌在尔朱荣手中，高欢战功不错被授为第三镇人酋长。尔朱荣很赏识高欢的才干，一次曾问帐下诸将："万一我不在，谁可统领军队。"诸将都回答说其侄尔朱兆可当重任，而尔朱荣却道："尔朱兆只能统率 3000 人马，能够代替我统领全军的唯有贺六浑哪！"他又苦心告诫尔朱兆道："你不是他的对手，早晚有一天会听命于他。"于是，任命高欢为晋州刺史。

魏永安三年（530 年），魏孝庄帝诛杀了权臣尔朱荣。尔朱兆一怒之下，兴兵进攻洛阳。行前，派人召高欢相助。高欢见他以下犯上，不敢贸然相助，但又怕得罪了他，便借口蜀中未平，不便撤军，待平蜀后与他隔河成掎角之势云云，派长史孙腾婉言拒绝了他。尔朱兆攻破洛阳，囚禁并杀害了孝庄帝，又与尔朱世隆等立魏长广王元晔为帝，高欢被封为平阳郡公。很快，河西人纥豆陵步藩起兵进攻尔朱兆的后路，尔朱兆征调高欢迎击，高欢却拖延时间，等尔朱兆军被纥豆陵步藩击败后，才挥军进击，帮助尔朱兆杀掉了纥豆陵步藩。尔朱兆非常感激，与他立誓结为兄弟。

然而，高欢却在一直暗中寻找机会诛除尔朱兆这个把兄弟。当时，魏国政局混乱，反乱此起彼伏，尔朱兆不遑镇压，大为头痛。高欢乘机进言道："六镇反叛作乱者，你不可能把他们斩尽杀绝。大王不如选派一位心腹，统领六镇兵众。如有叛乱，大王问罪他一个就可以了。"在座的贺拔允即插话道："可以委高欢以重任。"高欢装作勃然大怒的样子，一拳打掉了贺拔允的一颗牙齿，骂他道："天柱大将军尔朱荣在时，你不过是个听候驱使的鹰犬。如今天下，全由大王安排，你小子竟敢胡乱插嘴，信口开河！"已有醉意的尔朱兆见高欢如此尊重和忠实自己，当即委派他去统领六镇之兵。高欢恐怕尔朱兆酒醒后心生怀疑，便立即出去宣布自己受命执掌统军大权。

　　高欢兵权在手后，又以粮食紧张为由，要求移军山东。尔朱兆的长史慕容绍宗劝阻尔朱兆不要答应："不能让高欢率军赴山东。如今天下骚乱，人心各怀异志，高欢又有雄才大略，手握重兵。如让他去山东，无异于放虎归山，将来无法收拾。"尔朱兆却不以为然地说："他是我拜把子的兄弟，没有什么值得担心的。"慕容绍宗说道："亲兄弟都靠不住，更何况拜把子了。"尔朱兆的左右早就收了高欢的贿赂，都说慕容绍宗想公报私仇，尔朱兆便囚禁了慕容绍宗，催促高欢立即移军山东。

　　途中，高欢遇上了尔朱荣妻北乡长公主的 300 匹马，就命人全部夺为己有。尔朱兆闻讯后，放出慕容绍宗，请教如何采取对策，慕容绍宗劝他立即追回高欢。他追到襄垣时正碰到漳水暴涨，冲断了桥梁，大军一时无法过河。高欢隔河向尔朱兆拜道："我借公主的马匹，是为了防备山东盗贼。大王听信公主的话，亲自追我，您渡过河，我虽死不辞，然而这些兵众恐怕会哗变啊。"尔朱兆生怕大军倒戈，忙说并非想捉拿他，又单人匹马渡过漳水，向高欢表示歉意。尔朱兆还把刀送向高欢，说不相信他就请他砍下自己的脑袋。高欢大哭道："天柱大将军死后，我唯愿大家千秋万代戮力同心，如今小人挑拨离间，您何苦口出此言！"尔朱兆于是把刀扔在地上，杀掉一匹白马，与高欢歃血为盟，誓为生死与共的兄弟。是夜，尔朱兆就留宿在高欢的军营内，高欢手下的尉景埋伏下壮士，准备逮捕尔朱兆，高欢劝阻道："要是现在杀掉他，他的党羽必定跑回去集合人马。我方兵饥马瘦，无法对付。而且万一有野心家乘乱崛起，就更不好收拾。不如先留着他，他是骁勇凶恶，但缺谋少断，抓不抓他，无足轻重。"

　　第二天一早，尔朱兆过河回营，又召高欢前去。高欢上马欲行，长史孙腾拉着他的衣服，不让他过河，对岸的尔朱兆看到后，破口大骂了孙腾一顿，便无可奈何地率军返回了晋阳。

　　高欢移军山东，养精蓄锐了一段时间后，于魏晋泰元年（531 年）六月，正式树起了征讨尔朱氏的大旗。永熙二年（533 年），尔朱兆终于被把兄弟高欢追得无路可走，自缢而死。

高欢试子

高欢因祖父犯法，徙居怀朔镇（今内蒙古固阳西南）。高欢以功劳任北魏大丞相，控制着朝政，后逼走孝武帝，另立孝静帝，迁都邺城（今河北磁县南），称东魏，一直控制着朝政。

高欢儿子众多，长子名高澄，次子名高洋，此外还有高演、高湛等（高湛是其第九子）。据《北齐书》记载，次子高洋生后，显出种种异相。有一个看似半疯半傻的和尚为高欢的儿子逐一看相，评说不一。待看到高洋，和尚却举起手来，再三地向上指着天，一句话也没有说。这意思，显然是影射高洋后来能做到皇帝。这些记载难以凭信。事实上，高洋虽然很有才华，外貌却很不出众，他的哥哥高澄常讥笑说："他如果也能富贵，我看世上的种种相法也就不足凭信了！"但父亲高欢却很赏识高洋的才能，对人说道："这孩子的聪明超过我小时候。"高洋拜范阳卢景裕为师，卢景裕也认为高洋识见过人，深奥难测。

为看看儿子们的见识才能，在他们小的时候，高欢拿出一大把乱麻丝，要儿子们把它理好。别的儿子全都手忙脚乱，大理特理，而始终一筹莫展，无法理清。独有高洋不假思索，抽出刀来，将乱麻一刀斩断，说道："乱麻就要这样干干脆脆用快刀斩断。"高欢对高洋十分赏识。

为了试试儿子们的胆识和军事才能，后来，高欢特意为儿子们各自配备了一些兵马，让他们出去，又指派彭乐带领兵马假装进攻他们。高洋的哥哥高澄和其他诸子都吓坏了，一时不知所措，高洋丝毫不怕，指挥手下兵马与带兵佯攻的彭乐开战。因为并非当真，所以彭乐脱下战服休战，向高洋说明情况。高洋却十分认真，不肯当做儿戏，硬是将彭乐擒住，献给父亲高欢，才算作罢。高欢从这种种事情中，充分知道了高洋的才能。

547年，高欢病死，高澄继承父亲职位执掌朝政。没过多久，其厨子兰京因受其杖责，怀恨在心，便与其党徒6人密谋谋刺高澄作乱。高澄全然没有警惕，兰京藏刀于盘中，假装送食物给高澄，终于将高澄杀死。朝廷内外听到这突然事变，都很惊慌，高洋十分镇定，指挥部众将谋反的兰京等6人全部杀死，以漆漆其首级。为了不致引起混乱，便镇定地对外宣布道："几个奴才想要造反，大将军受了伤。不过还好，也没有什么大不了的伤处。"

高洋在种种事情上，表现出了他的非凡才能。高澄死后，他继承父兄遗志，控制了东魏朝政。到550年，高洋废东魏孝静帝自立，建立了北齐朝。在位时，他努力推行汉化政策，使北齐统治一度巩固，又下令改定律令，简化政令，实行了不少改革。还屡次出击突厥、柔然，南伐梁朝等，也算是一个有所作为的皇帝。

宠子为害子之祸根

北齐武成帝高湛立长子高纬为太子，而第三子高俨年尚幼，被封为东平王，并给以不少官职。高俨是胡皇后所生，因从小聪明伶俐，所以深得高湛和胡皇后宠爱。高湛常称赞他道："这孩子很有点小聪明，将来恐怕会有点出息。"因觉得高纬才能不好，曾一度想废高纬而立高俨为太子。

由于娇宠，高俨变得骄横跋扈。北魏朝廷旧制，凡御史中丞出行，以仪仗清道，无论王公大臣，都要勒住车马避让一旁。要不然，中丞随从便用红棍责打之。但这种旧制自东魏以来，便早已废弃不用。此时已是北齐时代，高俨以京畿大都督、领军大将军兼御史中丞，却仍然要按照以前的旧制度，出行时仪仗林立，大耍威风。文武百官不论其官职大小，只要不及避让，便声称奉皇帝圣旨，用红棍狠打，打得马翻人跌。武成帝和胡皇后知道了，不仅不加阻止，反而哈哈大笑，认为儿子能干。

平时的衣服器物以至于玩物之类，一切待遇，高俨都要与太子高纬一样。这一些，全都由朝廷供给。有一次，下面的官员献新冰和早李子，高俨没有得到，便大发雷霆，大骂："我皇兄都有了，为什么我就没有？"自此以后，只要太子高纬得到一样新奇的东西，手下的官员和负责制造此物的工匠就一定会倒霉，被高俨找个茬子治罪。尽管高俨和太子高纬生活待遇一样，没有什么差别，胡皇后却并不感到满足，仍觉得亏待了这个宝贝儿子。由于其父母亲的娇宠，高俨刚刚10岁，便已变得十分奢侈任性。他喉咙常有毛病，医生用针给他治疗，高俨毫不惧怕，为此，他十分自负，对父亲高湛说："像我哥哥那么懦弱，哪里能统率文武朝臣！"可见其狼子野心。

武成帝死后，高纬即位，称后主，高俨被改封为琅琊王。由于高湛和胡皇后的一再放纵，高俨养成了骄横跋扈、不可一世的性格。父亲一死，他的胆子就更大了。高俨和宰相和士开逐渐产生了矛盾，到北齐武平二年（571年）四月，高俨除了太保和中丞之职以外，其余官职均被解除。高俨认为是和士开从中说了坏话，便想要除去和士开。于是与部下冯子琮等想了一个办法，假传圣旨，竟擅自将当朝宰相和士开杀掉了。高纬见高俨如此胆大妄为，便与朝臣密议，派刘桃枝将高俨诱杀了。被杀的时候，高俨才刚刚14岁。为了安慰胡皇后，高俨死后，高纬还赐以谥号，称楚恭哀帝。

子不教，父之过。而高俨的失教，还包括其母亲胡皇后的过失在内。高俨短暂的一生，深刻说明了有子不教的害处，这是一个极为典型的反面事例。北齐颜之推撰《颜氏家训》，特意将此事写进书中，其用意也是为了让其子孙从中吸取深刻的教训。

人物春秋

神武皇帝——高欢

齐高祖神武皇帝，姓高名欢，字贺六浑，渤海蓨地人氏。高欢的父亲树，性格旷达坦率，不理家业。居住在白道的南侧，这里曾多次出现过赤光紫气，邻近的人们认为是灾祸作怪，劝他搬家避害，可他却说："这难道不是吉兆？"依然住在此地未动。高欢生后，其母韩氏死了，父亲便把他寄养在姐夫镇狱队尉景的家里。

神武帝高欢世代定居在北方边地，所以习惯了当地的风俗，成了地道的鲜卑人。年岁稍长，深沉稳重，豁达大度，轻财重友，被豪侠们所尊崇。两眼炯炯有神，长脖子高颧骨，齿白如玉石，具备罕有的俊杰伟人风度。家境贫寒，到与武明皇后举行订婚礼时，才开始有马，当兵入镇做了队主。镇将、辽西人段长时常惊叹神武帝的容貌，对他说："君有济世安民之才，不会虚度一生的。"并且将子孙托付给他照顾。当神武大富大贵之时，追赠段长为司空，提拔他的儿子宁做了官。神武帝从队主升任函使。一次乘驿马经过建兴，这里顿时云遮雾障，随之雷风尘升腾。又曾经梦见自己穿着很多星辰做成的鞋在赶路，醒来时暗自高兴。做了6年的函使，每次到洛阳，都被令史麻祥驱使。祥曾经让神武吃肉，神武没有站着吃的习惯，便坐下来吃了。祥认为神武坐着吃是大不恭敬，用鞭子狠狠地将他抽打了40多下。从洛阳回来后，神武倾尽所有来网罗人才，亲戚朋友无法理解这种行为，就向他打听。神武回答说："我到洛阳，看到宿卫、羽林的兵士接连放火焚烧领军张彝的住宅，朝廷害怕兵变不敢惩办凶手，像这样执掌国政，其结果就可想而知了。钱财物品难道能永远归一人所有吗?"自此,便有了澄清天下的志向。同怀朔镇省事云中人司马子如、秀容人刘贵、中山人贾显智成了奔走之友,怀朔镇户曹史孙腾、外兵史侯景也成了神武的好朋友。刘贵搞到了一只白猎鹰,和神武以及尉景、蔡俊、子如、贾显智等一块到沃野打猎。看见一只赤兔,纵鹰追赶,兔子却逃跑了,他们循着兔子跑的方向,追到了深泽之中,深泽里有座茅屋,兔、鹰正想跑进去的时候,有条狗突然从屋里冲了出来,咬死了赤兔白鹰。神武见此大怒,用响箭射死了狗。见狗被杀,屋内一下子跳出两个人,抓着神武的衣领,扭着不放。这两个人的母亲双目失明,拖着拐杖呵斥道:"为何触犯大家?"令二子取出瓮中好酒,杀猪宰羊,盛情款待神武一行。又自称会相面,把他们一一抚摸,结论都是大贵之相,不过,均得由神武统领节制。还说:"司马子如居官显赫,贾显智却不能善终。"饭毕出门,行了几里地后再返原地时,屋舍人烟皆无,原来那老妇是个神灵仙人。因此,朋友们越发尊崇神武。

孝昌元年(525年),柔玄镇人杜洛周在上谷扯旗造反,神武便和志同道合者参加了他的队伍。由于瞧不起杜洛周的行事,私自与尉景、段荣、蔡俊等谋划,试图杀死杜洛周,没有成功,却遭杜氏的骑兵追捕,文襄帝及永熙皇后两人年纪都小,武明皇后坐在牛背上抱着这两个孩子。文襄多次从牛背上滑落下来,神武准备射死这个儿子好快些逃走。武明皇后恳求段荣救助,幸得段荣夺下神武手中的弓箭,文襄才幸免于死。神武投奔葛荣,又逃亡到秀容,归附尔朱荣。早些时候,刘贵服事尔朱荣,极力赞誉神武之美,此时才得见面,由于疲劳憔悴,没有引起尔朱荣的惊奇。刘贵便帮神武更衣换鞋,又一次见了面。继而跟着尔朱荣进了马厩,厩中关着匹烈马,尔朱荣命令神武缚起他来。神武未用马络头就捆绑住了,而且马一直是服服帖帖的。完事后,站起身来说:"制服恶人就像降服这匹马一样。"尔朱荣便请神武坐在椅子上,屏除左右向他请教时事。神武说:"听说您在12座山谷里喂养着马匹,以马的颜色划分为群,如此做有何用意?"尔朱荣说:"你尽管谈你的高见吧。"神武说:"当今天子愚笨懦弱,太后淫乱,小人专权,朝政混乱,凭您的雄才武略,乘此良机作为一番,讨伐郑俨、徐纥,清除帝侧,成就霸王之业不过是举手之劳。这便是我贺六浑的看法。"尔朱荣喜不自禁,从中午一直谈到深夜,神武才告辞离去。从此之后多次参与机密。后随尔朱荣移据并州,入阳邑人庞苍鹰宅,住在圆形草屋中。每次从外边回来,即使他还在很远的地方行走,屋主人都能听到十分响亮的脚步声。苍鹰的母亲多次看到草屋顶上赤气冲天。有次苍鹰打算潜入神武的草屋，却被一执刀的青衣人拦住，叱问道："为何触犯大王？"说完，便没了身影。苍鹰开始惊异，曾秘密地窥视，只见一条赤蛇蟠卧在床上，因而更加惊讶。于是宰牛割肉，以厚礼相待。苍鹰之母请求神武做自己的义子。到神武得志，将苍鹰的住屋作为寝宫，称为"南宅"。宽门大户，屋室高敞，他曾经居住过的茅草屋，其墙则用石灰涂抹，给以认真保护，到文宣帝时便成了宫殿。不久，尔朱荣便任命神武做了亲信的都督。

此时，北魏孝明帝不满郑俨、徐纥等人逼迫灵太后的行为，但却不敢制裁，就偷偷下令尔朱荣举兵围攻都城。尔朱荣指派神武为前锋。军队抵达上党，明帝密诏停止前进。到明帝突然驾崩时，尔朱荣才举兵进入洛阳，准备趁机篡政。神武进谏，怕他不听，就请铸铜像卜其吉凶，铜像没有铸成，因此尔朱荣也就停止了篡权活动。魏孝庄帝即位，由于定策的功劳，封神武为铜鞮伯。尔朱荣攻打葛荣，命令神武开导晓谕7个称王的盗贼归服。后同行台于晖在泰山打垮了羊侃，又很快在济南与元天穆一块大败邢杲。升官为第三镇人酋长，时常出入于尔朱荣的军帐。尔朱荣曾向左右打听说："假如哪天我没了，谁可顶替我统帅军队？"众人都推尔朱兆。尔朱荣说："这正好可以让他带领3000骑兵返归，能够代我主大事的只有贺六浑这个人。"并告诫尔朱兆："你不是他的对手，最终你会被人家制服的。"就任命神武做了晋州刺史。神武为刺史后大力集聚钱粮，安排刘贵贿赂收买尔朱荣手下的重要人物，目标接连实现。这时州中仓库的屋角无缘无故地发出声响，神武惊异，不多时日，孝庄帝诛杀了尔朱荣。

尔朱兆率兵从晋阳赶赴洛阳，征召神武。神武打发长史孙腾借口绛蜀、汾湖诸地将要反叛，情况危急而予以推辞，尔朱兆就怀恨在心了。孙腾回来向神武做了报告。神武说："尔朱兆领兵犯上，是最大的盗贼，我不能长期事奉他。"自此便有了图谋尔朱兆的打算。尔朱兆一进入洛阳，押解着孝庄帝往北而去，听到这个消息，神武大吃一惊。又派孙腾假装成祝贺尔朱兆的使者，趁机秘密打听孝庄帝的囚拘之所，准备偷抢出来，以举大事，却没有成功。于是写信向尔朱兆晓以大义，说不应拘押天子而让天下人唾骂。尔朱兆不予理会，杀了孝庄帝，同尔朱世隆等人立长广王晔为帝，改年号为建明。封神武为平阳郡公。当费也头纥豆陵步藩侵占秀容，紧逼晋阳时，尔朱兆召唤神武。神武准备前往，贺拔焉过儿请求不要赴命，以使尔朱兆陷入疲困。神武就故意延滞逗留，还借口河上无桥没法渡过。步藩兵强马壮，尔朱兆大败逃跑。当初，孝庄帝处死尔朱荣，预料到他的党徒一定会有反叛之心，就秘密诏令步藩偷袭他的后部。步藩打败尔朱兆后，军队人数增多，力量更大，尔朱兆又向神武求救，神武暗地里想谋取尔朱兆，又考虑到步藩在后部的祸患难以消除，于是就同他配合，竭尽全力打败了步藩。步藩死，尔朱兆十分地感恩戴德，两人便结拜成了兄弟。这时世隆、度律、彦伯共同执掌朝政。天光占据关右，尔朱兆盘踞并州，仲远领有东都，各自拥兵为暴，却害苦了老百姓。

葛荣部众流亡入并、肆两地者达20多万，却遭契胡凌辱残害，无法生活，举行了大小26次反叛，受屠戮者过半，但他们依然处于无休止的被掠夺之中。尔朱兆因而担忧，就向神武请教处置的办法。神武说："六镇造反留下来的人，不能全部杀掉，应该挑选您的心腹之人悄悄地统领起来。如再造反，只向其头目问罪，那么想造反的人就减少了。"尔朱兆说："是呀，谁可担当此项任务？"当时坐在旁边的贺拔允听说后，马上为神武请求这个差事。神武向其猛击几拳，打掉了他的一颗牙齿，数落说："天柱在世时，我辈老老实实，像鹰犬一样地听使唤。那么今天的安排全在大王。你阿鞠泥胆敢诬下欺上，我请求大王杀了你！"尔朱兆以为神武忠诚，就委以这项重任。神武感觉到尔朱兆喝醉了，担心他酒醒后起疑心生悔，马上出门，向人们宣布自己受尔朱兆之托统领本州镇兵，可以聚集汾东待命。接着在阳曲川建立军旗，布置战阵。有个叩击军门的男子，头裹红巾身穿红袍，自称是梗杨驿站的人，愿意服侍左右。神武问他有何特长，答曰力大无比，常在并州城里殴打那些杀人凶手，因此留他做了亲信。兵士们一向讨厌尔朱兆而喜欢神武，在这个时候纷纷前来投靠。不久，神武再次派遣刘贵向尔朱兆提出请求，以并、肆等地连年天灾，迫使降户挖掘黄鼠作为充饥之食，所以人人面有菜色，白白玷污了人家的土地，希望让这批人前往山东谋生，等待温饱之后再作安置。尔朱兆接受了神武的建议。可是尔朱兆的长史慕容绍宗不同意，进谏说："这样不妥吧？如今天下大乱，人人都有野心，何况高公雄才大略，又手握重兵，您将无法驾驭。"尔朱兆说："我们是结拜兄弟，没有什么担忧的。"绍宗说："亲兄亲弟都会互相猜疑，结拜兄弟就更加难免了。"此时尔朱兆的左右都接受过神武的贿赂，便乘机攻击绍宗与神武早有矛盾，这样尔朱兆就拘捕了绍宗，并催神武赶快上路。神武从晋阳动身出了滏口。途中碰到了尔朱荣寡妻乡郡长公主，长公主从洛阳带了300匹马来，神武全部夺归己有。尔朱兆听到这个消息，马上释放绍宗，并向他请教对付神武的办法。绍宗说："他还是大王的掌中之物。"尔朱兆亲自追赶神武，抵达襄垣，恰逢漳水暴涨，桥被冲坏。神武在漳河对岸解释说："我借用长公主的马匹，没有别的企图，只是为了防备山东的盗贼而已。大王您听了公主的话，亲自追我，眼下不渡过河来狠狠给以训斥的话，兵众便生叛离之心。"尔朱兆自称没有这种想法，便骑着马渡过河来，与神武一同坐于军帐之下，道歉后，拔出刀还伸过头来，请求神武砍杀。神武号哭着说："自从天柱遇难后，我贺六浑再也没有靠山了。我祝愿大王您千岁万岁，好让我永远为您服务。如今有人这样挑拨离间，大王您为什么还要讲出这样的话来？"尔朱兆掷刀于地。于是杀白马结盟，再为兄弟。神武留尔朱兆住下，还设宴款待。尉景事前埋伏兵健试图将其生擒。神武咬破胳膊制止说："如现在把他处死，他的部众一定要跑回去聚集兵马报复的。我们的士兵饥饿，战马羸弱，不可抗衡，倘若此时英雄豪杰振臂一呼，那么祸害就会更加厉害。不如姑且让他多活几天。尔朱兆虽然力大敏捷，凶残却无谋略，不是我们的对手。"第二天，尔朱兆返回军营后，又召请神武，神武准备骑马前往，孙腾拉了拉他的衣服，神武就没有上道。尔朱兆隔着漳水大声谩骂，之后跑回了晋阳。尔朱兆的心腹念贤带领降户人家分别组成营伍，神武假装亲近，借口观看他的佩刀，顺势杀掉了他和几个随从，其余的侍卫吓得赶快逃走。士兵们都十分地喜悦，更加希望跟从神武——当初，魏真君的侍从文人上书，说上党有天子气，位居壶关大王山。太武帝南巡抵制压迫这种天子气，垒积石块成为三堆，截断北侧的凤凰山，破坏了它的形体。后来定居于晋阳的上党人，称自己的住地叫"上党坊"，事实上，神武就住在这里——行进到大王山，驻扎了60多天才开拔。快出滏口时，更是注意约束部众，力争丝毫不犯。从麦地边走过，神武则步行牵马。远近的民众都称赞高仪同治兵严整，更加心悦诚服地加以归顺。继续前进，屯驻邺地，向相州刺史刘诞借粮，诞不给，神武就将车营租米夺了过来。

魏普泰元年（531年）二月，神武率军驻扎信都，高乾、封隆之大开城门等候着，很快就占领了冀州。同月，尔朱度律废元晔立节闵为皇帝，想羁縻住神武，三月，请求节闵封神武为渤海王，征召使其入朝觐见。神武推辞未去。四月癸巳日，又加授神武东道大行台、第一镇人酋长。庞苍鹰从太原跑来投奔，神武任命他做行台郎，不久升任安州刺史。神武率众挺进山东，养育兵士，修理武器，禁止侵掠，更赢得了百姓的归附。神武伪造书信，说尔朱兆拟将六镇人分配给契胡为部曲，因此使这些人十分的愁苦怨恨。又制成并州符节，征兵讨伐步落稽。发动万人，准备派遣出去，孙腾、尉景假意请求延缓5天动身，这样反复了几次。神武亲自送到郊外，流着泪向六镇人道别，人们都十分悲痛，哭声震天。神武开导说："我和你们一样，同是流离失所之人，正因为如此，我们就是一家人，想不到大王突然有此征召。一直向西吧，按法令规定该杀，延迟军期吧，也是被杀，分配给契胡人吧，还是死，怎么办啦？"六镇人说："只有反了。"神武说："造反是最好的办法，但应推举一人主持。"众人都愿意听从神武指挥。神武又说："我们乡下人难以约束，葛荣的下场大家看到过吧？虽拥众百万，无条令法律，结果便是自取灭亡。眼下大家推我为主，应当与以前有所区别，即不得欺侮汉人，不得触犯军令，死生均听任我安排才行，否则，就会被天下人耻笑。"众皆诺诺，死生听命。神武佯装无可奈何。次日，杀牛犒劳士卒，宣布攻讨尔朱兆的用意。封隆之进言说："真是千载一时的好机会，天下所有人的大幸。"神武回答说："讨伐盗贼，大顺民心；拯救时局，大功伟业。我虽不武，以死继之，那敢推辞呢。"

六月庚子日，在信都举起义旗，但还没有公开背叛尔朱氏。到李元忠与高乾平定殷州，斩尔朱羽生头颅前来拜谒，神武捶胸道："今天反定了！"于是便委元忠为殷州刺史。此时，军力猛增，乃上书揭发尔朱氏罪行，但世隆等人扣压上书没有向节闵帝禀告。八月，尔朱兆攻克殷州，李元忠逃到了神武驻地。孙腾认为朝廷隔绝，不临时立一天子，那么众望就无所归依。十月六日，奉章武王融之子渤海太守朗为皇帝，年号中兴，这便是魏朝的废帝。时度律、仲远军队驻扎在阳平，尔朱兆与他们见了面。神武采用窦泰的计策，实行反间，度律、仲远不战而返，神武便在广阿打败了尔朱兆。十一月，进攻邺城，相州刺史刘诞闭城固守，神武命令兵士堆起土山，挖掘地道，并到处立起大木柱，之后一齐点火焚烧这些柱子，城陷到了地下。这时麻祥为汤阴县令，神武喊他"麻都"，麻祥羞愧，逃走了。永熙元年（532年）正月十七日，攻克邺城，并占领了它。废帝晋升神武为大丞相、柱国大将军、太子太师。与此同时，在青州树起义旗的大都督崔灵珍、大都督耿翔一齐派遣使者请求归附，行汾州刺史事刘贵弃城并来投降。闰三月，尔朱天光从长安，尔朱兆由并州，度律从洛阳，仲远由东都出发会集邺城，号称兵众20万，依洹水布置战阵，节闵帝委派长孙承业为大行台总督其事。神武命令封隆之固守邺城，自己率兵离邺屯驻紫陌。此时神武拥有的战马不足2000，步兵不满3万，众寡悬殊。神武在韩陵布置圆的军阵，连结牛驴阻塞了归路，使得将士都有了决一死战的斗志，四面八方攻打敌人。尔朱兆谴责神武叛逆。神武称："戮力同心，为的是共同辅佐王室，如今皇帝在哪？"尔朱兆答："永安皇帝冤杀天柱，我只不过是替他报仇罢了。"神武道："我往昔亲耳聆听了天柱的大计，当时你就站在门前，难道能讲不反的话吗？再说君杀臣，有何仇可报？今天我们就断绝关系吧。"言毕，双方交战，神武大胜。尔朱兆对着慕容绍宗拍打着胸脯说："我不听您的话，终于得到了如此下场。"说着就想轻装逃跑。绍宗将前军旗帜移后，吹响鼓角，收聚残兵，组成军队的阵势向西撤去。高季式率7骑追击，翻过野马岗，碰到了尔朱兆。高昂在很高的地方都看不到季式，哭泣着说："我失掉了亲弟弟啦！"夜很深了，季式才回来，血流满衣。斛斯椿反道而行先占据了河桥。当初，即晋泰元年（531年）十月，岁星、荧惑、镇星、太白相聚于觜，亮惨惨的。太史占卜后说："王者兴起之兆。"此时神武从信都起军，此时已打败了尔朱兆等部。四月，斛斯椿捉住天光、度律解送到了神武那里。长孙承业派遣都督贾显智、张欢入洛阳，活捉了世隆、彦伯，并开刀问斩。尔朱兆逃到并州。仲远跑往梁州，不久就死在了这里。是时凶暴已除，朝廷喜悦。当初战事未起的前一个月，章武人张绍半夜里突然被几位骑士挟持翻过城墙，来到一大将军面前。大将军命令张绍做向导，领兵往邺，为的是辅佐朝廷除去残贼。张绍回过头来看时，士卒极多，但却异常整肃没有丝毫声响。快到邺城了，才放他回家。到交战这天，尔朱氏军人见军阵外神武的骑兵步卒四面逼近，大概是得到了天神的帮助。

　　紧接着神武就进入了洛阳，废掉节闵帝和中兴主而立孝武。孝武即位，授神武大丞相、天柱大将军、太子太师、世袭定州刺史，增加封地连前累计15万户。神武不接受天柱大将军之职，并请求减少5万封户。还邺，魏帝在乾脯山摆设告别宴席，同神武手拉手相互道别。七月壬寅日，神武率部北伐尔朱兆。封隆之说："侍中斛斯椿、贺拔胜、贾显智等人以前服侍尔朱氏，都是忘恩负义之徒，现在住在京城，受宠遇，一定会制造事端的。"神武很是赞同这一看法，押解天光、度律来京师后，予以处死。于是神武从滏口进入。尔朱兆大肆抢掠晋阳，北保秀容。平定并州。神武认为晋阳四周阻塞，就将大丞相府安置到了这里。尔朱兆已经到了秀容，分兵把守险要之处，时常派兵骚扰。神武宣言讨伐，却是干打雷不下雨，因此尔朱兆放松警惕。神武估摸到新年时尔朱兆要宴会，就派遣窦泰率领最精锐的骑兵急奔秀容，一天一夜跑了300多里，接着神武又派出主力紧随其后。二年正月，窦泰悄悄地进到了尔朱兆的庭院之中。尔朱氏的兵士十分地慵懒，猛然看到窦泰的骑兵，都惊慌而逃，追赶到赤洪岭，打垮了他们。尔朱兆上吊自杀，神武亲临丧场，用厚礼安葬。慕容绍宗带着尔朱荣的妻、子和剩余的部众固守乌突城，投降后，神武认为他有义，待其十分的厚重。

神武占据洛阳后，尔朱仲远部下都督桥宁、张子期从滑台赶来归附，神武认为他们助桀为虐，而且反复无常，就杀掉了他们。斛斯椿因此内心恐惧，就与南阳王宝炬及武卫将军元毗、魏光、王思政在魏帝面前诬陷神武。舍人元士弼又奏报神武接受诏书时极不恭敬。先前魏帝对贺拔岳有疑心。孝明帝时，洛阳城中两拔互相搏击，谣言说："铜钹打铁钹，元家世将败亡。"好事者附会二钹为拓跋、贺跋，讲的是这两家都即将衰败的征兆。此时司空高乾密函告知神武，称魏帝贰心，神武就将此密信上呈。魏帝就杀了高乾，又遣东徐州刺史潘绍业密令长安太守庞苍鹰杀掉高乾的弟弟昂，昂早就听到兄遇害的消息，用长矛刺柱，在路旁埋伏壮士活捉了潘绍业，并从其身上搜到了魏帝敕书之后，前来投奔神武。神武抱着高乾的头颅，哭着说："天子冤杀了的司空！"马上让人用白武幡安慰其家属。这时高乾的另一个弟弟高慎在光州，为政严猛，又纵容部下巧取豪夺，魏帝撤了他的职。高慎听到消息，打算逃亡梁州。其部将劝慰道："您有大功于国，不一定受株连。"高慎就穿着破衣推着小车回到渤海。路上遇到使者，就跟着投奔了神武。从此魏帝与神武有了隔阂。

阿至罗人正光以前常向魏称臣，自从朝廷多事，都叛变了。神武派遣使者招纳，他们就归顺了。先前，魏帝诏令平定贼寇后，罢除行台。到那个时候，异族纷纷归附，又授神武大行台，给予相机处分的权力。神武送给异族人粮食衣服，旁人认为这是浪费，得不到益处，神武不听，一如既往地进行安抚。酋帅吐陈等人感恩不尽，都愿意听从指挥，救曹泥，取万俟受洛干，起了极大作用。河西费也头人纥豆陵伊利盘踞河池，拥众恃险，神武虽多次派遣使者招附，但他却不顺从。

天平元年（534年）正月初九日，神武率军前往河西，征讨费也头人纥豆陵伊利，取胜后，将其部众迁往河西。

魏帝心中有异，时侍中封隆之私底下对孙腾说，隆之妻亡，魏帝想把妹妹嫁给他。孙腾不信，但内心生起嫉妒，就把这件事偷偷地告诉了斛斯椿。斛斯椿向魏帝做了报告。另外孙腾带兵器进禁省，擅自杀了御史。两人同时逃走，投奔神武而来，向神武诉说魏帝在自己面前殴打舍人梁续，光禄少卿元子干捋袖伸臂跑来帮忙，并对孙腾说："告诉你的高王，元家儿拳就这个样子。”领军娄昭托病回到晋阳。魏帝就让斛斯椿兼任领军，分别安排诸将以及河南、关西等地刺史。华山王鸷在徐州，神武派邸珍夺走了他的钥匙。建州刺史韩贤、济州刺史蔡俊协同神武举义，魏帝对他们极其仇视。因此裁撤建州剥夺韩贤的要职，命令御史中尉綦俊侦察蔡俊的犯罪事实，派开府贾显智做济州刺史，蔡俊不服，魏帝愈加恼怒。

五月，魏帝下诏，称要征讨句吴，调集河南各州兵士，增加皇宫宿卫，派人守护河桥。六月初六日，魏帝秘密诏令神武：“宇文黑獭自从平定秦、陇之后，多有非分之求，倘有变动欺诈，务请策划处理。不过，宇文氏的表、启之中还没有暴露出彻底的反叛之心，攻讨之事不可匆匆决定，因此召集大臣，商议是否可行。都说以南伐为名，内外戒严，一来防备黑獭突然起事，二来可以威逼吴、楚。”此时魏帝准备攻打神武，正在调兵遣将，担心神武怀疑，所以下诏解释。神武则上书说：“荆州同蛮地相接，距畿服较近，关陇依仗边远，欲有逆谋。臣现在悄悄领兵3万，拟从河东渡过黄河；又命令桓州刺史库狄干、瀛州刺史郭琼、汾州刺史斛律金、前武卫将军彭乐统兵4万，从来违律渡河；派遣领军将军娄昭、相州刺史窦泰、前瀛州刺史尧雄、并州刺史高隆之率兵5万，攻打荆州；调集冀州刺史尉景、原冀州刺史高敖曹、济州刺史蔡俊、前侍中封隆之带兵7万、突骑5万，进军江左。都必须严格约束部众，认真听从指挥。”魏帝感觉有异，就拿出神武的上表，命令百官评议，希望能制止神武各路兵马行动。神武也马上召集在州郡的僚佐，请他们广泛发表意见，再以表的形式上奏魏帝。依然用真诚的誓言表白自己的忠心：“臣遭小人离间，陛下万一怀疑，其桀骜不驯之罪，就会像尔朱氏那样受到诛讨。臣如果不尽诚竭节，胆敢辜负陛下的话，那么就使身受天祸，断子绝孙。陛下如果相信臣的赤心，不兴干戈，就该将一二佞臣逐出朝廷。”二十日，魏帝选录在京文武大臣的议论再次回答神武，让舍人温子升起草诏令，子升迟疑不决未敢动笔。帝坐在胡床上，变了脸色，拔出长剑威胁。子升这才拿起笔来。

当初，神武从京师出发拟将北行，认为洛阳久经战乱，王气已尽，即便有山河之险，但土地狭窄，赶不上邺地，因此请求迁都。魏帝道：“高祖定鼎河洛，为永久的基地，规划营建，一直到世宗朝才告结束。王既然有功于国，就应该遵从太和旧典。”神武听从了诏令，到此时，又旧事重提。调遣3000骑兵镇守建兴，增益河东及济州的军队，规定以白沟为界，所有船只不准入洛，各州和籴粮食全部运送邺城。魏帝又诏令神武：“王若顺从民心，杜绝议论，唯有撤退河东之兵，罢除建兴之戍，送归相州之粟，追还济州之军，命令蔡俊辞职，打发邸珍离徐，止戈散马，各治家业，所须粮食，另请转送。那么小人就会闭口，怀疑也就不会产生了。王在太原高枕无忧，朕在京洛无为而治，永不举足渡河，互不再动干戈。王若挥军南进，问鼎轻重，朕虽不武，欲止不能，一定要为社稷宗庙考虑，筹划出最好的计策。决策由王，非朕所能定夺，造山止篑，实在可惜。"此时魏帝让任祥兼任尚书左仆射，加开府仪同三司，任祥弃官逃到河北，占据地盘等候神武。魏帝于是下令凡是北方的文武官员去留听便，下诏公布神武罪行，为北伐筹划营谋。神武也停马宣言，说："今尔朱氏专权，我等举起义旗，辅佐皇上，义贯幽明，反被斛斯椿诬陷，把忠诚说成了叛逆。古代赵鞅兴晋阳之兵，诛杀君侧的恶人。今日南进，只不过是声讨斛斯椿而已。"委任高昂为前锋，说："如果听了司空的话，那会有今日的举措！"司马子如回答说："原本打算立一弱小者为帝，今天的行动就是为了这个目的。"魏帝向关右征兵，召请贺拔胜赶往行在，派遣大行台长孙承业、大都督颍川王斌之、斛斯椿一同镇守武牢，汝阳王暹守石济，行台长孙子彦率领前恒农太守元洪略镇陕，贾显智带豫州刺史斛斯元寿讨伐蔡俊。神武指派窦泰和左厢大都督莫多娄贷文抗击显智，韩贤抵挡汝阳王暹。斛斯元寿部投降。窦泰、贷文在长寿津与贾显智相遇，显智秘密谈妥了投降事宜，就率众撤走。军司元玄发觉后，赶回行在，请求增兵。魏帝调遣大都督侯几绍奔赴前线，两军便在滑台东侧大战，显智带领兵士投降，侯几绍阵亡。

七月，魏帝亲自带领大众屯驻河桥。神武在距河北10余里的地方，再次派人表明诚意，魏帝不睬。神武就率军渡过黄河。魏帝向群臣问计，有的说往南投奔贺拔胜，有的说往西占据关中，有的说固守洛口决一死战。何去何从，无法决定。元斌之与斛斯椿因争权夺利，关系不洽，斌之留下斛斯椿抄小路跑回，蒙骗魏帝说："神武的兵来了！"当天，魏帝逃往长安。己酉日，神武进洛阳，暂居永宁寺。

神武认为不能错过大好失机，便同百官商议，任命清河王发为大司马，居尚书下舍而秉承意旨来决断大事。王出入称警跸，神武讨厌。不久，神武抵达恒农，于是向西攻下了潼关，活捉了毛洪宾。进军长城，龙门都督薛崇礼投降。神武率部后退，驻扎河东，命令行台尚书长史薛瑜守潼关，大都督库狄温守封陵。筑城蒲津西岸以守华州，便命令薛绍宗做刺史。高昂行豫州刺史事。神武从晋阳出发，到此时为止已向魏帝致函40余通，但都没有得到答复。九月初十日，神武返回洛阳，又打发僧人道荣奉表入送关中，仍无答复。于是聚集百官、沙门、耆老，议论立谁为帝。神武认为从孝昌丧乱开始，国脉中断，神主无依，昭穆失序，永安帝以孝文帝为伯考，永熙帝迁孝明帝神主于夹室，功业丧失福佑短浅，根源就在这里。因此决定立清河王长子元善见。大家意见一致，便向清河王报告。王说："天子无父，若立我儿，我会毫不悯惜自己的生命。"元善见即位，这就是东魏史上的孝静帝。从这时起，魏一分为二了。神武考虑到魏帝跑到了关中，担心他进逼崤、陕，洛阳又在黄河之外，接近梁境，如若进攻晋阳，两边不能很好衔接，就动议迁都于邺，护军祖莹赞同。诏书下达三日，车驾出发，户口40万也狼狈上路。神武留在洛阳处理事务，事情办完后就回到了晋阳。从此开始，军国大事，全归相府处理。

天平二年（535年）正月二十二日，魏帝下诏褒奖，任命神武为相国，授黄金装饰的斧子，佩剑着鞋进官殿，朝见不快步地走。神武坚辞不受。

三年（536年）正月二十二日，神武统领库狄干等万余骑兵偷袭西魏的夏州，不吃熟食，4天就赶到了。捆绑长矛做成云梯，深夜攻进城里，活捉了刺史费也头斛拔弥俄突，仍然委任他做刺史。留都督张琼镇守夏州，将其部落5000多户迁往东魏。十二月二十五日，神武从晋阳出发进行西征，命令兼仆射行台汝阳王暹、司徒高昂等人急赴上洛，大都督窦泰从潼关进发赶往此地。

四年（537年）正月十七日，窦泰军败自杀。神武宿营蒲津，因冰薄不能渡河无法支援，便班师回归。高昂攻克上洛。十月十八日，神武西讨，从蒲津渡河，有众20万。周文在沙苑布阵。因地形险峻，神武率部稍作退却，西魏军呐喊着发起冲锋，东魏军大败，丢弃武器盔甲18万余件，神武骑着骆驼逃跑，又坐船回到了黄河东岸。

元象元年（538年）三月初二日，神武坚决要求解除丞相之职，魏帝表示同意。七月二十五日，行台侯景、司徒高昂在金墉围住了西魏大将独孤信，西魏帝以及周文都跑来救助。大都督库狄干率领诸将作为前锋，神武统众紧随其后。八月初四日，战于河阴，东魏大败西魏军，俘虏数万。司徒高昂、大都督李猛、宋显阵亡。西魏军失败，独孤信率先跑入关内，周文命令都督长孙子彦守卫金墉，烧燃军营后就逃走了。神武派人追赶到崤，没有追上，只得返回。早些时候，神武估计西魏军会来侵犯，率众从晋阳出发，抵孟津，还没有渡过黄河，交战的双方互有胜负。不久，神武过河，长孙子彦弃城逃走，因此神武毁掉了金墉城。

兴和元年（539年）七月二十六日，魏帝进神武为相国、录尚书事，坚辞。四年初九日，神武西征。十月初六日，在玉壁城包围了西魏仪同三司王思政，接连挑战，西师不出。十一月二十一日，天下大雪，士卒多冻死，神武才下令撤退。

武定元年（543年）二月十二日，北豫州刺史高慎占据武牢投奔西魏。三月二日，周文率众援助高慎，包围了河桥南城。十八日，神武在芒山打败了周文，擒获西魏督将以下400余人，俘虏斩杀6万多人。这时有一个偷杀驴的军士，依军令罪当处死，神武没有杀他，准备带回并州处理。第二天交战，这个军士逃到西魏军那里，报告了神武的所在。西魏军集中了全部的精锐发动猛攻，打垮了东魏军，神武的坐骑丢失，赫连阳顺把自己的战马送给了神武，和苍头冯文洛将神武扶上马后一块逃跑，跟随的步骑只有六七人。敌人的追兵迫近，神武的亲信都督尉兴庆叫道："王快跑，兴庆身上有箭百支，可以射杀百个敌人。"神武鼓励他说："事成之后，让你做怀州刺史，如果你死了，就用你的儿子。"兴庆回答说："儿子还小，就给我的兄弟吧。"神武答应了。兴庆与敌搏斗，箭尽而亡。西魏太师贺拔胜带13骑追赶神武，河州刺史刘洪徽射死了其中的两个。贺拔胜的长矛即将刺中神武，段孝先从旁边射倒了贺拔胜的坐骑，遂免于难。平定豫、洛二州。神武派遣刘丰追击敌人，将领土一直扩展到弘农才返回。七月，神武写信给周文，谴责他杀死了孝武帝。八月十四日，魏帝诏令神武为相国、录尚书事、大行台，其余官爵依旧，坚决推辞才止。

四年八月二十三日，神武拟将西伐，率兵从邺来到晋阳集中。殿中将军曹魏祖进谏说："不行啦，本年八月是西方王，以死气迎生气，对客人不吉利，对主人还可以。真有行动的话会伤大将军。"神武不理。九月，神武围困玉壁向西魏军挑战，西师不敢应。西魏晋州刺史韦孝宽守玉壁，从城中放出蒙着铁面的人来，神武命令元溢射击，射中了铁面人的眼睛。采纳术士李业兴的"孤虚法"，将士兵聚集到玉壁城的北边。北边，为天险。于是堆起土山，挖掘10条地道，同时又在东边开挖了21条地道作为攻城的手段。玉壁城内无水，须于汾河取水，神武截断汾河，不让流入城中，一夜功夫就做成了。韦孝宽将神武兵卒堆造的土山夺了过去。围城50多天，没能攻下，却死亡7万多人，神武下令将死者集中埋在一个大冢中。神武重病。十一月初一日，神武抱病乘车返归。十一日，调遣太原公高洋镇守邺城。十二日，召世子高澄回晋阳。这时，西魏都说神武围玉壁时被箭射伤，神武听到报告后，就强打精神与诸贵人相见，还让斛律金高唱《敕勒歌》，神武在一旁和唱，唱得泪流满襟。

侯景一向小看世子，曾对司马子如说："王在，我不敢有非分之举；王无，我不能与鲜卑小孩共事。"子如赶紧捂住了他的口。此时，太子代神武修书征召侯景。侯景先前与神武有约，得信函，若信函背面有小黑点，才来看望。信到，无约定的记号，侯景未来，又听说神武病重，便拥兵自守。神武对太子说："我虽然病重，可是你的脸上却有更多的忧虑之色，为什么？"太子没有回答。神武又问："难道不是担忧侯景反叛？"答："是的。"神武说："侯景专制河南14年，常怀飞扬跋扈之志，只有我能调养，他岂能让你驾驭！如今天下未定，千万不要匆匆发布我死的消息。库狄干是鲜卑老人，斛律金为敕勒老人，两人性格耿直，是不会背弃你的。可朱浑道元、刘丰生从远道来投奔我，无疑没有异心。贺拔焉过儿朴实而且很少有过失。潘相乐原本是作道人，心地善良而且宽厚，你们弟兄会得他的帮助。韩轨少戆，应该宽容。彭相乐难得真心实意，应该提防着他。稍微能与侯景抗衡的只有慕容绍宗，因此我不让他富贵，留下给你，你必须殊礼相待，委以重任。"

五年(547年)正月初一日，日蚀，神武说："日蚀是为了我哟，死也无憾了。"八日，向魏帝呈送书启。是日，崩于晋阳，时年52岁。天保初年，追封为献武帝，庙号太祖。天统元年（565年），改谥号神武皇帝，庙号高祖。

屡建战功　名显一时——斛律金

斛律金，字阿六敦，朔州人，高车族。高祖倍侯利因威武勇敢而驰名塞外。北魏道武帝时他率领部落内迁，归附鲜卑拓跋部，被赐爵为孟都公。孝静帝天平年间，斛律金贵盛时，被赠官司空公。

斛律金性格敦厚直率，善于骑马射箭，行军打仗则用匈奴战法，看尘土能推知马跑的路程多少，从地上听马步声音可知军队的远近。开初被任为军主，与北魏怀朔镇将相钧护送柔然族首领阿那环回北方。阿那环见斛律金射猎，为他的深厚所叹服。后来阿那环入侵高陆，斛律金击败了他。孝明帝正光末年，破六韩拔陵谋反，斛律金带领部众投奔他。破六韩拔陵授予他王的称号。斛律金预料破六韩拔陵最终必败，就统率所部一万户到云州向北魏政府投降，北魏授予他第二领民酋长。不久引兵南出黄瓜堆，被杜洛周打败，部众分散，斛律金与其兄斛律平两人单身投归尔朱荣，尔朱荣上表请任斛律金为别将，后逐步升为都督。孝庄帝即位后，赐封爵为阜城县男，加号宁朔将军、屯骑校尉。随从官军击败葛荣、元颢，屡有战功，加号镇南大将军。

尔朱荣叛逆作乱，高欢有夺取天下的志向，斛律金与娄昭、库狄干等都赞成高欢的大计谋，于是跟着他树起义旗。高欢南攻邺城，留斛律金守信都，兼任恒、云、燕、朔、显、蔚六州大都督，委托他处理后方事宜。斛律金另外又讨伐李修，大胜而回，加官右光禄大夫。适逢高欢到了邺，于是斛律金随从他平定晋阳，追击消灭了尔朱兆。孝武帝太昌初年，朝廷任命斛律金为汾州刺史、当州大都督，晋封为侯爵，跟从高欢在河西打败纥豆陵伊利。东魏孝静帝天平初年，迁都于邺，朝廷命斛律金领步骑3万镇守凤陵以防备西魏进攻，完成任务后，回到了晋阳。他又随从高欢与西魏在沙苑大战，失利后回师，由此东雍州诸城重新被西魏军所占据，后高欢派斛律金与尉景、库狄干等人讨伐收复了它。孝静帝元象年间，宇文泰重新向河阳大举进攻，高欢率部队讨伐抵抗，他派斛律金直往太州，成夹击之势。斛律金到晋州，因军队退兵不再前行，就与行台薛修义共同包围乔山的敌人。不久高欢到达，于是共同把它讨平。接着随从高欢攻下南绛、邵郡等数城。孝静帝武定初年，北豫州刺史高仲密据城叛入西魏，宇文泰进攻洛阳，高欢派斛律金统率刘丰、步大汗萨等共有数万步兵、骑兵守卫河阳城抗拒他。高欢到后，斛律金与他一同大败高仲密。回军后，授官做大司马，改封石城郡公，食邑1000户，转为第一领民酋长。武定三年，高欢出兵袭击山胡，分为两道，以斛律金为南道军司，由黄炉岭出击；高欢自己从北道出击，度赤绛岭，与斛律金会合于乌突戍，联合击败了它。军队归来后，出任为冀州刺史。武定四年，下诏命斛律金率领部队从乌苏道与高欢在晋州会合，接着一起进攻玉壁。军队归来时，高欢让斛律金总督全军，一起回到了晋阳。

世宗高澄继承高欢的皇位后，侯景占据颍川向西魏投降，朝廷下诏书派斛律金统领潘乐、薛孤延等固守河阳来防备。西魏指使大都督李景和、若干宝率数万骑兵和步兵打算从新城出发援助侯景。斛律金率领部队停顿在广武等待袭击它，李景和等听到消息后退走。回军后，斛律金被任命为肆州刺史，仍然率领自己的部队在宜阳修筑杨志、百家、呼延三个戍点，安置了守备而回。侯景走向南豫州，西魏仪同三司王思政进入和占据了颍川。高澄派高岳、慕容绍宗、刘丰等率领部队包围它，再次命斛律金统领彭乐、可朱浑元等军屯兵到河阳，用以切断他逃走和来救援的道路。又诏命他率领部队会攻颍川。此事平定后，再命斛律金率领部队从崿坂送米到宜阳，西魏九曲戍将马绍隆占据险要进行阻击，斛律金打败了他，因功另封安平县男。

显祖文宣帝高洋即帝位，封斛律金为咸阳郡王，刺史照旧不变。是年冬，到晋阳宫上朝。斛律金病，皇帝亲往看望，赐给医药，宫中使者常来不断。病愈后回到肆州。文宣帝天保三年，授任为太师。高洋征伐奚贼，斛律金随从。回军后，高洋到肆州，与斛律金聚宴练习射箭后回去。天保四年，斛律金被解除州刺史，以太师身份回到晋阳。皇帝高洋再次亲临他家，六宫和诸王也随着去，在那里置酒作乐，直到深夜才结束。高洋十分高兴，诏命斛律金次子斛律丰乐为武卫大将军，接着对斛律金说：“您老是开国元勋和佐命大臣，父子都对王室忠诚，朕当与你家结为婚姻，使你家永远成为藩卫。”于是诏命斛律金的孙子斛律武都娶义宁公主。在婚礼的日子里，皇帝跟随皇太后亲临斛律金家，皇后、太子及诸王等都跟随而去，斛律金就是这样被皇帝所亲近看重。

后来由于柔然被突厥打败，部落分散，高洋怕柔然侵犯边塞，掳掠百姓，就诏命斛律金率两万骑兵驻屯在白道来防备。而柔然首领豆婆吐久备统领3000余户打算秘密向西通过，侦察骑兵回来报告，斛律金就统率部众追击，全部俘虏敌军。柔然首领但钵将要带领其全国上下向西迁徙，斛律金获得他们的侦察兵，送到了朝廷，并上表陈述对柔然可以击获的形势。高洋就率领部队与斛律金一起出讨至吐赖，俘获茹茹两万余户而归。斛律金进位右丞相，食齐州干禄，后又升为左丞相。

肃宗高演即位，把斛律金的孙女作为皇太子的后妃。又诏命斛律金在上朝时，可以坐步挽车到台阶，世祖高湛即位，对斛律金更是礼重，又把他的孙女作为太子的后妃。斛律金的长子斛律光任大将军，次子斛律羡和孙子斛律武都官开府仪同三司，出镇到地方上，其余子孙都封侯显达。斛律金一门有一个皇后，两个太子妃，3个公主，他受的恩宠，当时没有人可以相比。斛律金曾对斛律光说：“我虽然不读书，但听说从古以来外戚梁冀等没有一个不最后倾覆灭门。女儿如果受到皇帝宠爱，其他贵妃就会妒忌；女儿如果失宠，皇帝就讨嫌她。我们家族一直以功勋和尽忠来得到富贵，岂可以依靠女儿呢？”他的话没有得到重视，因此常常为此担忧。后主天统三年死，时年80岁。世祖武成帝在西堂举哀。后主又在晋阳宫举哀。赠官假黄钺、使持节、都督朔定冀并瀛青齐沧幽肆晋汾十二州诸军事、相国、太尉公、录尚书、朔州刺史、酋长，王不变，赠赐丧葬钱百万，谥号为“武”。儿子斛律光继承爵位。

《周书》

《周书》概论

《周书》，唐令狐德棻撰，共 50 卷，包括本纪 8 卷，列传 42 卷，记录了北魏大统元年（535 年），东西魏分裂至隋开皇元年（581 年）隋代北周间的 48 年史事，其中西魏 23 年，北周 25 年。作者仿《尚书》文体写成，语虽典雅，却难免失实，所载有关均田制、府兵制的史料较为重要。原书残缺，今本多取《北史》补入。

一

令狐德棻是唐初第一个向最高统治者提出修撰前朝诸史的史学家。武德四年（621 年）十一月，令狐德棻在向唐高祖的上书中，从历史角度，提出了修撰近代"正史"的重要性，从政治的角度，提出了修撰近代诸史的可能性。他的建议，有理有据，因此，唐高祖采纳了令狐德棻的建议，并在武德五年（622 年）十二月特地下达了《命萧瑀等修六代史诏》。诏书指出了史职的重要和修史的目的，提出了修撰前代历史的内容和要求，对修撰前代各史的作者做了任命，令狐德棻与侍中陈叔达、太史令庾俭修周史。但是，这次修史工作，经过几年的时间，竟不就而罢。

唐太宗继位后，于贞观三年（629 年）复下诏撰述北魏、北齐、北周、隋、梁、陈"六代史"。史臣商量后，认为北魏史已有北齐魏收所撰《魏书》和隋代魏澹所撰《魏书》，史事详备，不必再修。唐太宗表示同意，并派令狐德棻修北周史，李百药修北齐史，姚思廉修梁、陈史，魏徵修隋史，由令狐德棻具体指导和协调诸史的撰述工作。贞观六年（632 年）令狐德棻迁任礼部侍郎，兼修国史。4 年后，五史俱成，令狐德棻以修周史而受到皇帝奖励。

贞观二十年（646 年）唐太宗下诏重修《晋书》后，64 岁的令狐德棻在房玄龄的推荐下，再次发挥他的史学才能。在修撰《晋书》工作中，令狐德棻所发挥的作用是很关键的。参加修撰的 18 个人，共推他为首，对于制定《晋书》的体制和类例，他负有主要责任。两年以后，《晋书》修成，令狐德棻因此而被任命为秘书少监。

令狐德棻是一位有漫长的著作生涯的历史学家，他对唐初史学的杰出贡献，不仅表现在他的思想远见和史学才能方面，而且还突出表现在他的大量的著述工作方面。他一生致力于皇家撰述工作（主要是历史撰述工作），凡 40 余年，可以这样说，凡唐初的重大历史著述活动，都饱含着令狐德棻的心血。另外，尤其难能可贵的是，他曾热情地支持和具体地帮助了李延寿个人撰著《南史》《北史》的工作，书成之后，令狐德棻予以检阅、详正和推荐，使李大师、延寿父子的愿望和心血才没有付之东流。《南史》《北史》的修成并成为封建社会"正史"而流传至今，是有令狐德棻的一份功劳的。

二

令狐德棻主编《周书》，经历了两次才得以完成。一次是在武德五年（622 年），与陈叔达、庾俭共修，未成。贞观三年（629 年）唐太宗又命令狐德棻和岑文本同修周史，令狐德棻又上奏请求崔仁师为助手，贞观十年（636 年）成书，共 50 卷，帝纪 8 卷，列传 42 卷。

《周书》很值得注意的一个问题是断限。唐初，关于叙述北朝史事的著作，已有北齐魏收的《魏书》、隋魏澹的《魏书》，前者以东魏为正统、西魏为僭伪，后者则相反。令狐德棻考虑到魏澹的《魏书》记西魏事不尽满意，而北周上承于西魏、隋上承于北周、唐又上承于隋，有必要强调这个"正统"关系，因而在《周书·文帝纪》里，详细地记述了西魏时期的政治、军事大事。所以，从《周书》断限来看，它实际是包揽了西魏、北周两朝史事。这在当时，特别是魏澹《魏书》还存在的情况下，似乎没有什么特别重要意义。但到北宋，魏澹《魏书》已佚，只剩帝纪一卷。这样，《周书》所述西魏史事就成为后人了解西魏一朝历史的第一手材料了。

《周书》在民族史和民族关系史上的价值是尤其值得重视的。北魏、西魏、东魏是鲜卑族拓跋部建立的政权，北周是鲜卑族宇文部建立的政权，北齐则是鲜卑化的汉人建立的政权。《魏书》《周书》《北齐书》比较集中地记述了这 5 个皇朝的兴衰史。如果我们把《魏书》《周书》《北齐书》中记述的鲜卑族在政治、经济、文化、习俗等方面的种种变化，跟《三国志》、《后汉书》里所记鲜卑族史事加以比较的话，我们就会看到：在这二三百年中，鲜卑族的历史取得了何等伟大的进步！其实，这又不只是鲜卑族的进步。自东汉末年以后，匈奴、鲜卑、羯、氐、羌等族同汉族不断走向融合，不断加深了封建化。《周书》正是这个历史过程的真实记录之一。

唐初，与周史有关联的不少史籍都完整存在，可资依据的直接史料较为丰富，"而令狐德棻了不兼采，以广其书"，只主要以牛氏（指牛弘）书为蓝本，遂使《周书》"文而不实，雅而无检，真迹甚寡，客气尤烦"。牛弘《周纪》"弥尚儒雅"，令狐氏撰写"唯凭本书，重加润色，遂使周氏一代之史，多非实录者焉"。宋人也说《周书》"多非实录"。赵翼推崇"繁简得宜，文笔亦极简劲"，还说《周书》本纪写得得体，完全是就文字立论。从史料学角度来说，《周书》的资料是较贫乏的。

《周书》虚文较多，但不是说《周书》一无是处，因北周距唐初时代较近，一些重要史实因它保存下来。在纪、传中记有魏、周的府兵制资料，在不少列传中记载"乡兵"资料，在苏绰、薛善等人列传中所记屯田供军的成绩，在宇文盛、李迁哲等传中，出现了我国史书上最早的"庄田"记载，在于宴、杨绍、侯植等传和武帝纪中，可以看到奴婢、部曲和杂户的社会地位。在关于阶级斗争方面，卷二十五《李贤传》记载了万俟道洛、达奚显、豆卢狼、莫折后炽等在原州先后领导的起义，卷二十九《伊娄穆传》记载了伍城郡赵雄杰与梓潼郡王令公、邓悖等起义。卷三十三《赵昶传》记载了凤州仇周贡、魏兴等起义。当时，有些重大史事，其他南、北诸史不载，而《周书》则详述之。如侯景之乱后，梁朝宗室岳阳王萧察脱离梁政权，于江陵建立后梁政权（555—587 年），成为西魏和北周的附庸，共历 3 帝，统治 33 年，后灭于隋。《梁书》不载此事，而《周书·萧察传》不仅为萧察立了专传，而且为其再传萧岿和三传萧琮以及有关王子大臣 26 人立了附传，大体上反映了后梁统治的概况，对于后梁一朝可谓留下了价值无比珍贵的资料。另外，《周书》还保留了当时政治、经济、文化等方面一些极为重要的文献。如《苏绰传》的"六条诏书"和《大诰》《卢辩传》中的官品命数、《庾信传》的《哀江南赋》等等。认真爬梳，《周书》中仍可收集一些重要史料。因此，其书在旧史书中的地位，仍是应该肯定的。

令狐德棻修史的目的不仅是要阐明唐王朝统治的正统性，而且还要给诸多大族功臣的先辈树碑立传，因此，《周书》难免在写法上存在回护、阙书、蛇足等不足之处。后人指其内容多脱离实际是不过分的。

三

北周的历史很短（557—581年），仅25年，加上它的前身西魏（535—556年），也只有48年，相对而言，在中国历史上的地位也不十分重要。一般的读者对之并不十分了解，有必要根据《周书》的纪传尤其是本纪加以介绍。

《周书》本纪7卷，其中《文帝纪》上下两卷，《明帝纪》一卷，《武帝纪》上下两卷，《宣帝纪》一卷，《静帝纪》一卷，共记录了宇文氏五传的历史情况。

北周的实际创建者是文帝宇文泰，在西魏时虽终以臣位，没有禅代建国，但他把握西魏朝政的实权，为后周的建立打下了坚实的基础，所以《周书》以文帝纪作首卷开篇，而且基于时间长、政事多、内容量大而分为上下两卷。宇文泰是鲜卑人，出身武川镇兵，曾随父参加六镇起义，葛荣失败后他投奔了尔朱荣，高欢灭尔朱氏后，他据有长安与高欢对抗。他的力量不如高欢强大，为了与高欢竞争，他的政策比较开明。在政治上，他重用庶族地主，对门阀予以限制，他还重新颁布了均田制，因此，土地兼并不如东魏、北齐那样剧烈，促进了关中地区的经济发展。

军事上，宇文泰实行了鲜卑部落兵制与中原征兵制相结合的"府兵制"。府兵有严格的训练，战斗力较强，大大提高了周的军事力量，为周灭齐与隋统一全国打下了军事基础。

在宇文泰奠定的基础上，其子宇文觉废西魏恭帝，改国号为周，史称北周（557—581年），都长安。当时政权掌握在宇文护手中。557年，宇文护先废宇文觉改立宇文毓，后又杀毓改立宇文邕。572年，宇文邕杀掉宇文护，自己亲政，他就是有名的周武帝。武帝是北周历史上一位很有作为的君主，在位18年，生活俭朴，勤于政事，进一步完善了宇文觉时的各种制度，对后周的经济发展和力量壮大起到了承前启后的历史作用。

周武帝首先改革了府兵制，加强皇帝对军队的控制。其次是毁佛。北魏时期北方佛教盛行，到北周时，在其统治区内就有寺院万余，僧侣约百万，严重地影响了政府收入。574年，宇文邕下诏毁佛，销毁一切经像，没收寺院土地及其全部资产，百万僧侣被迫还俗为均田户。这在很大程度上减轻了人民的负担，政府的经济实力也得到加强，给灭齐做了重要的物质准备。在灭齐后，宇文邕又将毁佛推行于东方齐境。

575年，宇文邕开始伐齐，两年后，陷邺城，灭北齐，北方复归一统。而后，宇文邕又向南进攻，夺取了淮南地，基本上据有了长江以北占全国四分之三的土地。正当他准备统一全国时，不料于578年病故，统一愿望虽未实现，但他却为统一全国打下了良好的基础。

武帝本纪亦分上下两卷，记事起武成二年（560年）正月至宣政元年（578年）六月武帝崩，保存了有关周武帝在政治、经济、军事上的重大举措以及各王朝间交兵的资料。

宇文邕死后，子宇文赟立（宣帝）。宣帝荒淫，不理朝政，是历史上有名的昏君，即位不久即传位给子宇文阐（静帝），自为太上皇。外戚杨坚逐渐总揽朝政。581年，他终于废周帝，自称皇帝，改国号为隋。杨坚废静帝后不久，又弑之，时年9岁，宣帝纪一卷，记周宣帝宣政元年（578）至静帝大象二年（580）近两年的历史。该纪事实上反映的是杨坚及一些朝臣在周末的政治活动，是研究隋初历史尤需参考的文献。

《周书》列传42卷，所记人物近300人之多，基本上网罗了当时政治、文化等方面的主要人物。

通过阅读这些列传，我们可以更全面地了解到北周（包括西魏）的政治、经济、军事文学情况，从而对北周社会有一个大体印象。

政　略

因时制宜政之上务

　　五等之制，行于商周之前；郡县之设，始于秦汉之后。……是知因时制宜者，为政之上务也；观民立教者，经国之长策也。且夫列封疆，建侯伯，择贤能，置牧守，循名虽曰异轨，责实抑亦同归。……由此言之，建侯置守，乃古今之异术；兵权势位，盖安危之所阶①乎。

（《周书》卷十三，文闵明武宣诸子传）

【注释】

　　①阶：凭借。

【译文】

　　公、侯、伯、子、男五等爵位的制度，盛行于商周之前；郡县的设立，开始于秦汉之后。……可知依据时代的不同而制定与之相适宜的制度，是为政的最主要的任务；观察民众的情况而设立教化，是治理国家的长远谋略。而且分封土地，设置诸侯，选择贤能，设置牧守，名义上虽然说不一样，实际上还是相同。……由此可以说，建立诸侯，设置牧守，是古今不同的统治术，掌握兵权和势力地位，大概是安危的凭借了。

国君乃百姓之表

　　凡人君之身者，乃百姓之表，一国之的也。表不正，不可求直影；的不明，不可责射中。今君身不能自治，而望治百姓，是犹曲表而求直影也；

君行不能自修，而欲百姓修行者，是犹无的而责射中也。故为人君者，必心如清水，形如白玉。躬行仁义，躬行孝悌，躬行忠信，躬行礼让，躬行廉平，躬行俭约，然后继之以无倦，加之以明察。行此八者，以训其民。是以其人畏而爱之，则而象之，不待家教日见而自兴行矣。

（《周书》卷二十三，苏绰传）

【译文】

大凡国君的形象，乃是老百姓的标杆，一个国家的目标。标杆不正，不可以要求影子直，目标不明，不可以责备射不中。现在国君不能管好自己，而企望管理好百姓，这就好像弯曲的标志，而要求得笔直的影子一样；国君自己没有修养，而想让百姓修身实践，就好像没有靶子而责备射不中一样，所以作为国君，一定心如清水，形如白玉，亲自实践仁义，亲自实践孝悌，亲自实践忠信，亲自实践礼让，亲自实践廉洁公平，亲自实践节俭，然后不倦地工作，并加之以敏锐的观察，就可以使人们都敬而畏之，才会以君主为榜样，不须等待天天在家里受教育而自动进行实践了。

清浊之由在于官之烦省

然善官人者必先省其官。官省，则善人易充，善人易充，则事无不理；官烦，则必杂不善之人，杂不善之人，则政必有得失。故语曰："官省则事省，事省则民清；官烦则事烦，事烦则民浊。"清浊之由，在于官之烦省。

（《周书》卷二十三，苏绰传）

【译文】

善于授人官职的人必须先减省官吏，减省官吏，则善良的人容易充任，好人做官，则事情没有不被管理好的。官吏繁多，一定会掺杂不善良的人，坏人任官必然会把吏治搞坏，故有句话说："官省则事情少，事少会使百姓清静，官吏繁杂则事情多，事多会使百姓混乱。"吏治清浊的根本原因，在于官吏的繁多还是减省。

法　制

柳庆断案二三例

广陵王元欣，魏之懿亲①。其甥孟氏，屡为凶横。或有告其盗牛。庆②捕推得实，趣③令就禁。孟氏殊无惧容，乃谓庆曰："今若加以桎梏④，后复何以脱之？"欣亦遣使辨其无罪。孟氏由此益骄。庆于是大集僚吏，盛言孟氏依倚权戚，侵虐之状。言毕，便令笞杀之。此后贵戚敛手，不敢侵暴。

有贾人持金二十斤，诣京师交易⑤，寄人停止⑥。每欲出行，常自执管钥⑦。无何，缄闭不异而失之。谓主人所窃，郡县讯问，主人遂自诬服。庆闻而叹之，乃召问贾人曰："卿钥恒置何处？"对曰："恒自带之。"庆曰："颇与人同宿乎？"曰："无。""与人同饮乎？"曰："日者曾与一沙门⑧再度酣宴，醉而昼寝。"庆曰："主人特以痛自诬，非盗也。彼沙门乃真盗耳。"即遣吏逮捕沙门，乃怀金逃匿。后捕得，尽获所失之金。……

有胡家被劫，郡县按察⑨，莫知贼所，邻近被囚系者甚多。庆以贼徒既众，似是乌合⑩，既非旧交，必相疑阻⑪，可以诈求之。乃作匿名书多牓⑫官门曰："我等共劫胡家，徒侣混杂，终恐泄露。今欲首，惧不免诛。若听⑬先首免罪，便欲来告。"庆乃复施免罪之牓。居二日，广陵王欣家奴面缚⑭自告牓下，因此推穷，尽获党与。……

太祖⑮尝怒安定国臣王茂，将杀之，而非其罪。朝臣咸知，而莫敢谏。庆乃进曰："王茂无罪，奈何杀之？"太祖愈怒，声色甚厉，谓庆曰："王茂当死，卿若明其无罪，亦须坐之。"乃执庆于前。庆辞气不挠，抗声曰："窃闻君有不达者为不明，臣有不争⑯者为不忠。庆谨竭愚诚，实不敢爱死，但惧公为不明之君耳。愿深察之。"太祖乃悟而赦茂，已不及矣。太祖默然。明日，谓庆曰："吾不用卿言，遂令王茂冤死。可赐茂家钱帛，以旌吾过。"

（《周书》卷二十二，柳庆传）

【注释】

①懿亲：至亲，古时特指皇室的宗亲。

②庆：即柳庆，字更兴，历仕元魏和北周，为官清廉，政声颇佳，天和元年（556年）十二月卒。

③趣：急，速。

④桎梏：刑具，指脚镣手铐。

⑤交易：做生意，做买卖。

⑥停止：停留止歇。

⑦管钥：钥匙。

⑧沙门：即和尚。

⑨按察：立案侦查。

⑩乌合：像乌鸦一样聚集。这里指临时拼凑起来的抢劫团伙。

⑪疑阻：相互猜忌。

⑫牓：同"榜"，张贴告示。

⑬听：判决。

⑭面缚：即指两手反绑。

⑮太祖：即北周太祖文皇帝宇文泰（507—556年），字黑獭，北朝西魏大臣，总揽西魏朝政。他死后，子宇文觉代西魏，国号周，追尊为文皇帝，庙号曰太祖。

⑯争：同"诤"，诤谏。

【译文】

广陵王元欣，是元魏皇室宗亲。他的外甥孟某，多次行凶专横，恃势妄为。有人状告他偷盗耕牛。柳庆便将他逮捕审讯，获取证据，马上下令打入监牢。孟某却全无惧怕，反而对柳庆说："你今天如果把我拷起来的话，日后我看你又怎样替我打开？"元欣也派人前来申辩。孟某更加不可一世。柳庆于是将所属官吏全部召集起来，义正词严地列举孟某依恃权贵、侵扰滋事的不法

（left margin）二十四史精华　《周书》

行为。说完之后，便令人用乱棍将孟某打死。自此权贵的亲属和亲戚大为收敛，不敢侵扰滋事了。

有位商人携带20斤黄金，准备到京城去做生意，寄住在一户人家里，歇息好有个落脚点。每次要出门，总是把钥匙带在身上。可是过了没多久，装钱的匣子尽管没有打开，可里面的黄金却不知去向。商人便说是主人偷了他的钱，郡县便捉拿这家主人审问，这家主人不堪毒打违心招认。柳庆听后为之叹息，便召来商人，问他说："你的钥匙经常放在什么地方？"商人说："经常放在自己身上。"柳庆又问："可曾与人同宿？"商人回答说："没有"。"可曾与人一同饮酒？"商人回答说："曾与一个和尚两次饮酒，醉了后便在当天白天睡着了。"柳庆说："主人只是因为打得身上疼痛难忍才谎称是他偷了你的金子，他并不是盗贼，那个和尚才是真正的盗贼。"当即派遣衙役将和尚捉拿归案，和尚却拿着金子逃走躲藏起来了。后来捉住了这个和尚，偷去的金子全部缴获。……

一胡姓之家被人抢劫，郡县都已立案侦查，但谁也不知贼人在哪里，受牵连而被囚禁的邻居很多。柳庆认为劫贼既然很多，似应是临时拼凑起来的抢劫团伙；既然以往又不很熟，彼此之间必然相互猜忌，可以用诓骗的办法来破此案。于是写了多封匿名信贴在官府门口，上面说："我们几人一同抢劫胡家，同伙成分混杂，始终担心有人泄露此事。现在想自首，又担心不能免罪而被诛杀。如果判决最先自首的人可以免罪的话，便前来官府自首。"于是柳庆又发布免罪的榜文。过了两天，广陵王元欣的家奴两手反绑着来到榜文处自首。柳庆便升堂审问，将其他党羽一网打尽。……

太祖曾对安定国臣子王茂很为不满，准备将他杀掉，而王茂并没有罪。朝中大臣们也都知道王茂是清白的，但没有一人敢上前劝谏太祖。柳庆却走上前说："王茂既然无罪，为什么还要杀他呢？"太祖更加气恼，声色俱厉，对柳庆说："王茂该死，你如果知道他没有罪的话，也得陪他一起死。"便叫卫士上前捉住柳庆。柳庆疾言厉色，毫不屈服，大声说："我听说不能通达事理的国君是不明之君，不能直言极谏的臣子是不忠之臣。我柳庆尽心竭力以效愚忠，本不是贪生怕死之辈，只是担心陛下成为不明之君啊。希望陛下好好考虑考虑我这一番话。"太祖幡然醒悟，下令赦免王茂，可已经来不及了。太祖沉默不语。第二天，对柳庆说："我没听从你的劝谏，致使王茂冤屈而死。我已下令赐给王茂家钱币和布帛，以表明我的过失。"

军 事

沙苑之战

冬十月壬辰，至沙苑，距齐神武军六十余里。齐神武闻太祖至，引军来会。癸巳旦，候骑告齐神武军且至。太祖召诸将谋之。李弼曰："彼众我寡，不可平地置阵。此东十里有渭曲①，可先据以待之。"遂进军至渭曲，背水东西为阵。李弼为右拒，赵贵为左拒。命将士皆偃戈于葭芦②中，闻鼓声而起。申时，齐神武至，望太祖军少，竞驰而进，不为行列，总萃于左军。兵将交，太祖鸣鼓，士皆奋起。于谨等六军与之合战，李弼等率铁骑横击之，绝其军为二队，大破之，斩六千余级，临阵降者二万余人。齐神武夜遁，追至河上，复大克获。前后虏其卒七万。留其甲士二万，余悉纵归。收其辎重兵甲，献俘③长安。

(《周书》卷二，文帝纪下)

【注释】

①渭曲：渭水的弯曲处。

②葭芦：芦苇。

③献俘：古时军礼之一，打仗凯旋则献俘太庙以告成功。

【译文】

(537年)冬十月壬辰日，西魏军队到达沙苑(今陕西大荔)，距东魏高欢的军队60多里，高欢听说宇文泰到达，便率领军队前来迎战。癸巳日早晨，侦察骑兵向宇文泰报告高欢的军队就要到了。宇文泰召集诸将商量对策。李弼说："彼众我寡，不能在平地布置战阵，距此地东10里有渭水的弯曲处，可以先去占领，在那里等待他们。"于是进军到渭曲，背靠渭水，排成东西战阵。李弼在右方抵御，赵贵在左方抵御，命令将士全部隐藏在芦苇中，听到鼓声便发起冲击。申时，高欢的军队到达，看到宇文泰的军队少，便争相飞驰进军，已不成队列了，都聚集在左军。战斗一触即发。宇文泰鸣起了鼓，战士们勇敢地发起冲锋，于谨等6支军队与他们一起作战，李弼率领铁骑从横向攻击，将高欢的军队分割为两部分，大败高欢军队。6000多人被斩首，两万多人在战场上投降。高欢趁夜逃走，被追到黄河边，又获大胜。沙苑之战共俘虏东魏军队7万人，将其中的两万甲士扣留，其余的全部放回。还收缴了东魏的军事物资，献俘于长安。

西魏创建府兵制

《周书》

初，魏孝庄帝以尔朱荣[1]有翊戴之功，拜荣柱国大将军，位在丞相上。荣败后，此官遂废。大统三年，魏文帝复以太祖建中兴之业，始命为之。其后功参佐命[2]，望实俱重者，亦居此职。自大统十六年以前，任者凡有八人。太祖位总百揆，督中外军。魏广陵王欣，元氏懿戚，从容禁闱而已。此外六人，各督二大将军，分掌禁旅，当爪牙御侮之寄。当时荣盛，莫与为比，故今之称门阀者，咸推八柱国家云。今并十二大将军录之于左。……右十二大将军，又各统开府二人。每一开府领一军兵，是为二十四军。

（《周书》卷十六，侯莫陈崇传）

【注释】

①尔朱荣：北魏执政大臣。武泰元年（528年），他乘孝明帝被胡太后毒死之机，举兵入洛阳，并拥立孝庄帝，掌握了朝政大权。因骄暴自恣，永安三年（503年），为孝庄帝所杀。

②佐命：古代帝王建立王朝，自谓承天受命，故称辅佐之臣为佐命。

【译文】

起初，魏孝庄帝因为尔朱荣有辅佐、拥戴的功劳，授他为柱国大将军，地位在丞相之上。尔朱荣失败后，这个官职便取消了，大统三年（537年），魏文帝元宝炬让宇文泰创建中兴之业，又命令他担任此职。后来因功参与辅佐帝王、有名望而且大有功勋的人，也担任这个职务。自大统十六年（550年）以前，任此职的共有8人，宇文泰的职位是总管百官，监督内外军队。魏广陵王元欣，是元氏的至亲，只在宫内悠容闲在而已。另外6人，每人督管两位大将军，分别掌管禁军，充当党羽武臣的寄托。当时荣华盛贵，没有人能与之相比。所以现在称为门阀的，都推八柱国的家族。现在将12位大将军记录在左边。……右边12位大将军，每人又各统领两个开府，每个开府统领一军的士兵，共24个军。

《周书》

理　财

苏绰论尽地力

人生天地之间，以衣食为命。食不足则饥，衣不足则寒。饥寒切体，而欲使民兴行礼让者，此犹逆坂走丸，势不可得也。是以古之圣王，知其若此，故先足其衣食，然后教化随之。夫衣食所以足者，在于地利尽。地利所以尽者，由于劝课有方。……夫百亩之田，必春耕之，夏种之，秋收之，然后冬食之。此三时者，农之要也。若失其一时，则谷不可得而食。故先王之戒曰："一夫不耕，天下必有受其饥者；一妇不织，天下必有受其寒者。"若此三时不务省事①，而令民废农者，是则绝民之命，驱以就死然。单劣之户，及无牛之家，劝令有无相通，使得兼济。三农之隙，及阴雨之暇，又当教民种桑、植果，艺其菜蔬，修其园圃，畜育鸡豚，以备生生之资，以供养老之具。

（《周书》卷二十三，苏绰传）

【注释】

①省：处理政务。

【译文】

人生于天地之间，用衣食维持生命。食不足则饥，衣不足则寒。饥寒逼迫身体，还想让民众实践礼让，这就像逆着山坡滚球一样，必定是不可能的。所以古代的圣王都知道这个道理，因此，首先使民众的衣食充足，然后再施行教化。衣食所以能够充足，在于地利充分发挥出来。地利所以充分发挥，在于鼓励耕作有办法。……百亩之田，必须春天耕地，夏天播种，秋天收获，冬天食用。春、夏、秋这3个季节，是农业的重要时间，如果失去了一个季节，便造成粮食不能得利和食用，所以先王告诫说："一夫不耕，天下必然有受

| 657 |

饥饿的人；一妇不织，天下必有受冻的人。"如果这3个季节不以全力处理政务，而使农民放弃耕作，这就是断绝农民的活路，驱赶他们去死。孤单、家境不好的农户和无牛的家庭，应规劝他们有无相通，使得他们互相救济。三个季节的间隙及阴雨闲暇之时，还应当教农民种植桑树、果树、菜蔬，修整他们的园囿，饲养鸡和猪，用做繁衍不息资财的准备，和供给养老的用品。

治民当先治心

太祖方欲革易时政，务弘强国富民之道，故绰得尽其智能，赞成其事。……为六条诏书，奏施行之。其一，先治心，曰："……凡治民之体，先当治心。心者，一身之主，百行之本。心不清净，则思虑妄生。思虑妄生，则见理不明。见理不明，则是非谬乱。是非谬乱，则一身不能自治，安能治民也！是以治民之要，在清心而已。夫所谓清心者，非不贪货财之谓也，乃欲使心气清和，志意端静。心和志静，则邪僻①之虑，无因而作。邪僻不作，则凡所思念，无不皆得至公之理。率至公之理以临其民，则彼下民孰不从化。是以称治民之本，先在治心。"

（《周书》卷二十三，苏绰传）

【注释】

①邪僻：不正当。

【译文】

宇文泰将要想改革时政，尽力弘扬强国富民之道。所以苏绰得以用尽他的智能，帮助宇文泰完成这件事。……他为宇文泰制定了6条诏书，上奏施行，其一，先治心，曰："……大凡治理民众的根本，首先应当治心。心是一身之主，是各方面品行的根本。心不清净，则思虑就胡乱产生，思虑妄生，就是看见道理也不明白，见理不明就会是非错乱，是非错乱，则自己都不能管理自己，怎么能够管理民众呢！所以治民的重要之处，在于清心。所谓清心，并非是不贪财货的意思，而是要使心气清和，意志端正平静。心和志静，则不正当的思想就没有产生的凭借。邪僻的念头不能产生，就会使所思所想的没有不是最公正的道理。带着至公之理去管理民众，那些下层的民众还有谁不顺从教化呢！所以看管理民众的根本，在于先治心。"

德 操

周武帝克己励精

帝沉毅有智谋。……及诛护之后，始亲万机。克己励精，听览不怠。用法严整，多所罪杀。号令恳恻，唯属意于政。群下畏服，莫不肃然。……身衣布袍，寝布被，无金宝之饰，诸宫殿华绮者，皆撤毁之，改为土阶数尺，不施栌栱①。其雕文刻镂②，锦绣纂组③，一皆禁断。后宫嫔御，不过十余人。劳谦接下，自强不息。以海内未康，锐情教习。至于校兵阅武，步行山谷，履涉勤苦，皆人所不堪。平齐之役，见军士有跣行者，帝亲脱靴以赐之。每宴会将士，必自执杯劝酒，或手付赐物。至于征伐之处，躬在行阵。性又果决，能断大事。故能得士卒死力，以弱制强。破齐之后，遂欲穷兵极武，平突厥，定江南，一二年间，必使天下一统，此其志也。

（《周书》卷六，武帝下）

【注释】

①栌栱：斗拱。

②雕文刻镂：雕刻彩饰。

③纂组：赤色绶带。这里指豪华的衣物。

【译文】

周武帝深沉刚毅而有智谋。……等到专朝政的宇文护被杀以后，他开始亲理万机。周武帝克制自己，振奋精神，观察处理政务毫不懈怠。他执法严明，罪人大多要杀死，政令诚恳痛切，把唯一的心愿放在政事上。大臣们对他都敬畏佩服，没有不恭敬的。……周武帝身穿布袍，盖布被，没有金银珠宝之类的装饰，各宫殿中豪华的丝织品，全部撤掉并销毁，还把一些台阶改为土阶，房屋简陋，不设斗拱。那些雕刻彩饰，锦绣纂组，一律停止使用。后宫的嫔妃采女，不过10余人。他辛勤谦和地对待下级，奋发图强。周武帝认为国内还没有安定，而专心一意训练军队，到演兵习武、检阅军队时，他亲自在山谷中行走，体察勤苦，都是一般人所不能忍耐的。在打败北齐的战斗中，见到士兵中有赤脚的，周武帝便脱下自己的靴子给他。每次与将士们举行宴会时，必定亲自手执酒杯劝酒，或亲手赠给他们物品。到打仗的地方，他亲自在战阵中，果敢坚决，能决断大事，所以能够得到士卒拼死出力，以弱胜强。周武帝打败北齐之后，便想发动新的战争，平突厥，定江南，一二年间，必定使天下统一，这是他的志向。

得其人则治

《周书》

史臣曰：仲尼有言："可与适道，未可与权"①。夫道者，率礼之谓也；权者，反经之谓也。率礼由乎正理，易以成佐世之功；反经系乎非常，难以定匡时之业。故得其人则治，伊尹放太甲，周旦相孺子是也；不得其人则乱，新都迁汉鼎，晋氏倾魏族是也。

（《周书》卷十一，晋荡公护传）

【注释】

①语出自《论语·子罕》。

【译文】

史臣说：孔子说过："可以同他一道取得某种成就的人，未必可以同他一道通权达变。"所谓道，是统领礼的称谓；所谓权，是不合于常法的称谓。统领礼于是使理公正，容易成就佐世之功；不合常法联系着异乎寻常，难以遵循礼法从而匡正义理。所以，得到有德之人则天下大治，伊尹流放太甲，周公旦辅佐周成王是这样；得不到有德之人则天下大乱，王莽建立新朝代汉，司马氏颠覆曹魏是这样。

传世故事

周武帝禁佛道二教

574年，周武帝召集群臣以及和尚、道士等，登上高座，和他们辨明三教的先后顺序，以儒教第一，道教为次，佛教最后。

575年，开始禁止佛道二教。经书、造像都给毁掉，罢免和尚、道士，让他们一同恢复平民身份。另外，还禁止各种繁杂的祭祀，礼仪典籍中没有记载的，全部废除。

周武帝释放奴婢

周武帝下诏命令，从534年起，到576年冬，东魏、北齐的民众被掠夺为周国奴婢的，攻克江陵后，良人被没收为奴婢的，都应释放，免除奴婢身份。原来的依附人口，免为平民。如果原来的主人还需要和他们居住在一起，可以留下来作为部曲和客女。

苏绰论教化

化，贵在能够用淳朴敦厚的风气引导百姓，用温和的处世法则浸润百姓，用道德修养影响百姓，用朴素的行为示范百姓。这样使百姓兢兢业业，内心变得善良，邪恶、虚伪的念头，贪婪的本性，不知不觉地减少、被感化，而百姓自己却不知为什么，就叫化（感化）。然后以忠孝节悌教育百姓，使他们慈爱；以仁义温顺教育百姓，使他们和睦，以礼义教育百姓，使他们敬让。慈爱就不会遗弃亲人，和睦就不会与人结怨，敬让就不会竞逐物利。具备这3点，王道就形成了。这就是教（教育）。

门资与刀笔论

长期以来，州郡大吏的任命，只凭门第，不考虑是否贤良；下等小吏的使用，只试他的文笔，并不问他的品行。门第，是先辈的爵禄，并不能防止子孙愚钝；文笔，是身外的末技，不能排除本性的奸伪。如果在门第高的当中得到贤良，那就像鞭策骏马而致千里；如果在门第高的当中得到愚钝，那就是土牛木马，形状相似而用起来不一样，不能用以行路。如果文笔好的当中有高尚的品行，那就是金表玉质，内外俱美，实在是宝贵的人才；如果好的当中本性奸伪，那就像在朽木上作画装饰，只能悦目一时，不能用它作梁椽之材。当今的选举，应当不限于门第，唯在得到贤能的人。

名医姚僧垣

姚僧垣，字法卫，吴兴郡武康（今浙江德清县）人。24岁，开始学习家传医术。

大将军、乐平公窦集突然患中风，精神烦乱，没有知觉。先到的医生，都说没救了。姚僧垣是后到的，诊断结束说："昏迷归昏迷，终究还是有救。可以专门祭祀，配合药物治疗。"乐平公家里人都很高兴，请来了术士。姚僧垣给他服了合汤散，没过多长时间病就痊愈了。大将军、永世公叱伏列椿久患痢疾，但他仍然不停止上朝。燕公谨有次问姚僧垣："乐平公、永世公都身患难治的疾病，依我的诊断，永世公的病较轻。"僧垣回答说："病患有深有浅，时重时轻。乐平公虽然昏迷，最后还能够保全性命。永世公的病表面上轻，但不能免死。"燕公谨又问："您说他不能免死，那会在什么时候？"僧垣说："不会超过4个月。"结果和他说的完全一样。燕公谨对其医术大为惊叹。

人物春秋

逞武扬威荡齐国——高祖武皇帝

高祖武皇帝名邕，字祢罗突，是太祖第四子。母亲是叱奴太后。大统九年（543年），武皇帝生于同州，当时有神光照耀室内。武皇帝自幼懂得孝敬，聪明机敏，表现出才识和天赋。太祖常感到惊异，说："能完成我志向的，必定是这个孩子。"12岁时，被封为辅城郡公。孝闵帝登基后，拜为大将军，出镇同州。世宗即位，升柱国，授蒲州诸军事、蒲州刺史。武成元年（559年），入都为大司空、治御正，进封鲁国公，兼任宗师。世宗对他很亲近，凡有大事，多同他商议，武皇帝性格深沉，识见宏远，不是因为世宗垂问，他始终不轻易发表意见。世宗常叹说："此人不言，言必有中。"

武成二年夏四月，世宗驾崩，遗诏将帝位传给高祖。高祖一再谦让，百官劝进，不得已于二十一日，高祖即皇帝位，大赦天下罪犯。冬十二月，改建露门、应门。同年，齐常山王高演废去高殷而自立，这是孝昭皇帝。

保定元年（561年）正月初一日，下诏说："寒来暑往，岁末将至，改元命始，国之典章。朕只承宝器，宜遵故例。可改武成三年为保定元年。嘉号既新，惠泽宜布，文武百官，各增四级。"以大冢宰、晋国公宇文护为都督中外诸军事，令五府听命于天官。三日，在圆丘祭天。五日，在方丘祭地。七日，在南郊祭祀天帝。次日，祭祀太社。十三日，突厥派使臣贡献土产。二十日，下诏道："登基之始，朕膺天子；代朕成事，唯望臣卿。故周文公以上圣之智，辅佐周朝，乃作六典，延续700余年。自此以后，余绪渐失，使巍巍之教化，历千年而不传；郁郁之风习，终百王而永坠。我太祖文皇帝禀纯和之气质，更仗上天所赋之杰出才智，德配上天，功侔造化，故能弃末世之弊风，步盛周之典范，百官遵制，人才汇集。所谓天地改而重构，岂但《洪范》所言之天人感应？朕承继皇位，欲扬盛美。今可布行此礼于太祖庙庭。"二十一日，祭祀太庙，颁布太祖所述六官。二十五日，吐谷浑、高昌皆派使臣贡献土产。二十六日，诏令凡经历过战争的军官，年龄 60 岁以上者，以及百姓 70 岁以上者，均按等级授予官职。二十七日，亲耕藉田。二十八日在正武殿举行典礼，依次赏赐百官。

二月三日，派遣使臣巡察全国。在洮阳设置洮州。十八日，在东郊祭日。十九日，突厥、宕昌皆派来使臣贡献土产。三十日，省去车辇，不观百戏。弘农郡上奏，说发现九尾狐。

三月二十日，改八丁兵为十二丁兵，每个民丁每年轮流服役一个月。

夏四月初一日，出现日蚀。十五日，封少傅、吴公尉迟纲为大司空。二十二日，白兰遣使臣贡献犀甲、铁铠。

五月初一日，封孝闵皇帝之子宇文康为纪国公，封皇子宇文赟为鲁国公。晋公宇文护献上玉斗。二十三日，突厥、龟兹同时朝贡特产。

六月十一日，遣治御正殷不害等人出使陈国。

秋七月初四日，下诏说："大旱已久，禾苗枯萎。难道是牢狱不治、刑罚失当所致吗？所有在押犯人：凡死罪以下，一年徒刑以上者，各降本罪一等；凡笞百鞭以下者，全部赦免。"又铸新钱，钱币的正面铸有"布泉"二字，以一当五，与五铢钱并行。五日，追封皇伯父宇文颢为邵国公，以晋公之子江陵公宇文会为其后嗣；封二伯父宇文连为杞国公，以章武孝公之子永昌公宇文亮为其后嗣；封三伯父宇文洛生为莒国公，以晋公之子崇业公宇文至为其后嗣；又追封武邑公宇文震为宋国公，以世宗之子宇文实为其后嗣：均袭领封地。二十五日，火星进入舆鬼星座，触犯其积尸星团。

九月初一日，南宁州遣使者贡献滇马及蜀地铠甲。初二日，翼宿星座有新星发现。

冬十月初二日，出现日蚀。初六日，火星侵入太微垣的上将星座，与之重合。

十一月初三日，任大将军、卫国公宇文直为雍州牧。陈国遣使来访。晋封柱国、广武公窦炽为邓国公。同月，齐孝昭帝驾崩，其弟长广王高湛继位，为武成帝。

同年，追封皇族祖宇文仲为虞国公。

保定二年春正月初一日，在蒲州开凿黄河水渠，在同州开凿龙首渠，以扩大灌溉面积。二十六日，以陈主之弟陈顼为柱国，送其返回江南。

闰正月十九日，诏令柱国以下，帅都督以上的官员，其母亲、妻子依次授予太夫人、夫人、郡君、县君诸衔。二十三日，金星进入昴宿星座。

二十九日，柱国、大司马、凉国公贺兰祥逝世。洛州百姓周共妖言惑众，分封将相，被处以死刑。

二月二日，火星侵入太微垣上相星座。十三日，因久旱无雨，下令宽免罪人，京城30里以内禁止饮酒。梁主萧缋驾崩。任命大将军，蔡国公宇文广为秦州总管。

三月二十五日，火星侵入太微垣的左执法星座。

夏四月初六日，天旱，禁止屠宰。十九日，南阳贡献三足乌鸦。湖州上奏，声称有人看见两只白鹿跟着一只三角兽行进。二十一日，在伏流城设置和州。二十七日，下诏说："近来因为外敌犹在，灾祸未除，九州之大，未能据其一，文武官员立功者，虽然赏赐有王侯封地，但未能有租赋之利。各位柱国功高德隆，宜有丰厚崇高的待遇，准许他们另立制度，其受封爵者之邑户听任寄食他县。"

五月初一日，华山之南众多祥瑞同时出现，大赦天下囚犯，所有官员及军人，普遍晋升两级。南阳宛县为三足乌鸦聚集之地，免除今年徭役和一半租赋。二十三日，任命柱国随国公杨忠为大司空，吴国公尉迟纲为陕州总管。

六月初一日，任命柱国、蜀国公尉迟迥为大司马，邵国公宇文会为蒲州总管。划出华山之南的荆州、安州、襄州、江陵为四川总管。

秋七月初一日，封开府贺拔纬为霍国公。七日，金星侵入太微垣的舆鬼星座。

九月初一日，日蚀现出。陈国派使臣来访。

冬十月初二日，下诏说："树立元首，主宰天下，本意是要宣明教化，养育百姓；岂能只关心自己身份的尊隆华贵、地位的奢侈豪富？因此唐尧服粗葛之衣，进粗糙之食，尚且临汾阳而长叹，登姑射山而联想。何况本不具备圣人的品德而欲望过多，又怎么能满足众人之心？处于尊位，朕十分惭愧。如今大敌未平，军费开支庞大，百姓家境贫虚，谁能生活富足？凡是供奉朕之衣服饮食，以及四时所需者，均从宫内调遣，朕今日亲自削减。即使还不能立刻推行古人之道，也不能说没有一点儿相似吧？你们各级官府，怎么能不思俭省约，助朕唯恐不及呢？"十五日，皇帝亲自在大武殿举行射礼，文武百官全都参加。二十二日，在少陵原讲习武学。从南宁州中划置恭州。

十一月初一日，任命大将军卫国公宇文直、大将军赵国公宇文招为柱国。又任命宇文招为益州总管。十六日，火星在危宿星座以南侵犯木星位置。

十二月，益州贡献赤色乌鸦。

保定三年春，正月初六日，改光迁国为迁州。二十日，赐太保、梁国公侯莫陈崇自尽。二十七日，在乞银城设置银州。

二月初六日，颁布新的法律。初七日，诏令凡是在魏大统九年（543年）

以前，以都督以上身份身亡，而其子孙未能以次受职者，均按等级授予官职。渭州贡献三足乌鸦。二十七日，下诏说："天地开辟，天象明显；天、地、人三才已备，岁时节气次第彰明。所以《尚书》说帝王敬受天命，《易经》中的《序卦》制定历法，以明天时。这是先代一定的典制，百王不易的要务。伏念世祖文皇帝，敬顺上天，忧劳国事，按历法分序六家，以阴、阳二家为首。传至我这小子，未能遵循执行，为此感到不安，心存戒慎，若有危险。自朕登基以来，事情多出于仓促，背离谐和，错乱时节，于先帝志向多有举措失当之处。以致风雨失时，疫病灾祸屡次发生，谷物无法生长，万物不得昌盛，朕为此事十分伤心。自今日起，凡举办大事，推行政令，只要不是军机急迫，都应当依照时令，以顺应上天之心。"

三月初一日，出现日蚀。十二日，宕昌派使臣贡献活猛兽两只，诏令放于南山。二十一日，益州贡献三足乌鸦。

夏四月初二日，任命柱国、郑国公达奚武为太保，大将军韩果为柱国。初六日，帝在正武殿亲自讯视记录囚徒的罪状。十日，举行求雨之祭。二十日，有牛足生于背上。二十五日，视察太学，以太傅、燕国公于谨为三老，向他求教。下令禁止国人报仇，违犯者以杀人论处。二十九日，诏令百官及百姓上密封章奏，放言政事得失。

五月初一日，由于天旱，避开常居治事之所，不接受百官朝拜。十一日，下雨。

秋七月初六日，巡视原州。初八日，陈国派使臣来访。十五日，巡视津门，垂问一生之事，赏赐钱帛，又赏赐老人官职不等，凡死罪皆降一等。

八月十五日，改建露寝。

九月初三日，从原州登上陇山。火星侵入太微垣上将星座。二十五日，巡幸同州。二十七日，诏令柱国杨忠率骑兵一万联合突厥进攻齐国。二十八日，蒲州贡献一茎多穗的禾稻，不同田地所产谷穗相同。下令世袭州郡县者改为五等爵，袭州者封伯爵，袭郡者封子爵，袭县者封男爵。

冬十月初一日，火星侵犯太微垣的左执法星座。十四日，任命开府、杞国公宇文亮为梁州总管。十九日，陈国派使臣来访。

十二月初一日，从同州返回长安。派遣太保、郑国公达奚武率骑兵3万从平阳出击，以策应杨忠。同月，有人生一男孩，下阴在背后，犹如尾巴，两足指如兽爪。有犬生息，从腰以后分为两个身子，有两条尾巴、6条腿。

保定四年春正月初一日，杨忠攻破齐国长城，至晋阳而回。

二月初一日，出现日蚀。五日，火星侵犯房右骖。

三月初一日，火星又犯房右骖。二十二日，下令百官执笏。

夏四月初四日，任命柱国、邓公窦炽为大宗伯。

五月初五日，封世宗长子宇文贤为毕国公。十日，突厥派使臣贡献土产。十六日，任命大将军、安武公李穆为柱国。三十日，改礼部为司宗，改大司礼为礼部，改大司乐为乐部。

六月初三日，改御伯为纳言。

秋七月初二日，粟特派使者贡献土产。二十二日，焉耆派使者贡献名马。

八月初一日，出现日蚀。诏令柱国杨忠率军联合突厥东征，至北河而归。初二日，任命柱国、齐国公宇文宪为雍州牧，许国公宇文贵为大司徒。

九月初二日，任命柱国、卫国公宇文直为大司空，封开府李昞为唐国公，若干凤为徐国公。陈派使臣来访。同月，皇世母阎氏自齐国来长安，天下大赦。

闰九月初四日，任命大将军韦孝宽、大将军长孙俭同为柱国。

冬十月初九日，任命大将军陆通、大将军宇文盛、蔡国公宇文广同为柱国。十日，诏令大将军、大冢宰、晋国公宇文护率军讨伐齐国，武帝在太庙庭授以斧钺。于是宇文护统率大军出潼关，大将军权景宣率华山以南各路军队出豫州，少师杨缵出轵关。十三日，武帝至沙苑犒劳大军。十九日，武帝还宫。

十一月初十日，柱国、蜀国公尉迟迥率大军进围洛阳，柱国、齐国公宇文宪驻扎军队于邙山，晋国公宇文护驻扎陕州。

十二月，权景宣进攻齐国豫州，刺史王士良率领全州投降。初八日，齐军渡黄河，抵达洛阳，诸军惊恐溃散。尉迟迥率部下数十骑抵抗，进而击退敌军，到夜里撤回。柱国、庸国公王雄力战阵亡。于是撤军。杨缵在轵关阵亡。权景宣也放弃豫州，撤军而归。

保定五年春正月一日，由于庸国公王雄为王事捐躯，取消早朝。初八日，白虹遮蔽日光。十七日，下令荆州、安州、江陵等地总管俱隶属于襄州总管府，任命柱国、大司空、卫国公宇文直为襄州总管。二十一日，太白、荧惑、岁星会合于娄宿星座。二十二日，吐谷浑派使臣贡献土产。任命庸国公王雄长子开府王谦为柱国。

二月初八日，诏令陈国公宇文纯、柱国许国公宇文贵、神武公窦毅、南安公杨荐等，赴突厥迎接可汗之女。十一日，郢州捕获绿毛龟。十三日，任命柱国、安武公李穆为大司空，绥德公陆通为大司寇。十九日，巡视岐州。

三月初六日，柱国、楚国公豆卢宁逝世。

夏四月，齐武成帝将皇位禅让给皇太子高纬，自称太上皇。

五月初五日，任命皇族父宇文兴为大将军，袭领虞国公封爵。十八日，诏令左右武伯各置中大夫一人。

六月初九日，彗星出现于三台，入文昌星座，侵犯上将星座，后经紫宫西垣入危宿，渐渐长达一丈有余，指向室宿、壁宿。百余日后，渐短，长二尺五寸，在虚宿、危宿区域消失。二十日，下诏说："江陵人中凡是年龄在六65岁以上而没入官府为奴婢者，已经下令放免。无论公私奴婢，凡年龄超过70者，均由所在官府赎为平民。"

秋七月初一日，出现日蚀。初十日，巡视秦州。减轻死罪以下囚徒刑罚。二十一日，派遣大使巡察全国。

八月二十六日，从秦州返长安。

九月二十六日，益州贡献三足乌鸦。

冬十月初二日，改函谷关城为通洛防。

十一月初二日，岐州奏称发现独角之兽。十六日，吐谷浑派使者贡献土产。二十九日，陈国派使者来访。

天和元年（566年）春，正月初一日，出现日蚀。初三日，露寝落成，帝亲临之。令文武百官赋古诗，京都有名望的老人也都请来参加，按等级颁发赏赐。初五日，大赦天下，更改年号，百官晋升四级。二十九日，在宕昌设置宕州。任命柱国、昌宁公长孙俭为陕州总管。遣《礼记》经师杜杲出使陈国。

二月初一日，任命开府、中山公宇文训为蒲州总管。二十一日，诏令三公以下各级官员推举人才。二十三日，日晕，日光微弱，乌鸦出现于太阳之中。

三月二十九日，祭祀于南郊。

夏四月初三日，益州贡献三足乌鸦。初五日，举行求雨之祭。十八日，太阳出现交晕，被白虹遮蔽。同月，陈文帝驾崩，他的儿子伯宗继位。

五月初四日，帝在正武殿集会群臣，亲自讲解《礼记》。吐谷浑龙涸王莫昌率部落向周国归附，以其地设置扶州。十八日，下诏说："道德沦丧，礼义遂兴。地位虽高而不骄奢，所处充盈而不过度，富贵才能长守，国家才能太平无事。承顺天道，四海安宁，人民祥和，敬奉鬼神，其神明如日月之光，其规律如四时之序。朕虽平庸愚昧，仍有志于远古之盛世。殷纣于甲子自焚，夏桀于乙卯被逐，所以《礼记》说：'当此忌日，不应奏乐。'自从世道丧乱，礼节仪式紊乱毁弃，这一典则模糊不清，已经衰落。此日，应当减少铺张，停止奏乐。只有这样，也许能体会到当君王不容易，当臣子也不容易。要把这一典则传给后代，不要忘记殷纣亡国的教训。"

六月初一日，任命大将军、枹罕公辛威为柱国。

秋七月初三日，修筑武功、郿、斜谷、武都、留谷、津坑等城，用来驻扎军队。初七日，下诏说："凡王室及贵族长子入太学，只需向教师致送酬金，不必再行置爵祭神之礼。置爵祭神之礼应放在学业完成之后，从今往后这项规定不再予以变更改变。”

八月十五日，下诏说：“凡是服丧3年，或者负土成坟，或者睡于草席而消瘦不堪，其志向行为中稍有可称扬者，令所辖官府随时上报。对此应当表示慰问勉励，以抵制浇薄的习气。”

九月初一日，信州蛮族冉令贤、向五子王等反叛，诏令开府陆腾将其讨平。

冬十月十二日，太白星在白天出现，穿过天空。二十一日，创制《山云舞》，用来丰富黄帝、唐、虞、夏、殷、周等六代的音乐。

十一月十三日，巡视武功等新城。十二月十八日，返回皇宫。

天和二年春，正月初一日，出现日蚀。二十七日，亲自耕作籍田。

三月初二日，改武游园为道会苑。十六日，制定帝王在郊外祭祀的制度。

夏四月初四日，归并东南诸州：把颍州、归州、溳州、均州划归唐州，油州划归纯州，鸿州划归淮州，洞州划归湖州，睢州划归襄州，宪州划归昌州。任命大将军、陈国公宇文纯为柱国。

五月初二日，突厥、吐谷浑、安息都派使臣贡献土产。初七日，晋封柱国、安武公李穆为申国公。十九日，岁星与荧惑在井宿会合。

六月十初一日，尊生母叱奴氏为皇太后。二十四日，月亮进入毕宿星座。

闰六月初一日，地震。初九日，陈国湘州刺史华皎率部众归附，派襄州总管、卫国公宇文直率领柱国绥德公陆通，大将军四弘、权景宣、元定等人领兵支援，乘机南征。二十三日，任命大将军、谯国公宇文俭为柱国。二十八日，岁星、太白会合于柳宿。二十四日，襄州报告有五色云出现。

秋七月初二日，梁州报告凤凰栖于枫树，群鸟列队侍护，多达万数。十五日，设立露门学，有学生72人。二十一日，太白星侵犯轩辕。二十三日，任命太傅、燕国公于谨为雍州牧。

九月，卫国公宇文直等与陈将淳于量、吴明彻战于沌口，周军失利。元定率数千步骑兵先期渡江，在江南全军覆没。

冬十月初四日，日升日落时，太阳中出现一团如杯口大小的黑气。初七日，又增加一团黑气。6天后才消失。

十一月初一日，出现日蚀。十六日，太保、许国公宇文贵逝世。

天和三年春，正月初五日，在南郊祭祀。

二月初二日，驾临武功。二十二日，返回皇宫。

三月初八日，皇后阿史那氏从突厥至。初九日，大赦天下囚犯，所有失去官职爵位者，一律恢复旧职。十二日，在路寝盛宴招待文武百官及四方宾客，依次赏赐衣马钱帛。十九日，任命柱国、陈国公宇文纯为秦州总管，蔡国公宇文广为陕州总管。二十三日，太傅、柱国、燕国公于谨逝世。二十四日，太白星侵犯井宿北轩第一星。

夏四月十六日，任命太保、郑国公达奚武为太傅，大司马、蜀国公尉迟迥为太保，柱国、齐国公宇文宪为大司马。太白星进入舆鬼星座，触犯积尸星团。

五月十六日，祭祠太庙。二十六日，驾临醴泉宫。

六月初十日，有彗星出现于井宿之东，向北运行一月之久，以舆鬼星宿才消失。

秋七月初九日，柱国、隋国公杨忠逝世。二十五日，从醴泉宫返回。二十六日，有新星出现于房宿，渐渐东行入天市，侵犯营室，直到奎宿，经40余日才消失。

八月初二日，韩国公元罗逝世。齐国请求和亲，派使臣来访，诏令军司马陆逞、兵部尹公正回访。十日，帝驾临大德殿，集合百官及和尚、道士等，亲自讲解《礼记》。

九月十八日，太白与镇星于角宿会合。

冬十月初一日，祭祀太庙。二十四日，太白星进入氐宿。二十五日，帝亲率六军在城南讲习武学，京师去观看的人极多，车马绵延数十里，各国使节也都在场。

十一月初一日，出现日蚀。十三日，巡视岐阳。二十一日，派开府崔彦穆、小宾部元晖出使齐国。二十三日，陈国安成王陈顼废黜其主伯宗，自立为宣帝。

十二月十六日，从岐阳返回长安。同月，齐国武成帝驾崩。

天和四年春，正月初一日，因为齐国武成帝驾崩，停止早期。派遣司会、河阳公李纶等人到齐国参加葬礼，并赠送财物，以示吊唁。

二月初三日，任命柱国、昌宁公长孙俭为夏州总管。初八日，帝亲临大德殿，集合百官、道士、和尚等讨论佛教、道家的教义。岁星反向而行，遮掩太微垣的上将星座。初十日，有一颗斗大流星，出于左摄提星，两移至银河，消失后，有雷鸣之声。

夏四月初十日，齐国派使臣来访。

五月初一日，帝制成《象经》，集合百官讲解。封魏国广平公之子元谦为韩国公，以承继魏国后嗣。二十二日，驾临醴泉宫。二十九日，柱国、吴国公尉迟纲逝世。

六月，修筑原州和泾州东城。

秋七月二十四日，从醴泉宫返回。三十日，突厥派使臣贡献马匹。

八月二十三日，强盗杀害孔城防主，并该地于齐国。

九月初四日，派遣柱国、齐国公宇文宪率领部众在宜阳修筑崇德等城。

冬十一月二十五日，柱国、昌宁公长孙俭逝世。

十二月二十七日，取消陇州。

天和五年春，二月十五日，邵惠公宇文颢之孙宇文胄从齐国归来。改邵国公宇文会为谭国公，封宇文胄为邵国公。

三月初七日，进封柱国韦孝宽为郧国公。二十日，命令宿卫官凡住在函谷关或潼关以东者，须将全家迁入京师，不从者，解除其宿卫官职务。

夏四月初一日，任命柱国宇文盛为大宗伯。驾临醴泉宫。取消帅都督官。十三日，派遣使臣巡视全国。任命陈国公宇文纯为陕州总管。

六月初十日，封开府梁睿为蒋国公。十八日，由于皇女诞生，下令宽免罪人，并免去欠租和预支。

七月，盐州贡献白兔。初四日，从醴泉宫返回。三十日，任命柱国、谯国公宇文俭为益州总管。

九月初二十九日，太白、岁星会合于亢宿。

冬十月初一日，出现日蚀。初六日，太白、镇星会合于氐宿。十七日，太傅、郑国公达奚武逝世。

十一月十六日，追封章武孝公宇文导为豳国公，以蔡国并入豳国。十八日，柱国、豳国公宇文广逝世。

十二月十四日，大将军郑恪率军讨平越巂，设置西宁州。

当年冬天，齐将斛律明月侵犯边界，在汾水北岸，从华谷至龙门修筑新城。天和六年春，正月初一日，因露门尚未建成，取消早朝。诏令柱国、齐国公宇文宪率军抵御斛律明月。十九日，封大将军张掖公王杰、谭国公宇文会、雁门公田弘、魏国公李晖等人为柱国。

二月十一日夜，天空出现宽约3尺的青黑色云气，从戌时直到辰时。

三月初一日，齐国公宇文宪从龙门渡过黄河，斛律明月退守华谷，宇文宪攻克其新筑的5座城池。

夏四月初一日，出现日蚀。初二日，荧惑侵犯舆鬼星座。十四日，信州蛮族首领冉祖喜、冉龙骧起兵反叛，派大将军赵闻将其讨平。十七日，任命柱国、燕国公于寔为凉州总管。大将军、杞国公宇文亮为秦州总管。二十三日，任命大将军、荥阳公司马消难为柱国。陈国公宇文纯、雁门公田弘率军攻占齐国宜阳等9座城池。任命大将军武安公侯莫陈琼、太安公阎庆、神武公窦毅、南阳公叱罗协、平高公侯伏侯龙恩等人为柱国。封开府斛斯征为岐国公，封右宫伯长孙览为薛国公。

五月十六日，派纳言郑诩出使陈国。十九日，任命大将军唐国公李枹、中山公宇文训、杞国公宇文亮、上庸公陆腾、安义公宇文丘、北平公寇绍、许国公宇文善、犍为公高琳、郑国公达奚震、陇东公杨纂、常山公于翼等人为柱国。

六月十九日，任命大将军、太原公王𬀩为柱国。同月，齐国将领段孝先攻陷汾州。

秋七月二十九日，任命大将军、赵国公宇文盛为柱国。

八月初八日，镇星、岁星、太白会合于氐宿。

九月十五日，月亮在娄宿，出现日全蚀，阳光消失。二十八日，削减宫廷旁舍的四夷乐队和后宫的罗绮工人，共500余人。

冬十月初八日，冀国公宇文通逝世。二十一日，派右武伯谷会琨、御正蔡斌出使齐国。二十八日，帝亲自率领六军在城南讲解武学。

十一月初八日，任命大将军侯莫陈芮、大将军李意为柱国。十二日，齐国派使者来访。十三日，巡视散关。十二月初六日，返回皇宫。

当年冬天，牛瘟流行，有十之六七死去。

建德元年（572年）春，正月十六日，帝驾临玄都观，亲登法座讲说，公卿道俗等人辩论驳难，事情结束后回宫。下令凡死囚及流放犯人均减罪一等，赦免5年徒刑以下者。

二月初一日，派大将军、昌城公宇文深出使突厥，司宗李际、小宾部贺遂礼出使齐国。十三日，柱国、安义公宇文丘逝世。

三月初一日，出现日蚀。十四日，处死大冢宰晋国公宇文护，以及宇文护之子柱国谭国公宇文会、宇文会之弟大将军莒国公宇文至、崇业公宇文静，并处死柱国侯龙恩、龙恩之弟大将军万寿、大将军刘勇等人。大赦天下囚犯，改年号为建德。二十一日，任命太傅、蜀国公尉迟迥为太师，柱国、邓国公窦炽为太傅，大司空、申国公李穆为太保，齐国公宇文宪为大冢宰，卫国公宇文直为大司徒，赵国公宇文招为大司空，柱国、续罕公辛威为大司寇，绥德公陆通为大司马。下诏说："如果百姓过于劳累，星象会出现异常；做事不依时令，会出现石人之言。所以要使政事平静，首先要做到不骚扰百姓；要使政治安定，首先要停止徭役。过去大兴土木，没有节制，征发百姓，无休无止，加上年年兴兵打仗，农田荒废。去年秋天发生蝗灾，收成不好，有的百姓逃亡，家中亦无女子。朕每天严肃约束自己，常怀戒慎之心。从现在起，除了法令规定的赋役之外，不许妄自征发。这样做，也许可以达到国家昌盛，人民富足，符合朕的意愿。"

夏四月初二日，任命代国公宇文达、滕国公宇文赟为柱国。诏令荆州、安州、江陵等地总管不再隶属于襄州。初七日，任命柱国张掖公王杰为泾州总管，魏国公李晖为梁州总管。诏令公卿以下官员各自举荐人才。派工部代公宇文达、小礼部辛彦之出使齐国。十四日，诏令百官军民上密封章奏，可放言指陈政事得失。十五日，下诏取消全国各地的特别贡献。十八日，追尊略阳公为孝闵皇帝。二十一日，立鲁国公宇文赟为皇太子。大赦天下囚犯，百官各加封号或晋级。

五月，封卫国公宇文直长子宇文宾为莒国公，承继莒庄公洛生后嗣。二十一日，因为大旱，帝在朝廷召集百官，对他们颁布诏令道："正当农忙之际，大旱不雨，节序失调，大概还不仅如此。难道是因为朕德望不高，赏罚不公吗？所用文武大臣不当吗？各位应尽情直言，不得有所隐瞒。"公卿各自引咎自责。当夜有雨降下。

六月二十九日，另选派宿卫官员。

秋七月初一日，陈国派使臣来访。初五日，辰星、太白会合于东井。初八日，月亮侵入心宿中星。

九月初一日，出现日蚀。二十一日，扶风贡献挖地所得玉杯。

冬十月初一日，诏令江陵所获俘虏凡没入官府服役者，全部赦免为平民。初二日，派小匠师杨勰、齐驭、唐则出使陈国。柱国、大司马、绥德公陆通逝世。

十一月初八日，帝亲率六军在城南讲解武学。十二日，驾临羌桥，召集京城以东各军的都督以上官员，按等级颁发赏赐。十七日，返回皇宫。二十四日，任命大司空、赵国公宇文招为大司马。乙未日，月亮侵入心宿中星。

十二月初四日，巡视斜谷，召集京城以西地区各军的都督以上官员，按等级颁发赏赐。十八日，返回皇宫。二十一日，帝驾临正武殿，亲自讯视记录囚徒的罪状，到夜里才结束。二十二日，驾临道会苑，由于上善殿过于华丽，下令将其焚毁。

建德二年春，正月初四日，在南郊祭祀。初八日，任命柱国、雁门公田弘为大司空，任命大将军、徐国公若干凤为柱国。十三日，重新设置帅都督官。十八日，祭祀太庙。

闰正月初二日，陈国派使臣来访。

二月十五日，白虹遮蔽太阳。十八日，诏令皇太子宇文赟巡视慰问西部。二十三日，派司会侯莫陈凯、太子宫尹郑译出使齐国。荧惑侵犯舆鬼星座，进入积尸星团。撤销雍州所属8个郡，分别并入京兆、冯翊、扶风、咸阳等郡。

三月十三日，皇太子贡献在岐州猎获的两只白鹿。下诏答道："治理天下，在于德政，而不在于祥瑞。”二十七日，裁减六府诸司中大夫以下官员，府设置四司，以下大夫为官长，上士任副职。

夏四月初四日，祭祀太庙。二十四日，增加改派东宫官员。

五月初二日，荧惑侵犯右执法星座。十二日，任命柱国周昌公侯莫陈琼为大宗伯，荥阳公司马消难为大司寇，上庸公陆腾为大司空。

六月初六日，裁减六府员外诸官，都改为丞。初十日，月亮侵犯心宿中星。十八日，皇孙宇文衍诞生，文武官员普遍晋升一级。选拔诸军将帅。二十二日，帝亲临路寝，召集诸军将领，以武事相勉励。二十六日，诏令在各军旌旗上都绘制猛兽、猛禽的图像。

秋七月初五日，祭祀太庙。从春末直到七月不曾下雨。初八日，在大德殿召集百官，帝自陈过失，垂询政事得失。二十四日，下雨。

八月十二日，改三夫人为三妃。关内蝗灾严重。

九月初二日，陈国派使臣来访。初十日，太白侵犯右执法星座。十五日，任命柱国、郑国公达奚震为金州总管。下诏说："为政在于节约，守礼唯有俭省。可是近来婚嫁竞为奢华，往往耗尽资财，远远背离了典则先训。官府应当加以制止，使百姓都能够遵守礼制。"十九日，皇太子纳杨氏为妃。

冬十月初十日，齐国派臣来访。二十一日，制成六代乐，帝驾临崇信殿，召集百官观看表演。

十一月十九日，帝亲自率领六军在城东讲习军事。二十二日，帝召集各军都督以上官员50人，在道会苑举行射礼，帝亲临射官，军容整盛。

十二月初一日，召集群臣以及和尚、道士等人，帝居上座，辩论三教次序先后，以儒教为先，道教为次，佛教为后。任命大将军、乐川公赫连达为柱国。二十六日，在正武殿听理诉讼，从天明直到入夜，燃烛继续办公。

建德三年春，正月初一日，在露门接受群臣朝拜。册封柱国齐国公宇文宪、卫国公宇文直、赵国公宇文招、谯国公宇文俭、陈国公宇文纯、越国公宇文盛、代国公宇文达、滕国公宇文道续等人，晋爵为王。初八日，祭祀太庙。初九日，突厥派使臣贡献马匹。十二日，下诏说："从今以后凡是男子年龄在15岁以上，女子年龄在13岁以上，以及鳏夫寡妇，军民百姓，均应按时嫁娶，务事节俭，不可因为财物聘礼的原因而拖延。"十七日，亲自耕种籍田。十八日，开始穿短衣，宴请二十四军督将以下军官，以军中之法行酒，尽情酣饮。下诏说：由于去年歉收，不少百姓口粮无继，无论官府私人，还是寺院道观和一般民众，凡有贮积粮食者，除准许留足口粮外，其余的全部出售。

二月初一日，出现日蚀。初六日，纪国公宇文康、毕国公宇文贤、酆国公宇文贞、宋国公宇文实、汉国公宇文赞、秦国公宇文贽、曹国公宇文允等人均晋爵为王。十五日，令六府各自举荐贤良正直之士。二十二日，柱国、许国公宇文善触犯刑律，赦免。二十四日，驾临云阳宫。二十七日，皇太后患病。

三月初一日，从云阳宫返回。十三日，皇太后逝世。帝住在草庐之中，每天只进食一溢米。群臣上表伏望皇帝保重，帝于10多天后才恢复正常生活。诏令皇太子宇文赟总理政事。

夏四月二十五日，齐国派使臣参加皇太后葬礼，并赠致财物，以示吊唁。二十七日，有彗星出现在紫官垣的东北部，长7尺。

五月初一日，在永固陵安葬文宣皇后，帝袒露左臂，赤脚到陵园。初二日，下诏说："3年守丧之制，天子也不能例外，这是古今不变的准则，而为帝王所常行。"于是遂申明守丧3年之制，凡五服之内的人，也令其依礼制行事。开始设置太子谏议员4人，文学10人；皇弟、皇子友员各2人，学士6人。初八日，荆州贡献白色乌鸦。初九日，诏令对已死的晋国公宇文护及其诸子恢复生前封爵，并将他们改葬，追加谥号。十七日，禁止佛、道二教，毁掉全部经、像，取消和尚、道士，令其还俗。并禁止各种不合礼制的祭祀，凡礼典所不载者，全部予以废除。

六月十八日，召集诸军将领，教授作战布阵之法。二十三日，铸造五行大布钱，以一当十，与布泉钱同时流通。

秋七月初二日，驾临云阳宫。二十七日，卫王宇文直在京师举兵反叛，想攻入肃章门。司武尉迟运等坚守。宇文直兵败，率百余骑逃走。京师原已连续下雨一个月，当日雨止。三十日，帝从云阳宫返回。

八月初三日，在荆州活捉宇文直，罢免一切职位，降为平民。初七日，诏令凡在建德元年八月以前犯法而未被推究，但于以后败露而失去官职爵位者，可准其恢复官爵。八日，驾临云阳宫。

九月初三日，巡视同州。十一日，任命柱国、大宗伯、周昌公侯莫陈琼为秦州总管。

冬十月初九日，御正杨尚希、礼部卢恺出使陈国。十一日，雍州贡献苍乌。十三日，诏令蒲州饥民向郿城以西及荆州辖区找饭吃。二十七日，巡视蒲州。二十八日，因特殊情况而赦免蒲州死刑以下的囚犯。二十九日，巡视同州。始州民王鞅聚众造反，被大将军郑恪讨平。

十一月初一日，任命柱国、大司空、上庸公陆腾为泾州总管。于阗派使臣贡献名马。十二日，在城东对军队进行大检阅。十七日，从同州返回。

十二月初二日，接见大批卫官及军人，按等级赏赐钱帛。初五日，月亮遮蔽太白星。诏令荆、襄、安、延、夏五州总管,凡其辖区内有能募民参军者,视成绩授以官职。其中的贫困人家,给予免除3年赋税劳役的优待。十一日,改诸军军士为侍官。十二日,利州报告发现驺虞。十八日,在临皋泽集合各军讲解军事。凉州连年地震,城郭毁坏,地面裂开,泉水涌出。

建德四年(575)春,正月十二日,任命柱国、枹罕王辛威为宁州总管,任命太原公王康为襄州总管。设置营军器监。十七日,巡视同州。

二月初一日,出现日蚀。初六日,改派宿卫官员。十二日,柱国、广德公李意触犯法律,赦免。

三月初一日,派小司寇淮南公元伟、纳言伊娄谦出使齐国。郡县各裁减主簿一人。十一日,从同州返回。十九日,任命柱国、赵王宇文招为雍州牧。

夏四月初十日,柱国、燕国公于寔犯法,赦免。十三日,令上书者同时上表,对皇太子以下称启。

六月,诏令东南道四州总管辖区之内,凡是去年以来新归附之户,可以免除赋税劳役3年。

秋七月初三日,驾临云阳宫。初六日,禁止五行大布钱出入潼关,布泉钱听任其入而禁出。十四日,从云阳宫返回。二十一日,陈国派使臣来访。

二十三日,在大德殿召集大将军以上官员,皇帝说:"太祖皇帝受天之命,神威英武,开创帝业,凡军威所向,皆不战而胜,只有伪齐尚怀野心。虽然屡次征讨,而大功未成。朕以愚昧,继承帝业,过去由于大权旁落,无法举措。自从朕亲理万机,便谋划东征。节衣缩食,修整军备,数年以来,已大体做好征战准备。伪主昏庸暴虐,一意孤行,伐除残暴,正是时机。现在打算出兵数路,水陆并进,北守太行山路,东扼黎阳险关。倘若攻克河阴,则兖、豫两地可不战而下。然后养精蓄锐,待敌军来犯。只要抓住一次战机,则必能战而胜之。各位以为怎么样?"群臣都说好。二十四日,下诏伐齐。任命柱国陈王宇文纯为前一军总管,荥阳公司马消难为前二军总管,郑国公达奚震为前三军总管,越王宇文盛为后一军总管,周昌公侯莫陈琼为后二军总管,赵王宇文招为后三军总管,齐王宇文宪率军两万进发黎阳,随国公杨坚、广宁侯薛回率水军3万由渭水入黄河,柱国梁国公侯莫陈芮率军一万扼守太行之道,中国公李穆率军3万扼守河阳之道,常山公于翼率军两万由陈、汝出发。二十九日,帝亲率前后六军共6万人,直指河阴。

八月二十一日,大军进入齐国境内。禁止砍伐树木,践踏庄稼,违犯者以军法从事。二十五日,帝亲率诸军进攻河阴大城,将其占领。又进攻子城,未能攻下。帝患病。

九月初九日夜,全军撤回,水军将船只焚毁后退却。齐王宇文宪以及于翼、李穆等部取得胜利,攻占30余座城池,都是齐军放弃不守的。只有王药城为战略要地,令仪同三司韩正把守。韩正随即以此城投降齐国。二十六日,东征大军返回。二十七日,任命华州刺史、毕王宇文贤为荆州总管。

冬十月初七日,设置上柱国、上大将军官职。改开府仪同三司为开府仪同大将军,改仪同三司为仪同大将军,又设置上开府、上仪同官职。十三日,巡视同州。

闰十月,齐将尉迟贵侵犯大宁,被延州总管王庆击退。任命柱国齐王宇文宪、蜀国公尉迟迥为上柱国,任命柱国代王宇文达为益州总管,任命大司寇荣阳公司马消难为梁州总管。诏令京师所辖各郡举荐有德行的人。

十一月十九日,改派司内官员。

十二月初一日,出现日蚀。二十日,从同州返回。二十六日,陈国派使者来访。

同年,岐州、宁州饥荒,开仓赈济灾民。

建德五年春,正月初四日,巡视同州。十二日,巡视黄河以东的涑川,集合关中、河东诸军圈围野兽以猎取。十五日,返回同州。十八日,下诏说:"可分派使臣,视察各地,检查诉讼案件,采听民谣,询问民间疾苦。凡有牢狱失治,鱼肉百姓者,可根据事实推究取证,分条纪录上报。倘若政绩显著,治理有方者,或者是品行高洁的隐居之士,也应予以查验,将其名字上奏。"废除布泉钱。二十九日,下令凡私铸钱者处绞刑,从犯流放到远处为民。

二月十二日,派皇太子宇文赟巡视西部国土,继续讨伐吐谷浑,由皇太子总理军事,可见机决断。

三月二十一日,月亮侵犯东井第一星。二十三日,由同州返回,为文宣皇后服两年之丧。十九日,为文宣皇后举行两周年祭礼。

夏四月初七日,驾临同州。开府、清河公宇文神举攻占齐国陆浑等5座城池。

五月十四日,从同州返回。

六月初一日,出现日蚀。初四日,祭祀太庙。初九日,利州总管、纪王宇文康有罪,赐其自尽。初十日,驾临云阳宫。月亮遮蔽心宿后星。二十三日,荧惑进入舆鬼星座。

秋七月初六日,京师出现旱情。

八月初二日,皇太子征讨吐谷浑,至伏俟城而归。初九日,从云阳宫返回。十九日,陈国派使臣来访。

九月初一日，在正武殿举行盛大祭祀，为东征祈祷。

冬十月，帝对群臣说："朕去年患了疹疾，以致不能讨平残敌。当初进入敌人境内，充分察知敌情，看他们行军作战如同儿戏。又听说他们朝政昏乱，群小把持大权，百姓喧扰，情况危急。这是上天赐予的机会，如果我们不予以行动，恐怕以后要感到后悔。倘若再同往年那样，出兵黄河以外，也只能击其后背，而不能扼住敌人的咽喉。不过，晋州本是高欢起家之处，地位重要，如今我们前去攻打，对方必然前来增援，我军严阵以待，战则必胜。然后乘破竹之势，一路东进，足可以荡平贼窟，将其地收入版图。"诸将多不愿意出兵。帝又说："事物变化的征兆不可失去啊！如果有人阻挠我的军事行动，朕当以军法制裁。"

初四日，帝率军东征。任命越王宇文盛为右一军总管，杞国公宇文亮为右二军总管、随国公杨坚为右三军总管，谯王宇文俭为左一军总管，大将军窦恭为左二军总管，广化公丘崇为左三军总管，齐王宇文宪、陈王宇文纯为前军。初五日，荧惑侵犯太微垣上将星座。十三日，岁星侵犯太陵。十八日，帝至晋州，派齐王宇文宪率领精锐骑兵两万人把守雀鼠谷，陈王宇文纯率领步兵、骑兵共两万人把守千里径，郑国公达奚震率领步兵骑兵一万人守统军川，大将军韩明率步骑兵5000人守齐子岭，乌氏公尹升率步骑兵5000人守鼓钟镇，凉城公辛韶率步骑兵5000人守蒲津关，柱国、赵王宇文招率步骑兵一万人从华谷进攻齐国汾州诸城，柱国宇文盛率步骑兵一万人守汾水关。派内史王谊监督六军，进攻晋州城。帝屯兵于汾水河湾。齐王宇文宪进攻洪洞、永安二城，一举占领。当夜，一道长虹出现在晋州城上空，虹首向南，虹尾进入紫微宫，长达10余丈。帝每天从汾水河湾赴城下，亲自督战，城内人心惶惶。二十五日，齐国行台左丞侯子钦出城投降。二十七日，齐国晋州刺史崔景颢把守城北，夜里悄悄派人表示归附，上开府王轨率军响应。天色未明，城上击鼓呼叫，齐军溃散，于是收取晋州，活捉晋州城主特进、开府、海昌王尉相贵，俘虏带甲将士8000人，遣送关中。二十九日，任命上开府梁士彦为晋州刺史，加授大将军，留精兵一万镇守。又派各路兵马攻占齐国其他城镇，并先后降服。

十一月初四日，齐主从并州率军来援。帝认为齐军刚刚集结，应暂时避其锋芒，于是诏令各军撤回，派齐王宇文宪担任后卫。当日，齐主抵达晋州，宇文宪不同他接战，率军渡汾。于是齐主包围晋州，昼夜进攻。齐王宇文宪将各军屯集在涑水，声援晋州。河东发生地震。十八日，帝从东征前线返回。在太庙献俘。十九日，下诏说："伪齐背弃信约，恶贯满盈，朕因此亲率六军，东征问罪。兵威所及，攻无不克，贼众惶惶，无暇自保。等到我军班师回朝，伪齐竟又纠集贼众，游弋边境，蠢蠢欲动。朕今日再次率领各军出征，抓住机会，务必全歼。"二十一日，放回齐国各城镇投降的士兵。二十二日，帝从京师出发。二十七日，帝渡过黄河，与各军会合。

十二月初四日，在晋州扎营。当初齐国进攻晋州时，担心帝师突然袭击，在城南挖了一条大沟，从乔山延伸到汾水。六日，帝统率各军共8万人，摆开阵势，东西绵延20余里。帝乘着平日之骑，带领随从数人巡视阵地，所到之处都呼唤主帅姓名，表示慰问勉励。将士们深感知遇之恩，人人精神振奋，思有作为。将要开战，随从官员请皇帝换马，帝答道："我独个儿骑着良马到哪里去？"齐主也在沟北列开阵势。申时后，齐军填平大沟，向南移动。帝大喜，指挥各军进攻，齐军撤退。齐主与部下数十骑逃回并州。齐军完全溃败，几百里内，到处是丢弃的辎重、盔甲和兵器，堆积如山。

初七日，帝驾临晋州，仍然率领各军追击齐主。诸将坚持请求撤军，帝说："放走敌人，就是留下隐患。你们如果不相信，我就独自去追。"诸将不敢再说。十一日，齐主派丞相高阿那肱把守高壁。帝率军一路前进，高阿那肱看见势头不好，便率军撤退，随即溃散。十三日，大军驻扎介休，齐国将领韩建业举城投降，被任命为上柱国，封郇国公。十四日，大军扎营并州，齐主留其从兄安德王高延宗把守并州，自己率领轻装骑兵逃向邺城。当天，向齐国王公以下官员下诏，敦促他们放弃抵抗，立即投降。从此齐国将帅接连投降。封其特进、开府贺拔伏恩为郧国公，其余降将也授予不同官爵。

十五日，高延宗承继伪位，号为德昌。十六日，大军屯集并州。十七日，高延宗率兵4万抵抗，帝率各军接战，齐军退却，帝乘胜追击，率千余骑兵闯入东门，诏令诸军绕城布阵。到夜里，高延宗率军排好阵势，步步进逼，城中军队被迫退却，互相践踏，被高延宗打得大败，几乎全部死伤。齐军想关闭城门，因为门下积尸太多，城门难以关上。帝随从数骑，历尽艰险，得以冲出城门。天明时分，率诸军再战，大破齐军，活捉高延宗，并州自此平定。

二十三日，将齐宫中的金银财宝及宫女2000人赏赐将士。任命柱国赵王宇文招、陈王宇文纯、赵王宇文盛、杞国公宇文亮、梁国公侯莫陈芮、庸国公王谦、北平公寇绍、郑国公达奚震等人为上柱国。封齐王宇文宪之子、安城郡公宇文质为河间王，大将军广化公丘崇为潞国公，神水公姬愿为原国公，广业公尉迟运为卢国公。其他有功之人，也都授予不同官爵。三十日，帝率六军开赴邺城。任命上柱国、陈王宇文纯为并州总管。

建德六年春，正月初一日，齐王传位给太子高恒，改年号为承光，自称太上皇。十八日，帝到达邺城外。齐王事先在城外挖掘壕沟，竖起栅栏。

十九日，帝率各军将该城包围，齐军抵抗，各军奋起攻击，齐军大败，于是平定邺城。齐主事先将其母亲妻儿送到青州，在邺城陷落时，率数十骑败走青州。帝派大将军尉迟勤率 2000 骑兵追击。这一仗活捉了齐国齐昌王莫多娄敬显。帝斥责他道："你有 3 条死罪：当初你从并州逃到邺城时，只带小妾，不要老母，这是不孝；你表面上为伪主效力，暗中却向朕通报消息，这是不忠；你表示归降之后，仍然脚踏两只船，这是不信。像你这样的用心，不死还等待什么？"于是下令将其斩首。当天，西方天空有雷鸣般的巨响。

二十日，帝进入邺城。齐国任城王高湝本来就在冀州，齐主抵达黄河以后，派侍中斛律孝卿将传国之玺送去，让位给高湝。斛律孝卿还没到达冀州，在中途被捉，押送邺城。诏令凡去年大赦时疏漏之人，均依照赦免之例执行。封齐国开府、洛州刺史独孤永业为应国公。二十二日，任命上柱国、越王宇文盛为相州总管。二十五日，下诏说："从晋州大战到平定邺城，凡阵亡者，即将其本来官职授予他们的儿子。"尉迟勤在青州活捉齐主及其太子高恒。

二十六日，下诏说："伪齐国已故右丞相、咸阳王斛律明月和已故侍中、特进、开府崔季舒等 7 人宜追赠谥号，妥善安葬。他们的现存子孙，均根据其先世功劳给予相应待遇。凡家人田宅没收入官者，一律发还。"

二十七日，下诏说："伪齐所建之东山、南园、三台可一并拆毁。将其能用的砖瓦木料赏赐百姓。山园所占之田还归本主。"

二月初三日，议定各军战功，在齐国太和殿摆设酒宴，会宴军士以上武职，按等级颁给不同赏赐。初四日，齐主到，帝亲自走下台阶迎接，按宾主之礼相见。高湝在冀州还拥有军队，不肯归附，派上柱国、齐王宇文宪和柱国、随国公杨坚率军将其讨平。齐国定州刺史、范阳王高绍义叛变，归附突厥。齐国各行台、州、镇全部投降，潼关以东平定。得齐国五 55 州，162 郡，385 县，3302528 户，20006686 口。于是在河阳、幽、青、南兖、豫、徐、北朔、定等地同时设置总管府，相州、并州二总管各设置宫室和六府官。

初十日，下诏说："凡是从伪武平三年（572 年）以来，黄河以南各州被劫掠为奴婢者，不论官奴婢还是私奴婢，一律放免为民。愿住在淮河以南的，听任其返回，愿住在淮河以北的，予以安置。对于其中的残疾老弱、无法生活者，各级地方官员要亲自检查验明，并供给衣食，务必使之得以存活。"

十二日，帝从邺城返回京师。十三日，任命柱国、随国公杨坚为定州总管。

三月初九日，诏令太行山以东诸郡，各郡举荐两名通晓经书、干练能办事的人。倘若有奇才异术，出类拔萃者，则不拘多少。

夏四月初三日，从东征前线返回。让齐主站在前面，齐国诸王公随之，把缴获的车舆、旗帜及各种器物依次陈列在他们后面。帝部署六军，奏凯乐，向太庙献俘。京城观礼者都高呼万岁。初六日，封齐主为温国公。初八日，帝在露寝会宴群臣及诸外邦客人。十三日，撤销蒲、陕、泾、宁四州总管。二十七日，祭祀太庙。

五月初五日，任命柱国、谯王宇文俭为大冢宰。初八日，任命上柱国、杞国公宇文亮为大司徒，郑国公达奚震为大宗伯，梁国公侯莫陈芮为大司马，柱国、应国公独孤永业为大司寇，郧国公韦孝宽为大司空。初九日，帝在正武殿举行祭祀，以报告功业。十七日，祭祀地神。二十一日，驾临云阳宫。二十八日，陈国派使者来访。当月，青城门无故崩坍。

六月初六日，从云阳宫返回。初十日，帝在正武殿亲自查讯纪录囚犯的罪状。二十二日，在河州鸡鸣防设置旭州，在甘松防设置芳州，在广川防设置弘州。二十三日，帝东行巡视。二十六日，下诏说："禁止娶与母同姓者为妻妾。"

秋七月初八日，封齐王宇文宪第四子广都公宇文负为莒国公，承继莒庄公洛生后嗣。十二日，应州贡献灵芝草。十五日，驾临洛州。十八日，诏令太行山以东各州举荐人才，上县举荐6人，中县举荐6人，下县举荐4人，均赴皇帝所在之处，共同讨论政事得失。二十七日，任命上柱国、庸公王谦为益州总管。

八月初一日，议定度量衡制，颁布天下。凡不依新制者，一律追究。诏令凡因前代犯罪而没为官奴婢者，一律恢复平民身份。二十二日，郑州贡献九尾狐，皮肉已销腐净尽，只余骨架。帝说："祥端之物出现，一定象征着德政。倘若屡建功勋，四海和平，家家懂得孝敬慈和，人人知道礼义谦让，才能如此。如今并非，只恐这九尾狐也不是真的。"于是令人将其焚去。

九月初二日，任命柱国、邓国公窦炽和中国公李穆为上柱国。初八日，下令凡平民以上，其衣料为绸、绵绸、丝布、圆绫、纱、绢、绡、葛、布等9种，不得穿用其他衣料。朝会及祭祀时的衣服可不拘泥于此例。十四日，绛州贡献白雀。二十二日，诏令东部诸州儒生，凡通晓一种以上经书的，可一块举荐，州郡应按照礼仪将他们送来。癸卯日，封上大将军、上黄公王轨为郯国公。

冬十月初七日，驾临邺宫，十七日，将德皇帝改葬在冀州。帝穿着细麻布做成的丧服，在太极殿哭祭，百官穿白色衣服哭祭。当月，处死温国公高纬。

十一月初一日，百济派使臣贡献土产。初三日，封皇子宇文充为道王，宇文兑为蔡王。初四日，陈将吴明彻侵犯吕梁，徐州总管梁士彦率军接战失利，退守徐州。派上大将军、郯国公王轨领军讨伐。当月，稽胡反版，派齐王宇文宪率军将其平定。

诏令从永熙三年（534年）七月以来，至去年十月以前，凡东部百姓被劫掠在境内为奴婢者，以及平定江陵之后，平民而沦为奴婢者，应当一律放还为平民。他们的所在地户籍，同平民士兵一样，如果旧主人还必须同他们生活在一起，可听任他们留为家仆和婢女。

三十日，出现日蚀。

颁布《刑书要制》。凡持杖群盗赃在一匹以上，监临自盗赃在20匹以上，小盗及诈骗官物赃在30匹以上，正、长隐瞒5户及10丁以上、隐瞒田地3顷以上者，皆可处死。《刑书》所未载者，仍依照律科量刑。

十二月十九日，吐谷浑派使臣贡献土产。二十日，东寿阳人反叛，率领5000人袭击并州城，刺史、东平公宇文神举将其荡平。二十一日，驾临并州官。迁徙并州军民4万户到函谷关以西。二十七日，任命柱国、滕王宇文绚为河阳总管。二十八日，任命柱国、随国公杨坚为南兖州总管，上柱国、申国公李穆为并州总管。二十九日，撤销并州官及六府。当月，北营州刺史高宝宁反叛。

宣政元年(578年)春，正月初五日，吐谷浑伪赵王他娄屯前来归降。十四日，驾临邺官。从相州划出广平郡设置洺州，划出清河郡设置贝州，划出黎阳郡设置黎州，划出汲郡设置卫州；从定州划出常山郡设置恒州；从并州划出上党郡设置潞州。二十三日，巡幸怀州。二十五年，驾临洛州。下诏在怀州设置行宫。

二月初六日，柱国，大冢宰宇文俭去世。十九日，帝东巡返回。二十七日，任命上柱国、越王宇文盛为大冢宰，陈王宇文纯为雍州牧。

三月初一日，在蒲州设置行宫。撤去同州、长春二宫。五日，突厥派使臣贡献土产。初七日，开始戴平常的冠，冠用黑纱制成，加簪，没有系冠的丝带和束发的笄，样子像如今的折角巾。上大将军、郯国公王轨在吕梁击败陈军，活捉陈将吴明彻等，俘虏斩杀3万余人。十一日，下诏说："已故柱国豆卢宁征伐长江以南武陵、南平等郡时，所有平民没为奴婢者，一律依江陵之例恢复其平民身份。"十六日，改年号为宣政。

夏四月十五日，下令凡父母去世者，可服满3年丧期。二十三日，突厥侵入幽州，杀掠官吏百姓。商议派军讨伐。

五月二十三日，帝率军北伐。派柱国原公姬愿、东平公宇文神举等人率军，五路俱发。征派关中公私驴马，全部从军。二十七日，帝患病，到云阳官后停止前进。三十日，下诏停止一切军事行动。

六月初一日，帝病重，返回京师。当夜，在所乘车辇中驾崩，享年36岁。遗诏令王公大臣辅导太子，丧礼从俭，不起高坟。逢吉日及时下葬，妃嫔以下未生子者，一律放其回家。

谥号为武皇帝，庙号为高祖。二十三日，在孝陵安葬。

国学经典

宋 涛/主编

二十四史的各史名篇的精选

二十四史精华

辽海出版社

【 第四卷 】

《二十四史精华》编委会

主　编	宋　涛				
副主编	李志刚	高明芬	张黎莉	孙　伟	李　林
	王秋菊	闫亦贵	刘赫男	温德新	焦明宇
	李　洋	崔　静	余秀洁	关　涛	刘　巍
编　委	王　佳	赵子萱	韩安娜	郑传富	李铭源
	李金博	何春丽	常　旭	郑志龙	樊祥利
	朱政奇	魏伯阳	魏百花	魏红艳	杨　敏
	刘雨晴	邢语恬	郭运娇	张晓宇	许长河
	李小辉	王　曼	夏　禹	肖　冰	杨　超
	李　娟	张　鹏	李　萌	李玉海	宋　佳
	于春燕	王　威	任光宇	王冬云	王伟娜
总编辑	竭宝峰	刘赫男	佟　雪	陈玉伟	

前　言

中华民族在几千年生息、发展的清晰脉络中，留下了一部部浸透着人类心血和智慧的历史典籍，不仅记载了中华民族产生和发展的全部过程，也涵纳了中华民族的精神财富和智慧。可以说，中国是一个史籍浩如烟海、世无匹敌的文献之邦。在祖先留给我们的精神财富中，最优秀也最具代表性的就是二十四史。

二十四史是中国唯一一部完整的官修史总集，也是世界上唯一一部连续修造 1800 余年，记载 4000 余年悠久历史的辉煌巨著。主要包括：《史记》《汉书》《后汉书》《三国志》《晋书》《宋书》《南齐书》《梁书》《陈书》《魏书》《北齐书》《周书》《隋书》《南史》《北史》《旧唐书》《新唐书》《旧五代史》《新五代史》《宋史》《辽史》《金史》《元史》《明史》。它以统一的纪传体裁，完整、系统地记录了上起传说中的黄帝，下迄明崇祯十七年间历史各个时期的经济、政治、科技、军事、文化、艺术、外交等多方面内容，展示了数十个王朝的兴衰轨迹，是研究中国历史最具权威性的史料，也是考查我国周边国家历史的珍贵资料，堪称中华文明的"百科全书"。

二十四史具有深厚的文化积淀，不仅可作历史著作来读，亦可作为文学名篇或政治著作来读。但由于成书年代久远，文字艰深，

典故生僻且随处可见，令广大读者望而却步。为了使这些史学巨著在现代社会中重放异彩，让读者从中体味博大精深的华夏文明和高深莫测的人生智慧，本书编委会倾尽心力为广大读者朋友选编了一部既可收藏又能读懂的《二十四史精华》。

　　本书对二十四史进行了精心的整理，既有文白对照，也有传世故事，集普及与研究、通俗与学术于一体，希望能够给喜欢史学的朋友以启迪与帮助。

前言

目　录

《南史》

《北史》

《隋书》

《旧唐书》

《新唐书》

《南史》

《南史》概论

《南史》，唐初史学家李延寿撰，共80卷，包括本纪10卷，列传70卷。起宋武帝永初元年（420年），迄陈后主祯明二年（589年），记南朝宋、齐、梁、陈四代170年的史事。

一

《南史》是李大师、李延寿父子两代，用了10多年的工夫，参阅了大量资料，进行严格增删修正而成的；编成后，又经著名史学家令狐德棻亲自修改，质量是相当高的，是一部有价值的史书。

《南史》的篇幅比起南朝四部正史来要少得多。将《南史》与"四书"相对照，我们发现他删去了《宋书》中大量的夹叙文字，同时也删去了本纪中的诏册、让表等官样文章，每篇只留下一至二篇，对其他诏书、令制，也多作删削。在列传中，多删去词章作品、奏议文章，但意义较大的名篇，又全文照录。如《南史·陈伯之传》全文录载丘迟《与陈伯之书》，而《任昉传》也全文录载刘孝标《广绝交论》，等等。

李延寿将一大堆史料删烦去冗，编辑连缀，文字颇有条理，突出了纪、传的叙事部分，读起来更为清楚醒目。范文澜在《正史考略》中说，《南史》《北史》虽删节很大，但并未削弱其史料价值；卷数虽少于八书，但读起来反觉充实，应该说这种评价是中肯。但李延寿并不仅仅只有删削，增加史事、人物的地方也不少，尤其对齐、梁两代的史料有一些增加。

李延寿修《南史》时，正史中除依据沈约等人的四书外，还参见了谢吴的《梁书》、许亨的《梁史》以及徐爰、孙严各自的《宋书》，陆琼、顾野王、傅绰各自的《陈书》，等等。这些当然是李延寿增补史料的来源之一。来源之二，乃是杂史一类的著述，这是李延寿最为重视的一部分。如无名氏《宋中兴伐逆事》、姚最《梁昭后略》、萧韶《梁太清纪》、萧世怡《淮海乱离志》、刘仲威《梁承圣中兴略》等等。这类著述，多为作者耳闻目见之事，有较高的史料价值。但这些珍贵的著述，因其短小，极易散失。李延寿有鉴于此，遂参阅了这方面的著述1000余卷，将其珍贵的资料网罗到《南史》中去。在《南史》中，李延寿补充了张彪传及庾子舆、王鉴之、王玄象、谢澹、王斌、王僧龄等附传；在《循吏》《文学》《隐逸》《恩弦》等类传中，也补充了若干人的传或附传。如《循吏传》中增补了甄法崇、王洪范、郭祖琛等传，《文学传》中增补了纪少瑜传及吴迈远、孔逭、虞通之、虞羲、司马宪、袁仲明、孙诜、王子云、费昶、范怀约、谢善勋、韦仲等附传。《隐逸传》中增补了渔父传及孔㧑、孔总、赵僧岩、蔡荟、释宝志等附传。《恩弦传》中，由于梁、陈二书无此类传，增补就更多。增立传的有茹法珍、周石珍、陆验、孔范等，增为附传的有綦母珍之、杜文谦、徐龙驹、曹道刚、梅虫儿、徐世标、王抯之、徐缺、王仪、沈俏等。《南史》除补充一些纪、传外，在四书已有的纪、传中，也补充了不少史料。其中又以对《梁书》的增补最有价值。譬如，南史补写了《郭祖琛传》及郭祖琛揭露梁武帝残民佞佛的弊政；于《范缜传》增写了这位著名思想家恪守信念、不肯"卖论取官"的坚定立场和崇高精神；于《元帝纪》增写了梁元帝对臣下的种种猜忌；于《后妃传》增写了徐妃的淫秽；于《临川王宏传》增写了萧宏的懦弱、聚敛、奢侈等；在《刘怀珍传附刘峻传》中，增补了刘峻与母出家为僧尼、梁武帝策锦被事等事迹。这些都是关系到"人之善恶，事之成败"的重要史实。正是如此，《南史》在叙事上也有一些地方比"四书"来得详细。如《南史·齐高帝诸子传》比《南齐书·高祖十二王传》就详细得多，其中《始兴王鉴传》从60余字增至900余字；《江夏王锋传》从170余字增至700字。清赵翼在《廿二史札记》和《陔余丛考》中列举了不少《南史》增补四书的事例，可供参考。

《南史》根据旧史改编而成，但它对旧史的错误或曲笔多有更正。南北朝以来的史学著作不同程度地存在着曲意为某朝统治者或为当朝统治者回护的弊病，特别是《宋书》《齐书》《梁书》《陈书》等，淹没和歪曲了一些历史事实，李延寿都据事直书，加以订正。

二

南朝时期，南方士族已开始没落。门阀制度在曹魏后期最终形成，经过西晋一代的巩固，到东晋充分发展，至南朝，已经历了100多年。在这漫长的岁月中，高门士族凭借特权坐致高官厚禄，在长期养尊处优的生活中自行腐朽，在他们争权夺利的内部斗争中互相削弱，在农民起义的不断打击下被消灭。尤其是东晋末年的孙恩起义，将北府兵最后一个士族将领、谢安的儿子卫将军谢琰杀死。此后，北府兵就落入寒门手中。到了南朝，士族已不再执掌兵权。因此，南方士族在南朝时开始没落，已成无法挽回的趋势。但越是日暮途穷，越要拼命维护他们的特权地位，尤其要保住世代相传的族望，士庶之间的界线也更加不可逾越。这种时代特色在《南史》中得到充分反映。《南史》的一个显著特点，和《北史》一样，在列传中大多采用家传形式，按一个族的世系而不依某一历史人物的时代立传。凡是一个族的子孙都附在一个先祖名下，往往一个传附上一大串人，有些人根本没有什么事迹可记，只两三行字一篇的都有。只有专传例外，如《儒林》《文学》《孝义》《恩幸》等，是按人物的特点类型集中在一起。

《南史》删掉了宋、齐、梁、陈书中"索虏"一类民族间互相鄙视的字眼，因为编书时国家早已统一，经过300年的发展，这一时期的民族大融合已经完成，民族的界限和隔阂已基本消失。李延寿将南、北两个政权看成平列的历史整体，没有因为南方是汉族就视为正统，这不仅是社会的客观存在对他的影响，这也说明他在编写史书问题上，对多民族国家的正确态度。

《南史》文笔简练，行文流畅，并强劲有力，这是历代史学家所公认的。但是，《南史》也存在一些弊病。

首先是删削不当。例如《南史》删去《宋书·孔灵符传》中的"山阴湖田议"、羊玄保的"吏民亡叛罪同伍议"，等等。在这些作品中，有的涉及当时的社会、经济状况和政治事件，《南史》全部删去或节录太少，是不妥的。梁范缜关于神灭的辩论是研究当时意识形态的宝贵材料，也被《南史》删去，十分可惜。

第二是增补不当。李延寿在增补史料时，把不应增补的史料增补进《南史》，形同蛇足。如《宋武帝纪》《齐高帝纪》《梁武帝纪》《陈武帝纪》中，记符瑞、载鬼神竟各多达几千字。《南史·张彪传》记张彪和妻杨氏以及所养之犬黄苍的事，无不怪诞离奇，几乎写成一篇传奇小说。这是由于作者撰述过程中，吸收了不少"小说短书"一类文字的缘故。

第三《南史》纪、传之间还间有龃龉之处，于官名的去留，删削不当等等，阅读时应予留意。

三

《南史》有本纪10卷，分为《宋本纪》《齐本纪》《梁本纪》《陈本纪》。宋自永初元年（420年）刘裕称帝建国至升明三年（479年）宋顺帝被废黜，齐代宋为止，历八代皇帝，共59年，史称刘宋。齐，历史上又称南齐，自建元元年（479年）萧道成废宋建国至中兴二年（502年）齐和帝被废，梁取代齐为止，历七代皇帝，共23年。梁自天监元年（502年）萧衍代齐至太平二年（557年）梁敬帝被废，陈代梁为止，历三代皇帝，56年。陈自永定元年（557年）陈霸先称帝建国至祯明三年（589年）隋大军南渡长江，攻下建康，陈后主被俘，陈朝灭亡为止，历五代皇帝，共32年。《宋本纪》《齐本纪》《梁本纪》《陈本纪》分别以各朝的每代皇帝为中心，概括地叙述了每朝代各个时期的大事。

通过这些本纪的阅读，我们可以大致了解南朝时期的政治演变的大致梗概。

齐（479—502年）的开国皇帝是萧道成，梁（502—557年）的建立者是武帝萧衍，他们统治的后期，政治极端腐败，最终导致了侯景之乱，北强南弱的形势已不可逆转。

陈的创立者是灭掉侯景的陈霸先。他于557年废掉萧方智，自立为帝。陈国力远不如刘宋，即比齐梁也不如，国土缩小，经济衰落，为隋所灭是大势所趋。

从上述本纪反映的南朝政权的演变情况，我们可以看到南朝时的政治极不稳定，政权更迭频繁。就军事国力而言，是北方强于南方，所以最终由隋统一了全国。

政　略

衡阳王受训

（义季①）尝大蒐①于郢③，有野老④带苫⑤而耕，命左右斥之。老人拥耒⑥对曰："昔楚子⑦盘游，受讥令尹⑧，今阳和扇气，播厥⑨之始。一日不作，人失其时。大王驰骋为乐，驱斥老夫，非劝农之意。"义季止马曰："此贤者也。"命赐之食。老人曰："吁！愿大王均其赐也。苟不夺人时，则一时皆享王赐，老人不偏其私矣。斯饭也弗敢当。"问其名，不言而退。

（《南史》卷十三，宋衡阳王刘义季传）

【注释】

①义季：刘义季，南朝宋武帝刘裕子，封衡阳王，宋文帝时病死。

②大蒐：围猎。

③郢：古地名，在今湖北荆沙。

④野老：老农。

⑤苫（shān）：用茅草编成的覆盖物。

⑥耒（lěi）：原始的翻土农具，类似木叉。

⑦楚子：楚王。周代封国中，楚原封子爵，故对楚君称楚子，但很早就自称楚王。

⑧令尹：春秋、战国时期楚国最高官职。拥耒老人在这里所说的"楚子"大概是指楚庄王，楚庄即位之初"不出号令，日夜为乐"，谏劝过他的有多人。

⑨播厥，播种。语出《诗·周颂·载芟》。

【译文】

刘义季曾大规模围猎于郢，见有老农披着蓑衣在田野间耕作，便命左右过去呵斥。老人手拿着耒回答说："从前楚子沉湎游乐，受到令尹的讥笑，如今阳光和煦，春意盎然，正是播种之始。农夫一日不耕作，就是失去了宝贵的时机。大王随意驰骋为乐，驱斥老夫，不是鼓励农作的表示啊！"义季勒住马缰，说："这是贤者啊。"命令赏赐给他吃的东西。老人说："唉！愿大王让人们都能受赐。如果不妨碍农时，那么将来的收成就是我们享受的大王的恩赐。老汉我不想单独受赐，这饭食也就不敢当了。"刘义季问他的名字，他没有告诉就避开了。

殷氏刑前遗言

劭①妻殷氏赐死于廷尉，临刑谓狱丞江恪曰："汝家骨肉相残②，何以枉杀天下无罪人？"恪曰："受拜皇后③，非罪而何？"殷氏曰："此权时④耳，当以鹦鹉⑤为后也。"

（《南史》卷十四，刘劭传）

【注释】

①劭：刘劭，南朝宋文帝长子，拜为太子，却发动宫廷政变，杀死文帝，自立为帝，旋即遭到其弟刘骏等的声讨，不久即兵败被杀。《宋史》称之为"元凶"，与其同伙刘浚一起列为"二凶"。

②汝家骨肉相残：殷氏所谓"汝家"是指刘家。

③受拜皇后：刘劭拜殷氏为后。

④权时：临时，暂时。

⑤鹦鹉：姓王，原为刘劭姊东阳公主家婢女，后与刘劭狼狈为奸。刘劭败后，亦被杀。

【译文】

刘劭的妻子殷氏被赐死于廷尉，临刑前，她对狱官江恪说："你们刘家骨肉相残，为什么要冤杀天下无罪之人？"江恪回答说："你受拜当了皇后，怎么还说无罪呢？"殷氏说："这只不过是暂时的，以后是要让鹦鹉当皇后的。"

御　人

何、颜辩图官

有人尝求为吏部郎，尚之①叹曰："此败风俗也。官当图②人，人安得图官。"延之③大笑曰："我闻古者官人以才，今官人以势，彼势之所求，子何疑焉？"所与延之论议往反，并传于世。

（《南史》卷三十，何尚之传）

【注释】

①尚之：何尚之，南朝宋大臣。

②图：谋取。

③延之：颜延之，南朝宋人，文章冠绝当时，与谢灵运齐名。又和何尚之有深交。

【译文】

有人曾提出要当吏部郎的官，何尚之叹息道："这真是败坏风俗。应该是官职取人，人又怎么能去谋官职。"颜延之大笑说："我听说古时凭才能任人为官，而今却是论势力授人官职，他凭势力求官，你又有什么令人不解呢？"他和颜延之在一起议论和互相答往的，都传播开去了。

宋季雅买邻而居

初，宋季雅罢①南康郡，市宅居僧珍②宅侧，僧珍问宅价，曰："一千一百万"。怪其贵，季雅曰："一百万买宅，千万买邻。"及僧珍生子，季雅往贺，署函③曰"钱一千"。阍人④少之，弗为通，强之乃进。僧珍疑其故，亲自发，乃金钱也。遂言于帝，陈其才能，以为壮武将军、衡州刺史。将行，谓所亲曰："不可以负吕公。"在州大有政绩。

（《南史》卷五十六，吕僧珍传）

【注释】

①罢：被免去。

②僧珍：吕僧珍，南朝齐、梁间人，得梁武帝信用。

③署函：函，盒子或封套。署，书写。

④阍人：守门人。

【译文】

起先，宋季雅被免去南康郡的职务，在吕僧珍家的旁边买了住宅，吕僧珍问他价格，回答是"1100万"。僧珍对这么昂贵的价格感到奇怪，季雅说："我花100万买房，1000万买邻居。"待到僧珍生子，季雅前往祝贺，送了一个盒子，上面写着："钱一千。"守门人觉得这份礼太轻，不给他通报，他硬要进去，才放他进。僧珍怀疑这里有什么名堂，亲自打开，原来是金子铸的钱。于是，吕僧珍向皇帝推荐宋季雅，说他很有才干，宋被起用为壮武将军、衡州刺史。在启程赴任时，宋对他所亲信的人说："不可以辜负了吕公啊。"到了衡州后，他大有政绩。

法 制

吕僧珍公私分明

　　僧珍①去②家久，表求拜墓，武帝③欲荣以本州，乃拜南兖州④刺史。僧珍在任，见士大夫迎送过礼，平心率下，不私亲戚。兄弟皆在外堂，并不得坐。指客位谓曰："此兖州刺史坐，非吕僧珍床。"及别室促膝如故。从父⑤兄子先以贩葱为业，僧珍至，乃弃业求州官。僧珍曰："吾荷⑥国重恩，无以报效，汝等自以常分，岂可妄求叨越⑦。当速反葱肆⑧耳。"僧珍旧宅在市北，前有督邮廨⑨，乡人咸劝徙廨以益其宅。僧珍怒曰："岂可徙官廨以益吾私宅乎？"姊适于氏⑩，住市西小屋临路，与列肆杂。僧珍常导从卤簿⑪到其它，不以为耻。

（《南史》卷五十六，吕僧珍传）

【注释】

　　①僧珍：吕僧珍，南朝齐、梁间人，得梁武帝信重。

　　②去：离。

　　③武帝：南朝梁武帝萧衍。

　　④南兖州：治所在广陵（今江苏扬州）。吕僧珍家"世居广陵"。

　　⑤从（zòng）父：伯父、叔父。

　　⑥荷：承受。

　　⑦叨越：非分占有。

　　⑧肆：经商之店铺或摊位。

⑨督邮廨：督邮，官名，负责郡内监察。廨，官舍。

⑩姊适于氏：姊（zǐ），姐姐。适，嫁。

⑪卤簿：官员出行随从的仪仗。

【译文】

吕僧珍离家日久，上表请求拜祭祖墓，梁武帝有意让他荣耀于本州，于是就任命他为南兖州刺史。吕僧珍在任职期间，对于士大夫的接待有过于礼，以公平之心对待下属，不特别照顾亲戚。兄弟都在外堂站着，不给坐，指着留给客人的座位说："这是兖州刺史支配的座位，不是吕僧珍的床。"等到了内室，则又促膝交谈，亲密如故。他伯叔父兄弟的儿子原先以卖葱为生，僧珍到任后，就不干卖葱的活了，要当官。僧珍说："我承受国家重恩，没法报答，你们各有本分，怎么可以有非分的要求，你还是赶快回到卖葱的地方去吧。"僧珍家的老屋在市场之北，前有督邮官署，家乡人都劝他把官署挪走，扩展住房。僧珍闻说发怒道："怎么可以移走官署来拓展我的私宅呢？"他的姐姐嫁给姓于的人家，住在市场西靠路边的小屋，和店铺混杂。而他常指引随从的仪仗和官员到姐姐家去，不以为这有什么丢面子。

皇上动情谅死罪

又有建康①人张悌，家贫无以供养，以情告邻富人，富人不与，不胜忿，遂结四人作劫，所得衣物，三劫持去，实无一钱入己。县抵悌死罪。悌兄松诉称："与弟景是前母子，后母唯生悌，松长不能教诲，乞代悌死。"景又曰："松是嫡长，后母唯生悌，若从法，母亦不全。"亦请代死。母又云："悌应死，岂以弟罪枉及诸兄。悌亦引分②，乞全两兄供养。"县以上谳③，帝以为孝义，特降死，后不得为例。

（《南史》卷七十四，张悌传）

【注释】

①建康：东晋南朝都城，在今江苏南京。

②引分：此指承担罪责。

③谳（yàn）：议罪，讨论疑难案件。

【译文】

又有一个建康人张悌，家中贫困，无以度日，向邻家富人告诉实情，寻求施助。富人不给任何帮助，张悌气愤不已，于是就拉了3个人，一起抢劫，所得的衣服和其他物品，都被那3人拿走，张悌实在什么也没得到。县里判他死罪。张悌之兄张松向官府上诉说："我和弟弟张景都是前母所生，后母只生了张悌一个儿子，我是兄长，不能教诲，请求允许我代替他去死。"而老二景说："松是家中老大，后母只生了弟弟张悌，假如处他死刑，母亲势必也难以活下去了。"他也请求代张悌死。母亲又出来说："悌儿罪而当死，怎能因为弟弟的罪过害了无辜的兄长。张悌已承认罪责，请求保全他的两个兄长，供养我的生活。"此案送到县以上复议，皇帝认为这是孝义，特地下令不判死刑，但以后不得以此为例。

军　事

薛安都勇刺"万人敌"

孝建元年①，除左军将军②。及鲁爽③反叛，遣安都④及沈庆之⑤济江⑥。安都望见爽，便跃马大呼，直往刺之，应手倒。左右范双斩爽首。爽世枭猛，咸云万人敌，安都单骑直入，斩之而反，时人皆云关羽斩颜良不是过也。

（《南史》卷四十，薛安都传）

【注释】

①孝建元年：454 年。孝建，南朝宋孝武帝年号。

②除左军将军：指薛安都被任命为左军将军。除，拜授官职。

③鲁爽：晋宋间人，追随宋武帝刘裕，历任要职，是宋初重要将领，后谋反，被杀。

④安都：薛安都，南朝宋重要将领，后投北魏。

⑤沈庆之：南朝宋将领，后被前废帝所杀。

⑥江：此指长江。

【译文】

孝建元年，薛安都被任命为左军将军。后来鲁爽反叛，派遣安都及沈庆之渡江。薛安都望见鲁爽，就跃马大呼，直刺鲁爽，鲁爽应声而倒了，身边的范双把鲁爽的头砍了下来。鲁爽是当世有名的猛将，都把他称为"万人敌"，薛安都单骑直入而把他杀了，当时人们都认为关羽斩颜良也不比这精彩。

王僧辩驭下无法

景^①自出战于石头城北，僧辩^②等大破之。卢晖略^③闻景战败，以石头城降。僧辩引军入据之。景走朱方^④，僧辩命众将入据台城。其夜军人失火烧太极殿及东西堂。僧辩虽有灭贼之功，而驭下无法，军人卤掠^⑤，驱逼居人^⑥。都下百姓父子兄弟相哭，自石头至于东城^⑦，被执缚者，男女裸露，袒衣^⑧不免。缘淮号叫，翻思景焉。

（《南史》卷六十三，王僧辩传）

【注释】

①景：侯景，原为东魏大将，后降梁，不久发动叛乱，给江南地区造成巨大破坏，552年，兵败被杀。

②僧辩：王僧辩，梁大将，与陈霸先合力击败侯景，收复建康。后为陈霸先所杀。

③卢晖略：侯景手下重要将领。

④朱方：古地名，在今江苏丹徒境内。

⑤卤掠：同"掳掠"，抢夺人和财物。

⑥居人：居民。

⑦东城：疑为建康的东府城。

⑧袒（nì）衣：贴身内衣。

【译文】

侯景亲自战于石头城北，王僧辩等大破之。卢晖略听说侯景战败，交出石头城投降。王僧辩带领军队入城，占据了石头城。侯景逃向朱方，僧辩命令众将领入据台城。当夜，军人失火烧太极殿和东西堂。王僧辩虽然有灭贼之功，但没有控驭部下，军人抢掠人财，驱逼居民，首都地区的百姓父子兄弟相哭，自石头城到东府城，被抓被缚的，男女都没有衣穿，连贴身衣服都被剥夺。沿着秦淮河，一片号叫声，百姓反而开始思念侯景。

理　财

废帝败家

帝①既失道，朝事大小，皆决之西昌侯鸾②，鸾有谏，多不见从。极意赏赐左右，动至百数十万。每见钱曰："我昔思汝一个不得，今日得用汝末？"武帝聚钱上库五亿万，斋库③亦出三亿万，金银布帛不可称计。即位未朞岁④，所用已过半，皆赐与诸不逞群小。取诸宝器以相击剖破碎之，以为笑乐。及至废黜，府库悉空。

（《南史》卷五，齐废帝郁林王本纪）

《南史》

【注释】

①帝：此指南朝齐废帝萧昭业。

②西昌侯鸾：萧鸾，齐宗室，后即帝位，即齐明帝。

③斋库：用于祭祀等事务的专门金库。

④朞（jī）岁：周年。

【译文】

废帝不走正道，朝中事无论大小，都由西昌侯萧鸾做主，但萧鸾对他的一些规谏，他又听不进去。随心所欲地赏赐左右，一动就是百万、数十万。每回见到钱，总是说："从前我想你却一个都没有，今天我该痛快地用你吗？"齐武帝积聚了不少钱财，上库5亿万，斋库也有3亿万，金银布帛之类不计其数。但废帝即位不足一年，把这些钱财的一半以上都用掉了，主要是赏赐给那些正道走不通的群小。他常拿了各种宝器敲打破碎，以此为乐。到他被废黜的那个时候，府库已经都空了。

慰祖卖宅

慰祖①卖宅须四十五万，买者云："宁有减不？"答曰："诚异韩伯休②，何容二价。"买者又曰："君但卖四十六万，一万见与。"慰祖曰："岂是我心乎？"

（《南史》卷七十二，崔慰祖传）

【注释】

①慰祖：崔慰祖，南朝齐人，《南齐书》《南史》均入《文学列传》。

②韩伯休：东汉人韩康，字伯休，常进名山采药，在长安售卖，口不二价，30余年，妇孺皆知。

【译文】

崔慰祖出卖宅屋，标价45万钱，购买者说："难道不能减少些吗？"答道："虽然不是韩伯休，但怎么能有两个价。"买者又说："您就要46万，还有一万，算是让给我的。"慰祖说："这怎么会是我的心思呢？"

德 操

善理家业

义熙八年①，混②以刘毅③党见诛，混妻晋陵公主改适④琅邪王练⑤。公主虽执意不行，而诏⑥与谢氏离绝。公主以混家事委之弘微⑦。混仍世⑧宰相，一门两封，田业十余处，僮役千人，唯有二女，年并数岁。弘微经纪生业，事若在公，一钱尺帛⑨出入，皆有文簿。宋武受命⑩，晋陵公主降封东乡君。以混得罪前代，东乡君节义可嘉，听还谢氏。自混亡至是九年，而室宇修整，仓廪充盈，门徒⑪不异平日。田畴垦辟，有加于旧。东乡君叹曰："仆射⑫生平重此子，可谓知人，仆射为不亡矣。"中外姻亲、道俗义旧⑬见东乡之归者，入门莫不叹息，或为流涕，感弘微之义也。

（《南史》卷二十，谢弘微传）

【注释】

①义熙八年：412 年。义熙，东晋安帝司马德宗的年号。

②混：谢混，东晋人。

③刘毅：东晋人，初与刘裕共事，后不能相容，后被刘裕打败，自杀身死。谢混是刘毅党羽，亦被赐死。

④改适：改嫁。

⑤王练：东晋宰相王导的曾孙，仕宋，官至侍中。

⑥诏：皇帝的命令。

⑦弘微：谢密，字弘微，10 岁时过继给从叔谢峻。

⑧仍世：累代。

⑨帛：丝织品的通称。

⑩宋武受命：宋武，南朝宋武帝刘裕。受命，受"天命"而当上皇帝。

⑪门徒：指世家大族的依附人口。

⑫仆射：尚书省副长官。谢混曾任尚书左仆射。

⑬道俗义旧：各方面的老关系。

【译文】

义熙八年，谢混由于是刘毅的党羽而被杀，他的妻子晋陵公主改嫁王练。公主尽管极不愿意，但皇帝下了诏书让她和谢氏离绝。公主把谢混的家事委托给谢弘微。谢混所在的谢家累世宰相，一门之中有两个封号，田业10余处，家中被驱使的僮仆有千余人，可他只有两个女儿，都只有几岁。弘微经纪这份产业，管事如同处理公事，一文钱一尺帛的进出，都有记载。宋武帝当了皇帝，晋陵公主的封号降为东乡君。由于谢混犯罪是在东晋，而东乡君的节义可嘉，就允许她重归谢氏。自谢混死至此已经9年了，而房屋都很完好，仓库也极充实，依附人口还是那些，垦田也比过去增加了。东乡君叹息道："仆射活着时看重这个侄儿，真可谓是了解人，仆射也可以说没有死啊。"中外亲戚，各方面的老相识，见到东乡君又回来了，到谢家来无不叹息，有的还感慨得流泪，都称道弘微之义。

刘苞思父

苞①三岁而孤②，至六七岁，见诸父常泣。时伯叔父悛、绘等并显贵，其母谓其畏惮③，怒之。苞曰："早孤不及有识，闻诸父④多相似，故心中悲耳。"因而歔欷，母亦悲恸。初，苞父母及两兄相继亡殁，悉假瘗⑤焉。苞年十六，始移墓所，经营改葬，不资⑥诸父。奉君母朱夫人及所生陈氏并扇席温枕⑦，叔父绘常叹伏之。

（《南史》卷三十九，刘苞传）

【注释】

①苞：刘苞，南朝齐、梁间人。

②孤：幼年失父。

③惮：怕。

④诸父：伯父、叔父。

⑤瘗（yì）：埋葬。

⑥资：依靠。

⑦"奉君母"句："君母"，不易解，《通志》作"嫡母"。刘苞的生母是陈氏，但朱氏是其父正妻，所以是他嫡母。扇席温枕，是为年老亲人所做的孝顺事。

【译文】

刘苞3岁就失去了父亲，到了六七岁时，见到伯伯、叔叔经常哭泣，其时他的伯、叔父刘悛、刘绘都极显贵，他母亲认为他哭泣是由于害怕，十分生气。刘苞说："我早失父亲，不知道父亲是什么模样，听说各位伯父、叔父大多和他相似，因此见了他们心中悲伤。"说着，又歔欷泪下，他的母亲也悲痛不已。当初，刘苞父母及两兄相继亡故，都是临时埋葬。刘苞到了16岁，移了墓址，改葬亲人，而不依靠伯、叔的帮助。他侍奉嫡母朱夫人和生母陈氏十分周到，夏扇席，冬温枕，是常事，叔父刘绘赞叹不已。

传世故事

王敬则受疑忌起兵反齐

南朝宋代的王敬则曾经刺杀过前宋废帝，萧道成拥兵自重时，又利用他勾结后宋废帝的内侍杨玉夫等人，刺杀了后宋废帝，拥立萧道成建立南齐政权，是为齐高帝。

萧道成统治时期，王敬则仍被重用，几次获罪而不被追问。齐高帝去世时，遗诏王敬则以本官侍中，抚军兼领丹阳尹，后又迁任会稽太守，加都督。但是齐朝内部倾轧严重，经过短命的齐武帝和郁林王、海陵王（均只在位一年）三朝，到齐明帝萧鸾时，他大开杀戒，性多猜忌。王敬则因为是高帝、武帝的旧臣，心中常怀恐惧不安。

齐明帝虽然表面厚待王敬，内心则极度疑忌防备，曾多次派人查访窥探他的饮食和身体情况。听说他年迈体衰，而且在所住的地方买地，才稍微心安。后来又派萧坦之带领斋仗 500 人到晋陵（今江苏武进一带），王敬则的几个儿子在京都极度恐惧。齐明帝知道后，向萧衍问计，萧衍说："王敬则是个文盲匹夫，容易被打动。只需多多地赏给他美女玉帛，让他的亲信待遇丰厚，就可以了。"齐明帝依计而行。

吴中人张思祖，是王敬则的主要军师谋臣，当时做府司马，经常为王敬则出计办事。明帝就假意厚待他，提升他为游击将军。又派遣王敬则的长子王仲雄到东部以分化王敬则。王仲雄善于弹琴，当时江东有汉代蔡邕遗留下来的焦尾琴放在府库中，明帝敕令王仲雄五天去弹一次。仲雄在明帝御座前鼓琴，作《懊侬曲》，歌中唱："常叹负情侬，郎今果行许"。又唱道："君行不净心，那得恶人题。"明帝听后愈发猜忌了。

永泰元年（498年），明帝几次病重，生命垂危，他调张环为平东将军兼吴郡太守，在王敬则周围布兵秘密防备。内外传言朝廷要处置王敬则。王敬则听到消息后私下里说："东边现在有谁，只不过是要平定我罢了。东方岂能如此容易平定"。金罂就是毒酒。他的儿子们都大为恐惧。王敬则的第五个儿子王幼隆派遣正员将军徐岳把形势飞驰告诉了徐州行事谢绰，商议共图大事，如果谢绰同意就请他往报王敬则，没想到谢绰把徐岳抓起来报了官。后来王敬则的故旧亲戚把这消息传了回来，王敬则当晚召集文武佐僚饮酒赌钱，对众人说："卿等看我应当怎么办？"没人敢回答，只有防阁丁兴怀说："大人只管做该做的。"3天后王敬则起兵反齐。

梁武帝慎用降将

《南史》

南朝梁武帝萧衍起兵反齐，陈伯之奉命镇压。萧衍派人游说，陈伯之便倒戈，归附了萧衍，帮助反攻建康城（今南京市）。

建康城还没攻下来时，每当城内有人投降，陈伯之就把他唤到一旁耳语，萧衍便怀疑他又怀有反复之心。恰逢东昏侯之将郑伯伦来降，萧衍便让他转告陈伯之说："城里旧廷特别恨卿，要派遣信使劝卿再反水投降旧朝廷，如果卿回去了，就生割卿的手足以惩罚；如果卿不肯再反水，再派刺客来刺杀卿。"陈伯之大为恐惧，从此之后不再有二心。攻下建康后，梁武帝派他镇守一方。

但是陈伯之因为不是萧衍旧部，梁武帝对他仍然心存疑忌。伯之不识字，他还镇江州（今江西九江）后，一切事情都由梁武帝派来的典签做主，他只是被传与口信，其他文牒辞讼只能唯诺称是。当时，出身寒门的褚绪因为遭到门第优越的范云等排斥，求仕不得，褚绪私下说："武帝以来，门第低下出身草泽之间的人都成了贵人，为什么唯独我遭到厌弃。现在天下草创，丧乱还未成定局。陈伯之拥有强兵驻在江州，也不是武帝的旧臣，而遭到嫌疑。且去游说他与朝廷抗礼分庭，难道不是天赐良机吗？万一不成，再投奔北魏，也可以做个河南郡守。"

陈伯之十分宠信褚缗，在他和朱龙符等人的劝说下，举兵反梁，自称讨逆将军，并称奉齐建安王萧宝缚（yín）之教。后梁武帝派临川（今江西南城）内史王观、豫章（今江西南昌）太守郑伯伦据郡而守，又派王茂率军西上攻击。陈伯之背腹受敌，战败，与儿子陈武牙以及褚缗等人北逃入魏。魏任用陈伯之为使持节散骑常侍、都督淮南诸军事，做平南将军、光禄大夫，封曲江县侯。此时为天监元年（502年）。

天监四年（505年），梁武帝诏命同父异母弟临川王萧宏统兵北伐魏。萧宏让文书幕僚丘迟私下里写了一封信给陈伯之，劝他归降梁朝："陈将军足下，无恙，幸甚。将军勇冠三军，有鸿鹄之志，过去曾因时而变，立功立事，开国受勋，拥有千军万马，何其壮也！但为什么又奔亡投虏，对穹庐北狄屈膝称臣，何其劣也！当年君北去时，并没有大的缘故，只是将军内不能自审，外不能拒排流言，才沉迷仓猝，一时糊涂。现在圣朝赦罪责功，弃瑕录用，公心无人不知，无须我说将军您是知道的。历史上汉魏天子对待功臣都是既往不咎，何况将军您功高于当代而无古人那样的罪过呢。如将军迷途知返，不远而回，那真是胜过往哲昔贤了。当今主上宽宏大量，胸中连船都可以容得下。将军旧居的松柏还在，亲戚平安，妻妾翘盼，都等着将军归来。原来的那些功臣名将，都封赏有序，乘车秉节，驰骋疆场，世袭封爵，传予子孙，唯独将军您寄人篱下，效命夷人，岂不哀哉！现在北方魏国四面受敌，且作恶多端，大祸将至，将军现在就好比鱼游在沸水之锅里一样，却还迷惑不知。江南暮春三月，景色宜人，就像古代廉颇思念回赵国带兵一样，将军岂不思念故乡吗？当今皇帝圣明，天下安乐，边夷纷纷臣服，只有北方还在苟延残喘。现在临川王领兵正要讨伐中原，克魏指日可待。请将军对我的这番布怀之词，三思而后行。"

陈伯之得到这封信后，颇为感动，于是在寿阳（今安徽寿县）带领8000兵众归降了梁朝临川王，他的儿子被魏人杀害。陈伯之归降后，被任命为平北将军、西豫州刺史、永新县侯。还未到任，又改任骁骑将军，又任太中大夫，即为掌议论的散官，实际夺了他全部兵权。后来陈伯之死于家中。

宋武帝不忘本

宋武帝年轻时亲自在丹徒（今江苏镇江市东南丹徒镇）种田，即位之后，使用的农具有的还在，便让人珍藏起来，以便留于后世。后来宋文帝去旧宫，见到这些农具，问身边的人是怎么回事，左右乃以实告之，文帝面露羞愧之色。有一位近侍进言："大舜也曾亲耕于历山，大禹曾搞过建筑，陛下不亲眼看看圣人的遗物，怎么能知道农民收种的艰难，又怎么能了解先帝至高无上的美德呢？！"等到宋孝武帝大明年间，拆毁宋武帝以前住的私室，在旧址建玉烛殿。宋孝武帝与群臣前往私室观看，见床头是土障，壁上挂着葛灯笼、麻绳拂。侍中袁颛极力称赞宋武帝勤俭朴素的美德，宋孝武帝也不回答，自言自语地说："一个庄稼佬能有这些，也算过分了。"由于宋武帝一生勤俭，故能拥有天下，终成帝业，了不起啊。

不与寒门为伍

中书舍人秋当、周赳都掌管要务，认为与张敷是同僚，张敷又是名门，便想去拜访他。周赳说："他如果不接待我们，就不如不去，怎可轻易就拜访他呢。"秋当说："我们也都是员外郎了，还怕不能共坐吗？"张敷先在旁边放了两个坐床，离墙壁三四尺。两人刚坐下，张敷便喊两边的人："把我的座位搬开，离客人远点。"周赳和秋当两人羞愧得脸色都变了，赶忙告辞而去。

士庶天隔

黄门郎路琼之，是宋孝武帝母亲路太后的哥哥路庆之之孙，住宅与王僧达挨着。路琼之曾穿戴整齐地驾着车去拜访他，恰巧王僧达要出去打猎，衣

《南史》

服已换好。路琼之坐下后，王僧达一句话也不说，后来又讽刺他："我以前门下有个驺人叫路庆之，是你什么人？"于是把琼之坐过的床烧掉。路太后大怒，哭着对孝武帝说："我还活着，别人就欺负琼之，我死后他就得要饭去了。"孝武帝说："琼之年轻，没事到王僧达家去，被羞辱很正常。僧达是士族，难道能因为这治罪吗？"

人物春秋

凶险残暴　人神结怨——废帝刘子业

前废帝刘子业，小字法师，是孝武帝的长子。当初孝武帝镇守寻阳，前废帝留在都城。元嘉三十年，孝武帝入京讨伐逆臣元凶劭，元凶把前废帝囚禁在侍中下省，孝武帝登上皇位后，立他为皇太子。起初他并未住在东宫，大明二年（458年），迁居东宫。大明七年，举行了加冠之礼。

大明八年（464年），孝武帝逝世。当天，太子继承了皇位，实行大赦。任命大将军柳元景兼尚书令。设置了录尚书的官职，任命江夏王刘义恭担任录尚书，加封骠骑大将军柳元景开府仪同三司。

秋季，婆皇国派遣使者前来朝贡。尊称皇太后为太皇太后，皇后为皇太后。冬季的十二月二十一日，任命尚书左仆射颜师伯为尚书仆射。二十八日，命名京城近郊的数郡为扬州，命名扬州为东扬州。二十九日，加封车骑将军、扬州刺史、豫章王刘子尚位至司徒。两年内，东部各郡大旱，严重的时候一斗米卖钱数百，京城中也达到100多，十分之六七的人饿死。设立了钱署进行铸钱，百姓便借此机会盗铸，钱变成假币，而且很小，商业贸易陷于委顿。

景和元年（465年）春季的正月初一，实行大赦，改年号为永光。十一日，派人视察各州驿站。二月二日，下令削减各州郡县采田俸禄的一半。二十七日，铸造二铢钱。

秋季八月十日，任命尚书仆射颜师伯为左仆射，吏部尚书王景文为右仆射。十三日，皇帝亲自率领宫中的卫兵杀死了太宰江夏王刘义恭、尚书令柳元景、左仆射颜师伯、廷尉刘德愿。改年号为景和。十四日，任命司徒、扬州刺史豫章王刘子尚担任尚书令。十五日，皇帝脱去丧服，穿上了锦绣皇袍。任命始兴公沈庆之为太尉。二十日，以石头城作为长乐宫，东府城作为未央宫。二十四日，以北府作为建章宫，南府做为长杨宫。二十九日，重新设立南、北两条驰道。

九月初三日，来到湖熟，演奏军乐。初八日，返回宫中。皇帝自以为过去在宫中，不被孝武帝所喜爱，等到即位以后，将要掘毁景宁陵，太史说这样做对皇帝不利，才停止了。于是便在皇陵上大肆扔粪，大骂孝武帝，又派人挖开了殷贵嫔的墓，因为恨她曾被孝武帝所宠爱。当初，贵嫔去世时，武帝曾为她建造了一座新安寺，皇帝也派人将它毁坏。还想杀掉寺院远近的僧人和尼姑。十一日，罢黜南徐州刺史新安王刘子鸾，赐他自杀。十七日，加封卫将军湘东王刘彧开府仪同三司。十九日，率军征讨徐州刺史义阳王刘昶，内外戒严，刘昶逃奔魏国。二十八日，解除戒严。允许百姓铸钱。

冬季十月初四日，在徐州实行赦免。初八日，东阳太守王藻下狱而死。把文帝的第十个女儿新蔡公主封为贵嫔夫人，改姓谢氏。增加守卫武士和短矛长戟，乘王车挂龙旗，出则警戒，入则清道。同时谎称公主已死，空办了一通丧事。二十六日，封豫州刺史山阳王刘休佑为镇军大将军、开府仪同三司。

十一月初三日，宁朔将军何迈被捕入狱而亡。初四日，杀死新任命的太尉沈庆之。十三日，下诏立皇后路氏，大会奏乐。十八日，皇子降生，就是少府刘矇的儿子。实行大赦，贪污、受贿、淫秽、盗窃，全部免罪，赐给做父亲较晚的人爵位一级。二十三日，封护军将军建安王刘休仁为骠骑大将军、开府仪同三司。二十九日，南平王王敬猷、庐陵王王敬先、安南侯刘敬深一同被赐死。

此时废帝日益凶狂悖谬，接连杀人，朝内外的百官，都不敢保障自己的脑袋。此前谣传湘中出天子，皇帝将南巡荆、湘以加镇压，定下日期杀掉四叔，然后发丧。当天夜里湘东王刘彧与身边的亲信阮佃夫、王道隆、李道儿秘密联结皇帝的左右亲信寿寂之、姜产之等11人，密谋废除废帝。在此之前，皇帝喜欢游览华林园的竹林堂，让妇女在里面光着身子互相追逐，一个妇女不听，便把她杀掉。不久，他夜里梦游后堂，有一个女子骂道："皇帝悖谬，暴虐不道，明年挨不到禾稼长熟的。"皇帝大怒，就在宫中找到了一个与梦中所见相似的人杀掉。当天夜里又梦见所杀死的女子骂他道："你冤枉地把我杀死，我已经告到了上帝那儿。"至此，男巫女巫们都说："厅堂中有鬼。"皇帝与山阴公主以及六宫中的宫女数百人，便随着众巫捕鬼，赶走了侍卫人员，皇帝亲自射鬼。事情结束后，将要演奏靡靡之音，寿寂之怀中带刀直闯进来，姜产之为副，众宫女四散奔逃，废帝也仓皇逃跑。二人在后面追上了他，他大叫："寂！寂！"这样一连喊了三次，手已不能举起，随后便死在华光殿上，时年 17 岁。太皇太后命令拥戴湘东王刘彧继承皇位。于是就把废帝埋葬在丹阳秣陵县南郊祭坛的西面。

废帝眼睛像胡蜂，嘴像鸟，脖颈长而下部尖，年幼时性情急躁，在东官的时候常常受到孝武帝的责备。孝武帝西行视察，废帝上书请求随行侍候日常生活，字迹不公正，孝武帝斥责他说："写字总不长进，这是严重的一条，近闻你各种正业都很懈怠，越来越急躁乖张，为什么如此顽固！"废帝继位之初，继承了玉玺，傲慢而无哀容。蔡兴宗退朝后慨叹说："从前鲁昭公居丧不哀，叔孙氏自己请死，国祸，恐怕就在这里呀！"皇帝起初故意刁难各位大臣和戴法兴等，杀死戴法兴以后，各位大臣无不震恐。此后又连续杀死多位大臣，元、凯等人以下，全曾被殴打惩罚，朝内朝外人人恐惧，宫殿台阁一片惊慌。太后病重，派人去叫皇帝，皇帝说："病人房中多鬼，很可怕，怎么能去！"太后非常恼怒，对侍者说道："去拿刀来破开我的肚子，怎么生了这么一个孩子！"太后逝世几天之后，皇帝梦见太后对他说："你不仁不孝，本来就没有君王之相，你还这么愚蠢荒谬，也不会交上好运。孝武帝凶险残暴，和人神普遍结下怨仇，儿子虽然很多，但是并没有天命；皇位的归宿，应该还是文帝的儿子。"所以废帝便把各位叔叔都聚集到都城，生怕他们在外边成为祸患。

山阴公主淫荡过度，曾对废帝说："我和陛下虽然男女有别，但均来自先帝，陛下后宫美女数百，我却只有驸马一人，事情不平等，为何这么厉害！"废帝于是为她选了面首 30 人侍奉左右，晋升爵位为会稽郡长公主，品级等同于郡王，配给乐队一部，班剑 20 人。皇帝每次出游，公主常常和朝臣一道陪驾。

废帝幼时喜欢读书，知道许多古事，粗略有些文才，自己撰写了《孝武帝诔》以及其他篇章，往往有些文采。因为以前魏武帝曾有发丘中郎将、摸金校尉，他也设置了这两个官职，由建安王刘休仁、山阳王刘休佑兼任。其他事迹不再多述。

昏庸无道　帝业衰落——宋明帝

明帝喜读书，好文章，做藩王时曾撰写《江左以来文章志》，还曾续写卫瓘注的《论语》两卷。在即皇位以后，旧臣中的有学之士多被提拔任用。晚年信奉鬼神，言语文书中有祸败凶丧或疑似之言应当回避的地方，谁若违反就加以杀害。他让把"骈"字改为"马"边加"瓜"，原因是"骈"和"祸"字相近。他曾把"南苑"称为"张永"，说："暂且借用三百年，到期后再作更换。""宣阳门"又称作"白门"，皇上认为"白门"不吉利，所以很忌讳。尚书右丞江谧曾经误犯了一次，皇上脸色一变说："白门！"路太后死后停尸的黑漆棺材移出东宫，皇上去东宫时正好碰上，大怒，下令免去长官中庶子之职，因此而处死的有几十人。朝内外的人经常担心会犯忌讳，人人感到不能自保。移床修壁，先祭土神，让文士给撰写祝祷之辞，如同进行重大祭祀。

阮佃夫、杨运长、王道隆都专权，他们的话就是圣旨，郡县长官缺一补十，朝廷内外一片混乱，依据贿赂任命官员，王、阮家里比侯王还富。中书舍人胡母颗专权，奏章尽皆获准。当时民间流传说："禾绢闭眼全答应，胡母张大口袋盛。""禾绢"就是指的皇上。到后来身边的人如果不合自己的心意，往往被剖斩断截，宫人十分恐惧，如踩刀剑。一天夜里皇帝梦见豫章太守刘愔谋反，便派人到豫章郡去把他杀死。军事不息，府库空虚，朝廷内外的各级官员薪水断发。在朝中能当上官的人都是些市井商贩的儿子。他又让小黄门在宫殿里埋钱币作为私藏。他用蜂蜜浸泡鱼肠酱，一次能吃好几升，吃腊肉常常多到200片。奢侈浪费过度，常常是制造一种东西，一定要正品30，副品、次副品又各30。需要一种物品，就要造90枚。天下骚乱，百姓负担沉重，痛苦不堪。宋氏的帝业，也就自此衰落。

《北史》

《北史》概论

《北史》，唐初史学家李延寿撰，共100卷，包括本纪12卷，列传88卷，起北魏道武帝登国元年（386年），迄隋恭帝义宁二年（618年），记北朝魏、齐（包括东魏）、周（包括西魏）、隋四代233年史事，主要删节《魏书》《北齐书》《周书》《隋书》而成，但也有新增史料，且有校勘、补正北朝史书的价值。

一

李延寿是唐初一位很有作为的史学家。有关李延寿的生平事迹，见于《北史·序传》和新、旧《唐书·令狐德棻传》所附《李延寿传》。李延寿生长在一个富有藏书的家庭，父亲又是一个熟悉历史、了解当世人物的学者，这使他从小受到很好的家学熏陶，史学修养较高，成年后，便有志于史学著述。

唐贞观初年，李延寿踏入仕途，担任太子典膳丞，负责替太子进膳尝食的事情。后来，到崇贤馆任学士，负责保管经籍图书和教授诸王，以其修撰功绩转御史台主簿，管理行政杂务，同时任"兼直国史"，这是一种自身官位不高而有史才、参加史馆修史工作的职务，也称为"直国史""直史馆"。《南史》《北史》毕功后，又撰《太宗政典》30卷，进呈高宗皇帝，升为符玺郎，同时任"兼修国史"，这是一种以他官兼任修史工作的职务，地位高于"兼直国史"。

在这30多年的政治生涯中，李延寿主要是在从事历史撰述中度过的。这期间，正是唐初历史撰述工作开展得有声有色并取得突出成就的时期。其间，不少历史撰述都凝聚着李延寿的一份辛苦和才学。

贞观三年（629年），唐太宗指示朝廷大臣组织修撰梁、陈、齐、周、隋五代史。魏徵担任《隋书》的主编，李延寿参加了修撰工作。修撰五代史是当时一件大事，参加撰写的人皆极一时之选。李延寿作为一个青年史学家能参加这项工作，说明了朝廷对他的重视。而他有机会在著名政治家魏徵的领导下，和著名学者颜师古、孔颖达等人一齐从事撰述工作，也确是一个很好的锻炼。遗憾的是，李延寿没有能够自始至终地参加这项工作。因为贞观五年（631年），他母亲去世，他便辞去了职务，在家守孝。此后，他被派往蜀中。

贞观十年（636年），梁、陈、齐、周、隋"五代史"同时撰成，但这五部史书只有纪、传，而无书、志。因此，贞观十七年（643年）唐太宗命褚遂良等人修撰梁、陈、齐、周、隋五朝典章制度的《五代史志》。李延寿也参加了这一修撰工作。经过十二三年的功夫，《五代史志》于唐高宗显庆元年（656年）成书。

贞观二十年（646年）唐太宗下诏重修《晋书》。唐以前，历朝史学家所修晋史多达20种左右，但唐初统治者对这些晋史都不满意，认为所记史事往往失实。参加重修《晋书》工作的共有22人，李延寿是撰者之一。

李延寿除前后3次参与修撰前朝史外，还参与了修撰当朝国史的工作。唐高宗显庆元年（656年），长孙无忌、于志宁、令狐德棻、李延寿等10人撰成国史80卷。这部国史，以纪传体记述了自李渊起兵至贞观末年的史事。

这些，都是有许多人同时参加的历史撰述工作。此外，李延寿还独立撰成了3部历史著作。除《南史》《北史》外，还有一部是他在唐高宗时期撰成的《太宗政典》30卷，读书记述了唐太宗时期的礼仪制度和史事，这是李延寿撰写的最后一部著作，他在把此书献给唐高宗后不久就去世了。唐高宗在调露年间读了《太宗政典》，称赞李延寿能够秉笔直书，感叹不已，于是给了李延寿的后人许多奖赏；同时又命人抄写两部，一部藏于皇家图书馆，一部赐给皇太子。

李延寿所参与的或独立完成的这些历史撰述，不论在唐初史学史上，还是在整个中国古代史学史上，都具有重要的意义。其中如《隋书》《五代史志》（后附于《隋书》之后，久之，它便被称作《隋书志》）《晋书》等，一直流传至今，是我国史学遗产中极可宝贵的一部分。这些事实说明，从李延寿自己的认识来看，他说他是生逢其时，十分幸运地赶上了一个好的政治环境，又能屡次参加皇家史馆工作，因而得以施展自己在史学上的抱负。从《旧唐书》作者的认识来看，他们认为，自唐高祖武德年间以后，"有邓世隆、顾胤、李延寿、李仁实前后修撰国史，颇为当世所称"。根据这个认识，他们把这4个人的传记附在《令狐德棻传》之后，是有道理的。

李延寿用力最勤、对后世影响最大的则莫过于《南史》和《北史》了。

二

李延寿编修《南史》《北史》的过程相当艰苦。他的父亲李大师在世时，父子间时常讲论，使他增加了不少知识。贞观三年进史馆，受命至秘书内省佐颜师古、孔颖达二人撰修。唐朝内省图籍，经武德初年令狐德棻建议以重金购求天下遗书，并"置吏补寻，不数年，图典略备"。李延寿正欲继承完成其父未终之业，而苦于图书资料缺乏，现遇内省丰富的图籍，正可弥补其不足，于是利用编辑之暇，昼夜抄录北齐、梁、陈、周、隋五代昔所未见之书。贞观五年（631年），他母亲去世，李延寿归家服丧。服丧期满后，入蜀为官，准备将已搜集到的资料开始编著，但提起笔来，又深感材料缺乏，不能编写下去。直到贞观十五年（641年）回京任东宫典膳丞时，史馆总监令狐德棻启奏太宗，命李延寿预修《晋书》，李延寿又进史馆，始见到宋、北齐、北魏三代史料。贞观十七年（643年），褚遂良又荐延寿预修《五代史志》，延寿又得以在内省遍览群籍，最后搜集到南北八朝正史资料，李延寿家境贫困，不能雇人抄写，只得亲自动手，昼夜集录，自此正式开始编修《南北史》。李延寿对诏命新修的姚思廉《梁书》《陈书》，李百药《北齐书》，令狐德棻《周书》不太满意，对早已流行的魏收《魏书》、沈约《宋书》、萧子显《齐书》，更认为有改修的必要，遂以八书（另有《隋书》）为基础，充分利用父亲遗留下来的编年体草稿，又参考杂史1000余卷，删繁就简，补充订正，改其父原筹划之编年史体例，以纪传体体裁，撰写南北朝二史。《北史》起于北魏道武皇帝登国元年（386年），终于隋恭帝义宁二年（618年），记述魏、东魏与齐、西魏与周、隋六朝223年史事。经过16年的努力，终于完成了撰写工作。其《南史》先成，共80卷，先呈请监国史、国子祭酒令狐德棻过目勘正，德棻"许令奏闻"。至唐高宗显庆四年（659年），李延寿以十分激动的心情，最后把《北史》100卷誊清，亦呈请令狐德棻过目详正，并遍咨宰相，遂表上朝廷。唐高宗善其书，亲自为他作序布行。

在具体撰述《北史》时，李延寿是将正史中的《魏书》《北齐书》《周书》《隋书》，加以连缀改订，除其冗长，捃其菁华，对这四史以外的资料，则聚其遗逸，以广异闻，对四史中谬误之处，则加以订正。简言之，《北史》是对上述四史作删繁、增补、订正的基础上成撰的。在编纂上有如下的特点：

首先，在著述思想上，《北史》倾向统一的思想非常突出。倾向统一的历史思想是李大师、李延寿父子撰述南北朝史的指导思想，他们一反南北朝时的旧有传统，于北魏、北齐、北周历史立"本纪"，于宋、齐、梁各朝历史亦立"本纪"，而一概取消了《岛夷传》和《索虏传》的篇目，这种在历史撰述上不再强调南、北对立和华夷界限的认识和做法，反映了全国统一、天下一家的政治局面，反映了民族融合的伟大成果。

第二，通史的体例。李延寿说他撰写《南史》《北史》是"以拟司马迁《史记》"。这不仅是指采用了纪传体而言，同时也是指采用《史记》作为通史的体例来说的。《南史》《北史》和一般断代史不同，它接近于通史。这可以从它对史书断限的处理和类传的处理上看出。

在断限的处理上，李延寿突破了原先许多史家多以某一个皇朝兴亡作为史书断限的依据的格局，而把若干个皇朝的历史视为一个整体，即《南史》《北史》分别把南朝和北朝看作是一个相对完整的历史阶段，其中又分别可以划分为若干个段落，因而《南史》有《宋本纪》《齐本纪》《梁本纪》《陈本纪》，《北史》有《魏本纪》《齐本纪》《周本纪》《隋本纪》，并以此作为《南史》《北史》断限的依据。

在类传的编次上，本传按皇朝先后，在宗室传之后，继之以诸臣传，在文苑、儒林等类传中，把南方四朝的人物综合为一篇，而不是以类传系于某个朝代之下（如某朝某类传），即不是以类传服从于朝代顺序，而是以朝代顺序服从于类传。在各个传目之下分别贯串了南、北各朝的同一类人物，在采用通史的体例方面显得格外分明。

第三，以家族为中心立传。《宋书》等原八书列传，均以皇朝断限。《南史》《北史》则打乱南北朝皇朝的界限，以家族为中心立传。《南史》《北史》主要根据八书并参以他史，进行删补移易的工作，移易主要是以家系为线索，不按朝代，因此，《南史》《北史》的列传部分出现大量附传。这种附传同一般史书的附传所记人物的不同之处在于他们主要不是因为史事的联系而是由于家族的联系而入传的，不仅父子、兄弟可以入附传，而且凡是同姓同族之人都可入传。

李延寿的这种写法，受后世学者批评较多。《四库全书总目提要·北史》条以及王鸣盛、赵翼等人都有指责，其中又以王鸣盛的斥责最凶。四库馆臣和王鸣盛的指责，没有弄清南北史之体例，及南北朝的具体历史条件。从史学和历史的关系来看，这种家谱式的列传，恰是魏晋以来士族政治的需要。早在东晋时，何法盛《晋中兴书》以列传为录，如范阳祖录、陈郡谢录、琅邪王录等，即以氏族名篇。在门阀地主统治时期，以家谱为轴心撰写历史，正体现了时代的重要特点。《南史》《北史》列传承袭了魏晋以来谱学发展的遗风，在记述人物的活动时，往往把人物活动跟家族兴替和传统联系起来，进而又把这种家族的兴替跟封建皇朝的命运联系起来，反映了当时的历史特点和社会风貌。清代钱大昕、孙志祖及李慈铭、近代人余嘉锡充分认识到了这一点。

第四，互见的方法。互见的方法是纪传体史书在撰述上常用的一种方法，它在于交代事物之间的联系，正因为采用了互见的方法，以记载人物活动为主的纪传体史书才可能具有内部结构上的完整性。《南史》《北史》的互见的方法，除了表现在一般纪传体史书的所共同的，即它们各自内部的互见外，李延寿还有自己的创造——《南史》与《北史》的互见。

三

通观《南史》《北史》有关纪、传，全面了解这些传主及传主两代人或三代人的事迹，由此可窥见南、北之间在政治、思想、文化上不可分割的联系。

《南史》《北史》之成书，以李延寿进入史馆后广泛地参考官方资料为重要条件。书成后，更经过统治者的审阅批准，方得公开流传，所以，其书虽名为私撰，实质上与官修者相去无几，所以终于取得"正史"的地位。

在唐高宗时，皇帝亲为《南史》《北史》作序布行，至唐穆宗时，《南史》《北史》已成为政府规定的入仕科目之一。

自《南史》《北史》问世以来，1000多年来受到历代史学家和其他学者的重视，以及对它们进行研究和评论之多，在《史记》《汉书》以外，于"正史"中是很突出的，而绝大多数研究者和评论者虽然差不多都指出《南史》《北史》存在着这样、那样的缺点和不足之处，但是，他们也都充分肯定《南史》《北史》的成功之处，充分肯定它们对于研究南北朝时期的历史、研究中国史学史的重要价值。

从我们今天的眼光来看，在历史思想上，应当肯定《南史》《北史》注重南北统一的著述宗旨。南北朝产生的《宋书》《南齐书》《魏书》是分裂时代产生的历史著作，由于传统观念的影响和一家一姓的皇朝史格局的束缚，即使唐初修撰的梁、陈、齐、周、隋"五代史"，除《隋书》而外，其他各史都或多或少地带有消极的历史影响。在新的统一的历史条件下，用"天下一家"的思想重新撰述分裂时期的历史，这不仅是当时政治上的需要，而且对整个国家和民族在精神财富的建设与积累方面具有重要意义。

第二，应当肯定其较旧史"叙事简径，无烦冗、芜秽之词"。《宋书》等"八书"共537卷，而《南史》《北史》仅180卷，占原书的三分之一。这是李延寿"删落酿辞""叙事简径"的功劳。李延寿删削"八书"，在很大程度上进行了再制作，《南史》《北史》比之于原作，不仅在篇幅上大为压缩，在史事上更加连贯，叙述部分就显得集中突出了，文字上也简洁易读，而且在史料上也有所增益。《南史》《北史》以简洁有条理，为后世学者所公认。就《南史》《北史》而言，《北史》详赡而《南史》疏略。

第三，从历史编纂上看，《南史》《北史》继承了《史记》所开创的中国史学史上的通史家风，也效法班固、范晔和陈寿，他把南朝宋、齐、梁、陈及北朝之魏、齐、周、隋八国的历史发展，从头到尾作纵的叙述，成为通史一段，深得司马迁《史记》的遗规，又把分立的南北各国分别叙述，但又互相照应，极纵横离合之妙，符合陈寿《三国志》的体裁，合国别史和通史为一门。

第四，《南史》《北史》流传广，影响大，对传播南北朝时期的历史知识起了积极的作用，对后人研究南北朝史、中国史学史做出了贡献。从唐至宋，南北"八书"除《隋书》附有《五代史志》，为人们重视外，其余七书则流传不广，读者甚少。在唐宋时期，"八书"流传和影响远远不及"二史"。所以，世人了解南北朝史主要靠着读《南史》《北史》，对后人研究历史所发挥的作用，可从司马光《资治通鉴考异》和胡三省《资治通鉴音注》中不少地方采用南北史说法为证。

我们肯定《南史》《北史》的历史地位，也不是说可以用"二史"代替"八书"。"二史"和"八书"在反映南北朝时期历史面貌和传播这一时期的历史知识方面，各自都有贡献，都有受到重视的理由和根据，只能互相补充，而不能偏废其一。当然，《南史》《北史》也存在着一些明显的缺点。

首先，《南史》《北史》被后世学者批评最多的，是对南北"八书"的删削、改编不当。"二史"对"八书"的删削大多是诏诰、册文、事表、疏、议、书、赋等，这无疑使史书的文字更加精炼，增强了可读性。但一些重要的议论、奏章和好的作品不应删节而删节，则使重要史实阙书。如北魏李安世关于均田的奏疏，是研究当时阶级关系的宝贵资料，《北史·李孝伯传》附《李安世传》删去了，《北史》还将《北齐书》中不少有关北魏、东魏以及北齐时期人民起来反抗的史事一一删去，这些都是极为不妥的。

第二，《南史》《北史》对"八书"中某些改编安排不当。南北朝原为一个历史时期，李延寿分写成二书，各自成一体系，于南朝和北朝之间互相关联的事、关联的人，往往各据原史书机械地编录，因而割裂、错置以及矛盾、重复之处，仍所在多有。如谯国夫人冼氏，世为南越（今广东境内）首领，历梁、陈二代，卒于隋文帝时，是南方的重要人物之一，应在《南史》中为之立专传，而因原传在《隋书·列女传》中，便收于《北史·列女传》中。而林邑、蠕蠕、宕昌、高丽、刘昶、薛安都、萧宝寅、萧综、萧大圜、萧祇、萧泰，南北史均各立传。虽然上述诸人在南北朝的主要事迹，都分别载于《南史》《北史》中，并不重复，但如将一人的事迹集中于一传中叙述，则更为清晰简明。

第三，还有因不应增补而增补形同蛇足。李延寿不仅增写了一些"琐言碎事"，而且还增写了些荒诞不经之事，有损于历史著作的严肃性和真实性。

此外，在《南史》《北史》之间，纪传之间，还间有抵牾的地方，特别是《南史》《北史》抹杀了隋王朝统一南北的事实，把隋王朝和其他七朝并列，置隋于《北史》，没有给它以应有的历史地位。

政　略

太武帝拓跋焘

（拓跋焘①）性情俭率素，服御饮善，取给而已，不好珍丽，食不二味，所幸昭仪、贵人，衣无兼彩。群臣白帝，更峻京邑城隍以从《周易》设险之义，又陈萧何壮丽之说。帝曰："古人有言，在德不在险。屈丐蒸土筑城，而朕灭之，岂在城也？今天下未平，方须人力，土功之事，朕所未为。萧何之封，非雅言也。"每以财者军国之本，无所轻费。至于赏赐，皆是勋绩之家，亲戚爱宠，未尝横②有所及。

临敌，常与士卒同在矢石间，左右死伤者相继，而帝神色自若，是以人思效命，所向无前。命将出师，指授节度，从命者无不制胜，违爽③者率多财失。性又知人，拔士于卒伍之中，唯其才效所长，不论本末。兼甚严断，明于刑赏，功者赏不遗贱，罪者刑不避亲，虽宠爱之，终不亏法。常曰："法者，朕与天下共之，何敢轻也。"故大臣犯法，无所宽假。

（《北史》卷二，太武帝纪）

【注释】

①拓跋焘：北魏太武帝。

②横：不由正道，不循正理。

③违爽：违反，违背。爽，违背或过失。

【译文】

拓跋焘禀性清静，率直朴素，衣食住行，只要够用就行了，不喜欢珍奇丽品，吃的食物花样不多，他所宠幸的昭仪、贵人穿的衣服都没有任何的色彩。群臣禀告他，请他按《周易》设险之义来重新修筑京师城墙，又陈说了萧何当年有关大修宫室的言论。太武帝说："古人说，在于道德而不在于险固。屈丐用土高筑城墙，而我却消灭了他，难道这是城的原因吗？现在天下未定，正是需要人力的时候，大兴土木的事情，我不去做。萧何的建议，不是好话。"常常认为财钱是军国的根本，而不轻易加以浪费。至于赏赐，都是些有卓越贡献的勋臣，他的亲戚和所宠爱的人，没有一个不循正理而受到奖赏的。

和敌人作战时，他常和战士们一起在箭镞中，左右死伤的人不断，而太武帝神色自若，所以人人都愿为他效力，所向披靡。命令将领率军出征，指挥调度。听从他的命令的，没有一个取得不了胜利，违背命令的多以失败告终。拓跋焘的天性又了解人，从卒伍中选拔士人，只要有专长，不论他出身何种家庭。他执法严明而又果断，明于刑赏，有功的人尽管出身低微，他都要予以奖赏；有过失的人尽管是贵戚，他也要加以惩罚，即使是他所宠爱的人，他也决不会姑息。拓跋焘常说："法律，是我和天下人的法律，怎么敢轻视它。"所以大臣们犯法，也决不会受到宽恕。

北魏孝文帝

帝①幼有至性。年四岁时，献文患痈②，帝亲自吮脓。五岁受禅，悲泣不自胜。献文问其故，对曰："代亲之感，内切于心。"献文甚叹异之。文明太后以帝聪圣，后或不利冯氏，将谋废帝，乃于寒月，单衣闭室，绝食三朝，召咸阳王禧将立之。元丕、穆泰、李冲固谏乃止。帝初不有憾，唯深德丕等。抚念诸弟，始终曾无纤介。惇③睦九族，礼敬俱深。虽于大臣，持法不纵。然性宽慈，进食者曾以热羹覆帝手，又曾于食中得虫秽物，并笑而恕之。宦者先有谮帝于太后，太后杖帝数十，帝默受，不自申明。太后崩后，亦不以介意。

听览政事，从善如流。哀矜百姓，恒思所以济益。天地、五郊、宗庙、二分之礼，常必躬亲，不以寒暑为倦。尚书奏案，多自寻省；百官大小，无不留心。务于周洽，每言凡为人君，患于不均，不能推诚遇物。苟能均诚，胡越之人，亦可亲如兄弟。常从容谓史官曰："直书时事，无讳国恶。

人君威福自己，史复不书，将何所惧！"南北征巡，有司奏请修道。帝曰："粗修桥梁，通舆马便止，不须去草划令平也。"凡所修造，不得已而为之，不为不急之事，重损人力。巡幸淮南，如在内地。军事须伐人树者，必留绢以酬其直。人苗稼无所伤践。诸有禁忌禳厌④之方非典籍所载者，一皆除罢。

雅好读书，手不释卷。《五经》之义，览之便讲。学不师受，探其精奥，史传百家，无不该涉。善谈庄、老，尤精释义⑤。才藻富赡，好为文章，诗赋铭颂⑥，在兴而作。有大文笔，马上口授，及其成也，不改一字。自太和十年已后，诏册皆帝文也。自余文章，百有余篇。

爱奇好士，情如饥渴。待纳朝贤，随才轻重。常寄以布素⑦之意，悠然玄迈，不以世务婴心。又少善射，有膂力，年十余，能以指弹碎羊髆骨⑧，射禽兽，莫不随行所至而毙之。至十五，便不复杀生，射猎之事悉止。性俭素，常服浣濯之衣，鞍勒铁木而已。帝之雅志，皆此类也。

（《北史》卷三，孝文帝纪）

【注释】

①帝：即北魏孝文帝拓跋宏（元宏），生于467年，卒于499年。471—499年在位。即位时年仅5岁，由太皇太后（即文明太后）冯氏当国。490年，冯氏死，他才亲政。493年，从平城（今山西大同）迁都于洛阳。然后实行一系列汉化改革措施，加强了民族大融合。

②"献文"句：献文，北魏帝拓跋弘的年号（466—471年在位），孝文帝元宏之父。痈（yòng），毒疮名。

③惇（dūn）：敦厚。

④禳（ráng）厌：消除。禳，祭祷清除灾殃。

⑤释义：佛教经籍的意义。释，人们对佛祖释迦牟尼的简称，后指佛教。

⑥诗赋铭颂：均为文学之体裁。

⑦布素：形容衣着俭朴。布指质地，素指颜色。

⑧髆（bó）骨：肩胛骨。髆，同"膊"。

【译文】

孝文帝自幼就有至好的天性。4岁时，其父献文帝长毒疮，他亲自用嘴吸脓。5岁受禅即帝位，悲痛哭泣而不能自制。献文帝问他原因，他回答说："代替亲人的位置，内心感到特别难受。"献文帝大为感叹而认为他与众不同。

文明太后认为孝文帝聪明、圣达,以后恐怕对冯氏不利,就预谋废黜孝文帝。于是,就在冬天里身穿单衣,闭门不出,绝食3天,召回咸阳王拓跋禧并准备立他为帝。由于元丕、穆泰、李冲等人竭力谏止才罢休。孝文帝当初对此一点也不感到仇恨,只是在内心里感激元丕等人。对诸兄弟的抚爱,始终没有什么区别。对九族之亲,敦厚和睦,礼貌更深。即使对大臣,执法一点也不放纵任为。他天性宽厚仁慈,进奉御食的人曾将热汤泼在孝文帝的手上,又曾在饭食中发现了虫子等秽物,孝文帝都宽恕了他们。以前有宦官在太后面前诬陷了孝文帝,冯太后打了他数十棒,孝文帝默然承受而不加以申辩。太后死后,他也不介意此事。

听览政事,从善如流。同情和哀怜百姓,常想对他们加以赈济。对天地、五郊、宗庙、二分等祭祀礼节,常是亲自参加,并不因为寒暑而感到厌倦。尚书所奏的案牍,他多数能亲自看审;对大小百官,无不留心注意。对于一些事情,力求周到完备,他常说,凡是作为君主的,担忧的是不均和不能够平心接人待物。如果能做到均平和真诚,胡、越等少数民族都可亲如兄弟。常常从容地对史官们说:“直写史事,不要忌讳国家的隐恶。人君作威作福,史书不加记录,他们还有什么可以害怕的!”南北方征讨和巡防,有司奏请修建道路。孝文帝说:“简单地修建桥梁,能通车马就可以了,不需要去割草平地去修路。”凡是所加以修建的工程,都是在万不得已的情况下去从事的,不干不急需的事情,以节省人力。巡视到淮河以南的地区,如同在内地一样,军事上需砍伐百姓的树木时,一定要留下丝绢来作为树木的酬金。对百姓的庄稼没有丝毫的损害。对那些有关禁忌和消灾的方术,凡是史书典籍没有记载的,命令全部加以罢除。

孝文帝平素喜欢读书,常是手不释卷。《五经》的含义,一看便能讲解。学习不需求师,就能探求其精深和玄奥,对史传百家的典籍,无不广泛涉及。喜欢谈论老子和庄子之学,尤其是精通佛教。富有文才和章藻,好写文章,诗赋铭颂,即兴而作。如有好的感想,立即口授,等到文章作成时,不改一个字。太和十年以后的诏书简册,都是孝文帝亲自书写而成。其他的文章,还有100多篇。

孝文帝喜欢奇人异士,其情如饥似渴。以才能的大小来接待和招纳朝廷中的贤人。常寄托自己朴素的愿望,悠然自得,不因事务众多而缠心。在小的时候,孝文帝长于射箭,有体力,10多岁时,就能用手指弹碎羊的肩胛骨,射猎禽兽,无不箭到而死。到15岁的时候,就不再杀生,射猎之事也就停止了。孝文帝生性喜欢俭朴,常穿洗濯的衣服,马鞍只是用普通的铁木制成而已。孝文帝的闲情雅致,都是这类的事情。

御 人

孝文帝观尚立嗣

（宣武）帝幼有大度，喜怒不形于色，雅性俭素。初，孝文①欲观诸子志尚，大陈宝物，任其所取。京兆王愉等皆竞取珍玩，帝唯取骨如意②而已。孝文大奇之。及庶人恂③失德，孝文谓彭城王勰曰："吾固疑此儿有非常志相，今果然矣。"乃见立为储贰④。

（《北史》卷四，宣武帝纪）

【注释】

①孝文：即北魏皇帝拓跋宏（元宏）的庙号，471—499 年在位。在位间曾进行了政治、经济、文化和风化等方面一系列的改革，加速了鲜卑汉化和中原与北方少数民族融合的过程。

②骨如意：器物名。用骨（或玉、竹）制成，头作灵芝或云叶状，柄微曲。供指划或赏玩之用。

③恂：即拓跋恂，为孝文贞皇后林氏生。林氏因容貌美丽，得幸于孝文帝，恂因此被立为太子，后来皇后死，太子恂因罪赐死，林氏由贞皇后被废为庶人，故文中言"庶人恂"。

④储贰：太子。

【译文】

宣武帝自幼就有大的度量，喜怒哀乐不形之于色，向来是性情雅致俭朴。

当初，孝文帝元宏想观察诸子的志向和爱好，陈列许多宝物任他们拿取。京兆王元愉等人都竞相抢取珍宝玩物，而宣武帝只拿骨如意而已。孝文帝对此非常惊奇。等到庶人拓跋恂丧失德义，孝文帝对彭城王元勰说："我本来就认为这个孩子有志向不同一般，今天看确实是这样啊！"于是元恪被立为皇太子。

法　制

于仲文断案神明

（于）仲文字次强，少聪敏……后就博士李详受《周礼》《三礼》[①]，略通大义。及长，倜傥有大志，气调英拔。

起家为……安固太守。有任、杜两家各失牛，后得一牛，两家俱认，州郡久不决。益州[②]长史韩伯俊曰："于安固少年聪察，可令决之。"仲文曰："此易解耳。"乃令二家各驱牛群至，乃放所认者，牛遂向任氏群中。又使人微伤其牛，任氏嗟惋，杜氏自若。仲文遂诃诘杜氏，服罪而去。始州刺史屈突尚，宇文护[③]之党也，先坐事下狱，无敢绳者。仲文至郡，穷之，遂竟其狱。蜀中语曰："明断无双有于公，不避强御有次武。"

（《北史》卷二十三，于仲文传）

《北史》

【注释】

①"后就"句：《周易》，本称《易》，儒家称之为《易经》。是古代用蓍草卜卦以断吉凶的书，含有一定的哲学思想。《三礼》，即《周礼》《仪礼》《礼记》。

②益州：州名，治所在今四川成都。

③宇文护：北周权臣，生年不详，卒于572年。鲜卑族。执北周大权期间，专断国政，后被人杀。

【译文】

于仲文，字次武，自幼聪明、敏捷……后来跟随博士李详学习《周易》《三礼》，基本上通晓大义。成人后，卓越豪迈，胸存大志，气质和调，英雄盖世。

离开家开始为……安固太守。有任、杜两家各丢失一头牛，后来找到一头，两家都认领，州郡很长时间也没能解决。益州长史韩伯峻说："于仲文少年时就聪于判察，可以让他来解决这个问题。"于仲文说："这个问题容易解决。"于是，就命二家各赶驱自家的牛群来，把两家都认领的那头牛放出去，那头牛便向任氏的牛群中走去。又让人对牛造成微小的伤害，任氏看到后嗟叹而惋惜，可杜氏如同没发生什么事似的。于仲文就训斥了杜氏，将他治罪后放他回去。始州刺史屈突尚是宇文护的党羽，已经犯罪被判入狱，却没有人敢将他绳之以法。于仲文到达始州后，就追究了这一案件，于是就将屈突尚逮进监狱。当时，蜀中有俗语说："明断无双有于公，不避强御有次武。"

宋世景整肃吏治

《北史》

（宋世景）后为伏波将军，行①荥阳太守。郑氏豪横，号为难制。济州②刺史郑尚弟远庆，先为苑陵令，多所受纳，百姓患之。而世景下车，召而诫之。远庆行意自若，世景绳之以法。远庆惧，弃官亡走。于是属县畏威，莫不改肃。终日坐于厅事③，未尝休息。人间之事，巨细必知，发奸摘伏④，有若神明。尝有一吏，休满还郡，食人鸡豚。又有一干⑤，受人一帽，又食二鸡。世景叱而告之，吏、干叩头伏罪。于是上下震悚，莫敢犯禁。

（《北史》卷二十六，宋世景传）

【注释】

①行：兼代官职。大官兼管小官的事，称行。

②济州：州名，治所在碻磝城（今山东茌平西南）。

③厅事：即"听事"，厅堂。

④摘（tì）伏：揭发隐私的事。

⑤干：办事人员。

【译文】

宋世景后来任伏波将军，兼代荥阳太守。郑氏强横，自号"难制"。济州刺史郑尚的弟弟郑远庆，以前任苑陵令时，收受的贿赂很多，老百姓们都厌恶他。宋世景下车，召见并告诫他。郑远庆仍然是自以为是，行动自若，宋世景依法律来惩罚他。郑远庆害怕，于是弃官逃走。从此，他所属的县官吏们都敬畏他的威望，从事都很严肃。宋世景整天坐在厅堂里，从未休息过。凡是发生的事情，不论大小，他都肯定知道，揭发奸人隐秘的事，好像神仙似的明了。曾经有一个小吏，任职期满后返回荥阳郡，吃了人的鸡肉。又有一个办事人员，收了别人的一顶帽子和吃了两只鸡。宋世景斥责了两人并宣布罪状，这两人连连磕头服罪。从此，郡内的大小官吏都为之震惊，不敢违反禁令。

二十四史精华

《北史》

理　财

长孙毁宅

（长孙）道生廉约，身为三司^①，而衣不华饰，食不兼味，一熊皮鄣泥^②，数十年不易，时人比之晏婴^③。第宅卑陋，出镇后，其子弟颇更修缮，起堂庑^④。道生还，叹曰："昔霍去病以匈奴未灭，无用家为。今强寇尚游魂漠北，吾岂可安坐华美也！"乃切责子第，令毁其宅。

（《北史》卷二十二，长孙道生传）

《北史》

【注释】

①三司：一般指司徒、司马、司空，同宰相之职。文中的长孙氏身兼司空。

②鄣泥：亦作"障泥"，因垫在马鞍下，垂于马背两旁以挡泥土，故有此名。

③晏婴：春秋时齐国大夫，生年不详，卒于公元前500年。字仲平，夷维（今山东高密）人，历齐灵公、庄公、景公三世卿，崇尚兼爱、非乐、节用、非厚葬久丧等，类多出墨子。

④堂庑：堂下四周之屋。

【译文】

长孙道生廉洁而俭约，虽是三司显职，而所穿的衣服不饰以华美，食不二味，所用的一副熊皮马鞯，数十年不换，当时的人们把他比为晏婴。所住的房屋，低矮而简陋。有一次出征后，家里的人把房屋全部修缮了一番，并建起了堂庑。长孙道生回来后，感叹道："昔日霍去病认为匈奴没灭，无以为家。今天强大的敌人在北方边境游荡未平，我怎么能安心住这样华美的房子。"于是，就把子弟们狠狠地训斥了一顿，并命令他们把所建的房屋毁掉。

德 操

生女实胜生男

（西魏）文帝①文皇后乙弗氏，河南洛阳人也。……父瑗，仪同三司、兖州②刺史。母淮阳③长公主，孝文之第四女也。后美容仪，少言笑，年数岁，父母异之，指示诸亲曰："生女何妨也。若此者，实胜男。"年十六，文帝纳为妃。及帝即位，以大统元年④册为皇后。后性好节俭，蔬食故衣，珠玉罗绮绝于服玩，又仁恕不为嫉妬之心，帝益重之。

（《北史》卷十三，文帝文皇后乙弗氏传）

《北史》

【注释】

① 文帝：西魏帝元宝炬庙号。

② 兖州：地名，今山东兖州。

③ 淮阳：郡名，今河南淮阳。

④ 大统元年：即535年。大统，西魏文帝元宝炬的年号。

【译文】

西魏文帝文皇后乙弗氏，河南洛阳人。……她的父亲乙弗瑗，官至仪同三司、兖州刺史。她的母亲淮阳长公主，是北魏孝文帝的第四个女儿。文皇后容貌美丽，举止悠雅，极少言语和露出笑容，几岁时，父母都认为她非同寻常，指着她对亲戚们说："生女孩有什么不好，像这样的女孩，实在胜过男孩。"16岁时，被文帝纳为妃子。至文帝即帝位，在大统元年被册封为皇后。文皇后生性崇尚节俭，吃粗食、穿旧衣，衣服和玩器中没有饰加任何的珠、玉与罗绮之类的珍宝，又仁慈而宽厚，没有嫉妒之心，文帝于是更加敬重她。

传世故事

高欢豪臣有术

北朝东魏时期，高欢、高澄父子一直操纵着实际军政大权，孝静帝实为傀儡。武定四年（546年），高欢西征不能取胜，身患重病。十一月，他派自己的儿子太原公高洋镇守邺城，又命长子高澄至晋阳镇守。接着，他自称战功不胜，上表请求解除自己所督管的中外军事，东魏孝静皇帝优诏准许了他的请求。这时，与之为敌的西魏传说高欢被弩箭射中，高欢于是勉强起坐接见当时的各路贵胄，他在会上让斛律金唱敕勒民歌，他自己则以歌应和，哀恸感伤地满面流泪。

高欢的大将侯景平时就轻视高欢长子高澄，曾经对司马子如说："大王（高欢）还在，所以我不敢有什么异心；如果大王去世了，我断不能与鲜卑小儿们共事。"司马子如忙用手掩住他的嘴巴。高欢生病之后，高澄代替高欢写信，召侯景前来。侯景以前曾与高欢有约，得到他的书信如背面有微点，就来；如书信的背面没有微点，侯景就不必来，侯景此时又听说高欢病重，便拥重兵围护自己而不肯前来。高欢就对高澄说："我虽然病重，但看得出来你面色忧虑，原因何在？"高澄没有回答，高欢又问道："难道是担心侯景叛乱吗？"高澄说："是的。"高欢便说："侯景在黄河之南专断统治了14年，平时就想飞扬跋扈，怀有异志，全仗着我豢养有术，你怎么驾驭得住他呢！现在天下未定，我死后你不要立即发表。鲜卑老公库狄干、敕勒老公斛律金这两个人都性情秉直，绝不会背叛你。然而朱浑道元、刘丰生这两个人都是从远地来投靠我的，必定不会有贰心。贺拔焉过儿朴实而无罪过；潘相乐原本是道人出身，心地和厚。你们兄弟应当借助他们的实力。韩轨年少憨直，应当对他加以宽容款曲。彭乐此人城府很深，难以猜度，应当慎加提防。稍微能够与侯景匹敌对峙的，只有慕容绍宗，我故意不重用他，留下来让给你，你应当对他用特殊待遇加以深信重用，委以经略大任。"

武定五年（547年）正月初一，天空日蚀，高欢说："日蚀是因为我而出现的吧？我死也无憾了。"几天后去世于晋阳。后来高澄果然遵其父之嘱，重用慕容绍宗，命他为东南道行台，加开府之衔，改封燕国公。慕容绍宗与大都督高岳在寒山擒获了南朝梁政权的贞阳侯萧明，然后回军到南北交争的涡阳（今安徽蒙城）讨伐侯景。那时侯景军势最盛，开始听说高澄派韩轨领军前来，轻蔑地说："只不过是个吮猪肠的小子罢了。"又听说高岳领军而来，说："兵马精良而将帅凡庸而已。"东魏的各路将帅他都没放在心里。后听说慕容绍宗来了，他连连叩着马鞍说："谁教鲜卑小儿派绍宗来的？这样的话，莫非高王（高欢）没死吗？"后在与侯景交战时，各路将军都频频败退，没有人敢为先锋，而慕容绍宗则挥兵直驱而进，诸将才跟随其后，终获大捷。侯景军溃败，只带800人马南渡淮河，投奔南朝梁政权，后来又在南方发动兵变，攻下都城建康（今南京），史称"侯景之乱"。

二十四史精华

《北史》

尔朱氏专权终受诛

尔朱荣字天宝，北魏秀容（山西忻定西北）人，他的祖先多为部落酋长。他祖父尔朱羽健曾率领私兵，帮助孝文帝拓跋元宏，拥有广大的草原牧场和奴隶。打过仗，功勋较多，因此受封北秀容方圆300里的土地。到他父亲尔朱新时，更加豪富，所养牛羊驼马用颜色来区分，朝廷每有征讨战事，就捐献私马，供应粮草，因此很受孝文帝赏识重用，封为西河郡公。

尔朱荣面容洁白秀美，继承了祖上的财产功业，有部曲奴隶8000多户，骏马万匹。他干练果断，长大后，擅长骑射，常和部属演习战阵之法，号令严肃。尔朱荣心怀大志，暗中资财散众，招募兵勇，结纳豪杰，像高欢等人都归附他。当时北魏局势很不稳定，边界上的少数民族不断侵扰，杀人掠地，国内的暴动起义不断，令当时的皇帝烦恼。他多次自告奋勇，自带兵马粮草帮助朝廷剿灭叛乱，安定四夷，他成功地击败了少数民族柔然的进攻，平息了胡人的反叛。他被升官为镇北将军，封博陵郡公，威震四方。他向皇帝报告，他的堂弟尔朱世隆、侄子尔朱天光均立功，他们均被授予高官厚禄。

孝昌三年（527年），孝明帝之母胡太后的幸臣郑俨等毒死孝明帝，尔朱荣与亲信大将元天穆、堂弟尔朱世隆、侄儿尔朱天光乘机举兵入洛，把胡太后和她的3岁的小儿子元钊沉入黄河，杀胡太后党羽时又杀了百官3000多人。拥立元子攸为帝，即孝庄帝。孝庄帝很器重尔朱荣，封他为大将军、太原王，都督中外军事，北魏大权全落入尔朱荣的手中。尔朱荣权势显赫，朝中无人能比。

尔朱荣独揽大权，他的子弟们纷纷受到提拔重用。尔朱荣的女儿先是孝明帝的贵嫔，她骄横专权，淫乱无比。孝庄帝即位后，她让父亲在朝廷中提议立她为皇后，孝庄帝犹豫不决，大臣祖莹想讨好尔朱氏，就极力赞美尔朱荣的女儿贤良，劝说皇上，皇上无奈就只好同意，尔朱荣高兴万分。从此内有尔朱皇后，外有尔朱荣，二人相勾结，同党布满朝野。

尔朱荣的儿子菩提才14岁，就位居太常卿，开府仪同三司，他的弟弟义罗是武卫将军、梁郡王，义罗的弟弟文殊9岁就被封平昌郡王，文殊的弟弟文畅开始封昌乐郡公。当时尔朱荣率军东征西讨，大破破六韩拔陵、葛荣、邢杲等人领导的农民起义，他被封为柱国大将军、天柱大将军，文畅随之晋爵为王，文畅弟弟文略在义罗死后，封梁郡王爵位，都是仅次于皇室的爵位、封地、饷禄。这班子弟不学无术，平时倚权仗势，祸乱朝纲，欺压百姓，尤其是尔朱荣堂弟仲远奸诈无比，他擅刻印信，常按尔朱荣的旨意伪造公文，发号施令，或者请人为官，收取礼物，在孝庄帝时居然升任尚书左仆射、徐州刺史。尔朱家族另外4个子弟尔朱世隆、尔朱度律、尔朱天光、尔朱兆等平时跟着尔朱荣行军打仗，屡立战功，所封官职更大，几乎都拥有兵权。

尔朱荣内外专权，宠用子弟，又不把皇帝群臣放在眼中，引起了皇帝的极度不满，大臣纷纷建议诛杀尔朱荣。皇帝担心尔朱荣耳目众多，犹豫不决。但是诛杀计划已泄漏，尔朱世隆当时任仆射，他怀疑要出意外，就写了一封匿名信，声称"天子想杀天柱将军"，可是尔朱荣丝毫不在意。

北魏永安三年（530年），孝庄帝设谋在宫廷诱杀了尔朱荣、亲信元天穆，尔朱荣的儿子菩提也未能幸免。朝廷内外为之欣然欢呼。

奇才苏绰

苏绰字令绰，武功（今陕西武功）人，出身世家大族。幼时聪明好学，博览群书。常与人争辩时政得失，颇得要旨，又擅长算术，能解复杂的算术题。人们很赏识他的才能。他哥哥苏让当汾州（山西汾阳）刺史，亦颇有政绩。西魏宇文泰很信任他。有一次，宇文泰问苏让："你们家中的子弟，谁有才干，可资任用？"苏让毫不犹豫地举荐了弟弟苏绰。宇文泰就任命苏绰为行台郎中。

苏绰为官几年，宇文泰不知道他有什么政绩。可是苏绰的同行们都称赞他有本事，遇到什么疑难棘手的事情都去找他商议，苏绰总能帮他们处理得很好，甚至颁发的公文的体例都是苏绰一手制订。一次宇文泰和仆射周慧达商议事情，慧达不能解决，于是请求出去找人商讨。周慧达把事情告诉了苏绰，苏绰马上拿主意，并分别处置。周慧达回去告诉了宇文泰。宇文泰以为处理的公允适当，称羡不已。便问："谁给你出的主意？"周慧达回答说是苏绰，并称赞他有辅助君王的才能。宇文泰这才想起说："我很早就听说他了。"不久就任用苏绰为著作郎。

有一次，宇文泰与百官一起去昆明池观鱼，路过城西汉代的仓库遗址。他问左右侍臣有关这仓库的历史。大家面面相觑，宇文泰愠怒。有人说："苏绰博学多才，问问他，他肯定知道。"宇文泰召来苏绰询问，苏绰果然对答如流，宇文泰这才高兴起来。他又问苏绰万物演变的开始，历代兴盛衰亡的事迹，苏绰引经据典，回答得详略得当，有条有理，宇文泰愈加欣赏他。回宫后，把他留在府中，以便垂询国家的政事。宇文泰躺在床上，意态慵散。苏绰正襟危坐，向他详细陈述治国之要略。宇文泰惊其才能，连忙站起来，整理衣服，端正坐定，听得津津有味，直到公鸡报晓仍没有倦意。上朝后，宇文泰对周慧达说："苏绰真是当世奇才，我准备提拔任用他。"于是任命苏绰为行台左丞，参与决策国家机密大事。从此以后，宇文泰对他的宠信与日俱增。苏绰管理财税颇有成效，他制订统一的计划规则，甚至用红笔记支出、用墨笔写收入的做法亦被历代续用，账目非常清楚。宇文泰又升他大行台度支尚书兼司农职，总管国家财税收支及农业。

当时，宇文泰正准备改革时政，实行富国强民的政策，苏绰很称赞，并充分发挥了自己的才干。他裁减冗员，实行屯田制，用来供应军费开支。在他的主持下，颁布六条革新诏书：君主要清心寡欲、敦睦教化、充分开发地利、提拔贤良、谨慎用法、轻徭薄赋。宇文泰非常重视这六条诏书，常常把它放在身边，命令百官学习体味。又下诏不通晓这六条诏书的人不许做官。所以西魏当时国家强盛，人民富足，兵强马壮，屡次打败周边国家的入侵。这都是苏绰历年勤奋工作的结果。

苏绰朴素节俭，不刻意经营自己的产业，家里没什么财产，常常把动乱未能平息当做自己的责任。又广泛搜求贤良之士到京做官。宇文泰总是推心置腹地信任他。有时他远出巡视州县，常事先把签有自己名字的制书交给苏绰，授意他有什么需要处理的事，可以随机相宜处理，不必禀告。苏绰常常对宇文泰说："治理国家，应当像慈父那样怜爱别人，像严师那样教诲别人。"他每次与公卿商讨政务，总是通宵达旦，事情无论大小，他都亲自过问，力求尽善尽美。

西魏大统十二年（546年），苏绰积劳成疾，溘然长逝，年仅49岁。宇文泰甚为悲痛，对百官说："苏尚书平生清廉谦让，一心为国，是我们为人臣的榜样啊！"

刺舌为训

贺若敦，河南洛阳人。父亲贺若统是西魏著名将领，官至散骑常侍。贺若敦从小就跟从父亲，17岁时，便显示出非凡的军事才能，时常为父亲出谋划策。他又冲锋陷阵，亲手杀敌七八人。年纪再长，更英勇善战，能手挽3石弓，箭不虚发。北周时，官至骠骑大将军，封爵为公。贺若敦不仅有军事才能，而且很有智谋。后来，因为多次立功却未得封赏，贺若敦便口出怨言，愤愤不平。晋王宇文护得知此情后，大为恼怒，逼令他自杀。临死之前，贺若敦十分懊悔，便把自己的儿子贺若弼叫到跟前，对他说："我一直想要平定江南，看来这个愿望是无法实现了。你应当继承我的事业，完成我的遗愿。如今，我因为这舌头多事，所以招来杀身之祸，希望你千万要吸取这血的教训。"说完，他叫贺若弼伸出舌头，突然用尖利的锥子刺之，直至出血。贺若敦以此告诫儿子慎言，以免惹来灾祸。

贺若弼跟他父亲一样，从小就胸有大志，并且弓马娴熟，骁勇无比。他又知书通文，因而很有名气。贺若弼任寿州刺史时，辅佐韦孝宽攻打南陈，连拔数十城，他献计献策，立有很大功劳。杨坚任北周的丞相，贺若弼向杨坚献夺取陈朝的十策，深得杨坚赞赏，杨坚还特意赐给他一把宝刀。开皇九年（589年），隋兵大举伐陈，贺若弼任行军总管，在南京蒋山（即紫金山）大败陈军主力，使陈朝从此失去了抵抗能力。贺若弼因灭陈朝时建有奇勋，被封为上柱国，晋爵宋国公，官至右武侯大将军。

不幸的是，这样一位开国功臣，最后却遇上了荒淫无道的隋炀帝。隋大业三年（607年），贺若弼跟从隋炀帝北巡。走到陕西榆林时，隋炀帝命令制做可容数千人的大帐，以会见和招待突厥可汗。贺若弼认为隋炀帝这样做过于奢侈了，与高颎等私下里议论此事。不想为人所告发，隋炀帝大怒，加以诽谤朝政的罪名，处死了贺若弼。

贺若敦因舌头惹祸，临死以锥刺其子贺若弼的舌头，希望儿子能够从中吸取深刻教训。未料到多年以后，贺若弼全然忘记了这血的教训，仍因为舌头而惹了祸，以至杀身，父子两人居然是同样的下场。隋炀帝远比当年的宇文护残酷，仅仅为了几句议论，他不仅杀了贺若弼，还将其妻子卖为官奴。其儿子贺怀亮此时已经出仕，也一起被诛杀，而且贺若弼的弟弟贺若谊也被株连罢了官。甚至连贺若弼的奴仆之类，隋炀帝也没有放过，将他们全都发配到边地充军。但是，贺若弼的口舌之祸并非为私，这一点与他的父亲有本质的不同。尽管如此，贺若弼仍然被诛身死，这不能不归罪于封建时代的专制制度和隋炀帝本人的独裁昏庸，贺若弼倒确实是并没有什么不对。

人物春秋

开功建业　两朝受忌——杨素

　　杨素字处道，自幼胸怀磊落，志向远大，不拘小节。不为多数人所了解，唯有从祖杨宽惊异他的才能，常常对子孙们说："处道出类拔萃，是特殊人才。"杨素后来与安定的牛弘志同道合，两人酷爱学习，研讨经典精义，不断有所贯通和发挥。他善写文章，工于草书和隶书，十分留意于占侯之术。

　　北周大冢宰宇文护请他做中外记室，又转礼曹，加大都督衔。周武帝即位，亲理朝政，杨素因为他的父亲杨敷坚守节操，被齐军俘获，因而不被朝廷使用。他多次上表申请。周武帝十分恼怒，命令侍卫将他斩首。杨素又进言说："我侍奉无道的昏君，死是应该的。"武帝明白了他话中的含义，便赠杨敷为使持节、大将军和谯、广、复三州刺史，谥号忠壮。拜杨素为车骑大将军、仪同三司，他逐渐被重用。武帝常命他起草诏书，常常落笔一挥而就，文辞和内容都很精彩，武帝十分赞赏，对他说："好好地自相勉励，不要发愁得不到富贵。"杨素应接道："只恐怕富贵逼我，我却无心追求富贵呀！"

　　平定北齐的战役时，杨素请求率领部下作为先锋，武帝答应并赐给手杖一根，说："我正想大张旗鼓地驱赶齐军，所以把这件东西赐给你。"杨素跟随齐王宇文宪与齐军在河阴大战，因建立军功被封为清河县子，授予司城大夫，又与宇文宪一起攻克晋州，率军队驻扎在鸡楼原。北齐君主率大军迎战，宇文宪害怕，夜跑，被齐兵追赶，他的部下四散奔走。杨素与骁勇将领10余人奋力苦战，宇文宪仅幸免于难。北齐平定后，杨素被加授开府职衔，改封为成安县公。

不久，又跟随王轨打败南陈将领吴明彻于吕梁一带，奉命管理东楚州的政务。他的弟弟杨慎被封为义安侯。南陈将领樊毅在泗口修筑城池，杨素将陈兵赶走，摧毁了樊毅修筑的城堡。宣帝即位，杨素继承父亲杨敷的爵位为临贞县公，他的弟弟杨约为安城县公。

隋文帝杨坚任北周的丞相时，杨素与他交情很深，文帝很器重他，命他做汴州刺史。到了洛阳，恰逢尉迟迥叛乱，道路受阻，杨素无法东进。文帝拜杨素为大将军，率军进攻宇文胄。杨素将他击败，被调迁为徐州总管，位至柱国，被封为清河郡公，他的弟弟杨岳被封为临贞公。到了隋文帝即位，他被封为上柱国，官至御史大夫。他的妻子郑氏性情偏狭凶悍，杨素对她十分愤怒，说："我如果做了皇帝，你一定没资格做皇后。"郑氏将他的话报告给文帝，杨素被免职。

隋文帝正谋图取得江南。先是杨素多次进呈攻取南陈的建议，不久，文帝就授他为信州总管，派他讨陈。杨素驻扎在永安，建造大型战舰，取名叫"五牙"。船上建起5层楼，高100多尺，左右前后竖起6根桅杆，加起来高150尺，可容纳战士800人，舰上遍扎旗帜。小一点的战舰叫"黄龙"，可乘士兵100多人。其余"平乘""舴艋"等战船大小各有差别。等到大举讨伐南陈，朝廷命他为行军元帅，率领船队直趋三硖。隋军来到流头滩，南陈将领戚欣率青龙舰100余艘屯兵守卫在狼尾滩，以阻止隋军的道路。这里地势险要，隋将十分忧虑。杨素说："胜负就在此一举。如果白天开船进攻，对方则能看清我们的行动。加之水流迅急，水手无法控制，我们就会失掉有利条件。"于是，隋军夜间发动了进攻。杨素亲自率领黄龙舰10艘，悄悄顺流而下；派开府王长袭从南岸袭击戚欣的别处营寨的栅栏；命大将军刘仁恩直趋白沙的北岸。天明到达，进攻陈军，戚欣失败。俘虏了许多陈军，安抚后全部释放。隋军秋毫不犯，深受陈人欢迎。杨素率领水军顺江东下，战舰船只覆盖了江面，军旗盔甲耀日蔽天。

南陈的南康内史吕仲肃领军驻扎在岐亭，把守着江峡，在江北岸的山崖上固定三条铁锁链，拦江横截在上游，用来阻挡敌军的战船。杨素与刘仁恩登上江岸一起进发，先进攻陈军的栅栏，吕仲肃的军队夜间溃败，杨素除掉铁锁链。吕仲肃又据守荆州辖下的延洲，杨素派遣巴蜑兵卒数千人，乘坐五牙舰4艘，依靠舰上的樯竿捣碎敌军的10多艘战舰，将陈军打得大败，吕仲肃仅保全性命。南陈后主派信州刺史顾觉镇守安蜀城，荆州刺史陈纪镇守公安，都因惧怕隋军而逃之夭夭。巴陵以东再没有人敢于坚守。湘州刺史、岳阳王陈叔慎请求投降。杨素来到汉口，与秦孝王会合后才返师。被授予荆州总管，晋爵为郢国公，杨素对隋文帝说："有地名叫胜母，曾子都不进入。叛逆王谊过去封在郢地，我不愿与他封在同一个地方。"于是，改封为越国公。不久，又授予纳言，转为内史令职。

时隔不久，江南人李棱叛乱，朝廷命杨素为行军总管去讨伐。文帝命平定叛乱以后，将男子全部杀掉，妇女都赏给士兵，在战场上侥幸活下来的罚做苦役。叛逆朱莫问自称为南徐州刺史，用重兵把守京口。杨素率水师从扬子津进击，击败朱莫问。晋陵顾世兴自称为太守，与他的都督鲍迁等人前来抗拒，杨素将他们打败，抓住了鲍迁，俘虏贼兵3000多人。他进击无锡的贼帅叶皓，又将他们平定。吴郡的沈玄恺、沈杰等率兵围困苏州，刺史皇甫绩屡战失利。杨素率军救援。沈玄恺见形势窘迫，逃走去投奔南沙的贼帅陆孟孙。杨素在松江向陆孟孙的部队发动进攻，将他打得大败，擒获了陆孟孙、沈玄恺。黝、歙一带的贼帅沈雪、沈能据守栅栏以自我保固，也被攻下。

江浙的高智慧自号为东扬州刺史，吴州总管、五原公元契镇守会稽，因为惧怕高智慧的兵力强盛而向他投降。高智慧将元契的部下全部杀死，元契自杀。高智慧有1000多艘舰船占据要害，军队十分强劲。杨素领军向他进攻，从清晨到下午申时，经过艰苦战斗，打败了贼兵。高智慧逃往海上。杨素追赶他，从余姚渡海直趋永嘉。高智慧抵抗，杨素又将他击败逃走。贼帅汪文进自称为天子，占据东阳，任命他的同党蔡道人为司空，驻守乐安。杨素领兵予以平定。又攻破永嘉贼首沈孝彻，隋军从这里步行向天台进发，直指临海郡，逐一捕获漏网的贼兵，前后打了100多仗，高智慧逃往闽越坚守。文帝因杨素长时间在外征战，所以下诏派人骑快马传令命他还朝，给他的儿子玄感加上开府衔，赐给绸缎8000段。杨素因余寇没有扫除，恐怕成为后患，又请求出发。朝廷下诏命他为元帅，他又率军来到会稽。

开初，泉州人王国庆是南安一带的豪门大族，杀死了刺史刘弘，占据州城发动叛乱。他认为海上艰难险阻，北方人不能习惯，所以不设任何防备。杨素率军渡海，突然前来，王国庆忙弃城逃走。杨素分别派遣各路将领，从水上和陆地分头追击。此时，南海原有五六百户人家，居住在水上成为亡命之徒，号称为游艇子，高智慧、王国庆想去投靠他们。杨素便秘密派人劝说王国庆，让他杀死高智慧以立功，王国庆在泉州杀死高智慧，其他余党全部投降，江南于是平定。文帝派左领军将军独孤陀到浚仪迎接慰劳杨素。他回到京城，慰问者天天不断。

杨素代替苏威为尚书右仆射，与高颍一起掌管朝政。杨素性情疏懒而又好计较，朝臣之间，他只推崇高颍，敬重牛弘，厚待薛道衡；看苏威好像不存在一样。其他朝臣，大多受他轻慢排斥。他的才情风度超过高颍；至于诚心休国，待人接物的公平恰当，宰相应具有的识见气度，与高颍相去甚远。

不久，文帝令杨素监造仁寿宫，杨素便平山填谷，督责工役严厉苛刻，工役们死了很多，等到仁寿宫建成，文帝命高颍前去视察，高颍奏称宫殿过于绮丽豪华，损伤人丁太多，文帝不悦。杨素害怕，便在皇宫北门启奏独孤皇后说："帝王按法规定应该有离宫别馆，现在天下太平，建造一座宫殿怎么能算浪费？"皇后将这个道理告诉文帝，文帝的情绪才缓和下来。

开皇十八年（599年），突厥达头可汗进犯边塞，文帝命杨素为灵州道行军总管，率兵讨伐，原来的边疆守将与突厥打仗，因为担心他们的骑兵来回冲突，因而将战车、步兵、骑兵互相交错配合，用鹿角布置成方阵，骑兵屯扎在其中。杨素说："这是自我束缚。"于是，他将旧的战法全部抛弃，命令全军变为骑兵的阵势。达头听后十分高兴，认为是天赐的良机，下马对天祝拜，然后率领数十万精锐骑兵杀来。杨素挥军奋击，达头受重伤逃跑，敌人四散而去。

杨素精于权谋韬略，利用机会进攻敌人，战术变幻不断，然而，总体上，治军严肃整齐，有违犯军令的，立即斩首，毫不宽待。每次将要与敌人开战，往往寻找将士过失将他们处死，多的处死100余人，少的也不下数十人，他面前流满了鲜血，却谈笑自若。等到与敌人开战，先命一二百人进攻敌人，如能攻破敌阵就算了；如不能攻破而失败回来，不管剩下多少人，全部斩首；再命200人进攻，方法同前面一样。将士们个个心惊肉跳，下定了必死的决心，所以战无不胜，杨素受到文帝的宠爱，他说的话文帝没有不听从的，与他一起作战的将士，就是立有很小的功劳也会被记录奖赏。杨素虽然严酷残忍，将士们也愿意跟从他。

开皇二十年（601年），晋王杨广为灵、朔道的行军元帅，杨素为长史，晋王屈尊与他交往。

仁寿初年，他代替高颍为尚书左仆射，这年，又命杨素为行军元帅，进击突厥，连续击败敌军。突厥逃走，他追到夜里赶上了他们，恐怕他们逃跑，便令其他骑兵走在后面，自己亲率两名骑兵和两名投降的突厥人，悄悄地与敌兵一起行走，对方没有丝毫知觉。等到他们驻扎时还没稳定下来，他指挥后面的骑兵突然掩杀来，将敌人打得大败。从此，突厥人远遁而去，沙漠以南再也没有他们的踪迹。因立战功将他的儿子杨玄感进位为柱国，玄纵为淮南郡公，赏赐物品两万件。

献皇后驾崩，丧葬制度多出于杨素之手。文帝很是赞赏他，下诏说："君主如脑，大臣好比股与肱。共同治理百姓，职责一体。上柱国、尚书左仆射、仁寿官大监、越国公杨素，志向气度，恢宏宽阔，对事物变化的洞鉴透彻远大，胸怀辅助时事的韬略，包涵治理国家的才干。我朝王业初开，称霸天下的宏图刚刚奠基，他一出仕就被委以重任。受命出师，擒获和消灭凶恶的贼首，平定了虢和郑。多次秉承朝廷制定的谋略，指挥大军纵横江南；常常接受朝廷颁布的军令，率军长驱于北疆要塞。大军向南，吴越之地便被肃清；王师北临，匈奴族的军队就被摧垮折服。位居尚书省长官，参与军国大事的计谋筹划，在朝廷端正严肃，不谄不骄；说话直抒胸臆，不带隐瞒。谈文学则词气纵横，论武功则谋深虑远，既能文，又能武，对朕唯命是从。凡委以职责，从早到晚都不懈怠。献皇后气息奄绝，驾离六官，远别日月，融入白云。坟茔的选择，灵柩的厝置，都委托杨素来料理。杨素对朝廷义重，为国家情深，想使生者和死者都安康泰然，永远无穷。他认为阐释阴阳的书虽然都是圣人所作，但体察其中祸福的道理，尤其须慎。便踏遍山川原野，亲自占卜选择，为了寻求大吉，孜孜不倦，奔波不停。终于在京城附近找到一块福地，用以营建陵墓。论起杨素的这种心情，对朝廷实在至诚至孝。他平定贼寇，建立丰功伟业，如不给予奖赏，怎么能伸张劝勉奖励功臣的风气！可再封他的一个儿子为义康郡公，食邑一万户，子子孙孙继承不断，其余赏赐仍按旧章。"

此时，杨素受文帝宠爱越来越重，他的兄弟杨约、从父杨文思、兄弟杨纪以及族父杨异都被封为尚书、列卿。所有的儿子没有任何汗马功劳，都位至柱国、刺史。家里僮仆数千人，后宅的妻妾歌妓，穿着华丽的绸衣的数以千计。府第豪华奢侈，形制有如皇宫。有个叫鲍亨的善于写文章，一个叫殷胄的工于草书和隶书，都是江南的读书人，因为受高智慧牵连沦为奴仆。杨素的亲友故旧，都地位显要。他权势的兴盛，近古以来从未听闻，炀帝杨广初为太子时，猜忌蜀王杨秀，便与杨素密谋，构陷他的罪状，后来竟被废黜。朝臣有违逆他的，杨素暗中中伤他们。如果有人趋附他和他的亲友，虽然没有才干，也给以提拔。人们无不因畏惧而依附他。只有兵部尚书柳述，凭借他是文帝女婿的特殊地位，多次在文帝面前抨击杨素；大理卿梁毗上表说杨素作威作福。文帝渐渐疏远并忌讳杨素，后来诏谕说："仆射，是国家的辅政大臣，不可以亲自处理细小的事务。只需三五天到尚书省议论一下大事就行了。"表面表示优崇，实际是在削弱他的权力。到仁寿末年，不再让他全面负责尚书省的事。文帝赐王公以下的大臣射箭，杨素的射术为第一，文帝亲手将外国贡献的价值数万的金精盘赏赐给他。

文帝身体不好，杨素与兵部尚书柳述、黄门侍郎元岩等入宫侍奉他的疾病。此时，皇太子杨广入宫居住在大宝殿，担心文帝不测，必须早做防备，便亲手写信，封上送给杨素。杨素便将文帝的情况记录下来，报与太子，宫人将他的信悄悄送给文帝，文帝看后恼怒，文帝宠爱的陈贵人也说太子对他轻狂无礼。文帝发怒，想要召回被废为庶人的长子杨勇。太子与杨素谋划，杨素假借文帝的诏命，让东宫的兵士来宫中守卫，宫门禁止出入，让宇文述、郭衍来指挥。文帝当天驾崩，因此颇引起不同的议论。

恰逢汉王杨谅反叛，派茹茹天保向东进至蒲州，烧断黄河上的桥；又派王躬子率军与天保合力坚守。杨素率轻骑 5000 人袭击，埋伏于渭水渡口，乘夜渡过，天明发动进攻，天保兵败，王躬子惧怕，献城投降。炀帝下诏将他征还。杨素起初将要出发时，计划着破贼的日子，实际发展都和他估计的一样，炀帝于是命杨素为并州道行军总管、河北道安抚大使，去讨伐杨谅。当时，晋、绛、吕三州州城都被杨谅把守，杨素每地各用 2000 人吸引他们。杨谅派赵子开率军 10 余万，修筑险绝的道路，屯据在高壁，布下 50 里大阵。杨素命诸将领兵逼近敌营，自己用奇兵，急速前进，直捣杨谅的大营，一举将其攻破。杨谅任命的介州刺史梁修罗驻扎在介休，他一听说杨素率军到来，就弃城逃走。杨素领兵进至清源，离并州 30 里，杨谅率他的将领王世宗、赵子开、萧摩诃等迎战，又被打破，俘获了萧摩诃，杨谅退守并州，杨素进兵将并州包围，杨谅投降，他的余党全被平息。炀帝派杨素的兄弟修武公杨约拿着他亲手写的诏书慰劳杨素，杨素上表感谢。

大业元年（605 年），他升为尚书令，朝廷赏赐给东京的住宅一处、布帛 2000 段。不久，又被授予太子太师，其他官职如同以往。朝廷前后给他的赏赐无法计算。第二年，又被授予司徒，改封为楚公，这一年因病去世，谥号景武，赠为光禄大夫、太尉公和弘农、河东、绛郡、临汾、文城、河内、汲郡、长平、上党、西河十郡太守；送给辒辌丧车一部、手执木刻班剑的仪杖 30 人、前后手执羽葆的仪杖和吹鼓手、谷和麦 5000 石、布帛 5000 段，鸿胪寺负责料理丧事。炀帝又下诏为他立碑，以表彰他的丰功伟业。杨素曾将一首长达 700 字的五言诗赠给番州刺史薛道衡，词意新颖警拔，风格秀雅超群，成为一时难得的佳作。诗写成不久，就去世了。薛道衡叹息说："人之将死，其言也善，果然是这样啊！"

杨素虽有扶立炀帝的谋略和平定杨谅叛乱的功劳，然而却特别被炀帝所猜忌。炀帝对他表面礼遇优隆，实际上情义甚薄。太史说楚地将有大丧，炀帝因而将他改封到楚。他卧病在床的时候，炀帝每次都令名医去诊治，赐给上等好药，然而却私下唯恐杨素不死。杨素也知道自己的名位已达到巅峰，所以不肯用药，也不慎重调养。常常对兄弟杨约说："我难道还须再活下去吗？"

杨素贪图财货，大肆营求产业，东西两京的住宅宏丽奢华，往往早晨建好，晚上又拆掉重造，营建修理没有停止的时候。四方都会繁盛之地，都有他家的旅店、磨坊、田园、住宅，其数量以千百计。当时舆论都因此而鄙视他。

乱世枭雄——李密

李密字法主，文武兼备，志向高远，李密收养宾客，接纳贤士，毫不吝惜钱财，与杨玄感结有生死之交。后来，又强自克制，沉湎于学习之中，尤好读兵书，口中不停朗诵。大业初年，他被朝廷授予亲卫大都督，因为身体有病，回家休养。

杨玄感密谋叛乱时，曾请李密，召请他与自己的弟弟杨玄挺同去黎阳，共同计议。李密提出三种计策，说："现在天子远在辽东领兵攻打高丽，您率兵长驱直入，攻下蓟州，直扼隋军咽喉。前面有高丽，后面的退路被断绝，不战就可擒获炀帝，这是上计。关中四面高山阻隔，驻守在那里的卫文升不值介意。现在率领人马早日西进入关，可保万无一失，这是中计。如果先就近攻打东都洛阳，因而又延误了时间，这是下策。"杨玄感却说："您的下计实则是上计呀。现在满朝官员的家属都住在东都，如果不早日攻取，怎么能动摇他们呢？况且经过的城池而不攻下，怎么能显示我们的威力？"李密的意见未被采纳。杨玄感率军攻打东都，认为很快就可成功。他获取的韦福嗣，出的主意往往模棱两可。杨玄感让韦福嗣写讨伐隋炀帝的檄文，他不肯起草。李密了解到情况，请求将他斩首，杨玄感又不答应。李密回来对所亲近的人说："杨玄感造反而又不想取胜，我们将要成为俘虏了。"后来，杨玄感准备西入关中，韦福嗣却逃归东都。当时，李雄劝杨玄感赶快立号称帝，杨玄感征求李密的意见，李密认为不能这样。杨玄感未采纳称帝的建议。宇文述、来护等率隋军将要赶到，杨玄感问李密下一步的计策，李密说："元弘嗣统领强大的军队驻扎在陕西陇山之右，现在可以制造舆论，说他要谋反，派使者来迎接您，借此入关，可以笼络将士。"杨玄感便根据李密的计谋号令全军。向西进入陕县，久攻弘农不下，又西入阌乡，隋军追来，杨玄感失败。

李密偷入关中，与杨玄感的叔父杨询一起，藏在杨询妻子的娘家。不久被告发，与他的同伙一起被送到隋炀帝那里。押送途中，李密与其他人密谋逃跑。他们这些人身上带着许多金钱，李密让拿出来给押送的人看，并说："我们都在等着死日的到来，这些金钱送给你，希望用来埋葬我们，剩余的作为报答。"押送的人贪图金钱，便满口答应。等到出了潼关，李密每夜都设宴饮酒。走到邯郸，晚上住在一个村庄中，李密等7人翻墙逃跑，他与王仲伯一起逃到平原盗贼首领郝孝德那里，但不受欢迎。他们备受饥饿，只好剥树皮充饥。王仲伯潜逃到天水。李密来到淮阳，住在乡村中，改变姓名叫刘智远，收几个学生教他们读书。经过数月，郁郁不得志，写下一首五言诗，诗写好后，热泪数行。有人感到奇怪，报告给太守，太守下令让县里去逮捕他。李密赶忙逃到他的妹夫雍丘县令丘君明那里，丘君明的侄子丘怀义后来又告发了他，他逃跑了，丘君明却坐罪被处死。

李密接着投奔东郡义军领袖翟让，通过王伯当向翟让出谋划策。派人游说小股义军，被劝说的人都归顺了翟让，翟让于是对他开始看重，同自己一起讨论重大问题。李密看到人马众多而缺少粮草，便劝翟让攻打荥阳，让军队休息，积蓄粮秣，然后与隋军争夺天下。翟让听从建议，便攻下荥阳。太守郇王庆和通守张须陀带兵讨伐翟让，翟让几次被张须陀打败，准备向别处逃跑。李密劝翟让摆开阵势等待敌兵，他亲率一支队伍袭击隋军，把敌人打得大败，在阵前斩杀了张须陀。翟让于是命李密树起军旗，另外统帅一支部队。李密又劝说翟让把夺取天下当成第一要事，攻取兴洛仓，发放粮食以救济贫苦百姓。于是，他同翟让于义宁元年（617年）春从阳城出发，向北越过方山，从罗口进攻兴洛仓，一举拿下，打开粮仓，赈济百姓。越王杨侗派武贲郎将刘长恭进讨李密。李密一举将其击败，刘长恭侥幸逃脱。翟让于是推举李密为义军领袖。李密在洛口建立了一座周长40里的城堡以便驻守。翟让为李密送上魏公的称号，并建立坛场请他即位，称为元年。李密命房彦藻为左长史，邴元真为右长史，杨德方为左司马，郑德韬为右司马。拜翟让为司徒，封为东郡公。长白山义军孟让攻打东都，焚烧丰都市归来。李密又攻下巩县，俘获县令柴孝和，授给他护军的官职。隋将武贲郎将裴仁基献出武牢关归顺李密，李密便派裴仁基与孟让打破了回洛仓，并占据了它。不久，郑德韬、杨德方战死，李密又命郑颋为左司马，郑虔象为右司马。

柴孝和劝说李密：让裴仁基守护回洛仓，翟让占据洛口仓，您亲自率领精锐部队，向西攻打长安。否则，别人会抢在我们前面。李密说："这确实是上等的计策，只是我的部属都是山东人，看见未攻下洛阳，恐怕不肯西进。"柴孝和请求让他到西面了解情况，李密让他带领10个骑兵到陕县，竟收到一万多归附之人。李密的军队当时锋芒正锐，经常在东都洛阳附近与官军作战。正好李密被流箭射中，躺在军营中休息，东都的官兵出来袭击，他的部队溃乱，放弃回洛仓回到洛口。柴孝和的部队听说李密兵败，各自离去，柴孝和骑马归来。隋炀帝派王世充率江淮劲旅5万人讨伐李密，李密兵败，柴孝和在洛口淹死。

王世充驻扎在洛口西，与李密的军队相持100多天。武阳郡丞元宝藏、黎阳起事首领李文相、洹水起事首领张升、清河起事首领赵君德、平原起事首领郝孝德相继投奔李密，一起攻破黎阳仓。隋将周法明将长江与这黄河之间的土地献给李密表示归顺。齐郡的反隋首领徐圆朗、任城的豪杰徐师仁、淮阳太守赵他等人也都先后归附，人数加起来上万。

翟让的部将王儒信劝翟让统领所有的事务以夺回李密的权力。翟让的哥哥翟宽也对翟让说："天子只可以自己去做，怎么能让给别人？你如果不愿意，我可以当皇帝。"李密知道后，十分厌恶。恰巧翟让与王世充对阵，军队后退了几百步，李密与单雄信等率兵增援，王世充败退。翟让想乘胜攻破隋军大营，李密看天色已晚便阻止了他。第二天，翟让带数百人到李密的住所，李密想为他设宴庆贺。他带领的将士被分散到各处吃饭，所有的门口也都派人警备，翟让没有觉察。李密领翟让入座，让翟让射箭，翟让拉满弓将要引发，李密派壮士蔡建从后面将他斩杀。又杀害了他的哥哥翟宽和王儒信等人，跟随他来的人尽被杀害。翟让的部将徐世勣被乱兵砍伤，李密阻止，才免于一死。单雄信等人都叩头哀求，李密都予以释放并慰问他们。于是他来到翟让的大营，解释为什么要杀翟让，派徐世勣、单雄信、王伯当分别统领翟让的军队。

王世充利用晚上攻打仓城，李密坚守，将敌人打败。王世充又在洛北建立营垒，在洛水上架设浮桥，率全部人马攻打李密。李密与隋军抗拒，因失利退却。王世充因而得以进至义军的城下，李密率军袭击，隋军溃败，争渡浮桥，桥塌陷，落水者极多。武贲郎将杨威、王辨、霍世举、刘长恭、梁德重、董智通等人阵亡。王世充幸免于一死，逃向河阳。是夜天降大雪，剩余的士卒死亡殆尽。李密便整修金墉的故城驻守，率众10余万，攻打东都洛阳的上春门。东都留守韦津带兵出战，被抓获。部将劝李密称帝，李密不同意。李世民、李建成率领的义师围攻东都洛阳时，李密派军队与义师争夺，又互相安抚，然后撤退。

不久，宇文化及杀死隋炀帝，自江都向北攻打黎阳，李密率军抵御。这时，越王杨侗称帝，派使者授予李密太尉、尚书令、东南道大行台、行军元帅、魏国公，命他先平定宇文化及，然后到朝廷辅政。宇文化及率军到黎阳，徐世勣坚守仓城，宇文化及久攻不下。李密与宇文化及隔着河水对话，李密数落他说："你本是匈奴族的奴隶中破野头这一支的人，父亲与兄弟都受隋朝的恩德，怎么能恣意杀戮？现在如果速来归顺，还可保全你的后代。"宇文化及默然不语，思忖许久，便瞪着眼睛大声说："我和你讨论攻战杀伐的事，何必说些书本上文绉绉的话！"李密对随从的人说："宇文化及如此庸俗浅薄，忽然想谋取帝王的宝座，我当拿根棍子将他赶跑。"李密知道他的粮食将要吃完，便假装跟他讲和。宇文化及十分高兴，让士兵放开量大吃，希望李密能送给他粮食。而李密部下有人犯罪，逃到宇文化及那里，将李密的真实意图说出。宇文化及大怒，但粮食已完，便与李密在童山下展开大战。从早晨直打到天黑，李密被流矢射中，驻在汲县。宇文化及攻掠汲郡，向北直趋魏县。宇文化及原家将辎重放在东郡，派他的刑部尚书王轨守卫。王轨献出东郡，向李密投降，李密命王轨为滑州的总管。

李密率兵向西挺进，派记室参军李俭到东都朝拜越王杨侗，献上杀死隋炀帝的凶手于弘达。杨侗任李俭为司农少卿，并派李俭召李密入朝。李密行至温县，听说王世充已杀死元文都、卢楚等人，便回到金墉城。

王世充专权以后，重赏将士。此时，李密的军队缺衣，而王世充的部队没有粮食吃，就请求同李密交易。李密的部下邴元真等人贪求私利，劝李密同意。李密答应了。原先东都绝粮，向李密投降的人每天有几百人。这时有了粮食吃，投降的人越来越少。李密后悔。李密虽然占有粮食，却没有府库，将士多次战斗而得不到赏赐。对于新投降来的人，待遇却特别优厚。因而，大家心生怨怼。当时，邴元真把守洛口仓，性情贪婪卑鄙。宇文温常对李密说："不杀邴元真，您的祸害会很大。"李密听后并不答话。邴元真听说后，阴谋叛变。李密知道后才开始怀疑邴元真。

王世充率全队前来寻战，李密留王伯当守护金墉城，自己率军抵达偃师，向北凭借邙山扎下营寨，等待王世充的军队。王世充命数百名骑兵渡过御河，李密派裴行俨等人迎战。适逢天黑，裴行俨、孙长乐等骁将10多人都受了重伤，李密心情恶劣。王世充乘夜偷渡，天明已摆好阵势，李密才发觉。他匆忙接仗，被打败，逃向洛口。王世充又连夜包围偃师，偃师守将郑颋被他的部下说动，献城投降了王世充。李密即将进入洛口仓城，邴元真已派人与王世充勾结。李密暗中知道后，故意密而不发，想等王世充的军队一半渡过洛水，然后乘其立脚未稳再发起进攻。李密派去探马却没有弄清情况。等到将要出战时，王世充的军队已全部渡过洛水。李密骑马逃跑，邴元真献城投降。

李密的军队渐渐离散，他将要到达黎阳，有人说："杀翟让的时候，徐世勣也几乎被杀。现在他的刀伤还未痊愈，他的心难道可以保证不反叛吗？"李密便不再去黎阳。这时，王伯当放弃金墉城，退保河阳，李密便去投奔他。李密对众人说："长时间劳苦大家，我今天自尽以向诸位谢罪。"大家都俯首哭泣，不能仰视。李密又说："幸得各位不嫌弃我，我们应一起投奔关中唐军，我虽然没有为唐军建立功勋，但各位一定能得到富贵。"他的魏公府属员柳燮说："您与长安的皇室李氏宗族，过去有着相同的经历。虽然没有和他们一道起义，然而，阻隔东都洛阳的隋军不能西顾，断绝了隋朝的退路，使唐国不怎么费力作战就夺取了隋朝的京师，这便是您的功劳啊！"众人都说："是这样！"李密便归顺唐朝，被封为邢国公，授给光禄卿的官职。不久，叛唐逃跑，被杀害。

《隋书》

《隋书》概论

　　《隋书》85卷，其中本纪5卷，唐初魏徵主修，众多史臣参加修撰，记隋代38年的史事。《隋书》是唐初所修八史中最杰出的一部，它最能体现和反映以唐太宗为首的贞观君臣的史学观点和这一时代的史学特色，历来受到学者的重视。

一

　　魏徵，字玄成，巨鹿下曲阳人，是贞观时期一位有作为的地主阶级政治家，对于贞观时期的一些稳定地主阶级统治和繁荣经济的措施，多所建树，他以"谏诤"的方式，前后共提出200多项建议，大部分被唐太宗所接受。谏诤的内容涉及政治、经济、文化、法制和礼仪等各个方面，这些大体上构成了贞观时期的主要施政蓝图。魏徵刚直不阿，敢于向皇帝进谏的政治品质，已成为封建时代谏臣的一个典型形象。贞观之治局面的形成，与魏徵的谏诤有很大的关系，唐太宗不止一次地这样对他的大臣说：魏徵精晓仁、义、礼、智，辅佐我处理政务，治理国家，其政绩即使是文武双全的诸葛亮也无法与他相抗衡。

　　作为一个政治家，魏徵对唐初社会历史的发展，起过进步作用，作为一代杰出的史官，对我国史学的发展，同样做出了重要贡献。

　　贞观二年（628年），魏徵任秘书监时认为，经过隋末丧乱，国家图书丢失甚多，又很杂乱，于是在奏报唐太宗之后，引进一批学者校定"经史子集"等四部书籍。几年之间，使国家藏书基本齐备，粲然可观。这为修撰前代史书准备了资料，提供了极大的方便。唐初之所以能修成八史，魏徵主持秘书省组织校定图书，是有一定贡献的。

　　贞观三年（629年），魏徵被委任为《隋书》的主编。他在从事国家政务处理的同时，仍勤于著作。他作为政治家、政论家，有《十渐不克终疏》等两百篇左右的政治文献，作为史学家，他又有大量的学术和史学著作问世，如《次礼记》20卷、《自古诸侯王善恶录》2卷、《列女传略》7卷、《群书治要》50卷、《大唐礼仪》100卷、《时务策》5卷等。在他的史学生涯中，影响最大、流传广泛的是由他监修的五代史，尤其是贯穿了他史学思想的《隋书》。

在迭经魏、蜀、吴三分天下、两晋南北朝大冲突、大交融的历史风云之后，中华民族再度归于一统，继秦汉之后，又一次出现两个蝉联的封建统一政权——隋唐王朝。唐初统治者从维护统一和巩固统治的需要出发，着手修撰前朝历史。贞观三年（629年）唐太宗下诏修撰周、隋、梁、齐、陈等五史，魏徵除撰写《隋史》外，还和房玄龄一起"总监诸代史"，负总的责任。《五代史》的撰修工作，魏徵都参加了。梁、陈、齐史的总论，是他执笔撰写的，而最能代表其史学成就的，是由他主修的《隋书》。

二

《隋书》是唐初修成于众史官之手的第二部史书。贞观三年（629）开设史馆，由魏徵主修，颜师古、孔颖达等协助之，书中的序论多出于魏徵之手。他们依据的史料有隋朝旧有的史书，如王劭撰、以编录诏敕等文为主的《隋书》80卷，隋史官修撰的《开皇起居注》60卷等。再，唐初去隋世最近，直接史料保存尚多，魏徵等屡访之。至贞观十年，撰成《隋书》55卷，其中帝纪5卷，列传50卷，上起隋文帝开皇元年（581年），下至隋恭帝义宁二年（618年），记载了隋朝38年的历史。当时此书与《梁书》《陈书》《北齐书》《周书》并行于世，合称为《五代史》。这五部史书都是只有本纪和列传，没有表和志。原来的修撰计划是编写10篇共同的志，而不作表。当时，众史官只完成了他们分别负责的纪、传，没有完成共同负责的志。贞观十五年（641年），唐太宗因命左仆射于志宁、太史令李淳风、著作郎韦安仁、符玺郎李延寿等共同修撰志书，以记述梁、陈、北齐、北周和隋朝的典章制度，先后由令狐德棻、长孙无忌监修，历时15年，至唐高宗时方始成书，共有10志，计30卷，高宗显庆元年（650年），由监修人长孙无忌领衔奏上，其篇目和卷数如下：

《礼仪》7卷，《音乐》3卷，《律历》3卷，《天文》3卷，《五行》

2卷，《食货》1卷，《刑法》1卷，《百官》3卷，《地理》3卷，《经籍》4卷。

这10篇志编成时，五部史书流行已久，所以志书也单行，称为《五代史志》，在与五部史书合编时，附在《隋书》之后，故亦称《隋志》，而《隋书》也因之成为85卷。

三

颜师古与封德彝一起，是最早修撰《隋书》的。以后，在魏徵主持下，他参加了第二次修撰《隋书》的工作。他撰成的《隋书·地理志》收入《五代史志》。唐继隋而起，唐初统治者对隋朝的统一大业是极为推崇的，对于隋朝初年的政治，也是异常钦慕，而一个"甲兵强盛"、"风行万里"的隋王朝为何在极短的时间内分崩离析，"子孙殄灭"，又不能不引起唐初统治者的深思，可见，撰述隋朝历史对于唐朝统治者来说，有着切身的利害关系，有许多引为鉴戒的历史经验教训。所以魏徵主修的《隋书》中，"以隋为鉴"是其主要的特点之一。

关于取鉴的问题，魏徵显示出的可贵之处，很突出的一点就是从"人事"上"取鉴于亡国"。即把"人事"作为"以隋为鉴"的主要内容。

首先，在涉及的历史重大问题时，魏徵很重视民心的向背问题。他在《隋书》中着力考察了高祖开基、炀帝丧国的原因，通过对两代帝王主客观方面的详尽比较、分析，魏徵强调说，尽管炀帝之世的土地、人口、甲兵、仓廪都盛于高祖之时，地险、人谋也都据于有利地位，他们的所作所为表面看起来虽然"迹同"，很相似，但由于"心异"，即主观的出发点不一样；高祖对民的"动"是为了最终使民"安"，对民的"劳"是为了达到民"逸"，结果是天下大治，而炀帝则相反，因而"其亡也忽"。从这里可以看出，他已经在某种程度上看到了人民的力量，因此在《隋书》中，比较注意隋末农民大起义的作用，保留了不少这方面的史料。55卷的纪传中，有20多卷都记有农民起义或反抗斗争，《食货志》和《天文志》《五行志》也从不同角度多次提到这方面的内容。

第二，魏徵能够从经济的角度来考察民众的生产活动同政权兴衰的关系。魏徵在谈到封建政治的兴衰与经济的关系时，曾概括性地指出："百姓欲静而徭役不休，百姓凋残而务不息，国之衰敝，恒由此起。"他的这种思想，在《隋书》中有突出表现。如详细地将隋末每次大规模的征用徭役的情况、死伤的数字以及因而造成的经济破坏，都如实地做了说明和分析，指出正因为隋炀帝大规模的征役，破坏了农民的生产，因而才造成了隋末的农民大起义，使隋王朝很快瓦解了。这比用某些帝王将相个人行为的不检和好恶，来说明一个封建王朝的兴衰，在历史观上是一个很大的进步。

《隋书》的另一个特点，是将修史与求治紧密地结合起来，总结历史经验是为了找到现实的治国方法。魏徵通过封建社会前期史学的总结，围绕着"务乎政术""求治要"的宗旨，把史学的赞治作用，通过"取鉴于亡国"的形式，加以充分地发挥，并集中在总结施政致治的统治之道上。他不仅在奏议和《隋书》的编写中全面地总结了隋亡的原因、历史教训和以隋为鉴的重要性，而且第一次明确、具体地指出如何从亡国取鉴，用以赞治的问题。从前一个朝代危、乱、亡的教训中，求得本朝的安、治、存，这一概括把修史、取鉴和赞治三者完全融为一体了，巩固地确立了鉴戒史学的地位。史学作为政治的一个不可分割的有机组成部分，真正成为一种重要的统治工具，应当说开端于斯。

《隋书》体例组织严整，继承了《史记》《汉书》的传统而有所创新。将反隋人物李密等放入《诸臣列传》而不放入叛臣之列，颇具史家风度。《隋书》的列传材料珍贵，《隋书》修撰时，引用的史书、资料许多现在我们已见不到或者残缺了，它们保存在《隋书》中。如李德林、牛弘、杜台卿、许善心、王劭等人的传，有隋代官私修史的资料，并可知道当时史学发展的情况。《万宝常传》可以了解到隋代有中国古代史上罕见的音乐天才及其《乐谱》64 卷。耿询、张胄玄、临孝恭、宇文恺、杨素等人的传，记述了隋代中国众多处于世界领先地位的科学技术和创造发明。至于有关政治、经济、军事、民族、外交的史料就更多了。如《隋书》的东夷、南蛮、西域诸列传提供了许多新的材料，可以和《隋书》卷 67 所载裴矩传参照来读，借此明了隋代对外交通的情况。而《隋书》十志尤为后人所重视。历代史家对《隋志》的评价较高。自魏、晋以来，典章制度变化较繁，而史书或无志，或有之而断限过短，致使流变不明。《隋志》叙述的范围包括梁、陈、齐、周、隋 5 个朝代，修撰者多有学术专长，因而其成就较高。《经籍志》为东汉至唐初古籍流传的总结性著作，在古代学术史和图书分类著录方面，其地位可与《汉书·艺文志》相比。《地理志》以隋炀帝大业五年（609）的地理状况为准，记载了全国郡县户口山川形势、建置沿革及风俗物产，对隋以前的地理情况，该志只是略有附注，顺便涉及。《食货志》《刑法志》大体相近。《音乐志》很详细，特别是关于外国音乐传入中国的经过这部分，可供研究中外文化交流史的参考。《天文志》和《律历志》到今天还算是研究天文气象学的有价值的参考资料。

但凡文笔简练，难免要遗漏重大史事。杜宝撰《大业杂记》10卷、刘仁轨撰《行在河洛记》10卷就是为了弥补《隋书》记隋末事迹遗缺而作。另外，书中为隋统治者回护和为唐初当权者夸张的曲笔，与其他各史书无异。例如炀帝派张衡杀害其父，其事不见于二帝本纪和《张衡传》（卷五十六），而隐约地附叙于《陈宣华夫人传》（卷三十六）中。又如房彦谦本无重大事迹可纪，因其子房玄龄为唐初丞相，《隋书》中便有他的专传（卷六十六），这都是明显的例证。

政　略

苏威直陈君过

　　威①见宫中以银为幔钩，因盛陈节俭之美以谕上②。上为之改容，雕饰旧物，悉命除毁。上尝怒一人，将杀之，威入阁进谏，不纳。上怒甚，将自出斩之，威当③上前不去。上避之而出，威又遮止，上拂衣而入。良久，乃召威谢④曰："公能若是，吾无忧矣。"

（《隋书》卷四十一，苏威传）

【注释】

　　①威：苏威，字无畏，隋朝京兆人。
　　②上：指隋文帝杨坚。
　　③当：通"挡"。
　　④谢：道歉。

【译文】

　　苏威看到皇宫中用银器作蚊帐钩链，就陈说节俭的美德来讽喻皇上隋文帝。文帝感悟，脸色改容，雕镂装饰的旧物，全部命令废除。文帝曾怨恨一个人，要把他杀掉，苏威进门去劝谏，文帝不听从。文帝更加愤怒，要亲自出来杀死那人，苏威挡在文帝前面不离开。文帝绕开他出来，苏威又迎上去阻止，文帝气得拂衣进房去了。过了好一段时间，文帝才召见苏威，而且道歉说："你能像这样做，我就没有什么忧虑了。"

长孙平谏君

时有人告大都督邴绍非毁朝廷为愦愦者，上①怒，将斩之。平②进谏曰：“川泽纳污，所以成其深，山岳藏疾，所以就其大。臣不胜至愿，愿陛下弘山海之量，茂宽裕之德。鄙谚曰：‘不痴不聋，未堪作大家翁。’此言虽小，可以喻大。邴绍之言，不应闻奏，陛下又复诛之，臣恐百代之后，有亏圣德。”上于是赦绍。因敕群臣，诽谤之罪，勿复以闻。

（《隋书》卷四十六，长孙平传）

【注释】

①上：指隋文帝杨坚。

②平：即长孙平，字处均，隋朝大臣，曾为工部尚书、吏部尚书、大将军等职。有才干。

【译文】

有人告大都督邴绍诽谤朝政昏乱，隋文帝杨坚听后愤怒，要处死他。长孙平进谏说：“河流川泽能接纳污脏之物，所以成就了它的深；山岳丘陵能藏纳瘴气毒疾，所以成就了它的大。我殷切希望陛下实现最好的愿望，愿陛下能够弘扬河海山岳般的宏量，发扬胸怀宽广的美德。俗谚说：‘不疾愚不耳聋，不能做大家庭的长者。’虽说事小，却可以寄寓大的意义。邴绍的话，不应当听从奏劾，陛下却要诛杀他，我担心百代之后，对圣上您的美德有所污损。”隋文帝于是赦免邴绍。文帝还因此令告群臣，对朝政的议论和非议，不应再上奏朝廷。

刘行本固于职守

周代故事，天子临轩①，掌朝典笔砚②，持至御坐③。则承御大夫取以进之。及行本④为掌朝，将进笔于帝⑤，承御复欲取之。行本抗声谓承御曰：

"笔不可得。"帝惊视问之,行本言于帝曰:"臣闻设官分职,各有司存。臣既不得佩承御刀,承御亦焉得取臣笔。"帝曰:"然"。因令二司各行所职。

(《隋书》卷六十二,刘行本传)

【注释】

①临轩:古时皇帝不坐正殿而在殿前平台上接见臣属,称为临轩。

②"掌朝"句:掌朝,官名。典,掌管,管理。

③御坐:皇帝的座位。坐,通"座"。

④行本:指刘行本,隋朝沛县人,为官正直,不阿权贵,此时任后周掌朝之职。

⑤帝:指后周武帝宇文邕。

【译文】

根据后周的典章制度,天子在殿前平台上接见臣僚,由掌朝官掌管笔墨和砚台,掌朝官把笔砚拿到皇帝的座位前,然后承御大夫从掌朝手里接过笔砚进献给皇帝。到刘行本担任掌朝官时,一次正要把笔拿到周武帝的御座前,可承御大夫却先要取笔过去。刘行本高声对承御大夫说:"你不能拿笔。"周武帝听了惊奇地望着他,刘行本对周武帝说:"我听说设置官员,各分职事,各管职内的事情。我既然不能佩带皇上的御刀,承御大夫怎么能拿我的笔呢!"周武帝说:"你说得对。"于是命令两人各行其职。

御 人

文帝不记旧怨

建绪与高祖有旧，及为丞相，加位开府，拜息州刺史①。将之官，时高祖阴有禅代之计，因谓建绪曰："且踌躇，当共取富贵。"建绪自以周②之大夫，因义形于色曰："明公此旨，非仆所闻。"高祖不悦。建绪遂行。开皇③初来朝，上④谓之曰："卿亦悔不？"建绪稽首曰："臣位非徐广，情类杨彪⑤。"上笑曰："朕虽不解书语，亦知卿此言不逊也。"历始⑥、洪⑦二州刺史，俱有能名。

（《隋书》卷六十六，荣建绪传）

【注释】

①"建绪"句：建绪，即荣建绪，隋大臣，初仕北周，后仕隋文帝，为刺史等职。高祖，隋文帝杨坚。开府，官名，即隋散官仪同三司。息州，今河南息县。

②周：指南北朝时后周。

③开皇：隋文帝杨坚年号（581—600 年）。

④上：隋文帝杨坚。

⑤"臣位"句：徐广，晋朝大臣，家世好学，博通经史，为秘书监。后刘裕篡晋建宋为帝，徐广哀痛哭泣，不愿仕刘裕，乞请归家。杨彪，后汉人，为汉献帝的太尉重臣。当时董卓专权，欲迁都避诸侯兵，他力争，被董卓免官。董卓死后，又为太尉。郭汜、李傕之乱时，他尽力侍卫王室，曹操忌之，

几以免职。后魏文帝立，想拜他为太尉，他力辞。魏文帝赐以几杖，待以上宾之礼。

⑥始：今四川剑阁一带。

⑦洪：今江西南昌。

【译文】

荣建绪与隋文帝杨坚有旧交，杨坚当丞相时，给荣建绪进位开府之职，并任他为息州刺史。荣建绪准备任职，这时杨坚暗有代周自立的意图，于是对荣建绪说："将来得志，我与你共享富贵。"荣建绪觉得自己是后周的大夫，就正气形于脸色，说："我不愿听到你这种打算。"杨坚不高兴。荣建绪于是赴任去了。隋开皇初年，荣建绪来到朝廷，杨坚对他说："你后悔不？"荣建绪顿首跪地说："我职位不比徐广，情义却与杨彪相同。"杨坚笑着说："我虽然不懂你引的书中言语，却知道这话并不谦逊。"荣建绪相继任始州、洪州刺史，都以有才能著称。

《隋书》

法 制

柳述怙宠终遭殃

述①虽职务修理，为当时所称，然不达大体，暴于驭下，又怙宠骄豪，无所降屈。杨素②时称贵幸，朝臣莫不謺③惮，述每陵侮之，数于上前面折素短。判事有不合素意，素或令述改之，辄谓将命者曰："语仆射④，道尚书不肯。"素由是衔⑤之。……

上于仁寿宫寝疾，述与杨素、黄门侍郎元岩⑥等侍疾宫中，时皇太子无礼于陈贵人⑦，上知而大怒，因令述召房陵王⑧。述与元岩出外作敕书，杨素闻之，与皇太子设谋，便矫诏执述、岩二人，持以属吏。

(《隋书》卷四十七，柳述传)

【注释】

①述：即柳述，字业隆，隋大臣，此时为吏部尚书，性格孤傲不屈。

②杨素：隋大臣，封越国公、左仆射，掌朝政，贵幸无比，为人多智诈。

③謺（zhé）：惧怕。

④仆射：指杨素。

⑤衔：衔恨，衔怨。

⑥元岩：隋洛阳人，刚耿有器局，以法令明肃为时所称。此时任官黄门侍郎，出入禁中，为隋文帝所亲近。

⑦陈贵人：隋文帝杨坚宠爱的嫔妃，后被隋炀帝杨广奸淫，郁闷而死。

⑧房陵王：指隋文帝杨坚长子杨勇。杨勇太子位废后，为房陵王。

【译文】

柳述虽然为官修明，治政有方，被世人称许，但是为人处事不明大体，对属下暴虐不逊，且依靠自己得宠之势骄横傲达，从不屈服于人。杨素此时贵幸无比，朝中大臣没有谁不畏服惧怕，柳述却常凌辱他们，多次在皇上面前指责杨素的短处过失。判定事情有不合杨素意图的，杨素有时叫柳述改动，柳述就对传命的人说："告诉杨仆射，说尚书柳述不肯改动。"杨素因此怨恨他。……

隋文帝杨坚生病卧躺在仁寿宫休养，柳述与杨素、黄门侍郎元岩等在宫中服侍照料。这时皇太子杨广对文帝宠爱的陈贵人无礼，文帝知道后非常愤怒，于是命令柳述去召来房陵王杨勇。柳述与元岩到外面去写敕书，杨素听说后，与皇太子杨广设计预谋，便假造文帝诏书将柳述、元岩二人抓起来，交付执法官处置。

李安卖亲不求荣

《隋书》

安①叔父梁州②刺史璋时在京师，与周赵王③谋害高祖④，诱惹⑤为内应。惹谓安曰："寝⑥之则不忠，言之则不义，失忠与义，何以立身？"安曰："丞相父也，其可背乎？"遂阴白之。及赵王等伏诛，将加官赏，安顿首而言曰："兄弟无汗马之劳，过蒙奖擢，合门竭节，无以酬谢。不意叔父无状，为凶党之所蛊惑，覆宗绝嗣，其甘若荠⑦。蒙全首领，为幸实多，岂可将叔父之命以求官赏？"于是俯伏流涕，悲不自胜。高祖为之改容曰："我为汝特存璋子。"乃命有司罪止璋身，高祖亦为安隐其事而不言。

（《隋书》卷五十，李安传）

【注释】

①安：李安，字玄德，隋朝陇西人，先仕周，后仕隋文帝杨坚，因向杨坚阴告叔父李璋想图谋害之事而受宠，封为赵郡公、柱国等职。

②梁州：今陕西南郑县一带。

③赵王：后周赵王宇文招，曾设计谋害杨坚，不成而被杀。

④高祖：隋文帝杨坚。

⑤惹（zhé）：李惹，李安的弟弟。

⑥寝：隐瞒。

⑦荼：荼菜，味极苦。

【译文】

李安的叔父梁州刺史李璋与后周赵王宇文招，设计谋害当时担任后周丞相的隋文帝杨坚，引诱李安的弟弟李悊做内应。李悊对李安说："把这事隐瞒不说是不忠，说出来又是不义，失去了忠与义，怎么能立身处世呢？"李安说："丞相称相父，与父亲一般，怎么可以背叛呢？"于是向杨坚说明此事。到赵王宇文招伏法被诛时，杨坚要给李安升官加赏，李安用头叩地请求说："我兄弟二人无汗马功劳，承蒙奖掖提拔，我合族当尽忠守节，没有别的方法能用来酬谢了。没想到叔父李璋没有善行，被凶党所蛊惑，做出灭宗绝嗣之事，真是苦不堪言。蒙丞相保全我们的脑袋，已是庆幸之极了，怎么敢将叔父的生命用来换取官职赏赐呢？"于是伏在地上痛苦流泪，悲痛不已。杨坚为他改变脸色说："我为你保全李璋儿子的性命。"于是命执法官吏罚罪只限李璋本人，杨坚也为李安隐瞒这事不说。

伊娄谦不计前嫌

武帝①将伐齐，引入内殿，从容谓曰："朕将有事戎马，何者为先？"谦②对曰："愚臣诚不足以知大事，但伪齐僭擅，跋扈不恭，沈溺倡优，耽昏曲蘖③。其折冲之将斛律明月已毙④，谗人之口，上下离心，道路仄⑤目。若命六师，臣之愿也。"帝大笑，因使谦与小司寇拓拔伟聘齐观衅⑥。帝寻发兵。齐主⑦知之，命其仆射阳休之责谦曰："贵朝盛夏征兵，马首何向？"谦答曰："仆凭式之始，未闻兴师。设复西增白帝⑧之城，东益巴丘⑨之戍，人情恒理，岂足怪哉！"谦参军高遵以情输于齐⑩，遂拘留谦不遣。帝克并州⑪，召谦劳之曰："朕之举兵，本俟卿还；不图高遵中为叛逆，乖朕宿心，遵之罪也。"乃执遵付谦，任命报复。谦顿首请赦之，帝曰："卿可聚众唾面，令知愧也。"谦跪曰："以遵之罪，又非唾面之责。"帝善其言而止。谦竟待遵如初。其宽厚仁恕，皆此类也。

（《隋书》卷五十四，伊娄谦传）

【注释】

①武帝：后周武帝宇文邕（561—578 年在位）。

②谦：即伊娄谦，字彦恭。性忠直，善辞令，为泽州刺史等职，清约自处，甚得人和。

③曲蘗（niè）：酒母。这里代指酒。

④"其折冲"句：折冲，本意指使敌人的战车后撤，引申为勇敢善战。斛律明月，人名，北齐将军。

⑤仄：通"侧"。

⑥"因使"句：小司寇，官名，即隋朝的兵部侍郎之职。拓拔伟，人名，北周大臣。齐，北朝时的北齐。观衅（cuàn），观罪、寻找罪状。

⑦齐主：齐后主高纬（565—577 年在位）。

⑧白帝：城名，今重庆市奉节县城东瞿塘峡口。

⑨巴丘：山名，在湖南岳阳县湘水右岸。

⑩"谦参军"句：谦，伊娄谦。参军，官名，军府属官。高遵，人名，北周大臣。

⑪并州：今山西汾水中游一带地区。

【译文】

　　后周武帝将要讨伐齐国，把伊娄谦叫到内殿，从容地对他说："我要有军事行动，应最先进攻哪个国家呢？"伊娄谦回答说："我愚笨不知国家大事，不过北齐僭越擅权，骄横不逊，沉溺于歌伎戏子，耽溺于酒色饮宴。它的勇武善战的将领斛律明月已经死了，谗佞之人鼓动口舌，君臣上下离心不一，百姓畏惧，在路上看人目光不敢正视。如果出动六军攻打，这正是我的愿望。"武帝大笑起来，因此派遣伊娄谦和小司寇拓拔伟出使齐国去观察它的罪状。武帝不久就发动军队进攻了。齐后主知道此事，叫他的仆射阳休之责让伊娄谦说："你们周朝盛夏季节发动武攻，马首指向谁呢？"伊娄谦回答说："我出使之时，没听说过兴兵之事。假如又向西增兵白帝城，向东加强戍守防御，这是人情常理，哪里有什么可奇怪的呢？"伊娄谦的参军高遵把实情泄露给齐国，齐国于是拘留伊娄谦，不放他回国。周武帝攻克了并州，召来伊娄谦并慰劳他说："我发动武攻，本该等你回来；没料到高遵中途叛变泄密，违背我平素的心愿，都是高遵的罪过呀。"于是把高遵抓起来交给伊娄谦，由他随便报复。伊娄谦用头叩地再拜，请求赦免高遵，周武帝说："你可集来众人用口水吐他的脸，让他知道什么是羞愧。"伊娄谦跪在地上说："凭高遵的罪过，又不是用口水吐面来责备就能解决的。"周武帝认为他的话说得对，因而停止了对高遵的唾面之罚。伊娄谦后来还是像原来那样对待高遵。他的宽厚仁慈和忠恕，都是这一类情况。

薛胄锐眼识伪官

有陈州①人向道力者，伪作高平②郡守，将之官，胄③遇诸途，察其有异，将留诘之。司马王君馥固谏，乃听诣郡。既而悔之，即遣主簿追禁道力。有部人徐俱罗者，尝任海陵④郡守，先是已为道力伪代之。比至秩满⑤，公私不悟。俱罗遂语君馥曰："向道力以经代俱罗为郡，使君岂容疑之？"君馥从俱罗所陈，又固请胄。胄呵君馥曰："吾已察知此人诈也。司马容奸，当连其坐！"君馥乃止。遂往收之，道力惧而引⑥伪。其发奸摘伏，皆此类也，时人谓为神明。

（《隋书》卷五十六，薛胄传）

【注释】

①陈州：今河南周口地区。

②高平：今山西高平市。

③胄：即薛胄，字绍玄，隋大臣。少聪明，好读书，为政明肃严察。

④海陵：今江苏泰州。

⑤秩满：指为官任期已满。

⑥引：承认。

【译文】

有个叫向道力的陈州人，假扮高平郡太守，将要赴官任职，薛胄在路上遇见他，察看到他神色有异，要把他留下来质问。司马王君馥劝阻，薛胄才听从着来到郡府。过后不久又生后悔，立即派主簿追捕向道力。有部属叫徐俱罗，曾任海陵郡守，在这以前被向道力假扮代换过。等到官满卸任，他还是不了解伪情。徐俱罗于是对王君馥说："向道力已经代我做郡守了，使君你还有什么值得怀疑的呢？"王君馥把徐俱罗说的话，又来劝阻薛胄不要去追问向道力的情况。薛胄呵斥王君馥说："我已经看出了这人是假装的。司马容许奸情，应当连坐受惩罚。"王君馥这才停止劝阻。薛胄于是派人把向道力捉来，向道力恐惧起来，自己承认了伪情，薛胄发觉奸伪挖掘暗情之事，都是这样的，时人称他办事神明。

赵绰执法公正

故陈将萧摩诃，其子世略在江南作乱，摩诃当从坐。上曰："世略年未二十，亦何能为！以其名将之子，为人所逼耳。"因赦摩诃。绰①固谏不可，上不能夺，欲绰去而赦之，固命绰退食。绰曰："臣奏狱未决，不敢退朝。"上曰："大理②其为朕特赦摩诃也。"因命左右释之。刑部侍郎辛亶，尝衣绯裈，俗云利于官，上以为厌蛊，将斩之。绰曰："据法不当死，臣不敢奉诏。"上怒甚，谓绰曰："卿惜辛亶而不自惜也？"命左仆射高颎将绰斩之③，绰曰："陛下宁可杀臣，不得杀辛亶。"至朝堂，解衣当斩，上使人问绰曰："竟何如？"对曰："执法一心，不敢惜死。"上拂衣而入，良久乃释之。明日，谢④绰，劳勉之，赐物三百段。时上禁行恶钱，有二人在市，以恶钱易好者，武侯⑤执以闻，上令悉斩之。绰进谏曰："此人坐当杖，杀之非法。"上曰："不关卿事。"绰曰："陛下不以臣愚暗，置在法司，欲妄杀人，岂得不关臣事！"上曰："撼大木不动者，当退。"对曰："臣望感天心，何论动木！"上复曰："啜羹者，热则置之。天子之威，欲相挫耶？"绰拜而益前，诃之不肯退。上遂入。治书侍御史柳彧⑥复上奏切谏，上乃止。

（《隋书》卷六十二，赵绰传）

【注释】

①绰：即赵绰，隋河东人，为官正直，执法不阿，治政有能名，时为刑部侍郎，掌刑法。

②大理：官名，执掌审讯狱事。

③"命左仆射"句：左仆射，官名，即左丞相。高颎，隋大臣，文武兼通，

多立建功，为上柱国、丞相，朝野推服，论者以为能相。

④谢：道歉。

⑤武侯：官名，掌车驾出行、前驱后殿、昼夜巡察等事。

⑥"治书"句：治书侍御史，官名，纠察百官之事。柳彧，隋大臣，为官正直不阿，为百僚所惮。

【译文】

陈国旧将萧摩诃，他的儿子萧世略在长江以南地区发动叛乱，萧摩诃当连坐受处罚。隋文帝杨坚说："萧世略年纪不满20，能有什么用？因为他是名将的儿子，被人所逼迫而不得已而已。"因此赦免萧摩诃。赵绰执意进谏不能赦免，隋文帝说服不了他，想让赵绰离开后再赦免萧摩诃，于是命令赵绰退朝进食。赵绰说："我奏请狱事还没有定下来，不敢退朝。"隋文帝："大理官为我特地赦免萧摩诃呀。"于是命令身边官吏把萧摩诃释放了。刑部侍郎辛亶，曾经穿了一条红色的裤子，俗话说这是有利于升官，隋文帝认为可恶，要斩掉他。赵绰说："辛亶的罪过按法律来定不应当被处死，我不敢接受诏命。"隋文帝愤怒地对赵绰说："你怜惜辛亶的性命而不怜惜自己的性命吗？"命令左仆射高颎把赵绰斩杀，赵绰说："陛下可以杀掉我，但不能杀死辛亶。"赵绰来到审刑的厅堂里，脱下衣服要受斩了，隋文帝派人问赵绰说："你究竟怎么办？"赵绰回答说："我执行法律专心执一，不敢怜惜生命。"隋文帝拂着衣袖进入内室去了，好久才放了赵绰。第二天，隋文帝向赵绰道歉，并慰劳和勉励他，赐给他各种财物有300段之多。当时，隋文帝下令禁止坏钱流通，有两个人在集市上，用坏钱交换好钱，武侯官把他们抓住并上报给朝廷，隋文帝命令把两人都杀了。赵绰进谏说："这两人按法应当受棍棒杖责之刑，杀他们是不合法。"隋文帝说："这不关你的事。"赵绰说："陛下不觉得我愚蠢昏暗，把我安置在御史执法部门任职，你想胡乱地妄杀人命，怎么不关我的事呢？"隋文帝说："摇撼大木摇不动的人，应该量力而退。"赵绰回答说："我希望能感动上天的心，更不用说撼动大树木！"隋文帝又说："喝菜汤的人，太热了就放过一边。天子的威势，你还想挫折吗？"赵绰不说话，跪拜在地上，越加向前，隋文帝呵斥他，他也不肯退下。隋文帝于是进内室去了。这时治书侍御史柳彧又上奏章急切劝谏，隋文帝才没有妄杀那两个人。

荣毗执法刚严

时以华阴①多盗贼，妙送长吏②，杨素③荐毗④为华州长史，世号为能。素之田宅，多在华阴，左右放纵，毗以法绳之，无所宽贷。毗因朝集，素谓之曰："素之举卿，适以自罚也。"毗答曰："奉法一心者，但恐累公所举。"素笑曰："前者戏耳。卿之奉法，素之望也。"时晋王⑤在扬州，每令人密觇京师消息。遣张衡⑥于路次往往置马坊，以畜牧为辞，实给私人也。州县莫敢违，毗独遏绝其事。

（《隋书》卷六十六，荣毗传）

【注释】

①华阴：在今陕西华阴一带。

②长吏：指县吏之尊者，如县令、县丞之类。

③杨素：隋丞相，掌朝政，贵幸无比。然奸猾，以智诈自立。

④毗：即荣毗，字子堪，少刚耿，有器局，为隋长史、侍御史等职，世称其能。

⑤晋王：指隋炀帝杨广，为太子前曾封为晋王。

⑥张衡：字建平，隋河内人，为隋炀帝亲重。隋炀帝夺宗篡帝位，张衡多为计出力，官至御史大夫。后被隋炀帝忌恨赐死。

【译文】

当时华阴地方出现许多盗贼，朝廷准备选拔有才能的人担任华阴长吏之职，丞相杨素推荐荣毗当华州长史，人们都称赞荣毗有能力。杨素的田地住宅，多在华阴地方，他的手下人放纵恣肆，荣毗依法严惩他们，毫不宽免。荣毗参加朝廷集会时，杨素对他说："我举荐你，正好用来惩罚我自己呀。"荣毗回答说："我之所以执法一心，是怕辜负了您的举荐。"杨素笑着说："我刚才说的话是跟你开玩笑。你奉公执法，正是我所期望的。"此时晋王杨广镇守扬州，每每叫人窥探京城朝廷的消息。杨广派亲信张衡在去京城的道路上，设置放马场坊，以养马为借口，实际上是杨广的侦探。沿途州县没有敢违背杨广旨意而进行干预的，只有荣毗大胆地对这种事情予以杜绝。

兄弟争罪受宽恕

开皇①中，方贵②尝因出行遇雨，淮水泛长，于津所③寄渡，船人怒之，挝④方贵臂折。至家，其弟双贵惊问所由，方贵具言之。双贵恚恨，遂向津殴击船人致死。守津者执送之县官，案问其状，以方贵为首，当死，双贵从坐，当流。兄弟二人争为首坐，县司不能断，送诣州。兄弟各引咎，州不能定，二人争欲赴水而死。州状以闻，上⑤闻而异之，特原其罪，表其门闾，赐物百段。后为州主簿。

（《隋书》卷七十二，郎方贵传）

【注释】

①开皇：隋文帝杨坚年号（581—600 年）。

②方贵：即郎方贵，隋朝人。

③津所：有渡口的地方。

④挝（zhuā）：打，击。

⑤上：隋文帝杨坚。

【译文】

隋文帝开皇年间，郎方贵曾有事出门，在途中遇上天气下雨，淮河上洪水暴涨，就到渡口船人的房子里等待渡河，撑船人发怒，殴打郎方贵，把他的手臂给折断了。郎方贵回到家里，他弟弟郎双贵问他什么原因，郎方贵详细地把事情给说了。郎双贵非常愤怒，于是跑到渡口，把撑船人打死了。守渡口的人把郎双贵扭送给县官处理，县官问清案由，以郎方贵为首犯，应当处死，郎双贵连罪，该流放边地，兄弟二人争着做首犯，县司决断不下来，于是把二人送到州里，兄弟二人又各自承认自己的罪过，州里也不能决断，二人竟争着要投河。州里把案情上奏朝廷，隋文帝听了感到惊异，特意下令恕免二人罪过，并在他乡里立碑褒扬，赏赐财物上百段，郎方贵后来当上了州里的主簿。

军　事

贺若弼论大将

炀帝之在东宫，尝谓弼①曰：“杨素②、韩擒③、史万岁④三人，俱称良将，优劣如何？”弼曰：“杨素是猛将，非谋将；韩擒是斗将，非领将；史万岁是骑将，非大将。”太子曰：“然则大将谁也？”弼拜曰：“唯殿下所择。”弼意自许为大将。

《隋书》

（《隋书》卷五十二，贺若弼传）

【注释】

①弼：贺若弼，字辅伯，隋洛阳人。少慷慨有志，骁武英勇，又善属文。隋文帝以他有文武才，在伐陈之际用为行军总管，颇有战功。封为上柱国、宋国公。然性耿介，敢直言，后被隋炀帝杨广忌杀。

②杨素：字处道，隋华阴人，兼文武，有奇略，先仕后周，后从隋文帝杨坚定天下，功名最著，为丞相，执掌朝政，贵幸无比。然性奸诈，品行陋劣。

③韩擒：即韩擒虎，字子通。慷慨有胆略，有文武才，隋文帝杨坚伐陈，以他为先锋，直取陈都城金陵，执陈后主，功劳最高。

④史万岁：隋大将，少英武，善骑射，又好读兵书，曾从窦荣定等出击突厥，勇敢善战，名震敌胆。善治兵，权变有方，当时号为良将。后被杨素谮死。

【译文】

隋炀帝在东宫做太子时，曾对贺若弼说：“杨素、韩擒虎、史万岁3人，都称为良将，他们的优劣究竟怎样？"贺若弼说："杨素是猛将，不是谋略之将；韩擒虎是格斗之将，不是善于领兵的将军；史万岁史是擅长弓马的骑射之将，称不上大将。"杨广说："然而可称为大将的是谁呢？"贺若弼说："只凭陛下您选择罢了。"贺若弼的意思是认为自己为大将。

贺若弼灭陈

先是，弼①请缘江防人每交代之际，必集历阳②。于是大列旗帜，营幕被野。陈③人以为大兵至，悉发国中士马。既知防人交代，其众复散。后以为常，不复设备。及此，弼以大军济江，陈人弗之觉也。袭陈南徐州，拔之，执其刺史黄恪。军令严肃，秋毫不犯，有军士于民间沽酒者，弼立斩之。进屯蒋山之白土岗④，陈将鲁达、周智安、任蛮奴、田瑞、樊毅、孔范、萧摩诃等以劲兵拒战。田瑞先犯弼军，弼击走之。鲁达等相继递进，弼军屡却。弼揣知其矫，士卒且惰，于是督厉将士，殊死战，遂击走之。麾下开府员明擒摩诃至，弼命左右牵斩之。摩诃颜色自若，弼释而礼之。从北掖门⑤而入。时韩擒虎⑥已执陈叔宝⑦，弼至，呼叔宝视之。叔宝惶惧流汗，股栗再拜。弼谓之曰："小国之君，当大国卿，拜，礼也。入朝不失作归命侯⑧，无劳恐惧。"既而弼恚恨不能获叔宝，功在韩擒之后，于是与擒相诟，挺刃而出。上闻弼有功，大悦，下诏褒扬，语在韩擒传。晋王⑨以弼先期决战，违军命，于是以弼属吏⑩。上驿召之，及见，迎劳曰："克定三吴⑪，公之功也。"命登御坐，赐物八千段，加位上柱国，进爵宋国公，真食襄邑⑫三千户，加以宝剑、宝带、金瓮、金盘各一，并雉尾扇、曲盖、杂采二千段⑬，女乐⑭两部，又赐陈叔宝妹为妾。拜右领军大将军，寻转右武侯大将军。

（《隋书》卷五十二，贺若弼传）

【注释】

①弼：指贺若弼，隋文帝器重的大臣，慷慨骁勇，兼通文武，隋文帝杨坚大举伐陈，以他为行军总管，以功封大将军等职，后被隋炀帝忌杀。

②历阳：地名，在今江苏境内。

③陈：南朝最后一个朝代陈朝。

④"进屯"句：屯，驻军。蒋山，即今南京市紫金山。白土岗，当是紫金山附近的一个小地名。

⑤北掖门：陈皇宫宫门。

⑥韩擒虎：隋大将，此次伐陈时为先锋，功劳最著。

⑦陈叔宝：陈朝末代皇帝，史称陈后主（583—589 年在位）。

⑧归命侯：归顺的诸侯。归命，归顺。

⑨晋王：指隋炀帝杨广，为太子前被封为晋王。

⑩"于是"句：意谓把贺若弼交付执法的官吏。

⑪三吴：地名，指江浙吴兴一带。

⑫襄邑：今河南睢县。

⑬"并雉尾"句：曲盖，仪仗队用的曲柄伞。杂采，有彩色之丝帛等。

⑭女乐：歌舞伎乐。

【译文】

此前，贺若弼令沿长江防守的军队在替代换班之际，都到历阳集中。于是大摆旌旗，军营帷幕遍布原野。陈国人以为是大部队来了，几乎出动国内所有人马以防备。后来知道是防卫人马换班，聚集的军队又散开了。后来陈人对此习以为常，不再做防守准备。到这次大举伐陈的时候，贺若弼率大军渡过长江，陈国人竟没有发觉。隋军突然袭取南徐州，抓着了刺史黄恪。隋军号令严明整肃，秋毫无犯，士兵在百姓中间私自买酒喝的，贺若弼立即斩首示众。隋军进而驻扎到南京钟山的白土岗，陈国将领鲁达、周智安、任蛮奴、田瑞、樊毅、孔范、萧摩诃等人以强劲之兵加以拒守抗击。田瑞军队先行攻击隋军，贺若弼部队打败并驱走他们。鲁达等人部队相继进击，贺若弼的军队节节败退。贺若弼猜到陈军此时骄横，士兵懈怠，于是勉励督促将士，率领士兵奋力死战，于是击走了陈军。贺若弼部下开府员明捉到陈将萧摩诃，贺若弼命令左右军士立即处斩。摩诃脸色不改，镇定自若，贺若弼于是解开捆缚他的绳索养释放他，还对他以礼相待。贺军从北掖门进入陈朝宫廷。此时隋将韩擒虎已抓获了陈后主陈叔宝，贺若弼赶到，叫陈叔宝过来并仔细地审视他。陈叔宝惶恐流汗，两腿发抖，跪在地上再三拜谢。贺若弼对他说："小国君主，相当大国的公卿，跪拜，这是礼节。入隋朝后还可以做归顺的诸侯，不必如此恐惧。"然后，贺若弼很是恼恨没有抓着陈叔宝，功劳落在韩擒虎之后，于是与韩擒虎相互诟骂，挺拔着刀剑而走出来。隋文帝杨坚听说贺若弼有大功劳，很高兴，下令进行襃扬，晋王杨广认为贺若弼在约定的时间前进行决战，违犯军令，因此把贺若弼抓起来交付执法官吏处置。隋文帝派传递公文的驿使把贺若弼召来，到相见时，文帝欢迎和慰劳他说："平定三吴之地，是你的功劳呀。"叫贺若弼坐上皇上的御座，赐给他财物8000段，进位为上柱国，加爵为宋国公，以襄邑3000户为食邑，加上宝剑、宝带、金瓮各一件，雉尾扇、曲柄伞、彩色布帛之物2000段，歌舞乐伎两部，又把陈叔宝妹妹赐给他做妾。拜他为右领军大将军，不久转为右武侯大将军。

裴矩安兵

时从驾骁果数有逃散①，帝忧之，以问矩②。矩答曰："方今车驾留此，已经二年。骁果之徒，尽无家口，人无匹合，则不能久安。臣请听兵士于此纳室。"帝大喜曰："公定多智，此奇计也。"因令矩检校为将士等娶妻。矩召江都③境内寡妇及未嫁女，皆集宫监，又召将帅及兵等恣其所取。因听自首，先有奸通妇女及尼、女冠④等，并即配之。由是骁果等悦，咸相谓曰："裴公之惠也。"

（《隋书》卷六十七，裴矩传）

【注释】

①"时从"句：隋炀帝末年，天下义兵并起，隋炀帝巡幸江都（今江苏扬州）时，随从官兵侍卫多有逃散。骁（xiāo）果，勇猛敢死之兵士。

②矩：即裴矩，字弘大，有智数，为光禄大夫等职，受隋炀帝器宠。

③江都：今江苏扬州市。

④女冠：女道士。

【译文】

当时随从隋炀帝巡幸江都的兵士多有逃亡，炀帝忧虑，向大臣裴矩问计。裴矩回答说："如今皇上车驾留在此地，已经两年之久。这些兵士，都没有家室在此。人没有配偶家室，就不能久留下去。我想请求让兵士们在此地娶妇成家。"隋炀帝非常高兴地说："你富于智慧，这一定是条奇计。"
于是叫裴矩负责检查为将士娶妻等事。裴矩召集江都境内的寡妇和没有出
嫁的女子，都集中在宫廷，又召集领帅和兵士放肆地掠夺各自需要的女人。
并听从他们自己的选择，原先有与妇女及尼姑、女道士通奸的兵士，立即
让他们配合为夫妇。因此兵士们都很高兴，互相说道："这是裴公给我们
的恩惠呀。"

理　财

杨素富极

时素①贵宠日隆，其弟约，从父文思、弟文纪，及族父异，并尚书列卿。诸子无汗马之劳，位至柱国、刺史。家僮数千，后庭妓妾曳绮罗者以千数。第宅华侈，制拟宫禁。有鲍亨者，善属文，殷胄者，工草隶，并江南士人，因高智慧②没为家奴。亲戚故吏，布列清显，素之贵盛，近古未闻。……上③赐王公以下射，素箭为第一，上手以外国所献金精盘，价值钜万，以赐之。……素负冒财货，营求产业，东、西二京④，居宅侈丽，朝毁夕复，营缮无已，爰及诸方都会处，邸店、水硙并利田宅以千百数⑤，时议以此鄙之。

（《隋书》卷四十八，杨素传）

【注释】

①素：即杨素，隋大臣，封越国公，左仆射，掌朝政，贵幸无比。然无品行，以奸诈自立。

②高智慧：隋朝人，曾起兵反隋，兵败被杀。

③上：指隋文帝杨坚。

④"东、西"句：东京，指洛阳。西京，指长安。

⑤"邸店"句：邸店，古代兼具堆栈、商店、客舍性质的市肆。水硙（wèi），水磨石。田宅，田庄。

【译文】

当时杨素很贵幸，皇上对他非常宠爱，他弟弟杨约、叔父杨文思、弟弟杨文纪，以及同宗父辈杨异，都是尚书公卿等显官贵人。他的儿子没有汗马功劳，却都位至柱国、刺史。家里有奴仆几千人，有歌妓妻妾穿绮美丽服者上千人。住宅豪华，造作规模精致比得上皇帝宫殿。鲍亨，善写文章，殷胄，工于草书隶书等书法，以及江南地区众多文才士人，因高智慧叛乱失败后都被杨素收为家奴。亲戚家族，都位列清贵显职，杨素的贵幸之极，近古都不曾听说过。……隋文帝杨坚赏赐王公以下的人较射，杨素射箭为第一，文帝亲手将外国进献的金精盘，价值数以万计，赐给他。……杨素强为贪取财货，营求田产地业，长安和洛阳东、西二京，住宅很是奢丽豪华，早上造成，晚上又拆毁，修缮不已。各城市要道会合之地，邸店、水磨石建筑以及田庄数以千计，当时舆论因此而鄙薄他。

梁毗以身止争

先是，蛮夷酋长皆服金冠，以金多者为豪俊，由此递相陵夺，每寻干戈，边境略无宁岁。毗①患之。后因诸酋长相率以金遗毗，于是置金坐②侧，对之恸哭而谓之曰："此物饥不可食，寒不可衣。汝等以此相灭，不可胜数。今将此来，欲杀我邪？"一无所纳，悉以还之。于是蛮夷感悟，遂不相攻击。

（《隋书》卷六十二，梁毗传）

【注释】

①毗：即梁毗，字景和，隋安定人，曾为太守，刑部尚书等职，耿介正直，不畏权贵。

②坐：通"座"，座位。

【译文】

在此之前，蛮夷各族的酋长都戴金制的帽子，金子多的人被认为是豪俊，因此互相欺凌掠夺，常常发生争斗，边境因此没有安宁的岁月。梁毗对此感到忧虑。后来各酋长相继送金子给他，他把这些金子全放在座位旁边，对着金子大声痛哭，说："这东西人饿了不能当食物吃，寒了不能当衣服穿。你们都因这东西相互攻杀，死伤的人不能用数字来计算了。现在拿这东西来，想杀害我吗？"分毫不接受，把金子全还给主人。于是蛮夷人感动醒悟，不再相互攻击了。

德　操

少杨昭聪慧仁慈

元德太子昭，炀帝长子也，生而高祖①命养宫中。三岁时，于玄武门弄石狮子，高祖与文献后②至其所。高祖适患腰痛，举手凭后，昭因避去，如此者再三。高祖叹曰："天生长者，谁复教乎！"由是大奇之。高祖尝谓曰："当为尔娶妇。"昭应声而泣。高祖问其故，对曰："汉王③未婚时，恒在至尊所，一朝娶妇，便则出外。惧将违离，是以啼耳。"上叹其有至性，特钟爱焉。

炀帝即位，便幸洛阳宫，昭留守京师。大业④元年，帝遣使者立为皇太子。昭有武功，能引强弩。性谦冲，言色恂恂，未尝忿怒。有深嫌可责者，但云："大不是。"所膳不许多品，帷席极于俭素。臣吏有老父母者，必亲问其安否，岁时皆有惠赐。其仁爱如此。明年，朝于洛阳。后数月，将还京师，愿得少留，帝不许。拜请无数，体素肥，因致劳疾。帝令巫者视之，云："房陵王⑤为崇。"未几而薨。

（《隋书》卷五十九，杨昭传）

【注释】

①高祖：隋文帝杨坚。

②文献后：隋文帝宠幸的文献独孤皇后。

③汉王：隋文帝第五子杨谅。

④大业：隋炀帝年号（605—618年）。

⑤房陵王：隋文帝长子杨勇，曾为太子，后废为房陵王。

【译文】

隋炀帝杨广的长子元德太子杨昭，出生后隋文帝杨坚命令把他在宫中养育。杨昭3岁时，在玄武门玩弄石狮子，隋文帝和文献独孤皇后来到他的住所。隋文帝此时正患腰痛疾病，举着手扶在皇后身上，杨昭看见了就回避起来，这样来回回避有两三次。隋文帝感叹说："上天生下一忠善厚道之人，还要谁来教育呢！"从此便觉得杨昭奇特，不是凡庸之人。隋文帝曾对他说："我给你娶媳妇。"杨昭马上哭起来。隋文帝问他什么原因，他回答说："叔父汉王杨谅没结婚时，总是留在皇上您的身边；一到娶了媳妇，就要离开您到外面任职去。我担心离开您，有违孝顺之道，因此哭泣。"隋文帝感叹他有至好的德性，十分钟爱他。

隋炀帝继位后，便巡幸洛阳官，杨昭就留守在京师长安。炀帝大业元年，隋炀帝派使者把杨昭立为皇太子。杨昭有武功，可以拉开强劲弓箭。性情谦逊冲和，言语脸色总是小心慎重的样子，从没发过怒火。有嫌疑可责斥的人，只说："很不应该这样做。"所用膳食不准用太多品类，帷帐床席等日用品极其俭省朴素。大臣官吏有年老父母在的，一定亲自去询问安泰，年节岁时都给以恩惠赏赐。他的仁慈厚爱正是这样。第二年，他到洛阳朝见隋炀帝。几个月后，将回到京师长安，他希望能多在洛阳炀帝身边留一段日子，炀帝不允许。他于是跪拜请求了好多次，由于他身体一贯肥胖，由此得了疾病。隋炀帝叫巫医看他的病，巫医说："这是房陵王的鬼魄作祟。"不久，杨昭便去世了。

张须陁开仓赈民

大业①中，为齐郡②丞。会兴辽东③之役，百姓失业，又属岁饥，谷米踊贵，须陁④将开仓赈给，官属咸曰："须待诏敕，不可擅与。"须陁曰："今帝在远，遣使往来，必淹岁序。百姓有倒悬之急，如待报至，当委沟壑矣。吾若以此获罪，死无所恨。"先开仓而后上状，帝知之而不责也。

（《隋书》卷七十一，张须陁传）

【注释】

①大业：隋炀帝年号。

②齐郡：今山东淄博一带。

③辽东：今辽宁辽河以东地区，当时为高丽所辖。

④须陀：即张须陀，性刚烈，有勇略，为隋朝仪同、开府等职，后与李密的农民义军作战而死。

【译文】

张须陀任齐郡郡丞之职之时。遇上隋炀帝发动攻打高丽的辽东战役，老百姓失去产业，又遇上蜀地闹饥荒，谷米粮食价格飞涨，张须陀计划打开粮仓救济百姓，属僚官吏都说："要等皇上下了诏令再说，不能自作主张开仓供粮。"张须陀说："如今君王远在辽东，派使者来往报送，一定会耽搁太久的时间。老百姓有倒身悬挂一般的危急，倘若等待皇上诏令送来，他们已填在沟壑里了。我如果由于这件事获罪，死了也没有什么遗憾。"因此张须陀先打开粮仓供给百姓粮食。然后才把情况上奏朝廷，隋炀帝知道事情原委，并没有责备他。

寡母教子为清廉

郑善果①母者，清河崔氏之女也。年十三，出适郑诚，生善果。而诚讨尉迥，力战死于阵。母年二十而寡……

母性贤明，有节操，博涉书史，通晓治方。每善果出听事，母恒坐胡床②，于鄣后察之。闻其剖断合理，归则大悦，即赐之坐，相对谈笑。若行事不允，或妄瞋怒，母乃还堂，蒙被而泣，终日不食。善果伏于床前，亦不敢起。母方起谓之曰："吾非怒汝，乃愧汝家耳。吾为汝家妇，获奉洒扫，如汝先君，忠勤之士也，在官清恪，未尝顾私，以身徇国，继之以死，吾亦望汝副其此心。汝既年小而孤，吾寡妇耳，有慈无威，使汝不知礼训，何可负荷忠臣之业乎？汝自童子承袭茅土③，位至方伯④，岂汝身致之邪？安可不思此事而妄加瞋怒，心缘骄乐，堕于公政！内则坠尔家风，或亡失官爵，外则亏天子之法，以取罪戾。吾死之日，亦何面目见汝先人于地下乎？"

母恒自纺绩，夜分而寐。善果曰："儿封侯开国⑤，位居三品，秩俸幸足，母何自勤如是邪？"答曰："呜呼！汝年已长，吾谓汝知天下之理，今闻此言，故犹未也。至于公事，何由济乎？今此秩俸，乃是天子报尔先人之徇命也。当须散赡六姻，为先君之惠，妻子奈何独擅其利，以为富贵哉！又丝枲⑥纺织，妇人之务，上自王后，下至大夫士妻，各有所制。若堕业者，是为骄逸。吾虽不知礼，其可自败名乎？"

善果历任州郡，唯内自出馔，于衙中食之，公廨所供，皆不许受，悉用修治廨宇及分给僚佐。善果亦由此克己，号为清吏。

(《隋书》卷八十，郑善果母传)

【注释】

①郑善果：隋朝人，为沂州刺史等职，有治绩。

②胡床：一种可以折叠的轻便坐具。

③茅土：受封王侯。

④方伯：本指一方诸侯之长。后泛指地方长官。

⑤开国：本指建立邦国。后五等封爵皆有开国之称。

⑥枲（xǐ）：麻。

【译文】

郑善果母亲，是清河县崔氏的女儿。13岁时嫁给郑诚，生下儿子郑善果。郑诚随军讨伐尉迥的叛乱阵亡。此时郑善果母亲才20岁，就成了寡妇。……

郑善果母亲性情贤淑而聪明，有节操，广泛地阅读了经史书籍，还极清楚治政的方法。每当郑善果出来明断事情时，母亲便坐在胡床上，在屏障后面观察他的言行。听到郑善果决断事情公正合理，回家便极高兴，赏赐他坐下来，相对着有说有笑。倘若郑善果办事不公允，或者乱生怒气，母亲就回到后堂，蒙着被子躺在床上哭泣，整天不吃饭。郑善果跪在母亲床前，不敢站起来。这时母亲才从床上起来对他说："我不是生你的气，而是为你家而感到羞愧。我是你郑家的妇人，就得奉守妇道，做好洒水扫地的家庭事务，像你死去的父亲，是一个忠诚勤恳的士人，为官清正严肃，从不顾及私利，把自己的身体奉献给国家，牺牲了生命，我也期望你能符合我这番心意。你年纪幼小就成了孤儿，我成了寡妇呀！我平时对你慈爱，可缺乏威仪，使你不懂得礼节教诲，你如何能担负起忠臣的功名事业呢？你从童子之年起就继承父亲爵位，位至方伯，这难道是你自己得到的吗？你怎么能不想想这些事情而妄生怒气，心里便骄傲荒乐起来，以致怠懈了公家的政事！从内来讲败坏你的家风，或者丢失自己的官职爵位，对外而言，损害天子的法律，以致获取罪孽。我死之日，有什么面目见你死于九泉之下的先辈呢？"

郑善果母亲平素纺纱织麻，到午夜时分才睡觉休息。善果说："儿子封为开国侯爵，职位高居三品，所得官秩俸禄十分充裕，母亲怎么自己还这样勤劳辛苦呢？"母亲回答说："哎呀！你年纪长大了，我认为你知道天下的道理，如今听到这些话，才知你还不懂事理。至于公家的政事，你还做得好吗？你如今的俸禄，是天子报答你父亲为国家殉命而给的。本来应当把俸禄分给所有亲戚，作为你父亲给大家的恩惠，做妻子儿女的怎能独享好处，凭此获取富贵呢！况且纺纱织麻，是妇人的职事，上从王后，下至大夫、士的妻子，各有规定。倘若荒废这职事，便是骄纵逸乐。我尽管不懂礼节，但怎可自己败坏名声呢？"

郑善果历任州郡太守之职，只有自己家里端出来的食物，他才在官署中吃，官府供应的东西，他都不接受，全用来修缮官舍，或分给属僚部下。郑善果也因此严格要求和克制自己，当时人们都称他为清廉的官吏。

传世故事

隋文帝赈灾

隋开皇三年（583年），朝廷在议事中谈到京师的粮仓空虚，万一降水旱之灾将会措手不及。因而隋文帝诏命在蒲、陕、虢、熊、伊、洛、郑、怀、邵、卫、汴、许、汝等水边的13个州募集运米的壮丁；还在卫州设置黎阳仓，在洛州设置河阳仓，在陕州设置常平仓，令壮丁转相输进粮食。这样，可以把关东及汾、晋一带的粮食利用水路运到京师附近，满足不时之需。后来因为渭水泥沙过多，过往粮船往往搁浅，船工苦不堪言，所以文帝又命宇文恺率领民工，开凿了一道长达300余里的广通渠。渠自大兴城起，东至潼关，不仅使运粮的水路得以畅通，而且有利于各州水旱之地开仓赈粮。

但是，天下州县发生灾荒的地方太多，官仓仍难以满足救灾的需求。度支尚书长孙平便上书云："臣闻国以民为本，民以食为命，劝农重粮，是先王的制度。古时耕耘3年，要把一年的收获积存起来，栽作9年，必有3年收获的储备，因此即使遇水灾旱灾，而百姓面无菜色，这都是由于训导有方，先行储备的缘故。去年大旱，关内缺食少粮，陛下运来山东的粮食，设置常平仓之官，开仓赈灾，普救饥民，这是无与伦比的大恩大德。不过，治国之道应做长远打算，请陛下勒令各州刺史、县令全力劝导百姓储备粮食。"文帝颇以为然，就采纳了他的建议，在各地设立了义仓。

所谓"义仓"，就是地方公共储粮备荒的粮仓，如果设在乡社，就叫"社仓"。具体做法是每年秋季各家百姓拿出一石以下的粟麦，集中储存起来，并且自行经营管理，如逢凶年，便开仓发放。至于每家拿出多少，要看贫富程度而定。各州各县由此而有了自己的粮食储备，也减轻了朝廷的负担。其后关中地区连年大旱，青、兖、许、曹、亳、陈、仁、谯、豫、郑、洛、伊、颖、邵等州又闹水灾，百姓饥馑，哀鸿遍野，文帝便命苏威等人分道开仓赈灾，社仓对救济当地灾民起到了一定作用。

开皇十五年（595年），贮粮民间的义仓大都出现了费损现象，文帝于是下诏道："设置义仓本来是为防备水旱之灾的，但庶民百姓不做长远打算，轻率地损坏了义仓，使存粮乏绝。北部诸州与其他地方不同，云、夏、长、灵、盐、兰、丰、鄯、凉、甘、瓜等州义仓的杂粮，均要纳归本州。如有旱灾缺粮之人，可先供应杂粮及陈米。"第二年，又诏命秦、叠、成、康、武、文、芳、宕、旭、洮、岷、渭、纪、河、廓、翽、陇、泾、宁、原、敷、丹、延、绥、银、扶等州社仓，均设置于本县，社仓比照上中下三等税收粮，上等人家交粮不超过一石，中等人家不超过7斗，下等人家不超过4斗。其后山东连年阴雨，诸州均遇水灾。开皇十八年，文帝派人率水工前往治理，疏川导滞，对于断粮绝食的人家，开仓赈救，前后用去500余万石谷。同时免去该地的租税，此后其地连续几年获得了好收成。

隋炀帝利用越国公

杨素，字处道，弘农华阴人。为人素怀大志，不拘小节，好学不倦，文武双全。隋文帝为周丞相时，对他特别器重，他也主动巴结文帝，所以屡屡委以重任。待文帝即位后，受官上柱国、御史大夫。以后又因屡次率兵征战，立下汗马功劳，官至上柱国、越国公、尚书右仆射等。那时，杨素特受贵宠，权倾朝野，从叔亲弟都官居要职，就连他几个没有尺寸之功的儿子也都位至柱国，官拜刺史。他家中的臣仆有数千人，后院里身着绫罗的妓妾成群；高第大宅，好似官禁，豪华奢侈，令人叹为观止。

时为晋王的杨广处心积虑地想谋取皇太子的位置。他见杨素深得父亲文帝的信任，便卑身相交，曲意奉承。杨素见杨广内受皇后的支持，就千方百计在文帝面前说太子杨勇的坏话，致使杨勇始受疏远终至被废，杨广则称心如意地从兄长手中篡夺了皇太子一位。杨广初登太子位时，又害怕四弟蜀王杨秀拥兵生变，暗中唆使杨素罗织罪名，构陷杨秀，使杨秀被废为庶人。

隋炀帝杨广刚一即位，他五弟汉王杨谅便举兵扯起了反叛的旗帜。炀帝连忙派遣杨素率领 5000 轻骑，奇袭蒲州，杨谅的守将王聃子举城投降。接着炀帝又任杨素为并州道行军总管、河北安抚大使，率数万兵众征伐杨谅。杨谅派遣大将赵子开拒守高壁，10 余万兵马布下 50 里战阵。杨素则让诸将兵临阵前，而自己带领奇兵潜入霍山，顺着悬崖深谷，神不知鬼不觉地直赴赵子开的营寨，一仗便把赵子开打得落花流水。杨谅兵马接连败北，最后只好向杨素投降。炀帝闻讯大喜，立即派杨素的弟弟修武公杨约拿着他亲笔写下的诏书前往军中慰劳杨素。诏书极尽颂扬之能事，称"昔周勃、霍光，何以加也"，说"公乃建累世之元勋，执心之确志。古人有言曰：'疾风知劲草，世乱有诚臣。'公得之矣。乃铭之常鼎，岂止书勋竹帛哉"！杨素班师回朝后，炀帝又大加赏赐，财物甲第，数不胜数，并且先后授以尚书令、太子太师、司徒等要职。

炀帝表面上极其倚重杨素，但内心对他却特别猜忌，尤其是讨平汉王杨谅后，对他"外示殊礼，内情甚薄"。太史预言隋地将有大丧，炀帝便改封杨素为楚公，因为楚与隋属同一分野，如果上天真降大丧，正好让杨素去顶杠。杨素卧病时，炀帝常叫名医去给他看病，但暗地里却询问医生病情，唯恐杨素不死。当然，隋炀帝为人"内怀险躁，外示凝简"，他对杨素的猜忌丝毫没有形于颜色，在阴忌阳礼的策略下，他充分地利用了杨素这个"先朝功臣"的存在价值。

兄弟之争 假手他人

隋文帝杨坚有 5 个儿子，以长子杨勇和次子杨广最有出息。杨勇，字睍（xiàn）地伐。其父在北周辅政时，他被立为世子，拜为大将军。开皇元年（581年），杨坚登基做了皇帝，杨勇被立为皇太子，杨广被封为晋王。

杨勇非常好学，性情宽仁和厚，直率热情。当太子后，辅助父亲参与政事，处理得当，深得杨坚喜欢。然而，因为他喜好奢侈，越礼接受百官朝贺和宠幸姬妾等事情，杨坚慢慢对他产生了猜疑和戒心，开始疏远他。而且他母亲孤独皇后也对他心怀不满，把宠爱之心转向次子杨广。

晋王杨广字阿麽，容貌俊美，举止优雅，性情机敏深沉，善于谋划。他

二十四史精华 《隋书》

非常嫉妒他哥哥的皇太子位，一心想把太子位夺过来。

为了树立自己谦虚、俭朴的好形象，他很会伪装。他也有很多妃子，但只和萧妃子住在一起；房子里的陈设都很简单，甚至只用年老丑陋的人服侍他的起居；他又极力结交朝中大臣，每当有人拜访他，他不论官职大小，总是和萧妃一起到大门口迎接，为来人摆盛宴、送厚礼。杨坚知道这些事情后，非常高兴，心中已动了废立太子的念头。

但是杨广知道，光凭这个好形象不行，必须要朝里的重臣出来说话才行。

于是他开始四处活动。他向安州总管请教计策。宇文述说："能使皇帝改变主意的人只有杨素，能与杨素商量事情的人只有他弟弟杨约，我很了解杨约。"他自告奋勇去找杨约。于是宇文述带了许多杨广的珍宝，送给杨约，并劝说："你们兄弟在朝中功名盖世，威望很高。可是结怨太多啊！尤其是太子杨勇很恨你们。现在皇上想立晋王为太子，你要是能帮忙的话，晋王一定会感激你的，你的地位将来才更稳固。"杨约把这话告诉了哥哥杨素，杨素认为对，后来杨约又建议："现在皇后的建议，皇上尽皆采纳，应当尽早结交依靠皇后，这样才能保住荣华富贵！"

几天之后，杨素进宫见孤独皇后，婉转地说："晋王杨广孝悌恭俭，像他父亲一样。"用这话来揣摩皇后的心态。其实皇后早就不喜欢杨勇了，也想立杨广为太子，她说："你的话很对，我儿子阿麽孝敬友爱，比睍地伐要好得多。"杨素趁机添油加醋说杨勇蛮横不成器。皇后明白他的意思，让他辅助皇帝进行废立太子之事。

杨勇知道后，非常焦虑，但没什么好办法。他在府后建造了平民村，身穿布衣，希望以此来挡住谗言。杨坚派杨素观察杨勇的行为，杨素却谎报："杨勇怀恨在心，恐怕要发生变故，希望陛下防备。"杨坚听了他的报告，对杨勇更加猜忌了。孤独皇后也暗中派人罗织杨勇罪名，向杨坚进谗言，形势对杨勇日益不利。

杨广知道自己已处于很有利的位置，但他还怕不保险，又私下派人以重金贿赂杨勇的亲信姬威，让他暗中观察太子的动静，随时密报杨素。于是朝廷内外到处是对太子的议论诽谤。

杨素还公开诋毁杨勇，宣扬杨勇的过失。同时姬威也出来向皇帝说杨勇非常骄横，大量营造宫殿，又命令女巫占卜吉凶，说"皇帝的忌期在开皇十八年，这个期限快到了"等等诬陷之词。杨素还找出东宫的珍奇服玩器具陈列在宫廷里，作为太子的罪证。

终于杨坚忍无可忍，下定决心要改立太子。开皇二十年（600），杨坚下诏废杨勇为庶人，立杨广为太子。四年后，杨广登基，是为隋炀帝。

王世充坐收渔利

隋朝末年，政治腐败，民不聊生，各地农民起义不断爆发。其中势力最强大的是李密的瓦岗军。大业十二年（616年），瓦岗军在河南荥阳大破隋朝张须陀的军队，攻占重要粮仓兴洛仓（河南巩义市），放粮济民，深得百姓拥戴。并修筑洛口城作为据点，与洛阳的隋将王世充对峙。

王世充出身军旅，深晓兵机武略。只是由于兵少，多次讨伐李密军队都惨遭失败，心中十分忧虑。当时宇文化及在江都（今江苏南京）弑杀隋炀帝，自封大丞相，拥立秦孝王杨俊的儿子浩为帝，率领10余万中原将士北上，返回京师，直通洛阳。在洛阳的赵王侗及王世充等人十分惊慌，宇文化及声势浩大，他们无法抵挡。

于是王世充、元文都等向主帅越王侗建议："先赦免李密的罪过，让他戴罪立功，剿灭宇文化及，令他们自相残杀，我们可以保存实力，从中获利。如果天幸宇文氏灭亡，李密的兵力也被削弱，他们的将士也容易离间，那时我们可一鼓而擒李密。"洛阳的宗室大臣纷纷表示赞同。

这时，宇文化及兵临洛阳附近的黎阳仓，与李密军接火。化及昏庸无能，且有弑主之名，每战必败，但总未损大体。其时战局对瓦岗军颇不利。李密既要东抵宇文化及，又要防备西边王世充偷袭。于是他上表给越王，假意投降，并请求诛灭宇文化及。越王十分高兴，这与他们的计划不谋而合，他下诏加封李密为太尉、尚书令、魏国公等封号，把兵机大权交给李密调度，让他先剿灭宇文化及，然后入朝辅政。

大臣元文都认为大权尽归李密，害怕日久成患。王世充指责元文都等不懂兵法。元文都私下认为王世充想为宇文化及的内应，并向越王谗言。王世充大怒，拥兵入朝，杀了元文都，挟持了越王，并暗暗养精蓄锐，整饬军备，窥视李密与宇文化及的战况。

李密接到越王的诏书，十分高兴，认为西边的祸患已经消除。于是集中兵力东击宇文氏。宇文氏的军队缺乏粮草，几次进攻黎阳仓失败。后来粮草断绝，就渡过永济渠，与李密的军队决战于童山（今属河南汲县），李密大败宇文化及，其部属死伤无数，纷纷投降李密，化及仓皇逃出，后来被窦建德杀死。李密虽然打败了宇文化及，但自己也损失惨重，几次被暗箭射伤，士兵疲惫不堪，士气衰落。

既而王世充见宇文化及败逃，他趁机整顿军队进攻元气大伤的瓦岗军。李密开始不以为意，认为王世充数次败给自己，根本不会有所作为。当时王世充军缺粮多衣，李密军粮多缺衣，王世充请求交换，李密不肯。王世充派人奉送军衣给瓦岗军，并离间将帅，瓦岗军中投降反叛的很多。李密已无法控制。

武德元年（618年），王世充与李密军在北邙山（洛阳东北）展开决战，李密中计受伏，大败亏输，瓦岗军自此一蹶不振。李密狼狈逃窜，后投奔唐王李渊。

李密策划大海寺伏击战

隋朝末年，由于隋炀帝荒淫昏聩，不恤民力，终于导致天下大乱，群雄割据，逐鹿中原。翟让的瓦岗起义军威震河南，怀有雄才大略的乱世豪杰李密于是前往投奔，并说服附近的小股起义军归附瓦岗军，瓦岗军的势力因此更加浩大。本来胸无大志的翟让乃对李密言听计从，并愿意尊李密为瓦岗军统帅。

大业十二年616年，十月，翟让、李密又率瓦岗军攻占金堤关及荥阳附近各县，距东都洛阳仅百余里之遥。

隋炀帝大惊，派在齐郡镇压起义军百战百胜的张须陀任荥阳通守，负责剿灭瓦岗军。

翟让等听说张须陀前来进剿，大惧，计划率军躲避之，李密对翟让说："须陀勇而无谋，兵又骤胜，既骄且狠，可一战擒也！公但列阵以待，密保为公破之。"翟让此时已乱了方寸，只得从李密之说，布阵与张须陀决战。

李密安排翟让率军作为"正兵"迎击张须陀，他则率奇兵千余人退至10余里外的大海寺北边的丛林之中，待张须陀追击翟让至此地时突然伏击之。

果如李密所料，张须陀自恃有万夫不当之勇，兼之在齐州屡战屡胜，根本不把翟让放在眼里。他率大军来到荥阳，见翟让已严阵以待，于是命令士卒列成方阵，气势汹汹地发起进攻。翟让及其将士本就对张须陀心存畏惧，加上他的责任只是诱敌进入李密的伏击圈，故一战即败，向大海寺方向退却。

张须陀乘胜麾军追击，逐北 10 余里，进入了大海寺北的丛林之中。李密遂发伏兵掩袭之，张须陀军未料到翟让在此设有埋伏，不知伏兵到底有多少，顿时大乱。翟让及其将军徐世𪟝、王伯当率部回击，配合李密合围张须陀部。张须陀奋力拼杀，终于杀出包围圈。但他的部下尚未杀出，遂抖擞精神，重新杀入重围救其部下，竟四进四出，无奈隋兵一败涂地，不可收拾。张须陀乃仰天长叹："兵败如此，何面目见天子乎？"遂下马力战而死，时年52岁。

大海寺伏击战是李密初次用兵，一战而杀隋朝名将张须陀，顿时在瓦岗军中威望大增。翟让乃令李密单独统率一部，号"蒲山公营"。

李密破张须陀一役之战术并不十分高明，不过以翟让之军佯败，诱敌进入伏击圈，然后出其不意，发动突然袭击，使隋军即刻由追击翟让之主动作战陷入被动作战局面。而李密终于凭此战术而获胜，究其原因，关键在于李密对隋军主帅张须陀的性格非常熟悉。张须陀"勇而无谋"，且屡胜之下，兵骄将悍，目空一切，故李密略施小计，便令张须陀兵败身死。

可见，作为将帅，不仅要知己，还要知彼，而且对敌方统帅的脾气、性格、履历也应了如指掌，只有这样，才能做到"因敌而制胜"

建筑奇才宇文恺

杨坚建立隋朝后，为了防止宇文氏家族的人反叛夺权，便下令杀掉一些宇文氏皇族的人。其中有一个叫宇文恺的，也在要杀的名单中。追杀的人派出去后，杨坚又后悔了：宇文恺本是后周皇族的远支。此外，他的哥哥宇文忻在杨氏建立隋朝的过程中，是立过功的。这样的人不应该杀。想到此，杨坚马上派人去追赶杀宇文恺的人，通知他文帝已经决定赦免宇文恺。因此，宇文恺才幸免一死。

其实，虽然宇文恺不是北周皇族的近亲，但因他的父亲、哥哥都是北周的功臣，他自幼就很风光：刚刚3岁，就赐爵双泉伯，7岁又晋封安平郡公，邑两千户。对于一个孩子来说，这已经是恩宠有加了。到了他可以当官的年龄，先当了个称为"千牛"的小官，是负责宫中护卫的。后来又晋升为御正、中大夫、仪同三司等职。杨坚当上丞相以后，又给他加了一个上开府中大夫的官名。

所以，杨坚赦免了宇文恺以后，便让他当了营宗庙副监。如果一定要用今天的职务来比拟的话，大概可以称为修建宗庙的副总指挥吧。"宗庙"是供奉和祭祀祖宗的地方，是每一个名门望族所不可少的，至于皇帝，那就更缺不了，并且还得与众不同。隋文帝刚刚夺得政权，建立新朝，所以，他是一定要修建宗庙的。这个任务就落到宇文恺的头上。

宗庙建成以后，文帝很满意，又封他为甄（zèng）山县公，食邑千户。

后周的首都在长安，文帝建隋以后，首都也设在长安。但统一中国后，为了更好地治理全国，文帝有意迁都洛阳，要在洛阳营造一个新都，便以高颍（jiǒng）为营新都监，而以宇文恺为副监。但高颍不懂技术和设计，主要任务实际上还得宇文恺来完成。整个的规划设计都是由他干的。

他还设计并领导了引渭水入黄河的运河工程。

文帝决定修建仁寿宫的时候，根据杨素的建议，让宇文恺当了仁寿宫监，按仪同三司待遇，不久就提为将作少监。文献皇后死后，他又设计建造了皇后的陵墓。文帝对他主持的这些工程的设计和建造都很满意。

文帝死后，炀帝继位，继续营造东京洛阳，仍以宇文恺为营东都副监，并且很快就提他为将作大匠。在同炀帝的接触中，他看出炀帝心里想的是越奢侈豪华越好，因此，他就把洛阳设计得"穷极壮丽"，建好后，炀帝果然非常高兴，提升他为开府，拜工部尚书。

炀帝有一次北巡，想借机炫耀一下隋朝的强大和先进，因为北方的少数民族多数住帐篷，炀帝就让宇文恺设计一个大帐篷。这个大帐篷里面能坐几千人。帐篷做成后，炀帝高兴得赏赐给宇文恺绢1000段。

宇文恺还为炀帝造了一个大殿，名为"观风行殿"，下面设有轮轴，那殿可开可合，非常奇妙。上面装得下几百名卫士。那些部落酋长见了这大帐篷和观风行殿，觉得神奇的不得了。

炀帝见自己的目的达到了，对宇文恺的设计非常满意，不断地给他赏赐，可谓不计其数。

中国历代帝王，都很重视"明堂"，据说黄帝的时代就有明堂了。那是帝王宣明政教的地方，一些重要的集会、典礼、仪式等等，都要在这里举行。所以孟子说明堂是"王者之堂"。但是晋以后的几百年来，各国都没有力量兴建明堂。隋文帝为了表示自己朝代的正统性，决定修建明堂。但是人们已经有300年没见过明堂了，究竟明堂是个什么样子，怎么个建法，大臣们争论不休，得不出结论。

宇文恺遍读古代典籍，全面地考证了明堂的建制、形式、尺寸、演变以及明堂各部分的象征和意义等等，并且用十比一的比例尺画出图样来，还做了一个模型。可惜，隋代的明堂没有等到开始建设，隋末农民大起义就爆发了。明堂没有建成，宇文恺带着遗憾，在58岁的时候，离开了人世。这时他的官职是金紫光禄大夫。

他为后世留下了《东都图记》20卷，《明堂图议》两卷，《释疑》一卷。这些著作，是他留给后人的一笔无法用钱来计算的财富。

杨素平步青云　受赏无数

在帮助隋文帝杨坚打天下的那些将领当中，杨素受到的赏赐要算是最多的了。

杨素是弘农华阴（今陕西省华阴年）人。年轻时，胸怀大志，读书很多，学识渊博，文章写得美，人生得漂亮。但因为他不拘小节，不受人们的重视。他的父亲杨敷，是北周的汾州刺史，在与北齐的战斗中战死。但是他的父亲却没有得到朝廷应有的肯定。杨素为此愤愤不平，便上书替父亲申辩，要求给他父亲一定的褒奖。但是北周武帝宇文邕不答应。杨素就接二连三地上书，直到惹恼了武帝，下令杀了杨素。杨素却毫无惧色，在走上刑场的时候，还大喊："遇到了无道天子，死也应该！"

武帝听后，认为他很有骨气，把杨素留下来，破格拜为车骑大将军仪同三司，还追认他的父亲杨敷为大将军。从此，武帝逐渐对他有了好感。武帝让他代为起草诏书，他一挥而就，武帝对他很赏识，对他说："好好干吧，小伙子，不用愁没有大富大贵！"杨素却回答说："我只怕富贵来得太急太快，我是本不想富贵的。"

当时北方的东部是齐国的地盘，北周逐渐强大后，总想灭掉齐国，统一北方，便派自己封的齐王宇文宪平齐，杨素要求率领父亲的老部队随战，武帝答应了。杨素从此开始了他的战斗立功的生涯。在河阴（今河南省孟津县东）的第一仗就立了功，被封为清河县子，邑500户。后来他勇救宇文宪，战绩也不错，就开始平步青云了。

杨坚称帝建立隋朝后，他更需要杨素这样的人为他打天下，便给杨素加官上柱国，开皇四年（584年）又拜他为御史大夫。

就在这时，杨素发生点"内部问题"，几乎把他断送了。他的妻子脾气暴躁。一次两人吵嘴时，杨素骂道："我要是皇帝，绝不会让你当皇后！"这可是句犯讳的话，这句话可以成为阴谋篡位的证据而掉脑袋。不成想杨素夫人果然用这句话告发了他。幸好当时正是皇帝用人之时，只是免了他的官。

这时，隋文帝杨坚想平定江南。他想起了杨素曾经多次给他提出渡江平陈的建议，便再次起用了杨素，拜他为信州总管，并赐钱百万，锦千段，马200匹，要求杨素准备伐陈。

当时两国对峙的形势是，东段以长江天险为界，江北为隋，江南为陈。而西段，自陈国信州（在今湖北省宜昌市）附近的狼尾滩向西，无论大江南北，就都是隋朝的属地了。

杨素驻扎在永安（今重庆市奉节县东，即三国时代的白帝城）制造大批船舰。其中一种叫"五牙"舰的，有5层，共100多尺高，可载800多士兵。另一种叫"黄龙"舰的也可以乘坐100多名战士。至于号称"舴艋"的小形战船数以千计。

开皇八年，隋军以杨素为行军元帅，大举伐陈。杨素指挥他造的大小船舰，顺江而下，穿过三峡，来到与狼尾滩相对的流头滩。他们遇到陈军守将戚欣以"青龙船"上百艘和数千士卒把守在滩头，挡住了隋军的进兵之路。隋军见这里地势险要，水流湍急，都有点畏惧。杨素对将士们说："此次进军，胜败在此一举。如果白天进攻狼尾滩，我们在明处，敌军看得分明，不如夜间乘黑而进。"是夜，杨素挥师而下，将士们谁也不出声。他还派一部分士卒从南岸步行。天亮前，水陆夹击，戚欣大败而逃。杨素还严格管教将士，让他们秋毫无犯，陈国的百姓也很欢迎他们。天亮后，陈军士兵和百姓看见杨素站在舰上高大伟岸的样子，纷纷传说他是江神。以后，他们又冲破了陈军设在水面上的3条大锁链。陈军逃的逃，降的降。隋军很快占领了汉口。结果，一战灭陈。

大功告成，杨素被拜为荆州总管，晋爵为郢国公，食邑3000户，连他的儿子杨玄感、杨玄奖都封了爵。赏赐锦万段、谷万石和金宝无数，就连俘获的陈帝的妹妹及其他伎女14人都赏给了他。

以后，不论是镇压农民起义还是少数民族叛乱，杨素都是经常出战，且大部分战斗都能赢得胜利。每次胜利，或者有什么庆典，文帝都要赏赐给他大量的财富。见诸史籍的较大规模的赏赐就达 12 次之多。少则锦 3000 段，多则黄金珠宝无数。

仁寿二年（602 年），他率部大败突厥军。文帝除拜他的儿子杨玄感为柱国外，还下诏褒奖，再封一个儿子为侯。这时的杨素已经食邑万户。此外，还赏给他 30 顷田地、绢万段、米万石，还有一个装满了金银的金钵和一个装满珍珠的银钵。

仁寿四年，汉王杨谅反，杨素率军平定后，赏绢 5 万段，绮罗千匹，还有杨谅的妓妾 20 人，以及东京洛阳"甲第一区"，或者说是高楼大厦一片。

当时的人觉得杨素太贪财了，太奢侈了。他不但拥有大量的土地房屋，还有大量的水磨、邸店等等。

杨素于炀帝大业元年（605 年）死在任上。

富贱轮回

有一次，有人叛乱，文帝想派一个亲信去征讨，想到要从刘昉和郑译两个人中选一个。可是找到他们的时候，刘昉说："我没有当过将军，没有打过仗，去不了。"郑译说："我的母亲很老了，我离不开。"他们两个人的表现让文帝很失望，对他们的宠信也就减低了不少。那么，那一次文帝到底派谁去了呢？

当刘昉、郑译推辞不前的时候，有一个人却自告奋勇，要去前方，这个人就是高颎（jiǒng）。文帝的本意是要选一个亲信前去，这才考虑刘、郑两人。现在，既然刘、郑两人已让他失望，他也就只好另寻亲信了。从此以后，他也确实把高颎视为自己的亲信。

高颎有着卖身投靠的"家族史"。他的父亲高宾本是齐国官僚，后来叛齐降周，投靠了后周大司马独孤信，独孤信便把高宾介绍到朝廷中来，还赐姓独孤。但后来独孤信被诛，家属也被迁往蜀郡。

独孤信的女儿正是杨坚的夫人。杨夫人觉得高宾是先父的下级，便同他保持了往来。随着杨坚权势的扩大，高宾的官也就有所升迁，死时当到刺史，还被封为武阳伯。

高颎自小聪明伶俐，也读了一些书。17岁时就给周朝的齐王宇文宪当了记室，父亲死后，又承袭了武阳伯的封号，先是当上了内史上士，很快升为下大夫，后来又因为在平齐的战斗中立功而被提拔为开府。

杨坚篡周建立隋朝后，知道高颎是一个很有能力的人，又懂得军事，善于智谋，有意要把他培养成自己的亲信。便派一个人找他谈，暗示了自己的意思。高颎受宠若惊地说："在下甘愿听从陛下的差遣。如果办不成陛下的事情，颎甘受灭族之刑！"接着，便发生了替刘昉、郑译出战的事。

接受了任务，高颎就去辞别自己的母亲，并哭着对母亲说：自古忠孝不能两全……

这一仗高颎果然取胜。文帝为了嘉奖他的胜利，在自己的御殿为他举行了宴会，还顺手把自己的帐子摘下来赏给他，提升他为柱国，改封义宁县公。此后他就不断地升官，先是相府司马，继而尚书左仆射兼纳言，再改封渤海郡公。文帝连他的名字都不叫，而称他为独孤。

高颎还很懂得以退为进的道理。多次表示要退回皇帝给他封的官。但每次文帝总是给他提升更大的官。在封他为渤海郡公的时候，他上表表示要把这个封爵让给苏威。文帝考虑一段时间以后说：能够推举贤人的人，应该受更高的奖励，于是拜高颎为左卫大将军，以前封的官仍旧保留。

他不但不断获得政治上的好处，而且在经济上获得的赏赐也是越来越多。有一次击退突厥犯边，赏马百余匹，牛羊千余头。

伐陈之役开始前，他给文帝出了个主意：江南富庶，因为江南的水田多，成熟得早。每季到收获的时候，便派兵到陈国去骚扰，还要做出渡江的姿态。这样，他们必然要调动大批军队和劳动力出来防御。这必然影响他们的农业生产。等到他们把兵力集中起来，我们就把部队分散，还去干自己原来的事情。这样，一而再，再而三，一定会削弱他们的经济力量，也麻痹他们的防御心理。这时候我们再战，一定胜利。南方的房舍多数是用竹子搭建而成，包括他们的粮库、军需库等也是如此。因此，他建议派一些人专门到南方去放火烧仓库。建起来再烧……几年以后，他们的财力就可以消耗殆尽。

文帝接受了他的建议，按他的方式进行了一些活动。这也是以后伐陈之役顺利成功的一个原因。

开皇九年伐陈的时候，以高颎为元帅长史。平陈以后，文帝对他说："将军出战以后，有人告将军造反，朕已经将那诬告的人杀掉。君臣之间必须有这样的信任。"文帝并宣布拜高颎为上柱国，晋爵齐国公，成了各种封爵当中地位最高的。除食邑 1500 户之外，还赏给他绢 9000 段。

这时，不断地有人告发高颎有不轨行为，文帝不但不听，反而惩办了告发的人。文帝北上并州，留高颎在京，回来后，也要奖赏高颎（一种丝织品）5000 匹，还赏给他行宫一所。高的夫人有病，文帝亲自到他家里看望，赐钱百万，绢万匹和一匹千里马。高家得到的赏赐，前后不可胜计。文帝还把自己的孙女嫁给了高颎的儿子。

文帝皇后独孤氏性格比较忌妒。有一次文帝亲幸了一个美貌女子，独孤皇后便把那女子给杀了。文帝气得从后门跑出宫中，独自到一座小山上出气。高颎等人把文帝找回宫中解劝。文帝说道："我贵为天子，竟然连这样一点自由都没有！"高颎劝道："皇后不过是个女人，何必与她生这样大的气！"

不想这句话让独孤皇后听到了，非常气愤，从此忌恨在心，有机会便挑拨文帝与高颎的关系。高颎的夫人死后，文帝要给他娶一个妾，高颎说：我已经老了，没有这方面的兴趣了。可是后来高颎的一个妾生了个儿子，独孤皇后对文帝说："怎么样，高颎不和你说真话吧？他说他这方面没兴趣，小妾怎么还生了个孩子？"从此，文帝果然疏远了高颎。

炀帝即位后，高颎对炀帝的奢侈之风经常提出批评，也有时在背地里议论，被人告发。炀帝便以谤讪朝政的罪名，下令把他杀了。

厍狄士文刑民责子

厍狄士文的祖父厍狄干，官至左丞相。其父厍狄伏敬，任武卫将军、肆州刺史。厍狄士文因父亲之故，袭封章武郡王，官至领军将军。

厍狄士文性格较为孤僻，平素从不与人交往，甚至亲戚朋友也不相往来，终日闭门自守。北周武帝宇文邕灭北齐，山东士人百姓都出迎北周军队，独有厍狄士文闭门不出，不迎周师，周武帝非常奇怪，授他随州刺史。杨坚代周建立隋朝，厍狄士文又被任命为贝州刺史。厍狄士文为官执法严酷至极，以至"吏人股栗"，道不拾遗。他刚到贝州刺史任上时，便清查官吏有无受赃形迹，哪怕接受一尺布一升米，他都要治罪，结果查出 1000 余人。厍狄士文上表奏明朝廷，将这 1000 余人全部充军到岭南。出发时，其亲友家人相送，哭声几乎遍于全州。当时正逢岭南疫病流行，发配去的人，十之八九都病死在那里。其亲友家人均痛恨厍狄士文，故意哭吊他以泄恨。厍狄士文令人捕捉，遍施刑罚，哭声却越来越烈，禁止不住。百姓编歌谣以讽刺之，为朝廷所闻，厍狄士文因此被免官。

厍狄士文也知道自己执法过严，没过多久，他被重新任命为雍州长史，上任时，他对人说道："我向来执法严厉，不能趋奉权贵，必然要死在这个官职上了。"而上任以后，依然执法严酷，不避权贵，宾客都不敢上他的门。后来果然被御史弹劾，厍狄士文性情刚烈，为此愤恨不已，不久就死了。

尽管厍狄士文为政十分严酷，但他为官却特别廉洁，不贪财物。有一次，朝廷置酒宴请百官，酒宴后，叫百官到仓库中取绢，任取多少，只要拿得动就行。厍狄士文入库，出来时口衔一匹，两手各拿一匹，一共才拿了3匹。皇帝问他为何拿得这样少，他答道："臣口手都已有，其余都不需要了。"为此，皇帝十分赞赏他，特意另赐他财物。当贝州刺史时，他甘守清苦，但家教很严，绝不准家里沾公家一丁点光，家中可说是别无长物。有一次，或许由于饥饿，他的儿子偷吃了官厨中的饼。厍狄士文知道后，立刻将他抓进牢中，戴上枷锁，关了不少天。后来又将他杖责一百下，送回京城家中。家中仆役之类，平时无事不敢随便出门。家中菜蔬、油盐酱醋之类物品，从不准在本州购买，而是特地到邻近州县买回，为的是杜绝私弊。他外出时，总是将官府关上门，贴上封条，禁止家人出入，也是为的杜绝私弊。

人物春秋

自幼不凡　成就帝业——杨坚

　　高祖文皇帝杨坚，弘农郡华阴人。高祖龙颜堂堂，额上有 5 根像柱子的印记连着头顶，目光外射，掌上有"王"字的纹理。身材上长下短，深沉威严。初入太学，就是至亲也只能和他亲昵而不敢轻忽他。

　　高祖 14 岁时，京兆尹薛善征召他为功曹。15 岁时，凭父亲的功勋被授散骑常侍、车骑大将军、仪同三司之职，封为成纪县公。16 岁时，升骠骑大将军，加授开府仪同三司。周太祖看见高祖后赞叹地说："这个孩子的模样气质，不像是凡人！"周明帝继位，授高祖为左小宫伯，加封大兴郡公。周明帝曾派善于相面的赵昭为高祖看相，赵昭欺诈周明帝说："不过是做柱国的面相罢了。"不久又暗自对高祖说："您将要做天下的君主，但必须得大开杀戒才能安定天下。"

　　周武帝即位，高祖改任左小宫伯。离京出任随州刺史，升大将军。后来武帝征召他回京城，遇上母亲卧病，3 年之中，高祖昼夜服侍，不离左右，宇文护执政，特别忌恨高祖，屡次想陷害他，终未成功。其后高祖承袭隋国公的爵位。周武帝娉高祖长女为皇太子妃以后，对高祖更加尊重。齐王宇文宪对周武帝说："普六茹坚（杨坚）相貌非凡，我每次见他，总觉不知所措。恐怕他不会居于人下，请尽早除掉他。"周武帝说："他只不过是个普通的将军罢了。"内史王轨多次对周武帝说："皇太子非社稷主，普六茹坚有反叛的相貌。"周武帝不悦，说："如果一定是天命，将怎么办？"高祖害怕，只得深匿本来面目。

周武帝建德（572—578年）年间，高祖率领水军3万，在河桥攻破北齐的军队。第二年，跟周武帝平定北齐，进位柱国。又与宇文宪在冀州攻破北齐任城王高湝，拜授为定州总管。此前，定州城西门久闭不开。齐宣帝时，有人请求打开城门，以便于行人。齐文宣帝不答应，说："将会有圣人来打开它。"等到高祖到城下时，城门便开了，人们无不惊奇。不久，高祖调任亳州总管。周宣帝即位，高祖凭皇后之父的身份征拜为上柱国、大司马。大象（579—581年）初年，升为大后丞、右司武，不久调任大前疑《古代天子四辅之首》。皇帝每次巡幸，总是委托高祖留下守京师。当时周宣帝制定《刑经圣制》，非常苛刻。高祖认为法令苛刻反而容易滋长犯罪，不利于教化，恳切劝谏，皇帝不采纳。

高祖的官职和威望渐受皇帝猜忌。皇帝有4个宠幸的妃子，都是皇后，四家争宠，多次相互诽谤诬陷。皇帝常怒气冲冲地对高祖之女说："一定要杀你们全家！"于是召见高祖，对左右侍卫说："假如普六茹坚变了脸色，就杀死他。"高祖来后，镇定自若，于是作罢。

大象二年（580年）五月，任命高祖为扬州总管。将要去就任，突然脚有病，没有赴任。十一日，周宣帝去世。周静帝即位时，年龄幼小，不能亲政。内史上大夫郑译、御正大夫刘昉以为高祖是皇后之父，是众望所归，于是假造诏书，召高祖入朝总理朝政，统领朝廷内外的军队。宇文氏在藩国的国王，高祖全担心他们谋反，于是以赵王宇文招将把女儿嫁给突厥为借口，征召赵王宇文招入京。二十三日，为周宣帝发丧。二十六日，周静帝拜高祖为假黄钺、左大丞相，文武百官汇集在高祖门下，听从调遣。以正阳宫为丞相府，以郑译为长史，刘昉为司马，大小官员一一设置。在周宣帝时，刑罚残酷，百姓害怕，人民没有为朝廷出力的想法。到高祖亲政时，大力推崇仁政，法令清正简明，高祖自己也很节俭，因而天下老百姓都很高兴。

六月，赵王宇文招、陈王宇文纯、越王宇文盛、代王宇文达、滕王宇文逌都到达京城长安。相州总管尉迟迥在东夏起兵谋反。赵魏之士从者如流，10天之间，就聚众10万。而宇文胄在荥州，石愻瑒在建州，席毗在沛郡，席毗弟叉罗在兖州，都纷纷响应。尉迟迥将儿子送到陈朝做人质，请求陈朝出兵援助。高祖命令上柱国、郧国公韦孝宽征讨他们。雍州牧毕王宇文贤和赵、陈等5王，因民心归向高祖，因而谋划造反作乱。高祖杀死宇文贤，不追究赵王等人的罪过。于是下诏书，让五王佩剑上殿，入朝不小步快走，以安定他们的心。

七月，陈朝将领陈纪、萧摩诃等侵犯广陵，吴州总管于顗打败了他们。广陵人杜乔生聚众谋反，刺史元义将其平定。韦孝宽在相州打败尉迟迥，把尉迟迥的首级传到朝廷，其余党羽也被铲平。起初，尉迟迥作乱时，郧州总管司马消难据州响应，淮南的州县也大多应和。高祖命令襄州总管王谊征讨他们，司马消难逃到陈朝。荆、郢两地的众习民趁机作乱，高祖命令亳州总管贺若谊平息了他们。此前，上柱国王谦为益州总管，见周静帝年幼，由高祖理朝，就纠集巴、蜀的众将士，以挽救朝廷为借口，声讨高祖。高祖正忙于东夏和山南的战事，没有余暇去征讨他们。王谦进兵驻扎在剑阁，攻破始州。等到平定尉迟迥后，高祖就命令行军元帅、上柱国梁睿征讨王谦，将王谦首级传到朝廷。巴、蜀地势险要，百姓喜欢作乱，高祖于是另外开辟平坦的大道，毁弃剑阁的道路，并在此立石碑刻文字告诫他们。宇文招等五王暗中谋反更急迫了，高祖准备酒菜送到赵王府，想看看赵王的行为。赵王宴请高祖，埋伏甲兵，高祖处境危险，在元胄的帮助下才得以脱险，于是高祖杀了赵王宇文招、越王宇文盛。

十二月二十日，周静帝下诏说："假黄钺、使持节、大丞相、都督内外诸军事、上柱国、大冢宰、隋国公杨坚，可授相国之职，总理朝政，免去其都督内外诸军事、大冢宰之职。爵位由公晋封为王。将随州的崇业，郧州的安陆、城阳，温州的宜人，应州的平靖、上明，顺州的淮南，士州的永川，昌州的广昌、安昌，申州的义阳、淮安，自州的新蔡、建安，豫州的汝南、临颍、广宁、初安，蔡州的蔡阳，鄀州的汉东等20个郡划为隋国的封地，隋王可佩剑上殿，入朝时不必快步疾走，朝拜时不必通报姓名，备九锡之礼，加授玺绶、远游冠、相国印绶，地位在诸侯王之上。隋国可设置相以下的各级官职，全部依照旧制。"

高祖再三推辞，周静帝不允。于是高祖才只接受王位和10郡的封地。

周静帝大定元年（581年）二月初二日，周静帝令高祖恢复杨姓。初三日，建王府、设百官。

初六日，周静帝下诏书高祖戴皇冠，建制天子旌旗，出入令人开路清道，乘坐金根车，用6匹马拉车，备五时副车，设置旄头云旗，乐舞用八佾，在宗庙悬挂钟；王妃为王后，长子为太子。高祖推让再三才接受。

不久，周静帝因民心所向，派遣兼太傅、上柱国、杞国公宇文椿奉册令高祖继皇位。又派遣大宗伯、大将军、金城公赵煚捧皇帝玉玺，百官劝高祖即位。高祖才受命即位。

高祖开皇元年（581年）二月十四日，高祖入宫，在临光殿行礼之后即皇帝位。这天，禀告祖庙，大赦天下囚犯，改元。京城有祥云出现。高祖改北周官制、礼仪，依照汉魏的形式。并且分封文武百官。

三月初二日，在高平、太原、长安分别猎获赤雀、苍乌和白雀各一只，宣仁门槐树连理，众枝向内伸展。初三日，白狼国进献土产。初五日，白天太白星显现，初六日，再次出现。高祖任命上柱国元景山为安州总管。初八日，高祖下诏令不许进献犬马器玩鲜味。初九日，解除对山泽的禁令。任命上开府、当亭县公贺若弼为楚州总管，和州刺史、新义县公韩擒虎为庐州总管。初十日，周至县进献连理树，植在宫廷。十二日，任命上柱国、神武郡公窦毅为定州总管。十九日，任命太子少保苏威兼纳言、吏部尚书，其余官职不变。二十八日，梁国国君萧岿派遣太宰萧岩、司空刘义来京城朝贺。

四月初二日，高祖大赦天下囚犯。初三日，白天出现太白星、岁星。十九日，将太常的各种乐工一起放出宫廷重作庶民，禁止上演杂乐百戏。二十二日，陈朝散骑常侍韦鼎、兼通直散骑常侍王瑳来问候北周，使者到了，高祖已经受禅即位，就把使者送到介国。这月，遣派稽胡百姓修筑长城，20天后停止。

五月初十日，封邘国公杨雄为广平王，永康郡公杨弘为河间王。二十三日，介国公逝世，高祖在朝廷为他吊唁，任命他的同族人宇文洛继承爵位。

六月二十九日，高祖下诏因即位之初，赤雀从天下降吉祥，五德相生，而赤是火的颜色，于是下诏令除冬至日在南郊祭天以及祭土神之日，仍按常规穿戴的礼仪外，其余的如朝会的穿戴，旗帜和祭祀用的牲口的颜色，一律用红色。军服用黄色。

七月初八日，高祖开始穿黄色衣服，百官全都祝贺。

八月初五日，罢免东京官员。突厥阿波可汗派遣使者来朝进奉土产。十七日，高祖派遣行国元帅乐安公元谐，在青海攻打吐谷浑，降服吐谷浑。

九月初二日，高祖派遣使臣赈济阵亡将士的家属。二十四日，陈朝将领周罗睺攻破胡墅，萧摩诃侵犯长江之北。二十五日，高祖任命越王杨秀为益州总管，改封为蜀王。二十六日，任命上柱国、薛国公长孙览，上柱国、宋安公元景山，一起为行军元帅，以进攻陈朝，仍任命尚书左仆射高颎指挥众军。突厥沙钵略可汗派遣使者上贡土产。在这个月，通行五铢货币。

十月初九日，百济王扶余昌派遣使者来京城朝贺，高祖授扶余昌上开府、仪同三司、带方郡公。十二日，实行新的法律。十六日，高祖巡幸岐州。

十一月初十日，高祖任命永昌郡公窦荣定为右武侯大将军。二十二日，派遣兼散骑侍郎郑众出使陈朝。

十二月初三日，高祖任命申州刺史尔朱敞为金州总管。初九日，任命礼部尚书韦世康为吏部尚书。十四日，任命柱国元兖为廓州总管，兴势郡公卫玄为淮州总管。二十五日，高祖从岐州还京。二十七日，高丽王高阳派遣使者上朝进贡，高祖授高阳为大将军、辽东郡公。这天，太子太保柳敏去世。

开皇二年（582年）正月初九日，高祖巡幸上柱国王谊府第。十六日，巡幸安成长公主府第。这天，陈朝宣帝逝世，其子陈叔宝即位。十六日，在并州设置河北道行台尚书省，任命晋王杨广为尚书令。在洛州设置河南道行台尚书省，任命秦王杨俊为尚书令。在益州设置西南道行台尚书省，任命蜀王杨秀为尚书令。十七日，陈朝派遣使者来京城请求讲和，归还胡墅。二十六日，高祖诏令天下推荐贤良之士。

二月十五日，高祖下诏令高颎等班师回朝。十六日，任命晋王杨广为左武卫大将军，秦王杨俊为右武卫大将军，其余官职不变。十七日，高祖巡幸赵国公独孤陀府第。二十六日，京城降灰土。

三月初四日，开渠，引杜阳水到三瑒原。

四月初四日，高祖任命宁州刺史窦荣定为左武侯大将军。十七日，大将军韩僧寿在鸡头山大破突厥，上柱国李充在河北山打败突厥军队。

五月初五日，高祖任命上柱国、开府长孙平为度支尚书。初六日，因为天旱，高祖亲自探望囚徒。这天下了大雨。十五日，高窦宁侵犯平州，突厥人侵入长城。十七日，任命豫州刺史皇甫绩为都官尚书。十九日，太尉、任国公于翼去世。二十一日，高祖把传国玺更名为受命玺。

六月初十日，高祖任命太府卿苏孝慈为兵部尚书，雍州牧、卫王杨爽为原州总管。十二日，派遣使者到陈国吊丧。十三日，上柱国李充在马邑打败突厥军队。二十六日，高祖任命上柱国叱李长义为兰州总管。二十九日，任命上开府尔朱敞为徐州总管。

七月二十四日，高祖诏左仆射高颎、将作太匠刘龙、钜鹿郡公贺姜子幹、太府少卿高龙义等营造新都。

八月二十二日，高祖任命左武侯大将军窦荣定为秦州总管。

十月初三日，皇太子杨勇屯兵咸阳，以防备胡人的侵犯。二十日，高祖疾病痊愈，在观德殿大宴百官。并赐给百官布帛钱币，由百官自己尽力去拿。二十一日，任命营建新都的副监贺娄子干为工部尚书。

十二月初二日，高祖在后园讲习武事。初五日，上柱国窦毅去世。初七日，新都起名为大兴城。十五日，派遣沁源公虞庆则带兵驻扎在弘化，防备胡人入侵。突厥侵犯周槃，行军总管达奚长儒阻击突厥军队，被敌军打败。十七日，赏赐国子寺中的优秀者束帛。十八日，高祖亲自讯视囚徒罪状记录。

开皇三年（583年），正月初一日，高祖将迁入新都大兴城，大赦天下囚犯。严禁使用大刀长矛。二十四日，高丽国派遣使者来朝。

二月初四日，设宴款待北道勋人。初五日，陈朝派遣兼散骑常侍贺彻、兼通直散骑常侍萧褒来朝问候。突厥侵犯边境。初六日，在泾阳捉到毛龟。十五日，高祖任命左卫大将军李礼成为右武卫大将军。

三月初九日，上柱国、鲜虞县公谢庆恩去世。十一日，高祖任命上柱国达奚长儒为兰州总管。十八日，下雨，高祖着便服进入新都大兴城。京城从地下涌出甘美的泉水。十九日，高祖下诏重金收买天下遗书。二十二日，高祖宴请百官，按等级赏赐。二十五日，修筑榆关城墙。

四月初二日，上柱国、建平郡公于义去世。初三日，吐谷浑军队侵犯临洮，洮州刺史皮子信战死。初四日，高丽国派遣使者来朝。初五日，高祖任命尚书右仆射赵煚兼内史令。初十日任命滕王杨瓒为雍州牧。十二日，卫王杨爽在白道打败突厥军队。十三日，行军总管阴寿在黄龙打败高宝宁。十七日，因为干旱，高祖亲自在京城西祭雨神求雨。十九日，高祖下诏提倡读书知礼。任命济北郡公梁远为汶州总管。二十二日，陈朝郢州城长官张子讥派遣使者来朝请求投降，高祖认为已和陈朝和好，不接受。二十四日，高祖派遣兼散骑常侍薛舒、兼通直散骑常侍王劭出使陈朝。二十六日，高祖亲自祭雨。廿七日，突厥派遣使者来朝。

五月初六日，行军总管李晃在摩那渡口打败突厥军队。初七日，高丽国派遣使者来朝。初八日，梁国太子萧琮来京城朝贺迁居新都。二十五日，行军元帅窦荣定在凉州打败突厥和吐谷浑的军队。二十九日，赦免黄龙及其以下官员死罪。

六月初四日，高祖任命卫王杨爽的儿子杨集为遂安郡王。十二日，突厥派遣使者求和。十四日，行军总管梁远在尔汗山打败吐谷浑军队，杀死了他们著名的王公。二十六日，高祖任命晋州刺史燕荣为青州总管。二十三日，任命河间王杨弘为宁州总管。二十九日，高祖巡幸安成长公主府第。

七月初五日，高祖任命豫州刺史周摇为幽州总管。

八月十日，靺鞨上贡土产。十二日，高祖任命右武卫大将军李礼成为襄州总管。十五日，派遣尚书右仆射高颎出宁州道，内史临虞庆则出原州道，同时任命他们为行军元帅，以攻打胡人。二十一日，高祖到太社祭祀。

九月十七日，高祖巡幸城东，巡视庄稼。次日，大赦天下囚犯。

十月初九日，高祖废除河南道行台省，任命秦王杨俊为秦州总管。十一月十三日，高祖派使者巡视民风。二十四日，陈朝派遣散骑常侍周坟、通直散骑常侍袁彦来朝问候。陈后主知道高祖相貌奇异，令袁彦画高祖相貌带回去。甲午日，撤销全国各郡。

闰十二月二十二日，高祖派遣兼散骑常侍曹令则、通直散骑常侍魏澹出使陈朝。二十五日，高祖任命上柱国窦荣定为右武卫大将军，刑部尚书苏威为民部尚书。

二月十三日，高祖在霸上为梁国国君萧岿饯行。十五日，鞑靼上贡土产。突厥苏尼部男女一万多人投降隋朝。十八日，高祖巡幸陇州。突厥可汗阿史那玷率部属投降隋朝。

四月初八日，高祖下令总管、刺史的父母及他们15岁以上的子女，不能带到官任上。初九日，任命吏部尚书虞庆则为尚书右仆射，瀛州刺史杨尚希为兵部尚书，毛州刺史刘仁恩为刑部尚书。十三日，任命上柱国叱李长义为信州总管。十六日，在大兴殿设宴款待突厥、高丽、吐谷浑使者。二十六日，任命上大将军贺娄子干为榆关总管。

五月十二日，契丹主莫贺弗派遣使者请求受降，被拜为大将军。十五日，高祖任命柱国冯昱为汾州总管。二十四日，任命汴州刺史吕仲泉为延州总管。

六月初十日，高祖为囚徒减罪。十五日，任命鸿胪卿乙弗寔为翼州总管，上柱国豆卢涩为夏州总管。二十二日，开渠，从渭水到达黄河以便畅通漕运。廿八日，秦王杨俊上朝。

八月初五日，高祖派遣10位使臣巡视全国。初九日，卫王杨爽来朝。这天，高祖为秦王杨俊纳妃子，宴请并按等级赏赐百官。十三日，上柱国、太傅、邓国公窦炽去世。十八日，设宴款待秦王的部属，并按官职赏赐物品。二十三日，设宴款待陈朝使者。二十六日，陈朝将领夏侯苗请求投降，高祖认为已与陈朝和好，不接受。

九月初五日，高祖巡幸襄国公主府第。初六日，巡幸霸水，巡视漕运之渠，按级别赏赐督促修渠的官吏。初十日，高祖亲自讯视囚徒罪行记录。十一日，契丹归附。十五日，因关内饥荒，高祖巡幸洛阳。

十一月初四日，高祖派遣兼散骑常侍薛道卫、通直散骑常侍豆卢涩出使陈朝。初五日，任命榆关总管贺娄子干为云州总管。

开皇五年（585）正月十一日，高祖下诏实行新的礼制。

三月初二日，高祖任命尚书左仆射高颎为左领军大将军，上柱国宇文忻为右领大将军。

四月初八日，契丹国主多弥派遣使者上贡土产。十六日，上柱国王谊谋反，被诛杀。十九日，高祖征召山东马荣伯等6位儒生。二十二日，高祖从洛阳回京。

五月二十九日，高祖下诏设置防荒粮仓。梁国国君萧岿去世。他的太子萧琮继位。高祖派遣上大将军元契出使突厥阿波可汗。

七月初六日，陈朝派遣兼散骑常侍王话、兼通直散骑常侍阮卓来朝问候。二十三日，高祖任命上柱国宇文庆为凉州总管。二十八日，突厥沙钵略可汗向高祖上表称臣。

九月初四日，高祖从栗园归。十二日，改鲍陂为杜陂，霸水为滋水。陈朝将领湛文彻侵犯和州，仪同三司费宝首活捉了他。二十三日，高祖派遣兼散骑常侍李若、兼通直散骑常侍崔君赡出使陈朝。

十月初九日，高祖任命上柱国杨素为信州总管，朔州总管吐万绪为徐州总管。

十一月十二日，高祖任命上大将军源雄为朔州总管。十五日，晋王杨广来朝。

开皇六年（586年）正月十三日，党项羌归附隋朝。十九日，在突厥颁布历法。二十日，高祖任命柱国韦洸为安州总管。二十一日，派遣民部尚书苏威巡视崤函以东各地。

二月初四日，因为华山之南的荆、淅等7个州水灾，高祖派遣前工部尚书长孙毗赈灾。初五日，高祖规定刺史上佐每年末入朝，上考课。初六日，派遣民工11万修筑长城，20天结束。十四日，任命上柱国崔弘度为襄州总管。十九日，大赦天下囚犯。

三月初八日，洛阳男子德高德上书，请高祖退位做太上皇，传位给皇太子。高祖说："我秉承天命，抚育黎民百姓，日以继夜，孜孜不倦，还担心不能达到使老百姓安居乐业，怎么能像近代帝王那样，做事不效仿古代圣贤兢兢业业，却传位给儿子，求得个人的安逸呢？"十二日，突厥沙钵略可汗派遣使者上贡土产。

四月十九日，陈朝派遣兼散骑常侍周峤、兼通直散骑常侍江椿来朝问候。

七月初二日，黄河南边众州水灾。十六日，京城上空降下如马鬃尾的毛，长的有两尺多，短的有六七寸。

八月十二日，因为关内7个州遭受旱灾，高祖免除了这几个州的赋税。派遣散骑常侍裴豪、兼通直散骑常侍刘颐到陈朝问候。二十九日，上柱国、太师、申国公李穆去世。

闰八月初一日，高祖任命河州刺史段文振为兰州总管。十九日，皇太子杨勇镇守洛阳。二十三日，晋王杨广、秦王杨俊一起来朝。二十八日，上柱国、郧国公梁士彦，上柱国、杞国公宇文忻，柱国、舒国公刘昉，因谋反被杀。上柱国、许国公宇文善因罪牵连而被免职。

九月初四日，高祖穿素服到射殿，召集百官投射，赏赐梁士彦等3家钱财布帛。二十三日，高祖任命上柱国李询为隰州总管。二十四日，高祖下诏对从周静帝大象(579—581年)年间以来死于战事的官兵家属，全部予以赈恤。

十月初二日，任命河北道行台尚书令、并州总管、晋王杨广为雍州牧，其他官职不变；后部尚书杨尚希为礼部尚书。初六日，在襄州设置山南道行台尚书省，任命秦王杨俊为尚书令。初九日，任命芳州刺史骆平难为叠州刺史，衡州总管周法尚为黄州总管。十七日，有甘露降落在华林园。

二月十二日，在东郊祭祀朝阳。二十五日，陈朝派遣兼散骑常侍王亨、兼通直散骑常侍王慎来朝问候。二十八日，高祖乘车巡幸礼泉宫。这月，派遣民工10多万人修筑长城，20天结束。

四月初五日，高祖驾临晋王杨广府第。初六日，在扬州开挖山阳渎，以便于畅通漕运。突厥沙钵略可汗去世，他的儿子雍虞间继位，这就是都蓝可汗。二十九日，高祖分别给东西南北四方总管、刺史颁发青龙、驺虞、朱雀、玄武等符。三十日，高祖派遣兼散骑常侍杨同、兼通直散骑常侍崔儦出使陈朝。任命民部尚书苏威为吏部尚书。

七月十六日，卫王杨爽去世，高祖在门下外省为卫王杨爽发丧。

八月初四日，高祖任命怀州刺史源雄为朔州总管。二十八日，梁国国君萧琮来朝。

九月十三日，梁国安平王萧岩掠夺梁国财宝，投奔陈朝。十九日，高祖废除梁国，因情况特殊而赦免江陵。任命原梁国国君萧琮为柱国，封莒国公。

十月十九日，高祖巡幸同州，因为这里是先帝曾住过的地方，所以为囚徒减罪。二十二日，巡幸蒲州。二十五日，设宴款待蒲州父老乡亲，高祖特别高兴，说："这里的老百姓，衣服颜色华丽，容貌举止文静优雅，的确是因为官宦之乡长期陶冶濡染而养成的风俗。"

十一月二十三日，巡幸冯翊，亲自祭祀土神。父老对诏没有遵从旨意，高祖大怒，罢免县官之后离去。廿七日，从冯翊回到京城。

天下第一荒淫皇帝——杨广

　　隋炀帝杨广，又名杨英，小名阿㦎，是隋高祖的次子。杨广容貌俊美，自幼聪明伶俐，在众多儿子中高祖和皇后特别喜爱他。北周时，因为高祖的功勋，杨广被封为雁门郡公。

　　开皇元年，杨广被立为晋王，任命为柱国、并州总管，当时年仅 13 岁。不久又授予武卫大将军头衔，后来晋升为上柱国、河北道行台尚书令，仍保留大将军衔。高祖让项城公王韶、安道公李彻辅佐教导杨广。杨广好学，善写文章，含蓄深沉，朝野都对他寄予厚望。高祖密令会相面的人来和给所有的儿子相面，来和说："晋王高贵之极。"不久，高祖到杨广住宅来，看见乐器的弦多数都断了，上面又落满灰尘，似乎长期不用，认为杨广不好歌舞女伎，很赞赏他。杨广尤其善于弄虚作假，却又显得道貌岸然。他曾参观狩猎，遇上大雨，左右侍臣进献油衣遮雨，他说："士兵都淋湿了，我能单独穿这个吗！"

　　开皇六年，杨广转任淮南道行台尚书令。这一年，高祖征召杨广回京，拜为雍州牧、内史令。开皇八年冬天，大规模兴兵攻打陈国，杨广为行军元帅。平定陈国之后，活捉了陈国湘州刺史施文庆、散骑常侍沈客卿、市令阳慧朗、刑法监徐析、尚书都令史暨慧，因为他们奸邪诌媚，害国害民，在官中右阙之下斩首示众。杨广查封府库，不犯秋毫，天下人都称赞他贤明。他晋升为太尉，不久江南高智慧等聚众造反，高祖调杨广为扬州总管，镇守江都，每年朝见一次。高祖祭泰山的时候，杨广随从，任武侯大将军，第二年回到封地。几年后突厥侵犯边境，杨广又出任行军元帅，从灵武出兵，没有遇上敌人，回来了。

　　到太子勇被废黜后，杨广被立为皇太子。这一月应当接受册命。高祖说："我以大兴公的身份成就帝业。"于是让杨广离开京城，住到大兴县去。当夜，狂风大雪，地震山崩，百姓的住宅多数被破坏，压死百余人。

　　仁寿初年，杨广奉诏书巡视安抚东南地区。此后，高祖每到仁寿宫避暑，总是让杨广主持国政。

仁寿四年七月，高祖去世，杨广在仁寿宫即皇帝位。八月，扶高祖灵枢回京师。并州总管汉王杨谅起兵谋反，命尚书左仆射杨素讨伐平定了他。九月乙巳日，任命备身将军崔彭为左领军大将军。十一月乙未日，炀帝驾临洛阳。丙申日，征发数十万男壮丁掘濠，从龙门向东连接长平、汲郡，达临清关，过黄河到浚仪、襄城，抵达上洛，沿途设置关口防御。登丑日，下诏书说：

天道变化，阴阳才能消长；制度不同，百姓才能和顺。如果天的意志不变，所施行的教化怎么形成春、夏、秋、冬？人事如果不变，所施行的政治怎么能区别万姓？《易》不是说过吗："通过其变化，使民众不疲倦。""变化就能通达，通达就能长久。""有德就能长久，有功就能长壮大。"我又听说，安定天下而能迁都，百姓的财用就能有大的变化。因此，姬氏经营两周都城，合乎武王的心意；殷人5次迁徙，成就商汤的事业。如果不下合民意上顺天时，在变动中形成功业，那么，爱民治国的人能不说话吗？

洛阳自古为都城，周围千里之内，是天地交合之处，阴阳调和之地。三河环绕，四塞巩固，水陆通达，贡赋均等。所以汉高祖说："我走遍天下，经过的地方很多，只有洛阳最好。"自古帝王，谁不留心洛阳，之所以不建都于此，都有原因。有的是因为九州尚未统一，有的是因为财政匮乏，无力创建洛阳城。我隋朝建立之始，便想创建这怀、洛城邑，迁延到今天。朝思暮想，无非此事，说起来不胜感慨。

我恭敬地接受皇位，统治万国，继承先帝遗志，遵守而不敢遗忘。如今汉王杨谅叛乱，崤山以东地区遭受毒害，州县沦丧。这就是因为关河阻隔，路途遥远，军队不能赶赴应急，加上并州移民又在河南无法协助。周代把殷人迁往东方，用意就在于此。况且，南方地区遥远，东方地区富庶广大，因势利导，顺时而动，现在正是时候。众官府和百官，都拥护这项动议。但是，成周宫殿废墟，无法修葺，于今可在伊、洛地区营建东京，就地设官府、分职务，树立万民的法则。

宫室的规模制度原本是为了便于生活，上有正梁，下有屋檐，就足以遮蔽风雨、雾露，高楼大厦，难道能够说是合适的形制？所以《传》说："节俭，是德行的总汇；奢侈，是罪恶的大端。"孔子说："与其不恭敬，不如节俭。"难道只有瑶台琼楼才是宫殿？而土墙草屋就不是帝王的住宅了？由此可知，不是用天下财物供奉一人，而是由一人主治天下。民是国家的根本，根本牢固则国家安宁，百姓富足，谁还不富足！现在营建伊洛，务必节俭，不要让雕画的墙壁、崇高的楼房又在今天建起，要让简屋陋食之风遗传于后世。有关部门要清楚地制定出条例。

大业元年春正月壬辰初一，大赦天下，改年号。立妃子萧氏为皇后。把豫州改名溱州，洛州改名为豫州，废除各州总管府。丙申日，立晋王杨昭为皇太子。丁酉日，任命上柱国宇文述为左卫大将军，上柱国郭衍为左武卫大将军，延寿公于仲文为右卫大将军。己亥日，任命豫章王杨暕为豫州牧。戊申日，派遣8名使臣巡察各地风俗。下诏书说：

古时圣王治理天下，关键在于爱民。先让人民富足然后进行教化，家给人足，所以能风俗淳厚，远方来朝，近地安宁。治理成功，都是循此途径。我继承皇位，抚育黎民。虽然遵守先帝功业，不敢有所闪失，但谈到政治措施，多有缺陷。况且，以四海之遥远，黎民之众多，我不能亲自前往，询问民间疾苦。每每想到，民间隐藏的贤人不能举荐，百姓的冤屈不能申诉，一件事情处置不当，就会伤害和顺的祥气，万方有罪，责任都在我身止。所以我昼夜叹息，早晚挂心。

如今施政初期，应该宽大。可分头派遣使者，巡察各方风俗，宣扬教化，推荐被埋没的人才，申诉深藏的冤屈。对孝顺父母努力耕种的人，给以优待，免除租赋。鳏寡孤独不能养活自己的人，酌情给予救济。对义士、烈女，赐匾额表彰其门间。对年高的老人，加官晋爵，并且依据别的条例，赏赐粟米布帛。有残疾的人，供给服侍的壮丁，虽然有侍养的名义，并无赡养的实效，应公开检查核实，使他们得到奉养。名声显赫、品德高尚、操行廉洁以及有学问才能通一经的人，都应该采访到，推荐到朝廷中。所在州县官府，要根据礼仪发送。官员中有政治腐败、残害人民、妨碍农时的，使者回朝之日，详细记录上奏。

己酉日，任命吴州总管宇文䢸为刑部尚书。

二月己卯日，任命尚书左仆射杨素为尚书令。

三月丁未日，命令尚书令杨素、纳言杨达、将作大匠宇文恺营建东京，迁移豫州城郊居民充实东京。戊申日，诏书说："由于听取并采纳公众的意见，政事和平民商议，所以才能清楚政治和刑罚的得失。由此可知，我早晚思虑治国，想使隐藏的冤屈上达朝廷，治国常道得以发扬。但州牧县宰等官职俱是朝廷委任，如果不认真进行考核，空定下优秀、劣等的虚名，不问治理的实际情形，纲纪就会紊乱，冤屈也就不能申诉。地方和朝廷有重重关河阻隔，百姓的意见无法自行上述。我因此建立东京，亲自过问民情。现在我将巡视淮海，观察了解各地风土人情，征求正直的意见，但呈上来的只是烦琐的辞章，乡校中议论朝政的话，听不到。我恐惧警惕，废寝忘餐。民众有知道州县官吏为政刻薄、侵害百姓、徇私枉法、刁难民众的，应该听任他们到朝廷申奏，希望能做到广开四方视听，使天下无冤屈。"又在阜涧营建显仁官，采集海内珍禽奇兽、名花异草，充实官中花园兽苑。迁徙数百家富商大贾到东京。辛亥日，调发黄河以南各郡百余万男女开凿通济渠，从西苑引谷水、洛水抵达黄河，从板渚引黄河水通达淮河。庚申日，派黄门侍郎王弘、上仪同士澄到江南去采集木材，建造了数万艘龙舟、凤艒、黄龙、赤舰、楼船等。

秋七月丁酉日，规定战死的家庭免除10年赋税徭役。丙午日，滕王杨纶、卫王杨集都被剥夺爵位，迁往边境。

闰七月甲子日，任命尚书令杨素为太子太师，安德王杨雄为太子太傅，河间王杨弘为太子太保。丙子日，下诏书说：

治理民众建立国家，应以教学为首要事务，移风易俗，必定由此开始。但圣人的言论断绝，大义遭违背。岁月流逝，虽然努力增进道德进修学业，而治国之道逐渐衰微。汉承秦焚书之后，广集经书，学术不绝如缕，而晋遭社会动乱，学术几乎扫地而尽。从此以后，国家军政忧患甚多，虽然不时兴建学舍，表示喜爱礼义，但老师虽在，却形同虚设。以至于为入朝为官的，并非学习优秀者；撰写文章的，多是不学无术之人。上行下效，纲纪无法确立。文化缺少，大道消亡，实在都是这个原因。

我继承皇位，想弘扬教育，尊敬师长，重视道义，发扬此道，讲究信用，谋求亲善，嘉奖礼教。如今天下统一，车同轨、书同文，十步以内一定有优秀人物，四海之中怎能没有奇才！无论是在家中还是入学的，如果有专门学习古代礼义、埋头经典、品学兼优、能处理政务的人，当地政府应加采访，详细列出名单报上，立即根据其才能越级提拔。如果精通经书而不愿做官，可根据其学业深浅，门第高下，虽然不上朝为官，也酌情给予俸禄。只要循循善诱，他们不日即可成器，不远的将来，朝廷就能人才济济。国子监等学堂，也应讲明旧制度，教育学生，详细规定考试方法，以达到磨练、培育人才的目的。

八月壬寅日，炀帝乘龙舟到达江都。让左武卫大将军郭省做前军统领，右武卫大将军李景做后军统领。文武百官五品以上的，供给楼船，九品以上的供给黄蔑。船只首尾相接，绵延200余里。

冬十月己丑日，赦免江淮以南的罪人。扬州地区免除5年赋税徭役，旧扬州总管地区免除3年的赋税徭役。十一月己未日，任命大将军崔仲方为礼部尚书。

大业二年春正月辛酉日，东京建成，分别等级赏赐监督工程的人。任命大理卿梁毗为刑部尚书。丁卯日，派遣10名使臣裁减合并州县。

二月丙戌日，命令尚书令杨素、吏部尚书牛弘、大将军宇文恺、内史侍郎虞世基、礼部侍郎许善心制定车服制度。天子的车驾以及春、夏、季夏、秋、冬5个季节的天子侍从车才开始完备。皇帝的常礼服、皮帽子，上面饰有12块琪玉；文官穿弁服，佩带玉；五品以上文官供给犊牛、挂障幔，三公亲王车上加挂丝络；武官戴平头巾，穿袴褶，三品以上武官供给甋槊仪仗；往下直至胥吏，服饰各有差等。平民不能穿军服，戊戌日，设置都尉官。

三月庚午日，炀帝车驾从江都出发。事前，太府少卿何稠、太府丞云定兴大肆准备仪仗，规定各州县送羽毛。百姓寻捕禽兽，水陆遍设网罗，能够提供羽毛装饰的禽兽，几乎一网打尽。

夏四月庚戌日，炀帝从伊阙陈列车马，千车万马进入东京。辛亥日，炀帝到端门，大赦天下，免天下百姓当年租税。癸丑日，任命冀州刺史杨文思为民部尚书。

五月甲寅日，金紫光禄大夫、兵部尚书李通因为犯法而被免职。乙卯日，诏书说："表彰先贤，保存祭祀，是为了优待礼遇贤人，明显地表示对他们的敬爱。我永远借鉴前代的事业思念先贤的功德，无时无刻不感叹九州土地上的贤哲，千载怀念。自古以来的圣贤君子，凡是能树立名声建立功德，辅佐朝政挽救时弊、获巨大利益、有特殊功劳、对人民有益的人，都应该营造祠庙，按时祭祀。他们的坟墓，不许侵犯践踏。有关官府酌情定立条例，以符合我的心意。"

秋七月癸丑日，任命卫尉卿卫玄为工部尚书。庚申日，规定百官不能累计考绩升级，一定要德行、功劳、才能明显优秀的人才能提拔。壬戌日，提拔晋王府的旧臣鲜于罗等27人，授予不同等级的官爵。甲戌日，皇太子杨昭去世。乙亥日，上柱国、司徒、楚国公杨素去世。

十二月庚寅日，诏书说："前代帝王借时势创立基业，治理人民，建立邦国，南面而坐，受群臣礼拜。但随着岁月推移，世代久远，帝王的坟茔遭到毁坏，砍柴放牧者竞相光顾，坟墓荒芜废弃，坟堆和标志都分辨不出。谈到这种沦丧，不胜感慨。自古以来帝王的陵墓，可免除附近10户人家的杂役，让他们守护看视。"

大业三年春正月癸亥日，命令对并州叛党已逮捕发配而逃亡的，一旦捉到，就地斩首。丙子日，满天出现长星，出自东壁星，20天后停止。这一月，武阳郡上奏，黄河水清。

三月辛亥日，炀帝车驾回到京师。壬子日，任命大将军姚辩为左屯卫将军。癸丑日，派遣羽骑尉朱宽出使流求（今台湾）。己卯日，河间王杨弘去世。

夏四月庚辰日，诏书说："古代帝王观察访问民间风俗，都是因为忧虑百姓，安抚边远地区。自从蛮夷归附，没来得及亲自安抚，崤山以东历经战乱，也须加以抚恤。现在想安定黄河以北，巡视赵、魏地区。有关官可依惯例安排。"甲申日，颁布法令，大赦天下，关内人民免除3年赋税徭役。壬辰日，把州改为郡。改变度量衡制度，完全按照古代的标准。把上柱国以下的官改为大夫。甲午日，诏书说：

天下重大，不是一人专制能够安定的；帝王的功德，也并非一人的谋略所能完成。自古以来圣明的君主，推行政事，经略邦国，何尝不是选举贤才，收罗隐士。周朝号称多士，汉代号称得人，我常常思念前代风范，肃然起敬。我早起南面而坐，头戴皇冠等待天明，遥望山谷隐士，希望他们出任朝官，以便和众多贤人共同治国。然而，贤人很少进用，招贤很少有人来，难道是美好的璞玉未碰到优秀的工匠，就想怀藏珍宝，难以选拔？在鉴于前代圣贤，不胜感慨。皇帝在位，贤臣就像大腿和胳膊，左右辅佐；又像渡河，贤臣就像船和桨。岂能保守俸禄，隐瞒自己知道的情况，优哉游哉地度日。那就太没意思了。祁奚大夫推举贤人，史学家认为非常公正，臧文仲埋没贤人，孔子讥笑他窃取职位。借鉴古代，并不是没有表扬和批评，所以应该进用贤人，以辅助我能力的不足。

孝顺父母友爱兄弟，是人道的根本；品行忠诚厚道，是立身的基础。或是节烈忠义值得称赞，或者是品行操守高尚廉洁，都能用来净化风俗，有助于社会风气的改进。刚强正直，执法不曲，学业优秀，方思敏捷，都可为朝廷所用，实为栋梁之材。才能可任将帅的，就提拔他去抵御外侮；体壮力大的，就委他去做士卒。至于有一技之长的，也应该录用！务使贤人全部举荐，无所遗弃。用这种办法治国，大约就离天下太平不远了。凡有文武官职者，五品以上的，都应该依照法令推举十科的人才。只要有一种才能即可，不必求全责备。我会越级提拔，根据才能任用。现在已经担任九品以上官职的，不在举荐范围之中。

丙申日，炀帝车驾往北方巡行。丁酉日，任命刑部尚书宇文弼为礼部尚书。戊戌日，命令各级官府不准摧毁庄稼，必须开农田为道路时，有关官府要根据土地的收成,用附近的粮仓赏赐粮食,务必优厚。己亥日,驻扎赤岸泽。用太牢祭祀原太师李穆的坟墓。

五月丁巳日,突厥启民可汗派儿子拓特勤来朝拜。戊午日,调发黄河以北10余郡的男丁开凿太行山,直达并州,以便通驰道。丙寅日,启民可汗派遣侄子毗黎特勤来朝拜。辛未日,启民可汗派遣使臣琰请求允许他亲自进边塞迎接炀帝车驾。炀帝不准。

六月辛巳日,在连谷狩猎。丁亥日,诏书说:

孝敬祭礼祖先,德行最高;兴建寝庙,礼仪最大。然而,不同时代的制度,有的华丽,有的质朴,有的多,有的少。秦代焚书坑儒后学术湮灭,经典散佚,法令消失,关于庙堂的制度,传说不一。应立多少代祖先,无人能说正确;祖先庙是连室而居还是各自分立,也没有定准。

我得以奉祀祖宗,敬承大业,常想严格配享制度,使祭祀盛典更加隆重。于是咨询官员,访问儒师,都认为高祖文皇帝接受天命,拥有天下,拯救四海黎民,革除百代弊病,缓用刑罚,百姓都自由发展,减轻徭役赋税,民众都安居乐业。统一天下,车同轨道,书同文字,东西扩展,无处不归附,南北征讨,解除百姓疾苦。乘风驾鸟,历代没到的地方都到了,各种各样的少数民族,教化从未施行到的人,也都来边塞、朝廷叩头礼拜。翻译无时不在进行,书信月月都有,收起武器,天下太平。吉祥的预兆、福瑞的标志所在多有,其伟大雄壮难以言表。

我又听说,品德淳厚的人福泽流传后世;治国不简明的人礼仪繁缛。因此,周朝的文王、武王,汉代的高祖、光武帝,法令制度非常健全,谥号特别尊贵,难道这不是根据实际情况加以称赞,也就是合乎道义地推崇和表彰吗?高祖文皇帝应该另外兴建庙宇,以便表彰他崇高的德行,仍然按规定每月祭祀,以表示对他的怀念。有关官府按时兴建,务必合乎规定。此外,名分不同,礼仪也不一样。天子有七代祖庙,前代经典已经著明,诸侯有二昭二穆庙,从道理上讲比天子要低,所以庙宇是以多为贵。王者的礼仪,现在可以依照使用,以便留存后世。

秋七月辛亥日,启民可汗上书请求改变服装,戴帽子,束腰带。命令启民可汗朝拜时不用报名了,地位在诸侯王之上。甲寅日,炀帝在郡城东设大帐,全部仪仗护卫,树立旌旗,宴请启民可汗及其部落共3500人,演奏百戏。按不同级别赏赐启民可汗及其部落。丙子日,杀死光禄大夫贺若弼、礼部尚书宇文㢸、太常卿高颎。尚书右仆射苏威因犯罪被免职。征发百余万男丁修筑长城，西到榆林，东到紫河，10天修完，死去的男丁占十分之五六。

八月壬午日，炀帝车驾从榆树起程。乙酉日，启民可汗修饰庐舍清扫道路，迎接车驾。炀帝到启民可汗帐中，启民可汗举杯祝寿，炀帝的宴请和赏赐都极丰厚。炀帝对高丽使臣说："回去告诉你们国王，应早早前来朝见。不然的话，我和启民可汗会到你们国土巡察。"皇后也到义城公主帐中。己丑日，启民可汗回国。癸巳日，炀帝进入楼烦关。壬寅日，驻扎太原。

大业四年春正月乙巳日，下诏书征发黄河以北各郡百余万男女开凿永济渠，引沁水向南到达黄河，向北通到涿郡。庚戌日，文武百官在允武殿举行射礼。丁卯日，赏赐京城内居民每人10石米。

二月己卯日，派遣司朝谒者崔毅出使突厥处罗，招致汗血马。三月辛酉日，任命将作大匠宇文恺炎工部尚书。壬戌日，百济、倭、赤土、迦罗舍等国一齐派遣使臣贡献土产。乙丑日，炀帝车驾到五原，趁机出边塞巡视长城。丙寅日，派遣屯田主事常骏出使赤土，招到罗刹。

夏四月丙午日，把离石的汾源、临泉二县和雁门的秀容县，划为楼烦郡。兴建汾阳宫。癸丑日，任命河内太守张定和为左屯卫大将军。乙卯日，诏书说："突厥意利珍豆启民可汗率领部落归附我朝，保护关塞，遵奉我朝礼仪，想改变戎狄习俗，频繁地入朝谒见礼拜，多次陈述请求。因为毡墙羽帐，极其简陋，愿意建造有梁有檐的房屋。心决恳切，我很重视。应该在万寿戍建造城墙房屋，根据情况供给帷帐床被等物品，待遇务必优厚，以合乎我的心意。"

秋七月辛巳日，征发20余万男丁修筑长城，自榆谷向东延伸。乙未日，左翊卫大将军宇文述在曼头、赤水大破吐谷浑军。

八月辛酉日，炀帝亲自到恒岳祭祀，河北道的郡守全部到场。大赦天下。车驾经过的郡肥县，免除一年的租赋。

九月辛未日，征集全国的鹰师到东京集中，来了一万多人。

冬十月丙午日，诏书说："先师孔子，道德圣明，发扬天赋英姿，效法文武之道。治理国家，承受天命，孕育了这位素王，而圣人去世的悲叹，很快就超过千年，崇高的德行，并没保存一百代。常常思念，他美好的风范应该加以推崇。可立孔子后代为绍圣侯。有关官府寻求其嫡系后裔，把名字报上来。"辛亥日，诏书说："从前，周王即位，首先封唐尧虞舜的后代，汉高祖即位，也赐给殷周的后裔名号，这都是为了表彰先代，效法古圣贤。我继承帝位，寻求文雅的教诲，凡有大益处的，都敬遵如法令。周代兼有夏、殷两朝传统，文质都具备，汉代拥有天下，统一车轫文字，魏晋沿袭汉朝，遗风仍在。这些朝代都应立其后裔，以便保存绝世的大义。有关官府应该寻求其后代，开列姓名上报。"乙卯日，向天下颁布新的度量衡规格。

大业五年春正月丙子日，把东京改为东都。癸未日，下诏书在全国实行均田制。戊子日，炀帝从东都回到京师。乙丑日，规定民间禁止收藏铁叉、搭钩、刀矛之类。太守每年都秘密奏报其属官的行踪。

二月戊戌日，炀帝驻扎阌乡。命令祭祀古代帝王陵墓以及开皇年间功臣坟墓。庚子日，规定北魏、北周官吏的子孙不能因父辈功勋而赏赐官爵。辛丑日，赤土国派遣使臣贡献土产。戊申日，车驾到达京师。丙辰日，在武德殿宴请400名故旧老人，按不同等级进行赏赐。己未日，炀帝到崇德殿西院，心中很不高兴，回头对左右说："这是先帝居住的地方，确实增添伤感，心中不安，应该在此院的西边另外建造一殿。"壬戌日，规定听任父母跟随儿子到任职官府去。

三月己巳日，炀帝车驾向西巡视黄河右边。庚午日，有关官吏说，武功男子史永遵和叔父堂兄弟等住在一起。炀帝很赞赏他。

五月乙亥日，炀帝在拔延山大举围猎，狩猎圈周围绵延2000里。庚辰日，进入长宁谷。壬午日，渡过星岭。甲申日，在金山上宴请群臣。丙戌日，在浩覃架桥，炀帝马过桥后桥坏了，朝散大夫黄亘及监督工程的9人被斩首。吐谷浑王率众屯守覆袁川，炀帝分别派内史元寿从南边驻扎金山，兵部尚书段文振从北边驻扎雪山，太仆卿义臣从东边驻扎琵琶峡，将军张寿从西边驻扎泥岭，四面包围住。吐谷浑王优允率数十名骑兵逃走，命属下假冒自己，屯守车我真山。壬辰日，命右屯卫大将军张定和前往追捕。定和挺身出战，被吐谷浑杀死。副将柳武建击败吐谷浑军，杀死数百人。甲午日，吐谷浑被围走投无路，仙头王率10余万口男女来投降。

六月丁酉日，派左光禄大夫梁默、右翊卫将军李琼等追击吐谷浑王，二人均亡。癸卯日，炀帝经过大斗拔谷，山路险要狭隘，大军鱼贯而出。风雪交加，天气阴暗，炀帝和随从官员走散，士兵冻死大半。丙午日，驻扎张掖。辛亥日，命令诸郡推举贤才，分四科：学业贯通，才能优异；身强力壮武艺高超；任职勤奋善理政务；秉性正直不畏强暴。壬子日，高昌王麹伯雅来朝拜，伊吾吐屯设等献上西域数千里土地，炀帝十分高兴。癸丑日，设置西海、河源、鄯善、且末等四郡。丙辰日，炀帝到观风行殿，大量陈列文物，演奏九部乐，表演幻术魔法，在殿上宴请高昌王、吐屯设，表示特别优待。有30余国少数民族使臣陪席。戊午日，大赦天下，开皇元年以来流放发配的罪人，全部放回故乡，但晋阳叛党不在内。陇西各郡，免除一年赋税徭役，炀帝车驾经过的地方，免除两年赋税徭役。

冬十月癸亥，诏书说："优待推崇年老德高者，典籍中都有记载，尊敬顾问，表彰学校。鬻熊做周文王师，并非因为力气大，方叔是元老，计谋深沉。我常说要考察古代，寻求达到天下大治的途径。因此，对年老的人，重新起用，事情要少，待遇要优厚，不要缺了药和饭，希望能睡卧床上，治理好百姓，收到大的效益。今年集合起来的老人，可在附近州郡安置，70 岁以上有疾病行动不便，不能任职的，赏赐布帛送回本郡。官职在七品以上的，酌情给予俸禄，一直到死。"

大业六年春正月初一日，清晨有数十名强盗，从建国门进来。守门人都跪下叩头。不一会他们夺下卫士的武器，企图谋反。齐王暕遇上，杀死了他们。于是京城大肆搜索，牵连犯罪的有 1000 余家。丁丑日，在端门街上演角抵大戏，天下的奇异伎艺全部集中于此，演了一个月才停止。炀帝多次穿便服前往观看。

二月乙巳，武贲郎将陈棱、朝请大夫张镇州进攻流求，打败了他们。献上俘虏 17000 口，炀帝赏赐百官。乙卯日，诏书说："国家草创时期，王业艰难，全仗大臣辅佐，同心协力，才能拯救衰败的国运，荣登皇位，然后酬报功劳，赏赐功臣，开国建家，以山河宣誓，传山河于万代。近代以来天下动乱，四海未能统一，土地随便封赐，名实不符，很长时期未能改革。我朝开国之初，诸事刚始，还遵循旧规矩，来不及改制。现在天下太平，文字、车轨都已统一，应该遵奉先朝旧典，把先圣的教训永远流传后世。从此以后，只有有功劳的人才能获赐封，其子孙可以继承封爵。"丙辰日，安德王杨雄改封为观王，河间王之子杨庆改封为郇王。庚申日，征集魏、齐、周、陈等地乐人，全部分配给太常。三月癸亥日，炀帝到江都宫。甲子日，任命鸿胪卿史祥为左骁卫大将军。

六月辛卯日，室韦、赤土都派遣使臣贡献土产。壬辰日，雁门盗贼头目尉文通聚集 3000 人马，驻守莫壁谷。派鹰扬杨伯泉打败了他。甲丙日，规定江都太守官秩和京尹相同。

二月己未日，炀帝登上钓台，面对扬子津，大宴百官，分不同等级进行赏赐。庚申日，百济派遣使臣朝拜进贡。乙亥日，炀帝从江都乘龙舟进入通济渠，到达涿郡。壬午日，诏书说："军事有七德，首称是安定百姓。政治有六本，应以教育振兴。高丽国高元，有失藩国礼仪，我将赴辽东问罪，宣扬宏图大略。虽然想讨伐敌国，仍然要巡礼四方。现在到涿郡，巡视民间风俗，黄河以北各郡以及太行山以西、以东地区，年 90 以上的人授太守衔，80 的人授县令衔。"

十二月乙未日，西面突厥处罗多利可汗前来朝拜，炀帝十分高兴，用特殊礼仪接见。那时，辽东的战士以及运送给养的人，挤满道路，昼夜不断，苦于服役的人开始聚众为盗。甲子日，命令都尉、鹰扬和郡县相互联系追捕盗贼，随捕获随处决。

大业八年春正月辛巳日，大军在涿郡集中。任命兵部尚书段文振为左侯卫大将军。壬午日，下诏书说：

天地德行极大，却在秋天降下严霜；圣贤十分仁爱，却在刑法上著有杀伐。由此可知，天地造化有杀气，道理在于大公无私；帝王使用武器，乃是出于不得已。版泉、丹浦之战，无非是替天行道，勘定昏乱，应天顺人。何况在甘地野外誓师，夏启继承了大禹的事业，在商城郊外兴兵问罪，周武王完成文王的志向。永远借鉴前代，是我的职责。

从我朝接受天命以来，兼具天、地、人三才而建立中正的准则，统一天下而成为一家。封地扩展到细柳、盘桃以外，教化达到了紫舌、黄枝地区。远人来朝，近人安定，无人不团结和睦，治理成功就在于此。然而高丽这跳梁小丑，侵犯辽东、茭羌土地。虽经汉、魏两代诛伐，巢穴暂时捣毁，但战乱频仍，道路阻隔，他们的部落又聚集起来。他们在前代汇聚山川草泽，而在现代结成恶果。想那华夏土地，全是蛮夷。年代久远，恶贯满盈，天道惩罚淫乱，他们的败亡已显露征兆。他们破坏道德伦常，难以谋取，收藏奸徒，唯恐不足。送去的庄严书信，他们从不当面接受，朝见的礼仪，他们从不亲自参加。招降纳叛，不知法纪，聚集在边境，使瞭望的烽燧极端疲劳，边关巡夜的木梆为此不得安静，边民无法耕种。古代的征伐，他们是漏网之鱼。既未遭前代俘虏，又没受到后代诛杀，他们从不感谢，反而更加作恶，兼并契丹党徒，劫掠海边，改穿罗罴服装，侵犯辽西，又青丘之外，都按时朝贡，碧海之边，都接受我朝治理，而他们却夺取宝物，断绝往来，无辜的人受害，诚实的人遭祸。使臣奉使前往海东，沿路停留，途径藩国土地，而他们堵塞道路，拒绝王使，没有事奉君王的忠心，哪有做臣的礼节！是可忍，孰不可忍。而且，他们法令严酷，赋税繁重，强臣和豪族执掌国政，结党营私，朋比为奸，形成风气，贿赂公行，冤屈不伸。再加上连年灾荒，户户饥饿，战乱不止，徭役没有期限，百姓输送给养竭尽全力，死尸填满沟壑。百姓忧愁悲苦，又能听从谁？境内一片哀叹，不胜凋敝。回头观看境内，人人都担心生命不保，老人孩子无不感叹残酷毒烈。我观察风俗来到幽州，悲悯百姓兴师问罪，不须等待再次动身了。于是亲统六军，进行制裁违犯王命的九伐之征，拯救危机，顺从天意，消灭这些丑类，继承先代的谋略。

现在应该传令动身，兵分数路，以雷霆之势占领勃澥，以闪电之速横扫扶余。整装振戈，誓师之后动身，三令五申，有必胜把握之后再战。左第一军当镂方道，第二军当长岑道，第三军当海冥道，第四军当盖马道，第五军当建安道，第六军当南苏道，第七军当辽东道，第八军当玄菟道，第九军当扶余道，第十军当朝鲜道，第十一军当沃沮道，第十二军当乐浪道。右第一军当黏蝉道，第二军当含资道，第三军当浑弥道，右第四军当临屯道，第五军当候城道，第六军当提奚道，第七军当踏顿道，第八军当肃慎道，第九军当碣石道，第十军当东暆道，第十一军当带方道，第十二军当襄平道。所有这些军队，先接受朝廷谋略，再络绎前往，在平壤集合，战士无不像豺、像貔一样勇猛，有百战百胜之雄风，回头一看就使山岳倒塌，开口一呼就使风云郁聚，同心同德，猛士俱在。我亲自统率士兵，节制军队，向东走过辽地，沿海右岸前行，解除远方百姓的疾苦，询问海外黎民的苦难。另外有轻装游击部队，随机应变，人卷甲马衔枚，出其不意，袭击敌人。还有海路大军，舟船千里，帆船疾驰，巨舰云飞，横断坝江，径至平壤，岛屿绝望，废井无路。其他随军异族士兵，手持弓矢等待出发，各种异民族军队，不用协商，众口一辞。顺天行军，面对叛逆，人人勇气百倍，用这样的军队作战，势必如摧枯拉朽一般。

然而，王者的军队，照理不行杀戮，圣人的教化，一定要改造恶人。上天惩罚罪人，只惩办首恶，至于为奸邪胁从的众人不问。如果高元用泥涂首辕门请罪，自行到司法部门投案，就应该解开绳索，焚烧棺木，宽大处理以表示恩惠。其余的臣民如能归顺我朝，一律加以安抚，各自照旧生产，根据其才能录用为官，不问是蛮夷还是华夏。军营驻扎，一定要整齐严肃，不准放牧、砍柴，要做到秋毫无犯。对高丽百姓要施加恩惠，晓以利害。如果他们共同作恶，抗拒官兵，国家有一定的刑法，斩草除根。希望明白告知，合乎我的心意。总计1133800兵马，号称200万，运送给养的人多一倍。癸未日，第一军出发，40天以后，所有的军队才都走光，旌旗绵延百千里。近代出兵，没有如此盛大的。乙未日，任命右兵卫大将军卫玄为刑部尚书。

二月甲寅日，诏书说："我到燕地观察风俗，到辽东海滨兴师问罪。文臣武将同心协力，战士努力，无不手执武器为君王尽力，舍家从军，以致粮食很少积蓄，耕种受到损失。我因此朝夕忧虑，担心他们穷困。虽然饱食的兵众，理应公而忘私，但对踊跃服役之人，应该待遇优厚。随行人员中，从一品以下至伙飞骑士、招募士以上的人家，郡县都应慰问。如果缺乏粮食，就应救济；有人虽有土地但无劳力不能耕种，可以劝说或者规定劳力多的富家帮助。让住家者有积蓄，行役者无后顾之忧。"

三月辛卯日，兵部尚书、左候卫大将军段文振去世。癸巳日，炀帝亲临大军。甲午日，率军到辽水桥。戊戌日，大军遇到贼兵阻挡，不能渡河。右屯卫大将军、左光禄大夫麦铁杖、武贲郎将钱士雄、孟金叉等，都战死。甲午日，车驾渡过辽水，在东岸大战，击败贼兵，进而包围辽东。

那时，各将领都接到圣旨，遇事必须奏报，故不敢出战。不久，高丽各城都固守，攻不下来。

六月己未日，炀帝到辽东，愤怒地责备各将领。车驾在城西数里停止，到达六合城。七月壬寅日，宇文述等在萨水战败，右屯卫将军辛世雄战死。九路军队都战败，将帅逃回来的只有两千多人。癸卯日，班师回朝。

九月庚辰日，炀帝到东都。己丑日，诏书说："军事和政治内容不同，文臣和武将用途各异，拯救危难，则霸业兴起，教化民俗，则王道显贵。在平定战乱的时代，屠夫可以做官，太平盛世，则须学习经术才能升职。丰都开创之始，周朝官员中没有儒生，在建武朝廷之中，则有军功的不能担任官职。自从国家分裂为三，四海交争，顾不上教化，只崇尚武功。设置官职，很少根据才能委任，朝中官员，都是因有功而录用的，无一不是从部队中选拔的。出身勇士，教学的内容从未学习，执政的方法也一无可取。自己是非不明，属下吏员就作威作福，贪污腐化贿赂公行，无法无天，腐蚀政府，残害人民，原因皆缘于此。此后，因功授爵的，不得同时委任文武官职，希望改弦更张，就像调瑟一样，让从政者不是实习生，以便不伤害国政。如果吏部擅自任用，御史就应该弹劾纠察。"

十一月己卯日，皇族女儿华容公主嫁给高昌王。辛巳日，光禄大夫韩寿去世。甲申日，败将宇文述、于仲文等人被削职为民，把尚书右丞刘士龙斩首以向天下谢罪。这一年大旱，又发生瘟疫、死人很多，崤山以东地区尤其厉害。秘密命令长江、淮河以南各郡查看民间童女，有容貌美丽的，每年进贡。

大业九年春正月丁丑日，征集天下士兵，招募民众做骁果骑士，在涿郡集合。壬午日，盗贼头目杜彦冰、王润等攻陷平原郡，大肆抢劫而去。辛卯日，设置折冲、果毅、武勇、雄武等郎将官，统领骁果骑士。乙未日，平原李德逸聚集数万人，被称为"阿舅贼"，抢劫崤山以东地区。灵武白榆妄，被称为"奴贼"抢劫牧马，向北勾结突厥，陇右地区大都遭其祸害。派遣将军前往讨伐，几年不能平定。戊戌日，大赦天下。己亥日，派代王杨侑、刑部尚书卫玄镇守京师。辛丑日，任命右骁骑将军李浑为右骁卫大将军。

二月己未日，济北人韩进洛聚集数万人做强盗。壬午日，恢复宇文述等人官职。又征兵讨伐高丽。三月丙子日，济阳人孟海公起兵，人数达到数万。丁丑日，征发10万男丁修建大兴城。戊寅日，炀帝到辽东。让越王杨侗、民部尚书樊子益留守东都。庚子日，北海人郭方预聚众做强盗，自称卢公，人数达3万，攻下郡城，大肆抢劫而去。

夏四月庚午日，炀帝车驾渡过辽水。壬申日，派遣宇文述、杨义臣到平壤。六月乙巳日，礼部尚书杨玄感在黎阳造反。丙辰日，杨玄感进逼东都。河南赞务裴弘策率兵抵御，反而被贼兵击败。戊辰日，兵部侍郎斛斯政逃奔高丽。庚午日，炀帝班师回国。高丽袭击断后部队，炀帝命令右武卫大将军李景断后抵御。派遣左翊卫大将军宇文述、左候卫将军屈突通等乘驿车调发军队，讨伐杨玄感。

八月壬寅日，左翊卫大将军宇文述等在阌乡击败杨玄感，将其杀死。玄感余党全部被平定。癸卯日，吴地人朱燮、晋陵人管崇聚集10万余人，自称将军，抢掠江南。甲辰日，规定骁果骑士家庭免除赋税徭役。丁未日，命令郡县城离开道路超过5里的，都迁往道旁。戊申日，规定凡为盗贼，其家庭财产没收入官。乙卯日，盗贼头目陈瑱等率3万余人攻下信安郡。

九月己卯日，济阴人吴海流、东海人彭孝才一齐起兵做盗贼，人数达数万。庚辰日，盗贼头目梁慧尚率4万人攻下苍梧郡。甲午日，炀帝车驾驻扎上谷，由于供应不足，炀帝大怒，罢免太守虞荷等人的官职。丁酉日，东阳人李三儿、向但子兴兵作乱，人数达一万余。

闰月己巳，炀帝到博陵。庚午日，炀帝对侍从官员说："我从前跟随先帝在此地盘桓，年刚8岁，日月如梭，不觉已经30年，追忆往昔生活，一去不复返了。"话未说完，呜咽流泪，侍卫人员也流泪，眼泪沾湿衣裳。

冬十月丁丑日，盗贼头目吕明星率数千人包围东郡。武贲郎将费青奴迎击，将其杀死。乙酉日，诏书说："博陵从前是定州，地处交通要道，是先皇出任官职的基地，皇统教化源远流长，所以道高于周之豳风，义高于舜之姚邑。我巡视黎民，来到此地，瞻望城乡，缅怀先人，充满敬意，就想传播宣扬先人的福泽恩德，广泛地施给下层人民。应取一崇高的名号，以发扬光大先人的功业，可把博陵改为高阳郡。赦免境内死罪以下囚犯。百姓免除一年赋税徭役。"于是召来高祖时候的旧官吏，根据其才能授予官职。壬辰日，任命纳言苏威为开府仪同三司。朱燮、管崇推出刘元进当皇帝。派将军吐万绪、鱼俱罗讨伐，接连几年不能平定。齐地人孟让、王薄等10余万人占据长白山，攻打抢劫各郡。清河盗贼张金称等数万人，渤海盗贼头目格谦自称燕王，孙宣雅自称齐王，人数各有10万，崤山以东地区都受到骚扰。丁亥日，任命右候卫将军郭荣为右候卫大将军。

十二月甲申日，把杨玄感弟弟朝请大夫积善以及党徒10余人车裂，尸体焚烧后随风扬散。丁亥日，扶风人向海明起兵谋反，自称皇帝，年号为白乌。派遣太仆卿杨义臣前往攻打，平定了他。

二月辛未日，命令百官商议讨伐高丽，接连几天没人敢发言。戊子日，诏书说："战士尽力为国服役，献身战争，都是因为深明大义，忠诚勤劳，丧命于草莽，弃尸于原野，每每想起，心中充满悲伤。往年兴师问罪，将到辽海之滨，计谋深远，进退都有安排。但是杨谅凶恶昏愦，不懂军事，高颎固执偏狭，有勇无谋，率领三军犹如儿戏，视人命如草芥，不遵守已定之计，招致失败，使战士大批死亡，不及埋藏。现在应派人分头收葬，在辽西郡建一所道场，祭祀亡灵。让恩德施于九泉之下，消除穷鬼的冤屈，恩泽加于枯骨之上，以弘扬仁者的恩德。"辛卯日，诏书说：

黄帝进行52次战斗，商汤进行27次征伐，然后才恩德遍施诸侯，号令行于天下。卢芳不过小盗一名，汉高祖还亲自征战；隗嚣不过是复燃的死灰，光武帝还亲自赴陇西讨伐；难道不是想铲除强暴制止战乱，先劳苦而后安逸吗！

登上皇位，治理天下，日月照到的地方，风雨淋到的地方，谁不是我的臣民？谁又能独不受教化？高丽，居于偏远荒僻之地，气焰嚣张，态度傲慢，抢掠我边境，侵略我城镇。因此去年出动大军，到辽东、碣石问罪，在玄菟杀死长蛇，在襄平屠戮封豕。扶余各路兵马，风驰电掣，追奔逐北，越过沮水。大海舟船，直捣贼人心脏，焚烧其城池，毁坏其宫殿。高元用泥涂首，伏在刀下，到军营前请罪，接着又请求进京朝见，到司法部门投案，我准许他改过，就下令班师回朝。不料他竟怙恶不悛，真是贪图安逸反遭毒害，是可忍，孰不可忍！可命令六军，后分百路，一齐进发。我亲自出征，监领各军，在丸都喂马，在辽水观兵，顺应天意在海外诛杀凶顽，拯救苦难的穷苦百姓。用征伐来匡救时弊，用明德来诛杀坏人，只除首恶，胁从不问。如果有人认识生死的区别，明白安危的关键，幡然悔悟，自然能够获得福泽；如果一定要共同作恶，抗拒我朝大军，如同烈火燎原，格杀无赦。有关官府要趁便宣布此意。

丁酉日，扶风人唐弼起兵谋反，人数有10万，推李弘做皇帝，自称唐王。三月壬子日，炀帝到涿郡。癸亥日，住在临渝宫，炀帝身穿军服，对黄帝进行祃祭，杀死叛逃军人斛鼓。

夏四月辛未日，鼓城贼人张大彪聚集数万人，屯守悬薄山为强盗。派遣榆林太守董纯去攻打，杀死了他。甲午日，车驾驻扎北平。五月庚子日，命令各郡推举孝悌、廉洁的人各10名。壬寅日，盗贼头目宋世谟攻下琅邪郡。庚申日，延安人刘迦论起兵谋反，自称皇王，年号是大世。

六月辛未日，盗贼头目郑文雅、林宝护等3万人，攻下建安郡。太守杨景祥战死。秋七月癸丑日，炀帝车驾驻扎怀远镇。乙卯日，曹国派遣使臣贡献土产。甲子日，高丽派遣使臣请求投降，把斛斯政囚禁送来，炀帝十分高兴。

八月己巳日，班师回朝。十一月丙申日，在金光门外肢解了斛斯政。乙巳日，在南郊祭祀。己酉日，盗贼头目司马长安攻破长平郡。乙卯日，离石胡刘苗王起兵谋反，自称天子，让他弟弟六儿做永安王，人数达数万。将军潘长文前往讨伐，不能战胜。这月，盗贼头目王德仁聚集数万人驻守林虑山做强盗。

十二月壬申日，炀帝去东都。这一天，大赦天下。戊子日，进入东都。庚寅日，盗贼头目孟让率10余万人占据都梁宫。派遣江都郡丞王世充打败了他，把他的部众全部俘虏了。

大业十一年春正月初一日，设盛大宴席宴请百官。各国都派遣使臣朝见进贡。戊戌日，武贲郎将高建毗在齐郡打败盗贼头目颜宣政，俘虏数千名男女。乙卯日，大会蛮夷各国，表演幻术戏乐，按不同等级进行赏赐。

二月戊辰日，盗贼头目杨仲绪率一万余人攻打北平，滑公李景击败并斩杀了他。庚午日，诏书说："设置险关保卫国家，前代经典早有著录；牢固防守以御强暴，事情将载入史册流传后世。这样做的目的在于定国安邦，禁止奸邪，巩固根基。但近年战争，居民流散，田地荒芜，城郭破坏，使游手好闲的人增加，而盗匪骚扰不停。如今天下平定，海内安乐，应该让人全部住进城中，就近拨给土地，使得强弱互相包容，徭役相互援助，小偷无法行窃，强盗无法聚集。有关官府详细开列条目，务必让百姓各得其所。"丙子日，上谷人王须拔造反，自称漫天王，国号为燕；盗贼头目魏刁儿自称历山飞，人数都达到10余万，向北勾结突厥，向南侵略赵地。

五月丁酉日，杀死右骁卫大将军、光禄大夫、郇公李浑，将作监、光禄大夫李敏，并且灭掉两人家族。癸卯日，盗贼头目司马长安攻下西河郡。乙酉日，炀帝到太原，在汾阳宫避暑。

秋七月己亥日，淮南人张起绪起兵谋反，人数达3万。

八月乙丑日，炀帝巡视北部边塞。戊辰日，突厥始毕可汗计划率领数十万骑兵袭击炀帝车驾，义成公主派使者告知。壬申日，车驾奔到雁门。癸酉日，突厥包围雁门城，官军屡战屡败。炀帝十分恐惧，想率领精兵突围出城，民部尚书樊子盖坚决劝阻，没突围。齐王暕率后军守崞县。甲申日，命令全国各郡招募军队，于是各郡太守、县令纷纷前来救驾。

九月甲辰日，突厥解围回去。丁未日，因特殊情况赦免太原、雁门郡死罪以下囚徒。冬十月壬戌日，炀帝到东都。丁卯日，鼓城人魏骐骦聚集一万余人做强盗，侵犯鲁郡。壬申日，盗贼头目卢明月聚集10余万人侵犯陈、汝地区。东海盗贼头目李子通率部众渡过淮河，自称楚王，年号为明政，侵犯江都。

十一月乙卯日，盗贼头目王须拔攻下高阳郡。十二月庚辰日，命令民部尚书樊子盖征发关中士兵，讨伐绛郡盗贼敬盘陀、柴保昌等，打了一年也没能平定。谯郡人朱粲率数十万部众侵犯荆襄，妄称楚帝，年号为昌达。汉南各郡大多被他攻下。

大业十二年春正月甲午日，雁门人翟松柏在灵丘起兵，人数达到数万，辗转进攻附近县城。

夏四月丁巳，显阳门发生火灾。癸亥日，魏刁儿部将甄翟儿又自称历山飞，部众达10万，辗转进攻太原。将军潘长文讨伐，反被打败，长文战死。

秋七月甲子日，炀帝到江都宫，让越王侗、光禄大夫段达、太府卿元文都、检校民部尚书韦津、右武卫将军皇甫无逸、右司郎卢楚等留守总管政事。奉信郎崔民象因盗贼充斥，在建国门上奏章，劝谏说外出巡视不合适。炀帝大怒，先卸下他的面颊，然后杀死他。戊辰日，冯翊人孙华自称总管，起兵谋反。高凉通守冼珤彻兴兵作乱，岭南各溪洞多数响应。炀帝车驾驻扎汜水，奉信郎王爱仁因为盗贼一天天厉害，劝谏炀帝回西京。炀帝生气，杀死他，然后继续走。

八月乙巳日，贼帅赵万海率数十万部众，从恒山进犯高阳。九月丁酉日，东海人杜扬州、沈觅敌等谋反，人数达数万。右御卫将军陈棱击败他们。戊午日，有两颗枉矢星，从北斗星魁星中出来，弯弯曲曲地流入南斗星。壬戌日，安定人荔非世雄杀死临泾县令，起兵谋反，自称将军。

十二月癸未，鄱阳盗贼操天成起兵造反，自称元兴王，年号为始兴，攻下豫章郡。乙酉日，任命右翊卫大将军来护儿为开府仪同三司、行左翊卫大将军。鄱阳人林士弘自称皇帝，国号称楚，年号为太平，攻下九江、庐陵郡。唐公李渊在西河打败甄翟儿，俘虏数千名男女。

大业十三年春正月壬子日，齐郡盗贼头目杜伏威率领部众渡过淮河，攻下历阳郡。丙辰日，勃海盗贼窦建德在河间乐寿地方设坛，自称长乐王，年号为丁丑。辛巳日，盗贼头目徐圆郎率数千部众攻下东平郡，弘化人刘企成聚集一万余人做强盗，附近郡县都受他的害。

二月壬午日，朔方人梁师都杀死郡丞唐世宗，占领朔方郡谋反，自称大丞相。派银青光禄大夫张世隆攻打，反而落败。戊子日，盗贼头目王子英攻下上谷郡。己丑日，马邑校尉刘武周杀死太守王仁恭，兴兵谋反，向北勾结突厥，自称定阳可汗。庚寅日，盗贼头目李密、翟让等攻下兴洛仓。越王侗派遣武贲郎将刘长恭、光禄少卿房崱攻打，反被他们打败，士兵战死十分之五六。庚子日，李密自称魏公，改年号，称元年，打开粮仓赈济众盗贼，人数达到数十万，黄河以南各郡相继失陷。壬寅日，刘武周在桑乾镇打败武贲郎将王智辩，王智辩战死。

三月戊午日，庐江人张子路起兵谋反，派右御卫将军陈棱讨伐平定了他。丁丑日，盗贼头目李通德率10万部众进犯庐江，左屯卫将军张镇州打败了他。

夏四月癸未日，金城校尉薛举率部众谋反，自称西秦霸王，年号为秦兴，攻下陇右各郡。己丑日，盗贼头目孟让夜晚进入东都外城，烧毁丰都市然后离去。癸巳日，李密攻下回洛东仓。丁酉日，盗贼头目房宪伯攻下汝阴郡。这月，光禄大夫裴仁基、淮阳太守赵佗等都率众背叛，投奔李密。

五月辛酉日。甲子日，唐公在太原起义。丙寅日，数千名突厥人侵犯太原，唐公打败了他们。秋七月壬子日，火星守在积尸星旁。丙辰日，武威人李轨起兵谋反，攻下河西各郡，自称凉王，年号是安乐。

八月辛巳日，唐公在霍邑打败武牙郎将宋老生，杀死了他。九月己丑日，炀帝搜括江都少女和寡妇，匹配给随军士兵。这月，武阳郡丞元宝藏率全郡造反，投奔李密，和盗贼头目李文相一起攻下黎阳仓。

冬十月丁亥日，太原杨世洛聚集一万多人，抢劫城乡。丙申日，罗县县令萧铣率全县谋反，鄱阳人董景珍率全郡谋反，董到罗县迎接萧铣，号称梁王，攻下邻近的郡。戊戌日，武贲郎将高毗在嵋山打败济北郡盗贼甄宝车。

十一月丙辰日，唐公进入京师。辛酉日，把炀帝遥尊为太上皇，立代王侑为皇帝，改年号为义宁。

义宁二年三月，右屯卫将军于文化及，武贲郎将司马德戡、元礼，监门直阁裴虔通，将作少监宇文智及，武勇郎将赵行枢，鹰扬郎将孟京，内史舍人元敏，符玺郎李覆、牛方裕，千牛左右李孝本及其弟李质，直长许弘仁、薛世良，城门郎唐奉义，医正张恺等人率骁果骑士造反，进入宫廷。炀帝在温室去世，享年50岁。萧后命宫女撤去床席做棺材，埋葬了炀帝。宇文化及发掘出来，右御卫将军陈棱从成象殿护送灵枢，埋葬在吴公台下。开棺入殓时，炀帝面容就像活人一样，大家都很惊奇，大唐平定江南以后，改葬炀帝到雷塘。

原先，炀帝因为是诸侯王，按继承顺序不应做皇帝，所以常常虚情假意装正经，沽名钓誉，阴谋夺取皇位。那时高祖十分信任文献皇后，而生性忌恨妃妾。皇太子杨勇内宫有很多宠爱的妾，因此高祖不喜欢他。炀帝时对妾生的儿子，一概不抚养，表示不宠爱妾，以此讨好文献皇后。对掌权的大臣，炀帝全力交往。宫中使臣到炀帝家，不论地位高低，炀帝都竭力讨好，厚礼相待。宫中奴仆往来炀帝家中的，无不称赞炀帝仁义孝顺。炀帝又常常私自进入宫中，和文献皇后密谋策划，杨素等人趁机煽动，终于废除太子杨勇，立炀帝为太子。从高祖病危至去世，在居丧期中炀帝就纵情淫乐，高祖陵墓一修成，炀帝更四处巡游。因天下长期安定，兵马强盛，炀帝赞叹羡慕秦始皇、汉武帝的功业，就大量地兴建宫殿，极端豪华，招募使者，出使到偏远国家。异族国家来朝见的，都送给很厚的礼，取钱财，大量购置军马，每匹马价值10余万，富户十之八九都因之而破产。炀帝生性诡诈，所到的地方，不想让人知道。每去一个地方，总是要在几条路上设置安歇地点，准备山珍海味、水陆珍品，为购买这些东西，多远的地方都去到了。郡县的官吏，竞相进献食物，进献丰富的提拔，进献贫乏的有罪。贪官污吏鱼肉百姓，朝廷和地方国库空虚，按人头向百姓征税，弄得民不聊生。那时国家军事、政治事务繁忙，而炀帝骄傲懒惰，不愿过问政务，百姓冤屈无处申诉，奏报的事情很少得到裁决。炀帝又猜疑臣子，用人不专，朝廷大臣有不合心意的，一定罗织罪名诛灭九族。高颎、贺若弼是先皇的心腹，为先皇运筹帷幄，张衡、李金才是炀帝做诸侯王时的旧臣，满腹经纶，有的因为正直而遭炀帝厌恶，有的因为发表正确的意见而激怒炀帝，都被加上莫须有的罪名，加以诛杀。其余的人，事奉君王尽力符合礼仪、正直勤恳、没有罪过而横遭杀害的，数不胜数。政治紊乱，贿赂公行，无人敢发表正确的意见，人们在路上用目光表示不满。军队连年作战，各种劳役频繁征调，服役的人不能回家，留在家里的人失去工作。饥荒严重，以至于出现人吃人的现象，村庄变成废墟。而炀帝并不体恤民情，东西游玩，常常因为供给不足，提前征收数年的赋税。每到一地，只是沉湎于和后宫妃妾淫乐，从早到晚犹觉不足。招进一些老年妇女，早晚说一些淫秽的话，又引进少年，命令他们和宫女发生关系，以此取乐。全国盗贼风起云涌，抢劫官府，攻打城乡，屠杀百姓。朝廷大臣隐瞒欺骗，不据实奏报盗贼的人数。有人说盗贼很多，总要被大加训斥，于是各自求得平安。上下欺骗。出兵作战，不断地吃败仗，士兵死的死逃的逃。尽力作战的士兵，没有丝毫奖赏，无罪的百姓，尽遭涂炭。黎民百姓愤恨抱怨，天下土崩瓦解，以至于被人逮捕之后还不明白是什么原因。

《旧唐书》

《旧唐书》概论

《旧唐书》是五代时期官修的一部纪传体唐史。该书完成于五代后晋开运二年（945年）至宋代欧阳修、宋祁等新撰的《唐书》问世，为了区别两者，故称此书为《旧唐书》，而称新撰的《唐书》为《新唐书》。

一

唐代立国不久，为了借鉴前朝历代治理天下的经验、教训，颇为重视历史的研究与撰修。在太宗李世民时期，就在修撰前代历史的同时，开始了本朝历史即"国史"的史料积累和史书编纂工作。在随后的200多年间，唐代政府对本朝历史的编纂，积累了大量的史料：首先，历代皇帝实录。唐代的皇帝实录，起自太宗命房玄龄"撰录"。房玄龄"删略"高祖李渊、太宗李世民的起居注为编年体，撰成高祖、太宗实录各20卷，开始了一位皇帝一部实录的编纂。据统计，唐代共修成皇帝实录26部，另外，唐代大量的宫修国史，唐人私撰唐史，唐人私人其他著述文字都对编纂《旧唐书》起到了重要作用。

有唐一代留下了大量的本朝史料，这些为后来撰修《旧唐书》做好了一定的资料准备。不过，总体来看，自宣宗以后，即宣、懿、僖、昭及哀帝这五代皇帝时期的史料，因唐末五代社会大动乱而颇为阙遗，其"简籍遗落，旧事十无三四"，故令纂修者"吮墨挥翰，有所慊然"。正因有此，所以整部《旧唐书》自宣宗而下，不仅编纂工作难度特大，且所叙内容之质量比较以往各帝大为逊色。

二

《旧唐书》编纂于五代时期的后梁、后唐、后晋三朝。其编纂历程大致经历了史料的搜集和史书的纂修两大阶段。

早在后梁末帝朱瑱镇龙德元年（921年），史馆宰臣即奏请末帝下制正式搜集唐代史料。两年后（923年），后梁亡国，但史料搜求征集工作在后唐时期并未中断。

后唐明宗天成元年（926年），都宫郎中庾传美被任命为三川搜访图籍使，专程前往蜀地收集到自唐高祖至代宗9代皇帝的实录及杂书千余卷。这九帝实录对当时后唐史馆"煨烬无几"的唐代史料来说，"甚济其阙"。明宗长兴二年（931年），崔棁核奏请"特命购求"唐宣宗以下数朝野史，得到了明宗的准可。第二年五月，史馆又奏请加紧收集"四朝"史料，并特地要求对两浙、福建、湖广等地颁行诏旨，加紧"采访宣宗、懿宗、僖宗、昭宗以上四朝野史"，以及"逐朝日历、除目、银台事宜、内外制词、百司沿革、簿籍"等史料。与之同时，史馆工作官吏也在准备着纂修工作。但一年后，明宗去世，越两年，后唐亡国。

在后梁、后唐两朝史官的积极搜求下，在史馆所收集的史料中，"唐高祖至代宗已有纪传，德宗至文宗亦存实录；武宗至济阴废帝，凡6代，唯有《武宗实录》一卷，余皆阙略"（《册府元龟》卷五百五十七《采撰三》）。可见唐代后期尤其唐末史料仍然缺乏颇甚。故此后晋立国后，一方面着手唐史的撰修，一方面同时加紧对唐代史料的继续搜求。后晋天福六年（941年），石敬瑭诏令张昭远、贾纬、赵熙、郑受益及李为光（一作先）等人"修撰唐史"，令宰臣赵莹监修。一个多月后，贾纬因母亡归家守丧，赵莹又奏请吕琦、尹拙等同修。在此之际，赵莹再次奏请下诏购求唐朝史料，并提出了完整的修史计划，即"只叙本纪、列传、十志"，其中"本纪以纲帝业，列传以述功臣，十志以书刑政"。后来《旧唐书》的成型，基本按照这一计划实行。

综观整部《旧唐书》的编纂，参与其事者有下述诸人：

监修赵莹（885—951年），字玄辉，华阴人。曾于后唐明宗时随石敬瑭掌管府内文翰。天福元年后晋政权建立后，他被任为翰林学士承旨、户部侍郎、知河东军事府，不久即升为门下侍郎、同中书门下平章事，监修国史。天福六年（941年），他奉诏监修唐史。他于《旧唐书》的编纂，虽然未竟其业，但贡献颇著，《旧五代史·赵莹传》记曰："监修国史日，以唐代故事残缺，署能者居职，纂补实录及修正史二百卷行于时，莹首有力焉。"

监修桑维翰（898—946年），字国侨，洛阳人。曾为石敬瑭掌书记，后晋立国，他被授为翰林学士、礼部侍郎、知枢密院事。不久即改为中书侍郎、同中书门下平章事、集贤殿大学士，充枢密院使，后累有升迁，官至检校太傅，封爵魏国公。天福八年（943年），受命监修国史，其间兼管唐史的监修工作。

监修刘昫（888—947年），字耀远，涿州归义（今河北容城东北）人。后唐明宗长兴四年（933年），他自端明殿学士拜相，为中书侍郎兼刑部尚书、同中书门下平章事。末帝清泰元年（934年），兼判三司，加吏部尚书、门下侍郎，始监修国史，两年后离史任。后八年，他复判三司，监修国史。在《旧唐史》的定稿时期，他起过一定的作用，故当《旧唐书》撰成后，由他领衔上奏。

在上述三任监修外，参加《旧唐书》编纂的人员尚有张昭远、贾纬、赵熙、王伸、吕琦、尹拙、崔棁、郑受益、李为光等9人。其中张昭远是五代时期著述最富的一位史学家，先后著述有：注《十代兴亡论》，撰《唐庄宗实录》30卷及后唐庄宗祖上三代《纪年录》20卷，撰《武皇以来功臣列传》30卷，预修《唐明宗实录》30卷，撰《唐朝君臣正论》25卷，入宋后又撰《周太祖实录》30卷及《唐闵帝实录》3卷、《唐废帝实录》17卷等。他于后晋天福六年（941年）奉诏修唐史，并负责"史院"工作。在《旧唐书》纂修过程中，他是出力最多的一位编修人员，赵莹制定的规划和体例，均由他协助完事。故书成上奏后，他被"加紫金阶，进爵邑"。贾纬是另一出力较多的编修人员。他在奉诏修唐史之前即已编成《唐年补遗录》65卷，此书编成后受到最高统治者的"嘉叹"和赏赐。他对《旧唐书》的主要贡献在于《唐年补遗录》提供了唐武宗以后的很多珍贵史料。

三

现行《旧唐书》为200卷，其中本纪22卷、志30卷、列传150卷。由于资料来源等因素的影响，该书从整体上看，是前详后略、前密后疏。概而观之，代宗以前有韦述等《唐书》130卷为基础，记叙比较详细有条理；德宗至武宗只有实录作为主要资料来源，记叙则剪裁不够；宣宗之后因无实录可依，仅靠搜访遗文和耆旧传言，故抵牾、遗漏、谬误之处甚多。这种状况，本纪、志、列传都有不同程度的反映。

《旧唐书》的本纪部分，计20卷约30万字。其中高祖至代宗本纪，基本抄录于吴兢、韦述等《唐书》的本纪部分。值得注意的是，他们为中国历史上唯一的女皇帝武则天同样作了本纪。德宗至文宗本纪，根据相关实录增删而成，且哪位皇帝的实录卷数多，则其本纪篇幅也相应较大，反之则较小。武宗以下诸帝本纪，大体采用贾纬的《唐年补遗录》，其中宣、懿、僖三宗本纪因史料不足故甚为粗疏，而昭宗与哀帝本纪因五代距其时甚为密切，资料采集较多，故记叙稍详。在本纪分卷方面，《旧唐书》并无统一标准，或则独自为篇，各为一卷，如高祖、武后、肃宗、代宗、穆宗；或则同一皇帝本纪分为上、下两篇，如太宗、高宗、玄宗、德宗；或则两人合篇为一卷，如中宗与睿宗；或则将同一人分作上、下两篇，但又将其拆开分卷，如宪宗本纪为上、下篇，上篇与顺宗合为一卷，下篇又单独成卷，文宗亦为上、下篇，上篇与敬宗合为卷十七上，下篇独自为卷十七下；或则各自为篇但又合而为卷，如武宗以下各帝即是。这种情况在列传中也有反映，故此人们在统计《旧唐书》的卷数、篇目时，往往出现歧误。

《旧唐书》成书以后，计为 11 志，共 30 卷。其中：《礼乐志》7 卷，其内容记高祖至玄宗之礼仪甚详，肃宗、代宗时近 20 事，德宗、顺宗、宪宗、穆宗、敬宗、文宗及武宗七代礼仪约 50 事，宣帝以降五帝礼仪仅 5 事。《音乐志》4 卷，同样以玄宗以前为详，肃、代以后渐至减少，自穆宗以降，有的仅存乐名，有的连乐名也不见载。《历志》3 卷，主要记录高祖时的《戊寅历》、高宗时的《麟德历》和玄宗时的《大衍历》，对玄宗以后的《至德历》（肃宗朝）、《五纪历》（代宗朝）、《正元历》（德宗朝）、《观象历》（宪宗朝）等虽然提及，但都"略而不载"。《天文志》两卷，有的只记玄宗以前的内容，如"黄道游仪"制度等，有的则记至武宗时为止，如"灾异编年"，宣宗以后的内容，该志没有多少反映。《五行志》一卷，所记事例分别断至武宗"会昌"年间、宣宗"大中"年间和昭宗"大顺"年间。《地理志》4 卷，所叙内容，宪宗元和年间之后大多"莫可详知"，间或有叙述至宣宗时期的文字。《职官志》3 卷，以《唐六典》为基础，依据代宗永泰二年官品为基准，叙述职官沿革，代宗以后，以德宗一朝的变革补入较多，宣宗以后，有关职官略有记录。《舆服志》一卷，基本上以玄宗时期为下限。《经籍志》4 卷，仅收开元（玄宗年号）时期，即"据开元经籍为之志"，天宝（亦为玄宗年号）以后的撰著，虽说时人"多有撰述"，但"以后出之书"，故编纂者"不欲杂其本部""此并不录"，一概归附各人本传之中。《食货志》两卷，与其他各志"前详后略"的特点有所不同，除了田制、租庸调制，其他的内容反倒以代宗至宣宗时期详于玄宗及其以往。《刑法志》一卷，基本上表现为一部唐代修定刑律的编年记录，武宗以前于修定律令格式外，尚涉及刑狱的具体内容，而叙及宣宗，仅记大中年间所修刑法书名，其内容则不著一字。总体来看，"志"这一部分，突破了赵莹等人最初拟定的框架，尤其《食货志》对后世修史影响较大。《食货志》的序文与正文之间的照应为史的撰写提供了样板。虽则如此，"志"这一部分除《食货志》外，依然表现出前详后略的特征。

《旧唐书》的"列传"，除去重复人物外，包括附传人物共计列传1820多人，此外尚为周边政权45人作传。这众多人物列传，一是主要取材于吴兢、韦述的《唐书》。凡《唐书》有传者，《旧唐书》即以其为基础，或直接抄录，或略加删改。故此人们从《旧唐书》的列传中，常见有"史臣韦述曰"的字样。二是韦述《唐书》之后的人物，大多根据实录的内容来剪裁编排，有的则整个人物传记照实录全文移至《旧唐书》，或补充《旧唐书》。三是《唐书》与实录均无记述的人物，全靠编纂者们对史料的搜集功夫了。其材料来源之途径颇为繁杂，诸如家史、家谱、杂史、小说、文集、口传等。整体而论，《旧唐书》列传这一部分，所收人物极为广泛，且对一些人物（包括"本纪"中的人物）的论、赞，颇有"极佳者"（李慈铭《越缦堂读书记·旧唐书》）。在人物取材方面，从吴兢、韦述《唐书》中所得材料甚多，故此后人在刊行《旧唐书》时特地强调了吴兢、韦述、令狐峘3人在"作唐史"方面的历史功绩(参见杨循吉《重刻〈旧唐书〉序》)。

天福六年赵莹受命监修《旧唐书》，表示了自己主持这一工作的指导思想，即"褒贬或从于新意，纂修须按于旧章"（《五代会要》卷十八《前代史》）。这一思想主张在整部《旧唐史》中亦有明确的反映。

依据"褒贬或从于新意"这一编纂原则，《旧唐书》在叙述某些藩镇建立的割据政权时，采取了"存在者即是合理者"的默认态度。在记叙唐代藩镇时，不是以类传的形式将它们放在一处，而是依地域和时间分散于列传之中，在对它们的评述时，也没有严加指责它们为唐朝灭亡的祸根，而是着意于当时社会客观形势的分析，指出造成这种局面的历史原因及历史教训。在唐代后期的几位皇帝的"本纪"中，也主要从"人君失政"上去找原因，承认"逆取"的历史客观存在。究其原因，因为五代的几朝政权，均由唐朝晚期藩镇割据发展而成。被历史上称为"儿皇帝"的后晋高祖石敬瑭，本身亦起家于割据的藩镇，故此《旧唐书》的前后监修及编撰人员，自然不会说出与时代"反动"的话。也正因有此，《旧唐书》在"忠义"与"叛逆"的评判上，也与其他各正史有所不同。在评判忠义之臣时，他们并不突出效忠一国一君的精神，而是强调"若立纯诚，遇明主，一心可事百君"；在论断叛逆之人时，甚至大恶如安禄山、史思明之类，也谨慎地不冠以"叛逆"之名，只是将他们置于全书之末。这种处置显示出编纂者们的"谨慎"。

所谓"纂修须按于旧章"，是在编纂过程中，全书并无一以贯之的评论口径，而是依据所引用资料的作者们的观点来说明问题，即大多依当时的"后人"对"前事"的看法来叙述和评论。大致说来，论述高祖一朝的史事，主要沿用太宗时期的观点；论述太宗至睿宗等朝的史事，大多采用玄宗尤其是前期的看法；论述玄宗至顺宗等朝的史事，又以宪宗时期的观点为主；论述宪宗至武宗等朝的史事，一般依据宣宗、懿宗时的看法；宣宗以后等朝的史事，在论述时又以五代的观点来评说了。

四

对于《旧唐书》，史家屡屡指出其史料之价值。该书编成后不及两年，后晋亡国，所以它在对唐代史料的汇集和保存方面，具有重要的意义。司马光在编修《资治通鉴》时，即看到了它的史料价值，对唐代史事的叙述即取材此书而不用《新唐书》。然而，这本史学著作问世后，受到了长期冷遇。

早在宋代，人们就批评《旧唐书》的纂修"纪次无法"，认为此书"不可以垂劝戒、示久远"，故此宋代又重新编写了一部唐史（即《新唐书》）。宋人所编的《新唐书》问世后，《旧唐书》渐至被世人束之高阁而几不问津。

到了清朝初年，人们开始重新认识和评价《旧唐书》。顾炎武对此书曾作过客观的评价，认为此书的缺点是"颇涉繁芜"，长处是"事迹明白，首尾该瞻，不用《新唐书》，亦自可观"。到乾隆四年（1739），《旧唐书》终于被列为"正史"——"二十五史"，并以闻人诠刻本为底本重刊于武英殿，是为"殿本"。至咸丰、同治、光绪时，又相继屡有刻本。现行的《旧唐书》（中华书局点校本），即参校了前人的诸种刻本，以及前人对该书的考订成果，并做了标点工作，成为目前最为通行的版本。

二十四史精华

《旧唐书》

政　略

太宗评隋文帝

　　上谓房玄龄、萧瑀曰①："隋文②何等主？"对曰："克己复礼，勤劳思政，每一坐朝，或至日昃③。五品已上，引之论事。宿卫④之人，传餐而食。虽非性体仁明，亦励精之主也。"上曰："公得其一，未知其二。此人性至察而心不明。夫心暗则照有不通，至察则多疑于物。自以欺孤寡得之，谓群下不可信任，事皆自决，虽劳神苦形，未能尽合于理。朝臣既知上意，亦复不敢直言，宰相已下，承受而已。朕意不然。以天下之广，岂可独断一人之虑？朕方选天下之才，为天下之务，委任责成，各尽其用，庶几⑤于理也。"因令有司："诏敕不便于时，即宜执奏，不得顺旨施行。"

（《旧唐书》卷三，太宗本纪）

【注释】

　　①"上谓"句：上，皇上，此处指唐太宗。房玄龄，唐齐州临淄人，名乔（578—648年），以字行，尝随唐太宗北伐，在秦府10余年，太宗称帝，为中书令，任宰相15年。萧瑀，初唐大臣，贞观间官至尚书左仆射。

　　②隋文：即隋文帝杨坚（541—604年），华阴人，初仕北周，位至相国，袭封隋国公。大定元年废北周，自称帝，建立隋朝，改元开皇。后灭后梁、灭陈，结束东晋以来200余年的分裂战乱局面，统一全国。在位24年。

　　③昃（zè）：太阳偏西。

　　④宿卫：夜间担任皇宫警卫的士兵。

⑤庶几（jī）：也许可以。

【译文】

　　唐太宗问房玄龄和萧瑀："隋文帝是个什么样的君主？"回答道："他能克制自己，言行符合礼法，勤虑国家大事，上朝听政，有时到太阳偏西。五品以上的官吏，都召请他们来商讨国事，有时因讨论时间过长，担任夜间警卫的士兵不得不传送食物吃了充饥。尽管他不够仁厚英明，但也不失为励精图治的君王啊。"太宗说："你们只知其一，不知其二。他这人极其明察心里却很不明白，心里不明白他的观察必不正确，过于明察必然多疑。自以为别人都在欺骗自己，认为群臣都不值得信任，凡事都自己裁决，虽然劳神费力，也不可能事事都合理。朝臣既然知道他的旨意，也就不敢坦率地发表意见，自宰相以下，只是顺从皇上的旨意而已。而我的想法不是这样，就凭天下如此广大，怎能由一个人独断专行呢？我正要选拔天下的人才来做好天下的事情，委派给他们任务并督促他们完成，充分发挥他们的作用，或许能将国家治理好。"于是向有关官吏下令："如果我的诏令不合时宜，就应该坚持上奏，不得顺从旨意去做。"

魏徵谏止封禅

　　时公卿大臣并请封禅①，唯徵以为不可。太宗曰："朕欲卿极言之。岂功不高耶？德不厚耶？诸夏②未治安耶？远夷不慕义耶？嘉瑞③不至耶？年谷不登耶？何为而不可？"对曰："陛下功则高矣，而民未怀惠；德虽厚矣，而泽未滂流；诸夏虽安，未足以供事；远夷慕义，无以供其求；符瑞虽臻，蔚罗④犹密；积岁丰稔，仓廪尚虚，此臣所以窃谓未可。臣未能远譬，且借喻于人。今有人十年长患瘵⑤，治且愈，此人应皮骨仅存，便欲使负米一石，日行百里，必不可得。隋氏之乱，非止十年，陛下为之良医，疾苦虽已乂安⑥，未甚充实，告成天地，臣窃有疑。且陛下东封⑦，万国咸萃，要荒⑧之外，莫不奔走。今自伊、洛⑨以东，暨乎海岱⑩，灌莽臣泽，苍茫千里，人烟断绝，鸡犬不闻，道路萧条，进退艰阻，岂可引彼夷狄，示以虚弱？竭财以赏，未厌远人之望；重加给复，不偿百姓之劳。

或遇水旱之灾，风雨之变，庸夫横议，悔不可追。岂独臣之恳诚，亦有舆人^⑪之诵。"太宗不能夺。

（《旧唐书》卷七十一，魏徵传）

【注释】

①封禅：帝王祭天地的典礼。在泰山上筑土为坛祭天，报天之功，称封；在泰山下梁父山上辟场祭地，称禅。

②诸夏：指中国。原指周代分封的诸侯国。

③嘉瑞：上天所显示的吉兆。

④羂（wèi）罗：捕鸟网。比喻法网。

⑤瘵（zhài）：病。

⑥乂安：太平无事。乂（yì），治理。

⑦东封：东封泰山。

⑧要荒：古称离王城外极远的地方。

⑨伊、洛：伊水与洛水。也指该两河流域地区。

⑩海岱：指东海与泰山间地。

⑪舆人：本指造车工人，此指众人。

【译文】

当时公卿大臣都请求到泰山祭祀天地，只有魏徵认为不行。唐太宗说："我希望您说清理由。难道我的功劳不高吗？德泽不深厚吗？国家不安定吗？远方异族不仰慕正道吗？祥兆不曾降临吗？五谷没有丰收吗？为什么不能封禅呢？"魏徵对唐太宗说："陛下的功劳虽然很高，但人民并没有感激您的恩惠；德泽虽然深厚，但并未普及天下；国家虽然安定，但还不足以供给大事之需；远方各族虽然仰慕正道，但朝廷还不能满足他们的要求；上天虽然显示了吉兆，但国家的法网仍不很严密；虽然庄稼连年丰收，但粮仓中还很空虚，这就是我认为不能封禅的原因。我不能用远处的事来比喻，姑且用人为喻。假如现在有个人患了10年的病，快要治好了。这个人已经瘦弱得皮包骨了，却想让他背起一石米，日行百里，根本就难办到。隋朝的动乱，还不止10年。陛下作为乱世的良医，疾苦虽已治理平复，但国家还不十分富裕。现在就向天地报告功业成就，我是心存疑问的。况且陛下东封泰山，万方都来聚集，边远地区，也没有不为之奔走的。如今从伊水、洛水以东直到东海之滨，原野大泽，旷远开阔，绵延千里，人烟稀少，鸡犬之声不闻，道路寂寥，行进充满艰难险阻，怎么能在异族面前表明自己的虚弱呢？即使竭尽国家财力而行赏，也不能满足远方之人的愿望；即使更大程度地免除徭役，也不能酬报百姓的劳苦。或者遇到大水灾害，风雨变幻，平庸之人肆意议论，后悔已经来不及了。这不仅仅是我的诚恳之见，也是众人的忠告。"唐太宗无法使他改变主张。

魏徵谏正国法

十二年，礼部尚书王珪奏言："三品以上遇亲王于涂①，皆降乘，违法申敬，有乖仪准②。"太宗曰："卿辈皆自崇贵，卑我儿子乎？"徵③进曰："自古迄兹，亲王班次三公④之下，今三品皆曰天子列卿及八座⑤之长，为王降乘，非王所宜当也。求诸故事，则无可凭；行之于今，又乖国宪⑥。"太宗曰："国家所以立太子者，拟以为君也。然则人之修短，不在老少，设无太子，则母弟次立。以此而言，安得轻我子耶？"徵曰："殷家尚质，有兄终弟及之义；自周以降，立嫡必长，所以绝庶孽之窥觎⑦，塞祸乱之源本，有国家者之所深慎。"于是遂可珪奏。会皇孙诞育，召公卿赐宴，太宗谓侍臣曰："贞观以前，从我平定天下，周旋艰险，玄龄之功，无所与让。贞观之后，尽心于我，献纳忠谠⑧，安国利民，犯颜正谏，匡朕之违者，唯魏徵而已。古之名臣，何以加也。"

（《旧唐书》卷七十一，魏徵传）

【注释】

①涂：通"途"。

②仪准：礼法规矩。

③徵：即魏徵（580—643年），历官太子洗马、詹事主簿、谏议大夫，秘书监。

④三公：辅佐国君掌握军政大权的最高官员。

⑤八座：封建王朝的高级官员。隋唐以六尚书、左右仆射及令为八座。

⑥国宪：国家的法制刑律。

⑦ "所以"句：庶孽，妾生之子。窥觎：暗中希求。

⑧忠谠：忠诚正直之言。

【译文】

贞观十二年，礼部尚书王珪上奏道："三品以上的官员路遇亲王，都要下马而拜，以表示尊敬，这与礼法规矩是相违背的。"唐太宗说："难道你们这些人只顾自己的尊贵，而轻视我的儿子吗？"魏徵进谏道："古往今来，亲王的品位列于三公之下，如今三品官员都说位列九卿八座的高官，为亲王下马礼拜，这不是亲王所适宜承受的。考究古代史实，找不出凭证；而今实行这种礼法，又违背国家宪法。"太宗说："国家之所以册立太子，是准备让他继承君位。所以人的地位高低，并不在于年老年少，假使没有太子，那么同母的弟弟就会依次而立为太子，这样看来，怎么能轻视我的儿子呢？"魏徵说："殷商时崇尚忠信，有兄长去世弟弟继位的礼义；从周代之后，必定立嫡亲长子为太子，因此杜绝了庶族对王位的不良用心，堵塞了祸乱的本源，为君者务必多加谨慎。"于是太宗准奏。适逢皇孙出生，唐太宗召集公卿宴庆，对他的侍臣说："贞观之前，跟随我平定天下，辗转奔波于艰难险阻之中，房玄龄的功劳，是无人能比的。贞观以后，对我尽心效力，进献忠诚正直的谏言，安国利民，不怕触犯我的威严而正直进谏，纠正我的偏差，只有魏徵了。古代名臣的忠信刚直，与魏徵比，也无以复加啊。"

御 人

太宗得敬德

武德三年，太宗讨武周于柏壁①……敬德与寻相举城来降②。……既而寻相与武周下将皆叛，诸将疑敬德必叛，囚于军中。行台左仆射屈突通、尚书殷开山咸言③："敬德初归国家，情志未附。此人勇健非常，絷之又久，既被猜贰④，怨望必生。留之恐贻后悔，请即杀之。"太宗曰："寡人所见，有异于此。敬德若怀翻背之计，岂在寻相之后耶？"遽命释之，引入卧内，赐以金宝，谓曰："丈夫以意气相期，勿以小疑介意。寡人终不听谗言以害忠良，公宜体之。必应欲去，今以此物相资，表一时共事之情也。"是日，因从猎于榆窠，遇王世充领步骑数万来战。世充骁将单雄信领骑直趋太宗，敬德跃马大呼，横刺雄信坠马。贼徒稍却，敬德翼⑤太宗以出贼围，更率骑兵与世充交战，数合，其众大溃。……太宗谓敬德曰："此众人证公必叛，天诱我意，独保明之，福善有征，何相报之速也。"特赐金银一箧，此后恩眄⑥日隆。

（《旧唐书》卷六十八，尉迟敬德传）

【注释】

①"太宗"句：太宗，即唐太宗李世民（599—649年），唐高祖李渊次子，在位23年。武周，即刘武周，隋末，依附突厥，占据雁门、楼烦、定襄等郡（在山西省），自称帝，后为李世民击败。柏壁，地名，在今山西省。

②"敬德"句：敬德，即尉迟敬德，唐初大将，隋末从刘武周为将，后降唐，

从李世民定天下，因功拜为右武侯大将军。寻相，刘武周部将。

　　③"行台"句：行台，在地方临时设置的代表中央的机构。屈突通，唐长安人，仕隋为虎贲郎将、左骁卫大将军。后投唐，高祖时官至兵部尚书，迁行台右仆射、洛州都督。

　　④猜贰：猜疑。贰，有二心。

　　⑤翼：保护。

　　⑥恩眄：恩宠。

【译文】

　　武德三年，唐太宗在柏壁征伐刘武周……尉迟敬德和寻相献城投降了唐军。……不久寻相和刘武周部下的降将都反叛了，太宗部将怀疑尉迟敬德也会反，便将他囚禁在行营之中，行台左仆射屈突通和尚书殷开山都说："尉迟敬德刚刚投唐，但他并未真心归附，而且他非常勇猛，囚禁的时间已很长了，既然受到猜疑，必定产生怨恨，留着他恐怕将来要后悔，请立即杀掉他。"太宗说："我认为不是这样，如果敬德有反叛之心，难道会落到寻相的后面吗？"于是立刻下令将他释放了，并领他到卧室内，赏给他金银珠宝，对他说："大丈夫凭意气相交，不要把这种小小的猜疑放在心上，我终究不会听信谗言而伤害忠良，您应该体察我的心意。如果您执意要走，现在就用这些财物相助，聊表一时共事之情吧。"这一天，尉迟敬德跟随唐太宗在榆窠打猎，遇到王世充的勇将单雄信率领步兵和骑兵几万人来交战。单雄信率领骑兵径直向太宗冲来，尉迟敬德跃马大呼，冷不防将单雄信刺落马下，敌军慢慢向后退却，尉迟敬德保护太宗突破敌军的包围，又率领骑兵与王世充交战，不到几合，就将敌军击得大败。……太宗对尉迟敬德说："刚才众人都认为您必定反叛，上天开导了我，独自保证您是清白的，行善得福都有验证，您回报是多么迅速啊。"于是太宗专门赏赐给尉迟敬德一箱金银，从此，对他的恩宠也日益增多。

文成公主与松赞干布

　　贞观十五年，太宗以文成公主妻之，令礼部尚书、江夏郡王道宗主婚，持节送公主于吐蕃①，松赞率其部兵次柏海，亲迎于河源。见道宗，执子婿之礼甚恭。既而叹大国服饰礼仪之美，俯仰有愧沮之色。及与公主归国谓所亲曰："我父祖未有通婚上国者，今我得尚②大唐公主，为幸实多。当为公主筑一城，以夸示后代。"遂筑城邑，立栋宇以居处焉。公主恶其人赭面③，松赞令国中权且罢之，亦自释毡裘，袭纨绮④，渐慕华风。仍遣酋豪子弟，请入国学以习诗、书。又请中国识文之人典其表疏。

（《旧唐书》卷一百九十六上，吐蕃传）

【注释】

①吐蕃：我国古代少数民族，在今青藏高原，唐时曾建立政权。

②尚：娶帝王之女。

③赭面：将脸涂成红色的风俗。

④纨绮：绫罗绸缎。

【译文】

贞观十五年，唐太宗将文成公主嫁给松赞，令礼部尚书、江夏郡王李道宗主婚，持节护送文成公主到吐蕃。松赞率领他的部队驻扎在柏海，亲自到河源迎亲。见到李道宗，松赞恭恭敬敬地行了子婿之礼。随着赞叹大唐国服饰礼仪的美丽，言行之间显露出愧疚的神色。等到和文成公主回到吐蕃，松赞对他的王族说："我的父祖从来没有与上国通婚的，而今我娶了大唐公主。太幸福了，应当为公主修筑一城，好让后代永远知道这个荣耀。"于是为文成公主建起一座城邑，造房屋作为居室。文成公主不喜欢当地人赭粉涂面的习俗，松赞便下令国中禁止赭面，他自己也脱下毡袍，改穿中原的绫罗绸缎，逐渐仰慕华夏的风俗。松赞又派上层子弟到长安，请求进入国学学习《诗经》和《尚书》。又聘请唐朝的识文之士去掌管他们的表疏。

汉蕃歃盟

三年①四月，放先没蕃将士僧尼等八百人归还，报归蕃俘也。九月，和蕃使、殿中少监，兼御史中丞崔汉衡与蕃使区颊赞至。时吐蕃大相尚结息忍而好杀，以尝覆败于剑南②，思刷其耻，不肯约和。其次相尚结赞有材略，因言于赞普③，请定界明约，以息边人。赞普然之。竟以结赞代结息为大相，终约和好，期以十月十五日会盟于境上。以崔汉衡为鸿胪卿，以都官员外郎樊泽兼御史中丞，充入蕃计会使。初，汉衡与吐蕃约定月日盟誓，汉衡到，商量未决，已过其期，遂令泽诣结赞复定盟会期，且告遣陇右④节度使张镒与之同盟。泽至故原州，与结赞相见，以来年正月十五日会盟于清水⑤西。

四年⑥正月，诏张镒与尚结赞盟于清水。将盟，镒与结赞约，各以二千人赴坛所，执兵者半之，列于坛外二百步，散从者半之，分立坛下。……初约汉以牛，蕃为马，镒耻与之盟，将杀其礼，乃谓结赞曰："汉非牛不田，蕃非马不行，今请以羊、豕、犬三物代之。"结赞许诺。塞外无豕，结赞请出羝羊⑦，镒出犬及羊，乃于坛北刑之，杂血二器而歃盟⑧。

（《旧唐书》卷一百九十六下，吐蕃传）

【注释】

①三年：建中三年，782年。建中，唐德宗年号。

②剑南：唐十道之一。辖四川剑阁以南、长江以北、甘肃皤冢山以南及云南省东北境地区。

③赞普：吐蕃君长之号。

④陇右：陇山以西至黄河以东地区。

⑤清水：今名延河，源出安塞县西北芦关岭，经延安注入黄河。

⑥四年：建中四年，即783年。

⑦羝羊：公羊。

⑧歃（shà）盟：歃血盟誓。

【译文】

　　唐建中三年四月，吐蕃将先前没入吐蕃的唐朝将士僧尼等800人归还唐朝，唐朝也送还吐蕃俘虏。九月，和蕃使、殿中少监兼御史中丞崔汉衡与吐蕃使臣区颊赞来到边境。当时吐蕃大相尚结息残忍好杀，因为曾兵败剑南，想洗刷耻辱，不肯约和。吐蕃次相尚结赞有才略，因而对赞普说请确定界限盟约，以安定边民。赞普表示同意了。终于决定让尚结赞代尚结息为大相，与唐朝盟约和好，以十月十五日为期在边境上会盟。朝廷任命崔汉衡为鸿胪卿，以都员外郎樊泽兼御史中丞，充当入蕃计会使。起初，崔汉衡与吐蕃已约定盟誓的日期，崔汉衡到时，商量不定，已错过了盟约之期，于是命令樊泽到尚结赞那里重新商定会盟之期，并且告诉樊泽派节度使张镒和他一起与吐蕃会盟。樊泽到故原州，与尚结赞相见，定于明年正月十五日在清水西会盟。

建中四年正月，诏令张镒与尚结赞会盟于清水，张镒与尚结赞约定，双方各派2000人赴会盟坛所，一半人带兵器，站列在坛外200步，一半人散行随从，分别站在坛下。……起初约定唐朝用牛，吐蕃用马，张镒认为与吐蕃会盟耻辱，想损减会盟礼仪，便对尚结赞说："汉人没有牛不能耕田，吐蕃没有马不能行走，那么我请求用羊、猪、狗三种动物来代替。"尚结赞同意。塞外没有猪，尚结赞请出以公羊、张镒出以狗和羊，在坛北杀掉，将两器皿混杂动物鲜血，然后两人歃血盟誓。

太宗还高丽女

二十年①，高丽②遣使来谢罪，并献二美女。太宗谓其使曰："归谓尔主，美色者，人之所重，尔之所献，信为美丽。悯其离父母兄弟于本国，留其身而忘其亲，爱其色而伤其心，我不取也。"并还之。

（《旧唐书》卷一百九十九上，东夷传）

【注释】

①二十年：唐贞观二十年，646年。

②高丽：朝鲜历史上的王朝（918—1392年）。

【译文】

唐贞观二十年，高丽派遣使臣到唐朝来谢罪，同时向唐太宗进献了两名美女。唐太宗对高丽使臣说："回去对你们君主说，美色，是人们所崇尚的，你所进献的女子，确实美丽。我同情她们远离本国的父母兄弟，留住她们而使她们忘记亲人，爱好她们的美色而伤害她们的心，我不做这样的事。"于是将两个美女都归还给高丽使臣。

法　制

狄仁杰苦谏高宗

仁杰仪凤中为大理寺丞①，周岁断滞狱一万七千人，无冤诉者。时武卫大将军权善才坐误斫昭陵柏树②，仁杰奏罪当免职。高宗令即诛之，仁杰又奏罪不当死。帝作色曰："善才斫陵上树，是使我不孝，必须杀之。"左右嘱仁杰令出，仁杰曰："臣闻逆龙麟③，忤人主，自古以为难，臣愚以为不然。居桀、纣④时则难，尧、舜⑤时则易。臣今幸逢尧、舜，不惧比干⑥之诛。昔汉文时有盗高庙玉环⑦，张释之⑧廷净，罪止弃市。魏文⑨将徙其人，辛毗⑩引裾而谏，亦见纳用。且明主可以理夺，忠臣不可以威惧。今陛下不纳臣言，瞑目之后，羞见释之、辛毗于地下。陛下作法，悬之象魏⑪，徒流死罪，俱有等差。岂有犯非极刑，即令赐死？法既无常，则万姓何所措其手足！"陛下必欲变法，请从今日为始。古人云：'假使盗长陵⑫一抔土，陛下何以加之？'今陛下以昭陵一株柏杀一将军，千载之后，谓陛下为何主？此臣所以不敢奉制杀善才，陷陛下于不道。"帝意稍解，善才因而免死。

（《旧唐书》卷八十九，狄仁杰传）

【注释】

①"仪凤"句：仪凤，唐高宗李治年号（676—678年）。大理丞，官名，掌刑狱。

②"时武卫"句：坐，获罪。昭陵，唐太宗李世民墓，在今陕西省醴泉县东北九嵕山。

③龙麟：比喻皇帝的威严。

④桀、纣：古代暴君。桀，夏朝末代皇帝。纣，商纣王。

⑤尧、舜：上古的两位贤明君主。

⑥比干：商代贤臣，纣王淫乱，比干犯颜直谏，被剖心而死。

⑦"昔汉文"句：汉文，即汉文帝刘恒，汉高祖子，在位23年，颇多政绩。高庙，汉高祖庙。

⑧张释之：汉南阳人，以赀为骑郎，后为公车令。景帝时，出为淮南相。

⑨魏文：即魏文帝曹丕，曹操之子。

⑩辛毗：三国魏阳翟人。初从袁绍，曹操表为议郎，迁丞相长史。文帝时迁侍中，好直谏。文帝欲徙冀州士家10万户实河南，毗谏不听，帝起入内，毗随而引其裾，帝遂徙其半。明帝时封颖乡侯，出为卫尉。

⑪象魏：宫廷外面的阙门，古代悬法于上。

⑫长陵：陵名。汉高祖葬地，在渭水北，故址在今陕西咸阳市东北。

【译文】

狄仁杰，仪凤年间担任大理丞，一年之内审理判决了积压案件涉及17000人，没有上诉冤屈的。当时武卫大将军权善才因不慎砍伐了昭陵的柏树而获罪，狄仁杰上奏，认为他的罪过应当免去其官职。唐高宗诏令立即处死他，狄仁杰上奏说他的罪过不当处死。唐高宗气得变了脸色，说："权善才砍了昭陵的柏树，是让我背上不孝的罪名，必须予以处死。"左右群臣都示意狄仁杰退出宫廷，狄仁杰说："我听说冒犯龙颜，违抗君王，自古以来都认为是很难的事，我认为并非如此，如果处在桀、纣时代，的确很难办；但如果处在尧、舜时代。就容易做到了。我有幸遇到了尧、舜一样的贤君，所以不怕像比干那样被杀掉。过去汉文帝时，有人盗走了高祖庙里的玉环，张释之在朝廷上向汉文帝诤谏，论罪时并没有将盗贼于闹市中砍头示众。魏文帝准备迁徙冀人往河南，辛毗拉着文帝的衣摆而劝谏，也被文帝采纳。况且，对贤明的君主可以用道理来劝他改正错误，而对于忠臣却不能用权势所恐吓。如今陛下不采纳我的进言，我死后，无颜去见张释之、辛毗于地下。陛下制定了法律，悬挂在象魏之上，流放、处死等刑罚，都有其等级次序，难道犯下的罪过不应该处以极刑，却能下令杀死他吗？法律既然没有准则，那老百姓该怎么办呢！陛下如果一定要改变法律，请从今天开始吧。古人说：'如果盗取长陵一捧泥土，陛下如何治他的罪？'如今陛下因为昭陵的一株柏树而杀死一个将军，千载之后，人们会说陛下是什么样的君王？所以臣不敢奉命处死权善才，使陛下陷于无道之名中。"唐高宗的怒气于是稍微有所消解，权善才因而免于一死。

军　事

李渊起兵

　　十三年，为太原留守，郡丞王威、武牙郎将高君雅为副①。群贼蜂起，江都②阻绝，太宗与晋阳令刘文静首谋③，劝举义兵。俄而马邑校尉刘武周据汾阳宫举兵反④，太宗与王威、高君雅将集兵讨之。高祖乃命太宗与刘文静及门下客长孙顺德、刘弘基各募兵⑤，旬日间众且一万，密遣使招世子建成及元吉于河东⑥。威、君雅见兵大集，恐高祖为变，相与疑惧，请高祖祈雨于晋祠⑦，将为不利。晋阳刘世龙⑧知之以告高祖，高祖阴为之备。五月甲子，高祖与威、君雅视张，太宗密严兵于外，以备非常，遣开阳府⑨司马刘政会告威等谋反，即斩之以徇⑩，遂起义兵。

（《旧唐书》卷一，高祖本纪）

【注释】

　　①"郡丞"句：郡丞，官名，为郡守属官，辅佐郡守。武牙郎将，武官名。

　　②江都：郡名，在今江苏扬州市，隋炀帝曾建行都于此。

　　③"太宗"句：太宗，即唐太宗李世民（599—649年），唐高祖李渊次子，在位23年。晋阳，地名，故城在今山西太原市。刘文静，唐武功人，字肇仁，隋末为晋阳令，与太宗友善，共定计起兵。高祖即位，擢纳言，授民部尚书。

　　④"俄而"句：马邑，地名，今山西朔县。校尉，武官名。刘武周，唐景城人，隋大业末斩鹰扬太守仁恭，自为太守，后归突厥，唐武德年间被突厥所杀。汾阳宫，隋炀帝建。在今山西静乐县东北160里的管涔山上。

　　⑤"高祖"句：高祖，唐高祖李渊（566—635年），唐王朝的建立者，

在位 9 年逊位。长孙顺德，长孙无忌族叔，李世民妻堂兄，初仕隋，素为高祖所亲厚。太宗起兵，从征累有功，进左骁卫大将军，封薛国公，贞观中召为泽州刺史，为政以德，以严明称，遂为良吏。刘弘基，唐池阳人。从高祖举兵太原，有军功，累封夔国公，卒谥襄。

⑥"密遣使"句：建成，即李建成，唐高祖长子，小字毗沙门，荒色嗜酒，畋猎无度。高祖即位，立为皇太子，"玄武门兵变"时为李世民所杀，谥隐。元吉，即李元吉，唐高祖四子，小字三胡，封齐王，"玄武门兵变"为李世民所射杀，贞观中追封巢王，谥刺。河东，山西省境内黄河以东地区。

⑦晋祠：在今山西太原市西南悬瓮山麓，为周初唐叔虞始封地，原有祠。北齐天统年间改为大崇皇寺，后复原名。贞观十二年（638 年）李世民御制晋祠之铭，立碑于祠。

⑧刘世龙：隋大业末为晋阳乡长。

⑨开阳府：在今山东省临沂市北。

⑩徇：向众宣示。

【译文】

隋大业十三年（617 年），李渊为太原留守，郡丞王威、武牙郎将高君雅为副留守。这时，群贼蜂拥而出，江都阻绝不通，唐太宗与晋阳县令刘文静谋划，劝李渊发动起义之兵。不久，马邑县校尉占据汾阳宫起兵谋反，唐太宗与王威、高君雅准备集结军队前往征讨。唐高祖命令唐太宗与刘文静及门客长孙顺德、刘弘基分头招募兵士，10 天之内募兵近一万，随后，秘密派遣使者招回镇守河东的世子李建成、李元吉。王威、高君雅看到兵众结集完毕，恐怕高祖生变，互相猜疑、惧怕，于是请高祖在晋祠祈雨，准备刺杀高祖。晋阳乡长刘世龙得知后，将王威、高君雅的计划密告高祖，高祖秘密做好了应变准备。五月甲子日，高祖与王威、高君雅商讨政事，太宗秘密伏兵在外面，以防备突发变故，又派开阳府司马刘政会告发王威等谋反，随即斩王威、高君雅示众，于是便发动义兵。

李世民哭谏高祖

大军西上贾胡堡①，隋将宋老生②率精兵二万屯霍邑，以拒义师。会久雨粮尽，高祖与裴寂议③，且还太原，以图后举。太宗曰："本兴大义以救苍生，当须先入咸阳，号令天下；遇小敌即班师，将恐从义之徒一朝解体。还守太原一城之地，此为贼耳，何以自全！"高祖不纳，促令引发。太宗遂号泣于外，声闻帐中。高祖召问其故，对曰："今兵以义动，进战则必克，退还则必散。众散于前，敌乘于后，死亡须臾而至，是以悲耳。"高祖乃悟而止。八月己卯，雨霁，高祖引兵趣霍邑。太宗恐老生不出战，乃将数将先诣其城下，举鞭指麾，若将围城者，以激怒之。老生果怒，开门出兵，背城而阵。高祖与建成④合阵于城东，太宗及柴绍⑤阵于城南。老生麾兵疾进，先薄⑥高祖，而建成坠马，老生乘之，高祖与建成军咸却。太宗自南原率二驰下峻坂⑦，冲断其军，引兵奋击，贼众大败，各舍仗⑧而走。悬门发，老生引绳欲上，逐斩之，平霍邑。

（《旧唐书》卷二，太宗本纪）

【注释】

①贾胡堡：地名，在今山西境内。

②宋老生：隋镇守霍邑（今山西霍县）将领。

③"高祖"句：高祖，唐高祖李渊（566—635年），唐王朝的建立者，仕隋，为太原留守，隋末各地农民起义，渊与子建成、世民等合谋起兵，攻入长安，次年自称帝，建唐王朝，年号武德。裴寂，唐桑泉人，字玄真，隋大业中为侍御史、晋阳宫副监，与高祖厚善。及高祖即位，官至尚书左仆射。

④建成：李建成，唐高祖李渊之长子，"玄武门兵变"中，为李世民所杀。

⑤柴绍：唐临汾人。字嗣冒。幼矫健有勇力，以侠义称。李渊以第三女平阳公主妻之。隋炀帝东游，李渊起兵太原，绍为马军总管。累官右骁卫大将军。贞观中为华州刺史，卒赠荆州都督。

⑥薄：逼近。

⑦峻坂：即"峻阪（bǎn）"，陡坡。

⑧仗：刀戟等兵器的总称。

【译文】

逢天久雨，粮草耗尽，李渊与裴寂商议回师太原，再谋划今后的行动。李世民说："原本举大义而救百姓，应当先入咸阳，以号令天下；遇到小敌就退兵，恐怕义军会很快解散。退守太原一城之地，这是为寇贼，怎么能保全自己呢！"李渊不采纳，仓促下令拔营退兵。李世民于是在帐外号哭起来，哭声传到帐内。李渊召他入帐问他哭什么，李世民说："如今兴兵，靠义发动，义兵进就胜，退就散。义兵溃散在前，敌军从后乘机而入，这离死亡就不远了，因此，我感到悲伤啊！"李渊醒悟下令制止退兵。八月己卯日（十三），大雨停了，李渊带兵直趋霍邑。李世民唯恐宋老生不出战，便带领数名轻骑到城下，举鞭指挥，好像要包围霍邑城的样子，用以激怒宋老生。宋老生果然被激怒打开城门出兵，摆出与义军决一死战的阵势。李渊与子建成在城东联合布阵迎敌，李世民和柴绍在城南迎敌。宋老生指挥兵士疾速推进，先逼近李渊，建成坠落马下，宋老生乘胜进击，李渊与建成军队全部退却。李世民自城南率领两骑兵奔下陡坡，冲断宋老生军队，带领兵士奋勇出击，宋老生兵士大败，各自丢弃兵器而逃命。城楼的悬门打开了，宋老生抓住绳子准备上攀，被斩杀，霍邑被平定。

苏定方兵踏百济

　　显庆五年，从幸太原，制授熊津道大总管，率师讨百济①。定方自城山济海②，至熊津江口，贼屯兵据江。定方升东岸，乘山而阵，与之大战，扬帆盖海，相续而至。贼师败绩，死者数千人，自余奔散。遇潮且上，连舳入江，定方于岸上拥阵，水陆齐进，飞楫鼓噪③，直趣真都。去城二十许里，贼倾国来拒，大战破之，杀虏万余人，追奔入郭。其王义慈及太子隆奔于北境，定方进围其城。义慈次子泰自立为王，嫡孙文思曰："王与太子虽并出城，而身见在；叔总兵马，即擅为王，假令汉兵④退，我父子当不全矣。"遂率其左右投城而下，百姓从之，泰不能止。定方命卒登城建帜，于是泰开门顿颡⑤。其大将祢植又将义慈来降，太子隆并与诸城主皆同送款。百济悉平，分其地为六州，俘义慈及隆、泰等献于东都⑥。

　　　　　　　　　　　　　　　　（《旧唐书》卷八十三，苏定方传）

【注释】

　　①百济：古国名。故地在今朝鲜半岛西南。

　　②"定方"句：定方，即苏定方，唐武邑人，征突厥，讨高丽，平百济，凡灭三国，官拜左骁卫大将军、封邢国公、凉州安集大使。城山，山名，在

河北井陉县东南。

　　③鼓噪：击鼓呼叫。

　　④汉兵：即唐兵。

　　⑤顿颡：屈膝下拜，以额触地，多于请罪、投降时行之。

　　⑥东都：洛阳。

【译文】

　　唐高宗显庆五年，苏定方跟随皇上巡幸太原，被授熊津道大总管之职，率领军队讨伐百济国。苏定方从城山渡海，到达熊津江口，敌人屯兵据江防守。苏定方登上东岸，依山布阵，与百济兵大战，扬起的船帆覆盖海面，接连不断，相继进发，百济军溃败，死者数千人，其余的兵士各自奔逃溃散。破浪而上，战船相连，驶进江中，苏定方又在岸上结阵，水陆并进，荡桨击鼓，高呼而进，一直逼近百济都城，距离都城20多里，百济举国出动，共同抵抗，苏定方率兵大战，打垮百济兵的进攻，杀死俘获万余人，接着乘胜追击，进入城郭。百济国王义慈和太子隆向城北逃窜，苏定方率兵包围百济都城。义慈次子泰自立为王，义慈的嫡孙文思说："国王和太子虽然都逃出城郭，但他们人还在，叔父总领兵马，就擅自称王，如果唐兵退却，我们父子将不能保全性命。"于是带领左右随从出城投降，百姓跟随着文思，泰不能制止，苏定方命令士卒登上城楼树起自己的军旗，于是泰只好打开城门屈膝投降。百济国大将祢植带着义慈来投降，太子隆和各城邦主都一起来投降，百济全部平定，将百济土地分为六州，俘获义慈、隆和泰等献于东都。

理　财

杨门凌天下

五载①七月，贵妃②以微遣送归杨铦宅，比至亭午③，上思之不食。高力士探知上旨，请送贵妃院供帐、器玩、廪饩等办具百余车，上又分御馔以送之。帝动不称旨④，暴怒答挞左右。力士伏奏请迎贵妃归院。是夜，开安兴里门⑤入内，妃伏地谢罪，上欢然慰抚。翌日，韩、虢⑥进食，上作乐终日。左右暴有赐与。自是宠遇愈浓。韩、虢、秦⑦三夫人岁给钱千贯，为脂粉之资。铦授三品、上柱国、私第立戟⑧，姊妹昆仲五家⑨甲第洞开，僭拟宫掖⑩，车马仆御，照耀京邑，递相夸尚。每构一堂，费逾千万计。见制度宏壮于己者，即彻而复造，土木之工，不舍昼夜。玄宗凡有游幸，贵妃无不随侍，乘马则高力士执辔⑪授鞭。宫中供贵妃院织锦刺绣之工，凡七百人，其雕刻熔造，又数百人。扬、益、岭表刺史⑫，必求良工造作奇器异服，以奉贵妃献贺，因致擢居显位。玄宗每年十月幸华清宫，国忠姊妹五家扈从⑬，每家为一队，著一色衣，五家合队，照映如百花之焕发，而遗钿坠舄⑭，瑟瑟⑮珠翠，璀璘⑯芳馥于路。而国忠私于虢国而不避雄狐之刺⑰，每入朝或联镳⑱方驾，不施帷幔。每三朝庆贺，五鼓待漏⑲，艳⑳妆盈巷，蜡炬如昼。而十宅㉑诸王孙院婚嫁，皆因韩、虢为绍介，仍先纳赂千贯，而奏请罔不称旨。

（《旧唐书》卷五十一，后妃列传）

【注释】

①五载：天宝五载，即746年。

②贵妃：杨贵妃杨玉环（719—756年），唐蒲州永乐人，晓音律、善歌舞，初为寿王妃，后为女道士，号太真。入宫后，得玄宗宠，册为贵妃。安史乱起，随玄宗出奔，六军杀杨国忠，贵妃亦被赐死。

③亭午：正午。

④称旨：符合皇帝旨意。

⑤安兴里门：唐禁宫门名。

⑥⑦韩、虢、秦：即韩国夫人、虢国夫人、秦国夫人。杨玉环被册立为贵妃后，其父母、兄弟、姊妹皆封疆列土。贵妃有姊3人，皆有才貌，玄宗并封"国夫人'之号，大姨，封韩国；三姨，封虢国；八姨，封秦国。

⑧"铦授三品"句：铦，杨铦，杨贵妃从兄。品，古代官吏分为九品，品，官吏的品级。上柱国，官名。唐宋以上柱国为武官勋级中的最高级。立戟，唐代官、阶、勋三品以上者得于邸院门前立戟。

⑨五家：即杨贵妃姊韩、虢、秦三夫人和其从兄杨铦、杨锜，合为五家。

⑩"僭（jiàn）拟"句：僭，指超越身份，冒用在上者的职权行事。宫掖，宫内的房舍，为嫔妃居住之地，因称皇宫为宫掖。

⑪辔（pèi）：驾驭牲口用的嚼子和缰绳。

⑫"扬、益"句：扬，扬州，地名，今江苏扬州市为其旧治。益，益州，地名，其故地大部在四川境内。岭表，指五岭以南地区。唐代十道之一，治所在广州。刺史，官名。负责监督各郡，相当于后世的知府及直隶州知州。

⑬扈从：随从，侍从。

⑭舄（xì）：鞋。

⑮瑟瑟：碧绿貌。

⑯璨瓓：璀璨明亮。

⑰"而国忠"句：国忠，杨国忠（？—756年），唐蒲州永乐人。原名钊，后赐名国忠。因从妹杨玉环得宠，为唐玄宗所信任。天宝十一年李林甫死，以国忠为右相，兼吏部尚书、判度等要职，结党营私，独揽朝政，横征暴敛，搜刮民财。十四年范阳节度使安禄山以诛杨国忠为名，起兵叛乱。次年安禄山破潼关，国忠从玄宗出逃，在马嵬坡为众兵士所杀。雄狐，诗序谓齐襄公以国君而淫其妹文姜，如雄狐相随，失阴阳之匹。后喻人闺门乱行。

⑱联镳：马衔相连，指并骑而行。

⑲五鼓待漏：五鼓，五更。待漏，百官清早入朝，准备朝拜皇帝。漏，古代的计时器。

⑳靘（qìng）：青黑色，华美。

㉑十宅：即15宅、16宅。唐代诸王的居宅。唐开元后置在安国寺东附苑城。后子孙繁多，又于宅外置百孙院。

【译文】

天宝五年（746年），杨贵妃被秘送到杨铦家中，到中午时分，唐玄宗思念贵妃不愿进食。高力士知道唐玄宗的心思，奏请给贵妃院送去供设帷帐、玩耍器具、粮食等各种用品百多车，又分给御食送去。唐玄宗动不动就不合心意，暴怒地鞭打随身臣仆。高力士伏地迎接贵妃归院。当晚，打开安兴里门进入内宫，贵妃伏地谢罪，唐玄宗高兴地上前抚慰。第二天，韩国夫人、虢国夫人奉上食物，陪唐玄宗整天作乐，随从全部都有赏赐。从此贵妃得到的宠爱越来越多。韩、虢、秦三夫人每年供给千贯钱，用作胭脂彩粉之资。杨铦授予三品官，为上柱国，允许在邸院门前立戟。姐妹兄弟五家，豪门宅第敞开，擅自仿造皇宫，进出有车马仆役，其光彩照耀京都，相互炫耀。每建一房，耗费超过千万，如发现有规模比自己的房子宏伟壮丽的，马上拆掉重建，土木工匠，日夜劳作。玄宗的分赏和四方的进贡，五家都一样，源源不断。开元以来，豪门贵族兴盛，但都不能与杨氏相比。唐玄宗只要出巡，贵妃无不相随侍奉。骑马时高力士持鞭牵马，禁宫中专为贵妃院服侍的织锦刺绣工人，共700人，从事雕刻熔造的工匠，又数百人。扬州、益州、岭表的刺史，必定求访名工巧匠制作新奇的器物，与众不同的服饰，供奉给贵妃为贺，因而被提拔到显要位置。唐玄宗每年十一月巡幸华清宫，杨国忠姊妹五家随同，每家列为一队，穿同色的衣服，五家合为一队，光艳照人，如百花盛开，而遗落的饰物、鞋、碧绿的珠玉，璀璨夺目，一路芬香馥郁。而杨国忠私通于虢国夫人，毫不忌讳兄妹乱伦之嫌，每次入朝，并马而驾，不挂帐幕。每到三朝庆贺，五更时分等候朝见，华美的装扮充塞街巷，燃烧的烛光，照耀如同白昼。而十宅王子王孙们的嫁娶，都因为韩国夫人、虢国夫人的介绍，必须事先用千贯钱贿赂她们，而奏请无不符合唐玄宗的旨意。

李义琰不建府宅

义琰宅无正寝①，弟义琎为岐州司功参军②，乃市堂材送焉。及义琎来觐③，义琰谓曰："以吾为国相，岂不怀愧，更营美室，是速吾祸，此岂爱我意哉！"义琎曰："凡人仕为丞尉，即营第宅，兄官高禄重，岂宜卑陋以逼下也？"义琰曰："事难全遂，物不两兴。既有贵仕，又广其宇，若无令德，必受其殃。吾非不欲之，惧获戾④也。"竟不营构，其木为霖雨所腐而弃之。

（《旧唐书》卷八十一，李义琰传）

《旧唐书》

【注释】

①"义琰"句：义琰，即李义琰，唐昌乐人，高宗时历官同中书门下三品。正寝，居屋之正室。

②"弟义琎"句：岐州，州名，在今陕西凤翔县。司功参军，官名，在府为功曹参军，在州称司功参军，在县为司功，主掌官园祭祀、礼乐、学校、选举、表疏、医筮、考课、丧葬等事。

③觐：朝见（君王）。

④戾（lì）：罪过。

【译文】

李义琰的住宅没有正室，他的弟弟李义琎为岐州司功参军时，就买了造屋用的木材送给他，等到李义琎来朝拜皇上，李义琰对他说："我作为国相，难道不感到愧疚吗？再建造华丽的正室，是让我招致祸殃，这难道是爱我的意思吗？"李义琎说："一般人做到丞尉之类的小官，就开始建造府地，而哥哥高官厚禄，难道就应该居住在卑陋狭小的房子里吗？"李义琰说："事难以全合自己的心愿，物没有两全其美的，我已经做了高官，又扩建宅第，如果没有美德，必然遭受祸殃。并不是我不想建房，只是担心获罪。"李义琰终于没有营建正室，他弟弟送来的木材经风吹雨淋，腐朽后丢弃了。

德　操

颜师古考定五经

太宗①以经籍去圣久远，文字讹谬，令师古于秘书省考定五经②，师古多所厘正，既成，奏之。太宗复遣诸儒重加详议，于时诸儒传习已久，皆共非之。师古辄引晋、宋③以来古今本，随言晓答，援据详明，皆出其意表，诸儒莫不叹服。于是兼通直郎，散骑常侍④，颁其所定之书于天下，令学者习焉⑤。

（《旧唐书》卷七十三，颜师古传）

《旧唐书》

【注释】

①太宗：即唐太宗李世民，唐高祖李渊次子，在位 23 年。

②"令师古"句：师古，即颜师古（581—645 年），唐万年人，名籀，以字行。少传家学，博览群书，精于训诂，善属文。太宗时官中书侍郎、秘书监、弘文馆学士。秘书省，掌图籍的官署。五经，《诗》《书》《礼》《易》《春秋》合称五经。

③晋、宋：晋，三国后司马氏建立的政权，依次为西晋、东晋。宋，南朝之一，420—479 年。晋末刘裕代晋称帝，国号宋。

④"于是"句：通直郎，官名，为寄禄官。散骑常侍，官名，唐置左右散骑常侍，分属门下、中书两省。

⑤焉：语气助词，无实际意义。

【译文】

　　唐太宗认为经史图籍距离圣人已经十分久远了，文字多有谬误。诏令颜师古在秘书省考正五经，颜师古对谬误多有匡正，考定完毕，上奏唐太宗。唐太宗因此又派一些儒生重新加以仔细审议，当时儒生们传习五经已经很久了，对颜师古的考定匡正都表示异议。颜师古便引用晋、宋以来的古今版本，随意畅答，引证详细明了，都出于意外，儒生们无不叹服。因此兼官通直郎、散骑常侍，唐太宗将他所考定的书籍颁布天下，让学者学习。

沥血认父

《旧唐书》

　　博州①聊城人王少玄者，父隋末于郡西为乱兵所害。少玄遗腹生，年十余岁，问父所在，其母告之，因哀泣，便欲求尸以葬。时白骨蔽野，无由可辨，或曰："以子血沾父骨，即渗入焉。"少玄乃刺其体以试之，凡经旬日，竟获父骸以葬。尽体病疮，历②年方愈。

　　　　　　　　　　　　　　（《旧唐书》卷一百八十八，王少玄传）

【注释】

　　①博州：在今山东聊城西北。
　　②历：经历，经过。

【译文】

　　博州聊城人王少玄，其父于隋朝末年在郡西被乱兵所杀。王少玄为遗腹子，10多岁的时候，询问父亲在哪里，他的母亲告诉了他，由此而痛哭不已，因此想找到他父亲的尸骨埋葬。当时白骨遍野，根本无法辨认。有人说："用儿子的血滴在父亲的骨头上就渗透进去。"王少玄便刺破自己的身体试着找寻，共历时10多天，终于找到他父亲的尸骨并埋葬了，而他自己遍体鳞伤，过了一年才痊愈。

传世故事

李世民迎战窦建德

武德四年（621年）三月，秦王李世民率军围攻王世充于洛阳，王世充困守孤城，已陷入绝境，不得已而请求夏王窦建德发兵援救。

窦建德消灭隋将薛世雄部3万余人，声威大振，攻取了河北的大部郡县，成为北方势力颇强的割据军阀。武德元年（618年），窦建德建夏国，自称夏王，建都乐寿，年号五凤。

唐军在击败刘武周、梁师都后，兵锋又指向盘踞在洛阳称帝的王世充，并迅速使王世充陷入了绝境。很明显，王世充被消灭掉后，下一步唐军的攻击对象便会轮到窦建德，因此，为自身计，窦建德决定出兵援救王世充，乃亲率文武百官统大军10余万，号称30万，西进以救洛阳。

就在洛阳城旦夕可下之际，局势突变，李世民急招众将商议对策。众将皆以窦建德来势凶猛，势不可当，建议率军避之。唯有宋州刺史郭孝恪建议李世民率军进击窦建德，他说："世充日蹙月迫，力尽计穷，悬首面缚，翘足可待。建德远来助虐，粮运阻绝，此是天丧之时，请固武牢，屯军汜水，随机应变，则易为克殄"。

关键时刻，郭孝恪之言对战争的进程和结果起了重大作用。

李世民深以为然，因此决定迎战窦建德。记室薛收又献策道："世充保据东都，府库充实，所将之兵，皆江南精锐，即日之患但乏粮耳。以是之故，为我所持，求战不得，守则难久。建德亲率大众，前来救援，亦当极其精锐。若纵之至此，两寇合从，转河北之粟以馈洛阳，则战争方始，偃兵无日，混

《旧唐书》

一之期，殊未有涯也。今宜分兵守洛阳，深沟高垒，世充出兵，慎勿与战，大王亲帅骁锐，先据成皋，厉兵训士，以待其至，以逸待劳，决可克也。建德既破，世充自下，不过二旬，两主就缚矣！"

作为一个三军统帅，可贵之处即在于集思广益，从善如流，以避免刚愎自专之弊。而更为难得者，即在于能在众说纷纭之际，选定制胜之计，这需要有非凡的见识和英明果断的决策能力，亦即普鲁士著名军事学家克劳塞维茨所说的"综合决策能力"。

李世民无疑具备这种"综合决策能力"。他力排众议，于三月二十八日率 3500 士兵占据虎牢。翌日，又率骑兵 500 东出虎牢关，侦察窦建德大军的动向。

出关后，李世民留大将李世勣、程咬金、秦琼率骑兵伏于道旁，他则与尉迟恭等 3 骑继续前进。李世民颇为自负地对尉迟恭道："我执弓矢，你持槊跟随，即使窦建德有百万之众，也不能奈何于我！"

离窦建德部还有 3 里之遥，窦建德之巡逻兵以为他们 4 人是唐军密探，欲驰来擒拿，李世民大声道："我秦王也！"并搭箭上弦，箭似流星，射死窦军一个小头目，因此窦军大惊。窦建德听说李世民仅率 3 人送上门来，急遣铁骑五六千追之。李世民见敌军蜂拥而至，不慌不忙，令二骑先退，他与尉迟恭按辔徐行，待窦军骑将靠近，忽然回身一箭，即将其射死。窦军大惧，不敢急追，李世民遂与尉迟恭悠然而退。窦军继续追来，李世民回头发出一箭，又射死一人，吓得窦军追而复止。既而又追，李世民又射死一人，如是再三，李世民与尉迟恭杀死了 10 余人，遂将窦军引至伏击圈内。

李世勣等率 500 骑兵正埋伏于虎牢隘道两旁，见李世民与尉迟恭将敌兵诱来，马上率军突起，两面袭击，大破之，斩首 300 余级。窦建德之骁将殷秋、石瓒竟被生擒。

李世民仅以 500 骑兵作为伏兵，即击败 10 倍于己的敌军，可谓战争史上的奇迹。而李世民作为三军统帅，竟率 3 人亲至敌营诱敌，凭着高强的武艺和超凡的胆略，将敌兵一举击败，尤为奇中之奇，李世民之文武兼备、智勇双全亦可概见。

此战是虎牢关大战前的一个序幕。李世民原想先侦察一下敌情，令李世勣等伏于道旁，不过是为了以防万一。500 骑兵竟击破窦建德的 5000 多精骑，乃是唐军的一次意外大捷。此战后，唐军因之振奋，窦军为之丧胆，其胜负亦可预见矣！

李世民平定天下诸战中，曾多次仅率数骑闯敌阵、入敌营以察其虚实，因其武艺非凡，每每均能化险为夷。其坐骑在混乱被敌兵杀死、杀伤多匹，而李世民竟未受丝毫损伤，亦是一大奇事。

即使如此，客观来说，作为一个三军统帅，轻身犯险，并不足取。

李世民临事用人

刘文静，字肇仁。身材伟岸而有风度，任事能干，倜傥而有谋略。隋朝末年，做晋阳（今太原）的地方官，当时裴寂做晋阳宫的监守，从此两人结为朋友。有一天夜晚两人同宿，裴寂仰望城墙上的烽火，感叹说："我们的地位卑贱之极，家中毫无积蓄，现在天下大乱，该怎么办啊？"刘文静笑着说："世道既然如此，天下大事便可见分晓了。只要我们两人联手，还怕什么身份卑贱呢？"

到李渊镇守太原时，刘文静观察到他有起兵统一四方的远大志向，就去结交他。他又观察李世民，对裴寂说："这个人不是常人，他像汉高祖刘邦那样大度，像魏太祖曹操神武，尽管现在年轻，实在是上天的安排啊。"裴寂起初不以为然。

后来刘文静因与李密联姻而被连坐判罪，隋炀帝命令把他押入狱中。李世民认为刘文静可以作为谋议之臣，就入狱中探视他，刘文静大喜说："现在天下大乱，非要有成汤、周武王、汉高祖、光武帝那样的才略之人，才能安定天下。"李世民说："你怎么知道没有呢？只是恐怕平常之人不能识别而已。今天我入禁中探看你，并非为儿女私情。时事如此，专程来与你商议举兵起义的大计，请帮助仔细筹划此事。"刘文静说："现在李密长期围困洛邑，皇帝奔到淮南，大贼占领州郡，小盗占领山泽，数以万计，只须以强干的领袖领导他们，如果能顺天应人，举旗大呼，则四海响应。今天太原一带百姓为避盗贼，都入集城中，我做地方官数年，知道只要啸聚起来，这其中可得豪杰 10 万人。尊公（李渊）所领的兵又有数万人，只要他一发令，谁敢不服从？这两部人合起来乘虚入关，号令天下，不到半年，就可成就帝王之业。"李世民大笑说："正合我意。"

于是李世民部署安排人马，暗暗准备起义，时机将要成熟，高祖李渊还犹豫不决。刘文静见裴寂与李渊交情深厚，想让裴寂劝说李渊，就把裴寂引荐给李世民。李世民在博戏场上设计满足了裴寂，紧紧地抓住裴寂，通过裴寂去劝说李渊起兵。

等到高君雅被突厥人打败，李渊被捕，李世民又派刘文静和裴寂去劝他起义，说："《易》称'知几其神乎'，现在大乱已发生，公处于被嫌疑的境地，怎么保全性命？副将打了败仗，上头责罪，事情如此紧迫，应当早作计议。晋阳这地方，兵马精壮，官家官监中物资充足，靠着这些起兵，可成大业。关中代宗年幼，权豪并起，无所适从。希望公举兵西入，以图大事，不比在这里做囚徒强吗？"李渊认为有理。

李世民暗地里组织壮勇之人，与刘文静等商议，准备马上起义，恰巧李渊又被放了回来，就暂时停止下来。李世民又命令刘文静伪称隋炀帝的诏令，让太原、河西、雁门、马邑等地20岁以上50岁以下的人全都充军，年底在涿郡集合，准备征伐辽东。这样，人心大乱，渴望动乱的人更多了。刘文静便对裴寂说："你难道没听说过'先发者制人，后发者制于人'吗？唐公（李渊）名字正与图谶（chèn）迷信相验合，天下人人尽知，为什么还要拖延，自找祸害。应该劝唐公尽早顺时起兵。"又威胁裴寂说："况且你为官监，以官人身份与唐公往来，你死了倒无所谓，为什么要误了唐公性命呢？"裴寂惧怕，就加紧劝促李渊起兵。

于是李渊起兵。李渊开大将军府，以刘文静做军司马。

唐太宗以臣为镜

魏徵，字玄成，钜鹿曲城人。有大志，好读书，无所不通，尤善纵横之说。归唐以后，先事皇太子李建成为臣。他见秦王李世民所立功勋越来越多，声望日高，已经对太子地位构成了威胁，便劝李建成先下手为强，赶快除掉李世民。等李建成在玄武门之变中被诛后，李世民找来魏徵，对他说道："你为什么要离间我们兄弟？"他回答道："皇太子如果听取我的意见，肯定不会有今日之祸。"李世民向来器重他的才干，又见他答话坦直，便没有怪罪他，还推荐他任詹事府主簿。

唐高祖传位给李世民，是为唐太宗。太宗又提拔魏徵为谏议大夫，封钜鹿县男。当时，太宗刚刚即位，励精图治，很想有一番作为。他屡次把魏徵叫到内室，虚心求教治国之道。魏徵喜逢知己之主，知无不言，先后陈言进谏200余事。太宗以其"至诚奉国"升其为尚书左丞。后来太宗曾因有人诬告魏徵结党营私而调查他，查证无实，太宗感到后悔，魏正便诚恳地进言道："希望陛下使臣成为良臣，不要使臣成为忠臣。"太宗奇怪地问道："忠臣与良臣有什么差异吗？"魏徵答道："所谓良臣，就是稷、契、咎、陶一类的人；所谓忠臣，就是龙逢、比干一类的人。良臣使自己获得美名，使君主荣受显号，子子孙孙永受福禄。忠臣则身被诛杀，使君主陷于大恶，国破家亡，只留有个虚名。所以良臣与忠臣的差异实在太大了。"太宗觉得很有道理，就赏赐给他500匹绢。

贞观二年（628年），太宗任魏徵为秘书监，让他参与朝政。他为官公正，禀性耿直，天子有过则谏，无所屈挠。一次，太宗在丹霄楼宴请群臣，酒饮至兴头上时，太宗对长孙无忌说道："魏徵以前在李建成手下任职，尽心尽力，当时确实非常可恶。我能不计前嫌地提拔任用他，一直到今天，可以说我无愧于古人。然而魏徵每次劝谏我，当不赞成我的意见时，我说话，他就默然不应。他这样做，未免欠于礼貌了吧？"长孙无忌说道："臣子认为事不可行，才进行陈说；如果不赞同而附和，那恐怕给陛下造成其事可行的印象。"太宗说道："可以当时随声附和一下，然后再另找机会陈说劝谏，这样做，君臣双方不就都有面子了吗？"魏徵从旁接口道："舜告诫群臣道：你们不要当面附和，背后却又说三道四。如果为臣当面附和陛下，退后又啧有烦言，那怎么能做到像稷、契侍奉尧、舜一样侍奉陛下呢？"太宗大笑道："别人都说魏徵你举止疏狂简慢，我却觉得你妩媚，就是因为你这一点哪。"

贞观七年（633年），太宗命魏徵出任侍中后又加其左光禄大夫，进封郑国公。魏徵认为自己无功于国，只凭进谏而参与军政机要，担心位极生祸，便以目疾为由请求去职。太宗却挽留道："我从仇敌中把您选拔出来，委任您居要职显位。您见我有错误之处，未尝不加谏止。您没见山中的金矿石吗？当它为矿石时，何足珍贵！当能工巧匠把它冶炼后制成器物时，才被人视为珍宝。我就好比金矿石，把您当做能工巧匠。您虽有眼疾，但并未衰老，怎么能提出去职呢？"后经魏徵一再当面请求，太宗才改拜他为特进。贞观十六年（624年），又拜他为太子太师。

贞观十七年，64岁的魏徵死去。太宗如丧股肱，亲自为他哭灵，中止上朝听政5天。并且为他亲笔书写了碑文。太宗曾对群臣说道："夫以铜为镜，可以正衣冠；以古为镜，可以知兴替；以人为镜，可以明得失。朕常保此三镜，以防己过。今魏徵殂逝，遂亡一镜矣。"

唐太宗悔责诤臣

王珪，字叔玠，清心寡欲，品行端正，刚直不阿。隋末，因被人举荐，唐高祖任其为世子府咨议参军。世子李建成被立为东宫太子时，王珪出任太子中舍人，很快又转任中允。玄武门之变后，王珪由于与李建成的关系而受株连，被流放到嶲州。

贞观元年（627年），唐太宗李世民即位。他早知王珪很有才干，就不计前嫌，召回王珪，拜为谏议大夫。一次，太宗临朝，对侍臣们说道："正直的君主任用奸邪的臣子，是无法使天下大治的；正直的臣子侍奉奸邪的君主，同样也无法使天下大治。只有君臣相遇，如同鱼水一般和谐，海内才可安定，天下才能大治。从前汉高祖不过是个乡下佬，提三尺剑夺得天下后，却经营有方，规模远大，流惠于子孙。探其原因，大概就在于他善于招揽和任用贤臣。我虽不敏，还望诸公多加匡正，以便凭借诸公的佳谋良策，使天下升平。"王珪当即答道："臣听说，木材按照绳墨割锯才会正直，君王采纳臣下谏言才会圣明。所以，古代的圣主身旁必有7位诤臣，他们言而不从，则继续以死相谏。陛下开明圣哲，欲纳草民的意见，为臣身处广开贤路之朝，当然愿意竭诚尽忠。"太宗听了觉得受用匪浅，就规定三品以上的显官入朝时必须有谏官在侧。他也确实多次从谏如流，王珪更是有过必规，见缺必劝。

然而，并不是每次劝谏听起来都像歌功颂德那样入耳。一次，太常少卿祖孝孙因为教授官人声乐不合太宗的心意，太宗大发脾气，狠狠地责骂了祖孝孙一顿。王珪、温彦博认为责任不在祖孝孙，便劝谏太宗道："祖孝孙精通音律，教授时也并非不尽心。只怕陛下询问的那个人欺骗了陛下。况且祖孝孙是位雅士，陛下忽略了这一点，让他教授女乐，而且还怪罪他，臣等担心天下人都会为此感到惊怕。"太宗一听，火上心头，呵斥道："你们都是我的心腹，本当进忠献直，怎么竟附下罔上，替祖孝孙说起话来！"温彦博赶忙拜伏谢罪，而王珪偏偏不拜，说道："臣前侍奉东宫太子，罪已当死，陛下宽恕了为臣，并让为臣处在显要职位，要求臣尽忠职守。今天臣所进言不是为了自身，不料陛下陡起疑心，讥诮为臣。这是陛下对不起臣，不是臣对不起陛下。"太宗听了，没说话。

第二天，太宗对房玄龄说道："自古以来，帝王是很难做到采纳谏言的。周武王尚且不用伯夷、叔齐之言，宣王是位贤主，可术伯竟以无罪被杀。我一直希望效法从前的圣主，只恨自己不能达到古人的水平。昨天，我责备了王珪和温彦博，对此我颇感后悔。希望你们不要因此而不进直言哪！"

武则天任酷吏以固其位

唐弘道元年（683年），唐高宗李治死，太子李显即位，是为唐中宗。然而，根据高宗的遗诏，朝中军国大事都得取决于皇太后武则天。中宗即位后，委任岳父即韦皇后的父亲韦玄贞为豫州刺史；不久，又想提拔韦玄贞为侍中，并授乳母的儿子五品官。顾命大臣中书令裴炎极力劝阻，中宗恼怒，说道："我就是把天下都送给韦玄贞，又有什么不行！一个区区侍中，有什么大不了的。"裴炎一听皇帝想把江山送给外姓，大为惊恐，连忙报告给武则天。武则天更加恼火，下令废中宗为庐陵王。中宗被扶下殿时，不服地问道："我犯了什么罪？"武则天怒道："您要把天下送给韦玄贞，怎么没罪！"中宗被废后，武则天立豫王李旦为帝，是为唐睿宗。睿宗名为皇帝，其实另居别殿，不得干预政事，朝政还是由武则天说了算。

当时，有几名禁卫军官曾随裴炎等逼宫，但事后未得赏赐，因此他们在一起喝酒时，其中一人发牢骚道："早知道没有赏赐，还不如拥戴庐陵王。"其中另有个人借口离席，跑到玄武门告了密。结果酒席未散，这几个军官都被抓了起来。发牢骚的被斩首，其余的知情不举，均处以绞刑，只有告密的那个人反受五品官的封赏。此事为有唐一代告密之风的开端。

皇太后武则天临朝听政不到3个月便遇此事，着实觉得人心不古。半年之后，徐敬业又起兵扬州，自号匡复府上将，散布檄文，声讨武则天。武则天派军队用了两个多月时间才平定了徐敬业的叛乱。这一事件，对武则天的震动很大，她疑心天下人都在图谋危害自己，很想"周知人间事"，防患于未然。垂拱二年（686年）三月，侍御史鱼承晔之子鱼保家在徐敬业举兵叛乱时，曾帮他修造兵器。徐敬业兵败，鱼保家侥幸免受牵连。当得知武则天的怀疑心理后，他便上书请铸铜为匦（guǐ），以便接收天下的密奏。武则天认为是个办法，就命他造出来，放置在朝堂上。

所谓"铜匦"，形如大方鼎，腹内隔成4个空间。四面分别涂成青、红、白、黑四色，各面并有可投入函件的孔窍。东面的称"延恩匦"，专装呈献的赋颂及求官的表状；南面的称"招谏匦"，专装评论时政得失及直言谏诤的表状；西面的称"申冤匦"，专装含冤受屈者申诉的表状；北面的称"通玄匦"，专装上言天象灾变及军机秘计的表状。武则天还命中书省委派一名官员为知匦使，专门负责监管铜匦。设匦之后，投赋献颂之类的函件倒不怎么多，揭发阴私的却屡见不鲜。负责造匦的鱼保家不久即因匦中的一函揭发他曾"为敬业作兵器，杀伤官军甚众"，而被处以死刑。

武则天不仅以铜匦收集密告信函，她还为所有的告密者提供各种方便条件和优厚待遇。凡是赴京专程告密的，各级官员一律不准过问告密的内容，并且还得供给他们驿马和五品官的膳食，招待他们住入客馆。不管是种地的还是打柴的，武则天都一律召见。告密者所言合乎心意，武则天则予以破格提拔；所言无实，也不予追究责任。这样一来"四方告密者蜂起"，搞得朝野内外人人慌慌。

胡人索元礼投武则天所好，借告密之机得到武则天的召见，并被任为游击将军，负责审案断狱。他生性残忍，常以酷刑令犯人屈打成招，由一人胡乱咬出几十几百人。武则天认为他很得力，屡次召见赐赏，给他撑腰打气。周兴、来俊臣等酷吏纷纷效尤，他们相互勾结，私下豢养数百无赖，"专以告密为事"。他们想陷害哪一个人，就让无赖们从几个地方一起告密，一起揭发同一内容。来俊臣还与司刑评事万国俊共同编撰《告密罗织经》一卷，教给党羽罗织罪名、构陷忠良的方法。因被告密而枉遭杀害的人不可胜数，以致"海内慑惧，道路以目"。武则天就是凭借这种恐怖手段，渐渐巩固了自己的地位。

唐灭东突厥碛口之战

唐太宗贞观四年正月，兵部尚书李靖兼任定襄道行军总管，率3000骑兵夜袭定襄，大破突厥军，颉利可汗乃率残部数万人逃往铁山。

颉利可汗是时十分窘迫，为了避免唐军继续攻击，他派大将执失思力至长安面见唐太宗李世民，表示愿举国归附，他则愿亲自到长安向李世民请罪。

李世民乃派鸿胪卿唐俭为使者，随执失思力到铁山抚慰突厥部众，与颉利可汗当面缔结和约。同时诏令李靖派兵迎颉利可汗入朝。

而颉利可汗要求与唐讲和，仅是缓兵之计。他想拖延时间，等春末夏初，草青马肥，再率突厥部众逃至漠北积聚实力。

李靖此时与李世𪟝合兵驻扎于白道，两人商议道："颉利虽败，其众犹盛。若走度碛北，保依九姓，道阻且远，追之难及。今诏使至彼，虏必自宽，若选精骑一万，赍20日粮往袭之，不战可擒矣！"

两人计议已定，便告诉了副总管张公瑾。张公瑾说："皇上已下诏书，允许突厥投降，我朝使者正在其营，为何偏要袭击之？"李靖道："这正是韩信破齐的战术。唐俭之辈，有何足惜！"遂亲率精骑一万，携带20天的干粮，连夜出发，急趋阴山之北。

李世𪟝率大军随后进发。

李靖的一万奇兵至阴山后，路遇突厥骑兵千余，即全部俘虏之，继续北进。

唐使唐俭至颉利可汗的军营中后，颉利大喜，以为和约将成，唐军不会再继续进攻了，故对唐军不再防范。

李靖率军将至颉利的营地时，派部将苏定方率200骑兵为前锋，乘雾而进，神不知鬼不觉地靠近突厥牙帐。突然，阳光普照，大雾尽散，突厥这才发现唐兵已至。苏定方不等突厥兵回过神来，马上率领200勇士疾驰击之，掩杀近百人，突厥兵大乱相失，四散奔逃。颉利没想到唐军竟在李世民允许与他讲和的时候发动突然袭击，匆忙之间，难以集合兵力抵抗，只得与其妻、隋义成公主狼狈逃走。

李靖率军继至，追亡逐北，斩杀突厥兵数万。战乱中，隋义成公主亦被杀，颉利可汗之子叠罗施被俘。

颉利率残兵败将万余人欲过碛口逃入漠北，又遭到了李世𪟝军的拦截追击，颉利部诸酋长皆降，颉利可汗乘千里马投奔居于灵州一带的突厥小可汗苏尼失。

李靖、李世𪟝大获全胜，俘获突厥男女15万余口，牲畜数十万头，自阴山北至大漠，皆被唐军控制。

唐大同道行军总管、任城王李道宗闻知颉利可汗投奔苏尼失部，立即率军自灵州掩至苏尼失营，逼苏尼失交出颉利可汗。颉利可汗大惧，率亲信数人夜逃，藏匿于荒谷之中。苏尼失惧唐军来攻，派兵追寻颉利可汗，将他抓获，送至唐军营中。副总管张宝相遂押颉利可汗至长安。

苏尼失本是颉利可汗所立的小可汗，督其部5万家建牙帐于灵州西北。及颉利可汗兵败，苏尼失自忖无法抵御唐军，乃举众投降。

李世民派李靖、李世勣征讨突厥之役，干净利索，一举消除了北方的边患，唐之疆域也大为扩展。太上皇李渊听说颉利可汗被唐军活捉，想到以前曾向突厥称臣，不禁感慨万千，高兴地说："汉高祖困于白登，不能报仇。而今我儿子能灭突厥，报了我向突厥称臣之辱，我托付得人，还有什么可担心的呢？"

徐有功宽仁审案

武则天时著名的司法官员徐有功，长期担任司刑丞、秋官员外郎、郎中等职。当时，周兴、来俊臣、丘神绩等一批酷吏，大肆陷害无辜，残酷杀戮，朝廷内外，上下震恐，无人敢正言抗论。徐有功却能以宽仁、平恕的态度对待审案工作，经他的手救活了不少遭受奇冤的官绅士庶。

润州刺史窦孝谌，是高宗与武则天的儿子相王李旦的岳父。长寿二年，武则天利用巫术秘密诅咒的罪名，杀了包括窦氏在内的相王的两个妃子。同时又陷害窦妃的母亲庞氏，说她晚上祀神祈福，是与女儿窦妃串通一气，犯了"咒诅不道"之罪。武则天命给事中薛季昶审讯此事。薛季昶秉承意旨，罗织罪名，枉法诬陷，判定庞氏死刑。

这时，担任左台侍御史的徐有功挺身而出为庞氏辩护，说庞氏是无罪受诬。他的行为惹恼了薛季昶等人，他们反转过来攻击徐有功是"恶逆"同党，袒护逆犯，并奏报武则天，请求将徐有功交付审讯，斩首示众。

当下属流着眼泪将这个可怕的情况转告徐有功的时候，他正在专心处理公务。他没有一点恐惧的神色，只是平静不屑地说道："难道只有我一个人会死，他们一伙就能永远活着？"说罢便慢慢地、从容地回家去了。

武则天看到薛季昶等人的奏疏后，把徐有功召来问道："你一向审案、断案，有罪不判或重罪轻判的情况，为何那么多？"徐有功回答说："有罪不判或重罪轻判，不过是做臣的小过失，而爱护百姓生灵，则是圣上的大仁大德。臣但愿陛下光大仁政德政，这样天下百姓就受惠无穷了。"武则天皇帝一时无话可说，慢慢地消了气，庞氏由此获得免死的宽大处理，被流放到岭南。但徐有功也受到了惩罚，他被削职除名，贬为庶人。不过，武则天不失为一个有器量的君主，不久又起用徐有功为左司郎中，又升司刑少卿。

徐有功常说："身为执法官员，掌管着人命攸关的大事，绝不能逢迎君主或权臣旨意，不能陷人于罪，以换取个人的侥幸免祸。"从前，他就曾经为凤阁侍郎任知左、冬官尚书裴行本的被诬案，以及道州刺史李仁褒兄弟的被诬案，在殿廷论奏曲直，愤起力争，几经论死、免官，而矢志不渝。当时人把他比拟为西汉时执法严正的名臣张释之、于定国。人们说："倘若执法官员都能这样，天下定能太平，刑法就可以搁置不用了。"

韦陟用人察人之术

韦陟，字殷卿。历代为关中大姓，世代传家，很有声望。其父韦安石，在武则天时官至宰相。韦安石晚年为并州司马，才生下韦陟，及其弟韦斌。两人小时候都聪颖过人，极受器重。韦陟自小就风度翩翩，整洁冷峻，独立不群，韦安石格外喜欢他。韦陟10岁时就会作文章，文采卓越，又善于隶书，辞人、秀士都在他身边酬唱郊游。开元初，韦陟之父安石死，他从此足不出户，8年间与弟斌相互勉励，探讨典籍，刻苦用功，文章在当时很负盛名。当时才子王维、崔颢、卢象等人常与韦陟唱和游处，有人感叹说："盛德遗范，都集中在他身上了。"韦陟做洛阳令，后转为吏部郎中。张九龄当时是一代名相，也是一代文豪，正在做中书令，便引用韦陟为中书舍人（掌起草诏令、侍从、宣旨、劳问、接纳上奏文表，兼管中书省事务），与陆遆（tì）、梁涉等共同掌管文书诰令，为时人传为佳谈。

后来韦陟又升迁为礼部侍郎。他喜欢结交后辈，尤其喜欢以文章度人，文章做得好的即使是晚辈，也无不熟识而与之有交。以前主持科场取人的，大都凭一场考试的优劣，登录考者的科目，不能完全展示应试者的才能。韦陟主考，先考察平时所作文章，让诗人们自己报上各自所擅长的诗笔，先对此考试一天，知道他们的长处和短处，然后才按照常规的程序考核。这样下来，一个有才的人也不会遗漏，人们都称赞他的做法。后来他做了吏部侍郎，经常指责过去选人时名不副实，官阙位置太少，取到有才能者十分困难，真正有才能的人被排挤出去，而无才能的人反而纷纷得以冒进。他疾恶如仇，性格刚毅直率，作风严正。选人时唯恐有假冒之才，就按声音一一盘诘，他所选的没有一个是不合格的人才。他每年都要争取数百个空阙官位，用以安排那些被淹滞而没有录取的人。他常对亲近的人说："如让我连续一两年掌管察铨选人的事，那么天下就会无人可选了。"

韦陟平时在自己宅第中察人用人也很有条理。他出身名门，豪华阔绰，其中侍人阍阍，就有数十人，衣、书、药、食，平时都有专人分管，而车马奴僮，简直可以与王室规模相比。他自以为才华人物都很出众，不费丝毫力气就得到三公之衔，很有些豪贵气象，因而善于发掘接受后来新秀，他的同僚朝官都不如他。一旦他发现有担当道义的人，无论贵贱，都会虚席赤脚，热情地去迎接他，所以人们都还尊重他。

杨炎立两税法为国聚财

唐代税收主要的有租、庸、调3种形式。租是田赋，是国家征收的土地税，多以谷物的形式体现；庸是代替劳役的费用，多以钱的形式体现；调是按人口征收的费用，大多是实物形式。

可见，租庸调的征收，是以户籍为基础的。可是，玄宗时代，户籍制度疏于管理，不能随时反映出人口及土地的变动情况。特别是安史之乱以后，百姓走死逃亡，人口及土地的情况变化更大，而户籍却没有重新订正，户籍与实际的差别有天壤之别。原来的住户没有动的，只有百分之四五。而租赋的征收，却是根据那"老皇历"。还有，那些人口多、雇佣劳动力多的人家，又大多是富人，他们或者为官，或者为僧，都想方设法享受免出租赋的特权。因此，那些租税的负担，就大部分落到了贫苦农民的头上。例如，唐初规定，壮丁参军戍边的，免除6年的租和庸。然而玄宗时代，边境多战事，大部分戍边士卒战死无归。然而将领们为了邀功，士卒战死也不上报。所以，多数战死的士卒名字还保留在家乡的户籍上，正因此，他们死后还要交纳租赋。特别是天宝年间，王锇担任户籍使，按旧户口征税，凡是户口上有名的戍边士卒，除去免租赋的6年，其余的都要补交，结果很多人家要为已经战死的士卒补交 30 年的租赋。这样，农民的负担极其沉重，而国家的收入却减少了，财政困难。

不仅如此，由于征收部门和征收方式的变化，赋税的负担越来越重。原来，各地的租赋由度支使征收，转运使运送。但安史之乱以后，在各地又设立了不少节度使、都团练使等等，也征收税赋。他们各自为政，乱立名目，谁也管不了。结果是朝廷管不了诸使，诸使管不了州郡，法制大乱。有些权臣、地方贪官污吏就乘机征收各种苛捐杂税。那些驻有重兵的地方，将军们更是随便巧立名目，任意提高自己的待遇。有时以向国家朝廷奉献为名向百姓征收钱物，征来以后，很多入了个人的私囊。那时，赋税的名目有上百种之多。那些本来已经作废的，他们还照收不误，有些收重了的项目，也不肯去掉。对于百姓来说，每旬每月都有人来向他们伸手征收税赋。那些贪赃枉法之徒，却可以从中获取数以亿计的赃贿。而给国家剩下部分的却没有多少了。

这种现象，从安史之乱开始，已经持续了近 30 年，也没有人找到一个可行的办法来解决它。

德宗建中元年（780 年），宰相杨炎向德宗李适建议实行两税法，才使这个问题有了一个暂时的解决办法。

杨炎是凤翔（今陕西省凤翔县附近）人，才貌双全，长须飘洒，身材伟岸。他文章也写得好，他为一个称为李楷的人写的碑文，流传很广，很多人能背诵。他还礼贤下士，人们都愿意在他的手下工作。他曾经官至吏部侍郎，后来受人牵连，被贬为道州司马。德宗继位后，做了宰相。

杨炎敢于直谏。唐朝初年，国家的收入都存入左藏库，每年四季都要向主管国家储备的太府卿报告库存数量。尚书台还要进行复核。这样互相牵制，漏洞较少。到第五琦担任度支盐铁使的时候，一些京师的高官时常越格支取，第五琦控制不住，便把各地租税全部存入大盈内库，这实际上是德宗的私库。第五琦这样做，皇帝用起来方便，当然高兴。此后延用下来。各个主管衙门对使用的情况一无所知。这内库是由宦官把持的，管这个事的宦官有 300 多人，弊端很多。杨炎上任不久，就当着皇帝的面提出了这个问题。他说，财赋是国家最根本的东西，天下的稳定和发展全依赖于它。如果在管理这些财赋上稍有失误，就会引起混乱，甚至动摇天下。20 年来让宦官操纵国家的根本，多少盈亏，大臣们全不知道。这样，让他们如何管理天下大事？臣请仍旧把国家收入归于有关部门管理。这样才能根据财政情况，量入为出，并使国家稳定。

德宗很快就同意了杨炎的建议。下诏国家财赋仍旧归左藏库收藏，每年支取三五十万入大盈库。

这个建议虽然正确，但以前，因为他触及皇帝个人的利益，所以谁也不敢提。现在杨炎把它提出来了，并且得到了皇帝的批准。大家都觉得杨炎办成了一件难办的事。这使他本来就比较高的威信更高了。这也使他提出两税法有了比较好的基础。

两税法的主要内容，就是把租赋简化成户税和地税两种。户税不管身份，"户无主客"，按当前实有的人口计算，按每户的贫富划分成等级，然后按等级确定税额。而地税则以大历十四年（779年）实际的土地数量为准。除了这两种赋税之外，任何人不得再征收其他赋税。此外，商人要由所在郡县征收三十分之一的税。"两税"的另一个含义是每年只在春秋两季征收两次。

两税法的实行，在一个时期内、一定程度上，减轻了农民的负担。更主要的是在没有增加赋税的情况下，增加了国家的收入。杨炎为安史之乱以后江河日下的唐王朝增加了收入，解决了一些财政困难。因此史书上称颂他"救时之弊，颇有佳声"。

当然，两税法不可能完全彻底地实行。不久以后，苛捐杂税又多了起来。

杨炎后来陷入官僚们争夺权利的争斗中。他挨过整，遭过贬逐，也进行过无情地报复，"不顾公道"，整过别人。最后是两败俱伤，在他55岁那年被赐死。

开元盛世

唐太宗李世民的才人武则天，后来又成了唐高宗李治的才人并爬到皇后的宝座。武则天有着很高的政治才能和权术手段，她先是与高宗平起平坐，继而在李治死后，先后把他的两个亲生儿子中宗李显和睿宗李旦赶下台，自己当起皇帝来，成了中国历史上唯一的一位女皇。武则天把唐朝的国号改称为大周，篡夺了唐朝的天下，让她娘家武氏的人控制了朝廷的大权。李氏皇朝的人和追随他们的人并不甘心，几经反复，终于在神龙元年（705年），迫使武则天让位给唐中宗李显。从此唐朝的国号恢复。

可惜唐朝的天下并没有从此平静。中宗的韦皇后想走武则天的路，当第二个女皇，便在中宗景龙四年（710年）毒死了中宗，想临朝听政。睿宗的三儿子临淄王李隆基在自己的姑母（武则天的女儿）太平公主的支持下起兵，诛杀了韦皇后和她的党羽，拥立自己的父亲睿宗复位，李隆基被立为太子。但太平公主也有自己的打算，与李隆基产生了很大的矛盾。延和元年（712年），只当了两年皇帝的睿宗宣布退位，自称太上皇。太子李隆基便当上了皇帝，史称唐玄宗。第二年，太平公主又想废掉玄宗，李隆基便杀了太平公主。唐朝宫廷内部的政治动荡，从此才算慢慢地安定下来。"开元盛世"，也才有了出现的可能。

其实，"开元盛世"也是在前几代人建立的基础上出现的。"贞观之治"为唐朝的经济发展打下了良好的基础，而武则天尽管在政治上很残酷，但为了巩固自己的统治，在经济上也做了很多有益的事情。她重视农业生产，并取得成绩，使得"田畴垦辟，家有余粮"，对政绩突出的地方官吏，给以奖励，而对政绩不佳，造成"户口流移"的，则给予处罚。她还主持编写了《兆人本业记》这部农书，对促进农业的发展也起了一定的作用。在她掌政期间，社会安定，户口增加。

武则天也做了不少妨害农业生产的事情，大修宫殿，大造佛寺，铸九鼎，用铜56万余斤，建"天枢"高105尺，直径12尺，买来的铜铁不够用，就到农村去收集农具。何况，她退位前后的争权斗争，对农业生产造成的危害就更大了。

李隆基就在这样的情况下当上了皇帝。他当即许诺"当与亿兆同此惟新"，要同百姓共同创造一个新的时代。并且，他也确实下了一番功夫。

武则天造的"天枢"，消耗了大量的铜铁，而这些铜铁又是农业手工业生产所必需的。玄宗在天宝二年（713年）下令废毁天枢，取其铜铁以充军国之用。

由于天下僧尼很多。这些僧尼不事生产，给社会造成了极大的浪费。因为僧尼不干重活，生活还有保障，所以很多人就躲到寺庙里，冒充僧尼。也是在天宝二年，玄宗批准了紫微令姚崇的建议，检查寺院，让那些冒充的僧尼还俗。仅这一次，就从寺庙里清除伪冒的僧尼两万多人。

玄宗还提倡节俭，认为厚葬之风"无益亡身，有损生业"，下令对各阶层人士的埋葬标准作出规定，节制奢靡之风，提倡简俭。还规定不得用金银制造葬器。有违犯者要对本人打100板，如果地方长官不能举察，还要被贬官。

在关中地区，有一条郑白渠，农民都仰赖它灌田。但那些王公权要之家，

二十四史精华

《旧唐书》

却在渠上随意筑坝拦水，使得农民无法充分利用这一水渠。玄宗下诏让京兆尹李元纮（hóng）把这些水坝全部平毁，百姓大受其利。

有一次，关中蝗灾，玄宗采纳了姚崇的建议，派人捕虫，大大减轻了灾害的程度。

他还派宇文融为劝农使，到各地去检查大户隐瞒的户口，查出80多万户，让他们重新登记户口，还减免他们6年的租调，只是收一些税。但仅这一部分很轻的税，国家就多得了几百万贯的收入。

玄宗的这些措施，在一定程度上增加了农村的劳动力，增加了社会人口，提高了农民种田的积极性，因此促进了农业和手工业的发展。

开元十四年（726年），全国在籍的户数达到706万多户，人口为4100万。到了开元二十年，户数达到786万，增加80万户，人口达到4500多万，增加了400多万。到天宝十三年（754年）户数达到900万，人口达到5200万。

当时，社会也逐渐富庶起来，很多人家都有够用几年的存粮，国家仓库的粮食有时因为存放时间太久而腐烂。天宝八年国家储存的粮食达一亿石。物价也很稳定，两都（长安和洛阳）的米价始终在每斗15文到20文上下，而青州（在今山东、河北两省交界处一带）、齐郡（在今山东省济南市一带）的米价只有每石三五文。绢价也保持在200文左右。总之，社会上出现了中国封建社会里少有的升平景象，唐朝也达到了自己发展的鼎盛时期。

可惜的是，玄宗后来宠幸杨贵妃，朝政由李林甫、杨国忠这样一些奸佞之臣来操纵，终于酿成了安史之乱。唐朝的生产遭到严重破坏，生灵涂炭，国力大大衰落，一蹶不振。

偏用宦官　以致动乱

鱼朝恩，唐朝天宝年间以宦官身份进入内侍省（管理宫廷内部事务的机构），开始做品级官时，是给事黄门（执掌诏令，备皇帝顾问）。鱼朝恩狡诈内敛，善于表现和对答辞令，而且稍通文书和计算。

安史之乱中，肃宗即位，宦官们干预朝政。至德年间，肃宗常令鱼朝恩到外地去监督军事。9个节度使在相州（今河北河南二省交界）共同讨伐安庆绪（安禄山之子）时，朝廷没有统帅，只以鱼朝恩为观军容宣慰处置使的身份督战。观军容使这个官名，就是从鱼朝恩开始的。后来因功劳大而累官加左监门卫大将军，专掌管宫殿门禁及守卫之事。

当时郭子仪因平定安史之乱而屡立大功，当时没有比他声望更高的。鱼朝恩嫉妒他功劳太大，就多次派间谍去窥探他的情况，但郭子仪对皇帝全心全意，毫不介意他这些小动作。唐肃宗也英明，能够体察郭子仪的忠心，所以鱼朝恩的挑拨离间付之流水。

自相州大败之后，史思明的叛军又攻陷黄河洛阳，鱼朝恩常统帅皇宫禁卫军镇守关中，以安定东方人心。

唐肃宗死后，代宗即位，广德元年（763年）西部吐蕃兵入犯京郊，代宗逃到陕州（今河南西部），当时禁卫军无法集中，难以征召，到了华阴，鱼朝恩才率大军来迎奉皇帝，于是六军才振作起来协力抗敌。由此之后，鱼朝恩更加受宠，改为天下观军容宣慰处置使，负责全国的军事监督。当时四方叛乱还未安定，军政事务繁重紧迫，皇帝用人之际特别恩重功勋之臣。鱼朝恩统帅神策军扈从代宗，后来神策军及其他扈从军队都归鱼朝恩统辖。他出入禁中，从皇帝那里获得的赏赐无以计数。

后来鱼朝恩恃功自傲，握军权自固，渐渐权倾朝野。

大小欧阳书法

欧阳询，字信本，潭州临湘（今湖南长沙）人，唐代著名书法大家。欧阳询的祖父是曾在南朝陈代任大司空的欧阳明。父亲欧阳纥，在陈朝任广州刺史，因谋反罪被朝廷诛杀。欧阳询差一点因父亲被处死，陈朝尚书令江总因是欧阳纥的旧友，便收养了欧阳询，并教他书法等。欧阳询绝顶聪明，读书一目数行，博览经史。到隋朝时，出仕为太常博士。唐高祖李渊还没有发迹时，欧阳询是他门下的宾客。待到李渊推翻隋朝统治，建立大唐，便授他官职，仕至给事中。

唐高祖武德七年（624年），欧阳询与裴矩、陈叔达等奉旨撰修《艺文类聚》，共100卷。而最主要的，欧阳询是唐代著名的书法家，其书法初学王羲之，后变化其体，渐渐自成一家。《唐人书评》称他书法的特点是："若草里蛇惊，云间电发；又如金刚瞋目，力士挥拳。"史籍中称他的书法"笔力险劲，为一时之绝"。所以，当时人得其书信、文字之类，均将它当做书法的楷式。其书名甚至一直传到朝鲜等国，他们曾专门派使者来求欧阳询的书法。

尽管欧阳询寿至80，但他死时，其子欧阳通却年龄尚幼。欧阳询之妻徐氏这时便承担起了养育儿子的重任，除维持生活外，还教他书法，要他向父亲学习，继承父亲的书艺。徐氏教子可谓煞费苦心，为了更好地激励儿子，她想出了一个办法，常常给儿子钱，给钱时，总是要对欧阳通说："这是卖你父亲的书法作品得来的钱。"欧阳通见人家如此看重他父亲的书法作品，更加钦佩他父亲的书名，于是学得也就更加刻苦了，白天黑夜，丝毫也不见松懈倦怠。

日积月累，欧阳通的书法果然也大有成就。欧阳询在书法史上的地位很高，其作品世称"欧体"。他与虞世南、褚遂良、薛稷4人并称书法"唐初四大家"，后世均将其书法作为临摹学习的范本。欧阳通书名虽不及其父亲，但与父亲一起，被人称为"大小欧阳"，在书法史上也有一定的地位。由于个人天赋等方面的原因，各人取得的成就是不可能完全一样的。欧阳通也许天赋不如其父欧阳询，但他在母亲的教育下，在父亲书名的激励下刻苦学习，毫不懈怠，其精神是可嘉的。有了这样的精神，即使他没有取得任何成就，也是值得肯定的。

到武则天天授二年（691年），欧阳通官至司礼卿判纳言。武则天想立其侄武承嗣为太子，欧阳通与宰相岑长倩等竭力反对，得罪了武则天，被诬以谋反罪下狱死。从这一件事上可以看出，欧阳通立朝为官，具有正直不阿的性格。这一点是否受到其父欧阳询和母亲徐氏的影响，史籍中没有明载。

人物春秋

开国元勋　辅帝之才——房玄龄

　　房乔，字玄龄，自幼聪明，博览经史，工于草书隶书，善写文章，曾跟随父亲到京城去。当时天下安宁，大家都认为隋朝的国运长久，房玄龄避开左右随从对父亲说："隋朝皇帝本无功德，只会迷惑黎民百姓，不做长远打算。他混淆嫡亲和庶出，让他们互相争夺，皇太子与诸王，又竞相奢侈，早晚会引起互相残杀，靠他们国家将难以保全。现在天下虽然清平，但其灭亡却指日可待。"房彦谦听后很吃惊，对他刮目相看。房玄龄18岁时，本州举荐他应进士考，及第后被授羽骑尉。吏部侍郎高孝基一向被认为有知人之明，见到房玄龄后深加赞叹，对裴矩说："我见过的人多了，还从未见到过这样的郎君。他将来必成大器，但恨我看不到他功成名就，位高凌云了。"父亲久病，历百余日，房玄龄尽心侍奉药物膳食，总是和衣而睡。父亲去世后，5天不吃不喝。后来房玄龄被任命为隰城县县尉。

　　到唐高祖举义旗入关内，太宗向渭北拓地时，房玄龄驱马前往军营谒见。温彦博又加以推荐。太宗一见房玄龄，如同旧友，署任他为渭北道行军记室参军。房玄龄既然已遇知己，就竭尽全力，知无不为。每当讨平寇贼时，众人都竞相搜求珍玩，唯独房玄龄先去网罗人才，送到太宗幕府。遇有猛将谋臣，他就暗中与他们交结，使他们能各尽死力。

　　不久隐太子李建成见太宗功德比他更盛，产生猜忌。太宗曾到隐太子住所吃饭，中毒而归。幕府中人震惊，但又无计可施。房玄龄因此对长孙无忌说："现在怨仇已成，祸乱将发，天下人心恐慌，各怀异志。灾变一作，大乱必起。不但能祸及幕府，还怕会倾覆国家。在此关头，怎能不再三深思呢！我有计：不如遵从周公诛杀兄弟的故事，就能对外抚宁天下，对内安定宗族社稷，来尽一份孝养的礼节。古人曾说：'治理国家的人不能顾及小节'，说的就是这个道理。这比家国沦亡、身败名裂不是要好得多吗？"长孙无忌说："我也早有这种打算，一直没敢披露出来。您现在所说的，与我的想法深深相合。"长孙无忌于是入见太宗献策。太宗召来房玄龄对他说："危险的征兆，已现迹象，应该怎么办呢？"房玄龄回答说："国家遭逢患难，古今没什么不同，不是英明的圣人，不能平定它。大王功盖天地，符合君临臣民的预兆，自有神助，不靠人谋。"因此与幕府属官杜如晦同心尽力。仍然随同幕府升迁为秦王府记室，封爵临淄侯。又以本职兼任陕东道大行台考功郎中，加官文学馆学士。房玄龄在秦王府10余年，经常掌管文书。每当撰写奏章时，他驻马路边，一挥而就，行文简洁，道理充分，不打任何草稿。高祖曾对侍臣们说："此人深知事理，完全可以委任。每当他为我儿向我陈述事情，都能理会我心，使千里之外，与我儿就像对面谈话一样。"隐太子看到房玄龄、杜如晦被太宗信任，十分厌恶，在高祖面前进谗言，于是房玄龄与杜如晦一起被贬斥。

隐太子将要变乱，太宗命令长孙无忌召来房玄龄和杜如晦，悄悄带他们入府阁议事。及太宗入东宫成为皇太子，便提拔房玄龄为太子右庶子。贞观元年，代替萧祐任中书令。太宗论功行赏，以房玄龄和长孙无忌、杜如晦、尉迟敬德、侯君集五人为第一。房玄龄晋爵邢国公。太宗因此对诸位功臣说："朕奖励你们的功勋，给你们划定封邑，恐怕不一定恰当。现在你们可以各自发表意见。"太宗叔父淮安王李神通进言说："高祖刚举义旗，臣就率先领兵赶到。现在房玄龄、杜如晦等刀笔吏功居第一，臣有些不服。"太宗说："义旗初举，人人追随。叔父虽然率兵前来，但不曾身经战阵。山东没有平定时，叔父受命出征，窦建德南侵，叔父全军覆灭。刘黑闼叛乱，叔父才随军破敌。现在论功行赏，房玄龄等有运筹帷幄、安定国家的功劳。汉朝的萧何，虽然没有征战的功劳，但他指挥谋划、助人成事，因此功居第一。叔父是皇家至亲，对你的确没什么可以吝惜，但朕又切不可因此私情，让你与功臣接受同等的赏赐。"起初，将军丘师利等都居功自傲，甚至有时挽袖指天、以手画地，陈说怨愤。等见到李神通理屈后，他们互相议论说："陛下赏赐极为公正，不徇私情，我等怎能妄加陈述呢？"

贞观三年，任命房玄龄为太子太师。他坚辞不受，改任代理太子詹事、兼礼部尚书。明年，代替长孙无忌任尚书左仆射，改封爵为魏国公，并监修国史。房玄龄既已总管百官事务，就虔诚恭谨，日夜操劳，尽量做到事事处理恰当。听到别人的长处，就像自己有长处那样高兴。他精通吏事，注意文辞，审定法令，意在宽平。用人不求全责备，也不以自己的长处来衡量别人，随才录用，不拘贵贱，被时人称为良相。有时因事被皇上谴责，他就连日在朝堂上叩头请罪，恐惧不安，似无地自容一般。贞观九年，房玄龄监护高祖陵庙制度，因功加授开府仪同三司。十一年，房玄龄和司空长孙无忌等 14 人一起被授予世袭刺史。房玄龄带原官任宋州刺史，改封爵为梁国公。这件事结果后来未曾施行。

贞观十三年，加房玄龄官为太子太师。房玄龄再三上表请求解除仆射职务，太宗下诏书回报说："选用贤能的根本，在于无私；侍奉君上的道义，贵在当仁不让。列圣所以能弘扬风化，贤臣所以能协力同心。公忠贞庄重，诚信贤明，为我草创霸业，助成帝道。执掌尚书省，使百政通和；辅佐皇太子，实众望所归。但是公忘记了那些大事，拘于这点小节，虽然恭敬完成教谕事务，却要辞去宰相职位，这难道就是所说的辅佐朕共同安定天下吗？"房玄龄于是带本官就任太子太师。当时皇太子要行拜师礼，已备好仪仗等待。房玄龄深加谦退，不敢进见，于是回家去了。有见识的人都推崇他的谦让精神。房玄龄认为自己居宰相位 15 年，女儿是韩王妃子、儿子房遗爱娶高阳公主，实在是极为显贵，于是频繁上表，请求辞去职位。太宗下诏宽慰，但并不批准。十六年，又与高士廉等人一起撰成《文思博要》，获丰厚赏赐。拜官司空，仍然总掌朝政，依旧监修国史。玄龄上表辞让，太宗派遣使节对他说："过去留侯张良让位、窦融辞去富贵，都是自己惧怕功名太盛，知道进能够退、善察时势、及时止步的，所以前代人加以赞美。公也想追随往日贤哲，实在应当嘉奖。然而国家任用公已久，一旦突然失去良相，就如同失去双手一般。公若体力不衰，就不要再辞让了。"房玄龄于是停止推让。

贞观十七年，房玄龄和司徒长孙无忌等人的像被画在凌烟阁上。赞词说："才能兼有辞藻，思虑化入神机。为官励精守节，奉上尽忠忘身。"高宗在东宫时，加房玄龄太子太傅，仍然知门下省事、监修国史如故。同年，房玄龄因继母去世停职修丧礼，太宗特命赐以昭陵葬地。不久，恢复本职。太宗亲自出征辽东，命房玄龄在京城留守，手写诏书说："公担当着萧何那样的职任，朕就没有西顾之忧了。"军事器械、战士衣粮，都委任房玄龄去处置发送。房玄龄屡次上言说敌人不可轻视，应当特别谨慎。

房玄龄曾因微小过失被罢官回家，黄门侍郎褚遂良上奏说："君主是'首脑'，臣下称'四肢'。有龙跃就有云起、不待呼啸而会集，一旦时机到来，千年不敌一瞬。陛下过去是布衣百姓时，心怀拯救民众的大志，手提轻剑、仗义而起。平定诸处寇乱，全靠陛下神功，而文章谋略，颇得辅佐帮助。作为臣下，玄龄出力最勤。往昔吕望扶助周武王、伊尹辅佐成汤，萧何竭力于关中、王导尽心于江南，玄龄可以与这些人匹敌。况且武德初年出仕做官的人，都是忠诚勤恳、恭敬孝顺的，众人同归陛下。但隐太子与海陵王，凭仗凶乱、求用惑主，使人人不能自安，处境像鸡蛋相叠一样危险、形势如身被倒挂一样危急，命在旦夕，身系寸阴，而玄龄之心，始终不变。到武德九年之际，事情紧迫，玄龄虽被贬斥赶走，未能参与谋略，但仍然穿着道士衣服入府，与文德皇后同心相助。他在臣节方面，确实没有亏欠。到贞观初年，万物更新，玄龄选择能吏侍奉君主，为舆论所推奖，虽有无上功勋，却忠心依旧。只要不是犯有不赦的罪状、为百官同愤，就不能因一点小错误就轻易地舍弃他不用。陛下如果确实怜悯玄龄年迈，或瞧不起他的行为，自可像古时那样，谕示大臣让他退休。但这事实行起来要靠后一些，并要遵循往日故事，按退休礼仪去做，就不会使陛下失去好的声誉。现在玄龄这样有数十年功勋的旧臣，只因小事而被贬斥，朝廷外面议论纷纷，都认为不应该。天子重用大臣则人尽其力，轻易舍弃则人心不安。臣以庸碌人才，愧列陛下左右，斗胆冒犯天威，略为陈述管见。"

贞观二十一年，太宗前往翠微宫，在那里授司农卿李纬官为民部尚书。房玄龄当时留守京城。恰好有人从京城来，太宗问他："玄龄听说李纬官拜尚书后怎么样？"那人回答："玄龄说李纬胡子好，没说其他话。"太宗立刻改授李纬为洛州刺史。房玄龄就是这样，是当时的一种尺度。

贞观二十二年，太宗前往玉华宫。当时房玄龄旧病发作，诏书命令他在京养病并仍然总管留守事务。病重时，太宗让他来玉华宫。房玄龄坐抬轿入殿，一直被抬到太宗座前才下轿。太宗面对他垂泪，房玄龄也感动哽咽。诏书派遣名医救治，并命尚食局每日供应宫廷膳食。如果房玄龄稍有好转，太宗便喜形于色；如果听说病情加重，脸色便变得悲伤。房玄龄因此对诸子说："我自从病情危急后，受恩泽反而更深；如果辜负了圣明君主，则死有余辜。当今天下清明，各件事务都很得当，唯独东征高丽不止，将为国患。主上含怒下了决心，臣下不敢冒犯圣威。我若知而不言，就会含恨入地。"于是上表劝谏说：

臣听说兵革最怕不收敛，武功贵在停止干戈。当今圣明教化，无所不至。上古未能臣服的地方，陛下都能让其称臣；未能制服的地方，陛下都能制服。详察古今，为中国患害最大的，首推突厥。而陛下却能运用神机妙策，不下殿堂就使突厥大、小可汗相继归降，分掌禁卫军，执戟行列间。其后薛延陀嚣张，旋即被讨平灭亡；铁勒倾慕礼义，请朝廷设置州县。沙漠以北，万里安宁，没有兵尘硝烟。至于说高昌在流沙拥兵叛乱，吐谷浑在积石山归属不定，发一军进讨，全都荡平。高丽历代逃避诛罚，朝廷未能征讨。陛下谴责它为逆作乱、杀害君主虐待民众，于是亲自统领六军，前往辽东、碣石问罪，不到一月，就攻拔了辽东，前后抓获俘虏达数十万，分配在诸州，无处不满。雪前代的旧耻，埋亡卒的枯骨。若比较功德，则高出前王万倍。这些都是圣主心中所自知的，卑臣怎么敢详尽述说。

况且陛下仁风流布，遍于四海；孝德显扬，与天同高。看到夷狄将要灭亡，便能算出还需几年；授予将帅指挥谋略，就能决胜万里之外。屈指计日、等待驿传，观日算时，迎候捷报，符合应验如同神灵，算计谋划没有遗漏。在行伍之中提拔将领，于凡人之内选取士人。远方的使节，一见不忘，小臣的名字，不曾再问。射箭能洞穿七层铠甲、拉弓能力贯百八十斤。加上留心经典、注意文章，用笔超过钟繇、张芝，文辞不让班固、司马迁。文锋已振，管磬自然和谐，翰墨轻飞，花卉竞相开放。以仁慈安抚百姓，以礼义接遇群臣。有喜好生命的德性，在江湖焚烧障塞，释放鱼类；有厌恶杀戮的仁慈，在屠场止息刀斧，拯救畜牲。鸭鹤承接了稻粱的赐予，犬马蒙受着帷盖的恩惠。下车吮吸李思摩的箭疮，登堂哭临魏徵的灵柩。为战亡的士卒哭泣，哀痛震动六军；背填路用的薪柴，精诚感动天地。重视民众的生命，特别关心狱囚。臣见识昏愦，怎能论尽圣功的深远，奢谈天德的高大呢！陛下兼有众多长处，各种优点无不具备，卑臣深深地为陛下珍惜它，爱重它。

《周易》说："知道进而不知道退，知道存而不知道亡，知道得而不知道失。"又说："知道进退存亡，又不迷失正道的，只有圣人啊！"由此说来，进里有退的含义，存中有亡的机宜，得内有失的道理，老臣为陛下珍惜的原因，指的就是这些。老子说："知足就不会招致侮辱，知道适可而止就不会遇到危险。"陛下的威名功德，也可以说是"足"了；拓广疆域，也可以"止"了。那个高丽，是边境的夷族残类，不足以用仁义对待，也不可以常礼责备。古来将他们像鱼鳖一样喂养，应该宽恕他们。如果一定要灭绝他们的种类，恐怕野兽落入穷困境地就要搏斗。而且陛下每次决杀一个死囚，都必定命令法官再三复审多次上奏，并要吃素食、停音乐。这就是因为人命关天，感动了圣上仁慈之心的缘故。何况现在这些兵士，没有一点罪过，却无故被驱赶到战阵之间，处于刀锋剑刃之下，使他们肝脑涂地，魂魄没有归处；让他们的老父孤儿、寡妻慈母，望灵车而掩泣，抱枯骨而伤心，这就足以使阴阳发生变动，和气受到伤害，实在是天下的冤痛啊。况且"兵"是凶器，"战"是危事，不得已才使用。如果高丽违反臣节，陛下诛讨它是可以的；如果高丽侵扰百姓，陛下灭亡它是可以的；如果高丽会成为中国的长久之患，陛下除掉它是可以的。有其中的一条，虽然日杀万人，也不值得惭愧。现在没有这三条，却烦扰中国，内为前朝旧王雪耻，外替新罗报仇，难道不是所保存的少、所丢失的多吗？

希望陛下遵循皇朝祖先老子"止足"的告诫，来保全万代巍峨的名声。发布甘沛的恩泽，颁下宽大的诏书；顺应阳春散布雨露，允许高丽悔过自新；焚烧凌波的船只，停罢应募的民众，自然华夏与夷族都庆贺依赖，远方肃宁，近处安定。臣是老病的三公，早晚就要入地，所遗憾的只是臣竟然没有尘埃露水，来增高山岳、增广海洋。谨此竭尽残魂余息，预先代行报恩的忠诚。

倘若承蒙录用这些哀鸣，臣就是死而不朽了。

太宗见到表奏，对房玄龄的儿媳高阳公主说："他病成这样，还为国家担忧。"

房玄龄后来病情加剧。太宗于是凿通苑墙开设新门，屡次派遣宫中使臣问候。太宗又亲自前往，悲伤不止。皇太子也前去与他诀别。当天授房玄龄的儿子房遗爱为右卫中郎将、房遗则为中散大夫，让他生前看到儿子的显贵。不久病故，享年70岁。太宗命3天不上朝，下册书赠房玄龄官太尉、并州都督，赐谥号为"文昭"，朝廷供丧葬器物，陪葬昭陵。房玄龄常告诫诸子不能骄奢、沉溺于声色，一定不可以用地位门第去欺凌他人，因此汇集了古今圣贤的家诫格言，写在屏风上，令诸子各取一扇，对他们说："你们如果能留意这些家诫，就足以保身成名。"又说："汉朝的袁家历代保有忠节，是我所崇尚的，你们也应该效法。"高宗继位，诏命房玄龄在太宗庙庭中祔祭。

唐代高僧——玄奘

玄奘和尚，姓陈，洛州偃师县人。隋炀帝末年出家，广泛阅读佛经著作。他曾因当时的佛经译本有很多谬误，所以到西域去，广泛寻求各种版本检验校正。太宗贞观初年，跟随商人到西域结交佛教界人士。玄奘知识渊博，口才出众，每到一地都要讲授经义，解释疑难，各地外国人都尊敬佩服他。他在西域17年，遍访的国家有100多个。这些国家的语言全都懂得，于是收集山河风俗，当地特产，撰写《大唐西域记》。贞观十九年（645年），回到京城长安。太宗召见他，非常高兴，跟他交谈讨论。于是诏令把657部梵文佛经安排在弘福寺译成汉语，还命令右仆射房玄龄、太子左庶子许敬宗，广泛征聘学识渊博的和尚50多人，帮助玄奘整理考校。

显庆元年（656年），高宗命令左仆射于志宁，侍中许敬宗，中书令来济、李义府、杜正伦，黄门侍郎薛元超等人，一同润色玄奘翻译出来的佛经译文，国子博士范义硕、太子洗马郭瑜、弘文馆学士高若思等人，帮助翻译。这时共译出75部，进献给高宗。后来由于京城的人们争着来礼拜晋见，玄奘就禀奏请求找个安静的地方翻译，诏令搬迁到宜君山的老玉华宫。玄奘于显庆六年（661年）去世，终年56岁，安葬在陕西蓝田县西的白鹿原，送葬的男男女女好几万人。

《新唐书》

《新唐书》概论

　　《新唐书》是又一部系统记录唐朝历史的纪传体史书，亦被列入正史之列。该书撰于北宋仁宗嘉祐年间，比《旧唐书》晚出世一个多世纪。该书全面继承了《史记》《汉书》的编纂体例，使纪传体史书体例自《三国志》以后再度完备起来，故该书在正史中有着相当重要的地位。

　　宋朝《新五代史》的编纂，由政治原因、文化原因等多种因素共同促成。首先，出于巩固宋朝统治的目的，是其一个主要原因。

　　北宋立国以后，鉴于五代割据纷争的历史教训，北宋王朝的统治者颇为关注五代时期的历史探究。经过近百年的统治和经营，至仁宗皇帝时期，天下平和，民物安乐。但外族边患日益严重，加之国内财政危急和人民反抗，迫使统治阶级不得不从历史中寻求治理天下的历史经验，由是开始注意对唐代历史的重视。庆历元年（1041年）冬，当时即有人向宋仁宗建议从《旧唐书》中探求鉴益，主张节略《旧唐书》中有益于时政的内容进献最高统治阶层，以求收取贾谊、晁错借秦以喻汉的功效。仁宗当即十分乐意地接纳了这一建议。不久，范仲淹等人在推行"庆历新政"时，又上书宋仁宗，请求他应当像唐高祖、唐太宗那样"隆礼敦信，以盟好为权谊；选将练兵，以攻守为实务"，以此外交方略来缓和和治理日益严峻的边患。这样，最高统治者们出于巩固统治秩序的目的，对唐代历史的治乱兴衰发生了浓厚的兴趣。

　　其次，文化学术风气的变化也对唐史研究提出了新的问题。早自中唐时期，文化学术领域就出现了一些变革的迹象。在史学方面，尤其主张运用《春秋》笔法，故对司马迁、班固开创的纪传体史学编纂形式颇有批评。

至北宋真宗、仁宗时期，人们已开始在唐史研究中实践着"春秋笔法"。如在仁宗时期，有孙甫的《唐史记》75卷。其中孙甫的著述，即直接冲着《旧唐书》而来："甫以刘昫《唐书》烦冗遗略，多失体法，乃改用编年。"（《宋史·孙甫传》）之所以运用"春秋笔法""改用编年"，是因为"《春秋》记乱世之事，以褒贬代王者之赏罚"，而《旧唐书》并不能起到这种作用。这种思想认识，曾公亮在《进〈新唐书〉表》中说得十分明白：《旧唐书》"言浅意陋，不足以起其文而使明君贤臣、俊功伟烈，与夫昏虐贼乱、祸根罪首，皆不得暴其善恶以动人耳目，诚不可以垂劝戒、示久远，甚可叹也。"）因而重新编纂唐朝的历史被提上了议事日程。

《新唐书》的编纂过程也是长期复杂的。

早在仁宗庆历四年（1044年）春，当时身处宰相之位的贾昌朝，即提出重修《唐书》的建议。仁宗接受这一建议后即下令史馆人员开始搜集资料的工作。第二年即组成书局。以王尧臣、宋祁、张方平、杨察、赵概、余靖为刊修官，曾公亮、赵师民、何中立、范镇、邵必、宋敏求为编修官，贾昌朝为提举官。但在开始的几年内，因人员变动频繁，故编修工作进展缓慢。6年后，6人的"刊修"班子只剩宋祁一人，于是仁宗改宋祁为"刊修"全面主持其事。同时，"编修"的班子到第二年就只剩下范镇、宋敏求两人，后又加入王畴，计3人。皇祐三年，宋祁又出为外任，仁宗特命他"将史稿自随"，在任上进行修纂。此时，吕夏卿、刘羲叟两人又加入了编修队伍，提举官由丁度替下了贾昌朝。3年后，又由刘沆替下了丁度，在刘沆的举荐下，欧阳修被任命为刊修官。于是，自仁宗至和元年（1054年）八月起，编纂《新唐书》有了宋祁、欧阳修这样两位刊修官。其中宋祁在外，负责列传的修撰，欧阳修在京，负责本纪、志、表的编纂。欧阳修入局后，又举荐梅尧臣加入了编修队伍。自是而降，两位刊修、6位编修的队伍组成，一直到全书修成。但提举官仍在不断地变动，即由王尧臣接替刘沆，再由曾公亮替下王尧臣，到仁宗嘉祐五年（1060年）七月《新唐书》修成时，而由曾公亮领衔奏上，所以今日人们所见《新唐书》的"提举编修"云云，乃是曾公亮的大名。但在事实上，真正对《新唐书》起主编作用的人物，却是宋祁与欧阳修。

除了两位"刊修官"外，参加《新唐书》编纂工作的还有一支"编修官"队伍。这支队伍在最初阶段变动很大，至皇祐年间才固定下来，欧阳修任刊修后，又增加了梅尧臣一人。这些人在局时间，按欧阳修所说，"宋离、范镇到局各及一十七年，王畴一十五年，宋敏求、吕夏卿、刘羲叟，并各十年以上。"其中"范镇、王畴、吕夏卿、刘羲叟，并从初置局，便编纂故事，分成卷草，用功最多"（《欧阳文忠公全集·辞转礼部侍郎札子》）。至于梅尧臣，因最后入局，且于书成"先一月余卒"，故而曾公亮在《进〈新唐书〉表》中没有提到他的名字。但梅氏对《新唐书》的贡献亦值得一提。他"修方镇、百官表"，且在修《唐书》之前，贡献出自己所撰的《唐载》26卷，其书"多补正旧史阙谬"。

《新唐书》编成后，其内容较《旧唐书》而言，本纪篇幅减缩，表的篇幅大增，志与列传亦有增补，计为本纪10卷，志50卷，表15卷，列传150卷，共计225卷（如以篇计，共为249篇）。尤其是表15卷，为《旧唐书》所未有。因此全书内容较《旧唐书》而言，"事则增于前"。

《新唐书》能比《旧唐书》扩大篇幅，关键在于修史者们收集资料的更为广泛。《新唐书》的史料，除了取自《旧唐书》外，对唐代流传下来的其他史料素材及金石铭刻都广泛加以利用。在其他史料素材方面，曾为《新唐书》重要编纂者之一的宋敏求，在修撰《新唐书》之前，曾搜集了唐武宗以下6位皇帝时期的史事，撰成《唐武宗实录》20卷、《唐宣宗实录》30卷、《唐懿宗实录》25卷（一作30卷）、《唐僖宗实录》30卷、《唐昭宗实录》30卷、《唐哀帝实录》8卷。这些实录的撰成，使唐代自高祖至哀帝有了一个完整的实录体系，为《新唐书》本纪的编撰提供了大量全新的素材。宋敏求还积累了唐代帝王的"训词诰命"，编集为《唐大诏令集》52卷，这也是《新唐书》一大资料来源。此外，《新唐书》修撰之前曾出现过一股"唐史热"，这种热潮使不少有关唐代记事的文献纷纷问世，诸如各种别史、杂史、霸史、编年、传记、奏议，以及有关地理书籍、小说、文人别集、碑碣等等，无不成为充实和丰富《新唐书》内容的资料来源。在金石铭刻方面，作为《新唐书》编纂工作总负责人之一的欧阳修，就曾积近20年的精力编写成我国第一部金石考证专著——《集古录》一书。该书集录古代金石遗佚十分丰富。这些金石材料不少被用来参验和补充、修改唐史的文献材料，为丰富《新唐史》开掘了又一大新的史料来源。除欧阳修外，其他如宋祁、吕夏卿等人，对野史、笔记等材料都十分注意利用。所以这些，使《新唐书》的编修形成了一些突出的特点。

首先，"本纪"方面，《新唐书》"法严而词约，多取《春秋》遗意"。《新唐书》的编修十分注意"春秋笔法"，按照孔子删改《春秋》

的是非标准来取舍唐代史事，处处体现"一字褒贬"的精神，"义类凡例，皆有依据"。正因有此，清代学者章学诚曾说："迁、固以下，本纪虽法《春秋》而中载诏诰号令，又杂《尚书》之体。至欧阳修撰《新唐书》，始用大书之法，笔削谨严，乃出迁、固之上，此则可谓善于师《春秋》者矣。"（《章氏遗书外篇》卷一《信摭》）也正因为"笔削谨严"，故本纪部分"法严""词约"，在全书篇幅较旧书大增的情况下，本纪文字反而大大削减。

其次，在"表"方面，《新唐书》的重大贡献之一就是恢复了《史记》《汉书》的体例——恢复立表。这就使得纪传体史书体例至此再度完备，且这一传统为后世各史所继承。关于史书作"表"的作用和价值，顾炎武曾如是指出："作史无表，则立传不得不多。传愈多，文愈繁，而事迹或反遗漏而不举。欧阳公知之，故其撰《唐书》有'宰相表'、有'方镇表'、有'宗室世系表'、有'宰相世系表'，始复班、马之旧章。"（《日知录》卷二十六）《新唐书》共有"表"计15卷23篇，其中《宰相表》3卷、《方镇表》6卷、《宗室世系表》1卷、《宰相世系表》5卷。

第三，在"志"方面，《新唐书》较《旧唐书》亦有较大的改进。《新唐书》立"志"十三，比《旧唐书》多列二志，计为《礼乐志》12卷、《仪卫志》1卷、《车服志》1卷、《历志》6卷、《天文志》3卷、《五行志》3卷、《地理志》7卷、《选举志》2卷、《百官志》4卷、《兵志》1卷、《食货志》5卷、《刑法志》1卷、《艺文志》4卷。就这十三志所反映的内容来看，既十分丰富周详，又编排记叙很有条理，因此，这一部分内容颇受后世学者赞赏。

第四，在"列传"方面，《新唐书》在这一系列中增添了不少新内容。这种增添，既包括立传人物的增多，也包括所写人物事迹的增加和类传分目的增添。在立传对象上，《新唐书》比《旧唐书》增加了三四百列传（也删掉了几十人的列传），尤其一些重要人物，如名臣李栖筠、文学家贾岛、唐后朝重要人物杨行密等数十人，都是《新唐书》才有的。除人物外，《新唐书》还在列传中增加了一些周边政权，如《沙陀传》等即是。至于事迹方面，据清人赵翼所计，"《新唐书》列传内所增事迹较《旧书》多二千余条"，其中不少内容是"不可不载"的史料，有的人物传记，其所增内容较于旧书"几至倍蓰"。由于内容充实、资料丰富，故一些人物在旧书中为附传、小传，在《新唐书》中被扩充为正传。在类传分目排序上，《新唐书》坚持"暴其善恶以动人耳目"的编纂原则，一方面增添类传名目，如"卓行""藩镇""奸臣""叛臣""逆臣"诸名目全为新立，另一方面则在编排秩序上做了较大的调整，突出"忠君"意识，将叛臣贼子祸根乱源者统统放在后面，而将忠、孝、节、义的内容排在前头。这些，处处反映出该书编纂者们的真实指导思想。

二

综观整部《新唐书》可以看出，编纂者们的真实指导思想是要在总结唐代历史的过程中，既要扬其善以垂劝戒，又要暴其恶动人耳目，而这一指导思想反映在文字形式上即崇尚《春秋》笔法，弘扬所谓的"道统"，使其书真正收取到"垂劝戒，示久远"的功效。

首先，在扬善以垂劝诫方面，如前所述，《新唐书》在类传分目时，将"忠义列传"的位置提前，并创立"卓行列传"，再继以"孝友列传"，向人们展示出处世的根本原则，即为臣者要尽忠，为子者须尽孝，处世必得有节有义，忠、孝、节、义四者排列成序，其封建伦常道德也就"正统"得可以了。不仅如此，更重要的是在列传的内容里比起《旧唐书》有了更大的改动。《旧唐书》的"忠义列传"只是记叙其人"杀身成仁，临难不苟"，而于其他的事迹上强调若遇"明主""一心可事百君"，而不必愚忠于一朝。对此《新唐书》在"忠义列传"的序文中针锋相对地指出，为臣者必须"终始一操"。再如在"孝友列传"上面，《旧唐书》写孝友，是"善父母""善兄弟"者可以"移于君""施于有政"，强调为君者的自身修养，而《新唐书》则突出地说明"父父也，子子也，兄兄也，弟弟也，推而之国，国而之天下，建一善而百行从，其失则以法绳之"，强调的是"以其教孝而求忠"的原则。总之，《新唐书》旨在通过对唐代历史的总结，告诉封建王朝最高统治者们要高举封建伦理的大旗，劝奖忠孝节义的人与事，以此来维护既有的封建统治秩序。

其次，在暴恶动人耳目方面，为了达到这一目的，《新唐书》编纂时新增立藩镇、奸臣、叛臣、逆臣4个类传，并在排目时将外戚、宦者、酷吏、与藩镇等4类传放在一起，又将奸臣、叛臣、逆臣3类传放在全书最末的位置上，意在让这些"产乱取亡"的"祸根"得到充分的暴露，以此来"动"世人之"耳目"。在《新唐书》编纂者看来，唐代的外戚、宦官对于天下的治理都起过极为恶劣的坏作用，是唐代"产乱取亡"的"祸根"之一，故此必须予以暴露。这种"暴恶"应该说还是取得了一定的社会成效的，终宋一代，就没有发生过外戚、宦官干乱朝政的事件。至于藩镇，在唐代中后期分地割据，胡作非为，"护养孽萌，以成祸根"。《旧唐书》对此则分散于诸臣列传之中，人们不易看清藩镇发展的脉络和对唐代统治的危害作用，《新唐书》将他们集中一起进行历史大曝光，其借镜作用十分明显。对于奸臣、叛臣和逆臣，《新唐书》不仅单独列传，将这些他们认为的"丑类"逐一排队，而且其内容的篇幅甚大，这3类传共为3卷7篇，所记人物达30余人。将这些造成唐代灭亡的"罪首"放在最为显著的位置上——全书之末，确实能够"动人耳目"。

为了让后世犯上作乱者有所"惧"，《新唐书》全书贯彻着"《春秋》笔法"。不仅"本纪法严而词约，多取《春秋》遗意"，而且在列传中也严格地"遵守古训""不敢妄作聪明"。

为了宣扬"道统"，坚持儒家封建伦常的"正宗"，《新唐书》在编纂过程中还在"明王道"的同时力排佛、老之学及提倡佛、老的人物。如在《太宗皇帝本纪》中，就在肯定李世民的文治武功的同时，批评他"牵于多爱，变立浮图"。再如对《旧唐书》所立的玄奘、神秀、慧能、僧一行等佛教徒的传记，全都删而不录。同理，对于土生土长的道教，《新唐书》同样持批判态度，如指责毁佛信道的唐武宗是"庸夫"。

三

《新唐书》撰成于北宋嘉祐年间，修成上奏后很快就刊印，这就是后世所称的"嘉祐本"（又称"十四行本"）。后来北宋时期又有过多次刊刻，如"十六行本"等。其时统称《唐书》，无新、旧之分。至南宋时期，又有"十行本"与闽刻"十行本"等行世。元代刊印"十七史"时，《新唐书》亦在其中。明代有3种刻本，一是成化年间南京国子监刻本（南监本）一是万历年间北京国子监刻本（北监本），再是毛晋汲古阁刻本。上述刻本，仍然沿用《唐书》之名，而未冠以"新"。至清代乾隆四年（1739年）武英殿翻刻"廿四史"时，为了区分两部《唐书》，才正式将宋祁、欧阳修等编纂的《唐书》定名为《新唐书》，而将刘昫的《唐书》命名为《旧唐书》，自此而降，其书名沿称至今。武英殿刻本通常称为"殿本"。这种版本附有宋人董冲的《唐书释音》25卷及考证。后来此版本多有影刻、翻刻、排印、缩印。民国时期，商务印书馆汇集了流传的宋刻本，包括影印北宋嘉祐十四行本，残阙之处则以北宋十六行本、南宋十行本相关内容补入，刊印成"百衲本"。1975 年 2 月，以"百衲本"为基础，参校北宋闽刻十六行本、南宋闽刻十行本、毛晋汲古阁本、清武英殿本及浙江书局本等，中华书局印行了校点本《新唐书》，这就是目前见到的有标点的《新唐书》。

在深入研究唐代历史时，必须了解前人对《新唐书》不足之处的批评和考证。在此尤其要注意宋哲宗时期吴缜的《〈新唐书〉纠谬》。《〈新唐书〉纠谬》20 卷，分为 20 目，分门别类地就《新唐书》中一些问题一一进行了"质正"，所论内容计达 400 余事。这是第一部考订研究《新唐书》的重要参考书。刻书只是就《新唐书》自身"自相质正"，而未以他书"考证"，故在参考时亦加留心用意。全书所质正内容为：以无为有、似实而虚、书事失实、自相违忤、年月时世差互、官爵姓名谬误、世系乡里无法、尊敬君亲不严，纪志表传不符、一事两见而异同不完、载述脱误、事状丛复、官削而反存、当书而反阙、义例不明、先后失序、编次未当、与夺不常、事有可疑、字书非是等 20 门类。正如前述，《新唐书》两位"刊修"直至书成并未见一面，如此情况，自然使该书存在种种不足，诸如重复、繁赘、阙遗、矛盾等等在所难免。

政　略

王琚进言诛太平

琚是时方补诸暨县主簿①，过谢东宫，至廷中，徐行高视，侍卫何止曰："太子②在！"琚怒曰："在外惟闻太平公主，不闻有太子，太子本有功于社稷，孝于君亲，安得此声？"太子遽③召见，琚曰："韦氏躬行弑逆，天下动摇，人思李氏，故殿下取之易也。今天下已定，太平专思立功，左右大臣多为其用，天子以元妹，能忍其过，臣窃为殿下寒心。"太子命坐，且泣曰："计将安便？"琚曰："昔汉盖主供养昭帝④，其后与上官桀谋杀霍光⑤，不及天子，而帝犹以大义去之。今太子功定天下，公主乃敢妄图，大臣树党，有废立意。……"太子曰："先生何以自隐而日与寡人游？"琚曰："臣善丹沙⑥，且工谐隐，愿比优人⑦。"太子喜，恨相知晚。

（《新唐书》卷一百二十一，王琚传）

【注释】

①"琚是"句：琚，王琚，唐睿宗时官至户部尚书，封赵国公，时号为内宰相。历为刺史，为李林甫所害。诸暨，县名，属浙江省。主簿，官名，负责文书簿籍，掌管印鉴等。

②太子：李隆基。

③遽：立即。

④昭帝：汉昭帝刘弗陵，在位13年。

⑤"其后"句：上官桀，汉武帝时官至太仆、大将军，后谋废昭帝事觉，

族灭。霍光，汉武帝时官至奉车都尉、大司马，汉宣帝亲政，以谋反而夷族。

⑥丹沙：硃砂。

⑦优人：优伶，乐人。

【译文】

王琚当时补为诸暨县主簿，前往东宫拜谢太子，到廷中，慢步昂首，内侍止呵住他说："太子在！"王琚大怒说："外面只听说太平公主，没有听说有太子，太子本是国家的功臣，孝顺君亲，怎么这样说？"太子马上给予召见。王琚说："韦氏亲自谋乱弑杀皇帝，天下动荡不安，人们向往李氏当朝，所以殿下很容易消灭他。如今天下已经安定，太平公主一心想立功，左右大臣们大多能为她效力，天子因为她是自己的亲妹妹，能宽宥她的过失，臣为殿下寒心。"太子让王琚坐下，并对他说："怎么办才好呢？"王琚说："以前汉代的盖主曾经供养过昭帝，到后来，盖主与上官桀谋杀霍光，虽然没有危及昭帝，但昭帝仍然深明大义，除掉盖主。如今因太子的功劳而使天下安定，公主却敢于胡作非为，大臣们结成朋党，有废立太子的意向。……"太子说："先生为什么自甘退隐而愿意与我交往呢？"王琚说："臣善丹砂之术，并擅长乐理，愿意做一个乐人。"太子十分高兴，相知恨晚。

御 人

太宗割须疗臣疾

勣①既忠力，帝②谓可托大事。尝暴疾，医曰："用须灰可治。"帝乃自剪须以和药。及愈，入谢，顿首流血。帝曰："吾为社稷计，何谢为！"后留宴，顾曰："朕思属幼孤，无易公者。公昔不遗李密③，岂负朕哉？"勣感涕，因啮指流血。俄大醉，帝亲解衣覆之。

（《新唐书》卷九十三，李勣传）

【注释】

①勣：李勣，唐初大将，高祖时为右武候大将军，屡建奇功，太宗时官至司空。

②帝：唐太宗李世民（599—649 年），唐高祖李渊次子，在位 23 年。

③"公昔"句：武德二年，李密（曾为瓦岗首领，克荥阳，称魏王，旋为王世充败，投唐，后叛唐再举，兵败被杀）归唐，其属地为李勣所辖，李勣录郡县户口以启李密，请自献唐。

【译文】

李勣因为竭忠效力，唐太宗说可以委任大事。李勣曾经突染重病，御医说："用胡须灰可以治好这种病。"唐太宗就剪下自己的胡须为李勣和药。等李勣病愈，去向唐太宗道谢，叩头流血。唐太宗说："我这是为国家着想，有什么值得感谢的呢？"稍后，唐太宗挽留李勣一同进餐，关切地对他说："我想将幼小的子女们托付于人，没有人可以代替您。您过去不遗没李密的属地，难道会辜负我吗？"李勣感激涕零，因而咬破手指以致流血。一会儿李勣大醉，唐太宗亲自脱下自己的外衣盖在他的身上。

法　制

段秀实除恶

　　时郭子仪以副元帅居蒲①，子晞②以检校尚书领行营节度使，屯邠州③，士放纵不法，邠人之嗜恶者，纳贿窜名伍中，因肆志④，吏不得问。白昼群行丐颉⑤于市，有不嗛⑥，辄击伤市人，椎釜鬲瓮盎⑦盈道，至撞害孕妇，孝德⑧不敢劾，秀实⑨自州以状白府，愿计事，至则曰："天子以生人付公治，公见人被暴害，恬然，且大乱，若何？"孝德曰："愿奉教。"因请曰："秀实不忍人无寇暴死，乱天子边事。公诚以为都虞候⑩，能为公已乱。"孝德即檄署付军。俄而晞士十七人入市取酒，刺酒翁，坏酿器，秀实列卒取之，断首置槊⑪上，植市门外。一营大噪，尽甲，孝德恐，召秀实曰："奈何？"秀实曰："请辞于军。"乃解佩刀，选老躄⑫一人持马，至晞门下。甲者出，秀实笑且入曰："杀一老卒，何甲也！吾戴头来矣。"甲为愕眙⑬。因晓之曰："尚书固负若属⑭邪，副无帅固负若属邪？奈何欲以乱败郭氏！"晞出，秀实曰："副元帅功塞天地，当务始终。今尚书恣卒为暴，使乱天下边，欲谁归罪？罪且及副元帅。今邠恶子弟以贷窜名军籍中，杀害人，藉藉⑮如是，几日不大乱？乱由尚书出。人皆曰尚书以副元帅故不戢士⑯，然则郭氏功名，其与存者有几！"晞再拜曰："公幸教晞，愿奉军以从。"即叱左右皆解甲，令曰："敢讙⑰者死！"秀实曰："吾未晡食⑱，请设具。"已食，曰："吾疾作，愿宿门下。"遂卧军中。晞大骇，戒候卒击柝⑲卫之。旦，与俱至孝德所，谢不能，邠由是安。

（《新唐书》卷一百五十三，段秀实传）

【注释】

①"时郭子仪"句：郭子仪，唐华州人，曾官朔方节度使，平安史之乱功居第一，德宗朝进太尉中书令，以身系天下安危者20年。蒲，地名，即今河北省长垣县治。

②晞：即郭子仪三子郭晞，累官御史中丞、太子宾客。

③邠州：即今陕西彬县长武、旬邑、永寿一带。

④肆志：纵情，快意。

⑤丐颉：强取。

⑥不嗛（qiǎn）：不满。

⑦"椎釜"句：椎，同"捶""槌"。釜，锅。鬲（lì），古炊具，形类鼎，中空。瓮，盛东西的陶器。（àng）盎，古代一种腹大口小的器皿。

⑧孝德：即白孝德，唐安西人，后封昌化郡王，官至太子少傅。

⑨秀实：即段秀实，唐阳人，历官泾原郑颍节度使，司农卿，赠太尉，后为朱泚所害。

⑩都虞候：官名，镇守藩镇。

⑪槊：古兵器，杆长的矛。

⑫躄（bì）：跛。

⑬愕眙（yí）：惊视。

⑭若属：汝辈，你们。

⑮藉藉：交横离乱貌。

⑯戢士：使士卒收敛。

⑰讙（huān）：喧哗。

⑱晡食：吃晚饭。晡：泛指晚上。

⑲击柝：打更。柝，打更用的梆子。

【译文】

当时郭子仪以副元帅驻守于蒲，他的儿子郭晞以检校尚书领行营节度使屯兵邠州。郭晞的士兵行为放纵，不守法度，邠州的贪恶之徒，通过贿赂混入军中，因而极为放荡，一般的官吏不敢过问，大白天在市中强取豪夺，稍有不满，便打伤市民，遗弃的椎釜鬲瓮盎等物充塞在街道上，以致撞伤孕妇，白孝德不敢弹劾这类事，段秀实从邠州赶来状诉于白府，愿意商讨处理这类事，到了白府，段秀实说："当今皇上将黎民百姓交给您治理，您见人受到残暴，却无动于衷，如果发生大乱，该怎么办呢？"白孝德说："愿听从指教。"段秀实于是诚恳地说："我不忍心看到人们没有敌寇侵掠而残暴致死，扰乱国家的边庭安宁。您既然作为边郡的长官，就能够制止这种骚扰。"白孝德马上发布文告传付军中。不久，郭晞的17名士卒，到市中夺酒，刺伤卖酒老翁，损坏酿酒器物，段秀实陈兵将他们抓获问斩，将他们的首级挂在槊上，树立在市门之外。整个军营为之哗然，全部披盔带甲，白孝德感到很恐慌，召来段秀实，对他说："这该怎么办？"段秀实说："我请求辞去军职。"于是解下佩刀，挑选一名又老又跛的士卒牵着马，到郭晞的军门下马。带兵器的守卫出来，段秀实笑着说："杀这么一个老兵，哪里用得着兵刃，我不怕杀头。"守卫目瞪口呆。段秀实于是告谕他说："尚书难道对不起你们吗？副元帅难道对不起你们吗？怎么要以扰乱边庭来败坏郭家的声誉呢？"郭晞走了出来，段秀实说："副元帅功高盖世，肩负重托，始终如一。如今你却纵容士卒残害百姓，以至边庭动乱，罪责应该归咎于谁？罪责将延及副元帅。现在邠州的恶人以纳赂而混进军中，杀人夺物，横蛮骚扰到这种地步，还有几天不大乱？乱出自你身上。人们都说你因为副元帅的缘故，不约束士兵，那么郭家的功名，保留下来的还有多少啊！"郭晞再次叩拜，说："奉亏有您教导我，我愿遵循您的教导，从严治军。"随即呵斥左右全部解除兵器，命令道："谁敢违抗立即处死！"段秀实说："我还没吃晚饭，请安排饭吧。"吃完，说道："我的病犯了，想在你军中留宿。"于是留宿军中，郭晞不敢怠慢，命令夜间守卫轮流护卫。第二天早晨，郭晞与段秀实一同到白孝德府邸悔过，邠州因此而安宁。

军　事

哥舒翰不恤士卒

翰①为人严，少恩。军行未尝恤士饥寒，有啗民椹②者，痛笞辱之。监军李大宜在军中，不治事，与将士樗蒲③、饮酒、弹箜篌④琵琶为乐，而士米籺⑤不厌。帝令中人袁思艺劳师⑥，士皆诉衣服穿空，帝即斥御服余者，制袍十万以赐其军，翰藏库中，及败，封镝如故。

（《新唐书》卷一百三十五，哥舒翰传）

【注释】

①翰：哥舒翰，唐玄宗时官西平郡王、左仆射平章事。安禄山反，出战不利，降贼被杀。

②椹：桑葚，桑树结的果实，可食。

③樗蒲（chū pú）：一种类似于掷骰子的游戏。

④箜篌：古弦乐器，弦数因乐器大小而异。

⑤籺：米麦的碎屑。

⑥"帝令"句：帝，唐玄宗李隆基。中人，宦官、太监。

【译文】

哥舒翰为人严厉，无德行。军旅中未能体恤士卒饥寒，有人摘吃百姓桑葚，用鞭子痛打一顿。监军李大宜在军中不过问军事，和将士们一起掷骰子、饮酒、弹箜篌琵琶取乐，而士兵连碎米饭都吃不饱。唐玄宗命令太监袁思艺去慰问军队，士兵诉说衣服穿破了，唐玄宗立即拿出剩余的御服，制成10万件袍子分赐军中，哥舒翰将这些袍子收藏在军府中，等到他兵败，这些衣服原封不动地锁着。

郭子仪收复两京

至德二载，攻贼崔乾祐于潼关，乾祐败，退保蒲津①。会永乐尉赵复、河东司户参军韩旻、司士徐景及宗室子锋在城中，谋为内应，子仪②攻蒲，复等斩陴者，披阖内军，乾祐走安邑③，安邑伪纳之，兵半入，县门发，乾祐得脱身走。贼安守忠壁永丰仓，子仪遣子旰与战，多杀至万级，旰死于阵。进收仓。于是关、陕始通。……率师趋长安，次潏水④上。贼守忠等军清渠左。大战，王师不利，委⑤仗奔。子仪收溃卒保……。俄从元帅广平王⑥率蕃、汉兵十五万收长安。李嗣业⑦为前军，元帅为中军⑧，子仪副之，王思礼⑨为后军，阵香积寺⑩之北，距沣水⑪，临大川，弥亘一舍。贼李归仁领劲骑薄战，官军嚣，嗣业以长刀突出，斩贼数十骑，乃定。回纥⑫以奇兵缭贼背，夹攻之，斩首六万级，生禽二万，贼帅张通儒夜亡陕郡⑬。翌日，王入京师，老幼夹道呼曰："不图今日复见官军！"王休士三日，遂东。

安庆绪⑭闻王师至，遣严庄悉众十万屯陕，助通儒，旌帜钲鼓径百余里。师至新店⑮，贼已阵，出轻骑，子仪遣二队逐之，又至，倍以往，皆不及贼营辄反。最后，贼以二百骑掩军，未战走，子仪悉军追，横贯其营。贼张两翼包之，官军却。嗣业率回纥从后击，尘且坌⑯，飞矢射贼，贼惊曰："回纥至矣！"遂大败，僵尸相属于道。严庄等走洛阳，挟庆绪度河保相州⑰，遂收东都。于是河东、河西、河南州县悉平。……帝⑱遣具军容迎灞⑲上，劳之曰："国家再造，卿力也。"

（《新唐书》卷一百三十七，郭子仪传）

【注释】

①蒲津：地名，在陕西朝义县东。

②子仪：郭子仪，唐华州人。玄宗时为朔方节度使，平安史之乱，功居第一。

后以一身系时局安危者20年，累官至太尉、中书令。

③安邑：县名，属山西省。

④滴水：水名，关中八川之一，源于秦岭。

⑤委：丢弃。

⑥广平王：即李俶。

⑦李嗣业：唐高陵人，唐玄宗时著名战将，官拜卫尉卿。

⑧中军：古代行军作战分左、中、右（或上、中、下）三军，由主将所处的中军发号施令。

⑨王思礼：唐高丽人，唐玄宗时为关西兵马使。肃宗时为兵部尚书、河东节度副使。

⑩香积寺：在陕西西安市，唐始建。

⑪沣水：水名，位于今陕西。

⑫回纥：我国古代少数民族，主要分布在今鄂尔浑河流域。

⑬陕郡：地名，属河南省。

⑭安庆绪：唐叛将安禄山之子，先杀父，后为史思明所杀。

⑮新店：地名，在河南。

⑯坌（bèn）：尘埃聚集。

⑰相州：地名，在今河南安阳。

⑱"帝遣"句：帝，唐肃宗李亨，唐玄宗第三子，在位7年。

⑲灞上：灞，灞桥，在长安东。

【译文】

唐至德二年，郭子仪率兵在潼关攻打叛贼崔乾祐，崔乾祐大败，退守蒲津。正逢永乐县尉赵复、河东司户参军韩旻、司士徐景以及宗室子弟李锋在蒲津城中，打算作为内应，郭子仪攻打蒲津，赵复等杀死守城士卒、瓦解亲军，崔乾祐败走安邑，安邑将士假装接纳他，等到崔乾祐的军队一半进入城内，县门打开了，崔乾祐得以脱身逃走。叛将安守忠驻军永丰仓，郭子仪派他的儿子郭旰迎战，斩杀叛军多达万人，郭旰战死阵中。郭子仪带兵收复永丰仓。这样关中、陕州的道路便打通了。……郭子仪率军直逼长安，驻扎在滴水上。叛军安守忠等驻军清渠左岸。两军大战，朝廷军队失利，扔掉兵器逃走。郭子仪聚集残部坚守武功……不久跟随元帅广平王李俶率领蕃兵、唐兵15万收复长安。李嗣业为前军，元帅为中军，郭子仪为副元帅，王思礼为后军，在香积寺以北布阵迎敌，依据沣水，濒临大川，互为掎角，互为一体。贼将李归仁带领精锐骑兵挑战，官军大嚣，李嗣业手持长刀，挺身而出，斩杀叛军数十名骑兵，才得以安定。回纥以奇兵在叛军背后迂回出击，与唐军两军夹攻，斩敌首6万级，生擒两万，叛军主帅张通儒夜间逃到陕郡。第二天，朝廷军队开进京都，京都百姓夹道欢呼，说："没想到今日能再见官军！"广平王命令士卒休息3天，继续东进。

安庆绪听说朝廷的军队来了，派严庄带兵10万镇守陕州，以救援通儒，旗帜军鼓绵延百余里。唐军到达新店，叛军已布好阵势、派出轻骑，郭子仪派两队赶走敌兵，再来，加倍地增兵，都不到叛敌军营就回来了。最后，叛军用200名骑兵掩护大军，还没有交战就逃走了，郭子仪带领全部人马追赶，横贯敌营。叛军张开两翼包围唐军，唐军退却。李嗣业带领回纥兵从背后攻击叛军，尘土弥漫，飞箭射向叛军，叛军惊叫道："回纥兵来了！"于是叛军大败，僵尸相连于道。严庄等败走洛阳，挟持安庆绪坚守相州，于是收复东都。至此，河东、河西、河南州县都已经平定。……唐肃宗派人身着戎装迎接郭子仪于灞桥上，亲自慰劳说："国家再次缔造，是卿的功劳啊。"

理　财

卢怀慎清俭不营产

怀慎[1]清俭不营产，服器无金玉文绮之饰，虽贵而妻子犹寒饥，所得禄赐，于故人亲戚无所计惜，随散辄尽。赴东都掌选，奉身之具，止一布囊。既属疾[2]，宋璟、卢从愿[3]候之，见敝箦单藉[4]，门不施箔[5]。会风雨至，举席自障。日晏设食，蒸豆两器、菜数杯而已。临别，执二人手曰："上求治切，然享国久，稍倦于勤，将有憸人[6]乘间而进矣。公弟志之！"及治丧，家亡留储。……帝后还京，因校猎鄠、杜[7]间，望怀慎家，环堵庳陋[8]，家人若有所营者，驰使问焉，还白怀慎大祥，帝即以缣帛赐之，为罢猎。经其墓，碑表未立，停跸[9]临视，泫然流涕，诏官为立碑，令中书侍郎苏颋为之文，帝自书。

（《新唐书》卷一百二十六，卢怀慎传）

【注释】

①怀慎：即卢怀慎，仕唐中宗、玄宗朝，官至同紫微黄门平章事。

②属疾：告病休官。

③"宋璟"句：宋璟，唐南和人，武后时官凤阁舍人、左台御史中丞。睿宗时以吏部尚书同中书门下三品，后坐贬楚州刺史。开元初以广州都督召拜刑部尚书，进尚书右丞相。卢从愿，唐玄宗时官至吏部尚书。

④敝箦（zé）单藉（jiè）：破烂的竹席和一只草垫。箦，竹席。藉，草垫。

⑤箔：帘子。

⑥恉（xiān）人：奸邪的小人。

⑦鄠、杜：鄠（hù），今陕西户县。杜，杜陵，在今陕西西安市东南。

⑧庳陋（bì）：房屋低矮简陋。

⑨停跸：帝王出行时沿途停留暂住。跸，帝王出行时，开路清道，禁止通行。

【译文】

卢怀慎廉洁俭朴，不置家产，不用金玉及华美的丝织品装饰衣服和器物，尽管做了高官，妻子儿女都仍然饥寒。他所得的俸禄及皇上赏赐的东西，对亲戚朋友从不吝惜，随时分发给他们，不久便分散完了。他到东都洛阳主持选拔官吏，随身所带的东西，只有一个布袋。他告病退休后，宋羡和卢从愿去问候他，见他床上铺着破烂的竹席和一张草垫子，门上没有挂帘子。正遇风雨大作，他举起席子遮风挡雨。晚上安排饭食招待他们，只有两碗蒸的豆子，几盘菜而已。临行时，卢怀慎拉着他们两人的手说："皇上极力想把国家治理好，但在位已久，渐渐对勤勉听政感到厌倦了，将有奸邪小人乘机谋取高位，你们务必记住这一点！"等到给他办理丧事的时候，家里没有积蓄的财物。……皇上后来回到京都，在鄠、杜两地围猎，望着卢怀慎的家，只见房屋低矮简陋，他的家人好像建什么，派人去打听，那人回来后说明卢怀慎家的详细情况，皇上便赐给他家人缣帛，并因此而罢猎。皇上经过卢怀慎的墓，见没有树立墓碑和旌表，皇上停下来看着卢怀慎的墓，不禁落泪，随后诏令有关官吏为卢怀慎立碑，命中书侍郎苏颋撰写碑文，皇上亲自书丹上石。

二十四史精华

《新唐书》

德 操

宣宗训女

万寿公主①，下嫁郑颢②。主，帝③所爱，前此下诏："先王制礼，贵贱共之。万寿公主奉舅姑，宜从士人法。"旧制：车舆以镣金扣饰。帝曰："我以俭率天下，宜自近始，易以铜。"主每进见，帝必谆勉笃诲，曰："无鄙夫家，无忓④时事。"又曰："太平、安乐之祸⑤，不可不戒！"故诸主只畏，争为可喜事。帝遂诏："夫妇，教化之端。其公主、县主⑥有子而寡，不得复嫁。"

（《新唐书》卷八十三，诸帝公主传）

【注释】

①万寿公主：唐宣宗女。

②郑颢：万寿公主夫。官累弘文馆校书、起居郎、驸马都尉、礼部侍郎等。

③帝：唐宣宗李忱，在位13年。

④忓（gān）：干预。

⑤太平、安乐之祸：指太平公主、安乐公主谋反事。太平公主，唐高宗女，武则天所生，先天二年，谋废太子李隆基，事败被杀。安乐公主，唐中宗幼女，曾谋毒死中宗，睿宗子李隆基起兵杀之。

⑥县主：皇族女子的封号。隋唐以来，封郡县，称某郡县主。

【译文】

万寿公主，下嫁给郑颢。公主为宣宗皇帝所疼爱。在此之前宣宗就曾下诏："先王制定礼法，贵贱与共。万寿公主事奉公爹公婆应遵从士民的礼法。"旧制规定：皇室车舆用金银纽扣作为装饰。宣宗说："我以俭朴作为天下楷模，应该从身边的事做起，以铜代换金银。"公主每次进见，宣宗必谆谆教导她，说："不要鄙视夫家，不要过问时事。"又说："太平公主、安乐公主谋反的祸患，不能不引以为戒啊！"所以，各公主深感敬畏，争相做让皇上高兴的事情。宣宗于是下诏道："夫妇之道，是教化的一个方面。凡是公主、郡县主有了孩子而守寡的，不得再嫁。"

唐太宗诏修谱牒

初太宗尝以山东士人尚阀阅①，后虽衰，子孙犹负世望，嫁娶必多取赀，故人谓之卖昏②。由是诏士廉③与韦挺④、岑文本⑤、令狐德棻⑥责天下谱谍⑦，参考史传，检正真伪，进忠贤，退悖恶，先宗室，后外戚，退新门，进旧望，右膏粱⑧，左寒畯⑨，合二百九十三姓，千六百五十一家，为九等，号曰氏族志，而崔幹仍居第一。帝曰："我于崔、卢、李、郑无嫌，顾其世衰，不复冠冕⑩，犹恃旧地以取赀，不肖子偃然⑪自高，贩鬻松槚⑫，不解人间何为贵之？齐据河北，梁、陈在江南，虽有人物⑬，偏方下国，无可贵者，故以崔、卢、王、谢为重。今谋士劳臣以忠孝学艺从我定天下者，何容纳货旧门，向声背实⑭，买昏为荣耶？太上有立德，其次有立功，其次有立言，其次有爵为公、卿、大夫，世世不绝，此谓之门户，今皆反是，岂不惑邪？朕以今日冠冕为等级高下。"遂以崔幹为第三姓，班其书天下。

(《新唐书》卷九十五，高俭传)

【注释】

①"太宗"句：太宗，即唐太宗李世民，唐高宗李渊次子，在位23年。山东，崤函以东的地方。阀阅，即伐阅，功绩和经历，指世家门第。

②卖昏：索重资以嫁娶。"昏"同"婚"。

③士廉：即高俭，以字行。唐武德、贞观间累官右庶子、益州大都督府长史、吏部尚书，后封许国公，迁右仆射。

④韦挺：唐武德间官左卫率，贞观初迁御史大夫，后贬为豪州刺史。

⑤岑文本：唐棘阳人，字景仁，贞观中为中书舍人、侍郎、中书令。

⑥令狐德棻：唐华原人，高祖时为秘书丞，贞观间主修梁、陈、周、齐、隋、五史，高宗朝官弘文馆学士、国子祭酒。

⑦谱谍：记述氏族和宗族世系的书。

⑧膏粱：比喻富贵人家。

⑨寒畯：即寒俊，出身低微而才能杰出的人。

⑩冠冕：仕宦的代称。

⑪偃然：犹安然。

⑫松槚：墓地的代称。松溃木材可用制作棺。

⑬人物：泛指有才能名望的人。

⑭向声背实：名不副实。

【译文】

开始，唐太宗曾经由于山东士族崇尚门第观念，后来尽管衰落，但士族子孙仍然以世家望族自居，嫁娶时多索取重资，因而人们称为卖婚。因此唐太宗诏令高士廉和韦挺、岑文本、令狐德棻负责检察天下的谱牒，参考正史列传，检察辩正真伪，进荐忠诚贤良之士，屏退逆乱险恶之徒，先奉宗室，后列外戚，屏退新近兴起的门第，进奉过去的望族，右为名门世族，左为寒门庶人，共293姓，1651家，分为9等，称作《氏族志》，而崔幹仍旧排在第一位。唐太宗说："我对崔、卢、李、郑并无仇怨，只要看到他们门第没落，不再为官，可仍然依仗原有的地位索取财物，他们的不肖子孙安然自大，贩卖先人墓地，不知道人间什么东西最为宝贵。齐占据河北，梁、陈在江南，尽管有杰出之士，可作为偏僻的小国，没有什么值得宝贵的，因此，推崇崔、卢、王、谢家族。现在众多的谋士功臣因忠诚、孝行、学识和仁义随我平定天下，哪里容许过去的名门望族索取财物，名不副实，以买卖婚姻为荣耀呢？首先要树立圣人之德，其次要建立功勋，其次要创立自己的学说，然后才赐予爵位，分为公、卿、大夫，世代相传，这就叫做门户。现在却与此全然相反，怎能不令人疑惑呢？我以现在的官职来确定等级的高下。"因此将崔幹列为第三姓，颁布天下。

传世故事

李世民教子

　　唐太宗李世民原来立李承乾为太子，没想到李承乾当上太子后，不仅变得骄奢淫逸，而且变得十分狂妄愚鲁，到了最后，竟然想要谋起反来。因此，唐太宗将李承乾废黜，改立第九子、晋王李治为太子。唐太宗从严酷的现实中吸取了深刻的教训，感到对子女必须要随时加以教育，才能使他们养成良好的品格，防止蜕化变质。

　　以后，唐太宗十分注意时刻地教育太子李治。吃饭时，李世民常指着饭菜对李治说："你如果能够时时记住耕种粮食的艰辛，就能经常有这样的饭吃了。"骑马的时候，他又指着马匹对儿子说："你如果懂得马也应该有劳有逸，不让它把力气耗尽，那么就可以经常有马骑了。"见到船只，李世民语重心长地教诲太子："水能够载着船只，让它平稳地行驶，但是也可以掀起恶浪，将船弄翻。老百姓就和这水一样，君王则像船只。这个道理，古人早就讲过。要让水平稳地载着船只，就必须要特别当心！"父子两人同在树底下休息，唐太宗也会利用背靠的大树来教诲儿子一番。他对儿子说："像你靠着的这棵树，以后用它来做东西，如果用墨绳来量它，就可以使它又直又正。墨绳就好比各种规矩，帝王如果能够随时听取下面的劝谏，就等于是用墨绳时时量量自己，这样才会变得圣明！"就这样，李世民利用生活中的一点一滴耐心教诲儿子，使他逐步懂得各种各样的道理。

　　李世民的女儿平阳公主下嫁给了薛万彻。有一次，有人在唐太宗面前说道："薛驸马没有什么才气！"平阳公主知道此事后，深以为耻，从此以后，她便不愿意和丈夫在一起出头露面。就这样，小夫妻俩感情上有了隔阂，一连数月都是如此。

李世民后来知道了小夫妻俩的情况，不禁哈哈大笑。为了使小夫妻俩能够和好如初，他便想了个极其巧妙的办法。有一天，唐太宗找了个机会，专门摆下宴席，请平阳公主和薛万彻一道来赴宴。酒席间，李世民故意只和薛万彻一人谈笑风生，还时不时地提一提薛万彻的长处。到后来，李世民又和这个女婿玩比手劲的游戏。两人商定，谁输了就将自己身上的佩刀送给对方。商议停当，翁婿俩兴致勃勃，一齐下了酒席，同时握住一柄长矛，较起手劲来。薛万彻本不是李世民的对手，可唐太宗故意要输，佯装比不过女婿，一面连连喊着："输了，输了！"一面将自己身上的佩刀解下来，亲自给薛万彻佩上。

这一天，大家都玩得十分开心。最主要的是，平阳公主见父亲一点也没有轻视自己的丈夫，相反，似乎还十分看重，心理上便发生了变化。酒席散后，薛万彻正想骑马回家，平阳公主却急忙喊住丈夫，叫他和自己同乘一辆车回家。李世民在一旁看在眼里，不禁微微而笑。从此以后，平阳公主和薛万彻夫妻俩不仅消除了隔阂，反而比从前又亲密了不少。

可见，教育的方式是多种多样的，李世民教子女，既有直接教育，也有间接教育，关键在于抓住要害，对症下药，这样就能收到事半功倍的效果。李世民教女儿平阳公主，不置一词，却效果绝佳，可谓高明之极！

太平公主权钱震天下

皇后武则天正陪着高宗皇帝坐在正殿上，忽见一个年轻人走到殿上来。只见那人身穿紫色战袍，腰悬玉带，来到皇帝和皇后的面前，又歌又舞。这时，两个人才注意到，来者前额宽宽的，下巴也是宽宽的，原来这是他们的女儿太平公主。

武则天笑着问道："我儿为什么这般打扮？"

太平公主却指着这一身男装，答道："赏给我一个驸马，可以吗？"

两人这时才明白：女儿是想要选女婿。

太平公主很善于暗地里算计人，算计事，武则天说，太平公主这一点很像她。所以，她很喜欢自己的这个女儿太平公主。在她年纪幼小的时候，武则天就曾把她送到庙里，以为她求福。高宗仪凤年间（676—679年），吐蕃王来求婚，想让太平公主远嫁吐蕃，武后舍不得让女儿嫁到那么远的地方，不予同意。可是吐蕃不死心，连宫殿都给唐朝太平公主修好了。但武则天还是想办法拒绝了。这事拖了好几年，把女儿的婚事给耽误了。

"皇帝的女儿不愁嫁"，想要个驸马，就给他个驸马，武则天便选了一个叫薛绍的年轻人，招为驸马。但薛绍没几年后便死了。武则天又把太平公主嫁给自己的侄子武承嗣。但武承嗣又得了病，公主和他离了婚。太平公主看好了武攸暨，但武攸暨已有妻室，武则天便先派人杀了武攸暨的妻子，然后把女儿太平公主嫁给他。

武则天对这个女儿有着特殊的优待。一些军国大事，她可以参与研究讨论。各地方、各军队，她都能干预。而在财富问题上，对她的待遇就更加丰厚。

以前，亲王的封户开始时是800户，以后逐渐增加，但加到3000户也就到头了。至于公主，最多不过300户。而太平公主的封户竟达到了5000户，而且还不断地增加。圣历年间（698—700年）又给她加了3000户。

神龙元年（705年），武则天病了。麟台监张易之和他的弟弟张昌宗反对太子李显即位，被凤阁鸾台平章事张柬之联合一些人杀掉了，武则天被迫把帝位传给李显，是为中宗。而太平公主参与了这件事，中宗又给她增封了5000户。还给她和安乐公主等人派了卫士，围着她们的宅第，每10步远就有一个哨位，就像皇宫一样。在她们的家设立官府和官吏。太平公主以援立中宗的功臣自居，在朝廷内外更加骄横。

中宗韦皇后的野心很大，她与武则天的侄子武三思私通，毒死了中宗皇帝，立了个小皇帝，自己却临朝听政。太平公主与楚王（后改封临淄王）李隆基密谋，诛杀韦后，拥立李旦（武则天的另一个儿子，太平公主的哥哥，李隆基的父亲）为皇帝，是为睿宗。后来，李隆基被立为太子。

太平公主因立大功，"权震天下"，而被加封万户，3个儿子封王，其他亲属也是祭酒、九卿之类的官。她每次上朝奏事，都是"漏数徙"，而"漏"是那时用滴水或滴沙的方法计时的工具，意思是说她奏事用的时间很长。而且，她提出的建议也大多被采纳。她所推荐的人，也都被采用，常常某人昨天还是寒士，第二天就因太平公主的推荐而为将相。朝廷大事决定不了的，要派宰相到她家请教决定。而皇帝那里只是走过场而已。

有了权，就有了更多的财富。在长安近郊，到处都是她的庄园，并且都是土质肥美的上等好田。远至东南沿海甚至岭南各地都有为她制做各种器物的作坊，各州县给她送这些器物的车辆相望于道。天下的珍异奇宝，她家里都有。为她家服务的歌伎舞女与天子的相同，穿着绫罗绸缎的奴婢们就有几百人，至于其他的奴仆管家之类有上千人。还在陇右（今甘肃省六盘山以西及青海省青海湖以东地区）养了上万匹马。在长安城南的乐游原修建"观池"，是供她与家人游乐聚会的去处。

长安有个和尚叫慧范，很有钱。他利用这些钱结交权要，以前与张易之关系密切。张易之被诛后，反而有人说他参与了诛杀张易之，被封为上庸郡公。因为公主的乳母与慧范关系不同一般，太平公主要求授慧范三品御史大夫。御史却奏告慧范贪赃40万，应该处死。太平公主就出面为他说情，反使奏告慧范的人受了处分。

这时的太平公主，权势已经极大了。7位宰相中，5位是由她安排推荐的，还有几位大将军也都在暗地里听从她的指挥。但太平公主还是担心李隆基会削弱她的权力，便与窦怀贞、岑义、元楷慈、慧范等人密谋废太子，并安排元楷慈率羽林军到武德殿刺杀太子李隆基。

但这事被太子李隆基知道了。他先下手为强，指挥忠实于他的将军大臣，杀了元楷慈，捉拿了参与废太子的那些人。太平公主逃入南山不出来，被赐死。她的孩子和亲信被杀的有几十人。她那数不尽的田宅和堆积如山的珠宝也都被没收了。

玄宗猎场拜相

唐玄宗在东宫为太子的时候，睿宗闇弱，太平公主干预朝政，宰相姚崇与宋璟等建议请皇帝把公主迁到东都（洛阳），把诸亲王分派到各地做刺史，这样可以统一人心。睿宗把这话告诉了太平公主，公主大怒，太子也害怕了，上疏说姚崇离间宗室，请求加罪，贬为申州刺史，后来转为同州刺史（今属陕西）。

玄宗亲政后的先天二年（713年），皇帝到新丰（今陕西临潼东北新丰镇）讲武。按照惯例，天子行幸到某地，方圆300里范围的地方官都要进诣陪往。当时玄宗也曾密告了姚崇，姚崇到时，皇帝正在渭水边打猎，立即召见。玄宗说："公懂得打猎吗？"姚崇回答说："少年时学习过。20岁时，在广成泽成天以唤鹰逐兽为业，张景藏对我说我会当皇帝的辅佐之臣，让我不要自甘堕落，所以才发奋读书，于是当官得罪了将相。年轻时既然做过猎手，老来自然还会。"皇帝很高兴，便与他一起驰逐打猎，姚崇进退快慢都很得玄宗的满意，皇帝十分喜欢。打完猎，就向姚崇谈问天下大事，谈而忘疲。玄宗说："卿应当做宰相辅佐朕。"

姚崇知道皇帝大度，锐于治国，就先故意设困难使皇帝决心更坚定，便假装不谢玄宗，玄宗就责怪他。姚崇因此跪地奏道："臣愿意上奏 10 件事，陛下估计行不通，臣请辞谢不做宰相。"玄宗说："请你说给朕听。"姚崇说："垂拱年间以来，一直用严刑峻法，臣请求政治先行仁恕之道，可以吗？朝廷在青海损兵折将，还不思悔，臣请求暂时不要对边疆用兵，可以吗？佞臣亲信触犯法宪，都因皇宠而未受惩治，臣请求法治从陛下身边开始实行，可以吗？后妃临朝，国家言路喉舌被阉党宦官把持，臣请求不要让宦官干预政治，可以吗？各地拿贡赋讨好上司，公卿方镇大臣以之成风，臣请在租赋之外杜绝这些，可以吗？外戚贵主轮流任职，致使朝臣班序混杂，臣请不得任用外戚官属为台省之官，可以吗？先朝皇上对大臣亵狎无礼，君臣界限不严，臣请求陛下对臣子按礼数接待，可以吗？……"玄宗听后说："可以，朕能实行。"姚崇叩首称谢。第二天，拜姚崇为兵部尚书、同中书门下三品，封梁国公，迁紫微令。

玄宗自此十分器重姚崇。姚崇曾经在皇帝面前汇报所任的部属吏官，玄宗左顾右盼，心不在焉，不说一句话。姚崇很害怕，再三进言，皇帝始终不回答。姚退朝。内侍宦官高力士说："皇帝刚刚即位，应该与大臣裁决是非。今天姚崇所说，陛下一直不回答，并不是虚怀纳诲的样子。"玄宗说："我任姚崇以大政，大事我才与他裁决。至于任用郎吏这样的小事，姚崇也不能自决而要麻烦我吗？"姚崇知道后于是心安。从此，姚崇进用贤良，退黜奸愚，天下大治。

玄宗日理万机，对大臣们早晚都要查问，所以其他宰相都惧怕玄宗裁决，谦惮不敢多言，只有姚崇佐助玄宗裁决，所以更加得到特殊信任。

潘好礼其人其事

潘好礼，唐代贝州宗城（今河北威县东）人。他是明经科进士出身，官至上蔡县令。在任期内政绩突出，考绩评语极好，所以被升为监察御史。又因犯小过，改官芮城县令，拜侍御史，任歧王府司马。开元初年，任邠州府长史。邠州王李守礼任滑州刺史，潘好礼又兼任刺史府司马。李守礼治下不严，便令潘好礼监督自己家亲属。潘好礼谨守职责，凡其家属有过失，均报告李守礼。

邠州王好游乐，每次出游，潘好礼必然进谏劝阻。有一次正当农事繁忙季节，李守礼想要出去打猎。部属及仆役等都已准备停当，齐集一处，就要出发了。潘好礼挡在道中，进谏劝阻。李守礼不肯听，潘好礼便卧于马下，大呼道："现在农夫都在田中辛勤劳作，殿下怎么能够在这种时候出外打猎，损坏田中庄稼禾苗，让百姓受损！请您先踩死我这司马，然后任您为所欲为！"李守礼听他一番劝谏之语，又见他舍命谏阻，感到惭愧，只好作罢。

后来，潘好礼升任豫州刺史，同样尽力治理地方，十分清廉，一无所私。

他的儿子想要参加明经考试，潘好礼因是明经进士出身，深知其中甘苦，便劝儿子说："如果你对五经之文不能够透彻了解、十分熟悉，不能随便就去参加考试。"于是，他亲自出题，考考他的儿子。他的儿子并未完全熟读、理解五经之文。潘好礼为此大怒，狠狠地将儿子笞打一顿，然后像对待那些违规的考生一样，给儿子戴上枷锁，在衙门口示众。如此家教，世所罕有。

王叔文改革受挫

安史之乱后，宦官李辅国帮助肃宗李亨当上了皇帝。自此以后，宦官的权力极大，甚至掌握兵权，干预朝政，左右皇帝，中晚唐国家衰落的一个重要原因就在于此。而那时的唐朝，也确实是生产衰落，户口减少。百姓生活在水深火热之中。

德宗贞元二十一年（805年）正月，64岁的德宗死了，太子李诵继皇帝位，后世称为顺宗。不久，他又勉强支撑着在紫宸门接受了群臣的朝拜，完成了他的即位仪式。这一年的年号被改为永贞元年。

顺宗李诵对朝廷的现状极为不满，他想当一个有所作为的皇帝，想改革弊政，以使大唐朝得以中兴。在继位前，他就知道以王叔文为首的一批青年大臣有改革之志，便在继位后不久，任命王叔文为翰林学士，并按他的建议，任韦执谊为尚书左丞同中书门下平章事。

王叔文是韦执谊向德宗推荐的，德宗任他为太子侍读，所以在李诵继位以前，就已经同他有良好的关系，并对他有所了解。而王叔文也确实是一个立志改革的人，他同那些与自己一样有着改革愿望的青年大臣，经常在一起谈改革。

顺宗身体不好，只好在病榻上听政了。让一个比较受他宠爱的妃子牛昭容和一个比较信得过的宦官李忠言内外传达。很多重要的事情，都让他们把话先传达给王叔文，再由王叔文考虑一个意见，传达给顺宗定夺。所以，很多重大问题的决策，王叔文都能发挥重要作用。那些与王叔文志同道合主张改革的朋友们，也都被他委以重任。他们当初设想的一些改革方案，大多得以贯彻实施。

顺宗感触颇深的，就是官市。"官市"就是"皇家采购"的意思。每天，皇宫都派出上百名宦官到市场上去。看见什么中意的货物，口中喊着"官市"两字，一把夺过人家的货物，随便给人家点什么东西算做报酬，就算把人家的货物"采购"过来了。所以，他登基继位的事完成后，首先想到的事就是废官市。王叔文要求废除官市的奏章一传上来，他马上给予批准。

王叔文还担任度支盐铁副使，正使杜佑不大管事。因此，在盐铁政策方面，杜佑就放任王叔文去管。自从设立盐铁使以来，每月有月进。表面上这是国家的一项收入，实际上，盐铁使借这个名目向煮盐户和采矿户大肆搜刮，还促使盐价上涨，百姓颇多怨言。王叔文要废除月进，以平抑盐价。顺宗很快同意了。

为了节省宫廷开支，王叔文又建议裁减宫内人员。首先裁减了300名宫女，让他们回家从事生产。不久又放还了后宫和教坊的女伎600人。这也是一件大得人心的事。这些宫女、女伎，实际上是宫中的奴隶。放她们回家，就是解放了她们。

王叔文进行的改革，都是有利于百姓的，因此百姓无不欢呼雀跃。卧病在床的顺宗见王叔文雷厉风行，对他很满意，又让他任户部侍郎，原来的翰林学士仍旧保留。这可使那些皇帝身边的宦官们非常不满。深受顺宗信任的宦官俱文珍便唆使顺宗免去了王叔文的翰林学士一职。这表面上是要减轻王叔文的负担，实际上是想大大剥夺他参与朝政实行改革的权力。因为翰林院在宫内，顺宗有什么事就让人传给王叔文，请王叔文做决定。而户部在宫外，再想参与朝政，就多了一层障碍。幸好宫内还有友人王伾（pī）。他对王伾说："我必须能够经常进入皇宫，商量公事。削去翰林职务，我就无法进宫了。"王伾多次请求恢复王叔文的翰林职务。后来，顺帝答应王叔文可以三五天进宫一次。

俱文珍对那些看不惯王叔文改革的人说："以前，王叔文总在宫内，大家以为他能力很强。就好比狐狸，当它深居山林之中的时候，人们会觉得它很神秘，甚至以为它是神灵。如果它在大街上走一趟，大家就知道它的真模样了。"

俱文珍的言行不可能不传到王叔文的耳中。特别使他感到恼火的是韦执谊的变化。他曾给王叔文捎来口信说："我现在所以还按先生的意见办事，是因为我不愿违背我们以前的誓言。"韦执谊的这段话等于告诉他，他不赞成王叔文的做法。王叔文更明白，这都是宦官和那些反对改革的人在韦执谊身上做工作的结果。他越发感到，排除宦官的捣乱是当务之急。

但是，内宫被宦官控制得比较严密，难以下手。特别是顺宗的病情不断恶化，实际上已经不能理政了，真正的大权控制在俱文珍等几个人的手里。只不过外界多数人还不知道而已。

顺宗只当了8个月的皇帝，身体就基本上支持不住了，连话都说不出来。在宦官们的操纵下，永贞元年（805年）八月，已经不能说话的顺宗李诵"宣布"让太子李纯继帝位，自己当太上皇。李纯被后世称为宪宗。他虽然已经28岁了，可他毕竟是在宦官们的挟持之下当上皇帝的，不得不受制于宦官。他上台不久，十一月，就宣布贬王叔文为渝州（今重庆市）司户。接着，又把凡是参加王叔文改革的人都贬了官：王叔文被贬为开州（今四川省开县）司马；韩晔被贬为饶州（今江西省鄱阳县）司马；陈谏被贬为台州（在今浙江省临海一带）司马；凌准被贬为连州（今广东省连州市一带）司马；韩泰被贬为虔州（今江西省赣县一带）司马；刘禹锡被贬为朗州（今湖南省德州市一带）司马；柳宗元被贬为永州（今湖南省零陵县一带）司马；程异被贬为郴州（今湖南省郴州市一带）司马。因8位京官同时被贬为偏远地区的司马，这次事件史称"八司马事件"。后来，韦执谊也被贬为崖州（在今海南省海口市一带）司马。

俱文珍等人对王叔文活着很不放心，因为他实行的政策毕竟是受老百姓拥护的。第二年俱文珍就派人到渝州把王叔文给杀了。这次以王叔文为代表的革新活动，就这样悲惨地失败了。

教子亦需重德

唐代宋令文，高宗时任东台详正学士之职。他富于文辞，而又工于书法。此外，他的力气也大得惊人，无人能与他相比。有人养了一头牛，力大无比，专爱以牛角抵人，没有一个人敢碰它一碰。宋令文赤手空拳上前与牛相搏，拔其角、折其颈而杀之，旁人都为之吃惊。因为宋令文既能诗文，又善书法，更勇武有力，一人而兼3种本领，所以人称"三绝"。

十六国前赵时，有个人叫做刘殷，他为人处世恭谨有节操。刘殷一共有7个儿子，他便有意识地教他们每人读一种书，5个儿子分别授以《诗》《书》《易》《礼》《春秋》五经；其余两子，一个授以司马迁的《史记》，一个授以班固的《汉书》。这样，一家之中，7种学业齐全，成为当时有名的学问之家。（这个故事已见于前）宋令文不知是想要仿效古人，还是英雄所见略同，他有3个儿子，便有意识地将自己的"三绝"分别教给他们。潜移默化下，3个儿子终于各擅其一门：宋之问长于文章，成为著名的文学家；其弟宋之悌勇猛善战，是一名武将，开元年间（713—741年）曾任剑南节度使、太原尹；二弟宋之蟫曾任连州参军，工于草书、隶书。宋令文的文辞、勇力、书法，可说是全都得到了继承。

宋令文虽善于教儿子们技艺，却似乎并没有注意教育儿子重视品行。其子宋之问以文学称，与同时的沈佺期齐名，文学史上并称"沈宋"，但其品行很差。武则天朝，张易之得宠于武则天，宋之问与阎朝隐、沈佺期、刘允济等均一味阿谀逢迎，巴结张易之，他还写了不少诗赋之类吹捧张易之等。更为不堪的是，他竟下贱到为张易之捧便器的地步。等到张易之被诛，他与拍马逢迎的人同时被贬，他被贬为泷州参军。不久，他又逃归洛阳，藏在张仲之家。其时武三思正得势，张仲之与人密谋要杀武三思以安王室，宋之问得知，立即去告密，由此被提拔为鸿胪主簿。宋之问这种无情无义、不顾廉耻、卖友求荣的行为，尽管求得了暂时的利益，却为天下人所不齿。至此，宋之问并没有悔过自新，后又投靠太平公主。等到安乐公主势盛，他又回过头来投靠安乐公主。太平公主十分恨他，将他过去主持贡举时受贿的丑事揭露出来，他因此被贬为越州长史。唐睿宗时又流放钦州，后朝廷索性又将他赐死。临死前，他仍表现出一副软骨头的卑贱相。终其一生，均可以"文人无行"4个字来概括之。然而宋之问最终还是死于自己的小聪明。

从宋令文的教子，我们可以得到正反两方面的教训。可见，教子女以技艺固然重要，但教以品行更为重要。

杨国忠夺取要职 权钱无尽

"国忠"并非本名。他原来叫杨钊,是蒲州永乐(今陕西省米脂县西北)人。年轻时,他能喝酒能赌钱,是个小痞子,乡亲本家们都看不起他。他心里想,像他这样不学无术的人,要想出人头地,只有走从军这一条路。于是,他投奔了蜀帅,当了一名称为"屯优"的小官,后来做到金吾卫兵曹参军。当时,杨贵妃已然受宠。而杨钊是杨贵妃的一个远房哥哥。杨钊就利用这一条件和那些官员们趋炎附势的心理,迅速地爬到监察御史的宝座。因为他爬得太快,又没有什么真才实学,很多人都瞧他不起。

杨钊不管这一套。当时的宰相李林甫阴谋迫害太子李亨,因为韦坚的姐姐是太子妃,他们就诬陷韦坚。作为监察御史,正好要处理这些案子。杨钊为了扩大自己的影响,巴结李林甫,便与李林甫配合,迫害韦坚,受牵连的人非常多。他在外地设立审判机构,制造大案,被捕下狱甚至被诛杀的有上百家。凡是李林甫觉得能牵涉到太子或韦坚的,只要李林甫给杨钊使个眼色,他就照办不误。当然,更主要的是要看玄宗的好恶行事。他做的事情总能讨玄宗的喜欢,也许这里还有杨贵妃的因素。

杨钊春风得意,官衔不断地长,很快就做了检校度支员外郎兼侍御史、监水陆运及司农、出纳钱物内中市买、招募剑南健儿使等职,不到一年的时间,仅带"使"字的官他就兼了15个。后来又升为给事中兼御史中丞兼判度支事,实际上成了管理国库的要员了。

这时,正是杨贵妃最受宠的时候,她的3个姐姐全被封了夫人,两个堂兄也拜了高官,所以杨钊受到的宠幸也与日俱增。天宝八年(749年),玄宗巡视左藏库,见到那里货币山积,十分高兴,把这都算做杨钊的功劳。其实这是唐朝自从建国以来100多年的积蓄。玄宗赐杨钊金鱼袋和紫衣,这是皇帝赐予的很高的荣誉。整个国家的财政大权和控制谷物的大权都掌握在他的手中。

户部侍郎杨慎矜看出玄宗不想把太子李亨怎么样,逐渐采取中立态度。但这使李林甫和杨钊都很不高兴,李林甫的亲信,即过去与他们一起诬陷太子的御史大夫王鉷(hóng)也为这事对杨慎矜不满。于是,王鉷便与杨钊一起诬陷杨慎矜,使杨慎矜被赐自尽。因为在这个案子中杨钊起了主要作用,从此以后,杨钊的权力更大,朝廷内外,无人不怕他。

杨钊反过来又利用王鉷的一个亲信谋反的案子大整王鉷,因为这事牵连到谋反案,连李林甫也救不了王鉷,王鉷全家被杀。玄宗拜杨钊为御史大夫,取代了王鉷,并赐名为国忠,表彰他忠于国家。杨钊从此以后更名杨国忠。

杨国忠利用这个谋反案继续追查,因为李林甫与王鉷关系密切,结果把李林甫也牵扯到这个案子中来了,他还拉几个人给李林甫出假证,使李林甫有口难辩。玄宗此后逐渐疏远了李林甫。

南蛮国派在唐朝的人质阁史凤逃跑了,杨国忠为了显示自己的军事才能,建议派鲜于通去追捕,结果被南蛮国打得大败。而杨国忠却颠倒黑白,说鲜于通获胜,为鲜于通请功。第二次派兵去追讨,又是大败,连主帅也被人家打死。可是杨国忠送给玄宗的却是捷报。这两次战争损失20万人,片甲无归,而竟没有一个人敢向玄宗反映真实情况。天宝十一年(752年)南蛮军再次犯蜀,蜀人要求杨国忠带兵征讨,李林甫提出要求,玄宗同意了。上路前,杨国忠在玄宗面前大哭一场,泪如雨下,说是李林甫排挤他。玄宗真相信了他的话,几个月后,便把他召回来了。正好这时李林甫死了,玄宗便让杨国忠代替李林甫为右丞相兼吏部尚书,他终于爬上了一人之下万人之上的地位。

吏部就是人事部,负责官员的任免安排,权力巨大。并且,谁要想当官,就得给他行贿。他把吏部的官员叫到自己的家里,安排官吏人选,他们说用谁就用谁,几乎没有什么规定章法。他为官20多年,搜刮受贿,皇帝赏赐,巧取豪夺,杨国忠与杨贵妃姐妹兄弟一样,成了天下最富的人家。

他在长安的宅第,在华清宫东南面,还有一套宅邸,与虢国夫人的宅邸相对,互相映衬,豪华无比。他与虢国夫人私通,几乎到了不避嫌疑的程度。他们两个经常坐着各自的车在长安城里并驾疾驶,以此取乐。

玄宗每年都要在华清宫过冬,这时他就经常到杨家的这些宅邸去做客,同时给他们大量的赏赐。

杨国忠飞扬跋扈,却成了国家和百姓的一大祸害。不久发生了"安史之乱",安禄山就是以要求诛杨国忠为名起兵的。

马嵬坡兵谏的时候,杨国忠正在同几个外国使节谈话。将士们见了,大呼"杨国忠与外国人谋叛",抓住他后就将他斩首了。他的家人,自杀的被杀的,一个未剩。

当兵谏的领导人陈玄礼向玄宗谢罪的时候,玄宗说:"朕眼光不明,用人不当,近来也有所觉察,本来准备到蜀的时候再杀了他。现在你们受神灵的启示,把他斩首,也是符合朕的愿望的。"